Roggan / Kutscha (Hrsg.)
HANDBUCH ZUM RECHT DER INNEREN SICHERHEIT
2. Auflage

Handbuch zum Recht der Inneren Sicherheit

Herausgegeben von

DR. FREDRIK ROGGAN
Rechtsanwalt,
Berlin

DR. MARTIN KUTSCHA
Professor an der
Fachhochschule für Verwaltung und
Rechtspflege (FHVR), Berlin

Unter Mitarbeit von

DR. HARTMUT ADEN
Jurist und Politikwissenschaftler,
Hannover/Bonn

DR. BJÖRN GERCKE
Rechtsanwalt,
Köln

DR. CLEMENS ARZT
Professor an der
Fachhochschule für Verwaltung und
Rechtspflege (FHVR), Berlin

DR. WOLFGANG HECKER
Professor an der
Verwaltungsfachhochschule,
Wiesbaden

CHRISTIAN BOMMARIUS
Leitender Redakteur,
Berlin

DR. GABRIELE MALUGA
Rechtsanwältin, Fachanwältin für Strafrecht,
Krefeld

HEINER BUSCH
Politikwissenschaftler,
Bern

BETTINA SOKOL
Landesbeauftragte für Datenschutz und
Informationsfreiheit NRW, Düsseldorf

DR. MARK ALEXANDER ZÖLLER
wiss. Assistent,
Universität Mannheim

2. neubearbeitete und erweiterte Auflage

BWV • BERLINER WISSENSCHAFTS-VERLAG

Bibliografische Information der Deutschen Nationalbibliothek

Die Deutsche Nationalbibliothek verzeichnet diese Publikation in der
Deutschen Nationalbibliografie; detaillierte bibliografische Daten sind im
Internet über http://dnb.d-nb.de abrufbar.

ISBN 3-8305-1232-5

© 2. Auflage 2006 BWV • BERLINER WISSENSCHAFTS-VERLAG GmbH,
Axel-Springer-Str. 54 b, 10117 Berlin
Printed in Germany. Alle Rechte, auch die des Nachdrucks von Auszügen,
der photomechanischen Wiedergabe und der Übersetzung, vorbehalten.

Vorwort zur zweiten Auflage

„Innere Sicherheit" hat nicht erst seit den furchtbaren Terroranschlägen am 11. September 2001 Konjunktur. Schon in den Jahren davor dominierte in der Politik die Auffassung, neue Herausforderungen wie z. B. die Organisierte Kriminalität erforderten die Schaffung neuer Befugnisse für die Sicherheitsbehörden in Deutschland sowie im Hinblick auf deren Zusammenarbeit mit entsprechenden Institutionen anderer Staaten.

Das inzwischen in den Polizeigesetzen von Bund und Ländern, in der Strafprozessordnung sowie in Spezialnormierungen wie z. B. dem Zollfahndungsdienstgesetz enthaltene Instrumentarium der Ermächtigungsgrundlagen ist selbst für den Juristen kaum noch überschaubar. In diesem Sinne versteht sich das Handbuch als Orientierungshilfe. Auf der anderen Seite entfalten einige wichtige Entscheidungen des *Bundesverfassungsgerichts* aus den Jahren 2004 bis 2006 Begrenzungswirkungen vor allem für Informationseingriffe wie die Überwachung der Telekommunikation, die Rasterfahndung und den „Lauschangriff", aber auch für den Einsatz der Bundeswehr im Inneren. Nicht zuletzt auch durch diese höchstrichterlichen Judikate erhielt die Debatte um das rechte Verhältnis von grundrechtlicher Freiheit und Innerer Sicherheit neuen Zündstoff.

In dieser Situation will das vorliegende Handbuch juristische Orientierungshilfe für alle an dieser sensiblen und kontroversen Materie Interessierten leisten. Es baut auf dem gleichnamigen, 2003 in 1. Auflage erschienenen Werk auf, für das Fredrik Roggan als Alleinautor verantwortlich zeichnete. Für die hiermit vorliegende 2. Auflage konnte eine Anzahl von Autorinnen und Autoren hinzugewonnen werden, die mit der jeweiligen Fachproblematik aus ihrer wissenschaftlichen Arbeit vertraut sind. Deshalb können wichtige Fragen hier gründlicher als in der Vorauflage behandelt werden. Allerdings erschließt das „Handbuch" nicht die gesamte Materie der Inneren Sicherheit. Der Fokus liegt vielmehr auf solchen Handlungsformen der Sicherheitsbehörden, die in den letzten Jahren eine besondere Brisanz entwickelt haben, etwa weil sie mit Hilfe des Einsatzes moderner Technik massiv in die Privatsphäre der Betroffenen eingreifen und dabei, eine gängigen Annahme zuwider, keineswegs nur Straftäter oder Störer treffen.

Es versteht sich, dass die Autorinnen und Autoren dieses Buches zu den zahlreichen hier erörterten Detailfragen nicht immer derselben Meinung sind. Es verbindet sie allerdings der Anspruch, statt von bloßen Effizienzkriterien der „Praxis" von den Freiheitsgewährleistungen unserer Verfassung auszugehen und dem gemäß eine problemadäquate, aber auch rechtsstaatsverträgliche Position zu vertreten. In diesem Sinne versteht sich das hiermit vorgelegte Werk als ein Beitrag zum Verfassungsschutz in des Wortes ursprünglicher Bedeutung, zu einer Kultur innerer Sicherheit, die im Interesse freier Persönlichkeitsentfaltung die Errungenschaften der europäischen Aufklärung auch angesichts der gewaltigen Herausforderungen des 21. Jahrhunderts bewahrt.

Die Herausgeber danken den Mitverfassern, die diese wesentlich erweiterte Auflage des Handbuchs erst ermöglicht haben. Besondere Anerkennung verdient *Frau Claudia Delfs* vom Berliner Wissenschaftsverlag für die vorzügliche Betreuung sowie *Herr Wolfgang Dittebrandt (Baden-Baden)* für die grafische Gestaltung des Bandes. Dem Verlag ist für die Aufnahme des Titels in sein Programm zu danken.

Fredrik Roggan und Martin Kutscha   Frühjahr 2006

Inhaltsübersicht

Hinweis: Eine detaillierte Übersicht findet sich jeweils vor einem Teil oder Kapitel

Allgemeine Literatur 9
Abkürzungsverzeichnis 13

Teil 1: Innere Sicherheit und Verfassung (*Kutscha*)
1. Innere Sicherheit – Staatsaufgabe oder Grundrecht? 24
2. Innere Sicherheit und Freiheitsrechte 28
3. Innere Sicherheit, Demokratie und Rechtsstaatsprinzip 61
4. Innere Sicherheit – föderale Kompetenzverteilung,
   Unitarisierung und Internationalisierung 78

Teil 2: Befugnisse im Polizei- und Strafprozessrecht
1. Große Lauschangriffe (*Roggan*) 106
2. Telekommunikationsüberwachung (TKÜ) (*Gercke*) 146
3. Verdeckte Ermittler (VE) im Polizei- und Strafprozessrecht (*Roggan*) 184
4. Polizeiliche Videoüberwachung von öffentlichen Plätzen (*Roggan*) 208
5. Automatisierte Kfz-Kennzeichenerkennung (*Arzt*) 230
6. Freiheitsentziehungen im Polizei- und Strafprozessrecht (*Roggan*) 246
7. Schleierfahndungen und andere Personenkontrollbefugnisse (*Roggan*) 264
8. DNA-Analysen (*Sokol*) 292
9. Aufenthalts- und Ausreiseverbote (*Hecker*) 332
10. Überwachung durch RFID-Technologie (*Gercke*) 380

Teil 3: Ermittlungsbefugnisse durch Rechtsprechung
1. V-Leute und Lockspitzel (*Maluga*) 388
2. Einsatz des Global-Positioning-System (GPS) (*Gercke*) 403

Teil 4: Neue Aufgaben und Befugnisse im Geheimdienstrecht (*Roggan*)
1. Die Beobachtung der Organisierten Kriminalität durch
   Verfassungsschutzbehörden 412
2. Die Strategische Rasterfahndung durch den Bundesnachrichtendienst 427
3. Überblick: Neue Aufgaben und Befugnisse der Geheimdienste
   nach dem TerrBekG 439

Teil 5: Datenübermittlungen zwischen Polizei,
Strafverfolgungsbehörden und Nachrichtendiensten (*Zöller*)
1. Allgemeine Grundsätze bei Datenübermittlungen von Sicherheitsbehörden 448
2. Spezielle Übermittlungsregelungen im Strafprozess-,
   Polizei- und Nachrichtendienstrecht 471
3. Fazit 505

Inhaltsübersicht

Teil 6: Europäisierung des Rechts der Inneren Sicherheit (*Aden/Busch*)
1. Innere Sicherheit in Europa – Entwicklung, Legitimationsfiguren
   und institutionelle Strukturen 513
2. Primärrechtliche Grundlagen – Entwicklung, Inhalte und Funktionen 517
3. Grenzsichernde und grenzüberschreitende Polizeimethoden 522
4. EU-Datensysteme und Datenaustausch zwischen den Mitgliedsstaaten 551
5. Von der Rechtshilfe zum harmonisierten Strafprozess 569
6. Europäisierung des materiellen Strafrechts 575
7. Schlussfolgerungen und Ausblick 578

Nachwort (*Bommarius*) 583

Autoren 593

Sachregister 597

Allgemeine Literatur

Hinweis: Eine Übersicht über spezielle Literatur findet sich im Anschluss an die Teile bzw. Kapitel

I. Lehr- und Handbücher

BENFER, JOST: Rechtseingriffe von Polizei und Staatsanwaltschaft, 3. Aufl., München 2005.
BERGMANN, LUTZ / MÖHRLE, ROLAND / HERB, ARMIN: Datenschutzrecht, Stuttgart (Loseblatt)
BEULKE, WERNER: Strafprozessrecht, 8. Aufl., Heidelberg 2005.
BOGDANDY, ARMIN VON (Hrsg.): Europäisches Verfassungsrecht. Theoretische und dogmatische Grundzüge, Heidelberg 2003.
BURHOFF, DETLEF: Handbuch für das strafrechtliche Ermittlungsverfahren, 3. Aufl., Herne/Berlin 2002.
FEZER, GERHARD: Strafprozeßrecht, 2. Aufl., München 1995.
GOLA, PETER / KLUG, CHRISTOPH: Grundzüge des Datenschutzrechts, München 2003.
GÖTZ, VOLKMAR: Allgemeines Polizei- und Ordnungsrecht, 13. Aufl., Göttingen 2001.
GUSY, CHRISTOPH: Polizeirecht, 5. Aufl., Tübingen 2003.
HABERMEHL, KAI: Polizei- und Ordnungsrecht, Baden-Baden 1993.
HELLMANN, UWE: Strafprozessrecht, 2. Aufl., Berlin 2005.
LISKEN, HANS / DENNINGER, ERHARD (Hrsg.), Handbuch des Polizeirechts, 3. Aufl., München 2001.
KNIESEL, MICHAEL / KUBE, EDWIN / MURCK, MANFRED (Hrsg.), Handbuch für Führungskräfte der Polizei, Lübeck 1996.
KNEMEYER, FRANZ-LUDWIG: Polizei- und Ordnungsrecht, 10. Aufl., München 2004.
KNIESEL, MICHAEL / TEGTMEYER, HENNING / VAHLE, JÜRGEN: Handbuch des Datenschutzes für Sicherheitsbehörden, 1986.
KÖBLER, GERHARD: Juristisches Wörterbuch, 13. Aufl., München 2005.
KRAMER, BERNHARD: Grundbegriffe des Strafverfahrensrechts, 6. Aufl., Stuttgart 2004.
KÜHNE, HANS-HEINER: Strafprozessrecht, 6. Aufl., Heidelberg 2003.
MAURER, HARTMUT: Allgemeines Verwaltungsrecht, 16. Aufl., München 2006.
MÖLLERS, MARTIN H.W (Hrsg.): Wörterbuch der Polizei, München 2001.
- Polizei und Grundrechte, Frankfurt/Main 2006.
NAUCKE, WOLFGANG: Strafrecht, 10. Aufl., Neuwied 2002.
PARK, TIDO: Handbuch Durchsuchung und Beschlagnahme, München 2002.
PETERS, KARL: Strafprozeß, Heidelberg 1985.
PIEROTH, BODO / SCHLINK, BERNHARD: Grundrechte – Staatsrecht II, 21. Aufl., Heidelberg 2005.
PIEROTH, BODO / SCHLINK, BERNHARD / KNIESEL, MICHAEL: Polizei- und Ordnungsrecht, 3. Aufl., München 2005.
PRÜMM, HANS PAUL / SIGRIST, HANS: Allgemeines Sicherheits- und Ordnungsrecht, 2. Aufl., Neuwied 2003.
RANFT, OTFRIED: Strafprozessrecht, 3. Aufl., Stuttgart 2005.
RECHENBERG, PETER (HRSG.): Informatik-Handbuch, 2. Aufl., München 1999.
ROSSNAGEL, ALEXANDER (HRSG.): Handbuch Datenschutzrecht, München 2003.

Allgemeine Literatur

ROXIN, CLAUS: Strafverfahrensrecht, 25. Aufl., München 1998.
RUDER, KARL-HEINZ / SCHMITT, STEFFEN: Polizeirecht Baden-Württemberg, 6. Aufl., Baden-Baden 2005.
RÜPING, HINRICH: Das Strafverfahren, München 1997.
SATZGER, HELMUT: Internationales und Europäisches Strafrecht, Baden-Baden 2005.
SCHENKE, WOLF-RÜDIGER: Polizei- und Ordnungsrecht, 4. Aufl., Heidelberg 2005.
SCHLOTHAUER, REINHOLD / WEIDER, HANS-JOACHIM: Untersuchungshaft, 3. Aufl., Heidelberg 2001.
STEIN, EKKEHARD / GÖTZ, FRANK: Staatsrecht, 19. Aufl., Tübingen 2004.
STERN, KLAUS: Das Staatsrecht der Bundesrepublik Deutschland, Bd. III, München 1988.
STREINZ, RUDOLF: Europarecht, 6. Aufl., Heidelberg 2003.
STREINZ, RUDOLF (Hrsg.): EUV/EGV. Vertrag über die Europäische Union und Vertrag zur Gründung der Europäischen Gemeinschaft, München 2003.
VOLK, KLAUS: Strafprozessrecht, München 1999.
WÜRTENBERGER, THOMAS / HECKMANN, DIRK: Polizeirecht in Baden-Württemberg, 6. Aufl., Heidelberg 2005.
ZEITLER, STEFAN: Allgemeines und Besonderes Polizeirecht in Baden-Württemberg, Stuttgart 1998.

II. Kommentare

AHLF, ERNST-HEINRICH / DAUB, INGO E. / LERSCH, ROLAND / STÖRZER, HANS UDO: Bundeskriminalamtsgesetz, Kommentar, Stuttgart 2000.
ALBERTS, HANS-W. / MERTEN, KARLHEINZ: Gesetz über die Datenverarbeitung der Polizei (zit. als: Alberts/Merten, PolDVG), 3. Aufl., Hamburg 2002.
ALBERTS, HANS-W. / MERTEN, KARLHEINZ / ROGOSCH, JOSEF KONRAD: Gesetz zum Schutz der öffentlichen Sicherheit und Ordnung (SOG) Hamburg (zit. als: Alberts/Merten/Rogosch, Hamb-SOG), Kommentar, Stuttgart 1996.
BALLER, OESTEN / EIFFLER, SVEN / TSCHISCH, ANDREAS: Allgemeines Sicherheits- und Ordnungsgesetz, Stuttgart 2004.
BELZ, RAINER / MUSSMANN, EIKE: Polizeigesetz für Baden-Württemberg, 6. Aufl., Stuttgart 2001.
BERNER, GEORG / KÖHLER, GERD MICHAEL: Polizeiaufgabengesetz, 18. Aufl., München 2006.
BÖCKSTIEGEL, KARL (HRSG.): Handbuch des Weltraumrechts, Köln 1991.
BONNER KOMMENTAR, Kommentar zum Grundgesetz, Heidelberg (Loseblatt).
BORGS-MACIEJEWSKI, HERMANN / EBERT, FRANK: Das Recht der Geheimdienste, Kommentar, Stuttgart 1986.
CALLIESS, CHRISTIAN/RUFFERT, MATTHIAS (Hrsg.): Kommentar zu EU-Vertrag und EG-Vertrag, 2. Aufl., Neuwied/Kriftel 2002.
DENNINGER, ERHARD / HOFFMANN-RIEM, WOLFGANG / SCHNEIDER, HANS-PETER / STEIN, EKKEHARD (HRSG.): Kommentar zum Grundgesetz, Reihe Alternativkommentare, 3. Aufl., Neuwied u. a., 2001 (zit AK GG).
DIETEL, ALFRED / GINTZEL, KURT / KNIESEL, MICHAEL: Demonstrations- und Versammlungsfreiheit, 12. Aufl. Köln 2000.
DREIER, HORST (HRSG.): Grundgesetz, Kommentar, Bd. I, 2. Aufl., Tübingen 2002, Bd. II, Tübingen 1998, Bd. III, Tübingen 2000.

Allgemeine Literatur

EISENBERG, ULRICH: Beweisrecht der StPO, Spezialkommentar, 4. Aufl., München 2002.
GOLA, PETER / SCHOMERUS, RUDOLF: Bundesdatenschutzgesetz, Kommentar, 8. Aufl., München 2006.
HEESEN, DIETRICH / HÖNLE, JÜRGEN / PEILERT, ANDREAS: Bundesgrenzschutzgesetz (BGSG) mit Verwaltungsvollstreckungsgesetz (VwVG) und Gesetz über den unmittelbaren Zwang (UZwG), 4. Aufl., Hilden 2002.
HEIDELBERGER KOMMENTAR ZUR STRAFPROZESSORDNUNG (zit. als: HK-*Verfasser*), 3. Aufl., Heidelberg 2001.
HONNACKER, HEINZ / BEINHOFER, PAUL: Polizeiaufgabengesetz, 18. Aufl., Stuttgart 2004.
HORNMANN, GERHARD: Hessisches Gesetz über die öffentliche Sicherheit und Ordnung, München 1997.
– Ergänzungsheft zu Hessisches Gesetz über die öffentliche Sicherheit und Ordnung, München 2001.
IPSEN, JÖRN: Niedersächsisches Polizei- und Ordnungsrecht, 3. Aufl., Stuttgart 2004.
JARASS, HANS D. / PIEROTH, BODO: Grundgesetz für die Bundesrepublik Deutschland, Kommentar, 8. Aufl. München 2006.
KARLSRUHER KOMMENTAR ZUR STRAFPROZESSORDNUNG, hrsgg. v. PFEIFFER, GERD (zit. als: KK-*Verfasser*), 5. Aufl., München 2003.
KNAPE, MICHAEL / KIWORR, ULRICH: Allgemeines Polizei- und Ordnungsrecht für Berlin, 9. Aufl., Hilden 2006.
KÖRNER, HANS HARALD: Betäubungsmittelgesetz, Arzneimittelgesetz, 5. Aufl., München 2001.
LEIPZIGER KOMMENTAR ZUM STRAFGESETZBUCH (zit. als LK-*Verfasser*), Bd. 4, 11. Aufl., München 2005.
LÖWE-ROSENBERG: Die Strafprozessordnung und das Gerichtsverfassungsgesetz mit Nebengesetzen, Bd. 2 (zit. als: LR-*Verfasser*), 25. Aufl., München 2004.
VON MANGOLDT, HERMANN / KLEIN, FRIEDRICH / STARCK, CHRISTIAN: Das Bonner Grundgesetz, Bd. II, 4. Aufl., München 2000.
MAUNZ, THEODOR / DÜRIG, GÜNTER / HERZOG, ROMAN (Hrsg.): Grundgesetz, Kommentar, München (Loseblatt)
MEIXNER, KURT / FREDRICH, DIRK: Hessisches Gesetz über die öffentliche Sicherheit und Ordnung, 10. Aufl., Stuttgart 2005.
MEYER-GOSSNER, LUTZ: Strafprozessordnung, Gerichtsverfassungsgesetz, Nebengesetze und ergänzende Bestimmungen (zit. als: *Meyer-Goßner*, StPO), 48. Aufl., München 2005.
VON MÜNCH, INGO / KUNIG, PHILIP (HRSG.): Grundgesetz-Kommentar, Bd. 1, 5. Aufl., München 2000, Bd. 2, 5. Aufl., München 2001, Bd. 3, 5. Aufl., München 2003.
MÜNCHENER KOMMENTAR ZUM STRAFGESETZBUCH, hrsgg. von Joecks, Wolfgang / Miebach, Klaus (zit. als MünchKommStGB-*Bearbeiter*)
– Band 1, §§ 1 – 51 StGB, München 2003
– Band 2/1, §§ 52 – 79b StGB, München 2005
– Band 2/2, §§ 80 – 184f StGB, München 2005
– Band 3, §§ 185 – 262 StGB, München 2003.
PFEIFFER, GERD: Strafprozessordnung und Gerichtsverfassungsgesetz, 5. Aufl., München 2005.
RENNER, GÜNTER: Ausländerrecht in Deutschland, 8. Aufl., München 2005.
RIDDER, HELMUT / BREITBACH, MICHAEL / RÜHL, ULLI / STEINMEIER, FRANK: Versammlungsrecht, Kommentar, Baden-Baden 1992.

Allgemeine Literatur

RIEGEL, REINHARD: Gesetz zur Beschränkung des Brief- Post- und Fernmeldegeheimnisses (Gesetz zu Artikel 10 Grundgesetz) (G 10) mit Ausführungsvorschriften der Länder (zit. als: Riegel, G 10), Kommentar, München 1997.

SCHMIDTBAUER, WILHELM / STEINER, UDO / ROESE, EBERHARD: Bayerisches Polizeiaufgabengesetz und Bayerisches Polizeiorganisationsgesetz (zit. als *Verfasser* in: Schmidtbauer/Steiner/Roese, PAG), München 1999.

SCHOMBURG, WOLFGANG / LAGODNY, OTTO / GLESS, SABINE / HACKNER, THOMAS: Internationale Rechtshilfe in Strafsachen, 4. Aufl., München 2006.

SIMITIS, SPIROS (Hrsg.): Bundesdatenschutzgesetz, Kommentar, 6. Aufl., Baden-Baden 2006.

SUCKOW, HORST / HOGE, ANDREAS: Niedersächsisches Gefahrenabwehrrecht, 12. Aufl., Köln 1999.

SYSTEMATISCHER KOMMENTAR ZUR STRAFPROZESSORDNUNG UND ZUM GERICHTSVERFASSUNGSGESETZ, hrsgg. von Rudolphi, Hans-Joachim, Neuwied (Loseblatt).

TEGTMEYER, HENNING / VAHLE, JÜRGEN: Polizeigesetz Nordrhein-Westfalen, 9. Aufl., Stuttgart 2004.

WAGNER, HEINZ: Kommentar zum Polizeigesetz von Nordrhein-Westfalen (Reihe Alternativkommentare), Neuwied 1987 (zit. AK PolGNRW).

Abkürzungsverzeichnis

a.	auch
a. A.	anderer Ansicht
aaO	am angegebenen Ort
AB	Ausführungsbestimmungen
Abg.	Abgeordneter
abgedr.	abgedruckt
abl.	ablehnend
ABl.	Amtsblatt
Abs.	Absatz
Abschn.	Abschnitt
abw.; abw. M.	abweichend; abweichende Meinung (dissenting vote)
aE; a. E.	am Ende
AE	Alternativ-Entwurf
AE-EU Strafverfolg.	Alternativ-Entwurf Europäische Strafverfolgung (hrsg. von B. Schünemann), 2004
AEPolG	Alternativ-Entwurf eines einheitlichen Polizeigesetzes des Bundes und der Länder, vorgelegt vom „Arbeitskreis Polizeirecht", 1979
aF	alte Fassung
AG	Amtsgericht; Aktiengesellschaft; Arbeitsgruppe; Ausführungsgesetz
AGStPO	Ausführungsgesetz zur Strafprozessordnung (Landesrecht)
AK	Arbeitskreis; Alternativ-Kommentar
AktG	Aktiengesetz
allg.	allgemein
ALR	Allgemeines Landrecht für die Preußischen Staaten, 1794
Alt.	Alternative
aM, a. M.	anderer Meinung
Amtl. Begr.	Amtliche Begründung
ÄndG	Änderungsgesetz
ÄndV; ÄndVO	Änderungsverordnung
Anh.	Anhang
Anl.	Anlage
Anm.	Anmerkung
AnwBl	Anwaltsblatt
AO	Abgabenordnung
AöR	Archiv des öffentlichen Rechts
Art.	Artikel
ASJ	Arbeitsgemeinschaft Sozialdemokratischer Juristen
ASOG	Allgemeines Gesetz zum Schutz der öffentlichen Sicherheit und Ordnung (Berlin)
AsylVfG	Gesetz über das Asylverfahren

Abkürzungsverzeichnis

AT	Allgemeiner Teil
AufenthG	Aufenthaltsgesetz
Aufl.	Auflage
AuslG	Ausländergesetz
AWG	Außenwirtschaftsgesetz
BA	Blutalkohol
BAG	Bundesarbeitsgericht
BayObLG	Bayerisches Oberstes Landesgericht
BayObLGSt	Entscheidungen des Bayerischen Obersten Landesgerichts in Strafsachen (neue Folge; seit 1950)
BayPAG	Bayerisches Polizeiaufgabengesetz
BayVerwBl.; BayVBl.	Bayerische Verwaltungsblätter
BayVSG	Bayerisches Verfassungsschutzgesetz
BbgPolG	Brandenburgisches Polizeigesetz
BbgVerf	Brandenburgische Verfassung
Bd; Bde	Band; Bände
BDSG	Gesetz zum Schutz personenbezogener Daten in Dateien (Bundesdatenschutzgesetz)
Begr.	Begründung
Beisp.	Beispiel(e)
Bek.	Bekanntmachung
Bem.	Bemerkung(en)
Bespr.	Besprechung
BfD	(Bundes-)Beauftragter für Datenschutz
BGH	Bundesgerichtshof
BGHR	BGH-Rechtsprechung, Strafsachen, 1987 ff
BGHSt	Entscheidungen des Bundesgerichtshofes in Strafsachen
BGHZ	Entscheidungen des Bundesgerichtshofes in Zivilsachen
BGSG	Bundesgrenzschutzgesetz (jetzt: Bundespolizeigesetz, BPolG)
BK	Bonner Kommentar zum Grundgesetz (Stand: 112. Lief. 2004 ff)
BKA	Bundeskriminalamt
BKAG	Gesetz über das Bundeskriminalamt und die Zusammenarbeit des Bundes und der Länder in kriminalpolitischen Angelegenheiten
Bl.	Blatt
BMI	Bundesministerium des Innern
BMJ	Bundesministerium der Justiz
BNDG	Gesetz über den Bundesnachrichtendienst
BPolG	Bundespolizeigesetz (vormals: Bundesgrenzschutzgesetz, BGSG)
BRAK-Mitteilungen	Mitteilungen der Bundesrechtsanwaltskammer
BRAO	Bundesrechtsanwaltsordnung
BR-Drucks.	Drucksache des Bundesrates
BremPolG	Bremisches Polizeigesetz

Abkürzungsverzeichnis

BSG	Bundessozialgericht
BSHG	Bundessozialhilfegesetz
BT	Bundestag; Besonderer Teil
BT-Drucks.	Drucksache des Deutschen Bundestages (die erste Zahl bezeichnet die Wahlperiode)
BtMG	Betäubungsmittelgesetz
Buchst.	Buchstabe
BVBl.	Bundesversorgungsblatt im Bundesarbeitsblatt
BVerfG	Bundesverfassungsgericht
BVerfGE	Entscheidungen des Bundesverfassungsgerichts
BVerfGG	Gesetz über das Bundesverfassungsgericht
BVerfSchG	Gesetz über die Zusammenarbeit des Bundes und der Länder in Angelegenheiten des Verfassungsschutzes und über das Bundesamt für Verfassungsschutz
BVerwG	Bundesverwaltungsgericht
BVerwGE	Entscheidungen des Bundesverwaltungsgerichts
BW	Baden-Württemberg
BWPolG	Polizeigesetz des Landes Baden-Württemberg
bzgl.	bezüglich
BZRG	Gesetz über das Bundeszentralregister und das Erziehungsregister
bzw.	beziehungsweise
CR; CuR	Computer und Recht
DAR	Deutsches Autorecht
DAV	Deutscher Anwaltsverein; vgl. noch DAV, Wahrheitsfindung
DANA	Datenschutznachrichten
DDR	Deutsche Demokratische Republik
d. h.	das heißt
Diss.	Dissertation
DÖV	Die öffentliche Verwaltung
DRB, DRiB	Deutscher Richterbund
DRiG	Deutsches Richtergesetz
DRiZ	Deutsche Richterzeitung
DRpfl.	Deutsche Rechtspflege
DSB	Datenschutz-Berater
DuD	Datenschutz und Datensicherung
DuR	Demokratie und Recht
DVBl	Deutsches Verwaltungsblatt
DVJJ	Deutsche Vereinigung für Jugendgerichte und Jugendgerichtshilfen
DVO	Durchführungsverordnung
DVP	Deutsche Verwaltungspraxis

Abkürzungsverzeichnis

E	Entwurf (z. B. StVÄGE); Amtliche Sammlung der Entscheidungen des jeweils angesprochenen Gerichts
ed	erkennungsdienstlich
EDV	Elektronische Datenverarbeitung
EG	Ehrengericht; Europäische Gemeinschaft; Einführungsgesetz
EG-DatSch-Ri (vgl. EU-DatSch-Ri)	Richtlinie 95/46/EG zum Schutz natürlicher Personen bei der Verarbeitung personenbezogener Daten und zum freien Datenverkehr v. 24.10.1995 ABl. EG L 281/31
EGGVG	Einführungsgesetz zum Gerichtsverfassungsgesetz v. 27.1.1877, RGBl. S 77
EGMR	Europäischer Gerichtshof für Menschenrechte
EGStGB	Einführungsgesetz zum Strafgesetzbuch v. 2.3.1974, BGBl. I S 469, ber. 1975 S 1916 u. 1976 S 507
EGStPO	Einführungsgesetz zur Strafprozeßordnung v. 1.2.1877, RGBl. S 346
ehem.	ehemalig(e;er;es)
EinigungsV	Vertrag zwischen der Bundesrepublik Deutschland und der Deutschen Demokratischen Republik über die Herstellung der Einheit Deutschlands (Einigungsvertrag) v. 31.8.1990, BGBl. II S 889
Einl.	Einleitung
einschr.	einschränkend
EJ-Beschl.	Beschl. des Rates der EU über die Errichtung von Eurojust v.
EKMR	Europäische Kommission für Menschenrechte
EMRK	(Europäische) Konvention zum Schutze der Menschenrechte und Grundfreiheiten v. 4.11.1950, BGBl. 1952 II S 685, 953
entspr.	entsprechend(e;en;er;es)
Entw.	Entwurf
erg.	ergänzend
EStA	Europäische Staatsanwaltschaft
EU	Europäische Union
Eu-DatSch-Ri (vgl. EG-DatSch-Ri)	Datenschutz-Richtlinie für Elektronische Kommunikation v. 12.7.2002, ABl. EG L 201, 37
EuGH	Europäischer Gerichtshof
EuGHE	Entscheidungen des Europäischen Gerichtshofes
EuGHMR, EGMR	Europäischer Gerichtshof für Menschenrechte
EuGRZ	Europäische Grundrechte Zeitschrift
EuHbG	Europäisches Haftbefehlsgesetz (v. 21.07.2004, BGBl. I S. 1748)
EuKomMR	Europäische Kommission für Menschenrechte
Europol	Europäisches Polizeiamt
EuropolG	Gesetz zu dem Übereinkommen vom 26. Juli 1995 auf Grund von Art. K.3 des Vertrags über die Europäische Union über die Errichtung eines Europäischen Polizeiamts (Europol-Gesetz) v. 10.10.1997, BGBl. 1997 II S 2150
EuropolÜ	Europol-Übereinkommen v. 26.7.1995 (über die Errichtung eines Europäischen Polizeiamts), BGBl. 1997 II S 2170, ABl. der EG Nr C 316/25, erg. durch ABl. der EG Nr C 26/21

Abkürzungsverzeichnis

f, ff	folgende Seite, fortfolgende Seiten
FA	Finanzamt
FAG	Gesetz über Fernmeldeanlagen i. d. F. v. 3.7.1989, BGBl. I S 1455 (vgl. noch BGBl. 1996 I S 1120; 1999 I S 2491; in Kraft bis 31.12.2001)
FEVG	Gesetz über das gerichtliche Verfahren bei Freiheitsentziehungen v. 29.6.1956, BGBl. S 599
FGG	Gesetz über die Angelegenheiten der freiwilligen Gerichtsbarkeit i. d. F. v. 20.5.1898, RGBl. S 771
Fn	Fußnote
FS	Festschrift
G 10	Gesetz zur Beschränkung des Brief-, Post- und Fernmeldegeheimnisses (Artikel 10- Gesetz)
GA	Goltdammer's Archiv für Strafrecht
GABl.	Gemeinsames Amtsblatt
GBA	Generalbundesanwalt
GBl.	Gesetzblatt (ehem. DDR)
gem.	gemäß
GG	Grundgesetz für die Bundesrepublik Deutschland v. 23.5.1949, BGBl. S 1
ggf.	gegebenenfalls
GKG	Gerichtskostengesetz
GrStS, GS	Großer Senat in Strafsachen
GRUR	Gewerblicher Rechtsschutz und Urheberrecht
GS	Großer Senat
GStA	Generalstaatsanwalt
GVBl.	Gesetz- u. Verordnungsblatt
GVG	Gerichtsverfassungsgesetz
HambPolDVG	Hamburgisches Gesetz über die Datenverarbeitung der Polizei
HambSOG	Hamburgisches Gesetz über die öffentliche Sicherheit und Ordnung
HansOLG	Hanseatisches Oberlandesgericht (Bremen)
Hdb	Handbuch
HessSOG	Hessisches Gesetz über die öffentliche Sicherheit und Ordnung
Hess VGH	Hessischer Verwaltungsgerichtshof
Hinw.	Hinweis
HK	Heidelberger Kommentar zur Strafprozessordnung, 3. Aufl. 2001
hL, hM; h. L., h. M.	herrschende Lehre, Meinung
HRRStr	Höchstrichterliche Rechtsprechung auf dem Gebiet des Strafrechts, Beilage zu der Zeitschrift für die gesamte Strafrechtswissenschaft (1 zu Bd 46, 2 zu Bd 47, 3 zu Bd 48)
Hrsg., hrsg.	Herausgeber, herausgegeben
Hs.; HS	Halbsatz

Abkürzungsverzeichnis

i. d. F. (v.)	in der Fassung (vom, von)
i. d. R.	in der Regel
i. E.	im Einzelnen
i. Erg.	im Ergebnis
i. e. S.; i. w. S.	im engeren Sinne; im weiteren Sinne
i. S. d.; i. S. v.	im Sinne des (der), im Sinne von
i. V. m.	in Verbindung mit
IMK	Innenministerkonferenz (Konferenz der Landesinnenminister und -senatoren)
INPOL	Informationssystem der Polizei
IRG	Gesetz über die internationale Rechtshilfe in Strafsachen v. 23.12.1982, BGBl. I S 2071 – zuletzt geändert durch das EuHbG
JA	Juristische Arbeitsblätter
jew.	jeweils
JGG	Jugendgerichtsgesetz
JGG-Ri	Richtlinien zum Jugendgerichtsgesetz i. d. F. v. 1.8.1994 (bundeseinheitlich), abgedr. bei Piller/Hermann
JMBl.	Justizministerialblatt
JMBlNRW	Justizministerialblatt für das Land Nordrhein-Westfalen
JMK	Justizministerkonferenz (Konferenz der Landesjustizminister und -senatoren)
JR	Juristische Rundschau
Jura	Juristische Ausbildung
JurBüro	Das Juristische Büro
JuS	Juristische Schulung
Justiz	Die Justiz, Amtsblatt des Justizministeriums Baden-Württemberg
JVA	Justizvollzugsanstalt
JVBl.	Justizverwaltungsblatt
JW	Juristische Wochenschrift
JZ	Juristenzeitung
Kap.	Kapitel
KG	Kammergericht; Kommanditgesellschaft
KJ; KritJ	Kritische Justiz
KK; KK StPO	Karlsruher Kommentar zur Strafprozeßordnung, 5. Aufl. 2003
KMR	Müller/Sax/Paulus, Kommentar zur Strafprozeßordnung, Bd 1 m. Ergänzungsbd, 7. Aufl. 1981, Bd 2 (1987 ff); Fezer/Paulus, 8. Aufl. 1990 ff; ab 14. Lief. von Heintschel-Heinegg/Stöckel (Stand: 37. Lief. 2004 ff)
KpS	Kriminalpolizeiliche personenbezogene Sammlungen
KrimJ	Kriminologisches Journal
krit.	kritisch

Abkürzungsverzeichnis

KritV	Kritische Vierteljahresschrift für Gesetzgebung und Rechtswissenschaft
K&R	Kommunikation und Recht
LfD	Landesbeauftragter für Datenschutz
LG	Landgericht
lit.	litera
Lit.	Literatur
LK	Leipziger Kommentar, 10. Aufl. 1978-1989; 11. Aufl. 1992 ff
LKA	Landeskriminalamt
LKV	Landes- und Kommunalverwaltung
LM	Nachschlagewerk des Bundesgerichtshofs, hrsg. v. Lindenmaier und Möhring
LR	Löwe/Rosenberg, Die Strafprozeßordnung und das Gerichtsverfassungsgesetz mit Nebengesetzen, Großkommentar, 24. Aufl. 1984 ff; 25. Aufl. 1997 ff
LS	Leitsatz
LuftVG	Luftverkehrsgesetz
LVerfG	Landesverfassungsgericht
LVwG	Landesverwaltungsgesetz (Schleswig-Holstein)
m. (krit.), (zust.), (abl.)	Anm. mit (kritischer), (zustimmender), (ablehnender) Anmerkung
MABl.	Ministerialamtsblatt
MADG	Gesetz über den Militärischen Abschirmdienst v. 20.12.1990, BGBl. I S 2954
MBl.	Ministerialblatt
MDR	Monatsschrift für Deutsches Recht
MedR	Medizinrecht
MEPolG	Musterentwurf eines einheitlichen Polizeigesetzes
MiStra	Mitteilungen in Strafsachen v. 15.11.1977 (bundeseinheitlich)
MMR	Mulimedia und Recht
Mod.	Modifikation; Modalität
MR	Medien + Recht (Österreich)
MRK	vgl. EMRK
MSchrKrim	Monatsschrift für Kriminologie und Strafrechtsreform
MünchKommStGB; MüKoStGB	Münchener Kommentar zum Strafgesetzbuch, Bd I (§§ 1-51), 2003; Bd II/1 (§§ 52-79), 2004; Bd III (§§ 185-262), 2003; Bd IV (§§ 263-358), 2005
m. (w.) N.	mit (weiteren) Nachweisen
Nachtr.	Nachtrag
NdsRpfl.	Niedersächsische Rechtspflege
NdsSOG	Niedersächsisches Gesetz über die öffentliche Sicherheit und Ordnung
NdsVBl.	Niedersächsische Verwaltungsblätter

Abkürzungsverzeichnis

n.F.	neue Fassung; neue Folge
Niederschr.	Niederschriften über die Sitzungen der Großen Strafrechtskommission
NJ	Neue Justiz
NJW	Neue Juristische Wochenschrift
NK	Neue Kriminalpolitik
NordÖR	Öffentliches Recht in Norddeutschland
Nr, Nrn	Nummer, Nummern
NStZ	Neue Zeitschrift für Strafrecht
NStZ-RR	NStZ-Rechtsprechungs-Report
NVwZ	Neue Zeitschrift für Verwaltungsrecht
NWPolG	Nordrhein-Westfälisches Polizeigesetz
NZWehrR	Neue Zeitschrift für Wehrrecht
o.	oben
Odersky-Festschr.	Festschrift für Walter Odersky, 1996
ÖJZ	Österreichische Juristenzeitung
OLG	Oberlandesgericht
OLGSt	Lemke, Entscheidungen der Oberlandesgerichte zum Straf- und Strafverfahrensrecht, 2. Aufl. 1991 ff
OVG	Oberverwaltungsgericht
OWi	Ordnungswidrigkeit
OWiG	Gesetz über Ordnungswidrigkeiten
PassG	Passgesetz
PolG	Polizeigesetz (Landesrecht)
PolGNW	Polizeigesetz des Landes Nordrhein-Westfalen
PolR	Polizeirecht
RefE	Referentenentwurf
RegE	Regierungsentwurf
RGBl.	Reichsgesetzblatt
RGSt	Entscheidungen des Reichsgerichts in Strafsachen
Ri	Richtlinien
RiA	Recht im Amt
RiStBV	Richtlinien für das Strafverfahren und das Bußgeldverfahren v. 1.1.1977 i. d. F. v. 1.7.1998 (bundeseinheitlich), abgedr. bei Meyer-Goßner (m. Anl. A – F)
Rdnr.	Randnummer
RDV	Recht der Datenverarbeitung
RhPfPOG	Rheinland-Pfälzisches Polizei- und Ordnungsbehördengesetz
Rpfleger	Der Deutsche Rechtspfleger
RpflEntlG	Gesetz zur Entlastung der Rechtspflege vom 11. 1. 1993, BGBl. I S 50

Rspr	Rechtsprechung
RuP	Recht und Politik
S; S.	Seite; Satz
s. a., s. o. (u.)	siehe auch, siehe oben (unten)
SächsPolG	Sächsisches Polizeigesetz
SächsVSG	Sächsisches Verfassungsschutzgesetz
SDÜ	Übereinkommen zur Durchführung des Übereinkommens von Schengen v. 19.1.1990, BGBl. 1993 II S 1013
SF	Schleierfahndung
SIS	Schengen-Informationssystem
SISY	Staatsanwaltschaftliches Informationssystem
SK StGB	Systematischer Kommentar zum Strafgesetzbuch,
sog.	so genannte
SOG LSA	Gesetz über die öffentliche Sicherheit und Ordnung des Landes Sachsen-Anhalt
SPolG	Saarländisches Polizeigesetz
StraFo	Strafverteidiger Forum
st.	ständig (e; er); z. B. st. Rspr (= ständige Rechtsprechung)
StA	Staatsanwaltschaft, Staatsanwalt
StÄG	Strafrechtsänderungsgesetz
StenB	Stenographischer Bericht
StGB	Strafgesetzbuch
StPO	Strafprozessordnung
StrEG	Gesetz über die Entschädigung für Strafverfolgungsmaßnahmen
StrK	Strafkammer
StrVollstrK	Strafvollstreckungskammer
StS	Strafsenat
StUG	Gesetz über die Unterlagen des Staatssicherheitsdienstes der ehemaligen Deutschen Demokratischen Republik (Stasi-Unterlagen-Gesetz) v. 20.12.1991, BGBl. I S 2272
StV	Strafverteidiger
StVG	Straßenverkehrsgesetz
StVO	Straßenverkehrs-Ordnung
StVollzG	Gesetz über den Vollzug der Freiheitsstrafe und freiheitsentziehenden Maßregeln der Besserung und Sicherung
SVR	Straßenverkehrsrecht
TerrBekG	Terrorismusbekämpfungsgesetz v. 9.1.2002 (BGBl. I, S. 361 ff.)
ThürPAG	Thüringisches Polizeiaufgabengesetz
ThürVBl.	Thüringisches Verwaltungsblatt
TKG	Telekommunikationsgesetz

Abkürzungsverzeichnis

u.	unten; und
u. a.	unter anderen(m)
u. U.	unter Umständen
UA	Akten des Untergerichts
usw.	und so weiter
UVollzO	Untersuchungshaftvollzugsordnung v. 12.2.1953 i. d. F. v. 15.12.1976 (bundeseinheitlich)
v.	vom; von; vor
VA, VerwArch	Verwaltungsarchiv
VerfGH	Verfassungsgerichtshof
VersG; VersammlG	Gesetz über Versammlungen und Aufzüge
VersR	Versicherungsrecht, Juristische Rundschau für Individualver-sicherung
VerwArch.	Verwaltungsarchiv
VG	Verwaltungsgericht
VGH	Verwaltungsgerichtshof
vgl.	vergleiche
VO	Verordnung
VRS	Verkehrsrechts-Sammlung, Entscheidungen aus allen Gebieten des Verkehrsrechts
VS	Verfassungsschutz
VwGO	Verwaltungsgerichtsordnung
VwVfG	Verwaltungsverfahrensgesetz
WaffG	Waffengesetz
wistra	Zeitschrift für Wirtschaft, Steuer, Strafrecht
WRV	Verfassung des Deutschen Reichs (Weimarer Reichsverfassung) v. 11.8.1919, RGBl. S 1383
WStG	Wehrstrafgesetz
z. B.	zum Beispiel
ZEVIS	Zentrales Verkehrsinformationssystem
zit.	zitiert
ZPO	Zivilprozeßordnung i. d. F. v. 12.9.1950, BGBl. I S 533
ZRP	Zeitschrift für Rechtspolitik
ZSEG	Gesetz über die Entschädigung von Zeugen und Sachverständigen
ZStW	Zeitschrift für die gesamte Strafrechtswissenschaft
zust.	zustimmend
zw.	zweifelhaft; zweifelnd
ZWehrR	Zeitschrift für Wehrrecht

Teil 1: Innere Sicherheit und Verfassung

Übersicht

1. **Innere Sicherheit als Staatsaufgabe** 24
2. **Innere Sicherheit und grundrechtliche Freiheit** 28
   2.1. Freiheit contra Sicherheit? 28
   2.2. Grundrecht auf Sicherheit? 31
   2.3. Die Würde des Menschen (Art. 1 I GG) 33
   2.4. Das Recht auf informationelle Selbstbestimmung
        (Art. 2 I in Verb. m. Art. 1 I GG) 37
   2.5. Das Recht auf Leben und körperliche Unversehrtheit (Art. 2 II 1 GG) 41
   2.6. Die Freiheit der Person (Art. 2 II 2 GG) 45
   2.7. Die Freiheit der Meinungsäußerung (Art. 5 I 1 GG) 47
   2.8. Die Versammlungsfreiheit (Art. 8 GG) 49
   2.9. Das Brief-, Post- und Fernmeldegeheimnis (Art. 10 GG) 52
   2.10. Die Freizügigkeit (Art. 11 GG) 56
   2.11. Die Unverletzlichkeit der Wohnung (Art. 13 GG) 57
3. **Demokratie und Rechtsstaatsprinzip** 61
   3.1. Normative und ideelle Grundlagen 61
   3.2. Der Gesetzesvorbehalt 63
   3.3. Öffentlichkeit und Transparenz 64
   3.4. Verhältnismäßigkeit, Übermaßverbot 66
   3.5. Normenklarheit und Tatbestandsbestimmtheit 69
   3.6. Justizgewährleistung, Richtervorbehalte 73
   3.7. Verfahrensregeln 76
4. **Föderale Kompetenzbegrenzung versus Zentralisierung,
   Internationalisierung, Informalisierung und Privatisierung** 78
   4.1. Bundesstaatlichkeit und Dezentralisierung der Sicherheitsbehörden 78
   4.2. Bedeutung des Trennungsgebots 79
   4.3. Grenzverwischungen I: „Vorbeugende Straftatenbekämpfung" 82
   4.4. Grenzverwischungen II: Zentralisierungstendenzen 84
   4.5. Internationalisierung und Informalisierung 87
   4.6. Ökonomisierung und Privatisierung 88
   Literatur 91

Teil 1: Innere Sicherheit und Verfassung

> *„Jenseits aller Phrasen gilt in der Kriminalitätsbekämpfung beinhart der Grundsatz: An ihren Taten sollt ihr sie erkennen".*
> **Manfred Kanther**, *weiland Bundesminister des Innern, am 3. 9. 1998 im Bundestag[1]*

> *„Die Verfassung ist immer weniger das Gehege, in dem sich demokratisch legitimierte Politik frei entfalten kann, sondern immer stärker die Kette, die den Bewegungsspielraum der Politik lahmlegt".*
> **Wolfgang Schäuble**, *derzeit Bundesminister des Innern, im September 1996[2]*

1. Innere Sicherheit als Staatsaufgabe

Der Begriff „Innere Sicherheit" hat einen beruhigenden Klang. Er verspricht **Freiheit von Angst**[3] angesichts einer Vielzahl teils realer, teils nur empfundener Bedrohungen des Individuums in der unübersichtlichen sowie zunehmend fragmentierten und anomischen Gesellschaft von heute[4]. Ursächlich für die Verunsicherung der Menschen kann die Furcht sein, Opfer eines Verbrechens zu werden, ebenso aber auch die Sorge um den Erhalt des Arbeitsplatzes, des sozialen Status oder des vertrauten soziokulturellen Umfelds. Weil aber der ersehnte Idealzustand des Fehlens jeglicher Verunsicherungsfaktoren niemals erreicht werden kann, ist das Politikerversprechen, diese oder jene Maßnahme schaffe endlich „Sicherheit", als Akzeptanzbeschaffungsvehikel beliebig einsetzbar[5]. Der reale Zugewinn an Sicherheit lässt sich nur selten anhand rationaler Kriterien messen[6].

---

1 BT-Plenarprot., 13. WP, 247. Sitzung, S. 23104 (Nur zur Erinnerung: *Kanther* wurde im Zusammenhang mit der CDU-Schwarzgeldaffäre im April 2004 vom *LG Wiesbaden* wegen Untreue verurteilt.
2 F. A. Z. v. 13. 9. 1996, S. 12.
3 So *Kaufmann*, Sicherheit, S. 10; *Aulehner*, Informationsvorsorge, S. 289.
4 Anschaulich das Bild von *Volkmann*, JZ 2004, 701: In der Figur des „Schläfers" schlummere „gleichnishaft die ganze verstörende Unsicherheit einer Welt, in der das Unheil jederzeit und an jedem Ort hervorbrechen kann und die deshalb einer so früh wie möglich ansetzenden Kontrolle unterworfen werden muß".
5 Vgl. *Gössner*, in: Ders., Mythos, S. 17 ff.; *Lepsius*, Leviathan 2004, 87; *Noll*, ÖZP 2004, 44.
6 Gar das Ausbleiben „islamistisch" motivierter Terroranschläge in Deutschland als Beleg für den Erfolg der Antiterrorismusgesetzgebung anzuführen und zugleich noch mehr Befugnisse für die Sicherheitsbehörden zu fordern (so der innenpolitische Sprecher der SPD-Bundestagsfraktion, *Wiefelspütz*, in FR v. 29. 3. 2005; ähnlich äußerte sich *Schily* nach der internen Evaluierung dieser Gesetze, vgl. „Der Spiegel" 11/2005), zeigt mit seiner an Chuzpe grenzenden Pseudologik zwar beachtliches Geschick im Politikmarketing, bezeugt jedoch wenig grundrechtliche Sensibilität. Dass gleichzeitig der statistisch zu konstatierende Rückgang schwerer Straftaten in Deutschland verschwiegen wird, kritisiert *Pfeiffer*, in: „Die Zeit" v. 2. 6. 2005 und in: Verhältnis, S. 39 ff.

1. Staatsaufgabe oder Grundrecht?

So unterschiedlich die Definitionen des Begriffs „Innere Sicherheit" auch ausfallen – gemeinsam ist ihnen die **Ausblendung der ökonomischen Sphäre** (während z. B. das Entwicklungskonzept der UNO zur „menschlichen Sicherheit" diese Sphäre bewusst mit einbezieht)[7]: So soll der Begriff „eine Sammelbezeichnung für Absichten, Maßnahmen, Prozesse, Institutionen, Programme und Erklärungen in der Sicherheits- und Rechtspolitik" darstellen[8]. Deutlich enger und im Gegensatz zur eben wiedergegebenen frei von Tautologien ist folgende moderne politikwissenschaftliche Definition von „Innerer Sicherheit": Sie sei „ein System von staatlichen Institutionen und Einrichtungen, die durch Verfassung und Organe der demokratischen Willensbildung legitimiert sind, das öffentliche Gewaltmonopol im Rahmen rechtlich festgelegter Regeln exekutiv unter Anwendung auch von Zwangsmitteln auszuüben"[9]. Diese institutionelle Definition kann durchaus konkreter gefasst werden. Danach sind zur Inneren Sicherheit zu rechnen „a) in vollem Umfang die unter dem Begriff Verbrechensbekämpfung zusammengefaßte polizeiliche Verbrechensverhütung und Strafverfolgung, b) die in der deutschen Rechtsentwicklung als sicherheitspolizeilich eingestuften Aufgaben des Melde-, Paß-, Ausländer-, Vereins- und Versammlungswesens, c) darüber hinaus sämtliche vollzugspolizeiliche Aufgaben, d) die Aufgaben des Verfassungsschutzes und der Nachrichtendienste"[10].

Während das Grundgesetz z. B. die Verpflichtung des Staates zur Sozialgestaltung in den Fundamentalnormen des Art. 20 und 28 I verankert[11] oder den Verteidigungsauftrag der Bundeswehr in Art. 87 a definitiv festgelegt hat[12], wird Innere Sicherheit als Staatsaufgabe oder Staatsziel **nirgendwo im Verfassungstext erwähnt**. Zwar enthält Art. 35 II GG den polizeirechtlichen Begriff der „öffentlichen Sicherheit", und Art. 73 Nr. 10 b GG spricht von der „Sicherheit des Bundes oder eines Landes", jedoch sind diese Begriffe keineswegs deckungsgleich mit der Inneren Sicherheit[13]. Diese wird gleichwohl von mehreren Autoren als Staatsaufgabe mit Verfassungsrang betrachtet. Begründet wird dies vor allem mit den **Schutzpflichten des Staates**, die von der Rechtsprechung des *BVerfG* und der Literatur aus den Grundrechten abgeleitet werden[14]. Diese Schutzpflichten sowie der „Verfassungsauftrag zum Schutz von Staat und Verfassungsordnung" würden sich „zu einem umfassenden grundgesetzlichen Auftrag

Unterschiedliche Definitionen

Innere Sicherheit als Verfassungsvoraussetzung

---

7   Dazu näher *Mahnkopf*, Güter, S. 14 ff.; richtig auch *Gusy*, VVDStRL 63 (2004), 207: „Ohne soziale Sicherheit gibt es überhaupt gar keine Sicherheit" sowie *Calliess*, DVBl. 2003, 1096.
8   *Walter*, in: *Möllers*, Wörterbuch, Stichwort „Innere Sicherheit".
9   *Lange*, Innere Sicherheit, S. 16.
10 *Götz*, in: HStR III, § 79, Rdnr. 4.
11 Zur aktuellen Bedeutung des Sozialstaatsgebots näher *Schiek*, AK-GG, Art. 20 I-III, V Rdnr. 23 ff.; *Kutscha*, in: *Butterwegge u. a.*, Herrschaft, S. 105 ff.
12 Unter engen, genau definierten Voraussetzungen ist darüber hinaus der Einsatz der Bundeswehr auch im Inneren zugelassen worden, vgl. Art. 87 a III u. IV, Art. 35 II u. III; dazu im einzelnen *Kutscha*, KJ 2004, 231; *Linke*, AöR 129 (2004), 489. Zu aktuellen Versuchen einer Aufweichung der Unterscheidung zwischen Innerer Sicherheit und Äußerer Sicherheit näher unten (unter 4.4).
13 Vgl. *Götz*, in: HStR III, § 79, Rdnr. 2.
14 Ausführlich *Möstl*, Garantie, S. 24 ff. u. 76; ferner *Calliess*, ZRP 2002, 6; *Götz*, HStR III, § 79, Rdnr. 10; zur Problematik der grundrechtlichen Schutzpflichten vgl. im Einzelnen unter 2. 2.

zum Schutz der Rechtsgüter des einzelnen und der Allgemeinheit (Rechtsgüterschutz) verbinden"[15].

Anders argumentiert das *BVerfG* in seinem Beschluss von 1978 zum Kontaktsperregesetz: „Die Sicherheit des Staates als verfaßter Friedens- und Ordnungsmacht und die von ihm zu gewährleistende Sicherheit seiner Bevölkerung sind Verfassungswerte, die mit anderen im gleichen Rang stehen und unverzichtbar sind, weil die Institution Staat von ihnen die eigentliche und letzte Rechtfertigung herleitet"[16]. So apodiktisch diese wortwörtlich vom *BVerwG* übernommene[17] und die „Sicherheit des Staates" unbesehen neben die Sicherheit der Bevölkerung stellende Formel sich auch ausnimmt, enthält sie doch eine kaum zu bezweifelnde Kernaussage: Der **Schutz der Bevölkerung** gilt seit langem als **elementare Aufgabe des Staates**, sie wird dementsprechend auch von der Verfassungsordnung des Grundgesetzes stillschweigend vorausgesetzt[18].

Schon auf dem berühmten, aus den Jahren 1338/39 stammenden **Freskenzyklus von Ambrogio Lorenzetti** im Palazzo Pubblico von Siena schwebt „Securitas" in engelsgleicher Gestalt vor dem Tor der mittelalterlichen Stadt in der Toskana, in der linken Hand den Galgen mit einem gehenkten Verbrecher, in der rechten Hand eine Schriftrolle tragend. Deren Text lautet: „Senza paura ognuom franco camini / e lavorando semini ciascuno / mentre che tal comuno / manterrà questa donna in signoria / chel alevata a rei ogni balia." (Jeder begehe ohne Angst diese Straßen und verdiene durch seine Arbeit / während die Kommune diese Frau [die Sicherheit] in ihrer Mitte hält, denn sie hat alle Macht des Bösen bezwungen)[19]. Interessant ist, dass hier nicht nur Sicherheit auf den Straßen vor Überfällen etc. verheißen, sondern zugleich an die **ökonomische Voraussetzung** für ein „gutes Leben", nämlich auskömmliche Arbeit, erinnert wird.

Von Hobbes zu Locke

Freilich lag der allegorischen Figur der „Securitas" in Siena kein ausformuliertes theoretisches Konzept zugrunde. Vor dem selben ökonomischen Hintergrund wie die italienischen Stadtstaaten des Mittelalters, nämlich dem **Interesse des Bürgertums an einem sicheren Warenhandel**, entwickelte drei Jahrhunderte später der Engländer **Thomas Hobbes** (1588-1679) seine bis heute prominente Staatszwecklehre: Ausgangspunkt seines Modells ist der gedachte „Naturzustand" zwischen den Menschen, der „Krieg aller gegen alle" in ihrem unstillbaren Hunger nach Macht und Reichtum[20]. Dem stellt Hobbes die Regeln der Vernunft als „gesellschaftliche Naturgesetze" entgegen. Damit diese wirksam werden könnten, bedürfe es eines Gesellschaftsvertrages, dessen Einhaltung von einer übergeordneten Macht durchgesetzt wird. Diese Rolle weist Hobbes **dem Staat** zu. „Wo es keinen Staat gibt, gibt es ...kein Unrecht. Die Gerechtigkeit beginnt erst mit der Gründung wirksamer Verträge. Und Verträge können

---

15 So *Möstl*, Garantie, S. 28; ähnlich *Aulehner,* Informationsvorsorge, S. 436 f.
16 BVerfGE 49, 24 (56/57) = NJW 1978, 2235 (2237).
17 BVerwGE 49, 202 (209) = NJW 1976, 491 (492).
18 Ebenso *Gusy*, VVDStRL 63 (2004), 154; *Calliess,* ZRP 2002, 1 f.; *Götz*, HStR III, § 79, Rdnr. 2; *Trute*, in: Gedächtnisschrift Jeand'Heur, S. 413.
19 Übersetzung in *Frugoni*, Lorenzetti. S. 69.
20 *Hobbes*, Leviathan, S. 98 f.; ausführlich zum Folgenden *Goldschmidt*, Staatstheorien, S. 4 ff.; *Möstl*, Die staatliche Garantie, S. 7 ff.; *Calliess*, ZRP 2002, 2 ff.; *Noll*, ÖZP 2004, 35; *Schwarz*, in: *Blaschke* u. a., Sicherheit, S. 34 ff.

erst dann wirksam werden, wenn es eine öffentliche Gewalt gibt, deren Kraft stark genug ist, die Menschen zu der Einhaltung von Verträgen zu zwingen"[21]. Dass der Staat seine Zwangsgewalt gegen die Bürger missbrauchen könnte, erscheint bei diesem auf Vertragsschluss basierenden Modell als ausgeschlossen. Damit der Staatszweck erreicht werden kann, sei vielmehr jeder Einzelne dazu verpflichtet, alle Handlungen und Befehle des Souveräns als seine eigenen anzusehen. „Wenn durch die Errichtung des Staates ein jeder Urheber aller herrscherlichen Handlungen ist, beklagt man sich folglich über seine eigene Tat, wenn man sich über ein Unrecht seines Herrschers beklagt. Ein jeder kann sich deshalb nur selbst anklagen. Da es aber unmöglich ist, sich selbst ein Unrecht zuzufügen, kann sich niemand eines Unrechts beklagen"[22]. Erst wenn der Herrscher nicht mehr in der Lage ist, den Frieden zu sichern und das Leben seiner Untertanen zu schützen, sind diese von der Pflicht zum Gehorsam befreit.

Im Gegensatz zu Hobbes erkannte **John Locke** (1632-1704) deutlich die Möglichkeit des **Missbrauchs der Staatsgewalt**. Auch Locke weist dem Staat die Aufgabe zu, die Sicherheit der Bürger und vor allem deren Eigentum zu schützen. Er warnt jedoch zugleich vor den Schwächen der menschlichen Natur, „die stets bereit ist, nach der Macht zu greifen". Um dieser Versuchung zu begegnen, plädiert Hobbes u. a. für **Gewaltenteilung**: Diejenigen Personen, die für die Gesetzgebung verantwortlich seien, dürften nicht zugleich auch die Macht haben, diese Gesetze zu vollstrecken[23].

Falls ein Herrscher gar die „den einzelnen Gliedern dieser Gesellschaft oder dieses Gemeinwesens die ihnen gebührende Freiheit raubt", müsse man diesen „als in einem Kriegszustand betrachten"[24].

Damit kommt Locke das Verdienst zu, wohl zum ersten Mal die bis heute bestehende **Ambivalenz** der Staatsaufgabe „Sicherheit" verdeutlicht zu haben: Die Staatsgewalt kann die Sicherheit der Bürger vor Bedrohungen durch andere schützen, sie kann sich aber auch selbst als Bedrohung für diese Sicherheit erweisen. Innere Sicherheit kann **durch** den Staat hergestellt werden (wenn auch niemals vollständig), sie kann aber auch im **Schutz vor dem Staat** bestehen[25]. In der Tradition der französischen Revolution kommt dem Begriff „Sicherheit" vor allem die letztere Bedeutung zu[26]. Ein solches Verständnis spiegelt sich auch in **Art. 5 I der EMRK** von 1950 sowie in dem ihm nachgebildeten **Art. 6 der Grundrechte-Charta der EU** von 2000, die lauten „Jede Person hat das Recht auf Freiheit und Sicherheit". Diese Gewährleistung zielt unstreitig gegen Einschränkungen der körperlichen Bewegungsfreiheit und Freiheitsentziehungen durch den Staat, ist mithin eindeutig als **Abwehrrecht gegen den Staat** einzu-

Ambivalenz der Staatsaufgabe Sicherheit

---

21 *Hobbes*, Leviathan, S. 114.
22 *Hobbes*, Leviathan, S. 141.
23 *Locke*, Zwei Abhandlungen, S. 267 u. 291.
24 *Locke*, Zwei Abhandlungen, S. 210.
25 Dies verkennt z. B. *Horn*, in: Festschrift für Schmitt Glaeser, S. 438: Sicherheit bedeute nicht Sicherheit vor dem Staat, „sondern fordert Schutz und Sicherheit durch den Staat". Auch *Otto Schily* konstatierte Anfang 1998: „Es geht heute nicht mehr darum, den einzelnen vor dem Staat zu schützen, sondern den einzelnen vor der Organisierten Kriminalität" („Der Spiegel" 6/1998, S. 32).
26 Vgl. *Denninger*, KritV 2003, 317; *Schwarz*, in: *Blaschke* u. a., Sicherheit, S. 31.

ordnen[27]. „Sicherheit" in einem umfassenden staatsabwehrenden Sinne kann vor diesem Hintergrund gerade auch als **Rechtssicherheit** verstanden werden[28]. Je mehr aber demgegenüber „Innere Sicherheit" als Auftrag an den Staat zum Schutz vor Dritten verabsolutiert wird, umso intensiver stellt sich das Problem einer Gefährdung von verfassungsmäßig verbürgten Freiheitsrechten.

2. Innere Sicherheit und grundrechtliche Freiheit

Hauptfunktionen der Grundrechte

Die Hauptfunktionen der Grundrechte hat das BVerfG schon früh auf eine griffige Formel gebracht: Sie „sollen in erster Linie die Freiheitssphäre des Einzelnen gegen Eingriffe der staatlichen Gewalt schützen und ihm insoweit zugleich die Voraussetzungen für eine freie aktive Mitwirkung und Mitgestaltung im Gemeinwesen sichern"[29]. Die **Machtausübung des Staates** gegenüber den Bürgern soll mithin **rechtsstaatlich „gebändigt"** werden, damit soll neben der privaten Sphäre auch der notwendige Freiraum für politisches Engagement verfassungsrechtlich gesichert sein.

2.1. Freiheit contra Sicherheit?

Besonders vor dem Hintergrund der aktuellen „Sicherheitspolitik" nach dem 11. September 2001 hat die Frage des **komplexen Spannungsverhältnisses** zwischen Innerer Sicherheit und grundrechtlicher Freiheit politische und wissenschaftliche Kontroversen ausgelöst[30]. „Wer mehr Sicherheit will, muss weniger Freiheit akzeptieren"[31], lautet eine in der Politik offenbar weithin akzeptierte Formel.

Die Position Wilhelm von Humboldts

Gleichsam als Kronzeuge für die Betonung des Ranges der Sicherheit vor der Freiheit wird dabei vor allem der liberale preußische Politiker und Gelehrte **Wilhelm von Humboldt** in Anspruch genommen. Dieser hat in seinem 1792 entstandenen Werk „Ideen zu einem Versuch, die Grenzen der Wirksamkeit des Staats zu bestimmen" in der Tat die **Gewährleistung von Sicherheit als Staatsaufgabe** herausgestellt: „Ohne Sicherheit vermag der Mensch weder seine Kräfte auszubilden noch die Früchte derselben zu genießen; denn ohne Sicherheit ist keine Freiheit. Es ist aber zugleich etwas, das der Mensch sich selbst allein nicht verschaffen kann...". Daraus folgert er als Grundsatz, „daß die Erhaltung der Sicherheit sowohl gegen auswärtige Feinde als in-

---

27 Vgl. *Grabenwarter*, EMRK, S. 150; unzutreffend demgegenüber *Schily* im Bundestag, Plenarprot. 13. WP, S. 23105 (B).
28 So *Denninger*, KritV 2003, 317; *Lepsius*, Leviathan 2004, 88.
29 BVerfGE 21, 362 (369) = NJW 1967, 1411 (1412).
30 Vgl. z. B. *Bielefeldt*, Freiheit; *Limbach*, AnwBl. 2002, 454; *Hassemer*, vorgänge 2002, 10; *Hoffmann-Riem*, ZRP 2002, 497; *Schulze-Fielitz*, in: Festschrift für *Schmitt Glaeser*, S. 407 sowie die Beiträge in *Humanistische Union*, Innere Sicherheit; *Friedrich-Ebert-Stiftung*, Sicherheit u. *Blaschke* u. a., Sicherheit statt Freiheit?.
31 So der ehemalige Landespolizeipräsident von Baden-Württemberg, *Alfred Stümper*, nach FR v. 29. 9. 2001.

nerliche Zwistigkeiten den Zweck des Staats ausmachen und seine Wirksamkeit beschäftigen muß"[32].

Mit dieser Bestimmung eines elementaren Staatszwecks knüpft v. Humboldt an Thomas Hobbes[33] an. Das **Grundanliegen** seine Schrift liegt aber gerade auch in der **Begrenzung der Staatsgewalt**, wie bereits der Titel ausweist. Sie plädiert für eine strikte Beschränkung staatlicher Fürsorge-, Erziehungs- und Schutzmaßnahmen auf das Notwendige: „Der Staat enthalte sich aller Sorgfalt für den positiven Wohlstand der Bürger und gehe keinen Schritt weiter, als zu ihrer Sicherstellung gegen sich selbst und gegen auswärtige Feinde notwendig ist; zu keinem andren Endzwecke beschränke er ihre Freiheit"[34]. Damit steht v. Humboldt der liberalen Theorie John Lockes deutlich näher als dem Ideengebäude Hobbes': Der Sicherheit kommt danach gegenüber der bürgerlichen Freiheit eine **dienende Funktion** zu, sie darf indessen nicht zu einer Generalermächtigung für jedwede Freiheitsbeschränkung erhoben werden.

Eine solche Sichtweise des Verhältnisses von Freiheit und Sicherheit liegt auch der Verfassungsordnung der Bundesrepublik zugrunde. Zwar darf der Staat die verfassungsmäßig verbürgten Freiheitsrechte nach Maßgabe der jeweiligen Schrankenbestimmungen mit dem Ziel des Schutzes anderer Grundrechtsträger begrenzen, jeder dieser Eingriffe in die geschützte Freiheitssphäre der Bürger bleibt jedoch – u. a. auf der Grundlage des Verhältnismäßigkeitsprinzips[35] – **rechtfertigungsbedürftig**[36]. „Der Freiheitsanspruch des Einzelnen", so die überzeugende Argumentation des *MVVerfG* in seinem Urteil zur „Schleierfahndung" vom 21. 10. 1999, „verlangt, dass er von polizeilichen Maßnahmen verschont bleibt, die nicht durch eine hinreichende Beziehung zwischen ihm und einer Gefährdung eines zu schützenden Rechtsguts oder eine entsprechende Gefahrennähe legitimiert sind"[37].

Die Sichtweise des Grundgesetzes

Das bloße Bedürfnis von Politikern, gegenüber einem verunsicherten Publikum Handlungsfähigkeit des Staates zu demonstrieren und für eine Hebung des Sicherheitsgefühls zu sorgen, kann hingegen als Legitimation für Grundrechtseingriffe nicht ausreichen[38]. Anderenfalls würde der **besondere Rang der grundrechtlichen Freiheitsverbürgungen** missachtet. Schließlich hat der Parlamentarische Rat den Katalog der Grundrechte an den Anfang des Verfassungswerkes gestellt, um den Fortschritt gegenüber der Weimarer Reichsverfassung, aber auch die radikale Abkehr von den men-

---

32 *V. Humboldt*, Ideen, S. 58/59.
33 Vgl. die Darstellung oben unter 1.
34 *V. Humboldt*, Ideen, S. 52.
35 Dazu im einzelnen unter 3. 4.
36 Ebenso z. B. *Bielefeldt*, Freiheit, S. 9; *Gusy*, VVDStRL 63 (2004), 181; *Neumann*, Staat, S. 79; vgl. auch BVerfGE 30, 250 (263) = NJW 1971, 1603: „Der Grundsatz der Rechtsstaatlichkeit fordert, dass der Einzelne vor unnötigen Eingriffen der öffentlichen Gewalt bewahrt bleibt".
37 *MVVerfG*, LKV 2000, 149 (153); vgl. auch *Benda*, in: Polizeiführungsakademie 1/95, S. 22 f.; *Lisken*, in: *Lisken/Denninger*, Handbuch, Rdnr. C 38; *Wolter*, in: Festschrift Rudolphi, S. 738; dem gegenüber wertet *Heckmann* (in: *Blaschke* u. a., Sicherheit statt Freiheit?, S. 20) die Duldung anlassunabhängiger polizeilicher Kontrollen als „Solidarbeitrag des Bürgers".
38 Vgl. z. B. *Behrendes*, in: Pitschas, Kriminalprävention, S. 116 f.; *Schulze-Fielitz*, in: Festschrift für *Schmitt Glaeser*, S. 433; *Gusy*, VVDStRL 63 (2004), S. 190; zu vage *Waechter*, DVBl. 1999, 809 (810 f.).

schenverachtenden Praktiken des NS-Systems zur Geltung zu bringen[39]. Die „Absage an den Nationalsozialismus", so heißt es in einer Kammerentscheidung des *BVerfG* von 2001 richtig, habe das Grundgesetz in vielen Normen besonders ausgedrückt, aber auch in dem Aufbau allgemeiner rechtsstaatlicher Sicherungen dokumentiert, deren Fehlen das NS-Regime geprägt habe[40]. Der vom Grundgesetz konstituierte demokratische Rechts- und Sozialstaat sollte eben nicht Selbstzweck oder Zwangsapparat einer „Volksgemeinschaft" sein, sondern eine **Institution zur Ermöglichung und zum Schutz der freien Entfaltung der Individuen** in ihren verschiedenen sozialen Sphären[41].

Mehr Innere Sicherheit durch weniger Freiheit?

Die Annahme, ein Mehr an Innerer Sicherheit ließe sich nur durch die Einschränkung von grundrechtlicher Freiheit erreichen, beruht dagegen auf einem Fehlschluss. Das Verhältnis zwischen Freiheit und Sicherheit lässt sich nicht als ein „Nullsummenspiel" beschreiben „derart, dass Sicherheitsgewinne stets nur auf Kosten der Freiheit möglich wären und die Wahrung der Freiheitsrechte umgekehrt per se eine Behinderung für effektive Sicherheitspolitik darstellte"[42]. Im Gegenteil: Die Hypostasierung der Inneren Sicherheit zulasten der Freiheit kann im Ergebnis wiederum zur Schaffung von „**Unsicherheit durch Unberechenbarkeit öffentlicher Gewalt**"[43] führen. Die Freiheitsbedrohung wird dabei in subjektiver Hinsicht größer als sie sich rein objektiv darstellt, weil niemand mehr weiß, ob seine Freiheitssphäre tatsächlich betroffen ist[44].

Verstärkt wurde diese Entwicklung insbesondere durch die Antiterrorismusgesetzgebung der letzten Jahre, die eine **Vielzahl unbescholtener Personen** in staatliche Überwachungspraktiken mit einbezieht und dabei kaum noch irgendwelche Sphären privater Lebenswelten ausspart[45]. So wird denn auch die ursprünglich für Zwecke der Terrorismusbekämpfung im Jahre 2002 geschaffene Kontenevidenzzentrale bei der Bundesanstalt für Finanzdienstleistungsaufsicht mittlerweile auf breiter Basis zur Abfrage der Stammdaten von Kontoinhabern bei deutschen Banken genutzt – die neu geschaffene gesetzliche Eingriffsgrundlage[46] lässt es an jeglicher klaren Eingrenzung der zum Abruf berechtigten Behörden fehlen[47]. Demgegenüber ruft das *BVerfG* in seinem Beschluss vom 4.4.2006 zur Rasterfahndung die Sichtweise des Grundgesetzes in Erinnerung: „Die Verfassung verlangt vom Gesetzgeber, eine angemessene Balance zwischen

---

39 Vgl. *Dreier*, in: Ders., GG I, Vorb. Rdnr. 21 unter Hinweis auf Äußerungen des Abg. *Carlo Schmid*.
40 *BVerfG* (K), NJW 2001, 2076 (2077); vgl. auch *Battis/Grigoleit*, NVwZ 2001, 123 ff.; *Kutscha*, Verfassung, S. 56 ff.
41 „Der Staat ist um des Menschen willen da, nicht der Mensch um des Staates willen", hieß es in Art. 1 des Verfassungsentwurfs von Herrenchiemsee.
42 *Bielefeldt*, Freiheit, S. 21; ähnlich die Kritik von *Frankenberg*, KJ 2005, 375 f.
43 *Hohmann-Dennhardt*, in: *Adolf-Arndt-Kreis*, Sicherheit, S. 109.
44 Dazu *Lepsius*, Jura 2005, 435.
45 Vgl. dazu nur *Lepsius*, Leviathan 2004, 78 ff.; *Saurer*, NVwZ 2005, 282, die Beiträge in *Friedrich-Ebert-Stiftung*, Sicherheit vor Freiheit? sowie hier im Achten Teil .
46 § 93 VII u. VIII AO, eingefügt durch das Gesetz zur Förderung der Steuerehrlichkeit vom 23. 12. 2003, BGBl. I, 2928.
47 Dazu kritisch BlnBDI, Jb. 2004, 28 ff.; *Göres*, NJW 2005, 255; *Kühling*, ZRP 2005, 196; *Schaar*, RuP 2005, 160.

Freiheit und Sicherheit herzustellen. Das schließt nicht nur die Verfolgung des Zieles absoluter Sicherheit aus, welche ohnehin faktisch kaum, jedenfalls aber nur um den Preis einer Aufhebung der Freiheit zu erreichen wäre. Das Grundgesetz unterwirft auch die Verfolgung des Zieles, die nach den tatsächlichen Umständen größtmögliche Sicherheit herzustellen, rechtsstaatlichen Bindungen, zu denen insbesondere das Verbot unangemessener Eingriffe in die Grundrechte als Rechte staatlicher Eingriffsabwehr zählt"[48].

2.2. Grundrecht auf Sicherheit?

In der dogmatischen Konstruktion eines „Grundrechts auf Sicherheit" scheint das Spannungsverhältnis zwischen grundrechtlicher Freiheit und Innerer Sicherheit indessen aufgehoben zu sein. *Josef Isensee* hat 1983 als erster die Existenz eines solchen nirgendwo im Verfassungstext positivierten (und entgegen der Meinung von *Schily* auch nicht in Art. 5 EMRK verankerten)[49] Grundrechts behauptet[50], andere haben seinen Ansatz weiter ausgebaut[51]. *Isensee* definiert das „Grundrecht auf Sicherheit" als die Gesamtheit der Schutzpflichten des Staates, die diesem ein aktives Handeln zum Schutz grundrechtlicher Rechtsgüter geböten[52]. Dem genannten „Grundrecht" soll mithin **nicht der Charakter eines Abwehrrechts** gegen den Staat, sondern eines **Leistungsrechts** zukommen, was angesichts der Ablehnung sozialer Grundrechte wie des Rechts auf Arbeit und Wohnraum durch denselben Autor[53] erstaunen muss. Das „Grundrecht auf Sicherheit" soll denn auch nicht etwa die soziale Sicherheit gewährleisten, sondern z. B. als Gegenpol zum Recht auf informationelle Selbstbestimmung[54] im Namen der „Inneren Sicherheit" vorgenommene **Eingriffe des Staates in Freiheitsrechte legitimieren.**

In ihrem Ausgangspunkt kann sich die Lehre vom „Grundrecht auf Sicherheit" immerhin auf die Rechtsprechung des *BVerfG* stützen. Beginnend mit seinem ersten Abtreibungsurteil von 1975 versteht das *BVerfG* das Grundrecht auf Leben und körperliche Unversehrtheit, Art. 2 II 1 GG, nicht nur als Abwehrrecht, sondern auch als Konstituierung einer **staatlichen Schutzpflicht**: Das Grundrecht richte sich nicht nur gegen Eingriffe, sondern „gebietet dem Staat auch, sich schützend und fördernd vor dieses Leben zu stellen, das heißt vor allem, es auch vor rechtswidrigen Eingriffen von seiten anderer zu bewahren"[55]. Abgesehen von diesem Urteil, in dem das Gericht dem Gesetzgeber eine grundsätzliche Pönalisierungspflicht für den Schwangerschaftsabbruch

---

48 *BVerfG*, NJW 2006, 1939 (1945).
49 *Schily* im Bundestag am 3. 9. 1998, BT-Plenarprot. 13. WP, S. 23105 (B) Der Begriff der „Sicherheit" hat in Art. 5 EMRK eine staatsabwehrende Bedeutung, vgl. dazu unter 1.
50 *Isensee*, Grundrecht.
51 Z. B. *Aulehner,* Informationsvorsorge, S. 428 ff.; *Robbers,* Sicherheit; *Möstl,* Garantie, S. 84 ff.; *Horn,* in: Festschrift *Schmitt Glaeser,* S. 443; *Scholz/Pitschas,* Selbstbestimmung, S. 111.
52 *Isensee*, Grundrecht, S. 33.
53 *Isensee*, in: Gemeinsame Verfassungskommission, Sten. Bericht der Anhörung am 16. 6. 1992, S. 7 ff.
54 So *Aulehner*, Informationsvorsorge, S. 428 ff.; *Scholz/Pitschas,* Selbstbestimmung, S. 110 ff.
55 BVerfGE 39, 1 (42) = NJW 1975, 573 (575).

vorschrieb, hat das *BVerfG* den staatlichen Organen einen **weiten Spielraum** für die Entscheidung eingeräumt, **auf welche Weise** diese Schutzpflicht erfüllt wird. Einen solchen Entscheidungsspielraum billigte das Gericht der Regierung im Fall der Schleyer-Entführung[56] und dem Gesetzgeber u. a. bei der Zulassung der Lagerung chemischer Waffen in der Bundesrepublik[57], beim Schutz vor Gesundheitsgefahren durch Ozon und bei der Frage genereller Geschwindigkeitsbegrenzungen auf deutschen Autobahnen zu[58]. In allen diesen Fällen verneinte das *BVerfG* eine verfassungsrechtliche Verpflichtung des Staates, die jeweils von den Antragstellern begehrte Maßnahme zum Schutz von Leben bzw. Gesundheit zu treffen. Es verwies stattdessen jeweils auf den **Gesetzgeber**, der nach dem Grundsatz der Gewaltenteilung und dem demokratischen Prinzip „die regelmäßig höchst komplizierte Frage entscheiden" müsse, wie die aus der Verfassung herzuleitende Schutzpflicht verwirklicht werden soll[59]. In der höchstrichterlichen Entscheidungspraxis kommt die Schutzpflicht damit eher einer **Staatszielbestimmung** als einem subjektiven Recht nahe[60]. Nur im Extremfall einer unmittelbaren Bedrohung von Leib und Leben kann sich die Schutzpflicht zum Gebot eines bestimmten Handelns verdichten[61] und das Ermessen (z. B. der Polizei) auf Null reduzieren[62]. Dafür bedarf es allerdings keines „Grundrechts auf Sicherheit".

Umkehrung der Grundrechtsfunktion

Vor allem aber wird mit der Annahme eines solchen „Grundrechts" die ursprüngliche Stoßrichtung von Grundrechten als Freiheitsgewährleistungen geradezu **in ihr Gegenteil verkehrt**[63]: Aus Abwehrrechten zum Schutz vor Eingriffen der Staatsgewalt wird eine Legitimationsformel für letztlich uferlose Kompetenzerweiterungen des Staates zulasten der Freiheit. Die Grundrechte „sind dann nur noch variable Größen nach Maßgabe übergeordneter, aus dem Verfassungswert ‚Innere Sicherheit' abgeleiteter Sicherheitsinteressen. So werden die Grundrechte ‚interpretatorisch' unterwandert und am Ende schluckt der Verfassungswert das Grundrecht. Ein solches Verfahren widerspricht dem Grundgesetz. Nicht die ‚Innere Sicherheit' steht an der Spitze der Verfassung, sondern diesen Platz nehmen die Grundrechte ein. Die freiheitliche Demokratie ist Freiheitsstaat, kein Sicherheitsstaat"[64].

---

56 BVerfGE 46, 160 (164) = NJW 1977, 2255.
57 BVerfGE 77, 170 (214 f.) = NJW 1988, 1651 (1657).
58 *BVerfG (K)*, NJW 1996, 651.
59 *BVerfG (K)*, NJW 1996, 651 (652).
60 In diesem Sinne auch *Grimm*, Zukunft, S. 234; *Hansen*, KJ 1999, 241; ausführlich zur Problematik grundrechtlicher Schutzpflichten; *Dietlein,* Schutzpflichten; *Szczekalla*, Schutzpflichten; *Schwarz*, in: Blaschke u. a., Sicherheit statt Freiheit?, S. 40 ff.; kritisch z. B. *Leutheusser-Schnarrenberger*, ZRP 1998, 90.
61 Anders aber das *BVerfG* im Schleyer-Entführungsfall (BVerfGE 46, 160 = NJW 1977, 2255), in dem eine solche Bedrohungssituation unzweifelhaft vorlag; vgl. demgegenüber BVerfGE 52, 214 = NJW 1979, 2607 und *BVerfG (K)*, NJW 1998, 295 zum Räumungsvollstreckungsschutz bei Suizidgefahr.
62 Dazu im einzelnen *Rachor*, in: *Lisken/Denninger*, Handbuch, Rdnr. F 130 ff; *Prümm/Sigrist*, Sicherheitsrecht, Rdnr. 88.
63 So auch *Albrecht*, in: *Friedrich-Ebert-Stiftung*, Sicherheit, S. 13; vgl. ferner die Kritik von *Denninger*, KJ 1988, 13; *Gusy*, VVDStRL 63 (2004), 168 f.; *Hansen*, KJ 1999, 240 ff.; *Limbach*, AnwBl. 2002, 454 f.; *Lisken*, ZRP 1990, 16; *Weichert*, Selbstbestimmung, S. 34 ff.
64 *Kniesel*, ZRP 1996, 486.

2. Innere Sicherheit und Freiheitsrechte

Die Konstruktion eines „Grundrechts auf Sicherheit" ermöglicht es, massiv in Grundrechte eingreifendes sicherheitsbehördliches Handeln gerade als Veranstaltung zur Grundrechtsverwirklichung darzustellen. So erscheint der Staat nicht mehr als Gegenpart der Freiheitsrechte, sondern in der Rolle des Helfers und Beschützers der Bedrängten. Unter dem Deckmantel fürsorglichen Grundrechtsschutzes durch die Obrigkeit wird jedoch nichts anderes als die Befreiung vom „lästigen Rankenwerk rechtsstaatlicher Begrenzungen staatlicher Macht" betrieben[65]. Damit aber bewirkt dieses obskure „Grundrecht" im Ergebnis **nicht mehr, sondern weniger Sicherheit** für Bürger und Bürgerinnen.

Die folgende Darstellung einzelner im Grundgesetz positivierter Grundrechte kann nicht deren Dogmatik in ihrer gesamten Bandbreite behandeln, sondern muss sich auf einzelne Fragen beschränken, die für die Thematik der Inneren Sicherheit von besonderer Bedeutung sind.

2.3. Die Würde des Menschen (Art. 1 I GG)

Die pathetisch klingende, wenn auch knapp formulierte Sollensaussage des ersten Satzes im Grundgesetz, „Die Würde des Menschen ist unantastbar", gewinnt ihren Sinn erst vor dem Hintergrund von Staatsterror, von tödlichen Menschenversuchen, Folterpraktiken sowie der industriell betriebenen Vernichtung Angehöriger „minderwertiger Rassen" in den Konzentrationslagern, kurz: der gesamten menschenverachtenden Realität des Nazistaates[66]. Dieser Aussage den Charakter eines Grundrechts abzusprechen[67], sie aber zugleich und mit gutem Grund als **„oberstes Konstitutionsprinzip allen objektiven Rechts"** zu werten[68], macht wenig Sinn. Als „höchster Rechtswert innerhalb der verfassungsmäßigen Ordnung"[69] muss ihm auch die Qualität eines subjektiven, also einklagbaren Rechtstitels des Einzelnen zukommen[70].

Nach der Rechtsprechung des *BVerfG* liegt dieser Fundamentalnorm „die Vorstellung vom Menschen als einem geistig-sittlichen Wesen zugrunde, das darauf angelegt ist, in Freiheit sich selbst zu bestimmen und sich zu entfalten". Diese Freiheit verstehe das Grundgesetz aber als diejenige eines gemeinschaftsbezogenen und gemeinschaftsverbundenen Individuums; sie könne deshalb auch nicht unbegrenzt sein, sondern dürfe „zur Pflege und Förderung des sozialen Zusammenlebens" vom Gesetzgeber beschränkt werden[71]. Damit aber stellt sich die Frage, wie weit der Gesetzgeber und die anderen Staatsorgane dabei gehen dürfen, **ohne** die Menschenwürde zu verletzen. Als zentrales Kriterium für die Entscheidung dieser schwierigen Frage benutzt das BVerfG

Auslegung durch das BVerfG

---

65 *Hirsch*, in: *Zwiehoff*, Lauschangriff, S. XI.
66 Vgl. nur *LG Frankfurt*, NJW 2005, 692 (694); *Böckenförde*, JZ 2003, 809; *Dreier*, in: Ders., GG I, Art. 1 I, Rdnr. 32; *Kutscha*, Verfassung, S. 56 f.
67 So z. B. *Dürig*, in: *Maunz-Dürig*, GG (1958), Art. 1 I, Rdnr. 4; *Dreier*, in: Ders., GG I, Art. 1 I Rdnr. 127.
68 *Dürig* a. a. O.; ähnlich *Dreier* a. a. O., Rdnr. 128 u. *Höfling/Augsberg*, JZ 2005, 1081.
69 So BVerfGE 45, 187 (227) = NJW 1977, 1525 (1526).
70 So auch *Benda*, HbVerfR, S. 165 f.; *Klass*, Grenzen, S. 140 f.; anders dagegen *Dürig*, in: *Maunz-Dürig*, GG (1958), Art. 1 I, Rdnr. 4 f.
71 BVerfGE 45, 187 (227/228) = NJW 1977, 1525 (1526).

Teil 1: Innere Sicherheit und Verfassung

seit der Mikrozensus-Entscheidung von 1969 die von *Dürig*[72] entwickelte **„Objektformel"**. Danach widerspricht es der menschlichen Würde, „den Menschen zum bloßen Objekt im Staat zu machen"[73]. Der Mensch müsse, so formulierte das Gericht später im Anschluss an *Kant*, „immer Zweck an sich selbst bleiben"[74].

Eine eindeutige Entscheidung der sich in der Praxis stellenden Streitfragen lässt sich der „Objektformel" wegen ihrer Vagheit allerdings nur selten entnehmen, sie kann allerdings die Richtung für eine Lösung vorgeben und damit eine gewisse Orientierungswirkung entfalten[75].

Des weiteren geht das *BVerfG* davon aus, dass der Schutz der Menschenwürde auch in anderen Grundrechten wie den Art. 10 und Art. 13 GG konkretisiert wird, indem ein **„Kernbereich privater Lebensgestaltung"** jeglicher staatlicher Ingerenz (etwa in Gestalt von Lauschangriffen) entzogen wird[76].

Darüber hinaus sind in der Wissenschaft Fallgruppen gebildet worden, um Verletzungstatbestände präziser eingrenzen zu können[77]. So wird zu Recht z. B. die zwangsweise Verabreichung eines **Brechmittels,** um einen als Drogendealer Verdächtigen zum Erbrechen möglicherweise zuvor verschluckter Drogenbehälter zu zwingen, als Verstoß gegen Art. 1 I GG gewertet: Der Betroffene werde auf diese Weise „funktionalisiert und nur mehr dem Zweck des Hervorwürgens unterworfen"[78].

Die Folterdebatte

Noch bis vor kurzem galt es als unstrittig, dass die Anwendung von **Folter** immer eine Verletzung des Art. 1 I GG darstelle[79]. Anlässlich des Falles *Daschner* ist dieser Konsens inzwischen aufgegeben worden, und es mehren sich auch unter Juristen Stimmen, die Folter, freilich nur unter engen Voraussetzungen, für zulässig erachten[80].

---

72 Vgl. *Dürig*, in: *Maunz-Dürig*, GG (1958), Art. 1 I Rdnr. 28.
73 BVerfGE 27, 1 (6) = NJW 1969, 1707.
74 BVerfGE 45, 187 (228) = NJW 1977, 1525 (1526).
75 Vgl. BVerfGE 30, 1 (25) = NJW 1971, 275 (279); *Höfling*, in: Sachs, GG, Art. 1 Rdnr. 14; *Klass*, Grenzen, S. 130 f.; kritisch z. B. *Dreier*, in: Ders., GG I, Art. 1 I, Rdnr. 53; *Nettesheim*, AöR 130, (2005), 79 f.
76 BVerfGE 109, 279 = NJW 2004, 999 (1002), *BVerfG*, NJW 2005, 2603 (2612); Näheres hierzu unter 2. 9. u. 2.11.
77 Vgl. z. B. *Dreier*, in: Ders., GG I, Art. 1 I, Rdnr. 138 ff.
78 So *OLG Frankfurt*, NJW 1997, 1647 (1648); **a. A.** *OLG Bremen*, NStZ-RR 2000, 270; *KG*, JR 2001, 162 (163) unter Berufung auf ein in der Sache überflüssiges obiter dictum des *BVerfG (K)*, NStZ 2000, 96; dazu kritisch *Hackethal*, JR 2001, 164; *Rachor*, in: *Lisken/Denninger,* Handbuch, Rdnr. F 572; *Roggan*, in: *Humanistische Union*, Innere Sicherheit, S. 316; vgl. zum Brechmitteleinsatz auch 2. 5.
79 Vgl. z. B. *Dürig*, in: *Maunz/Dürig*, GG (1958), Art. 1 I, Rdnr. 30: „ganz offenkundige" Missachtung, ferner *Stein/Frank*, Staatsrecht, S. 235; *Lisken*, in: *Lisken/Denninger*, Handbuch, Rdnr. K 1; im übrigen folgt das Folterverbot auch aus Art. 104 I 2 GG, Art. 3 EMRK sowie der internationalen Anti-Folter-Konvention von 1984, dazu im einzelnen *Hecker*, KJ 2003, 210; *Marx*, KJ 2004, 278 (280 ff.); *Merten*, JR 2003, 405 f.
80 So z. B. *Herdegen*, in: *Maunz/Dürig*, GG (2003) Art. 1 I Rdnr. 45; *Götz*, NJW 2005, 957; *Welding*, RuP 2003, 222; *Wittreck*, DÖV 2003, 873; *Erb*, Jura 2005, 24 (bezogen auf die strafrechtliche Nothilfe); zuvor bereits *Brugger*, JZ 2000, 165 u. *Starck*, in: *v. Mangoldt/Klein/Starck*, GG, Art. 1 I, Rdnr. 71. An Radikalität kaum zu übertreffen ist freilich die Auffassung des Richters am *LG Berlin Andreas Ohlsen*, der als Mörder verurteilte *Gäfgen* sei ein Unmensch und damit ein „Niemand", der nach Art. 3 EMRK eben der Folter unterzogen werden dürfe (nach FR v. 22. 12. 2004).

Daschner hatte als stellvertretender Polizeipräsident von Frankfurt a. M. dem Kindesentführer *Gäfgen* am 1. 10. 2002 die Zufügung massiver Schmerzen angedroht, um das Versteck des (zum damaligen Zeitpunkt bereits toten) Kindes zu erfahren. Er wurde darauf hin am 20. 12. 2004 vom *LG Frankfurt* zu einer Geldstrafe wegen Nötigung verurteilt[81].

Herdegen gelangt zu einer Rechtfertigung bestimmter Foltermaßnahmen, indem er die Gewährleistung des Art. 1 I GG in einen unantastbaren „Würdekern" und einen der Abwägung mit anderen Verfassungsgütern offenen „weiteren Schutzbereich" aufspaltet. Eine solche Abwägung mit dem Recht auf Leben habe „normimmanent" bei der Konkretisierung des Würdeanspruchs zu erfolgen. Daraus könne sich im Einzelfall ergeben, dass die Androhung oder Zufügung körperlichen Übels „wegen der auf Lebensrettung gerichteten Finalität eben nicht den Würdeanspruch verletzen"[82]. Entscheidend ist danach offenbar die **Absicht** des Folternden („Finalität"), womit sich freilich zahlreiche Folteranwendungen rechtfertigen ließen, weil auch totalitäre Regimes die Folter (so sie denn überhaupt zugegeben wird) mit der Notwendigkeit der Ermittlung und Bekämpfung lebensbedrohender Terroristen zu legitimieren pflegen. Angesichts der bitteren Realität in solchen Regimes mutet der Versuch, zwischen „böser" und „guter" Folter zu unterscheiden, bestenfalls als naiv an[83].

Von anderen wiederum wird vorgebracht, dass beim Verzicht auf eine Abwägung zwischen dem Lebensrecht von (potentiellen) Terroropfern und der Menschenwürde des Straftäters die „Durchsetzung eines gesellschaftspolitischen Ziels" dem Leben unschuldiger Menschen übergeordnet werde, worin sich das „**Gesicht des Totalitarismus**" zeige[84]. Dabei wird unterstellt, dass die Anwendung von Folter **wirklich** das einzige Mittel zur Rettung der von dem Straftäter bedrohten Opfer ist. Selbst aber im Fall *Daschner* gab es nach den Feststellungen des *LG Frankfurt* durchaus Alternativen zur Folter, um den Kindesentführer *Gäfgen* zur Aussage zu veranlassen[85]. Auch im übrigen können die Befürworter der „Rettungsfolter" **keinerlei empirische Beispiele** für Situationen nennen, in denen Menschenleben nur durch den Einsatz von Folter gerettet werden konnten. Stattdessen wird Zuflucht in angsteinflößenden Szenarien von beeindruckender Suggestivkraft („ticking bomb") genommen, die mitunter die Grenze zum Absurden überschreiten. So wird z. B. die Vorstellung evoziert, *Hitler* sei nach einem Umsturz verhaftet worden und man müsse ihn jetzt foltern dürfen, um den Ort von Konzentrationslagern zu erfahren und so noch das Leben von Menschen retten zu können[86].

---

81 *LG Frankfurt*, NJW 2005, 692.
82 *Herdegen*, in: *Maunz/Dürig*, GG (2003), Art. 1 I, Rdnr. 45.
83 „In der Geschichte dürfte es kein Beispiel für eine staatliche Ordnung geben, in der die ‚Ausnahmefolter' zulässig war und in der mit diesem Instrument sorgsam und verantwortungsvoll umgegangen worden wäre", so *Gebauer*, NVwZ 2004, 1408; vgl. auch *Norouzy*, JA 2005, 309.
84 So *Erb*, Jura 2005, 30.
85 *LG Frankfurt*, NJW 2005, 692 (693); a. A. *Jerouschek*, JuS 2005, 301, der die Folterandrohung als strafrechtlich gerechtfertigt, aber als polizeirechtlich unzulässig wertet.
86 So *Welding*, RuP 2003, 225; vgl. auch das Beispiel von Brugger, JZ 2000, 165 f.; kritisch zu solchen Szenarien *Bielefeldt*, Folterverbot, S. 7; *Weßlau*, in: *Paech u. a.*, Völkerrecht, S. 398 f.

Gegenüber solchen wenig überzeugenden Rechtfertigungsversuchen bleibt an der **ausnahmslosen Geltung des Folterverbots** festzuhalten[87]. Darüber hinaus ist dem *BVerfG* beizupflichten, dass die Menschenwürde **keinerlei Abwägung mit anderen Rechtsgütern** unterworfen werden darf[88]. Der Begriff „unantastbar" in Art. 1 I GG muss auch für die Zukunft seine Bedeutung bewahren.

<small>Menschenwürdeschutz contra individuelle Selbstbestimmung?</small>

Im Polizei- und Ordnungsrecht gibt es allerdings Fallkonstellationen, bei denen sich die Frage einer Verletzung der Menschenwürde und einer daraus resultierenden Schutzpflicht des Staates weitaus weniger eindeutig beantworten lässt. In der Wissenschaft umstritten sind insbesondere Entscheidungen des *BVerwG*, in denen dieses die Versagung der Gewerbeerlaubnis für **„Peep-Shows"**[89] sowie das polizeirechtliche Verbot eines **„Laserdrome"**[90] bestätigte. Im ersteren Fall erblickte das Gericht in der Darbietung der nackten Frau gegenüber anonymen „Gaffern", im letzteren Fall in den simulierten Tötungshandlungen, mit denen Gewalt bagatellisiert und damit der Wert- und Achtungsanspruch jedes Menschen geleugnet werde, jeweils eine vom Staat nicht zu duldende Verletzung der Menschenwürde. Gemeinsam ist den beiden Sachverhalten, dass die jeweils agierenden Personen, also die Frauen in der „Peep-Show" oder die Spielteilnehmer im „Laserdrome", ihr Handeln keineswegs als Verletzung ihrer Würde empfinden. Damit stellt sich die Frage, ob sich nicht der staatliche Schutz der Menschenwürde in einen **Widerspruch** zur (in diesem Grundrecht ebenfalls enthaltenen) **Freiheit individueller Selbstbestimmung** setzen kann[91]. In Anbetracht des auch vom *BVerfG* betonten Rechts eines jeden, „sein Schicksal eigenverantwortlich (zu) gestalten"[92], darf es einen **„Grundrechtsschutz gegen sich selbst"** nur in engen Grenzen geben. Zu berücksichtigen sind dabei sowohl die gesellschaftlichen Auswirkungen problematischer Selbstverwirklichung (etwa bei Tötungsspielen) als auch wirtschaftliche Zwangssituationen oder mangelnde Kenntnis der möglicherweise weitreichenden Folgen, weshalb in solchen Fällen von einer freien und selbstbestimmten Entscheidung nicht immer gesprochen werden kann. Dies gilt vor allem für die Preisgabe des eigenen genetischen Codes z. B. gegenüber Versicherungen oder Arbeitgebern. In solchen Fällen spricht einiges für die Anerkennung eines unveräußerlichen **„Grundrechts am eigenen genetischen Code"**[93]. Werden allerdings lediglich die nichtcodierenden Sequen-

---

87 Ebenso z. B. *Bielefeldt*, Folterverbot, S. 5; *Dreier*, in: Ders., GG I, Art. 1 I, Rdnr. 134; *Gebauer*, NVwZ 2004, 1409; *Hecker*, KJ 2003, 214; *Marx*, KJ 2004, 290 f.; *Merten*, JR 2005, 407; *Müller/Formann*, Die Polizei 2003, 313; *Norouzy*, JA 2005, 310; *Pieroth/Schlink*, Grundrechte, Rdnr. 365 f.; *Weßlau*, in: *Paech u. a.*, Völkerrecht, S. 409.
88 BVerfGE 93, 266 (293) = NJW 1995, 3303 (3304); BVerfGE 109, 279 (314) = NJW 2004, 999 (1002); dagegen *Kloepfer*, in: Festschrift 50 Jahre BVerfG I, S. 98.
89 BVerwGE 64, 274 = NJW 1982, 664.
90 BVerwGE 115, 189 = NVwZ 2002, 598; dazu kritisch *Aubel*, Die Verwaltung 2004, 229.
91 Dazu überzeugend *VG Berlin*, NJW 2001, 983 (986) gegen die Sittenwidrigkeit der Prostitution; vgl. auch *Klass*, Grenzen, S. 356; *Nettesheim*, AöR 130 (2005), 98. Die Problematik stellt sich ähnlich bei der Anordnung von beschränkenden Auflagen z. B. bei der Ausstellung „Körperwelten" oder bei Fernsehsendungen wie „Big Brother", dazu einerseits *Hinrichs*, NJW 2000, 2173; andererseits *Huster*, NJW 2000, 3477; ausführlich *Klass*, Grenzen.
92 BVerfGE 49, 286 (298) = NJW 1979, 595.
93 So dezidiert *Fisahn*, ZRP 2001, 49.

zen der DNA zur Identitätsfeststellung im Rahmen eines Strafverfahrens benutzt, sind Einschränkungen eines solchen Rechts nach der Rechtsprechung des *BVerfG* unter bestimmten engen Voraussetzungen hinzunehmen[94].

2.4. Das Recht auf informationelle Selbstbestimmung (Art. 2 I in Verb. m. Art. 1 I GG)

Das für die verfassungsrechtliche Beurteilung der Alltagspraxis deutscher Sicherheitsbehörden **vermutlich wichtigste Grundrecht** ist im Grundgesetz selbst nicht positiviert. Während die automatisierte Verarbeitung personenbezogener Daten bei der Polizei und vielen anderen Behörden heute ein „Massengeschäft" darstellt, steckte sie zum Zeitpunkt der Verabschiedung unserer Verfassung noch in den Anfängen und erschien deshalb nicht als Bedrohung für die Freiheitsrechte. Erst in den siebziger Jahren wurde in Teilen der Wissenschaft der Ruf nach einem adäquaten grundrechtlichen Schutz des Einzelnen angesichts der **neuen technischen Möglichkeiten** der Datenverarbeitung laut[95]. In seinem wegweisenden Volkszählungsurteil vom 15. 12. 1983 erkannte dann das *BVerfG* dem Recht auf informationelle Selbstbestimmung bundesverfassungsrechtlichen Rang zu[96].

Zutreffend beschreibt das Gericht die neuartigen **Gefahrenpotentiale der Informationstechnik**: Die in verschiedenen Datensammlungen gespeicherten Einzelinformationen könnten inzwischen zu einem „weitgehend vollständigen Persönlichkeitsbild zusammengefügt werden"[97]. Damit hätten sich in einer bisher unbekannten Weise die Möglichkeiten einer Einsicht- und Einflussnahme auf das Verhalten des einzelnen erweitert.

<small>Herleitung des Grundrechts durch das BVerfG</small>

Das *BVerfG* warnt in diesem Zusammenhang auch vor den **Folgewirkungen** dieser Entwicklung für die Funktionsbedingungen von **Demokratie**: „Wer unsicher ist, ob abweichende Verhaltensweisen jederzeit notiert und als Information dauerhaft gespeichert, verwendet oder weitergegeben werden, wird versuchen, nicht durch solche Verhaltensweisen aufzufallen. Wer damit rechnet, dass etwa die Teilnahme an einer Versammlung oder einer Bürgerinitiative behördlich registriert wird und ihm dadurch Risiken entstehen können, wird möglicherweise auf eine Ausübung seiner entsprechenden Grundrechte (Art. 8, 9 GG) verzichten"[98].

Als verfassungsrechtliche Quintessenz hieraus folgert das Gericht die Notwendigkeit eines **besonderen grundrechtlichen Schutzes** vor unbegrenzter Erhebung und Verarbeitung personenbezogener Daten. Diesen Schutz soll das „Recht auf informationelle

---

94 Vgl. dazu im Einzelnen in Teil II.8.
95 Vgl. vor allem das Gutachten von *Steinmüller u. a.*, Grundfragen, S. 80 sowie auch *OVG Berlin*, NJW 1978, 1654 – Fall *Narr*; im Einzelnen dazu *Kutscha*, in: *Lange*, Staat, S. 357 f.; *Weichert*, Selbstbestimmung, S. 11 ff.
96 BVerfGE 65, 1 = NJW 1984, 419.
97 BVerfGE 65, 1 (42) = NJW 1984, 419 (421).
98 BVerfGE 65, 1 (43) = NJW 1984, 419 (423).

Teil 1: Innere Sicherheit und Verfassung

Selbstbestimmung" gewährleisten. Als Ausprägung des auf Art. 2 I in Verb. m. Art. 1 I GG gestützten **allgemeinen Persönlichkeitsrechts** beinhalte dieses Recht die Befugnis des einzelnen, „grundsätzlich selbst über die Verwendung und Preisgabe seiner persönlichen Daten zu bestimmen"[99].

Schranken des Grundrechts

Dass ein solches Recht des einzelnen auf informationelle Selbstbestimmung unter den Bedingungen heutiger Staatlichkeit nicht schrankenlos gewährleistet werden kann, wird vom *BVerfG* ebenfalls betont. Zugleich werden aber **wichtige Anforderungen für solche Beschränkungen** aufgestellt: Sie bedürften „einer (verfassungsmäßigen) gesetzlichen Grundlage, aus der sich die Voraussetzungen und der Umfang der Beschränkungen klar und für den Bürger erkennbar ergeben und die damit dem rechtsstaatlichen Gebot der Normenklarheit entspricht"[100]. Damit hat das Gericht indessen keineswegs neue verfassungsrechtliche Prinzipien aufgestellt, sondern lediglich den **Gesetzesvorbehalt** für Grundrechtseingriffe sowie die Einhaltung des klassischen rechtsstaatlichen Prinzips der **Tatbestandsbestimmtheit**[101] angemahnt und auf staatliches Informationshandeln ausgedehnt, das nach herkömmlicher Auffassung gar keinen Grundrechtseingriff beinhaltete und deshalb allein auf den **Amtshilfegrundsatz** gestützt werden konnte[102].

Grundsatz der Zweckbindung

Des weiteren verlangte das Volkszählungsurteil eine Begrenzung der Datenverwendung auf den **gesetzlich bestimmten Zweck**. „Schon angesichts der Gefahren der automatischen Datenverarbeitung ist ein – amtshilfefester – Schutz gegen Zweckentfremdung durch Weitergabe- und Verwertungsverbote erforderlich. Als weitere verfahrensrechtliche Schutzvorkehrungen sind Aufklärungs-, Auskunfts- und Löschungspflichten wesentlich"[103]. Diesen Grundsatz der Zweckbindung relativierte das *BVerfG* dann allerdings einige Jahre später in seiner Entscheidung vom 14. 7. 1999 zur Telekommunikationsüberwachung durch den BND[104]. Indessen unterstellte es **Zweckänderungen** wiederum **bestimmten Anforderungen**: Diese bedürften „ihrerseits einer gesetzlichen Grundlage, die formell und materiell mit dem Grundgesetz vereinbar ist. Dazu gehört, dass die Zweckänderungen durch Allgemeinbelange gerechtfertigt sind, die die grundrechtlich geschützten Interessen überwiegen. Der neue Verwendungszweck muss sich auf die Aufgaben und Befugnisse der Behörde beziehen, der die Daten übermittelt werden, und hinreichend normenklar geregelt sein. Ferner dürfen der Verwendungszweck, zu dem die Erhebung erfolgt ist, und der veränderte Verwendungszweck nicht miteinander unvereinbar sein"[105].

---

99 Ebenda.
100 BVerfGE 65, 1 (44) = NJW 1984, 419 (422).
101 Dazu im einzelnen unter 3.5.
102 Vgl. im einzelnen *Lehner*, Vorbehalt; *Zöller*, Informationssysteme, S. 32 ff.
103 BVerfGE 65, 1 (46) = NJW 1984, 419 (422).
104 BVerfGE 100, 313 = NJW 2000, 55.
105 BVerfGE 100, 313 (360) = NJW 2000, 55 (57); vgl. auch *BVerwG*, NJW 2005, 2330, das einen Grundrechtsverstoß auch bei einer Verletzung der Zuständigkeitsregelung bei der Datenweitergabe annimmt.

Mit dem im Volkszählungsurteil enthaltenen Postulat einer **„informationellen Gewaltenteilung"**[106] wurde der Vorstellung einer „Funktionseinheit"[107] der staatlichen Informationstätigkeiten immerhin eine entschiedene Absage erteilt.

Die Gesetzgeber von Bund und Ländern standen aufgrund der höchstrichterlichen Vorgaben in der Pflicht, für die gesamte informationelle Tätigkeit der staatlichen Verwaltung hinreichend **normenklare bereichsspezifische Regelungen** zu schaffen. Das Ergebnis der legislativen Aktivität lässt sich indessen als **paradoxe Verrechtlichung** kennzeichnen: Zwar existiert inzwischen eine Vielzahl höchst detaillierter Bestimmungen über die Datenerhebung, -speicherung, -verarbeitung und -übermittlung durch die Sicherheitsbehörden und andere öffentliche Stellen. Durch das Übermaß an generalklauselartig formulierten Eingriffstatbeständen (wie z. B. „erforderlich für die Aufgabenerfüllung" etc.) mit unzähligen, kaum überschaubaren Querverweisungen wurde im Ergebnis aber kaum eine Beschränkung, sondern eher die **Entgrenzung** des Handlungsrahmens der Sicherheitsbehörden bewirkt[108]. „Statt die Verarbeitung einzugrenzen und ihre Transparenz sicherzustellen", so die Kritik von *Simitis* 10 Jahre nach dem Volkszählungsurteil, schrieben die neuen Bestimmungen „die Erwartungen der verarbeitenden Stellen fest und verfallen im übrigen zunehmend in eine Sprache, die den Betroffenen die Möglichkeit nimmt zu erkennen, was mit ihren Daten geschehen soll"[109]. Auch erlauben viele Neuregelungen bestimmten Sicherheitsbehörden eine **Durchbrechung der Zweckbindung**: Im Gegensatz zum Postulat des *BVerfG* dürfen personenbezogene Daten danach auch für Zwecke genutzt werden, für die sie ursprünglich gar nicht erhoben wurden [110]. Insgesamt betrachtet, ist die Intention des Volkszählungsurteils durch die Schaffung zahlreicher neuer Befugnisnormen geradezu in ihr Gegenteil verkehrt worden[111].

Auf der anderen Seite haben einige Landesverfassungsgerichte das im Volkszählungsurteil angesprochene Prinzip des **prozeduralen Grundrechtsschutzes** übernommen und weiterentwickelt. Wegweisend sind insoweit die Feststellungen des *Sächs VerfGH* in seinem ersten „Polizeiurteil" vom 14. 5. 1996: „Wo der Gesetzgeber in komplexen, entwicklungsoffenen Bereichen materielle Eingriffsprogramme und damit die Voraussetzungen für Grundrechtseingriffe im wesentlichen durch unbestimmte Ge-

---

106 BVerfGE 65, 1 (69) = NJW 1984, 419 (428).
107 So *Scholz/Pitschas*, Selbstbestimmung, S. 119; entschiedener noch *Kriele*, NJW 1979, 5: „Die verschiedenen Behörden sind Organe desselben demokratischen Verfassungsstaates, die zur Zusammenarbeit verpflichtet sind. Kenntnisse eines Organs sind Kenntnisse dieses Staates". Kritisch dazu z. B. *Kauß*, Datenschutz, S. 51; *Weichert*, Selbstbestimmung, S. 53.
108 Vgl. dazu jetzt aber BVerfGE 110, 33 = NJW 2004, 2213 zur Telekommunikationsüberwachung durch das Zollkriminalamt; dazu im einzelnen unter 3.5.
109 *Simitis*, KritV 1994, 127; vgl. auch *Benda*, in: Polizeiführungsakademie 1/1995, 26 f.; *Eisenberg/Singelnstein*, NStZ 2005, 67; *Zöller*, Informationssysteme, S. 3 u. 57; *Weichert*, in: *Müller-Heidelberg u. a.*, Grundrechtereport 1997, S. 35 ff.
110 Dies gilt z. B. für die Nutzung von Sozialdaten oder von Verbindungsdaten, die bei der Telekommunikation anfallen, durch Sicherheitsbehörden, dazu z. B. *Kutscha*, ZRP 1999, 156 ff. sowie die Darstellung in Teil 4.
111 So richtig *Zöller*, Informationssysteme, S. 56 ff.

Teil 1: Innere Sicherheit und Verfassung

setzesbegriffe umschreibt, kommt der **Regelung der Organisation und des Verfahrens** der Entscheidungsfindung eine **eigenständige grundrechtliche Bedeutung** zu. Je weniger die Eingriffsvoraussetzungen im Gesetzgebungsprogramm vorentschieden sind, desto mehr sind sie im Verwaltungsverfahren und bei der späteren gerichtlichen Kontrolle zu konkretisieren. In diesen Fällen kommt der rechtzeitigen Beteiligung etwaiger Grundrechtsbetroffener eine erhebliche Bedeutung zu."[112] Der Gerichtshof nimmt dabei auch zur Kenntnis, dass bestimmte polizeiliche Maßnahmen dem davon Betroffenen verborgen bleiben und deshalb eine gerichtliche Kontrolle nicht möglich ist[113]. Gerade für solche

Situationen erscheinen ihm deshalb kompensatorische Verfahrensgestaltungen z. B. unter Beteiligung unabhängiger Dritter sowie **Berichts- und Dokumentationspflichten** zwecks Kontrolle der jeweiligen Maßnahmen als unverzichtbar[114].

In seinem (bisher wenig beachteten) zweiten „Polizeiurteil" vom 10. 7. 2003 hat der *SächsVerfGH* den Schutzumfang des Grundrecht auf informationelle Selbstbestimmung weiter präzisiert: Es enthalte auch das Recht des Einzelnen, „darüber unterrichtet zu werden, dass und in welchem Umfang über ihn heimlich Daten ...erhoben wurden. Diese über die rein abwehrrechtliche Funktion hinausgehende Erstreckung des materiellen Grundrechtsschutzes ist geboten, weil heimliche staatliche Informationserhebung im allgemeinen nur dann einer wirksamen – zumindest nachträglichen – Kontrolle unterliegt, wenn der Betroffene von den Maßnahmen erfährt. Bleiben sie ihm verborgen, wird ein Rechtsschutzinitiativeffekt nicht ausgelöst". Fehle es an der Möglichkeit des Rechtsschutzes mangels Kenntnis des Betroffenen, „so wird der Eingriff in das informationelle Selbstbestimmungsrecht intensiviert und über den Überwachungszeitraum hinaus aufrechterhalten. Daher ist die lediglich eingeschränkte Gewährung bzw. das gänzliche Fehlen eines Unterrichtungsanspruchs nicht nur an der Rechtsweggarantie, sondern auch am Grundrecht auf informationelle Selbstbestimmung zu messen"[115]. Die Annahme eines solchen grundsätzlich bestehenden **Unterrichtungsanspruchs der Betroffenen** ist im Hinblick auf die effektive Gewährleistung informationeller Selbstbestimmung nur folgerichtig[116].

---

112 *SächsVerfGH*, LKV 1996, 273 (286 – Hervorhebungen nicht im Original, M. K.); ähnlich die Argumentation des *MVVerfG*, LKV 2000, 149 (155).
113 Zur Problematik des Versagens der in Art. 19 IV GG verbürgten Rechtsweggarantie in solchen Fällen näher unter 3.6.
114 *SächsVerfGH*, LKV 1996, 273 (286 f.); im Ergebnis ebenso *MVVerfG*, LKV 2000, 149 (155 f.) sowie *Kugelmann*, DÖV 2003, 787 f.; *Peters*, Rechtsnormenbildung, S. 128 ff.; *Schoch*, Staat 2004, 367 f.; *Trute*, in: Gedächtnisschrift für Jeand'Heur, S. 419 ff.; *Weichert*, Selbstbestimmung, S. 45 f.
115 *SächsVerfGH*, Vf. 43-II-00, NJ 2003, 473 (nur Leitsätze, ausführlich referiert bei *Kutscha*, NJ 2003, 623).
116 Vgl. auch *Bäumler*, in: *Lisken/Denninger*, Handbuch, Rdnr. J 38; *Albers*, Determination, S. 236 ff.; *Bizer*, Zweite Novelle, S. 17.

2.5. Das Recht auf Leben und körperliche Unversehrtheit (Art. 2 II 1 GG)

In seinem ersten Abtreibungsurteil von 1975 charakterisierte das *BVerfG* das menschliche Leben als „**Höchstwert**" innerhalb der grundgesetzlichen Ordnung und zugleich als „vitale Basis der Menschenwürde" sowie als „Voraussetzung aller anderen Grundrechte"[117]. Diese scheinbar so selbstverständlichen Feststellungen stehen allerdings in einem gewissen Gegensatz zum normativen Befund. Anders als die „unantastbare" Menschenwürde genießt das Recht auf Leben nach dem Wortlaut des Grundgesetzes **keinen absoluten Schutz**. Art. 2 II 3 GG stellt dieses Grundrecht nämlich ebenso wie die körperliche Unversehrtheit und die Freiheit der Person unter einen einfachen **Gesetzesvorbehalt**. Ob der Parlamentarische Rat dem Gesetzgeber damit die Befugnis einräumen wollte, auch die staatliche Vernichtung menschlichen Lebens zuzulassen, ist angesichts des ausdrücklichen Verbots der Todesstrafe (Art. 102 GG) und ausweislich der Entstehungsgeschichte[118] zweifelhaft.

Problematische Schrankenbestimmung

Unter Berufung auf den Text des Art. 2 II 3 GG hält indessen selbst das *BVerfG* im zweiten Abtreibungsurteil von 1993 das Recht auf Leben für **abwägungsfähig** mit anderen Rechtsgütern[119], womit es sich freilich in Widerspruch zu seiner Einstufung des Lebens als „Höchstwert" setzt. Inzwischen hat denn auch der Gesetzgeber für zwei unterschiedliche Fallgestaltungen dem Staat das Recht zur Tötung von Menschen eingeräumt, und zwar zum einen durch den „finalen Rettungsschuss" der Polizei, zum anderen durch den Abschuss solcher Flugzeuge, die vermutlich als Terrorwaffe eingesetzt werden. Die diesbezügliche Ermächtigung in § 14 III des Luftsicherheitsgesetzes hat das *BVerfG* in seinem Urteil vom 15. 2. 2006 allerdings mit guten Gründen für nichtig erklärt[120].

Unter engen Voraussetzungen lassen die Polizeigesetze der meisten Bundesländer inzwischen den **gezielt tödlichen Schuss** auf Menschen zu. Nach den Regelungen dieser Länder ist ein Schuss, der mit an Sicherheit grenzender Wahrscheinlichkeit tödlich wirken wird, zulässig, wenn er das einzige Mittel zur Abwehr einer Lebensgefahr oder der Gefahr einer schwerwiegenden Verletzung der körperlichen Unversehrtheit ist[121]. In der Literatur werden diese Ermächtigungen durchweg für **verfassungsrechtlich zulässig** gehalten, weil mit der Erschießung z. B. eines zu allem entschlossenen Geiselnehmers nicht zugleich zwingend dessen Menschenwürde verletzt werde[122] und über-

Der „finale Rettungsschuss"

---

117 BVerfGE 39, 1 (42) = NJW 1975, 573 (575).
118 In der Entwurfsfassung des Art. 2 waren recht unterschiedliche Grundrechtsgewährleistungen zusammengefasst (vgl. *v.Doemming/Füsslein/Matz*, JÖR 1 [1951], 54 ff.), so dass sich die Erstreckung des Gesetzesvorbehalts auch auf das Recht auf Leben möglicherweise einer redaktionellen Nachlässigkeit verdankt.
119 BVerfGE 88, 203 (253 f.) = NJW 1993, 1751 (1753).
120 *BVerfG*, NJW 2006, 751; näher dazu im Folgenden.
121 § 54 II BadWürttPolG, Art. 66 II 2 BayPAG, § 66 II 2 BbgPolG, § 46 II 2 BremPolG, § 76 II NdsSOG, § 63 II 2 RhPfPOG, § 34 II SächsPolG, § 57 I 1 SaarlPolG, § 65 II 2 SachsAnhSOG, § 64 II ThürPAG; dazu im einzelnen *Rachor*, in: *Lisken/Denninger*, Handbuch, Rdnr. F 888.
122 Vgl. *Borchardt*, Polizei 2003, 321; *Di Fabio*, in: *Maunz/Dürig*, GG (2004), Art. 2 II, Rdnr. 37; *Heun*, JZ 2002, 518; *Lorenz*, HStR IV, § 128 Rdnr. 40; *Witzstrock*, Todesschuss, S. 16; in diesem Sinne auch *BVerfG*, NJW 2006, 751 (760).

dies in solchen Extremfällen das unmittelbar bedrohte Leben der Geiseln nur durch die Tötung des Rechtsbrechers gerettet werden könne[123].

Fraglich ist allerdings, ob unter vergleichbaren Bedingungen der „finale Rettungsschuss" auch in solchen Bundesländern zulässig ist, die auf die Schaffung einer expliziten Befugnisregelung für diese Extremsituation **verzichtet** haben.

Als problematisch erscheint es jedenfalls, den tödlichen „Rettungsschuss" unter die landesgesetzliche Befugnis zu subsumieren, **angriffs- oder fluchtunfähig** zu machen[124]. Das gesetzliche Ziel dieser Regelung ist in der Tat die baldmögliche Handlungsunfähigkeit und **nicht der Tod** des aggressiven Störers[125]. Beim „finalen Rettungsschuss" ist der Tod aber keineswegs „nur der unerwünschte Neben-, nicht aber der Haupteffekt des Schusswaffeneinsatzes"[126]. Das Ziel des „Rettungsschusses" besteht ja gerade darin, den Betreffenden durch die Zufügung einer tödlichen Verletzung insbesondere des Gehirns „auf der Stelle" außer Gefecht zu setzen, um so die bedrohten Geiseln retten zu können. Der Tod mag dabei zwar unerwünscht sein, tritt aber **„mit an Sicherheit grenzender Wahrscheinlichkeit"** ein und kann nicht etwa als bloßer „Nebeneffekt" des Schusswaffengebrauches abgetan werden. Die detaillierten Befugnisregelungen für die Anwendung unmittelbaren Zwanges sollen solche möglicherweise nicht beabsichtigten **„Nebeneffekte" gerade ausschließen** und die Tiefe des jeweils zulässigen Grundrechtseingriffs genau bestimmen. Wenn es aber lediglich darum geht, einem Geiselnehmer die Waffe aus der Hand zu schießen, stellt sich das Problem des gezielten Todesschusses überhaupt nicht.

Andere wollen die Rechtfertigung eines gezielt tödlichen Schusses auf die **Nothilfebestimmung** des § 32 StGB stützen[127]. Diese Position ist jedoch ebenfalls abzulehnen, weil das strafrechtliche Nothilferecht nur im Verhältnis der Bürger untereinander gilt, **nicht** aber hoheitsrechtliche **Befugnisregelungen ersetzen** kann[128]. Als Bürger mag der einzelne Polizeibeamte zwar die Rechtfertigung durch den § 32 StGB beanspruchen. Als Mitglied z. B. eines Sondereinsatzkommandos handelt der Polizeibeamte jedoch nicht als autonome Privatperson, sondern eingebunden in die Weisungshierarchie der Exekutive bis hinauf zum jeweiligen Innenminister. Die Zulässigkeit des „finalen Rettungsschusses" der Polizei in dieser Situation auf das Jedermannsrecht des § 32 StGB zu stützen, würde zu einer **Umgehung der detaillierten polizeirechtlichen Regelungen** des Schusswaffeneinsatzes mit ihren hohen Anforderungen betreffend die Verhältnismäßigkeit und die gebotene Güterabwägung geradezu einladen. Gerade bei einem so elementaren Grundrechtseingriff wie der staatlichen Tötung eines Menschen

---

123 Vgl. z. B. *Pieroth/Schlink*, Grundrechte, S. 405; *Schulze-Fielitz*, in: *Dreier*, GG I, Art. 2 II Rdnr. 62; *Starck*, in: *v.Mangoldt/Klein/Starck*, GG 1, Art. 1 I Rdnr. 71; *Westenberger*, DÖV 2003, 627; zur Frage der Handlungsalternativen in solchen Fällen näher *Weßlau/Kutscha*, ZRP 1990, 169 ff.
124 So aber z. B. *Gusy*, Polizeirecht, Rdnr. 449; *Jakobs*, DVBl. 2006, 83.
125 So *Gusy*, Polizeirecht, Rdnr. 449.
126 So aber *Gusy*, Polizeirecht, Rdnr. 449.
127 So z. B. *Lenckner*, in: *Schönke/Schröder*, StGB, § 32 Rdnr. 42 a; *Witzstrock*, Todesschuss, S. 73 ff.
128 So u. a. *Borchardt*, Polizei 2003, 322; *Jakobs*, DVBl. 2006, 86 f.; *Lisken*, ZRP 2004, 31; *Rachor*, in: *Lisken/Denninger*, Handbuch, Rdnr. F 890; *Seebode*, StV 1991, 85; *Weßlau*, in: *Paech u. a.*, Völkerrecht, S. 405; **a. A.** z. B. *Jerouschek*, JuS 2005, 300.

2. Innere Sicherheit und Freiheitsrechte

ist der rechtsstaatlich gebotene **Gesetzesvorbehalt**[129] strikt **einzuhalten**. Wie auch immer motivierte „Regelungsskrupel des Gesetzgebers" können jedenfalls den Verzicht auf die verfassungsrechtlich gebotene Entscheidung der Tötungsproblematik nicht rechtfertigen, wie *Lisken* mahnte[130].

Als Reaktion auf die Furcht vor weiteren Terroranschlägen aus der Luft nach dem 11. September 2001 verabschiedete der Bundestag am 18. 6. 2004 das Luftsicherheitsgesetz. Neben einigen hier nicht näher zu erörternden anderen Regelungen enthielt dieses Gesetz in § 14 III die Befugnis zur „unmittelbaren Einwirkung mit Waffengewalt" auf Luftfahrzeuge, „wenn nach den Umständen davon auszugehen ist, dass das Luftfahrzeug gegen das Leben von Menschen eingesetzt werden soll, und sie das einzige Mittel zur Abwehr dieser gegenwärtigen Gefahr ist"[131].

Abschuss „terrorverdächtiger" Flugzeuge

Im Gegensatz zu den eben erörterten landesrechtlichen Regelungen des „finalen Rettungsschusses" ermächtigte diese neue Norm des Bundesrechts auch zur **Tötung Unschuldiger**. Schließlich ist davon auszugehen, dass bei dem euphemistisch als „unmittelbare Einwirkung mit Waffengewalt" umschriebenen Abschuss eines Flugzeugs mit hoher Wahrscheinlichkeit nicht nur die möglicherweise an Bord befindlichen Terroristen, sondern auch die Passagiere und eine vorher nicht abzuschätzende Anzahl von sich gerade an der Absturzstelle des Flugzeugs aufhaltenden Personen getötet werden[132]. Auf die Bedenken u. a. des Bundespräsidenten hin erklärte Bundesinnenminister *Schily*, ein solcher Abschuss dürfe nur erfolgen, wenn „mit an Sicherheit grenzender Wahrscheinlichkeit" das Leben der Menschen ohnehin nicht zu retten sei[133]. Diese Tatbestandsvoraussetzung ist in der gesetzlichen Regelung indessen gar nicht enthalten. Im übrigen dürfte eine **sichere Prognose** des allein entscheidungsbefugten Bundesverteidigungsministers, dass die Insassen des Flugzeugs bereits dem Tode geweiht sind, in der Praxis **kaum je möglich** sein: Zu zahlreich sind die Fälle aus jüngerer Zeit, in denen der Funkkontakt zu einer die Bundesrepublik überfliegenden Verkehrsmaschine für einige Zeit abbrach und daraufhin Phantom-Kampfjets aus der „Alarmrotte" der Bundeswehr Kurs auf das „verdächtige" Flugzeug nahmen[134].

Den wohl konsequentesten Rechtfertigungsversuch für die neue Tötungsermächtigung im Luftsicherheitsgesetz unternimmt *Pawlik*: Seine Ausgangsthese lautet, dass nicht nur dem Soldaten im Verteidigungsfall, sondern auch Angehörigen der Zivilbevölkerung „im äußersten Notfall die Preisgabe ihres Lebens abverlangt werden" darf[135]. Zweifelhaft könne deshalb schwerlich sein, „**dass** in solchen Fällen die Zufügung töd-

Das menschliche Leben als Abwägungsposten?

---

129 Vgl dazu im einzelnen unter 3.2.
130 *Lisken*, ZRP 2004, 33; auch der *EGMR*, NJW 2005, 3405, verlangt, wenn auch etwas vage, die „Zulassung" der Anwendung tödlicher Gewalt bei polizeilichen Operationen durch staatliches Recht und zugleich angemessene und wirksame Garantien gegen Willkür und Missbrauch dieser Gewalt.
131 BGBl. I 2005, 78.
132 Vgl. *Baumann*, DÖV 2004, 854 f.; *Meyer*, ZRP 2004, 206.
133 Nach FR v. 13. 1. 2005; ähnlich die Argumentation von *Baldus*, NVwZ 2004, 1285 u. *Heckmann*, in: Blaschke u. a., Sicherheit, S. 25; kritisch dazu z. B. *Lüderssen*, StV 2005, 106.
134 Vgl. z. B. FR v. 19. 1. 2005 : „Flugzeug versetzt Luftwaffe in Alarm"; weitere historische Beispiele bei *Linke*, AöR 129 (2004), 539.
135 *Pawlik*, JZ 2004, 1053; kritisch *Hartleb*, NJW 2005, 1400.

licher Kollateralschäden zulässig ist, sondern lediglich, welchen **Umfang** diese Schäden höchstens haben dürfen". Für die Frage der Anwendung des § 14 III Luftsicherheitsgesetz folgert *Pawlik* daraus u. a., dass „der Abschuss eine eindeutig positive Kosten-Nutzen-Bilanz erwarten lassen" müsse[136]. Damit aber wird das Leben der Geopferten zu einem **reinen Abwägungsposten herabgewertet**[137]. Wenn aber das Leben von Menschen als **bloße Rechengröße** behandelt wird, deren Wertigkeit im konkreten Fall jeweils „von der Gewichtung anderer Rechtsgüter und Gemeinschaftsbelange abhängig ist"[138], wird damit zugleich der elementare Anspruch auf den Schutz der **Menschenwürde** negiert. Das Leben des Einzelnen zur vertretbaren Größe, zum bloßen Rechenposten zu erklären und dessen gezielte Vernichtung als „**Kollateralschaden**" abzutun, entspricht der **Logik des Krieges**, aber nicht der dem Art. 1 I zugrundeliegenden Wertvorstellung des Grundgesetzes[139].

Das *BVerfG* hat sein Verdikt über diese gesetzliche Ermächtigungsgrundlage denn auch vor allem auf den absoluten Schutzanspruch der **Menschenwürde** gestützt: Der Staat behandele, indem er den Abschuss eines von Terroristen entführten Flugzeugs mitsamt der Besatzung und den Passagieren erlaube, diese Personen „als bloße Objekte seiner Rettungsaktion zum Schutz anderer...Eine solche Behandlung missachtet die Betroffenen als Subjekte mit Würde und unveräußerlichen Rechten. Sie werden dadurch, dass ihre Tötung als Mittel zur Rettung anderer benutzt wird, verdinglicht und zugleich entrechtlicht; indem über ihr Leben von Staats wegen einseitig verfügt wird, wird den als Opfern selbst schutzbedürftigen Flugzeuginsassen der Wert abgesprochen, der dem Menschen um seiner selbst willen zukommt"[140].

Anders ist es nach Auffassung des *BVerfG* allerdings in dem Fall, in dem eine solche Maßnahme mit tödlicher Wirkung **ausschließlich die Täter** trifft, die ein Luftfahrzeug als Waffe zur Vernichtung menschlichen Lebens missbrauchen wollen. Es entspräche „gerade der Subjektstellung des Angreifers, wenn ihm die Folgen seines selbstbestimmten Verhaltens persönlich zugerechnet werden und er für das von ihm in Gang gesetzte Geschehen in Verantwortung genommen wird"[141]. – Es stellt sich allerdings die Frage, unter welchen Voraussetzungen mit **hinreichender Sicherheit** angenommen werden kann, ein Flugzeug sei ausschließlich mit Terroristen besetzt und solle als vernichtende Waffe eingesetzt werden. Dass die mit einer solchen Feststellung verbundenen Unwägbarkeiten „dem Verantwortungsbereich der Straftäter zuzurechnen" seien[142],

---

136 *Pawlik*, JZ 2004, 1054; weitaus vorsichtiger *Baldus*, NVwZ 2004, 1285 sowie *Sinn*, NStZ 2004, 592.
137 Dies wird von *Pawlik*, JZ 2004, 1054 allerdings in Abrede gestellt.
138 *Baumann*, DÖV 2004, 858; ähnlich *Linke*, AöR 129 (2004), 533 (Fußn. 222); *Hartleb*, NJW 2005, 1398; *Höfling/Augsberg*, JZ 2005, 1082; *Kersten*, NVwZ 2005, 662, *Pieroth/Hartmann*, Jura 2005, 729 sowie *Schlink*, „Der Spiegel" 3/2005, S. 34; kritisch auch *Hirsch*, SZ v. 10. 5. 2004.
139 Inzwischen wird von *Schily* denn auch nach dem Vorbild der israelischen Streitkräfte die gezielte Tötung von „Terroristen, die Massenmorde planen", erwogen („Der Spiegel" 18/2004, S. 47); kritisch hierzu *Bausback, NVwZ 2005, 418.*
140 *BVerfG*, NJW 2006, 751 (758); vgl. hierzu auch *Schenke*, NJW 2006, 736; *Kutscha*, CILIP 83 (1/2006), 76; *Winkler*, NVwZ 2006, 539; ablehnend *Baldus*, NVwZ 2006, 532.
141 *BVerfG*, a. a. O., 760.
142 So *BVerfG*, a. a. O., 760; krit. dazu auch *Baldus*, NVwZ 2006, 534 und *Winkler*, NVwZ 2006, 538.

erscheint doch als recht apodiktisch. Und wie soll bei einer solchen Fallkonstellation ausgeschlossen werden, dass durch den Absturz des abgeschossenen Flugzeugs unschuldige Personen am Boden zu Tode kommen?

Das in Art. 2 II 1 GG neben dem Recht auf Leben gewährleistete **Recht auf körperliche Unversehrtheit** kann durch alle Maßnahmen der öffentlichen Gewalt betroffen sein, die in nicht unerheblicher Weise in den menschlichen Körper eingreifen[143]. Gemäß Art. 2 II 3 GG sind solche Maßnahmen nur auf gesetzlicher Grundlage zulässig. Darüber hinaus muss bei ihrer Anwendung der Grundsatz der **Verhältnismäßigkeit**[144] strikt beachtet werden, was z. B. bei der Anordnung körperlicher Eingriffe im Rahmen einer Untersuchung nach § 81 a I StPO von Bedeutung ist. So hat das *BVerfG* in einer Entscheidung zur Zulässigkeit der Anordnung einer **Hirnkammerluftfüllung** im Rahmen eines Strafverfahrens festgestellt: „Der Grundsatz der Verhältnismäßigkeit fordert im Strafverfahren vor allem, dass die Maßnahme unerlässlich ist, dass sie in angemessener Relation zur Schwere der Tat steht und dass die Stärke des bestehenden Tatverdachts sie rechtfertigt. Insofern steht die Verfahrensgestaltung unter dem Gebot des Grundrechtsschutzes"[145]. Der Verhältnismäßigkeitsgrundsatz ist auch z. B. bei einer **Liquorentnahme** aus dem Rückenmark[146] sowie bei der Anordnung einer **Blutentnahme**[147] strikt zu berücksichtigen. Angesichts zweier Todesfälle nach der zwangsweisen Verabreichung von **Brechmitteln** an vermutete Drogendealer, um diese zum Erbrechen verschluckter Drogenbehälter („Bubbles") zu zwingen, lässt sich die Verhältnismäßigkeit dieser polizeilichen Maßnahme kaum noch überzeugend begründen. Ihre Erforderlichkeit für die Strafverfolgung ist schon deshalb zu bestreiten, weil im Regelfall das Ausscheiden der Drogenbehälter auf natürlichem Wege abgewartet werden kann[148]. Damit besteht eine für Leben und Gesundheit der Betroffenen weitaus **ungefährlichere Alternative**[149].

Eingriffe in die körperliche Unversehrtheit

2.6. Die Freiheit der Person (Art. 2 II 2 GG)

Das Grundrecht der Freiheit der Person schützt die **körperliche Bewegungsfreiheit** vor staatlichen Eingriffen, also insbesondere Verhaftung, Festnahme, polizeirechtliche Ingewahrsamnahme u. ä. Es handelt sich damit um eine der Grundrechtsgarantien mit der längsten Geschichte, die bis zur Magna Charta Libertatum von 1215 zurückreicht[150].

---

143 Vgl. *Schulze-Fielitz*, in: *Dreier*, GG I, Art. 2 II Rdnr. 47.
144 Dazu im einzelnen unter 3.4.
145 BVerfGE 17, 108 (117) = NJW 1963, 2368 (2370).
146 Dazu BVerfGE 16, 194 = NJW 1963, 1597 (1598).
147 Dazu z. B. *BVerfG* (K), NJW 1996, 3071.
148 Anders *KG*, JR 2001, 162 (163).
149 Ebenso z. B. *Binder/Seemann*, NStZ 2002, 236; *Roggan*, in: *Humanistische Union*, Sicherheit, S. 317; zweifelnd *Pollähne*, CILIP 80 (1/2005), 77; zur Verletzung der Menschenwürde durch diese Maßnahme näher unter 2.3.
150 Vgl. im einzelnen *Schulze-Fielitz*, in: *Dreier*, GG III, Art. 104 Rdnr. 1 ff.; *Podlech*, in: AK-GG, Art. 104, Rdnr. 1 ff.

Das *BVerfG* betrachtet die Freiheit der Person als „ein besonders hohes Rechtsgut, in das nur aus wichtigen Gründen eingegriffen werden darf"[151]. In der Tat werden durch eine Freiheitsentziehung die Entfaltungsmöglichkeiten des Bürgers **massiv eingeschränkt**. Der Verfassungsgeber hat den Eingriff in dieses Grundrecht denn auch nicht schon nach Maßgabe des einfachen Gesetzesvorbehalts in Art. 2 II 3 GG zugelassen, sondern durch die Regelung des Art. 104 GG weitere Zulässigkeitsvoraussetzungen aufgestellt. Unterschieden wird dabei zwischen der kurzfristigen **Freiheitsbeschränkung** (wie z. B. das Anhalten zur Identitätsfeststellung), für die nur der erste Absatz des Art. 104 gilt, und der weit intensiveren **Freiheitsentziehung**, die den Vorgaben auch der anderen drei Absätze genügen muss.

Hohe Anforderungen an Freiheitsentziehungen

Als Freiheitsentziehung wird die **nicht nur kurzfristige Beschränkung der körperlichen Bewegungsfreiheit** nach jeder Richtung hin auf einen eng umgrenzten Raum verstanden[152], dazu zählen z. B. alle Formen der **Haft**. Neben dem Verbot der Misshandlung, Art. 104 I 2 GG[153] hat das Grundgesetz als verfahrensmäßige Schutzgewährleistung für alle Freiheitsentziehungen den **Richtervorbehalt** verankert. Gemäß Art. 104 II 3 GG darf die Polizei ohne richterliche Entscheidung eine Person höchstens bis zum Ende des Tages nach dem Ergreifen in Gewahrsam halten. Diese Regelung wurde in der Praxis mitunter verstanden als Freibrief für eine Form polizeilicher „Bestrafung" durch das Einsperren von Personen für einige Stunden, ohne dass ein Richter benachrichtigt wurde[154]. Praktiken solcher Art hat das *BVerfG* in seinem Beschluss vom 15. 5. 2002 eine deutliche Absage erteilt:

Strikte Geltung des Richtervorbehalts

Alle staatlichen Organe seien verpflichtet, „dafür Sorge zu tragen, dass der Richtervorbehalt als Grundrechtssicherung praktisch wirksam wird". Für den Staat folge daraus die verfassungsrechtliche Verpflichtung, die Erreichbarkeit eines zuständigen Richters jedenfalls zur Tageszeit zu gewährleisten und ihm insoweit eine sachangemessene Wahrnehmung seiner richterlichen Aufgaben zu ermöglichen[155]. „Die Nachholung der richterlichen Entscheidung ist auch dann nicht entbehrlich, wenn der Freiheitsentzug vor Ablauf der Frist des Art. 104 Abs. 2 Satz 3 GG endet". Diese Vorschrift setze dem Festhalten der Person eine äußerste zeitliche Grenze, befreie aber nicht von der **Verpflichtung**, eine solche richterliche Entscheidung **unverzüglich herbeizuführen**[156]. Danach gilt der Richtervorbehalt auch für polizeiliche Freiheitsentziehungen, die nur einige Stunden andauern[157].

---

151 BVerfGE 105, 239 (247) = NJW 2002, 3161.
152 Vgl. nur BVerfGE 94, 166 (198) = NJW 1996, 1666; *Donat*, Freiheitsentziehung, S. 31; *Schulze-Fielitz*, in: Dreier, GG III, Art. 104, Rdnr. 23.
153 Zur Diskussion um die Zulässigkeit von Folter vgl. oben unter 2.3.
154 So insbesondere bei den Protestaktionen gegen CASTOR-Transporte nach Gorleben, vgl. *Donat*, Freiheitsentziehung, S. 5 ff.
155 BVerfGE 105, 239 (248) = NJW 2002, 3161 (3162); dazu *Rabe v. Kühlewein*, DVBl. 2002, 1545. Zu den Praxisdefiziten der Richtervorbehalte näher unter 3.6.
156 BVerfGE 105, 239 (249) = NJW 2002, 3161 (3162) sowie *BVerfG (K)*, NVwZ 2006, 579.
157 Vgl. auch *Donat*, Freiheitsentziehung, S. 33 f.; *Podlech*, in: AK-GG, Art. 104, Rdnr. 36.

2.7. Die Freiheit der Meinungsäußerung (Art. 5 I 1 GG)

Das Grundrecht auf freie Meinungsäußerung ist, wie das *BVerfG* bereits in seinem die gesamte Grundrechtsdogmatik prägenden „Lüth-Urteil" vom 15. 1. 1958 erkannte, für eine freiheitlich-demokratische Staatsordnung „schlechthin konstituierend"[158]. Den **hohen Stellenwert** dieses Grundrechts für die **freie Kommunikation** als elementare Voraussetzung für das Funktionieren von Demokratie hat das höchste deutsche Gericht denn auch in einer großen Anzahl von Entscheidungen verdeutlicht und dabei gerade auch **kritische, polemische** und von manchen als „extrem" empfundene **Äußerungen** dem grundrechtlichen Schutz unterstellt, von „CSU: NPD Europas"[159] über „Strauß deckt Faschisten"[160] bis hin zu den viel kritisierten Entscheidungen betreffend die Aussage „Soldaten sind Mörder"[161]. Dabei hat sich das *BVerfG* bei der nicht selten notwendigen **Abwägung mit dem Ehrenschutz** mit Recht u. a. auch von dem „besonderen Schutzbedürfnis der Machtkritik"[162] durch politische bzw. gesellschaftliche Minderheiten leiten lassen.

Stellenwert für die Demokratie

Die Meinungsfreiheit wird ebenso wie die anderen in Art. 5 I genannten Grundrechte durch den zweiten Absatz dieses Artikels einem qualifizierten Gesetzesvorbehalt unterstellt. Als Schrankenbestimmungen kommen hier insbesondere die **Beleidigungstatbestände** der §§ 185 ff. StGB, aber auch zivilrechtliche Schädigungsverbote wie insbesondere § 826 BGB in Betracht. Seit dem „Lüth-Urteil" geht das *BVerfG* indessen davon aus, dass die jeweiligen Schrankennormen ihrerseits „aus der Erkenntnis der wertsetzenden Bedeutung dieses Grundrechts im freiheitlichen demokratischen Staat ausgelegt und so in ihrer das Grundrecht begrenzenden Wirkung selbst wieder eingeschränkt werden müssen"[163]. Diese „**Wechselwirkungslehre**" spielt bis heute eine zentrale Rolle im Rahmen der **einzelfallbezogenen Abwägung**, ob z. B. eine bestimmte Äußerung noch eine zulässige Kritik im Rahmen des politischen Meinungskampfes darstellt oder bereits den Tatbestand der Beleidigung erfüllt und deshalb nicht mehr durch Art. 5 I GG geschützt ist[164]. Als anschauliches Beispiel hierfür sei auf die gerichtliche Bewertung einer Polizeimaßnahme gegen das **„Berliner Rattenplakat"** verwiesen: Der ehemalige Vorsitzende der CDU-Fraktion im Berliner Abgeordnetenhaus, *Landowski*, hatte Randgruppen der Gesellschaft mit Ratten verglichen: „Es ist nun einmal so, dass dort, wo Müll ist, Ratten sind, und dass dort, wo Verwahrlosung herrscht, Gesindel ist. Das muss in der Stadt beseitigt werden". Als Reaktion hierauf verbreitete eine linksstehende Gruppierung ein Plakat mit den Köpfen von *Joseph Goebbels*,

Wechselwirkungslehre

---

[158] BVerfGE 7, 198 (208) = NJW 1958, 257 (258).
[159] BVerfGE 61, 1 = NJW 1983, 1415.
[160] BVerfGE 82, 43 = NJW 1990, 1980.
[161] *BVerfG (K)*, NJW 1994, 2943; BVerfGE 93, 266 = NJW 1995, 3303.
[162] BVerfGE 93, 266 (293) = NJW 1995, 3303 (3304); zur Rechtsprechung im einzelnen *Grimm*, NJW 1995, 1697; *Kutscha*, JuS 1998, 676 ff.
[163] BVerfGE 7, 198 (209) = NJW 1958, 257 (258).
[164] Vgl. dazu *Grimm*, NJW 1995, 1700 f.; *Hoffmann-Riem*, in: AK-GG, Art. 5 I, II, Rdnr. 52 ff.; *Kutscha*, JuS 1998, 677 f.

Franz-Josef Strauß und *Klaus-Rüdiger Landowski* mit dem Zitat und der Unterschrift: „Drum: Ratten aller Länder, vereinigt euch!" – Die Polizei übermalte die in der Stadt aufgehängten Plakate, weil sie ihrer Ansicht nach eine Beleidigung beinhalteten. Das *VG* und das *OVG Berlin* erklärten diese Maßnahme hingegen unter Berufung auf die Meinungsfreiheit für rechtswidrig[165].

Meinungsfreiheit bei Demonstrationen – auch für Neonazis?

In den letzten Jahren gaben vor allem Aufmärsche von Neonazis Anlass für Auseinandersetzungen um die Reichweite der Meinungsfreiheit bei Demonstrationen. Nach der Rechtsprechung des *BVerfG* ist als Prüfungsmaßstab für behördlichen Maßnahmen gegen Versammlungen, die wegen der dabei propagierten **Meinungsinhalte** getroffen werden, nicht Art. 8 GG, sondern Art. 5 I GG heranzuziehen[166]. Als Schranke könnten gemäß Art. 5 II GG zwar Tatbestände des Strafrechts wie Beleidigung oder Volksverhetzung herangezogen werden, **nicht aber** das (in § 15 VersammlG enthaltene) Tatbestandsmerkmal der **öffentlichen Ordnung**. „Damit wird dem Umstand Rechnung getragen, dass Meinungsäußerungen in der pluralistischen Demokratie des Grundgesetzes grundsätzlich frei sind, es sei denn, der Gesetzgeber hat im Interesse des Rechtsgüterschutzes Schranken im Einklang mit Art. 5 II GG festgelegt". Für den Begriff der öffentlichen Ordnung sei aber kennzeichnend, dass er auf bestimmte **ungeschriebene** Regeln verweist. Die Meinungsfreiheit sei hingegen „ein Recht auch zum Schutz von Minderheiten; seine Ausübung darf nicht allgemein und ohne eine tatbestandliche Eingrenzung, die mit dem Schutzzweck des Grundrechts übereinstimmt, unter den Vorbehalt gestellt werden, dass die geäußerten Meinungsinhalte herrschenden sozialen oder ethischen Auffassungen nicht widersprechen"[167].

Dem gegenüber bestätigte insbesondere das *OVG Münster* zahlreiche gegen neonazistische Versammlungen gerichtete Verbotsverfügungen wegen **Gefährdung der öffentlichen Ordnung** und beharrte auf seiner Position trotz mehrerer anderslautender Kammerentscheidungen des *BVerfG*[168]. Nach Auffassung des *OVG Münster* enthält Art. 5 GG **verfassungsimmanente Beschränkungen**, die sich aus einer dezidierten Absage des Grundgesetzes an eine „Ideologie, die auf Rassismus, Kollektivismus und dem Prinzip von Führung und unbedingtem Gehorsam aufbaut". ergäben. Die auf dieser Grundlage konkretisierte öffentliche Ordnung werde durch Bestrebungen unmittelbar gefährdet, „die die nationalsozialistische Diktatur oder ihre führenden Vertreter und Symbolfiguren verherrlichen oder verharmlosen, auch wenn damit die Schwelle der Strafbarkeit im Einzelfall noch nicht erreicht sein mag"[169].

Dem *OVG* ist darin beizupflichten, dass das öffentliche Eintreten für nationalsozialisti-

---

165 Nach *Baller/Eiffler/Tschisch*, ASOG Berlin, § 1, Rdn. 13.
166 *BVerfG (K)*, NJW 2001, 2069 (2070); NJW 2001, 2075; NVwZ 2004, 90 (91); *BVerfG*, NJW 2004, 2814 (2815) im Anschluss an BVerfGE 90, 241 (246) = NJW 1994, 1779 (1780); kritisch dazu *Battis/Grigoleit*, NJW 2004, 3460.
167 BVerfGE 111, 147 (155/156) = NJW 2004, 2814 (2815).
168 *OVG Münster,* NJW 2001, 2111; NJW 2001, 2114; NJW 2001, 2986; zustimmend *Battis/Grigoleit*, NVwZ 2001, 123 ff.; näher zum Streit zwischen „Karlsruhe" und „Münster" auch *Beljin*, DVBl. 2002, 15; *Bühring*, Demonstrationsfreiheit, S. 5 ff.; *Dietel*, Die Polizei 2002, 337; *Kutscha*, Die Polizei 2002, 252 ff.; *Laubinger/Repkewitz*, VerwArch 93 (2002), 152 ff.
169 *OVG Münster*, NJW 2001, 2111.

sches Gedankengut nicht als lediglich politisch unerwünscht und missliebig **bagatellisiert** werden darf[170]. Auf der anderen Seite aber sind die **Regeln des Rechtsstaates** und die verfassungsmäßigen Vorgaben für Grundrechtseinschränkungen auch im Umgang mit den Gegnern des Rechtsstaates **strikt einzuhalten**, wenn sich dieser nicht selbst preisgeben soll[171].

2.8. Die Versammlungsfreiheit (Art. 8 GG)

Gerade unter den heutigen Bedingungen der massenwirksamen Inszenierung eines beachtlichen Teils politischer und sozialer Realitäten vor allem durch das Medium Fernsehen kommt dem Grundrecht, sich frei zu versammeln und z. B. gegen bestimmte Entscheidungen der Regierung zu demonstrieren, eine **fundamentale Rolle für den demokratischen Prozess** zu. Schließlich sind die Bürger an diesem Prozess in unterschiedlichem Maße beteiligt, wie das *BVerfG* in seiner Leitentscheidung zu diesem Grundrecht, dem Brokdorf-Beschluss vom 14. 5. 1985, feststellte: „Große Verbände, finanzstarke Geldgeber oder Massenmedien können beträchtliche Einflüsse ausüben, während sich der Staatsbürger eher als ohnmächtig erlebt." In einer Gesellschaft, in welcher der Zugang zu den Medien auf wenige beschränkt sei, verbleibe dem Einzelnen neben seiner organisierten Mitwirkung in Parteien und Verbänden im allgemeinen nur eine kollektive Einflussnahme durch Demonstrationen. „Namentlich in Demokratien mit parlamentarischem Repräsentativsystem und geringen plebiszitären Mitwirkungsrechten hat die Versammlungsfreiheit die Bedeutung eines grundlegenden und unentbehrlichen Funktionselementes"[172].

Das *BVerfG* sah sich in seiner Brokdorf-Entscheidung indessen nicht veranlasst, zu definieren, unter welchen Voraussetzungen es sich bei einer Zusammenkunft mehrerer Menschen um eine Versammlung im Sinne des Art. 8 GG bzw. des VersammlG handelt. Da der Begriff der Versammlung ebenso wenig wie der des „Aufzugs", wie das VersammlG eine Demonstration bezeichnet, gesetzlich definiert ist, bildeten sich in der Wissenschaft verschiedene Positionen zu dieser Frage heraus: Nach dem **weiten Versammlungsbegriff** enthält Art. 8 GG die Garantie der Persönlichkeitsentfaltung in Gruppenform, und zwar auch ohne die Intention der sich versammelnden Personen, auf den öffentlichen Meinungsbildungsprozess Einfluss zu nehmen[173]. Dem gegenüber betrachtet die Gegenposition die Absicht einer solchen Einflussnahme gerade als konstitutives Element für die Schutzgewährleistung durch das Grundrecht der Versammlungsfreiheit[174]. Diesen **engen Versammlungsbegriff** hat sich seit 2001 auch die

Funktion für die Demokratie

Begriff der Versammlung

---

170 So die Kritik des *OVG Münster*, NJW 2001, 2114, an der Kammerrechtsprechung des *BVerfG*.
171 Dazu auch *Hoffmann-Riem*, NJW 2004, 2781 f.; *Kutscha*, Rechtsgrundlagen, S. 51.
172 BVerfGE 69, 315 (346/347) = NJW 1985, 2395 (2396).
173 So z. B. *Deutelmoser*, NVwZ 1999, 240; *Kniesel*, in: *Lisken/Denninger*, Handbuch, Rdnr. H 1 ff.; *Schulze-Fielitz*, in: Dreier, GG I, Art. 8 Rdnr. 24.
174 So z. B. *Bertuleit/Steinmeier*, in: *Ridder u. a.*, Versammlungsrecht, § 1 Rdnr. 12 ff.; *Deger*, NJW 1997, 923; *Hoffmann-Riem*, in: AK-GG, Art. 8 Rdnr. 14 ff.; zur weiteren Ausdifferenzierung der verschiedenen Versammlungsbegriffe näher *Brenneisen/Wilksen*, Versammlungsrecht, S. 49.

Rechtsprechung des *BVerfG* zu eigen gemacht. Danach reicht es für die Eröffnung des Schutzbereichs der Versammlungsfreiheit nicht aus, dass die Teilnehmer bei ihrer gemeinschaftlichen kommunikativen Entfaltung durch einen beliebigen Zweck verbunden sind. Vielmehr werde zusätzlich vorausgesetzt, dass die Zusammenkunft auf die **Teilhabe an der öffentlichen Meinungsbildung** gerichtet ist. Versammlung i. S. des Art. 8 GG ist demnach eine „örtliche Zusammenkunft mehrerer Personen zur gemeinschaftlichen, auf die Teilhabe an der öffentlichen Meinungsbildung gerichteten Erörterung oder Kundgebung"[175].

Dieser Auffassung ist beizupflichten. Es ist zwar richtig, dass aufgrund des engen Verständnisses der Versammlungsfreiheit Massenevents mit durchweg unterhaltendem Charakter wie z. B. die Berliner „Love Parade" nicht mehr vom Schutzbereich des Art. 8 GG umfasst sind. Auf der anderen Seite ist aber zu berücksichtigen, dass der schon im Brokdorf-Beschluss hervorgehobene besondere Rang dieses Grundrechts sich gerade aus seiner Bedeutung für den Prozess öffentlicher Meinungsbildung in der Demokratie herleitet. Der starke grundrechtliche Schutz von Versammlungen bzw. Demonstrationen reagiert auf eine **besondere Gefährdungslage**: Nachgerade bei einem der jeweiligen Regierung unwillkommenen Protest muss das vor allem den **Schutz politischer Minderheiten**[176] intendierende Grundrecht seine Geltung behaupten und die öffentliche Zurschaustellung auch unbequemer Meinungspositionen als Funktionsvoraussetzung für den offenen demokratischen Prozess ermöglichen können.

Vor diesem Hintergrund erscheint es durchaus als gerechtfertigt, beim Grundrechtsschutz danach zu differenzieren, ob eine Zusammenkunft vorrangig der öffentlichen Meinungs- und Willensbildung dienen soll oder nicht. Unterhaltungsveranstaltungen wie z. B. die Berliner Love-Parade verlieren damit ja nicht etwa jeglichen grundrechtlichen Schutz, sondern können für sich immer noch die grundrechtliche Gewährleistung der allgemeinen Handlungsfreiheit, Art. 2 I GG, in Anspruch nehmen, unterliegen damit freilich auch den Verpflichtungen nach dem Straßen- sowie dem Straßenverkehrsrecht zur Einholung entsprechender Sondernutzungserlaubnisse und verkehrsrechtlicher Ausnahmegenehmigungen.

Zulässige Einschränkungen des Grundrechts

Für Versammlungen unter freiem Himmel statuiert Art. 8 II GG einen Gesetzesvorbehalt, der vor allem in Gestalt der Beschränkungstatbestände des VersammlG wirksam wird: Der § 14 VersammlG unterwirft öffentliche Versammlungen unter freiem Himmel sowie Aufzüge einer Anmeldepflicht, und § 15 erlaubt das Verbot, die Auflösung oder die Verhängung von „Auflagen" insbesondere bei einer unmittelbaren Gefährdung der öffentlichen Sicherheit oder Ordnung. Diese dem klassischen Polizeirecht entstammenden Begriffe müssen nach der Wechselwirkungslehre des *BVerfG* aber wiederum im Lichte der Bedeutung des Grundrechts, mithin entsprechend **eng ausgelegt** werden.

---

175 BVerfGE 104, 92 (LS 2) = NJW 2002, 1031, ebenso schon *BVerfG (K)*, NJW 2001, 2459 zur Berliner „Love Parade"; im einzelnen zu dieser Rechtsprechung *Kniesel/Poscher*, NJW 2004, 422; *Tschentscher*, NVwZ 2001, 1243.
176 So explizit BVerfGE 69, 315 (343) = NJW 1985, 2395 (2396), vgl. auch *Kutscha*, JuS 1998, 678 f.

2. Innere Sicherheit und Freiheitsrechte

Dem gemäß hat das *BVerfG* in seinem Brokdorf-Beschluss in Anknüpfung an das oben besprochene Lüth-Urteil[177] denn auch **Vorgaben für die Anwendung** dieser versammlungsrechtlichen Eingriffstatbestände statuiert: Zu berücksichtigen sei u. a., dass „Auflösung und Verbot nur zum Schutz gleichwertiger Rechtsgüter unter strikter Wahrung des Grundsatzes der Verhältnismäßigkeit und nur bei einer unmittelbaren, aus erkennbaren Umständen herleitbaren Gefährdung dieser Rechtsgüter erfolgen dürfen"[178]. Auch bei Ausschreitungen einzelner bleibe der Schutz des Grundrechts für die friedlichen Teilnehmer einer Demonstration erhalten, solange die Demonstration insgesamt nicht einen unfriedlichen Verlauf nehme[179]. Im Übrigen, so postulierte das Gericht des weiteren, dürften gegenüber den Veranstaltern und Teilnehmern von Großdemonstrationen keine Anforderungen gestellt werden, „welche den Charakter von Demonstrationen als prinzipiell staatsfreie unreglementierte Beiträge zur politischen Meinungs- und Willensbildung sowie die Selbstbestimmung der Veranstalter über Art und Inhalt der Demonstrationen aushöhlen würden"[180].

In späteren Entscheidungen des Gerichts, vor allem der in Eilverfahren zuständigen Kammer, wurde diese Grundposition **bestätigt und weiter präzisiert**. So setze die Annahme einer unmittelbaren Gefährdung der öffentlichen Sicherheit i. S. d. § 15 VersammlG tatsächliche Anhaltspunkte als Grundlage der Gefahrenprognose voraus, während bloße Verdachtsmomente und Vermutungen nicht ausreichten[181]. Nur unter engen Voraussetzungen können nach Auffassung des *BVerfG* Beschränkungen des Art. 8 GG auch unter dem Gesichtspunkt polizeilichen Notstands erfolgen: Es müsse jeweils geprüft werden, ob das Eintreten eines solchen Notstands nicht durch Modifikationen der Versammlungsmodalitäten verhindert werden könne, auch könne sich die Polizei ihrem Schutzauftrag für die Wahrnehmung dieses Grundrechts nicht entziehen[182].

In seinem Brokdorf-Beschluss hat das *BVerfG* auch ein **Selbstbestimmungsrecht** der Grundrechtsträger über **Ort, Zeitpunkt, Art und Inhalt** der Veranstaltung als Gewährleistungsinhalt des Art. 8 GG anerkannt[183]. Dieses Selbstbestimmungsrecht wird durch die im Frühjahr 2005 vom Bundestag verabschiedete Ergänzung des Versammlungsgesetzes ein Stück weit eingeschränkt. Danach können Verbote oder Auflagen gegen solche Versammlungen verhängt werden, die an besonders bedeutenden Gedenk-

Versammlungsverbote an NS-Gedenkstätten

---

177 Siehe unter 2.7.
178 BVerfGE 69, 315 (LS 2 b) = NJW 1985, 2395; demnach bleibt der Grundrechtsschutz der Versammlung auch dann erhalten, wenn die Anmeldung gemäß § 14 VersammlG unterblieben ist, *BVerfG (K)*, NVwZ 2005, 80.
179 BVerfGE 69, 315 (316, LS 4) = NJW 1985, 2395; zum Begriff der „Unfriedlichkeit" *BVerfG (K)*, NVwZ 2005, 80.
180 BVerfGE 69, 315 (356) = NJW 1985, 2395 (2399).
181 BVerfGE 87, 399 (409) = NJW 1993, 581 (582); *BVerfG (K)*, NVwZ 1998, 834 (835) u. NJW 2005, 3202.
182 *BVerfG* (K), NJW 2000, 3053 (3056); ausführliche Darstellung der Rechtsprechung z. B. bei *Kniesel/Poscher*, NJW 2004, 422; *Laubinger/Repkewitz*, VerwArch 93 (2002), 149 ff.; zur Bandbreite von Auflagen insbesondere gegen neonazistische Versammlungen näher *Leist*, NVwZ 2003, 1300 u. *Stuchlik*, Die Polizei 2001, 201 ff.
183 BVerfGE 69, 315 (343) = NJW 1985, 2395 (2396).

stätten für die NS-Gewaltherrschaft stattfinden und zu besorgen ist, dass hierdurch die Würde der Opfer beeinträchtigt wird[184].

Es fragt sich, ob diese Gesetzesänderung nicht nur **symbolischen Charakter** hat[185], weil auch auf der Grundlage des bisher geltenden § 15 VersammlG im Einzelfall eine Versammlung oder Demonstration wegen der **Verletzung der Menschenwürde** der durch das betreffende Mahnmal geehrten Opfer, mithin wegen der unmittelbaren Gefährdung der öffentlichen Sicherheit hätte verboten oder aufgelöst werden können[186]. Für die Geltungskraft des Grundrechts der Versammlungsfreiheit wäre es jedenfalls fatal, wenn der Gesetzesnovelle vom Frühjahr 2005 nur den Auftakt für weitere und gravierendere Beschränkungen des Art. 8 GG bilden würde[187].

2.9. Das Brief-, Post- und Fernmeldegeheimnis (Art. 10 GG)

Aktuelle Gefährdungslage

Angesichts eines immer größeren Anteils **elektronisch vermittelter Kommunikation**[188], sei es bei per Telefonat im Fest- oder Mobilnetz, per SMS oder per E-Mail, gegenüber dem klassischen Meinungs- und Informationsaustausch per Briefverkehr[189] kommt dem Fernmeldegeheimnis bzw. in neuer Diktion dem **Telekommunikationsgeheimnis** in der Gegenwart besondere Bedeutung als wichtige Ausprägung des grundrechtlich verbürgten Privatsphäreschutzes zu. Dem steht allerdings die bittere Erkenntnis des ehemaligen Bundesverfassungsrichters *Kühling* gegenüber, dass man das Fernmeldegeheimnis inzwischen „getrost als Totalverlust abschreiben" dürfe, „nachdem inzwischen buchstäblich jedes Telefonat abgehört wird, sei es – in geringerem Maße – durch legale Maßnahmen staatlicher Behörden, sei es – umfassend – durch fremde Geheimdienste"[190]. Durch eine schrittweise Ausweitung der Eingriffstatbestände seit dem 1968 als Bestandteil der Notstandsgesetze verabschiedeten G 10 (Gesetz zur Beschränkung des Brief- , Post- und Fernmeldegeheimnisses) wurden freilich auch den deutschen Sicherheitsbehörden **umfassende Befugnisse zur Überwachung der Telekommunikation** eingeräumt[191]. Diese spielt eine wichtige Rolle in der Arbeit der ver-

---

184 BGBl. I 2005, 969; dazu näher *Kutscha*, Rechtsgrundlagen, S. 49 f.; eine enge Auslegung des neuen § 130 IV StGB verlangt *BVerfG* (K), NJW 2005, 3202.
185 In diesem Sinne z. B. *Leist*, NVwZ 2005, 503; kritisch auch *Poscher*, NJW 2005, 1316: „aktionistisch wirkender Kraftakt des Gesetzgebers".
186 Vgl. *VGH Mannheim*, NVwZ 1995, 504 (505); *Bühring*, Demonstrationsfreiheit, S. 165 f.; *Dörr*, VerwArch 93 (2002), 494, *Kutscha*, NJ 2001, 349; anders *Kniesel/Poscher*, NJW 2004, 427.
187 Vgl. nur den Gesetzentwurf der CDU/CSU-Bundestagsfraktion vom 27. 11. 2000, BT-Drs. 14/4754; kritisch dazu *Bühring*, Demonstrationsfreiheit, S. 119 ff.; *Kutscha*, NJ 2001, 447 ff.
188 Vgl. nur *Bizer*, in: AK-GG, Art. 10 Rdnr. 14; *Groß*, in: *Rossnagel*, Datenschutzrecht, unter 7.8 Rdnr. 1; zur Problematik der Schutzlücken des Art. 10 GG angesichts der Privatisierung von Post und Telekommunikation z. B. *Gurlit*, RDV 2006, 48.
189 In der Tat wird die Briefpost immer mehr für das Directmailing durch Handelsunternehmen und immer weniger für private Mitteilungen genutzt.
190 *Kühling*, in: *Müller-Heidelberg u. a.*, Grundrechte-Report 2003, S. 15; ähnlich die Kritik von *Stein/ Frank*, Staatsrecht, § 37 III.
191 Vgl. im einzelnen *Zimmermann*, Abhören, S. 5 ff. u. *Zöller*, Informationssysteme, S. 344 ff.; *Petri*, RDV 2003, 19 f.; *Pütter*, CILIP 60 (2/1998), 36.

2. Innere Sicherheit und Freiheitsrechte

schiedenen Nachrichtendienste, ist inzwischen aber auch für die Polizei zu einem **„Massengeschäft"** im Rahmen der Strafverfolgung avanciert, wie Praktiker einräumen[192]. In der Tat ist die Anzahl der richterlich angeordneten Telekommunikationsüberwachungen von 4.674 im Jahre 1995 auf etwa 29.000 im Jahre 2004, mithin um mehr als 500 %, angestiegen; 2004 wurden darüber hinaus etwa 10 Mill. Telekommunikationsdaten von den Sicherheitsbehörden abgefragt[193].

Die Praxis der Telekommunikationsüberwachung sowie neue Befugnisregelungen hierzu waren bereits mehrfach Gegenstand von Entscheidungen des *BVerfG*. Anders als bei der Meinungs- und der Versammlungsfreiheit haben dessen Judikate zu Art. 10 GG jahrzehntelang **nur wenig** zur Stärkung des Geltungsanspruchs dieses Grundrechts gegenüber staatlichen Eingriffen beigetragen. Der Beschluss zur Überwachung durch das Zollkriminalamt vom 3. 3. 2004[194] sowie das Urteil vom 27. 7. 2005[195] zur niedersächsischen „Vorsorge"-Ermächtigung markieren insoweit allerdings eine **deutliche Wende**, wie gleich zu zeigen sein wird.

Wende in der BVerfG-Rechtsprechung

Immerhin wies das berühmte **„Abhör-Urteil"** vom 15. 12. 1970 einer so wenig eingrenzbaren Rechtsposition wie der „Effektivität des Verfassungsschutzes" einen bestimmenden Rang gegenüber dem grundrechtlichen Schutz der von den heimlichen Überwachungsmaßnahmen Betroffenen zu[196]. Während aber das „Abhör-Urteil" drei Mitglieder des erkennenden *BVerfG*-Senats zu einem rechtsstaatlich-kämpferischen Minderheitsvotum veranlasste und in der Wissenschaft auf massive Kritik stieß[197], wurde die die **„strategische Postkontrolle"** der Nachrichtendienste billigende Entscheidung des *BVerfG* von 1984[198] von der Fachöffentlichkeit kaum noch zur Kenntnis genommen. Das Urteil vom 14. 7. 1999 zur **Überwachung der Telekommunikation durch den BND** vermittels der „Staubsaugermethode" traf zwar wichtige Feststellungen zum Schutzbereich des Fernmeldegeheimnisses und zu dessen Stellenwert für eine freie Gesellschaft, monierte dann aber lediglich einige besonders weit gehende Übermittlungsregelungen des inzwischen mehrfach novellierten G 10[199]. Mit der grundrechtlichen Verbürgung der Unverletzlichkeit des Fernmeldegeheimnisses soll, wie das Gericht richtig festhielt, „vermieden werden, dass der Meinungs- und Informationsaustausch mittels Fernmeldeanlagen deswegen unterbleibt oder nach Form und Inhalt verändert verläuft, weil die Beteiligten damit rechnen müssen, dass staatliche Stellen sich

---

192 Nach *Albrecht/Dorsch/Krüpe*, Rechtswirklichkeit, S. 34; vgl. auch *Bizer*, in: AK-GG, Art. 10 Rdnr. 18, *Hilbrans*, CILIP 82 (3/2005), 25 f.; *Weßlau*, ZStW 113 (2001), 681 sowie die Darstellung unten (Teil 2 unter 2).
193 Pressemitteilung des BfD „Telefonüberwachungen auch 2004 wieder stark angestiegen" v. 31. 3. 2005.
194 BVerfGE 110, 33 (44/45) = NJW 2004, 2213; dazu ausführlich unter 3.5.
195 *BVerfG*, NJW 2005, 2603.
196 BVerfGE 30, 1 (19) = NJW 1971, 275 (277).
197 BVerfGE 30, 33 = NJW 1971, 281; *Alberts*, JuS 1972, 319; *Häberle*, JZ 1971, 145; *Rupp*, NJW 1971, 275; vgl. auch *Kutscha*, DuR 1981, 430 f.
198 BVerfGE 67, 157 = NJW 1985, 121.
199 BVerfGE 100, 313 = NJW 2000, 55; kritisch dazu z. B. *Paeffgen*, StV 1999, 668; *Staff*, KJ 1999, 586; *Zöller*, Informationssysteme, S. 357 ff.

in die Kommunikation einschalten und Kenntnisse über die Kommunikationsbeziehungen oder Kommunikationsinhalte gewinnen"[200].

Schutzumfang des Grundrechts

Um dieses Ziel wirksam sicherstellen zu können, muss der Schutz des Grundrechts nicht nur den **Gesprächsinhalt** erfassen, sondern sich auch auf die **Kommunikationsumstände** erstrecken. „Dazu gehört insbesondere, ob, wann und wie oft zwischen welchen Personen oder Fernmeldeanschlüssen Fernmeldeverkehr stattgefunden hat oder versucht worden ist"[201]. Warum unter den heutigen Bedingungen massenhaft betriebener elektronischer Kommunikation besonders auch ein effektiver Schutz der **Verbindungsdaten** neben dem Schutz der Gesprächsinhalte vonnöten ist, verdeutlicht das Urteil des *BVerfG* vom 2.3.2006 zur Beschlagnahme von Datenträgern und Mobiltelefonen zwecks Auswertung der Verbindungsdaten: Infolge der Digitalisierung des Telekommunikationsverkehrs können im Nachhinein durch die Auswertung von Verbindungsdaten einschließlich der Standortmeldungen von Mobiltelefonen Informationen nahezu über das **gesamte soziale Umfeld** eine bestimmten Zielperson gewonnen werden[202]. Die sich kumulierenden Verbindungsdaten „lassen in zunehmendem Maße Rückschlüsse auf Art und Intensität von Beziehungen, auf Interessen, Gewohnheiten und Neigungen und nicht zuletzt auch auf den jeweiligen Kommunikationsinhalt zu und vermitteln – je nach Art und Umfang der angefallenen Daten – Erkenntnisse, die an die Qualität eines Persönlichkeitsprofils heranreichen können"[203].

Der Schutz durch das in Art. 10 GG gewährleistete Fernmeldegeheimnis erstreckt sich nach Auffassung des *BVerfG* allerdings **nur auf den Kommunikationsvorgang selbst**, nicht aber auf die nach Abschluss des Übertragungsvorgangs im Herrschaftsbereich des Kommunikationsteilnehmers gespeicherten Verbindungsdaten – diese werden danach nur durch das Recht auf informationelle Selbstbestimmung geschützt[204]. In Ansehung dieses Grundrechts wertete das *BVerfG* in seinem Urteil vom 2.3.2006 die Durchsuchung und Beschlagnahme als unverhältnismäßig. Anders entschied das Gericht in seinem Urteil vom 12. 3. 2003 im Hinblick auf die Überwachung zweier Journalisten, die mit gesuchten Straftätern telefoniert hatten. Es billigte dabei auch das Verfahren der **Zielwahlsuche**, bei der alle getätigten Telefonverbindungen nach Anrufen bei einer bestimmten Zielnummer (in diesem Fall den Anschlüssen der betreffenden Journalisten) gerastert werden[205].

Dem gegenüber wurden im Beschluss vom 3.3.2004 die Eingriffsermächtigungen zur Telekommunikationsüberwachung durch das **Zollkriminalamt** im Außenwirtschaftsgesetz wegen der Missachtung des Gebotes der Normenklarheit für verfassungswidrig erklärt[206].

---

200 BVerfGE 100, 313 (358/359) = NJW 2000, 55 (57).
201 BVerfGE 100, 313 (358) =NJW 2000. 55 (56).
202 Dazu auch *Gercke*, Bewegungsprofile, u. *Zöller*, in: Festgabe *Hilger*, S. 291 ff. sowie die Darstellung unten (Teil 2 unter 2).
203 *BVerfG*, NJW 2006, 976 (980).
204 *BVerfG*, NJW 2006, 976, LS 1.
205 BVerfGE 107, 299 (327) = NJW 2003, 1787 (1792).
206 BVerfGE 110, 33 = NJW 2004, 2213; dazu im einzelnen unter 3.5.

Von weit reichender Bedeutung für die **gesamte Abhörpraxis** von Polizei und Nachrichtendiensten dürfte indessen das Urteil des *BVerfG* vom 27.7.2005[207] zur „vorsorgenden" Telefonüberwachung nach § 33 a I Nr. 2 u. 3 NdsSOG sein: Das Gericht erklärte diese polizeirechtliche Ermächtigungsnorm nicht nur wegen des Fehlens der Gesetzgebungskompetenz des Landes[208] sowie wegen der Missachtung des Zitiergebots in Art. 19 I 2 GG und des Bestimmtheitsgebotes, sondern auch wegen des Mangels an Regelungen zum Schutz des **Kernbereichs privater Lebensgestaltung** für verfassungswidrig und nichtig. Der Ausgangspunkt hierfür ist die Feststellung, dass Art. 10 I GG die freie Entfaltung der Persönlichkeit durch einen privaten, vor der Öffentlichkeit verborgenen Austausch von Kommunikation und damit **zugleich die Menschenwürde** schütze[209]. Zwar seien die Bürger zur höchstpersönlichen Kommunikation nicht in gleicher Weise auf Telekommunikation angewiesen wie auf eine Wohnung. Gleichwohl fordere die nach Art. 1 I GG stets garantierte Unantastbarkeit der Menschenwürde „auch im Gewährleistungsbereich des Art. 10 I GG Vorkehrungen zum Schutz individueller Entfaltung im Kernbereich privater Lebensgestaltung. Bestehen im konkreten Fall tatsächliche Anhaltspunkte für die Annahme, dass eine Telekommunikationsüberwachung Inhalte erfasst, die zu diesem Kernbereich zählen, ist sie nicht zu rechtfertigen und muss unterbleiben"[210].

Schutz des Kernbereichs privater Lebensgestaltung

Damit hat das *BVerfG* die bereits in der Entscheidung zum Lauschangriff vom 3.3.2004[211] entwickelten Vorgaben zum Schutz des Kernbereichs privater Lebensgestaltung des Menschen folgerichtig auf die – in der Praxis weitaus häufigere – Überwachung der Telekommunikation übertragen. Daraus ergibt sich für die Gesetzgeber von Bund und Ländern die verfassungsrechtliche Verpflichtung, **sämtliche Ermächtigungsnormen** zur Telekommunikationsüberwachung um entsprechende Bestimmungen zum Schutz dieses Kernbereichs zu ergänzen.

Als eine Art Kompensation für die **mangelnde Rechtsschutzmöglichkeit**[212] des von der heimlichen Überwachungsmaßnahme Betroffenen wird in den Entscheidungen des *BVerfG* zu Art. 10 GG jeweils auf die Kontrolle durch unabhängige und an keine Weisung gebundene Organe des Staates verwiesen[213]. Dem gemäß behält § 100 b StPO die Anordnung der Telekommunikationsüberwachung nach § 100 a StPO grundsätzlich dem Richter vor[214]. Vor allem die an der Universität Bielefeld durchgeführte, im Jahre 2003 veröffentlichte empirische Untersuchung zur richterlichen Anordnungspraxis hat jedoch offenbart, **wie wenig** der Richtervorbehalt bei der strafprozessrechtlichen Tele-

Grundrechtsschutz durch den Richtervorbehalt?

---

207 *BVerfG*, NJW 2005, 2603; dazu auch *Hilbrans,* CILIP 82 (3/2005), 28 ff.; *Puschke/Singelnstein*, NJW 2005, 3534 ff.
208 *BVerfG*, NJW 2005, 2603 (2605 ff.); dazu näher unter 4.3.
209 *BVerfG,* NJW 2005, 2603 (2612).
210 *BVerfG*, NJW 2005, 2603 (2612).
211 BVerfGE 109, 279 (313 f.) = NJW 2004, 999 (1002); dazu im Einzelnen unter 2.11.
212 Zur Rechtsschutzproblematik bei heimlichen Grundrechtseingriffen im einzelnen *Kutscha*, NVwZ 2003, 1296 sowie die Darstellung hier unter 3.6.
213 So bereits BVerfGE 30, 1 (23) = NJW 1971, 275 (278) sowie BVerfGE 100, 313 (361) = NJW 2000, 55 (57).
214 Dazu im Einzelnen in Teil 2 unter 2.

kommunikationsüberwachung die mit ihm verbundenen **rechtsstaatlichen Erwartungen** zu erfüllen vermochte: Nur in einem einzigen Fall von 307 untersuchten Vorgängen wurde der Antrag der Staatsanwaltschaft vom Richter abgelehnt[215]. In weit über 90 % der Fälle wurden ausformulierte Beschlussentwürfe der Staatsanwaltschaften, wiewohl im Hinblick auf die tatbestandlichen Anforderungen unvollständig bzw. fehlerhaft, vom Richter wortwörtlich übernommen[216]. Das **Fazit** der Bielefelder Untersuchung fiel denn auch **ernüchternd** aus: „Das vom Gesetzgeber mit dem Richtervorbehalt angestrebte Ziel, die Anordnung der Telefonüberwachung durch eine eigenständige richterliche Entscheidung prüfen zu lassen, damit der durch die Maßnahme erfolgte Grundrechtseingriff messbar und kontrollierbar bleibt, hat sich die Rechtspraxis bislang nicht zu eigen gemacht"[217]. Freilich wäre es die falsche Konsequenz, den Richtervorbehalt einfach ersatzlos abzuschaffen statt wirksamere Formen des Grundrechtsschutzes bei der Telekommunikationsüberwachung bzw. eine Modifikation dieser Praxis in Betracht zu ziehen[218].

2.10. Die Freizügigkeit (Art. 11 GG)

Schutzbereich des Grundrechts

Nach der Rechtsprechung des *BVerfG* schützt das in Art. 11 GG gewährleistete Grundrecht der Freizügigkeit die Möglichkeit, „in jedem Orte innerhalb des Bundesgebiets Aufenthalt und Wohnung zu nehmen"[219]. Teilweise wird angenommen, dass „Aufenthalt" im Sinne des Grundrechts das Verweilen von einer gewissen Dauer zur Voraussetzung habe[220]. Den nur kurzzeitigen Aufenthalt auf diese Weise aus dem Schutzbereich des Art. 11 GG auszuklammern, erscheint indessen als sachlich nicht gerechtfertigt[221]. Der Begriff des „Aufenthalts" ist vielmehr so zu bestimmen, dass der Schutzbereich der Freizügigkeit fugenlos an den der Freiheit der Person (Art. 2 II 2 GG) anschließt[222] – nur so fügen sich die beiden Grundrechte zu einem stimmigen Schutzkonzept zusammen. Das Grundrecht der Freizügigkeit gewährleistet danach die Freiheit, an einem Ort **vorübergehend oder längerfristig zu verweilen**, auch ohne einen Wohnsitz zu begründen[223].

---

215 *Backes/Gusy*, Telefonüberwachung, S. 123; die breiter angelegte Untersuchung des Max-Planck-Instituts im Regierungsauftrag kommt nur zu einer geringfügig höheren Ablehnungsquote, nämlich 0,4 statt der in Bielefeld ermittelten 0,3 % (*Albrecht/Dorsch/Krüpe*, Rechtswirklichkeit, S. 23; kritisch zu den Defiziten der letztgenannten Untersuchung *Pütter,* CILIP 76 [3/2003], 73).
216 *Backes/Gusy*, Telefonüberwachung, S. 124.
217 *Backes/Gusy*, Telefonüberwachung, S. 129.
218 Vgl. *Gusy*, ZRP 2003, 276 ff; *Pütter*, CILIP 76 (3/2003), 72.
219 BVerfGE 2, 266 (273) = NJW 1953, 1057; BVerfGE 80, 137 (150) = NJW 1989, 2525.
220 So z. B. *SächsVerfGH*, Urt. v. 10. 7. 2003, Vf. 43-II-00, S. 70 (referiert bei *Kutscha*, NJ 2003, 623); *Rittstieg*, in: AK-GG, Art. 11 Rdnr. 33 f.
221 Vgl. *Pernice*, in: Dreier, GG I, Art. 11 Rdnr. 13: „willkürlich".
222 So *Stein/Frank*, Staatsrecht, § 34 IV.
223 Ebenso z. B. *OVG Bremen*, NVwZ 1999, 314 (315); *Dürig*, in: *Maunz/Dürig*, GG (1970), Art. 11 Rdnr. 37.

Selbst aber, wenn als Voraussetzung für die Anwendbarkeit des Art. 11 GG eine gewisse Dauer des Aufenthalts verlangt wird, ist die Verhängung eines polizeirechtlichen **Aufenthaltsverbotes**[224] wegen seiner längerfristigen Wirkung als Eingriff in dieses Grundrecht zu werten[225]. Damit stellt sich indessen die Frage, ob die Bundesländern überhaupt die Verbandskompetenz zur Verankerung dieses Instruments in ihren Polizeigesetzen zukommt. Art. 73 Nr. 3 GG weist die **Gesetzgebungskompetenz** u. a. über „die Freizügigkeit" **ausschließlich dem Bund** zu. Gleichwohl gehen Rechtsprechung und Teile der Literatur davon aus, dass auch die Ländergesetzgeber das Grundrecht der Freizügigkeit durch entsprechende Regelungen einschränken dürften: Zwischen dem kompetenzrechtlichen Begriff der Freizügigkeit in Art. 73 GG und dem grundrechtlichen Freizügigkeitsbegriff bestünde, so wird argumentiert, keine Kongruenz[226]. Auch stünde einer ausschließlichen Zuständigkeit des Bundesgesetzgebers für Beschränkungen des Art. 11 GG die inhaltliche Verknüpfung der Grundrechtsschranken in Art. 11 II GG mit Gegenständen der Landesgesetzgebung entgegen[227].

Es ist zwar richtig, dass die Schrankenregelungen des Art. 11 II GG verschiedene Eingriffe zur Abwehr heterogener Gefahrenarten zulässt. Dennoch ist es fragwürdig, dem in der Verfassung enthaltenen Begriff der Freizügigkeit jeweils verschiedene Bedeutungen zu unterlegen. Der Auffassung, die den Ländern die Kompetenz zur Schaffung von Befugnisregelungen für den Eingriff in Art. 11 GG abspricht[228], kommt vor diesem Hintergrund mehr Überzeugungskraft zu. Freilich sind die in den letzten Jahren geschaffenen Ermächtigungen zum Aufenthaltsverbot u. ä. nicht allein an den **Kompetenzbestimmungen** des Grundgesetzes zu messen, sondern auch im Hinblick auf die Wahrung des rechtsstaatlichen Grundsatzes der **Verhältnismäßigkeit des Grundrechtseingriffs** kritisch zu würdigen[229].

Aufenthaltsverbote als Grundrechtseingriff

2.11. Die Unverletzlichkeit der Wohnung (Art. 13 GG)

Wie das *BVerfG* in seinem Urteil vom 3. 3. 2004 zum Lauschangriff richtig feststellte, hat die Unverletzlichkeit der Wohnung einen **engen Bezug zur Menschenwürde** und kann als Ausfluss des verfassungsrechtlichen Gebots „unbedingter Achtung einer Sphäre des Bürgers für eine ausschließlich private – eine ‚höchstpersönliche' – Entfaltung"[230] betrachtet werden. „Dem Einzelnen soll das Recht, in Ruhe gelassen zu wer-

Bedeutung des Grundrechts

---

224 Dazu im Einzelnen in Teil II.9.
225 Ebenso z. B. *OVG Bremen*, NVwZ 1999, 314 (315); *VGH Kassel*, NVwZ 2003, 1400 (1401); *Alberts*, NVWZ 1997, 47; *Hecker*, Regelungen, S. 59 ff.; *Rachor*, in: *Lisken/Denninger*, Handbuch, Rdnr. F 449; zur aktuellen Praxis z. B. *Kant/Roggan*, CILIP 81 (2/2005), 11 ff.
226 So *SächsVerfGH*, Urt. v. 10. 7. 2003, Vf. 43-II-00, S. 66; ähnlich *VGH Mannheim*, NJW 2005, 88; *Alberts*, NVwZ 1997, 47 u. *Rittstieg*, in: AK-GG, Art. 11 Rdnr. 51.
227 So *OVG Bremen*, NVwZ 1999, 314 (316).
228 Z. B. *Hecker*, Regelung, S. 64 ff.; *Bizer*, Zweite Novelle, S. 62 f. *Denninger*, in: *Lisken/Denninger*, Handbuch, Rdnr. E 15; *Pernice*, in: *Dreier*, GG I, Art. 11 Rdnr. 23; wohl auch *VGH Kassel*, NJW 2003, 1400 (1401).
229 Dazu im einzelnen in Teil 2 unter 9.
230 BVerfGE 109, 279 (313) = NJW 2004, 999 (1002).

den, gerade in seinen Wohnräumen gesichert sein"[231]. Der Begriff der „Wohnung" in Art. 13 GG wird in der Rechtsprechung des *BVerfG* **weit** ausgelegt und umfasst auch Arbeits-, Betriebs- und Geschäftsräume[232].

Die Unverletzlichkeit der Wohnung als wichtigstem und zugleich letztem **Rückzugsbereich des Menschen** wird heute, anders als bei der Entstehung des Grundgesetzes, nicht nur durch das physische Eindringen von Vertretern der Staatsgewalt (vor allem in Gestalt einer Wohnungsdurchsuchung) berührt, sondern kann auch durch das **Überwachen** der Wohnung vermittels technischer Geräte **von außen** aufgehoben werden. Deshalb ist es folgerichtig, auch den letzteren Handlungsmodus als Eingriff in dieses Grundrecht zu werten und den Schutz durch dieses Grundrecht nicht auf das körperliche Eindringen **in** die Wohnung zu beschränken[233].

Das heutige System der Grundrechtsschranken

Beide Formen des Eingriffs in dieses für den Schutz der Privatsphäre elementare Grundrecht bedürfen jeweils einer besonderen verfassungsrechtlichen Rechtfertigung. So scheint der umstrittenen Erweiterung der Schrankenbestimmungen des Art. 13 GG um Ermächtigungen zum Lauschangriff im Jahre 1998[234] zumindest teilweise auch die Erkenntnis zugrunde zu liegen, dass der Absatz 2 über Durchsuchungen und der ehemalige Absatz 3 über sonstige „Eingriffe und Beschränkungen" des Grundrechts (jetzt Absatz 7) nur das **offene Eindringen** des Staates in den grundrechtlich geschützten Bereich erfassen[235], die Befugnisregelungen in den Landespolizeigesetzen sowie in der StPO zum **heimlichen Lauschangriff** mithin einer neuen verfassungsrechtlichen Grundlage bedurften[236]. Nach dieser Verfassungsergänzung regeln nunmehr die Absätze 3 bis 6 des Art. 13 GG den Lauschangriff, während die Absätze 2 und 7 die „klassischen", also offenen Eingriffe in die Unverletzlichkeit der Wohnung zum Gegenstand haben.

Richtervorbehalt für Wohnungsdurchsuchungen

Für die Wohnungsdurchsuchung als klassischen Eingriff in das Grundrecht des Art. 13 GG hat dessen Absatz 2 einen **Richtervorbehalt** statuiert, von dem nur bei „Gefahr im Verzuge" abgewichen werden darf. Dieser **Ausnahmetatbestand** wurde von der Praxis allerdings zum **Regelfall** gemacht, während die richterliche Entscheidung nur ausnahmsweise eingeholt wurde[237]. Dieser Verkehrung der Ausnahme zur Regel ist das *BVerfG* insbesondere in seinem Urteil vom 20. 2. 2001 entgegengetreten: Wegen der

---

231 BVerfGE 75, 318 (328) = NJW 1987, 2500 (2501); BVerfGE 109, 279 (313) = NJW 2004, 999 (1002).
232 BVerfGE 32, 54 (69 ff.) = NJW 1971, 229; BVerfGE 44, 353 (371) = NJW 1977, 1489 (1490); vgl. auch *BGH*, NJW 2005, 3295 (3296 f.) für Krankenzimmer.
233 So BVerfGE 109, 279 (309) = NJW 2004, 999 (1001); zur Diskussion um die Reichweite des Schutzbereichs des Art. 13 GG vor der verfassungsrechtlichen Verankerung des Lauschangriffs im Jahre 1998 im einzelnen *Guttenberg*, NJW 1993, 568; *Mozek*, Lauschangriff, S. 155 ff.; *Kutscha*, NJW 1994, 86.
234 Vgl. dazu nur die Texte in der Dokumentation von *Zwiehoff*, „Lauschangriff" sowie *Leutheusser-Schnarrenberger*, ZRP 1998, 87; zu den gesellschaftlichen Auswirkungen von Lauschangriffen näher *Mozek*, Lauschangriff, S. 114 ff.
235 Vgl. *de Lazzer/Rohlf*, JZ 1977, 210; *Lepsius*, Jura 2005, 434; *Kutscha*, NJW 1994, 87.
236 Vgl. die amtl. Gesetzesbegründung, BT-Drs. 13/8650, S. 4 f.; ausführlich *Kutscha/Möritz*, StV 1998, 566 f.
237 Vgl. im einzelnen *Amelung*, NStZ 2001, 337; *Asbrock*, StV 2001, 323; *Lepsius*, Jura 2002, 263; *Müller*, AnwBl. 1992, 350; *Nelles,* Kompetenzen, S. 247 f.

grundrechtssichernden Schutzfunktion des Richtervorbehalts sei der Begriff „Gefahr im Verzuge" **eng** auszulegen, und die Anordnung einer Durchsuchung durch Staatsanwaltschaft oder Polizei habe die Ausnahme zu sein[238]. In diesem Kontext verweist das Gericht auf die **richterliche Unabhängigkeit**, die den Schutz der Rechte des Betroffenen am besten wahren könne[239].

In einem jüngeren Kammerbeschluss wandte sich das *BVerfG* auch gegen die bei manchen Gerichten offenbar verbreitete Praxis, ohne eigene Sachprüfung lediglich ein vorbereitetes Formular für den Durchsuchungsbeschluss zu unterschreiben: Der Richter müsse eine **eigenverantwortliche Überprüfung** durchführen und die aufzuklärende Straftat in dem Beschluss so genau umschreiben, wie es nach den Umständen des Einzelfalls möglich ist[240].

Die Schrankenbestimmungen des Art. 13 GG unterscheiden deutlich zwischen dem als „**akustische Überwachung von Wohnungen**" umschriebenen Lauschangriff[241] im Rahmen der Strafverfolgung (Abs. 3), dem gefahrenabwehrenden Lauschangriff (Abs. 4) sowie dem sog. „kleinen Lauschangriff" (Abs. 5) , bei dem z. B. ein verdeckter Ermittler beim Betreten einer Wohnung zu seinem eigenen Schutz heimlich ein Gerät zur Übertragung von Gesprächen mit sich führt.

Lauschangriffe zur Strafverfolgung

Voraussetzung für die Zulässigkeit eines Lauschangriff zur Strafverfolgung gemäß Art. 13 III GG ist der auf bestimmte Tatsachen gestützte Verdacht, dass jemand eine gesetzlich bestimmte **besonders schwere Straftat** begangen hat und die Erforschung des Sachverhalts auf andere Weise **unverhältnismäßig erschwert oder aussichtslos** wäre. Die Konkretisierung dieser Verfassungsermächtigung in den §§ 100 c ff. StPO wurde indessen durch das Urteil des *BVerfG* vom 3. 3. 2004 in wesentlichen Teilen für verfassungswidrig erklärt[242]. Im Zentrum dieser wegweisenden Entscheidung steht das Postulat, dass die akustische Überwachung von Wohnräumen nicht in den durch Art. 1 I GG **absolut geschützten Kernbereich privater Lebensgestaltung** eingreifen darf[243]. Dieser wird in dem Urteil weit präziser definiert als in früheren Entscheidungen zur Thematik des Menschenwürdeschutzes: „Zur Entfaltung der Persönlichkeit im Kernbereich privater Lebensgestaltung gehört die Möglichkeit, innere Vorgänge wie Empfindungen und Gefühle sowie Überlegungen, Ansichten und Erlebnisse höchstpersönlicher Art zum Ausdruck zu bringen, und zwar ohne Angst, dass staatliche Stellen dies überwachen. Vom Schutz umfasst sind auch Gefühlsäußerungen, Äußerungen des un-

---

238 BVerfGE 103, 142 (153 u. LS 2 a) = NJW 2001, 1121 (1122) sowie *BVerfG (K)*, NJW 2005, 1637.
239 BVerfGE 103, 142 (151) = NJW 2001, 1121 (1122).
240 *BVerfG* (K), NJW 2005, 275 (276).
241 Dieser Begriff wurde nicht etwa eine von kritischer Seite in polemischer Absicht erfunden, sondern entstammt dem ministeriellen bzw. nachrichtendienstlichen Sprachgebrauch: Er findet sich z. B. in einer Ministeriumsvorlage vom 9. 1. 1976 zur Überwachung des Atomwissenschaftlers *Traube*, im Faksimile wiedergegeben im „Spiegel" 11/1977, S. 19.
242 BVerfGE 109, 279 = NJW 2004, 999; ausführlich zu Inhalt und Bedeutung dieser Entscheidung die Beiträge in: *Roggan*, Lauschen; *Gusy*, JuS 2004, 457; *Lepsius*, Jura 2005, 433; *Kutscha*, NJW 2005, 20 sowie die Darstellung hier in Teil 2 unter 1.
243 BVerfGE 109, 279 (LS 2) = NJW 2004, 999.

bewussten Erlebens sowie Ausdrucksformen der Sexualität"[244]. Ob ein Sachverhalt diesem unantastbaren Kernbereich zuzurechnen ist, so das Gericht weiter, hänge davon ab, ob er nach seinem Inhalt höchstpersönlichen Charakters ist. **Nicht** dazu gehörten Gespräche, die Angaben über **begangene Straftaten** enthielten[245].

Zum Schutz des unantastbaren Kernbereichs privater Lebensgestaltung sowie zu dessen Abgrenzung gegenüber ungeschützter Kommunikation innerhalb von Wohnräumen (etwa über Straftaten) hat das *BVerfG* detaillierte materielle und verfahrensmäßige Vorgaben insbesondere in Gestalt von **Vermutungsregeln** statuiert[246], die allerdings nicht frei von **Widersprüchen** sind: Schließlich lässt sich die Unterscheidung zwischen absolut geschützter privater Kommunikation einerseits und Gesprächen über begangene Straftaten andererseits in der Praxis kaum vornehmen, ohne in den Kernbereich einzudringen, der doch gerade absolut geschützt sein soll[247].

Lauschangriffe zur Gefahrenabwehr

Der absolute Schutz für einen Kernbereich privater Lebensgestaltung, wie ihn das *BVerfG* explizit für den Lauschangriff im Rahmen der Strafverfolgung gemäß Art. 13 III GG postulierte, muss konsequenterweise auch bei **anderen Formen verdeckter Eingriffe** von Sicherheitsbehörden in die Privatsphäre der Bürger gewährleistet sein. Zu nennen ist hier zum einen die **Überwachung der Telekommunikation**[248], wie das *BVerfG* nunmehr in seinem Urteil vom 27. 7. 2005[249] ausdrücklich bestätigt hat. Gleiches gilt aber auch für die Praktizierung von Lauschangriffen zu **Gefahrenabwehr**[250]. Entsprechende Ermächtigungsnormen für gefahrenabwehrende Lauschangriffe sind inzwischen in allen Landespolizeigesetzen enthalten, wenn auch die Tatbestandsvoraussetzungen jeweils erheblich voneinander abweichen[251]. Diese müssen sich sowohl an den Vorgaben des *BVerfG* zum Schutz eines unantastbaren Kernbereichs privater Lebensgestaltung als auch an der hier einschlägigen **Schrankenregelung des Art. 13 IV GG** messen lassen. Diese erlaubt den Lauschangriff nicht etwa bei jedwe-

---

244 BVerfGE 109, 279 (313) = NJW 2004, 999 (1002); dazu rechnet der *BGH*, NJW 2005, 3295 auch das Selbstgespräch im Krankenzimmer (vgl. dazu in Teil 2 unter 1).

245 BVerfGE 109, 279 (316/317) = NJW 2004, 999 (1002/1003). Unzutreffend ist deshalb die Kritik von *Würtenberger/Heckmann*, Polizeirecht, Rdnr. 624, die fragen, ob Art. 1 I GG wirklich davor schützen soll, „dass Terroristen oder Kriminelle Würde und Leben Dritter bedrohen, die als Geisel oder Mordopfer zum Objekt ihrer verbrecherischen Forderung gemacht werden".

246 Dazu im einzelnen *Weßlau*, in: *Roggan*, Lauschen, S. S. 50 ff.; *Leutheusser-Schnarrenberger*, ZRP 2005, 1 sowie die Darstellung hier in Teil 2 unter 1.

247 Dies wird zu Recht im Minderheitsvotum der Richterinnen *Jaeger* und *Hohmann-Dennhardt* kritisiert, BVerfGE 109, 382 = NJW 2004, 1020; kritisch auch *Denninger*, in: Roggan, Lauschen, S. 16; *Müller*, Die Polizei 2004, 260; *Petersen*, KJ 2004, 324; *Puschke/Singelnstein*, NJW 2005, 3537.

248 Ebenso z. B. *Bergemann*, in: *Roggan*, Lauschen, S. 69 ff.; *Graulich*, NVwZ 2005, 273; *Kötter*, DÖV 2005, 233 f.; *Lepsius*, Jura 2005, 439 f.; *Roggan*, in: *Blaschke* u. a., Sicherheit statt Freiheit?, S. 73; *Warntjen*, KJ 2005, 276 sowie die Beiträge in *Schaar*, Folgerungen.

249 *BVerfG*, NJW 2005, 2603 (2612); dazu im einzelnen unter 2.9.

250 Ebenso z. B. *Denninger*, in: *Roggan*, Lauschen, S. 22; *Gusy*, JuS 2004, 461; *Kötter*, DÖV 2005, 225; *Müller*, Die Polizei 2004, 262; *Würtenberger/Heckmann*, Polizeirecht, Rdnr. 624.

251 Vgl. im einzelnen die Darstellung in Teil 2 unter 1.

der polizeirechtlich relevanten Gefahrenlage, sondern nur „zur Abwehr dringender Gefahren für die öffentliche Sicherheit, insbesondere einer gemeinen Gefahr oder einer Lebensgefahr". Bei Anlässen, die diesen **gesteigerten Gefahrenbegriff** (noch) nicht erfüllen, ist der Lauschangriff mithin nicht von dieser verfassungsmäßigen Ermächtigung gedeckt. Dies gilt nach zutreffender Auffassung insbesondere für Lauschangriffe zur **vorbeugenden Bekämpfung von Straftaten**, weil hier die von Art. 13 IV GG verlangte Intensität der Gefahrenlage regelmäßig noch gar nicht besteht[252]. Die entsprechenden landesgesetzlichen Ermächtigungen bedürfen insoweit der Anpassung an der Verfassungslage, wie sie insbesondere auch im Urteil des *BVerfG* zum Lauschangriff verdeutlicht wurde.

3. Demokratie und Rechtsstaatsprinzip

3.1. Normative und ideelle Grundlagen

Als **elementare Prinzipien** unserer Verfassungsordnung nennt Art. 20 GG die Demokratie sowie die Sozialstaatlichkeit und die Bundesstaatlichkeit, Art. 28 I GG schreibt sodann die „Grundsätze des republikanischen, demokratischen und sozialen Rechtsstaates" auch für die Gestaltung der verfassungsmäßigen Ordnung in den Bundesländern vor. Trotz dieser **Verknüpfung** von **Demokratie, Rechtsstaatlichkeit und Sozialstaatlichkeit** im Normtext der Verfassung wird von einer einflussreichen Strömung in der deutschen Staatsrechtslehre der Zusammenhang zwischen diesen drei Verfassungsprinzipien aufgelöst, teilweise wurden sie sogar gegeneinander ausgespielt[253].

Für *Immanuel Kant*, den wichtigsten Wegbereiter der Lehren vom Rechtsstaat in Deutschland, war der Zusammenhang zwischen der Herrschaft des Volkes und der Rolle des Gesetzes noch eindeutig: „Die gesetzgebende Gewalt kann nur dem vereinigten Willen des Volkes zukommen. Denn, da von ihr alles Recht ausgehen soll, so muß sie durch ihr Gesetz schlechterdings nimand unrecht tun **können**. Nun ist es, wenn jemand etwas gegen einen **anderen** verfügt, immer möglich, daß er ihm dadurch Unrecht tue, nie aber in dem, was er über sich selbst beschließt (denn volenti non fit iniuria). Also kann nur der übereinstimmende und vereinigte Wille aller, so fern ein jeder über alle und alle über einen jeden ebendasselbe beschließen, mithin nur der allgemein vereinigte Volkswille gesetzgebend sein"[254].

Kant als Begründer des Rechtsstaatsprinzips

---

252 Vgl. z. B. *MVVerfG*, LKV 2000, 345 (LS 6 u. 350); *Albers*, Determination, S. 143 f.; *Koch*, Datenerhebung, S. 143; *Pieroth/Schlink*, Grundrechte, Rdnr. 886 a; *Trute*, Die Verwaltung 2003, 517; **a. A.** *BbgVerfG*, LKV 1999, 415; ausführlich zum Ganzen *Kutscha/Roggan*, in: *Roggan*, Lauschen, S. 36 ff. sowie die Darstellung hier in Teil 2 unter 1.
253 So insbesondere das Rechtsstaatsprinzip gegen das Sozialstaatsprinzip durch *Forsthoff*, VVDStRL 12 (1954), 8; dagegen *Abendroth*, in: ders., Gesellschaft, S. 114; *Volkmann*, JZ 2004, 699.
254 *Kant*, Metaphysik, § 46 (Hervorhebung im Orig.); dazu ausführlich *Maus*, in: *Tohidipur*, Rechtsstaat, S. 15 ff.; Dies., Aufklärung.

Teil 1: Innere Sicherheit und Verfassung

Das **Gesetz** ist mithin für *Kant* nichts anderes als das **Instrument der Volksherrschaft** (wenn auch abhängig Arbeitende und „alles Frauenzimmer" nach der Vorstellung von *Kant* nicht daran beteiligt sein sollten[255]). Spätere Staatstheoretiker wie *Stahl* und *Bähr* reduzierten dann allerdings den Rechtsstaatsgedanken auf die bloße Begrenzung und Rationalisierung staatlicher Machtausübung, blendeten den demokratischen Kontext dabei aus und begründeten damit den staatsrechtlichen Positivismus des deutschen Kaiserreiches [256]. In dieser Tradition steht auch die heutige Fokussierung auf das Ensemble der verschiedenen machtbegrenzenden Regeln und Prinzipien, das als Inhalt des verfassungsmäßig verankerten Rechtsstaatsprinzips verstanden wird[257].

Zwar darf die Bedeutung dieser auf **Begrenzung staatlicher Machtausübung** zielenden Regeln und Grundsätze gerade für die Thematik der Inneren Sicherheit nicht unterschätzt werden. Auf der anderen Seite ist jedoch zugleich auch immer das Bewusstsein für den verschütteten **Zusammenhang von Rechtsstaatlichkeit und Volksherrschaft** wach zu halten: Die „Herrschaft des Gesetzes" darf nicht auf eine bloße Kompetenzverteilungsregel verkürzt werden. Auch bleibt die Frage zu stellen, ob der eingerichtete und ausgeübte Regierungs- und Parlamentsbetrieb unter den heutigen Bedingungen sozialer Machtverteilung noch den Willen bzw. die Interessen des Volkes zur Geltung bringt und ob er nicht – über die Ebene der Bundesländer[258] hinaus – der Ergänzung und Erweiterung durch Formen unmittelbarer Partizipation des Souveräns bedarf [259].

Das Scheitern des Verbotsverfahrens beim *BVerfG* gegen die NPD im Jahre 2003[260] hat überdies die besondere Problematik verdeutlicht, die sich bei einem die rechtsstaatlichen Vorgaben nicht penibel wahrenden Einsatz der scharfen Instrumente der **„streitbaren Demokratie"** stellt. Zum einen sind auch bei der staatlichen Auseinandersetzung mit Gegnern der Verfassungsordnung die inhaltlichen und verfahrensmäßigen Bestimmungen der „Verfassungsschutztrias", nämlich der **Grundrechtsverwirkung** nach Art. 18 GG, des **Vereinsverbots** nach Art. 9 II GG sowie des **Parteienverbots** nach Art. 21 II GG **strikt einzuhalten**[261]. Zum anderen darf aus dieser Normentrias **kein allgemeines Prinzip** abgeleitet werden, dass staatlichen Instanzen nahezu beliebig weitere Sanktionsmaßnahmen gegen „Verfassungsfeinde" erlauben würde[262].

---

255 *Kant*, Metaphysik, § 46.
256 Vgl. dazu *Maus*, in: *Tohidipur*, Rechtsstaat, S. 18 ff.; *Schulze-Fielitz*, in: *Dreier*, GG II, Art. 20 (Rechtsstaat), Rdnr. 13 ff.; *Kutscha*, in: *Becker-Schwarze u. a.*, Wandel, S. 15 f.
257 Vgl. z. B. *Schmidt-Aßmann*, HStR I, § 24, Rdnr. 61; *Schulze-Fielitz*, in: *Dreier*, GG II, Art. 20 (Rechtsstaat), Rdnr. 36.
258 Auf dieser Ebene wird die Wirkung von Volksentscheiden durch weit verstandene „Finanztabus" sowie durch die Negation der Bindungswirkung wie z. B. durch das *HambVerfG*, NVwZ 2005, 685 (dazu kritisch *Finckh*, in: *Müller-Heidelberg* u. a., Grundrechte-Report 2005, S. 158) erheblich dezimiert.
259 Hier ist nicht der Ort, auf die Defizite heutiger Demokratie näher einzugehen; vgl. dazu nur *Müller*, Demokratie; *Paech u. a.*, Demokratie; *Stein/Frank*, Staatsrecht, § 8 IV; *Fisahn*, Demokratie, S. 278 ff.; *Lübbe-Wolff*, RuP 2004, 130.
260 *VerfG* 107, 339 = NJW 2003, 1577; dazu *Ipsen*, JZ 2003, 485; *Kutscha*, Rechtsgrundlagen, S. 44 f.; *Michaelis*, NVwZ 2003, 943.
261 Einzelheiten hierzu bei *Papier/Durner*, AöR 128 (2003), 349 ff.; *Kutscha*, Verfassung, S. 111 ff; Ders., Rechtsgrundlagen, S. 46 f.
262 In dieser Richtung aber BVerfGE 39, 334 (349) = NJW 1975, 1641 (1642) – „Radikale im öffentlichen Dienst"; kritisch *Papier/Durner*, AöR 128 (2003), 365; *Kutscha*, Verfassung, S. 132 ff.

3.2. Der Gesetzesvorbehalt

Indem Art. 20 III GG die vollziehende Gewalt und die Rechtsprechung an „Gesetz und Recht" bindet, positiviert er zugleich eine der tragenden Säulen der Rechtsstaatlichkeit, nämlich die Gesetzesbindung exekutivischen Handelns. Während die ideellen Wurzeln des **Vorbehalts des Gesetzes** bis zu den demokratischen Konzeptionen von *Rousseau* und *Kant* zurückreichen, liegen der engeren Lehre vom **Gesetzesvorbehalt für Grundrechtseingriffe** profane Interessen des aufstrebenden Bürgertums zugrunde, nämlich ein Schutz vor willkürlichen Übergriffen der feudalen Exekutive in „Freiheit und Eigentum"[263].

Dieses Postulat hat das *BVerfG* in unserer Zeit zur **Wesentlichkeitslehre** ausgebaut. Danach ist der Gesetzgeber losgelöst vom Merkmal des staatlichen Eingriffs verpflichtet, alle wesentlichen Entscheidungen im Bereich der Grundrechtsausübung **selbst** zu treffen[264]. Aufmerksamkeit verdient dabei, dass sich das Gericht zur Begründung nicht nur auf die den Grundsatz des Vorbehalts des Gesetzes statuierende Norm des Art. 20 III GG bezieht, sondern auch auf die „demokratische Komponente" dieses Grundsatzes verweist[265]. Damit wird die Verbindung von Rechtsstaat und Demokratie deutlich in Erinnerung gerufen.

Wesentlichkeitslehre

In neueren Entscheidungen hat das *BVerfG* auch die demokratische Funktion öffentlicher parlamentarischer Gesetzgebung herausgestellt: „Wenn das Grundgesetz die Einschränkung von grundrechtlichen Freiheiten und den Ausgleich zwischen kollidierenden Grundrechten dem Parlament vorbehält, so will es damit sichern, dass Entscheidungen von solcher Tragweite aus einem Verfahren hervorgehen, das der Öffentlichkeit Gelegenheit bietet, ihre Auffassungen auszubilden und zu vertreten, und die Volksvertretung anhält, Notwendigkeit und Ausmaß von Grundrechtseingriffen in öffentlicher Debatte zu klären. Diese Funktion kann der Gesetzesvorbehalt aber nur erfüllen, wenn die Ermächtigung zum Freiheitseingriff im Gesetz nicht bloß unausgesprochen vorausgesetzt, sondern ausdrücklich offen gelegt wird. In der Unterstützung dieses Zwecks findet auch das (Zitier-) Gebot des Art. 19 I 2 GG seinen eigentlichen Sinn"[266]. Die **öffentliche Debatte** um eine Grundrechtsfrage erscheint dem Gericht hier mit gutem Grund als unverzichtbarer **Funktionsmodus demokratischer Entscheidungsfindung**. Damit ist zugleich ein weiteres Moment demokratischer Rechtsstaatlichkeit benannt, nämlich die grundsätzliche Öffentlichkeit und Transparenz staatlichen Handelns.

Demokratische Funktion des Gesetzesvorbehalts

---

263 Dazu *Stolleis*, Geschichte, S. 115 f.; *Böckenförde*, Staat, S. 76.
264 BVerfGE 47, 46 (79) = NJW 1978, 807 (810); BVerfGE 49, 89 (126) = NJW 1979, 359 (360); BVerfGE 108, 282 (311) = NJW 2003, 3111 (3116).
265 BVerfGE 49, 89 (126); ähnlich BVerfGE 108, 282 (311) = NJW 2003, 3111 (3116); vgl. auch *v. Arnauld*, Freiheitsrechte, S. 146 ff.; *Hoffmann-Riem*, AöR 130 (2005), 10 f.
266 BVerfGE 85, 386 (403 f.) = NJW 1992, 1875 (1877); vgl. auch *BVerwG*, NVwZ 2003, 95 (96); *NWVerfGH*, NJW 1999, 1243 (1244) gegen die „Flucht des Gesetzgebers aus der Verantwortung".

3.3. Öffentlichkeit und Transparenz

Ganz grundsätzlich hat das *BVerfG* in seinem Diätenurteil vom 5. 11. 1975 den **demokratischen Stellenwert** von Öffentlichkeit und Transparenz für das parlamentarische Verfahren verdeutlicht: Das demokratische und rechtsstaatliche Prinzip verlange, „daß der gesamte Willensbildungsprozeß für den Bürger durchschaubar ist und das Ergebnis vor den Augen der Öffentlichkeit beschlossen wird. Denn dies ist die einzige wirksame Kontrolle. Die parlamentarische Demokratie basiert auf dem Vertrauen des Volkes; Vertrauen ohne Transparenz, die erlaubt zu verfolgen, was politisch geschieht, ist nicht möglich"[267].

Öffentlichkeit auch der Exekutive

Auch in anderen Zusammenhängen spricht das *BVerfG* von einem „**allgemeinen Öffentlichkeitsprinzip der Demokratie**"[268]. In der Tat muss zur Ermöglichung einer effizienten demokratischen Kontrolle nicht nur das Parlament, sondern auch das Handeln der **Exekutive** dem Grundsatz der Öffentlichkeit unterworfen sein[269]. „Öffentliche Kontrolle und Kritik", so die dezidierte Feststellung von *Velten*, „sind notwendige Instrumente, um die Unterwerfung des staatlichen Handelns unter den Willen des Volkes zu erzwingen"[270]. Schließlich handelt es sich bei der „vollziehenden Gewalt" gemäß Art. 20 II GG ebenso wie bei der Gesetzgebung und der Rechtsprechung um jeweils **vom Volk abgeleitete** Gewalten, was die Absage an neofeudale Selbstherrlichkeit beinhaltet. **Heimlich ausgeübte Staatsgewalt** ist hingegen jeglicher demokratischen **Kontrolle entzogen** und somit von demokratischer Verantwortlichkeit befreit. Zwar findet das überkommene Amtsgeheimnis seine Rechtfertigung in der Gewährleistung des Datenschutzes für Betroffene. Es darf aber unter der Geltung des Demokratieprinzips nicht länger als Instrument eingesetzt werden, die Exekutive gegenüber der Kontrolle durch die Öffentlichkeit abzuschotten. Dieser Einsicht folgend sind in einigen Bundesländern in den letzten Jahren **Gesetze zur Informationsfreiheit** der Bürger gegenüber der staatlichen Verwaltung geschaffen worden[271], auch der Bund verabschiedete im Juli 2005, kurz vor dem Ende der Ära *Schröder*, noch das „Informationsfreiheitsgesetz" für die Behörden des Bundes [272]. Das **demokratische Anliegen** dieser Gesetze wird z. B. in § 1 des Berliner Informationsfreiheitsgesetzes zum Ausdruck gebracht: Zweck dieses Gesetzes sei es, das Wissen und Handeln öffentlicher Stellen unter Wahrung des Schutzes personenbezogener Daten der Allgemeinheit zugänglich

---

[267] BVerfGE 40, 296 (327) = NJW 1975, 2331 (2335); richtig wird dem gegenüber an das Manko erinnert, dass schon der Ausschüsse des Bundestages, vor allem aber der einflussreiche EU-Ministerrat hinter verschlossenen Türen tagen (*Meinel*, KJ 2004, 414).
[268] BVerfGE 70, 324 (358) = NJW 1986, 907 (909); BVerfGE 103, 44 (63) = NJW 2001, 1633 (1635).
[269] Vgl. nur *Faber*, NVwZ 2003, 1318 f.; *Scherzberg*, Öffentlichkeit, S. 295 ff.; *Schlachter*, Öffentlichkeit, S. 96; *Staff*, ZRP 1992, 384; *Weßlau*, Vorfeldermittlungen, S. 205; anders *Kloepfer*, HStR II, § 35, Rdnr. 58 f.
[270] *Velten*, Transparenz, S. 16; ähnlich *Scherzberg*, Öffentlichkeit, S. 299.
[271] In Berlin, Brandenburg, Nordrhein-Westfalen und Schleswig-Holstein; vgl. dazu im einzelnen Smeddinck, NJ 2004, 56 sowie die Beiträge in *Sokol*, Informationsfreiheit.
[272] BGBl. I 2005, 2722; dazu *Kloepfer/ v. Lewinski*, DVBl. 2005, 1277; *Kugelmann*, NJW 2005, 3609; *Schmitz/Jastrow*, NVwZ 2005, 984.

zu machen, „um über die bestehenden Informationsmöglichkeiten hinaus die demokratische Meinungs- und Willensbildung zu fördern und eine Kontrolle des staatlichen Handelns zu ermöglichen"[273]. Freilich enthalten alle diese Gesetze zahlreiche **Ausnahmetatbestände**, die der Behörde im Einzelfall die Versagung der erwünschten Auskunft ermöglichen[274].

Vor allem aber durch die zunehmend praktizierten Formen **verdeckten Handelns durch Sicherheitsbehörden** wird das Prinzip der Öffentlichkeit und Transparenz staatlichen Handelns konterkariert[275]. Dies wird damit gerechtfertigt, dass die Praktiken heimlicher Überwachung im Rahmen der Straftatenbekämpfung bzw. der Gefahrenabwehr unverzichtbar seien[276]. Auf der anderen Seite bleibt jedoch festzuhalten, dass heimliches Agieren weitaus mehr als der offene staatliche Grundrechtseingriff die **Gefahr von Machtmissbräuchen** bzw. **Rechtsverletzungen** birgt, weil bei verdecktem Handeln sowohl die Kontrolle durch die Öffentlichkeit ausfällt als auch der individuelle Rechtsschutz des Betroffenen versagen muss[277]. Dass diese Gefahr durchaus real ist, zeigt die Kette der Skandale um Verfassungsschutzbehörden, von der gescheiterten Aufklärung des Falles *Schmücker* in Berlin[278] über das „Celler Loch"[279] bis hin zur aktiven Rolle von V-Leuten in der Neonazi-Szene vor allem Brandenburgs und Thüringens[280]. Die **entschiedenste Konsequenz** aus den negativen Erfahrungen mit heimlicher Staatstätigkeit besteht darin, diese wegen Ermangelung ihrer demokratischen Legitimation bzw. wegen Unvereinbarkeit mit der Rechtsweggarantie des Art. 19 IV GG generell für **verfassungswidrig** zu erklären[281]. Auf jeden Fall fragwürdig ist die Rechtfertigung solcher staatlichen Praktiken vermittels pauschaler Formeln wie „Funktionsfähigkeit der Strafrechtspflege" oder „Funktionsfähigkeit des Verfassungsschutzes"[282]. Nur als **eng begrenzte**, gesetzlich genau umschriebene und an hohe tatbestandliche Anforderungen geknüpfte **Ausnahme** darf eine solche Exemtion vom

Problematik verdeckter Exekutivtätigkeit

---

273 Berl.GVBl. 1999, 561; dazu *Partsch*, LKV 2001, 98.
274 Vgl. nur § 3 Nr. 1 c IFG Bund, wonach „Belange der inneren oder äußeren Sicherheit" generell den Informationszugangsanspruch ausschließen, oder die Einräumung eines absoluten Vorrangs von „Betriebs- oder Geschäftsgeheimnissen" gegenüber dem Informationsinteresse gemäß § 6 IFG, während ansonsten eine Abwägung zwischen diesem Interesse des Antragstellers und dem schutzwürdigen Interesse von Dritten statt zu finden hat, § 5 I; kritisch dazu mit Recht *Kloepfer/ v. Lewinski*, DVBl. 2005, 1283 f.; *Kugelmann*, NJW 2005, 3612.
275 Dazu auch *Bernsmann/Jansen*, StV 1998, 217; *Weßlau*, Vorfeldermittlungen, S. 204 ff. sowie ausführlich *Velten*, Befugnisse.
276 So z. B. im „Abhörurteil" des *BVerfG*, BVerfGE 30, 1 (18 f.) = NJW 1971, 275 (276) sowie *Scholz/ Pitschas*, Selbstbestimmung, S. 109.
277 Dazu näher unter 3.6.
278 Dazu *LG Berlin*, StV 1991, 371; *Velten*, Befugnisse, S. 23 ff.
279 Dazu *Velten*, Befugnisse, S. 45 ff.
280 Dazu *Busch*, Bl. f. dt. u. intern. Politik 2002, 272; *Gössner*, in: *Paech* u. a., Demokratie, S. 167; gegen die Zulässigkeit der Begehung „szenetypischer" Straftaten durch V-Leute des Verfassungsschutzes *LG Cottbus*, NJ 2005, 377.
281 So *Velten*, Transparenz, S. 191; Dies., Befugnisse, S. 238; grundsätzliche Kritik auch bei *Staff*, ZRP 1992, 389.
282 Kritisch dazu *Velten*, Transparenz, S. 160 ff.

demokratischen Öffentlichkeitsprinzip für staatliches Handeln zugelassen werden[283]; die Anwendung heimlicher (Ausforschungs-) Methoden ist im übrigen streng am Grundsatz der Verhältnismäßigkeit zu orientieren.

3.4. Verhältnismäßigkeit, Übermaßverbot

Bedeutung und Inhalt

Der Grundsatz der Verhältnismäßigkeit[284] entstammt dem klassischen Polizeirecht und ist in den Polizeigesetzen der Länder ausdrücklich normiert worden[285]. Darüber hinaus ist seine Geltung inzwischen für **alle staatlichen Maßnahmen** anerkannt; er genießt **Verfassungsrang** und bindet damit auch den **Gesetzgeber**[286]. Seine Wurzeln hat das Prinzip der **Beschränkung staatlicher Machtausübung** auf das zum Schutz der Rechtsgüter **wirklich Gebotene** wiederum im Denken der europäischen Aufklärung. So forderte z. B. *Wilhelm von Humboldt* schon im Jahre 1792 eine Beschränkung staatlichen Handelns auf das Notwendige. Beim Schutz der Sicherheit der Bürger müsse „allemal auf die Größe des zu besorgenden Schadens und die Wichtigkeit der durch ein Prohibitivgesetz entstehenden Freiheitseinschränkung" Rücksicht genommen werden. „Jede weitere oder aus andren Gesichtspunkten gemachte Beschränkung der Privatfreiheit aber liegt außerhalb der Grenzen der Wirksamkeit des Staats"[287].

Ganz ähnlich bestimmt das *BVerfG* über zwei Jahrhunderte später den **wesentlichen Inhalt** des Verhältnismäßigkeitsgrundsatzes: Dieser „verlangt, dass die Einbußen an grundrechtlich geschützter Freiheit nicht in unangemessenem Verhältnis zu den Gemeinwohlzwecken stehen, denen die Grundrechtsbeschränkung dient. Gemeinschaftsbezogenheit und Gemeinschaftsgebundenheit der Person führen zwar dazu, dass der Einzelne Einschränkungen seiner Grundrechte hinzunehmen hat, wenn überwiegende Allgemeininteressen dies rechtfertigen (vgl. etwa BVerfGE 65, 1 [44] m. w. Nachw.). Der Gesetzgeber muss aber zwischen Allgemein- und Individualinteressen einen angemessenen Ausgleich herbeiführen"[288].

Gestützt wird der im Grundgesetz nicht explizit verankerte Grundsatz der Verhältnismäßigkeit sowohl auf das **Rechtsstaatsprinzip** als auch auf die Gewährleistungen der **Grundrechte**[289].

Die drei Teilelemente

Wenn auch die Terminologie nicht immer einheitlich ist, so besteht doch über die drei Teilelemente des Verhältnismäßigkeitsgrundsatzes weitgehend Einigkeit: Die jeweilige staatliche Maßnahme oder Regelung muss zum Schutz des betreffenden

---

283 So auch z. B. *Dix*, Jura 1993, 573.
284 Synonym verwenden manche den Begriff „Übermaßverbot", vgl. z. B. *Albers*, Determination, S. 241 ff; *Krebs*, Jura 2001, 228 ff.
285 Vgl. z. B. § 11 Bln. ASOG, vgl. Im einzelnen *Rachor*, in: *Lisken/Denninger*, Handbuch, Rdnr. F 158.
286 Vgl. nur BVerfGE 100, 313 (375 ff.) = NJW 2000, 55 (61 ff.); *Schlink*, in: Festschrift 50 Jahre BVerfG, S. 436; *Schulze-Fielitz*, in: Dreier, GG II, Art. 20 (Rechtsstaat), Rdnr. 167; *Rachor*, in: Lisken/Denninger, Handbuch, Rdnr. F 157.
287 *V. Humboldt*, Ideen, S. 128.
288 BVerfGE 100, 313 (376) = NJW 2000, 55 (61).
289 Vgl. nur *MVVerfG*, LKV 2000, 149 (152); *Krebs*, Jura 2001, 233 ff.; *Schlink*, in: Festschrift 50 Jahre BVerfG, S. 447 ff.; *Schulze Fielitz*, in: Dreier, GG II, Art. 20 (Rechtsstaat), Rdnr. 167.

3. Innere Sicherheit, Demokratie und Rechtsstaatsprinzip

Rechtsgutes **geeignet** sein. Hierfür soll es nach der Rechtsprechung des *BVerfG* schon ausreichen, wenn mit Hilfe der betreffende Maßnahme bzw. Regelung der gewünschte Erfolg gefördert werden **kann**[290]. Nicht entscheidend sei, ob das gewählte Mittel das bestmögliche oder geeignetste sei und der Erfolg auch tatsächlich eintrete, es genüge die **abstrakte Möglichkeit der Zweckerreichung**[291]. Ein Verstoß z. B. des Gesetzgebers gegen das Gebot der Eignung als erstem Element der Verhältnismäßigkeit liegt danach nur dann vor, wenn das gewählte Mittel **evident verfehlt** und zur Erreichung des jeweiligen Zwecks **schlechthin untauglich** ist, was vom *BVerfG* nur selten angenommen wird[292].

Als zweites Element der Verhältnismäßigkeit bildet das **Gebot der Erforderlichkeit** zugleich den Kern des **Übermaßverbotes**. Dieses Gebot verlangt, dass es **kein milderes**, die Grundrechte des Betroffenen **weniger stark einschränkendes Mittel** zur Erreichung des Ziels der Maßnahme oder Regelung gibt[293]. Allerdings muss das als Alternative in Betracht gezogene Mittel zur Zweckerreichung ebenso geeignet sein; dem Gesetzgeber wird auch insoweit vom *BVerfG* ein relativ weiter **Beurteilungsspielraum** zugebilligt[294].

Als drittes Element des Verhältnismäßigkeitsprinzip wird die Wahrung der **Verhältnismäßigkeit im engeren Sinne** betrachtet, wofür auch die Begriffe der **Angemessenheit** oder **Zumutbarkeit** stehen[295]. Das *BVerfG* fordert in diesem Zusammenhang eine „Gesamtabwägung zwischen der Schwere des Eingriffs und dem Gewicht sowie der Dringlichkeit der ihn rechtfertigenden Gründe"; die Maßnahme dürfe den Betroffenen nicht **übermäßig belasten**[296]. Das Ergebnis einer solchen höchstrichterlichen „Gesamtabwägung" ist freilich mangels hinreichend klarer normativer Vorgaben wenig kalkulierbar[297], wenngleich die Anforderungen insbesondere an die Sicherheitsgesetzgebung in den letzten Jahren vom *BVerfG* deutlich präzisiert wurden.

So hat das Gericht speziell für die Beurteilung der Verhältnismäßigkeit von Grundrechtseingriffen in diesem Rahmen **weitere Kriterien** aufgestellt: Bei der Herstellung eines angemessenen Ausgleichs zwischen Allgemein- und Individualinteresse durch den Gesetzgeber spiele auf grundrechtlicher Seite eine Rolle, „unter welchen Voraussetzungen welche und wie viele Grundrechtsträger wie intensiven Beeinträchtigungen

Rechtsprechung zu gesetzlichen Befugnisregelungen

---

290 BVerfGE 30, 292 (316) = NJW 1971, 1255 (1256); BVerfGE 67, 157 (173) = NJW 1985, 121 (122).
291 So BVerfGE 67, 157 (175) = NJW 1985, 121 (123).
292 So z. B. in BVerfGE 55. 159 (165 ff.) = NJW 1981, 673 zum Verbot der Beizjagd beim mangelnden Nachweis waffentechnischer Kenntnisse und Fähigkeiten der Falkner; vgl. auch *Groß*, KJ 2002, 9; *Schulze-Fielitz*, in: *Dreier*, GG II, Art. 20 (Rechtsstaat), Rdnr. 170.
293 Vgl. BVerfGE 17, 269 (279 f.) = NJW 1964, 1174; BVerfGE 30, 292 (316) = NJW 1971, 1255 (1256); BVerfGE 80, 145 (173) = NJW 1994, 1577 (1579).
294 Vgl. BVerfGE 77, 170 (215) = NJW 1988, 1651 (1653); BVerfGE 90, 145 (173 f.) = NJW 1994, 1577 (1579).
295 Vgl. *Schulze-Fielitz*, in: *Dreier*, GG II, Art. 20 (Rechtsstaat), Rdnr. 172.
296 BVerfGE 67, 157 (178) = NJW 1985, 121 (123); BVerfGE 90, 145 (173 f.) = NJW 1994, 1577 (1579).
297 Vgl. *Groß*, KJ 2002, 9 f.; *Krebs*, Jura 2001, 233.

ausgesetzt sind. Kriterien sind also die Gestaltung der Einschreitschwellen, die Zahl der Betroffenen und die Intensität der Beeinträchtigungen"[298].

Gerade bei der **Telefonüberwachung** durch Strafverfolgungsbehörden und Nachrichtendienste, von der zahlreiche unbescholtene Personen betroffen sind[299], muss demnach das Kriterium der **massenhaften Grundrechtsbetroffenheit** im Rahmen der Verhältnismäßigkeitsprüfung angemessen zur Geltung gebracht werden. Zwar hat das *BVerfG* in seinem Beschluss vom 20. 6. 1984 zur „strategischen Post- und Fernmeldeüberwachung"[300] sowie in seinem Urteil vom 14. 7. 1999 zur „Staubsaugerfahndung" des BND[301] die entsprechenden gesetzlichen Ermächtigungen im wesentlichen gebilligt und nur einige marginale Änderungen gefordert[302]. Die Befugnisregelungen für die Telekommunikationsüberwachung durch das Zollkriminalamt sowie für die niedersächsische Polizei im Rahmen der Vorsorge für die Straftatenverfolgung erklärte es indessen in seinen Entscheidungen vom 3. 3. 2004 sowie vom 27. 7. 2005 für verfassungswidrig[303], wobei zur Begründung u. a. auch das Verhältnismäßigkeitsprinzip herangezogen wurde. Ebenso hat das Gericht in seinem Urteil vom 3. 3. 2004 zum **Lauschangriff** den in § 100 c I Nr. 3 StPO enthaltenen Straftatenkatalog als nicht mit dem Verhältnismäßigkeitsprinzip vereinbar gewertet, weil dieser sich nicht auf besonders schwere Straftaten beschränkte[304]. In gleicher Weise hatte bereits der *SächsVerfGH* in seinem Urteil vom 14. 5. 1996 mehrere Befugnisregelungen des Sächs.PolG wegen Verstoßes gegen den Verhältnismäßigkeitsgrundsatz bemängelt[305], und das *MVVerfG* erklärte in seinem Urteil vom 21. 10. 1999 unter Berufung u. a. auch auf denselben Grundsatz eine weitgehende Ermächtigung zur „**Schleierfahndung**" für verfassungswidrig[306].

Rechtsprechung zu Einzelmaßnahmen der Exekutive

Der Grundsatz der Verhältnismäßigkeit bildet indessen nicht nur einen rechtsstaatlichen Prüfstein für die vom Gesetzgeber erlassenen Regelungen, sondern gilt auch als **verbindlicher rechtlicher Maßstab** für die alltägliche Praxis der **Einzelmaßnahmen** der verschiedenen Sicherheits- und Ordnungsbehörden. So zeigt sich die Bedeutung dieses Grundsatzes als Kontrollmaßstab für exekutives Handeln z. B. in der Rechtsprechung des *BVerfG* zur Anwendung der Eingriffsnormen des **Versammlungsgesetzes**: Schon im **Brokdorf-Beschluss von 1985** als der Grundsatzentscheidung zur Versammlungsfreiheit postulierte das Gericht, dass die nach § 15 VersG möglichen Maßnahmen des Verbots oder der Auflösung von Versammlungen bzw. Aufzügen nur „unter strikter

---

298 BVerfGE 100, 313 (376) = NJW 2000, 55 (61); vgl. auch *BVerfG*, NJW 2006, 1939 (1941 f.) – Rasterfahndung.
299 Vgl. dazu im einzelnen in Teil 2 unter 2.
300 BVerfGE 67, 157 = NJW 1985, 121.
301 BVerfGE 100, 313 = NJW 2000, 55.
302 Dazu näher unter 2.9. sowie im zweiten Teil unter 2.
303 BVerfGE 110, 33 = NJW 2004, 2213; *BVerfG*, NJW 2005, 2603; dazu im einzelnen unter 2.9.
304 BVerfGE 109, 279 (343) = NJW 2004, 999 (1010).
305 *SächsVerfGH*, LKV 1996, 273.
306 *MVVerfG*, LKV 2000, 149 (152 ff.); zur Verhältnismäßigkeit landesrechtlicher Befugnisse zur Videoüberwachung öffentlicher Räume vgl. *VGH Mannheim*, NVwZ 2004, 498 (502 f.); dazu näher in Teil 2 unter 4.

Wahrung des Grundsatzes der Verhältnismäßigkeit" erfolgen dürften[307]. In zahlreichen Entscheidungen hat das *BVerfG* (bzw. dessen im Eilverfahren zuständige Kammer) seitdem darauf insistiert, dass vor dem Verbot oder der Auflösung einer Versammlung erst das **mildere Mittel** der Erteilung von Auflagen ausgeschöpft sein müsse[308].

Auch verlangt das Gebot der **Erforderlichkeit** als Teilelement des Verhältnismäßigkeitsgrundsatzes z. B. im Falle von Ausschreitungen im Zuge einer Versammlung, zunächst gegen die Störer, d. h. die sich unfriedlich verhaltenden Personen vorzugehen anstatt die gesamte Versammlung aufzulösen[309]. Auf diese Weise wird dafür Sorge getragen, dass die Schutz der Versammlungsfreiheit für die friedlichen Teilnehmer auch bei Rechtsverstößen anderer erhalten bleibt[310] – der Verhältnismäßigkeitsprinzip offenbart in diesem Fall seinen **grundrechtsschützenden Charakter**.

Das gilt auch z. B. für den Beschluss des *BVerfG* vom 12. 4. 2005[311] zum Umfang der **Beschlagnahme von Datenträgern** in einer **Anwaltskanzlei**. Die StPO begrenze, so das Gericht, die Eingriffe in das Recht an den eigenen Daten grundsätzlich auf diejenigen, die für die Strafverfolgung im konkreten Anlassfall von Bedeutung sind[312]. Eingriffe in Rechte Unverdächtiger seien dem gegenüber „nach dem Grundsatz der Verhältnismäßigkeit in besonderer Weise rechtfertigungsbedürftig"[313].

3.5. Normenklarheit und Tatbestandsbestimmtheit

In Anbetracht der oben skizzierten demokratischen Funktion der **Gesetzesbindung** staatlicher Machtausübung verdienen Warnungen vor einem **Steuerungsverlust des Rechts**[314] gebührende Aufmerksamkeit. In der Tat verlieren Rechtsnormen durch die Zunahme „informalen Verwaltungshandelns"[315] und des Einsatzes (teilweise fragwürdiger) betriebswirtschaftlicher Instrumente in der öffentlichen Verwaltung[316] vor dem Hintergrund einer vorrangig bestimmten ökonomischen Leitvorstellungen verhafteten Politik tendenziell ihren handlungsdeterminierenden Charakter. Die Gesetzgeber tun ein Übriges dazu, indem sie in manchen Bereichen statt im Hinblick auf Tatbestandsvoraussetzungen und Rechtsfolgen eindeutigen Regelungen bloße **Finalprogramme** oder **Blankettformeln** schaffen[317]. Dies gilt insbesondere auch für das aktuelle Recht

Aktuelle Entwicklung

---

307 BVerfGE 69, 315 (LS 2 b) = NJW 1985, 2395; dazu im einzelnen unter 2.8.
308 So z. B. *BVerfG (K)*, NVwZ 2004, 90 (92); *BVerfG*, NJW 2004, 2814 (2816).
309 Vgl. *Knemeyer*, Polizei- und Ordnungsrecht, Rdnr. 295.
310 In diesem Sinne auch BVerfGE 69, 315 (316 LS 4) = NJW 1985, 2395.
311 *BVerfG*, NJW 2005, 1917; dazu *Kutzner*, NJW 2005, 2652.
312 *BVerfG*, NJW 2005, 1917 (1920).
313 *BVerfG*, NJW 2005, 1917 (1921).
314 Vgl. z. B. die Beiträge in *Grimm*, Staatsaufgaben, sowie in *Frommel*/Gessner, Normenerosion, ferner *Schulze-Fielitz*, in: *Dreier*, GG II, Art. 20 (Rechtsstaat), Rdnr. 59.
315 Dazu u. a. *Becker*, DÖV 1985, 1003; *Bohne,* Rechtsstaat, S. 42 ff.; *Kutscha*, in: *Becker-Schwarze u. a.*, Wandel, S. 18 ff.
316 Dazu im einzelnen unter 4.6.
317 Dazu z. B. *Frankenberg*, KJ 2005, 378 f.; *Hoffmann-Riem*, AöR 130 (2005), 15 ff.

der Inneren Sicherheit, das durch eine Vielzahl von Generalklauseln und zahlreiche **Scheintatbestände** (wie z. B. die „Erforderlichkeit der Aufgabenerfüllung" für die jeweilige Sicherheitsbehörde[318]) gekennzeichnet ist[319].

Neue Verfassungsrechtsprechung

Zwar kann wegen der Mehrdeutigkeit von Begriffen kein abstrakt formulierter Normtext alle denkbaren Anwendungsfälle völlig eindeutig vorentscheiden[320]. Jedoch entfaltet der Vorbehalt des Gesetzes nur dann seine demokratisch intendierte grundrechtsschützende Wirkung, wenn die gesetzlichen Eingriffstatbestände **so präzise und klar wie möglich** formuliert sind. Mithin stellt das Erfordernis hinreichender Bestimmtheit, wie das *BVerwG* konstatierte, „die notwendige Ergänzung und Konkretisierung des aus dem Demokratie- und Rechtsstaatsprinzip folgenden Grundsatzes des Vorbehalts des Gesetzes dar"[321].

Dieses Gebot der **Tatbestandsbestimmtheit** hat das Grundgesetz explizit nur für die Normen des Strafrechts festgelegt, Art. 103 Abs. 2[322]. In seinem Volkszählungsurteil von 1983 forderte das *BVerfG* indessen zu Recht die Einhaltung dieses Gebots auch für Eingriffe in das Recht auf informationelle Selbstbestimmung[323]. Nunmehr hat das Gericht in seinem (bisher wenig beachteten) Beschluss vom 3. 3. 2004 zur Überwachung der Telekommunikation durch das Zollkriminalamt die **dreifache verfassungsrechtliche Ratio** von Tatbestandsbestimmtheit und Normenklarheit gründlich herausgearbeitet: Sie dient sowohl dem **Schutz der möglicherweise betroffenen Bürger** als auch der **Bindung der Verwaltung** sowie einer **effektiven gerichtlichen Kontrolle**. „Der Betroffene muss die Rechtslage anhand der gesetzlichen Regelung so erkennen können, dass er sein Verhalten danach auszurichten vermag"[324]. Soweit die praktische Bedeutung einer Regelung vom Zusammenspiel der Normen unterschiedlicher Regelungsbereiche abhänge, müssten die Klarheit des Normeninhalts und die Voraussehbarkeit der Ergebnisse der Normanwendung gerade auch im Hinblick auf dieses Zusammenwirken gesichert sein.

Von **zentraler Bedeutung** für zahlreiche Neuregelungen auf dem Gebiet der Inneren Sicherheit ist die sich daran anschließende Folgerung des Gerichts: „Bei Ermächtigungen zu Überwachungsmaßnahmen verlangt das Bestimmtheitsgebot, dass die betroffene Person erkennen kann, bei welchen Anlässen und unter welchen Voraussetzungen ein Verhalten mit dem Risiko der Überwachung verbunden ist"[325].

Die Anforderungen an die Bestimmtheit und Klarheit der Norm dienen nach Auffassung des *BVerfG* des weiteren dazu, die Verwaltung zu binden und ihr Verhalten nach

---

318 Vgl. z. B. die §§ 7 I, 10 I BKAG, 8 I, 19 III BVerfSchG.
319 Vgl. im einzelnen z. B. *Denninger*, in: *Lisken/Denninger*, Handbuch, Rdnr. E 195; *Kutscha*, in: *Lange*, Staat, S. 360 ff.; *Wagner*, AK-PolG NRW, Einl. A, Rdnr. 34; *Weßlau*, KritV 1997, 243.
320 Vgl. bereits *Kelsen*, Rechtslehre, S. 348; ausführlich zur Problematik *Müller*, Methodik.
321 *BVerwG*, NVwZ 2001, 95 (96).
322 Dazu näher unter 3.7.
323 BVerfGE 65, 1 (44) = NJW 1984, 419 (422); ausführlich zum Volkszählungsurteil die Darstellung unter 2.4.
324 BVerfGE 110, 33 (53/54) = NJW 2004, 2213 (2215); dazu sowie zur mangelhaften Umsetzung der Vorgaben dieser Entscheidung durch das neue Zollfahndungsdienstgesetz *Huber*, NJW 2005, 2260.
325 BVerfGE 110, 33 (54) = NJW 2004, 2213 (2216).

3. Innere Sicherheit, Demokratie und Rechtsstaatsprinzip

Inhalt, Zweck und Ausmaß zu begrenzen. „Die Entscheidung über die Grenzen der Freiheit darf nicht einseitig in das Ermessen der Verwaltung gestellt sein"[326].

Schließlich dienten Normenbestimmtheit und -klarheit dazu, die Gerichte in die Lage zu versetzen, die Verwaltung anhand rechtlicher Maßstäbe zu kontrollieren. Insoweit bestehende Mängel beeinträchtigten insbesondere die Beachtung des verfassungsrechtlichen Übermaßverbots. „Je ungenauer die Ziele einer Normierung und die Anforderungen an die tatsächliche Ausgangslage gesetzlich umschrieben sind, umso schwerer fällt die Beurteilung der Eignung und Erforderlichkeit einer Überwachungsmaßnahme. Vor allem bewirkt die Unbestimmtheit der tatsächlichen Voraussetzungen des Risiko eines unangemessenen Verhältnisses von Gemeinwohlbelangen, zu deren Wahrnehmung in Grundrechte eingegriffen wird, und den Rechtsgütern der davon Betroffenen"[327].

Allerdings sind die Anforderungen an die Bestimmtheit und Klarheit der gesetzlichen Ermächtigung nach Auffassung des Gerichts nicht immer gleich. Sie richteten sich vielmehr nach der **Art und Schwere des Eingriffs**. „Diese ergibt sich aus der Art der vorgesehenen Maßnahme und der von ihr für den Betroffenen ausgelösten Wirkungen"[328].

Gegenstand der hier ausführlich zitierten Entscheidung des *BVerfG* waren zwar nur das Grundrecht aus Art. 10 I GG sowie die vom Gericht auf der Grundlage der hier wiedergegebenen Argumentation für verfassungswidrig erklärten Eingriffsnormen der §§ 39, 40 und 41 des Außenwirtschaftsgesetzes. Den dabei aufgestellten Postulaten im Hinblick auf Tatbestandsbestimmtheit und Normenklarheit ist jedoch **grundsätzliche Bedeutung** über den Anlass hinaus zuzuerkennen, schließlich bringen sie allgemeine rechtsstaatliche Prinzipien zur Geltung, die bei anderen Formen verdeckt erfolgender Grundrechtseingriffe ebenso beachtet werden müssen.

In seinem nur gut ein Jahr später ergangenen Urteil zur Überwachung von Personen vermittels des Global Positioning Systems (GPS)[329] sah der Zweite Senat des *BVerfG* indessen keinen Anlass, den rechtsstaatlich überzeugenden Vorgaben des Ersten Senats im soeben referierten Beschluss vom 3. 3. 2004 Folge zu leisten. Im Gegenteil – das „GPS-Urteil" vom 12. 4. 2005[330] liest sich wie eine recht anspruchslose **Persiflage** der im Beschluss des Ersten Senats vom 3. 3. 2004 formulierten Anforderungen an die Tatbestandsbestimmtheit:

Gegensätzliche Entscheidungspraxis

Im vom Zweiten Senat zu beurteilenden Fall ging es vor allem um die Verwendung von Ergebnissen der Überwachung eines Kraftfahrzeugs, in dem von Sicherheitsbehörden heimlich ein GPS-Empfänger installiert worden war, im Strafprozess. Als Grundlage hierfür berief sich die Staatsanwaltschaft auf § 100 c I Nr. 1 StPO, wonach unter bestimmten Voraussetzungen neben Lichtbildern und Bildaufzeichnungen auch „sonstige besondere für Observationszwecke bestimmte technische Mittel zur Erforschung

---

326 BVerfGE 110, 33 (54) = NJW 2004, 2213 (2216).
327 BVerfGE 110, 33 (55)= NJW 2004, 2213 (2216).
328 BVerfGE 110, 33 (55) = NJW 2004, 2213 (2216) und *Gurlit*, RDV 2006, 45.
329 Dazu ausführlich in Teil 3 unter 2.
330 BVerfGE 112, 304 (305) = NJW 2005, 1338; dazu auch *Roggan*, DANA 2/2005, 14.

des Sachverhalts oder zur Ermittlung des Aufenthaltsortes des Täters verwendet werden" dürfen. Der Zweite Senat des *BVerfG* erblickte weder in dieser Norm noch in deren konkreter Anwendung in Gestalt der GPS-Überwachung einen Grundrechtsverstoß und verurteilte damit den verfassungsrechtlichen Bestimmtheitsgrundsatz gleich **in zweifacher Hinsicht** nahezu zur **Bedeutungslosigkeit**: Zum Ersten ist es höchst fragwürdig, ob es sich beim GPS wirklich um ein „für Observationszwecke bestimmtes" technisches Mittel handelt. Abgesehen von der ursprünglich militärischen Nutzung, dient die GPS-Ortung heute zahlreichen Kfz-Haltern, aber auch Wanderern als im eigenen Interesse erwünschte Navigationshilfe – ihr Einsatz als heimliches Überwachungsinstrument durch Sicherheitsbehörden stellt mithin eine Zweckentfremdung dar, die nach bisheriger Verfassungsrechtsprechung nur auf der Grundlage einer normenklaren gesetzlichen Ermächtigung zulässig ist[331]. Eine solche normenklare Regelung stellt, zum Zweiten, § 100 c I Nr. 1 StPO aber gerade nicht dar, weil er auf eine definitive Aufzählung der zur Observation zulässigen „technischen Mittel" verzichtet und damit eine durch die Exekutive beliebig füllbare **Blankettnorm** darstellt. Der Zweite Senat betrachtete diese Regelung dennoch als verfassungskonform und stützte sich dabei auf eine höchst widersprüchliche Argumentation: Das Bestimmtheitsgebot verlange vom Gesetzgeber, „dass er technische Eingriffsinstrumente genau bezeichnet und dadurch sicherstellt, dass der Adressat den Inhalt der Norm jeweils erkennen kann"[332]. Diese richtige Feststellung wird durch den darauf folgenden Satz aber geradezu auf den Kopf gestellt: Das Bestimmtheitsgebot „verlangt aber keine gesetzlichen Formulierungen, die jede Einbeziehung kriminaltechnischer Neuerungen ausschließen". Die Verwendung des Merkmals „besondere für Observationszwecke bestimmte technische Mittel" werde diesen Anforderungen gerecht.

Der Gesetzgeber wird damit von der Verantwortung entbunden, die Observationsmittel selbst festzulegen. Er müsse lediglich, so das Gericht, die technischen Entwicklungen aufmerksam beobachten und bei Fehlentwicklungen hinsichtlich der konkreten Ausfüllung offener Gesetzesbegriffe durch die Strafverfolgungsbehörden und die Strafgerichte notfalls durch ergänzende Rechtsetzung korrigierend eingreifen[333]. – Damit wird die Rolle des Gesetzgebers auf eine **bloße Kontrollinstanz reduziert**, die lediglich im Falle von Fehlentwicklungen „ergänzende Rechtsetzung" vornehmen soll, im Übrigen aber der Exekutive bzw. den Gerichten durch die Verwendung „offener Gesetzesbegriffe" einen **weiten Spielraum** belässt. Die vom Ersten Senat des *BVerfG* im Beschluss vom 3. 3. 2004 als Ratio des Bestimmtheitsgrundsatzes postulierte **Begrenzung des Verwaltungshandelns** wird damit **gerade nicht erreicht**. Vor allem aber nehmen solche „offenen" Befugnisregelungen den davon Betroffenen jegliche Möglichkeit, zu erkennen, „bei welchen Anlässen und unter welchen Voraussetzungen ein Verhalten mit dem Risiko der Überwachung verbunden ist"[334]. Vielmehr muss **jeder Nutzer elektronischer Geräte** – vom PC mit Internet-Zugang über das Handy bis zum

---

[331] Vgl. vor allem BVerfGE 100, 313 (360) = NJW 2000, 55 (57).
[332] BVerfGE 112, 304 (316) = NJW 2005, 1338 (1340).
[333] BVerfGE 112, 304 (316/317) = NJW 2005, 1338 (1340).
[334] BVerfGE 110, 33 (54) = NJW 2004, 2213 (2216).

Navigationssystem im Kfz – damit rechnen, dass diese entgegen der ihm eigentlich zugedachten Funktion als **Instrument zur heimlichen Überwachung** eingesetzt werden. Genau dies ist die Konsequenz aus dem „GPS-Urteil" des Zweiten Senats. Das rechtsstaatliche Gebot der Tatbestandsbestimmtheit sowie das Postulat der „Verlässlichkeit der Rechtsordnung"[335] werden damit allerdings zum bloßen Lippenbekenntnis herabgewürdigt.

3.6. Justizgewährleistung, Richtervorbehalte

Die Gesetzesbindung der Exekutive als Postulat des Demokratie- und des Rechtsstaatsprinzips kann nur dann Wirkkraft entfalten, wenn ihre Einhaltung einer **effektiven Kontrolle** durch eine **unabhängige Instanz** unterliegt. Diese Funktion weist unsere Verfassungsordnung der **Dritten Gewalt** zu. Während Art. 97 GG die **Unabhängigkeit der Richter** statuiert, verbürgt Art. 19 IV GG jedem den **Rechtsweg,** der durch die öffentliche Gewalt in seinen Rechten verletzt wird. Die Rechtsweggarantie wurde denn auch schon kurz nach Verabschiedung des Grundgesetzes recht bildhaft als „Schlußstein im Gewölbe des Rechtsstaats"[336] charakterisiert. Das *BVerfG* sah ihre Bedeutung richtig darin, die „'Selbstherrlichkeit' der vollziehenden Gewalt im Verhältnis zum Bürger" zu beseitigen, indem ihm ein Anspruch auf eine „tatsächlich wirksame gerichtliche Kontrolle" verliehen wird[337].

Grundsätzliche Bedeutung

In der Tat stehen dem von einer Eingriffsmaßnahme der Sicherheitsbehörden Betroffenen **verschiedene Rechtsschutzmöglichkeiten** zur Verfügung, von der Anfechtungsklage beim Verwaltungsgericht gegen polizeirechtliche Verwaltungsakte gemäß § 42 VwGO bis zum Verfahren vor den ordentlichen Gerichten gegen repressiv-strafprozessuale Maßnahmen nach den §§ 23 ff. EGGVG[338]. Selbst dann, wenn der Grundrechtseingriff nicht mehr fortwirkt (wie z. B. nach Beendigung einer Wohnungsdurchsuchung[339]), wird nach der neueren Rechtsprechung **nachträglicher Rechtsschutz** aufgrund einer Beschwerde bzw. einer Fortsetzungsfeststellungsklage gewährt[340].

Des weiteren forderte das *BVerfG*, dass das die öffentliche Gewalt kontrollierende Gericht auch über die **Voraussetzungen** verfügt, das Rechtsschutzbegehren in tatsächlicher und rechtlicher Hinsicht prüfen zu können. „Die Rechtsschutzgarantie des Art. 19 IV GG schließt ein, dass die Verwaltungsvorgänge, welche die für das Verwaltungsverfahren und dessen Ergebnis maßgeblichen Sachverhalte und behördlichen Erwä-

---

335 So der Zweite Senat des *BVerfG* in seinem Beschluss zum Europäischen Haftbefehlsgesetz, NJW 2005, 2289 (2292).
336 *Thoma*, Recht, S. 9.; zur grundsätzlichen Bedeutung auch *Papier*, HStR VI, § 154 Rdnr. 1 ff.; *Schulze-Fielitz*, in: *Dreier*, GG I, Art. 19 IV Rdnr. 35.
337 BVerfGE 10, 264 (267) = NJW 1960, 331; BVerfGE 35, 263 (274) = NJW 1973, 1491 (1493); vgl. auch *BVerfG*, NJW 2005, 2289 (2294 f.).
338 Vgl. im Einzelnen die Übersichten bei *Knemeyer*, Polizeirecht, Rdnr. 395 ff.; *Lisken*, in: *Lisken/Denninger*, Handbuch, Rdnr. K 73 u. K. 106 ff.; *Meyer-Goßner*, StPO, Vorbem. § 23 EGGVG.
339 Dazu z. B. BVerfGE 96, 27 = NJW 1997, 2163 in Abweichung von BVerfGE 49, 329 = NJW 1979, 154; vgl. ferner *BVerfG (K)*, NJW 2005, 1637 (1639).
340 Vgl. z. B. *BVerfG* (K), NJW 2005, 1855.

gungen dokumentieren, dem Gericht zur Verfügung stehen, soweit sie für die Beurteilung der Rechtmäßigkeit der behördlichen Entscheidung und der geltend gemachten Rechtsverletzung von Bedeutung sein können"[341]. Davon ausgehend erklärte das Gericht in seinem Beschluss vom 27. 10. 1999 die **Ausschlussregelung für die Aktenvorlage** in § 99 VwGO (damaliger Fassung) insoweit für **mit Art. 19 IV GG unvereinbar**, als sie auch Fälle umfasst, „in denen die Gewährung effektiven Rechtsschutzes von der Kenntnis der Verwaltungsvorgänge abhängt"[342]. Gegenstand dieser Entscheidung des *BVerfG* war die Verweigerung der Vorlage von Akten über eine **Sicherheitsüberprüfung** durch das Bayerische Landesamt für Verfassungsschutz im verwaltungsgerichtlichen Verfahren.

Rechtsschutz bei verdeckten Maßnahmen?

Das *BVerfG* wertete darüber hinaus den Ausschluss des Rechtsweges gegen die Bewilligung der **Auslieferung eines Deutschen** in einen Mitgliedstaat der Europäischen Union als Verstoß gegen Art. 19 IV GG[343].

In diesem Fall war die Durchführung der Sicherheitsüberprüfung dem Kläger und Beschwerdeführer bekannt. Anders stellt sich die Situation jedoch dar, wenn Eingriffsmaßnahmen der Sicherheitsbehörden **verdeckt** erfolgen: Wer nicht weiß, dass er Objekt heimlicher Überwachungsmaßnahmen von Polizei oder Nachrichtendiensten, wird sich nicht zur Anrufung der Gerichte veranlasst sehen. Die **nachträgliche Benachrichtigung** der Betroffenen ist nach den einschlägigen gesetzlichen Regelungen nur unter engen Voraussetzungen vorgesehen[344] und bildet in der Praxis denn auch die **Ausnahme**[345]. Der in Art. 19 IV GG gewährleistete Rechtsschutz läuft mithin **in den allermeisten Fällen verdeckter Überwachung leer**[346]. Immerhin wird die Problematik dieses Rechtsschutzdefizits in Teilen der strafprozessrechtlichen Literatur seit Jahren kritisch erörtert[347], im polizeirechtlichen Schrifttum indessen kaum wahrgenommen[348]. Die Gesetzgeber meinten dieses Defizit durch die Einführung von **Richtervorbehalten** für bestimmte, gravierend in Grundrechte eingreifende verdeckte Maßnahmen kompensieren zu können. Sie folgten damit dem Vorbild der verfassungsmäßig verankerten Richtervorbehalte für Freiheitsentziehungen (Art. 104 II GG[349]), für Wohnungsdurch-

---

341 BVerfGE 101, 106 (122) = NJW 2000, 1175 (1176).
342 BVerfGE 101, 106 (LS 1) = NJW 2000, 1175.
343 *BVerfG*, NJW 2005, 2289 (2294 ff.) zum Europäischen Haftbefehlsgesetz; dazu auch unter 3.7.
344 Vgl. nur die Aufzählung der Ausschlussgründe in § 101 I StPO.
345 Vgl. dazu z. B. die Ergebnisse der empirischen Untersuchungen von *Backes/Gusy*, Telefonüberwachung sowie *Albrecht/Dorsch/Krüpe*, Rechtswirklichkeit, S. 41.
346 Deshalb sah man sich bei der Verabschiedung der Notstandsgesetze im Jahre 1968 immerhin noch veranlasst, in den Art. 19 IV GG eine Ausnahmebestimmung für die neugeschaffenen Eingriffsbefugnisse in das Brief-, Post- und Fernmeldegeheimnis (Art. 10 II GG) einzufügen. Dies wurde bei der Legalisierung des Lauschangriffs 30 Jahre später offenbar für entbehrlich gehalten.
347 Vgl. z. B. *Amelung*, NJW 1979, 1691; *Bernsmann/Jansen*, StV 1998, 218; *Lilie*, ZStW 111 (1999), 809 ff. sowie die ausführliche Kritik von *Velten*, Befugnisse, S. 81 ff.
348 Ausnahmen: *Lisken*, in: *Lisken/Denninger*, Handbuch, Rdnr. K 16; *Staff*, ZRP 1992, 384; *Gusy*, NJW 1981, 1584; *Würtenberger/Heckmann*, Polizeirecht, Rdnr. 690.
349 Dazu im einzelnen unter 2.6.

suchungen (Art. 13 II GG[350]) sowie seit 1998 für Lauschangriffe auf Wohnungen (Art. 13 III, IV GG[351]).

Einen vollwertigen Ersatz für den in Art. 19 IV GG garantierten Rechtsweg vermögen die Richtervorbehalte für verdeckte Maßnahmen nach dem Polizei- und Strafprozessrecht indessen **nicht** zu bieten. Hierfür gibt es **mehrere Gründe**: Zunächst einmal entscheiden die Richter in diesen Fällen **nicht in einem kontradiktorischen Verfahren**, in dem der Betroffene sein verfassungsmäßiges Recht auf rechtliches Gehör, Art. 103 I GG, wahrnehmen kann. Ob dessen grundrechtlich geschützte Position im Rahmen der richterlichen Entscheidungsfindung jeweils angemessen Berücksichtigung findet, ist deshalb durchaus zweifelhaft. Die empirische Untersuchung von *Backes/Gusy* zum Richtervorbehalt bei der Telefonüberwachung legt eher das Gegenteil nahe: Die beteiligten Richter, so das Fazit der Untersuchung, „fühlen sich nicht dazu aufgerufen, bei ihren Entscheidungen auch die Interessen der über die Telefonüberwachung naturgemäß nicht informierten Beteiligten in irgendeiner Weise zu berücksichtigen; es fehlt jegliche Sensibilität dafür, dass es sich hierbei um Grundrechtseingriffe handelt"[352].

Selbst aber, wenn der Richter seine Anordnungsbefugnis als eine Form des Grundrechtsschutzes durch Verfahren verstehen sollte, kennt er den Sachverhalt nur aus der Sicht von **Polizei und Staatsanwalt**. Diese haben faktisch die **Informationshoheit**, so dass es fraglich ist, ob auch die den Betroffenen **entlastenden** Umstände in die Entscheidungsfindung einfließen[353]. Im übrigen ist der für die Anordnung zuständige Richter ohnehin nur punktuell mit der Sache befasst, ihm obliegt **keine Überwachung und Ergebniskontrolle** der Maßnahme[354]. Es kommt hinzu, dass die richterliche Entscheidung unter Zeitdruck erfolgt und die ohnehin bereits bestehende Arbeitsbelastung hierdurch noch verstärkt wird.

Angesichts solcher strukturellen Bedingungen für die Wahrnehmung des Richtervorbehalts überrascht es nicht, dass die Ablehnung der beantragten Überwachungsmaßnahme die **seltene Ausnahme** darstellt[355]. Ausformulierte Beschlussentwürfe der Staatsanwaltschaft zur Telekommunikationsüberwachung wurden hingegen nach der Untersuchung von *Backes/Gusy* in weit über 90 % der Fälle wortwörtlich vom Richter übernommen, obwohl diese Entwürfe häufig unvollständig waren[356]. In Anbetracht dieser Praxis sind deshalb **erhebliche Zweifel** angebracht, ob der Richtervorbehalt wirklich eine **effektive Kontrolle** der Überwachungsmaßnahmen durch die Dritte Gewalt bewirkt[357].

Kompensation durch Richtervorbehalte?

---

350 Dazu im einzelnen unter 2.11.
351 Im einzelnen dazu unter 2.11.
352 *Backes/Gusy*, Telefonüberwachung, S. 129/130.
353 Vgl. *Asbrock*, Betrifft Justiz 75 (2003), 136; *Rabe v. Kühlewein*, Richtervorbehalt, S. 451; *Wolter*, DÖV 1997, 943.
354 Vgl. *Asbrock*, Betrifft Justiz 75 (2003), 135.
355 Vgl. die Zahlen bei *Battis/Gusy*, Telefonüberwachung, S. 123.
356 *Battis/Gusy*, Telefonüberwachung, S. 124.
357 Vgl. auch die Kritik von *Albrecht*, DRiZ 1998, 333; *Lilie*, ZStW 111 (1999), 814; zur Frage, ob die Parlamentarischen Kontrollkommissionen bzw. die G 10-Kommissionen eine wirksame Alternative darstellen, vgl. *Kutscha*, NVwZ 2003, 1299 f.

3.7. Verfahrensregeln

Neben den oben behandelten Ausprägungen des Rechtsstaatsprinzips gewährleistet dieses des weiteren einige **elementare Verfahrensregeln,** die für die Durchführung eines **fairen Prozesses** und die Gewährleistung effektiven Rechtsschutzes **unerlässlich** sind[358]. Die meisten dieser Regeln hat das Grundgesetz im Abschnitt IX über die Rechtsprechung in Gestalt von **„justiziellen Grundrechten"**[359] normiert.

Gesetzlicher Richter

Zu nennen sind hier zunächst das **Verbot von Ausnahmegerichten** und das **Recht auf den gesetzlichen Richter,** Art. 101 I GG. Dieses Recht wird vom *BVerfG* als besondere Ausprägung des allgemeinen rechtsstaatlichen Objektivitätsgebots betrachtet. Es stelle sicher, dass der zuständige Richter generell vorbestimmt ist und nicht ad hoc und ad personam bestellt werden kann. Damit schützte Art. 101 I 2 GG die rechtsprechenden Organe vor **manipulierenden Einflussnahmen**[360]. – Dass die Möglichkeit solcher Manipulationen auch in traditionell rechtsstaatlichen Systemen nicht ausgeschlossen werden kann, zeigt der Umgang der US-Administration mit „terrorverdächtigen" Gefangenen auf Guantánamo zur Genüge.

Rechtliches Gehör

Der in Art. 103 I GG gewährleistete **Anspruch auf rechtliches Gehör** gehört zu jenen rechtsstaatlichen Verfahrensregeln, deren Verletzung in Berufungs- oder Verfassungsbeschwerdeverfahren häufig geltend gemacht wird. Die Bedeutung dieser Verbürgung hat das *BVerfG* wie folgt umschrieben: „Der Einzelne soll nicht bloßes Objekt des Verfahrens sein, sondern er soll vor einer Entscheidung, die seine Rechte betrifft, zu Wort kommen, um Einfluss auf das Verfahren und sein Ergebnis nehmen zu können."[361] – Es liegt auf der Hand, dass dieses Postulat bei der richterlichen Anordnung einer verdeckten Überwachungsmaßnahme gerade nicht erfüllt wird, **Richtervorbehalte** den verfassungsmäßig gebotenen Rechtsschutz des Einzelnen mithin **nicht ersetzen** können[362]. Auch darüber hinaus besteht nicht selten die Gefahr einer Missachtung dieses verfassungsmäßigen Anspruchs, z. B. durch ein **Überraschungsurteil**[363].

Keine Strafe ohne Gesetz

Der in Art. 103 II GG verankerte Grundsatz **nulla poena sine lege** (= keine Strafe ohne Gesetz) stellt eines der **elementarsten Prinzipien** des rechtsstaatlichen Strafverfahrens dar. Wie das *BVerfG* festgestellt hat, verpflichtet dieser Verfassungssatz den Gesetzgeber, die Voraussetzungen der Strafbarkeit **so genau** zu umschreiben, dass Tragweite und Anwendungsbereich der Straftatbestände für den Normadressaten **schon aus dem Gesetz selbst** zu erkennen sind und sich durch Auslegung ermitteln und konkretisieren lassen. „Das Grundgesetz will auf diese Weise sicherstellen, dass jedermann sein Verhalten auf die Strafrechtslage eigenverantwortlich einrichten kann und keine

---

358 Vgl. BVerfGE 91, 176 (181) = NJW 1995, 40; *Schulze-Fielitz,* in: Dreier, GG II, Art. 20 (Rechtsstaat), Rdnr. 202 ff.
359 Der subjektive Charakter dieser Rechte kommt darin zum Ausdruck, dass diese auch per Verfassungsbeschwerde geltend gemacht werden können, vgl. Art. 93 I Nr. 4 a GG.
360 BVerfGE 82, 159 (194) = NVwZ 1991, 53 (58).
361 BVerfGE 84, 188 (190) = NJW 1991, 2823; BVerfGE 86, 133 (144) = DtZ 1992, 327 (328).
362 Dazu im vorherigen Abschnitt 3.5.
363 Vgl. z. B. BVerfGE 84, 188 (190) = NJW 1991, 2823 (2824); *BVerfG (K),* NJW 1996, 45; Einzelheiten z. B. bei *Schulze-Fielitz,* in: Dreier, GG III, Art. 103 I, Rdnr. 32 ff.

unvorhersehbaren staatlichen Reaktionen befürchten muss"[364]. Daraus erwächst dem Gesetzgeber die verfassungsrechtliche Verpflichtung, die Grenzen der Strafbarkeit **selbst** zu bestimmen und diese Entscheidung nicht etwa der Strafjustiz zu überlassen[365].

Des weiteren statuiert das Grundgesetz das **Verbot der Doppelbestrafung** (ne bis in idem), Art. 103 III, und stellt **besondere Anforderungen für Freiheitsentziehungen** auf, Art. 104 GG[366]. Darüber hinaus entnimmt das *BVerfG* dem Grundrecht der allgemeinen Handlungsfreiheit, Art. 2 I GG, in Verbindung mit dem Rechtsstaatsprinzip das **Recht auf ein faires Verfahren**[367]. Der Anspruch hierauf sei, so das Gericht, „durch das Verlangen nach verfahrensrechtlicher ‚**Waffengleichheit**' von Ankläger und Beschuldigtem gekennzeichnet und dient damit in besonderem Maße dem Schutz des Beschuldigten, für den bis zur Verurteilung die Vermutung seiner Unschuld streitet"[368].

Faires Verfahren

Zum grundsätzlichen Verbot in Art. 16 II GG, **Deutsche an das Ausland auszuliefern**, hat das *BVerfG* in seinem Beschluss vom 18. 7. 2005 zum Europäischen Haftbefehlsgesetz bestimmte Präzisierungen entwickelt. Danach muss der Gesetzgeber bei Eingriffen in den Schutzbereich dieses Grundrechts beachten, dass mit dem Auslieferungsverbot gerade auch die **Grundsätze der Rechtssicherheit und des Vertrauensschutzes** für den von einer Auslieferung betroffenen Deutschen gewahrt werden sollen[369]. Das Vertrauen des Verfolgten in die eigene Rechtsordnung sei „dann in besonderer Weise geschützt, wenn die dem Auslieferungsersuchen zu Grunde liegende Handlung einen maßgeblichen Inlandsbezug hat"[370].

Die **Unschuldsvermutung** ist im Grundgesetz nicht explizit normiert, genießt nach der Rechtsprechung des *BVerfG* als **besondere Ausprägung des Rechtsstaatsprinzips** aber gleichwohl **Verfassungsrang**[371]. Das Gericht verweist in diesem Zusammenhang auch auf **Art. 6 II EMRK**, in dem die Unschuldsvermutung **explizit verankert** ist, der aber als völkerrechtliche Regelung in Deutschland nur den Rang eines (einfachen) Bundesgesetzes habe[372].

Unschuldsvermutung

Dem Täter müssten, so das *BVerfG*, in einem justizförmigen Verfahren Tat und Schuld nachgewiesen werden. „Bis zum gesetzlichen Nachweis der Schuld wird seine Unschuld vermutet". Daraus ergeben sich für das Gericht **bestimmte Folgerungen** für den staatlichen Umgang mit einem Beschuldigten: Dieser werde durch die Unschuldsvermutung auch vor Nachteilen geschützt, „die Schuldspruch oder Strafe gleichkommen, denen aber kein rechtsstaatliches, prozeßordnungsgemäßes Verfahren zur Schuld-

---

364 BVerfGE 105, 135 (152/153) = NJW 2002, 1779; ähnlich *BVerfG*, NJW 2005, 2289 (2294).
365 Vgl. BVerfGE 105, 135 (153) = NJW 2002, 1779 (1780).
366 Dazu im einzelnen unter 2.6.
367 BVerfGE 26, 66 (71) = NJW 1969, 1423 (1424); BVerfGE 38, 105 (111) = NJW 1975, 103; *BVerfG*, NJW 2005, 1917 (1919); vgl. dazu auch *Di Fabio*, in: Maunz/Dürig, GG (2001), Art. 2 I, Rdnr. 72.
368 BVerfGE 38, 105 (111) = NJW 1975, 103; Hervorhebung von mir, M. K.
369 *BVerfG*, NJW 2005, 2289 (LS 3).
370 *BVerfG*, NJW 2005, 2289 (LS 4).
371 BVerfGE 74, 358 (370) = NJW 1987, 2427; *BVerfG (K)*, NJW 2002, 3231.
372 Vgl. zur Bedeutung der EMRK für die deutsche Rechtsordnung jetzt aber *BVerfG*, NJW 2004, 3407 (3408); ferner *Grabenwarter*, EMRK, S. 17 f.; *Kutscha*, RuP 2005, 175 (176 f.).

feststellung und Strafbemessung vorausgegangen ist"[373]. – Dieses überzeugende Verständnis der rechtsstaatlichen Unschuldsvermutung zeitigt Konsequenzen **über den Strafprozess hinaus**: Es stellt sich die Frage, ob nicht bei vielen der heute – häufig vermittels moderner Technik – von den Sicherheitsbehörden vorgenommenen Informationseingriffen der davon Betroffene **wie ein Schuldiger** behandelt wird, obwohl er sich in zahlreichen Fällen der Überwachung völlig rechtstreu verhalten hat. „An die Stelle des den Staat des Grundgesetzes konstituierenden Vertrauens in die Rechtstreue des einzelnen (bis zu den Anzeichen normabweichenden Verhaltens)", so die berechtigte Kritik *Liskens*, werde das generelle **Misstrauen** in die Rechtstreue desjenigen gesetzt, der von seinem Freiheitsrecht Gebrauch macht, ohne seinerseits Anzeichen rechtsstörenden Verhaltens zu zeigen[374]. Von der als verfassungsrechtliches Grundprinzip verstandenen Unschuldsvermutung bleibt damit **kaum noch etwas übrig**.

4. Föderale Kompetenzbegrenzung versus Zentralisierung, Internationalisierung, Informalisierung und Privatisierung

4.1. Bundesstaatlichkeit und Dezentralisierung der Sicherheitsbehörden

Grundentscheidung für den Föderalismus

Die Bundesstaatlichkeit gehört ebenso wie Demokratie, Sozialstaatlichkeit und Rechtsstaatlichkeit zu den **elementaren Verfassungsprinzipien**, die in Art. 20 I GG verankert wurden. Der Parlamentarische Rat maß diesem Grundsatz eine so elementare Bedeutung bei, dass er „die Gliederung des Bundes in Länder und die grundsätzliche Mitwirkung der Länder bei der Gesetzgebung" explizit in die sog. „Ewigkeitsklausel" des Art. 79 III GG aufgenommen hat. Danach ist selbst dem verfassungsändernden Gesetzgeber die **Abschaffung des föderalen Systems** der Bundesrepublik neben den anderen in den Art. 1 und 20 niedergelegten Grundsätzen **verwehrt**.

Die einzelnen Bundesländer sind damit **Staaten mit eigener Hoheitsmacht**[375]. Sie sind gemäß den Art. 70 und 30 GG sowohl für die Gesetzgebung als auch für die „Ausübung der staatlichen Befugnisse und die Erfüllung der staatlichen Aufgaben" zuständig, soweit das Grundgesetz dem Bund nicht ausdrücklich die jeweilige Kompetenz

---

373 BVerfGE 74, 358 (371) = NJW 1987, 2427.
374 *Lisken*, in: *Lisken/Denninger*, Handbuch, Rdnr. C 34. Von einer Vermutung der Rechtstreue auszugehen ist treffender als der früher von *Lisken* verwandte metajuristische Begriff der „Redlichkeitsvermutung" (z. B. in NVwZ 1998, 24). Dem gegenüber geht die Kritik des *MVVerfG* fehl, dass auch ohne Anhaltspunkte für Rechtsverstöße Kontrollen notwendig seien: Die vom Gericht angeführte Beispiele des Umweltrechts, des Atomrechts, des Waffenrechts und des Straßenverkehrsrechts betreffen Situationen, in denen der Kontrollierte selbst besondere Gefahrenlagen schafft, z. B. durch den Betrieb bestimmter Anlagen oder das Führen eines Kfz, und deshalb Kontrollen auch ohne solche Anhaltspunkte angebracht sind. Das *MVVerfG* verlangt dann schließlich selbst mit gutem Grund eine hinreichende Beziehung zwischen dem einzelnen und einer Gefährdung eines zu schützenden Rechtsguts oder eine entsprechende Gefahrennähe als Voraussetzung für polizeiliche Eingriffsmaßnahmen (LKV 2000, 149 [153]).
375 BVerfGE 1, 14 (34) = NJW 1951, 877.

4. Kompetenzbegrenzung, Unitarisierung und Internationalisierung

zuweist. Die **Funktion** dieser föderalen Kompetenzverteilung wird neben der Wahrung regionaler Vielfalt mit Recht in der Ausdifferenzierung und **Begrenzung staatlicher Machtausübung** mit **freiheitsschützenden Effekten** gesehen[376]; Bundesstaatlichkeit lässt sich somit auch als **System vertikaler Gewaltenteilung** begreifen.

Ihren Ausdruck findet diese Grundentscheidung neben anderen Sachbereichen wie z. B. dem Schulwesen vor allem in der **Dezentralisierung der Polizei**. Im Prozess der Schaffung des Grundgesetzes waren es nicht zuletzt die Vertreter der **Westalliierten**, die entgegen zentralistischen Plänen einiger deutscher Politiker auf der Länderzuständigkeit für das Polizeiwesen bestanden[377], so etwa in dem „Aide-Mémoire" an den Parlamentarischen Rat vom 22. 11. 1948[378].

Der **„Polizeibrief"** der Alliierten Militärgouverneure vom 14. 4. 1949 an den Präsidenten des Parlamentarischen Rates enthielt dann **detaillierte Vorgaben**, für welche Aufgaben bzw. Zwecke **abweichend** von der **grundsätzlichen Zuständigkeit der Länder** für das Polizeiwesen die Errichtung besonderer „Bundesorgane zur Verfolgung von Gesetzesübertretungen und Bundespolizeibehörden" zugelassen sein sollte, nämlich für

a) „die Überwachung des Personen- und Güterverkehrs bei der Überschreitung der Bundesgrenzen;

b) Sammlung und Verbreitung von polizeilichen Auskünften und Statistiken;

c) Koordinierung bei der Untersuchung von Verletzungen der Bundesgesetze und die Erfüllung internationaler Verpflichtungen hinsichtlich der Rauschgiftkontrolle, des internationalen Reiseverkehrs und von Staatsverträgen über Verbrechensverfolgung."[379].

Der Verfassungsgeber hat daraufhin entsprechende Ermächtigungen in Gestalt der Art. 73 Nr. 5 u. Nr. 10 und Art. 87 I 2 in das Grundgesetz aufgenommen.

Der „Polizeibrief" von 1949

4.2. Bedeutung des Trennungsgebots

Den **Ausgangspunkt** für bis heute andauernde **Kontroversen** bildet indessen Punkt 2 des „Polizeibriefs":

„Der Bundesregierung wird es ebenfalls gestattet, eine Stelle zur Sammlung und Verbreitung von Auskünften über umstürzlerische, gegen die Bundesregierung gerichtete Tätigkeiten einzurichten. Diese Stelle soll keine Polizeibefugnisse haben".

Diesen **Ausschluss von polizeilichen Befugnissen** sowie das **Verbot**, diese neue Bundesbehörde **einer polizeilichen Dienststelle** anzugliedern, übernahm der Bundesgesetzgeber dann im Jahre 1950 in § 3 II des neuen **Bundesverfassungsschutzgesetzes**. Eine Rolle spielten dabei sowohl Interventionen seitens der Westalliierten, aber

---

376 Vgl. *Bauer*, in: *Dreier*, GG II, Art. 20 (Bundesstaat), Rdnr. 17; *Bothe*, in: AK-GG, Art. 20 Abs. 1-3, II, Rdnr. 12; *Stein/Frank*, Staatsrecht, S. 113 (§13 V).
377 Vgl. im einzelnen *Boldt*, in: *Lisken/Denninger*, Handbuch, Rdnr. A 75; *Denninger*, in: AK-GG, Einl. I, Rdnr. 26 ff.; *Werkentin*, Restauration, S. 66.
378 Abgedruckt in BK, Einl. S. 98 f.
379 Abgedruckt z. B. bei *Werkentin*, Restauration, S. 67 sowie bei *Zöller*, Informationssysteme, S. 313 f.

Teil 1: Innere Sicherheit und Verfassung

Verfassungsrang?

auch Mahnungen im Bundestag vor dem **abschreckenden Beispiel der Gestapo**, bei der Überwachungs- und Exekutivbefugnisse in einer Hand vereinigt waren[380]. Strittig ist der rechtliche **Rang** dieses Trennungsgebotes, vor allem aber dessen **inhaltliche Bedeutung** im Hinblick auf das Verhältnis zwischen Polizeien und Nachrichtendiensten. Soweit man dieses Gebot nicht ohnehin für inzwischen überholt erklärt[381], wird ihm von manchen jedenfalls der Verfassungsrang abgesprochen[382]. Nun ist das Trennungsgebot in der Tat im Grundgesetz **nicht explizit formuliert** worden[383], und dem „Polizeibrief" der westalliierten Militärgouverneure kann spätestens mit Erlangung der vollen Souveränität der Bundesrepublik keinerlei Verfassungsrang (mehr) zugesprochen werden. Die – damals verbindlichen – Vorgaben der Alliierten haben allerdings **implizit** Eingang in den Verfassungstext gefunden, und zwar durch die in Art. 87 I 2 GG geregelte **Funktionentrennung** zwischen dem Bundesgrenzschutz (inzwischen: Bundespolizei) sowie zwei unterschiedlichen „Zentralstellen" des Bundes, nämlich dem BKA einerseits sowie dem Bundesamt für Verfassungsschutz andererseits. Während dem ehemaligen BGS und dem BKA im Rahmen ihrer gegenständlich begrenzten Aufgaben bestimmte **polizeiliche Exekutivbefugnisse** zustehen, ist der Verfassungsschutz auf die „Sammlung von Unterlagen..." beschränkt[384]. Dies spricht für die Auffassung, dass der **Verfassungsrang des Trennungsgebots** seine implizite Grundlage in Art. 87 I 2 GG findet[385]. Etwas vage ist dem gegenüber der Hinweis des *BVerfG* auf das Rechtsstaatsprinzip, das Bundesstaatsprinzip sowie den Schutz der Grundrechte als **mögliche** Grundlage des Trennungsgebots[386].

Inhaltliche Bedeutung

Die Bedeutung des Trennungsgebots erschöpft sich **keinesfalls** nur in der Aufrechterhaltung der **organisatorischen Trennung** von Verfassungsschutzbehörden und Poli-

---

380 Vgl. die Redebeiträge der Abg. *Greve* und *v. Merkatz*, BT-Penarprot. I/2394; ausführlich zitiert bei *Kutscha*, ZRP 1986, 195; vgl. auch *Zöller*, Informationssysteme, S. 312; *König*, Trennung, S. 90.
381 So z. B. *König*, Trennung, S. 302; *v. Denkowski*, Kriminalistik 2003, 218. Auch nach Auffassung des SPD-Innenpolitikers *Wiefelspütz* darf das Trennungsgebot „kein Dogma" sein (Interview in FR v. 21. 5. 2004).
382 So z. B. *von Baumann*, DVBl. 2005, 803; *Nehm*, NJW 2004, 3290; *Borgs-Maciejewski/Ebert*, Geheimdienste, § 3 BVerfSchG, Rdnr. 126; *Roewer*, DVBl. 1988, 671.
383 Wohl aber in einigen Landesverfassungen hinsichtlich des Ausschlusses von polizeilichen Befugnissen für die jeweiligen Landesverfassungsschutzbehörden, so Art. 11 III Brb.LV, 83 III Sächs.LV und 97 S. 2 Thür.LV.
384 Richtig dazu *Mehde*, JZ 2005, 819: „notwendiges Element des Schutzes der informationellen Selbstbestimmung".
385 So mit ausführlicher Begründung *Gusy*, ZRP 1987, 47 f.; *Schafranek*, Kompetenzverteilung, S. 170 ff.; *Weßlau*, Vorfeldermittlungen, S. 221 ff.; *Zöller*, Informationssysteme, S. 315 ff.; im Ergebnis auch *Götz*, in: HStR III, § 79, Rdnr. 43; unentschieden *Paeffgen/Gärditz*, KritV 2000, 67.
386 BVerfGE 97, 198 (217) = NVwZ 1998, 495 (497): „Das Rechtsstaatsprinzip, das Bundesstaatsprinzip und der Schutz der Grundrechte können es verbieten, bestimmte Behörden miteinander zu verschmelzen oder sie mit Aufgaben zu befassen, die mit ihrer verfassungsrechtlichen Aufgabenstellung nicht vereinbar sind. So werden die Zentralstellen für Zwecke des Verfassungsschutzes oder des Nachrichtendienstes – angesichts deren andersartiger Aufgaben und Befugnisse – nicht mit einer Vollzugspolizeibehörde zusammengelegt werden dürfen (vgl. schon „Polizeibrief" der westalliierten Militärgouverneure vom 14. 4. 1949). Diese Frage bedarf jedoch hier keiner abschließenden Entscheidung".

4. Kompetenzbegrenzung, Unitarisierung und Internationalisierung

zei[387]. Dies hat der *SächsVerfGH* nunmehr in seinem Urteil vom 21. 7. 2005 ausdrücklich dargelegt: Das Trennungsgebot wäre „unvollständig, wenn es nicht zugleich eine **Abgrenzung der Aufgaben** von Polizei und Geheimdiensten beinhalten würde. Nur so kann vermieden werden, dass Art. 83 III 1 SächsVerf[388] dadurch unterlaufen wird, dass das Landesamt für Verfassungsschutz unter Einsatz seiner nachrichtendienstlichen Befugnisse Aufgaben von Polizei- oder Strafverfolgungsbehörden wahrnimmt und in Folge dieser Aufgabenwahrnehmung erhaltene Daten dann zumindest teilweise diesen Behörden zur Verfügung stellt, die dann auf Grundlage dieser Daten Maßnahmen anordnen können"[389].

Dem gemäß bestimmt das Trennungsgebot auch die **Grenzen der informationellen Zusammenarbeit** von Polizei und Geheimdiensten[390]. Es verbietet mithin eine **umfassende informationelle Vernetzung** dieser mit unterschiedlichen Befugnissen ausgestatteten Behörden[391]. Anderenfalls könnte sich der Verfassungsschutz die nur der Polizei zustehenden Eingriffsbefugnisse im Wege permanenter „Amtshilfe" zunutze machen[392] und sich die Polizei umgekehrt der umfangreichen Vorfelderkenntnisse des Verfassungsschutzes bedienen – eine solche gegenseitige Indienstnahme würde die **Unterschiede** in den Aufgaben- und Befugnisregelungen **einebnen** und das Trennungsgebot letztlich zur leere Hülse **degradieren.** Vielmehr gilt der Grundsatz: „Wer (fast) alles weiß, soll nicht alles dürfen; und wer (fast) alles darf, soll nicht alles wissen"[393].

Aufgrund der Schaffung zahlloser Übermittlungsregelungen ist die Praxis der **„informationellen Zusammenarbeit"** von Polizei und Verfassungsschutzbehörden inzwischen allerdings von der Ausnahme zur **Regel** geworden[394]. Ein Kenner hat die inzwischen entstandene Situation in einem plastischen Bild dargestellt: „Das ‚Bauwerk der inneren Sicherheit' hat einen exklusiven Seitenflügel für die Nachrichtendienste mit verglasten Pendeltüren zum Hauptgebäude für gegenseitige Informationswünsche, die gegebenenfalls eine Tätigkeit der jeweils anderen Seite erst veranlassen"[395].

---

387 So aber im Ergebnis *König*, Trennung, S. 302 sowie *Nehm*, NJW 2004, 3294.
388 „Der Freistaat unterhält keinen Geheimdienst mit polizeilichen Befugnissen".
389 *SächsVerfGH*, NJW 2005, 1310 (1311 f.); Hervorhebung von mir, M. K.
390 Ebenso BfD, 20. Tb. 2003-2004, S. 52.
391 Ebenso z. B. *Baumann*, DVBl. 2005, 801 ff.; *Denninger*, in: Bundesministerium des Innern, Verfassungsschutz, S. 39; *Lisken*, in: *Lisken/Denninger*, Handbuch, Rdnr. C 127; vgl. auch *Kutscha*, ZRP 1986, 197.
392 Vgl. Art. 11 III 3 Brb.LV: Der Verfassungsschutz „darf die Polizei auch nicht im Wege der Amtshilfe um Maßnahmen ersuchen, zu denen er selbst nicht befugt ist"; ebenso für das Bundesrecht *Bull*, in: AK-GG, Art. 87, Rdnr. 88; *Lerche*, in: *Maunz/Dürig*, GG (1992), Art. 87, Rdnr. 142; *Mehde*, JZ 2005, 819.
393 *Gusy*, Polizei und Nachrichtendienste, S. 93.
394 Vgl. im einzelnen die Darstellung in Teil 4 sowie *Kauß*, Datenschutz, S. 40 u. 190 ff.; *Kugelmann*, DÖV 2003, 788 f.
395 *Riegel*, ZRP 1999, 216. Eine noch weiter gehende Vernetzung vor dem Hintergrund des Terrorismus fordern hingegen die innenpolitischen Sprecher von SPD, *Wiefelspütz* (FR v. 21. 5. 2004) und CDU, *Bosbach* (FR v. 19. 5. 2005) sowie *Werthebach*, APuZ 44/2004, 13.

4.3. Grenzverwischungen I: „Vorbeugende Straftatenbekämpfung"

Die Polizeien der Länder handeln sowohl auf der Grundlage von Landesrecht als auch nach Bundesrecht: Während die einzelnen **Befugnisse zur Gefahrenabwehr** in den **Landespolizeigesetzen** geregelt sind, enthält die StPO als **Bundesgesetz** Eingriffsermächtigungen auch für die Polizei im Rahmen der **Straftatenverfolgung**. Die sowohl aus dem Bundesstaatsprinzip als auch aus dem Rechtsstaatsprinzip[396] folgende **Trennung von Prävention** (Gefahrenabwehr) **und Repression** (Straftatenverfolgung) wird allerdings durch Berufung auf die Kategorie „vorbeugende Straftatenbekämpfung" zunehmend **aufgeweicht**[397].

Die Frage der Zuordnung

„Vorbeugende Straftatenbekämpfung" spielt inzwischen eine **zentrale Rolle** in der Polizeipraxis und wurde als Aufgabe auch in den Polizeigesetzen zahlreicher Länder verankert[398]. Allerdings ist die inhaltliche Umschreibung dieses Aufgabenbereichs **keineswegs einheitlich**. Zwar unterscheiden die meisten der Regelungen, dem Musterentwurf i. d. F. von 1986[399] folgend, zwischen der **Verhütung von Straftaten** sowie der **Vorsorge für die Verfolgung von Straftaten**[400]. Indessen ist höchst fraglich, ob die Zusammenfassung dieser beiden Aufgaben unter dem Begriff der „vorbeugenden Straftatenbekämpfung" den föderalen und rechtsstaatlichen Kompetenzabgrenzungen gerecht wird. Bei der „Verhütung von Straftaten" handelt es sich zwar um eine Aufgabe, die traditionell zur **Gefahrenabwehr** zu rechnen ist, mithin der Regelungskompetenz des **Landesgesetzgebers** unterliegt[401]. Der Sache nach geht es bei den meisten der landesrechtlichen Vorfeldbefugnisse aber gar nicht um eine wirkliche Verhütung von Straftaten – eine solche **„gesellschaftssanitäre" Aufgabe** kann die Polizei schließlich **nur zum geringen Teil** erfüllen. Vielmehr dienen die Maßnahmen der „vorbeugenden Straftatenbekämpfung" wie z. B. verdeckte Datenerhebungen etc. vor allem der „gezielten Verdachtsgewinnung", um bestimmte „'Risikopersonen' (...) strafrechtlich zu ‚bekämpfen'. Die Vorfeldarbeit setzt somit zwar im Vorfeld des Verdachts an, hat jedoch keinen präventiven, sondern einen repressiven Charakter"[402].

Der Begriff der „Vorsorge für die Verfolgung von Straftaten" ist mithin weitaus **präziser** und auch **ehrlicher** als die suggestive Aufgabenzuschreibung „vorbeugende

---

396 Das *BVerfG* entnimmt dem Rechtsstaatsprinzip u. a. die Notwendigkeit einer „klaren Kompetenzordnung und Funktionentrennung", BVerfGE 33, 125 (158) = NJW 1972, 1504 (1506).
397 Vgl. dazu z. B. *Albers,* Determination, S. 204 ff.; *Dix*, Jura 1993, 572 ff.; *Hund*, ZRP 1991, 463; *Peters*, Rechtsnormenbildung, S. 73 f.; *Schoch*, Staat 2004, 361; ausführlich Hoppe, Vorfeldermittlungen, S. 95 ff.; *Wagner*, AK-PolG NRW, Einl. A sowie *Weßlau*, Vorfeldermittlungen.
398 Vgl. im einzelnen *Rachor*, in: *Lisken/Denninger*, Handbuch, Rdnr. F 164 ff.; *Knemeyer*, Polizeirecht, Rdnr. 75; *Koch*, Datenerhebung, S. 47 ff.; *Kutscha*, NJ 1994, 546.
399 § 1 I 2, abgedruckt z. B. bei *Knemeyer*, Polizeirecht, Rdnr. 15.
400 Vgl. z. B. § 1 III Berl.ASOG, § 1 I 2 Bbg.PolG, § 1I 2 PolG NW.
401 Vgl. *BVerfG*, NJW 2005, 2603 (2605) sowie *Denninger*, in: *Lisken/Denninger*, Handbuch, Rdnr. E 164; *Knemeyer*, Polizeirecht, Rdnr. 74; *Paeffgen*, JZ 1991, 441; *Tischer*, System, S. 55.
402 *Weßlau*, Vorfeldermittlungen, S. 335; im Ergebnis ebenso *Hoppe*, Vorfeldermittlungen, S. 212 f.; *Hund*, ZRP 1991, 465; *Merten/Merten*, ZRP 1991, 218; *O. Müller*, StV 1995, 604; *Schweckendieck*, ZRP 1989, 127.

4. Kompetenzbegrenzung, Unitarisierung und Internationalisierung

Straftatenbekämpfung". Wegen ihres **engen Sachzusammenhangs** mit der **Strafverfolgung** aber fällt die Regelung dieses Aufgabenbereichs, wie das *BVerfG* in seinem Urteil vom 27. 7. 2005 ausdrücklich feststellte, in die **konkurrierende Gesetzgebungszuständigkeit des Bundes** gemäß Art. 74 I Nr. 1 GG[403]. Soweit der Bundesgesetzgeber von dieser Kompetenz im Hinblick auf ein bestimmtes Instrument in abschließender Weise Gebrauch gemacht habe und darin eine „konzeptionelle Entscheidung gegen zusätzliche, in das erweiterte Vorfeld einer Straftat verlagerte Maßnahmen" zu erkennen sei, ist nach Auffassung des *BVerfG* **kein Raum mehr** für den Erlass eigener Bestimmungen der Länder für diese Regelungsmaterie[404]. Dies gilt nach dem genannten Urteil jedenfalls für die Telekommunikationsüberwachung zum Zwecke der Vorsorge für die Verfolgung von Straftaten[405].

Dem gegenüber haben mehrere Landesverfassungsgerichte die **Gegenposition** vertreten und den **Ländern** die Regelungskompetenz für die „vorbeugende Straftatenbekämpfung" zuerkannt[406]. Der zur Begründung u. a. angeführte Hinweis, dass die der Polizei zugewiesenen Vorfeldaufgaben keinen Bezug zu einer konkreten Straftat hätten, ist zwar richtig, offenbart aber gerade die **besondere Problematik** dieser landesrechtlichen Eingriffsermächtigungen: Die Eingriffsmaßnahme erfolgt **unabhängig** von einer Gefahrenlage oder einem **konkreten Anfangsverdacht**. Damit erwuchs zugleich die „Gefahr, dass die **strafprozessualen Verfahrensgarantien präventivpolizeilich unterlaufen werden**"[407]. Nachdem in den letzten Jahren eine Anzahl von Vorfeldbefugnissen auch in die StPO aufgenommen wurden[408], konnte die Polizei sich ein durchaus komfortables, wenn auch verfassungsrechtlich problematisches **Nebeneinander** von polizeirechtlichen und strafprozessualen Eingriffsnormen zunutze machen und sich der rechtsstaatlich zweifelhaften Methode des „**Befugnis-Hopping**" bedienen. Das Konglomerat „vorbeugende Straftatenbekämpfung" wurde so zu einer Art **Meistbegünstigungsklausel**: „Wo immer ein Grundrecht der Durchsetzung von Polizeimacht im Wege zu stehen scheint, dient entweder das Polizeirecht oder das inzwischen auch

„Befugnis-Hopping"

---

403 *BVerfG*, NJW 2005, 2603 (2605), ebenso schon BVerfGE 103, 21 (30) = NJW 2001, 879 (880) - DNA-Analyse – sowie *Albers*, Determination, S. 265 ff.; *Denninger*, in: Lisken/Denninger, Handbuch, Rdnr. 165; *Merten/Merten*, ZRP 1991, 220; *Schenke*, Polizeirecht, Rdnr. 30; Siebrecht, JZ 1996, 714; *Schweckendieck*, ZRP 1989, 127; *Tischer*, System, S. 63.
404 *BVerfG*, NJW 2005, 2603 (2606); vgl. dazu auch die Darstellung unter 2.9.
405 *BVerfG*, NJW 2005, 2603 (2606 f. u. LS 2).
406 *Bbg.LVerfG*, LKV 1999, 450 (451); *Bay.VerfGH*, NVwZ 1996, 166; *MVVerfGH*, LKV 2000, 149 (151); ebenso z. B. *Kniesel*, ZRP 1989, 332 u. *Möstl*, Garantie, S. 216. Eine Zuständigkeit der Landesgesetzgeber ergibt sich auch dann, wenn die „vorbeugende Straftatenbekämpfung" als **drittes Aufgabengebiet** neben Gefahrenabwehr und Straftatenverfolgung betrachtet wird, so z. B. *Gusy*, StV 1993, 270 und *Knemeyer*, in: Gedächtnisschrift Tagami, S. 131 ff. im Anschluss an *Weßlau*, Vorfeldermittlungen, S. 110 ff.
407 *Denninger*, in: *Lisken/Denninger*, Handbuch, Rdnr. E 162, (Hervorh. i. Orig., M. K.); vgl. auch die Kritik von *Rachor*, in: *Lisken/Denninger*, Handbuch, Rdnr. F 170 sowie von *Trute*, in: Gedächtnisschrift Jeand'Heur, S. 408 u. *Wolter*, in: Festschrift f. Rudolphi, S. 735 ff.; grundsätzlich *Lepsius*, Leviathan 2004, 78 ff.; *Volkmann*, JZ 2004, 702.
408 Vgl. im einzelnen die Darstellung in Teil 2 und 4.

mit allerlei Ermächtigungsnormen durchsetzte Strafprozessrecht als Rechtfertigung für den ‚benötigten' Eingriff"[409].

Allerdings ist nicht zu bestreiten, dass Maßnahmen der Polizei nicht selten einen doppelten Zweck erfüllen sollen: So dient die Festnahme eines auf frischer Tat betroffenen Straftäters sowohl der Strafverfolgung als auch der Verhinderung weiterer Rechtsgutverletzungen durch den Täter, mithin der Gefahrenabwehr. Bei solchen **doppelfunktionalen Maßnahmen** besteht hingegen für die handelnde Polizei **kein Wahlrecht** zwischen dem strafprozessualen oder dem polizeirechtlichen Normengefüge; anderenfalls würde man der Exekutive eine Art Selbstermächtigung zugestehen. Je nachdem, wo das **Schwergewicht** der jeweiligen Maßnahme liegt, ist – schon im Interesse der Rechtssicherheit – entweder Strafprozessrecht oder Polizeirecht anzuwenden[410]. So ist die Zulässigkeit der vorläufigen Festnahme im eben geschilderten Beispielsfall ausschließlich am Maßstab des § 127 StPO zu messen, nicht aber anhand der Gewahrsamsregelungen der Polizeigesetze.

Mit dem Urteil des *BVerfG* vom 27. 7. 2005 zur „vorsorgenden" Telekommunikationsüberwachung nach dem NdsSOG[411] wird nicht nur der niedersächsische Gesetzgeber unter Zugzwang gesetzt, sondern auch die Legislative vieler **anderer Bundesländer**. Dort bestehen ebenfalls **polizeigesetzliche Parallelregelungen** zu Eingriffsnormen der StPO, von der Befugnis zur Durchführung erkennungsdienstlicher Maßnahmen bis hin zum Einsatz verdeckter Ermittler und technischer Mittel zur heimlichen Informationserhebung[412]. Insofern diesen bundesgesetzlichen Eingriffsregelungen ein **abschließendes Konzept** zugrunde liegt, fehlt den Bundesländern für diese Materien gemäß Art. 74 I 1 GG die Gesetzgebungskompetenz, und die entsprechenden Bestimmungen sind mithin **verfassungswidrig**. Die Landesgesetzgeber stehen deshalb in der Pflicht, die entsprechenden Ermächtigungen zur „Vorsorge für die Straftatenverfolgung" aus ihren Polizeigesetzen zu streichen.

4.4. Grenzverwischungen II: Zentralisierungstendenzen

BKA und Bundespolizei

Parallel zu dieser Aufweichung der Grenzen zwischen den Regelungsbereichen des Landes- sowie des Bundesrechts sind in den letzten Jahren schrittweise die Zuständigkeiten und Befugnisse der **Sicherheitsbehörden des Bundes** erweitert worden. Dies

---

409 *Hamm*, in: *Adolf-Arndt-Kreis*, Sicherheit, S. 50; ähnlich *Roggan*, Handbuch, S. 23; dem gegenüber rechtfertigt z. B. *Horn*, in: Festschrift Schmitt Glaeser, S. 456 f. das neue Vorsorgekonzept wie folgt: Es ziele darauf ab, „das Wagnis der Freiheit zu reduzieren und den Feinden der Freiheit das Leben schwerer zu machen. Durch die Sammlung von Informationen über die Kriminogenität bestimmter Milieus, Szenen, Orte oder Personen soll dem sicherheitspolitischen Präventivauftrag effektiver als bisher entsprochen werden."
410 So u. a. BVerwGE 47, 255 (265) = NJW 1975, 893 (895); *Gusy*, Polizeirecht, Rdnr. 155; *Knemeyer*, Polizeirecht, Rdnr. 122; *Roggan*, Handbuch, S. 22 ff.; *Würtenberger/Heckmann*, Polizeirecht, Rdnr. 189; abweichend z. B *Götz*, Polizeirecht,, Rdnr. 550; *Schenke*, Polizeirecht, Rdnr. 420 ff.
411 *BVerfG*, NJW 2005, 2603.
412 §§ 163 b, 100 c ff., 110 a ff. StPO, dazu im einzelnen in Teil 2 unter 3.

4. Kompetenzbegrenzung, Unitarisierung und Internationalisierung

betrifft sowohl das **BKA**[413] als auch den früheren Bundesgrenzschutz[414], der inzwischen denn auch vom Gesetzgeber in **Bundespolizei** umbenannt wurde[415]. Maßnahmen wie der Einsatz von Hubschraubern des BGS zum Aufspüren von Graffiti-Sprayern in Berlin im April 2005[416] dürften allerdings auch von den weit reichenden Befugnisregelungen des damaligen BGSG nicht abgedeckt sein. Das *BVerfG* hat in seinem Beschluss vom 28. 1. 1998 die im Jahre 1992 erfolgten Befugniserweiterungen für den BGS zwar gebilligt, zugleich aber auch festgestellt: „Der Bundesgrenzschutz darf nicht zu einer allgemeinen, mit den Landespolizeien konkurrierenden Bundespolizei ausgebaut werden und damit sein Gepräge als Polizei mit begrenzten Aufgaben verlieren"[417].

Weitaus bedenklicher sind jedoch die nach den Terroranschlägen am 11. September 2001 entwickelten Konzepte, die **Trennung zwischen Innerer und Äußerer Sicherheit aufzuheben**[418]. Auf der Jahrestagung des BKA 2001 betonte Bundesinnenminister *Schily*, die einstmals scharfe Trennung zwischen Innerer und Äußerer Sicherheit sei **nicht mehr durchzuhalten**[419]. Diese These stieß nicht nur bei der Bundeswehr auf Zustimmung[420], sondern auch bei Politikern von CDU/CSU: Angesichts eines Terrorismus neuen Typs „werden auch in Deutschland – ähnlich wie in den USA – neue unkonventionelle, kooperative Sicherheitsstrategien verlangt"[421]. Dies mündet in die Forderung nach einer **Erweiterung des Aufgabenspektrums der Bundeswehr im Inneren**[422].

Freilich wird die Formel des gegenwärtigen Sicherheitsdenkens in den USA, „Krieg ist Verbrechensbekämpfung"[423] in Deutschland überwiegend abgelehnt. Wie wenig militärische Kriegführung geeignet ist, den Terrorismus zu beseitigen, zeigt die Situation in Afghanistan und im Iran eindringlich[424]. Demgegenüber bleibt daran festzuhalten, dass die Ermittlung und Verfolgung (auch) terroristischer Straftäter in einem Rechtsstaat **Aufgabe der Polizei** ist[425]. Militärisches und polizeiliches Handeln unterscheiden

Innere und Äußere Sicherheit

---

413 Dazu im einzelnen *Lisken*, in: *Lisken/Denninger*, Handbuch, Rdnr. C 147 ff.; *Schreiber*, NJW 1997, 2137; *Zöller*, Informationssysteme, S. 136 ff.
414 Vgl. im einzelnen *Hecker*, NVwZ 1998, 709; *Lisken*, in: *Lisken/Denninger*, Handbuch, Rdnr. C 138 ff.; *Saurer*, NVwZ 2005, 280; *Trute*, Verwaltung 1999, 74 f.; *Zöller*, Informationssysteme, S. 252 ff.
415 BGBl. I 2005, 1818; dazu *Scheuring*, NVwZ 2005, 903.
416 Vgl. FR v. 9. 4. 2005.
417 BVerfGE 97, 198 (LS 2) = NVwZ 1998, 495; dazu *Hecker*, NVwZ 1998, 707.
418 Dazu ausführlich *Bauer*, in: *v. Elsbergen*, Wachen, S. 49 ff.; *Düx*, ZRP 2003, 193; *Gusy*, in: *Weidenfeld*, Herausforderung, S. 197 ff.; *Lange*, in: *v. Ooyen/Möllers,* Sicherheit, S. 21 ff.
419 Nach *Bauer*, in: *v. Elsbergen,* Wachen, S. 65; vgl. auch *Calliess,* DVBl. 2003, 1097 u. *Heckmann*, in: *Blaschke* u. a., Sicherheit, S. 9.
420 Vgl. den Tagungsbericht von *Peilert*, Kriminalist 2002, 262.
421 *Werthebach*, APuZ 44/2004, 11.
422 Vgl. *Stoiber*, SZ v. 16. 6. 2002; *Schäuble*, FR v. 10. 9. 2005; *Werthebach*, APuZ 44/2004, 13; ferner *Lorse*, ZRP 2005, 6 und *Stümper*, Polizei 2000, 163.
423 Vgl. dazu *Bauer*, in: *v. Elsbergen*, Wachen, S. 63; *Funk*, CILIP 75 (2/2003), 6; *Hetzer*, ZRP 2005, 133; *Megret*, KJ 2002, 157.
424 Dazu näher *Heinz/Arend*, Terrorismusbekämpfung, S. 22 ff.; *Krajewski*, KJ 2001, 363.
425 Vgl. nur *Linke,* AöR 129 (2004), 537 f.; *Wieland*, in: *Fleck*, Rechtsfragen, S. 178 ff.

Bundeswehr gegen Terroristen?

sich sowohl nach dem Modus der Gewaltanwendung[426] als auch nach ihren rechtlichen Grundlagen erheblich[427].

Vor dem Hintergrund der bitteren Erfahrungen mit dem deutschen Militarismus sind die **Einsatzvoraussetzungen der Bundeswehr** im Grundgesetz **detailliert geregelt** worden[428]. Die zentrale Bestimmung stellt insoweit Art. 87 a II dar: „Außer zur Verteidigung dürfen die Streitkräfte nur eingesetzt werden, soweit dieses Grundgesetz es ausdrücklich zulässt". Zum einen handelt es sich bei Maßnahmen gegen einen Terroranschlag in der Bundesrepublik (z. B. vermittels eines entführten Verkehrsflugzeugs) aber nicht um „**Verteidigung**" im Sinne dieser Norm[429] – dieser Begriff meint vielmehr die **Abwehr kriegerischer Bedrohungen durch andere Staaten**[430]. Zum anderen ist sehr zweifelhaft, ob ein solcher Terrorakt unter die eng begrenzten Ausnahmetatbestände für den Streitkräfteeinsatz im Inneren, Art. 35 II und 87 a III, IV GG, etwa als „besonders schwerer Unglücksfall", subsumiert werden kann[431].

Das **Luftsicherheitsgesetz**, das der Bundeswehr neue Kompetenzen einschließlich des Abschusses „terrorverdächtiger" Flugzeuge über dem Territorium der Bundesrepublik einräumt[432], wurde von den Regierungsfraktionen von SPD und Grünen im Sommer 2004 gleichwohl **ohne Änderung des Grundgesetzes** verabschiedet. Das *BVerfG* hat in der darin enthaltenen Abschussermächtigung mit Recht eine **Überschreitung** der durch Art. 35 II u. III GG eingeräumten **Kompetenzen** gesehen. Diese Regelungen erlaubten es dem Bund nicht, „die Streitkräfte bei der Bekämpfung von Naturkatastrophen und besonders schweren Unglücksfällen mit spezifisch militärischen Waffen einzusetzen"[433]. Zulässig ist danach in den von Art. 35 II und III GG umschriebenen besonderen Lagen nur die Wahrnehmung **polizeilicher** Aufgaben und Befugnisse durch die Streitkräfte, die damit Unterstützungsleistungen für die im konkreten Fall überforderten Polizeien der Länder erbringen[434].

---

426 So stellt der gezielte tödliche Schuss für die Polizei den absoluten Ausnahmefall dar (vgl. dazu oben unter 2.5), für das Militär jedoch den „Normalfall" (der allerdings für die Bundeswehr erstaunlicherweise nicht gesetzlich geregelt ist, dazu *Kutscha*, NVwZ 2004, 803 f.).
427 Dazu *Fischer*, JZ 2004, 378; *Gusy*, in: *Weidenfeld*, Herausforderung, S. 198 f.; *Pieroth/Hartmann*, Jura 2005, 733.
428 Dazu z. B. *Linke*, AöR 129 (2004), 492 ff.; *Wieland*, in: *Fleck*, Rechtsfragen, S. 171 ff.; *Kutscha*, KJ 2004, 229 ff.
429 So z. B. *Fischer*, JZ 2004, 380; *Sattler*, NVwZ 2004, 1286; *Wieland*, in: *Fleck*, Rechtsfragen, S. 174; anders dagegen *Lutze*, NZWehrR 2003, 107 ff.
430 Vgl. z. B. *Pieroth/Hartmann*, Jura 2005, 732; *Wieland*, in: *Fleck*, Rechtsfragen, S. 174; zur Auslegung des Begriffs der „Verteidigung" ausführlich *Kutscha*, KJ 2004, 228 ff.
431 Bejahend z. B. *BVerfG*, NJW 2006 751 (754 f.); *Wiefelspütz*, Die Polizei 2003, 304 f.; *Wilkesmann*, NVwZ 202, 1321; *Sattler*, NVwZ 2004, 1287; noch viel weiter gehend *Spranger*, NJW 1999, 1004, der auch „besonders gewalttätige Großdemonstrationen" von Art. 35 II, III GG erfasst sehen will; verneinend u. a. *Gramm*, NZWehrR 2003, 96; *Martinez Soria*, DVBl. 2004, 603 ff.; *Wieland*, in: *Fleck*, Rechtsfragen, S. 177 ff.
432 BGBl. I 2005, 78; dazu im einzelnen unter 2.5.
433 *BVerfG*, NJW 2006, 751, Leitsatz 2; dazu auch *Schenke*, NJW 2006, 737.
434 *BVerfG*, NJW 2006, 751 (755 f.).

4. Kompetenzbegrenzung, Unitarisierung und Internationalisierung

Das die Regelungen in Art. 35 II und III GG konkretisierende Urteil des *BVerfG* vom 15. 2. 2006 zum Luftsicherheitsgesetz hat CDU-Politiker denn auch prompt veranlasst, entsprechende Verfassungsergänzungen mit dem Ziel einer **Ausweitung der Einsatzmöglichkeiten** der Streitkräfte im **Inneren** zu fordern[435]. Schon in den Jahren davor hatte die CDU für die Aufnahme von Kompetenzerweiterungen für die Streitkräfte in die Verfassung plädiert: Nach Änderungsentwürfen der CDU/CSU-Bundestagsfraktion sowie der Länder Bayern, Hessen, Sachsen und Thüringen soll ein Bundesland künftig auch „im Falle terroristischer Bedrohungen Streitkräfte zur Unterstützung seiner Polizei beim Schutze von zivilen Objekten anfordern" können; der Begriff „Naturkatastrophe" in Art. 35 GG soll durch „Katastrophe" ersetzt werden. In Art. 87 a II GG soll die Aufgabe der Verteidigung erweitert werden um die „Abwehr von Gefahren aus der Luft und von See her, zu deren wirksamer Bekämpfung der Einsatz der Streitkräfte erforderlich ist"[436].

Das Verfahren der Verfassungsänderung entspricht zwar der **rechtsstaatlichen Vorgabe des Art. 79 I GG** eher als die interpretatorische Aufweichung der Tatbestandsvoraussetzungen des Art. 35 GG, wie sie dem Luftsicherheitsgesetz zugrunde lag. Die Umsetzung dieses Vorhabens würde aber zugleich einen weiteren Schritt auf dem Weg der Umwandlung der Bundeswehr zu einem **multifunktionellen Gewaltapparat** bewirken[437] und damit wohlweislich gesetzte **Kompetenzabgrenzungen einebnen.**

4.5. Internationalisierung und Informalisierung

Die **Notwendigkeit grenzüberschreitender Zusammenarbeit** auch bei der Verfolgung von Straftaten steht außer Frage. Problematisch ist allerdings das **Unterlaufen** der auf nationaler Ebene rechtlich geregelten **Kompetenzgrenzen** durch supranationale **vertragliche Vereinbarungen**, wenn diese die Grundlage für **gravierende Grundrechtseingriffe** abgeben sollen, ohne zugleich die entsprechende **rechtsstaatliche Kontrolle und Transparenz** für die Betroffenen sicherzustellen. Dies gilt z. B. für den im Mai 2005 von den Innen- und Justizministern von Belgien, Deutschland, Frankreich, Luxemburg, den Niederlanden, Österreich und Spanien unterzeichneten Vertrag über den **gegenseitigen Zugriff auf nationale DNA-Datenbanken, Fingerabdrucksammlungen und Kfz-Register**[438]. Der Austausch personenbezogener Daten[439] innerhalb des erweiterten **Schengen-Systems** wird auf diese Weise ausgedehnt und so ein „Binnenmarkt" der Sicherheitsbehörden hergestellt, ohne dass dem **gerichtliche Kontrollmöglichkeiten** gegenüber stehen, wie sie die deutsche Rechtsordnung gewährleistet[440]. Als Bestandteil der „Dritten Säule" der EU unterliegt die „polizeiliche und justitielle Zusammenarbeit in Strafsachen" nur einer beschränkten Kontrolle durch den EuGH, und auch das Europäische Parlament verfügt auf diesem Sektor nur über

Eingriffsrechte per Vertrag

---

435 Vgl. „Berliner Zeitung" v. 16. 2. 2006.
436 BT-Drs. 15/1649 u. BR-Drs. 181/04.
437 Zu den Perspektiven näher *Winter*, Leviathan 2003, 543 ff.
438 Vgl. BfD, 20. Tb. 2003-2004, S. 36; FR v. 28. 5. 2005.
439 Zum damit verbundenen Grundrechtseingriff näher unter 2.4.
440 Vgl. dazu im einzelnen die Darstellung in Teil 6.

schwach ausgeprägte Mitwirkungsrechte[441]. Im übrigen schaffen vertragliche Absprachen zwischen verschiedenen Regierungen, sei es im Rahmen der EU oder eines „Kern-Europa", **vollendete Tatsachen** für die nationalstaatlichen Parlamente und reduzieren deren Rolle damit auf die eines **Notars**, der die anderweit getroffenen Entscheidungen nur noch zu beglaubigen hat. Diese Entwicklung wird richtig als **Entparlamentarisierung** charakterisiert[442].

Darüber hinaus bewirkt die – im übrigen auch auf nationalstaatlicher Ebene zu konstatierende – **Informalisierung** staatlichen und supranationalen Eingriffshandelns perspektivisch eine **Entwertung des Rechts**[443]. „Mit dem Vernachlässigen oder gar außer Kraft setzen von Rechtsschranken", so warnt die Bundesverfassungsrichterin *Hohmann-Dennhardt*, werden indessen „zugleich der öffentlichen wie privaten Gewalt die Zügel genommen, was Macht vagabundieren lässt"[444]. Medienberichte über verdeckte Aktivitäten des BND im Ausland, von der Zuarbeit für US-amerikanische Dienststellen während des Irak-Krieges bis zur Vernehmung eines in Damaskus inhaftierten Deutschen sowie eines aus Bremen stammenden Türken im Lager Guantánamo, lassen die Gefahren informalen und unkontrollierten Staatshandelns deutlich hervortreten.

4.6. Ökonomisierung und Privatisierung

Aktuelle Entwicklung

Der Trend zu informalen Handlungskonzepten staatlicher Organe wird im übrigen verstärkt durch die flächendeckende **Übernahme betriebswirtschaftlicher Konzepte** sowie die zunehmende Orientierung der Verwaltungen an **marktwirtschaftlichen Kriterien** und den Interessenlagen einflussreicher privatwirtschaftlicher Akteure. Neben der Einführung von Elementen des **New Public Management**[445] bestimmen verschiedene Varianten von **Privatisierung und Outsourcing** inzwischen auch das Bild im Bereich der Inneren Sicherheit[446], angetrieben nicht zuletzt durch die **Finanznot** von Ländern und Gemeinden. In der Tat lässt sich hier von einem **Paradoxon** sprechen: „Ist einerseits, was die Bekämpfung von organisierte Kriminalität und Terrorismus betrifft, eine massive Ausweitung polizeilicher Mittel und Maßnahmen zu beobachten, versucht sich andererseits der Staat seiner Sicherheitsverantwortung in den Bereichen der traditionellen Gefahrenabwehr teilweise zu entledigen und privaten Akteuren zu überantworten"[447]

---

441 Vgl. die Art. 35 u. 39 EUV, dazu z. B. *Leutheusser-Schnarrenberger*, ZRP 2004, 99 und *Mokros*, in: *Lisken/Denninger*, Handbuch, Rdnr. O 191 ff.; überwiegend affirmativ *Baldus*, in: *Pache*, Europäische Union, S. 42 ff.
442 Vgl. nur *Ruffert*, DVBl. 2002, 1146 sowie *Dreier*, DÖV 2002, 541.
443 So *Volkmann*, JZ 2004, 701 f.; *Hetzer*, ZRP 2005, 134; vgl. auch *Schulze-Fielitz*, in: *Dreier*, GG II, Art. 20 (Rechtsstaat), Rdnr. 59.
444 *Hohmann-Dennhardt*, in: *Adolf-Arndt-Kreis*, Sicherheit, S. 110.
445 Aus durchaus kritischer Perspektive dazu z. b. *Czerwick*, ZBR 2005, 24; *Musil*, Wettbewerb; *Penski*, DÖV 1999, 85; *Wallerath*, VerwArch 88 (1997), 1; *Winkel*, Verwaltung und Management 2001, 55 sowie *Kutscha*, KJ 1998, 400.
446 Vgl. nur *Gramm*, VerwArch 90 (1999), 329; *Nitz*, in: *Butterwegge* u. a., Herrschaft, S. 146 ff.; *Makkeben*, Grenzen; *Lange/Schenk*, Polizei; *Lenk*, in: *Lenk/Prätorius*, Eingriffsstaat, S. 159 ff.
447 So treffend *Heckmann*, in: *Blaschke*, u. a., Sicherheit, S. 16.

4. Kompetenzbegrenzung, Unitarisierung und Internationalisierung

Heute agieren in Deutschland neben den herkömmlichen, aus Beamten bestehenden Polizeien etliche überwiegend auf ehrenamtlicher Mitarbeit unter staatlicher Aufsicht basierende „Kustodialisierungsdienste", von den „Sicherheitspartnerschaften" in Brandenburg bis zur „Sicherheitswacht" in Bayern[448], vor allem aber zahlreiche **private Wach- und Sicherheitsunternehmen**[449]. Die Zahl der bei solchen Unternehmen Beschäftigten hat sich seit den achtziger Jahren **vervielfacht**, sie beträgt inzwischen weit über 100.000[450]. Die Firmen erhalten ihre Aufträge etwa zu 25 % aus dem staatlichen Bereich[451] und können sich im übrigen bei ihrer Tätigkeit auf jeweils unterschiedlich ausgestaltete Formen von **Public-Private-Partnership**[452] stützen.

Auf den ersten Blick scheint unsere Verfassung kaum Barrieren gegen Privatisierungsmaßnahmen zu errichten – dieser (auch im Staatsrecht verbreitete[453]) Eindruck täuscht jedoch: Neben dem **Demokratiegebot**[454] sowie dem freilich vage formulierten **Sozialstaatspostulat**[455] ist hier insbesondere für den Bereich der Inneren Sicherheit der in Art. 33 IV GG verankerte **Funktionsvorbehalt**[456] zu nennen. Hiernach ist die „Ausübung hoheitsrechtlicher Befugnisse" als „ständige Aufgabe in der Regel" **Beamten** zu übertragen. Nach dem *BVerfG* soll dieser Vorbehalt „die Kontinuität hoheitlicher Funktionen des Staates sichern"[457]. Er kann damit auch als Ausdruck des **staatlichen Gewaltmonopols**[458] verstanden werden. Mit der Ausübung hoheitsrechtlicher Zwangsbefugnisse grundsätzlich nur Beamte zu betrauen, lässt sich darüber hinaus auch sachlich rechtfertigen: Beamte sind gesetzlich zu **uneigennütziger und unparteiischer Amtsführung** verpflichtet[459]; eine **qualifizierte Ausbildung** soll sie befähigen, ihre dienstlichen Aufgaben sachgerecht zu erfüllen und dabei auch die **Rechte der Bürger**,

Funktionsvorbehalt der Verfassung

---

448 Vgl. im einzelnen die Beiträge in *v. Elsbergen*, Wachen.
449 Vgl. dazu z. B. *Hammer*, DÖV 2000, 613; *Hetzer*, ZRP 2000, 20; *Kirsch*, KJ 2002, 233; *Möstl*, Garantie, S. 290 ff.; *Narr*, CILIP 43 (3/1992), 6; *Sack* u. a., Privatisierung; *Schulte*, DVBl. 1995, 130
450 Zahlenangaben bei *Knemeyer*, Polizeirecht, Rdnr. 16, *Möstl*, Garantie, S. 290 und *Lisken*, in: Lisken/Denninger, Handbuch, Rdnr. C 164, der sogar vermutet, dass die Anzahl der privaten Wachdienstmitarbeiter inzwischen die Anzahl der Polizisten überflügelt hat.
451 Nach *Möstl*, Garantie, S. 291.
452 Dazu z. B. *Fisahn*, in: Paech u. a., Völkerrecht, S. 103; *Peilert*, DVBl. 1999, 282.
453 Vgl. z. B. *Bauer*, VVDStRL 54 (1995), 243; *Kämmerer*, JZ 1996, 1042; *Schoch*, DVBl. 1994, 962.
454 Zur Ausdünnung demokratischer Einflussmöglichkeiten durch Privatisierungen im einzelnen *Fisahn*, in: *Paech* u. a., Völkerrecht, S. S. 94 ff.; *Zivier*, in: *Butterwegge* u. a.., Herrschaft, S. 85, ferner *Faber*, NVwZ 2003, 1317 und *Hildebrand/Schieren*, RuP 2003, 149.
455 Zur sozialstaatlichen Problematik der Erschwerung des Zugangs zu Dienstleistungen für sozial Schwache aufgrund von Privatisierungen vgl. *Kutscha*, NJ 1997, 396; grundsätzliche Kritik bei *Hufschmid*, Privatisierung.
456 Dazu im einzelnen *Lecheler*, HStR III, § 72, Rdnr. 26 ff.; *Lübbe-Wolff*, in: Dreier, GG II, Art. 33, Rdnr. 53 ff.; *Di Fabio*, JZ 1999, 590 ff.; *Haug*, NVwZ 1999, 816; *Manssen*, ZBR 1999, 253.
457 BVerfGE 88, 103 (114) = NJW 1993, 1379 (1380); zur Unzulässigkeit der Parkraumüberwachung durch Private *KG*, NJW 1997, 2894.
458 Näher zu diesem schillernden Begriff z. B. *Hammer*, DÖV 2000, 615 ff.; *v. Trotha*, in: Sack u.a., Privatisierung, S. 14; *Kutscha*, NJ 1997, 394.
459 Vgl. die §§ 35, 36 BRRG.

Teil 1: Innere Sicherheit und Verfassung

die von den Eingriffsmaßnahmen betroffen sind, **zu wahren**[460]. Bei entsprechender Qualifikation können Eingriffsbefugnisse allerdings auch von **Angestellten im öffentlichen Dienst** wahrgenommen werden[461]. Der Funktionsvorbehalt des Art. 33 IV GG enthält schließlich nur eine Grundregel, die durch eine doppelte Ausnahme relativiert wird[462], so dass die Praxis der Betrauung solcher Angestellter z. B. mit dem Erlass von Bußgeldbescheiden sich noch im Rahmen dieser Norm bewegt.

Anders verhält es sich indessen bei den Beschäftigten **privater Wach- und Sicherheitsdienste**: Sie verfügen häufig nur über eine geringe Qualifikation und ein entsprechend geringes Einkommen[463]. Vor allem aber ist das private Unternehmen **nicht zur Uneigennützigkeit verpflichtet**, sondern muss Gewinn erwirtschaften und folgt damit anderen Zielsetzungen als die staatliche Verwaltung[464]. Falls es sich nicht um den Sonderfall einer **Beleihung** auf gesetzlicher Grundlage handelt[465], dürfen **Private** jedenfalls **keine hoheitsrechtlichen Zwangsbefugnisse** ausüben. Ob sie sich stattdessen auf die **Jedermannsrechte** (Notwehr und Nothilfe, § 32 StGB und § 227 BGB, zivilrechtliche Notstands- und Selbsthilferechte, §§ 228 ff. BGB u. a.) berufen dürfen, ist umstritten[466]. Zu Recht ist in diesem Kontext darauf hingewiesen worden, dass diese Selbstschutzregeln nicht gedacht sind „für Machtträger, sondern für ohnmächtige Einzelne..., die sich in einer exzeptionellen und häufig sogar existenziellen Notsituation befinden"[467].

Gegen die weiter voranschreitende Ökonomisierung und Privatisierung (auch) auf dem Feld der Inneren Sicherheit ergeben sich darüber hinaus **Bedenken grundsätzlicher Art**: „Wo die Sicherheit vor Verbrechen zu einer Ware am Markt wird, die einige sich leisten können und viele nicht, zerbricht eine Gesellschaft. Das staatliche Gewaltmonopol zerbröselt"[468]. Wenn das Maß des Schutzes der persönlichen Sicherheit von den finanziellen Möglichkeiten des Einzelnen abhängt, verfestigt sich die **Struktur der sozialen Ungleichheit**[469]. Dem gegenüber bleibt daran zu erinnern, dass der vom Grundgesetz verfasste soziale Rechtsstaat zur Gewährleistung der sozialen ebenso wie der persönlichen Sicherheit **für alle gleichermaßen** verpflichtet ist – allerdings nicht auf Kosten der **Freiheit**.

---

460 In diesem Sinne auch die Argumentation des *BerlVerfGH*, LKV 2005, 212 (215) zur Auflösung des Freiwilligen Polizeidienstes in Berlin.
461 Fragwürdig ist die ausreichende Qualifikation allerdings z. B. bei den Dienstkräften im Außendienst der im Herbst 2004 in Berlin eingerichteten bezirklichen Ordnungsämter („Kiezpolizei"), die mit einigen polizeilichen Zwangsbefugnissen ausgestattet sind (vgl. § 2 VI Berl.ASOG) und in Kurzlehrgängen auf ihren Einsatz vorbereitet wurden.
462 „Als ständige Aufgabe in der Regel..."; dazu z. B. *Mackeben*, Grenzen, S. 195 ff.
463 Vgl. *Beste*, in: *Lange*, Staat, S. 388 f.; *Schult*, in: *Friedrich-Ebert-Stiftung*, Geschäft, S. 64.
464 Vgl. *Zivier*, RuP 1995, 66; sowie *Gusy*, Polizeirecht, Rdnr. 164 u. *Lenk*, in: *Lenk/Prätorius*, Eingriffsstaat, S. 165 f.
465 Dazu *Gusy*, Polizeirecht, Rdnr. 163; *Kutscha*, RuP 1998, 109.
466 Dafür z. B. *Möstl*, Garantie, S. 303; *Schulte*, DVBl. 1995, 133; dagegen z. B. *Knemeyer*, Polizeirecht, Rdnr. 16; *Hoffmann-Riem*, ZRP 1977, 280 ff.; *Hueck*, Der Staat 1997, 219.
467 *Rossnagel*, ZRP 1983, 62.
468 *Eppler*, in: „Spiegel" 41/2001, S. 59; vgl. auch *Hetzer*, ZRP 2000, 20 u. *Treiber*, in: *Lenk/Prätorius*, Eingriffsstaat, S. 29 u. 34.
469 Vgl. v. *Trotha*, in: *Sack* u. a., Privatisierung, S. 33.

Literatur

ABENDROTH, WOLFGANG: Zum Begriff des demokratischen und sozialen Rechtsstaates im Grundgesetz der Bundesrepublik Deutschland, in: ders., Antagonistische Gesellschaft und politische Demokratie, Neuwied 1967, S. 114 ff.
ALBERS, MARION: Die Determination polizeilicher Tätigkeit in den Bereichen der Straftatenverhütung und der Verfolgungsvorsorge, Berlin 2001.
ALBERTS, HANS W.: Auflösung der Verfassung, in: JuS 1972, S. 319 ff.
– Freizügigkeit als polizeiliches Problem, in: NVwZ 1997, S. 45 ff.
ALBRECHT, HANS-JÖRG/ DORSCH, CLAUDIA/ KRÜPE, CHRISTIANE: Rechtswirklichkeit und Effizienz der Überwachung der Telekommunikation nach den §§ 100a, 100 b StPO und anderer verdeckter Ermittlungsmaßnahmen, Freiburg 2003.
ALBRECHT, PETER-ALEXIS: Die Bedrohung der Dritten Gewalt durch irrationale Sicherheitspolitik, in: DRiZ 1998, S. 326 ff.
– Die vergessene Freiheit – Strafrechtsprinzipien in der europäischen Sicherheitsdebatte, in: Friedrich-Ebert-Stiftung (Hrsg.), Sicherheit vor Freiheit?, S. 9 ff.
AMELUNG, KNUT: Die Entscheidung des BVerfG zur „Gefahr im Verzug" i. S. des Art. 13 II GG, in: NStZ 2001, S. 337 ff.
– Probleme des Rechtsschutzes gegen strafprozessuale Grundrechtseingriffe, in: NJW 1979, S. 1687 ff.
V. ARNAULD, ANDREAS: Die Freiheitsrechte und ihre Schranken, Baden-Baden 1999.
ASBROCK, BERND: Großer Lauschangriff – in der Praxis nicht bewährt, in: Betrifft Justiz 75 (2003), s. 135 ff.
– Urteilsanmerkung, in: StV 2001, S. 322 ff.
AUBEL, TOBIAS: Das Menschenwürde-Argument im Polizei- und Ordnungsrecht, in: Die Verwaltung 2004, S. 229 ff.
AULEHNER, JOSEF: Polizeiliche Gefahren- und Informationsvorsorge, Berlin 1998.
BALDUS, MANFRED: Gefahrenabwehr in Ausnahmelagen, in: NVwZ 2006, S. 532 ff.
– Polizeiliche Zusammenarbeit im Raum der Freiheit, der Sicherheit und des Rechts, in: Eckhard Pache (Hrsg.), Die Europäische Union – Ein Raum der Freiheit, der Sicherheit und des Rechts? Baden-Baden 2005, S. 34 ff.
– Streitkräfteeinsatz zur Gefahrenabwehr im Luftraum, in: NVwZ 2004, S. 1278 ff.
BACKES, OTTO/ GUSY, CHRISTOPH: Wer kontrolliert die Telefonüberwachung? Frankfurt 2003.
BATTIS, ULRICH/ GRIGOLEIT, KLAUS JOACHIM: Neue Herausforderungen für das Versammlungsrecht? in: NVwZ 2001, S. 121 ff.
– Rechtsextremistische Demonstrationen und öffentliche Ordnung – Roma locuta? in: NJW 2004, S. 3459 ff.
BAUER, HARTMUT: Privatisierung von Verwaltungsaufgaben, in: VVDStRL 54 (1995), S. 243 ff.
BAUER, PATRICIA: Die politische Entgrenzung von Innerer und Äußerer Sicherheit nach dem 11. September 2001, in: v. Elsbergen (Hrsg.), Wachen, kontrollieren, patrouillieren, S. 49 ff.
BAUMANN, KARSTEN: Das Grundrecht auf Leben unter Quantifizierungsvorbehalt? in: DÖV 2004, S. 853 ff.
– Vernetzte Terrorismusbekämpfung oder Trennungsgebot? in: DVBl. 2005, S. 798 ff.
BAUSBACK, WINFRIED: Terrorismusabwehr durch gezielte Tötungen? in: NVwZ 2005, S. 418.

Teil 1: Innere Sicherheit und Verfassung

BECKER, JÜRGEN: Informales Verwaltungshandeln zur Steuerung wirtschaftlicher Prozesse im Zeichen der Deregulierung, in: DÖV 1985, S. 1003 ff.

BEHRENDES, UDO: Aufgaben der Polizei im Rahmen der staatlichen und kommunalen Kriminalprävention, in: Rainer Pitschas (Hrsg.), Kriminalprävention und „Neues Polizeirecht", Berlin 2002, S. 109 ff.

BELJIN, SASCHA: Neonazistische Demonstrationen in der aktuellen Rechtsprechung, in: DVBl. 2002, S. 15 ff.

BENDA, ERNST: Die Notwendigkeit bereichsspezifischer Regelungen für Informationseingriffe der Sicherheitsbehörden – Erfahrungen aus dem Volkszählungsurteil, in: Schriftenreihe der Polizeiführungsakademie 1/1995, S. 11 ff.

BERGEMANN, NILS: Die Telekommunikationsüberwachung nach der Entscheidung des Bundesverfassungsgerichts zum „großen Lauschangriff", in: Roggan (Hrsg.), Lauschen im Rechtsstaat, S. 69 ff.

BERNSMANN, KLAUS/ JANSEN, KIRSTEN: Heimliche Ermittlungsmethoden und ihre Kontrolle, in: StV 1998, S. 217 ff.

BESTE, HUBERT: Kommodifizierte Sicherheit. Profitorientierte Sicherheitsunternehmen als Raumpolizei, in: Lange, Staat..., S. 385 ff.

BIELEFELDT, HEINER: Das Folterverbot im Rechtsstaat, Berlin 2004.

- Freiheit und Sicherheit im demokratischen Rechtsstaat, Berlin 2004.

BINDER, DETLEV/ SEEMANN, RALF: Die zwangsweise Verabreichung von Brechmitteln zur Beweissicherung, in: NStZ 2002, S. 234 ff.

BIZER, JOHANN: Die zweite Novelle zum Sächsischen Polizeigesetz, Leipzig 1999.

BLASCHKE, ULRICH/ FÖRSTER, ACHIM/ LUMPP, STEFANIE/ SCHMIDT, JUDITH (Hrsg.), Sicherheit statt Freiheit? Berlin 2005.

BÖCKENFÖRDE, ERNST-WOLFGANG: Entstehung und Wandel des Rechtsstaatsbegriffs, in: ders., Staat, Gesellschaft, Freiheit, Frankfurt 1976, S. 65 ff.

– Menschenwürde als normatives Prinzip, in: JZ 2003, S. 809 ff.

BOHNE, EBERHARD: Der informale Rechtsstaat, Berlin 1981.

BORCHARDT, MICHAEL: Unmittelbarer Zwang durch Schusswaffengebrauch in der Form des finalen Rettungs-/Todesschusses der Polizei, in: Die Polizei 2003, S. 319 ff.

BRENNEISEN, HARTMUT/ WILKSEN, MICHAEL: Versammlungsrecht, Hilden 2001.

BÜHRING, PATRICK: Demonstrationsfreiheit für Rechtsextremisten? München 2004.

BRUGGER, WINFRIED: Vom unbedingten Verbot der Folter zum bedingten Recht auf Folter? in: JZ 2000, S. 165 ff.

BUSCH, HEINER: Verfassungs"schutz", in: Bl. f. dt. u. intern. Politik 2002, S. 272 ff.

CALLIESS, CHRISTIAN: Gewährleistung von Freiheit und Sicherheit im Lichte unterschiedlicher Staats- und Verfassungsverständnisse, in: DVBl. 2003, S. 1096 ff.

– Sicherheit im freiheitlichen Rechtsstaat, in: ZRP 2002, S. 1 ff.

CZERWICK, EDWIN: Die Reform des öffentlichen Dienstrechts: Ökonomisierung durch Politisierung, in: ZBR 2005, S. 24 ff.

DE LAZZER, DIETER/ ROHLF, DIETWALT: Der „Lauschangriff", in: JZ 1977, S. 207 ff.

DEGER, JOHANNES: Sind Chaos-Tage und Techno-Paraden Versammlungen? in: NJW 1997, S. 923 ff.

V. DENKOWSKI, CHARLES: Das Trennungsgebot – Gefahr für die Innere Sicherheit? in: Kriminalistik 2003, S. 212 ff.

DENNINGER, ERHARD: Amtshilfe im Bereich der Verfassungsschutzbehörden, in: Bundesministerium des Innern (Hrsg.), Verfassungsschutz und Rechtsstaat, Köln u. a. 1981, S. 19 ff.
– Der „große Lauschangriff" auf dem Prüfstand der Verfassung, in: Roggan (Hrsg.), Lauschen im Rechtsstaat, S. 13 ff.
– Der Präventions-Staat, in: KJ 1988, S. 1 ff.
– Thesen zur „Sicherheitsarchitektur", insbesondere nach dem 11. September 2001, in: KritV 2003, S. 313 ff.
DEUTELMOSER, ANNA: Angst vor den Folgen eines weiten Versammlungsbegriffs? in: NVwZ 1999, S. 240 ff.
DI FABIO, UDO: Privatisierung und Staatsvorbehalt, in: JZ 1999, S. 585 ff.
DIETEL, ALFRED: Ist die öffentliche Ordnung tragfähige Rechtsgrundlage zum Einschreiten bei rechtsextremistischen Aufmärschen? in: Die Polizei 2002, S. 337 ff.
DIETLEIN, JOHANNES: Die Lehre von den grundrechtlichen Schutzpflichten, Berlin 1992.
DIX, Alexander: Rechtsfragen der polizeilichen Datenverarbeitung, in: Jura 1993, S. 571 ff.
V. DOEMMING, KLAUS-BERTO/ FÜSSLEIN, RUDOLF/ MATZ, WERNER: Entstehungsgeschichte der Artikel des Grundgesetzes, in: JÖR N. F. 1 (1951), S. 1 ff.
DÖRR, OLIVER: Keine Versammlungsfreiheit für Neonazis? in: VerwArch 93 (2002), S. 485 ff.
DONAT, ULRIKE: Polizeiliche Freiheitsentziehung, Berlin 2003.
DREIER, HORST: Die drei Staatsgewalten im Zeichen von Europäisierung und Privatisierung, in: DÖV 2002, S. 537 ff.
DÜX, HEINZ: Globale Sicherheitsgesetze und weltweite Erosion von Grundrechten, in: ZRP 2003, S. 189 ff.
EISENBERG, ULRICH/ SINGELNSTEIN, TOBIAS: Zur Unzulässigkeit der heimlichen Ortung per „stiller SMS", in: NStZ 2005, S. 62 ff.
V. ELSBERGEN, GISBERT (Hrsg.): Wachen, kontrollieren, patrouillieren. Kustodialisierung der Inneren Sicherheit, Wiesbaden 2004.
ERB, VOLKER: Nothilfe durch Folter, in: Jura 2005, S. 24 ff.
FABER, MARKUS: Privatisierung streng geheim! in: NVwZ 2003, S. 1317 ff.
FINCKH, ULRICH: Ein Volksentscheid entscheidet nichts, in: Till Müller-Heidelberg u. a. (Hrsg.), Grundrechte-Report 2005, Frankfurt 2005, S. 158 ff.
FISAHN, ANDREAS: Demokratie und Öffentlichkeitsbeteiligung, Tübingen 2002.
– Konsequenzen der „Globalisierung". Privatisierung als Neofeudalisierung, in: Paech u. a. (Hrsg.), Völkerrecht statt Machtpolitik, S. 92 ff.
– Ein unveräußerliches Grundrecht am eigenen genetischen Code, in: ZRP 2001, S. 49 ff.
FISCHER, MATTIAS G.: Terrorismusbekämpfung durch die Bundeswehr im Inneren Deutschlands? in: JZ 2004, S. 376 ff.
FORSTHOFF, ERNST: Begriff und Wesen des sozialen Rechtsstaates, in: VVDStRL 12 (1954), S. 8 ff.
FRANKENBERG, GÜNTER: Kritik des Bekämpfungsrechts, in: KJ 2005, S. 370 ff.
Friedrich-Ebert-Stiftung (Hrsg.): Sicherheit vor Freiheit? Berlin 2003.
FROMMEL, MONIKA/ GESSNER, VOLKMAR (Hrsg.), Normenerosion, Baden-Baden 1996.
FRUGONI, CHIARA: Pietro und Ambrogio Lorenzetti, Florenz 1988.
FUNK, ALBRECHT: Militär, Polizei und die „neuen" Kriege, in: CILIP 75 (2/2003), S. 6 ff.
GEBAUER, PEER: Zur Grundlage des absoluten Folterverbots, in: NVwZ 2004, S. 1405 ff.

Teil 1: Innere Sicherheit und Verfassung

GERCKE, BJÖRN: Bewegungsprofile anhand von Mobilfunkdaten im Strafverfahren, Berlin 2002.
GÖRES, ULRICH: Zur Rechtmäßigkeit des automatisierten Abrufs von Kontoinformationen – Ein weiterer Schritt zum gläsernen Bankkunden, in: NJW 2005, S. 253 ff.
GÖSSNER, ROLF (Hrsg.): Mythos Sicherheit, Baden-Baden 1995.
– Geheimdienste als Fremdkörper der Demokratie – am Beispiel „Verfassungsschutz", in: Paech u. a. (Hrsg.), Demokratie – wo und wie?, S. 167 ff.
GÖTZ, HEINRICH: Das Urteil gegen Daschner im Lichte der Werteordnung des Grundgesetzes, in: NJW 2005, S. 953 ff.
GÖTZ, VOLKMAR: Innere Sicherheit, in: HStR III, Heidelberg 1988, § 79, S. 1008 ff.
GOLDSCHMIDT, WERNER: Staatstheorien, Berlin 1982.
GRABENWARTER, CHRISTOPH: Europäische Menschenrechtskonvention, 2. Aufl., München 2005.
GRAMM, CHRISTOF: Bundeswehr als Luftpolizei: Aufgabenzuwachs ohne Verfassungsänderung? in: NZWehrR 2003, S. 89 ff.
– Schranken der Personalprivatisierung bei der inneren Sicherheit, in: VerwArch 90 (1999), S. 329 ff.
GRAULICH, KURT: Die Novellierung des Hessischen Gesetzes über die öffentliche Sicherheit und Ordnung im Jahr 2004, in: NVwZ 2005, S. 271 ff.
GRIMM, DIETER: Die Meinungsfreiheit in der Rechtsprechung des Bundesverfassungsgerichts, in: NJW 1995, S. 1697 ff.
– Die Zukunft der Verfassung, Frankfurt 1991.
– (Hrsg.), Wachsende Staatsaufgaben – sinkende Steuerungsfähigkeit des Rechts, Baden-Baden 1990.
GROSS, THOMAS: Datenschutz in der Telekommunikation, in: Rossnagel (Hrsg.), Handbuch Datenschutzrecht, München 2003, S. 1258 ff.
– Terrorbekämpfung und Grundrechte, in: KJ 2002, S. 1 ff.
GURLIT, ELKE: Die Verfassungsrechtsprechung zur Privatheit im gesellschaftlichen und technologischen Wandel, in: RDV 2006, S. 45 ff.
GUSY, CHRISTOPH: Gewährleistung von Freiheit und Sicherheit im Lichte unterschiedlicher Staats- und Verfassungsverständnisse, in: VVDStRL 63 (2004), S. 151 ff.
– Das verfassungsrechtliche Gebot der Trennung von Polizei und Nachrichtendiensten, in: ZRP 1987, S. 45 ff.
– Lauschangriff und Grundgesetz, in: JuS 2004, S. 457 ff.
– Polizei und Nachrichtendienste im Kampf gegen die Organisierte Kriminalität, in: Friedrich-Ebert-Stiftung (Hrsg.), Nachrichtendienste, Polizei und Verbrechensbekämpfung im demokratischen Rechtsstaat, Berlin 1994, S. 91 ff.
– Polizeiarbeit zwischen Gefahrenabwehr und Strafverfolgung, in: StV 1993, S. 269 ff.
– Der Schutz vor Überwachungsmaßnahmen nach dem Gesetz zur Beschränkung des Art. 10 GG, in: NJW 1981, S. 1581 ff.
– Überwachung der Telekommunikation unter Richtervorbehalt, in: ZRP 2003, S. 275 ff.
– Die Vernetzung innerer und äußerer Sicherheitsinstitutionen in der Bundesrepublik Deutschland, in: Werner Weidenfeld (Hrsg.), Herausforderung Terrorismus, Wiesbaden 2004, S. 197 ff.
GUTTENBERG, ULRICH: Die heimliche Überwachung von Wohnungen, in: NJW 1993, S. 567 ff.
HACKETHAL, ACHIM: Urteilsanmerkung, in: JR 2001, S. 164 ff.
HÄBERLE, PETER: Die Abhörentscheidung des Bundesverfassungsgerichts vom 15. 12. 1970, in: JZ 1971, S. 145 ff.

HAMM, RAINER: Innere Sicherheit – Terrorismusbekämpfung auf Kosten der Freiheit? in: Adolf-Arndt-Kreis (Hrsg.), Sicherheit durch Recht in Zeiten der Globalisierung, Berlin 2003, S. 45 ff.

HAMMER, FELIX: Private Sicherheitsdienste, staatliches Gewaltmonopol, Rechtsstaatsprinzip und „schlanker Staat", in: DÖV 2000, S. 613 ff.

HANSEN, RALF: Eine Wiederkehr des ‚Leviathan'? Starker Staat und neue Sicherheitsgesellschaft, in: KJ 1999, S. 231 ff.

HARTLEB, TORSTEN: Der neue § 14 III LuftSiG und das Grundrecht auf Leben, in: NJW 2005, S. 1397 ff.

HASSEMER, WINFRIED: Zum Spannungsverhältnis von Freiheit und Sicherheit, in: Vorgänge 159 (3/2002), S. 10 ff.

HAUG, VOLKER: Funktionsvorbehalt und Berufsbeamtentum als Privatisierungsschranken, in: NVwZ 1999, S. 816 ff.

HECKER, WOLFGANG: Die Regelung des Aufenthalts von Personen im innerstädtischen Raum, Bielefeld 1998.

– Rechtsfragen der Aufgabenübertragung an den Bundesgrenzschutz, in: NVwZ 1998, S. 707 ff.

– Relativierung des Folterverbots in der BRD? in: KJ 2003, S. 210 ff.

HECKMANN, DIRK: Sicherheitsarchitektur im bedrohten Rechtsstaat, in: Blaschke u. a. (Hrsg.), Sicherheit statt Freiheit?, S. 9 ff.

HEINZ, WOLFGANG S./ AREND, JAN-MICHAEL: Internationale Terrorismusbekämpfung und Menschenrechte, Berlin 2004.

HETZER, WOLFGANG: Ökonomisierung der Inneren Sicherheit? in: ZRP 2000, S. 20 ff.

– Terrorabwehr im Rechtsstaat, in: ZRP 2005, S. 132 ff.

HEUN, WERNER: Embryonenforschung und Verfassung – Lebensrecht und Menschenwürde des Embryos, in: JZ 2002, S. 517 ff.

HILBRANS, SÖNKE: Neue Grenzen für die Überwacher? in: CILIP 82 (3/2005), S. 24 ff.

HILDEBRAND, DANIEL/ SCHIEREN, STEFAN: Zur Privatisierung kommunaler Daseinsvorsorge, in: RuP 2003, S. 149 ff.

HINRICHS, ULRIKE: „Big Brother" und die Menschenwürde, in: NJW 2000, S. 2173 ff.

HIRSCH, BURKHARD: Einführung: Der „Große Lauschangriff", in: Zwiehoff (Hrsg.), „Großer Lauschangriff", Baden-Baden 2000.

HOBBES, THOMAS: Leviathan oder Wesen, Form und Gewalt des kirchlichen und bürgerlichen Staates, Ausgabe Hamburg 1965.

HÖFLING, WOLFRAM/ AUGSBERG, STEFFEN: Luftsicherheit, Grundrechtsregime und Ausnahmezustand, in: JZ 2005, S. 1080 ff.

HOFFMANN-RIEM, WOLFGANG: Demonstrationsfreiheit auch für Rechtsextremisten? in: NJW 2004, S. 2777 ff.

– Freiheit und Sicherheit im Angesicht terroristischer Anschläge, in: ZRP 2002, S. 497 ff.

– Gesetz und Gesetzesvorbehalt im Umbruch, in: AöR 130 (2005), S. 5 ff.

– Übergang der Polizeigewalt auf Private? in: ZRP 1977, S. 280 ff.

HOHMANN-DENNHARDT, CHRISTINE: Sicherheit durch Recht in Zeiten der Globalisierung! in: Adolf-Arndt-Kreis (Hrsg.), Sicherheit durch Recht in Zeiten der Globalisierung, Berlin 2003, S. 107 ff.

Teil 1: Innere Sicherheit und Verfassung

HOPPE, CORINNE: Vorfeldermittlungen im Spannungsverhältnis von Rechtsstaat und der Bekämpfung Organisierter Kriminalität, Frankfurt u. a. 1999.

HORN, HANS-DETLEF: Sicherheit und Freiheit durch vorbeugende Verbrechensbekämpfung – Der Rechtsstaat auf der Suche nach dem rechten Maß, in: ders. (Hrsg.), Festschrift für Schmitt Glaeser, Berlin 2003, S. 435 ff.

HUBER, BERTOLD: Effektiver Grundrechtsschutz mit Verfallsdatum, in: NJW 2005, S. 2260 ff.

HUECK, INGO: Staatliche Polizei und private Sicherheitsdienste in den Vereinigten Staaten und Deutschland, in: Der Staat 1997, S. 211 ff.

HUFFSCHMID, JÖRG (Koordination): Die Privatisierung der Welt, Hamburg 2004.

Humanistische Union (Hrsg.): Innere Sicherheit als Gefahr, Berlin 2002.

V. HUMBOLDT, Wilhelm: Ideen zu einem Versuch, die Grenzen der Wirksamkeit des Staats zu bestimmen, Ausgabe Stuttgart 2002.

HUND, HORST: Polizeiliches Effektivitätsdenken contra Rechtsstaat, in: ZRP 1991, S. 463 ff.

HUSTER, STEFAN: Individuelle Menschenwürde oder öffentliche Ordnung? in: NJW 2000, S. 3477 ff.

ISENSEE, JOSEF: Das Grundrecht auf Sicherheit, Berlin 1983.

JAKOBS, MICHAEL: Terrorismus und polizeilicher Todesschuss, in: DVBl. 2006, S. 83 ff.

JEROUSCHEK, GÜNTER: Gefahrenabwendungsfolter – Rechtsstaatliches Tabu oder polizeirechtlich legitimierter Zwangseinsatz? in: JuS 2005, S. 296 ff.

KÄMMERER, JÖRN A.: Verfassungsstaat auf Diät? in: JZ 1996, S. 1042 ff.

KANT, IMMANUEL: Die Metaphysik der Sitten, in: ders., Werke Bd. 7, Ausgabe Darmstadt 1956.

KANT, MARTINA/ ROGGAN, FREDRIK: Vertreibung, Erfassung, Kontrolle. Polizeiliche Eingriffsbefugnisse im öffentlichen Raum, in: CILIP 81 (2/2005), S. 11 ff.

KAUFMANN: FRANZ-XAVER, Sicherheit als soziologisches und sozialpolitisches Problem, 2. Aufl., Stuttgart 1973.

KAUSS, UDO: Der suspendierte Datenschutz bei Polizei und Geheimdiensten, Frankfurt u. a. 1989.

KELSEN, HANS: Reine Rechtslehre, 2. Aufl., Wien 1960.

KERSTEN, JENS: Die Tötung von Unbeteiligten, in: NVwZ 2005, S. 661 ff.

KIRSCH, BENNO: Verbrechensbekämpfung durch private Sicherheitsdienste? in: KJ 2002, S. 233 ff.

KLASS, NADINE: Rechtliche Grenzen des Realitätsfernsehens. Ein Beitrag zur Dogmatik des Menschenwürdeschutzes und des allgemeinen Persönlichkeitsrechts, Tübingen 2004.

KLOEPFER, MICHAEL: Leben und Würde des Menschen, in: Festschrift 50 Jahre Bundesverfassungsgericht, Bd. II, Tübingen 2001, S. 77 ff.

– Öffentlichkeit, in: HStR II, Heidelberg 1987, § 35.

KLOEPFER, MICHAEL/ V. LEWINSKI, KAI: Das Informationsfreiheitsgesetz des Bundes (IFG), in: DVBl. 2005, S. 1277 ff.

KNEMEYER, FRANZ-LUDWIG: Vorsorge für die Gefahrenabwehr sowie die Straftatenverfolgung – eine dritte polizeiliche Aufgabenkategorie, in: Gedächtnisschrift für Georg Tagami, Tokyo 1993, S. 131 ff.

KNIESEL, MICHAEL: „Innere Sicherheit" und Grundgesetz, in: ZRP 1996, S. 482 ff.

– Vorbeugende Bekämpfung von Straftaten im neuen Polizeirecht – Gefahrenabwehr oder Strafverfolgung? in: ZRP 1989, S. 329 ff.

KNIESEL, MICHAEL/ POSCHER, RALF: Die Entwicklung des Versammlungsrechts 2000 bis 2003, in: NJW 2004, S. 422 ff.

KÖTTER, MATTHIAS: Novellierung der präventiven Wohnraumüberwachung? in: DÖV 2005, S. 225 ff.

KOCH, MARTIN: Datenerhebung und -verarbeitung in den Polizeigesetzen der Länder, Baden-Baden 1999.

KÖNIG, MARCO: Trennung und Zusammenarbeit von Polizei und Nachrichtendiensten, Stuttgart u. a. 2005.

KRAJEWSKI, MARKUS: Terroranschläge in den USA und Krieg gegen Afghanistan, in: KJ 2001, S. 363 ff.

KREBS, WALTER: Zur verfassungsrechtlichen Verortung und Anwendung des Übermaßverbotes, in: Jura 2001, S. 228 ff.

KRIELE, MARTIN: Der rechtliche Spielraum einer Liberalisierung der Einstellungspraxis im öffentlichen Dienst, in: NJW 1979, S. 1 ff.

KÜHLING, JÜRGEN: Datenschutzrechtlicher Überarbeitungsbedarf beim „Steuerehrlichkeitsgesetz", in: ZRP 2005, S. 196 ff.

KÜHLING, JÜRGEN: Das Ende der Privatheit, in: Müller-Heidelberg u. a. (Hrsg.), Grundrechte-Report 2003, Reinbek 2003, S. 15 ff.

KUGELMANN, DIETER: Der polizeiliche Gefahrenbegriff in Gefahr?, in: DÖV 2003, S. 781 ff.

– Das Informationsfreiheitsgesetz des Bundes, in: NJW 2005, S. 3609 ff.

KUTSCHA, MARTIN: Abhörpraxis – rechtsstaatlich gedrosselt? in: DuR 1981, S. 428 ff.

– Abwehr eines Grundrechts-GAUs – Karlruhe verbietet den „Rettungsabschuss", in: CILIP 83 (1/2006), S. 76 ff.

– Abschied vom Prinzip demokratischer Legalität?, in: Becker-Schwarze u. a.(Hrsg.), Wandel der Handlungsformen im Öffentlichen Recht, Stuttgart u. a. 1991, S. 13 ff.

– Die Aktualität des Trennungsgebots für Polizei und Verfassungsschutz, in: ZRP 1986, S. 194 ff.

– Die Anpassung des Verfassungsrechts im „schlanken Staat", in: Butterwegge/ Kutscha/ Berghahn (Hrsg.), Herrschaft des Marktes – Abschied vom Staat?, Baden-Baden 1999, S. 93 ff.

– Bewegung im Versammlungsrecht, in: Die Polizei 2002, S. 250 ff.

– Datenschutz durch Zweckbindung – ein Auslaufmodell? in: ZRP 1999, S. 156 ff.

– Das Grundrecht auf Leben unter Gesetzesvorbehalt – ein verdrängtes Problem, in: NVwZ 2004, S. 801 ff.

– Grundrechte als Minderheitenschutz, in: JuS 1998, S. 673 ff.

– Grundrechtsschutz im Dreieck Karlsruhe – Straßburg – Luxemburg, in: RuP 2005, S. 175 ff.

– Innere Sicherheit und informationelle Selbstbestimmung, in: Lange (Hrsg.), Staat, Demokratie und Innere Sicherheit, S. 355 ff.

– Ist das Versammlungsrecht noch zeitgemäß?, in: NJ 2001, S. 346 ff.

– Der Lauschangriff im Polizeirecht der Länder, in: NJW 1994, S. 85 ff.

– Rechtsgrundlagen für staatliche Maßnahmen gegen neonazistische Aktivitäten, in: Friedrich-Ebert-Stiftung (Hrsg.), Demokratische Strategien zur Bekämpfung des Rechtsextremismus, Bonn 2005, S. 44 ff.

– Rechtsschutzdefizite bei Grundrechtseingriffen von Sicherheitsbehörden, in: NVwZ 2003, S. 1296 ff.

– „Schlanker Staat" mit Januskopf, in: KJ 1998, S. 399 ff.

– Verfassung und „streitbare Demokratie", Köln 1979.

– Verfassungsfragen der Privatisierung von Staatsaufgaben, in: NJ 1997, S. 393 ff.

Teil 1: Innere Sicherheit und Verfassung

- Verfassungsrechtlicher Schutz des Kernbereichs privater Lebensgestaltung – nichts Neues aus Karlsruhe?, in: NJW 2005, S. 20 ff.
- „Verteidigung" – vom Wandel eines Verfassungsbegriffs, in: KJ 2004, S. 228 ff.

KUTSCHA, MARTIN/ MÖRITZ, MARION: Lauschangriffe zur vorbeugenden Straftatenbekämpfung?, in: StV 1998, S. 564 ff.

KUTSCHA, MARTIN/ ROGGAN, FREDRIK, Große Lauschangriffe im Polizeirecht, in: Roggan (Hrsg.), Lauschen im Rechtsstaat, S. 25 ff.

KUTZNER, LARS: Die Beschlagnahme von Daten bei Berufsgeheimnisträgern, in: NJW 2005, S. 2652 ff.

LANGE, HANS-JÜRGEN: Innere Sicherheit im Politischen System der Bundesrepublik Deutschland, Opladen 1999.

- Konturen des neuen Sicherheitsbegriffs, in: van Ooyen/ H. W. Möllers (Hrsg.), Die Öffentliche Sicherheit auf dem Prüfstand: 11. September und NPD-Verbot, Frankfurt 2002, S. 21 ff.
- (Hrsg.): Staat, Demokratie und innere Sicherheit in Deutschland, Opladen 2000.

LANGE, HANS-JÜRGEN/ SCHENCK, JEAN-CLAUDE: Polizei im kooperativen Staat, Wiesbaden 2004.

LAUBINGER, HANS-WERNER/ REPKEWITZ, ULRICH: Die Versammlung in der verfassungs- und verwaltungsgerichtlichen Rechtsprechung (II), in: VerwArch 93 (2002), S. 149 ff.

LECHELER, HELMUT: Der öffentlicher Dienst, in: HStR III, 2. Aufl. Heidelberg 1996, § 72.

LEHNER, DIETER: Der Vorbehalt des Gesetzes für die Übermittlung von Informationen im Wege der Amtshilfe, München 1996.

LEIST, WOLFGANG: Die Änderung des Versammlungsrechts: ein Eigentor?, in: NVwZ 2005, S. 500 ff.

- Zur Rechtmäßigkeit typischer Auflagen bei rechtsextremistischen Demonstrationen, in: NVwZ 2003, S. 1300 ff.

LENK, KLAUS: New Public Management in der eingreifenden Verwaltung, in: Lenk/ Prätorius, Eingriffsstaat und öffentliche Sicherheit, S. 159 ff.

LENK, KLAUS/ PRÄTORIUS, RAINER (Hrsg.): Eingriffsstaat und öffentliche Sicherheit, Baden-Baden 1998.

LEPSIUS, OLIVER: Freiheit, Sicherheit und Terror: Die Rechtslage in Deutschland, in: Leviathan 2004, S. 64 ff.

- Der große Lauschangriff vor dem Bundesverfassungsgericht, in: Jura 2005, S. 433 ff., 586 ff.
- Die Unverletzlichkeit der Wohnung bei Gefahr im Verzug, in: Jura 2002, S. 259 ff.

LEUTHEUSSER-SCHNARRENBERGER, SABINE: Der Gesetzentwurf der Bundesregierung zum „großen Lauschangriff", in: ZRP 2005, S. 1 ff.

- Der „große Lauschangriff" – Sicherheit statt Freiheit, in: ZRP 1998, S. 87 ff.
- Ein System gerät außer Kontrolle: Das Schengener Informationssystem, in: ZRP 2004, S. 97 ff.

LILIE, HANS: Verwicklungen im Ermittlungsverfahren, in: ZStW 111 (1999), S. 807 ff.

LIMBACH, JUTTA: Ist die kollektive Sicherheit Feind der individuellen Freiheit?, in: AnwBl. 2002, S. 454 ff.

LINKE, TOBIAS: Innere Sicherheit durch die Bundeswehr?, in: AöR 129 (2004), S. 489 ff.

LISKEN, HANS: Einführung des polizeilichen Todesschusses?, in: ZRP 2004, S. 31.

- Über Aufgaben und Befugnisse der Polizei im Staat des Grundgesetzes, in: ZRP 1990, S. 15 ff.

LOCKE, JOHN: Zwei Abhandlungen über die Regierung, Ausgabe Frankfurt 1977.

LORENZ, DIETER: Recht auf Leben und körperliche Unversehrtheit, in: HStR VI, Heidelberg 1989, § 128.
LORSE, JÜRGEN: Der Beitrag der Streitkräfte zur Neuausrichtung des Katastrophenschutzes, in: ZRP 2005, S. 6 ff.
LÜBBE-WOLFF, GERTRUDE: Globalisierung und Demokratie, in: RuP 2004, S. 130 ff.
LÜDERSSEN, KLAUS: Kriegsrecht in Deutschland? in: StV 2005, S. 106 f.
LUTZE, CHRISTIAN: Abwehr terroristischer Angriffe als Verteidigungsaufgabe der Bundeswehr, in: NZWehrR 2003, S. 101 ff.
MACKEBEN, ANDREAS: Grenzen der Privatisierung der Staatsaufgabe Sicherheit, Baden-Baden 2004.
MAHNKOPF, BIRGIT: Zum Konzept der *human security* und zur Bedeutung globaler öffentlicher Güter für einen gerechten Frieden, in: dies., (Hrsg.), Globale öffentliche Güter – für menschliche Sicherheit und Frieden, Berlin 2003, S. 11 ff.
MANSSEN, GERRIT: Der Funktionsvorbehalt des Art. 33 Abs. 4 GG, in: ZBR 1999, S. 253 ff.
MARTINEZ SORIA, JOSÉ: Polizeiliche Verwendungen der Streitkräfte, in: DVBl. 2004, S. 597 ff.
MARX, REINHARD: Folter: eine zulässige polizeiliche Präventionsmaßnahme? in: KJ 2004, S. 278 ff.
MAUS, INGEBORG: Entwicklung und Funktionswandel der Theorie des bürgerlichen Rechtsstaats, in: Tohidipur (Hrsg.), Der bürgerliche Rechtsstaat, 1. Bd., Frankfurt 1978, S. 13 ff.
– Zur Aufklärung der Demokratietheorie, Frankfurt 1992.
MÉGRET, FRÉDÉRIC: „Krieg"? – Völkerrechtssemantik und der Kampf gegen den Terrorismus, in : KJ 2002, S. 157 ff.
MEHDE, VEITH: Terrorismusbekämpfung durch Organisationsrecht, in: JZ 2005, S. 815 ff.
MEINEL, FLORIAN: Öffentlichkeit als Verfassungsprinzip und die Möglichkeit von Onlinewahlen, in: KJ 2004, S. 413 ff.
MERTEN, JAN O.: Folterverbot und Grundrechtsdogmatik, in: JR 2003, S. 404 ff.
MERTEN, KARLHEINZ/ MERTEN, HEIKE: Vorbeugende Verbrechensbekämpfung, in: ZRP 1991, S. 213 ff.
MEYER, ANTON: Wirksamer Schutz des Luftverkehrs durch ein Luftsicherheitsgesetz?, in: ZRP 2004, S. 203 ff.
MICHAELIS, LARS OLIVER: Einstellung des NPD-Verbotsverfahrens, in: NVwZ 2003, S. 943 ff.
MÖSTL, MARKUS: Die staatliche Garantie für die öffentliche Sicherheit und Ordnung, Tübingen 2002.
MOZEK, MARTIN: Der „große Lauschangriff", Aachen 2001.
MÜLLER, EGON: Die Durchsuchungspraxis – Unterwanderung eines Grundrechts, in: AnwBl. 1992, S. 349 ff.
MÜLLER, FRIEDRICH: Demokratie zwischen Staatsrecht und Weltrecht, Berlin 2003.
– Juristische Methodik, 2. Aufl., Berlin 1976.
MÜLLER, KAI: Grenzen der heimlichen Observation von Wohnungen mit technischen Mitteln, in: Die Polizei 2004, S. 257 ff.
MÜLLER, KAI/ FORMANN, GUNNAR: Die opferschützende Folterandrohung – Vermeintliche Lebensrettung durch verbotene Vernehmungsmethoden, in: Die Polizei 2003, S. 313 ff.
MÜLLER, OSWIN: Der Abschied von der konkreten Gefahr als polizeirechtliche Eingriffsbefugnis, in: StV 1995, S. 602 ff.
MUSIL, ANDREAS: Wettbewerb in der staatlichen Verwaltung, Tübingen 2005.

Teil 1: Innere Sicherheit und Verfassung

NARR, WOLF-DIETER: Der Markt der Sicherheit, das Gewaltmonopol des Staates und die Bürgerrechte, in: CILIP 43 (3/1992), S. 6 ff.

NEHM, KAY: Das nachrichtendienstrechtliche Trennungsgebot und die neue Sicherheitsarchitektur, in: NJW 2004, S. 3289 ff.

NELLES, URSULA: Kompetenzen und Ausnahmekompetenzen in der Strafprozeßordnung, Berlin 1980.

NETTESHEIM, MARTIN: Die Garantie der Menschenwürde zwischen metaphysischer Überhöhung und bloßem Abwägungstopos, in: AöR 130 (2005), S. 71 ff.

NEUMANN, FRANZ: Demokratischer und autoritärer Staat, Frankfurt 1967.

NITZ, Gerhard: Privatisierung der öffentlichen Sicherheit, in: Butterwegge/ Kutscha/ Berghahn (Hrsg.), Herrschaft des Marktes – Abschied vom Staat?, S. 146 ff.

NOLL, ALFRED J.: Vor dem Sicherheitsstaat?, in: ÖZP 2004, S. 33 ff.

NOROUZY, ALI: Folter in Nothilfe – geboten?!, in: JA 2005, S. 306 ff.

PAECH, NORMAN/ SPOO, ECKART/ BUTENSCHÖN, RAINER (Hrsg.), Demokratie – wo und wie? Hamburg 2002.

PAECH, NORMAN/ RINKEN, ALFRED/ SCHEFOLD, DIAN/ WEßLAU, EDDA (Hrsg.), Völkerrecht statt Machtpolitik, Hamburg 2004.

PAEFFGEN, HANS-ULRICH: Das Urteil des Bundesverfassungsgerichts zum G 10 in der Fassung des Verbrechensbekämpfungsgesetzes 1994, in: StV 1999, S. 668 ff.

PAEFFGEN, HANS-ULRICH/ GÄRDITZ, KLAUS: Die föderale Seite des „Trennungsgebotes" oder: Art. 87 III, 73 GG und das G-10-Urteil, in: KritV 2000, S. 65 ff.

PAPIER, HANS-JÜRGEN: Rechtsschutzgarantie gegen die öffentliche Gewalt, in: HStR VI, Heidelberg 1989, § 154.

PAPIER, HANS-JÜRGEN/ DURNER, WOLFGANG: Streitbare Demokratie, in: AöR 128 (2003), S. 340 ff.

PARTSCH, CHRISTOPH: Das Gesetz zur Förderung der Informationsfreiheit in Berlin, in: LKV 2001, S. 98 ff.

PAWLIK, MICHAEL: § 14 Abs. 3 des Luftsicherheitsgesetzes – ein Tabubruch?, in: JZ 2004, S. 1045 ff.

PEILERT, ANDREAS: Innere und äußere Sicherheit – Trennung oder Verzahnung?, in: Der Kriminalist 2002, S. 260 ff.

– Police Private Partnership, in: DVBl. 1999, S. 282 ff.

PENSKI, ULRICH: Staatlichkeit öffentlicher Verwaltung und ihre marktmäßige Modernisierung, in: DÖV 1999, S. 85 ff.

PETERS, MICHAEL: Die Rechtsnormenbildung im Bereich der polizeilichen Informationsverwaltung, Frankfurt 2003.

PETERSEN, NIELS: Auf dem Weg zur zweckrationalen Relativität des Menschenwürdeschutzes, in: KJ 2004, S. 316 ff.

PETRI, THOMAS B.: Im Schatten des Leviathan – Zum Verhältnis von Sicherheit und Freiheit anhand von Beispielen aus der TK-Überwachung, in: RDV 2003, S. 16 ff.

PFEIFFER, CHRISTIAN: Wir sind das Volk! Zur Kriminalitätsfurcht und dem Strafbedürfnis der Bevölkerung, in: Friedrich-Ebert-Stiftung (Hrsg.), Das Verhältnis von Freiheit und Sicherheit im gemeinsamen europäischen Raum, Berlin 2005, S. 39 ff.

PIEROTH, BODO/ HARTMANN, BERND: Der Abschuss eines Zivilflugzeugs auf Anordnung des Bundesministers für Verteidigung, in: Jura 2005, S. 729 ff.

POLLÄHNE, HELMUT: Bis zum Ausscheiden der Beweismittel, in: CILIP 80 (1/2005), S. 75 ff.

POSCHER, RALF: Neue Rechtsgrundlagen gegen rechtsextremistische Versammlungen, in: NJW 2005, S. 1316 ff.

PÜTTER, NORBERT: Fernmeldeüberwachung, in: CILIP 60 (2/1998), S. 36 ff.

– Die Wissenschaft hat festgestellt..., in: CILIP 76 (3/2003), S. 73 ff.

PUSCHKE, JENS/ SINGELNSTEIN, TOBIAS: Verfassungsrechtliche Vorgaben für heimliche Informationsbeschaffungsmaßnahmen, in: NJW 2005, S. 3534 ff.

RABE V. KÜHLEWEIN, MALTE: Der Richtervorbehalt im Polizei- und Strafprozeßrecht, Frankfurt 2001.

– Urteilsanmerkung, in: DVBl. 2002, S. 1545 ff.

RIDDER, HELMUT/ BREITBACH, MICHAEL/ RÜHL, ULLI/ STEINMEIER, FRANK: Versammlungsrecht, Baden-Baden 1992.

RIEGEL, REINHARD: Polizei und Geheimdienste, in: ZRP 1999, S. 216.

ROBBERS, GERHARD: Sicherheit als Menschenrecht, Baden-Baden 1987.

ROEWER, HELMUT: Geschichtlicher Nachtrag zur Kontroverse um die Trennung von Polizei und Verfassungsschutzbehörden, in: DVBl. 1988, S. 666 ff.

ROGGAN, FREDRIK: Brechmittel-Einsatz im Namen der Strafrechtspflege?, in: Humanistische Union (Hrsg.), Sicherheit als Gefahr, S. 316 ff.

– GPS-Einsatz mit verfassungsgerichtlichem Segen, in: DANA 2/2005, S. 14 ff.

– (Hrsg), Lauschen im Rechtsstaat. Gedächtnisschrift für Hans Lisken, Berlin 2004.

– Unerhörte Intimsphäre, in: Blaschke u. a. (Hrsg.), Sicherheit statt Freiheit?, S. 51 ff.

ROSSNAGEL, ALEXANDER: Zum Schutz kerntechnischer Anlagen gegen Angriffe von außen, in: ZRP 1983, S. 59 ff.

RUFFERT, MATTHIAS: Entformalisierung und Entparlamentarisierung politischer Entscheidungen als Gefährdungen der Verfassung? in: DVBl. 2002, S. 1145 ff.

RUPP, HANS HEINRICH: Urteilsanmerkung, in: NJW 1971, S. 275 ff.

SACK, FRITZ/ VOSS, MICHAEL/ FRESEE, DETLEV/ FUNK, ALBRECHT/ REINKE, HERBERT (Hrsg.): Privatisierung staatlicher Kontrolle: Befunde, Konzepte, Tendenzen, Baden-Baden 1995.

SATTLER, HENRIETTE: Terrorabwehr durch die Streitkräfte nicht ohne Grundgesetzänderung, in: NVwZ 2004, S. 1286 ff.

SAURER, JOHANNES: Die Ausweitung sicherheitsrechtlicher Regelungsansprüche im Kontext der Terrorismusbekämpfung, in: NVwZ 2005, S. 275 ff.

SCHAAR, PETER: Das Kontenabrufverfahren – Schicksal ungewiss, in: RuP 2005, S. 160 ff.

– (Hrsg.), Folgerungen aus dem Urteil des Bundesverfassungsgerichts zur akustischen Wohnraumüberwachung: Staatliche Eingriffsbefugnisse auf dem Prüfstand?, Bonn 2005.

SCHAFRANEK, FRANK P.: Die Kompetenzverteilung zwischen Polizei- und Verfassungsschutzbehörden in der Bundesrepublik Deutschland, Aachen 2000.

SCHENKE, WOLF-RÜDIGER: Die Verfassungswidrigkeit des § 14 III LuftSiG, in: NJW 2006, S. 736 ff.

SCHERZBERG, ARNO: Die Öffentlichkeit der Verwaltung, Baden-Baden 2000.

SCHEURING, MICHAEL: 1951 bis 2005 – vom Bundesgrenzschutz zur Bundespolizei, in: NVwZ 2005, S. 903 f.

SCHLACHTER, JÖRG: Mehr Öffentlichkeit wagen, Heidelberg 1993.

SCHLINK, BERNHARD: Der Grundsatz der Verhältnismäßigkeit, in: Festschrift 50 Jahre Bundesverfassungsgericht, Bd. II, Tübingen 2001, S. 445 ff.

Teil 1: Innere Sicherheit und Verfassung

SCHMIDT-ASSMANN, EBERHARD, Der Rechtsstaat, in: HStR I, Heidelberg 1987, § 24, S. 987 ff.

SCHMITZ, HERIBERT/ JASTROW, SERGE-DANIEL: Das Informationsfreiheitsgesetz des Bundes, in: NVwZ 2005, S. 984 ff.

SCHOCH, FRIEDRICH: Abschied vom Polizeirecht des liberalen Rechtsstaats?, in: Der Staat 2004, S. 347 ff.

– Privatisierung von Verwaltungsaufgaben, in: DVBl. 1994, S. 962 ff.

SCHOLZ, RUPERT/ PITSCHAS, RAINER: Informationelle Selbstbestimmung und staatliche Informationsverantwortung, Berlin 1984.

SCHULT, HORST: Öffentlicher Dienst und privates Sicherheitsgewerbe, in: Friedrich-Ebert-Stiftung (Hrsg.), Das Geschäft mit der Sicherheit, Berlin 2000, S. 61 ff.

SCHULTE, MARTIN: Gefahrenabwehr durch private Sicherheitskräfte im Lichte des staatlichen Gewaltmonopols, in: DVBl. 1995, S. 130 ff.

SCHULZE-FIELITZ, Helmuth: Nach dem 11. September: An den Leistungsgrenzen eines verfassungsstaatlichen Polizeirechts? In: Hans-Detlef Horn (Hrsg.), Festschrift für Schmitt Glaeser, Berlin 2003, S. 407 ff.

SCHWARZ, KYRILL-A.: Die Dogmatik der Grundrechte – Schutz und Abwehr im freiheitssichernden Staat, in: Blaschke u. a. (Hrsg.), Sicherheit statt Freiheit, S. 29 ff.

SCHWECKENDIECK, HELMUT: Dateien zur „vorbeugenden Verbrechensbekämpfung" im Lichte der Rechtsprechung zu § 81 b Alt. 2 StPO, in: ZRP 1989, S. 125 ff.

SEEBODE, MANFRED: Gezielt tödlicher Schuß de lege lata et ferenda, in: StV 1991, S. 80 ff.

SIEBRECHT, MICHAEL: Die polizeiliche Datenverarbeitung im Kompetenzstreit zwischen Polizei- und Prozeßrecht, in: JZ 1996, S. 711 ff.

SIMITIS, SPIROS: Die Entscheidung des Bundesverfassungsgerichts zur Volkszählung – 10 Jahre danach, in: KritV 1994, S. 121 ff.

SINN, ARNDT: Tötung Unschuldiger auf Grund § 14 III Luftsicherheitsgesetz – rechtmäßig? in: NStZ 2004, S. 585 ff.

SMEDDINCK, ULRICH: Informationsfreiheit versus Dienstgeheimnis, in: NJ 2004, S. 56 ff.

SOKOL, BETTINA (Hrsg.): Sommersymposium Informationsfreiheit, Düsseldorf 2004.

SPRANGER, TADE M.: Innere Sicherheit durch Streitkräfteeinsatz?, in: NJW 1999, S. 1003 f.

STAFF, ILSE: Öffentlichkeit als Verfassungsprinzip, in: ZRP 1992, S. 384 ff.

– Sicherheitsrisiko durch Gesetz, in: KJ 1999, S. 586 ff.

STEINMÜLLER, WILHELM/ LUTTERBECK, BERND/ MALLMANN, CHRISTOPH/ HARBOT, U./ KOLB, G./ SCHNEIDER, JOCHEN: Grundfragen des Datenschutzes, Gutachten, BT-Drs. VI/3826 (1971).

STOLLEIS, MICHAEL: Geschichte des öffentlichen Rechts in Deutschland, Bd. II, München 1992.

STÜMPER, ALFRED: Eine der Lehren aus dem Kosovo-Krieg: Sicherheit ist heute nicht mehr mit der Verteidigung der Landesgrenzen identisch, in: Die Polizei 2000, S. 163.

STUCHLIK, HOLGER: Das Verbot rechtsextremistischer Veranstaltungen, in: Die Polizei 2001, S. 197 ff.

SZCZEKALLA, PETER: Die sogenannten grundrechtlichen Schutzpflichten im deutschen und europäischen Recht, Berlin 2002.

THOMA, RICHARD: Über die Grundrechte im Grundgesetz für die Bundesrepublik Deutschland, in: Recht – Staat – Wirtschaft, Bd. 3, Tübingen 1951, S. 9 ff.

TISCHER, BIRGIT: Das System der informationellen Befugnisse der Polizei, Frankfurt 2004.

TREIBER, HUBERT: Gewährleistung von Schutz und Ordnung im Schatten des Leviathan, in: Lenk/ Prätorius, Eingriffsstaat...S. 9 ff.

v. TROTHA, TRUTZ: Staatliches Gewaltmonopol und Privatisierung, in: Sack u. a. (Hrsg.), Privatisierung staatlicher Kontrolle, S. 14 ff.

TSCHENTSCHER, AXEL: Versammlungsfreiheit und Eventkultur, in: NVwZ 2001, S. 1243 ff.

TRUTE, HANS-HEINRICH: Die Erosion des klassischen Polizeirechts durch die polizeiliche Informationsvorsorge, in: Erbguth/ Müller/ Neumann (Hrsg.), Gedächtnisschrift für Bernd Jeand'Heur, Berlin 1999, S. 403 ff.

– Gefahr und Prävention in der Rechtsprechung zum Polizei- und Ordnungsrecht, in: Die Verwaltung 2003, S. 501 ff.

– Das Polizei- und Ordnungsrecht im Spiegel der Rechtsprechung, in: Die Verwaltung 1999, S. 73 ff.

VELTEN, PETRA: Befugnisse der Ermittlungsbehörden zu Information und Geheimhaltung, Berlin 1995.

– Transparenz staatlichen Handelns und Demokratie, Pfaffenweiler 1996.

VOLKMANN, UWE: Sicherheit und Risiko als Probleme des Rechtsstaats, in: JZ 2004, S. 696 ff.

WAECHTER, KAY: Rechtsgütergewichtung und wahre sowie eingebildete Bedrohungen, in: DVBl. 1999, S. 809 ff.

WALLERATH, MAXIMILIAN: Verwaltungserneuerung, in: VerwArch 88 (1997), S. 1 ff.

WEICHERT, THILO: Gefangen im Netz der Datenbanken, in: Müller-Heidelberg/ Finckh/ Narr/ Pelzer (Hrsg), Grundrechte-Report, Reinbek 1997, S. 35 ff.

– Informationelle Selbstbestimmung und strafrechtliche Ermittlung, Pfaffenweiler 1990.

WELDING, STEEN OLAF: Die Folter als Maßnahme in Notfällen, in: RuP 2003, S. 222 ff.

WERKENTIN, FALCO: Die Restauration der deutschen Polizei, Frankfurt 1984.

WERTHEBACH, ECKART: Deutsche Sicherheitsstrukturen im 21. Jahrhundert, in: Aus Politik und Zeitgeschichte 44/2004, S. 5 ff.

WESTENBERGER, MICHAEL: Der Einsatz des finalen Rettungsschusses in Hamburg, in: DÖV 2003, S. 627 ff.

WEẞLAU, EDDA: Gefährdungen des Datenschutzes durch den Einsatz neuer Medien im Strafprozess, in: ZStW 113 (2001), S. 681 ff.

– Die staatliche Pflicht zum Schutz von Verbrechensopfern und das Verbot der Folter, in: Paech u. a. (Hrsg.), Völkerrecht statt Machtpolitik, S. 390 ff.

– Das Urteil des Bundesverfassungsgerichts zur akustischen Wohnraumüberwachung – Auswirkungen auf den Strafprozess, in: Roggan (Hrsg.), Lauschen im Rechtsstaat, S. 47 ff.

– Vorfeldermittlungen, Berlin 1989.

– Waffengleichheit mit dem „Organisierten Verbrechen"? in: KritV 1997, S. 238 ff.

WEẞLAU, EDDA/ KUTSCHA, MARTIN: Grundgesetz und Handlungsalternativen der Polizei bei Geiselnahmen, in: ZRP 1990, S. 169 ff.

WIEFELSPÜTZ, DIETER: Einsatz der Streitkräfte im Innern, in: Die Polizei 2003, S. 301 ff.

WIELAND, JOACHIM: Verfassungsrechtliche Grundlagen polizeiähnlicher Einsätze der Bundeswehr, in: Dieter Fleck (Hrsg.), Rechtsfragen der Terrorismusbekämpfung durch Streitkräfte, Baden-Baden 2004, S. 167 ff.

WILKESMANN, PETER: Terroristische Angriffe auf die Sicherheit des Luftverkehrs, in: NVwZ 2002, S. 1316 ff.

WINKEL, OLAF: Effizienz und Partizipation, in: Verwaltung und Management 2001, S. 55 ff.

WINKLER, DANIELA: Verfassungsmäßigkeit des Luftsicherheitsgesetzes, in: NVwZ 2006, S. 536 ff.

WINTER, MARTIN: Metamorphosen des staatlichen Gewaltapparates: Über die Entwicklung von Polizei und Militär in Deutschland, in: Leviathan 2003, S. 519 ff.

WITTRECK, FABIAN: Menschenwürde und Folterverbot, in: DÖV 2003, S. 873 ff.

WITZSTROCK, HEIKE: Der polizeiliche Todesschuß, Frankfurt 2001.

WOLTER, HENNER: Die Richtervorbehalte im Polizeirecht, in: DÖV 1997, S. 939 ff.

WOLTER, JÜRGEN: Potential für eine Totalüberwachung im Strafprozess- und Polizeirecht, in: Festschrift für Hans-Joachim Rudolphi, Neuwied 2004, S. 733 ff.

ZIMMERMANN, GEORG: Staatliches Abhören, Frankfurt 2001.

ZIVIER, ERNST: Erosion der Demokratie, in: Butterwegge u. a. (Hrsg.), Herrschaft des Marktes – Abschied vom Staat?, S. 85 ff.

– Der Mythos vom schlanken Staat, in: RuP 1995, S. 64 ff.

ZÖLLER, MARK A.: Informationssysteme und Vorfeldmaßnahmen von Polizei, Staatsanwaltschaft und Nachrichtendiensten, Heidelberg 2002.

– Die Jagd nach den Verbindungsdaten, in: Wolter u. a. (Hrsg.), Festgabe für Hans Hilger, Heidelberg 2003, S. 291 ff.

ZWIEHOFF, GABRIELE (Hrsg.): „Großer Lauschangriff", Baden-Baden 2000.

Teil 2: Befugnisse im Polizei- und Strafprozessrecht

Übersicht

1. **Große Lauschangriffe** 106
    1.1. Repressive Lauschangriffe in der Strafprozessordnung 108
        1.1.1. Verfassungsgerichtliche Vorgaben 108
        1.1.2. Tatbestandliche Voraussetzungen und kritische Würdigung
               der Neuregelung 109
        1.1.3. Ausgewählte strafprozessuale Folgen der verfassungsgerichtlichen
               Maßgaben 121
        1.1.4. Zur Antastbarkeit des unantastbaren Kernbereichs des
               Wohnungsgrundrechts 122
        1.1.5. Bisherige Erfahrungen mit Lauschangriffen im Strafverfahren 124
    1.2. Große Lauschangriffe im Polizeirecht 126
        1.2.1. Gefahrenabwehrende Lauschangriffe 127
        1.2.2. Vorbeugende Lauschangriffe 133
    1.3. Präventive Lauschangriffe zum Zwecke der Strafverfolgung? 137
    1.4. Große Lauschangriffe im Geheimdienstrecht 138

Teil 2: Befugnisse im Polizei- und Strafprozessrecht

1. Große Lauschangriffe

> *Die Missachtung der Privatheit ist das Kennzeichen totalitärer Staaten.*
> **Dr. Burkhard Hirsch**, *Düsseldorf*[1].

> *Wenn aber selbst die persönliche Intimsphäre, manifestiert in den eigenen vier Wänden, kein Tabu mehr ist, vor dem das Sicherheitsbedürfnis Halt zu machen hat, stellt sich auch verfassungsrechtlich die Frage, ob das Menschenbild, das eine solche Vorgehensweise erzeugt, noch einer freiheitlich-rechtsstaatlichen Demokratie entspricht. Umso mehr ist Art. 79 Abs. 3 GG streng und unnachgiebig auszulegen, um heute nicht mehr den Anfängen, sondern einem bitteren Ende zu wehren.*
> *Richterinnen am* **BVerfG Jaeger** *und* **Hohmann-Dennhardt**, *Karlsruhe*[2].

Einleitung Die Einführung des sogenannten großen Lauschangriffs hat die Öffentlichkeit (zu Recht) in hohem Maße beschäftigt. Trotz der z.T. **scharf geäußerten Kritik** aus der Rechtswissenschaft wurde der unter Einschaltung des Vermittlungsausschusses zustande gekommene Entwurf zum Gesetz[3]. Seit dem 1.4.1998 besitzt Artikel 13 des Grundgesetzes eine neue Fassung[4]. Die durch das „Gesetz zur Verbesserung der Bekämpfung der Organisierten Kriminalität" vom 4.5. 1998[5] in die Strafprozessordnung eingeführte Regelung erfuhr durch das Urteil des *BVerfG* vom 3.3.2004[6] wesentliche Einschränkungen (dazu im Folgenden). Die Neuregelung datiert vom 24.6.2005.

Begriffsbestimmungen Bereits der Begriff des **großen Lauschangriffs** weist auf die Existenz eines **kleinen Lauschangriffs** hin. Während mit erstgenanntem das mit technischen Mitteln durchgeführte Abhören und Aufzeichnen des nichtöffentlich gesprochenen Wortes von Beschuldigten in oder aus Wohnungen bezeichnet wird, erfasst die Befugnis zum kleinen Lauschangriff die Erfassung des außerhalb von Wohnungen gesprochenen Wortes[7], vgl. § 100f StPO. Auch für das heimliche Belauschen eines Menschen innerhalb seiner Wohnung im Beisein eines verdeckt ermittelnden Beamten wird die Bezeichnung des

---

1 Vorgänge 3/2001, 368.
2 BVerfGE 109, 279 (391) = NJW 2004, 999 (1022).
3 Zur Gesetzgebungsgeschichte vgl. *Dittrich*, NStZ 1998, 336; eine ausführliche Analyse findet sich bei *Tischer*, System der informationellen Befugnisse der Polizei, S. 196 ff., insbes. 210 ff.
4 BGBl. I, 610 ff.
5 BGBl. I, 845 ff.
6 BVerfGE 109, 279 = NJW 2004, 999 = StV 2004, 169.
7 Vgl. z.B. *Beulke*, Strafprozessrecht, S. 153; HK-*Lemke*, § 100 c Rdnr. 4.

kleinen Lauschangriffs verwendet[8]. Die Lauschangriffe haben schon vom Begriff her gemein, dass sie jeweils die akustische Überwachung (das „Lauschen") erlauben, nicht aber die optische Überwachung[9].

Große Lauschangriffe werden **entweder *in* oder *aus* einer Wohnung** durchgeführt[10]. **„In"** einer Wohnung bedeutet, dass die technischen Mittel zum Lauschen innerhalb der abzuhörenden Wohnung installiert werden. Dazu bedarf es des Betretens der Wohnung durch die Polizei, also unbemerkter Einbrüche[11]. Bis zu drei Mal muss die Polizei dabei im Einzelfall die überwachte Wohnung unbemerkt betreten[12]. **„Aus"** einer Wohnung bedeutet, dass sich die technischen Mittel außerhalb der zu belauschenden Wohnung – also etwa in einem in der Nähe gelegenen Gebäude oder auch in einer Nachbarwohnung – befinden[13].

Durchführung der Lauschangriffe

Im Folgenden wird stets der **Begriff des Lauschangriffs** verwendet wird, nicht etwa die Wendungen von der **akustischen Wohnraumüberwachung**[14], vom **Lausch-Eingriff**[15] oder – technokratisch – gar von der **Aufklärung mit technischen Mitteln in Wohnungen**[16]. Die Begründung für die Wortwahl liegt nicht etwa in Erwägungen der Einfachheit, sondern darin, dass schon durch die Verwendung des Begriffs „großer Lauschangriff" die Bedeutung des Eingriffs in die Grundrechte der Betroffenen betont werden soll. Die aus dem Sprachgebrauch der Geheimdienste stammende Bezeichnung wird entgegen den in neuerer Zeit einsetzenden Beschönigungsversuchen für durchaus treffend gehalten[17]. Abgesehen davon handelt es sich nicht um einen von polizeikritischer Seite absichtsvoll kreierten Begriff[18], sondern um einen dem geheimdienstlichen und ministeriellen Sprachgebrauch entstammenden Terminus, wie *Kutscha* nachgewiesen hat[19].

Zum Begriff des „Lauschangriffs"

---

8   Vgl. dazu z.B. *Eisenberg*, NJW 1993, 1037; *Kretschmer*, Jura 1997, 583; *Pieroth/Schlink/Kniesel*, Polizei- und Ordnungsrecht, S. 275; BT-Drucks. 12/989, S. 12, 39.
9   Das betont auch – über die Gründe mag spekuliert werden – die gesetzgeberische Begründung, BT-Drucks. 13/8651, S. 13.
10 BVerfGE 109, 279 (327) = NJW 2004, 999 (1005) = StV 2004, 169 (174).
11 Diesbezüglich wurden beispielsweise entsprechende Verhandlungen zwischen dem Stuttgarter LKA und der Schloss- und Beschlag-Industrie wegen der Bereitstellung von Nachschlüsseln für alle gängigen Sicherheitsschlösser bekannt, vgl. Der Spiegel 17/1999, S. 50; ausführlich auch *Mozek*, Der „große Lauschangriff", S. 34.
12 Vgl. den Bericht im Spiegel 23/2001, 36.
13 Ausführlicher *Mozek*, Der „große Lauschangriff", S. 35; vgl. auch *Würtenberger/Heckmann*, Polizeirecht, S. 290.
14 *Lorenz*, GA 1997, 51; BT-Drucks. 13/8651, S. 10, 13 und BT-Drucks. 15/4533.
15 So *BGH*, NStZ 1995, 601; *Brodag*, Kriminalistik 1999, 745.
16 *Cassardt*, ZRP 1997, 370, *Knemeyer*, Polizei- und Ordnungsrecht, S. 123.
17 So auch *Mozek*, Der „große Lauschangriff", S. 6 ff.; *Frister*, StV 1996, 454; *Welp*, StV 1994, 164; *Denninger*, StV 1998, 401; vgl. ferner *Roggan*, KJ 1997, 88. Auch der *Sächsische Verfassungsgerichtshof* verwendet für diese Maßnahme den Begriff des „großen Lauschangriffs", *SächsVerfGH*, JZ 1996, 957, Leitsatz 2.
18 Das behauptet etwa *Stümper*, ZRP 1998, 463 („politisch-ideologische Ebene", „ideologische, programmatische Vorverurteilung"); vgl. auch Knemeyer, Polizei- und Ordnungsrecht, S. 123. („Diskreditierung").
19 NJW 1994, 85.

Teil 2: Polizei- und Strafprozessrecht

1.1. Repressive Lauschangriffe in der Strafprozessordnung

Einleitung: Vorgaben des BVerfG

Nachdem die Regelung über den Lauschangriff in der Strafprozessordnung (§ 100c I Nr. 3 StPO a.F.) vom *BVerfG* in wesentlichen Teilen für verfassungswidrig erklärt worden war, verabschiedete der Bundesgesetzgeber die Neuregelung (§ 100c StPO n.F.) mit Gesetz vom 24.6.2005[20]. Im Anschluss an eine Skizzierung der wesentlichen Vorgaben ist der Tatbestand der Neuregelung einer kritischen Analyse zu unterziehen und ausgewählte strafprozessuale Konsequenzen darzustellen. Zur Geschichte des Verfahrens vor dem *BVerfG* einschließlich der Verfassungsbeschwerde sowie dem Fragenkatalog des *BVerfG* und dem auf das Urteil vorgelegten Referentenentwurf ist auf den von *Vormbaum* vorgelegten Band hinzuweisen[21].

1.1.1. Verfassungsgerichtliche Vorgaben

Privatwohnungen als „letztes Refugium"

Kern der viel beachteten[22] Entscheidung des *BVerfG* ist die Festschreibung eines absolut geschützten Kernbereichs des Wohnungsgrundrechts aus Art. 13 I GG: Das **Wohnungsgrundrechts habe einen engen Bezug zur Menschenwürdegarantie** und stehe im nahen Zusammenhang mit dem verfassungsrechtlichen Gebot unbedingter Achtung einer Sphäre des Bürgers für eine ausschließlich private – eine „höchstpersönliche" – Entfaltung. Insbesondere die **Privatwohnung sei als „letztes Refugium"** ein Mittel zur Wahrung der Menschenwürde: „Dies verlangt zwar nicht den absoluten Schutz der Räume der Privatwohnung, wohl aber den absoluten Schutz des Verhaltens in diesen Räumen, soweit es sich als individuelle Entfaltung im Kernbereich privater Lebensgestaltung darstellt"[23].

Räume mit „Sozialbezug

Bei der Bestimmung dieses unantastbaren Kernbereichs war das *Gericht* aufgrund des weit verstandenen Wohnungsbegriffs[24] zu **Differenzierungen zwischen Privatwohnungen und Räumen mit „Sozialbezug"** gezwungen. Dabei wird die Schutzwürdigkeit der jeweiligen Räume vom erforderlichen Schutz der in ihnen stattfindenden sozialen Kontakte her definiert: Die in Räumen mit Sozialbezug geführten Gespräche stünden nicht unter der generellen Vermutung der Vertraulichkeit. Lediglich dann, wenn eine Interaktion den Charakter einer höchstpersönlichen Kommunikation annehme, sei der unantastbare Kernbereich des Grundrechts berührt. In Räumen, die sowohl dem Arbeiten wie auch dem Wohnen dienen, soll die Vermutung einer rein geschäftlichen Nutzung nicht gelten. Große Lauschangriffe in oder aus Privatwohnungen können nach dem Urteil überhaupt nur dann nicht als Eingriff in den Kernbereich des Grundrechts aus Art. 13 I GG gelten, wenn die Polizei *vor* der jeweiligen Maßnahme

---

20 BGBl. I, S. 1841.
21 Der Große Lauschangriff vor dem Bundesverfassungsgericht.
22 *Lepsius*, Jura 2005, 433 u. 586; *Gusy*, JuS 2004, 457 ff.; *Denninger*, ZRP 2004, 101 ff.; *Haas*, NJW 2004, 3082 mit krit Entgegnung *Kutscha*, NJW 2005, 20 ff.; *Geis*, CR 2004, 338 ff.; *Kötter*, DÖV 2005, 225 ff.; *Möllers*, Polizei und Grundrechte, S. 86 ff.; *Müller*, Die Polizei 2004, 257 ff. und die Beiträge in der Lisken-GS.
23 BVerfGE 109, 279 (314) = NJW 2004, 999 (1002) = StV 2004, 169 (170); vgl. auch *Hohmann-Dennhardt*, NJW 2006, 546.
24 Vgl. BVerfGE 80, 367 (374 f.).

über Hinweise darauf verfügt, dass keine kernbereichsrelevanten Gespräche betroffen sein werden[25].

Bei Daten, die unter Verletzung des Kernbereichs des Wohnungsgrundrechts erhoben wurden, ordnet das *BVerfG* ihre Löschung an. Jedwede **Verwendung** solcher absolut geschützten Daten **wird ausgeschlossen**[26]. Die Erkenntnisse sind auch von einer mittelbaren Verwertung, etwa als sog. „Spurenansätze" ausgeschlossen[27]. An § 100 c I Nr. 3 StPO a.F. bemängelte das *BVerfG* insbesondere das Fehlen einer Verpflichtung zur Löschung sowie eine ausdrückliche **Statuierung der Fernwirkung**, mithin das Verbot jedweder weiteren Verwertung bei Verstößen gegen Beweiserhebungsverbote[28].

Verwertungsverbote

Für von Verfassungs wegen geboten hält das *Gericht* eine Verpflichtung der **Kennzeichnung der aus großen Lauschangriffen stammenden Daten**. Der Gesetzgeber habe angesichts einer möglichen weiteren Verwendung der Daten sowohl der datenerhebenden wie auch der datenempfangenden Stelle zur Sicherung der Zweckbindung eine Kennzeichnungspflicht aufzuerlegen[29]. Eine weitere Verwendung kommt etwa in anderen Strafverfahren oder auch bei einer Nutzung im Rahmen von gefahrenabwehrenden Maßnahmen nach Polizeirecht in Betracht.

Kennzeichnungspflichten

Große Lauschangriffe im Rahmen von Strafverfolgung sind nur bei besonders schweren Delikten zulässig. Die akustische Wohnraumüberwachung ist generell unzulässig bei **Katalogtaten**, die im Höchstmaß der Strafe nicht über einen Strafrahmen von 5 Jahren hinausgehen. Bei solchen Straftaten, so das *BVerfG*, sei das Erfordernis einer besonders schweren Straftat (vgl. Art. 13 III GG) nicht gegeben. Deshalb kamen bei der Neuregelung entsprechende Maßnahmen beispielsweise beim Verdacht einer Geldwäsche, Bestechlichkeit oder Bestechung nicht mehr in Betracht.

Katalogtaten der Lauschangriffe

1.1.2. Tatbestandliche Voraussetzungen und kritische Würdigung der Neuregelung

Die seit dem 24.6.2005 geltende Neuregelung[30] des § 100c StPO ist aufgrund der verfassungsgerichtlichen Maßgaben zu einer Norm angewachsen, die in den einschlägigen Textsammlungen mehrere Seiten füllt. Die bisherigen Eingriffsermächtigungen aus § 100c I Nr. 1, II StPO a. F. finden sich mit unverändertem Inhalt nunmehr in § 100f I, III StPO, der § 100c I Nr. 2 i. V. m. § 100d StPO a. F. in § 100f II, III StPO. Nach § 100c I StPO ist das **Abhören** in und das **Aufzeichnen** von Gesprächen in Wohnräumen nunmehr erlaubt, wenn bestimmte Tatsachen den Verdacht begründen, dass jemand eine in Absatz 2 bestimmte Straftat begangen oder in Fällen, in denen der Versuch strafbar ist, zu begehen versucht hat (Nr. 1), die Straftat auch im Einzelfall besonders schwer wiegt

Einleitung: Tatbestand von § 100c Abs. 1

---

25 BVerfGE 109, 279 (319 f.) = NJW 2004, 999 (1003 f.) = StV 2004, 169 (172).
26 BVerfGE 109, 279 (319) = NJW 2004, 999 (1003) = StV 2004, 169 (172).
27 *Meyer-Goßner*, StPO, § 100c Rdnr. 4.
28 BVerfGE 109, 279 (328) = NJW 2004, 999 (1006) = StV 2004, 169 (174).
29 BVerfGE 109, 279 (379) = NJW 2004, 999 (1020) = StV 2004, 169 (188).
30 Vgl. dazu einerseits *Leutheusser-Schnarrenberger*, ZRP 2005, 1 ff. und andererseits *Löffelmann*, NJW 2005, 203 ff. und *Meyer-Wieck*, NJW 2005, 2037 ff.

(Nr. 2), auf Grund tatsächlicher Anhaltspunkte anzunehmen ist, dass durch die Überwachung Äußerungen des Beschuldigten erfasst werden, die für die Erforschung des Sachverhalts oder die Ermittlung des Aufenthaltsorts eines Mitbeschuldigten von Bedeutung sind (Nr. 3) und die Erforschung des Sachverhalts oder die Ermittlung des Aufenthaltsorts eines Mitbeschuldigten auf andere Weise unverhältnismäßig erschwert oder aussichtslos wäre (Nr. 4).

Der von § 100c I Nr. 1 StPO verlangte Verdachtsgrad entspricht demjenigen aus der bisherigen Regelung und ist nach Rechtsprechung des *BVerfG* mit dem Grundgesetz vereinbar[31]. Die bestimmten Tatsachen, die einen Verdacht begründen, stellen in der Rangfolge der Verdachtsgrade einen **einfachen Tatverdacht** dar. Er liegt auf der Verdachts-Skala **oberhalb des Anfangsverdachts**, also der zureichenden tatsächlichen Wahrscheinlichkeit des Vorliegens einer Straftat (§ 152 II StPO) und **unterhalb des hinreichenden Tatverdachts**, der etwa für eine Anklageerhebung nach § 170 I StPO erforderlich ist[32]. Ein noch höherer Verdachtsgrad, nämlich ein dringender, ist für die Verhängung einer Untersuchungshaft (§ 112 StPO) notwendig[33]. Im Unterschied zu den letztgenannten Verdachtsgraden bedeutet ein einfacher Tatverdacht nach herrschender Meinung, dass **Umstände** vorliegen müssen, die nach der Lebenserfahrung – auch der kriminalistischen Erfahrung – **in erheblichem Maß darauf hindeuten, dass jemand eine Tat begangen hat**. Der Verdacht muss durch schlüssiges Tatsachenmaterial bereits ein gewisses Maß an Konkretisierung erreicht haben und von erheblicher Stärke sein. Gerüchte und Gerede sollen nicht ausreichen[34]. Das *BVerfG* spricht in der Lauschangriff-Entscheidung immerhin davon, dass konkrete und in gewissem Umfang **verdichtete Umstände als Tatsachenbasis** für den Tatverdacht vorhanden sein müssen. Dabei kämen nur bereits ermittelte und in Antrag und Anordnung genannte Tatsachen in Betracht. Aufgrund dieser Erkenntnisse müsse eine erhöhte Wahrscheinlichkeit für die Begehung der Katalogtat bestehen[35]. Ob eine entsprechende Umschreibung der tatbestandlichen Anforderungen tatsächlich eine effektive Begrenzungsfunktion erfüllen kann, muss allerdings bezweifelt werden. Denn unabhängig von den verfassungsgerichtlichen Bemühungen um eine Konkretisierung des Verdachtsgrades ist festzustellen, dass der einfache Verdacht eben **keine überwiegende Wahrscheinlichkeit** der Tatbegehung durch den Verdächtigen fordert[36]. Eine griffige Unterscheidung zwischen dem einfachen Anfangsverdacht (§ 152 II StPO) und dem einfachen Tatverdacht fehlt nach wie vor. Denn ohne tatsächliche zureichende Anhaltspunkte darf nicht einmal ein Strafverfahren eingeleitet werden[37]. Selbst dort reichen also bloßes Gerede oder irgendwelche Gerüchte nicht aus. Tatsächlich scheint die Wendung von

1. Verdachtsgrad

---

31 BVerfGE 109, 279 (350 ff.) = NJW 2004, 999 (1012) = StV 2004, 169 (180 f.).
32 BVerfGE 109, 279 (350) = NJW 2004, 999 (1012) = StV 2004, 169 (180).
33 Vgl. dazu statt vieler *Roxin*, Strafverfahrensrecht, S. 309.
34 KK-*Nack*, § 100 a Rdnr. 24; HK-*Lemke*, § 100 a Rdnr. 10; *Meyer-Goßner*, StPO, § 100 a Rdnr. 6; *Lisken* in: Handbuch des Polizeirechts, S. 954; jeweils m.w.N.
35 BVerfGE 109, 279 (350 f.) = NJW 2004, 999 (1012) = StV 2004, 169 (180).
36 *Momsen*, ZRP 1998, 460; *Frister*, StV 1996, 455 und im Anschluss an ihn auch *Krause* in: Hanack-FS, S. 233.
37 *Momsen*, ZRP 1998, 460.

dem **„nicht reichenden Gerede oder Gerüchten"** dennoch eine **wichtige Rolle** für die Abgrenzung des einfachen Verdachts vom Anfangsverdacht zu spielen. Denn alles Konkretere kann damit die Schwelle zum einfachen Tatverdacht überschreiten lassen. Auch die Wendung von der erheblichen Stärke des Tatverdachts bzw. der verdichteten Umstände als Tatsachenbasis verliert seine auf den ersten Blick gewonnene Aussagekraft, wenn berücksichtigt wird, dass diese Verdachtsstärke eben nicht eine überwiegende Wahrscheinlichkeit der Tatbegehung impliziert. Festzustellen ist deshalb, dass weder die Formulierung vom **„gewissen Maß an Konkretisierung"** in der Kommentierung zu § 100 a StPO[38] noch eine **konkretisierte Verdachtslage**, wie sie das *BVerfG* beschreibt[39], **hinreichend aussagekräftig** ist[40]. Selbst wenn der lediglich einfache Tatverdacht als tatbestandliche Schwelle für große Lauschangriffe keinen Verstoß gegen Verfassungsrecht begründet[41], so ist er dennoch **nicht als eine restriktive Begrenzung** für gegenständliche Ermittlungshandlungen zu verstehen[42].

Aus § 100c I Nr. 2 StPO ergibt sich, dass es sich bei der **Anlasstat nicht nur abstrakt um ein besonders schweres Delikt** (vgl. Art. 13 III GG) handeln muss, sondern dass die Tat auch im konkreten Fall ein entsprechendes Gewicht aufweisen muss[43]. Bei einzelnen Katalogtaten ist der erforderliche Schweregrad bereits durch das verletzte oder bedrohte Rechtsgut indiziert, bei vorsätzlichen Tötungsdelikten bedarf es insoweit keiner näheren Begründung. Bei anderen Delikten müssen über den Straftatverdacht hinaus Anhaltspunkte für die Schwere der Tat hinzutreten. Das können nach Rechtsprechung des *BVerfG* etwa die Folgen der Tat für betroffene Rechtsgüter, die Schutzwürdigkeit eines verletzten Rechtsguts und das Hinzutreten besonderer Umstände, etwa die organisierte Begehungsweise oder die faktische Verzahnung mit anderen Katalogtaten sein[44].

2. Schwere der Straftat

Als dritte materielle Tatbestandsvoraussetzung beschreibt § 100c I Nr. 3 StPO die sich aus den Karlsruher Maßgaben ergebende Konsequenz, dass die Überwachungsmaßnahmen überhaupt nur dann verfassungsrechtlich zu rechtfertigen sind, wenn sie von vornherein ausschließlich auf Gespräche des Verdächtigen gerichtet sind. Nur dann kann angenommen werden, dass diese Kommunikationen einen hinreichenden Bezug zur verfolgten Straftat aufweisen[45]. Daraus ist der Schluss zu ziehen, dass sich **der Beschuldigte in der Regel aktuell in den zu überwachenden Räumlichkeiten** aufhalten und an den zu überwachenden Gesprächen teilnehmen muss. Fraglich ist aber, ob damit auch solche Äußerungen eines Beschuldigten erfasst werden dürfen, die die-

---

38 Nach gesetzgeberischer Vorstellung sollen dessen Anforderungen an den Verdachtsgrad auf die des großen Lauschangriffs übertragen werden.
39 BVerfGE 109, 279, (350) = NJW 2004, 999 (1012) = StV 2004, 169 (180).
40 *Mozek*, Der „große Lauschangriff", S. 38; *Frister*, StV 1996, 455; dass weder Rechtsprechung noch Literatur es bislang vermocht haben, diesen Verdachtsgrad einer befriedigenden definitorischen Klärung zuzuführen konstatiert auch *Krause*, in: Hanack-FS, S. 233.
41 BVerfGE 109, 279 (351 f.) = NJW 2004, 999 (1012) = StV 2004, 169 (180).
42 *Hansen*, KJ 1999, 246; *Frister*, StV 1996, 455.
43 BVerfGE 109, 279 (346) und 107, 299 (322).
44 BVerfGE 109, 279 (346 f.); vgl. auch BT-Drucks. 15/4533, S. 12.
45 BVerfGE 109, 279 (355) = NJW 2004, 999 (1013) = StV 2004, 169 (181).

ser außerhalb einer Gesprächssituation tätigt. Das Abhören und Aufzeichnen – so jedenfalls die Gesetzesbegründung – sei auch bei Äußerungen monologischer Art – beispielsweise in Form von Spontanäußerungen – zulässig, wenn diese Bekundungen für die Wahrheitsermittlung oder die Ermittlung des Aufenthaltsortes einer in diesem Verfahren mitbeschuldigten Person geeignet und erforderlich seien[46]. Sofern die Begründung damit den Eindruck erweckt, dass auch **Selbstgespräche** („Äußerungen monologischer Art") von Lauschangriffen betroffen sein dürfen, ist dem zu widersprechen[47]. Dagegen spricht schon die Regelung des § 100c IV S. 3 StPO, die zwischen „Gesprächen" über begangene Straftaten und „Äußerungen", mittels derer Straftaten begangen werden, differenziert. Daraus zieht der *BGH* richtig den Gegenschluss, dass „Gespräch" nur solche Äußerungen – wenigstens im Zwiegespräch – meint, die dazu bestimmt sind, von anderen zur Kenntnis genommen zu werden[48]. Selbst die Gesetzesbegründung sagt an anderer Stelle, dass Äußerungen, die nicht dazu bestimmt sind, von anderen zur Kenntnis genommen zu werden, wie etwa unbewusst artikulierte Äußerungen, dem absoluten Kernbereich privater Lebensgestaltung unterfallen[49]. Vor diesem Hintergrund ist die zitierte, anders lautende Behauptung unverständlich: Für Äußerungen monologischer Art außerhalb von Gesprächssituationen, etwa in Form von Spontanäußerungen, gelten grundsätzlich Überwachungsverbote, weil sie höchstpersönlichen Charakters sind und von sich heraus die Sphäre anderer oder der Gemeinschaft nicht berühren[50].

Bei der **Subsidiaritätsklausel** in § 100c I Nr. 4 StPO ist bei der Neuregelung anzuerkennen, dass der Begriff des „Täters" fallen gelassen wurde, nunmehr ist vom „(Mit)- Beschuldigten" die Rede[51]. Zugleich wird klargestellt, dass der Einsatz der Maßnahme auch zur Ermittlung des Aufenthaltsorts eines Mitbeschuldigten zulässig ist[52]. Im Übrigen wurde die bisherige Rechtslage aus § 100c I Nr. 3 StPO a. F. beibehalten. Verwandt wird in § 100c I Nr. 4 StPO die aus anderen Eingriffsbefugnissen bekannte **Subsidiaritätsklausel**[53] von der unverhältnismäßigen Erschwerung oder Aussichtslosigkeit der anderweitigen Sachverhalts- oder Aufenthaltsermittlung. Auch diesbezüglich stellt sich die Frage, ob durch diese Definition der Subsidiaritätsanforderungen eine effektive Begrenzung der Lauschangriffe erreicht wird[54].

Eine unverhältnismäßige Erschwerung der Ermittlungen wurde nach gängiger Definition angenommen, wenn andere Aufklärungsmittel zu einem **unvertretbaren Arbeitsaufwand** führen würden und dies seinerseits **mit der Vernachlässigung anderer**

---

46 BT-Drucks. 15/4533, S. 12.
47 *Hirsch*, in: Lisken-GS, S. 90 f.
48 *BGH*, NStZ 2005, 700 = StV 2005, 591 (593) m zust. Anm. *Lindemann/Reichling*, StV 2005, 651 f.
49 BT-Drucks. 15/4533, S. 14.
50 *BGH*, StV 2005, 591 (593) = NStZ 2005, 700 (701) mit zust. Anm. *Ellbogen*, NStZ 2006, 179 ff.
51 Zur bisherigen Verwendung des Begriffs des „Täters" im Ermittlungsverfahren, in dem es lediglich „Verdächtige" geben kann, zu Recht sehr kritisch *Bernsmann/Jansen*, StV 1998, 217 und *Zaczyk*, StV 1993, 491; allgemein zur Unschuldsvermutung vgl. auch *Roxin*, Strafverfahrensrecht, S. 75.
52 BT-Drucks. 15/4533, S. 13.
53 Vgl. etwa § 100 a S.1 a. E. StPO.
54 *Frister*, StV 1996, 455.

Ermittlungsverfahren verbunden wäre. Dabei – so das bisherige Verständnis – konnte der größere Arbeitsaufwand die Maßnahme aber nur dann rechtfertigen, wenn er so umfangreich gewesen wäre, dass die Strafverfolgungsinteressen eindeutig überwogen. Allein Kostengründe allein hätten den großen Lauschangriff auf Wohnungen also nicht rechtfertigen können[55]. Das hat bedeutet, dass es auf die Darlegungen der Strafverfolgungsbehörden, also insbesondere der Polizei als die die strafverfolgenden Maßnahmen durchführende Behörde ankäme, ob im Fall der Nicht-Anordnung eines großen Lauschangriffs eine solche Beeinträchtigung von anderen Ermittlungen zu befürchten ist oder eben nicht. Es sind angesichts dieser Interpretation Zweifel geäußert worden, ob ein derart dehnbares Merkmal den Lauschangriff tatsächlich als letztes Mittel der Strafverfolger erscheinen lässt[56].

Einem solchen Verständnis ist das *BVerfG* im Lauschangriffurteil allerdings entgegengetreten: Gegenüber anderen Subsidiaritätsklauseln komme eine **Rangfolge** zum Ausdruck, in der der große Lauschangriff als letztes Mittel gekennzeichnet sei. Bis zum Grade der Unverhältnismäßigkeit seien Erschwernisse der Ermittlungsarbeit hinzunehmen. In Bezug auf das Merkmal der Aussichtslosigkeit stellt das Gericht fest, dass diese Subsidiaritätsanforderung auch von anderen Beweiserhebungsmethoden (Telekommunikationsüberwachung, Einsatz verdeckter Ermittler) verlangt werde. Bei wortgetreuer Auslegung könnte folglich von einem Ringverweis zwischen denjenigen Normen auszugehen sein, die ebenfalls die Aussichtslosigkeit anderer Ermittlungsmaßnahmen als Subsidiaritätsmerkmal enthalten. Das gegenüber den anderen Datenerhebungsmethoden **besondere Gewicht der Subsidiaritätsvoraussetzungen** ergebe sich im Fall des Lauschangriffs aber aus seiner grundgesetzlichen Verankerung[57]. Damit ist der Lauschangriff im Verhältnis zu anderen Datenerhebungen als letztes Mittel aufzufassen. Dieser Charakter muss sich gegebenenfalls aus einer Anordnung ausdrücklich ergeben[58]. Eine formelhafte Begründung der Subsidiaritätsanforderungen macht den Beschluss folglich rechtswidrig.

Rangfolge von Ermittlungsbefugnissen

In Absatz 2 der Vorschrift finden sich **enumerativ** aufgeführte Straftaten (**Katalogtaten**), zu deren Aufklärung die Maßnahme eingesetzt werden darf. Die Normen entsprechen sämtlich dem vom *BVerfG* geforderten Strafrahmen, sie entsprechen damit der von Art. 13 III GG geforderten Qualität als besonders schwere Straftaten. Dennoch verdient eine Vorschrift nähere Betrachtung, die durch die Lauschangriffentscheidung zunächst aus dem Straftatenkatalog heraus gefallen war und erst durch die Anhebung der angedrohten Höchststrafe wieder zum Anlass von Lauschaktionen werden konnte: **§ 129 IV StGB** war zunächst keine Katalogtat und wurde erst auf Empfehlung des Vermitt-

Katalogtaten der Neuregelung (Abs. 2)

---

55 LR-*Schäfer*, § 100 a Rdnr. 13; KK-*Nack*, § 100 a Rdnr. 25; *Meyer-Goßner*, StPO, § 100 a Rdnr. 7; HK-*Lemke*, § 100 a Rdnr. 11; ausführlich zur Subsidiaritätsklausel auch *Binder*, Einsatz technischer Mittel, S. 33 f.
56 SK-StPO-*Rudolphi/Wolter* (Stand: 2001), § 100c Rdnr. 21.
57 BVerfGE 109, 279 (342 f.) = NJW 2004, 999 (1009 f.) = StV 2004, 169 (178).; vgl. auch *BVerfG*, NJW 2005, 2612.
58 BVerfGE 109, 279 (360) = NJW 2004, 999 (1014) = StV 2004, 169 (183).

lungsausschusses nach dessen Anrufung durch den Bundesrat[59] in § 100c II Nr. 1b StPO aufgenommen[60]. Allerdings hatte der Bundesrat die pauschale Anhebung des Strafrahmens des § 129 Abs. 4 StGB auf 10 Jahre gefordert[61]. Dies hätte zur Ermöglichung des großen Lauschangriffs beim (einfachen) Tatverdacht eines besonders schweren Falls der Mitgliedschaft einer beliebigen kriminellen Vereinigung (§ 129 Abs. 1 StGB) geführt. Demgegenüber sieht die Neuregelung des § 129 IV StGB (vgl. den Beschluss des Vermittlungsausschusses) eine Qualifikation des besonders schweren Falls der Mitgliedschaft in dieser Vereinigung vor[62]. Sie soll dann gegeben sein, wenn die Zwecke oder die Tätigkeit der Vereinigung auf einzeln bestimmte Straftaten gerichtet ist. Insoweit verweist die Vorschrift auf Katalogtaten in § 100 c Abs. 2 StPO. Letztgenannte Verweisungstechnik ist ungewöhnlich, denn der Tatbestand des materiellen Strafrechts bezieht sich auf eine Ermächtigung aus dem formellen Strafrecht. Eine solche Regelungstechnik war bislang nur aus dem Polizeirecht bekannt. Allerdings wird auf diese Weise die Möglichkeit einer die Verfassungsmäßigkeit der Lauschermächtigung in Frage stellende Änderung des materiellen Strafrechts verhindert. Dies freilich geschieht um den Preis einer mit dem Grundsatz der Normenklarheit nur schwer zu vereinbarenden Regelung. Überdies ist die Norm des § 129 Abs. 1 StGB als Grundtatbestand[63] auch weiterhin Ansatzpunkt notwendiger Kritik. Denn mit ihm wird eine **Strafbarkeit weit im Vorfeld einer Tatbegehung** unter Strafe gestellt[64]. Dieser Umstand ist in der Vergangenheit wiederholt als ein Verstoß gegen den Grundsatz des Tatstrafrechts bezeichnet worden[65]. Er knüpft an eine tatsächliche oder vermutete Gefährlichkeit von Personen an und gehört daher zum Bereich des nach dem Ende des dritten Reiches weitgehend abgeschafften Täterstrafrechts. Nur am Rande sei an dieser Stelle angemerkt, dass die bloße Existenz entsprechender Normen, zu denen auch die §§ 129a und b StGB gehören, *Jakobs* zur Konstruktion eines „Feindstrafrechts" veranlasst hat[66]. Schließlich ist nach wie vor in Frage zu stellen, dass der Unrechtsgehalt des Organisationsdelikts demjenigen der tatsächlich verwirklichten/nachweisbaren Straftaten entspricht.

Zielpersonen der Lauschangriffe (Abs. 3)

§ 100c III StPO regelt, welche **(Ziel-)Personen von Lauschangriffen** betroffen werden dürfen und in welchen Räumlichkeiten diese zulässig sind. Grundsätzlich dürfen nach Satz 1 dieser Vorschrift nur Beschuldigte/Verdächtige betroffen sein. Jedoch erlaubt Satz 2 die Maßnahmen unter einschränkenden Voraussetzungen auch in Wohnungen anderer Personen. Insoweit müssen u. a. bestimmte Tatsachen die Annahme rechtfertigen, dass dort Gespräche, an denen der Verdächtige teilnimmt, erfasst werden können. Unabhängig vom Ort einer durchgeführten Maßnahme gilt grundsätzlich, dass die erlangten Erkenntnisse als Beweismittel gegen alle einer Katalogtat mitbeschuldig-

---

59 BR-Drucks. 359/05; BT-Drucks. 15/5621.
60 BT-Drucks. 15/5737.
61 BR-Drucks. 359/05, S. 2 e. E.
62 BGBl. I, 1846.
63 Zur praktischen Bedeutung der Vorschrift *Tröndle/Fischer*, StGB, § 129 Rdnr. 4.
64 MünchKommStGB/*Miebach/Schäfer*, § 129 Rdnr. 1.
65 Vgl. zur Kritik etwa *Cobler*, KJ 1984, 407 ff.
66 HRRS 2004, Heft 3, 88 (insbes. 92), erstmals hatte *Jakobs* den Begriff im Jahre 1985 zur Diskussion gestellt, ZStW 97 (1985), 753 ff.

ten Personen genutzt werden können. Die Maßnahme soll sogar gegen einen Beschuldigten gerichtet werden dürfen, allein um Beweismittel gegen einen Mitbeschuldigten (im selben Verfahren) zu erlangen[67]. Das erscheint konsequent, weil es sich hier um ein „Minus" im Verhältnis zur Durchführung eines Lauschangriffs in der Wohnung eines Unverdächtigen handelt.

Die **Betroffenheit von Unverdächtigen** ist entgegen der beschönigend wirkenden Formulierung in § 100c III S. 3 StPO keine Ausnahme bei großen Lauschangriffen, sondern gehört **zum unvermeidlichen Konzept** (auch) dieser Ermittlungsmethode. Denn es sind neben Mitbeschuldigten insbesondere (und in der Mehrzahl) Unbeteiligte, die – auch in der Wohnung des Beschuldigten – von heimlichen Datenerhebungen betroffen werden. Naturgemäß macht der große Lauschangriff ja auch nur dann einen Sinn, wenn Gespräche zwischen verschiedenen Menschen aufgenommen werden können. Unterhaltungen, auch in „verdächtigen" Wohnungen, werden eben nicht nur unter Mit-Beschuldigten geführt, die ihrerseits als Verdächtige von einem großen Lauschangriff betroffen sein könnten. Als Gesprächspartner kommt vielmehr grundsätzlich jedermann in Betracht, der Kontakt mit einem Beschuldigten pflegt[68]. Dabei gilt nach dem Urteil des *BVerfG* vom 3.3.2004[69] folgendes Prinzip: Je enger der Kontakt einer dritten Person mit der Zielperson ist, desto geringer ist das Risiko, Opfer eines Lauschangriffs zu werden. Anders gewendet: Je flüchtiger ein Kontakt ist, desto wahrscheinlicher wird dies. Das bedeutet, dass es zum Konzept des großen Lauschangriffs nicht nur gehört, dass **Unbeteiligte belauscht** werden[70]. Vielmehr steigt die Wahrscheinlichkeit ihrer Betroffenheit mit der Flüchtigkeit eines Kontakts. Diese Kontaktpersonen dienen quasi als **Medium**, um ermittlungsdienliche Äußerungen des Beschuldigten, bewusst oder unbewusst, überhaupt erst herbeizuführen. Damit kann letztendlich jeder unverdächtige Mensch von unbemerkten staatlichen Datenerhebungen in Wohnungen betroffen sein[71].

Die weiteren **materiellen Voraussetzungen der Anordnung** hinsichtlich des verfassungsgerichtlich angeordneten Kernbereichsschutzes werden in § 100c IV StPO bestimmt. Insbesondere wird der Ausschluss bestimmter Räumlichkeiten und bestimmter Gesprächskontakte der Beschuldigten von der Überwachung geregelt (Überwachungsverbote). Die Maßnahmen dürfen nur dann angeordnet werden, soweit auf Grund tatsächlicher Anhaltspunkte anzunehmen ist, dass der Kernbereich nicht betroffen sein wird. **Betriebs- und Geschäftsräume** sollen regelmäßig **nicht als räumliche Ausprägung** des Kernbereichs privater Lebensgestaltung gelten (Satz 2). Dieselbe Regelvermutung betrifft in inhaltlicher Hinsicht **Kommunikationen über begangene Straftaten** und Äußerungen, durch die Straftaten begangen werden (Satz 3).

---

67 BT-Drucks. 15/4533, S. 13.
68 Ebenso *Lepsius*, Jura 2005, 435.
69 Siehe oben den Abschnitt 1.1.3.
70 BVerfGE 109, 279 (354); allgemein mit Blick auf heimliche Ermittlungsmethoden *Rzepka*, KritV 1999, 320.
71 Vgl. dazu auch *Bechthold* in: Grundrechte-Report 1998, S. 155.

Ungeschützte Privatwohnungen?

Nach diesen Vorgaben gelten **Privatwohnungen**, selbst wenn sie im Gesetzestext keine ausdrückliche Erwähnung finden, nur grundsätzlich als solche Räumlichkeiten, in denen Kommunikationen höchstpersönlichen Inhalts stattfinden. Sie sind daher nach der Gesetzesbegründung auch nur grundsätzlich von einer Überwachung ausgeschlossen[72]. Die Formulierung in Satz 1 lässt diese Regelvermutung der Unantastbarkeit von in Privatwohnungen geführten Kommunikationen denn auch ins Wanken geraten: Schon tatsächliche Anhaltspunkte für Gespräche mit „kriminellem Bezug" sollen diese Regelvermutung entfallen lassen können. Klare Maßstäbe für die Art der Räume oder das Verhältnis der zu überwachenden Personen liefert die Regelung nicht. Schon aus Gründen der Normenklarheit begegnet diese Vorschrift daher verfassungsrechtlichen Bedenken[73]. Sie wäre aber auch dann als verfassungswidrig anzugreifen, wenn diese Vorgaben der Regelung zu entnehmen wären. Denn das *BVerfG* ordnet beim Vorliegen einer durch äußere Umstände gestützten und nicht widerlegbaren Vermutung der Kernbereichsbetroffenheit ein kategorisches – und damit auch nicht durch Anhaltspunkte widerlegbares – Beweiserhebungsverbot an[74]. Das gilt selbst angesichts der Möglichkeit (des Risikos), dass den Strafverfolgungsbehörden dadurch strafverfahrensrelevante Informationen vorenthalten bleiben. Es gilt unter den genannten Voraussetzungen auch dann, wenn die voraussichtlich zu erfassenden Gespräche nur teilweise den Kernbereich des Wohnungsgrundrechts berühren[75]. Damit kann eine auf tatsächlichen Anhaltspunkten beruhende Annahme, dass in den zu überwachenden Räumlichkeiten auch nicht-kernbereichsrelevante Gespräche geführt werden, nicht dazu führen, dass das absolute Überwachungsverbot von bestimmten Räumen entfällt. Die Regelung des § 100c IV S. 1 StPO kommt damit einem absichtsvollen Risiko, eben auch kernbereichsrelevante Kommunikationen zu erfassen, gleich[76]. Das lässt sich mit den verfassungsgerichtlichen Vorgaben nicht vereinbaren (vgl. unten die Ausführungen unter 1.1.4.).

Abbruch- und Löschungsgebote (Abs. 5)

§ 100c V StPO regelt sowohl **Überwachungsabbruch- und Löschungsgebote** als auch **Verwertungsverbote** und **Dokumentationspflichten**. Letztere beziehen sich auf die Erfassung von absolut geschützten Kommunikationen und ihre unverzügliche Löschung. Satz 5 dieses Absatzes erlaubt die **Fortführung der Überwachung** nach erfolgter Unterbrechung, wenn tatsächliche Anhaltspunkte dafür sprechen, dass der Kernbereich privater Lebensgestaltung nicht mehr betroffen sein wird. In entsprechenden Zweifelsfällen ist durch die Staatsanwaltschaft eine richterliche Entscheidung herbeizuführen (Satz 6).

Insbesondere letztgenannte Anordnung verdient eine kritische Würdigung. Denn es ist zu fragen, ob das Gesetz in hinreichendem Maße die Beteiligung des anordnenden Gerichts sicherstellt. Das *BVerfG* sieht im Lauschangriffurteil ausdrücklich vor, dass

---

[72] BT-Drucks. 15/4533, S. 14; vgl. auch *Hellmann*, Strafprozessrecht, S. 132.
[73] *Hirsch*, in: Lisken-GS, S. 90 f.
[74] BVerfGE 109, 279 (329) = NJW 2004, 999 (1006) = StV 2004, 169 (175).
[75] Ebenso *Leutheusser-Schnarrenberger*, ZRP 2005, 1 f.; *Weßlau*, in: Lisken-GS, S. 53; *Bergemann*, in: Lisken-GS, S. 77; **a. A.** *Löffelmann*, NJW 2005, 2034.
[76] Zu Recht sehr krit. *Leutheusser-Schnarrenberger*, ZRP 2005, 2 f.

der durch die Maßnahme entstandene Datenträger vor seiner Verwertung grundsätzlich zunächst von einer „unabhängigen Stelle", etwa dem anordnenden Gericht, geprüft und auf seine Verwertbarkeit hin überprüft werden muss[77]. Diese Maßgabe soll sicherstellen, dass keine Erkenntnisse zur Verwertung gelangen, die unter Verletzung des Kernbereichs privater Lebensgestaltung erlangt wurden. Die Regelung des § 100c V S. 6 StPO, auch in Verbindung mit § 100 VII StPO, beschränkt die Befassung des Gerichts nun auf die Dauer der Durchführung der Maßnahme, nicht aber auf den Zeitraum nach ihrer Beendigung. Die Entscheidung über eine Verwertbarkeit wird auf Fälle der Unterbrechung des Lauschangriffs beschränkt. Eine nachträgliche Befassung des Gerichts im vom *BVerfG* verlangten Sinne kennt die Neuregelung überhaupt nicht. Das genügt der Maßgabe, dass das anordnende Gericht vor jeder Verwertung der Erkenntnisse das anordnende Gericht anzurufen hat, nicht. Auch insofern ist die Neuregelung mit den verfassungsgerichtlichen Maßgaben nicht vereinbar[78].

<small>Unzureichende Beteiligung des Gerichts</small>

Berufsgeheimnisträger nach § 53 StPO dürfen nach § 100c VI StPO nicht von Lauschangriffen betroffen werden. Das entsprechende **Überwachungsverbot** wird wie bei räumlichen und inhaltlich begründeten Ausschlüssen von Abbruch-, Löschungs- und Dokumentationsgeboten flankiert (§ 100c V StPO). Bei Angehörigen, die nach § 52 StPO zur Zeugnisverweigerung berechtigt sind, und bei Berufshelfern (§ 53a StPO) gilt ein **relatives Beweisverwertungsverbot**, das demjenigen des bislang geltenden § 100d III 3 StPO entspricht. Der Einbruch in das Vertrauensverhältnis darf insoweit nicht unverhältnismäßig sein im Verhältnis zum Interesse an der Erforschung des Sachverhalts oder der Ermittlung des Aufenthaltsorts eines Beschuldigten (Satz 2). Diese Überwachungs- und Verwertungsverbote gelten nicht, wenn die Zeugnisverweigerungsberechtigten selber einer Tatbeteiligung, Begünstigung, Strafvereitelung oder Hehlerei verdächtig sind (Satz 3).

<small>Betroffenheit von Personen nach §§ 52 ff. StPO</small>

Die Erstreckung der Beweiserhebungsverbote auf alle **Berufsgeheimnisträger** war im Referentenentwurf eines „Gesetzes zur Umsetzung des Urteils des *BVerfG* vom 3.3.2004 (akustische Wohnraumüberwachung)"[79] noch nicht enthalten und wurde erst nach heftigen öffentlichen Protesten auch in der Neuregelung erhalten[80]. Sie entspricht nunmehr § 100d III S. 1 StPO a. F.[81]

<small>Insbesondere: Berufsgeheimnisträger</small>

Der weitestgehend neu gefasste § 100d StPO regelt die formellen **Einzelheiten der Anordnung** der Lauschangriffe. Absatz 1 entspricht den alten Absätzen 2 und 4 der Vorschrift. Während die Anordnungen der Lauschangriffe bis zur Neuregelung am 24.6.2005 auf 4 Wochen befristet waren, gilt nun eine Monatsfrist. Neu ist auch, dass nach einer insgesamt sechsmonatigen Anordnung die Verlängerung der Maßnahme nur noch vom zuständigen Oberlandesgericht beschlossen werden kann (§ 100d I 6 StPO).

<small>Richterliche Anordnung (§ 100d)</small>

Im Gegensatz zur bislang geltenden Fassung (§ 100d II 1 StPO a. F.) ist die Bildung einer eigenen, für die Anordnung von Lauschangriffen zuständigen **Kammer beim zu-**

---

77 BVerfGE 109, 279 (334) = NJW 2004, 999 (1008) = StV 2004, 169 (176).
78 *Hirsch*, in: Lisken-GS, S. 94.
79 Abgedruckt in: Der Große Lauschangriff vor dem Bundesverfassungsgericht.
80 Vgl. dazu *Löffelmann*, NJW 2005, 2035; *Hirsch*, in: Lisken-GS, S. 92.
81 BT-Drucks. 15/4533, S. 15.

Teil 2: Polizei- und Strafprozessrecht

Zuständigkeit der Strafkammer

ständigen Landgericht, die im Übrigen nicht mit Hauptverhandlungen in Strafsachen befasst ist, notwendig, um die vom *BVerfG* angegriffenen Friktionen bei der Inanspruchnahme von Rechtsschutz durch die Betroffenen zu vermeiden[82]. Das *BVerfG* hatte angeordnet, dass das in der Hauptsache erkennende Gericht, wenn der Angeklagte von der Durchführung der Maßnahme nicht unterrichtet wurde, nicht über die Zurückstellung der Benachrichtigung oder Anträge auf nachträglichen Rechtsschutz entscheiden kann[83]. Richtigerweise stellt die Gesetzesbegründung fest, dass das erkennende Gericht nicht über Informationen verfügen darf, die dem Beschuldigten nicht bekannt sind, weil er noch nicht benachrichtigt wurde. Über die Anordnung der Lauschangriffe, die Zurückstellung einer Benachrichtigung und etwaige Anträge des oder der Betroffenen muss daher ein solcher Spruchkörper entscheiden, der nicht mit Strafsachen befasst ist, in denen es zur Anordnung von Lauschangriffen gekommen sein kann[84]. Dies sieht § 74a IV GVG nunmehr ausdrücklich vor. Hinsichtlich der Zuständigkeit des nach § 100d I 6 StPO für die über sechs Monate hinausreichende Verlängerung eines Lauschangriffs zuständigen Senats gelten dieselben Überlegungen wie für die Bildung der anordnenden Kammer[85]. Ob es sich bei einer derartigen Dauer allerdings noch um einen verhältnismäßigen Grundrechtseingriff handeln kann, muss nachdrücklich bezweifelt werden. Denn wenn nach entsprechend dauerhaften Ermittlungen immer noch kein Ermittlungserfolg, der eine Beendigung der Maßnahme erfordern würde, eingetreten ist, so wird sich kaum jemals begründen lassen, weshalb sich ein solcher Erfolg in der Folgezeit einstellen werde. Die bisherigen Erfahrungen mit Lauschangriffen zeigen denn auch, dass der Durchschnitt der Dauer der Maßnahmen bei nur 27,2 Tagen[86], folglich nicht einmal der in § 100d I 4 StPO genannten Dauer, liegt. Abhörmaßnahmen von mehr als 70 Tagen sind nur aus 7 % der bislang untersuchten Fälle bekannt[87]. Ob jemals ein Lauschangriff nur länger als drei Monate durchgeführt wurde, ist nicht bekannt. Dieser Umstand legt jedenfalls nahe, dass es für **sechsmonatige Lauschangriffe keinen erkennbaren Anwendungsbereich** gibt.

Begründungsanforderungen

Die Absätze 2 und 3 des § 100d StPO konkretisieren den Inhalt der richterlichen Beschlüsse und statuieren Begründungsanforderungen im Hinblick auf bestimmte Tatbestandsmerkmale. Durch die dezidierten notwendigen Angaben sollen die entscheidenden Gerichte angehalten werden, die maßgeblichen Gesichtspunkte im Anordnungsbeschluss transparent und nachvollziehbar zum Ausdruck zu bringen. Bei den entsprechenden Anordnungen handelt es sich um eine unabdingbare Voraussetzung für eine (nachträgliche) **Überprüfbarkeit der gerichtlichen Anordnung**; sie entspricht nicht nur einer Vorgabe aus dem Lauschangriffurteil[88], sondern folgt aus einer inzwi-

---

[82] BT-Drucks. 15/4533, S. 16.
[83] BVerfGE 109, 279 (370) = NJW 2004, 999 (1017) = StV 2004, 169 (185 f.).
[84] BT-Drucks. 15/4533, S. 20.
[85] BT-Drucks. 15/4533, S. 16.
[86] So die Zahlen von *Meyer-Wieck*, Rechtswirklichkeit, S. 32.
[87] *Meyer-Wieck*, Rechtswirklichkeit, S. 33.
[88] BVerfGE 109, 279 (358 ff.) = NJW 2004, 999 (1014 f.) = StV 2004, 169 (183 f.).

schen langjährigen verfassungsgerichtlichen Rechtsprechung zu diesem prozessualen Kontrollmechanismus (vorbeugender/präventiver Grundrechtsschutz)[89].

§ 100d IV StPO sieht eine **Erfolgskontrolle** durch das anordnende Gericht (vgl. § 74 a IV GVG) vor. Die Staatsanwaltschaft hat damit fortlaufend eine Evaluation der Abhörmaßnahmen durchzuführen und die Kammer in die Lage zu versetzen, das weitere Vorliegen der Voraussetzungen für den Lauschangriff überprüfen zu können. Sollte bei Wegfall der Voraussetzungen nicht schon die Staatsanwaltschaft den Abbruch der Maßnahme angeordnet haben, so ist hierfür grundsätzlich die Kammer zuständig. Für die Anordnung des Abbruchs der Abhörmaßnahmen reicht ggf. auch die Anordnung des Vorsitzenden.

<small>Erfolgskontrollen</small>

Im Gegensatz zu einer **Unterbrechung** eines Lauschangriffs auf Veranlassung der Strafverfolgungsbehörden (§ 100c V StPO) kann nach einem Abbruch der Maßnahme diese nicht ohne neuen Anordnungsbeschluss fortgesetzt werden. Von einem **Überwachungsabbruch** ist beispielsweise dann auszugehen, wenn der Lauschangriff mehrfach unterbrochen werden musste, etwa weil die Gefahr des Antastens des Kernbereichs privater Lebensgestaltung bestanden hat[90]. Dann dürfte in aller Regel davon auszugehen sein, dass auch zukünftig die Verletzung dieses Kernbereichs zu befürchten ist. Dies lässt die Anordnungsvoraussetzungen entfallen und kann die erneute Überwachung nur dann rechtfertigen, wenn die Vermutung der räumlichen Zugehörigkeit zugunsten einer bestimmten Wohnung erneut als widerlegt betrachtet werden kann.

<small>Folgen eines Überwachungsabbruchs</small>

Die **Löschungsverpflichtung** bezüglich nicht mehr benötigter Daten aus Lauschangriffen ergibt sich aus § 100d V StPO. Dabei besteht so lange ein Vernichtungsverbot, wie die Möglichkeit einer Überprüfung der Maßnahme im Wege des nachträglichen Rechtsschutzes besteht (zu den entsprechenden Einzelheiten vgl. § 100d X StPO). Für den Fall einer Zurückstellung der Datenvernichtung aus Gründen des Rechtsschutzes sieht Absatz 5 Satz 3 explizit eine Sperrregelung für die Verwendung der Daten vor. Die Vorschrift ist an § 6 I 5 G10 angelehnt[91].

<small>Löschungspflichten</small>

Entsprechend der verfassungsgerichtlichen Vorgaben enthält die Neuregelung weitere **Verwendungsbeschränkungen**. § 100d VI StPO enthält die Vorgaben, zu welchen Zwecken die personenbezogenen Informationen an andere Behörden weitergegeben werden dürfen. Das ist namentlich der Fall bei der Aufklärung von Katalogtaten im Sinne des § 100c II StPO. Aber auch zu Zwecken der Gefahrenabwehr dürfen die Informationen verwandt werden. § 100d VI Nr. 2 StPO nennt neben der Abwehr einer im einzelnen Fall bestehenden Lebensgefahr oder einer dringenden Gefahr für Leib oder Freiheit einer Person auch Gefahren für Gegenstände von bedeutendem Wert, die entweder für der Versorgung der Bevölkerung dienen, von kulturell herausragendem Wert oder als Bauwerke in § 305 StGB genannt sind. Schließlich dürfen mittels der Daten aus Lauschangriffen im Einzelfall auch dringende Gefahren für sonstige bedeutende Vermögenswerte abgewehrt werden.

<small>Verwendungsbeschränkungen</small>

---

89 BVerfGE 103, 142 (151 f.); für DNA-Analysen vgl. *BVerfG*, NJW 2001, 2321; für Telekommunikationsüberwachungen etwa BVerfGE 107, 299 (325).
90 *Löffelmann*, NJW 2005, 2034; BT-Drucks. 15/4533, S. 17.
91 BT-Drucks. 15/4533, S. 17.

Teil 2: Polizei- und Strafprozessrecht

Datenverwertung in anderen Verfahren

Soweit eine Umwidmung der durch einen Lauschangriff gewonnenen Daten demzufolge grundsätzlich vorgesehen ist, bestimmt die Vorschrift differenzierte Verwendungsbeschränkungen. Dabei regelt Satz 1 Nr. 1, dass die **Weiterverwendung** derartiger Informationen **in anderen Strafverfahren** denselben Verwertungsbeschränkungen wie im Ursprungsverfahren unterliegt. Jegliche zweckumwidmende Verwendung der Daten ist nur zulässig, wenn im Ausgangsverfahren kein Verwertungsverbot eingreift. Die Regelung statuiert in Bezug auf Strafverfahren eine **Rechtmäßigkeitsakzessorietät**.

Dagegen setzt die **Verwertung zu gefahrenabwehrenden Zwecken** eine strafprozessuale Verwendbarkeit – anders als noch im Regierungsentwurf[92] – nicht voraus. Zur Abwehr der genannten Gefahren für die öffentliche Sicherheit stehen demnach auch solche Informationen zur Verfügung, die beispielsweise unter Verstoß gegen den Kernbereich privater Lebensgestaltung erlangt wurden. Aber auch anderweitige Verstöße gegen materielle oder formelle Tatbestandsvoraussetzungen, die ein Verwertungsverbot auslösen – etwa die bewusste Überschreitung der gesetzlichen Befugnisse[93] – stünden einer Weiternutzung der Daten nicht im Wege. Ob dies verfassungsrechtlich zu rechtfertigen ist, muss

Verwertung für Gefahrenabwehr

bezweifelt werden. Denn das *BVerfG* ordnet bei Verstößen gegen Beweiserhebungsverbote das **Verbot jedweder weiteren Nutzung** der auf diese Weise erlangten Informationen an und verfügt darüber hinaus ein unverzügliches Löschungsgebot[94]. Es untersagt ausdrücklich die Verwendung solcher Daten in „anderen Zusammenhängen"[95]. Mit der entsprechenden Anordnung ist eine Überprüfung der unter Verletzung des Kernbereichs erlangten Daten daraufhin, ob sie zu gefahrenabwehrenden Zwecken erforderlich sind, nicht zu vereinbaren. Eine solche Überprüfung stellte die Unverzüglichkeit als zeitliche Maßgabe unter einen „Gefahrenabwehrvorbehalt". Überdies wird die Missbrauchsanfälligkeit der Regelung über den Lauschangriff insgesamt erheblich gesteigert.

Die Verpflichtung zur **Kennzeichnung** der aus Lauschangriffen stammenden Daten folgt aus § 100d VII StPO.

Grenzen der Benachrichtigungspflichten

Als Voraussetzung für die Möglichkeit der Inanspruchnahme von nachträglichem Rechtsschutz sieht § 100d VIII StPO die **Benachrichtigung der Betroffenen** vor. Unter bestimmten Voraussetzungen kann die Benachrichtigung von nichtbeschuldigten überwachten Personen sowie Inhabern und Inhaberinnen und Bewohnern und Bewohnerinnen einer überwachten Wohnung unterbleiben. Das Gesetz stellt insoweit auf die Unverhältnismäßigkeit der Ermittlung dieser Personen oder darauf, dass schutzwürdige Belange anderer Betroffener entgegenstehen, ab. Im Übrigen hat die Benachrichtigung zu erfolgen, sobald dies ohne Gefährdung des Untersuchungszwecks oder von Leben, Leib oder Freiheit einer Person oder von bedeutenden Vermögenswerten geschehen kann (Satz 5).Bei den „sonstigen überwachten Personen" handelt es sich nicht etwa nur um diejenigen Menschen, die gezielt (als Nichtbeschuldigte) überwacht wurden, sondern vielmehr auch um diejenigen, die zufällig belauscht wurden[96].

---

92 BT-Drucks. 15/4533, S. 7 und 17 f.; abgedruckt auch in: Lisken-GS, S. 111 ff. (116).
93 Vgl. dazu schon BGHSt 28, 122 (124).
94 BVerfGE 109, 279 (332 f.) = NJW 2004, 999 (1007) = StV 2004, 169 (175 f.).
95 BVerfGE 109, 279 (331) = NJW 2004, 999 (1007) = StV 2004, 169 (175).
96 *Löffelmann*, NJW 2005, 2036; *Hirsch* in: Lisken-GS, S. 94.

§ 100d IX StPO regelt das Verfahren, wenn die Betroffenen nicht binnen einer Frist von sechs Monaten aus Gründen der Zweckgefährdung oder anderen hochrangigen Gefahren im Sinne des § 100d VIII 5 StPO benachrichtigt werden. Insoweit ist ein differenzierter Richtervorbehalt vorgesehen. Forderungen danach, die maximale Dauer einer Zurückstellung der Benachrichtigung auf fünf Jahre zu befristen[97], wurden nicht erfüllt.

Unterbleibende Benachrichtigung

Schließlich wird in § 100d X StPO die **Frist** und der einzuschlagende **Rechtsweg** einschließlich der **Beschwerdemöglichkeit** bei der nachträglichen gerichtlichen Überprüfung der durchgeführten Lauschangriffe geregelt. Dabei verdient insbesondere die Formulierung der Anfechtungsfrist eine kritische Würdigung. Sie sieht vor, dass die Betroffenen binnen **zwei Wochen nach ihrer Benachrichtigung** die Überprüfung der Rechtmäßigkeit der Anordnung sowie der Art und Weise des Vollzugs beantragen können (Satz 1). Diese Wendung ist unter dem Gesichtspunkt der Normenklarheit nicht unproblematisch, weil der Wortlaut der Vorschrift die Beschwerdemöglichkeit von der (offiziellen) Benachrichtigung des Betroffenen abhängig macht. Unklar bleibt insoweit, was bei einer anderweitigen Kenntniserlangung des Betroffenen von seiner Überwachung gilt. Fraglich ist insbesondere, ob die Zwei-Wochen-Frist auch bei letztgenannter Konstellation Geltung beansprucht[98]. Die Gesetzesbegründung sagt zu diesen Fragen nichts.

Rechtsweg

1.1.3. Ausgewählte strafprozessuale Folgen der verfassungsgerichtlichen Maßgaben

Angesichts der Tatsache, dass seit 1998 in manchen Strafverfahren Erkenntnisse verwertet wurden, die nach der Karlsruher Entscheidung gar nicht hätten erlangt oder verwertet werden dürfen, stellt sich die Frage nach einer **Wiederaufnahme** solcher Verfahren. Als Beispiel einer solchen mittelbaren und unmittelbaren Verwertung von Lauschangriff-Erkenntnissen sei folgendes, aus der Presse bekanntes Beispiel angeführt: Das Verschwinden einer jungen Frau aus Leipzig wäre wohl für immer ungeklärt geblieben, wenn ihr bereits verdächtiger Ex-Freund nicht nächtens seiner neuen Geliebten erzählt hätte, wo die Tote zu finden sei. Die Leiche wurde später im Garten des Verdächtigen gefunden und der Täter zu lebenslanger Haft verurteilt[99]. Wäre ein solches Urteil nicht rechtskräftig, so wäre der Angeklagte beim Fehlen anderweitiger, nicht „vergifteter" Beweismittel im Revisionsverfahren freizusprechen. Angesichts der verfassungsgerichtlichen Vorgaben in Verbindung mit der sog. Widerspruchslösung des BGH[100] stellt sich allerdings die Frage, ob die Verteidigung der Verwertung der erlangten Erkenntnisse hätte widersprochen haben müssen. Denn es handelt sich beim Verbot der Verwertung von Daten, die unter Verletzung des Kernbereichs privater Lebensgestaltung erlangt wurden, um ein verfassungsrechtlich begründetes Verbot. Es ist

Wiederaufnahme bei fehlender Rechtskraft

---

97 *Hirsch* in: Lisken-GS, S. 95.
98 *Hirsch* in: Lisken-GS, S. 96.
99 Zum Sachverhalt http://www.spiegel.de/politik/deutschland/0,1518,288759,00.html; vgl. dazu auch *Roggan*, Bürgerrechte&Polizei/CILIP 77 (1/2004), 69.
100 St. Rspr. seit BGHSt 1, 322 (325).

Teil 2: Polizei- und Strafprozessrecht

Wiederaufnahme bei Rechtskraft

bislang nicht entschieden, ob für entsprechende Beweisverwertungsverbote die Widerspruchslösung überhaupt gilt[101].

Anders jedoch verhält es sich, wenn ein Urteil, das auf der Verwertung von Erkenntnissen aus einem Lauschangriff beruht, in Rechtskraft erwachsen ist. In solchen Fällen stellt sich die Frage, ob eine **Wiederaufnahme des Verfahrens nach § 79 I BVerfGG** i. V. m. § 359 StPO zulässig ist. Nach dieser Vorschrift ist die Wiederaufnahme des Verfahrens nach strafprozessrechtlichen Grundsätzen zulässig, wenn die Verurteilung auf einer Norm beruht, die das *BVerfG* für unvereinbar mit dem Grundgesetz erklärt hat. Obgleich der Wortlaut der Vorschrift insofern keine Beschränkung vornimmt ist es streitig[102], ob die Wiederaufnahme nur bei Verfassungswidrigkeit einer materiell-rechtlichen Norm oder auch bei solchen des Verfahrensrechts zulässig ist[103]. Der *BGH* ist in einer jüngeren Entscheidung allerdings der Auffassung, dass der Wortlaut von § 79 I BVerfGG keine Anhaltspunkte dafür bietet, dass der Gesetzgeber den Anwendungsbereich der Vorschrift auf materiell-rechtliche Normen beschränken wollte[104]. Auch die ältere Rechtsprechung des *BVerfG*[105], auf die sich die gegenteiligen Stimmen berufen, steht dem nicht zwingend entgegen[106]. Es gibt deshalb gute Gründe mit *Weßlau* davon auszugehen, dass Wiederaufnahmeanträge von Verurteilten keineswegs von vornherein aussichtslos sind[107].

Laufende Verfahren

Auch bei **nicht abgeschlossenen Verfahren** stellt sich die Frage der Verwertbarkeit von unmittelbar und mittelbar gewonnenen Erkenntnissen aus Lauschangriffen. Vorsichtshalber wird die Verteidigung ihrer **Verwertung widersprechen**. Wenn der Zeitpunkt für einen Widerspruch (nach Ansicht des *BGH* ist dieser jeweils unmittelbar nach einer einzelnen Beweiserhebung zu erklären[108]) allerdings verstrichen ist, so sprechen die verfassungsgerichtlichen Maßgaben hinsichtlich der unmittelbaren und mittelbaren Unverwertbarkeit von solchen Beweismitteln für eine tatrichterliche Amtspflicht, die Verwertbarkeit zu prüfen[109].

Zu weiteren revisionsrechtlichen Problemen ist auf die Ausführungen an anderer Stelle zu verweisen[110].

1.1.4. Zur Antastbarkeit des unantastbaren Kernbereichs des Wohnungsgrundrechts

Unbestritten hat die Neuregelung erhebliche Konsequenzen für die Praxis der Strafverfolgungsorgane. Viele (Privat-)Wohnungen dürften – trotz der verfassungsrechtlich unzulänglichen Regelung (s. o.) – von einer Überwachung ausgeschlossen sein. Oftmals

---

101 *Weßlau*, in: Lisken-GS, S. 49.
102 Vgl. die Nachweise bei BGHSt 42, 314 (318).
103 *Meyer-Goßner*, StPO, vor § 359 Rdnr. 7.
104 BGHSt 42, 314 (319).
105 BVerfGE 11, 263.
106 BGHSt 42, 314 (320 f.).
107 *Weßlau*, in: Lisken-GS, S. 48 f.
108 BGHSt 42, 15 (23).
109 *Weßlau*, in: Lisken-GS, S. 49.
110 *Weßlau*, in: Lisken-GS, S. 49 f. m. w. N.

wird eine automatisierte Aufzeichnung der in solchen Wohnungen geführten Gespräche nicht zulässig sein[111]; bei ausländischen Tatverdächtigen wird in nicht wenigen Fällen die **Hinzuziehung eines Dolmetschers** erforderlich sein. Beim Wechsel von deutscher Kommunikation zu fremdsprachigem Gespräch wird regelmäßig die Verpflichtung zum Abbruch der Überwachung bestehen, wenn nicht ein Dolmetscher eine fortlaufende Kontrolle der (nicht-kernbereichsrelevanten) Gespräche gewährleisten kann[112]. Denn sofern die obligatorische Möglichkeit zur Echtzeitüberwachung im Einzelfall entfällt, kann auch der Schutz des Kernbereichs nicht mehr effektiv wahrgenommen werden.

Erkenntnisprobleme

Es fragt sich, ob diese und andere Obligos die prinzipiellen Bedenken gegen das repressive Lauschen in oder aus Wohnungen gänzlich zu zerstreuen vermögen. Zwar sind dem Ersten Senat des *BVerfG* ernsthafte Bemühungen zu bescheinigen, den Kernbereich privater Lebensgestaltung im Bereich des Wohnungsgrundrechts zur nicht-überwachten Sphäre zu erheben. Dennoch ist dem engagiert formulierten **Minderheitsvotum** der Richterinnen *Jaeger* und *Hohmann-Dennhardt* zu folgen, wonach jedes verbleibende Risiko des Antastens dieses Kernbereichs – insbesondere in Privatwohnungen – eben doch seine Antastbarkeit nach sich zieht. Damit ist im Ergebnis gegenüber dem von der Senatsmehrheit getragenen, kompromissbehafteten Urteil der – in der Literatur nicht unerheblichen Widerhall findende[113] – Vorwurf der Nichtbeachtung der Ewigkeitsgarantie (Art. 79 III GG) zu erheben. Im Einzelnen ist dazu auszuführen:

BVerfG-Minderheitsvotum

Schon aufgrund der Abgeschlossenheit einer Privatwohnung ist es für Außenstehende zunächst nicht erkennbar, ob zu einem bestimmten Zeitpunkt in ihr kernbereichsrelevante Kommunikationen oder solche mit dem sog. „Sozialbezug" geführt werden: „Wie im Urteil ausgeführt, gibt es für eine solche Unterscheidung lediglich Anhaltspunkte, die auf den Inhalt dessen schließen lassen, was in der Wohnung stattfindet"[114]. Das impliziert, dass erst die Aufhebung der Abschottung einer Wohnung von ihrer Außenwelt es ermöglicht, den Charakter der in ihr geführten Gespräche zu erkennen. Mithin lässt sich eine tatsächlich sichere Zuordnung bestimmter Kommunikationen zum nicht absolut geschützten Schutzbereich des Wohnungsgrundrechts nur unter dem Risiko vornehmen, dass der absolut geschützte Kernbereich verletzt wird. Dieses Risiko wird durchaus auch von den von der Senatsmehrheit getragenen Urteilgründen gesehen. Denn auch dort heißt es: „Nicht etwa darf in den absolut geschützten Kernbereich privater Lebensgestaltung eingegriffen werden, um erst festzustellen, ob die Informationserhebung diesen Bereich betrifft"[115]. Allerdings wird dieses mit einer Verletzung des Art. 13 I i.V.m. 1 I und 79 III GG verbundene **Risiko** dann doch **nicht konsequent ausgeschlossen**. Eine einfachgesetzlich Verwertungsverbotsregelung (s. o.) kann diese Infragestellung des Kernbereichsschutzes nicht kompensieren[116]. Es ist nach solchen

Verfassungswidrige Risiken

---

111 BVerfGE 109, 279 (324) = NJW 2004, 999 (1005) = StV 2004, 169 (173).
112 A. A. wohl *Löffelmann*, NJW 2005, 2034.
113 *Lepsius*, Jura 2005, 439 f.; *Denninger*, in: Lisken-GS, S. 18 f.; *Gusy*, JuS 2004, 459; *Kutscha*, NJW 2005, 21; *Geis*, CR 2004, 339; *Schenke*, Polizei- und Ordnungsrecht, S. 115, dort Fn. 452.
114 BVerfGE 109, 279 (383) – Abweichende Meinung *Jaeger/Hohmann-Dennhardt*.
115 BVerfGE 109, 279 (323) = NJW 2004, 999 (1004) = StV 2004, 169 (173).
116 BVerfGE 109, 279 (386) – Abweichende Meinung *Jaeger/Hohmann-Dennhardt*.

Teil 2: Polizei- und Strafprozessrecht

Überlegungen festzustellen, dass Art. 13 III GG in der Interpretation der Mehrheit des ersten Senats[117] einen effektiven Kernbereichsschutz nicht zu leisten vermag. Insofern bleibt es beim Vorwurf **verfassungswidrigen Verfassungsrechts**[118]. Und deshalb bleiben die das Minderheitsvotum abschließenden Worte als Hypothek strafprozessualer Lauscherei erhalten: „Wenn aber selbst die persönliche Intimsphäre, manifestiert in den eigenen vier Wänden, kein Tabu mehr ist, vor dem das Sicherheitsbedürfnis Halt zu machen hat, stellt sich auch verfassungsrechtlich die Frage, ob das Menschenbild, das eine solche Vorgehensweise erzeugt, noch einer freiheitlich-rechtsstaatlichen Demokratie entspricht. Umso mehr ist Art. 79 Abs. 3 GG streng und unnachgiebig auszulegen, um heute nicht mehr den Anfängen, sondern einem bitteren Ende zu wehren"[119].

1.1.5. Bisherige Erfahrungen mit Lauschangriffen im Strafverfahren

Es war nach der Verabschiedung des § 100 c I Nr.3 StPO im Jahr 1998 vermutet worden, dass die §§ 129 und 129 a StGB eine besondere Bedeutung bei der Anwendung des großen Lauschangriffs besitzen würden. Diese Delikte besitzen im Normgefüge zweifelsfrei eine besondere Stellung („Ausforschungsfunktion")[120]. Es war daher vermutet worden, dass diese Vorschriften die mit Abstand größte Bedeutung bei der Begründung der Maßnahmen einnehmen würden[121]. Diese Annahme hat sich bislang nicht bestätigt. Die gemäß Art. 13 VI S.1 GG und § 100 e II StPO a. F. **jährlich zu erstattenden Berichte der Bundesregierung** haben ergeben[122]: Im Jahr 1998 wurde der große Lauschangriff in elf Verfahren eingesetzt[123]. Ein Jahr später waren es 27 Fälle[124] und im Jahr 2000 stieg die Anzahl auf 34 Maßnahmen[125]. In diesem Zeitraum (**insgesamt 72 Maßnahmen, 78 betroffene Wohnungen, 137 betroffene Nichtbeschuldigte**) waren dabei Strafverfahren wegen der Deliktsgruppe 3 (**Mord, Totschlag und Völkermord**) 35 mal Anlass für die Lauschangriffe. 29 mal waren **Verstöße gegen das Betäubungsmittelgesetz** (Deliktsgruppe 12) Anlass für die Überwachungen. Dagegen waren die übrigen Katalogtaten des § 100 c I Nr.3 StPO nur in Einzelfällen Anlass für die Lauschangriffe. Die weitere Entwicklung zeigt, dass die Lauschangriffe im Jahr 2001 gerade einmal 17fach angeordnet wurden, während in 2002 wieder 30 und in

Lauschangriffe bei einzelnen Katalogtaten

---

117 Ausführlich BVerfGE 109, 279 (386 ff.) – Abweichende Meinung *Jaeger/Hohmann-Dennhardt*.
118 Ausführlich *Mozek*, Der „große Lauschangriff", zusammenfassend ab S. 204.
119 BVerfGE 109, 279 (391) – Abweichende Meinung *Jaeger/Hohmann-Dennhardt*.
120 Ausführlich dazu *Gössner*, Anti-Terror-System, S. 42 ff.; vgl. auch *Walischewski*, StV 2000, 583 ff.
121 *Frister*, StV 1996, 454; krit. zur Aufnahme der §§ 129, 129 a StGB in den Straftatenkatalog des § 100 c I Nr.3 StPO auch *Krause*, in: Hanack-FS, S. 237 ff.; ausführlich auch *Verf.*, Auf legalem Weg in einen Polizeistaat, S. 96 ff.
122 Für *1998*: BT-Drucks. 14/2452, siehe dazu auch die Zusammenfassung in Bürgerrechte & Polizei / CILIP 65 (1/2000), 84; für *1999*: BT-Drucks. 14/3998, siehe auch die Zusammenfassung in Bürgerrechte & Polizei / CILIP 67 (3/2000), 81; für *2000*: BT-Drucks. 14/6778; für *2001*: BT-Drucks. 14/9860.
  Hinweis: Die Zahlen der jeweiligen Jahre wurden mitunter berichtigt. Die Belege für die jeweiligen Jahre sind deshalb ggf. den Berichten über Anordnungen in den Folgejahren entnommen.
123 Vgl. BT-Drucks. 14/3998, S. 5; vgl. zum ersten Bericht der Bundesregierung auch *Mozek*, Der „große Lauschangriff", S. 109 ff.
124 Vgl. BT-Drucks. 14/6778, S. 6 f.
125 Vgl. BT-Drucks. 14/6778, S. 3 ff.

2003 37 Anwendungen zu verzeichnen waren. Im Jahr der Entscheidung des Bundesverfassungsgerichts wurde der strafprozessuale Lauschangriff nur 11-mal geführt. Im Berichtsjahr 2004 wurden in sechs Bundesländern in 10 Verfahren und in einem im Zuständigkeitsbereich des GBA Wohnungen akustisch ausgeforscht. Allein vier Verfahren wurden aus Bayern gemeldet. Anlasstaten waren wiederum Mord/Totschlag/ Völkermord in drei Fällen und in jeweils zwei Verfahren wegen des Verdachts der Bestechlichkeit/Bestechung, Straftaten nach dem BtmG und dem Asylverfahrens-/Ausländergesetz. In nur etwas mehr als einem Drittel der Verfahren wurde ein OK-Bezug berichtet. Relevant waren die erlangten Erkenntnisse in sechs der elf Verfahren[126].

Besonders bemerkenswert ist an den bisherigen Berichten, dass die großen Lauschangriffe in den Jahren bis 2000 in insgesamt nur 29 Verfahren (42%) überhaupt prozesserhebliche Erkenntnisse zutage förderten. Mit anderen Worten: in **mehr als der Hälfte der Maßnahmen** brachten diese überhaupt **keinen zusätzlichen Erkenntnisgewinn**. Die Gründe dafür sind auf Grundlage der bisherigen Evaluationen nur sehr eingeschränkt zu ermitteln. Der Erfahrungsbericht der Bundesregierung verweist u. a. auf technische Fehlschläge[127].

> Erfolgsquote: 42 %

Insgesamt jedoch verweist der Bericht darauf, dass repräsentative Aussagen und verlässliche Schlussfolgerungen sowie eine **abschließende Bewertung** der akustischen Wohnraumüberwachung als Instrument der Bekämpfung schwerer Kriminalität noch **nicht möglich** sei. Das gelte u. a. auch für die **Betroffenheit von Zeugnisverweigerungsberechtigten**[128]. Insbesondere lasse sich auch eine Bedeutung für die Bekämpfung der Organisierten Kriminalität nicht hinreichend belegen[129]. Es kann also festgestellt werden, dass der vom Bundestag geforderte detaillierte Erfahrungsbericht bis zum 31. Januar 2002, der eine Bewertung der Gesetzesfolgen mit verfassungsrechtlicher und kriminalpolitischer Würdigung einschließt[130], nicht vorgelegt wurde bzw. werden konnte. Eine parlamentarische Gesetzesfolgenabschätzung scheitert somit weitgehend an berichteter Substanz.

> Grenzen der bisherigen Evaluationen

Dieser Mangel kann auch nicht durch die inzwischen vorgelegte **Studie des Max-Plack-Instituts** beseitigt werden[131]. Denn die Untersuchung leidet deswegen an einem gravierenden Mangel, weil eine Überprüfung anhand der Maßgaben des *BVerfG* nicht erfolgt. Die Entscheidung findet gar nur am Rande Erwähnung[132]. Damit ist weitgehend offen, wie viele Lauschangriffe bei Beachtung dieser Vorgaben aus (differenzierten) Gründen hätten unterbleiben müssen[133]. Eine Quantifizierung derjenigen Verfahren, in der dies der Fall war, wird nicht mitgeteilt. Auch lassen sich der Studie keine Hinweise darauf entnehmen, welche Erkenntnisse aus den untersuchten Maßnahmen

> Studie des Max-Planck-Instituts

---

126 Vgl. die Zusammenstellung von *Kant*, Bürgerrechte&Polizei / CILIP 82 (3/2005), 84.
127 BT-Drucks. 14/8155, S. 7, 9 ff.
128 BT-Drucks. 14/8155, S. 7.
129 BT-Drucks. 14/8155, S. 10.
130 BT-Drucks. 13/9662.
131 *Meyer-Wieck*, Rechtswirklichkeit.
132 *Meyer-Wieck*, Rechtswirklichkeit, S. 150, 212, 355.
133 Anders aber die – nicht belegte – Behauptung von *Meyer-Wieck*, Rechtswirklichkeit, S. 355.

unverwertbar gewesen wären. Daher lässt sich die ermittelte (ohnehin geringe) Erfolgsquote von 30 %[134] kaum aufrechterhalten. Erkenntnisreich (und verwendbar) erscheint dagegen die Erkenntnis, dass die Aufklärung von **Straftaten der sog „Organisierten Kriminalität"** durch Lauschangriffe in gerade einmal **der Hälfte der Fälle** eine Rolle spielte[135]. Diese aber spielte in der Rechtfertigung der Maßnahme im Gesetzgebungsverfahren erhebliche Rolle.

1.2. Große Lauschangriffe im Polizeirecht

Regelungen im Polizeirecht der Länder: Große Lauschangriffe	
Baden-Württemberg:	§ 23 I S. 1 BWPolG
Bayern:	Art. 34 I BayPAG
Berlin:	§ 25 IV S. 1 ASOG
Brandenburg:	§ 33 III BbgPolG
Bremen:	§ 33 II BremPolG
Hamburg:	§ 10 II HambPolDVG
Hessen:	§ 15 IV HessSOG
Niedersachsen:	§ 35 II NdsSOG
Nordrhein-Westfalen:	§§ 17 II, 18 II NWPolG
Mecklenburg-Vorpommern:	§ 33 IV SOG M-V
Rheinland-Pfalz:	§ 29 RhPfPOG
Saarland:	§ 28 IV S. 1 SPolG
Sachsen:	§ 40 I S. 1 SächsPolG
Sachsen-Anhalt:	§ 17 IV SOG LSA
Schleswig-Holstein:	§ 185 III LVwG
Thüringen:	§ 35 I ThürPAG

Einleitung: Lauschangriffe zur Gefahrenabwehr

Bereits lange vor der Einführung des großen Lauschangriffs in die Strafprozessordnung war die Maßnahme in zahlreichen Polizeigesetzen verankert und hat Lauschangriffe zur Gefahrenabwehr erlaubt[136]. Dazu ist sogleich in den Blick zu nehmen, dass die verschiedenen Lauschangriffe von der gesetzlichen Systematik her unterschiedlichen Zielen dienen[137]. Während die Regelungen in den Polizeigesetzen der Verhinderung oder Beseitigung von Störungen der öffentlichen Sicherheit dienen, soll die strafprozessuale Vorschrift begangene Straftaten aufklären helfen. In den jeweiligen Polizeigesetzen ist zwischen großen Lauschangriffen, die **unmittelbar gefahrabwehrenden Charakter** besitzen und solchen, die der **vorbeugenden Verbrechensbekämpfung**

---

134 *Meyer-Wieck*, Rechtswirklichkeit, S. 353.
135 *Meyer-Wieck*, Rechtswirklichkeit, S. 355.
136 Darauf weist u. a. auch *Benfer*, NVwZ 1999, 237, hin.
137 Die Eingriffsvoraussetzungen von polizeirechtlichen großen Lauschangriffen nach Novellierung des Art. 13 GG unter dem Gesichtspunkt der vorbeugenden Bekämpfung von Straftaten untersuchen *Kutscha/Möritz*, StV 1998, 564 ff.

dienen, zu unterscheiden. Letztere Befugnis ist nicht in allen Polizeigesetzen enthalten[138].

1.2.1. Gefahrenabwehrende Lauschangriffe

Es bedarf an dieser Stelle keiner näheren Erläuterung, dass auch Lauschangriffe zur Gefahrenabwehr als **Eingriffe in den Schutzbereich des Art. 13 I GG** zu gelten haben. Soweit von einer polizeilichen Wohnraumüberwachung auch Personen betroffen sind, die sich nicht auf Art. 13 I GG berufen können, so greift überdies der Schutz des allgemeinen Persönlichkeitsrechts aus Art. 2 I i.V.m. Art. 1 I GG ein[139]. Es bedarf daher für gefahrenabwehrende Eingriffe in diese Rechte einer polizeirechtlichen Ermächtigungsgrundlage. Unter diesem Gesichtspunkt erscheint es unvertretbar, dass als Konsequenz der Entscheidung des *BVerfG* vom 3. März 2003 die gänzliche Streichung des Lauschangriffs aus dem Polizeirecht gefordert wird[140]. Wenn und solange diese Maßnahme für Zwecke der Gefahrenabwehr zur Verfügung stehen soll (und das erscheint sachgerecht) bedarf es aus Gründen des Vorbehalts des Gesetzes einer spezialgesetzlichen Regelung. Jedoch bedarf es der Erörterung, ob die in den Polizeigesetzen enthaltenen Ermächtigungen den verfassungsgerichtlichen Maßstäben, insbesondere aus dem Lauschangriffurteil, genügen. Die Befugnisse, die Datenerhebungen in Wohnungen zum Schutz von bei polizeilichen Einsätzen tätigen Personen erlauben (sog. kleine Lauschangriffe, s. o.), sollen an dieser Stelle außer Betracht bleiben[141].

Erforderliche Regelung im Polizeirecht

Die Tatbestände in den Polizeigesetzen unterscheiden sich in den Tatbeständen nicht wesentlich: In fast allen Polizeigesetzen geht es um die **Schutzgüter Leib und Leben**[142], in vielen auch um die **Freiheit**[143] (als Individualrechtsgut), in einigen auch um den **Schutz von bedeutenden Sach- und Vermögenswerten**[144] oder den **Bestand und Sicherheit des Bundes oder eines Landes**[145]. Als Eingriffsschwelle wird jeweils eine **gegenwärtige oder dringende Gefahr** vorausgesetzt[146]. Dabei darf sich die Datenerhebung grundsätzlich nur **gegen Störer** richten, bei **Nicht-Störern** wird das Vorliegen der Voraussetzungen des polizeilichen Notstands verlangt[147].
In jüngerer Zeit legen einerseits Teile der Rechtsprechung das Tatbestandsmerkmal der

Ähnliche Regelungen in den Ländern

---

138 Die Befugnis zum großen Lauschangriff zur vorbeugenden Verbrechensbekämpfung findet sich in den Gesetzen von *Bayern, Brandenburg, Mecklenburg-Vorpommern, Niedersachsen, Rheinland-Pfalz* und *Sachsen*; vgl. zu den Regelungen im Einzelnen *Kutscha/Möritz*, StV 1998, 564 ff.
139 BVerfGE 109, 279 (326) = NJW 2004, 999 (1005) = StV 2004, 169 (174); ebenso *SächsVerfGH*, NVwZ 2005, 1313.
140 So etwa der Antrag der Fraktion Bündnis90/Grüne im Berliner Abgeordnetenhaus, Drucks. 15/4207, S. 2.
141 Zum Folgenden schon *Kutscha/Roggan*, in: Lisken-GS, S. 28 ff., die dortigen Ausführungen wurden aktualisiert und erweitert.
142 So die Regelungen in allen Bundesländern.
143 So die Regelungen in *Baden-Württemberg, Bayern, Berlin Brandenburg, , Bremen, Hamburg, Mecklenburg-Vorpommern, Niedersachsen, Nordrhein-Westfalen, Sachsen* und *Thüringen*.
144 So die Regelungen in *Bayern, Sachsen* und *Thüringen*
145 So die Regelungen in *Baden-Württemberg, Bayern, Sachsen* und *Thüringen*.
146 So die Regelungen in allen Bundesländern.
147 So ausdrücklich die Regelungen in *Baden-Württemberg, Bayern, Brandenburg, Hamburg, Mecklenburg-Vorpommern, Rheinland-Pfalz* und *Sachsen*.

gegenwärtigen Gefahr zum Teil extensiv aus. Andererseits lassen auch einzelne Polizeigesetze, die große Lauschangriffe ausschließlich zur Abwehr gegenwärtiger Gefahren für hochrangige Rechtsgüter vorsehen, durch die **zeitliche Begrenzung** der Maßnahmen auf vier Wochen[148] oder gar drei Monate[149] (einschließlich vorgesehener – z.T. unbegrenzter[150] -Verlängerungsmöglichkeiten[151]), Zweifel an der engen zeitlichen Schadenseintrittswahrscheinlichkeit entstehen.

In Zusammenhang mit den Rasterfahndungen nach vermuteten terroristischen „Schläfern" nach dem 11. September 2001 hatten sich verschiedene Gerichte mit dem Tatbestandsmerkmal der **gegenwärtigen Gefahr** zu befassen. Die Rechtsprechung ist diesbezüglich uneinheitlich. Das *OVG Koblenz* etwa hält unter Berufung auf die Rechtsprechung des *Bundesverwaltungsgerichts* eine gegenwärtige Gefahr für gegeben, wenn die Einwirkung des schädigenden Ereignisses bereits begonnen hat oder wenn diese Einwirkung unmittelbar oder in allernächster Zeit mit an Sicherheit grenzender Wahrscheinlichkeit bevorsteht. Dabei seien die Anforderungen an die Wahrscheinlichkeit des Schadenseintritts umso geringer, je größer der zu erwartende Schaden und je ranghöher das Schutzgut seien[152]. Auch das *OLG Düsseldorf* ist der Auffassung, dass von einer hinreichenden Wahrscheinlichkeit bei besonders großen Schäden bereits dann auszugehen sei, wenn nur eine „entfernte Möglichkeit" eines Schadenseintritts besteht[153]. Noch einen Schritt weiter geht das *KG*: Im Hinblick auf die zu befürchtenden Terroranschläge seien Wahrscheinlichkeitsprognosen zum Zeitpunkt und zum Ort nicht möglich; es handele sich mithin um eine „Dauergefahr"[154]. Damit freilich hätte das Tatbestandsmerkmal „gegenwärtige Gefahr" jegliche eingrenzende Wirkung verloren. Diese „tatbestandserweiternde" Rechtsprechung, die dem Tatbestand letztlich einen Vorfeldcharakter verlieh, ist allerdings durch den Beschluss des *BVerfG* vom 4.4.2006 korrigiert worden[155].

Richtig hält das *OLG Frankfurt a. M.* unter Abgrenzung zur konkreten und dringenden Gefahr eine gegenwärtige Gefahr nur dann für gegeben, wenn eine besondere Zeitnähe und ein besonders hoher Grad an Wahrscheinlichkeit des Schadenseintritts vorliegen. Der Schaden müsse sofort und fast mit Gewissheit (mit an Sicherheit grenzender Wahrscheinlichkeit) eintreten[156]. Das *LG Berlin* fordert für eine gegenwärtige Gefahr zumindest, dass ein sofortiges polizeiliches Einschreiten unerlässlich erscheint, um den Schaden für das Schutzgut effektiv abwenden zu können[157].

---

148 So die Regelung in *Bremen*.
149 So die Regelungen in *Hessen, Rheinland-Pfalz, Saarland* und *Sachsen-Anhalt*.
150 So die Regelungen in *Bremen, Rheinland-Pfalz* und dem *Saarland*.
151 So die Regelungen in *Hessen* und *Sachsen-Anhalt*.
152 *OVG Koblenz*, DuD 2002, 308, vgl. auch *VG Mainz*, DuD 2002, 305.
153 *OLG Düsseldorf*, NVwZ 2002, 629.
154 *KG*, NVwZ 2002, 1537.
155 *BVerfG*, 1 BvR 518/02, Beschl. v. 4.4.2006, Abs. 154 ff.
156 *OLG Frankfurt a . M.*, NVwZ 2002, 627.
157 *LG Berlin*, DuD 2002, 177.

Auch die Literatur ist überwiegend der Auffassung, dass die **gegenwärtige Gefahr** eine besondere zeitliche Nähe in Verbindung mit einem gesteigerten Wahrscheinlichkeitsgrad meint[158]. Mitunter wird sie gar als **höchste Gefahrstufe** bezeichnet, die die Nähe des Schadenseintritts mit der Bedrohung besonders hochwertiger Rechtsgüter verbindet. Das entsprechende Tatbestandsmerkmal beschreibt demnach Gefahren, die derart hochrangigen Rechtsgütern drohen und deren Eintritt zugleich derart nahe liegend ist, dass der Schadenseintritt nicht ohne außergewöhnliche Maßnahmen abgewendet werden kann[159].

Begriff „gegenwärtige Gefahr" (Lit.)

Gleichzeitig ist auf die eingeschränkte Brauchbarkeit der auch von den eingangs genannten Gerichtsentscheidungen bemühten **Faustregel**, wonach an die Wahrscheinlichkeit des Schadenseintritts umso geringere Anforderungen zu stellen sind, je größer der zu erwartende Schaden und je ranghöher das Schutzgut ist, hinzuweisen[160]. Denn die gegenwärtige Gefahr bezeichnet schon aufgrund ihres Wortlauts eine solche Sachlage, in der der Schadenseintritt eben nicht beliebig in der Zukunft liegen kann. Ansonsten würde die besondere Qualifizierung dieser Gefahrenstufe, die sich auch in den polizeirechtlichen Eingriffsermächtigungen zeigt, weitgehend nivelliert[161]. Deshalb kann nicht irgendein schädigendes Ereignis in der Zukunft, und sei es noch so schwerwiegend, eine gegenwärtige Gefahr begründen, wenn diesbezüglich keine konkreten Anhaltspunkte vorliegen[162].

Enge Auslegung der „gegenwärtigen Gefahr"

Zu erörtern ist weiterhin, in welchem Sinne die verschiedenen Polizeigesetze den Begriff der gegenwärtigen Gefahr verstehen. Anlass hierzu besteht aufgrund der Tatsache, dass die Regelungen über große Lauschangriffe mitunter vorsehen, dass die richterliche Anordnung eine **Dauer der Überwachung** von 3 Monaten, z. T. mit – sofern die Voraussetzungen fortbestehen – unbegrenzter Möglichkeit der Verlängerung der Maßnahme, festsetzen kann. Eine mehrmonatige, möglicherweise jahrelange, Überwachung der in einer Wohnung geführten Gespräche lässt sich nicht mit der am Wortlaut des Tatbestandsmerkmals orientierten, engen Auslegung des Begriffs der gegenwärtigen Gefahr vereinbaren. Denn eine gegenwärtige Gefahr in diesem Sinne verlangt notwendigerweise ein kurzfristiges polizeiliches Tätigwerden zur Gefahrenbeseitigung. In solchen Situationen hat das Instrument des großen Lauschangriffs seinen notwendigen Platz zur Sachverhaltsaufklärung. Indessen sind mehrmonatige Gefahrenlagen, bei denen die Polizei nicht wenigstens innerhalb weniger Tage die gefährliche Situation in einer Weise aufklären konnte, dass gefahrenbeseitigende Maßnahmen (etwa: Befreiung einer Geisel) ergriffen werden können, kaum vorstellbar. Im Umkehrschluss ergibt

Problem: Dauer der Maßnahmen

---

158 *Denninger* in: Handbuch des Polizeirechts, S. 220; vgl. auch *Würtenberger/Heckmann*, Polizeirecht, S. 191 f.; *Schenke*, Polizei- und Ordnungsrecht, S. 39; *Pieroth/Schlink/Kniesel*, Polizei- und Ordnungsrecht, S. 70; *Knemeyer*, Polizei- und Ordnungsrecht, S. 63.
159 So *Gusy*, Polizeirecht, S. 63; anders *Berg/Knape/Kiworr*, ASOG, S. 185 f.
160 Ausführlicher dazu *Denninger* in: Handbuch des Polizeirechts, S. 220,; vgl. auch *BVerfG*, 1 BvR 518/02, Beschl. v. 4.4.2006, Abs. 158.
161 Ähnlich *Bausback*, BayVBl. 2002, 721.
162 So aber *VG Mainz*, DuD 2002, 305.

Teil 2: Polizei- und Strafprozessrecht

sich hieraus, dass die Polizeigesetzgeber von einer entsprechenden Interpretation der Gegenwärtigkeit einer Gefahr nicht auszugehen scheinen.

Widersprüchlichkeit von Regelungen

Bemerkenswert in diesem Zusammenhang ist schließlich, dass das Gesetz über die öffentliche Sicherheit und Ordnung von Sachsen-Anhalt (SOG LSA) einerseits eine Legaldefinition enthält, die die enge Auslegung des Tatbestandsmerkmals der gegenwärtigen Gefahr wiedergibt: Demnach handelt es sich bei einer gegenwärtigen Gefahr um eine solche Gefahr, bei der das schädigende Ereignis bereits begonnen hat oder unmittelbar oder in allernächster Zeit mit einer an Sicherheit grenzenden Wahrscheinlichkeit bevorsteht (vgl. § 3 Nr. 3 b SOG LSA). Andererseits erlaubt § 17 V S. 6 und 7 SOG LSA die richterliche Anordnung von Lauschangriffen zur Abwehr einer gegenwärtigen Gefahr bis zu 12 Monaten. Dass sich hier die enge zeitliche Nähe des polizeilich abzuwehrenden Ereignisses mit der möglichen Langfristigkeit der Maßnahme sinnvoll verbinden lässt, muss bezweifelt werden. Denn die Eilbedürftigkeit und Dringlichkeit der zu ergreifenden „außergewöhnlichen Maßnahmen" (*Gusy*[163]) dürften ausnahmslos gegen mehrmonatige „Vorermittlungen" im Sinne einer Gefahraufklärung sprechen. Insoweit ist – zurückhaltend formuliert – wenigstens von einer Unstimmigkeit der genannten Regelungen auszugehen. Vor allem aber dürfte ein so weites Verständnis von „gegenwärtiger Gefahr", wie sie dieser Regelung zugrunde liegt, kaum dem Erfordernis einer „dringenden Gefahr" in Art. 13 IV GG genüge tun. Schließlich ist nach überwiegender Auffassung **für den Begriff der „dringenden Gefahr"** die Verbindung von zeitlicher Komponente und hoher Wertigkeit der bedrohten Rechtsgüter kennzeichnend[164].

Kernbereichsschutz erforderlich?

Regelungen über gefahrenabwehrende Ausforschungen des in Wohnungen gesprochenen Worts sind strikt an den Erfordernissen gesetzlicher Mechanismen zum Kernbereichsschutz, wie sie das *BVerfG* fordert, zu messen[165]. Diese Vorgaben bräuchten nur dann nicht beachtet zu werden, wenn die Betroffenheit des Kernbereichs generell ausgeschlossen werden könnte. Diese Problematik ist anhand verschiedener Sachverhaltskonstellationen zu erörtern.

Bsp.: Frankfurter Entführungsfall

Im Frankfurter Entführungsfall des *Jakob von Metzler* etwa durfte die Polizei davon ausgehen, dass das verschleppte Kind lebend an unbekanntem Ort festgehalten wurde und die Auskunft über diesen Aufenthaltsort vom Entführer bei einer Befragung nicht zu erlangen sein würde. In Betracht wäre insoweit ein Lauschangriff auf die Wohnung des Verdächtigen gekommen, in der dieser mit seiner (ahnungslosen) Freundin lebte. Dass in solchen Fällen der Kernbereich privater Lebensgestaltung betroffen sein kann, ist wahrscheinlich.

Bsp.: Suizidfälle

Weiterhin lassen sich Konstellationen denken, in denen die Bedrohung eines höchstrangigen Rechtsguts auf einem individuellen Beschluss einer Person oder gar einvernehmlichen Entscheidung mehrerer Personen beruht. Zu denken ist beispielsweise an den in der Wohnung versuchten Suizid. Ungeachtet der Tatsache, dass die entsprechend

---

163 *Gusy*, Polizeirecht, S. 63.
164 Ebenso *Braun*, JuS 2000, 377.
165 So wohl auch *Gusy*, JuS 2004, 461; **a. A.** *Würtenberger/Heckmann*, Polizeirecht in Baden-Württemberg, S. 293.

handelnden Personen im Einzelfall als Störer zu qualifizieren sein können[166], ist mit Blick auf die Frage einer in Betracht kommenden Beschränkung des Kernbereichs privater Lebensgestaltung durch die akustische Gefahraufklärung in Wohnungen zu berücksichtigen, dass das entsprechende Verhalten als (zugegeben: beendende) Ausübung der persönlichen Entfaltung zu werten ist: Eine „intimere" Gefühlsäußerung als den in einer Wohnung verübten Suizid lässt sich kaum denken. Mithin erscheint auch in solchen Fällen ein – unzulässiger – Eingriff in die Intimsphäre möglich.

Um (praktisch wohl kaum relevante) **Grenzsituationen** handelt es sich bei „rituellen Gewalttaten" im Rahmen von sadomasochistischen Sexualpraktiken. Zu denken ist hier an den Fall des „Kannibalen von Rotenburg", bei dem der später wegen Totschlag Verurteilte seinen Bekannten bei lebendigem Leibe verstümmelte und schließlich tötete. Subjektiv dürfte der Mann das mit seinem Opfer einvernehmlich vorbestimmte Tun als Ausübung innerster Bedürfnisse empfunden haben[167]. Zweifelsfrei ist in entsprechenden Situationen von der abzuwehrenden Gefahr für Leib und Leben einer Person auszugehen, die die Polizei zu gefahrenabwehrenden Maßnahmen berechtigt. In Betracht kommt dabei das Betreten von Wohnungen ebenso wie in Ingewahrsamnahme eines Suizidgefährdeten[168]. Bei der Entscheidung der Frage, ob in einem solchen Extremfall in Anbetracht der gegenwärtigen Gefahr für das Opfer auch ein Lauschangriff zulässig ist, gerät man indessen in ein schwer lösbares Dilemma: Rechnet man das einvernehmliche sexuelle Handeln der Beteiligten, die „Schlachtung", zum unantastbaren Kernbereich privater Lebensgestaltung, wäre nach den Vorgaben des *BVerfG* die Lauschmaßnahme unzulässig. Dieser Konsequenz lässt sich nur dadurch entgehen, dass die unmittelbar bevorstehende schwere Verletzung oder Tötung des Opfers als „Verlassen" des absolut geschützten Kernbereichs gewertet wird. Eine solche sozialethische Grundwertung liegt auch der Strafvorschrift der Tötung auf Verlangen (§ 216 StGB) zugrunde. „Ob ein Sachverhalt dem unantastbaren Kernbereich zuzuordnen ist, hängt davon ab, ob er nach seinem Inhalt höchstpersönlichen Charakters ist, also auch in welcher Art und Intensität er aus sich heraus die Sphäre anderer oder Belange der Gemeinschaft berührt"[169]. Danach würde der Lauschangriff in solchen Ausnahmefällen keine Verletzung des absolut geschützten Kernbereichs darstellen und mithin zulässig sein[170]. Grenzfälle

Lediglich bei **Gefahrensituationen**, in denen sich der Störer eines Menschen bemächtigt und eine unmittelbare Herrschaft über die bedrohte Person ausübt, ist die **Betroffenheit des Kernbereichs ausgeschlossen**. Beispielsweise in Fällen der unmittelbaren Bedrohung von Leib (Geiselnahmen, Straftaten gegen die sexuelle Selbstbestimmung) oder Leben (Tötung von Menschen) kann eine absolut geschützte Sphäre nicht betroffen sein. Ausschluss des Kernbereichsschutzes

---

166 *Denninger*, in: Handbuch des Polizeirechts, S. 210.
167 Vgl. etwa *Beneke*, Kriminalistik 2004, 322 ff.
168 Vgl. etwa *Rachor*, in: Handbuch des Polizeirechts, S. 456.
169 BVerfGE 109, 279 (314) = NJW 2004, 999 (1002) = StV 2004, 169 (170).
170 *Kutscha*, NJW 2005, 22; *Löffelmann*, NJW 2005, 2034, dort Fn. 17; vgl. auch *Pieroth/Schlink/Kniesel*, Polizei- und Ordnungsrecht, S. 278.

Teil 2: Polizei- und Strafprozessrecht

Polizeirechtliche Regelungen verfassungswidrig

Zusammenfassend ist festzustellen, dass von den polizeirechtlichen Ermächtigungen zu großen Lauschangriffen auch solche Sachverhalte erfasst werden, in denen entweder ein längerfristiges Überwachen der Vorgänge in einer (Privat-)Wohnung vorzunehmen wäre. Dann ist die Betroffenheit von höchstpersönlichen Äußerungen – abgesehen von den zuletzt genannten Konstellationen – stets zu besorgen. Aber auch bei anderweitigen Gefahrensituationen ist die Betroffenheit des Kernbereichs privater Lebensgestaltung jedenfalls nicht von vornherein ausgeschlossen. Entsprechend den verfassungsgerichtlichen Vorgaben führt diese bloße Möglichkeit zum **Erfordernis von kernbereichsschützenden Regelungen**. Zweifelsfrei verfolgen – ungeachtet allenthalben zu beobachtender Auflösungserscheinungen[171] – polizeirechtliche und strafprozessuale Maßnahmen unterschiedliche Ziele. Indessen lassen sich die Ausführungen des *BVerfG* zum Schutz des Kernbereichs des Wohnungsgrundrechts anlässlich der Prüfung der Verfassungsmäßigkeit des großen Lauschangriffs in der Strafprozessordnung ohne Einschränkung auf andere Rechtsmaterien übertragen. Sie besitzen universelle Gültigkeit, weil das Gericht zu Recht von einem unantastbaren Kernbereich spricht und das Wohnungsgrundrecht vom Menschenwürdegehalt her definiert; Abwägungen im Sinne einer Prüfung der Verhältnismäßigkeit der Maßnahmen finden nicht statt[172]. Deshalb kann es nach ganz überwiegender Auffassung auf die unterschiedlichen Zielrichtungen von heimlichen Eingriffen in das Wohnungsgrundrecht nicht ankommen[173].

Polizeirechtliche Konsequenzen

Das *BVerfG* verlangt für Regelungen, die die Möglichkeit eines „Antastens" des Kernbereichs beinhalten, **gesetzliche Vorkehrungen** einerseits **zum Schutz der Intimsphäre** und andererseits Vorschriften, die die Behandlung solcher Daten betreffen, die unter Verletzung des Kernbereichs erhoben wurden. Entsprechende Anordnungen finden sich in den Polizeigesetzen der Bundesländer nicht. Erforderlich sind Bestimmungen darüber, dass Informationen, die unter Verstoß gegen Datenerhebungsverbote erlangt wurden, einer **ausnahmslosen Unverwertbarkeit** unterworfen werden. Hier kann nach den insoweit keinen Zweifel lassenden Ausführungen des *BVerfG* auch eine Verwendung zu weiteren gefahrenabwehrenden Zwecken nicht in Betracht kommen. Denn das Gericht verbietet jede weitere Verwendung[174] solcher mit dem Makel der Grundrechtsverletzung behafteten Daten[175]. Das schließt die Möglichkeit ein, dass entsprechende Daten auch dann zu vernichten sind, wenn mit ihrer Hilfe anderweitig Gefahren abgewehrt werden könnten. Auch sind Vorschriften für Fälle, in denen unerwartet kernbereichsrelevante Gespräche belauscht werden, unabdingbar. Für verfassungskonforme Regelungen über große Lauschangriffe sind weiterhin Bestimmungen nötig,

---

171 *Jahn*, KritV 2004, 39 spricht diesbezüglich davon, dass „die Hoffnung auf eine trennscharfe Abgrenzung dieser beiden Tätigkeitsbereiche schon im Ansatz nicht dem aktuellen Stil der Gesetzgebung" entspreche.
172 BVerfGE 109, 279 (314) = NJW 2004, 999 (1002) = StV 2004, 169 (170).
173 Ebenso *SächsVerfGH*, NVwZ 2005, 1314; ebenso *Gusy*, JuS 2004, 461; *ders.*, in: Folgerungen, S. 41 ff.; *Baldus*, in: Folgerungen, S. 20 ff.; *Schenke*, Polizei- und Ordnungsrecht, S. 115; *Pieroth/Schlink/Kniesel*, Polizei- und Ordnungsrecht, S. 174.
174 Ausdrücklich BVerfGE 109, 279 (319), NJW 2004, 999 (1003) = StV 2004, 169 (172).
175 In diesem Sinne der Antrag der Thüringer PDS-Fraktion, LT-Drucks. 3/4117, S. 2; vgl. ferner Niedersächsischer Landtag, LT-Drucks. 15/956.

die Kommunikationen in Privatwohnungen unter weitergehenden Schutz als solche in allgemein zugänglichen Räumen stellen. Auch insoweit sind die Ausführungen des *BVerfG* ohne Einschränkungen auf polizeirechtliche Regelungen übertragbar, bei denen ein Antasten des Kernbereichs des Wohnungsgrundrechts nicht ausgeschlossen ist.

Schließlich bedarf es der Erörterung, welche Konsequenzen die verfassungsgerichtlichen Maßstäbe für die **nach Polizeirecht abzuwehrenden Gefahren** haben. Namentlich ist zu klären, ob nur solche gegenwärtigen Gefahren mittels großer Lauschangriffe abgewehrt bzw. beseitigt werden dürfen, bei denen solche Straftatbestände erfüllt werden oder würden, die im Strafrahmen eine Höchststrafe von mehr als fünf Jahren vorsehen. Davon wird von *Rühle* mit Blick auf die rheinland-pfälzische Regelung – ohne nähere Begründung – ausgegangen[176]. Jedoch ist eine solche Konsequenz keineswegs zwingend. Solange sich die polizeirechtlichen Eingriffsbefugnisse im Rahmen des Art. 13 IV GG halten, sind **gegenwärtige Gefahren für Leib, Leben oder Freiheit einer Person** durchaus mittels entsprechender Maßnahmen abzuwehren. Gegen die Verfassungsmäßigkeit ist bei restriktiver Auslegung der Individualrechtsgüter Gesundheit und Freiheit einerseits und der Gegenwärtigkeit der abzuwehrenden Gefahr andererseits nichts einzuwenden[177]. Auf die Verwirklichung von Straftatbeständen kann es zum Zeitpunkt der Anordnung akustischer Überwachungsmaßnahmen zum Zwecke der Gefahrenabwehr dagegen überhaupt nicht ankommen. Denn **polizeirechtliche Begriffe dürfen nicht mit strafrechtlichen Kategorien vermengt** werden. Schon aus diesem Grunde ist die rheinland-pfälzische Regelung, die in der Verhütung einzeln bestimmter Straftaten eine Konkretisierung der Abwehr einer dringenden Gefahr für die öffentliche Sicherheit sieht, als unzulänglich zu betrachten.

Charakter der abzuwehrenden Gefahren

1.2.2. Vorbeugende Lauschangriffe

Vorbeugende Lauschangriffe bedeuten im Kern, dass die Polizei auch außerhalb von **konkreten Gefahrenlagen**, bei denen z.B. Leib oder Leben eines Menschen in Gefahr ist (s. o.), verdeckt personenbezogene Daten aus Wohnungen erheben darf. Erforderlich ist dort, dass die Polizei die **Prognose** begründet, eine Person werde in Zukunft gesetzlich bestimmte Delikte begehen. Diese Delikte müssen nach den jeweiligen Vorschriften in irgendeiner Weise „organisiert" begangen werden. Mit solchen Ermächtigungen werden die **großen Lauschangriffe auch im Vorfeld** von Straftaten legalisiert, denn diese ihrerseits brauchten noch nicht einmal das Versuchsstadium erreicht zu haben. Ausreichend sind tatsächliche Anhaltspunkte für ihre zukünftige Begehung (also deren Möglichkeit)[178].

Begriffsklärung

Letztgenannte Befugnisse haben bereits auf dem Prüfstand von Landesverfassungsgerichten gestanden. Als erstes erklärte der *Sächsische Verfassungsgerichtshof* nicht

---

176 So *Rühle*, Polizei- und Ordnungsrecht, S. 148.
177 Vgl. *LVerfG M-V*, 5. Leitsatz, NJ 2000, 480; *Schenke*, Polizei- und Ordnungsrecht, S. 116; zum Erfordernis einer restriktiven Auslegung der Begriffe Leib (Gesundheit) und Freiheit einer Person richtig *Würtenberger/Heckmann*, Polizeirecht, S. 291.
178 *Rachor*, in: Handbuch des Polizeirechts, S. 270 u. 217.

Teil 2: Polizei- und Strafprozessrecht

unerhebliche Teile der sächsischen Regelung für **verfassungswidrig**[179]. Später befassten sich zwei weitere Gerichte mit den entsprechenden Befugnissen. Mit gleichwohl sehr unterschiedlichen Ergebnissen: Das *Brandenburgische Verfassungsgericht* erklärte neben anderen Vorschriften zur verdeckten Datenerhebung auch den großen Lauschangriff zur vorbeugenden Verbrechensbekämpfung für **verfassungsgemäß**[180]. Zwar erwog es einen Verstoß gegen den Gesetzesvorbehalt des Art. 13 IV GG (Unverletzlichkeit der Wohnung). Indessen: „Wenn Tatsachen die Annahme rechtfertigen, dass bestimmte schwere Straftaten organisiert begangen werden sollen und die vorbeugende Bekämpfung dieser Straftaten sonst aussichtslos oder wesentlich erschwert wäre, liegt bereits eine dringende Gefahr für die öffentliche Sicherheit vor". Demgegenüber erklärte das *Landesverfassungsgericht Mecklenburg-Vorpommern* den dortigen **großen Lauschangriff zur vorbeugenden Verbrechensbekämpfung für verfassungswidrig**[181] und das mit der entgegengesetzten Begründung. Zwar spreche Art. 13 IV GG von der „Abwehr dringender Gefahren für die öffentliche Sicherheit". Jedoch habe dieser Begriff im Grundgesetz einen wesentlich engeren Inhalt als derjenige im allgemeinen Polizeirecht. Denn die Schutzgüter, die nach der Vorschrift durch große Lauschangriffe verteidigt werden dürften, würden entscheidend dadurch beschränkt, dass die Maßnahme nur zur „Abwehr einer gemeinen Gefahr oder einer Lebensgefahr" zugelassen werden darf[182].

Der Auffassung des *Landesverfassungsgerichts Mecklenburg-Vorpommern* ist zu folgen[183]: Nur Gefahren für existentielle Rechtsgüter, die in der Wertigkeit den in der Vorschrift des Grundgesetzes genannten gleichkommen (insbesondere Leib und Leben), dürfen mittels des massiven Grundrechtseingriffs bekämpft werden. Dagegen sind die großen Lauschangriffe verfassungswidrig, sofern sie der vorbeugenden Bekämpfung der sog. organisierten Kriminalität dienen sollen[184]. Das lässt sich auch aus der bereits angesprochenen Rechtsprechung des *BVerfG* zum strafprozessualen Lauschangriff ableiten: Es hob die hohe Wertigkeit der durch Art. 13 IV GG zu schützenden Rechtsgüter hervor – allerdings nur beiläufig, weil diese Entscheidung ja den strafprozessualen Lauschangriff auf der Grundlage des Art. 13 III GG zum Gegenstand hatte. Das Gericht bezieht sich auf den hier interessierenden Abs. 4 des Art. 13 GG bei der Prüfung des § 100 f I StPO, der die **Übermittlung strafprozessual gewonnener Informationen an Polizeibehörden** zur Gefahrenabwehr, mithin eine Zweckänderung der bei einem Lauschangriff gewonnenen Daten regelt. Diese Norm verlange zwar keine „dringende Gefahr", müsse aber nach Maßgabe des Art. 13 IV GG verfassungskonform ausgelegt werden. Im Übrigen setze sie „durch den Verweis auf die Tatbestands-

---

179 *SächsVerfGH*, JZ 1996, 957 (967 ff.); vgl. dazu die Anmerkungen von *Götz*, JZ 1996, 969 ff.; *Bäumler*, NVwZ 1996, 765 ff.; *Paeffgen*, NJ 1996, 454 ff. und *Roggan*, KJ 1997, 80 ff.
180 *BbgVerfG*, LKV 1999, 450 ff; **a. A.** das abweichende Votum der Richterin *Will* – unveröffentlicht -.
181 LKV 2000, 345 ff.
182 *LVerfG M-V* mit zust. Anm. *Kutscha* NJ 2000, 480 ff.
183 Ausführlicher dazu *Kutscha/Roggan*, in: Lisken-GS, S. 36 ff.
184 *Kötter*, DÖV 2005, 227; *Pieroth/Schlink/Kniesel*, Polizei- und Ordnungsrecht, S. 277; vgl. auch *Roggan*, Bürgerrechte & Polizei / CILIP (3/2000), 67, 75 ff.

merkmale Leben, Leib oder Freiheit einer Person Gefahren für Rechtsgüter voraus, die hinreichend gewichtig sind, um den Einsatz technischer Mittel zur Überwachung von Wohnungen nach Art. 13 IV GG zu rechtfertigen. Eine einfache Körperverletzung (§ 223 StGB) erfüllt diese Voraussetzungen nicht. Soweit § 100 f I StPO für die polizeiliche Verwendung der Erkenntnisse eine Gefahr für erhebliche Sach- und Vermögenswerte genügen lässt, ist unter Berücksichtigung der Vorgaben des Art. 13 IV GG Voraussetzung, dass das für eine gemeine Gefahr typische Gefahrenpotential gegeben ist. Nur dann hat die Gefährdung von Sach- und Vermögenswerten ein Gewicht, das der vom verfassungsändernden Gesetzgeber angestrebten Wertigkeit der bedrohten Rechtsgüter in Art. 13 IV GG entspricht"[185].

Das für eine „gemeine Gefahr typische Gefahrenpotential" besteht bei der bloßen polizeilichen Annahme, jemand wolle in Zukunft eine Straftat begehen, regelmäßig aber gerade nicht. Eine solche **Prognose im Vorfeld einer konkreten Gefahr** oder eines konkreten Tatverdachts im Sinne der Regelungen der StPO ist durchweg mit einem hohen Maß an Ungewissheit behaftet, weil die Kausalkette vor der eigentlichen Tatbegehung immer noch aus einer Vielzahl von Gründen abreißen kann[186].

Gegenwärtig erlauben die Polizeigesetze von vier Bundesländern, nämlich von **Bayern, Brandenburg, Niedersachsen** und **Thüringen** auch den „vorbeugenden" Lauschangriff. Die Tatbestandsvoraussetzungen hierfür sind jeweils unterschiedlich geregelt. Am weitesten sind sie in Niedersachsen formuliert: Nach § 35 II Nr. 2 NdsSOG ist der Lauschangriff sowie die heimliche Beobachtung von Vorgängen in einer Wohnung („Spähangriff") oder die Ortung von Personen dort auch zulässig „zur Abwehr der Gefahr, dass eine Person eine Straftat von erheblicher Bedeutung begehen wird". Der Begriff der Gefahrenabwehr verliert hier jede Kontur, weil die „Gefahr" hier **nicht auf eine konkrete Rechtsgutsbeeinträchtigung** bezogen ist (so wie es auch die einschlägige Definition in § 2 Nr. 1a NdsSOG vorsieht), sondern auf eine **mögliche Straftatbegehung**. Als tatbestandliche Voraussetzung wird also die „Gefahr einer Gefahr" verlangt. Das ist schon semantisch mit der genannten Definition nicht überein zu bringen. Es wird durch ein solch „vernebelndes" Tatbestandsmerkmal aber auch nicht deutlich, wodurch sich diese Gefahr einer Gefahr ausprägen soll. Schon aus Bestimmtheitsgründen ist die Vorschrift daher als verfassungsrechtlich unzulänglich zu bezeichnen. „Konsequenterweise" verzichtet die Eingriffsermächtigung denn auch auf eine Bestimmung, in welchen Wohnungen die Maßnahmen zulässig sind[187].

Etwas enger sind die Eingriffsvoraussetzungen in Bayern und Thüringen gefasst: Nach Art. 34 I Nr. 2 Bay. PAG sind heimliche Datenerhebungen in oder aus Wohnungen zulässig über Personen, „soweit Tatsachen die Annahme rechtfertigen, dass diese Personen ein Verbrechen oder gewerbs-, gewohnheits- oder bandenmäßig ein in

Regelungen in den Ländern

Regelungen im BayPAG und ThürPAG

---

185 BVerfGE 109, 279 (379) = NJW 2004, 999 (1019) = StV 2004, 169 (188).
186 Zur Problematik der „Vorfeldbefugnisse" im Einzelnen *Lisken*, in: Handbuch des Polizeirechts, S. 69 ff. und ausführlich *Weßlau*, Vorfeldermittlungen, S. 307.
187 Anders als in der Befugnis zur Abwehr von konkreten Gefahren: Dort werden Tatsachen verlangt, die die Annahme rechtfertigen, dass sich der Störer oder eine bedrohte Person in der abzuhörenden Wohnung aufhält (§ 35 II Nr. 1 NdsSOG).

Art. 30 Abs. 5 genanntes Vergehen begehen wollen". Diese Tatbestandsvoraussetzungen mit dem Verweis auf die Aufzählung bestimmter Vergehen in einer anderen Norm des Gesetzes finden sich auch in § 35 II Nr. 2 ThürPAG, indessen noch ergänzt um das Erfordernis einer „hinreichenden Wahrscheinlichkeit" der Begehungsabsicht.

Die Regelungen in **Brandenburg** und **Rheinland-Pfalz** zum Lauschangriff enthalten demgegenüber selbst die entsprechenden **Kataloge von Straftaten**, zu deren Verhütung diese Maßnahme zulässig sein soll. § 33 III Nr. 2 BbgPolG nennt dabei nicht nur schwere Straftaten nach dem StGB, sondern auch schwerwiegende Verstöße gegen das Waffengesetz oder das Betäubungsmittelgesetz und Verbrechen nach dem Kriegswaffenkontrollgesetz, die organisiert begangen werden sollen. Ebenso zählt § 29 II RhPfPOG „besonders schwerwiegende Straftaten" im Einzelnen auf und rechnet dazu neben bestimmten Straftaten nach dem StGB, dem Waffengesetz, dem Kriegswaffenkontrollgesetz und dem Betäubungsmittelgesetz auch die §§ 92 a II, 92 b Ausländergesetz[188] sowie die §§ 84 III und 84 a Asylverfahrensgesetz. Der Lauschangriff darf sich nach dieser landesrechtlichen Bestimmung auch gegen „Kontakt- und Begleitpersonen" derjenigen Personen richten, die verdächtigt werden, die genannten besonders schwerwiegenden Straftaten begehen zu wollen. Nach der hier vertretenen Position sind diese Vorschriften aufgrund des Verstoßes gegen Art. 13 IV GG verfassungswidrig.

Regelungen im BdbPolG und RhPfPOG

Aber auch unter dem **Gesichtspunkt der Gesetzgebungskompetenz** begegnen die Lauschangriffe zur vorbeugenden Verbrechensbekämpfung durchgreifenden Bedenken. In der Entscheidung des *BVerfG*[189] zur sog. präventiven Telekommunikationsüberwachung im niedersächsischen Gesetz über die öffentliche Sicherheit und Ordnung (Nds-SOG) wird die **Vorsorge für zukünftige Strafverfolgungen** der **konkurrierenden Gesetzgebungskompetenz** zugeordnet (Art. 74 Nr. 1 GG)[190]. Eine Zuständigkeit der Länder kann sich folglich lediglich in Bereichen ergeben, in denen der Bund von seiner Möglichkeit zur Rechtssetzung keinen Gebrauch gemacht hat. Wenn und solange sich unter der Polizeiaufgabe der vorbeugenden Verbrechensbekämpfung aber gefahrenabwehrende und strafverfolgerische Vorsorgemaßnahmen vereinen, unterliegen letztere Befugnisse dem Vorbehalt der gesetzgeberischen Untätigkeit des Bundesgesetzgebers. Von einer solchen kann angesichts der Regelungen der §§ 100c ff. StPO für den Bereich der heimlichen Datenerhebungen in oder aus Wohnungen gewiss nicht ausgegangen werden. Damit ist festzuhalten, dass die Länder nicht befugt sind, Lauschangriffsregelungen zur Vorsorge für zukünftige Strafverfolgungen zu schaffen.

Kompetenzwidrigkeit der Regelungen

Fraglich ist, welche Konsequenzen die anzunehmende Verfassungswidrigkeit der genannten Eingriffsregelungen hat. Zu erörtern ist insbesondere, ob eine verfassungskonforme Auslegung der genannten Eingriffsermächtigungen in Betracht kommt. Es könnte etwa auf die Motivlage der Polizei abgestellt werden: Jedenfalls soweit die Polizei mit einer Maßnahme die Vorsorge für zukünftige Strafverfolgungen bezweckte, dürfte sie aufgrund der kompetenzwidrigen Ermächtigung nicht auf das Mittel des

---

188 Nunmehr § 96 Aufenthaltsgesetz.
189 NJW 2005, 2603.
190 BVerfG, NJW 2005, 2605.

Lauschangriffs zurückgreifen. Dagegen wäre sie – jedenfalls aus kompetenzrechtlichen Gründen – nicht gehindert, entsprechende Vorsorgemaßnahmen mit (alleiniger) präventiver Zielrichtung (Verhütung von Straftaten) zu ergreifen. Nun stellt sich angesichts des Wortlauts der Definition in den Aufgabenklauseln aber die Frage, ob die Verfolgungsvorsorge und die Verhütungsvorsorge überhaupt von einander zu trennen sind. Das wurde etwa in dem Verfahren vor dem *BVerfG*, das die vorbeugende Telekommunikationsüberwachung zum Gegenstand hatte, von der niedersächsischen Landesregierung ausdrücklich bezweifelt: Maßnahmen mit dem Ziel der Straftatenverhütung ließen sich häufig nicht von Maßnahmen mit dem Ziel der Verfolgungsvorsorge trennen. Deshalb sei eine einheitliche Regelung unerlässlich[191]. Aus dem genannten Urteil des *BVerfG* ergibt sich aber: Eine undifferenzierte Berufung auf eine „vorbeugende Zielrichtung" ihrer Maßnahmen ist der Polizei versperrt und zieht nach der auch hier vertretenen Auffassung die Rechtswidrigkeit einer entsprechenden Maßnahme nach sich. Da zum Zeitpunkt der Maßnahmen regelmäßig noch nicht festgestellt werden kann, welchem Zweck die erlangten Erkenntnisse jemals dienen können, muss **die Bestimmung der Zielrichtung eines vorbeugenden Lauschangriffs schon im Ansatz scheitern**[192]. Eine verfassungskonforme Anwendung der genannten Ermächtigungen zu vorbeugenden Lauschangriffen ist daher nicht möglich.

Keine verfassungskonforme Auslegung

1.3. Präventive Lauschangriffe zum Zwecke der Strafverfolgung?

Nach der Rechtsprechung des *BGH* können **polizeirechtliche große Lauschangriffe auch als Maßnahmen der Strafverfolgung** und damit als strafprozessuale Ermittlungsmaßnahme verstanden werden: Indem die Polizei strafverfolgend einen großen Lauschangriff gegen Verdächtige durchführt, soll sie im Einzelfall gleichsam ihre Aufgabe der Gefahrenabwehr erfüllen (**Prävention durch Repression**). Die dabei gewonnenen Erkenntnisse durften auch schon vor der (ursprünglichen) Einführung des Lauschangriff in die Strafprozessordnung nach – allerdings heftig angegriffener[193] – Auffassung des *BGH* dann per landesrechtlicher Übermittlungsbefugnis auch im Strafverfahren verwertet werden[194]. Der große Lauschangriff war nach dieser Rechtsauffassung durch die landesrechtliche Hintertür längst zulässige Datenerhebungsmethode *für* den Strafprozess[195]. Denn die Ermittlung eines Täters einer in § 100c StPO genannten Katalogtaten kann stets dazu beitragen, weitere Straftaten dieses Verdächtigen – etwa durch seine Festnahme – (vorläufig) zu verhindern. Trotz vielfältiger Kritik hat das

BGH: „Befugnishopping"

---

191 Zitiert nach BVerfG, 1 BvR 668/04 vom 27.7.2005, Absatz-Nr. 63, http://www.bverfg.de/entscheidungen/rs20050727_1bvr066804.html.
192 Zweifelnd auch *Puschke/Singelnstein*, NJW 2005, 3534 f.
193 *BGH,* NStZ 1995, 601 f. m. krit. Anm. *Welp*; *Köhler*, StV 1996, 186 ff.; *Zimmermann*, Staatliches Abhören, S. 248 ff.; *Staechelin*, ZRP 1996, 430 ff.; *Bockemühl*, JA 1996, 695 ff.; *Hellmann*, Strafprozessrecht, S. 131 f.; *Roggan*, KritV 1998, 348 ff
194 *BGH,* NStZ 1995, 601 f.
195 *Kutscha*, ZRP 1999, 158.

Teil 2: Polizei- und Strafprozessrecht

Gericht seine Auffassung bei einem späteren Beschluss bestätigt[196]. Zu den Einzelheiten der Kritik an der Rechtsprechung des BGH ist auf die Ausführungen der Vorauflage zu verweisen[197].

Kritik der BGH-Rspr.

Damit ist festzustellen, dass die Rechtsprechung des *BGH* und die sich anschließenden Teile der Literatur[198] zur Konsequenz gehabt haben müsste, dass über den großen Lauschangriff in der StPO kein Wort zu verlieren gewesen wäre; seine Einführung zu strafverfolgerischen Zwecken hätte allenfalls deklaratorische Bedeutung besessen. Solange aber zwischen Gefahren- und Strafprozessrecht strikt unterschieden wird und werden muss, ist mit dem Gesetz zur verbesserten Bekämpfung der Organisierten Kriminalität der große Lauschangriff zur Aufklärung von Straftaten im Jahre 1998 eingeführt worden.

1.4. Große Lauschangriffe im Geheimdienstrecht

Bei Lauschangriffen des Verfassungsschutzes stellt sich grundsätzlich die Frage, ob solche Maßnahmen überhaupt verfassungsgemäß sein können. Maßstab ist insoweit wiederum Art. 13 Abs. 4 GG, der die einzig in Frage kommende Schrankenregelung hinsichtlich gefahrenabwehrender Überwachungen enthält. Es kommt mithin auf die Subsumtionsfähigkeit der Lauschangriffe zum Zwecke der Beobachtung von verfassungsschutzrelevanten Bestrebungen (vgl. § 3 Abs. 1 BVerfSchG) unter das Merkmal der dringenden Gefahr in Art. 13 Abs. 4 GG an. Das erscheint schon deswegen zweifelhaft, weil im Verfahren über die Verfassungsänderung bei Art. 13 GG zunächst eine Spezialregelung für die Verfassungsschutzbehörden vorgesehen war, diese nach einer Expertenanhörung des Rechtsausschusses des Bundestages jedoch aus dem Entwurf gestrichen wurde. Es spricht – wie *Baldus* demzufolge richtig sagt – ein starkes **entste-**

Zur Auslegung von Art. 13 Abs. 4 GG

hungsgeschichtliches Argument dafür, dass es **für Verfassungsschutzbehörden überhaupt keine Befugnis zu Lauschangriffen** geben sollte[199]. Aber auch im Übrigen spricht der Wortlaut des Art. 13 Abs. 4 GG gegen eine verfassungsmäßige Ermächtigung der Gesetzgeber, die Geheimdienste mit entsprechenden Befugnissen auszustatten. Insofern ist auf das zu den Vorfeldbefugnissen im Polizeirecht Gesagte zu verweisen[200]: Die von den Verfassungsschutzbehörden auf Bundes- und Länderebene zu beobachtenden Bestrebungen können mit einer dringenden Gefahr für die öffentliche Sicherheit nicht gleichgesetzt werden, da sie auch solche Sachlagen erfassen, bei denen noch nicht angenommen werden kann, dass sie mit hinreichender Wahrscheinlichkeit zu irgendeiner Rechtsgutsverletzung führen werden[201]. Es fehlt folglich an einer verfassungsrechtlichen Grundlage für entsprechende geheimdienstrechtliche Ermächtigungen. Etwas anderes mag nur für diejenigen Verfassungsschutzgesetze gelten,

---

196 *BGH* NStZ 1997, 195 f.
197 Vgl. dort ab S. 187 ff.
198 Vgl. dazu *Krey*, JR 1998, 5; *Scholz,* NStZ 1997, 197 f.
199 *Baldus*, NVwZ 2003, 1292 m. w. N.
200 Siehe oben III.1e).
201 Ebenso *Baldus*, NVwZ 2003, 1293.

die wörtlich oder sinngemäß die Formulierung aus Art. 13 Abs. 4 GG übernommen haben[202].

Aber selbst wenn man die Frage der grundsätzlichen Verfassungsmäßigkeit der Länderregelungen zunächst dahinstehen ließe, so sind **die geltenden Regelungen an den Maßgaben des *BVerfG* zu messen**[203]. Das gilt namentlich auch für diejenigen Verfassungsschutzgesetze, die sich mit ihren Ermächtigungen an den Rahmen des Art. 13 Abs. 4 GG halten. Jeweils ist nicht auszuschließen, dass im Zuge solcher Maßnahmen auch der Kernbereich privater Lebensgestaltung betroffen wird. Deswegen sind **kernbereichsschützende Regelungen auch im Verfassungsschutzrecht** unabdingbare Voraussetzung für eine verfassungsgemäße Rechtslage[204]. Dementsprechend hat der *Sächsische Verfassungsgerichtshof* mit Urteil vom 21.7.2005 festgestellt, dass die **sächsische Regelung** über große Lauschangriffe durch das dortige Landesamt für Verfassungsschutz **verfassungswidrig** ist, weil der Kernbereich privater Lebensgestaltung keinen ausdrücklichen gesetzlichen Schutz genießt. Unter Hinweis auf das Lauschangriffurteil des *BVerfG* verlangt er für entsprechende Eingriffsregelungen gesetzliche Regelungen, die unter Beachtung des Grundsatzes der Normenklarheit sicherstellen, dass die Art und Weise der Maßnahmen nicht zu einer Verletzung der Menschenwürde führen[205].

Fehlender Kernbereichsschutz

---

202 Vgl. etwa *Nordrhein-Westfalen*: § 7 Abs. 2 NWVerfSchG; *Hamburg*: § 8 Abs. 3 HmbVerfSchG.
203 *Baldus*, in: Folgerungen, S. 24.
204 Vgl. auch *Puschke/Singelnstein*, NJW 2005, 3536.
205 *SächsVerfGH*, NVwZ 2005, 1310 (1314); die Entscheidungsformel ist auch in SächsGVBl. 2005, S. 289 f. v. 25.11.2005 veröffentlicht.

Teil 2: Polizei- und Strafprozessrecht

Literatur:

AMELUNG, KNUT: Die zweite Tagebuchentscheidung des BVerfG, in: StV 1990, S. 1753 ff.

BACHMAIER, HERMANN: Lauschangriff: Einbruch in die Intimsphäre, in: Kampmeyer, Eva / Neumeyer, Jürgen (Hrsg.), Innere Unsicherheit, München 1993, S. 157 ff.

BALDUS, MANFRED: Präventive Wohnraumüberwachungen durch die Verfassungsschutzbehörden der Länder, in: NVwZ 2003, S. 1289 ff.

– Überwachungsrecht und Novellierungsdruck – zu den legislativen Auswirkungen des Verfassungsgerichtsurteils zum „Großen Lauschangriff", in: Bundesbeauftragter für den Datenschutz (Hrsg.), Folgerungen aus dem Urteil des Bundesverfassungsgerichts zur akustischen Wohnraumüberwachung: Staatliche Eingriffsbefugnisse auf dem Prüfstand? (zit. als Gusy, in: Folgerungen), Bonn 2005, S. 9 ff.

BENFER, JOST: „Großer Lauschangriff" – einmal ganz anders gesehen, in: NVwZ 1999, S. 237 ff.

BERNSMANN, KLAUS / JANSEN, KIRSTEN: Heimliche Ermittlungsmethoden und ihre Kontrolle – ein systematischer Überblick, in: StV 1998, S. 217 ff.

BINDER, DETLEV: Rechtsprobleme des Einsatzes technischer Mittel gemäß §§ 100 c, d StPO und des Lauschangriffs (zit. als: Einsatz technischer Mittel), Diss., Bielefeld 1996.

BOCKEMÜHL, JAN: Zur Verwertbarkeit von präventiv-polizeilichen Erkenntnissen aus „Lauschangriffen" im Strafverfahren, in: JA 1996, S. 695 ff.

BÖTTGER, ANDREAS / PFEIFFER, CHRISTIAN: Der Lauschangriff in den USA und in Deutschland, in: ZRP 1994, S. 7 ff.

BRAUN, FRANK: Der so genannte „Lauschangriff" im präventivpolizeilichen Bereich, in: NVwZ 2000, 375 ff.

BRODAG, WOLF-DIETRICH: Die akustische Wohnraumüberwachung, in: Kriminalistik 1999, S. 745 ff.

CASSARDT, GUNNAR: Zur Aufklärung mit technischen Mitteln in Wohnungen, in: ZRP 1997, 370 ff.

DENNINGER, ERHARD: Lauschangriff – Anmerkungen eines Verfassungsrechtlers, in: StV 1998, S. 401 ff.

– Verfassungsrechtliche Grenzen des Lauschens – Der „große Lauschangriff" auf dem Prüfstand der Verfassung, in: ZRP 2004, S. 101 ff.

DITTRICH, JOACHIM: Der „Große Lauschangriff" – diesseits und jenseits der Verfassung, in: NStZ 1998, S. 336 ff.

DOMBEK, BERNHARD: Der Große Lauschangriff – Hysterie oder Abscheu?, in: NJ 1998, S. 119.

EISENBERG, ULRICH: Straf(verfahrens-)rechtliche Maßnahmen gegenüber dem „Organisierten Verbrechen", in: NJW 1993, S. 1033 ff.

ELLBOGEN, KLAUS: Anmerkung zu BGH NStZ 2005, S. 700 ff., in: NStZ 2006, S. 180 f.

FRISTER, HELMUT: Das Gesetzesvorhaben der Bundesregierung zur Einführung des großen Lauschangriffes, in: StV 1996, S. 454 ff.

GEIS, IVO: Angriff auf drei Ebenen: Verfassung, Strafprozessordnung und Überwachungspraxis, in: CR 2004, S. 338 ff.

GÖSSNER, ROLF: Das Anti-Terror-System – Politische Justiz im präventiven Sicherheitsstaat (zit. als: Anti-Terror-System), Hamburg 1991.

GUSY, CHRISTOPH: Anmerkung zu LG Frankfurt, StV 2005, S. 79 f., in: StV 2005, S. 80 f.

1. Große Lauschangriffe

- Auswirkungen des Lauschangriffsurteils außerhalb der strafprozessualen Wohnungsüberwachung, in: Bundesbeauftragter für den Datenschutz (Hrsg.), Folgerungen aus dem Urteil des Bundesverfassungsgerichts zur akustischen Wohnraumüberwachung: Staatliche Eingriffsbefugnisse auf dem Prüfstand? (zit. als Gusy, in: Folgerungen), Bonn 2005, S. 35 ff.
- Lauschangriff und Grundgesetz, in: JuS 2004, S. 457 ff.

HAAS, GÜNTER: Der „Große Lauschangriff" – klein geschrieben, in: NJW 2004, S. 3082 ff.

HANSEN, RALF: Eine Wiederkehr des 'Leviathan'? Starker Staat und neue Sicherheitsgesellschaft, in: KJ 1999, S. 231 ff.

HASSEMER, WINFRIED: Warum man den „Großen Lauschangriff" nicht führen sollte, in: Kampmeyer, Eva / Neumeyer, Jürgen (Hrsg.), Innere Unsicherheit, München 1993, S. 105 ff.

HIRSCH, BURKHARD: Bemerkungen zu den Entwürfen eines Gesetzes zur Umsetzung des Urteils des Bundesverfassungsgerichts vom 3. März 2004, in: Roggan (Hrsg.), Lauschen im Rechtsstaat – Gedächtnisschrift für Hans Lisken (zit. als Hirsch, in: Lisken-GS), S. 87 ff.

- Der Große Bruder und das Recht auf Privatheit, in: Vorgänge 3/2001, S. 368 ff.
- Einführung: Der „Große Lauschangriff", in: Zwiehoff, Gabriele (Hrsg.),Großer Lauschangriff, Baden-Baden 2000, S. VII ff.
- Über Wanzen – Bemerkungen zum Großen Lauschangriff, in: Humanistische Union (Hrsg.), Innere Sicherheit als Gefahr, Berlin 2002, S. 195 ff.

KANT, MARTINA: Lauschangriffsstatistik 2004, in: Bürgerrechte&Polizei / CILIP 82 (3/2005), S. 84.

KÖHLER, MICHAEL: Anmerkung zu BGH, StV 1996, S. 185 f., in: StV 186 ff.

KÖTTER, MATTHIAS: Novellierung der präventiven Wohnraumüberwachung? – Konsequenzen aus der Lauschangriff-Entscheidung des BVerfG, in: DÖV 2005, S. 225 ff.

HOHMANN-DENNHARDT, CHRISTINE: Freiräume – Zum Schutz der Privatheit, in: NJW 2006, S. 545 ff.

KRAUSE, DANIEL-M.: Großer Lauschangriff – Anmerkungen eines Verteidigers zur gesetzlichen Ausgestaltung in der Strafprozeßordnung, in: Festschrift für Ernst-Walter Hanack, hrsgg. von Ebert, Udo / Roxin, Claus / Rieß, Peter / Wahle, Eberhard (zit. als Krause in: Hanack-FS), Berlin 1999, S. 207 ff.

KRETSCHMER, JOACHIM: Der große Lauschangriff auf die Wohnung als strafprozessuale Ermittlungsmaßnahme, in: Jura 1997, S. 581 ff.

KREY, VOLKER: Rechtsprobleme beim Einsatz Verdeckter Ermittler einschließlich der elektronischen Überwachung (Lauschangriff) zu ihrem Schutz und als Instrument der Strafverfolgung in Deutschland, in: JR 1998, S. 1 ff.

KREY, VOLKER / HAUBRICH, EDGAR: Zeugenschutz, Rasterfahndung, Lauschangriff, Verdeckte Ermittler, in: JR 1992, S. 309 ff.

KRÜGER, RALF: Verdeckte Ermittlungen im Strafverfahren und die Unverletzlichkeit der Wohnung, in: ZRP 1993, S. 124 ff.

KÜPPER, Georg: Tagebücher, Tonbänder, Telefonate, in: JZ 1990, S. 416 ff.

KUTSCHA, MARTIN: Datenschutz durch Zweckbindung – ein Auslaufmodell, in: ZRP 1999, S. 156 ff.

- Der Lauschangriff im Polizeirecht der Länder, in: NJW 1994, S. 85 ff.
- Neue Grenzmarken des Polizeiverfassungsrechts, in: NVwZ 2005, S. 1231 ff.
- Novellierung des Thüringer Polizeiaufgabengesetzes – Mehr Sicherheit durch weniger Grundrechtsschutz?, in: LKV 2003, S. 114 ff.

Teil 2: Polizei- und Strafprozessrecht

- Polizeirecht auf dem Prüfstand der Landesverfassungsgerichte, in: NJ 2000, S. 63 ff.
- Unerwünschte Hausaufgaben, in: Bürgerrechte & Polizei / CILIP 82 (3/2005), S. 16 ff.
- Verfassungsrechtlicher Schutz des Kernbereichs privater Lebensgestaltung – nichts neues aus Karlsruhe?, in: NJW 2005, S. 20 ff.

KUTSCHA, MARTIN / MÖRITZ, MARION: Lauschangriffe zur vorbeugenden Straftatenbekämpfung?, in: StV 1998, S. 564 ff.

KUTSCHA, MARTIN / ROGGAN, FREDRIK: Große Lauschangriffe im Polizeirecht – Konsequenzen des Karlsruher Richterspruchs, in: Roggan (Hrsg.), Lauschen im Rechtsstaat – Gedächtnisschrift für Hans Lisken (zit. als Kutscha/Roggan, in: Lisken-GS), S. 25 ff.

LEPSIUS, OLIVER: Der Große Lauschangriff vor dem Bundesverfassungsgericht, in: JURA 2005, S. 433 ff. (Teil 1) und S. 586 ff. (Teil 2).

LEUTHEUSSER-SCHNARRENBERGER, SABINE: Der Gesetzentwurf der Bundesregierung zum „großen Lauschangriff", in: ZRP 2005, S. 1 ff.

- Der „große Lauschangriff" – Sicherheit statt Freiheit, in: ZRP 1998, S. 87 ff.
- Rechtsstaat und großer Lauschangriff, in: Roggan (Hrsg.), Lauschen im Rechtsstaat – Gedächtnisschrift für Hans Lisken (zit. als Leutheusser-Schnarrenberger, in: Lisken-GS), S. 99 ff.

LINDEMANN, MICHAEL / REICHLING, TILMAN: Anmerkung zu BGH, StV 2005, S. 650, in: StV 2005, S. 650 ff.

LISKEN, HANS: Anhörung zum „Großen Lauschangriff" – Eine Dokumentation der Stellungnahmen einiger Sachverständiger im Rechtsausschuß des Deutschen Bundestages am 21. November 1997, in: KJ 1998, S. 106 ff.

- Befugnis zum Belauschen?, in: ZRP 1993, S. 121 ff.

LÖFFELMANN, MARKUS: Die Neuregelung der akustischen Wohnraumüberwachung, in: NJW 2005, S. 2033 ff.

LORENZ, FRANK LUCIEN: Aktionismus, Populismus? – Symbolismus! Zur strafprozessualen akustisch-/optischen Überwachung von Wohnungen, in: GA 1997, S. 51 ff.

MEYER-WIECK, HANNES: Der große Lauschangriff – Anmerkungen aus empirischer Sicht, in: NJW 2005, S. 2037 ff.

- Rechtswirklichkeit und Effizienz der akustischen Wohnraumüberwachung („großer Lauschangriff") nach § 100c Abs. 1 Nr. 3 StPO, Freiburg 2004.

MOMSEN, CARSTEN: Der „große Lauschangriff", in: ZRP 1998, S. 459 ff.

MOZEK, MARTIN: Der „große Lauschangriff", Aachen 2001.

MÜLLER, KAI: Grenzen der heimlichen Observation von Wohnungen mit technischen Mitteln, in: Die Polizei 2004, S. 257 ff.

PETERSEN, NIELS: Auf dem Weg zur zweckrationalen Relativität des Menschenwürdeschutzes, in: KJ 2004, S. 316 ff.

PUSCHKE, JENS / SINGELNSTEIN, TOBIAS: Verfassungsrechtliche Vorgaben für heimliche Informationsbeschaffungsmaßnahmen, in: NJW 2005, S. 2534 ff.

ROGGAN, FREDRIK: Aktuelles Polizeirecht, in: Bürgerrechte & Polizei / CILIP 67 (1/2000), S. 70 ff.

- Unerhört?! – Große Lauschangriffe nach dem Verfassungsgerichtsurteil, in: Bürgerrechte & Polizei / CILIP 77 (1/2004), S. 65 ff.
- Unerhörte Intimsphäre – zum Erfordernis kernbereichsschützender Regelungen im Sicherheitsrecht, in: Blaschke, Ulrich / Förster, Achim / Lumpp, Stephanie / Schmidt, Judith (Hrsg.), Sicherheit statt Freiheit?, Berlin 2005, S. 51 ff.

- Verfassungswidriges Befugniserweiterungen für die Polizei – die Entscheidung zum sächsischen Polizeigesetz, in: KJ 1997, S. 80 ff.

RZEPKA, DOROTHEA: Das Strafverfahren in den Händen der Polizei: Ist-Zustand und kriminalpolitische Visionen, in: KritV 1999, S. 312 ff.

SACHS, MICHAEL: Anmerkung zu BVerfG, JuS 2004, S. 522, in: JuS 2004, S. 522 ff.

SCHILY, OTTO: Nachbesserungsbedarf bei der Wohnraumüberwachung?, in: ZRP 1999, S. 129 ff.

SCHOLZ, RUPERT: Anmerkung zu *BGH* NStZ 1997, S. 195, S. 196 ff.

SEIFERT, JÜRGEN: Vom Lauschangriff zum „Großen Lauschangriff" – Darf es eine totale Überwachung der Wohnung geben?, in: KJ 1992, S. 355 ff.

STAECHELIN, GREGOR: Der „große Lauschangriff" der dritten Gewalt, in: ZRP 1996, S. 430 ff.

STÖRZER, UDO: Effektive Kriminalitätsbekämpfung vs. Wahrung der Datenschutzrechte des Einzelnen, in: Kriminalistik 2004, S. 405 ff.

STÜMPER, ALFRED: Rechtspolitische Nachlese zum „großen Lauschangriff", in: ZRP 1998, S. 463 ff.

TISCHER, BIRGIT: Das System der informationellen Befugnisse der Polizei, Diss., Frankfurt/M. 2004.

VORMBAUM, THOMAS (HRSG.): Der Große Lauschangriff vor dem Bundesverfassungsgericht, Münster 2005.

WAGNER, NORBERT: Bleibt die akustische Wohnraumüberwachung als kriminalistisches Ermittlungsinstrument erhalten?, in: Der Kriminalist 2004, S. 391 ff.

WALISCHEWSKI, LEONARD: § 129 StGB – Die kriminelle Vereinigung, Wunderwaffe der Strafverfolgung, in: StV 2000, S. 583 ff.

WELP, JÜRGEN: Kriminalpolitik in der Krise, in: StV 1994, S. 161 ff.

WEßLAU, EDDA: Das Urteil des Bundesverfassungsgerichts zur akustischen Wohnraumüberwachung – Auswirkungen auf den Strafprozess, in: Roggan (Hrsg.), Lauschen im Rechtsstaat – Gedächtnisschrift für Hans Lisken (zit. als Weßlau, in: Lisken-GS), S. 47 ff.

- Gefährdungen des Datenschutzes durch den Einsatz neuer Medien im Strafprozess, in: ZStW 113 (2001), S. 681 ff.
- Vorfeldermittlungen – Probleme der Legalisierung „vorbeugender Verbrechensbekämpfung aus strafprozeßrechtlicher Sicht (zit. als: Vorfeldermittlungen), Berlin 1989.
- Zwang, Täuschung und Heimlichkeit im Strafverfahren, in: ZStW 110 (1998), S. 1 ff.

WOLTER, JÜRGEN: Repressive und präventive Verwertung tagebuchartiger Aufzeichnungen – zugleich eine Besprechung der Tagebuch-Entscheidung des BVerfG, in: StV 1990, S. 175 ff.

WOLTER, JÜRGEN / SCHENKE, WOLF-RÜDIGER (Hrsg.): Zeugnisverweigerungsberechtigte bei (verdeckten) Ermittlungsmaßnahmen, Berlin 2002.

ZACZYK, RAINER: Prozeßsubjekte oder Störer? Die Strafprozeßordnung nach dem OrgKG – dargestellt an der Regelung des Verdeckten Ermittlers, in: StV 1993, S. 490 ff.

ZIMMERMANN, GEORG: Staatliches Abhören, Frankfurt/M. 2001.

ZÖLLER, MARK ALEXANDER: Informationssysteme und Vorfeldmaßnahmen von Polizei, Staatsanwaltschaft und Nachrichtendiensten, Heidelberg 2002.

2. Telekommunikationsüberwachung (TKÜ): Lückenlose Kontrolle von Datennetzen?

Übersicht

2.1. Bundesrechtliche TKÜ-Regelungen 146
    2.1.1. Die Überwachung der Telekommunikation (TKÜ)
        nach den §§ 100a, 100b StPO 147
        2.1.1.1. Die tatbestandlichen Voraussetzungen 147
        2.1.1.2. Der Richtervorbehalt: Ein Rechtsinstitut zum
                Grundrechtsschutz läuft leer 150
        2.1.1.3. Die Überwachung der „unmittelbaren" Kommunikation 152
        2.1.1.4. Der Zugriff auf in Mailboxen zwischengespeicherte
                Informationen 153
        2.1.1.5. Mobiltelefone als „Bewegungsmelder" 155
        2.1.1.6. Ortung anhand „stiller SMS" 157
    2.1.2. Auskunftsansprüche über Bestands- und Verbindungsdaten 158
        2.1.2.1. Auskunftsanspruch über Bestandsdaten 158
        2.1.2.2. Auskunftsanspruch über Verbindungsdaten 159
                2.1.2.2.1 Verbindungsdaten von Beschuldigten 159
                2.1.2.2.2 Verbindungsdaten von Unverdächtigen:
                              Die Zielwahlsuche 161
    2.1.3. Der IMSI-Catcher 162
        2.1.3.1. Die Funktionsweise des IMSI-Catchers 163
        2.1.3.2. Tatbestandliche Voraussetzungen 163
        2.1.3.3. Der Zugriff auf eine Vielzahl Unverdächtiger 164
        2.1.3.4. Verstoß gegen das Zitiergebot 164
    2.1.4. Die Überwachung des Cyberspace 166
        2.1.4.1. Durchsuchung und Beschlagnahme von Daten
                und EDV-Anlagen 166
        2.1.4.2. Internetrecherchen und Netz-Patrouillen 167
        2.1.4.3. Die Überwachung des E-Mail-Verkehrs 168
        2.1.4.4. Die „Online-Durchsuchung" 168
        2.1.4.5. Auskunftsansprüche der Ermittlungsbehörden
                gegenüber dem Internetprovider 170
2.2. Landesrechtliche TKÜ-Regelungen: Präventives Lauschen 171
    2.2.1. Die Entscheidung des BVerfG zur vorbeugenden/vorsorgenden
        Telekommunikationsüberwachung vom 27.07.2005 173
        2.2.1.1. Die Gesetzgebungskompetenz 173
        2.2.1.2. Die besondere Beachtung des Bestimmtheitsgebots
                bei Vorfeldermittlungen 174
        2.2.1.3. Die besondere Beachtung des Verhältnismäßigkeitsgrund-
                satzes 174
    2.2.2. Konsequenzen aus der Entscheidungen des BVerfG zum NdsSOG .. 175
2.3. Vorratsspeicherung von Telekommunikationsdaten 176

2. Telekommunikationsüberwachung (TKÜ): Lückenlose Kontrolle von Datennetzen?

> „Wer »Waffengleichheit« [...] fordert, muss die Strafprozessordnung und die Polizeigesetze nicht ändern. Er muss sie abschaffen, dieses lästige Gewirr von Rechten und Pflichten für Bürger und Staat [...], wo es doch zuzupacken gilt."
> **Burkhard Hirsch**, Bundestagsvizepräsident a.D.[1]

Stetige Ausweitung der TKÜ

Die Überwachung der Telekommunikation gehört mittlerweile zum Standardrepertoire der Sicherheitsbehörden. Die Bundesrepublik ist seit Jahren einer der westlichen Staaten, in denen weltweit am meisten abgehört wird[2]. Aber nicht nur die Anzahl der „klassischen" Abhörmaßnahmen im Hinblick auf das gesprochene Wort ist in den vergangenen Jahren erheblich gestiegen – Gesetzgebung und eine Rechtsprechung, die bestehende Eingriffsnormen zunehmend extensiv auslegt, haben für ein Überwachungspotential der Sicherheits- und Ermittlungsbehörden im Bereich der Telekommunikationsüberwachung gesorgt, gegenüber dem „das von *George Orwell* beschriebene Kontrollarsenal in »1984« [...] im Vergleich dazu als eine eher simpel ausgefallene Versuchsversion"[3] wirkt. Dieser **extensiven Anwendung der Telekommunikations-überwachung** stehen jedoch einige jüngere Entscheidungen des *BVerfG*[4] entgegen, deren Auswirkungen auf den Alltag der Überwachungspraxis noch abzuwarten sind.

2.1. Bundesrechtliche TKÜ-Regelungen

Im Rahmen des Strafprozesses hat sich die Telekommunikationsüberwachung (TKÜ) zu einem gängigen Mittel der Ermittlungsbehörden zur Beweisgewinnung entwickelt[5]. Bereits seit 1968 sieht die Strafprozessordnung in den §§ 100a, 100b StPO eine Befugnis zur Überwachung und Aufzeichnung des Fernmeldeverkehrs bzw. der Telekommu-

---

1 Zit. nach *Seifert*, KJ 1992, 355 (361).
2 Vgl. *Müller-Heidelberg*, in *ders.*, u.a. (Hrsg.), Grundrechte-Report 2004, S. 101 f.; *Deckers/Gercke*, StraFo 2004, 84 (85); BT-Vizepräsident a.D. *Burkhard Hirsch* bezeichnete Deutschland gar als „Weltmeister" im Abhören unter den demokratischen Staaten, SZ v. 02.11.2001.
3 *Sack/Nogala*, in *Bäumler* (Hrsg.), Datenschutz und Polizei, S. 199 (200).
4 BVerfGE 110, 33 (Entscheidung zur Verfassungswidrigkeit der §§ 39 ff AWG); *BVerfG*, NJW 2005, 2603 (Entscheidung zur vorbeugenden/vorsorgenden Telekommunikationsüberwachung nach §§ 33a I Nr. 2 und 3 NdsSOG); *BVerfG*, NStZ 2005, 337 (Beschlagnahme des Mobiltelefons zum Zwecke des Auslesens der SIM-Karte); vgl. aber auch: *BVerfG*, Urt. v. 02.03.2006 – 2 BvR 2099/04 (kein Schutz der Verbindungsdaten durch Art. 10 GG nach Abschluss des Übertragungsvorgangs).
5 Dies gilt insbesondere im Bereich der Betäubungsmittel-, Raub- und Kapitaldelinquenz, vgl. *Backes/Gusy*, Wer kontrolliert die Telefonüberwachung, S. 28.

nikation[6] zu Zwecken der Strafverfolgung vor. Mittlerweile haben diese Normen zur TKÜ im Rahmen der Strafverfolgung in Gestalt der §§ 100g, 100h, 100i StPO sowie § 113 I TKG Zuwachs erhalten. Auch in § 1 I i. V. m. § 3 des G-10-Gesetzes[7] sowie nach der Entscheidung des *BVerfG* zur Verfassungswidrigkeit der §§ 39 ff. AWG[8], nunmehr in den §§ 23 a-f Zollfahndungsdienstgesetz[9], finden sich Ermächtigungen zum heimlichen Überwachen des Telekommunikationsverkehrs[10]. Im Folgenden konzentriert sich die Darstellung auf die – vor allem in der Praxis bedeutsamen – strafprozessualen Regelungen.

2.1.1. Die Überwachung der Telekommunikation (TKÜ) nach den §§ 100a, 100b StPO

Die Überwachung der Telekommunikation nach den §§ 100a, 100b gilt als „Prototyp" der strafprozessualen Normen heimlicher Beweisgewinnung[11]. Bereits bei Einführung der Normen wurden erhebliche verfassungsrechtliche Bedenken geltend gemacht[12]. Im „Abhörurteil" des *BVerfG* vom 15.12.1970[13] hat das Gericht die Verfassungsmäßigkeit des Gesetzes jedoch mit einer 5:3-Entscheidung festgestellt.

2.1.1.1. Die tatbestandlichen Voraussetzungen

Nach § 100a StPO dürfen Maßnahmen zur Überwachung der TK angeordnet werden, wenn **bestimmte Tatsachen den Verdacht** begründen, dass jemand als Täter oder Teilnehmer bestimmte **Katalogtaten** begangen, zu begehen versucht oder vorbereitet hat. Diesbezüglich reicht ein **sogenannter „qualifizierter Tatverdacht"**, der bereits ein gewisses Maß an Konkretisierung erreicht haben muss und nicht nur unerheblich sein darf[14]. Innerhalb der Verdachtsgrade der StPO geht dieser qualifizierte Verdachtsgrad über den bloßen Anfangsverdacht i. S. d. § 152 II StPO hinaus, braucht aber weder „hinreichend" i. S. d. §§ 170, 203 StPO, noch „dringend" i. S. d. § 112 StPO zu sein[15].

Verdachtsschwelle des § 100a StPO

---

6 Der Begriff des „Fernmeldeverkehrs" wurde durch den der „Telekommunikation" durch das Begleitgesetz zum TKG vom 17.12.1997 (BGBl. 1997, I, S. 3108, 3113) ersetzt. Damit sollte – ohne eine inhaltliche Änderung im eigentlichen Sinne zu bezwecken – der technischen Entwicklung Rechnung getragen werden (BR-Drs. 369/97, S. 45).
7 Gesetz zur Beschränkung des Brief-, Post- und Fernmeldegeheimnisses vom 13.08.1968 (BGBl. 1968, I, S. 949); einen Überblick bietet hierzu: hierzu: *Kloepfer* in: Die neue TKÜV, S. 98 f.; *Pütter*, Bürgerrechte & Polizei / CILIP 71 (1/2002), 16 ff.
8 Durch Beschluss vom 03.03.2004 hat das *BVerfG* die §§ 39 ff. AWG für verfassungswidrig erklärt (BVerfGE 110, 33); vgl. hierzu nur *Fehn*, Kriminalistik 2004, 252 sowie hier in Teil 1 unter 3.5; krit. zur Verfassungsmäßigkeit der §§ 39 ff. AWG bereits: *Gusy*, StV 1992, 143 (145 f.); *Michalke*, StV 1993, 262 (266 ff.).
9 Vgl. hierzu: *Huber*, NJW 2005, 2260.
10 Zur Anordnungspraxis präventiver Telefon- und Postüberwachung durch das Zollkriminalamt vgl.: BT-Drs. 16/281.
11 *Bernsmann/Jansen*, StV 1998, 217 (218).
12 Vgl. nur: *Häberle* JZ 1971, 145 ff.; *Welp*, DÖV 1970, 267 ff.
13 BVerfGE 30, 1.
14 KK-StPO-*Nack*, § 100a Rdnr. 24.
15 *Gercke*, Bewegungsprofile, S. 85, m. w. Nachw,

Teil 2: Polizei- und Strafprozessrecht

Diese Verdachtsschwelle entspricht derjenigen bei anderen heimlichen Datenerhebungen, so etwa bei (strafverfolgenden) „großen Lauschangriffen" (§ 100 c I StPO). Ausreichend ist insoweit, dass Umstände vorliegen, die auch unter Berücksichtigung der kriminalistischen Erfahrung in erheblichem Maße darauf hindeuten, dass jemand als Täter oder Teilnehmer eine Katalogtat begangen hat[16]. Lediglich Gerüchte, Gerede und bloße Vermutungen genügen nicht[17].

Erweiterung des Straftatenkatalogs

Die Katalogtaten des § 100a StPO sind enumerativ aufgezählt. Dieser Katalog ist seit der Einführung der Norm um rund 20 Straftatbestände erweitert worden[18]. Auch der Versuch oder eine strafbare Vorbereitungshandlung einer Katalogtat eröffnen den Anwendungsbereich der Norm[19]. So genannte Zufallsfunde, die eine andere Tat als diejenige, deretwegen ermittelt wird, betreffen, dürfen grundsätzlich nur dann verwertet werden, wenn sie ihrerseits eine andere Katalogtat betreffen[20]. Allerdings soll es nach einer Entscheidung des *BVerfG* vom 29.06.2005 zulässig sein, solche Zufallserkenntnisse bezüglich von Nicht-Katalogtaten als Anlass zu weiteren Ermittlungen zur Gewinnung neuer Beweismittel zu verwenden[21].

Subsidiaritätsklausel des § 100a StPO

Entsprechend dem allgemeinen Verhältnismäßigkeitsgrundsatz darf eine TKÜ **nur subsidiär** durchgeführt werden. § 100a S.1 StPO bestimmt insoweit explizit, dass die Erforschung des Sachverhalts oder die Ermittlung des Aufenthaltsorts des Beschuldigten auf andere Weise aussichtslos oder wesentlich erschwert wäre (sog. „strenge Subsidiaritätsklausel"[22]).

Anforderungen des Kernbereichsschutzes

Eine Überwachung der Gespräche mit Verteidigern ist im Hinblick auf § 148 StPO ausgeschlossen[23]. Aus Verhältnismäßigkeitsgründen kann sich überdies eine Einschränkung der Überwachung im Hinblick auf die betroffenen Grundrechte Dritter ergeben: Diesbezüglich muss unter Berücksichtigung der Grundsätze der **Lauschangriff-Entscheidung vom 03.03.2004**[24] im unantastbaren Bereich privater Lebensgestaltung ein überwachungsfreier Kernbereich der betroffenen Personen gewährleistet sein[25]. Auch in der **TKÜ-Entscheidung vom 27.7.2005** wurden die Voraussetzungen von Datenerhebungsverboten genannt: „Bestehen im konkreten Einzelfall tatsächliche Anhaltspunkte für die Annahme, dass eine Telekommunikationsüberwachung Inhalte erfasst, die zu diesem Kernbereich zählen, ist sie nicht zu rechtfertigen und muss unterbleiben"[26]. **Konsequenz** aus dieser Rechtsprechung ist jedenfalls, dass die bisherige Praxis

---

16 Vgl. nur KK-StPO-*Nack*, § 100 a Rdnr. 24; HK-*Lemke*, § 100 a Rdnr. 10; *Meyer-Goßner*, § 100a Rdnt. 6.
17 LR-*Schäfer*, § 100a, Rdnr. 42.
18 Krit. hierzu: *Neuhaus*, in Hanack u.a. (Hrsg.), *Rieß*-FS, S. 375 (384); vgl. ferner den Überblick bei *Lücking*, Überwachung des Fernmeldeverkehrs, S. 16 f.
19 BGHSt 32, 10 (16).
20 *Meyer-Goßner*, § 110b Rdnr. 7.
21 *BVerfG*, Beschl. v. 29.06.2005 – 2 BvR 866/05.
22 Zum System der Subsidiaritätsklauseln vgl. nur: *Rieß*, in: Geppert/Dehnicke (Hrsg.), *K.H.-Meyer-GS*, S. 367 ff.
23 *Meyer-Goßner*, § 100a Rdnr. 13, m. w. N.
24 BVerfGE 109, 279 ff. i. V. m. BVerfGE 110, 33 (76).
25 *LG Ulm* StV 2006, 8 f.
26 *BVerfG*, NJW 2005, 2603 (2612).

2. Telekommunikationsüberwachung

der TKÜ in weiten Teilen als kaum vereinbar mit verfassungsrechtlichen Vorgaben anzusehen ist[27]: Erforderlich sind auch im Bereich der TKÜ vorgelagerte Schutzvorkehrungen, die die **Achtung der Zeugnisverweigerungsrechte** einerseits und den **Schutz des menschenwürdedefinierten Kernbereichs** andererseits zum Gegenstand haben[28]. Die bloße Aufzeichnung etwa von solchen Telekommunikationen, bei denen eine Verletzung dieses Kernbereichs zu besorgen ist, kommt ohne Live-Kontrolle (einschließlich der Möglichkeit zur sofortigen Unterbrechung der Maßnahme) nicht mehr in Frage. Denn dies käme einem planmäßigen und damit absichtsvollen Risiko einer Kernbereichsverletzung gleich. Sofern die Strafverfolgungsbehörden folglich Hinweise auf TK-Anschlüsse von Personen des höchstpersönlichen Vertrauens eines Verdächtigen haben, so unterliegen die über diese Anschlüsse geführten Kommunikationen – jedenfalls grundsätzlich – einem **Überwachungsverbot**. Sind diese Anschlüsse nicht bekannt, so muss für die gesamte Maßnahme ein Live-Überwachungs-Gebot gelten. Wird trotz dieser Schutzvorkehrungen in den Kernbereich eingegriffen, so gelten die verfassungsgerichtlich angeordneten **Löschungsgebote** und **Verwertungsverbote** einschließlich einer **Fernwirkung**: Erkenntnisse, die unter Verletzung des Kernbereichs privater Lebensgestaltung erlangt wurden, dürfen weder im Ausgangsverfahren noch in anderen Zusammenhängen Verwendung finden. Die TKÜ-Praxis der nächsten Jahre wird zeigen, welche technischen, personellen und quantitativen Folgen die höchstrichterliche Rechtsprechung zum Kernbereichsschutz hat. Im „Ulmer Fall" jedenfalls führte die Anordnung von kernbereichsschützender Durchführung der TKÜ dazu, dass diese nicht geschaltet wurde[29].

§ 100b StPO regelt die Einzelheiten der Anordnung einer TKÜ, insbesondere eine verfahrensmäßige Grundrechtssicherung in Gestalt des **Richtervorbehalts**. Nur bei Gefahr im Verzug ist auch die Staatsanwaltschaft anordnungsberechtigt. In der Grundsatzentscheidung des *BVerfG* zum Begriff der „Gefahr im Verzug" im Rahmen von Durchsuchungen vom 21.02.2001[30] hat das Gericht darauf hingewiesen, dass jener eng auszulegen ist. Es ist danach insbesondere zu gewährleisten, dass die „richterliche Anordnung […] die Regel, die nichtrichterliche die Ausnahme"[31] bleibt. Ausdrücklich hat der Senat in diesem Zusammenhang festgestellt, dass Auslegung und Anwendung des Begriffs einer „unbeschränkten gerichtlichen Kontrolle"[32] unterliegen. Entgegen der bisherigen Rechtsprechung des *BGH*[33] kann auch nicht davon ausgegangen werden, dass nur die offene Willkür eine entsprechend fehlerhafte Anwendung unwirksam werden lässt; vielmehr muss die Entscheidung vor dem Hintergrund des Grundrechtein-

Richtervorbehalt als Regelfall

---

27 Ausführlich hierzu auch *Bergemann*, in: Lauschen im Rechtsstaat, S. 69 ff. und *Roggan*, in: Freiheit statt Sicherheit?, S. 67 ff.
28 Vgl. hierzu die Vorschläge von *Roggan*, StV 2006, 9 ff.
29 Süddeutsche Zeitung v. 5.11.2004, http://www.sueddeutsche.de/deutschland/artikel/520/42478/print.html.
30 *BVerfG,* NStZ 2001, 382.
31 *BVerfG,* NStZ 2001, 382.
32 *BVerfG,* NStZ 2001, 382.
33 Vgl. *BGH,* NStZ 1995, 510.

griffs in vollem Umfang überprüfbar sein.[34] Ein bewusster Verstoß gegen das Regel-Ausnahme-Prinzip führt überdies zu einem Verwertungsverbot für die durch die Maßnahme erlangten Beweismittel[35].

2.1.1.2. Der Richtervorbehalt: Ein Rechtsinstitut zum Grundrechtsschutz läuft leer

Keine wirksame Kontrolle

Der Richtervorbehalt gilt seit jeher als „Königsweg für den Schutz von Grundrechten im Strafverfahren"[36]. Indessen zeigen neuere empirische Untersuchungen, dass die tatsächliche Rechtsanwendungspraxis für solchen Optimismus wenig Anlass bietet. In der Bielefelder Studie zu „Wirksamkeitsbedingungen von Richtervorbehalten bei Telefonüberwachungen"[37] unter Leitung von *Otto Backes* und *Christoph Gusy* wird dargelegt, dass die verantwortlichen Ermittlungsrichter ihren Kontroll- und Dokumentationspflichten nur unzureichend nachkommen. Maßstab für die Beurteilung der richterlichen Anordnungen waren dabei die sich aus dem Gesetz ergebenden Kriterien (Katalogtat, auf den Tatverdacht bezogene tatsachenbezogene Ausführungen und einzelfallbezogene Ausführungen zum Subsidiaritäts- und Verhältnismäßigkeitsprinzip). Lediglich 24 % der untersuchten Beschlüsse erfüllten diese Anforderungen; in zwei Dritteln der Fälle wurden nur zu einem oder zwei Merkmalen Ausführungen gemacht und in fast 10 % der Beschlüsse war kein einziges Kriterium erwähnt[38]. Einem Großteil der Beschlüsse war **keine eigenständige Substanz** zu entnehmen; die Beschlüsse entsprachen weitgehend den staatsanwaltlichen Anträgen. Dabei wurden von den Richtern auch (teilweise) unvollständige Anträge in 41 % der Fälle wörtlich übernommen[39]. Bemerkenswert ist auch, dass die Richter sich mitunter staatsanwaltschaftlicher Beschlussentwürfe bedienten und diese in 92,3 % der Fälle übernahmen und lediglich noch unterschrieben[40]. Dabei spielte es nicht einmal eine Rolle, dass diese lediglich zu 11,8 % den oben genannten Kriterien entsprachen[41]. Die Autoren kommen zu dem Schluss, dass sich die Rechtspraxis das vom Gesetzgeber angestrebte Ziel, die Anordnung der Telefonüberwachung durch eine eigenständige richterliche Entscheidung prüfen zu lassen, damit der durch die Maßnahme erfolgte Grundrechtseingriff messbar und kontrollierbar bleibt, nicht zu eigen gemacht hat[42].

Begründung der TKÜ de facto durch Polizei

Auch wenn die nahezu zeitgleich veröffentlichte Studie des Max-Planck-Instituts (MPI) für ausländisches und internationales Strafrecht (Freiburg) im Auftrag des BMJ[43] ein nicht ganz so drastisches Bild zeichnet, gelangen auch hier die Verfasser zu der

---

34 So bereits: *Bernsmann*, NStZ 1995, 512; *Störmer*, StV 1995, 653 (655 ff.).
35 *AG Offenbach*, NStZ 1991, 247.
36 *Kühne*, Strafprozessrecht, Rdnr. 409.
37 *Backes/Gusy*, Wer kontrolliert die Telefonüberwachung?; zsfd.: StV 2003, 249; vgl hierzu auch: *Dekkers/Gercke*, StraFo 2004, 84 ff.; *Kinzig*, StV 2004, 560 ff.
38 *Backes/Gusy*, Wer kontrolliert die Telefonüberwachung?, S. 45.
39 *Backes/Gusy*, Wer kontrolliert die Telefonüberwachung?, S. 49.
40 *Backes/Gusy*, Wer kontrolliert die Telefonüberwachung?, S. 47.
41 *Backes/Gusy*, Wer kontrolliert die Telefonüberwachung?, S. 48.
42 *Backes/Gusy*, Wer kontrolliert die Telefonüberwachung S. 123 ff.; vgl. auch *Kutscha*, NVwZ 2003, 1298.
43 *Albrecht/Dorsch/Krüpe*, Rechtswirklichkeit und Effizienz der Überwachung der Telekommunikation.

2. Telekommunikationsüberwachung

Feststellung einer dem Richtervorbehalt zuwiderlaufenden polizeilichen Dominanz bezüglich der Anordnung der Ermittlungsmaßnahmen nach den §§ 100a, 100b StPO: Die Begründungstätigkeit bei Anordnungen zur TKÜ erfolgt auch hiernach „nahezu ausschließlich durch die Polizei"[44].

Der **Richtervorbehalt ist mithin kein ausreichendes Korrektiv**, das die von Jahr zu Jahr steigenden Zahlen überwachter TK-Anschlüsse rechtsstaatlich zähmen könnte. Auf diese Weise konnte die Bundesrepublik in der Vergangenheit zur weltweiten „Spitzengruppe" in Sachen TKÜ aufsteigen[45]. Allein von 1990 bis 2002 hat sich die die Zahl der TKÜ-Anordnungen von 2.494 auf 21.874 gesteigert.[46] Für das Jahr 2004 haben die TK-Unternehmen der Regulierungsbehörde für Telekommunikation und Post (RegTP) 29.017 Anordnungen allein nach den §§ 100a, 100b StPO gemeldet[47]. Ein erneuter Höchststand war für 2005 mit 35.015 Anordnungen zu registrieren[48].

Das Ausmaß der TKÜ in der Bundesrepublik bestimmt sich aber nicht nur nach der Zahl der Anordnungen, sondern auch nach der Zahl der dabei **überwachten Gespräche und der insgesamt hiervon betroffenen Personen**. Nach Untersuchungen von *Pfeiffer* bedeuteten 3.499 TK-Überwachungsmaßnahmen im Jahre 1992 eine halbe Million überwachter Gespräche[49]. *Müller-Heidelberg* folgert hieraus, dass man allein für das Jahr 2002 von über 3 Millionen überwachten Gesprächen ausgehen muss[50]. Dass hiervon eine Vielzahl „unschuldig (mit)überwachter"[51] Personen betroffen ist, liegt auf der Hand. Jeder dieser Betroffenen wird zunächst einmal von den Strafverfolgungsbehörden erfasst. Eine wirksame Begrenzung der Überwachung der Telekommunikation findet mithin nicht statt.

Von besonderer Bedeutung ist in diesem Zusammenhang, dass die Verteidigung in den entsprechenden Strafverfahren der Verwertung der rechtsfehlerhaft gewonnenen TKÜ-Ergebnisse nur in den seltensten Fällen widerspricht[52]. Diese „Lethargie" geht einher mit einer Rechtsprechung, die **überzogene Anforderungen an die Unverwertbarkeit rechtsfehlerhaft gewonnener Ermittlungsergebnisse** stellt und die tat- und revisionsrichterliche Kontrolle auf die Überprüfung objektiver Willkür und „eklatanter" offensichtlicher Fehlbeurteilung reduziert.[53] Dies führt letztlich zur „faktischen Versagung"[54] des Grundrechtsschutzes in diesem Bereich.

[Marginalien: Jährliche Zunahme der Telefonüberwachung; Keine ausreichende Begrenzung der TKÜ; Rspr. zu Unverwertbarkeit]

---

44 *Albrecht/Dorsch/Krüpe*, Rechtswirklichkeit und Effizienz der Überwachung der Telekommunikation, S. 447.
45 *Paeffgen*, in: *Schünemann* u.a. (Hrsg.), FS-*Roxin*, S. 1299 m.w.N.; ausführlich auch *Bizer*, in: Polizei und Datenschutz, S. 130 ff.; **a.A.** wohl *Hamacher*, Kriminalistik 2001, 357 f. und aus polizeilicher Sicht auch *Wegermann*, Der Kriminalist 2004, 93 ff.
46 Nachweise bei *Deckers/Gercke*, StraFo 2004, 84 (85).
47 http://www.heise.de/newsticker/meldung/58104.
48 Pressemitteilung der Bundesnetzagentur v. 27.4.2006.
49 *Böttger/Pfeiffer*, ZRP 1994, 7 ff.
50 *Müller-Heidelberg*, in *ders.* u.a. (Hrsg.), Grundrechtereport 2004, 101 (102).
51 *Müller-Heidelberg*, in *ders.* u.a. (Hrsg.), Grundrechtereport 2004, 101 (102).
52 *Backes/Gusy*, Wer kontrolliert die Telefonüberwachung?, S. 73.
53 *Deckers/Gercke*, StraFo 2004, 84 (88 f.); *Kinzig*, StV 2004, 560 (565).
54 *Störmer*, StV 1995, 657; vgl. auch: *Paeffgen*, GA 2003, 647 (671).

Teil 2: Polizei- und Strafprozessrecht

2.1.1.3. Die Überwachung der „unmittelbaren" Kommunikation

Wachsende Bedeutung von § 100a StPO

Die Zeiten, in denen die Befugnis fast ausschließlich das Abhören und Aufzeichnen von (Festnetz-) Telefonanschlüssen betraf, sind seit langem vorbei. Das Fortschreiten der Möglichkeiten der modernen Kommunikation, auch unter Verwendung von elektronischen Medien[55], hat den **Anwendungsbereich des § 100a StPO** in entsprechender Weise „**mitwachsen**" lassen. Längst findet der Austausch von menschlichen Gedankenerklärungen auch über Mobilfunknetze und insbesondere auch das Internet statt[56]. Im Zusammenhang mit den modernen Medien stellen sich damit Rechtsfragen, die bei traditioneller Kommunikation via (leitungsgebundenem) Telefonieren unbekannt waren.

Begriff der „Telekommunikation"

Mangels einer eigenen Legaldefinition der StPO ist der Begriff der „Telekommunikation" grundsätzlich anhand der gängigen Auslegungsmethoden zu ermitteln[57]. Auf die Legaldefinitionen des Telekommunikationsgesetzes (TKG) und der Telekommunikationsüberwachungsverordnung (TKÜV) kann schon deshalb nicht ohne weiteres zurückgegriffen werden, da sie einen unterschiedlichen Adressaten- und Regelungsbereich haben[58]. Sie stellen allerdings wichtige Orientierungshilfen bei der Auslegung dar. Nach § 3 Nr. 22 TKG wird unter Telekommunikation der technische Vorgang des Aussendens, Übermittelns und Empfangens von Signalen mittels Telekommunikationsanlagen verstanden[59]. Nach mittlerweile nahezu einhelliger Ansicht wird unter dem TK-Begriff des § 100a StPO nicht nur der „klassische" (analoge) Fernmeldeverkehr verstanden, sondern vielmehr Telefondienste jeder Art, insbesondere auch der Mobilfunkverkehr[60] sowie Text- und Bildübertragungsdienste (Telefax, Telex, Teletext etc.) sowie der Datenverkehr in Computernetzen[61]. Eine solch weite Auslegung des TK-Begriffs kann sich letztlich auf die Rechtsprechung des *BVerfG* stützen, wonach der Gesetzgeber im Hinblick auf § 100a StPO das Gesetz bewusst für technische Entwicklungen auf dem Kommunikationssektor habe offen halten wollen[62].

---

55 Ausführlich hierzu: *Ruhmann*, in: Innere Sicherheit als Gefahr, S. 219 ff.
56 Zur wachsenden Bedeutung der Telekommunikationsüberwachung ausführlich *Bizer* in: Polizei und Datenschutz, S. 131 ff.
57 Vgl. hierzu: *Gercke*, Bewegungsprofile, S. 92 ff. (insbes. S. 99 ff.).
58 Hierzu: *Gercke*, Bewegungsprofile, S. 93 ff.; ebenso: *Günther*, NStZ 2005, 485, 490; nach dem *BGH* ist der Begriff der „Telekommunikation" in § 100a StPO allerdings „inhaltsgleich" mit der Legaldefinition in § 3 Nr. 16 TKG a.F., der im wesentlichen § 3 Nr. 22, 23 TKG n. F. entspricht (*BGH*, NJW 2003, 2034).
59 Unter TK-Anlagen wiederum werden nach § 3 Nr. 23 TKG technische Einrichtungen oder Systeme verstanden, die als Nachrichten identifizierbare elektromagnetische oder optische Signale senden, übertragen, vermitteln, empfangen, steuern oder kontrollieren können.
60 Vgl hierzu aber: *Perschke*, Zulässigkeit nicht spezialgesetzlich geregelter Ermittlungsmethoden, S. 17, der unter Hinweis auf die technische Ausgestaltung des Mobilfunkverkehrs, bei dem keine „Anschlüsse", sondern Funkzellen existieren, die von mehreren Teilnehmern genutzt werden, darauf hinweist, dass es sich letztlich um eine „Abhörrasterfahndung" handele, die von der Individualkontrolle des § 100a StPO nicht gedeckt sei; ähnlich auch: *Riegel*, ZRP 1993, 468 (470 f.)
61 LR-*Schäfer*, § 100a Rdnr. 45, m. w. N.
62 BVerfGE 46, 120 (143); vgl. auch: *Vassilaki*, JR 2000, 446.

Nach der Entscheidung des 2. Strafsenats des *BGH* vom 14.03.2003[63] sollen schließlich auch so genannte **Raumgespräche**, d.h. solche, die nicht zwischen den (telefonierenden) unmittelbaren Kommunikationspartnern, sondern – bei Vergessen des „Auflegens" eines der Telefonierenden – von Anwesenden in dem entsprechenden Raum vom TK-Begriff des § 100a StPO erfasst werden. Insbesondere soll es nicht darauf ankommen, dass eine Nachrichtenübermittlung mit aktuellem Willen oder Wissen der Betroffenen erfolge[64]. Diese Entscheidung stellt eine Abkehr von der Grundsatzentscheidung des gleichen Senats vom 16.03.1983[65] dar, wonach solche Raumgespräche nicht von dem damals in § 100a StPO verwandten Begriff des „Fernmeldeverkehrs" erfasst werden, da nur die **unmittelbar** mit dem Telefongespräch zusammenhängenden Vorgänge unter die Norm subsumiert werden können[66]. Entgegen den Entscheidungsgründen lässt sich der Rechtsprechungswechsel jedenfalls nicht mit der Ersetzung des Begriffs des „Fernmeldeverkehrs" durch den der „Telekommunikation" legitimieren, da hierdurch nach dem ausdrücklichen Willen des Gesetzgebers keine inhaltliche Änderung, sondern ausschließlich eine redaktionelle Anpassung an den modernen Sprachgebrauch des TKG erfolgen sollte[67]. Überdies berührt die Aufzeichnung eines Raumgesprächs, wie der Senat noch in der 1. Raumgesprächsentscheidung zutreffend angeführt hatte, regelmäßig „den unantastbaren Bereich der privaten Lebensgestaltung", der einem Zugriff öffentlicher Gewalt entzogen sei[68]. Schließlich stellt sich die Frage, inwieweit der „Dritte" (der Gesprächspartner des Betroffenen beim Raumgespräch), der erkennbar in keiner Weise am TK-Vorgang beteiligt ist, überhaupt von der Überwachung nach § 100a StPO erfasst werden kann – es handelt sich insoweit mitnichten um so genannte „Zufallsfunde" i. S. d. § 100a i. V. m. § 100b V StPO, da auch diese einen TK-Bezug als Mindestanforderung voraussetzen[69].

Raumgespräche

2.1.1.4. *Der Zugriff auf in Mailboxen zwischengespeicherte Informationen*

Nach der Rechtsprechung unterliegen auch auf **Mailboxen** von überwachten Anschlüssen gespeicherte Nachrichten dem Zugriff der Strafverfolgungsbehörden nach § 100a StPO. Mailbox-Dienste haben sowohl im Festnetz wie auch im Mobilfunk-Verkehr die Funktion eines externen „Anrufbeantworters".

Zugriff auf Mailbox-Nachrichten

Grundsätzlich wird bezüglich des Zugriffs auf die abgespeicherten Sprachinhalte in drei Phasen unterteilt: der „missglückte" Anruf mit dem Hinterlassen einer Sprachnachricht (Phase 1), das „ungeöffnete Ruhen" der abgespeicherten Nachricht (Phase 2) und der Abruf der Nachricht durch den Empfänger (Phase 3)[70]. Ein Zugriff der Strafverfolgungsbehörden auf den Nachrichteninhalt in den Phasen 1 und 3 ist nach nahezu

---

63 *BGH,* StV 2003, 370 („2. Raumgesprächsentscheidung").
64 So aber: *Dallmeyer,* JA 2003, 930.
65 BGHSt 31, 296 („1. Raumgesprächsentscheidung")
66 BGHSt 31, 296 (297).
67 BR-Drs. 369/97, S. 45.
68 BGHSt 31, 296 (299).
69 *Koch,* K&R 2004, 137 (138).
70 *Gercke,* StraFo 2003, 76 (77); vgl hierzu auch: *Palm/Roy,* NJW 1996, 1791 (1793); *dies.,* NJW 1997, 1904.

Teil 2: Polizei- und Strafprozessrecht

einhelliger Ansicht auf Grundlage von § 100a StPO zulässig[71]; insoweit unterscheidet sich diese Konstellation nicht von sonstigen Fällen der Nachrichtenübermittlung und kann somit unproblematisch unter den Begriff der Telekommunikation subsumiert werden[72].

Betroffenheit von Art. 10 GG und Art. 13 GG

Umstritten ist allerdings, ob auch der Zugriff in „Phase 2" von § 100a StPO erfasst wird: Während Teile des Schrifttums für diesen Ermittlungsmaßnahme die einfache Beschlagnahme ausreichen lassen wollen[73], hat der *BGH* gleich in mehreren Entscheidungen deutlich gemacht, dass auch der Zugriff auf die „ruhenden" gespeicherten Nachrichten nur unter den engeren Voraussetzungen des § 100a StPO zulässig ist[74]. Überdies habe eine besondere „Berücksichtigung der betroffenen Grundrechte (Art. 10, 13 GG)"[75] zu erfolgen. Der Hinweis auf Art. 13 GG ergeht dabei zutreffend, da der Zugriff der Strafverfolgungsbehörden auf ein Gerät in einer von Art. 13 GG geschützten Sphäre erfolgt: Demnach sind zusätzlich die Anforderungen des § 103 I StPO zu berücksichtigen[76].

Die Auffassung des *BGH* gewährleistet sicherlich einen höheren Grundrechtsschutz als die Gegenansicht in der Literatur. Ob die Auffassung des *BGH*, eine Ermächtigungsgrundlage bei einem Eingriff in zwei Grundrechte nach Art einer „Schwerpunktsetzung" zu bestimmen, bei der man das „andere" betroffene Grundrecht dann im Rahmen der herangezogenen „dominanteren" Ermächtigungsgrundlage „mitberücksichtigt", allerdings dem Institut des Gesetzesvorbehalts gerecht wird, erscheint jedoch als zweifelhaft.

BVerfG: Grenzen des Schutzbereichs

Nach Abschluss des gesamten (Tele-) Kommunikationsvorganges, mithin also nach Abruf der empfangenen Nachricht, endet unter Anwendung der Grundsätze des Urteils des *BVerfG* vom 02.03.2006[77] grundsätzlich der Schutzbereich von Art. 10 GG. Begründet wird dies damit, dass das Fernmelde- bzw. Telekommunikationsgeheimnis nach allgemeinem Verständnis gerade vor dem spezifischen Gefahren schützen soll, die mit der räumlich distanzierten Kommunikation, also ohne (ausreichende) Einwirkungsmöglichkeit des Betroffenen im Hinblick auf den Schutz der Kommunikation einhergehen[78]. Ist die Nachricht aber endgültig in den Bereich des Empfängers gelangt, habe dieser die Möglichkeit, über jene wie über andere Daten zu verfügen[79]. Mithin kann von einer „4. Phase" gesprochen werden. Es fehle insoweit an einem besonderen Schutzbedürfnis im Hinblick auf Art. 10 GG, so dass die Vorschriften über die Beschlagnahme nach den §§ 94 StPO ausreichen sollen. Allerdings hat das *BVerfG* gleichwohl hinsichtlich solcher Daten klar gestellt, dass diesbezüglich erhöhte Anforderungen

---

71 *BGH* NJW 1997, 1934; NJW 2003, 2034´(2035).
72 *Kudlich*, JuS 1998, 209 (211).
73 KK-StPO-*Nack*, § 100a Rdnr. 7; *Bär*, MMR 2000, 472, (475); vgl. auch *LG Ravensburg* NStZ 2003, 325 (326).
74 *BGH*, NJW 1997, 1934; NJW 2003, 2034 (2035); vgl. auch *LG Hanau* StV 2000, 354 (355).
75 *BGH*, NJW 1997, 1934 (1935).
76 Vgl. *Gercke*, StraFo 2003, 76 (77).
77 *BVerfG*, Urt. v. 02.03.2006 – 2 BvR 2099/04.
78 *BVerfG*, Urt. v. 02.03.2006 – 2 BvR 2099/04.
79 *BVerfG*, Urt. v. 02.03.2006 – 2 BvR 2099/04.

an die Verhältnismäßigkeitsprüfung bestehen. Begründet wird dies damit, dass jene „außerhalb der Sphäre des Betroffenen unter dem besonderen Schutz des Fernmeldegeheimnisses stehen"[80] und überdies ein ergänzender Schutz des Rechts auf informationelle Selbstbestimmung vorliegt[81].

2.1.1.5. Mobiltelefone als „Bewegungsmelder"

Mit der Verbreitung der Mobilfunktechnik werden auch den Strafverfolgungsorganen neue Möglichkeiten eröffnet. Angeschaltete Handys wählen sich in Verbindung mit der SIM-Karte auch im bloßen „Stand-by"-Betrieb, d.h. ohne tatsächliches oder zumindest versuchtes Gespräch in die jeweils nächstliegende Funk- bzw. Basisstation des Funknetzes ein, damit der Nutzer jederzeit und überall erreichbar ist; sie teilen auf diese Weise den Standort ihres Besitzers mit[82]. Je nach Größe der Funkzelle lässt sich der Mobilfunk-Nutzer bis auf 30 Meter genau orten[83]. Innerhalb der Funkzelle ist grundsätzlich – durch weitere Peilmaßnahmen – eine noch genauere Ortung möglich[84]. Nicht betriebsbereite Handys bleiben in der Funkzelle gespeichert, in der sie sich beim Abschalten befanden[85]. Anhand der einzelnen Positionsbestimmungen lässt sich ein nahezu **lückenloses Bewegungsbild des Mobilfunknutzers** erstellen.

Rechtsprechung und wohl herrschende Lehre subsumieren die Lokalisierung des Mobilfunkgerätes im „Stand-by"-Betrieb und die hieraus resultierende Möglichkeit der Erstellung eines Bewegungsbildes unter § 100a StPO.[86] Bemerkenswert ist hierbei, dass die Gerichte insbesondere vom Schutzbereich des Grundrechts aus Art. 10 GG her argumentieren: Da die §§ 100a, 100b StPO mit ihrem weiteren Anwendungsbereich eine gesetzliche Ermächtigung zu Eingriffen in das durch Art. 10 GG geschützte Fernmeldegeheimnis (bzw. Telekommunikationsgeheimnis) darstellten, müsse sich ihre Auslegung, insbesondere der nunmehr maßgebende Begriff der Telekommunikation, in erster Linie an diesem Grundrecht orientieren. Das Grundrecht des Fernmeldegeheimnisses sei gegenüber den technischen Entwicklungen, wie sie z.B. in den heutigen Möglichkeiten der Speicherung und Verarbeitung von Informationen jeglicher Art durch Digitalisierung zeige, offen und dynamisch[87]. Ein durch neuartige Gefährdungen wachsender Schutzbereich eines Grundrechts solle gleichsam **„mitwachsende" Eingriffsbefugnisse** nach sich ziehen. Schließlich würde die Standortdatenerfassung jedenfalls ein **Minus** im Vergleich zur Überwachung des unmittelbar gesprochenen

Bewegungsprofile durch Mobilfunkdaten

Standortdaten im „Stand-by"-Betrieb

---

80 *BVerfG*, Urt. v. 02.03.2006 – 2 BvR 2099/04.
81 *BVerfG*, Urt. v. 02.03.2006 – 2 BvR 2099/04.
82 Zum technischen Ablauf s. *Gercke*, Bewegungsprofile, S. 29 ff., m. w. Nachw.
83 *Fatah*, com!online 6/2001, S. 132 (134).
84 *Artkämper*, Kriminalistik 1998, 202; *Keller*, Die Polizei 2005, 106 (107, Fn. 6).
85 *Artkämper*, Kriminalistik 1998, 202.
86 *BGH*-Ermittlungsrichter, StV 2001, 214; *LG Aachen* StV 1999, 590; *Artkämper*, Kriminalistik 2001, 427; *Bär*, MMR 2001, 443, 444; KK-StPO-*Nack*, § 100a Rndr. 13; LR-*Schäfer*, § 100a Rndr. 51 ff.
87 Stellvertretend *BGH,* StV 2001, 215. Dass der Schutzbereich des Art. 10 GG als solcher „dynamisch" und „entwicklungsoffen" zu interpretieren ist, entspricht insoweit wohl nahezu einhelliger Ansicht, vgl. nur: *Jarass*, in *Jarass/Pieroth*, Art. 10, Rdnr. 1.

Teil 2: Polizei- und Strafprozessrecht

Wortes darstellen und als solches vom Anwendungsbereich des § 100a StPO umfasst sein. Teilweise wird auch auf § 7 Nr. 7 TKÜV in der Fassung vom 03.11.2005[88] Rückgriff genommen, wonach der Verpflichtete zur „Umsetzung von Anordnungen, durch die Angaben zum Standort des empfangsbereiten, der zur Überwachung zugeordneten Mobilfunkgerätes verlangt werden", seine Überwachungseinrichtung entsprechend gestalten „kann"[89].

Unzulässiger Rückgriff auf § 100a StPO

Die Ansicht der Rechtsprechung und der ihr folgenden Literatur kann indessen nicht überzeugen[90]: Es erscheint bereits zweifelhaft, ob die Standortdatenerfassung im bloßen Bereitschaftszustand überhaupt unter den Telekommunikationsbegriff des § 100a StPO fällt. Jedenfalls kann der Anwendungsbereich nicht vom Schutzbereich des Fernmeldegeheimnisses aus Art. 10 GG bestimmt werden: Zwar fällt die Standortdatenerfassung unproblematisch in den Schutzbereich von Art. 10 GG, da dieser nicht nur den Kommunikationsinhalt, sondern auch alle näheren Umstände der TK umfasst[91]. Von dem Schutzbereich eines Grundrechts kann jedoch nicht ohne weiteres auf den Anwendungsbereich der in jenen eingreifenden Ermächtigungsgrundlage geschlossen werden. Vielmehr liegt darin eine „eklatante Verkennung von Grundrecht und Eingriffsermächtigung"[92], die sich schon aus den diametral entgegen gesetzten Bestimmungen von Grundrecht und Eingriffsermächtigung ergibt – Funktion des einen ist es, Rechtspositionen zu schützen, während letztere Eingriffe in eben diese ermöglicht[93].

Auch kann der Verweis auf die von § 100a StPO bezweckte Möglichkeit zur Aufenthaltsermittlung nicht überzeugen, denn dies wiederum führte zu einer Ablösung der Auslegung vom Wortbegriff der „Kommunikation", bei deren Überwachung der Standort des Beschuldigten ermittelt werden soll[94]. **Kommunikation setzt den Transport von Nachrichten** voraus. Da die Positionsmeldungen eines Handys aber völlig unabhängig von tatsächlich stattfindendem Austausch von Inhalten sind, kann die Aufenthaltsermittlung des Handybesitzers ohne jeden Versuch des Kontakts zu einem anderen Teilnehmer vorgenommen werden. Das mag unter kriminalistischen Gesichtspunkten nützlich sein, denn der sein Handy mitführende Beschuldigte ist damit von Funkzelle zu Funkzelle zu verfolgen. Diesen Umstand aber als (Teil-)Bereich von Kommunikation zu begreifen, missachtet die Wortbedeutung eines an sich denknotwendig zwischen mindestens zwei Kommunikationspartnern stattfindenden Vorgangs, unabhängig davon, ob dieser notwendig zwischen menschlichen Individuen stattfinden muss[95]. Der Hinweis auf § 7 I Nr. 7 TKÜV ist schon deshalb nicht zwingend, weil die TKÜV nur bedingt zur Auslegung von Eingriffsermächtigungen der StPO taugt, insbesondere da

---

88 BGBl. I, 2005, S. 3136.
89 Vgl. LR-*Schäfer*, § 100a Rndr. 52.
90 So auch: *Bernsmann/Jansen*, StV 1999, 591; *Bernsmann*, NStZ 2002, 213; *Deckers*, StraFo 2002, 109; *Demko*, NStZ 2004, 62; *Eckhardt*, CR 2001, 670 (671); krit. auch *Meyer-Goßner*, § 100a Rndr. 2.
91 BVerfGE 67, 157 (172); 85, 386 (396); *Gusy*, StV 1992, 484.
92 *Bernsmann/Jansen*, StV 1999, 591.
93 *Gercke*, StraFo 2003, 76 (78), m. w. Nachw.; vgl. auch *Braum*, JZ 2004, 128 (130).
94 *Gercke*, Bewegungsprofile, S. 108.
95 So aber *Bernsmann/Jansen*, StV 1999, 591 (592), die dies als Voraussetzung ansehen.

2. Telekommunikationsüberwachung

sie sich an einen anderen Adressatenkreis als die StPO, nämlich gem. § 3 I TKÜV an die Betreiber von TK-Anlagen, richtet (siehe 2.1.1.3.).

Im Hinblick auf die Ausführungen des *BGH*-Ermittlungsrichters zur „bedeutend geringere(n)"[96] Eingriffsintensität der Standortdatenerfassung gegenüber der unmittelbaren Sprachüberwachung, die jene quasi als **Minus** erfasse, ist nicht nur zu konstatieren, dass § 100a StPO als restriktiv auszulegende abschließende Regelung prinzipiell keine sogenannten „Minus-Maßnahmen" zulässt[97]. Entscheidend ist vielmehr, dass es sich bei der Standortdatenerfassung nicht um ein **Minus**, sondern vielmehr um ein **Aliud** handelt, da das **Mobilfunkgerät** letztlich von einem **Kommunikationsmittel zu einem Peilsender bzw. Bewegungsmelder umfunktioniert** wird[98].

Handys als Peilsender

Schließlich lässt sich anführen, dass sich der Gesetzgeber mit der Schaffung der §§ 100g, 100h eben „nur" für eine Aufenthaltsermittlung anhand echter Verbindungsdaten entschieden habe[99].

2.1.1.6. Ortung anhand „stiller SMS"

Eine besonderer Fall der Ortung anhand der Überwachung des Mobilfunkverkehrs stellt die Standortbestimmung mittels so genannter „stiller SMS" dar: Hierbei werden SMS[100]-Nachrichten, die von dem empfangenden Mobiltelefon zwar registriert, aber nicht als solche im Display angezeigt werden, von den Strafverfolgungsbehörden versandt[101]. Der Empfang wird gegenüber dem Mobilfunknetz bestätigt. Ursprünglich diente das Versenden „stiller SMS" den Netzbetreibern zu Informationszwecken bezüglich der Einschaltung von Mobiltelefonen mit bestimmten Rufnummern bzw. der Überprüfung im Hinblick auf die Roaming-Eignung von Mobiltelefonen mit SIM-Karten anderer Netzbetreiber[102]. Bei dem Versenden „stiller SMS" werden Datensätze erzeugt, die bei dem jeweiligen Mobilfunkprovider gespeichert werden. Hieraus können die Ermittlungsbehörden wiederum anhand der Funkzellenbestimmung den ungefähren Aufenthaltsort des Mobilfunkgerätes bestimmen. „Stille SMS" haben für die Ermittlungsbehörden den Vorteil, dass sie Ressourcen sparend sind; sie dienen insbesondere der Vorbereitung weiterer Ermittlungen sowie als unterstützende Begleitmaßnahme bei Observationen[103].

Heimliche Ortung durch „Stille SMS"

Folgt man der Ansicht des *BGH*-Ermittlungsrichters im Hinblick auf die Ortung von Mobilfunkgeräten im bloßen „stand-by"-Betrieb, ist die „stille SMS" grundsätzlich überflüssig, da eine Ortung auch ohne sie unter den Voraussetzungen des § 100a StPO zulässig sein soll[104]. Unzulässig ist jedoch nach zutreffender Ansicht ein Zugriff auf

Kein Rückgriff auf die §§ 100g, 100h StPO

---

96 *BGH*-Ermittlungsrichter, StV 2001, 214 (215).
97 Vgl. *Wälter/Stienkemeier*, Kriminalistik 1994, 93 (94).
98 *Deckers*, StraFo 2002, 112.
99 Vgl. *Demko*, NStZ 2004, 57 ff.; *Keller*, Die Polizei 2005, 106 (114).
100 Short Message Service (SMS) = Kurz(text)mitteilungen.
101 LR-*Schäfer*, § 100a Rdnr. 55; die Strafverfolgungsbehörden nutzen hierzu eine spezielle vom Bundesgrenzschutz entwickelte Software, vgl. *Tiedemann*, K&R 2004, 63 (64).
102 Ausführlich zum Hintergrund „stiller SMS" vgl.: *Tiedemann*, K&R 2004, 63 (64).
103 *Eisenberg/Singelnstein*, NStZ 2005, 62 f.
104 LR-*Schäfer*, § 100a Rdnr. 55.

diese Daten unter den Voraussetzungen der §§ 100g, 100h StPO: Diese gestatten nach der Legaldefinition des § 100g III StPO nur die Auskunft über Standortdaten „im Falle einer Verbindung". Letztere liegt aber im Falle einer „stillen SMS" nicht vor, da der Betroffene selbst nicht wissentlich an einer tatsächlichen oder bloß versuchten Verbindung teilgenommen hat[105]. Erzeugen die Strafverfolgungsbehörden aber „erst die tatbestandlich geforderte Verbindung, um die gesetzlichen Voraussetzungen für die Telekommunikationsauskunft zu erfüllen"[106], so stellt dies eine **Umgehung des gesetzgeberischen Willens** dar: Nach den Gesetzgebungsmaterialien sollte es gerade nicht möglich sein, die permanente Standortkennung von Mobilfunktelefonen im bloßen „stand-by"-Betrieb auf Grundlage der §§ 100g, 100h StPO zu ermöglichen[107]. Ein Rückgriff auf § 100i StPO scheidet schon daher aus, da die Norm erkennbar nur den IMSI-Catcher-Einsatz erfasst[108]. Die §§ 161, 163 sind schon aufgrund der Eingriffsintensität der Maßnahme, die neben dem informationellen Selbstbestimmungsrecht auch das Fernmelde- bzw. Telekommunikationsgeheimnis aus Art. 10 GG berührt, keine geeigneten Ermächtigungsgrundlagen[109].

2.1.2. Auskunftsansprüche über Bestands- und Verbindungsdaten

Bei der modernen Telekommunikation fallen aus Sicht der Ermittlungsbehörden eine Vielzahl weiterer Daten an, die für jene „kriminalistisch und fahndungstechnisch höchst interessant"[110] sind.

2.1.2.1. Auskunftsanspruch über Bestandsdaten nach § 113 Abs. 1 TKG

Zur Auslegung von § 113 Abs. 1 TKG

§ 113 I TKG ermächtigt die Sicherheits- und Ermittlungsbehörden[111] dazu, von den TK-Dienstleistern Auskünfte über die nach den §§ 95, 111 TKG erhobenen Daten zu erhalten. Bei diesen handelt es sich um die so genannten **Bestandsdaten**. Hierunter werden nach § 3 Nr. 3 TKG die Daten verstanden, die für die Begründung, inhaltliche Ausgestaltung, Änderung oder Beendigung eines Vertragsverhältnisses (über die TK-Dienstleistung) erhoben werden. § 111 TKG konkretisiert dies unter der amtlichen Überschrift „Daten für Auskunftsersuchen der Sicherheitsbehörden" dahingehend, dass Rufnummer, Name und Anschrift des Rufnummerninhabers, Datum des Vertragsbeginns (und ggf. des Vertragsendes) sowie Geburtsdatum des Anschlussinhabers vom Auskunftsersuchen erfasst werden. Das Auskunftsersuchen reduziert sich insoweit auf „telekommunikationsspezifische" Daten, so dass beispielsweise Angaben über Beruf,

---

105 *Tiedemann*, K&R 2004, 63 (66).
106 *Tiedemann*, K&R 2004, 63 (66).
107 BT-Drs. 14/7258, S. 4; vgl. hierzu auch:LR-*Schäfer*, § 100a Rdnr. 55; *Tiedemann*, K&R 2004, 63 (66).
108 *Eisenberg/Singelnstein*, NStZ 2005, 62 (63 f.).
109 *Eisenberg/Singelnstein*, NStZ 2005, 62 (64 f.).
110 *Artkämper*, Kriminalistik 1998, 202 (204).
111 Nach § 112 II TKG fallen hierunter Gerichte, Polizeibehörden, Staatsanwaltschaften, Verfassungsschutzbehörden, MAD, BND, die Bundesanstalt für Finanzdienstleistungsaufsicht (BaFin), die Behörden zur Bekämpfung von Schwarzarbeit und Notrufabfragestellen.

Bankverbindung etc. nicht von der Norm erfasst werden[112]. Die Gesetzesnovelle hat allerdings zu einer Ausweitung auf solche Daten geführt, die für betriebliche Zwecke des TK-Dienstleisters nicht erforderlich ist, mithin auch für Pre-Paid-Produkte[113].

Bereits die Vorgängernorm § 89 VI TKG a. F. sah sich angesichts ihrer weiten Fassung, die über das allgemeine Verhältnismäßigkeitsprinzip („erforderlich") keinerlei Einschränkung aufwies, erheblichen verfassungsrechtlichen Bedenken ausgesetzt[114]. Trotz der näheren Konkretisierung der Bestandsdaten in der Norm bzw. den in ihr enthaltenen Verweisen sind diese Bedenken nicht geschwunden – § 113 TKG ist daher entgegen der Tendenz einiger Landgerichte im Zusammenhang mit Internet-spezifischen Auskunftsersuchen[115] restriktiv auszulegen. So ist nach zutreffender Ansicht ein Auskunftsersuchen über den Wortlaut hinaus aus Verhältnismäßigkeitsgesichtspunkten bei Bagatelldelikten nicht zulässig[116].

2.1.2.2. *Auskunftsanspruch über Verbindungsdaten nach §§ 100g, 100h StPO*

Seit dem 1.1.2002 sind an die Stelle des § 12 des Fernmeldeanlagengesetzes (FAG) die §§ 100g, 100h StPO getreten[117]. Sie regeln die Mitteilungspflichten der TK-Anbieter über die sog. **Verbindungsdaten**, die bei jeder Telekommunikation anfallen. Das Gesetz war ursprünglich bis zum 31.12.2004 befristet, ist allerdings mittlerweile verlängert worden[118].

2.1.2.2.1. *Verbindungsdaten von Beschuldigten*

§ 100g I S.1 StPO bestimmt, dass diejenigen, die geschäftsmäßig Telekommunikationsdienste erbringen oder daran mitwirken, unverzüglich **Auskunft über die Verbindungsdaten** zu erteilen haben, wenn bestimmte Tatsachen den Verdacht einer Straftat von erheblicher Bedeutung, insbesondere einer **Katalogtat des § 100a S. 1 StPO**, begründen[119].

Der Begriff der „Straftat von erheblicher Bedeutung", der durch den Verweis auf den Katalog von § 100a StPO exemplifiziert wird, wirft eine Reihe dogmatischer Fragen auf[120]. Der Gesetzgeber definiert diesen Begriff so, dass es sich hierbei um Straftaten handeln muss, die mindestens dem Bereich der so genannten „mittleren Kriminalität" angehören müssen, den Rechtsfrieden erheblich stören und geeignet sind, das Gefühl der Rechtssicherheit der Bevölkerung erheblich zu beeinträchtigen[121]. Hiermit ist freilich wenig gesagt, da es sich letztlich um nichts anderes als eine Aneinanderreihung

Begriff „Straftat von erheblicher Bedeutung"

---

112 *Hoeren*, wistra 2005, 1 (5).
113 BT-Drs. 15/2316, S. 95; vgl. hierzu *Singelnstein/Stolle*, StraFo 2005, 96 (97).
114 Vgl. *Würmeling/Felixberger*, CR 1997, 555 (559).
115 Vgl. dazu: 2.1.4.5.
116 *Hoeren*, wistra 2005, 1 (5).
117 BGBl. 2001, Teil I, S. 3879.
118 Vgl hierzu: *Gercke*, Bürgerrechte und Polizei/CILIP 3/2004, S. 31 ff.
119 Im Verhältnis zu § 12 FAG stellt die Voraussetzung von bestimmten Straftaten eine (unwesentliche) Anhebung der tatbestandlichen Anforderungen dar.
120 Ausführlich hierzu: *Rieß*, GA 2004, S. 623 ff.
121 BT-Drs, 13/10791, S. 5.

Teil 2: Polizei- und Strafprozessrecht

unbestimmter Rechtsbegriffe handelt[122]. Das *BVerfG* hat die Verwendung dieses Begriffs gleichwohl im Hinblick auf § 100g StPO für zulässig erachtet[123]. Es hat allerdings ausgeführt, dass der erforderliche Verdachtsgrad nicht nur im Hinblick auf die Tat als solche, sondern auch bezüglich der Erheblichkeit der Tat bestehen muß[124]. Ein Ansatzpunkt könnte insoweit sein, ob für vergleichbare Straftaten auch bei Ersttätern üblicherweise Freiheitsstrafe verhängt wird[125]. Angesichts der Bezugnahme auf den Katalog des § 100a StPO handelt es sich wohl jedenfalls um eine „Straftat von erheblicher Bedeutung", wenn diese den dort explizit genannten Straftaten rechtlich und kriminologisch vergleichbar ist[126].

Straftaten „mittels einer Endeinrichtung"

Eine Verpflichtung zur Auskunftserteilung gilt ferner beim Verdacht von Straftaten, die **mittels einer Endeinrichtung** (Telefon, Fax, Computer etc.) begangen wurden. Insoweit reicht dem Wortlaut nach schon der Verdacht von Bagatelldelikten, wie beispielsweise beleidigenden Anrufen. Hintergrund sind rein funktionale Erwägungen: Der Gesetzgeber berief sich darauf, dass solche Taten anders „regelmäßig nicht aufklärbar"[127] seien[128]. Diese Tatbestandsalternative muss vor dem Hintergrund der Bedeutung von Art. 10 GG jedenfalls insoweit verfassungskonform ausgelegt werden, als der Anwendungsbereich nur dann eröffnet wird, wenn es sich um Fälle handelt, bei denen es gerade um den Missbrauch der „spezifischen" Telekommunikationsbedingungen geht[129] und das jeweilige Telekommunikationsmittel sich als „final eingesetztes Mittel"[130] bzw. jedenfalls als Tatmittel im engeren Sinne[131] darstellt[132].

Einschränkung durch § 100h Abs. 1 StPO

Der weite Anwendungsbereich der 2. Alternative des § 100g I S. 1 StPO erfährt zusätzlich eine formale Einschränkung in § 100h I StPO, der die formellen Voraussetzungen der Anordnung einer Maßnahme nach § 100g StPO regelt. Danach muss die Anordnung einer solchen Maßnahme den Namen und die Anschrift des Betroffenen sowie seine Rufnummer oder eine andere Kennung des TK-Anschlusses enthalten, so dass Ermittlungen gegen Unbekannte bezüglich dieser Alternative unzulässig sind[133]. Welche TK-Verbindungsdaten mitzuteilen sind, wird in § 100g I Nr. 1 bis 4 StPO legal definiert. Demnach sind im Falle von zustande gekommenen Verbindungen z.B. die **Standortkennungen** (Funkzellen) und die **Rufnummern** der Kommunikationspartner

---

122 LR-*Schäfer*, § 100g, Rdnr. 13; *Welp*, GA 2002, 535 (539).
123 BVerfGE 107, 299 (322).
124 BVerfGE 107, 299 (322).
125 Vgl. LR-*Schäfer*, StPO, § 100g Rdnr. 13. Auch dieses Kriterium lässt allerdings angesichts des weiten Ermessensspielraums der Tatgerichte und der erheblichen Strafmaßunterschiede der einzelnen Gerichte keine wirklich „griffige" Abgrenzung zu.
126 *Wollweber*, NJW 2002, 1554.
127 BT-Drs. 14/7008, S. 6 f.
128 Krit. zu solchen Funktionalitätserwägungen: *Wohlers/Demko*, StV 2003, 241 (245).
129 *Bär*, MMR 2003, 54; *Welp*, GA 2002, 535 (541).
130 *Wollweber*, NJW 2002, 1554.
131 *Wohlers/Demko*, StV 2003, 241 (245).
132 Vgl. zum ganzen: *Abdallah/Gercke*, ZUM 2005, 368 (375).
133 LG Köln MMR 2002, 562; *Abdallah/Gercke*, ZUM 2005, 368 (375); *Wolff/Neumann*, NStZ 2003, 404; **a.A.** *Bär*, MMR 2003, 54 (55), der insoweit für eine teleologische Reduktion des Tatbestandes eintritt. Dies wird jedoch dem klaren Wortlaut der Norm nicht gerecht.

mitzuteilen. Dasselbe gilt für den **Beginn** und das **Ende** der Verbindungen nach **Datum** und **Uhrzeit**.

Bemerkenswert an der Regelung ist, dass § 100g I i.V.m. III StPO die TK-Anbieter zur Auskunft über Daten ihrer Kunden verpflichtet, die sie z.T. von sich aus überhaupt nicht erheben oder speichern würden. Eine entsprechende Regelung zur Erhebung und Speicherung nicht benötigter Daten wäre überdies auch über die die TK-Unternehmen betreffenden Datenschutznormen zu lösen[134].

Noch problematischer ist die Formulierung im Gesetz, wonach die Auskunft **auch über zukünftige TK-Verbindungsdaten** angeordnet werden darf. Das impliziert ihre Pflicht zur Auskunft über Daten aus der Vergangenheit. Dass die Unternehmen solche aus der Zeit vor einer Anordnung mitzuteilen haben, ist unproblematisch. Die Mitteilung von planmäßig erhobenen und gespeicherten Daten bereitet insoweit zwar keine Schwierigkeiten. Fraglich ist aber, ob das Gesetz auch hier wiederum sämtliche in § 100 g III StPO genannten Verbindungsdaten meint. Eine Auskunft hierüber könnten die Unternehmen nur dann erteilen, wenn sie generell bei sämtlichen Kunden alle in § 100 g III StPO genannten **Daten für eine eventuelle spätere Strafverfolgung auf Vorrat erheben und speichern würden**. Hier jedenfalls fallen die bei den TK-Unternehmen rechtmäßig vorhandenen und die im Falle eines Strafverfahrens mitzuteilenden Verbindungsdaten auseinander[135]. Die Frage kann deshalb nur in der Weise beantwortet werden, dass **nur rechtmäßig vorhandene Verbindungsdaten** aus der Vergangenheit von einer Anordnung erfaßt sein können.

Strafverfolgung auf Vorrat?

2.1.2.2.2 Verbindungsdaten von Unverdächtigen: Die Zielwahlsuche

In § 100g II StPO wird unter Subsidiaritätsvoraussetzungen die sog. **Zielwahlsuche** legalisiert. Danach darf auch die Auskunft darüber verlangt werden, wer mit den in § 100a S. 2 StPO genannten Zielpersonen via Telekommunikation Kontakt aufgenommen hat. Absatz 2 stellt insoweit eine Anhebung der tatbestandlichen Anforderungen im Verhältnis zu Absatz 1 S. 2 dar: Die Einbeziehung der **Verbindungsdaten von Dritten**, die von sich aus Kontakt zu der Zielperson aufgenommen haben, ist nur zulässig, wenn die Erforschung des Sachverhalts oder die Ermittlung des Aufenthaltsorts des Beschuldigten auf andere Weise aussichtslos oder wesentlich erschwert wäre. Ist also beispielsweise eine Fangschaltung ebenso Erfolg versprechend, so soll eine Zielwahlsuche unzulässig sein[136].

Zielwahlsuche nach § 100g Abs. 2 StPO

Zweck des § 100g II StPO ist es, ein **vollständiges Kommunikationsprofil eines Beschuldigten** erfassen zu können: Mit wem hatte ein Beschuldigter wie oft und von wo aus wie lange Kontakt etc.? Eine Auskunft durch die TK-Anbieter hierüber ist nicht ohne weiteres möglich, denn die TK-Unternehmen dürfen nicht jedwedes Datum einer Person – also ohne Rücksicht darauf, wer der Anrufer ist – speichern. In der Regel ist das nur für solche Verbindungsdaten der Fall, für die der Kunde (der Beschuldigte) gegenüber dem Unternehmen der Kostenschuldner ist. Es werden demnach überhaupt nur

„Rasterfahndung" von TK-Datensätzen

---

134 *Roßnagel*, in: Sicherheit für Freiheit?, S. 38.
135 *Roßnagel*, in: Sicherheit für Freiheit?, S. 39.
136 *Hilger*, in: Zeugnisverweigerungsrechte bei (verdeckten) Ermittlungsmaßnahmen, S. 179.

solche Verbindungsdaten gespeichert, bei denen der Beschuldigte der Initiator der Kommunikation ist. Dagegen ist es für die Anbieter der TK-Dienstleistungen regelmäßig ohne Belang, wer mit ihrem Kunden Kontakt aufgenommen hat. Entsprechende Daten werden deshalb aus Abrechnungsgründen erst gar nicht erhoben. Die Zielwahlsuche kann daher nur in der Weise erfolgen, dass die aufgrund von § 100b III StPO Verpflichteten in der Weise an der Strafverfolgung des Beschuldigten mitzuwirken haben, dass sie durch einen Abgleich sämtlicher Verbindungsdaten ihrer Kunden herauszufinden haben, wer mit dem Beschuldigten (von sich aus) Kontakt aufgenommen hat. Bei einem solchen Suchlauf werden ca. 450 Millionen Datensätze durchsucht[137]. Es ist naheliegend, hierbei von einer Art „Rasterfahndung" zu sprechen, die von den Kommunikationsunternehmen für die Strafverfolgungsbehörden durchzuführen ist[138].

Festzustellen ist damit zunächst, dass hier **Private** de lege lata verpflichtet werden, **Ermittlungsergebnisse für die Strafverfolgungsbehörden** zu produzieren[139] und damit letztlich Aufgaben der Strafverfolgung (mit) übernehmen. Mindestens ebenso problematisch ist es aber, dass die TK-Unternehmen bei ihrer Zielwahlsuche für die Polizei (gezielt) in die Grundrechte sämtlicher TK-Nutzer, mithin Unverdächtiger, eingreifen. *Welp* geht deshalb zutreffend davon aus, dass damit der grundrechtliche Geheimnisschutz der Verbindungsdaten gegenüber den Strafverfolgungsbehörden praktisch beseitigt und damit – nach Art. 19 II GG unzulässig – in den Wesensgehalt von Art. 10 I GG eingegriffen wird[140]. Es bestehen damit nicht zu beseitigende verfassungsrechtliche Bedenken gegen die Eingriffsermächtigung des § 100g II StPO.

2.1.3. Der IMSI-Catcher

Mit Gesetz vom 06.08.2002 ist der sog. IMSI-Catcher als § 100i in die StPO eingefügt worden[141]. Für das Bundesamt für Verfassungsschutz ist er bereits durch das Terrorismusbekämpfungsgesetz vom 09.01.2002[142] legalisiert worden[143]. Bis dahin fehlte es für den Einsatz von IMSI-Catchern an einer spezialgesetzlichen Regelung, obwohl dies bereits frühzeitig durch den Bundesrat angemahnt wurde[144]. Die Bundesregierung vertrat jedoch noch im September 2001 die Auffassung, dass der Einsatz des IMSI-Catchers im strafprozessualen Bereich durch die §§ 100 a ff., 161 StPO gedeckt sei[145].

---

137 *Welp*, Überwachung und Kontrolle, S. 107.
138 *Weßlau*, ZStW 113 (2001), 693.
139 *Welp*, Überwachung und Kontrolle, S. 102.
140 *Welp*, Überwachung und Kontrolle, S. 107.
141 BGBl. I, S. 3018.
142 BGBl. I, S. 361 ff.
143 Eine kritische Würdigung hierzu liefert *Rublack*, DuD 2002, 204.
144 Vgl. hierzu: *Kiper/Ruhmann*, DuD 1998, 160.
145 BT-Drucks. 14/6885. In der Rechtsprechung wurde als Ermächtigungsgrundlage auch § 100c I Nr. 1 lit. b) StPO herangezogen, vgl. *AG München* v. 05.09.2001 – ER II Gs 9039/01. Diese Auffassung konnte sich jedoch zu Recht nicht durchsetzen, da sie den schwerwiegenden Eingriff in Art. 10 GG, zu dessen Rechtfertigung § 100c I Nr. 1 lit. b) StPO erkennbar nicht geeignet ist, unberücksichtigt lässt, vgl. *Gercke*, MMR 2003, 453 (454).

2.1.3.1. Die Funktionsweise des IMSI-Catchers

Bei dem IMSI-Catcher handelt es sich um ein Gerät, das in der Lage ist, die IMSI-Kennung[146] eines Mobilfunkgerätes zu erkennen[147]. Der IMSI-Catcher simuliert eine Funkzelle mit starker Feldstärke, so dass sich alle Handys in einem bestimmten Umkreis nicht bei der echten Funkzelle ihres Mobilfunk-Netzes, sondern bei der des IMSI-Catchers anmelden[148]. Außerdem besteht die Möglichkeit, eine Funkzelle mit geringer Leistung und damit geringer Ausdehnung zu simulieren, so dass der Aufenthaltsort eines bereits bekannten Handys stark eingegrenzt und damit quasi geortet werden kann[149]. Unter Verwendung entsprechender Software ist auch ein Abhören von abgehenden Gesprächen eines „gefangenen" Handys möglich[150]. Hierfür bietet aber § 100i StPO erkennbar keine Rechtsgrundlage[151]; die Regelung ist insoweit abschließend[152]. Ein Rückgriff auf § 100a StPO ist diesbezüglich ebenfalls unzulässig, weil dieser eine Mitwirkung des TK-Dienstanbieters voraussetzt[153]. Während des Einsatzes des Geräts kann es zu erheblichen Störungen sämtlicher Handys im entsprechenden Bereich kommen[154].

Einsatzmöglichkeiten des IMSI-Catchers

2.1.3.2. Tatbestandliche Voraussetzungen

Der unter Richtervorbehalt stehende Einsatz des IMSI-Catchers nach § 100i StPO ist unter Subsidiaritätsvoraussetzungen zulässig zur Vorbereitung einer – zulässigen – TKÜ nach § 100a StPO (§§ 100i I Nr. 1 i.V.m. II S.1 StPO). Im Fall einer Straftat von „*erheblicher Bedeutung*"[155] ist er auch, wenn die **Ermittlung des Aufenthaltsorts** des „*Täters*"[156] auf andere Weise weniger erfolgversprechend oder erschwert wäre, zur vorläufigen Festnahme nach § 127 II StPO oder zur Vollstreckung eines Haftbefehls oder Unterbringungsbefehls anzuwenden (§§ 100i Abs. 1 Nr.2 i.V.m. Abs. 2 S.2 StPO). Im letztgenannten Fall ist er schließlich zur Sicherung von eingesetzten Polizeibeamten zulässig (§ 100 i I Nr.2 i.V.m. II S.3 StPO).

Ermittlung des Aufenthaltsortes

Nach § 100i III S.1 StPO dürfen personenbezogene Daten Dritter nur erhoben werden, wenn dies aus technischen Gründen zur Erreichung des Zwecks nach Absatz 1 „unvermeidbar" ist. Diesbezüglich stellt sich die Frage, ob die Datenerhebung von

Erhebungen von Daten Dritter

---

146 International Mobile Subsciber Identity.
147 Es handelt sich hierbei um ein Gerät der Firma Rhode & Schwarz („GA 090"), das ursprünglich ein Test- und Messsystem war und für den Zweck der Bestimmung der Endgerätekennung eines Handys weiter entwickelt wurde, vgl. *Fox*, DuD 2002, 212.
148 Vgl. zu den technischen Einzelheiten: *Kiper/Ruhmann*, DuD 1998, 155 (160).
149 *Fox*, DuD 2002, 212 (213 f.); *Gercke*, StraFo 2003, 76 (78); *Hilger*, GA 2002, 557.
150 *Gundermann*, K&R 1998, 55; *Fox*, DuD 2002, 212; *Gercke*, MMR 2003, 455; *ders.*, Bürgerrechte & Polizei / CILIP 71 (1/2002), 26.
151 LR-*Schäfer*, § 100i Rdnr. 4; SK-StPO-*Wolter*, § 100i Rdnr. 25.
152 *Hilger*, GA 2002, 557; *Malek*, Strafsachen im Internet, Rdnr. 409.
153 LR-*Schäfer*, § 100i Rdnr. 4.
154 *Rublack*, DuD 2002, 204.
155 Vgl. hierzu 2.1.2.2.1.
156 Zu dieser sprachlich wie rechtlich verunglückten Formulierung: *Gercke*, MMR 2003, 453, (455, Fn. 27); allgemein krit. zur Verwendung des Begriffs des „Täters" im Ermittlungsverfahren: *Paeffgen*, StV 1999, 625; *Bernsmann/Jansen*, StV 1998, 217.

Teil 2: Polizei- und Strafprozessrecht

Dritten nicht der Normalfall des Einsatzes des IMSI-Catchers ist. Das wäre nur dann nicht der Fall, wenn sich seitens der Ermittlungsbehörden ausschließen ließe, dass sich Handys von Unbeteiligten im Bereich der von dem Gerät imitierten Funkzelle befinden. Das erscheint schon aufgrund der inzwischen weiten Verbreitung der Mobiltelefone mehr als unwahrscheinlich. Es wird sich **praktisch nie vermeiden** lassen, dass die **Daten Unverdächtiger** von dem IMSI-Catcher „mitgefangen" werden. Die Vermeidbarkeit der Inanspruchnahme Dritter ist damit eher theoretischer Natur[157].

Unverzügliche Löschung

§ 100i III S. 2 bestimmt eine Verwendungsbegrenzung auf den Datenabgleich zur Ermittlung der gesuchten Geräte- und Kartennummer sowie die Pflicht zur unverzüglichen Löschung nach Beendigung der Maßnahme. Eine entsprechende Verwertung darf auch nicht als Spurenansatz erfolgen[158]. Die Verwendungsbegrenzung erstreckt sich nach zutreffender Ansicht auch auf Zufallsfunde[159]. Auch eine analoge Anwendung von § 100b V StPO ist insoweit unzulässig[160].

2.1.3.3. Der Zugriff auf eine Vielzahl Unverdächtiger

„Wunderbox" der Ermittlungsorgane

Der IMSI-Catcher greift technisch bedingt tief in die Grundrechte einer Vielzahl von unbeteiligten Dritten ein, deren Aufenthaltsort zwangsläufig mit registriert wird[161]. Angesichts der weiten Verbreitung des Mobilfunkverkehrs birgt der IMSI-Catcher-Einsatz enormes Ermittlungspotenzial für die Ermittlungsbehörden („Wunderbox"[162]).

Einbeziehung Unverdächtiger als Normalfall

Rechtspolitisch bedeutungsvoll ist der Einsatz des IMSI-Catchers aber vor allem deshalb, weil auch mit ihm die **Einbeziehung von Unverdächtigen zum Normalfall strafprozessualer Ermittlungstätigkeit** wird. Je nach Art des Einsatzes besteht auch die Möglichkeit, dass Unbeteiligte in die Verlegenheit geraten, zu Objekten von Nachforschungen der Strafverfolgungsbehörden zu werden bzw. ihren Aufenthalt im Bereich der simulierten Funkzelle erklären zu müssen[163]. Das kann dann der Fall sein, wenn der IMSI-Catcher als Methode zur Feststellung der in einem bestimmten Gebiet befindlichen Mobiltelefone verwendet wird. Damit wird auch im Bereich der Telekommunikation eine **de facto-Mitwirkungspflicht aller Handy-Nutzer** statuiert. Ein fehlender Zusammenhang mit einer aufzuklärenden Straftat schützt nicht mehr vor ihrer Registrierung für einen für sie nicht zu bestimmenden Zeitraum.

2.1.3.4. Verstoß gegen das Zitiergebot

§ 100i StPO ist durch das Gesetz zur Änderung der StPO vom 14.08.2002[164] eingeführt worden. Das Gesetz enthält **keinen Hinweis** auf eine Einschränkung **des Fernmelde-**

---

157 SK-StPO-*Wolter*, § 100i Rdnr. 24.
158 SK-StPO-*Wolter*, § 100i Rdnr. 33; LR-*Schäfer*, StPO, § 100i Rdnr. 14, der diese strikte Regelung freilich als „kaum durchdacht" bezeichnet, da sie zu einem „Beweismittelverlust" führt.
159 *Meyer-Goßner*, StPO, § 100i Rdnr. 7; KK-StPO-*Nack*, § 100i Rdnr. 9; SK-StPO-*Wolter*, § 100i Rdnr. 33.
160 SK-StPO-*Wolter*, § 100i Rdnr. 44.
161 BT-Drucks. 14/5555, S. 88; vgl. auch *Garstka*, NJ 2002, 524.
162 Spiegel Nr. 33/01 v. 13.08.2001.
163 *Gundermann*, K&R 1998, 55.
164 BGBl. I 2002, S. 3018.

2. Telekommunikationsüberwachung

geheimnisses aus Art. 10 GG. Zutreffend wurde daher bereits frühzeitig ein Verstoß gegen das Zitiergebot des Art. 19 I S. 2 GG geltend gemacht[165]. Dem Zitiergebot zufolge muss ein förmliches Gesetz, das in ein Grundrecht eingreift oder dazu ermächtigt, ausdrücklich darauf hinweisen, dass das Grundrecht eingeschränkt wird. Geschieht dies nicht, verletzt das Gesetz nach einhelliger Meinung das eingeschränkte Grundrecht in Verbindung mit Art. 2 I GG und ist **nichtig**[166].

Verfassungsrechtliche Bedenken

Auch wenn das **Zitiergebot** in der Rechtsprechung des *BVerfG* zunehmend restriktiv ausgelegt wird[167], greift es jedenfalls dann ein, wenn neue Eingriffsmöglichkeiten geschaffen werden, die dem bisherigen Recht unbekannt waren und der Gesetzgeber über diese Grundrechtseingriffe keine Rechenschaft ablegt[168]. Um eine solche gänzlich neue Eingriffsmöglichkeit, die keine bloße Modifikation bestehender Normen darstellt, handelt es sich bei dem Einsatz des IMSI-Catchers nach § 100i StPO[169]. Zwar wird teilweise geltend gemacht, dass ein zur Nichtigkeit führender Verstoß gegen das Zitiergebot nicht vorliegen soll, wenn eine Norm auf eine bereits geltend gemachte Grundrechtseinschränkung verweise, bei der das Zitiergebot beachtet wurde[170]. Unabhängig davon, dass eine solche Auslegung der Warnfunktion des Zitiergebotes kaum gerecht wird, würde dies bezüglich § 100i StPO nur bezüglich der Nr. 1 gelten, die auf § 100a verweist; Nr. 2 hingegen ist hiervon evident nicht erfasst[171].

Neben dem Verstoß gegen das Zitiergebot wird teilweise aufgrund mangelnder Bestimmtheit der Norm auch ein Verstoß gegen das Übermaßgebot geltend gemacht, da es jedenfalls im Hinblick auf die Daten von Verdächtigen und ihrer Verbindungspersonen an Verwendungsvorschriften und Löschungsgeboten mangelt und eine analoge Anwendung von solchen nicht in Betracht kommt[172]. Ferner fehlt es an einem Schutz von Zeugnisverweigerungsberechtigten wie in § 100h II StPO sowie an einer Benachrichtigungspflicht entsprechend § 101 StPO[173].

Bereits im Jahre 2003 wurde eine Verfassungsbeschwerde hinsichtlich § 100i StPO von namhaften Verfassungsrechtlern auf den Weg gebracht[174]; eine Entscheidung des *BVerfG* steht noch aus.

---

165 Vgl. nur die Stellungnahme der Landesbeauftragten für Datenschutz der Länder Berlin, Brandenburg, Nordrhein-Westfalen, Sachsen-Anhalt und Schleswig-Holstein, abrufbar unter: http://www.datenschutzzentrum.de/material/themen/divers/imsicat.htm; ferner: *Gercke*, MMR 2003, 455 f.; *Schmitz*, MMR 2003, 70; vgl. auch: LR-*Schäfer*, § 100i Rdnr. 5.
166 Vgl. nur BVerfGE 5, 13 (15f.); *Jarass* in: *Jarass/Pieroth*, Art. 19 Rdnr. 2.
167 Vgl. auch : *BVerfG* NJW 2005, 2603 (2604 f.); krit. zu dieser Entwicklung: AK-GG-*Denninger*, Art. 19 Abs. 1 Rdnr. 18.
168 BVerfGE 35, 185 (189).
169 *Gercke*, MMR 2003. 453 (456); *Marberth-Kubicki*, Computer- und Internetstrafrecht, Rdnr. 236.
170 Vgl. hierzu: *Jarass* in: *Jarass/Pieroth*, Art. 19 Rdnr. 5; vgl. auch *BVerfG* NJW 2005, 2603 (2604 f.).
171 SK-StPO-*Wolter*, § 100i Rdnr. 19.
172 SK-StPO-*Wolter*, § 100i Rdnr. 12.
173 SK-StPO-*Wolter*, § 100i Rdnr. 14 f.
174 http://www.heise.de/mobil/newsticker/meldung/38579.

Teil 2: Polizei- und Strafprozessrecht

2.1.4. Die Überwachung des Cyberspace

„Veraltete" Ermächtigungsgrundlagen

Trotz der enormen Bedeutung, die die EDV und insbesondere das Internet mittlerweile genießen, existieren nach wie vor keine expliziten strafprozessualen Eingriffsermächtigungen – der Gesetzgeber konnte schlicht mit der technischen Entwicklung nicht gleichziehen[175]. Insoweit lässt sich in diesem Bereich – noch stärker als im Bereich der klassischen Telekommunikationsüberwachung – eine Rechtsprechung konstatieren, die neue Überwachungsnormen unter Ermittlungsvorschriften subsumiert, die wie bspw. die Vorschriften über die Beschlagnahme oder Durchsuchung teilweise noch aus dem 19. Jahrhundert stammen. Dass dies zu erheblichen Auslegungsproblemen führt, liegt auf der Hand.

2.1.4.1. Durchsuchung und Beschlagnahme von Daten und EDV-Anlagen

Die Beschlagnahme von EDV-Anlagen bzw. den jeweiligen Speichermedien gehört mittlerweile zum **Alltagshandwerk** der Strafverfolgungsorgane. Dies gilt nicht nur für computerspezifische Delikte, sondern auch für Wirtschafts- und Steuerkriminalität sowie den Bereich der Staatsschutzdelikte.

Durchsuchung und Beschlagnahme

Die Durchsuchung nach den §§ 102 ff. StPO geht der Beschlagnahme (§§ 94 ff. StPO) und Auswertung der gesuchten Daten stets voraus. In diesem Zusammenhang ist zwischen der Durchsuchung beim Verdächtigen (§ 102 StPO) und beim Nicht-Verdächtigen (§ 103 StPO) zu differenzieren, wobei die Anforderungen bezüglich einer Maßnahme nach § 103 StPO naturgemäß höher sind. Auch die Durchsuchung darf nach § 105 I StPO grundsätzlich nur vom Richter angeordnet werden. Lediglich bei „Gefahr im Verzug"[176] darf sie von der Staatsanwaltschaft und – abweichend von Eingriffen nach §§ 100a, 100b StPO – auch von deren Ermittlungspersonen (i. S. d. § 152 GVG) angeordnet werden. Inhaltlich muss eine Durchsuchungsanordnung die Angabe des – allerdings nicht notwendigerweise namentlich benannten – Beschuldigten, die möglichst exakte Bezeichnung der vorgeworfenen Straftat, die nähere Beschreibung des Durchsuchungsobjekts, die Angabe des Durchsuchungszwecks (Ergreifung des Beschuldigten oder Auffinden von Beweismitteln) sowie nach zutreffender Ansicht auch die „Auffindungsvermutung"[177] sowie Angaben zur Verhältnismäßigkeit[178] enthalten[179].

Möglichkeiten beim Zugriff auf EDV

Die Strafverfolgungsbehörden haben die Möglichkeit, die EDV-Anlagen bereits unmittelbar vor Ort in Betrieb zu nehmen und auf beweisrelevante Dateien zu überprüfen oder die EDV-Anlagen und Speichermedien mitzunehmen und in den eigenen Räumen hierauf zu untersuchen. Aus Verhältnismäßigkeitsgesichtspunkten kann es angebracht sein, die EDV-Anlagen direkt vor Ort auf relevante Daten zu untersuchen und diese

---

175 *Leinonen* in: *Schwarz/Peschel-Mehner (*Hrsg.), Recht im Internet, 17 G 2.2. Rdnr. 1.
176 Vgl. hierzu 2.1.1.1.
177 Vgl. hierzu: *Baur*, wistra 1983, 99 (100).
178 Zu den besonderen Anforderungen an die Verhältnismäßigkeit bei möglichem Zugriff auf eine Vielzahl unerheblicher Daten sowie bei Zugriff auf Datenträger von Personen, die einem gesetzlichen Schutzverhältnis unterliegen vgl. *BVerfG*, Beschl. v. 12.04.2005 – 2 BvR 1027/02.
179 Ausführlich zu den Anforderungen an einen Durchsuchungsbeschluss: *Park*, Handbuch Durchsuchung und Beschlagnahme, Rdnr. 72 ff.

entweder zu kopieren oder die entsprechenden Speichermedien auszubauen und mitzunehmen, damit der Betroffene nicht auf die gesamte EDV-Anlage verzichten muss[180]. Dies hängt naturgemäß auch vom Umfang der Datenmenge ab.

Das Kopieren der Daten ist als Sicherstellung „in anderer Weise" i. S. d. § 94 I StPO zulässig[181]. Sind die EDV-Anlagen passwortgeschützt oder anderweitig verschlüsselt, so haben Zeugen ohne Zeugnis- und Aussageverweigerungsrecht die Pflicht, die notwendigen Auskünfte zum Lesen der Daten zu erteilen[182]. Im Übrigen kann sich die Staatsanwaltschaft der Hilfe von Sachverständigen oder sachverständigen Zeugen bedienen[183].

Mitwirkungspflichten

Der Durchsuchung und dem Auffinden (vermeintlicher) beweisrelevanter Daten folgt deren Beschlagnahme[184]. Lange Zeit wurde überwiegend vertreten, dass nur körperliche Gegenstände beschlagnahmefähig sind[185], so dass die Daten selbst an sich von der Beschlagnahme nicht erfasst seien[186]. Nach der Entscheidung des *BVerfG* vom 12.04.2005 werden allerdings auch die auf einem Datenträger verkörperten Daten von der Sicherstellung und Beschlagnahme erfasst[187].

Beschlagnahmefähigkeit der Daten

Solange die zu beschlagnahmenden Daten nicht – wie beispielsweise E-Mails – Ausfluss eines TK-Vorganges sind, ist der Rückgriff auf die §§ 94 ff., 102 ff. StPO unproblematisch. Den Zugriff auf Dateien, die in einem lokalen Netzwerk „verschickt" wurden, wird man wohl dann als zulässig erachten müssen, wenn die „Durchsuchung" der vernetzten Rechner über den zentralen Rechner erfolgt[188]. Dies gilt allerdings dann nicht, wenn der zu durchsuchende Rechner in weiteren Räumlichkeiten steht, auf die sich die Durchsuchungsanordnung nicht bezieht, da dann die Grenze zur Überwachung der Telekommunikation überschritten ist[189].

2.1.4.2. Internetrecherchen und Netz-Patrouillen

Der einfache Zutritt zu öffentlichen Datennetzen und -speichern wie das Nutzen frei zugänglicher Web-Seiten oder Recherchen im Inter- oder Intranet etc. ist grundsätzlich zulässig[190]. Er wird jedenfalls von den (begrenzten) Generalklauseln der §§ 161, 163 StPO erfasst[191]. Für diese **„elektronischen Streifenfahrten"** haben die Ermittlungsbe-

Kontrolle von öffentlichen Datennetzen

---

180 Vgl. hierzu *Marberth-Kubicki*, Computer- und Internetstrafrecht, Rdnr. 259 f., die auch auf die Möglichkeit hinweist, dem Betroffenen ggf. Sicherheitskopien der beschlagnahmten Datenträger zur Verfügung zu stellen.
181 *Bär*, CR 1996, 675 (681).
182 KK-StPO-*Nack*, § 94 Rdnr. 4; *Marberth-Kubicki*, Computer- und Internetstrafrecht, Rdnr. 261; vgl. auch: *LG* Oldenburg CR 1988, 679.
183 *BGH*R § 304 Abs. 5 Durchsuchung 1.
184 Zu den inhaltlichen Anforderungen an die Beschlagnahme vgl.: *Janssen*, Beschlagnahme, S. 34 ff.
185 KK-StPO-*Nack*, § 94 Rdnr. 3
186 LR-*Schäfer*, StPO, § 94 Rdnr. 14; ausführlich hierzu: *Matzky*, Zugriff auf EDV, S. 41 ff.
187 *BVerfG*, Beschl. v. 12.04.2005 – 2 BvR 1027/02.
188 *Leinonen* in: *Schwarz/Peschel-Mehner* (Hrsg.), Recht im Internet, 17 G 2.2. Rdnr. 23.
189 *Leinonen* in: *Schwarz/Peschel-Mehner* (Hrsg.), Recht im Internet, 17 G 2.2. Rdnr. 25.
190 *Sieber* in *Hoeren/Sieber* (Hrsg.), Handbuch MultimediaRecht, § 19 Rdnr. 686, m. w. Nachw.
191 *Gercke*, NIP 4/2005, S. 21; *Marberth-Kubicki*, Computer- und Internetstrafrecht, Rdnr. 274, die einer solchen Maßnahme jeglichen Eingriffscharakter abspricht.

hörden mittlerweile eigene Abteilungen eingerichtet. So hat das BKA im Januar 1999 die bundesweite Zentralstelle für anlassunabhängige Recherchen in Datennetzen (ZaRD) gegründet, die sich insbesondere „computerspezifischen" Delikten wie der Verbreitung von Kinderpornographie aber auch Staatsschutzdelikten widmet. Auch die Landeskriminalämter haben entsprechende Abteilungen eingerichtet[192].

Der Zutritt zu geschützten Bereichen

Etwas anderes gilt jedoch dann, wenn Ermittler **in geschützten Bereichen** – wie beispielsweise durch das Betreten eines „privaten" Chat-Raumes für eine bestimmte Benutzergruppe – unter Pseudonym auftreten. Ein solcher Einsatz kann allenfalls unter den Voraussetzungen der §§ 110a ff. StPO zulässig sein[193], wobei es fraglich erscheint, ob das Chat-Profil, das Voraussetzung für ein Pseudonym im Cyberspace ist, den Anforderungen an eine Legende i. S. d. § 110a II StPO genügt[194].

2.1.4.3. Die Überwachung des E-Mail-Verkehrs

Der Zugriff auf E-Mails

Der Zugriff auf E-Mails entspricht dem Zugriff auf Nachrichten in Mailboxen[195]. Auch insoweit ist in drei Phasen zu unterteilen („Phase 1": Absenden der E-Mail; „Phase 2": „Ruhen" der E-Mail auf dem Server des Providers, „Phase 3": Abruf der E-Mail durch den Adressaten). Es gelten daher dieselben Grundsätze, so dass an dieser Stelle auf die Ausführungen unter 2.1.1.4. Bezug genommen wird. Vor dem Hintergrund der Entscheidung des *BVerfG* vom 02.03.2006[196] ist auch insoweit der Zugriff auf E-Mails, die von dem Empfänger bereits „geöffnet" wurden, der Kommunikationsvorgang im eigentlichen Sinne also abgeschlossen ist, unter den Voraussetzungen der §§ 94 ff., 102 ff. StPO grundsätzlich – allerdings unter Beachtung der erhöhten Anforderungen an die Verhältnismäßigkeitsprüfung[197] – möglich.

2.1.4.4. Die „Online-Durchsuchung"

Einsatz von „Trojaner" u. a.

Auch „Online-Durchsuchungen" sind mittlerweile gängiges Mittel der Strafverfolgungsorgane zur heimlichen Beweisgewinnung. Hierbei handelt es sich um elektronische „Durchsuchungen" des Datenspeichers des von einem einer Straftat Verdächtigen genutzten Computers ohne dessen Wissen[198]. Ermöglicht wird dies durch den Einsatz bestimmter Software-Tools, und zwar zum einen durch das „Hacking" des Zugangsmodus eines Server-Computersystems. Dies geschieht mittels so genannter „Trojaner", die über autorisierte und „offene" Softwareanwendungen dem Nutzer als unerkannt bleibende Programme „eingeschleust" werden, um an die innerhalb des Systems gespeicherten Informationen zu gelangen[199]. Wesentlich eingriffsintensiver sind so genannte „Backdoor"-Programme, durch die nicht nur Daten erfasst werden, son-

---

192 Vgl. hierzu: *Marberth-Kubicki*, Computer- und Internetstrafrecht, Rdnr. 272 f.
193 *Marberth-Kubicki*, Computer- und Internetstrafrecht, Rdnr. 275 ff.; *Soine*, NStZ 2003, 225 ff. ; vgl. hierzu auch *Janssen*, NIP 1/2005, S. 19 (22).
194 Ablehnend: *Böckenförde*, Ermittlung im Netz, S. 253 f.
195 *Marberth-Kubicki*, Computer- und Internetstrafrecht, Rdnr. 265.
196 *BVerfG*, Urt. v. 02.03.2006 – 2 BvR 2099/04.
197 Vgl. hierzu 2.1.1.4.
198 *Hofmann*, NStZ 2005, 121.
199 *Böckenförde*, Ermittlung im Netz, S. 211; MüKo-StGB-*Graf*, § 202a Rdnr. 63 f.

dern die es darüber hinaus erlauben, Anwendungen auf dem betroffenen Rechner selbständig zu starten, soweit dieser online ist[200].

Fraglich ist, worauf sich derartige Ermittlungsmaßnahmen de lege lata stützen lassen, zumal das Ausspähen von Daten grundsätzlich den Straftatbestand des § 202a StGB erfüllt. Eine explizite Ermächtigungsgrundlage für diese Ermittlungsmaßnahme, die nicht nur in das Recht auf informationelle Selbstbestimmung aus Art. 1 I GG i. V. m. Art. 2 Abs. 1 GG, sondern auch in die Grundrechte aus Art. 10 GG und Art. 13 GG eingreift, existiert nicht[201]. Ein Rückgriff auf die (begrenzten) Generalklauseln aus den §§ 161, 163 StPO scheidet schon aufgrund der erheblichen Grundrechtsrelevanz der Maßnahme aus[202]. Auch die Normen über den Einsatz Verdeckter Ermittler nach den §§ 110a ff. StPO stellen nach allgemeiner Ansicht keine taugliche Ermächtigungsgrundlage für die Online-Durchsuchung dar[203]. Überdies würde ein Rückgriff auf die Norm bezüglich einer Vielzahl „internetspezifischer" Delikte wie beispielsweise strafbaren Urheberrechtsverletzungen schon daran scheitern, dass sie nicht vom Straftatenkatalog des § 110a StPO erfasst werden[204]. Angesichts des unterschiedlichen Regelungsgehaltes wird auch ein Rückgriff auf § 100f I Nr. 2 StPO n.F. einhellig abgelehnt[205], da dieser dem Einsatz technischer Mittel zu Observationszwecken dient.

Eingriff in das RiS und Art. 10, 13 GG

Vielfach werden für die Online-Durchsuchung die klassischen Beschlagnahme- und Durchsuchungsvorschriften der §§ 94 ff., 102 ff. StPO herangezogen[206]. Diese Ansicht begegnet bereits deshalb Bedenken, da die Durchsuchungs- und Beschlagnahmevorschriften durch Offenheit und Erkennbarkeit für den Betroffenen gekennzeichnet sind, was auf die Online-Durchsuchung gerade nicht zutrifft[207]. Die Transparenz der Maßnahme ist gerade konstituierendes Merkmal für die Durchsuchung. Schließlich muss ein Rückgriff auf die Beschlagnahme- und Durchsuchungsvorschriften jedenfalls daran scheitern, dass diese nicht dem Eingriff in das Grundrecht aus Art. 10 GG gerecht werden, der durch die Online-Durchsuchung erfolgt: Denn **der Zugriff auf Informationen im Wege laufender Datenkommunikation greift stets in den Schutzbereich von Art. 10 GG ein**[208]. Insoweit ließe sich auch an § 100a StPO als Ermächtigungsgrundlage denken. Dessen Anwendung begegnet jedoch letztlich aus den gleichen Gründen wie bezüglich der Überwachung des E-Mailverkehrs bzw. des Mobilfunkverkehrs im Hinblick auf zwischengespeicherte Daten (sog. 2. Phase) rechtlichen Bedenken[209], da fraglich ist, ob so dem Eingriff in Art. 13 GG hinreichend Rechnung getragen wird.

Kein Rückgriff auf die §§ 94 ff., 102 ff. StPO

---

200 MüKo-StGB-*Graf*, § 202a Rdnr. 64.
201 *Gercke*, NJP 4/2005, S. 21, (22).
202 *Böckenförde*, Ermittlung im Netz, S. 235 ff.; *Gercke*, NJP 4/2005, S. 21, 22; *Hofmann*, NStZ 2005, 121; *Zöller*, GA 2000, 563 (574 f.).
203 *Hofmann*, NStZ 2005, 121 (122).
204 *Zöller*, GA 2000, 562 (572).
205 *Böckenförde*, Ermittlung im Netz, S. 227 f.; *Hofmann*, NStZ 2005, 121 (122).
206 *Graf*, DRiZ 1999, 281 (285); *Hofmann*, NStZ 2005, 121 (123 ff.).
207 *Gercke*, NJP 4/2005, S. 21 (24); *Zöller*, GA 2000, 562 (573); vgl. auch: *Jofer*, Strafverfolgung im Internet, S. 201; *Matzky*, Zugriff auf EDV, S. 249.
208 Vgl. insoweit auch: BVerfG, NStZ 2005, 337.
209 Vgl. 2.1.1.4. und 2.1.4.3.

Teil 2: Polizei- und Strafprozessrecht

2.1.4.5. Auskunftsansprüche der Ermittlungsbehörden gegenüber dem Internetprovider

Dynamische und statische IP-Adressen

Von erheblicher Bedeutung in Zusammenhang mit der Überwachung des Internets ist schließlich die Identifizierung von Nutzern anhand ihrer IP[210]-Adresse. Diese Adresse besteht aus vier maximal dreistelligen Zahlen, die jeweils durch Punkte getrennt sind. Sie ermöglicht eine weltweit eindeutige Identifizierung des jeweiligen Rechners. Die meisten Privatnutzer wählen sich per Modem, Kabel oder ADSL über so genannte **dynamische Adressen** ins Internet ein. Hingegen benutzen Firmen und Institutionen mittlerweile zumeist sog. Standleitungen mit **statischen IP-Adressen**, d.h. sie nutzen Rechner, die unter derselben Adresse erreichbar sind und demnach einen verlässlichen Rückschluss auf den Netzwerkanschluss und den dahinter stehenden Nutzer ermöglichen. Dieser technische Unterschied hat erhebliche Auswirkungen auf die Bestimmung einer möglichen Eingriffsermächtigung:

Auskunftsersuchen nach § 113 TKG

Bezüglich sogenannter statischer Adressen kann das Auskunftsersuchen auf Grundlage von § 113 TKG (bzw. § 85 VI TKG a.F.) erfolgen[211]. Dieser erlaubt den Strafverfolgungsbehörden Auskünfte über die nach den §§ 95, 111 TKG erhobenen Daten zu erlangen. Hierbei handelt es sich um Bestandsdaten nach § 3 Nr. 3 TKG, unter die auch statische IP-Adressen fallen, da diese bereits bei Vertragsschluss dem Nutzer bzw. einer Nutzergruppe zugeteilt werden[212].

Auskunftsersuchen nach den §§ 100g, 100h StPO

Handelt es sich um eine dynamische IP-Adresse, so bestand lange Zeit Einigkeit, dass Auskünfte über den Nutzer diesbezüglich nicht nach § 113 TKG (bzw. § 89 VI TKG a.F.), sondern nur nach den §§ 100g, 100h StPO angefordert werden können[213], die erheblich höhere Eingriffsvoraussetzungen aufweisen[214]. Zwei jüngere Entscheidungen des *LG Stuttgart*[215] und – dem folgend – des *LG Hamburg*[216] haben hingegen auch bezüglich dynamischer IP-Adressen § 113 TKG mit seinen deutlich geringeren Anforderungen für einschlägig erachtet. Begründet wird dies insbesondere damit, dass Art. 10 GG letztlich nicht (unmittelbar) tangiert sei, da es sich um „nachgelagerte" Auskunftsersuchen, die nur auf Bestandsdaten abzielten, handele. Außerdem ergebe sich auch aus den Gesetzgebungsmaterialien, insbesondere den Referentenentwürfen, dass es sich bei der bürgerlichen Identität „hinter einer" IP-Adresse um ein Bestandsdatum handele, das auf Grundlage von § 89 VI TKG a.F. (entsprechend § 113 I TKG n.F.) abgefragt werden könne. Die Auffassung der beiden Landgerichte dürfte aber bereits dem technischen Ablauf im Hinblick auf dynamische IP-Adressen nicht gerecht

---

210 Internet Protocol.
211 LR-*Schäfer*, 25. Aufl., § 100a Rdnr. 21, m. w. N. (für § 89 VI TKG a.F.).
212 *Singelnstein/Stolle*, StraFo 2005, 96 (Fn. 3); zur Kritik an der weitreichenden Ermächtigungsgrundlage des § 113 TKG, der über das allgemeine Verhältnismäßigkeitsprinzip keinerlei Einschränkungen unterliegt, s. 2.1.2.1.
213 *LG Bonn* DuD 2004, 628; *Gnirck/Lichtenberg*, DuD 2004, 598; *Hoeren*, wistra 2005, 1 (4); LR-*Schäfer*, 25. Aufl., § 100a StPO Rdnr. 21; *Petri*, RDV 2003, 16 (20); *Schaar*, RDV 2003, 59 (62); *Singelnstein/Stolle*, StraFo 2005, 96 (Fn. 4)
214 S. 2.1.2.2.
215 *LG Stuttgart*, NJW 2005, 614.
216 *LG Hamburg*, MMR 2005, 711.

werden, da es sich hierbei um **mit jedem neuen Verbindungsvorgang neu zu kreierende Log-(Verbindungs-)Daten** handelt.[217] Überdies stehen dynamische IP-Adressen in keinerlei unmittelbarem Zusammenhang mit dem Vertragsschluss bzw. dessen Änderung oder Beendigung[218]. Soweit in den LG-Entscheidungen auf die Gesetzgebungsmaterialien zu § 100g StPO abgestellt wird, so wäre eine solche Rechtsauffassung jedenfalls durch die Neufassung des TKG und die diesbezüglich entsprechenden – zeitlich späteren – Gesetzesmaterialien „überholt"[219]: Denn dort wird unter Hinweis auf die dem Gesetzgeber wohl bekannte Differenzierung zwischen dynamischen und statischen IP-Adressen ausdrücklich angeführt, dass unter die nach § 93 TKG-E (= § 95 TKG n.F.) erhobenen Bestandsdaten (nur) statische IP-Adressen fallen, demnach Auskunftsverfahren nach § 113 I TKG n.F. mithin nur bezüglich jener eingreifen[220].

Auch die Auffassung, dass Art. 10 GG im Hinblick auf die Ermittlung der bürgerlichen Identität des Internet-Nutzers durch ein Auskunftsersuchen nicht tangiert sei, ist letztlich verfehlt. Eine solche Sichtweise wird nicht dem weiten Verständnis des Schutzbereiches von Art. 10 GG gerecht, wonach dieser auch den Schutz des gesamten Kommunikationsvorganges, d.h. aller mit der eigentlichen Kommunikation zusammenhängenden näheren Umstände, gewährt[221]. Da die Identifizierung der bürgerlichen Identität des Netznutzers in Zusammenhang mit dem eigentlichen Telekommunikationsvorgang – der unmittelbaren Nutzung des Netzes – steht, liegt insoweit ein Eingriff in Art. 10 GG vor[222]. Auskunftsersuchen zur Erlangung der bürgerlichen Identität bezüglich der Nutzer dynamischer IP-Adressen können daher nur unter den Voraussetzungen der §§ 100g, 100h StPO von den Strafverfolgungsbehörden gestellt werden.

2.2. Landesrechtliche TKÜ-Regelungen: Präventives Lauschen

Regelungen im Polizeirecht der Länder: TK-Überwachung	
Baden-Württemberg:	–
Bayern:	Art. 34a BayPAG
Berlin:	–
Brandenburg:	–
Bremen:	–
Hamburg:	–
Hessen:	§ 15a HessSOG
Niedersachsen:	§ 33 I NdsSOG
Nordrhein-Westfalen:	–
Mecklenburg-Vorpommern:	–

---

217 So ausdrücklich die Ratskammer des *LG* für Strafsachen Wien, Beschl. v. 01.12.2004 – 286 Ur 300/04.
218 *Gercke*, StraFo 2005, 244 (245 f.).
219 Vgl. hierzu: *Gercke*, StraFo 2005, 244 (245 f.).
220 BT-Drs. 15/2316, S. 97, S. 109 ff.
221 BVerfGE 67, 157 (172); 85, 386 (396).
222 Vgl. hierzu: *Gercke*, StraFo 2005, 244 (246), m. w. N.

Regelungen im Polizeirecht der Länder: TK-Überwachung	
Rheinland-Pfalz:	§ 31 RhPfPOG
Saarland:	–
Sachsen:	–
Sachsen-Anhalt:	–
Schleswig-Holstein:	–
Thüringen	§ 34a I S. 1 ThürPAG

Grundsätzliche Zulässigkeit

Ausdrückliche Regelungen zur **inhaltlichen Überwachung der Telekommunikation** waren bis zum Jahr 2002 in den Polizeigesetzen nicht enthalten. Das ist deswegen bemerkenswert, weil es ein **längst bekanntes und praktiziertes Mittel zur Gefahrenabwehr** – etwa bei Kidnapping, Geiselnahmen oder allgemein der Verhinderung von Straftaten – ist[223]. Es dürfte nicht ernsthaft bestritten werden, dass die Polizei in bestimmten Gefahrensituationen den Telefonverkehr, den beispielsweise ein Geiselnehmer in einer Bank führt, überwachen dürfen muss. Insoweit überrascht es umso mehr, dass nur in einem Teil der Bundesländer eine explizite diesbezügliche Ermächtigungsgrundlage – und dies auch erst seit kurzem – in dem jeweiligen Landespolizeigesetz besteht, denn die polizeiliche Generalklausel kommt schon aus Bestimmtheitsgründen als Ermächtigungsgrundlage nicht in Betracht[224].

Zur Frage der Ermächtigungsgrundlage

Ein Rückgriff auf die Regelungen über den Einsatz besonderer technischer Mittel scheidet aus, da die meisten (Polizei-) Gesetze insoweit schon dem Zitiergebot nicht genügt hätten[225]. Auch eine Subsumtion unter andere bundesrechtliche Ermächtigungsgrundlagen scheidet für die Polizei grundsätzlich aus: ein Rückgriff auf die §§ 100a ff. StPO muss schon daran scheitern, dass die Polizei angesichts der Differenzierung von präventiven und repressiven Tätigkeitsfeldern sich die entsprechenden Eingriffsgrundlagen „nicht einfach nach pragmatischen Überlegungen frei auswählen darf"[226]. Überdies würden die §§ 100a ff. StPO gegebenenfalls nicht ausreichen, da es für die präventive Tätigkeit der Polizei oftmals gar nicht um die Überwachung eines „Beschuldigten", sondern vielmehr bezüglich des Opfers selber geht[227]. Zutreffend wird ferner geltend gemacht, dass eine eigenständige Ermächtigungsgrundlage notwendig sei, weil der Grundsatz der „Amtshilfe" nicht zum „Ausleihen" von Eingriffsbefugnissen führen darf[228]. Ein solches **„Befugnis-Hopping"**[229] ist angesichts der klaren Trennung repressiver und präventiver Eingriffsbefugnisse unzulässig.

---

223 Vgl. etwa *Schmidt*, Kriminalistik 2002, 42.
224 *Löwer* in: *v. Münch/Kunig*, Art. 10 Rdnr. 29.
225 *Würtenberger/Heckmann*, Polizeirecht in Baden-Württemberg, S. 311; *Weitemeier/Große*, Kriminalistik 1997, 336; vgl. auch VG Darmstadt, NJW 2001, 2274; **a.A.** *Schmidt*, Kriminalistik 2002, 43.
226 *Weitemeier/Große*, Kriminalistik 1997, 335 (337); so auch: *Becker*, Die Polizei 2004, 14 (15): „§ 100a StPO scheidet als Eingriffsermächtigung eindeutig aus.".
227 *Weitemeier/Große*, Kriminalistik 1997, 335 (337).
228 *Lisken*, ZRP 1994, 264; *Weitemeier/Große*, Kriminalistik 1997, 335, (337).
229 *Kutscha*, NVwZ 2005, 1231 (1233).

2.2.1. Die Entscheidung des BVerfG zur vorbeugenden/vorsorgenden Telekommunikationsüberwachung vom 27.07.2005

Die Regelungen der vorbeugenden/vorsorgenden Telekommunikationsüberwachung in den Landespolizeigesetzen werfen eine Vielzahl von verfassungsrechtlichen Fragen auf. Das *BVerfG* ist in seiner Grundsatzentscheidung vom 27.07.2005, in dem es die Verfassungswidrigkeit von § 33 I Nr. 2 und 3 NdsSOG festgestellt hat, auf die wesentlichen Probleme eingegangen. Unabhängig davon, dass der niedersächsische Landesgesetzgeber durch Missachtung des Zitiergebotes aus Art. 19 I S. 2 GG[230] einen groben handwerklichen Fehler begangen hat, ist die Entscheidung im Hinblick auf die Frage nach der Gesetzgebungskompetenz sowie in materieller Hinsicht bezüglich des Bestimmtheitsgebotes und des Verhältnismäßigkeitgebotes (unter besonderer Beachtung der Anforderungen an den Schutz des Kernbereichs privater Lebensgestaltung) von grundsätzlicher Bedeutung für jegliche Regelung eines präventiven TK-Eingriffs[231].

TKÜ in den Polizeigesetzen

2.2.1.1. Die Gesetzgebungskompetenz

Im Schrifttum ist bereits bezweifelt worden, ob die Länder **überhaupt** eine Kompetenz zur Regelung einer präventiven Telekommunikationsüberwachung besitzen. Dies wird unter Verweis auf **Art. 73 Nr. 7 GG** in Teilen des Schrifttums bestritten[232]. In der Tat spricht der **Wortlaut der Bestimmung** für eine solche Auffassung: Die ausschließliche Gesetzgebungskompetenz über das Postwesen und die Telekommunikation liegt danach beim Bund. Es wird deshalb angenommen, dass es bei der Überwachung der Telekommunikation ja gerade um die umfassende Nutzung der heutigen technischen Potentiale gehe[233]. Deshalb komme nur eine Gesetzgebungskompetenz des Bundes in Betracht. In der Tat haben bundesrechtliche Normen erst die Möglichkeit zur heute bekannten Nutzung der Telekommunikation zu polizeilichen und anderen Zwecken geschaffen.

Demgegenüber geht das überwiegende Schrifttum davon aus, dass Art. 73 Nr.7 GG mit dem Begriff der Telekommunikation nur den Signaltransport erfasse, nicht dagegen das Transportierte. Die Kompetenzbestimmung betreffe demnach **nur die fernmeldetechnische Seite von Kommunikationsvorgängen**[234]. Die Länder könnten durchaus in kompetenzgerechter Weise in das Grundrecht aus Art. 10 GG eingreifen[235]. Dieser Auffassung folgt auch das *BVerfG*[236]. Für das Recht der allgemeinen Gefahrenabwehr liegt die Gesetzgebungskompetenz unzweifelhaft bei den Ländern (Art. 70 I GG). Art. 73 Nr.7 GG kann dem Bund deshalb im Bereich der Überwachung der Telekommuni-

Gesetzgebungskompetenz der Länder

---

230 *BVerfG*, NJW 2005, 2603 (2604).
231 Ausführlich dazu schon *Bergemann*, in: Lisken-GS, S. 69 ff.
232 *Weitemeier/Große*, Kriminalistik 1997, 338; *Mann/Müller*, ZRP 1995, 183; *Randl*, NVwZ 1992, 1072; *Seifert* in: *Müller-Heidelberg* u.a. (Hrsg.), Grundrechte-Report 2003, S. 109.
233 *Kutscha*, LKV 2003, 114 (116).
234 *Stettner* in: *Dreier*, GG, Art. 73 Rdnr. 31 n.w.N.; *Schenke*, AöR 2000, 14.
235 AK-GG-*Bizer*, Art. 10 Rdnr. 78; BK-*Badura*, Art. 10 Rdnr. 45, jeweils m.w.N.
236 *BVerfG* NJW 2005, 2603 (2505).

Teil 2: Polizei- und Strafprozessrecht

kation keine aus der sonstigen Zuständigkeit zur allgemeinen Gefahrenabwehr herausgenommene Kompetenz verleihen. Die Vertreter der gegensätzlichen Auffassung müssten deshalb zu dem Ergebnis gelangen, dass Gefahrenabwehr mittels einer Überwachung der Telekommunikation schlechthin ausgeschlossen ist. Dies wäre trotz aller Bedenken gegen eine ausufernde TKÜ-Praxis kein sachgerechtes Ergebnis. Zum Zwecke der Abwehr von qualifizierten Gefahren für hochrangige Rechtsgüter muss die Polizei prinzipiell die Möglichkeit zu entsprechenden Maßnahmen besitzen. Die Einzelheiten können nur im (Landes-)Polizeirecht geregelt werden.

Keine „vorsorgende" TKÜ
Das *BVerfG* hat jedoch in seiner Entscheidung vom 27.07.2005 klar gestellt, dass die Gesetzgebungskompetenz des Landesgesetzgebers sich nicht auf die sogenannte Vorsorge für die Verfolgung von Straftaten erstreckt; dieser Sachbereich sei vielmehr der **konkurrierenden Gesetzgebung** gem. Art. 72, 74 I Nr. 1 GG zuzuordnen[237]. Denn die „Vorsorge für die Verfolgung noch gar nicht begangener, sondern in ungewisser Zukunft bevorstehender Straftaten gehört zum gerichtlichen Verfahren"[238]. Bezüglich der Strafverfolgung hat der Bundesgesetzgeber insoweit abschließend – in der Strafprozessordnung – von seiner Gesetzgebungskompetenz Gebrauch gemacht[239].

2.2.1.2. Die besondere Beachtung des Bestimmtheitsgebots bei Vorfeldermittlungen

Risiken von Vorfeldermittlungen
Jedenfalls die vorsorgende TK-Überwachung, wie sie § 33 I Nr. 2 und 3 NdsSOG vorsieht, stellt eine Situation der Vorfeldermittlung dar. Das *BVerfG* hebt in seiner Entscheidung hervor, dass entsprechende Eingriffsnormen für die Betroffenen erkennen lassen müssen, „bei welchen Anlässen und unter welchen Voraussetzungen ein Verhalten mit dem Risiko der Überwachung verbunden ist"[240]. Das *BVerfG* weist zutreffend darauf hin, dass bei solchen **Vorfeldermittlungen** ein **„besonders hohes Risiko einer Fehlprognose"** bestehe; dies sei allerdings „verfassungsrechtlich noch hinnehmbar"[241]. Notwendig seien jedoch handlungsbegrenzende Tatbestandselemente, die ein gewisses Maß an Vorhersehbarkeit und Kontrollierbarkeit gewährleisten – daran fehlte es in dem konkreten Fall des § 33 I Nr. 2 und 3 NdsSOG, was das *BVerfG* im Einzelnen näher ausführt[242]. Die Entscheidung berücksichtigt insoweit insbesondere den Umstand, dass die Anforderungen an die Bestimmtheit eines Tatbestands mit der Vorverlagerung von Prognoseentscheidungen steigen[243].

2.2.1.3. Die besondere Beachtung des Verhältnismäßigkeitsgrundsatzes

Restriktive Maßstäbe
Das *BVerfG* hebt auch im Hinblick auf die **Beachtung des Verhältnismäßigkeitsgrundsatzes** hervor, dass diesbezüglich im Bereich der Vorfeldermittlung besonders

---

[237] *BVerfG* NJW 2005, 2603 (2505); ausführlich hierzu auch: *Kutscha*, NVwZ 2005, 1231 (1233) sowie hier in Teil 1 unter 4.3.
[238] *BVerfG,* NJW 2005, 2603 (2505).
[239] *BVerfG,* NJW 2005, 2603 (2505).
[240] *BVerfG,* NJW 2005, 2603 (2507).
[241] *BVerfG,* NJW 2005, 2603 (2508).
[242] *BVerfG,* NJW 2005, 2603 (2508 f.).
[243] Vgl. *Puschke/Singelnstein*, NJW 2005, 3534 (3535).

restriktive Maßstäbe anzulegen sind. Angesichts der „weiten und offenen Umschreibung der Voraussetzungen der Vorsorge für die Verfolgung und der Verhütung künftiger Straftaten"[244], werde § 33 I Nr. 2 und 3 NdsSOG diesem Gebot letztlich nicht gerecht.

2.2.2. Konsequenzen aus der Entscheidungen des BVerfG zum NdsSOG

Die Entscheidung des *BVerfG* darf nicht als grundsätzliche Ablehnung einer präventiven Telekommunikationsüberwachung (miss-) verstanden werden. Vielmehr hat das Gericht klar gestellt, dass – unabhängig von den aufgezeigten „handwerklichen" Anforderungen an den Gesetzgeber – eine ausufernde und unbestimmte TKÜ im sogenannten Vorfeldbereich unzulässig ist. Die bestehenden und zukünftigen Ermächtigungsnormen zur TKÜ in anderen Landespolizeigesetzen werden sich an dieser Entscheidung messen lassen müssen.

Insbesondere bezüglich des § 34a ThürPAG und des Art. 34a BayPAG ist zweifelhaft, ob diese den Anforderungen des *BVerfG* gerecht werden[245]. Zwar wird in den § 34a ThürPAG und Art. 34a BayPAG die Formulierung „zur Vorsorge für die Verfolgung von Straftaten" vermieden – das Tatbestandsmerkmal von Personen, die bestimmte Straftaten „begehen wollen" (ThürPAG) bzw. „begehen werden" (BayPAG) läuft aber letztlich ebenfalls auf Vorfeldermittlungen im Bereich der Strafverfolgung hinaus, die zum einen nicht von der Gesetzgebungskompetenz der Länder erfasst werden und zum anderen erheblichen Bedenken im Hinblick auf das Bestimmtheitsgebot ausgesetzt sind (s.o.). Es drängt sich insoweit insbesondere bezüglich Art. 34a BayPAG, der nach der Entscheidung des *BVerfG* vom 27.07.2005 in Kraft getreten ist, der **„Eindruck eines Etikettenschwindels"**[246] auf – offensichtlich sollte hier trotz der klaren Vorgaben des *BVerfG* die „vorbeugende Straftatenbekämpfung" in das Landesgesetz implementiert werden[247].

Verfassungsrechtliche Bedenken

Insgesamt verdeutlicht die Entscheidung des *BVerfG*, dass die Tatbestandsmerkmale umso bestimmter sein müssen, je weiter Eingriffe bereits im Vorfeld angesiedelt sind[248]. Vor dem Hintergrund des Verhältnismäßigkeitsprinzips und der erforderlichen Abwägung der betroffenen Rechtsgüter wird man präventive TKÜ im Vorfeldbereich – und zwar unabhängig von der Bestimmtheit der Tatbestandsmerkmale – angesichts der Unsicherheiten von Prognoseentscheidungen nur zur Abwehr von Gefahren für hochrangige Rechtsgüter wie Leib, Leben und Freiheit für zulässig erachten können.

Bestimmtheitserfordernisse

---

244 *BVerfG,* NJW 2005, 2603 (2510).
245 Vgl. insoweit: *Kutscha,* LKV 2003, 114 (116) – zu § 34a ThürPAG; *ders.*, Bürgerrechte & Polizei / CILIP 82 (3/2005), 16 (21) – zu Art. 34a BayPAG; krit. auch: *Graulich,* NVwZ 2005, 271 (273 f.) – zu § 15a HessSOG n.F.
246 *Kutscha,* Bürgerrechte & Polizei / CILIP 82 (3/2005), 16 (21).
247 Im Hinblick auf § 34a ThürPAG hat der thüringische Innenminister *Dr. Gasser* immerhin im Anschluss an die Entscheidung des *BVerfG* zugestanden, dass er „Überarbeitungsbedarf" sehe (http://www.thueringen.de/de/tim/aktuell/presse/18271/print.html).
248 *Puschke/Singelnstein,* NJW 2005, 3534 (3538).

2.3. Vorratsspeicherung von Telekommunikationsdaten

Pflicht zur Vorratsdatenspeicherung

Auch auf europäischer Ebene besteht die Tendenz, die Telekommunikations- und Datennetze lückenlos für Zwecke der Sicherheitsbehörden dienstbar zu machen: Hierbei geht es insbesondere darum, eine umfassende Datenvorratsspeicherung im Bereich der Telekommunikation zu ermöglichen. Nachdem bereits ein entsprechender Richtlinienentwurf vom Europäischen Rat, der Kommission und dem Europarat gebilligt worden war, wurde am 14.12.2005 vom Europäischen Parlament die **Richtlinie „über die Vorratsdatenspeicherung von Daten, die bei der Bereitstellung öffentlich zugänglicher elektronischer Kommunikationsdienste oder öffentlicher Kommunikationsnetze erzeugt oder verarbeitet werden**, und zur Änderung der Richtlinie 2002/58/EG" verabschiedet[249]. Eine entsprechende Entschließung wurde am 16.2.2006 vom Deutschen Bundestag verabschiedet[250] und schließlich am 21.2.2006 vom Rat der EU-Justizminister beschlossen[251]. Die Richtlinie wurde am 15.03.2006 endgültig vom EP und vom Rat der EU beshlossen (ABl. EU L 105, S. 54). Danach soll die Vorratsspeicherung von TK-Daten „zum Zwecke der Ermittlung, Feststellung oder Verfolgung von schweren Straftaten" (Art. 1 der Richtlinie) in den Mitgliedsstaaten harmonisiert werden. In Art. 5 der Richtlinie werden die Datenkategorien, die auf Vorrat zu speichern sind, festgelegt: Hierbei handelt es sich letztlich um alle Daten, die im Rahmen der Telekommunikation anfallen, insbesondere die Rufnummer des Betroffenen und seines angewählten Gesprächspartners, Name und Anschrift der Nutzer, Benutzerkennungen, Datum und Uhrzeit von Beginn und Ende des TK-Vorganges, IMSI- und IMEI-Kennung beim Mobilfunkverkehr, Standortkennungen, SMS-Mitteilungen, Internet-Protokolle etc. Nach Art. 6 sollen die Speicherungsfristen mindestens sechs Monate und höchstens zwei Jahre betragen.

Unvereinbarkeit m. dt. VerfassungsR?

Eine solche Datenvorratsspeicherung begegnet in diesem Umfang erheblichen Bedenken: Im Volkszählungsurteil hatte das *BVerfG* ausdrücklich dargelegt, dass ein „Zwang zur Angabe personenbezogener Daten [voraussetzt], dass der Gesetzgeber den Verwendungszweck bereichsspezifisch und präzise bestimmt und dass die Angaben für diesen Zweck geeignet und erforderlich sind. Damit wäre die Sammlung nicht anonymisierter Daten auf Vorrat zu unbestimmten oder noch nicht bestimmbaren Zwecken nicht zu vereinbaren"[252]. Um gerade eine solche Vorratsdatensammlung aber handelt es sich bei Daten, bei deren Erhebung keineswegs feststeht, ob sie überhaupt jemals zu staatlicher Zweckverfolgung (z.B.: Strafverfolgung) benötigt werden. Überdies würde eine derart umfassende Erfassung von TK-Daten auf Vorrat es nicht nur ermöglichen, Profile des Kommunikationsverhaltens, sondern in der Folge – nach entsprechender

---

249 Ausführlich hierzu: http://heise.de/newsticker/Meldung/print/67358. Zur Entwicklung: *Holzberger*, Bürgerrechte & Polizei / CILIP 82 (3/2005), 59.
250 BT-Drucks. 16/690.
251 Vgl. dazu die Pressemitteilung des BMJ v. 21.2.2006, unter www.bmj.bund.de/enid/0,0Presse/Pressemitteilungen_58.html?druck=1&presseartikel_id=2384.
252 BVerfGE 65, 1 (45); BVerfGE 100, 313 (360).

2. Telekommunikationsüberwachung

Auswertung – auch sonstiger Aktivitäten und Interessen zu erstellen[253]. Die **flächendeckende Erfassung der gesamten Bevölkerung hinsichtlich ihres Kommunikationsverhaltens** und damit die planmäßig Erfassung von unverdächtigen Bürgern[254] begegnet ernsthaften Zweifeln im Hinblick auf die Verfassungsmäßigkeit[255].

Schon angesichts der vorhandenen Regelungen und ihrer Anwendung stellt sich die Frage, ob noch von einer Unverletzlichkeit des Fernmeldegeheimnisses ausgegangen werden kann, wie es Art. 10 I GG formuliert. Längst hat die Überwachung der Telekommunikation „einen Zug ins Massenhafte" gewonnen[256]. Und die Gesetzgeber treiben das **Projekt einer möglichst lückenlosen technischen Überwachbarkeit des Telekommunikationsverkehrs** im Dienste der Belange der inneren Sicherheit bei stetig sinkenden Eingriffsschwellen immer weiter voran[257]. Inzwischen stellt die **Gesamtheit der Eingriffsbefugnisse** in Frage, ob das **Grundrecht nicht bereits in seinem Wesensgehalt** (Art. 19 II GG) angetastet wird, die Möglichkeiten zulässiger Begrenzung also bereits ausgeschöpft sind[258].

Verletzung des Wesensgehalts von Art. 10 GG?

---

253 *Holzberger*, Bürgerrechte & Polizei / CILIP 82 (3/2005), 59 (62).
254 So auch der (ehemalige) schleswig-holsteinische Datenschutzbeauftragte Bäumler, siehe unter http://www.heise.de/newsticker/data/ad-26.08.02-000.
255 *Roßnagel*, in: Sicherheit für Freiheit?, S. 40; *Schmitz*, MMR 2003, 70; eine ausführliche verfassungsrechtliche Analyse findet sich unter http://www.datenschutzzentrum.de/material/themen/rotekarte/hintergr.htm .
256 *Welp*, Die neue TKÜV, S. 5.
257 *Hilbrans*, DaNa 3/2002, 11.
258 So *Kühling*, in: *Müller-Heidelberg* u.a. (Hrsg.), Grundrechte-Report 2003, S. 15.

Teil 2: Polizei- und Strafprozessrecht

Literatur

ABDALLAH, TAREK/GERCKE, BJÖRN: Strafrechtliche und strafprozessuale Probleme der Ermittlung nutzerbezogener Daten im Internet, in: ZUM 2005, S. 368 ff.

ALBRECHT/DORSCH/KRÜPE: Rechtswirklichkeit und Effizienz der Überwachung der Telekommunikation nach den §§ 100a, 100b StPO und anderer Ermittlungsmaßnahmen, Freiburg 2003

ARTKÄMPER, HEIKO: Ermittlungsmaßnahmen in Funktelefonnetzen, in: Kriminalistik 1998, S. 202 ff.

BACKES, OTTO/GUSY, CHRISTOPH: Wer kontrolliert die Telefonüberwachung?, in: StV 2003, S. 249 ff.

– Wer kontrolliert die Telefonüberwachung, Frankfurt/M. 2003.

BÄR, WOLFGANG: Beschlagnahme von Computerdaten, in: CR 1996, S. 675 ff.

– Anmerkung zu BGH-Ermittlungsrichter, in: StV 2001, S. 214; MMR 2001, S. 443 ff.

– Anmerkung zu LG Dortmund, Beschl. vom 18.03.2002 – 14 (III) Qs 6/02, in: MMR 2003, S. 54 ff.

BÄUMLER, HELMUT (Hrsg.): Datenschutz und Polizei, Neuwied 1999.

BAUR, ULRICH: Mangelnde Bestimmtheit von Durchsuchungsbeschlüssen, in: wistra 1983, S. 99 ff.

BECKER, RAINER: Präventivpolizeiliche Eingriffe in das Fernmeldegeheimnis, in: Die Polizei 2004, S. 14 ff.

BERGEMANN, NILS: Die Telekommunikationsüberwachung nach der Entscheidung des Bundesverfassungsgerichts zum „großen Lauschangriff" in: Lauschen im Rechtsstaat, Gedächtnisschrift für Hans Lisken (zit. als: *Bergemann*, in: Lisken-GS), Berlin 2004, S. 69 ff.

BERNSMANN, KLAUS: Anmerkung zu *BGH*, NStZ 1995, S. 510, in: NStZ 1995, S. 512 ff.

– Anordnung der Überwachung des Fernmeldeverkehrs – Mitteilung der geographischen Daten des eingeschalteten Mobiltelefons, Anmerkung zu *BGH*, Beschluss vom 21.02.2001 – 2BGs 42/2001, in: NStZ 2002, S. 103 ff.

BERNSMANN, KLAUS/JANSEN, KIRSTIN: Heimliche Ermittlungsmethoden und ihre Kontrolle – Ein systematischer Überblick , in: StV 1998, S. 217 ff.

BIZER, JOHANN: Löschungsfristen für TK-Daten, in: DuD 1999, S. 716.

– Politik der Inneren Sicherheit, in: DuD 2002, S. 741 ff.

– Praxis der TK-Überwachung, in: DuD 2002, S. 216 ff.

– Verpflichtung zur Herausgabe von TK-Verbindungsdaten an den Staatsanwalt, in: DuD 2002, S. 237.

BÖCKENFÖRDE, THOMAS: Die Ermittlung im Netz; Möglichkeiten und Grenzen neuer Erscheinungsformen strafprozessualer Ermittlungstätigkeit, Tübingen 2003.

BÖTTGER, ANDREAS/PFEIFFER, CHRISTIAN: Der Lauschangriff in den USA und in Deutschland, in: ZRP 1994, 7 ff.

BRAUM, STEFAN: Expansive Tendenzen der Telekommunikations-Überwachung? in: JZ 2004, S. 128 ff.

DALLMEYER, JENS: Anmerkung zu *BGH*, Urteil vom 14.03.2003 – 2 StR 341/02, in: JA 2003, S. 930 ff.

DECKERS, RÜDIGER: Geheime Aufklärung durch Einsatz technischer Mittel, in: StraFo 2002, S. 109 ff.

DECKERS, RÜDIGER/GERCKE, BJÖRN: Strafverteidigung und Überwachung der Telekommunikation, in: StraFo 2004, S. 84 ff.

2. Telekommunikationsüberwachung

DEMKO, DANIELA: Die Erstellung von Bewegungsbildern mittels Mobiltelefon als neuartige strafprozessuale Observationsmaßnahme, in: NStZ 2004, S. 62 ff.

ECKARDT, JENS: Telekommunikations-Überwachungsverordnung – Ein Überblick, in CR 2001, S. 670 ff.

EISENBERG, ULRICH/SINGELNSTEIN, TOBIAS: Zur Unzulässigkeit der heimlichen Ortung per SMS, in: NStZ 2005, S. 62 ff.

FATAH, KAMERAN: Spion am Ohr, in: com!online 6/2001, S. 132 f.

FEHN, BERND JOSEF: Die Verfassungswidrigkeit der Präventivüberwachung nach §§ 39 ff. AWG, in: Kriminalistik 2004, S. 252 ff., 329 ff.

FOX, DIRK: Der IMSI-Catcher, in: DuD 2002, S. 212 ff.

GARSTKA, HANSJÜRGEN: Terrorismusbekämpfung und Datenschutz – Zwei Themen, ein Konflikt, in: NJ 2002, S. 524 ff.

GERCKE, BJÖRN: Auskunftspflicht des Internet-Providers gegenüber Ermittlungsbehörde – Anmerkung zu LG Stuttgart, NJW 2005, S. 614, in: StraFo 2005, S. 244 ff.

– Bewegungsprofile anhand von Mobilfunkdaten im Strafverfahren, Berlin 2002.

– Der Mobilfunkverkehr als Ausgangspunkt für strafprozessuale Überwachungsmaßnahmen, in: StraFo 2003, S. 76 ff.

– Internet-Strafrecht: Online-Durchsuchungen der Strafverfolgungsbehörden, in: NIP 4/2005, S. 21 ff.

– Rechtliche Probleme beim Einsatz des IMSI-Catchers, in: MMR 2003, S. 453 ff.

– Telekommunikationsüberwachung – Noch keine Reform, in: Bürgerrechte und Polizei/CILIP 3/2004, S. 31 ff.

– Überwachung des Mobilfunkverkehrs, in: Bürgerrechte & Polizei / CILIP 71 (1/2002), S. 26 ff.

GNIRCK, KAREN/LICHTENBERG, JAN: Internetprovider im Spannungsfeld staatlicher Auskunftsersuchen, in: DuD 2004, S. 598 ff.

GÖTZ, HANSJÖRG: Sicherstellung von Mobiltelefonen, in: Kriminalistik 2005, S. 300 ff.

GRAF, JÜRGEN P.: Internet: Straftaten und Strafverfolgung, in: DRiZ 1999, S. 281 ff.

GRAULICH, KURT: Die Novellierung des Hessischen Gesetzes über die öffentliche Sicherheit und Ordnung im Jahr 2004, in: NVwZ 2005, S. 271 ff.

GUNDERMANN, LUKAS: das neue TKG-Begleitgesetz, in: K&R 1998, S. 48 ff.

GÜNTHER, RALF: Zur strafprozessualen Erhebung von Telekommunikationsdaten – Verpflichtung zur Sachverhaltsaufklärung oder verfassungsrechtlich unkalkulierbares Wagnis?, in: NStZ 2005, S. 485 ff.

GUSY, CHRISTOPH: Vorbeugende Verbrechensbekämpfung nach dem Außenwirtschaftsgesetz, in: StV 1992, S. 484 ff.

HÄBERLE, PETER: Besprechung des Urteils: BVerfG 2. Senat vom15.12.1970 Aktenzeichen: 2 BvF 1/69 2 BvR 629/68 2 BvR 308/69, in: JZ 1971, S. 145 ff.

HAMACHER, HANS WERNER: Überwachung der Telekommunikation, in: Kriminalistik 2001, S. 357 ff.

HAUSCHILD, JOERN: Anmerkung zu BVerfG Beschl. v. 04.02.2005 – 2 BvR 308/04, NStZ 2005, S. 337 ff.

HILBRANS, SÖNKE: Es geht voran: Die Entwicklung des Rechts der Telekommunikationsüberwachung in den letzten sechs Monaten, in DANA 3/2002, S. 10 ff.

HILGER, HANS: Gesetzgebungsbericht: Über den neuen § 100i StPO, in: GA 2002, S. 557 ff.

Teil 2: Polizei- und Strafprozessrecht

HOEREN, THOMAS: Überwachungsmöglichkeiten des Internet und Mitwirkungspflichten der Provider, in: wistra 2005, S. 1 ff.

HOEREN/SIEBER (Hrsg.): Handbuch Multimediarecht, München 2005.

HOFMANN, MANFRED: Die Online-Durchsuchung – staatliches „Hacken" oder zulässige Ermittlungsmaßnahme, in: NStZ 2005, S. 121 ff.

HOLZBERGER, MARK: EU: Vorratsspeicherung von Verbindungsdaten, in: Bürgerrechte & Polizei / CILIP 82 (3/2005), S. 59 ff.

HOLZNAGEL, BERND / NELLES, URSULA / SOKOL, BETTINA (HRSG.): Die neue TKÜV (Telekommunikationsüberwachungsverordnung), München 2001.

HUBER, BERTOLD: Effektiver Grundrechtsschutz mit Verfallsdatum – Die präventive Überwachung der Telekommunikation und Post, nach dem novellierten Zollfahndungsdienstgesetz, in: NJW 2005, S. 2260 ff.

JANSSEN, GERHARD: Rechtliche Grundlagen und Grenzen der Beschlagnahme, Berlin, 1995.

– Strafprozessuale Maßnahmen gegen Urheberrechtsverletzungen bei Privatkopien – Teil 2, in: NIP 1/2005, S. 19 ff.

JOFER, ROBERT: *Strafverfolgung* im Internet, Frankfurt a.M., 1999.

KELLER, CHRISTOPH: Die Standortbestimmung von Mobilfunktelefonen, in: Die Polizei 2005, S. 106 ff.

KINZIG, JÖRG: Die Telefonüberwachung in Verfahren organisierter Kriminalität: Fehler bei der richterlichen Anordnung, Mängel des Gesetzes, in: StV 2004, S. 560 ff.

KIPER, MANUEL/RUHMANN, INGO: Überwachung der Telekommunikation, in: DuD 1998, S. 155 ff.

KLOEPFER, MICHAEL: Privatsphäre im Fadenkreuz staatlicher Überwachung? in: Die neue TKÜV, S. 91 ff.

KOCH, ALEXANDER: „Lauschangriff" via Handy?, in: K&R 2004, S. 137 ff.

KUDLICH, HANS: Der heimliche Zugriff auf Daten in einer Mailbox – ein Fall der Überwachung des Fernmeldeverkehrs?, in: JuS 1998, S. 209 ff.

KUTSCHA, MARTIN: Neue Grenzen für die Telekommunikationsüberwachung, in: Bürgerrechte & Polizei / CILIP 82 (3/2005), S. 16 ff.

– Neue Grenzmarken des Polizeiverfassungsrechts, in: NVwZ 2005, S. 1231 ff.

– Novellierung des Thüringer Polizeiaufgabengesetzes – Mehr Sicherheit durch weniger Grundrechtsschutz?, in: LKV 2003, S. 114 ff.

– Rechtsschutzdefizite bei Grundrechtseingriffen von Sicherheitsbehörden, in: NVwZ 2003, S. 1296 ff.

LISKEN, HANS: „Sicherheit" durch „Kriminalitätsbekämpfung?", in: ZRP 1994, S. 264 ff.

LÜCKING, ERIKA: Die strafprozessuale Überwachung des Fernmeldeverkehrs, Freiburg/Breisgau 1992.

MALEK, KLAUS: Strafsachen im Internet, Heidelberg 2005.

MANN, THOMAS/MÜLLER, ROLF G.: Präventiver Lauschangriff via Telefon?, ZRP 1995, S. 180 ff.

MARBERTH-KUBICKI, ANETTE: Computer- und Internetstrafrecht, München, 2005.

MATZKY, RALPH: Zugriff auf EDV im Strafprozess, Berlin, 1999.

MICHALKE, REGINA: Die strafrechtlichen und verfahrensrechtlichen Änderungen des Außenwirtschaftsgesetzes, in StV 1993, S. 262 ff.

NEUHAUS, RALF, in: *Hanack* u.a. (Hrsg.), Festschrift für Peter Rieß,, Berlin / New York 2002, S. 375 ff.

PAEFFGEN, HANS-ULLRICH: Strafprozeß im Umbruch oder: Vom unmöglichen Zustand des Strafprozessrechts StV 1999, S. 625 ff.
- Überlegungen zu einer Reform des Rechts der Überwachung der Telekommunikation, in: Schünemann, Bernd u.a. (Hrsg.), Festschrift für Claus Roxin zum 70. Geburtstag, Berlin / New York 2001, S. 1299 ff.
- Vernachrichtendienstlichung des Strafprozesses, in: GA 2003, S. 647 ff.

PALM, FRANZ/ROY, RUDOLF: Der BGH und der Zugriff auf Mailboxen, in: NJW 1997, S. 1904 ff.
- Mailboxen: Staatliche Eingriffe und andere rechtliche Aspekte in: NJW 1996, S. 1791 ff.

PERSCHKE, STEFAN: Die Zulässigkeit nicht spezialgesetzlich geregelter Ermittlungsmethoden im Strafprozess, Köln 1997, S. 17 ff.

PETRI, THOMAS B.: Im Schatten des Leviathan – Zum Verhältnis von Sicherheit und Freiheit anhand von Beispielen aus der TK-Überwachung, in: RDV 2003, S. 16 ff.

PUSCHKE, JENS/SINGELNSTEIN, TOBIAS: Verfassungsrechtliche Vorgaben für heimliche Informationsbeschaffungsmaßnahmen, in: NJW 2005, S. 3534 ff.

PÜTTER, NORBERT: Telekommunikationsüberwachung – wer darf wann was?, in: Bürgerrechte & Polizei / CILIP 71 (1/2002), S. 16 ff.

RANDL, HANS: Verfassungsrechtliche Aspekte des neuen Hamburger Polizeirechts, in: NVwZ 1992, S. 1070 ff.

RIEGEL, REINHARD: Zur Suche nach Rechtsgrundlagen für die Fernmeldeaufklärung oder strategische Rasterfahndung durch den Bundesnachrichtendienst, in: ZRP 1993, S. 468 ff.

RIESS, PETER: Die Straftat von erheblicher Bedeutung als Eingriffsvoraussetzung – Versuch einer Inhaltsbestimmung, in: GA 2004, S. 623 ff.
- Über Subsidiaritätsverhältnisse und Subsidiaritätsklauseln im Strafverfahren, in: Geppert/Dehnicke (Hrsg.), K.H.-Meyer-GS, 1990, S. 367 ff.

ROGGAN, FREDRIK: Anmerkung zu LG Ulm, Beschl. v. 19.04.2004 – 1Qs 1036/04, in: StV 2006, S. 8 ff.
- Unerhörte Intimsphäre – Zum Erfordernis kernbereichsschützender Regelungen im Sicherheitsrecht, in: Blaschke, Ulrich/Förster, Achim/Lumpp, Stephanie/Schmidt, Judith (Hrsg.), Sicherheit statt Freiheit?, Berlin 2005, S. 51 ff.

RUBLACK, SUSANNE: Terrorismusbekämpfungsgesetz: Neue Befugnisse für die Sicherheitsbehörden, In: DuD 2002, S. 204 ff.

SCHAAR, PETER: Datenschutz bei Web-Services, in: RDV 2003, S. 59 ff.

SCHENKE, RALF P.: Verfassungsrechtliche Probleme einer präventiven Überwachung der Telekommunikation, in: AöR Bd.125 (2000), S. 14 ff.

SCHMIDT, VOLKER: Handy-Ortung zur Gefahrenabwehr, in: Kriminalistik 2002, S. 42 ff.

SCHMITZ, PETER: Datenschutz in der Informationsgesellschaft- gelten die Grundrechte, das Volkszählungsurteil und die Datenschutzgesetze noch?, in: MMR 2003, S. 69 ff.

SCHWARZ, MATHIAS/PESCHEL-MEHNER, ANDREAS (Hrsg.): Recht im Internet, Augsburg 2002.

SEIFERT, JÜRGEN: Vom Lauschangriff zum „Großen Lauschangriff", in: KritJ 1992, S. 355 ff.

SINGELNSTEIN, TOBIAS/STOLLE, PEER: Entwicklungen in der Telekommunikationsüberwachung und der Sicherheitspolitik – zur Novellierung des TKG, in: StraFo 2005, S. 96 ff.

SOINE, MICHAEL: Verdeckte Ermittler als Instrumentarium zur Bekämpfung von Kinderpornographie im Internet, NStZ 2003, S. 225 ff.

STÖRMER, RAINER: Der gerichtliche Prüfungsumfang bei Telefonüberwachungen – Beurteilungsspielraum bei Anordnungen nach § 100 a StPO, in: StV 1995, S. 653 ff.

Teil 2: Polizei- und Strafprozessrecht

TIEDEMANN, JENS: Die „stille SMS" – Überwachung im Mobilfunk, in: K&R 2004, S. 63 ff.

VASSILAKI, IRINI E.: Die Überwachung des Fernmeldeverkehrs nach der Neufassung der §§ 100a, 100b StPO: Erweiterung von staatlichen Grundrechtseingriffen?, in: JR 2000, S. 446 ff.

WÄLTER, HELMUT/STIENKEMEIER, BERND: Zur Zulässigkeit von Bildaufzeichnungen bei Versammlungen, in: Kriminalistik 1994, S. 93 ff.

WARNTJEN, MAXIMILIAN: Der Kernbereich privater Lebensgestaltung und die Telekommunikationsüberwachung gemäß § 100 a StPO, in: KJ 2005, S. 276 ff.

WEGERMANN, KAY: Überwachungsstaat Deutschland – Eine unwirkliche Geschichte, in: Der Kriminalist 2004, S. 93 ff.

WEITEMEIER, INGMAR/GROSSE, WOLFGANG: Telefonüberwachung aus präventivpolizeilichen Gründen, in: Kriminalistik 1997, S. 336 ff.

WELP, JÜRGEN: Nachrichtendienstliche und strafprozessuale Eingriffe in das Post- und Fernmeldegeheimnis, in: DÖV 1970, S. 267 ff.

– Überwachung und Kontrolle, Berlin 2000.

– Verbindungsdaten – Zur Reform des Auskunftsrechts, in: GA 2002, S. 535 ff.

WOHLERS, WOLFGANG/DEMKO, DANIELA: Der strafprozessuale Zugriff auf Verbindungsdaten, in StV 2003, S. 241 ff.

WOLFF, REINMAR/NEUMANN, ANDREAS: Anordnung der Auskunft über Telekommunikationsverbindungsdaten gegen unbekannt?, NStZ 2003, S. 404 ff.

WOLLWEBER, HARALD: Verbindungsdaten der Telekommunikation im Visier Strafverfolgungsbehörden, in: NJW 2002, S. 1554 ff.

ZÖLLER, MARK ALEXANDER: Verdachtslose Recherchen und Ermittlungen im Internet, in: GA 2000, S. 563 ff.

3. Verdeckte Ermittler (VE) im Polizei- und Strafprozessrecht

Übersicht

3.1. Strafverfolgende VE in der Strafprozessordnung 185
3.2. Verdeckte (Vorfeld-)Ermittler am Beispiel des NdsSOG 186
    3.2.1. Der Einsatz von gefahrabwehrenden VE 186
    3.2.2. Der Einsatz von vorsorgenden VE 187
    3.2.3. VE-Einsätze gegen jedermann ? 190
3.3. Insbesondere: Kontrollmöglichkeiten der geheimpolizeilichen
Vorfeldermittlungen durch einen Richtervorbehalt ? 191
    3.3.1. Effektivitäts-Einschränkungen durch Rechtsprechung 192
    3.3.2. Einschränkungen durch tatsächliches richterliches
    (Nicht-)Können 195
    3.3.3. Der Richtervorbehalt als gesetzgeberisches Alibi
    für entgrenzte Tatbestände 197
3.4. Zum Verhältnis von VE-Regelungen beider Gesetzesmaterien:
Das operative Konzept 197
    3.4.1. Kein Ermittlungsverbot für geheimpolizeiliche Vorfeld-Ermittler 198
    3.4.2. Das Überschreiten des Anfangsverdachts als der Beginn
    von Strafverfolgung 198
3.5. Fazit: Der Wegfall von Grenzen 201

3. Verdeckte Ermittler (VE) im Polizei- und Strafprozessrecht

> (...) während früher (...) Prävention durch die Eingriffsschwelle der polizeilichen Gefahr gezügelt wurde, hat sich die Vorfeldermittlung hiervon vollständig emanzipiert und macht jeden Bürger zum tauglichen Gegenstand polizeilichen Mißtrauens. Da dieses Mißtrauen sich unter anderem im Einsatz von verdeckten Ermittlern oder V-Personen manifestieren darf, sind damit auch durchaus massive Eingriffe in Individualrechte verbunden.
> **Prof. Dr. Hans-Heiner Kühne**, *Trier*[1].

Regelungen im Polizeirecht der Länder: Verdeckte Ermittler	
Baden-Württemberg:	§ 22 I Nr. 3, II BWPolG
Bayern:	Art. 33 I Nr. 3 BayPAG
Berlin:	§ 26 I S. 1 Nr. 2 ASOG
Brandenburg:	§ 35 I BdbPolG
Bremen:	§ 35 I S. 1 BremPolG
Hamburg:	§ 12 I S. 1 HambPolDVG
Hessen:	§ 16 II HessSOG
Niedersachsen:	§ 36 a I S. 1 i.V.m. 34 I NdsSOG
Nordrhein-Westfalen:	§ 20 I NWPolG
Mecklenburg-Vorpommern:	§ 33 I Nr. 4 u. II S. 1, 2 SOG M-V
Rheinland-Pfalz:	(§ 25 I S. 1 RhPfPOG)
Saarland:	§ 28 I S. 1 u. II Nr. 4 SPolG
Sachsen:	§ 39 I, 39 II Nr. 3 SächsPolG
Sachsen-Anhalt:	§ 18 II SOG LSA
Schleswig-Holstein:	–
Thüringen:	§ 34 I Nr. 3, III ThürPAG

VE im PolR und der StPO Fast alle Polizeigesetze der Bundesländer sehen die Rechtsfigur der Verdeckten Ermittler (VE) vor. Auch in der Strafprozessordnung findet sich die Befugnis zum Einsatz von VE, dort in den §§ 110 a bis 110 c geregelt. Entsprechend der gesetzlichen **Differenzierung zwischen Gefahrenabwehrrecht und Strafverfahrensrecht** ist letzterer nur im Rahmen des Strafverfahrens zulässig, während ersterer der Gefahrenabwehr dienen soll. Bereits die Existenz der Rechtsfigur in beiden, strikt zu trennenden[2] Rechtsgebieten bietet Anlass, die Eingriffsbefugnisse zu vergleichen und ihr Verhältnis

---

1 DRiZ 2002, 22 f.
2 Vgl. dazu oben die Ausführungen von *Kutscha* über die *Trennung Polizeirecht – Strafprozessrecht* (Teil 1).

zueinander darzustellen. Exemplarisch für die polizeirechtlichen VE soll hier die niedersächsische Regelung (§ 36 a I i.V.m. 34 I NdsSOG) dargestellt und seiner strafprozessualen Entsprechung, den §§ 110 a ff. StPO, gegenübergestellt werden. Die Betrachtungen lassen sich weitgehend auf die Bestimmungen in anderen Polizeigesetzen übertragen.

Es soll hier nicht darum gehen, die in der Rechtswissenschaft geführte Diskussion über verdeckte (oder: geheimdienstliche) Ermittlungsmethoden[3] als solche nur zu wiederholen oder zusammenzufassen, sondern darum, die Rechtsfigur des VE hinsichtlich seiner Bedeutung für eine **Vorverlagerung und Ausweitung von heimlichen staatlichen Datenerhebungskompetenzen** darzustellen. Insbesondere wird erläutert, inwieweit die polizeirechtlichen Befugnisse vom Regelungswerk her **tatsächlich begrenzt** werden und ob sich der „niedersächsische VE" überhaupt in die polizeirechtliche Gesetzessystematik der Gefahrenabwehr einfügen lässt. Es geht vorrangig also um das Verhältnis der jeweiligen Einsatzvoraussetzungen im Polizeirecht und der Strafprozessordnung.

Gegenstand der Darstellung

3.1. Strafverfolgende VE in der Strafprozessordnung

Bereits 1992 wurden durch das Gesetz zur Bekämpfung des illegalen Rauschgifthandels und anderer Erscheinungsformen der Organisierten Kriminalität (OrgKG) die VE in die Strafprozessordnung eingeführt[4]. Die §§ 110 a ff. StPO erlauben seitdem die Aufklärung von Straftaten durch VE, wenn **zureichende tatsächliche Anhaltspunkte** dafür vorliegen, dass eine **Straftat von erheblicher Bedeutung**, u. a. auf dem Gebiet[5] des unerlaubten Betäubungsmittelverkehrs, des Staatsschutzes oder in näher bestimmter Weise **in organisierter Form** begangen worden ist[6] (§ 110 a I 1 StPO). Bei Verbrechen (§ 12 StGB) ist der VE-Einsatz auch **bei bestimmten Tatsachen, die auf eine Wiederholungsgefahr** schließen lassen, zulässig (§ 110 a I 2 StPO)[7]. Die Wiederholungsgefahr hat sich dabei an den gleichen Maßstäben messen zu lassen wie bei derselben als Haftgrund (§ 112 a StPO)[8]. Grundsätzlich setzt der Einsatz eines VE nach § 110 a einen **(konkreten) Anfangsverdacht** hinsichtlich einer begangenen Straftat voraus (§ 152 II StPO)[9]. Er bestimmt wenigstens zu einem gewissen Grad den Gegenstand, auf den sich die Ermittlungen zu beziehen haben. Dieser **Straftatverdacht** übernimmt im rechtlichen Regelungssystem für die polizeiliche Ermittlungsarbeit damit **eine Selektions- und Steuerungsfunktion**[10]. Ohne diese Voraussetzung ist kein Ein-

Tatbestand des § 110a StPO

---

3   Grundlegend *Weßlau*, Vorfeldermittlungen; zur Regelung des VE in der StPO stellvertretend für viele *Zaczyk*, StV 1993, 490 ff.
4   Vgl. zum folgenden die zusammenfassenden Ausführungen bei *Roxin*, Strafverfahrensrecht, S. 61 f.
5   Zum Begriff kritisch *Zaczyk*, StV 1993, 493.
6   Vgl. dazu z.B. KK-*Nack*, § 110 a Rdnr. 3.
7   Zusammenfassend *Schmitz*, Verdeckte Ermittler, S. 84.
8   *Bäumler* in: Handbuch des Polizeirechts, S. 818 f.; näheres dazu auch unter Punkt 5.2.
9   Vgl. aus der Kommentar-Literatur statt vieler nur KK-*Nack*, § 110a Rdnr. 13. Zusammenfassend auch *Schmitz*, Verdeckte Ermittler, S. 74.
10 *Weßlau*, KritV 1997, 244.

Teil 2: Polizei- und Strafprozessrecht

griff in die Rechte von Grundrechtsträgern auf strafprozessualer Grundlage zulässig (sog. Ermittlungsverbot[11]). Zur Aufklärung von Verbrechen dürfen VE außerdem eingesetzt werden, wenn die besondere Bedeutung der Tat den Einsatz gebietet und andere Maßnahmen aussichtslos wären (§ 110 a I 4 StPO). Zu Recht wird darauf hingewiesen, dass diese Befugnis dahingehend restriktiv auszulegen ist, dass nur wirklich schwere Verbrechen einen solchen VE-Einsatz zu rechtfertigen vermögen[12].

Befugnisse der VE

VE sind Polizeibeamten, die unter einer ihnen verliehenen, auf Dauer angelegten, **veränderten Identität** (Legende) ermitteln und dabei auch unter ihrer Verwendung am **Rechtsverkehr** teilnehmen dürfen[13] (§ 110 a II StPO). Unter gesetzlich näher bestimmten Voraussetzungen (§ 110 b II StPO) dürfen VE auch unter Verwendung ihrer Legende und mit Einverständnis der Berechtigten **Wohnungen betreten** (§ 110 c I StPO).

Dauer des VE-Einsatzes

Nach der Rechtsprechung des *BGH* unterscheiden sich VE von anderen, nicht offen ermittelnden Polizeibeamten dadurch, dass ihre Legende tatsächlich auf einen unbestimmten, **längeren Zeitraum** angelegt und nicht etwa nur auf wenige, konkret bestimmte Ermittlungshandlungen beschränkt ist[14]. Umstritten ist die Frage, ob dieser Einsatz dann auf die §§ 161, 163 StPO gestützt werden darf[15].

3.2. Verdeckte (Vorfeld-)Ermittler am Beispiel des NdsSOG

Einleitung

Durch das Gesetz zur Änderung datenschutz-, gefahrenabwehr- und verwaltungsverfahrensrechtlicher Vorschriften[16] von 1997 ist u. a. das polizeirechtliche Instrument der Verdeckten Ermittler (VE) in das niedersächsische Gefahrenabwehrgesetz (jetzt: Niedersächsisches Gesetz über die öffentliche Sicherheit und Ordnung – NdsSOG) eingefügt worden[17]. Der polizeirechtliche VE nach § 36 a NdsSOG ist die **präventive Ergänzung zum strafprozessualen VE**, seine Befugnisse entsprechen denen der §§ 110 a II S.1 Nr.2, 110 c StPO.

3.2.1. Der Einsatz von gefahrabwehrenden VE

Tatbestand gefahrenabwehrende VE

§ 36a I i.V.m. 34 I Nr. 1 NdsSOG erlaubt den VE-Einsatz auf polizeirechtlicher Grundlage zur **Abwehr einer gegenwärtigen Gefahr für Leib, Leben oder Freiheit** über Störer und, unter den Voraussetzungen des sog. polizeilichen Notstandes (§ 8 NdsSOG), auch gegen Nichtstörer. Diese Befugnis setzt schon nach ihrem Wortlaut das

---

[11] Zum Verfassungsrang dieses Prinzips *Lisken*, NVwZ 1998, 24; vgl. dazu auch die Ausführungen oben unter Punkt I.3.
[12] *Bäumler* in: Handbuch des Polizeirechts, S. 819 weist erklärend darauf hin, dass nicht einmal ein aufzuklärender Mord oder eine Freiheitsberaubung *ohne weiteres* den VE-Einsatz erlauben.
[13] Vgl. dazu KK-*Nack*, § 110 a Rdnr. 11.
[14] *BGH,* NJW 1997, 1516 f. m. Anm. *Wollweber,* StV 1997, 507; vgl. auch *BGH,* NStZ 1996, 450.
[15] Bejahend z.B. KK-*Nack*, § 110a Rdnr. 14; ablehnend mit überzeugender Begründung *Roxin,* StV 1998, 43 ff.; *ders.,* Strafverfahrensrecht, S. 56, 63; insbesondere auch unter Bestimmtheitsgesichtspunkten kritisierend *Bäumler* in: Handbuch des Polizeirechts, S. 817.
[16] Nds. GVBl. 1997, S. 489.
[17] Nds. GVBl. 1998, S. 101.

Bestehen einer (**konkreten**) **Gefahr** voraus. Sie befindet sich unter diesem Gesichtspunkt im Aufgabenbereich des **Polizeirechts als Gefahrenabwehrrecht**. Zwar dürfen wohl Zweifel daran bestehen, dass sich die prinzipielle Langfristigkeit eines VE-Einsatzes[18] – die Legende des VE ist **auf Dauer** angelegt – mit der Spontaneität einer gegenwärtigen Gefahr für Leib, Leben oder Freiheit vereinbaren lässt[19]. Indessen ist aber nicht auszuschließen, dass sich Gefahrensituationen denken lassen, in denen nur ein polizeirechtlicher VE zur Gefahrenabwehr beitragen kann[20]. Die Norm verfolgt den Gesetzeszweck Gefahrenabwehr und sich damit unproblematisch in die entsprechende Gesetzesmaterie einordnen lässt. Sie ist durch das Einsatzerfordernis der Gefahr auch tatbestandlich vergleichsweise eng gefasst.

3.2.2. Der Einsatz von vorsorgenden VE

Vom Normenprogramm her ist die Erhebung personenbezogener Daten durch VE auch schon dann zulässig, wenn **Tatsachen die Annahme rechtfertigen**, dass die betroffenen Personen **Straftaten von erheblicher Bedeutung** begehen werden, und wenn die **Vorsorge für die Verfolgung oder die Verhütung** dieser Straftaten auf andere Weise nicht möglich erscheint (§ 36a i.V.m. 34 I Nr.2 NdsSOG). Bei diesen Tatsachen muss es sich um solche handeln, die sich aus der äußeren Geschehenswelt ergeben, eine bloß angenommene „verbrecherische Gesinnung" darf danach also nicht ausreichen. Gemeint ist mit der Formulierung eine **Indizwirkung bestimmter Tatsachen** für eine **künftige Straftatbegehung**. Es soll reichen, dass diese Indizien nach der polizeilichen Erfahrung die Straftatbegehung als **möglich** erscheinen lassen[21]. Im Gegensatz zur soeben dargestellten VE-Befugnis ist hier eine abzuwehrende Gefahr tatbestandlich also nicht erforderlich. Auch an die zeitliche Nähe der zu erwartenden Straftaten werden keine spezifischen Anforderungen gestellt[22]. Anknüpfungspunkt sind hier **polizeiliche Annahmen**, die sich z.B. aus kriminalistischen Alltagstheorien ergeben können[23]. Wenn also Personen in einer bestimmten (polizeilich definierten) Weise auffällig geworden sind, und sich das mit allgemeinem Erfahrungswissen und weiteren kriminologischen Erkenntnissen ergänzt, so ist diese tatbestandliche Voraussetzung bereits erfüllt. Es fehlt diesbezüglich also an einem verfahrensrechtlichen Argumentations- und Rechtfertigungszwang der Polizei hinsichtlich ihrer Annahmen, wie das etwa bei der Belegung einer Gefahr als polizeirechtliche Eingriffsvoraussetzung der Fall ist. *Rachor* geht daher zu Recht davon aus, dass der Polizei mit dem entsprechenden Tatbestandsmerkmal eine „**weitgehend unkontrollierte** (und damit unkontrollierbare), weil **un-**

Tatbestand vorsorgende VE

---

18 Wie bereits beschrieben, wird dieses Merkmal durch die Rechtsprechung des *BGH* besonders hervorgehoben, *BGH,* NJW 1997, 1516 f.
19 *Stephan* in: Schattenmänner, S. 18; *Bäumler* in: Handbuch des Polizeirechts, S. 816.
20 So die Behauptung der Gesetzesbegründung, LT-Drucks. 12/2899, S. 11. Selbst dort wird davon ausgegangen, dass es sich nur um wenige Fälle handeln dürfte.
21 Vgl. dazu ausführlich *Rachor* in: Handbuch des Polizeirechts, S. 359.
22 *Rachor* in: Handbuch des Polizeirechts, S. 360.
23 *Weßlau,* KritV 1997, 243.

Teil 2: Polizei- und Strafprozessrecht

reflektiert-ungefilterte Definitionsmacht" vermittelt werde[24]. Tatsächlich „begrenzt" werden die Ausforschungsmaßnahmen nämlich nur durch die polizeiliche Fähigkeit, den Sachverhalt entsprechend den gesetzlichen Vorgaben darstellen zu können[25].

Gegenstand der VE-Ermittlungen

Die Annahmen der Polizei in beschriebener Hinsicht müssen sich auf **Straftaten von erheblicher Bedeutung** beziehen. Es handelt sich bei dieser Wendung um eine in fast allen Polizeigesetzen gebrauchte Formulierung, die bestimmte polizeiliche Maßnahmen auf bestimmte Gefahren beschränken möchte. Insbesondere die sog. neueren Polizeigesetze verwenden den Begriff an verschiedenen Stellen[26]. § 2 Nr. 10 NdsSOG selbst definiert diese Straftaten als Verbrechen (Buchstabe a), daneben aber auch als bestimmte Vergehen (Buchst. b), jedes Vergehen, wenn es banden- oder gewerbsmäßig begangen wird (Buchst. c) oder die Teilnahme an einer solchen Straftat (Buchst. d). Es handelt sich bei diesen Delikten um eine **abschließende Aufzählung**; andere Straftaten als die genannten kommen also nicht in Betracht. Im Gegensatz zu anderen Polizeigesetzen handelt es sich im NdsSOG also nicht um Beispiele[27].

Keine Gesetzgebungskompetenz

Weiterhin fordert § 36a i.V.m. 34 I Nr.2 NdsSOG die **Erforderlichkeit für die Vorsorge für die Verfolgung oder Verhütung** dieser Straftaten. Bei dieser Vorsorge als gesetzlich definiertem Zweck der Datenerhebungen handelt es sich um eine Verbindung von präventiven („Verhütung") und repressiven („Verfolgung") Zielrichtungen und damit um eine Verknüpfung von an sich strikt zu trennenden Gesetzesmaterien[28]. Eine solche Verbindung ist, der jüngeren Rechtsprechung des Bundesverfassungsgerichts[29] folgend, verfassungsrechtlich unzulässig. Denn die so genannte Strafverfolgungsvorsorge ist der konkurrierenden Gesetzgebung nach Art. 74 I Nr. 1 GG zuzurechnen: Die Vorsorge für die Verfolgung noch gar nicht begangener, in ungewisser Zukunft bevorstehender Straftaten gehört zum gerichtlichen Verfahren[30]. Demnach können die Landesgesetzgeber in den entsprechenden Bereichen nur dann aktiv werden, wenn und solange der Bund von seiner Gesetzgebungskompetenz keinen Gebrauch gemacht hat. Ob das der Fall ist, kann nur anhand der einschlägigen Bestimmungen und des jeweiligen Sachbereichs festgestellt werden. Auch das absichtsvolle Unterlassen einer Regelung kann zu der entsprechenden Sperrwirkung für die Landesgesetzgeber führen[31]. Das ist im Fall des Einsatzes von verdeckten Ermittlern anzunehmen. Der Bundesgesetzgeber hat von seiner Zuständigkeit nach Art. 74 I Nr. 1 GG in-

---

24 *Rachor* in: Handbuch des Polizeirechts, S. 360; zum Begriff der *Definitionsmacht* vgl. *Feest/Blankenburg*, Die Definitionsmacht der Polizei, S. 19 f.
25 Von einer „Blankovollmacht" spricht insofern auch *Stephan* in: Schattenmänner, S. 17.
26 Beispiele aus dem NdsSOG mögen das verdeutlichen. So finden sich die *Straftaten von erheblicher Bedeutung* u. a. in den §§ 13 I Nr. 2 a, 24 V Nr. 1, 34 I Nr. 2, 35 II Nr. 2, 36 a I Nr. 2, 39 IV NdsSOG.
27 Wo das der Fall ist, wird gefordert, dass die dortigen Straftatenkataloge im Wege einer einschränkenden Auslegung ebenfalls als abschließend anzusehen sind, vgl. *Rachor* in: Handbuch des Polizeirechts, S. 367.
28 *Roggan*, KritV 1998, 337.
29 BVerfGE, NJW 2005, 2603. Die Entscheidung hat eine die niedersächsische Regelung über die sog. vorbeugende Telefonüberwachung nach § 33a I Nr. 2 und 3 NdsSOG zum Gegenstand.
30 *BVerfG*, NJW 2005, 2603 (2605).
31 *BVerfG*, NJW 2005, 2603 (2606).

soweit Gebrauch gemacht, dass er entsprechende Maßnahmen an das Vorliegen eines Straftatverdachts gekoppelt hat. Dabei ist es als bewusste Entscheidung anzusehen, den VE-Einsatz nicht auf den Vorfeldbereich auszudehnen[32]. Der niedersächsische Gesetzgeber hat folglich seine Gesetzgebungskompetenz insoweit überschritten, als er den VE-Einsatz auch zur Vorsorge für die zukünftige Strafverfolgung erlaubt hat. Dieser Umstand zieht die Verfassungswidrigkeit der gesamten Regelung der Vorfeld-VE nach sich. Zur eingehenden Begründung dieses Ergebnisses ist auf die obigen Erörterungen zu verweisen[33].

Als weiterer grundlegender Kritikpunkt an gegenständlichen Vorfeldermittlungen ist zu nennen, dass sich weder zum Zeitpunkt der Entscheidung über den VE-Einsatz, noch im Moment ihrer Erhebung sagen lässt, welchem Zweck die erhobenen Daten einmal dienen sollen. Das polizeiliche Motiv „Vorsorge" stellt damit **keine tatbestandliche Begrenzung** hinsichtlich des Gegenstandes der Datenerhebungen dar. Daraus folgend ergibt sich, dass eine **unbestimmbare Vielzahl von Informationen** (Daten) von Interesse sein können. Interessant sind potentiell also erst einmal fast alle verfügbaren Informationen[34] über Personen und Sachverhalte. Diese Art der Polizeiarbeit zeichnet sich also dadurch aus, dass weder ein in der Vergangenheit liegender Lebenssachverhalt unter strafverfolgenden Aspekten aufzuklären, noch eine Gefahr abzuwehren ist und dafür bestimmte Informationen zu sammeln sind. Es ist deswegen davon auszugehen, dass es sich bei diesem scheinbaren Tatbestandserfordernis um eine **„offene Formulierung"** (*Weßlau*)[35] bzw. **„inhaltsleere Floskel"** (*Stephan*)[36] handelt, die die Eingriffsvoraussetzungen tatsächlich nicht beschränkt, sondern ins Unbestimmbare ausdehnt[37]. Insbesondere unter Bestimmtheitsgesichtspunkten begegnet diese in vielen Polizeigesetzen verwendete Klausel von der Vorsorge für künftige Strafverfolgungen oder Gefahrenabwehr deshalb erheblichen und kaum überzeugend zu überwindenden Bedenken[38].

Tatbestandliche Unbestimmtheit

Es ist gleichwohl zu konstatieren, dass es sich bei einer solchen (scheinbaren) Zielrichtung um eine **aus polizeitaktischen Gesichtspunkten sehr flexible Bestimmung** handelt, deren Voraussetzung als von der Polizei stets begründbar aufzufassen ist. Mit der Kompetenz zur Gefahrenvorsorge oder Strafverfolgungsvorsorge wird die Polizei von der im Einzelnen überprüfbaren **Darlegung der Sachlage weitgehend entbunden** und ihr damit ein rechtlicher Freiraum verschafft, in dem sie sich, ohne eine effektive gerichtliche Überprüfung des Für und Wider ihres Tätigwerdens fürchten zu müssen, bewegen kann[39]. Es vermag insofern kaum zu verwundern, dass dieses in Gesetzes-

Polizeiliche Freiräume

---

32 So für den Bereich der Telekommunikationsüberwachung nach § 100a StPO *BVerfG*, NJW 2005, 2603 (2606).
33 Vgl. oben Abschnitt 1.2.2.
34 *Kutscha*, Bürgerrechte & Polizei / CILIP 1/98, S. 66; *Weßlau*, KritV 1997, 244.
35 *Weßlau*, KritV 1997, 244.
36 *Stephan* in: Schattenmänner, S. 19.
37 Von einer entsprechenden *Notwendigkeit*, damit polizeiliches Handeln auf alle möglichen Eventualitäten gefasst sein kann, spricht insoweit *Narr*, Bürgerrechte & Polizei / CILIP 2/98, 53.
38 Vgl. z.B. *Müller*, StV 1995, 604.
39 *Roggan*, KritV 1998, 340.

form gefasste, operative Konzept ohne konkret-gesetzliche Zielrichtung in erster Linie aus Polizeikreisen befürwortet und verteidigt wird[40].

3.2.3. VE-Einsätze gegen jedermann ?

Betroffenheit von Unverdächtigen

Darüber hinaus darf sich der Einsatz von VE auch **gegen Kontakt- und Begleitpersonen** richten, wenn dies zur Vorsorge für die Verfolgung oder zur Verhütung der Straftat unerlässlich ist (§ 36a i.V.m. 34 I Nr.3 NdsSOG). Unter Kontakt- und Begleitpersonen werden nach § 2 Nr. 11 NdsSOG alle Personen verstanden, die mit einer anderen Person, bei der Tatsachen die Annahme rechtfertigen, dass sie eine Straftat von erheblicher Bedeutung begehen wird, in einer Weise in Verbindung stehen, die erwarten lässt, dass durch sie **Hinweise über die angenommene Straftat** gewonnen werden können. Auch hier hat sich der niedersächsische Gesetzgeber also bemüht, eine Definition im Gesetz zu verankern, die allzu weiten Auslegungen durch die Polizei vorbeugen soll. Dennoch begegnet auch eine solche Legaldefinition erheblichen Bedenken:

SächsVerfGH zu Kontakt- und Begleitpersonen

Der *Sächsische Verfassungsgerichtshof* hat in seiner Entscheidung zur entsprechenden sächsischen Gesetzeslage ausgeführt, dass nur solche Kontakt- und Begleitpersonen von verdeckten Datenerhebungen betroffen sein dürfen, die entweder **nähere persönliche oder geschäftliche Beziehungen** zu der eigentlichen Zielperson unterhielten oder den Kontakt über einen **längeren Zeitraum** oder **unter konspirativen Bedingungen** aufrechterhielten oder pflegten[41]. Danach sollen z.B. äußerlich flüchtige oder zufällige Alltagskontakte oder Beziehungen nicht ausreichen. Diesen verfassungsgerichtlich festgelegten Anforderungen wird die niedersächsische Regelung des VE-Einsatzes gegen Kontakt- und Begleitpersonen nicht gerecht. Der wohl einschränkend gemeinte Satz, dass nur solche Menschen betroffen sein sollen, die dafür in Frage kommen, dass sie für die polizeilichen Ermittlungen von Interesse sind, ist tatsächlich nicht anders zu verstehen, als die Polizei keine Daten über Menschen erheben darf, die für die Ermittlungen bedeutungslos sind. Daran aber dürfte die Polizei schon von sich aus kein Interesse haben, denn auch ihrer Sicht dürfte es kaum sinnvoll sein, ohne kriminalistische Hypothesen „ins Blaue hinein" zu forschen. § 36 a i.V.m. 34 I Nr.3 und 2 Nr.11 NdsSOG enthält diesbezüglich also nur das **Verbot unsinniger Ermittlungen**, nicht aber eine tatbestandliche Begrenzung[42]. Mit einer Formulierung wie im Niedersächsischen Gefahrenabwehrgesetz werden damit eine Vielzahl von Menschen von den geheimpolizeilichen Ermittlungen betroffen, die sich durch **kein spezifisches Verhältnis zu den eigentlichen Zielpersonen** auszeichnen. Die Vorschrift schützt also kei-

---

40 Nur am Rande sei hier erwähnt, dass sich dieses operative Vorfeld-Konzept zum ersten Mal in einem Aufsatz des ehemaligen Landespolizeipräsidenten aus Stuttgart *Stümper* findet (Kriminalistik 1975, 49 ff.) und auch heute noch in mehr oder weniger veränderter Form vertreten wird.

41 *SächsVerfGH*, Vf. 44-II-94, S. 64; vgl. dazu ferner *Bäumler*, NVwZ 1996, 766; *Roggan*, KJ 1997, 86. Eine Beschränkung des Begriffs der Kontakt- und Begleitpersonen nahm auch das *Brandenburgische Verfassungsgericht* vor: Betroffen werden dürften nur solche Personen, „zu denen der potentielle Straftäter gerade *mit Bezug auf die in Frage stehende Straftat* in Verbindung steht oder Verbindung aufnimmt", BbgVerfG, LKV 1999, 450, 3. Ls.

42 *Weßlau*, KritV 1997, 243.

3. Verdeckte Ermittler

neswegs kategorisch alle flüchtigen oder zufälligen Alltagskontakte, sondern begrenzt die Ermittlungen nur durch das Verbot von Unsinnigkeit.

Die niedersächsische Regelung über VE-Datenerhebungen zur Beobachtung von Kontakt- und Begleitpersonen enthält sich dem verfassungsrechtlich gebotenen Schutz von Unbeteiligten, wie er von der sächsischen Rechtsprechung konkretisiert wurde. Somit kommt nach dem **Wortlaut der Regelung jeder für geheime Ausforschungen in Betracht**, bei dem nicht von vornherein feststeht, dass sein Alltag zu polizeilichen Erkenntnisgewinnungsmaßnahmen nichts beitragen kann. Die Datenerhebungen über Kontakt- und Begleitpersonen nach der Legaldefinition des § 2 Nr. 11 NdsSOG ist nach ihrem Wortlaut und den vorangegangenen Erwägungen also als unverhältnismäßig und damit verfassungswidrig zu betrachten.

Unverhältnismäßigkeit der Regelung

3.3. Insbesondere: Kontrollmöglichkeiten der geheimpolizeilichen Vorfeldermittlungen durch einen Richtervorbehalt?

Die fehlende Offenheit der VE-Ermittlungen war den Gesetzgebern Anlass, eine **richterliche Vorab-Kontrolle** vorzusehen: Sowohl die StPO, als auch alle Polizeigesetze sehen in verfahrensrechtlicher Hinsicht die richterliche Entscheidung über die Zulässigkeit des VE-Einsatzes (**Richtervorbehalt**) vor. Für strafverfolgende VE-Einsätze, die sich gegen bestimmte Beschuldigte richten[43], gilt § 110 b II StPO. Danach ist die Zustimmung eines Richters notwendig. Richten sich die Ermittlungen gegen keine irgendwie bestimmbare Person, so reicht die Zustimmung der Staatsanwaltschaft, § 110 b I StPO.

Einleitung: Richtervorbehalt

Bei den gegenständlichen richterlichen Entscheidungen handelt es sich **nicht um Akte der Rechtsprechung**[44], sondern im Fall der polizeirechtlichen Ermittlungen um die **richterliche Mitwirkung an einer Verwaltungsentscheidung**[45] und im Fall der strafverfolgenden Maßnahmen um Amtshilfe[46]. Es handelt sich in jedem Fall also nicht um eine richterliche Eingriffsbefugnis, sondern um die Mithilfe der Richter bei rechtsprechungsfremden Tätigkeiten. Bei der polizeirechtlichen Entscheidung über den VE-Einsatz werden sie am Gesetzeszweck Gefahrenabwehr beteiligt und bei strafverfolgenden VE handeln sie als Hilfsorgan der Staatsanwaltschaft. Letzteres ergibt sich daraus, dass im Ermittlungsverfahren – gerade dort finden die gegenständlichen Mitwirkungen statt – die Staatsanwaltschaft die Verfahrensherrschaft besitzt. Funktional werden sie also als **Exekutivorgane** tätig[47]. Es ist also schon hier festzustellen, dass der Richtervorbehalt schon von seinem Charakter her nicht überschätzt werden sollte. Er stellt aber, soviel kann hier festgestellt werden, immerhin den gesetzgeberischen

Definition: Richtervorbehalt

---

43 Dabei soll nicht erforderlich sein, dass der/die Beschuldigte namentlich bekannt ist, vgl. Bäumler, in: Handbuch des Polizeirechts, S. 820.
44 Ausführlich dazu aus verfassungsrechtlicher Sicht *Gusy*, JZ 1998, 170 f.
45 Vgl. dazu mit Blick auf die richterliche Beteiligung an freiheitsentziehenden Maßnahmen nach Polizeirecht *Lisken*, ZRP 1996, 334; *Roggan*, KJ 1997, 83 und *Wolter*, DÖV 1997, 941 ff.
46 *Asbrock*, KritV 1997, 257.
47 *Paeffgen*, JZ 1997, 186.

Teil 2: Polizei- und Strafprozessrecht

Effektivität des Richtervorbehalts?

Versuch dar, eine Art **vorverlagerte Kontrolle** von Staatsanwaltschaft und Polizei[48] durch die Beteiligung von behördlich Unabhängigen zu gewährleisten.

Die jeweilige Ausgestaltung (örtliche Zuständigkeit o. ä.) kann für die folgenden Erörterungen außer näherem Betracht bleiben, es soll vielmehr die **Effektivität dieses Vorbehalts** untersucht werden. Die Effektivität dieser „prozeduralen Sicherung" zum Zweck des „**vorbeugenden Rechtsschutzes**"[49] ist angesichts der zurückgenommenen „materiellen Eingriffsbarrieren"[50] bei den Eingriffsvoraussetzungen durchaus von Bedeutung. Sie ist insofern als maßgebliche Voraussetzung für die Beurteilung einer rechtsstaatlichen Kontrollierbarkeit der geheimdienstlichen Polizei-Aktivitäten bzw. des operativen Konzepts als solchem zu betrachten.

3.3.1. Effektivitäts-Einschränkungen durch Rechtsprechung

Vorgaben der Rspr.

Die höchstrichterliche Rechtsprechung hatte sich bereits mehrfach mit der Prüfung des Umfanges der so bezeichneten Kontrolldichte von richterlichen Anordnungen und Zustimmungen[51] geheimer Ermittlungsmaßnahmen (also nicht nur von VE-Einsätzen) zu befassen. Es ging dabei jeweils darum, inwieweit ermittlungsrichterliche Entscheidungen im späteren Verfahren überprüfbar sind.

BGH: Beurteilungsspielräume

Der *BGH* hatte in einer Entscheidung zu untersuchen, in welchem Umfang Tatgericht und Revisionsinstanz die Anordnung einer Telefonüberwachung nach § 100 a StPO hinsichtlich des Vorliegens der tatbestandlichen Voraussetzungen überprüfen dürfen[52]. Die fragliche Voraussetzung war in diesem Fall der auf **bestimmte Tatsachen gestützte Tatverdacht**. Das höchste (ordentliche) Gericht entschied, dass der anordnenden richterlichen Entscheidung ein **Beurteilungsspielraum** innewohne, der nur insofern einer nachträglichen Kontrolle unterliege, als (ausschließlich!) **Unvertretbarkeit und/oder Willkür** zu beanstanden sei. Weder Tatgericht noch Revision obliegen also die Überprüfung des tatsächlichen Vorliegens der tatbestandlichen Voraussetzungen, also etwa der in § 100 a StPO geforderten verdachtsbegründenden, bestimmten Tatsachen einer Katalogtat. Nur erkennbare (objektive) Willkür oder andere grobe Fehlbeurteilungen bei der Anordnungsentscheidung führen zur Rechtswidrigkeit der Ermittlungsmaßnahme und damit – regelmäßig von entscheidender Relevanz – zur Unverwertbarkeit der auf diese Weise gewonnenen Erkenntnisse[53]. Einer nachträglichen umfassenden Kontrolle sollen solche – auch vom *BGH* so begriffenen – eingriffsintensiven Grundrechtsbeschränkungen also nicht ausgesetzt sein. Das Ergebnis der Entscheidung besteht – so ist zusammenzufassen – darin, dass **die Reduzierung des Prüfungsmaßstabes auf Willkür** das betroffene Grundrecht aus Art. 10 I GG (Brief-, Post- und Fern-

---

48 *Asbrock*, KritV 1997, 256.
49 Von einem wirksamen Grundrechtsschutz durch die vorbeugende richterliche Kontrolle sprach zuletzt BVerfGE 96, 44 (52). Ausführlich zu den Verfassungsfragen vorbeugenden Rechtsschutzes *Gusy*, JZ 1998, 167 ff.
50 *Weßlau*, StV 1996, 580.
51 Die Unterscheidung zwischen Anordnung und Zustimmung ist für den Untersuchungsgegenstand ohne Bedeutung. Zu den Gründen der Differenzierung vgl. *Bäumler* in: Handbuch des Polizeirechts, S. 820.
52 *BGH*, NJW 1995, 1974 f.
53 *BGH*, NJW 1995, 1975.

meldegeheimnis) einem teilweise unkontrollierbaren Freiraum der beteiligten Richter überlassen wird. Die Annahme der Eingriffsvoraussetzungen (hier: der auf bestimmten Tatsachen basierende Tatverdacht) wird partiell zu deren Disposition gestellt.

In einem anderen Fall hatte sich der *BGH* mit der Anordnung eines VE-Einsatzes nach § 110 a StPO zu befassen[54]. Es ging beim zu entscheidenden Fall darum, ob schon die **richterliche Unterschrift unter ein bereits ausgefülltes Formular** dem Begründungserfordernis der Anordnung entspricht. Speziell war zu berücksichtigen, dass auf dem vorgefertigten Formular das **Kreuz an der falschen Stelle** gemacht worden war, und der Richter diesen Fehler nicht korrigiert hatte. Der *BGH* hatte also zu prüfen, ob ein solcher Beschluss dem Erfordernis einer ausreichenden Prüfung der Eingriffsvoraussetzungen entspricht und ob – wiederum – die erlangten Erkenntnisse im Hauptverfahren verwertbar waren. Er entschied im Anschluss an seine oben skizzierte Rechtsprechung, dass auch eine solche richterliche Entscheidung den Begründungserfordernissen einer richterlichen Zustimmung entspricht. Das Kreuz an der falschen Stelle schade insofern nichts, als es auch an der richtigen Stelle hätte gemacht werden können[55]. Auch hier soll weder eine grobe Fehlbeurteilung des Sachverhalts, noch Willkür vorliegen. Die Entscheidung soll somit nicht rechtswidrig und die Erkenntnisse des VE verwertbar gewesen sein. Die Kommentar-Literatur hat sich der Auffassung des *BGH* angeschlossen. Der Beurteilungsspielraum im Rahmen des Richtervorbehalts darf insofern als herrschende Auffassung angenommen werden[56].

BGH zu Begründungsmängeln

Allerdings kann auch nicht überraschen, dass die beschriebene Rechtsprechung in der Literatur auch auf Kritik gestoßen ist: Wie bereits angemerkt, kommt der richterlichen Entscheidung eine **verfahrenserhebliche Bedeutung** zu. Diese Bedeutung besteht aber nicht nur in der Hinsicht, dass die Verurteilungen ohne die auf heimlichem Wege erlangten Erkenntnisse wohl so nicht ausgefallen wären, sondern vor allem, weil die Entscheidung über den Einsatz der verdeckten Ermittlungen nach der höchstrichterlichen Rechtsprechung nur sehr eingeschränkt überprüfbar ist. Die Behauptung des *BGH*, dass dem entscheidenden Organ ein Beurteilungsspielraum zustehe, führt zu einer Ausstattung dieses Organs mit einer **Entscheidungsmacht**, die sie – abgesehen von rechtlich offensichtlichen Unvertretbarkeiten – **unangreifbar** macht[57]. Es ist nach der *BGH*-Rechtsprechung also so, dass zunächst einmal von der Rechtmäßigkeit dieser Entscheidung auszugehen ist, und bei der nachträglichen Überprüfung der Rechtmäßigkeit die **Argumentationslast umgekehrt** wird: Nicht die Anordnenden müssen in der Begründung das Vorliegen der Eingriffsvoraussetzungen aussagekräftig darlegen, sondern diejenigen, die die Rechtswidrigkeit der Beweisgewinnung geltend machen wollen, also in aller Regel die Verteidigung[58]. Die Verteidigung muss also die Unver-

Problem: „Beweislastumkehr"

---

54 *BGH,* StV 1996, 357 f. = *BGH,* NStZ 1997, 249 f. mit krit. Anm. *Bernsmann*.
55 *BGH,* StV 1996, 358.
56 HK-*Lemke,* § 100 a Rdnr. 10, § 110 b Rdnr. 4; *Pfeiffer,* StPO, § 100 a Rdnr. 12, § 110 b Rdnr. 5; KK-*Nack,* § 100 a Rdnr. 39, § 110 b Rdnr. 13; *Meyer-Goßner,* StPO, § 100 a Rdnr. 6, § 110 b Rdnr. 6.
57 Vgl. dazu grundlegend *Störmer,* ZStW 108, S. 494 ff.; auch *Lilie,* ZStW 111 (1999), 815, geht davon aus, dass „die Kontrollfunktion bis an die Nullinie zurückgenommen" wurde.
58 *Weßlau,* StV 1996, 579; *Störmer,* StV 1995, 658.

tretbarkeit der Annahme der Tatbestandsvoraussetzungen belegen. Dabei reicht nicht einmal die Darlegung, dass sich der anordnende Richter so wenig mit dem Sachverhalt befasst hat, dass ihm nicht einmal ein Kreuz an der falschen Stelle auf einem von einer anderen Person ausgefüllten Formular aufgefallen wäre. Noch schwerwiegendere Fehler bei dieser Art der Entscheidungsfindung sind in der Tat kaum denkbar[59].

Ergebnis der BGH-Rechtsprechung

Es zeigt sich, dass die anordnende oder zustimmende Entscheidung **praktisch unangreifbar** ist, und damit in einem frühen Verfahrensstadium Fakten geschaffen werden, die auch im Wege des Beweisverwertungsverbots nicht mehr reversibel sind. Weder dem Tatgericht, noch der Revisionsinstanz steht es zu, die Anordnung substantiiert, und damit auf seine Rechtmäßigkeit von Anfang an nachzuprüfen. Auf der rechtlichen Ebene besitzt der Richtervorbehalt also **kaum eine rechtssichernde Funktion**, da die Anforderungen an die Begründung denkbar gering sind und selbst Unterschriften unter fehlerhaft ausgefüllte Formulare ausreichen. Die Tatsache, dass mit dem Richtervorbehalt die Rechte der nicht beteiligten Verdächtigten ersetzt (oder besser: ausgeglichen) werden sollten, stellt sich **in der Verfahrenspraxis also praktisch als Farce** dar. Die Rechte der Betroffenen besitzen in diesem Verfahrensstadium, in dem sie von den Ermittlungen gegen sich (noch) nicht wissen, und damit auch im späteren Hauptverfahren nur den Schutz vor offensichtlicher staatlicher Willkür. Insofern ist *Weßlau* zuzustimmen, dass sich der Eindruck verstärkt, der Richtervorbehalt stellt sich in erster Linie als ein **Vehikel für den Gesetzgeber** dar, der mit seiner Hilfe die Bedenken gegen geheimdienstliche Ermittlungsmethoden zu zerstreuen versucht[60].

Verstoß gegen Art. 19 IV GG?

Die Entscheidungen werden auch unter dem Gesichtspunkt des Verstoßes gegen Verfassungsprinzipien angegriffen. Es wird angeführt, dass die Rechtsprechung von *Bundesverwaltungsgericht* und *Bundesverfassungsgericht* zu Recht davon ausgeht, dass Art. 19 IV GG auch das **Gebot wirksamen und effektiven Rechtsschutzes** enthalte und die Gerichte dazu verpflichtet sind, Verwaltungsentscheidungen grundsätzlich sowohl in tatsächlicher als auch rechtlicher Hinsicht vollständig zu überprüfen[61]. Eine Ausnahme kann danach nur in Fällen bestehen, in denen das Gesetz selber der Verwaltung einen Beurteilungsspielraum einräumt und somit eine letztverbindliche Entscheidung ermöglicht[62]. Das *Bundesverfassungsgericht* betont stattdessen, dass an **die Annahme eines Beurteilungsspielraumes um so höhere Anforderungen** zu stellen sind, **je größer die daran anschließenden Grundrechtseingriffe** sind[63]. Bei den gegenständlichen Maßnahmen der Polizei handelt es sich um – auch von *BGH* so verstandene – schwere Eingriffe in die Rechte der Betroffenen. Es hätte also zumindest eines erheblichen Begründungsaufwandes bedurft, um bei entsprechend eingriffsintensiven Grundrechtsbeeinträchtigungen wie Telefonüberwachungen und VE-Einsätzen einen Beurteilungsspielraum in den Ermächtigungsnormen zu erkennen. Solchen Überlegungen enthält sich der *BGH* aber völlig.

---

59 *Weßlau*, StV 1996, 580.
60 StV 1996, 580.
61 *Störmer*, StV 1995, 656; vgl. auch *Bernsmann*, NStZ 1995, 512.
62 Vgl. BVerfGE 61, 82 (111); 84, 34 (49).
63 BVerfGE 88, 40 (59); vgl. dazu auch *Störmer*, StV 1995, 656 m.w.N.

Auch die einschlägige Rechtsprechung des *Bundesverwaltungsgerichts* stellt dazu fest, dass gerade bei der Bestimmung von **bestimmten Tatsachen, die einen Verdacht begründen**, davon auszugehen ist, dass das „einem Verdacht innewohnende Moment der Unsicherheit" nicht ausschließe, „dass die von der anordnenden Stelle gezogene Schlussfolgerung aus tatsächlichen Anhaltspunkten auf einen Verdacht (...) in vollem Umfang gerichtlicher Kontrolle unterliegt"[64]. Bei eben diesem Tatbestandsmerkmal nimmt der *BGH* in der oben skizzierten Entscheidung einen Beurteilungsspielraum an. Indessen: Wenn **im Verwaltungsverfahren eine vollständige Kontrolle** möglich ist, so ist kaum einzusehen, wie etwa *Störmer* zu Recht fragt, weshalb den ordentlichen Gerichten nicht dieselbe Prüfung aufzuerlegen ist[65].

BVerwG: Lückenlose Kontrolle

Die genannten Entscheidungen haben eine über den zu entscheidenden Einzelfall hinausgehende Bedeutung: Gerade durch die Bestätigung der Grundsätze der ersten Entscheidung wurde die Rechtsprechung erheblich gefestigt. Die **gesetzgeberische Absicht eines Ausgleiches** für die fehlende Anhörung des Beschuldigten vor Beginn der Maßnahme hat damit **erheblich an Gewicht verloren** und vermag kaum noch die rechtsstaatlichen Bedenken, die mittels Richtervorbehalts besänftigt werden sollten, zu verdrängen. Seines Charakters als rechtsstaatliches Korrektiv ist der Richtervorbehalt weitgehend beraubt.

Schwäche des Richtervorbehalts durch Rspr.

3.3.2. Einschränkungen durch tatsächliches richterliches (Nicht-)Können

Der durchgreifenden Effektivität des Richtervorbehalts stehen aber nicht nur die sich aus der Rechtsprechung ergebenden Einschränkungen entgegen, sondern auch die tatsächlichen Möglichkeiten der mit solchen Entscheidungen befassten Richter. Diese **Probleme in der Praxis** sind bisher wenig untersucht[66]. Eine Ausnahme bildet insofern die Untersuchung des Richters *Asbrock*, die zur Verdeutlichung kurz referiert werden soll[67]: Er stellt dabei zunächst die praktische Relevanz des Vorbehalts dar und stellt fest, dass tatsächlich **kaum jemals eine Maßnahme**, bei der Richter zu beteiligen sind, **aufgrund der richterlichen Entscheidung nicht stattfindet**. So konnte der Richtervorbehalt etwa die „zügellose" Zunahme der **Telefonüberwachungen** nach § 100 a StPO nicht verhindern[68], die Ablehnung der beantragten Maßnahmen sind die absoluten Ausnahmen[69].

Ablehnung als Ausnahme

---

64 BVerwGE 87, 23 (27); *BVerwG* JZ 1991, 511 m. Anm. *Gusy*.
65 StV 1995, 656.
66 *Wolter*, DÖV 1997, 940.
67 *Asbrock*, KritV 1997, 255 ff., *ders.* ZRP 1998, 17 ff.
68 *Asbrock*, KritV 1997, 258, beziffert die Zunahme allein in den Jahren von 1994 (unter 4000) bis 1996 (8112) auf mehr als das Doppelte. Im Jahr 1998 wurden schon 9802 Telefonapparate abgehört, vgl. Die Zeit v. 16.9.1999.
69 In Bremen hat es 1996 bei ca. 150 TÜ-Anträgen keine einzige Ablehnung gegeben, *Asbrock*, KritV 1997, 258. Die Zahlen aus anderen Bundesländern unterscheiden sich dabei kaum. Vgl. zum Ausnahmecharakter einer Ablehnung eines TÜ-Antrages auch *Wolter*, DÖV 1997, 941, danach betrug in den Jahren 1985 bis 1994 die *Ablehnungsquote gerade einmal 0,012 %*. 1998 hat es eine Ablehnung eines beantragten großen Lauschangriffs gegeben, vgl. dazu *LG Bremen*, StV 1998, 525 f.

Teil 2: Polizei- und Strafprozessrecht

Bestätigt werden diese Feststellungen durch die Ergebnisse der Studie von *Backes/Gusy/Begemann/Doka/Finke*[70].

Umgehungsversuche

In vielen Fällen wird bzw. wurde die richterliche Beteiligung auch **per Eilkompetenz der Staatsanwaltschaft und/oder Polizei umgangen**[71]. Der entsprechenden Praxis hat das Bundesverfassungsgericht inzwischen Einhalt zu gebieten versucht: Wegen der grundrechtssichernden Funktion sei der **Begriff „Gefahr im Verzuge" eng auszulegen**, und beispielsweise eine Durchsuchungsanordnung durch Staatsanwaltschaft und Polizei habe die Ausnahme zu sein[72]. Eine weitere Problematik liege in der Gesetzesumgehung, also im Einsatz von sog. nicht offen ermittelnden Polizeibeamten **(NoePs)** und sog. **verdeckten Aufklärern**. Bei diesen sollen die Vorschriften über VE nicht gelten, so dass auch der Richtervorbehalt gegenstandslos ist bzw. leer läuft[73].

Tatsächliche Wirksamkeitsgrenzen

Darüber hinaus beschreibt *Asbrock*, dass sich selbst erfahrene Richter mit ihren Entscheidungen schwer täten. Dazu führt er die „vielfachen und durch Verweisungen **komplizierten Regelungsformen**, jeweils unterschiedlich nach Verfahrensabschnitten und mit entsprechend abgestufter Kontrollintensität"[74], an. Ferner werden die nur **begrenzte Befassung** mit der Sache, **großer Zeitdruck** bei den Entscheidungen, **gefilterte Sachverhaltsdarstellungen** nach polizeitaktischen Gesichtspunkten usw. angegeben[75]. Tatsächlich können die Richter die polizeilichen Vorgaben also **kaum überprüfen**[76]. *Asbrock* geht daher davon aus, dass der **Richtervorbehalt oftmals ins Leere** läuft. Seine rechtsstaatliche Effizienz steht in keinem Verhältnis zur gesetzlich vorgesehenen Anwendungshäufigkeit, so dass von einer „Scheinlegitimation" gesprochen werden kann. Eine **effektive Kontrolle** der Grundrechtseingriffe **findet tatsächlich nicht statt**[77]. Zusammenfassend ist festzustellen, dass die Beteiligung von Richtern **keine effektive Begrenzung** von geheimpolizeilichen Ermittlungen ist. Oftmals scheint es sich dabei um einen rein „formalen Akt" bzw. „lästige Formalie"[78] zu handeln, der aber keine Hürde für schwerwiegende Eingriffe in die Rechte der von den Ermittlungen Betroffenen zu sein scheint.

---

70 Wirksamkeitsbedingungen von Richtervorbehalten bei Telefonüberwachungen.
71 *Asbrock*, KritV 1997, 258.
72 BVerfGE 103, 142 (153) = NJW 2001, 382; vgl. dazu auch *Kutscha*, NVwZ 2003, 1298.
73 Vgl. zum letzteren auch den bei *Roggan*, Bürgerrechte & Polizei / CILIP 60 (2/1998), 60 ff. dokumentierten Fall aus Hamburg, wo statt eines VE ein „nicht offen ermittelnder Polizeibeamter" (später „verdeckter Aufklärer" genannt) über einen langen Zeitraum eingesetzt wurde.
74 *Asbrock*, KritV 1997, 258 f.; auch *Albrecht*, DRiZ 1998, 333 geht davon aus, dass positivrechtlich das Instrument des Richtervorbehalts durch die Unüberschaubarkeit der strafprozessualen Regelungen geprägt ist.
75 *Kutscha*, NVwZ 2003, 1298; *Asbrock*, KritV 1997, 260; vgl. dazu auch *Albrecht*, DRiZ 1998, 333; *Wolter*, DÖV 1997, 940 sowie *Kant* in: Grundrechte-Report 1998, S. 161.
76 *Gusy*, JZ 1998, 173.
77 *Asbrock*, KritV 1997, 260 f.
78 *Gusy*, GA 1999, 329 f.; *ders.* JZ 1998, 168; *Lilie*, ZStW 111 (1999), 812.

3.3.3. Der Richtervorbehalt als gesetzgeberisches Alibi für entgrenzte Tatbestände

Die vorangegangenen Erläuterungen haben gezeigt, dass der Richtervorbehalt weder auf der rechtlichen noch auf der rechtspraktischen Seite eine effektive Kontrollierbarkeit der polizeilichen Ermittlungen durch VE gewährleistet. Aber auch andere Maßnahmen strafprozessualer oder polizeirechtlicher Natur können trotz der richterlichen Beteiligung kaum verschleiern, dass **ein tatbestandlich entgrenztes, operatives Konzept** nicht durch prozedurale Vorkehrungen rechtsstaatlich gezähmt werden kann. „Der Wert dieser als Kontrollmechanismus gedachten richterlichen Prüfungskompetenz ist aus tatsächlichen und rechtlichen Gründen also marginal" (*Weßlau*)[79] und daher zu vernachlässigen[80]. Als nahezu wertlos erscheinen damit auch Behauptungen im niedersächsischen Gesetzgebungsverfahren zur Einführung der VE, wonach die richterliche Anordnung gewährleiste, dass die grundrechtlich geschützten Interessen der Betroffenen mit seiner Hilfe zur Geltung gebracht werden könnten[81]: „Die richterliche Kontrollgewalt ist ein von der Kriminalpolitik gegenüber der Öffentlichkeit erweckter Schein, dessen legitimatorischer Anspruch **an der gewollten Wirklichkeit exekutivischer Dominanz** zerbrechen muß" (*Albrecht*)[82].

Gewollte exekutivische Dominanz

3.4. Zum Verhältnis von VE-Regelungen beider Gesetzesmaterien: Das operative Konzept

Das **operative Konzept** stellt wahrlich keine Neuerung in der Polizeiarbeit dar. Bereits Mitte der 70er Jahre wurden Vorschläge zu einem „zeitgemäßen" polizeilichen Handlungskonzept (u.a. durch sog. **Vorfeldermittlungen**) gemacht[83]. Im Zuge dessen wurde versucht, die Unterscheidung zwischen Prävention und Repression in wesentlichen Bereichen für „überholt" zu erklären[84]. Das Ziel dieser operativen Polizeiarbeit ist es – grob skizziert -, bereits vor dem Eintritt von Gefahren – und damit vor der Begehung von Straftaten – mögliche Gefahrenlagen frühzeitig erkennen zu können, Risikogruppen auszumachen und so die im Entstehen befindliche Kriminalität von ihrer Wurzel an bekämpfen zu können[85]. Das dahinter stehende kriminalpolitische Konzept setzt also nicht mehr beim einzelnen Täter oder der einzelnen Straftat an, sondern bezweckt, die Ausgangsbasis von Kriminalität, ihre Strukturen und Logistik zu **„neutralisieren, auszuheben und zu beseitigen"**[86].

Begründung des Vorfeld-Konzepts

---

79 KritV 1997, 243.
80 *Wesemann*, StV 1997, 605, erinnert diesbezüglich zu Recht daran, dass die Einführung weiterer verdeckter Ermittlungsmethoden in der veröffentlichten Meinung nur über den Hinweis auf die strenge richterliche Kontrolle durchgesetzt werden konnte.
81 So aber die Begründung des SPD-Entwurfs zur Änderung des NdsSOG vom 7.5.1997, LT-Drucks. 13/2899, S. 19.
82 DRiZ 1998, 333.
83 Vgl. dazu stellvertretend *Stümper*, Kriminalistik 1975, 49 ff.
84 *Stümper*, Kriminalistik 1980, 242.
85 Zusammenfassend *Weßlau*, Vorfeldermittlungen, S. 42.
86 *Stümper*, Kriminalistik 1980, 243.

Teil 2: Polizei- und Strafprozessrecht

Verschwimmende Grenzen

Nicht zuletzt aufgrund der damit verbundenen **Infragestellung der klaren Unterscheidung von Prävention und Repression**[87] ist grundsätzlich auf das Verhältnis von polizeirechtlichen und strafverfahrensrechtlichen Ermächtigungsgrundlagen einzugehen. Wie oben gezeigt wurde, stellt bereits die Beauftragung der Polizei mit geheimdienstlichen Tätigkeiten ein Überschreiten der strafprozessualen Ermittlungsgrenze des Anfangsverdachts gemäß § 152 II StPO dar.

3.4.1. Kein Ermittlungsverbot für geheimpolizeiliche Vorfeld-Ermittler

Wegfall der Grenze des § 152 II StPO

Eine Eingriffsbefugnis, die weder an einen konkreten Straftatverdacht (§ 152 II StPO), noch an einen Gefahrverdacht gebunden ist, ist grundsätzlich problematisch[88]. Um solche Eingriffsbefugnisse handelt es sich bei den VE-Einsätzen gegen die z.B. in § 36 a I i.V.m. 34 I Nr.2 und 3 NdsSOG genannten Personen. Dort existieren überhaupt keine konkreten Anhaltspunkte für eine begangene oder unmittelbar bevorstehende Straftat. Die Eingriffsbefugnisse befinden sich stattdessen im Rahmen der vorbeugenden Verbrechensbekämpfung bzw. vorsorgenden Vorbeugung oder Verhütung von Straftaten als Polizeiaufgabe. An dieser Stelle soll es nicht darum gehen, die Bestimmtheit dieser Polizeiaufgabe zu untersuchen, insoweit sei auf die Ausführungen an anderer Stelle verwiesen[89]. Entscheidend ist hier vielmehr, dass die tatbestandliche **Eingriffsschwelle** des konkreten Verdachts von gefährlichem oder strafbarem Verhalten durch solche Eingriffsvoraussetzungen **ersatzlos weggefallen** und damit das **Ermittlungsverbots** seine Funktion verliert[90]. Daraus folgend stellen die sich die Befugnisse nach den §§ 36 a I i.V.m. 34 I Nr.2 und 3 NdsSOG sowie seine länderrechtlichen Entsprechungen als Verfassungsbruch dar. Von der Gesamtsystematik des operativen Polizeikonzepts her wird deutlich, dass es als solches das grundrechtlich abgesicherte **Prinzip des Schutzes von Unverdächtigen verletzt**.

3.4.2. Das Überschreiten des Anfangsverdachts als der Beginn von Strafverfolgung

Wann beginnt Strafverfolgung?

Wenn nun der konkrete Tatverdacht also schon keine Grenze mehr für die geheimpolizeilichen Ausforschungen bildet (und die VE auf polizeirechtlicher Grundlage tätig sind), so ist daraus folgend fraglich, wann die Grenze zum Anfangsverdacht überschritten ist, denn hier stellt sich die Frage nach dem **Wechsel der Ermächtigungsgrundlage vom Polizei- zum Strafprozessrecht**. Die im Einzelfall ursprünglich auf Gefahrenabwehrrecht (z.B. § 36 a NdsSOG) gestützten Ermittlungen haben sich nach dem Überschreiten dieser Schwelle – entsprechend der einleitend erläuterten Systematik[91] – nach

---

87 *Kühne*, DRiZ 2002, 18; vgl. auch oben die Ausführungen von *Kutscha* zur *Trennung Polizeirecht – Strafprozessrecht* (Teil 1).
88 *Kühne*, DRiZ 2002, 21.
89 Grundlegend *Weßlau*, Vorfeldermittlungen, S. 25 ff.; *Denninger* in: Handbuch des Polizeirechts, S. 272 ff.; *Rachor* in: Handbuch des Polizeirechts, S. 356; *Müller*, StV 1995, 604; zusammenfassend *Roggan*, KritV 1998, 336 ff.
90 Vgl. dazu auch *Weßlau*, KritV 1997, 244; *Kutscha*, Bürgerrechte & Polizei / CILIP 1/98, 66; *Rzepka*, KritV 1999, 321 f.; *Roggan*, KritV 1998, 346.
91 Vgl. die Ausführungen von Kutscha zur *Trennung Polizeirecht – Strafprozessrecht* (Teil 1).

3. Verdeckte Ermittler

Maßgabe der Regelungen der StPO (z.B. §§ 110 a ff. StPO) zu richten[92]. Das ist z.B. dann der Fall, wenn etwa ein VE soviel belastendes Material über eine bestimmte Person zusammengetragen hat, dass zureichende tatsächliche Anhaltspunkte für eine verfolgbare Straftat vorliegen. Darin liegt gewissermaßen der **Idealfall der operativen Polizeiarbeit**, wenn man berücksichtigt, dass die Begründung für die polizeirechtliche Befugnis gerade darin liegen soll, dass es Fallkonstellationen gibt, bei denen **die Voraussetzungen für Ermittlungen auf strafprozessualer Grundlage** *noch nicht* **vorliegen**[93].

Hierbei ist zu berücksichtigen, dass es nach Polizeirecht allein die **Polizei** ist, welche als Gefahrenabwehrbehörde **die alleinige Herrschaft über das Verfahren** besitzt. Nach dem Überschreiten des Anfangsverdachts geht diese Verfahrensherrschaft auf die Staatsanwaltschaft über. Das geschieht jedoch erst dann, wenn die Polizei den **Anfangsverdacht nach § 152 II StPO** als „überschritten" bewertet hat und damit die Beteiligung der Staatsanwaltschaft begründet. In genau diesem Moment liegt der hier zu untersuchende Gegenstand.

Wechsel der Verfahrensherrschaft ...

Das *Bundesverfassungsgericht* hat dazu in einer älteren Entscheidung beschlossen, dass grundsätzlich keine durchgreifenden verfassungsrechtlichen Bedenken gegen die Annahme eines **Beurteilungsspielraumes** bei der Frage, ob ein Verdacht „zureichend" im Sinne von § 152 II StPO vorliegt, bestehen. Es verstehe sich von selbst, dass gerade im vorbereitenden Verfahren der Verdachtsgrad – auch abhängig von der kriminalistischen Erfahrung des Beurteilenden – unterschiedlich bewertet werden könne[94]. Die ganz herrschende Meinung hat sich dieser Auffassung angeschlossen oder war Wegbereiter für die verfassungsgerichtliche Rechtsprechung[95]. Zu berücksichtigen ist aber, dass es dort um die originär **staatsanwaltschaftliche Beurteilung** ging, **nicht um eine polizeiliche**. In Fällen von Vorfeldermittlungen ist es allein die Polizei, die die im Rahmen von Vorfeldermittlungen gesammelten Erkenntnisse „verwaltet" und damit allein überhaupt die Fähigkeit besitzt, eine Entscheidung überhaupt vorzunehmen. Es spricht dennoch nichts dafür, dass die – in der Literatur durchaus überzeugend kritisierten[96] –

... als polizeiliche Entscheidung

---

92 H.M., vgl. dazu nur KK-*Nack*, § 110 a, Rdnr. 13.
93 Vgl. dazu z.B. die Gesetzesbegründung zur Einführung der VE in Niedersachsen, LT-Drucks. 13/2899, S. 11. Hinsichtlich des Spezialproblems von multifunktionalen VE-Einsätzen, bei denen ehemals präventiv arbeitende VE trotz eines Anfangsverdachts gegen eine bestimmte Person weiter auf polizeirechtlicher Grundlage, also im Vorfeld, tätig sein sollen, besteht ein Meinungsstreit bezüglich der Rechtsgrundlage, vgl. dazu KK-*Nack*, § 110 a Rdnr. 14. Für den Untersuchungsgegenstand hat das jedoch keine Bedeutung, so dass hier auf das dort genannte Schrifttum verwiesen werden kann.
94 *BVerfG*, MDR 1984, 284.
95 Vgl. dazu statt vieler die Nachweise bei *Meyer-Goßner*, StPO, § 152 Rdnr. 4; für die Annahme eines Beurteilungsspielraumes zog der *BGH* bei oben dargestellter Entscheidung (NJW 1995, 1975, Umfang richterlicher Nachprüfung bei Telefonüberwachungen) gerade diese Entscheidung heran, vgl. dazu krit. *Bernsmann*, NStZ 1995, 512.
96 Ausdrücklich verwiesen sei hier aber auch auf die Darlegungen von *Störmer*, ZStW 108, 512 ff., insbes. 515 f., der sich eingehend mit Beurteilungsspielräumen im Strafverfahren befasst und u. a. nachweist, dass von Beeinträchtigungen der Funktionsfähigkeit der Rechtsprechung nicht ohne weiteres ausgegangen werden kann. Diese Funktionsfähigkeit aber rechtfertigt nach Auffassung des *BVerfG* Beurteilungsspielräume z.B. beim Anfangsverdacht. Vgl. zu Beurteilungsspielräumen im Polizeirecht ausführlich auch *Rachor* in: Handbuch des Polizeirechts, S. 350 ff.

Teil 2: Polizei- und Strafprozessrecht

Gründe, die eine sog. Einschätzungsprärogative nach Auffassung der zitierten höchstrichterlichen Rechtsprechung begründen, nicht auf solche polizeilichen Beurteilungen zu übertragen sind. Die Annahme eines Beurteilungsspielraumes hat unter dem Gesichtspunkt der unterschiedlichen Bewertung durch verschiedene Individuen **weitreichende Konsequenzen**. Denn hier ist es die **Polizei, die über die Abgabe ihrer eigenen Verfahrensherrschaft** entscheidet. Es erscheint lebensnah, dass sie daran nicht immer ein Interesse haben dürfte: Schließlich unterliegt das Strafverfahren der Verpflichtung eines Ausgleichs zwischen justizförmiger Aufklärung von Sachverhalten, fairem Verfahren, Verteidigungsrechten, Zeugenschutz und im Zweifel auch **strafverfahrensfremden Polizeiinteressen**[97]. Und schließlich, und darin besteht ein weiterer Unterschied zwischen Strafprozess- und Polizeirecht, gilt im Strafverfahren das **Legalitätsprinzip**, also die **Verpflichtung** der Polizei, Straftaten zu erforschen, § 163 StPO, das nur vom Verhältnismäßigkeitsprinzip begrenzt wird[98]. Im Gefahrenabwehrrecht dagegen gilt das **Prinzip der Opportunität**, was gerade nicht in jedem Fall eine Verpflichtung zur Verhinderung einer Straftat bedeutet[99]. Das **polizeirechtliche Eingriffsinstrumentarium ist insofern weiter bzw. flexibler** und daher nicht zu vergleichen mit strafprozessualen Erfordernissen[100].

Grenze: Willkür?

Die Annahme eines Beurteilungsspielraumes hat bei der Konsequenz des Überganges der Verfahrensherrschaft auf eine andere Behörde und sich daraus ergebenden Restriktionen für die ursprüngliche Inhaberin (die Polizei als Gefahrenabwehrbehörde) also eine ganz **verfahrensentscheidende Bedeutung**. Mit diesem Umstand hat sich (auch) die zitierte Entscheidung des *Bundesverfassungsgerichts* nicht befasst und konnte das auch deswegen noch nicht, weil die operativen Befugnisse der Polizei zu jener Zeit noch nicht bestanden. Es zeigt sich, dass auch an dieser Stelle eine Betrachtung notwendig ist, die über die strafprozessualen Aspekte hinausgeht und den gesamten Zusammenhang der Regelungen berücksichtigt. Dort zeigt sich, dass die Polizei als Entscheidende – bei Kenntnis eines Anfangsverdachts – die ursprüngliche Sachleitungsbefugnis über ihre VE verlieren würde. Es besteht somit die Gefahr, dass sie von ihrem **Beurteilungsspielraum bis an die Grenze der Willkür** Gebrauch macht[101]. Denn erst ab dort soll nach Auffassung des *BGH* eine nachträgliche Möglichkeit zur richterlichen Überprüfung bestehen[102].

Zusammenfassung: Wechsel Verfahrensherrschaft

Für die von VE-Ermittlungen Betroffenen ergibt sich daraus, dass ein **effektiver Schutz** gegen die **noch nicht willkürliche** polizeiliche Beurteilung des Anfangsverdachts zu einem bestimmten Zeitpunkt nach herrschender Auffassung **nicht besteht**.

---

97 Rzepka, KritV 1999, 322; *Burhoff*, Handbuch für das strafrechtliche Ermittlungsverfahren, S. 662; vgl. zu Aufgabe und Ziel des Strafverfahrens *Roxin*, Strafverfahrensrecht, S. 2 ff.
98 Vgl. jüngst *Kühne*, DRiZ 2002, 21.
99 Vgl. dazu z.B. *Rachor* in: Handbuch des Polizeirechts, S. 349 f.; vgl. ferner KK-*Schoreit*, § 152 Rdnr. 18 ff.
100 Die StPO-Kommentierung begnügt sich diesbezüglich zumeist mit dem Hinweis, dass die Voraussetzungen für den polizeirechtlichen VE-Einsatz nicht so eng seien wie die der StPO, KK-*Nack*, § 110 a Rdnr. 2.
101 *Hund*, ZRP 1991, 464 f.
102 Vgl. oben 1.2.1.

Damit ist als Ergebnis festzuhalten, dass der Polizei durch die herrschende Meinung ein erheblicher Freiraum verschafft wird, in dem sie sich, ohne eine effektive gerichtliche Kontrolle fürchten zu müssen, bewegen kann[103]. Die Annahme eines Anfangsverdachts kann in der Rechtspraxis nach polizeitaktischen Überlegungen erfolgen. Lediglich später offensichtliche, und damit nachvollziehbare Unvertretbarkeit begrenzt diesen Freiraum.

3.5. Fazit: Der Wegfall von Grenzen

Das Vorfeld-Konzept bzw. die operative Polizeiarbeit hat erhebliche Bedeutung für das gesetzliche System als solches. Am Beispiel der Regelung der Verdeckten Ermittler im niedersächsischen Gefahrenabwehrgesetz sollte das in diesem Kapitel exemplarisch dargestellt werden. In den Vorschriften über VE erschöpft sich dieses Konzept aber keinesfalls. **Weitere Rechtsfiguren** in seinem Rahmen sind z.B. der Einsatz verdeckter Datenerhebungsmethoden durch den **Einsatz technischer Mittel** (z.B. § 35 NdsSOG), die **längerfristige Observation** (z.B. § 34 NdsSOG) usw.. Eine soll Gesamtschau verdeutlichen, welche Befugnisse der Polizei durch diese Regelungen verschafft wurden. Die oben angestellten Überlegungen, etwa zur Kontrollierbarkeit des Polizeihandelns im Vorfeld, lassen sich auf diese Vorschriften übertragen.

VE-Einsätze als Beispiel

Zusammenfassend ist hier festzustellen, dass z.B. für den Einsatz von VE die Eingriffsschranke der konkreten Gefahr ebenso gefallen ist wie die Vorgabe, eine strafverfolgende Aufklärungstätigkeit habe von einem bereits bestehenden Anfangsverdacht auszugehen. Das operative Konzept in Gestalt der „Schattenmänner" dient auch der **Vorsorge für die Verfolgung von Straftaten** und verfolgt damit auch eine **repressive Zielrichtung**[104]. Damit ist der Zugriff auf personenbezogene Daten nahezu beliebig freigegeben, da unter dem Gesichtspunkt von „Vorsorge" für die Verhütung oder Verfolgung noch gar nicht begangener Straftaten **prinzipiell jede Information belangvoll** sein kann. Ebenso zwangsläufig kann auch jedermann von den geheimdienstlichen Polizeiermittlungen betroffen sein[105]. Eine **beweisthematische Verknüpfung** wie bei strafprozessualen Ermittlungen aufgrund eines Anfangsverdachts, der sich auf eine konkrete, begangene Straftat bezieht, braucht bei diesen Vorfeldermittlungen nicht zu bestehen.

Unverdächtige als planmäßige Zielpersonen?

Bereits für sich genommen bedeutet die Befugnis zum Einsatz von VE, sei es auch zu Zwecken des Strafverfahrens, einen **tiefen Eingriff in das Grundrecht auf informationelle Selbstbestimmung** der Betroffenen[106]. Grundsätzlich wird jegliche Rechtfertigung für derart weitgehende Eingriffe in verstärktem Maße dort fragwürdig, wo –

Vorfeld-Befugnisse grundsätzlich problematisch

---

103 *Rzepka*, KritV 1999, 322; entsprechend ist wohl auch *Hund*, ZRP 1991, 465, zu verstehen, der konstatiert, dass nach der gegenwärtigen Rechtslage es für die Polizeibehörden die rechtliche Möglichkeit gebe, strafprozessuale Zwänge und – vor allem – die Sachleitungsbefugnis der Staatsanwaltschaft abzustreifen.
104 *Kühne*, DRiZ 2002, 18.
105 *Kühne*, DRiZ 2002, 21 f.
106 Ausführlich *Kühne*, Strafprozessrecht, S. 273 ff.

Teil 2: Polizei- und Strafprozessrecht

anders als bei dem repressiv ausgerichteten Einsatz nach den Vorschriften der StPO – nicht einmal eine (strafbare) versuchte Verletzung von fremden Rechtsgütern vorausgesetzt wird. Es braucht für solche vorverlagerten Eingriffsbefugnisse noch **nicht einmal eine gegenwärtige Gefahr** von Rechtsgutsverletzungen gegeben zu sein.

Symbolische Gesetzgebung

Die Befugnis, die gerade eine solche Gefahr vorsieht (§ 36 a I Nr.1 NdsSOG), dürfte praktisch irrelevant sein. Es ist dort wohl von **symbolischer Gesetzgebung** auszugehen, denn bei gegenwärtigen Gefahren für existentielle Rechtsgüter dürfte regelmäßig auch ein Straftatverdacht vorliegen. Die polizeirechtliche Befugnis dürfte demnach nur herangezogen werden, wenn strafverfolgende Maßnahmen von vornherein ausscheiden, etwa bei Kindern (vgl. § 19 StGB)[107]. Nur dann verbieten sich Datenerhebungen zum Zwecke der Strafverfolgung von vornherein, und das polizeirechtliche Instrumentarium käme überhaupt in Betracht. Allerdings sind von Kindern verursachte Gefährdungen von Leib, Leben und Freiheit vermutlich die absolute Ausnahme. Abgesehen von solchen Konstellationen offenbart sich hier ein **gesetzesimmantenter Widerspruch**[108] zwischen der auf **Langfristigkeit** („auf Dauer angelegte Legende", § 36 a I NdsSOG) angelegten Datenerhebungsmethode und **gegenwärtiger Gefahr**.

SächsVerfGH: Grenzlinien des PolR

Die von der Datenerhebung nach § 36a I i.V.m. 34 I Nr.2 und 3 NdsSOG Betroffenen sind weder Störer im Sinne des Polizeirechts als Gefahrenabwehrrecht noch Tatverdächtige im Sinne der StPO. Sie sind also unverdächtige, in polizeirechtlicher Terminologie **nicht-störende Bürger**, die auf irgendeine Weise ins Visier der Behörden geraten sind. Die Möglichkeiten, dorthin zu geraten, sind vielfältig und wurden bereits angedeutet. Der polizeilichen Phantasie sind dabei keine gesetzlichen Grenzen gesetzt. Ob die Betroffenen tatsächlich gegen Strafgesetze verstoßen haben (oder nicht), oder ob sie für eine Gefahr im Sinne des traditionellen Polizeirechts verantwortlich sind, ist nicht Voraussetzung für verdeckte Ausforschungsmaßnahmen gegen sie. Der *Sächsische Verfassungsgerichtshof* hat zu solchen Maßnahmen festgestellt, dass der Einsatz besonderer Mittel zur Datenerhebung gegenüber Nichtbeteiligten – wie er auch im NdsSOG enthalten ist – eine „**Grenzlinie rechtsstaatlichen Polizeirechts**" darstellt[109]. Es ist festzustellen, dass diese Grenze im NdsSOG nicht nur erreicht wurde, sondern mit Bedacht überschritten wurde. Anders lässt sich etwa die weitergehende Definition der Kontakt- und Begleitpersonen in den Ausführungsbestimmungen zum NdsSOG nicht erklären.

Entgrenzte Tatbestände

Grundrechte dürfen trotz Gesetzesvorbehalts nicht beliebig eingeschränkt werden. Ein Maßstab hierfür ist der Schutz fremder Rechtsgüter, die ohne das Schutzinstrument gefährdet wären. Wegen der Eingriffsintensität könnten die **mit einem VE-Einsatz verbundenen Grundrechtseingriffe** überhaupt nur dann gerechtfertigt sein, wenn konkrete und schwere Rechtsverletzungen zu besorgen sind. Angesichts der Vielfalt der zum VE-Einsatz berechtigenden Lebenssachverhalte, insbesondere in den Fällen der Nr. 2 und 3 des § 34 I NdsSOG, werden diese rechtfertigenden Voraussetzungen nicht ausreichend beachtet.

---

107 Vgl. dazu eingehend *Frehsee*, ZStW 100, 290 ff.
108 Vgl. dazu *Roggan*, KJ 1997, 84.
109 *SächsVerfGH*, Vf. 44-II-94, Urt. v. 14.5.1996, S. 49.

3. Verdeckte Ermittler

Insgesamt weist das gesetzliche Konzept der geheimpolizeilichen Vorfeld-Ermittler selbst kaum Grenzen auf[110]. *Kühne* spricht deshalb richtig von einer **„totalen Kontrollstrategie"**[111]. Insbesondere die dargestellten Befugnisse gegen Kontakt- und Begleitpersonen (z.B. in § 36a I i.V.m. 34 I Nr. 3 NdsSOG) ermöglichen Datenerhebungen gegenüber allen Menschen, die sich gegebenenfalls zum falschen Zeitpunkt am falschen Ort aufhalten und aus diesem Grund zum polizeilichen Beobachtungsobjekt werden können. Das **operative Polizeikonzept** in Gestalt der Vorfeld-VE ist damit **in sich entgrenzt**. Das entspricht der gesetzgeberischen Zielsetzung: Polizeiarbeit soll sich anscheinend vor allem durch eine hohe Flexibilität und weitgehende Befugnisse auszeichnen. Die Versuche, diese entgrenzten Befugnisse durch verfahrensrechtliche Regelungen, etwa durch Richtervorbehalte, wieder zu begrenzen, müssen angesichts der oben dargestellten Befunde als in gegenwärtiger Ausgestaltung ungeeignet begriffen werden. Sie können nicht länger als gesetzgeberisches Alibi akzeptiert werden.

Entgrenzte Polizeiaufgaben

---

110 Vgl. dazu ausführlich *Gössner*, Das Anti-Terror-System, S. 216 ff.
111 *Kühne*, DRiZ 2002, 23.

Teil 2: Polizei- und Strafprozessrecht

Literatur:

ALBRECHT, PETER-ALEXIS: Die Bedrohung der Dritten Gewalt durch irrationale Sicherheitspolitik, in: DRiZ 1998, S. 326 ff.

ASBROCK, BERND: Der Richtervorbehalt – prozedurale Grundrechtssicherung oder rechtsstaatliches Trostpflaster?, in: ZRP 1998, S. 17 ff.

– Mit dem OrgKG zu einem anderen Strafprozeß, in: Bürgerrechte & Polizei / CILIP 43 (3/1992), S. 54 ff.

– „Zum Mythos des Richtervorbehalts" als Kontrollinstrument im Zusammenhang mit besonderen polizeilichen Eingriffsbefugnissen, in: KritV 1997, S. 255 ff.

BÄUMLER, HELMUT: Verfassungsrechtliche Prüfung des Sächsischen Polizeigesetzes, in: NVwZ 1996, S. 765 ff.

BERNSMANN, KLAUS: Anmerkung zu *BGH*, NStZ 1995, S. 512.

BOCKEMÜHL. JAN: Zur Verwertbarkeit von präventiv-polizeilichen Erkenntnisses aus „Lauschangriffen" im Strafverfahren, in: JA 1996, S. 695 ff.

BURHOFF, DETLEF: Handbuch für das strafrechtliche Ermittlungsverfahren, Herne/Berlin 1997.

FEEST, JOHANNES / BLANKENBURG, ERHARD: Die Definitionsmacht der Polizei, Düsseldorf 1972.

FREHSEE, DETLEV: „Strafverfolgung" von strafunmündigen Kindern, in: ZStW 100 (1988), S. 290 ff.

GÖSSNER, ROLF: „Verdeckte Ermittler" unterwandern Grundrechte, in: Müller-Heidelberg / Finckh, Ulrich / Narr, Wolf-Dieter / Pelzer, Marei, Grundrechte-Report 1998, Reinbek bei Hamburg 1998, S. 205 ff.

GUSY, CHRISTOPH: Organisierte Kriminalität zwischen Polizei und Verfassungsschutz, in: GA 1999, S. 319 ff.

– Verfassungsfragen vorbeugenden Rechtsschutzes, in: JZ 1998, S. 167 ff.

HUND, HORST: Polizeiliches Effektivitätsdenken contra Rechtsstaat, in: ZRP 1991, S. 463 ff.

JÄHNKE, BURKHARD: Verwertungsverbote und Richtervorbehalt beim Einsatz Verdeckter Ermittler, in: BÖttcher, Reinhard / Hueck, Götz / Jähnke, Burkhard (Hrsg.), Festschrift für Walter Odersky zum 65. Geburtstag am 17. Juli 1996 (zit. als Jähnke, in: Odersky-FS), Berlin/New York 1996, S. 427 ff.

KAUSS, UDO: Illegaler Einsatz Verdeckter Ermittler, in: Bürgerrechte & Polizei / CILIP 82 (3/2005). S. 39 ff.

KNIESEL, MICHAEL: Neue Polizeigesetze contra StPO?, in: ZRP 1987, S. 377 ff.

KRÜGER, RALF: Rechtsfragen bei verdeckten Ermittlungen aus verfassungsrechtlicher Sicht, in: JR 1984, S. 490 ff.

KÜHNE, HANS-HEINER: Gegenstand und Reichweite von Präventionskonzepten, in: DRiZ 2002, S. 18 ff.

KUTSCHA, MARTIN: Große Koalition der Inneren Sicherheit, in: Bürgerrechte & Polizei / CILIP 59 (1/1998), S. 57 ff.

– Rechtsschutzdefizite bei Grundrechtseingriffen von Sicherheitsbehörden, in: NVwZ 2003, S. 1296 ff.

LAGODNY, OTTO: Verdeckte Ermittler und V-Leute im Spiegel von § 136 a StPO als „angewandtem Verfassungsrecht", in: StV 1996, S. 167 ff.

LILIE, HANS: Verwicklungen im Ermittlungsverfahren, in: ZStW 111 (1999), S. 807 ff.

MEYER, JES: Verdeckte Ermittlungen, in: Kriminalistik 1999, S. 49 ff.

MÜLLER, OSWIN: Der Abschied von der konkreten Gefahr als polizeirechtliche Eingriffsbefugnis, in: StV 1995, S. 602 ff.

NARR, WOLF-DIETER: „Wir Bürger als Sicherheitsrisiko", in: Bürgerrechte & Polizei / CILIP 60, S. 52 ff.

PAEFFGEN, HANS-ULLRICH: Amtsträgerbegriff und die Unabhängigkeit des Datenschutzbeauftragten, in: JZ 1997, S. 183 ff.

- „Verpolizeilichung" des Strafprozesses – Chimäre oder Gefahr, in: Wolter, Jürgen (Hrsg.), Zur Theorie und Systematik des Strafprozessrechts, Neuwied 1995, S. 13 ff.

QUENTIN, ANDREAS: Der Verdeckte Ermittler i. S. der §§ 110a ff. StPO, in: JuS 1999, S. 134 ff.

RING, WOLF-MICHAEL: Die Befugnis der Polizei zur verdeckten Ermittlung, in: StV 1990, S. 372 ff.

ROGGAN, FREDRIK: Ausweitung der Generalklauselanwendung durch die Polizei – Aktuelle Beispiele aus Bremen und Hamburg, in: Bürgerrechte & Polizei / CILIP 60 (2/1998), S. 60 ff.

- Über das Verschwimmen von Grenzen – ein Beitrag zur rechtspolitischen Diskussion, in: KritV 1998, S. 336 ff.

- Verfassungswidriges Befugniserweiterungen für die Polizei – die Entscheidung zum sächsischen Polizeigesetz, in: KJ 1997, S. 80 ff.

- VEs, NoePs, V-Leute und andere zwielichtige Rechtsfiguren, in: Humanistische Union (Hrsg.), Innere Sicherheit als Gefahr, Berlin 2002, S. 232 ff.

ROXIN, CLAUS: Zum Einschleichen polizeilicher Scheinkäufer in Privatwohnungen (*BGH*, StV 1997, 233), in: StV 1998, S. 43.

RZEPKA, DOROTHEA: Das Strafverfahren in den Händen der Polizei: Ist-Zustand und kriminalpolitische Visionen, in: KritV 1999, S. 312 ff.

SAFFERLING, CHRISTOPH J. M.: Verdeckte Ermittler im Strafverfahren – deutsche und europäische Rechtsprechung im Konflikt?, in: NStZ 2006, S. 75 ff.

SCHMITZ, MONIKA: Rechtliche Probleme des Einsatzes Verdeckter Ermittler (zit. als: Verdeckte Ermittler), Frankfurt/M. 1996.

STEPHAN, ULRICH: Stellungnahme zum Entwurf eines Gesetzes der SPD-Fraktion zur Änderung des Niedersächsischen Gefahrenabwehrgesetzes, in: Stokar, Silke / Gössner, Rolf (Hrsg.), Schattenmänner, Reader der Landtagsfraktion Niedersachsen von Bündnis 90/Die Grünen (zit. als: Stephan in: Schattenmänner), Hannover 1997, S. 17 ff.

STÖRMER, RAINER: Beurteilungsspielräume im Strafverfahren, in: ZStW 108 (1996), S. 494 ff.

- Der gerichtliche Prüfungsumfang bei Telefonüberwachungen – Beurteilungsspielraum bei Anordnungen nach § 100 a StPO?, in: StV 1995, S. 653 ff.

STÜMPER, ALFRED: Prävention und Repression als überholte Unterscheidung?, in: Kriminalistik 1975, S. 49 ff.

TISCHER, BIRGIT: Das System der informationellen Befugnisse der Polizei, Diss., Frankfurt/M. 2004.

WELP, JÜRGEN: Anmerkung zu BGH, NStZ 1995, S. 601 ff., in: NStZ 1995, S. 602 ff.

WESEMANN, HORST: Heimliche Ermittlungsmethoden und Interventionsmöglichkeiten der Verteidigung, in: StV 1997, S. 597 ff.

WEßLAU, EDDA: Anmerkung zu *BGH*, StV 1996, S. 357, S. 579 f.

- Legal in den Überwachungsstaat?, in: Bürger kontrollieren die Polizei (Hrsg.), Die unheimliche Sicherheit (zit. als: Unheimliche Sicherheit), Bremen 1987, S. 30 ff.

- Vorfeldermittlungen – Probleme der Legalisierung „vorbeugender Verbrechensbekämpfung aus strafprozeßrechtlicher Sicht (zit. als: Vorfeldermittlungen), Berlin 1989.

Teil 2: Polizei- und Strafprozessrecht

– Waffengleichheit mit dem „Organisierten Verbrechen" – Zu den rechtsstaatlichen und bürgerrechtlichen Kosten eines Anti-OK-Sonderrechtssystems, in: KritV 1997, S. 238 ff.
– Zwang, Täuschung und Heimlichkeit im Strafverfahren, in: ZStW 110 (1998), S. 1 ff.
WOLLWEBER, HARALD: Anmerkung zu StV 1997, S. 233, in StV 1997, S. 507 ff.
WOLTER, HENNER: Die Richtervorbehalte im Polizeirecht, in: DÖV 1997, S. 939 ff.
WOLTER, .JÜRGEN / SCHENKE, WOLF-RÜDIGER (Hrsg.): Zeugnisverweigerungsberechtigte bei (verdeckten) Ermittlungsmaßnahmen, Berlin 2002.
WULFF, CHRISTIAN: Zum Einsatz verdeckter Ermittler nach Polizeirecht, in: Goygke, Jürgen / Rauschning, Dietrich / Robra, Rainer / Schreiber, Hans-Ludwig / Wulff, Christian (Hrsg.), Vertrauen in den Rechtsstaat, Festschrift für Walter Remmers, Köln 1995, S. 615 ff.
ZACZYK, RAINER: Prozeßsubjekte oder Störer? Die Strafprozeßordnung nach dem OrgKG – dargestellt an der Regelung des Verdeckten Ermittlers, in: StV 1993, S. 490 ff.
ZÖLLER, MARK ALEXANDER: Informationssysteme und Vorfeldmaßnahmen von Polizei, Staatsanwaltschaft und Nachrichtendiensten, Heidelberg 2002.

4. Polizeiliche Videoüberwachung von öffentlichen Plätzen

Übersicht

4.1. Rund-um-die-Uhr-Überwachung von öffentlichen Plätzen 208
4.2. Videoüberwachungen und das Grundrecht auf informationelle
 Selbstbestimmung 209
 4.2.1. Verfassungsgerichtliche Vorgaben 209
 4.2.2. Übersichtsaufnahmen als Vorfeldeingriffe 211
 4.2.3. Bestimmtheit von Rechtsgrundlagen 213
4.3. Videoüberwachungen und „traditionelles" Polizeirecht 215
 4.3.1. Video-Überwachungen zur Gefahrenabwehr? 215
 4.3.2. Verhältnis Prävention – Repression 217
 4.3.3. Zur Frage eines effektiven Rechtsschutzes gegen
 Videoüberwachungen 219
 4.3.4. Zur Verhältnismäßigkeit der Befugnis zur Videoüberwachung 221
4.4. Kriminalpolitik 223
 4.4.1. Verdrängung von unerwünschten Personengruppen aus den
 Innenstädten 223
 4.4.2. Die Gefährlichkeit einer permanenten visuellen Überwachung 224

Teil 2: Polizei- und Strafprozessrecht

4. Polizeiliche Videoüberwachung von öffentlichen Plätzen

Videoüberwachung ist geradezu das klassische Beispiel des Konflikts zwischen einer Überwachungstechnik und dem Recht auf informationelle Selbstbestimmung.
*Dr. **Thilo Weichert**, Kiel[1].*

Regelungen im Polizeirecht der Länder: Videoüberwachung	
Baden-Württemberg:	§ 21 II, III BWPolG
Bayern:	Art. 32 II BayPAG
Berlin:	§ 24a ASOG
Brandenburg:	§ 31 III S. 1 – 3 BbgPolG
Bremen:	§ 29 III S. 1 BremPolG
Hamburg:	§ 8 II S. 1 HambPolDVG
Hessen:	§ 14 III, IV S. 1 HessSOG
Niedersachsen:	§ 32 II, V NdsSOG
Nordrhein-Westfalen:	§ 15 a I S. 1 NWPolG
Mecklenburg-Vorpommern:	§ 32 III S. 1, 2 SOG M-V
Rheinland-Pfalz:	§ 27 I RhPfPOG
Saarland:	§ 27 II S. 1 SPolG
Sachsen:	§ 38 II S. 1 SächsPolG
Sachsen-Anhalt:	§ 16 II, III SOG LSA
Schleswig-Holstein:	§ 184 III S. 1 LVwG
Thüringen:	§ 33 II – IV ThürPAG

4.1. Rund-um-die-Uhr-Überwachung von öffentlichen Plätzen

Einleitung

In der sicherheitspolitischen Debatte werden gegenwärtig in starkem Maße die Möglichkeiten zur polizeilichen Videoüberwachung (VÜ) von öffentlichen Plätzen diskutiert. Eine solche Kontrolle des öffentlichen Raumes an sich ist **keineswegs eine Neuigkeit**. Schon seit Jahren werden z.B. Verkehrsknotenpunkte, Bahnübergänge, Unfallschwerpunkte u. a. mit Videokameras beobachtet. Von den elektronischen „Zuschauern" in **Banken, Tankstellen, Supermärkten, Kaufhäusern und Kneipen** dürfte kaum noch jemand im Alltag bewusst Notiz nehmen[2]. Die Kontrolle mittels Videoüberwachung wird darüber hinaus bei bestimmten **Wohnanlagen** praktiziert und selbst **ganze Straßenzüge** müssen sich bereits die Sichtung durch elektronische Augen gefallen lassen[3]. In Berlin werden inzwischen Kameras in **Bussen und Straßen- und**

---

1 DuD 2000, 662.
2 Ausführlicher zum Aspekt, was die Bürger von der Videoüberwachung halten *Reuband*, Neue Kriminalpolitik 2/2001, 5 ff.
3 Ausführlich *Stelljes*, FIFF-Kommunikation 1/2002, S. 25 ff.

U-Bahnen eingesetzt, um die Beschädigung der Fahrzeuge durch Vandalismus zu reduzieren und erkannte Täter später überführen zu können[4]. In Hamburg wird das Nämliche erprobt. In immer mehr Städten (so in Leipzig, Halle, Dresden, Regensburg, Frankfurt) werden bereits große Flächen mit polizeilichen Kameras überwacht[5]. Am weitesten vorangeschritten ist die Videotechnik in England, wo die flächendeckende Überwachung der Bürger inzwischen zum Alltag gehört[6]. Polizeilicherseits werden die dortigen Erfahrungen mitunter als „durchweg positiv" bezeichnet[7]. Demgegenüber weisen jüngere Presseberichte darauf hin, dass englische Untersuchungen zeigen, dass der Einsatz von Kameras im öffentlichen Personennahverkehr eine geringe oder gar keine Auswirkung auf Kriminalitätsraten haben[8].

Als Rechtfertigung wird angeführt, dass eine solche Videoüberwachung „im Prinzip nichts anderes (ist), als wenn der **Schutzmann an der Ecke** steht und guckt, dass nichts passiert"[9]. Auch diese These ist im Folgenden nachzugehen. Dabei soll der Fokus auf polizeiliche Videoüberwachungen von öffentlichen Plätzen geworfen werden, die ihre **Rechtsgrundlage in den jeweiligen Polizeigesetzen** finden. Die anderen Zwecken dienenden Videoüberwachungen (Eigentumsschutz, Konsumfreundlichkeit usw.)[10] sollen hier ausgeblendet werden[11]. Der dafür einschlägige Rechtmäßigkeitsmaßstab findet sich seit 2001 in § 6b des Bundesdatenschutzgesetzes (BDSG)[12].

Gegenstand der Darstellung

4.2. Videoüberwachungen und das Grundrecht auf informationelle Selbstbestimmung

4.2.1. Verfassungsgerichtliche Vorgaben

Das *Bundesverfassungsgericht* hat mit dem Urteil zur Volkszählung ein Grundrecht geschaffen, das auch für die dauernde polizeiliche Videoüberwachung von offen zugänglichen Orten von grundlegender Bedeutung ist. Das zeigt sich schon, wenn hier nur noch einmal einige Kernsätze der Entscheidung skizziert werden[13]: Aus dem Gedanken der Selbstbestimmung folge eine Befugnis des Einzelnen, **grundsätzlich selbst**

Schutzbereich RiS

---

4 Vgl. dazu *Wohlfarth*, RDV 2000, 105.
5 Beispiele bei *Schwarz*, ZG 2001, 248; entsprechend eine Empfehlung (!) des Deutschen Städte- und Gemeindebunds, NVwZ 2000, 654.
6 Es wird angenommen, dass eine Person in London pro Tag von ca. 300 Kameras erfaßt wird, vgl. *Nürnberger*, Die Polizei 2000, 232; kritisch zur englischen Normalität der Videoüberwachung *Norris/Armstrong*, Bürgerrechte & Polizei / CILIP 61 (3/98), S. 30 ff.; aus polizeilicher Sicht *Galloway*, Polizei-heute 2001, 110 ff.
7 *Schneider/Daub*, Die Polizei 2000, 322; *Galloway*, Polizei-heute 2001, 111; vorsichtiger aber *Nürnberger*, Die Polizei 2000, 233.
8 Frankfurter Allgemeine Sonntagszeitung v. 2.10.2005, S. 74.
9 Stellvertretend für viele das bayerische Staatsministerium des Innern, Die Polizei 2000, 120.
10 Ausführlich *Wehrheim*, Forum Wissenschaft 2000, S. 34 ff.
11 Zu den Rechtsfragen nicht-staatlichen Einsatzes von Video-Technik vgl. *Kloepfer/Breitkreuz*, DVBl. 1998, 1156 f.
12 Vgl. dazu *Königshofen*, RDV 2001, 220 ff.; krit. zur Regelung *Weichert*, DANA 3/2001, 5 ff.
13 Vgl. zum folgenden BVerfGE 65,1 (42 ff.); zusammenfassend auch *Schwarz*, ZG 2001, 250 ff.

zu entscheiden, wann und innerhalb welcher Grenzen persönliche Lebenssachverhalte offenbart werden. Mit dem Recht auf informationelle Selbstbestimmung (RiS) seien eine **Gesellschaftsordnung und eine diese ermöglichende Rechtsordnung nicht vereinbar, in der die Bürger nicht mehr wissen können, wer was wann und bei welcher Gelegenheit über sie weiß.** Wer damit rechnen müsse, dass ein bestimmtes Verhalten behördlich registriert wird und dass ihm oder ihr dadurch **Risiken** entstehen könnten, werde möglicherweise auf die **Ausübung seiner entsprechenden Grundrechte verzichten**. Für Eingriffe in das informationelle Selbstbestimmungsrecht bedürfe es daher einer gesetzlichen Grundlage, aus der sich die Voraussetzungen und der Umfang der Grundrechtsbeschränkungen klar und für den Bürger erkennbar ergeben[14].

Eingriffe durch Einzelaufnahmen

Es liegt auf der Hand, dass die polizeiliche Beobachtung von bestimmten Personen und erst recht die Aufzeichnung (Speicherung) von Individuen einen tiefen Eingriff in den Schutzbereich dieses Grundrechts darstellen[15]: Durch die an öffentlichen Plätzen installierten **Kameras werden Verhaltensweisen** (Bewegungen, Aufenthalte, Gespräche, persönliche Eigenarten und vieles mehr) **und das Äußere** (Geschlecht, Größe, Hautfarbe, Kleidung, allgemeine Erscheinung usw.) von Bürgern **registriert**[16]. Je nach Beurteilung der beobachtenden Polizisten kann jede persönliche Eigenschaft oder Handlung von Interesse sein[17]. Das kann u. a. dazu führen, dass der **Zoom der Kamera** betätigt wird und ein genauerer Blick auf das betroffene Individuum oder eine Gruppe geworfen wird. Wenn sich entsprechende Anhaltspunkte ergeben, wird weiter beobachtet oder werden bestimmte Maßnahmen getroffen. In Betracht kommt dabei z.B. die Anweisung, die Personalien der Person festzustellen und zu überprüfen oder die Speicherung der videografischen Aufnahmen. Alle diese polizeilichen Maßnahmen stellen Eingriffe in das Selbstbestimmungsrecht dar. Je nach Sachverhalt kommen weitere (z. B. strafverfolgende) Maßnahmen in Betracht.

Erfordernis von Spezialermächtigungen

Daraus folgt, dass eine verfassungsrechtliche Rechtfertigung für solche Eingriffe unverzichtbar ist[18]. Es bedarf also jedenfalls für Nah- oder gar Portrait-Aufnahmen von Individuen **bestimmter gesetzlicher Grundlagen**. Worin diese gesehen werden, ist unten im Einzelnen zu erörtern.

---

14 BVerfGE 65, 1 (44).
15 Vgl. dazu nur *Weichert*, DuD 2000, 663; *Achelpöhler/Niehaus*, in: Kriminalität und Sicherheit, S. 135; *Kutscha*, Bürgerrechte & Polizei / CILIP 72 (2/2002), 63; wohl auch *Vahle*, NVwZ 2001, 166; entsprechend auch die nordrhein-westfälische Gesetzesbegründung, LT-Drucks. 12/4780, S. 65.
16 *Hasse*, ThürVBl. 2000, 169.
17 Vgl. dazu *Waechter*, DÖV 1999, 141 (Auswahl der zu Kontrollierenden im Rahmen der Schleierfahndung). Erfahrungen aus England zeigen, dass dabei keineswegs ausschließlich „sachliche" Motive eine Rolle spielen. So wurde herausgefunden, dass Polizisten bei der Beobachtung von Frauen den Zoom in 10% der Fälle nur aus voyeuristischen Gründen betätigen, vgl. *Armstrong/Norris*, The maximum surveillance society, Oxford/New York 1999, S. 98 ff.; um diesem Missbrauch vorzubeugen, schlägt *Waechter* vor, dass organisatorische Regelungen (z.B. stets Frauen und Männer gemeinsam am Überwachungsmonitor) über den Personaleinsatz getroffen werden sollten, NdsVBl. 2001, 85.
18 *Schwarz*, ZG 2001, 254.

4.2.2. Übersichtsaufnahmen als Vorfeldeingriffe

Zuvor ist jedoch der Blick darauf zu lenken, dass die Videoüberwachung keineswegs damit beginnt, dass eine bestimmte Person oder eine abgrenzbare Personengruppe von einer Kamera erfasst werden. Denn um die „aus der Nähe zu betrachtenden" Individuen nach polizeilicher Einschätzung erst sinnvoll auswählen zu können, werden die Plätze, die von Kameras erfasst werden, in **Übersichtsaufnahmen** beobachtet. Brandenburg etwa hat diese Form der Datenerhebung separat geregelt[19]. Die späteren – unbestrittenen – Eingriffe in das informationelle Selbstbestimmungsrecht werden auf diese Weise vorbereitet. Diesbezüglich stellt sich die Frage, ob darin ebenfalls (schon) Eingriffe in die Rechte aller Personen, die sich in dem entsprechenden Bereich aufhalten, liegen. Darüber besteht Uneinigkeit.

Vorfeld-Beobachtungen ...

Diesbezüglich wird – auch von polizeilicher Seite[20] – vertreten, dass die sog. bloße Beobachtung nach dem Kamera-Monitor-Prinzip keinen Eingriff in die Rechtsposition derjenigen Individuen, die sich in einem kameraüberwachten Bereich aufhalten, darstellt[21]. Die Videoüberwachung wäre demnach als **schlicht-hoheitliches Handeln** zu werten. Als rechtliche Grundlage würde die polizeiliche Aufgabenzuweisungsnorm genügen. Eine solche Überwachung besäße dann die **gleiche Qualität wie etwa Streifenfahrten**. Von diesen wird allgemein angenommen, dass sie **keinen Eingriffscharakter** besitzen[22].

... ohne Eingriffsqualität?

Dagegen stellen der *Sächsische Verfassungsgerichtshof*, der *Verwaltungsgerichtshof Mannheim*[23] und die überwiegende Meinung im Schrifttum maßgeblich darauf ab, welche Vorstellungen sich die Bürger aufgrund der (wahrgenommenen) Gegebenheiten machen. Fühlten sich Personen von der Polizei aufgezeichnet, so begründe allein das einen Eingriff in ihre Rechte. Von einer unterhalb der den Grundrechtsschutz auslösenden Eingriffsschwelle, etwa im Sinne einer Bagatellbeeinträchtigung, könne bei diesen Maßnahmen nicht ausgegangen werden. Es dürfe daher **nicht zwischen Detail- und Gesamtaufnahmen unterschieden** werden[24]. Nach dieser Auffassung bedarf es demnach auch für offene Übersichtsaufnahmen von Menschenansammlungen einer bereichsspezifischen, klaren und bestimmten Ermächtigungsgrundlage.

Obergerichtliche Rspr.

---

19 § 31 III S.1 BbgPolG.
20 *Keller*, Kriminalistik 2000, 188; *Schneider/Daub*, Die Polizei 2000, 323; *Müller*, Die Polizei 1997, 78; entsprechend zu den ähnlichen versammlungsrechtlichen Fragen im Zusammenhang mit § 12 a VersG *Götz*, NVwZ 1990, 114.
21 *Zöller*, NVwZ 2005, 1238; *Schmitt Glaeser*, BayVBl. 2002, 585; *Wohlfarth*, RDV 2000, 102.
22 Allgemeine Ansicht, vgl. nur *Rachor* in: Handbuch des Polizeirechts, S. 242; *Waechter*, NdsVBl. 2001, 79 und auch *Schwabe*, DVBl. 2000, 1819.
23 NVwZ 2004, 500.
24 *SächsVerfGH* bei *Kutscha*, NJ 2003, 626; ausführlich *Bausch*, Videoüberwachung, S. 30 ff.; *Schwarz*, ZG 2001, 257 f.; *Höfling*, in: Videoüberwachung, S. 32 ff.; *Achelpöhler/Niehaus*, in: Kriminalität und Sicherheit, S. 136; *dies.*, DuD 2002, 732; *Waechter*, NdsVBl. 2001, 79; *Robrecht*, NJ 2000, 349 f.; *Roos*, Kriminalistik 1994, 675; *Hasse*, ThürVBl. 2000, 170; *Weichert* in: Grundrechte-Report 2000, S. 48; *Dolderer*, NVwZ 2001, 132; *Holtwisch*, RuP 2003, 34; *Roggan*, NVwZ 2001, 135 f., polemisch dagegen *Maske*, NVwZ 2001, 1249.

Subjektive Vorstellungen maßgeblich

Die vertretenen Auffassungen unterscheiden sich dadurch, dass einerseits auf objektive Umstände, also etwa auf die tatsächliche Aufzeichnung von Individuen, abgestellt wird und andererseits die subjektiven Vorstellungen der Betroffenen zum Maßstab erhoben werden. Freilich kann angesichts der in diesem Punkt unmissverständlichen Ausführungen des *Bundesverfassungsgerichts* nur letztere Beurteilung durchgreifen: Das Gericht verwendet nicht zufällig die Wendungen vom „**wissen können**, wer was wann ... über sie weiß" und vom „**damit rechnen**, dass ... (ein bestimmtes Verhalten) behördlich registriert"[25] wird. Es erhebt damit das, was betroffene Bürger denken, zum Kriterium dafür, ob ein Eingriff vorliegt oder eben nicht. Es kann demnach nicht darauf ankommen, ob eine wahrgenommene Kamera sie tatsächlich aufnimmt, welche Bauart diese besitzt (ob also Übersichtsaufnahmen später ohne weiteres zur Identifizierung von Individuen genutzt werden können) oder ob sie bereits in Großaufnahme auf einem Monitor zu erkennen sind. Selbst die tatsächliche Betriebsbereitschaft[26] oder die Beschaffenheit der Kamera (Attrappen) ist irrelevant[27]. Dasselbe gilt für Kamera-Atrappen: Die **bloße Kenntnis von der Möglichkeit des individuellen „Registriert-Werdens"** und der damit einher gehende Überwachungsdruck reicht, um einen Eingriff in das Recht auf informationelle Selbstbestimmung anzunehmen[28]. Man muss den Schutzbereich der informationellen Selbstbestimmung sehr weit in das **Vorfeld einer Überwachung** legen: Der Bürger soll sich zum Schutze seiner Handlungsfreiheit frei von behördlicher Registrierung fühlen[29]. Daraus folgt, dass nach dieser Auffassung auch für solche Erfassungen eine den verfassungsgerichtlichen Anforderungen genügende Rechtsgrundlage unabdingbar ist. **Polizeirechtliche Generalklauseln** sind also **grundsätzlich nicht geeignet**, das Grundrecht einzuschränken[30].

Eingriffsintensität

Mit der Anwesenheit von Streifenbeamten im öffentlichen Verkehrsraum ist eine Videoüberwachung nicht zu verwechseln. Letztere stellt qualitativ eine andere Dimension von Kontrolle dar. Die Videotechnik ist weder den persönlichen Wahrnehmungs- noch jeglichen Erinnerungsbeschränkungen von Individuen unterworfen[31]. Sie ermöglicht

---

25 BVerfGE 65, 1 (43).
26 Wie hier *Weichert*, DuD 2000, 663.
27 *Pieroth/Schlink/Kniesel*, Polizei- und Ordnungsrecht, S. 259 f.
28 *Zöller*, NVwZ 2005, 1238; wohl auch *Würtenberger/Heckmann*, Polizeirecht in Baden-Württemberg, S. 285; auch der *BGH* (NJW 1995, 1955, 1957) bekannte in einem Fall, in dem es um eine private Überwachungsanlage ging, dass Passanten, die den von der Kamera mit erfassten Teil des Gehweges benutzen, „weder beeinflussen (können), wann sie bei solchen Gelegenheiten aufgenommen werden, noch können sie jeweils feststellen, ob solche Aufzeichnungen gefertigt worden sind oder nicht. Sie müssen daher, wenn sie den Weg benutzen, ständig mit der der Überwachung dienenden Aufzeichnungen ihres Bildes *rechnen* (Hervorh. F.R.)".
29 So auch der *Deutsche Richterbund*, DRiZ 2001, 88.
30 *Bäumler* in: Handbuch des Polizeirechts, S. 616; *Kloepfer/Breitkeuz*, DVBl. 1998, 1153; **a. A.** *Hasse*, ThürVBl. 2000, 199; *Keller*, Kriminalistik 2000, 188; *Pieroth/Schlink/Kniesel*, Polizei- und Ordnungsrecht, S. 260, *Robrecht*, NJ 2000, 351; *Wohlfahrt*, RDV 2000, 102.
31 *BGH*, StV 1998, 169 f.; *BVerfG*, NStZ 1983, 84; wie hier auch *Achelpöhler/Niehaus*, in: Kriminalität und Sicherheit, S. 136 f.

vielmehr eine **lückenlose und zeitlich unbeschränkte Kontrolle** ohne jeden Qualitätsverlust[32].

4.2.3. Bestimmtheit von Rechtsgrundlagen

Aus den vorgenannten Erwägungen ergibt sich, dass für den Einsatz von Videotechnik zur Überwachung/Kontrolle von (Innen-)Stadtbereichen eine spezialgesetzliche, bestimmte und normenklare Rechtsgrundlage für Aufnahmen und Aufzeichnungen von Störern erforderlich ist, weil bereits die Kenntnis von Bürgern, dass sie sich im Aufnahme-/Schwenkbereich einer Kamera befinden, einen Eingriff bedeutet. Als **normenklar** ist ein Gesetz zu verstehen, bei dem sich aus der Ermächtigungsgrundlage erkennbar **die Voraussetzungen und der Umfang der Grundrechtsbeschränkungen** (nicht nur) für die Grundrechtsträger **klar ergeben**. Klar ist eine Regelung, wenn die Betroffenen die Rechtslage erkennen und ihr Verhalten danach bestimmen können[33]. Es gilt demnach das **Gebot der nachvollziehbaren und in sich schlüssigen Regelung**[34].

Erfordernis normenklare Ermächtigung

Inzwischen haben viele Bundesländer entsprechende Befugnisse in ihren Polizeigesetzen geschaffen[35]. Dabei unterscheiden sich die Befugnisse sowohl hinsichtlich der Beschreibung der Orte, an denen die Videoüberwachung zulässig ist, als auch darin wie lange die Aufnahmen gespeichert werden dürfen. Die letztgenannten Fristen reichen **von zwei Tagen**[36] **bis zu einem Monat**[37], soweit die Daten nicht zur Verfolgung von Ordnungswidrigkeiten oder Straftaten benötigt werden. Es ist sehr fraglich, ob derart lange Aufbewahrungsfristen tatsächlich erforderlich sind. Bereits der Unterschied der verschiedenen Fristen läßt hieran Zweifel aufkommen: Warum sollten Straftaten etwa in Bremen so viel schneller erkannt werden können als in Thüringen? Auch stellt sich die Frage, ob es sich jedenfalls bei einer einmonatigen Aufbewahrungszeit nicht bereits um eine – **unzulässige** – **Datenvorratshaltung** ohne Zusammenhang mit einem Strafverfahren handelt.

Spezialgesetze in den Ländern

Verlangt wird in fast allen Polizeigesetzen ein innerer Zusammenhang zwischen **zukünftigen Straftaten und der besonderen Gefährdungslage** der Objekte bzw. an den Orten[38]. Die Vorschriften verlangen damit jeweils eine Prognose der Polizei, dass aufgrund der Indizwirkung von bestimmten Tatsachen das Vorliegen abzuwehrender Gefahrensituationen möglich ist. Bloße Vermutungen, dass irgendwo irgendwelche Straftaten begangen werden könnten, reichen also nicht aus. Allerdings erscheint es nachvollziehbar, dass die Abgrenzung von solchen „aus der Luft gegriffenen Annahmen" und dem Begriff der tatsächlichen Anhaltspunkte als schwierig verstanden wird, wenn Mutmaßungen (die aber einen realen Hintergrund haben müssen) über künftige straf-

Orte der VÜ

---

32 *Achelpöhler/Niehaus*, DuD 2002, 732; **a.A.** *Pieroth/Schlink/Kniesel*, Polizei- und Ordnungsrecht, S. 259 und wohl auch *Zöller*, NVwZ 2005, 1235.
33 So bereits BVerfGE 17, 306 (314).
34 Vgl. statt vieler *Denninger/Petri* in: Polizei und Datenschutz, S. 13.
35 § 14 HSOG, § 32 III SOG M-V, § 15 a NWPolG.
36 Vgl. § 29 III BremPolG.
37 Vgl. z.B. § 33 III ThürPAG.
38 *Rommelfanger/Rimmele*, Polizeigesetz des Freistaates Sachsen, § 38 Rdnr. 7.

Teil 2: Polizei- und Strafprozessrecht

rechtlich relevante Verhaltensweisen ausreichen sollen, um polizeiliche Überwachungsmaßnahmen auszulösen[39].

VÜ an Kriminalitätsschwerpunkten

Hinsichtlich der Überwachung von öffentlich zugänglichen Plätzen ist aufgrund der tiefen Eingriffe in die Rechte von jedermann[40] zu fordern, dass diese Bereiche den **Charakter von gefährlichen Orten** besitzen müssen[41]. Das kann sich z.B. durch häufige Polizeieinsätze zur Gefahrenabwehr und/oder strafverfolgenden Maßnahmen ergeben. Unzulänglich sind solche Eingriffsnormen, die auf eine genaue Bezeichnung der zu überwachenden Orte verzichten. Nicht von vornherein unverhältnismäßig können die Maßnahmen nur an besonders gefährlichen Orten sein (sog. **Kriminalitätsschwerpunkte**). Dies können nicht, wie das *VG Karlsruhe*[42] unter Hinweis auf Erfahrungen in anderen Großstädten meint, ganze Innenstädte sein[43]. Der diese Entscheidung aufhebende *Verwaltungsgerichtshof Mannheim* verlangt richtigerweise, dass sich die **Kriminalitätsbelastung** auf den videoüberwachten Plätzen **deutlich von anderen Orten abheben** muss[44].

Grds.: Offene Datenerhebung

Weiterhin ist bei einigen Normen fraglich[45], ob sie in der Hinsicht ausreichend bestimmt sind, dass die Bürger wissen können, *wo* sie ins Visier von polizeilicherseits installierten Kameras kommen können. Das liegt darin begründet, dass in der Regel nicht gewusst wird (und auch nicht gewusst werden kann), welche Orte einer Stadt als gefährlich eingestuft werden. Die Polizei weigert sich mitunter sogar, die gefährlichen Orte einer Stadt oder Gemeinde (auf Anfrage) bekannt zu geben, so dass diese sich als für Bürger unbestimmbar darstellen. Die Bürger können also nicht wissen, **auf welchen Straßen und Plätzen sie video-kontrolliert** werden dürfen. Die gefährlichen Orte können demnach auch nicht gemieden werden. Bei solchen Vorschriften ist nicht ohne weiteres davon auszugehen, dass sie der verfassungsgerichtlichen Vorgabe der Normenklarheit und Bestimmtheit entsprechen. Das Wissen-Können, wer was und bei welcher Gelegenheit über sie weiß, kann erst dadurch erreicht werden, dass die Bürger ausdrücklich darauf hingewiesen werden, wo sie videografiert werden dürfen. Das ist entweder dadurch zu bewirken, dass die Kameras für tatsächlich jeden Menschen sichtbar aufgestellt werden oder, weil das in der Regel unmöglich sein dürfte, **entsprechende – mehrsprachige**[46] **– Hinweisschilder** – wie z.B. in Leipzig – aufgestellt werden[47]. Mitunter ordnen die Vorschriften solche geeigneten Hinweise ausdrücklich an[48]. Diese Voraussetzung erfüllen jedoch nicht alle Vorschriften, jedoch kann mittels ergän-

---

39 Ausführlich dazu *Rachor* in: Handbuch des Polizeirechts, S. 271.
40 *Achelpöhler/Niehaus*, DuD 2002, 733; *Stolle/Hefendehl*, KrimJ 2002, 259.
41 *Würtenberger/Heckmann*, Polizeirecht in Baden-Württemberg, S. 285; *Stolle/Hefendehl*, KrimJ 2002, 266 f.
42 NVwZ 2002, 119.
43 *Achelpöhler/Niehaus*, DuD 2002, 732 f.
44 NVwZ 2003, 503.
45 So bei denjenigen in Bayern und Sachsen.
46 *Bausch*, Videoüberwachung, S. 77.
47 *Hornmann*, HSOG-Ergänzungsband, § 14 Rdnr. 9; entsprechend auch die Forderung des Berliner Beauftragten für Datenschutz und Akteneinsicht, Jahresbericht 1999, S. 35.
48 Vgl. etwa § 33 II S.2 ThürPAG.

zender Auslegung das Tatbestandsmerkmal der „Offenheit" der Videoüberwachung in die Normen „hineingelesen" werden. Diese ist dem polizeirechtlichen Grundsatz zu entnehmen, dass **personenbezogene Daten grundsätzlich offen zu erheben** sind[49]. Dieser seinerseits ist Ausprägung des Verhältnismäßigkeitsgrundsatzes. Deshalb kann auch unter dem Gesichtspunkt der Erforderlichkeit nur eine offene Videoüberwachung zulässig sein[50]. Diese stellt im Vergleich zu verdeckten Maßnahmen ein Minus dar[51]. Unter dieser Voraussetzung ist davon auszugehen, dass die Eingriffsermächtigungen zumindest in dieser Hinsicht den verfassungsgerichtlichen Maßgaben entsprechen.

Grundsätzlich zweifelhaft ist allerdings, dass die Vorschriften über die Videoüberwachungen – abgesehen von der mehr oder weniger vagen Beschreibung der Orte – **keine materiellen Eingriffsvoraussetzungen** im engeren Sinne enthalten. Es bleibt nämlich das Problem, dass die Tatbestände nicht regeln, welche Umstände (insbesondere: welche individuellen Verhaltensweisen) vorliegen müssen, damit intensivere Eingriffe, z. B. Nahaufnahmen, zulässig sind[52]. Dieses ist der Eigenschaft der Verdachtsunabhängigkeit der Videoüberwachungen geschuldet. Unter diesem Gesichtspunkt kann nicht davon ausgegangen werden, dass die Bürger voraussehend erkennen können, welchen Eingriffen sie ausgesetzt sind oder sein können[53]. Diesbezüglich bestehen nicht zu überwindende **Zweifel an der Klarheit der entsprechenden Vorschriften**: Die Bürger werden eben nicht in die Lage versetzt, ihr Verhalten in der Weise bestimmen zu können, dass eingreifende Polizeimaßnahmen sicher vermieden werden[54]. Das gilt in besonderem Maße für diejenigen Normen, die allein auf die polizeiliche Aufgabengeneralklausel als Zulässigkeitsvoraussetzung Bezug nehmen[55]. Das gilt etwa in Mecklenburg-Vorpommern[56] und Niedersachsen[57].

Verdachtsunabhängigkeit der VÜ

4.3. Videoüberwachungen und „traditionelles" Polizeirecht

4.3.1. Video-Überwachungen zur Gefahrenabwehr?

Es bedarf der Erörterung, in welchem Verhältnis die polizeilichen Datenerhebungen zum traditionellen Polizeirecht, also dem Zweck der Gefahrenabwehr, stehen. Diese stellt sich, weil die Kameras selber ja nicht in Geschehensabläufe eingreifen können. Grundsätzlich können Straftaten trotz Kameraüberwachung stattfinden. So gesehen

Straftatenverhinderung?

---

49 *Hornmann*, HSOG-Ergänzungsband, § 14 Rdnr. 9; **a.A.** *Achelpöhler/Niehaus*, in: Kriminalität und Sicherheit, S. 138 („wünschenswert aber kaum zwingend"); Ausdrücklich § 37 V S.1 SächsPolG und Art. 30 III S.1 BayPAG.
50 *Bausch*, Videoüberwachung, S. 77; *Weichert*, DANA 1/1999, 9.
51 *Weichert*, DuD 2000, 663.
52 *Würtenberger/Heckmann*, Polizeirecht in Baden-Württemberg, S. 287; krit. auch *Weichert*, DuD 2000, 665 („nahezu tatbestandslose Bestimmungen").
53 *Achelpöhler/Niehaus*, DuD 2002, 732; *Schwarz*, ZG 2001, 249.
54 *Bäumler*, RDV 2001, 69, 70.
55 *Höfling* in: Videoüberwachung, S. 40.
56 § 32 III SOG M-V.
57 § 32 V NGefAG.

kann die **Videoüberwachung die Verhinderung von Straftaten überhaupt nicht bewirken**[58]. Damit steht die Frage im Raum, ob der Kamera-Einsatz überhaupt **geeignet** sein kann, seinen Zweck zu erfüllen oder ob er nicht von vornherein unverhältnismäßig und damit rechtswidrig ist[59].

Eignungsfragen

In der Lage zur tatsächlichen Gefahrenabwehr sind ausschließlich die Beamten des Polizeivollzugsdienstes, die im Einzelfall eine Handlung durch ihr Einschreiten verhindern können. Die Videokamera kann also nur insofern zum genannten Zweck eingesetzt werden, als sie gefährliche Situationen rechtzeitig erkennen hilft und sodann eine am Monitor sitzende Person (z.B. über Funk) einen entsprechenden Einsatzbefehl erteilt. Das „Bodenpersonal" hat dann den **Vollzug der gefahrenabwehrenden Maßnahmen** zu übernehmen. Insofern wird die Videoüberwachung dann auch zur Gefahrenabwehr eingesetzt, und die aufgeworfene Frage kann scheinbar problemlos in der Weise beantwortet werden, dass der Video-Einsatz seinen Zweck erfüllen kann. Allerdings – darauf weist schon die Einschränkung hin – handelt es sich bei den genannten Konstellationen in Wahrheit nur um **einen von mehreren Zwecken**. Einerseits verlangt die Zweckverfolgung im beschriebenen Sinne den zeitnahen Personaleinsatz, denn nur so können gefahrenabwehrende Maßnahmen auch tatsächlich vorgenommen werden[60]. Andererseits ist vorauszusetzen, dass gefahrenabwehrende Maßnahmen regelmäßig auch rechtzeitig zu bewirken sind. Das erscheint angesichts der Lebenswirklichkeit mehr als fraglich. Einerseits setzt dies den jederzeitigen Blick eines Polizisten auf einen Überwachungsmonitor voraus. Schon das ist längst nicht immer der Fall[61]. Andererseits dürfte im Einzelfall wohl eine gehörige Portion Glück dazugehören, etwa eine unmittelbar bevorstehende körperliche Auseinandersetzung noch vor dem Stadium der versuchten Körperverletzung abzuwenden. Ähnlich verhält es sich mit dem Handel von illegalen Betäubungsmitteln, Eigentumsdelikten (Trickdiebstählen, Raubdelikten u. ä.) verhalten. Das mit den Kameras gegebene **(abstrakte) Sicherheitsversprechen dürfte sich also kaum einlösen** lassen[62]. Es wird den eingesetzten Polizisten in der Regel nur bleiben, die erkannten Täter zu identifizieren und/oder festzunehmen. Darin jedoch darf der Zweck der Videoüberwachung schon aus Gründen der im Weiteren darzulegenden kompetenzrechtlichen Fragen nicht liegen.

Zweck: Erhöhung Entdeckungsrisiko

Es bleibt damit die Feststellung, dass die Videoüberwachungen – der polizeirechtlichen Aufgabenstellung entsprechend – nur zu dem Zweck eingesetzt werden dürfen, dass Straftaten in den überwachten Bereichen erst gar nicht begangen werden[63]. Die sich daraus ergebende Frage ist aber, **wie die Zweckverfolgung erreicht** werden soll. Diese ist durch die vorangegangenen Ausführungen noch nicht abschließend beantwor-

---

58 Ebenso *Zöller*, Informationssysteme, S. 84.
59 Ausführlich dazu *Bausch*, Videoüberwachung, S.61 ff.
60 Vgl. etwa *Ommert*, Polizei-heute 2001, 109.
61 *Holtwisch*, RuP 2003, 35; in Frankfurt etwa wurde in einer Dienstanweisung festgeschrieben, dass die Beobachtung des Monitors neben dem normalen Betrieb nur *nach dienstlichen Möglichkeiten* erfolgen soll, vgl. *Ommert*, Polizei-heute 2001, 107.
62 *Müller*, MschrKrim 2002, 37.
63 Ebenso *Zöller*, Informationssysteme, S. 85; *ders*, NVwZ 2005, 1239.

4. Polizeiliche Videoüberwachung

tet, weil nicht davon ausgegangen werden kann, dass der Zweck der Videoüberwachung allein darin liegen soll, dass herbeigerufene Einsatzkräfte eine noch nicht begangene Straftat „im letzten Moment" verhindern (verhüten) können/sollen. Es liegt vielmehr nicht nur nahe, dass durch die Existenz der Kameras das Entdeckungsrisiko für Straftäter (erheblich) erhöht werden soll[64]. Diese **Erleichterungen für strafverfolgende Maßnahmen** scheinen von vornherein Zweck des Kamera-Einsatzes zu sein[65]. Es ist also von einem angestrebten Einschüchterungseffekt auszugehen[66]: Potentielle Straftäter sollen einerseits durch das erhöhte Entdeckungsrisiko vom Tatentschluss abgehalten werden und andererseits soll die ggf. nachfolgende Strafverfolgung abschreckenden Effekt haben[67]. Insofern geht es beim Einsatz der Videotechnik auch darum, dass Straftäter die Erfahrung einer auf dem Fuße folgenden Strafverfolgung machen (sollen). Im Idealfall spricht sich das Entdeckungsrisiko in einschlägigen Kreisen (z.B. der Drogenszene) herum und die Straftaten (z.B. Verstöße gegen das BtmG) werden (jedenfalls auf videoüberwachten Plätzen) nicht mehr begangen. *Waechter* spricht bei diesem Phänomen von **indirekter Verhaltenssteuerung durch Abschreckung und Verunsicherung**[68]. Damit wären dann – zumindest an den entsprechenden Orten – die Straftaten verhindert und die Videokameras wirkten gefahrenabwehrend (sog. *situative Prävention*[69]). Sähe man über den „Umweg" der diese bewirkenden strafverfolgenden Maßnahmen hinweg, würde wohl niemand auf die Idee einer kompetenzwidrigen Befugnis kommen. Angesichts der vorangegangenen Erwägungen stellt sich aber durchaus die Frage, ob es sich bei der polizeirechtlichen Befugnis zur Videoüberwachung von öffentlichen Plätzen nicht eigentlich um eine **strafprozessuale** handelt. Sie wäre damit gesetzgebungskompetenz- und damit verfassungswidrig.

4.3.2. Verhältnis Prävention – Repression

Zu unterscheiden ist zwischen gefahrenabwehrenden (präventiven) und strafverfolgenden (repressiven) Regelungen. Während es sich bei ersteren um Gesetze im Zuständigkeitsbereich der Landesgesetzgeber handelt[70], sind letztere ausschließlich bundesrechtlich regelbar[71]. Das folgt einerseits aus den grundgesetzlichen Vorschriften zur **Gesetzgebungskompetenz** (Art. 70 ff. GG) und andererseits aus der Trennung der Zwecke bzw. Zielrichtungen namens **Prävention** und **Repression**. Mit einer **trennungsscharfen Unterscheidung** ist es demnach unvereinbar, dass z.B. Prävention *durch* Repression bewirkt werden soll. Vorschriften, die Gefahrenabwehr durch straf-

Trennung Prävention – Repression

---

64 *Hefendehl*, StV 2000, 273; *Stolle/Hefendehl*, KrimJ 2002, 259, 261.
65 *Keller*, Kriminalistik 2000, 188.
66 *Gusy*, NWVBl. 2004, 2.
67 Ausführlich *Holtwisch*, RuP 2003, 35; *Müller*, MschrKrim 2002, 34; **a. A.** *VGH Mannheim*, NVwZ 2003, 499.
68 *Waechter*, DVBl. 1999, 138 ff.; vgl. zur Abschreckungswirkung von offener Videoüberwachung *Keller*, Kriminalistik 2000, 189;
69 Ausführlich *Hefendehl*, StV 2000, 272 f.; ebenso *Müller*, MschrKrim 2002, 34.
70 Hiervon auszunehmen ist nur die Zuständigkeit des Bundes für den Bereich des Bundesgrenzschutzes.
71 Zusammenfassend *Zöller*, NVwZ 2005, 1239.

Teil 2: Polizei- und Strafprozessrecht

verfolgende Maßnahmen bewirken (sollen), widersprechen diesem Grundsatz, sind damit kompetenzwidrig und folglich nichtig[72].

VÜ als Strafverfolgungsvorsorge

Im Hinblick auf die gegenständliche Befugnis zur Videoüberwachung von öffentlichen Plätzen ist zu fragen, ob nicht gegen diesen Grundsatz verstoßen wird. Zwar könnte aus den Regelungsstandorten gefolgert werden, dass es sich um Ermächtigungen mit präventiver Zielrichtung handelt[73]. Dafür spricht auch die Zweckbestimmung, wie sie auf den Hinweistafeln (z.B. in Leipzig) mitgeteilt wird („zur Verhütung von Straftaten" = Gefahrenabwehr). Allerdings ergeben sich aus den oben genannten Gründen Zweifel daran, ob der gefahrenabwehrende Zweck auch mit gefahrenabwehrenden Mitteln bewirkt werden soll. Denn, wie dargelegt, ist die Videoüberwachung zumindest nur sehr eingeschränkt überhaupt in der Lage, Straftaten und andere Störungen der öffentlichen Sicherheit abzuwehren bzw. zu verhindern. Sie ist keineswegs nur „unter anderem" dazu bestimmt, **strafbares Verhalten zu erkennen, beweiskräftig zu dokumentieren und die strafverfolgenden polizeilichen Maßnahmen zu koordinieren** (z.B. den Aufenthaltsort des Täters zu bestimmen). Dabei handelt es sich jedoch – was die Befugnis zum Speichern von Aufnahmen betrifft – um originär strafverfolgende Maßnahmen, die – was nicht ernsthaft bestritten wird – ihre Ermächtigungen in bundesrechtlichen Regelungen (insbesondere der Strafprozessordnung) finden müssen. Gleiches hat auch für vorbereitende Maßnahmen zu gelten, denn auch die Vorsorge zur Strafverfolgung ist (antizipierte) Repression[74].

„Mittelbare Prävention"

Nun handelt es sich bei den aufgrund der Videoüberwachung erst möglichen oder auch erleichterten Strafverfolgungsmaßnahmen aber um einen Zweck, mittels dessen andere Straftaten verhütet werden sollen: Wie schon beschrieben, soll das Verfolgungsrisiko für potentielle Straftäter durch die Videokameras erhöht werden. Dieser Umstand führt zu der Erkenntnis, dass **durch repressive Maßnahmen eine präventive Wirkung** entfaltet werden soll. Auf die polizeirechtlichen Regelungen bezogen bedeutet das, dass sie lediglich *mittelbar* präventiven Charakter besitzen. Zumindest für diesen Teil der Zweckbestimmung der Videoüberwachung bedürfte es also einer strafprozessualen Vorschrift, die zur (straftat-)verdachtsunabhängigen Beobachtung offen zugänglicher Plätze und Straßen ermächtigt[75]. Ein solches Gesetz enthält die Strafprozessordnung offensichtlich nicht. Insbesondere die in Erwägung zu ziehende Norm des § 100 c I Nr.1a StPO erlaubt solche Maßnahmen nicht, weil diese zumindest einen Anfangsverdacht i. S. des § 152 II StPO verlangt[76]. Andererseits kann nicht ohne weiteres jede Maßnahme, die nicht auf eine strafprozessuale Norm gestützt werden kann, ihre Grundlage in einer polizeirechtlichen Vorschrift finden. Denn der oben skizzierten Gesetzes-

---

72 Zur Nichtigkeitsfolge bei kompetenzwidrigen Gesetzen vgl. nur *Schmidt-Bleibtreu/Klein*, GG, Neuwied 1999, Art. 70, Rdnr. 47.
73 *Schenke*, Polizei- und Ordnungsrecht, S. 102.
74 *Denninger* in: Handbuch des Polizeirechts, S. 204; *Lilie*, ZStW 111 (1999), 825; *Zöller*, Informationssysteme, S. 92; vgl. ferner KK-*Schoreit*, § 152 Rdnr. 18 b und *Roggan*, KritV 1998, 338; differenzierend *Paeffgen* in: Theorie und Systematik des Strafprozessrechts, S. 39.
75 **A.A.** *Würtenberger/Heckmann*, Polizeirecht in Baden-Württemberg, S. 284.
76 *Weichert*, DuD 2000, 665; *Schwarz*, ZG 2001, 259.

systematik zufolge ist die Zielrichtung maßgeblich für die einschlägige, kompetenzgemäße Rechtsmaterie.

Daraus ergibt sich, dass die Zwecke der Videoüberwachung zumindest als **doppelfunktional** zu bezeichnen sind[77]. Sie sollen einerseits dadurch gefahrenabwehrend wirken, dass strafbares Verhalten verhindert wird. Andererseits sollen strafverfolgende Maßnahmen ermöglicht bzw. erleichtert und potentielle Straftäter durch ein erhöhtes Entdeckungsrisiko **abgeschreckt** werden[78]. Die abschreckende Wirkung dieser strafverfolgenden Maßnahmen ist deckungsgleich mit dem **Strafzweck der negativen Generalprävention**[79]. Schon das Strafrecht tritt aber mit dem Anspruch an, durch die Bestrafung von Tätern weiteren Straftaten vorzubeugen und sie damit zu verhindern. Im Recht der Gefahrenabwehr hat dagegen dieses Fernziel (*Rachor*)[80] nichts verloren[81]. Der **Abschreckungseffekt ist allenfalls eine Begleiterscheinung**, die jedoch nicht zur polizeilichen Aufgabenstellung gehört[82]. Bei der Videoüberwachung soll also **Prävention durch Repression** bewirkt werden[83].

Abschreckung als Fernziel

Zusammenfassend ist festzustellen, dass die Befugnis zur Videoüberwachung die Grenze zwischen Prävention und Repression in nicht mehr hinnehmbarer Weise verschwimmen lässt. Es handelt sich bei der Videografierung der Innenstädte um **nicht nur nebenher repressive Maßnahmen**[84]. Die entsprechenden Vorschriften im Polizeirecht können auch nicht mit Blick auf die in der Literatur nach wie vor umstrittene **Polizeiaufgabe der vorbeugenden Verbrechensbekämpfung** gerechtfertigt werden, weil diese jedenfalls keinen strafverfolgenden Inhalt besitzen darf[85]. Andernfalls wäre sie selber verfassungswidrig. Die Ermächtigung zur verdachtslosen Videoüberwachung mit auch repressiver Zielrichtung ist nach der hier vertretenen Auffassung als kompetenzwidrig zu bezeichnen: Rechtsgrundlagen, bei denen **Gefahrenabwehr durch Strafverfolgung** bewirkt werden soll, dürfen ausschließlich bundesrechtlicher Natur sein.

Kompetenzwidrigkeit

4.3.3. Zur Frage eines effektiven Rechtsschutzes gegen Videoüberwachungen

Bei der Videoüberwachung von öffentlichen Plätzen wird unvermeidbar eine Vielzahl von Individuen erfasst. Diese stellen – schließen sich nicht anderweitig vorgenommene

---

77 *Würtenberger/Heckmann*, Polizeirecht in Baden-Württemberg, S. 284. Entsprechend konstatiert das Bayerische Staatsministerium des Innern, Die Polizei 2000, 120, dass „der Einsatzzweck der Kameras (...) sich mit SOS abkürzen (ließe): Sicherheit – Ordnung – Strafverfolgung".
78 *Stolle/Hefendehl*, KrimJ 2002, 259; *Holtwisch*, RuP 2003, 35.
79 *Rachor*, in: Handbuch des Polizeirechts, S. 340.
80 *Rachor*, in: Handbuch des Polizeirechts, S. 435.
81 Mit Blick auf die Regelungen des § 15 a NWPolG *Vahle*, NVwZ 2001, 166 f.; ausführlich zur Generalprävention im Polizeirecht *Roggan*, KJ 1999, 69 ff.
82 *Rachor*, in: Handbuch des Polizeirechts, S. 340; **a. A.** *Würtenberger/Heckmann*, Polizeirecht in Baden-Württemberg, S. 284.
83 Zustimmend *Zöller*, Informationssysteme, S. 85 und *Holtwisch*, RuP 2003, 35.
84 *Zöller*, NVwZ 2005, 1240; **a. A.** *Bausch*, Videoüberwachung, S. 87.
85 Vgl. aus der jüngeren Literatur den Streitstand darstellend und entscheidend *Tolmein*, StV 1999, 109 f. sowie *Roggan*, KritV 1998, 338 f.

Teil 2: Polizei- und Strafprozessrecht

Möglichkeiten gerichtlicher Kontrolle

identitätsfeststellende Maßnahmen an – eine anonyme Masse dar. Selbst bei Nahaufnahmen ist die Identität der Person in der Regel unbekannt. Nicht zuletzt daraus ergibt sich, dass die Betroffenen nicht benachrichtigt werden können, was im Übrigen den Polizeiapparat auch lahm legen würde. Die polizeilichen Maßnahmen würden bei einer entsprechenden Verpflichtung geradezu *ad absurdum* geführt werden. Aufgrund fehlender Kenntnis über die Art und Weise der Videografierung haben die jeweils betroffenen **Individuen** also **keine Möglichkeit zur Überprüfung ihrer Erfassung**. Ein wirksamer Rechtsschutz in diesem Sinne ist gegen die Eingriffe in ihre Rechte somit schon aus tatsächlichen Gründen ausgeschlossen. Der Blick soll hier deshalb auf eine Frage gelenkt werden, die bereits für Streitstoff gesorgt hat: Es geht um die Befugnis von Bürgern, **die polizeilichen Maßnahmen als solche einer gerichtlichen Kontrolle** zu unterziehen.

Rspr.

Die Verwaltungsgerichte neigten anfangs dazu, die Eingriffsqualität der Videoüberwachung abzulehnen. Nach einer Entscheidung etwa des *VG Halle* soll die bloße Videoüberwachung – im Gegensatz zur Videoaufzeichnung – keinen Eingriff in Freiheitsrechte darstellen[86]. Dem ist der *VGH Mannheim* mit überzeugenden Argumenten entgegengetreten[87].

Definitionsmacht der Polizei

Zuzugeben ist, dass die Zulässigkeit von entsprechenden Klagen insofern nicht selbstverständlich ist, als dafür die **Betroffenheit der Beschwerdeführer** durch die staatlichen Maßnahmen bejaht werden muss. Anzuknüpfen ist hier an die Erläuterungen zum Erfordernis einer bereichsspezifischen, speziellen Eingriffsnorm: Schon die Kenntnis der Bürger, dass sie sich in videoüberwachten Bereichen befinden, betrifft sie in ihrem **Rechtskreis**[88]. Wie ebenso bereits festgestellt, soll die Videoüberwachung (auch) abschreckende Wirkung erzeugen. Sie kann somit dazu führen, das Verhalten von Bürgern zu steuern[89]. Es ist daher festzustellen, dass von der Zulässigkeit von Klagen gegen die Durchführung der Videoüberwachung an bestimmten Orten auszugehen ist. Damit wird wenigstens die Möglichkeit eröffnet, die generelle **Videoüberwachung eines Ortes einer gewissen Kontrolle** zu unterwerfen. Angesichts der tatbestandlichen Voraussetzungen bleibt diesbezüglich zu überprüfen, ob die polizeiliche Qualifizierung eines Ortes als „Gefahrenort" sachlich gerechtfertigt ist. Da diese Bewertung aber im Wesentlichen in der **Definitionsmacht der Polizei**[90] liegt, also ihrer Fähigkeit, das entsprechende Tatbestandsmerkmal mit geeigneten Sachverhaltsschilderungen – etwa Lageerkenntnissen – auszufüllen, sollte diese Möglichkeit nicht überschätzt werden[91]. Es bestehen daher Zweifel, ob hinsichtlich der Videoüberwachung des öffentlichen Raumes eine tatsächlich effektive Möglichkeit zum Rechtsschutz der Grundrechtsträ-

---

86 *VG Halle*, LKV 2000, 164; vgl. auch *VG Karlsruhe*, NVwZ 2002, 117, 118; dagegen *Achelpöhler/ Niehaus*, DuD 2002, 732.
87 NVwZ 2003, 500.
88 Siehe oben *Übersichtsaufnahmen als Vorfeldeingriffe* (Punkt 4.2.2.).
89 *Hasse*, ThürVBl. 2000, 172; vgl. zur gleichgelagerten Wirkung der sog. Schleierfahndungen die entsprechenden Ausführungen des *LVerfG M-V*, NVwZ-RR 1999, 617 (618) = NJ 1999, 474 = NordÖR 1999, 501.
90 Begriffsbildend *Feest/Blankenburg*, Die Definitionsmacht der Polizei, S. 19 f.
91 Wie hier *Achelpöhler/Niehaus*, in: Kriminalität und Sicherheit, S. 142.

4.3.4. Zur Verhältnismäßigkeit der Befugnis zur Videoüberwachung

Mitunter wird im Schrifttum unter Hinweis auf die gesetzgeberische Einschätzungsprärogative von der Geeignetheit und Erforderlichkeit der Videoüberwachung zur Zweckerreichung ausgegangen und die Verhältnismäßigkeit (erst) unter dem Gesichtspunkt der Angemessenheit (Verhältnismäßigkeit im engeren Sinne) näher erörtert[92]. Für die **Geeignetheit auf Gesetzesebene** genügt es, wenn die abstrakte Möglichkeit der Zweckerreichung besteht, die vorgesehenen Maßnahmen also nicht von vornherein untauglich sind, sondern dem gewünschten Erfolg förderlich sein können[93]. Zuzugeben ist diesbezüglich, dass die **Möglichkeit der Zweckerreichung** Maßstab für die Beurteilung der Verhältnismäßigkeit ist. Als Zwecke kommen hier jedoch nur diejenigen in Betracht, die ohne Verstoß gegen Gesetzgebungskompetenzen Einzug in die Polizeigesetze halten können bzw. konnten. Soweit die in den Polizeigesetzen geregelte Videoüberwachung der Anlegung von Datenvorräten für später durchzuführende Strafverfolgungen ist, so ist hiervon nach der hier vertretenen Auffassung nicht auszugehen. Vielmehr können in Konsequenz des oben Gesagten als Zwecke nur die im weiteren Sinne gefahrenabwehrenden Wirkungen in Betracht kommen.

Eignung zur Zweckerreichung?

Die heutige Begrenztheit der Videoüberwachung auf wenige Straßen bzw. Plätze hat zur Folge, dass – abgesehen von spontanen Störungen[94] – „störende Szenen", etwa die Drogenszene, in nicht kameraüberwachte Straßen, Stadtteile oder auch die nächste Gemeinde abwandern werden[95]. Selbst aus polizeilichen Kreisen ist diesbezüglich zu vernehmen, dass die ursprünglich videoüberwachte Kriminalität lediglich in andere Stadtbereiche ausweiche[96]. Auch Erfahrungen aus England belegen diesen **Verdrängungseffekt**[97]. Dieser ist keineswegs zufällig, sondern eine durchaus beabsichtigte Wirkung des erhöhten Entdeckungsrisikos. Die sich unmittelbar anschließende Frage ist diejenige, ob polizeiliche Maßnahmen, die von vornherein nur den Ort von bestimmten Delikten verändern – Drogenhandel etwa ist örtlich ungebunden[98] – überhaupt geeignet sein können, einen polizeirechtlich legitimierten Zweck zu erreichen, und damit dem Verhältnismäßigkeitsgrundsatz entsprechen. Daran sind immer wieder und bis heute nicht stichhaltig widerlegte Bedenken geäußert worden[99]. Wissenschaftliche Untersu-

Verdrängungseffekte

---

92 *Schwarz*, ZG 2001, 263 ff.; *Hasse*, ThürVBl. 2000, 199.
93 *BVerfG*, NJW 2000, 55 (61); vgl. auch *Hasse*, ThürVBl. 2000, 199; *Würtenberger/Heckmann*, Polizeirecht in Baden-Württemberg, S. 286.
94 *Stolle/Hefendehl*, KrimJ 2002, 265 f.
95 Ausführlich und m.w.N. *Müller*, MschrKrim 2002, 35 f.; ebenso *Benfer*, Rechtseingriffe, S. 76; *Gusy*, NWVBl. 2004, 5 und *Zöller*, NVwZ 2005, 1237.
96 Berliner Zeitung v. 13.12.2001, S. 29: Demnach soll der Innenminister nach entsprechenden Äußerungen von Polizisten ein Sprechverbot verhängt haben.
97 *Robrecht*, NJ 2000, 348; *Norris/Armstrong*, Bürgerrechte & Polizei / CILIP 61 (3/98), 34 f.
98 LG Berlin, DÖV 2001, 42; *Waechter*, NdsVBl. 2001, 79.
99 *Vahle*, NVwZ 2001, 166; *Schwarz*, ZG 2001, 263; *Schmitt Glaeser*, BayVBl. 2002, 588 („Verdrängungs-Überwachung"); *Achelpöhler/Niehaus*, in: Kriminalität und Sicherheit, S. 138; *dies.*, DuD

chungen existieren in Deutschland bislang nicht[100]. Dagegen bestätigt eine neue Studie aus England den Verdrängungseffekt der Videoüberwachung und widerlegt die Behauptung von der Reduzierung von Kriminalität[101].

Beweislast bei VÜ-Befürwortern
Dem Argument von der zweifelhaften Eignung kann nicht unter Hinweis darauf, dass nicht alle Straftaten sich an allen Orten begehen ließen, überzeugend entgegengetreten werden[102]. Dies kann für eine Legitimation einer solchen Überwachungsbefugnis sicher nicht ausreichen. Vielmehr obliegt es den Befürwortern der Videoüberwachung, die Eignung und Erforderlichkeit der Ermächtigung zur verhältnismäßigen Zweckerreichung nachzuweisen[103]. Hierbei ist auf die typischen Gefahrensituationen, die regelmäßig zur Rechtfertigung der Videoüberwachung herangezogen werden, abzustellen. Es müsste sich demnach darstellen lassen, dass eben jene Störungen der öffentlichen Sicherheit gerade nicht zu denjenigen gehören, die in nicht überwachte Bereiche verdrängt werden.

Ausbreitungstendenzen
Das ist mehr als zweifelhaft: Polizeilicherseits wird teilweise schon heute verlangt, auch jene Stadtteile mit Kameras zu überwachen, in die die störenden Szenen abgewandert sind[104]. Es ist deshalb kein Zufall, dass Datenschützer schon heute – und angesichts des noch vergleichsweise begrenzten Kamera-Einsatzes – vor einer flächendeckenden Videokontrolle der Städte warnen[105]. Diese wäre ohne Zweifel verfassungswidrig[106]. **„Prophylaktische" Hinweise** erscheinen mehr als berechtigt, denn die **Aus-**

2002, 734; *Schiek*, Forum Recht 2001, 80 f.; vgl. ferner Berliner Beauftragter für Datenschutz und Akteneinsicht, Jahresbericht 1999, S. 36; die Landesbeauftragte für den Datenschutz Nordrhein-Westfalen, Jahresbericht 1999, S. 79; *Weichert*, DANA 1/1999, 8; *ders.* in: Grundrechte-Report 2000, S. 48 sowie der niedersächsische Datenschutzbeauftragte *Nedden*, zit. nach Berliner Zeitung v. 16.3.00; vgl. mit Blick auf aufenthaltsbeschränkende Polizeimaßnahmen zur Gefahrenabwehr *Rachor* in: Handbuch des Polizeirechts, S. 254; *Hetzer*, Kriminalistik 1998, 133; *Lisken*, ZRP 1994, 270; *Waechter*, NdsVBl. 1996, 197; vom Effekt einer Verlagerung der Orte, an denen mit Drogen gehandelt wird, geht auch das *OVG Lüneburg*, Nds.Rpfl. 1999, 276 f., aus, allerdings nutzt es diese Erkenntnis dazu, den Umfang eines Aufenthaltsverbots auf das gesamte Stadtgebiet für zulässig zu halten; einen Verdrängungseffekt bestreiten *Schneider/Daub*, Die Polizei 2000, 325.

100 Krit. dazu *Stolle/Hefendehl*, KrimJ 2002, 262 ff.
101 Eine Studie der *National Association for the Care and Resettlement of Offenders* (Nacro) im Auftrag der englischen Regierung hat ergeben, dass bei insgesamt eher steigender Kriminalitätsrate die Verbrechensquote in Gegenden mit intensiver Videoüberwachung lediglich um vier Prozent reduziert worden ist. Besonders Gewaltverbrecher ließen sich durch die Maßnahmen überhaupt nicht abhalten. Die Überwachung einzelner Bezirke würde die Kriminalität daher nur in andere Bezirke treiben, vgl. http://www.spiegel.de/netzwelt/politik/0,1518,209551,00.html; vgl. auch *Gras*, Neue Kriminalpolitik 4/2001, 14; differenzierend *Stolle/Hefendehl*, KrimJ 2002, 264 f.; dagegen behauptet *Hasse*, ThürVBl. 2000, 201 unter Bezugnahme auf die polizeilichen Darstellungen aus Leipzig das Gegenteil.
102 So aber *Pieroth/Schlink/Kniesel*, Polizei- und Ordnungsrecht, S. 261.
103 *Bäumler*, RDV 2001, 68.
104 Entsprechend ist wohl *Keller*, Kriminalistik 2000, 190, zu verstehen, der das aus seiner Sicht positive britische Vorbild lobt: „Die Bewohner von immer mehr Städten müssen davon ausgehen bzw. damit rechnen, im Blickpunkt einer Videokamera zu stehen, d.h. aufgenommen zu werden".
105 *Bäumler*, RDV 2001, 68; stellvertretend auch der *Bundesbeauftragte für den Datenschutz*, BT-Drucks. 14/5555, S. 21 f.; vgl. auch *Schmitt Glaeser*, BayVBl. 2002, 590; *Beste*, FIFF-Kommunikation 1/2002, 20; *Hefendehl*, StV 2000, 277; auch *Waechter* geht von einer Tendenz zur *kontinuierlichen Ausweitung* der technischen Beobachtung von gesellschaftlichen Vorgängen aus, NdsVBl. 2001, 77.
106 *Weichert*, DuD 2000, 662.

breitung der elektronischen Augen entspricht durchaus **ihrer immanenten Logik**[107]. Aus Leipzig etwa wird berichtet, dass sich Teile der Rauschgiftanbieterszene aus dem unmittelbaren City-Bereich zurückgezogen hätten. Sie träten nunmehr als Splittergruppen an verschiedenen innenstadtnahen Orten in Erscheinung, was wiederum dort polizeiliche Maßnahmen erforderlich mache[108].

Nimmt man eine solche Gefahr der Verdrängung derjenigen Kriminalität an, die für die Rechtfertigung einer Befugnis zur Videoüberwachung herangezogen wird, so ist schon auf Gesetzesebene die generelle Eignung und Erforderlichkeit der Ermächtigung nicht unzweifelhaft. Auf der Ebene der Anwendung ist aber in jedem Fall die Verhältnismäßigkeit besonders zu hinterfragen: Welche anderen – weniger grundrechtseinschränkenden – Maßnahmen versprechen vergleichbare Effekte?

Zweifelhafte Verhältnismäßigkeit

4.4. Kriminalpolitik

4.4.1. Verdrängung von unerwünschten Personengruppen aus den Innenstädten

Bereits seit längerem ist die Tendenz zu beobachten, **unerwünschte Personengruppen** aus den Innenstädten zu verdrängen. Dabei geht es beim polizeilichen Vorgehen primär zumindest darum, störendes Verhalten zu unterbinden oder, wenn das nicht möglich ist, wenigstens **aus den konsumträchtigen Stadtteilen zu vertreiben**[109]. Betroffen von entsprechenden Polizeieinsätzen sind z.B. Drogenabhängige, Stadtstreicher/Bettler[110], Punker etc. Immer mehr gehen insbesondere Großstädte dazu über, ganze Bereiche der Städte für Drogenabhängige oder Dealer zu „sperren"[111]. Es geht tatsächlich – der Begriff mag historisch belastet klingen, ist angesichts der zugrunde liegenden Strategie aber durchaus sachgerecht – um **Säuberung**[112] bestimmter Stadtbereiche. Und es findet wieder einmal die These Bestätigung, dass sich polizeiliche Maßnahmen überproportional gegen soziale Randgruppen richten[113]. Auf diese Weise wird **Gefahrenabwehr** (im weitesten Sinn) **durch Verbannung**[114] bewirkt. Die Videokameras sind damit Teil einer Gesamtstrategie, eine Arbeitserleichterung oder auch nur Ausgleichsmaßnahme zur Bewältigung einer angespannten Personalsituation der Polizei (!)[115].

„Säuberung" der Innenstädte

---

107 *Achelpöhler/Niehaus*, in: Kriminalität und Sicherheit, S. 139, *dies.*, DuD 2002, 734.
108 *Müller*, Die Polizei 1998, 116; von einer interessanten Variante des „Hase und Igel-Spiels" spricht *Vahle*, NVwZ 2001, 166.
109 Entsprechend die Absicht des Leipziger Pilotprojekts, vgl. *Müller*, Die Polizei 1997, 77; zu den entsprechenden Erfahrungen vgl. *Müller*, Die Polizei 1998, 116; kritisch dagegen *Wehrheim*, Forum Wissenschaft 2/2000, 34 ff.; *Achelpöhler/Niehaus*, DuD 2002, 734 f.; *Gras*, Neue Kriminalpolitik 4/2001, 15 und *Stolle/Hefendehl*, KrimJ 2002, 267 ff.
110 Zu den Problemen der gefahrenabwehrrechtlichen Bekämpfung des Bettelns vgl. *Höfling*, Die Verwaltung 2000, 208 ff.
111 *Achelpöhler/Niehaus*, in: Kriminalität und Sicherheit, S. 141; *Alberts*, NVwZ '97, 46; *Weichert* in: Grundrechte-Report 2000, S. 49.
112 Vgl. z.B. *Gössner* in: Grundrechte-Report, S. 120 ff.
113 *Waechter*, DÖV 1999, 141; vgl. auch *Stolle/Hefendehl*, KrimJ 2002, 257 f.
114 So die Überschrift des Beitrages von *Hetzer*, Kriminalistik 1998, 133 ff.
115 *Müller*, Die Polizei 1997, 81.

4.4.2. Die Gefährlichkeit einer permanenten visuellen Überwachung

Private Kameras
Die Überwachung des öffentlichen Raumes ist längst zur Normalität geworden. Dabei sind es in Deutschland vor allem Private, die sich der Möglichkeiten einer visuellen Kontrolle von menschlichem Verhalten bedienen. Bahnhöfe, öffentliche Verkehrsmittel, Einkaufspassagen, ja selbst Bürgersteige, bei denen erst ein Blick ins örtliche Grundbuch den privaten Besitzer eines nur scheinbar öffentlichen Raumes ausweist[116], werden schon heute von elektronischen Augen erfasst[117]: In München soll ein Film ohne Kameramann produziert worden sein, in dem eine Person von Norden nach Süden gelaufen und lückenlos von privaten Kameras erfasst worden sein. Dieses keineswegs abwegige Szenario verdeutlich die bislang nicht konsequent genutzten Ressourcen der Videotechnik[118].

Demokratiefeindliche Überwachung
Die Grundrechtsrelevanz der Videoüberwachung spielt im öffentlichen Diskurs eine untergeordnete Rolle. Dabei ist mit den polizeilichen Kameras nichts weniger als die Freiheit geschwunden, sich von staatlichen Stellen unbeobachtet durch die Innenstädte bewegen zu können. Die polizeilichen Kameras geben ein abstraktes Sicherheitsversprechen ohne hinreichende Aussicht auf Einlösung. Die vage Hoffnung auf Hilfe in gefährlichen Situationen wird als Ausgleich für **generellen Freiheitsverlust** – so scheint es – gerne angenommen[119]. Die Gefahr eines sich ausbreitenden Klimas der latenten Unfreiheit ist aber gerade deshalb vom *Bundesverfassungsgericht* als grundrechtlich bedeutsam bezeichnet worden, weil dieses letztlich demokratieschädigend wirken kann[120]. Wenn die **Bürger in den Augen der Gesetzgeber** *de facto* **zu Sicherheitsrisiken** mutieren[121], dann wird bürgerschaftliches Engagement im öffentlichen Raum zum unkalkulierbaren Risiko. Deshalb weist *Schmitt Glaeser* mit Recht darauf hin, dass die Eigenverantwortung für das Funktionieren des Staates seine andere Seite gerade darin habe, dass der Staat seinen Bürgern grundsätzlich Vertrauen entgegenbringt. Dieses werde durch die Videoüberwachung faktisch konterkariert[122]. Gerade auch vor dem Hintergrund der stetig wachsenden technischen Möglichkeiten gewinnt der **Überwachungsstaat** mit den besprochenen Befugnissen an gesetzlichen Konturen[123].

---

116 Krit. auch *Weichert*, DuD 2000, 666 f.
117 Ausführlich zu dieser Problematik *Bausch*, Videoüberwachung, S.144 ff.
118 Vgl. hierzu *Stolle/Hefendehl*, KrimJ 2002, 262.
119 Vgl. etwa *Leopold*, Friedens-Forum 2/2002, 46.
120 Ausführlich *Tangens/padeluun*, FIFF-Kommunikation 1/2002, S. 34 ff.
121 *Lisken* in: Handbuch des Polizeirechts, S. 69 f.; vgl. auch *Leopold*, in: Grundrechte-Report 2002, S. 62.
122 *Schmitt Glaeser*, BayVBl. 2002, 591.
123 *Achelpöhler/Niehaus*, in: Kriminalität und Sicherheit, S. 144; **a.A.** *Maske*, NVwZ 2001, 1248.

4. Polizeiliche Videoüberwachung

Literatur:

ACHELPÖHLER, WILHELM / NIEHAUS, HOLGER: Videoüberwachung – Das wachsame Auge des Gesetzes, in: v. Munier, Gerald / Heinrich-Böll-Stiftung (Hrsg.), Kriminalität und Sicherheit. (zit. als Achelpöhler/Niehaus, in: Kriminalität und Sicherheit), Berlin 2002, S. 135 ff.

– Videoüberwachung öffentlicher Plätze – Anmerkung zu Verwaltungsgericht Karlsruhe, DuD 2002, 430 ff., in: DuD 2002, S. 731 ff.

ALBERTS, HANS-W: Freizügigkeit als polizeiliches Problem, in: NVwZ 1997, S. 45 ff.

BÄUMLER, HARTMUT: Datenschutzrechtliche Grenzen der Videoüberwachung, in: RDV 2001, A. 67 ff.

BAUSCH, STEPHAN: Videoüberwachung als präventives Mittel der Kriminalitätsbekämpfung in Deutschland und Frankreich, Diss., Marburg 2004.

DENNINGER, ERHARD / PETRI, THOMAS BERNHARD: Normenklarheit und Normbestimmtheit im Polizeirecht, in: Bäumler, Hartmut (Hrsg.), Polizei und Datenschutz, Neuwied 1999, S. 13 ff.

DOLDERER, MICHAEL: Verfassungsfragen der „Sicherheit durch Null-Toleranz", in: NVwZ 2001, 130 ff.

FEEST, JOHANNES / BLANKENBURG, ERHARD: Die Definitionsmacht der Polizei, Düsseldorf 1972.

GALLOWAY, TONY: Die einen fühlen sich geschützt, die anderen ausspioniert, in: Polizei-heute 2001, S. 110 ff.

GÖTZ, VOLKMAR: Polizeiliche Bildaufnahmen von öffentlichen Versammlungen, in: NVwZ 1990, S. 112 ff.

GRAS, MARIANNE: Videoüberwachung in Großbritannien, in: Neue Kriminalpolitik 4/2001, S. 12 ff.

GUSY, CHRISTOPH: Polizeibefugnisse im Wandel, in: NWVBl. 2004, S. 1 ff.

HASSE, LUTZ: Thüringen: Präventivpolizeiliche Videoüberwachung öffentlicher Räume, in: ThürVBl. 2000, S. 169 ff. (Teil I) und S. 197 ff. (Teil II).

HEFENDEHL, ROLAND: Observationen im Spannungsfeld von Prävention und Repression, in: StV 2000, S. 270 ff.

HEMPEL, LEON / TÖPFER, ERIC: Videoüberwachung in Berlin, in: Bürgerrechte & Polizei / CILIP 74 (1/2003), S. 76 ff.

HETZER, WOLFGANG: Gefahrenabwehr durch Verbannung? – Zur Problematik der Platzverweisung nach den Polizeigesetzen, in: Kriminalistik 1998, S. 133 ff.

HÖFLING, WOLFRAM: Grundrechtliche Anforderungen an Ermächtigungen zur Videoaufzeichnung und -überwachung durch Verwaltungsbehörden, in: Möller, Klaus Peter / von Zezschwitz, Friedrich (Hrsg.), Videoüberwachung – Wohltat oder Plage?, (zit. als: Höfling, in: Videoüberwachung), Baden-Baden 2000, S. 29 ff.

HOLTWISCH, CHRISTOPH: Videoüberwachung öffentlicher Orte – § 15a PolG (NW) im verfassungsrechtlichen Spannungsfeld zwischen Prävention und Repression, in: RuP 2003, S. 34 ff.

KELLER, CHRISTOPH: Videoüberwachung: Ein Mittel zur Kriminalprävention, in: Kriminalistik 2000, S. 187 ff.

KLOCKE, GABRIELE & STUDIENGRUPPE: Das Hintertürchen des Nichtwissens – Was Regensburger BürgerInnen über die Videoüberwachung in ihrer Stadt wissen und denken, in: Bürgerrechte & Polizei / CILIP 69 (2/2001), S. 88 ff.

KLOEFPER, MICHAEL / BREITKREUTZ, KATHARINA: Videoaufnahmen und Videoaufzeichnungen als Rechtsproblem, in: DVBl. 1998, S. 1149 ff.

Teil 2: Polizei- und Strafprozessrecht

KÖNIGSHOFEN, THOMAS: Neue Datenschutzrechtliche Regelungen zur Videoüberwachung, in: RDV 2001, S. 220 ff.

KRAMER, BERNHARD: Videoaufnahmen und andere Eingriffe in das allgemeine Persönlichkeitsrecht auf der Grundlage des § 163 StPO?, in: NJW 1992, S. 2732 ff.

KUTSCHA, MARTIN: Polizeirecht nach Landgrafenart, in: Bürgerrechte & Polizei / CILIP 72 (2/2002), S. 62 ff.

– Sächsisches Polizeirecht nach Maßgabe der Grundrechte, in: NJ 2003, S. 623 ff.

LEOPOLD, NILS: Videoüberwachung – Technologien der sozialen Kontrolle und Menschenrechte, in: Humanistische Union (Hrsg.), Innere Sicherheit als Gefahr, Berlin 2003, S. 185 ff.

MASKE, RAINER: Nochmals: Die Videoüberwachung öffentlicher Plätze, in: NVwZ 2001, S. 1248 ff.

MÜLLER, HENNING ERNST: Zur Kriminologie der Videoüberwachung, in: MSchrKrim 2002, S. 33 ff.

MÜLLER, ROLF: Nochmals: Die Videoüberwachung von Kriminalitätsbrennpunkten in Leipzig, in: Die Polizei 2000, S. 285 ff.

– Pilotprojekt zur Videoüberwachung von Kriminalitätsschwerpunkten in der Leipziger Innenstadt, in: Die Polizei 1997, S. 77 ff.

NORRIS, CLIVE / ARMSTRONG, GARY: Smile, you're on camera, in: Bürgerrechte & Polizei / CILIP 61 (3/1998), S. 30 ff.

NÜRNBERGER, THOMAS: Videoüberwachung in London – Auch ein Modell für die Großstädte in Deutschland?, in: Die Polizei 2000, S. 230 ff.

OMMERT, HORST: Kameras helfen nur als Teil einer Gesamtstrategie, in: Polizei-heute 2001, S. 106 ff.

REUBAND, KARL-HEINZ: Was die Bürger von der Videoüberwachung halten, in: Neue Kriminalpolitik 2/2001, S. 5 ff.

ROBRECHT, MICHAEL P.: Polizeiliche Videoüberwachung bei Versammlungen und an Kriminalitätsschwerpunkten, in: NJ 2000, S. 348 ff.

ROGGAN, FREDRIK: Die Videoüberwachung von öffentlichen Plätzen, in: NVwZ 2001, S. 134 ff.

ROOS, JÜRGEN: Fußball und Recht, in: Kriminalistik 1994, S. 674 ff.

SCHNEIDER, DIETER / DAUB, WOLFGANG: Videoüberwachung an Kriminalitätsschwerpunkten: Vorbote des totalen Überwachungsstaates oder effektives Einsatzmittel zur Bekämpfung der Straßenkriminalität?, in: Die Polizei 2000, S. 322 ff.

SCHMITT GLAESER, ALEXANDER: Videoüberwachung öffentlicher Räume – Zur Möglichkeit administrativer panoptischer Machtausübung, in: BayVBl. 2002, S. 584 ff.

SCHWABE, JÜRGEN: Rechtliche Zulässigkeit und Opportunität von polizeilichen und ordnungsbehördlichen Videoaufzeichnungen und -überwachungen, in: Möller, Klaus Peter / von Zezschwitz, Friedrich (Hrsg.), Videoüberwachung – Wohltat oder Plage?, (zit. als: Schwabe, in: Videoüberwachung), Baden-Baden 2000, S. 101 ff.

– Wirrwarr im Recht der polizeilichen Datenverarbeitung, in: DVBl. 2000, S. 1815 ff.

– Zur Rechtmäßigkeit von Beobachtungseingriffen, in: NdsVBl. 2002, S. 39 ff.

SCHWARZ, KYRILL-A.: Die staatliche Videoüberwachung der Öffentlichkeit, in: ZG 2001, S. 246 ff.

STELLJES, HARALD: Videoüberwachung in Großwohnanlagen, in: FIFF-Kommunikation 1/2002, S. 25 ff.

STOLLE, PEER / HEFENDEHL, ROLAND: Gefährliche Orte oder gefährliche Kameras?, in: KrimJ 2002, S. 257 ff.

Vahle, Jürgen: Vorsicht, Kamera!, in: NVwZ 2001, S. 165 ff.

Waechter, Kay: Die „Schleierfahndung" als Instrument der indirekten Verhaltenssteuerung durch Abschreckung und Verunsicherung, in: DÖV 1999, S. 138 ff.

– Videoüberwachung öffentlicher Räume und systematischer Bildabgleich, in: NdsVBl. 2001, S. 77 ff.

Wehrheim, Jan: Ein fast ignoriertes Überwachungsdrama, in: Forum Wissenschaft 2/2000, S. 34 ff.

Weichert, Thilo: Öffentliche Audio- und Videoüberwachung, in: DANA 1/1999, S. 4 ff.

– Rechtsfragen der Videoüberwachung, in: DuD 2000, S. 662 ff.

– Regelung zur Videoüberwachung verbesserungsbedürftig, in: DANA 3/2001, S. 5 ff.

– Videoüberwachungsregelung auf dem Prüfstand, in: FIFF-Kommunikation 1/2002, S. 30 ff.

Wohlfarth, Jürgen: Staatliche Videoüberwachung des öffentlichen Raumes, in: RDV 2000, S. 101 ff.

Zöller, Mark Alexander: Informationssysteme und Vorfeldmaßnahmen von Polizei, Staatsanwaltschaft und Nachrichtendiensten, Heidelberg 2002.

– Möglichkeiten und Grenzen polizeilicher Videoüberwachung, in: NVwZ 2005, S. 1235 ff.

5. Automatisierte Kfz-Kennzeichenerkennung – Anlass- und verdachtsunabhängige Kontrolle von Jedermann

Übersicht

5.1. Technik 230
5.2. Verfassungsrechtliche Anforderungen 231
5.3. Zulässigkeit anlassunabhängiger Maßnahmen 232
5.4. Gesetzgebungskompetenz 233
5.5. Gesetzliche Regelungen 235
    5.5.1. Bayern 236
        5.5.1.1. Voraussetzungen der Maßnahme 236
        5.5.1.2. Datenabgleiche 237
        5.5.1.3. Datenspeicherung und -löschung 237
    5.5.2 Hessen 238
        5.5.2.1. Bestimmtheitsgebot 238
        5.5.2.2. Verdeckter Einsatz und Löschung 239
    5.5.3. Rheinland-Pfalz und Hamburg 239
        5.5.3.1. Bestimmtheitsgebot 240
        5.5.3.2. Offener oder verdeckter Einsatz 241
        5.5.3.3. Datenspeicherung und Zweckänderung 242
5.6. Fazit und Ausblick 243

Teil 2: Polizei- und Strafprozessrecht

5. Automatisierte Kfz-Kennzeichenerkennung – Anlass- und verdachtsunabhängige Kontrolle von Jedermann

Regelungen im Polizeirecht der Länder: Automatisierte Kfz-Kennzeichenerkennung	
Baden-Württemberg:	-
Bayern:	§§ 33 II, 38 III, 46 II BayPAG
Berlin:	-
Brandenburg:	-
Bremen:	§ 29 VI BremPolG
Hamburg:	§ 8 VI HambPolDVG
Hessen:	§ 14 V HSOG
Niedersachsen:	-
Nordrhein-Westfalen:	-
Mecklenburg-Vorpommern:	-
Rheinland-Pfalz:	§ 27 V POG
Saarland:	-
Sachsen:	-
Sachsen-Anhalt:	-
Schleswig-Holstein:	-
Thüringen:	-

5.1. Technik

Identifizierung durch Technik

Kraftfahrzeugkennzeichen sind aus polizeilicher Sicht von großem Interesse, weil diese eine schnelle **Identifizierung** von Verkehrsteilnehmern ermöglichen, da alle bundesdeutschen Kennzeichen in einem (zentralen) Register (§ 31 StVG) erfasst und dort leicht zugänglich sind (§§ 35 f. StVG und §§ 12 ff. FahrzeugregisterVO)[1]. Zudem werden polizeilich gesuchte Fahrzeuge in Fahndungsdateien geführt. Hohes Verkehrsaufkommen und beschränkte personelle Ressourcen bei der Polizei führen jedoch dazu, dass in der Realität nur ein sehr kleiner Teil von Fahrzeugen regelmäßig erfasst und überprüft werden kann, die **Überwachungsdichte** ist also bei Verwendung herkömmlicher Methoden vergleichsweise gering. Optische Erkennungssysteme können und sollen diesen „Mangel" beheben[2]. Hierzu wird mittels Videokamera das „Bild" eines Kfz-Kennzeichens erfasst (**Datenerhebung**), in einem Mustererkennungsverfahren in Text umgewandelt (**Datenverarbeitung**) und gespeichert (**Datenspeicherung**), an eine Datenbank übermittelt (**Datenübermittlung**) und dort mit dem Bestand abgeglichen (Datenabgleich = **Datennutzung**)[3]. Mit Blick darauf, dass die Maßnahme – anders als

---

1 Vertiefend: *Arzt*, SVR 2006, 10 ff.
2 Vertiefend: *Boos*, CILIP 3/2003, 43 ff.
3 Vgl. § 3 III bis V BDSG.

etwa bei einer Fahrzeugkontrolle nach § 36 V StVO – nicht durch einen Menschen, sondern durch ein technisches System erfolgt, können die Phasen der Datenerhebung, -verarbeitung und -speicherung allerdings kaum „trennscharf" unterschieden werden.

Ist das übermittelte Kennzeichen im Fahndungsbestand ausgeschrieben, kann eine Treffermeldung an die Polizei vor Ort übermittelt werden (weitere Datenübermittlung). In diesem Fall können sich weitere polizeiliche Maßnahmen anschließen. Es ist auch möglich, dass die so gewonnenen Daten im Rahmen einer Maßnahme der so genannten polizeilichen Beobachtung (§ 163e StPO respektive § 8d MEPolG) genutzt werden; hier kann die Kennzeichenerkennung zu einer wesentlich „verbesserten" Erstellung von **Bewegungsbildern** genutzt werden. Moderne Systeme sollen bis zu 3.000 Kennzeichen je Stunde erfassen. Die Erkennungsquote soll bei über 90% der erfassten Kennzeichen liegen. Nach einigen vorherigen „Testläufen"[4] ohne gesetzliche Grundlage, war die automatisierte Kennzeichenerkennung Anfang 2006 in fünf Bundesländern gesetzlich vorgesehen.

Technische Optionen

5.2. Verfassungsrechtliche Anforderungen

Eingriffe in das **Recht auf informationelle Selbstbestimmung** (RiS) sind nur im überwiegenden Allgemeininteresse zulässig und müssen dem rechtsstaatlichen Gebot der Normenbestimmtheit und -klarheit sowie dem Grundsatz der Verhältnismäßigkeit genügen[5]. Der Verhältnismäßigkeitsgrundsatz verlangt, dass Einbußen an grundrechtlich geschützter Freiheit nicht in unangemessenem Verhältnis zu den Gemeinwohlzwecken stehen, denen die Grundrechtsbeschränkung dient. Aufgabe des Gesetzgebers bei der Zulassung eines solchen Eingriffs ist es, einen angemessenen Ausgleich zwischen Allgemein- und Individualinteressen herbeizuführen. Die Gestaltung der Eingriffsschwellen, die Zahl der (potentiell) Betroffenen und die Intensität des Grundrechtseingriffs bilden den verfassungsrechtlichen Maßstab für die Verfassungsmäßigkeit der Eingriffsbefugnis[6]. Bei Ermächtigungen zu Überwachungsmaßnahmen verlangt das Bestimmtheitsgebot weiter, dass die Betroffenen erkennen können, bei welchen Anlässen und unter welchen Voraussetzungen ein Verhalten mit dem Risiko der Überwachung verbunden ist, um sich hierauf einstellen zu können[7]. Anlass, Zweck und Grenzen des Eingriffs müssen bereichsspezifisch, präzise und normenklar im Gesetz festgelegt sein[8]. Bleibt kein Bereich „kontrollfrei", ohne dass es hierfür zwingende Gründe des Allgemeinwohls gibt, ist das Übermaßverbot verletzt.

Anforderungen des RiS

Bei **Kraftfahrzeugkennzeichen** handelt es sich wegen ihrer Zuordnung zu bestimmten Kraftfahrzeughaltern um **Angaben zu persönlichen und sachlichen Verhältnissen einer bestimmten Person**, mithin um personenbezogene Daten (§ 3 I BDSG)[9]

Kennzeichen als personenbezogene Daten

---

4 Vgl. *Arzt*, DÖV 2005, 56 (57).
5 St. Rspr. seit BVerfGE 65, 1 = *BVerfG*, NJW 1984, 419 (422) (Volkszählung).
6 *BVerfG*, NJW 2000, 55 (61).
7 *BVerfG*, NJW 2005, 2603 (2607) und NJW 2004, 2213 (2216).
8 *BVerfG*, NJW 2005, 2603 (2607).
9 Vgl. nur *BGH*, NJW 2003, 226.

Teil 2: Polizei- und Strafprozessrecht

Automatische Kennzeichenerkennungssysteme sind als technische Mittel zur Anfertigung von Bildaufnahmen und -aufzeichnungen und damit als besondere Mittel der automatisierten Datenverarbeitung (§ 3 II BDSG) anzusehen. Erfasst wird, dass sich das über das Kennzeichen identifizierbare Fahrzeug einer bestimmten Person zu einer bestimmten Zeit an einem bestimmten Ort befindet. Es kann mit einer vergleichsweise hohen Wahrscheinlichkeit vermutet werden, dass das Fahrzeug vom Halter geführt wird, es findet mithin eine **„approximative" Identitätsfeststellung**[10] statt. Anders als bei der polizeilichen Videoüberwachung im öffentlichen Straßenraum[11], bewegen sich die erfassten Personen nicht in weitgehender Anonymität. Während dort eine Gesichtserkennung (noch) nicht zulässig[12] ist, kann hier der Fahrzeughalter ohne weiteres bestimmt werden. Dies ist mit Blick auf die **Eingriffsintensität** zu beachten[13].

Grundrechtsgefährdungen

Mithin stellt der Einsatz solcher Systeme einen Eingriff in das allgemeine Persönlichkeitsrecht in seiner besonderen Ausprägung des Rechts auf informationelle Selbstbestimmung nach Art. 2 I i.V.m. Art. 1 I GG[14] dar[15]. Das Recht auf freie Entfaltung der Persönlichkeit garantiert unter anderem, sich möglichst ungehindert und frei bewegen zu können und beinhaltet damit gleichsam ein Recht auf **„datenfreie Fahrt"**[16]. Schon die Unsicherheit, ob persönliches Verhalten behördlich registriert wird, ist nach verbreiteter Auffassung durch den dadurch erzeugten „Konformitätsdruck" geeignet, Bürgerinnen und Bürger von der Ausübung ihrer Grundrechte abzuhalten[17]. Mittels **Kennzeichenerkennung** ist es indes ein leichtes, zum Beispiel **potentielle Teilnehmerinnen und Teilnehmer einer Großdemonstration** systematisch zu erfassen und im Vorfeld zu überprüfen. Dies ist auch offenkundig eines der geplanten Einsatzgebiete der Maßnahme[18].

5.3. Zulässigkeit anlassunabhängiger Maßnahmen

Die routinemäßig durchgeführte automatisierte Kennzeichenerkennung stellt eine so genannte **anlassunabhängige Maßnahme** dar[19]. Mag man die gezielte Fahndung nach

---

10 *Möncke/Laeverenz*, DuD 2004, 285.
11 Dazu näher unter 4.
12 Technisch wäre dies bei einem Abgleich mit den Personalausweisdaten ohne weiteres möglich.
13 *BGH*, NJW 2000, 55 (63).
14 *BVerfG*, NJW 1984, 419.
15 Ebenso *Schieder*, NVwZ 2004, 778 (780 f. m.w.N.); s.a. *Di Fabio* in: *Maunz/Dürig* (Hrsg.), Grundgesetz, 45. Lieferung, Art. 2 Rn. 176 zur Videoüberwachung.
16 Vgl. Entschließung der 49. Konferenz der Datenschutzbeauftragten des Bundes und der Länder, 9./10.3.1995 (Automatische Erhebung von Straßenbenutzungsgebühren).
17 Siehe schon *BVerfG*, NJW 1984, 419 (422); *Achelpöhler/Niehaus*, DuD 2002, 731 f.; offen lassend *VGH Mannheim*, NVwZ 2004, 498 (500); s.a. *BVerfG*, NJW 2005, 2603 (2607) mit Blick auf das Bestimmtheitsgebot und die Möglichkeit des Bürgers, sich auf Überwachungsmaßnahmen einstellen zu können; *BVerfG*, NJW 2000, S. 55 (57, 63), zu den Auswirkungen der Telekommunikationsüberwachung auf das Kommunikationsverhalten; anders *Horn*, DÖV 2003, 746 (748 ff.).
18 Gesetzentwurf der Bayerischen Staatsregierung, Bayerischer Landtag, Drs. 15/2096 vom 23.11.2004 (nachfolgend GE-Bayern), S. 16.
19 Vgl. *MVVerfG*, LKV 2000, 149, 152 ff.; *Castillon*, Polizeikontrollen, 2003; *Peters*, Anlassunabhängige Personenkontrollen, 2004.

einem bestimmten Fahrzeug an einem bestimmten Ort bspw. im Rahmen einer Kontrollstelle nach § 111 StPO oder die Halterfeststellung im Rahmen einer Geschwindigkeitskontrolle anders beurteilen[20], so zeichnen sich anlassunabhängige Maßnahmen im Unterschied hierzu dadurch aus, dass die Polizei Personen, bei denen keinerlei Anhaltspunkte dafür bestehen, dass sie eine Straftat begangen haben, begehen oder begehen könnten oder dass von ihnen eine Gefahr ausgeht, dennoch Kontrollmaßnahmen unterwirft[21]. Bei der automatisierten **Kennzeichenerkennung** findet eine „**voraussetzungslose Erfassung**"[22] **aller zufällig passierenden Fahrzeuge** statt. Nicht nur das *Bundesverfassungsgericht* erachtet es unter Verhältnismäßigkeitsgesichtspunkten bei Überwachungsmaßnahmen für relevant, wenn eine Vielzahl von Personen der Maßnahme ausgesetzt ist, ohne durch ihr Verhalten hierzu Anlass gegeben zu haben[23]. Zur Zulässigkeit solcher Maßnahmen hat bereits das *Verfassungsgericht Mecklenburg-Vorpommern* in seinem Urteil vom 21.10.1999 zur Schleierfahndung ausgeführt: „Der Freiheitsanspruch des Einzelnen verlangt, daß er von polizeilichen Maßnahmen verschont bleibt, die nicht durch eine hinreichende Beziehung zwischen ihm und einer Gefährdung eines schützenden Rechtsguts oder eine entsprechende Gefahrennähe legitimiert sind. Andernfalls wird gegen das aus dem Rechtsstaatsprinzip folgende Verbot unnötiger Eingriff (...) verstoßen. (...) Ebenso wie im Rechtsstaat nicht jedermann als potentieller Verbrecher behandelt werden darf (...), darf im Polizeirecht die Unterscheidung zwischen Störern und Nichtstörern nicht nivelliert werden (...)"[24]. Für nicht verfassungsgemäß hielt das Gericht daher die „wahllose" Identitätsfeststellung bei Personen auf Durchgangsstraßen von erheblicher Bedeutung für den grenzüberschreitenden Verkehr, weil diese gerade nicht dadurch geprägt sind, dass dort ein erhöhter Kriminalitätsanfall vorliegt. Diese Maßstäbe sind auch auf die automatisierte Kennzeichenerkennung anzuwenden[25], weil diese einer Schleierfahndung nicht unähnlich ist.

Abgleich zwecks „Verdachtsschöpfung"

5.4. Gesetzgebungskompetenz

Zur Notwendigkeit einer Einführung der automatisierten Kennzeichenerkennung wird regelmäßig auf eine **Effektivierung der Fahndung** hingewiesen. Zur Fahndung ausgeschriebene Fahrzeuge sollen zuverlässig erkannt und schnell Maßnahmen gegen deren Fahrer eingeleitet werden können, wobei offen bleibt, wie dies tatsächlich geschehen soll, ob also kurz hinter jeder Kennzeichenerkennungs-Anlage auch Polizeifahrzeuge zum Einsatz bereit gehalten werden sollen. Andernfalls scheiterte die Maßnahme bereits am verfassungsrechtlichen Geeignetheitsgebot.

Zweck: Fahndung

---

20 *Schieder*, NVwZ 2004, 778 (785).
21 Vgl. *MVVerfG*, LKV 2000, 149 (152 ff.); *Krane* „Schleierfahndung", 2003, S. 27.
22 *BVerfG*, NJW 2000, 55 (61) (Art. 10 GG).
23 *BVerfG*, NJW 2000, 55 (62) (TK-Überwachung); *BerlVerfGH*, NVwZ-RR 2004, 746 (747) (Rasterfahndung).
24 *MVVerfG*, LKV 2000, 149 (153).
25 Im Ergebnis ebenso *Schieder*, NVwZ 2004, 778 (780 f.).

Teil 2: Polizei- und Strafprozessrecht

Fahndungszweck

Der **Fahndung** dienen unter anderem das Bundeszentralregister, die Verkehrszentralregister, EDV-Fahndungssysteme der Polizei (z.B. INPOL/INPOL-neu) und das Schengener Informationssystem (SIS). Für die automatisierte Kennzeichenerkennung interessant sind Fahndungssysteme, die einen **schnellen, digitalisierten Abgleich** zulassen, wie dies insbesondere bei INPOL-neu und dem stetig anwachsenden Bestand im SIS der Fall ist. Die hier insbesondere zu betrachtende **Sachfahndung** dient unter anderem der Ermittlung von Sachen, die zur Begehung von Straftaten benutzt wurden oder durch sie hervorgebracht wurden und zugleich der Sicherstellung von Sachen, von denen eine polizeirechtliche Gefahr ausgeht. Ziel ist auch das Auffinden von Kraftfahrzeugen, deren Insassen festgestellt werden sollen. Der polizeiliche Begriff der Fahndung „überschreitet" dabei die sonst übliche Unterscheidung präventiv- und repressivpolizeilicher Maßnahmen. Eine Fahndungsmaßnahme kann strafprozessuale, gefahrenabwehrrechtliche oder auch beide Zwecke gleichzeitig (Doppelfunktionalität) verfolgen[26]. Im Falle doppelfunktionaler Maßnahmen muss aber in jedem Einzelfall eine Abgrenzung nach dem Schwergewicht der Maßnahme stattfinden. Erforderlich ist, vor jedem Eingriff festzustellen, welcher Zweck (vorrangig) verfolgt wird[27], weil sich hiernach die Eingriffsbefugnis richtet, für deren Schaffung wiederum die kompetenziellen Maßgaben der Verfassung zu beachten sind[28].

Schwerpunkttheorie

Die automatisierte Kennzeichenerkennung kann demnach nicht pauschal „zu Fahndungszwecken" durchgeführt werden, vielmehr ist zu bestimmen, worin zumindest der **Schwerpunkt dieser Maßnahme** liegen soll. Polizeirecht ist Ländersache, Strafprozeßrecht unterfällt der konkurrierenden Gesetzgebung nach Art. 74 I Nr. 1 GG und die Verfolgungsvorsorge gehört dem Strafprozessrecht an, wohingegen die vorbeugende Bekämpfung von Straftaten (Verhütung von Straftaten) grundsätzlich nicht der konkurrierenden Gesetzgebung zuzuordnen ist[29].

Bei den im Rahmen der automatisierten Kennzeichenerkennung angezeigten Trefferfällen soll es sich „um gestohlene Kraftfahrzeugkennzeichen, gestohlene Kraftfahrzeuge oder Kraftfahrzeugkennzeichen, die aus sonstigen Gründen im Fahndungsbestand ausgeschrieben sind", handeln. Dies belegt, dass der wohl **überwiegende Zweck der Maßnahme repressiv-polizeilicher Natur** ist, auch wenn gestohlene Kraftfahrzeuge oder Kennzeichen anschließend noch zur Verwendung weiterer Straftaten genutzt werden könnten, worauf seitens der Befürworter gerne hingewiesen wird[30]. Eine gefahrenabwehrrechtliche Ausschreibung zur Sachfahndung stellt aber die Ausnahme dar. Da beim Einsatz der automatisierten Kennzeichenerkennung eine konkrete Gefahr gerade nicht vorliegen wird, kann als polizeilicher Zweck außerhalb der Strafverfolgung nur die Verfolgungsvorsorge oder die die Verhütung von Straftaten (vgl. § 1 I 2

---

26 Vgl. Ziffer 1.2 der Polizei-Dienstvorschrift (PDV) 384.1.
27 Vgl. *Knemeyer*, Polizei- und Ordnungsrecht, Rn. 122 f.
28 *BVerfG*, NJW 2005, 2603 (2605 ff.) (präventive TKÜ); vgl. dazu auch im Ersten Teil unter 4.3
29 *BVerfG*, NJW 2005, 2603 (2605); dezidiert anders noch *Knemeyer*, in: Rudolf-FS, S. 487 ff.
30 Vgl. Gesetzesbegründung zum Polizei und Ordnungsbehördengesetz, Landtag Rheinland-Pfalz, Drs. 14/2287 vom 24.06.2003 (nachfolgend GE-RP), S. 43; ebenso Gesetzentwurf des Hamburger Senats, Bürgerschaftsdrucksache 18/1487 vom 14.12.2004, (nachfolgend GE-HH) S. 16.

MEPolG) in Betracht kommen. Ob und inwieweit für den Bereich der Verfolgungsvorsorge anlassunabhängige Maßnahmen zulässig sind und ob die Länder hierfür die Gesetzgebungskompetenz besitzen, ist in der Literatur umstritten[31].Während die allgemeine polizeiliche Videoüberwachung im öffentlichen Straßenraum nicht Fahndungszwecken, sondern der Abschreckung und nur nachrangig repressiven Zwecken wie der Beweisbeschaffung dient[32], scheint primäres Anliegen von Fahndungsmaßnahmen mittels automatisierter Kennzeichenerkennung deren repressiv-polizeiliche Nutzung zu sein, auch wenn dies in der Diskussion häufig anders anklingt. Eine **Gesetzgebungskompetenz** der **Länder** für die **automatisierte Kennzeichenerkennung** ist daher mit Blick auf Art. 74 I Nr. 1 GG mehr als **zweifelhaft**. Legt man den vom *Bundesverfassungsgericht* in seiner Entscheidung zur präventiven Telefonüberwachung (TKÜ) nach dem niedersächsischen Polizeirecht entwickelten Maßstab an[33], wäre zu prüfen, ob im Aufgabenfeld Verfolgungsvorsorge im Bundesrecht (StPO) eine abschließende Regelung besteht, was dann eine „Parallelregelung" seitens der Länder verbieten würde[34]. Ob man im Verneinensfalle eine strafprozessuale Regelung der Länder in ihren Polizeigesetzen für zulässig erachtet, erscheint fraglich und ist vom *Bundesverfassungsgericht* so auch nicht vertreten worden.

Anders wäre die Rechtslage zu beurteilen, wenn die Kennzeichenerkennung der Verhütung von Straftaten dienen sollte, was aber gerade mit Blick auf den (häufig alleinigen) Zweck „Fahndungsabgleich" gerade nicht plausibel ist. Im Unterschied zur präventiv-polizeilichen TKÜ geht es hier auch nicht um das gezielte Vorgehen gegen vergleichsweise wenige Personen, sondern es werden alle eine solche Anlage passierenden Fahrzeuge (und deren Halter) im Sinne einer „**Verdachtsschöpfung**" überprüft, um die wenigen in der Sachfahndung notierten Fahrzeuge herauszufiltern und überdies die Daten – nach einigen der einschlägigen gesetzlichen Regelungen – unter Umständen für einen unbestimmten Zeitraum auf Vorrat zu speichern. Dies stünde einer Zuordnung zur Verfolgungsvorsorge nicht entgegen, wäre aber bei der Beurteilung der Rechtmäßigkeit der Maßnahme zu berücksichtigen[35].

Fahndung ist regelmäßig Repression

Verdachtsschöpfender Datenabgleich

5.5. Gesetzliche Regelungen

In der Literatur und den bisherigen Gesetzgebungsverfahren wird zutreffend die Schaffung **eigenständiger Eingriffsbefugnisse** für eine Einführung der automatisierten Kennzeichenerkennung für notwendig erachtet[36]. Soweit ersichtlich, hatten Anfang

Länderregelungen

---

31 Vgl. nur die Nachweise bei *Kutscha*, NVwZ 2005, 1231 (1233, Fn. 31).
32 *VGH Mannheim*, NVwZ 2004, 498 (499).
33 *BVerfG*, NJW 2005, 2603 (2606).
34 *Kutscha*, NVwZ 2005, 1222 (1233).
35 *BVerfG*, NJW 2005, 2603 (2605).
36 GE-Bayern, S. 3, 12, 15; Gesetzentwurf der Landesregierung, Hessischer Landtag, Drs. 16/2352, Eilausfertigung vom 8.6.2004 (nachfolgend GE-Hessen) und GE-RP, S. 35; ebenso zur allgemeinen Videoüberwachung: *Götz*, in: FS Schreiber, S. 103 (S. 109 f.); kritisch: *Henrichs*, BayVBl. 2005, 289 ff.

Teil 2: Polizei- und Strafprozessrecht

2006 Bayern, Bremen, Hamburg, Hessen und Rheinland-Pfalz einschlägige Befugnisse in ihre Polizeigesetze eingefügt; in Schleswig-Holstein wurde dies Anfang 2006 diskutiert.

5.5.1. Bayern

Einführung der Maßnahme

Mit Wirkung zum 1. Januar 2006 wurde die automatisierte Kennzeichenerkennung gesetzlich zugelassen und im Kontext der längerfristigen Observation und des verdeckten Einsatzes technischer Mittel geregelt.

5.5.1.1. Voraussetzungen der Maßnahme

Tatbestand

Nach der gesetzlichen Neuregelung in Art. 33 II 2 PAG „kann die Polizei unbeschadet des Art. 30 Abs. 3 Satz 2 durch den **verdeckten Einsatz** automatisierter Kennzeichenerkennungssysteme in den Fällen des Art. 13 Abs. 1 Nrn. 1 bis 5 Kennzeichen von Kraftfahrzeugen erfassen und sie mit dem Fahndungsbestand abgleichen." Die Maßnahme **dient allein dem Ziel des Datenabgleichs**, worauf in der Gesetzesbegründung ausdrücklich hingewiesen wird[37]. Die routinemäßige Kennzeichenerkennung ist zulässig, soweit auch eine Identitätsfeststellung zulässig wäre zur Abwehr einer (konkreten) Gefahr (Art. 13 I Nr. 1 PAG), an so genannten gefährlichen Orten (Nr. 2), also zum Beispiel im Umfeld von Bahnhöfen oder Bordellen[38], im Umfeld von gefährdeten Objekten (Nr. 3), an Kontrollstellen zur Verhinderung von Straftaten im Sinne von § 100a StPO und § 27 VersG (Nr. 4) oder im Grenzgebiet bis zu einer Tiefe von 30 km und auf Durchgangsstraßen, also auf Bundesautobahnen, Europastraßen und anderen Straßen von erheblicher Bedeutung für den grenzüberschreitenden Verkehr (Nr. 5)[39]. Gemeinsam ist den in Art. 13 I Nr. 2 bis 5 aufgeführten Orten und Objekten, dass die übergroße Mehrzahl der kontrollierten Fahrzeughalter mit den möglicherweise dort begangenen oder hypothetisch bevorstehenden Straftaten und möglichen Gefahren nicht das Geringste zu tun hat, dennoch aber einer **Kontrolle anlässlich** so **alltäglicher Verhaltensweise** wie der Nutzung eines Bahnhofes oder einer Fernstraße unterworfen wird. Hierzu soll die vergleichsweise aufwändige (individuelle) Identitätsfeststellung im Sinne von Art. 13 I PAG durch Technikeinsatz im Rahmen einer „**approximativen**" **Identitätsfeststellung** ersetzt, die **Zahl der Kontrollierten damit erheblich erhöht** und zudem durch den „automatischen" Abgleich mit den polizeilichen Fahndungsdateien als Folgemaßnahme die **Eingriffsintensität** gegenüber einer einfachen Identitätsfeststellung nochmals erheblich **gesteigert** werden.

Verdeckter Einsatz

Abweichend von dem auch in Art. 30 III 1 PAG niedergelegten Grundsatz der Offenheit gefahrenabwehrrechtlicher Eingriffe soll die Maßnahme stets **verdeckt** geschehen. Dies widerspricht dem Grundsatz, dass die Polizei insbesondere dem unbescholtenen Bürger mit „**offenem Visier**" zu begegnen hat[40], obgleich nicht erkennbar ist, weshalb

---

37 GE-Bayern, S. 15.
38 GE-Bayern, S. 16.
39 Art. 4 Abs. 3, 29 PAG Bayern; s.a. § 2 Abs. 1 BPolG.
40 *Berner/Köhler*, Polizeiaufgabengesetz, Art. 30 Rn. 3; s.a. § 8a Abs. 4 S. 1 MEPolG; Art. 30 Abs. 3 S. 1 PAG; *BVerfG*, NJW 1984, S. 419 (422).

eine offene Ausführung wegen der Gefährdung oder erheblichen Erschwernis der Aufgabenerfüllung im Sinne von Art. 30 III 2 PAG unterbleiben müsste. Begründet wird dies damit, dass Abschreckung nicht nur durch offene Maßnahmen, sondern auch durch die „Erzeugung von Ungewissheit" über deren Vorhandensein erzielt werden könne[41]. Dies ist mit Blick auf die weiten Eingriffsvoraussetzungen des Art. 13 I PAG, der auch nicht auf belegbare Kriminalitätsschwerpunkte[42] beschränkt ist, nicht akzeptabel und mit dem hohen Rang des Rechts auf informationelle Selbstbestimmung nicht vereinbar. Hinzu kommt, dass gerade bei verdeckten Maßnahmen die **gerichtliche Kontrolle** erheblich erschwert ist[43], was mit Blick auf die Spannbreite der erfassten öffentlichen Straßen und Verhaltensweisen (zum Beispiel Anfahrt zu einer Demonstration: Art. 13 I Nr. 4 PAG) nicht hinnehmbar ist.

5.5.1.2. Datenabgleiche

Die **Kennzeichenerhebung** soll primär dem Abgleich mit dem Fahndungsbestand dienen und ist insoweit **repressiv-polizeilich** ausgerichtet (s.o. 5.4.). Daneben ist aber nach Art. 33 II 3 PAG der „Abgleich mit anderen polizeilichen Dateien [ist] nur zulässig, soweit die Dateien zur Abwehr von im Einzelfall oder im Hinblick auf bestimmte Ereignisse allgemein bestehenden Gefahren errichtet wurden und der Abgleich zur Abwehr einer solchen Gefahr erforderlich ist." Ein Abgleich mit „anderen Dateien" ist mithin bereits im Vorfeld konkreter Gefahrenlagen zulässig. Mit Blick auf Art. 13 I Nr. 4 PAG ist es also ohne weiteres möglich, an einer Kontrollstelle im Vorfeld einer Demonstration alle Halterdaten der passierenden Fahrzeuge zu erfassen und mit „einschlägigen" polizeilichen Datensammlungen[44] abzugleichen, obgleich nicht einmal Art. 8 GG als eingeschränktes Grundrecht in Art. 74 PAG aufgeführt wird. Dies ist verfassungsrechtlich nicht hinnehmbar.

Abgleich mit allgemeinen Dateien

5.5.1.3. Datenspeicherung und -löschung

In Art. 38 PAG wurde folgender Absatz 3 angefügt: „Die nach Art. 33 Abs. 2 Sätze 2 und 3 erfassten Kennzeichen sind nach Durchführung des Datenabgleichs unverzüglich **zu löschen**. Soweit ein Kennzeichen in der abgeglichenen Datei enthalten und seine Speicherung, Veränderung oder Nutzung im einzelnen Fall zur Verfolgung von Straftaten, von Ordnungswidrigkeiten, zur Abwehr einer Gefahr oder im Rahmen einer längerfristigen Observation oder polizeilichen Beobachtung erforderlich ist, gelten abweichend hiervon die Vorschriften der Strafprozessordnung und des Gesetzes über Ordnungswidrigkeiten sowie die Abs. 1 und 2." Ausweislich der Gesetzesbegründung soll hierbei eine Beschränkung auf die Fälle der konkreten Gefahr bestehen[45], außerdem gestattet das Gesetz die Zweckänderung in den genannten Fällen. Im Anschluss an die

Löschungsregelung

---

41 GE-Bayern, S. 16.
42 Vgl. *VGH Mannheim*, NVwZ 2004, 498 (501), der nur dann die allgemeine Videoüberwachung für zulässig erachtet.
43 Ebd.
44 So ausdrücklich GE-Bayern, S. 16.
45 GE-Bayern, S. 26.

Teil 2: Polizei- und Strafprozessrecht

angeführte Regelung bestimmt Art. 46 II 4 PAG, „Abfragen anlässlich des Einsatzes automatisierter Kennzeichenerkennungssysteme dürfen nicht protokolliert werden." Mit der Löschungsregelung solle gewährleisten werden, dass **Bewegungsbilder** nicht erstellt werden können[46]. Die Kritik an der Maßnahme an sich und deren kaum begrenzter Zulässigkeit kann diese Beschränkung nicht aufheben.

5.5.2. Hessen

<small>Einführung der Maßnahme</small>

Nach § 14 V des Hessischen Gesetzes über die öffentliche Sicherheit und Ordnung (HSOG) kann die Polizei „auf öffentlichen Straßen und Plätzen Daten von Kraftfahrzeugkennzeichen zum Zwecke des Abgleichs mit dem Fahndungsbestand automatisiert erheben." Für den Datenabgleich selbst wird in der Gesetzesbegründung auf § 25 I 3 HSOG verwiesen[47], der – anderen Bundesländern vergleichbar – pauschal den Abgleich von im Rahmen der Aufgabenerfüllung erlangten Daten mit dem Fahndungsbestand gestattet[48].

5.5.2.1. Bestimmtheitsgebot

<small>Tatbestand: Rechtsstaatlicher Dammbruch</small>

Diese Regelung gestattet – tatbestandlich noch weniger begrenzt als die bayerische – eine Datenerhebung **zum alleinigen Zweck des Datenabgleichs**. Dies stellt einen **Dammbruch** mit Blick auf die **rechtsstaatliche Begrenzung** polizeilicher Eingriffe durch dem Bestimmtheitsgebot[49] entsprechende Tatbestandvoraussetzungen dar. Ein „**Verdacht**" gegen eine bestimmte Person auf Grundlage eines mitgeführten Kraftfahrzeuges respektive des Kraftfahrzeugkennzeichens oder ein polizeilicher „Anlass" wird hier erst **durch die Tätigkeit der Polizei geschaffen**. Es handelt sich um eine Ausforschungsmaßnahme *par excellence*, die nicht durch eine besondere polizeiliche Lage oder die Örtlichkeit legitimiert und tatbestandsseitig begrenzt ist. Zwar sind weitreichende Jedermann-Kontrollen auch schon jetzt beispielsweise im Rahmen einer Identitätsfeststellung nach § 18 II HSOG (so genannte gefährliche Orte) zulässig, diese sind aber von im Gesetz spezifizierten und gerichtlich nachprüfbaren Tatbestandsvoraussetzungen abhängig. Zudem sind solche Maßnahmen wegen des notwendigen Personalaufwands zumindest gewissen faktischen Begrenzungen unterworfen und daher nicht in der Lage, eine solche Kontrolldichte zu schaffen, wie dies bei der automatisierten Kennzeichenerkennung zweifelsohne der Fall ist. Hier können je nach Einsatzort und -zeit tausende von Kfz-Kennzeichen erhoben und abgeglichen werden. Dies übersteigt mit Blick auf die Zahl der Betroffenen bei weitem die bisherigen Kontrollmöglichkeiten[50]. Die im Gesetzentwurf behauptete geringe **Eingriffsintensität** der Maßnahme ist daher allenfalls qualitativ zu verstehen, **quantitativ sprengt die Maßnahme alles bisher Zulässige**. § 14 V HSOG regelt die Zulässigkeit eines verdeckten Einsatzes der automatisierten Kennzeichenerkennung nicht im Sinne „handlungsbegrenzender Tat-

---

46 Ebd. S. 26 und 28.
47 GE-Hessen, 25.
48 Kritisch zur hessischen Regelung *Breyer*, DANA 2/2005, S. 25 ff.
49 Dazu näher im Ersten Teil unter 3.5.
50 *Schieder*, NVwZ 2004, 778 (780).

bestandselemente", die einen „Standard an Vorhersehbarkeit und Kontrollierbarkeit vergleichbar dem schaffen, der für die überkommenen Aufgaben der Gefahrenabwehr und der Strafverfolgung rechtsstaatlich geboten ist"[51], und ist **mangels Bestimmtheit verfassungswidrig.**

5.5.2.2. Verdeckter Einsatz und Löschung

§ 14 V HSOG selbst regelt die Zulässigkeit eines **verdeckten Einsatzes** der automatisierten Kennzeichenerkennung nicht. Es gilt daher § 13 VII HSOG, nach dem personenbezogene Daten grundsätzlich offen zu erheben sind. Ein verdeckter Einsatz ist allerdings „soweit zulässig, als auf andere Weise die Erfüllung gefahrenabwehrbehördlicher oder polizeilicher Aufgaben erheblich gefährdet würde oder wenn anzunehmen ist, dass dies dem überwiegenden Interesse der betroffenen Person entspricht." Klare Maßstäbe und Beschränkungen für die Zulässigkeit eines verdeckten Einsatzes werden hiermit nicht gesetzt[52], wenngleich die Schwelle hierfür höher als in Rheinland-Pfalz ist.

Offener Einsatz

Zur **Löschung** sieht der Gesetzentwurf vor, „Daten, die im Fahndungsbestand nicht enthalten sind, sind unverzüglich zu löschen." Die Formulierung ist unklar. Gemeint ist wohl, dass erhobene Kennzeichendaten, die nicht mit Daten im Fahndungsbestand korrespondieren, also nicht ausgeschrieben sind, unverzüglich zu löschen sind. Daten aus Trefferfällen sollen hingegen nach den allgemeinen Vorschriften im Rahmen der Erforderlichkeit gespeichert bleiben und weiter verarbeitet werden dürfen[53]. Damit greift § 20 HSOG für die weitere Speicherung. Im Regelfall dürfte also eine Speicherung bis zu 10 Jahren erfolgen[54].

Unklare Löschungsregelungen

5.5.3. Rheinland-Pfalz und Hamburg

Nach § 27 V Polizei- und Ordnungsbehördengesetz (POG) kann die Polizei „bei Kontrollen im öffentlichen Verkehrsraum nach diesem Gesetz und anderen Gesetzen personenbezogene Daten durch den offenen Einsatz technischer Mittel zur elektronischen Erkennung von Kraftfahrzeugkennzeichen zum Zwecke des automatisierten Abgleichs mit dem Fahndungsbestand erheben. Eine verdeckte Datenerhebung ist nur zulässig, wenn durch die offene Datenerhebung der Zweck der Maßnahme gefährdet würde." Der Abgleich mit dem Fahndungsbestand wird durch den ebenfalls neu geschaffenen § 37 II 1 POG ermöglicht.

Tatbestand in RhPf

Ähnlich sind insbesondere tatbestandsseitig auch die Regelungen in Hamburg und Bremen[55]. Nach § 8 VI des Hamburger Gesetzes über die Datenverarbeitung der Polizei darf diese „bei Kontrollen im öffentlichen Verkehrsraum nach diesem Gesetz und anderen Gesetzen personenbezogene Daten durch den Einsatz technischer Mittel zur elektronischen Erkennung von Kraftfahrzeugkennzeichen zum Zwecke des automatisierten

Tatbestand in Hamburg

---

51 *BVerfG*, NJW 2005, 2603 (2608).
52 *Hornmann*, HSOG, § 13 Rn. 57.
53 GE-Hessen, S. 25.
54 § 27 Abs. 2 S. 1 HSOG, § 2 Abs. 1 PrüffristenVO.
55 Die Regelung in § 29 VI BremPolG wurde erst nach Fertigstellung des Beitrags bekannt und kann hier nicht vertieft untersucht werden.

Teil 2: Polizei- und Strafprozessrecht

Abgleichs mit dem Fahndungsbestand erheben. Daten, die im Fahndungsbestand nicht enthalten sind, sind unverzüglich zu löschen."[56] Bei so genannten „Treffern" sollen mithin die üblichen Speicherungs- und Weiterverarbeitungsregelungen gelten[57].

5.5.3.1. Bestimmtheitsgebot

Unklare Tatbestandsvoraussetzungen

Nicht geregelt ist, was mit dem **unbestimmten Rechtsbegriff** der „Kontrollen" im **öffentlichen Verkehrsraum** gemeint ist, obgleich es sich hierbei – anders als zum Beispiel bei dem Begriff der „Gefahr" – nicht um einen geläufigen und in der Rechtsprechung geklärten Begriff handelt. Gemeint sind nach der rheinland-pfälzischen Gesetzesbegründung beispielsweise Kontrollen im öffentlichen Verkehrsraum nach § 10 I 2 POG und § 36 V StVG[58]. § 27 V POG bedarf somit erst einer **einschränkenden Auslegung** und überlässt die **Bildung** eines solchen – eingrenzenden – **Maßstabs** der **Polizei**; eine „Regelungstechnik", die das *Bundesverfassungsgericht* in seiner Entscheidung zur TKÜ nach dem niedersächsischen Polizeigesetz zu Recht als mit dem Bestimmtheitsgebot nicht vereinbar beanstandet hat[59]. Es **fehlen** zweifelsfrei aus dem Gesetz ableitbare **Tatbestandsvoraussetzungen**, weil der unbestimmte Rechtsbegriff der „Kontrollen" keinen eindeutigen befugnisrechtlichen Bezugspunkt bietet. Offenbar soll die Kennzeichenerkennung bei jedweder „Kontrolle" im öffentlichen Verkehrsraum zulässig sein, da unspezifiziert auch auf Kontrollen nach „anderen Gesetzen" verwiesen wird. Anlassunabhängige Kontrollen qua automatischer Kennzeichenerkennung sollen hingegen nach der Gesetzesbegründung unzulässig sein[60], was aber dem Wortlaut der Norm nicht zu entnehmen ist. Es wird verkannt, dass allgemeine Verkehrskontrollen nach § 36 V StVO, auf den eigens in der Gesetzesbegründung hingewiesen wird, tatbestandsmäßig gerade keinen bestimmten polizeilichen Anlass voraussetzen und zudem nur verkehrsbezogenen Zwecken dienen dürfen[61]. Aus dem Gesetzeswortlaut ist nicht erkennbar, ob die automatisierte Kennzeichenerkennung auch bei so genannten Anhalte- und Sichtkontrollen nach § 9a IV POG zulässig sein soll. Diese Norm gestattet das kurzzeitige Anhalten, Befragen und Verlangen nach Aushändigung mitgeführter Ausweispapiere sowie die Inaugenscheinnahme mitgeführter Kraftfahrzeuge und Sachen. Zulässig ist dies, wenn „durch Tatsachen begründete Anhaltspunkte vorliegen, dass dies zur vorbeugenden Bekämpfung von Straftaten von erheblicher Bedeutung (§ 28 III) oder zur vorbeugenden Bekämpfung grenzüberschreitender Kriminalität oder zur Unterbindung unerlaubten Aufenthalts erforderlich ist." Es handelt sich mithin um eine Maßnahme der so genannten **Schleierfahndung**. Eine allgemeine Kontrollbefugnis im öffentlichen Verkehrsraum ist nach der Gesetzesbegründung notwendig, „um allen Erscheinungsformen grenzüberschreitender und organisierter Kriminalität sowie

---

56 Vgl. oben 5.2.2.
57 Ebd.
58 GE-RP, S. 43.
59 *BVerfG*, NJW 2005, 2603 (2607).
60 Landtag Rheinland-Pfalz, Änderungsantrag SPD, FDP zu Drs. 14/2287, Vorlage 14/2942.
61 Ebenso GE-RP, S. 35.

5. Automatisierte Kfz-Kennzeichenerkennung

der Schleuserkriminalität wirkungsvoll begegnen zu können."[62] Es drängt sich daher die Vermutung auf, dass gerade § 9a IV POG als „Einstieg" in die automatisierte Kennzeichenerkennung polizeilich als sinnvoll angesehen werden dürfte, obgleich die Gesetzesbegründung auf § 9a IV POG nicht verweist.

Da § 27 V POG eine konkrete Gefahr als tatbestandliche und eingrenzende Voraussetzung nicht fordert, bedarf der Eingriff der besonderen Rechtfertigung und ist in spezifischer Weise am **Grundsatz der Verhältnismäßigkeit** zu messen[63]. Hierfür bietet die alleinige tatbestandliche Anknüpfung der Zulässigkeit an die Durchführung nicht weiter spezifizierter „Kontrollen" keine ausreichenden Vorgaben. Da der Anwendungsbereich der automatisierten Kennzeichenerkennung nicht auf Örtlichkeiten mit besonderer Kriminalitätsbelastung beschränkt wird, um so einen ausreichenden Grundrechtsschutz zu gewährleisten[64], gibt das **Gesetz** der Polizei **keine klaren Handlungsmaßstäbe** an die Hand, die ihr Verhalten ausreichend steuern und begrenzen könnten und eine gerichtliche Überprüfung der Einhaltung solcher Maßstäbe ermöglichten[65].

Fehlende Handlungsmaßstäbe

5.5.3.2. Offener oder verdeckter Einsatz

§ 27 V POG gestattet einen verdeckten Einsatz der Technik, „wenn durch die offene Datenerhebung der Zweck der Maßnahme gefährdet würde." Eine Gefährdung der Maßnahme im Sinne von § 27 V POG könnte bereits angenommen werden, wenn Verkehrswege kontrolliert werden, um der grenzüberschreitenden und organisierten Kriminalität zu begegnen[66]. Der Kampf gegen die organisierte Kriminalität wird argumentativ häufig herangezogen, wenn es um die Begründung der Notwendigkeit verdeckter Maßnahmen geht[67]. Ein **verdeckter Einsatz** der automatisierten Kennzeichenerkennung beispielsweise auf Autobahnen oder Überlandstraßen drängt sich mithin nachgerade auf, wenn nur begründet wird, dass bei offener Datenerhebung entsprechende „Umgehungshandlungen" zu befürchten wären. Anders als § 27 II POG verlangt § 27 V POG nicht einmal, dass die Polizei durch Tatsachen belegen können muss, dass eine offene Durchführung der Maßnahme zu einer **Gefährdung des Erfolgs** führen könnte.

Verdeckter Einsatz durch die Hintertür?

Auch die Regelung in § 27 VII POG geht in diese Richtung. Danach ist zwar auf den Umstand einer offenen Datenerhebung, die durchgehend länger als 48 Stunden durchgeführt werden soll, in geeigneter Weise hinzuweisen. Dies gilt aber nur, soweit dadurch nicht der Zweck der Maßnahme gefährdet wird. Der verdeckte Einsatz der automatisierten Kennzeichenerkennung ist damit faktisch „der freien, für den Bürger nicht vorhersehbaren Entscheidung der Exekutive überlassen."[68] Dies ist besonders deshalb bedenklich, weil die erfassten Personen regelmäßig durch ihr Verhalten keinerlei

Unvermeidbarkeit der Erfassung

---

62 Ebd.
63 *VGH Mannheim*, NVwZ 2004, 498 (502).
64 Vgl. ebd. S. 501 ff.; s.a. *LVerfGMV*, LKV 2000, S. 149 (153 ff.).
65 *BVerfG*, NJW 2005, 2603 (2607); *BVerfG*, NJW 2004, 2213 (2215 f.).
66 GE-RP, S. 35.
67 Ebd. S. 30.
68 *VGH Mannheim*, NVwZ 2004, 498 (501).

Anlass zu der Maßnahme gegeben haben und auch nicht vermeiden können, von einer solchen Maßnahme erfasst zu werden, es sei denn um den Preis eines Verzichts auf die Teilnahme am Straßenverkehr. Die **mangelnde Ausweichmöglichkeit** verleiht dem Eingriff ein besonderes Gewicht.

5.5.3.3. Datenspeicherung und Zweckänderung

Speicherfristen

Nach § 27 VI 2 POG sind bei der automatisierten Kennzeichenerkennung gespeicherte Daten „unverzüglich", spätestens aber nach einem Zeitraum von zwei Monaten zu löschen. Eine **längere Speicherung** ist zulässig, soweit diese „zur Verfolgung von Straftaten oder Ordnungswidrigkeiten von erheblicher Bedeutung, zur Gefahrenabwehr, insbesondere zur vorbeugenden Bekämpfung von Straftaten, oder zur Behebung einer bestehenden Beweisnot, erforderlich" ist. Damit ist die weitere Speicherung und unter Umständen auch die Zweckänderung der gespeicherten Daten fast im gesamten Aufgabenbereich der Polizei zulässig, wobei § 27 VI 3 POG immerhin eine Feststellung und Dokumentation der Zweckänderung für jeden Einzelfall verlangt. Eine Zweckänderung ist zudem nur zulässig, wenn diese durch Allgemeinbelange gerechtfertigt ist, welche die grundrechtlich geschützten Interessen überwiegen[69]. Ob die Tatbestandsvoraussetzung der „Erforderlichkeit" einer Zweckänderung eine wirksame Begrenzung darstellt, erscheint aber zweifelhaft. Insbesondere die Speicherung zu Zwecken der vorbeugenden Bekämpfung von Straftaten, die nach § 1 I 2 POG auch die Verfolgungsvorsorge umfasst, ist abzulehnen. Das Gesetz enthält auch **keine Beschränkungen** auf die vorbeugende **Bekämpfung schwerer Straftaten**, zum Beispiel durch einen Verweis auf bestimmte Strafnormen oder den sonst häufig im Polizeirecht in Bezug genommenen Katalog des § 100a StPO. Es findet mithin weder eine Begrenzung hinsichtlich der Wahrscheinlichkeit einer Rechtsgutverletzung noch (alternativ) hinsichtlich der Zulässigkeit der Speicherung in Abhängigkeit von den bedrohten Rechtsgütern statt[70].

Unterschiede zu VÜ-Regelungen

Auch wenn man § 27 V POG mit Regelungen zur Videoüberwachung vergleicht, zeigen sich erheblich Unterschiede. In Baden-Württemberg etwa sind die bei der Videoüberwachung öffentlicher Flächen gespeicherten Daten gemäß § 21 IV 2 PolG bereits nach 48 Stunden zu löschen, soweit nicht ausnahmsweise eine Zweckänderung zulässig ist. In anderen Bundesländern ist zwar eine Speicherung über 2 Wochen bis zu zwei Monaten zur Verfolgung von Straftaten oder teilweise auch Ordnungswidrigkeiten von erheblicher Bedeutung zulässig, eine Speicherung nur für die vorbeugende Bekämpfung von Straftaten indes im Regelfall nicht[71].

Nicht unbedenklich ist auch, dass den Betroffenen nach § 40 VI Nr. 3 POG jede Möglichkeit des **Rechtsschutzes** abgeschnitten werden soll, sofern die bei einer verdeckten Durchführung erhobenen personenbezogenen Daten unverzüglich nach Beendigung der Maßnahme vernichtet werden. In der Gesetzesbegründung wird darauf

---

[69] *BVerfG*, NJW 2000, 55 (57).
[70] Vgl. zu einer solchen Eingrenzung *BVerfG*, NJW 2000, 55 (66); ablehnend zu einer weiten Speicherungsbefugnis auch *Schieder*, NVwZ 2004, 778 (788).
[71] *Schieder*, NVwZ 2004, 778 (788), hält 14 Tage für ausreichend.

verwiesen, dass in diesem Falle dem Betroffenen keine Nachteile entstünden[72]. Bei verdeckter Ausführung ist diese Auffassung mit den **Anforderungen des Bundesverfassungsgerichts** zur **Überprüfbarkeit verdeckter Maßnahmen** nicht vereinbar, weil bereits in der Datenerhebung ein Eingriff liegt, der einer Rechtmäßigkeitskontrolle gemäß **Art. 19 IV GG** zugänglich sein muss[73]. Bei verdeckten respektive nicht erkennbaren Eingriffen steht dem Grundrechtsträger auf Grund der Gewährleistung effektiven Grundrechtsschutzes grundsätzlich ein Anspruch auf spätere Kenntnis der staatlichen Maßnahme zu, soweit ein Personenbezug hergestellt wurde, was hier zumindest bei „Treffern" der Fall ist. Andernfalls können die Betroffenen weder die Unrechtmäßigkeit der Informationsgewinnung selbst noch etwaige Rechte auf Löschung der Aufzeichnungen geltend machen. Ob auch bei einer offenen Ausführung der Maßnahme eine Benachrichtigung erfolgen soll, regelt das Gesetz nicht.

Verstoß gegen Art. 19 IV GG

5.6. Fazit und Ausblick

Die hergebrachten strafprozessualen, polizeirechtlichen oder sonstige gesetzliche Regelungen tragen die automatisierte Kennzeichenerkennung nicht. Eine anlass- oder verdachtslose flächendeckende automatisierte Kennzeichenerkennung verletzt das Übermaßverbot, weil anders als bei der allgemeinen polizeilichen Videoüberwachung nicht mehr nur die Möglichkeit einer Erfassung besteht, sondern jeder Halter (und ggf. zugleich Fahrer) eines zufällig vorbeifahrenden Fahrzeugs von einer Datenerhebung (und Zuordnung qua Kennzeichen) unausweichlich betroffen ist. Zwar mag der Eingriff durch die Datenerhebung und kurzfristige Verarbeitung im Rahmen eines automatisierten Verfahrens als solcher vergleichsweise gering anzusehen sein; andererseits wird hier eine Vielzahl von Menschen[74] erfasst, die zu der Maßnahme keinerlei Anlass gegeben haben und im Regelfall sich noch nicht einmal an einem Ort aufhalten, für den eine Kriminalitätsprognose eine solche Maßnahme rechtfertigen könnte. Nicht nur mit Blick auf den offenkundig im Demonstrationsvorfeld geplanten Einsatz der Maßnahme wird hier nicht mehr nur ein bloß theoretischer Überwachungsdruck geschaffen, sondern dieser ist Ziel der Maßnahmen und Realität. Die bisher bekannt gewordenen gesetzlichen Regelungen und Vorschläge sind **aus verfassungsrechtlicher Sicht nicht akzeptabel**, zumal nicht ausreichend geklärt ist, ob überhaupt eine Gesetzgebungskompetenz der Länder qua Polizeigesetz besteht. Hinzu kommt, dass klare Regelungen zu einer Benachrichtigungspflicht, die hier ohne weiteres mit Blick auf die bekannten und erfassten Halterdaten möglich ist, fehlen. Dies stellt eine Verletzung des grundrechtlich garantierten Rechtsschutzes nach Art. 19 IV GG dar[75].

Verfassungswidriges PolizeiR

---

72 GE-RP, S. 54.
73 *BVerfG*, NJW 2004, 999 (1015); s.a. *BVerfG*, NJW 2000, 55 (58 f., 67 f.); anders: *Schieder*, NVwZ 2004, 778 (788).
74 Die Unüberschaubarkeit der Zahl potentiell Betroffener ist bei der verfassungsrechtlichen Würdigung zu berücksichtigen; vgl. *BerlVerfGH*, NVwZ-RR 2004, 746/747.
75 Vgl. *Schewe*, NWVBl. 2004, 415 (420) zur allgemeinen Videoüberwachung.

Teil 2: Polizei- und Strafprozessrecht

Literatur

ACHELPÖHLER, WILHELM / NIEHAUS, HOLGER: Videoüberwachung öffentlicher Plätze, in: DuD 2002, S. 731 ff.

ARZT, CLEMENS: Polizeiliche Datenerhebung und Datenverarbeitung zur Gefahrenabwehr im Straßenverkehr, in: Straßenverkehrsrecht (SVR) 2006, S. 10 ff.

– Voraussetzungen und Grenzen der automatisierten Kennzeichenerkennung, in: DÖV 2005, S. 56 ff.

– Automatische Kennzeichenerkennung durch die Polizei, in: SVR 2004, S. 321 ff. und S. 368 ff.

BOOS, DANIEL: Überwachte Fahrt für freie Bürger?, in: CILIP 3/2003, S. 43 ff.

BREYER, PATRICK: Allgemeine Kfz-Kennzeichenüberwachung in Hessen, in: DANA 2/2005, S. 25 f.

CASTILLON, NICOLE: Dogmatik und Verfassungsmäßigkeit neuer Befugnisse zu verdachts- und anlassunabhängigen Polizeikontrollen, (zugl. Diss. HU Berlin 2002), Frankfurt/M. 2003

GÖTZ, VOLKMAR: Polizeiliche Videoüberwachung des öffentlichen Raumes zum Zweck vorbeugender Bekämpfung der Kriminalität, in: FS Schreiber, Heidelberg 2003

GUSY, CHRISTOPH: Polizeibefugnisse im Wandel, in: NWVBl 2004, S. 1 ff.

HENRICHS, AXEL: Staatlicher Einsatz von Videotechnik – eine Grundrechtsbetrachtung zu Videoüberwachungsmaßnahmen, in: BayVBl. 2005, S. 289 ff.

HORN, HANS-DETLEF: Vorbeugende Rasterfahndung und informationelle Selbstbestimmung, in: DÖV 2003, S. 746 ff.

KNEMEYER, FRANZ-LUDWIG: Datenerhebung, Datenverarbeitung und Datennutzung als Kernaufgaben polizeilicher Vorbereitung auf die Gefahrenabwehr und Straftatenverfolgung, in: FS Rudolf, München 2001, S. 483 ff.

KRANE, CHRISTIAN: „Schleierfahndung", (zugl. Diss. Münster 2003), Stuttgart et al. 2003

KUTSCHA, MARTIN: Neue Grenzmarken des Polizeiverfassungsrechts, in: NVwZ 2005, S. 1231 ff.

MÖNCKE; ULRICH / LAEVERENZ, JUDITH: Zentrale Register im Verkehrsrecht, in: DuD 2004, S. 282 ff.

PETERS, TILMANN: Anlassunabhängige Personenkontrollen, (zugl. Diss Hamburg), Hamburg 2004

SCHEWE, CHRISTOPH: Die Abkehr von der Prävention bei der Videoüberwachung?, in: NWVBl. 2004, 415 ff.

SCHIEDER, ALFONS: Die automatisierte Erkennung amtlicher Kennzeichen als polizeiliche Maßnahme, in: NVwZ 2004, S. 778 ff.

6. Freiheitsentziehungen im Polizei- und Strafprozeßrecht

Übersicht

6.1. Freiheitsentziehungen im Strafrecht 247
6.2. Insbesondere: Die Haft wegen Wiederholungsgefahr
  gemäß § 112 a StPO 248
6.3. Die Gewahrsamsregelungen (exemplarisch: SächsPolG) 251
    6.3.1. Insbesondere: Die Anordnung des Polizeigewahrsams 252
    6.3.2. Insbesondere: Die Zwei-Wochen-Frist des Polizeigewahrsams 253
    6.3.3. Exkurs: Unzulässiger Verbringungsgewahrsam 255
6.4. Das Verhältnis von § 112 a StPO zu den Vorschriften über den
  Polizeigewahrsam 256
    6.4.1. Die zeitlichen Grenzen präventiv-polizeilicher
         Freiheitsentziehungen 256
    6.4.2. Verschiedene Rechtsgrundlagen für „dieselbe" Maßnahme ? 257
    6.4.3. Möglichkeit einer verfassungskonformen Auslegung der
         Gewahrsamsregelungen? 258
    6.4.4. Fazit: Überholende Länderregelungen 259

Teil 2: Polizei- und Strafprozessrecht

6. Freiheitsentziehungen im Polizei- und Strafprozeßrecht

Regelungen im Polizeirecht der Länder: Gewahrsam	
Baden-Württemberg:	§ 28 BWPolG
Bayern:	Art. 17 BayPAG
Berlin:	§ 30 ASOG
Brandenburg:	§ 17 BbgPolG
Bremen:	§ 15 BremPolG
Hamburg:	§ 13 HambSOG
Hessen:	§ 32 HessSOG
Niedersachsen:	§ 18 NdsSOG
Nordrhein-Westfalen:	§ 35 NWPolG
Mecklenburg-Vorpommern:	§ 55 SOG M-V
Rheinland-Pfalz:	§ 14 RhPfPOG
Saarland:	§ 13 SPolG
Sachsen:	§ 22 SächsPolG
Sachsen-Anhalt:	§ 37 SOG LSA
Schleswig-Holstein:	§ 204 LVwG
Thüringen:	§ 19 ThürPAG

Einleitung In allen Polizeigesetzen der Länder findet sich eine Befugnis zur präventiven Freiheitsentziehung unter dem Begriff „Gewahrsam". Mitunter wird der Begriff der „Verwahrung" synonym verwendet[1]. Der polizeirechtlichen Systematik folgend handelt es sich bei ihm um **eine Freiheitsentziehung zur Abwehr von Gefahren**. Andere Freiheitsentziehungen sieht das Polizeirecht (der Länder) nicht vor. Die neueren Polizeigesetze haben die Dauer dieser Freiheitsentziehung fast durchgängig ausgeweitet. Hinsichtlich der Dauer sind dabei die Länder **Bayern, Baden-Württemberg** und **Sachsen** am weitesten gegangen; sie haben die Höchstfristen auf 14 Tage festgelegt[2]. Aber z.B. auch **Thüringen** besitzt in seinem Polizeigesetz die Bestimmung über einen Polizeigewahrsam, der bis zu zehn Tage dauern kann[3]. Andere Länder „begnügen" sich mit maximalen vier Tagen[4] oder nehmen überhaupt keine ausdrückliche Regelung hinsichtlich der maximalen Dauer des Polizeigewahrsams vor[5]. Insbesondere die zuerst genannten Regelungen bieten Anlass, die Freiheitsentziehungsfristen im Polizeirecht einer näheren Betrachtung zu unterziehen: Bei einem 14-tägigen Polizeigewahrsam handelt es sich um eine tief in die Rechte der Betroffenen eingreifenden Polizeimaßnahme.

---

1 BVerwGE 45, 51 (53); vgl. zum Begriff auch *Rachor* in: Handbuch des Polizeirechts, S. 445.
2 Art. 20 Nr.3 BayPAG; § 22 III BWPolG; § 22 VII SächsPolG.
3 § 22 Nr.3 ThürPAG.
4 § 40 I Nr.3 SOG LSA; § 21 S.2 NGefAG; § 20 I BbgPolG.
5 BremPolG; SOG MV; LVwG SH.

6.1. Freiheitsentziehungen im Strafrecht

Zu den intensivsten Eingriffen in die (Grund-)Rechte von Menschen gehört es, ihnen ihre Freiheit zu nehmen, d.h. ihre Freiheit, sich fortzubewegen, weitgehend einzuschränken. Als Rechtsfolge ist die Freiheitsentziehung z.B. im Strafrecht enthalten, §§ 38, 39 StGB. Dort ist für die Zumessung ihrer Dauer **die Schuld des Täters** eine maßgebliche Größe, § 46 I StGB. Durch die Strafe soll das begangene Unrecht vergolten werden (so genannte absolute Straftheorie): „Das Übel Strafe ist gerechtfertigt durch das Übel Straftat". Es wird diesbezüglich von den Nachteilen, die das Opfer erlitten hat, ausgegangen und von diesen Nachteilen her die Bestrafung der Täter gerechtfertigt[6].

Anknüpfungspunkt

Daneben dürfen aber auch generalpräventive Erwägungen einfließen, also diejenige Wirkung, die die Strafe gegen den Einzelnen auf die Gesamtheit der Normadressaten besitzt. Es ist ein weitgehend anerkannter Strafzweck, durch die Bestrafung eines Einzelnen die **Allgemeinheit davon abzuschrecken, selber Straftaten zu begehen**: „Man bestraft diejenigen, die Untaten begangen haben, zu dem Zweck, andere (*und* sie selbst) in Furcht zu versetzen, dass sie in Zukunft derartige Taten nicht (mehr) begehen"[7].

Generalprävention

Und schließlich darf bei der Bemessung von Strafe auch die sog. Spezialprävention Berücksichtigung finden, also die anzunehmende Wirkung auf die verurteilten Straftäter. Durch die Bestrafung soll der Straftäter erzogen (Resozialisierung, Sozialisation, Wiedereingliederung) werden oder die Gesellschaft vor dem für nicht mehr erziehbar gehaltenen Täter geschützt (gesichert) werden[8].

Spezialprävention

Die Bestrafung im Allgemeinen bedeutet ihrem Charakter nach die **Reaktion des Staates auf unerlaubtes Verhalten von Individuen**. Das allgemeine Strafrecht bestimmt dazu präzisierend, dass eine Freiheitsentziehung erst am Ende der in Erwägung zu ziehenden staatlichen Reaktionen auf abweichendes Verhalten steht. Sie ist als **ultima ratio** zu verstehen, also als letztes Mittel[9]. Darin kommt nicht zuletzt der erhebliche Stellenwert zum Ausdruck, den der (Bundes-)Gesetzgeber der persönlichen Freiheit zuschreibt: Nur wirklich schwere Rechtsverstöße oder andere Belange erheblichen Gewichts sollen den Entzug der Bewegungsfreiheit zur Konsequenz haben. Dabei bestimmt das Gesetz selber, dass **kurze Freiheitsstrafen nur in Ausnahmefällen** verhängt werden dürfen (§ 47 StGB). Dieser Beschränkung liegt die Annahme zugrunde, dass jedwede Freiheitsentziehung mit nicht unerheblichen Folgen für das Leben des Einzelnen verbunden ist[10].

Ultima ratio

Freiheitsentziehungen sind im Rahmen des Strafverfahrens auch schon vor rechtskräftiger Verurteilung zulässig, nämlich z.B. in Form der **Untersuchungshaft**. Zweck dieser Haft ist insbesondere die Sicherung des Strafverfahrens gegen Verdunklungs-

Voraussetzungen U-Haft

---

6 *Naucke*, Strafrecht, S. 33.
7 *Schmidthäuser* in: Wolff-FS, S. 444.
8 Zusammenfassend *Naucke*, Strafrecht, S. 33 f.
9 Vgl. dazu z.B. *Jescheck/Weigend*, Lehrbuch des Strafrechts, allgemeiner Teil, S. 744 f.
10 Vgl. dazu etwa LK-*Gribbohm*, § 47 Rdnr. 2.

maßnahmen oder Flucht. Erforderlich als sachliche Voraussetzung ist dabei neben einem entsprechenden Haftgrund stets ein **dringender Tatverdacht**, d.h. es muss ein hoher Grad von Wahrscheinlichkeit dafür gegeben sein, dass der Beschuldigte die Tat begangen hat, und dass alle Voraussetzungen der Strafbarkeit und Verfolgbarkeit vorliegen[11]. Nur bei einem solchen Verdachtsgrad ist eine Freiheitsentziehung zulässig, und das auch nur dann, wenn sie zur Bedeutung der Sache und der zur erwartenden Strafe oder Maßregel nicht außer Verhältnis steht, § 112 I S.2 StPO. Bei Bagatellstraftaten kann sich damit eine Untersuchungshaft verbieten, weil sie gegen den Verhältnismäßigkeitsgrundsatz verstoßen würde[12]. Das *Bundesverfassungsgericht* hat dazu noch 1992 – insbesondere mit Blick auf die drohenden Konsequenzen einer U-Haft-Anordnung – ausgeführt, dass „die in Art.2 II GG garantierte Freiheit der Person (...) Basis der allgemeinen Rechtsstellung und Entfaltungsmöglichkeit des Bürgers (ist); ihr kommt ein hoher Rang unter den Grundrechten zu. Daher darf die Einschließung eines Beschuldigten in eine Haftanstalt nur aufgrund eines Gesetzes angeordnet und aufrechterhalten werden, wenn **überwiegende Belange**, zu denen die unabweisbaren Bedürfnisse einer wirksamen Strafverfolgung gehören, dies zwingend gebieten. Ein vertretbarer Ausgleich des Widerstreites dieser für den Rechtsstaat wichtigen Grundsätze lässt sich im Bereich des Rechts der Untersuchungshaft nur erreichen, wenn den Freiheitsbeschränkungen, die vom Standpunkt einer funktionstüchtigen Strafrechtspflege aus erforderlich sind, ständig der Freiheitsanspruch des noch nicht verurteilten Beschuldigten als Korrektiv entgegengehalten wird"[13].

Hauptverhandlungshaft

Ferner ist eine Freiheitsentziehung auch zulässig, wenn nur dadurch die **Anwesenheitspflicht des Angeklagten in der Hauptverhandlung** durchgesetzt werden kann, § 230 II StPO[14]. Weiterhin regelt § 127 b II StPO die verfassungsrechtlich zweifelhafte **Hauptverhandlungshaft**[15].

6.2. Insbesondere: Die Haft wegen Wiederholungsgefahr gemäß § 112 a StPO

Annex-Kompetenzen in der StPO

Ein hier näher darzustellender Haftgrund liegt in der **Wiederholungsgefahr schwerer Straftaten**, § 112 a StPO[16]. Durch eine solche Freiheitsentziehung soll die Allgemeinheit vor Straftaten von besonders gefährlichen Serienstraftätern geschützt werden. Bereits diese Zielrichtung, die nicht auf die Verfahrenssicherung abzielt, benennt den präventiv-polizeilichen Charakter der Vorschrift[17]: Zu befürchtenden Straftaten soll durch die Inhaftierung des Betroffenen vorgebeugt bzw. deren Wiederholung ausgeschlossen werden. Bei dieser Verhinderung von zu besorgenden Straftaten handelt es sich um

---

11 *Roxin*, Strafverfahrensrecht, S. 244.
12 *Roxin*, Strafverfahrensrecht, S. 247; vgl. auch die ausführlichen Erläuterungen bei LR-*Hilger*, § 112 Rdnr. 55 ff.
13 BVerfGE StV 1992, 123.
14 LR-*Hilger*, § 112 Rdnr. 6.
15 Näher dazu *Roxin*, Strafverfahrensrecht, S. 486 f.
16 Zur Entstehungsgeschichte vgl. statt vieler KK-*Boujong*, § 112 a Rdnr. 1.
17 Nach ganz herrschender Auffassung besitzt die Vorschrift diesen Charakter, vgl. die zahlreichen Nachweise bei *Roggan*, KritV 1998, S. 342 (dort Fußnote 44).

6. Freiheitsentziehungen

Gefahrenabwehr. Das ist insbesondere deshalb von Bedeutung, weil die Gefahrenabwehr prinzipiell in die Gesetzgebungskompetenz der Bundesländer fällt (Art. 70 GG) und es deswegen auch nicht verwundern kann, dass verschiedentlich **an der Gesetzgebungskompetenz des Bundes gezweifelt** wurde[18]. Insofern wurde immer wieder die Verfassungswidrigkeit der Norm wegen des Verstoßes gegen die Gesetzgebungskompetenzen behauptet bzw. eine Systemwidrigkeit des § 112 a StPO beklagt[19]. Ferner wurde und wird der Strukturzusammenhang mit der Untersuchungshaft (§ 112 StPO) bemängelt. Nach dieser Auffassung wäre es gesetzestechnisch sinnvoller gewesen, wenn der Gesetzgeber alle in der Strafprozessordnung vorkommenden Bestimmungen mit präventiver Zielrichtung in einem Abschnitt zusammengefasst hätte[20].

Das *Bundesverfassungsgericht* hat in zwei Entscheidungen festgestellt, dass die präventiv-polizeiliche Haft gemäß § 112 a StPO der Verfassung entspreche. Es betonte dabei in einer Entscheidung, die den § 112 III StPO a.F. betraf, dass ein besonders schutzwürdiger Kreis der Bevölkerung mit hoher Wahrscheinlichkeit vor drohenden schweren Straftaten geschützt werden könne[21]. Später wurde auch der § 112 a StPO als verfassungsgemäß erachtet, weil die vom Gesetzgeber eingebauten Sicherungen die verfassungsgemäße Anwendung der Norm ermögliche[22]. Es bedarf an dieser Stelle keiner abschließenden Stellungnahme zur Verfassungsmäßigkeit des § 112 a StPO. Relevant ist hier insbesondere, welches Verhältnis die Vorschrift zu anderen präventiven Freiheitsentziehungen besitzt und damit insbesondere zu den Gewahrsamsregelungen in den Landespolizeigesetzen. Nach den Entscheidungen des *Bundesverfassungsgerichts* stellt die Vorschrift jedenfalls einen geltenden Maßstab für präventive Freiheitsentziehungen dar.

Verfassungsmäßigkeit

Die Norm des § 112 a StPO bestimmt einen Haftgrund, wenn der Beschuldigte dringend verdächtig ist, eine Straftat gegen die sexuelle Selbstbestimmung (§§ 174, 174 a, 176 bis 179 StGB), § 112 a I Nr.1 StPO oder wiederholt eine **die Rechtsordnung schwerwiegend beeinträchtigende Straftat** begangen zu haben, § 112 a I Nr.2 StPO. Dazu zählt das Gesetz neben dem besonders schweren Fall des Landfriedensbruchs und schwerer Körperverletzungsdelikte, auch mit erhöhtem Strafmaß belegte Diebstahlsformen, Raub, Erpressung, gewerbsmäßige und Banden-Hehlerei, Betrug, Brandstiftungen, räuberischer Angriff auf Kraftfahrer und verschiedene Delikte des Betäubungsmittelstrafrechts. Es mag in Frage gestellt werden, ob sämtliche der **abschließend aufgezählten Delikte** im Katalog des § 112 a I Nr.2 solche sind, die den Rechtsfrieden schwerwiegend beeinträchtigen, oder ob dort nicht auch etliche Straftaten, die massenhaft auftretende Delikte mit beliebigem Opferkreis betreffen, einen Haftgrund begründen[23]. Jedenfalls ist für den Haftgrund nach § 112 a I StPO erforderlich, dass

Tatbestand

---

18 Ausführlich dazu SK-*Paeffgen*, § 112 a Rdnr. 4.
19 LR-*Hilger*, § 112 a Rdnr. 10 m.w.N.
20 *Wolter*, ZStW 93, 487, 503; *Fezer*, Strafprozessrecht I, S. 96 f.; *Ranft*, Strafprozessrecht, S. 134.
21 BVerfGE 19, 342 (350).
22 BVerfGE 35, 185 (189 ff.).
23 Vgl. dazu etwa *Roxin*, Strafverfahrensrecht, S. 247 und die weiteren Nachweise bei KK-*Boujong*, § 112 a Rdnr. 7.

Teil 2: Polizei- und Strafprozessrecht

Prognoseentscheidung

bestimmte Tatsachen die Gefahr begründen, dass vor rechtskräftiger Aburteilung weitere erhebliche Straftaten gleicher Art begangen werden oder die Straftat fortgesetzt wird, die Haft zur Abwendung der Gefahr erforderlich ist, und in den Fällen des § 112 a I Nr.2 StPO eine Freiheitsstrafe von mehr als einem Jahr zu erwarten ist. Für diese Wiederholungsgefahr ist eine **hohe Wahrscheinlichkeit** erforderlich[24]. Die bestimmten Tatsachen müssen eine so starke innere Neigung des Beschuldigten zu einschlägigen Taten erkennen lassen, dass die Besorgnis begründet erscheint, dass die Serie der gleichartigen Taten noch vor der Verurteilung wegen der Anlasstat fortgesetzt wird[25]. Sie sind in dem zu begründenden Haftbefehl darzulegen. Die entsprechenden Tatsachen, aus denen sich der dringende Tatverdacht und der Haftgrund ergibt, also die **Wiederholungsgefahr**, sind dort anzuführen, wie sich aus § 114 II Nr.4 StPO ergibt[26]. Ausdrücklich bestimmt das Gesetz, dass dieser Haftgrund gegenüber der Untersuchungshaft nach § 112 StPO **subsidiär** ist, also zurücktritt, wenn dessen Voraussetzungen vorliegen, § 112 a II StPO. Eine Haft nach § 112 a I StPO ist nach § 122 a StPO **auf ein Jahr begrenzt**.

Abschließende Regelung

Bei dem Haftgrund des § 112 a I StPO handelt es sich um eine **Annex-Regelung** zum Strafverfahrensrecht[27]. Der Bundesgesetzgeber hat auf Initiative der Bundesländer[28] mit ihr eine **abschließende Regelung**[29] darüber geschaffen, in welchen Fällen einem Menschen seine Freiheit aus präventiv-polizeilichen Gründen längerfristig entzogen werden darf. Andere, im Straftatenkatalog der Norm nicht genannte Strafvorschriften, dürfen mit ihrer Hilfe also nicht verhindert werden. Die Länder haben im Gesetzgebungsverfahren der schließlich beschlossenen Regelung des § 112 a StPO nicht widersprochen[30] und damit die bundesgesetzlichen Wertungen, die mit ihr untrennbar verbunden sind, akzeptiert. Dass für ergänzende und den Katalog der Anlasstaten erweiternde Voraussetzungen Platz gelassen werden sollte, lässt sich nicht erkennen. Dafür hätte es im Rahmen des von den Ländern initiierten Gesetzgebungsverfahrens irgendwelcher Hinweise bedurft. Die Akzeptanz der beschlossenen Regelung indiziert, dass andere Straftaten nicht mittels längerfristiger Freiheitsentziehung verhindert werden sollten.

Verfahrensmäßige Sicherungen

Der Standort der Norm in der Strafprozessordnung wird vom *Bundesverfassungsgericht* auch deshalb für sinnvoll gehalten, weil die Strafverfolgungsorgane (und eben z.B. nicht die Gefahrenabwehrbehörden) ohnehin mit der Aufklärung der Tat befasst sind und der Schutz vor weiteren schweren Straftaten **dem Richter anvertraut** sein sollte[31]. Mit letzterem Aspekt ist gemeint, dass nur bei dem Standort der Vorschrift in der StPO die strafprozessualen Sicherungen, wie etwa die **Haftprüfung** (§§ 117 ff.

---

24 HK-*Lemke*, § 112 a Rdnr. 5; SK-StPO-*Paeffgen*, § 112 a Rdnr. 16.
25 HK-*Lemke*, § 112 a Rdnr. 17.
26 Vgl. dazu auch KK-*Boujong*, § 114 Rdnr. 12 f.
27 H.M., vgl. nur LR-*Hilger*, § 112 a Rdnr. 11.
28 BT-Drucks. VI/3248.
29 H.M., vgl. dazu aus der kommentierenden Literatur LR-*Hilger*, § 112 Rdnr. 1; HK-*Lemke*, § 112 a Rdnr. 5.
30 Vgl. auch *Lisken*, ZRP 1996, 333.
31 So BVerfGE 19, 343 (350).

StPO) zur Verfügung stehen[32]. Zwar ist dort von Untersuchungshaft die Rede, die die Haft wegen Wiederholungsgefahr nicht ist[33], allerdings besteht kein Zweifel daran, dass die betreffenden **Vorschriften entsprechend anzuwenden** sind[34]. Die umfassenden Schutzvorkehrungen in verfahrensmäßiger Hinsicht, die bundesgesetzlich zum Schutz der persönlichen Freiheit vorgesehen sind, können also nur auf diese Weise greifen.

Nach dem oben Gesagten handelt es sich beim Straftatenkatalog um eine abschließende Aufzählung von Straftaten, die mittels längerfristiger Freiheitsentziehung verhindert werden dürfen. Der Bundesgesetzgeber bringt mit dem § 112 a StPO also zum Ausdruck, dass andere Straftaten – wenn überhaupt – nur durch kurzfristige Freiheitsentziehungen verhindert werden sollen. Eine **längerfristige, vorbeugende Freiheitsentziehung**, die dem Schutz der Allgemeinheit vor an sich gefährlichen Personen dienen soll, hat er deshalb bewusst in den **Zuständigkeitsbereich der Justiz** eingeführt[35]. Darin darf durchaus eine gesetzgeberisch beabsichtigte Machtbegrenzung für die Polizei gesehen werden, die im Sinne einer „Entpolizeilichung" nach dem Ende des NS-Faschismus **nur noch für kurze Freiheitsentziehungen** zuständig sein sollte[36].

Bundeskompetenz

6.3. Die Gewahrsamsregelungen (exemplarisch: SächsPolG)

Auch aus historischen Gründen standen und stehen deshalb stets diejenigen Vorschriften über Ingewahrsamnahmen im besonderen Interesse, die eine Dauer von 14 Tagen vorsehen[37]. Dazu gehören – wie schon erwähnt – die Polizeigesetze der Länder Bayern, Baden-Württemberg und Sachsen. § 22 SächsPolG wurde als letzte Vorschrift in ein Polizeigesetz eingefügt und war in seiner ursprünglichen Fassung bereits Gegenstand einer viel beachteten verfassungsgerichtlichen Entscheidung. In dieser Entscheidung wurde die Regelung der einheitlichen Höchstdauer des Gewahrsams zur Durchsetzung eines Platzverweises und einer Identitätsfeststellung für nichtig erklärt[38]. Geblieben ist die Regelung über einen bis zu 14 Tagen zulässigen Polizeigewahrsam nach § 22 I Nr.1 SächsPolG. Anhand dieser Vorschrift soll der Gewahrsam als Maßnahme zur Verhinderung von Straftaten (sog. **Unterbindungsgewahrsam**) erläutert werden. Voraussetzung für die Ingewahrsamnahme einer Person ist nach § 22 I Nr.1 SächsPolG, dass auf andere Weise eine unmittelbar bevorstehende erhebliche Störung der öffent-

Längerfristiger Polizeigewahrsam

---

32 HK-*Lemke*, § 112 a Rdnr. 3.
33 Vgl. z.B. *Meyer-Goßner*, StPO, § 112 a Rdnr. 1; ausführlich LR-*Hilger*, § 112 a Rdnr. 9; missverständlich aber KK-*Boujong*, § 112 a Rdnr. 4 („Die auf Grund des § 112 a angeordnete Untersuchungshaft ..."); von einer „Untersuchungshaft aus präventiven Gründen" spricht fälschlich auch *Beckstein*, ZRP 1989, 289.
34 LR-*Hilger*, § 112 a Rdnr. 9.
35 *Lisken*, ZRP 1996, 333.
36 Vgl. zu diesem Aspekt ausführlicher *Lisken*, ZRP 1996, 333.
37 *Lisken*, ZRP 1996, 333.
38 *SächsVerfGH*, Urt. v. 14.5.1996, Vf. 44-II-94 = JZ 1996, 957 ff. mit Besprechungen von *Götz*, JZ 1996, 969; *Bäumler*, NVwZ 1996, 765; *Paeffgen*, NJ 1996, 454; *Roggan*, KJ 1997, 80; *Würtenberger/Schenke*, JZ 1999, 548 f.

Teil 2: Polizei- und Strafprozessrecht

Richtervorbehalt

lichen Sicherheit nicht verhindert oder eine bereits eingetretene erhebliche Störung nicht beseitigt werden kann.

Nach § 22 VII S.1 SächsPolG hat die Polizei nach der Ingewahrsamnahme unverzüglich eine richterliche Entscheidung über die Zulässigkeit und Fortdauer des Gewahrsams herbeizuführen. Unverzüglich in diesem Sinne bedeutet, dass die Entscheidung ohne jede Verzögerung, die sich nicht aus sachlichen Gründen rechtfertigen lässt, herbeizuführen ist[39]. Auf „Verschulden" der vorführenden Polizeibeamten, etwa im Sinn der Legaldefinition des § 121 BGB[40], kommt es also nicht an[41].

Höchstdauer

Gemäß § 22 VII S.3 SächsPolG ist in der Entscheidung die höchstzulässige Dauer des Gewahrsams zu bestimmen; sie darf **nicht länger als zwei Wochen** betragen. Ohne diese richterliche Entscheidung ist der Gewahrsam nicht über das Ende des folgenden Tages zulässig, § 22 VII S.4 SächsPolG. In jedem Fall ist er zu beenden, wenn sein Zweck, also die Gefahrenabwehr, erreicht ist, § 22 VII S.5 SächsPolG.

6.3.1. Insbesondere: Die Anordnung des Polizeigewahrsams

Entscheidungsgrundlage

Zur richterlichen Entscheidung ist festzustellen, dass es sich hierbei **nicht etwa um einen Akt der Rechtsprechung** handelt[42], dem der Charakter einer richterlichen Eingriffsbefugnis nach den Vorschriften über die Anordnung von Haft nach der Strafprozessordnung gleichkäme. Vielmehr handelt es sich um einen auch aus anderem Zusammenhang bekannten Richtervorbehalt[43], der der richterlichen **Mitwirkung an einer Verwaltungsentscheidung** entspricht[44]. Das ist von nicht zu unterschätzender Bedeutung, denn die Richter besitzen in dem Verfahren nach Polizeirecht zwar eine eigene Sachaufklärungskompetenz[45], sind dabei aber aufgrund der nur begrenzten Befassung mit der Sache in erster Linie auf die Darlegungen der Polizei angewiesen. Zu den Einschränkungen der richterlichen Beurteilungsfähigkeit sei auf die Erläuterungen an anderer Stelle verwiesen[46]. Daraus ergibt sich, dass die **Definitionsmacht der Polizei**[47]

---

39 BVerwGE 45, 51 (63 f.); BayObLG, BayVBl. 1999, 349; vgl. dazu auch *Wroblewski/Rehmke*, Bürgerrechte & Polizei / CILIP 2/99, S. 63, die unter Hinweis auf oberverwaltungsgerichtliche Rechtsprechung konkretisieren, dass ein Polizeigewahrsam, der über die Dauer von zwei bis drei Stunden hinausgeht, ohne die Entscheidung der tatsächlich erreichbaren Richter unzulässig ist. Zweifelhaft und umstritten ist diesbezüglich die Auffassung der Gerichte, dass keine Verpflichtung der Justiz zur Einrichtung eines Bereitschaftsdienstes besteht, der die richterliche Entscheidung zu jeder Tag- und Nachtzeit ermöglicht, so mit Hinweis auf den *Schutzzweck* des Grundrechts aus Art. 104 II GG *Rachor* in: Handbuch des Polizeirechts, S. 460.
40 Die Vorschrift lautet: Die Anfechtung muß (...) *ohne schuldhaftes Zögern (unverzüglich)* erfolgen, (...).
41 So aber *Honnacker/Beinhofer*, PAG, Art. 18 Erl. 1; ablehnend dagegen *Schmidtbauer* in: Schmidtbauer/Steiner/Roese, PAG, Art. 18 Rdnr. 9; eingehend und m.w.N. auch *Rachor* in: Handbuch des Polizeirechts, S. 459.
42 *Paeffgen*, NJ 1996, 455.
43 Vgl. dazu ausführlich oben Punkt 3.3.
44 Ausführlich *Wolter*, DÖV 1997, 939 ff., insbes. 941 f.; vgl. auch *Lisken*, ZRP 1996, 334; *Roggan*, KJ 1997, 83.
45 *Rachor* in: Handbuch des Polizeirechts, S. 463.
46 Vgl. in diesem Teil oben Punkt 3.3.2.
47 Vgl. auch hier wieder die grundlegenden Erörterungen von *Feest/Blankenburg*, Die Definitionsmacht der Polizei, S. 19.

auch an dieser Stelle von verfahrensentscheidender Bedeutung ist. Denn ob sich eine Situation objektiv als die unmittelbar bevorstehende Störung der öffentlichen Sicherheit darstellt, hängt im Wesentlichen von der Sachverhaltsschilderung der Polizeibeamten ab. Als Mittel zur Sachverhaltsaufklärung stehen den entscheidenden Richtern z.B. beschlagnahmte Gegenstände oder die Aussage des/der Betroffenen zur Verfügung[48].

Lisken weist hinsichtlich des Charakters des Richtervorbehalts zu Recht darauf hin, dass es sich bei der richterlichen Entscheidung über das „Ob" und Dauer der Freiheitsentziehung um eine Entscheidung im Rahmen eines Verwaltungsverfahrens handelt, die eine zusätzliche **Sicherungsfunktion** durch ein weisungsfreies Staatsorgan besitzen soll. Die Betroffenen haben damit noch keinen Rechtsschutz erhalten, so dass etwa der Rechtsweg durch den richterlichen Beschluss bereits beschritten wäre[49]. Sofern der gemäß § 6 FreihEntzG zu begründende richterliche Beschluss also eine Höchstfrist bestimmt hat, so verbleibt dennoch die Entscheidung über die Freilassung der Betroffenen bis zu dieser Grenze bei der Polizei: Sobald der Zweck des Gewahrsams erreicht ist, muss die Freiheitsentziehung beendet werden, vgl. § 22 VII S.5 SächsPolG. Da der Zweck des Gewahrsams in der Verhinderung einer erheblichen Gefährdung oder Beendigung einer Störung der öffentlichen Sicherheit liegt, ist das dann der Fall, wenn diese Gefahr oder Störung für die öffentliche Sicherheit aus polizeilicher Sicht nicht mehr zu besorgen ist.

Entlassungsentscheidung

6.3.2. Insbesondere: Die Zwei-Wochen-Frist des Polizeigewahrsams

Von besonderer Bedeutung ist auch im sächsischen Polizeigesetz, dass die Polizei eine Person bis zu 14 Tage in Gewahrsam halten darf. Eine solch lange Dauer des Polizeigewahrsams ist nicht zuletzt deshalb von großer Bedeutung, weil damit für den Alltag der Betroffenen erhebliche Konsequenzen verbunden sind: „Verwahrte" können in dieser Zeit naturgemäß weder arbeiten noch anderweitig in ihrem Lebensumfeld wahrgenommen werden. Dieses Fehlen muss nicht nur erklärt werden, es können sich **aus der Abwesenheit auch durchaus existentielle Konsequenzen** ergeben. Denkbar ist z.B. der Verlust des Arbeitsplatzes durch unentschuldigtes Fehlen. Auch schon der „Makel des Verwahrten" als solchem kann, ohne dass er zu existentiellen wirtschaftlichen Folgen führte, im sozialen Umfeld zu Stigmatisierungen führen. Eine nicht nur wenige Stunden oder Tage dauernde Freiheitsentziehung kann also sehr schnell **krisenhafte Entwicklungen** in den Lebensbereichen bewirken[50].

Tatsächliche Folgen

Es ist nun die Frage zu stellen, wann ein 14-tägiger Gewahrsam überhaupt geeignet und erforderlich sein kann, um die tatbestandlichen Voraussetzungen des § 22 I SächsPolG erfüllen zu können. Denn erforderlich kann eine dauerhafte Freiheitsentziehung nur dann sein, wenn die Verhaltensbereitschaft des/der Betroffenen fortbesteht[51]. Es

Probleme bei Prognose

---

48 *Rachor* in: Handbuch des Polizeirechts, S. 463.
49 Vgl. dazu ausführlich *Lisken*, ZRP 1996, 334; vgl. dazu auch *Wolter*, DÖV 1997, 939 ff.
50 *Schlothauer/Weider*, Untersuchungshaft, S. 1 ff.
51 *Rachor*, in: Handbuch des Polizeirechts, S. 468, verwendet an dieser Stelle den Begriff der *Tat*bereitschaft. Sofern damit auf die Begehung von Straf*taten* Bezug genommen wird, so ist demgegenüber zu betonen, dass es sich bei der Gefahr oder der Störung *nicht notwendigerweise* um eine (oder meh-

Teil 2: Polizei- und Strafprozessrecht

müssen also **Pläne, Absichten o. ä. hinsichtlich der Störung** festgestellt werden. Dabei handelt es sich um subjektive Tatsachen, die allgemein nur schwer feststellbar sind. Das gilt gerade dann, wenn im Übrigen keine weiteren Anhaltspunkte für das zu prognostizierende Verhalten des Betroffenen erkennbar sind.

Mehrtägige Gefahrenlagen?

Nun mag es aber dennoch Richter geben, die dieses Erkenntnisproblem zu lösen im Stande sind und die tatbestandlichen Voraussetzungen auch längerfristig prognostizieren mögen. An der **Erforderlichkeit** eines derart langen Polizeigewahrsams wurden dennoch verschiedentlich **Zweifel geäußert**: „Im Hinblick etwa auf den dritten, fünften oder gar vierzehnten Tag des in dieser Dauer anzuordnenden Gewahrsams lässt sich zum Zeitpunkt der Entscheidung schwerlich noch von einer akuten Gefahrenlage sprechen"[52]. Diese Feststellung erscheint durchaus berechtigt, weil die Gefahr nach § 22 I SächsPolG noch immer unmittelbar bevorsteht[53] bzw. wieder eintreten muss, wenn der Betroffene entlassen würde. Anknüpfend daran ist grundsätzlich zu fragen, ob Fallgestaltungen, bei denen eine Gefahrenlage über einen Zeitraum von zwei Wochen besteht, überhaupt vorstellbar sind[54].

Einschätzungsprärogative

Höchstrichterliche Rechtsprechung[55] und Teile der Literatur[56] gehen davon aus, dass es in der Zukunft durchaus Situationen geben könne, bei denen der einzelne Mensch auch über diese Zeitspanne für die erhebliche Gefährdung der öffentlichen Sicherheit verantwortlich sein kann. Der sächsische Verfassungsgerichtshof nennt in seiner Entscheidung zum sächsischen Polizeigesetz polizeiliche Lagen, in denen „Polizeikräfte wegen augenblicklich anderer Bindung zum Schutze **mehrwöchiger Großveranstaltungen mit entsprechendem Gefahrenpotential** nicht in ausreichender Anzahl zur Verfügung stehen könnten, die für die Abwehr von Gefahren (...) erforderlich" seien[57]. Zwar sind solche Konstellationen nicht bekannt und auch die Gerichte, die die Regelung für verfassungsgemäß halten, enthalten sich der Nennung von ihnen bekannten Beispielen. Tatsächlich nachvollziehbar ist das entsprechende Bedrohungsszenario aus heutiger Sicht also nicht[58]. Es ist aber zu konstatieren, dass **solche Gefahrenlagen konstruierbar** sein mögen. Auf solche in der Zukunft immerhin denkbaren Lagen nimmt auch der Sächsische Verfassungsgerichtshof Bezug. Dennoch ist die Vereinbarkeit der Regelung mit Verfassungsgrundsätzen weiter stark umstritten[59]. Es ist aber zur

---

rere) Straftaten handeln muß.
52 *Rachor* in: Handbuch des Polizeirechts, S. 468.
53 Die Tatbestandsalternative der bereits eingetretenen erheblichen Störung kann hier nicht relevant sein, da diese durch die Ingewahrsamnahme ja schon beseitigt werden sollte.
54 Vgl. etwa *Paeffgen*, NJ 1996, 456 m.w.N.; *Pieroth/Schlink/Kniesel*, Polizei- und Ordnungsrecht, S. 346.
55 *SächsVerfGH*, Urt. v. 14.5.1996, Vf. 44-II-94, S. 39; vgl. auch BayVerfGH, BayVBl. 1990, 655 ff.
56 *Beckstein*, ZRP 1989, 288; *Knemeyer*, NVwZ 1989, 140 f.; *ders.*, Polizei- und Ordnungsrecht, S. 117; *Niethammer*, BayVBl. `89, 455; *Schmitt Glaeser*, BayVBl. 1989, 134; *Samper/Honnacker*, PAG, Art. 20 Erl. 5; *Brenneisen*, Kriminalistik 1999, 486, jeweils mit weiteren Nachweisen.
57 Vgl. mit krit. Anmerkung *Roggan*, KJ 1997, 82.
58 *Roggan*, KJ 1997, 82.
59 Zum Stand des Streits und weiteren Nachweisen vgl. *Rachor* in: Handbuch des Polizeirechts, S. 468, dort Fußnote 747.

Kenntnis zu nehmen, dass die mit der Regelung befassten Landesverfassungsgerichte die Regelung für verfassungsgemäß gehalten haben und sie damit – auch in Sachsen – anwendbar sind.

6.3.3. Exkurs: Unzulässiger Verbringungsgewahrsam

Der verschiedentlich angewandte sog. **Verbringungsgewahrsam** wird nicht von den Regelungen des polizeilichen Gewahrsams erfasst und ist daher nach überwiegenden Meinung **generell rechtswidrig**[60]. Von ihm wird gesprochen, wenn die Polizei etwa Stadtstreicher oder auch Demonstrationsteilnehmer nach beendeter Versammlung in Polizeifahrzeuge einsperrt und sie an einen anderen Ort zu verbringt, um sie dort freizulassen. Mitunter dient er auch zur Rückführung von sog. Hooligans in ihre Heimatstadt[61]. Die Maßnahme wird eingesetzt, **um einen Platzverweis durchzusetzen**.

Charakter

Zwar hat die Rechtsprechung eine solche Verfahrensweise mitunter als **Minus im Verhältnis zu einer Ingewahrsamnahme** in Form der Freiheitsentziehung in einem Polizeiwagen, einer Arrestzelle etc. gewertet[62]. Demgegenüber ist aber von einem **Aliud** auszugehen[63]. Denn die Gewahrsamregelungen des Polizeirechts enthalten entsprechend dem gesetzgeberischen Willen gerade nicht die Fremdbestimmung über einen polizeilicherseits ausgewählten Ort als selbständiges Element der Freiheitsentziehung[64]. Das ergibt sich insbesondere in Ansehung der Befugnis zum Platzverweis, zu deren Durchsetzung der Verbringungsgewahrsam eingesetzt wird. Dieser enthält gerade **nicht die Befugnis der Polizei, den Aufenthaltsort einer Person zu bestimmen**, sondern ihr den Aufenthalt an einem bestimmten (abgrenzbaren) Ort zu verbieten[65]. Auch geht das kilometerweite Entfernen von einem Gefahrenort über die Verwirklichung dessen hinaus, zu dem der Adressat (Störer) einer Platzverweisung angehalten werden darf[66].

Verbringungsgewahrsam als Aliud

Da die Befugnis des Polizeigewahrsams insoweit eine **abschließende Regelung** zur polizeilichen Freiheitsentziehung geschaffen hat, kommen auch die Generalklauseln nicht als Rechtsgrundlage in Betracht[67]. Konsequenterweise haben die Gerichte die gegenständlichen Polizeimaßnahmen daher mitunter als **Nötigung und Freiheitsberaubung** (§§ 239, 240 StGB) der verantwortlichen Polizeivollzugsbeamten gewertet[68]. Je nach Konstellation des Einzelfalls kann außerdem eine **Aussetzung** nach § 221 StGB in Betracht kommen.

Strafrechtliche Relevanz

---

60 *Maaß*, NVwZ 1985, 151 ff.; vgl. die Nachweise – auch zur Gegenposition – bei *Rachor*, in: Handbuch des Polizeirechts, S. 448, dort Fn. 653; a. A. *Schenke*, Polizei- und Ordnungsrecht, S. 76.
61 *Pieroth/Schlink/Kniesel*, Polizei- und Ordnungsrecht, S. 334.
62 Vgl. *OVG Bremen*, NVwZ 1987, 237; *BayObLG*, NVwZ 1990, 196 f.
63 *Rachor*, in: Handbuch des Polizeirechts, S. 448.
64 *Kappeler*, DÖV 2000, 234.
65 *Rachor*, in: Handbuch des Polizeirechts, S. 459.
66 *Kappeler*, DÖV 2000, 230.
67 *Kappeler*, DÖV 2000, 234 m.w.N.; *Benfer*, Rechtseingriffe, S. 168 f.; a. A. *Pieroth/Schlink/Kniesel*, Polizei- und Ordnungsrecht, S. 334.
68 *LG Mainz*, MDR 1983, 1044 f.; *LG Hamburg*, NVwZ-RR 1997, 537 ff.; krit. hierzu *Leggereit*, NVwZ 1999, 263 ff.

6.4. Das Verhältnis von § 112 a StPO zu den Vorschriften über den Polizeigewahrsam

6.4.1. Die zeitlichen Grenzen präventiv-polizeilicher Freiheitsentziehungen

Unterschiedliche Höchstfristen ...

Der Polizeigewahrsam hat mit der sächsischen Regelung und seinen Entsprechungen in anderen Polizeigesetzen den **Charakter einer prinzipiell kurzfristigen Eingriffsmaßnahme verloren**. Als kurzfristig könnte eine Freiheitsentziehung allenfalls dann noch begriffen werden, wenn sie über die Frist des Art. 104 II S.3 GG nicht oder nur unwesentlich hinausgeht[69]. Nach dieser Verfassungsnorm darf die Polizei aus eigener Machtvollkommenheit[70] keine Person länger als bis zum Ende des Tages nach dem Ergreifen in „eigenem Gewahrsam" halten. In einigen Polizeigesetzen ist diese Frist auch ausdrücklich bestimmt[71]. Es ist deshalb von nachrangiger Bedeutung, dass sich **die gesetzlichen Höchstfristen nicht unerheblich unterscheiden**: Während ein Polizeigewahrsam **nicht länger als 14 Tage** dauern darf, kann gemäß § 122 a StPO eine Haft wegen Wiederholungsgefahr **bis zu einem Jahr** aufrechterhalten werden. Wichtig ist an dieser Stelle, dass zum Zeitpunkt der Anordnung der längerfristigen Freiheitsentziehung aus präventiven Gründen die tatsächliche Dauer nicht festgelegt wird. Auch die nach Polizeirecht zu treffende richterliche Entscheidung legt nur die **maximale Länge** des Gewahrsams fest. Die tatsächliche Dauer bestimmt die Polizei nach ihrer Lageeinschätzung, so dass Fälle denkbar sind, in denen der Gewahrsam auch schon vor diesem Zeitpunkt aufgehoben werden muss. Das gilt namentlich dann, wenn die Gefahrensituation nicht fortbesteht. Das Gesetz bestimmt dazu ausdrücklich, dass ein Gewahrsam zu beenden ist, wenn sein Zweck erreicht ist, § 22 VII S.5 SächsPolG. Ähnlich verhält es sich mit der Haft wegen Wiederholungsgefahr, die aufzuheben ist, wenn der Haftgrund entfallen ist, also eine Wiederholungsgefahr nach richterlicher Prognose nicht mehr zu besorgen ist.

... bei § 112a StPO ...

Es ist an dieser Stelle daran zu erinnern, dass **§ 112 a I StPO** eine Freiheitsentziehung nur **bei mittelschwerer und schwerer Kriminalität** vorsieht. Straftaten geringeren Gewichts und Begehungsformen von schweren Delikten, die den Rechtsfrieden nicht schwerwiegend beeinträchtigen, können eine Haft nach § 112 a StPO nicht begründen. Darin liegt eine nicht zu übersehende gesetzgeberische Wertung, wie oben bereits erläutert wurde.

... und im PolR

Die Regelung über den Polizeigewahrsam kennt diese Begrenzung nicht. Er kann bereits dann angeordnet werden, wenn eine unmittelbar bevorstehende (und längerfristig zu besorgende) erhebliche Gefährdung der öffentlichen Sicherheit verhindert oder eine entsprechende Störung beseitigt werden soll. Für diese Gefahr ist **prinzipiell jede Straftat** in Betracht zu ziehen, also nicht nur die in § 112 a I Nr.1 und 2 StPO genann-

---

69 Z.B. *Paeffgen* hält das Prinzip der Kurzfristigkeit auch dann für gewahrt, wenn die maximale Dauer des Polizeigewahrsams auf 3 Tage begrenzt wäre, NJ 1996, 456. Dagegen hält *Beckstein*, ZRP 1989, 289, auch einen 14-tägigen Gewahrsam noch für kurzfristig.
70 Zum Begriff vgl. nur *Rachor* in: Handbuch des Polizeirechts, S. 465 f.
71 Vgl. § 33 I Nr.3 ASOG; § 13 c I Nr.3 HambSOG; § 35 I Nr. 4 HSOG; § 38 I Nr.3 NWPolG; § 17 Nr.3 RhPfPOG; § 16 I Nr. 3 SPolG.

ten Anlasstaten. Auch eine bevorstehende einfache Körperverletzung (§ 223 StGB), ein „einfacher" Landfriedensbruch (§ 125 StGB), aber auch Widerstand gegen die Staatsgewalt (vgl. z.B. die Tatbestände der §§ 113 ff. StGB) können Anlass für eine präventiv-polizeiliche Freiheitsentziehung sein. Selbst bestimmte **Ordnungswidrigkeiten**, denen eine erhebliche Bedeutung zugeschrieben wird, etwa im Versammlungsrecht, können nach dem Wortlaut der Gewahrsamsregelung einen Gewahrsam begründen[72].

Die Schwere der zu verhindernden Delikte, wie sie im Straftatenkatalog des § 112 a StPO Niederschlag gefunden haben, gilt nach den landesgesetzgeberischen Vorstößen nicht mehr generell für längerfristige Freiheitsentziehungen zur Gefahrenabwehr. Die **Katalogstraftaten** sind vielmehr **nur noch Beschränkungen für die Verhängung von Haft nach § 112 a I StPO**, nicht mehr für andere vorbeugende und ebenso längerfristige präventiv-polizeiliche Freiheitsentziehungen. Die Schwelle für solche Maßnahmen wurde durch die entsprechenden Vorschriften in den genannten Polizeigesetzen also abgesenkt. Die Grenze wurde damit **insgesamt vorverlagert** und die tatbestandlichen Voraussetzungen für vorbeugenden Freiheitsverlust der Grundrechtsträger insgesamt gelockert.

Abgesenkte Schwelle

6.4.2. Verschiedene Rechtsgrundlagen für „dieselbe" Maßnahme ?

Die Vorverlagerung der Eingriffsmaßnahme als solcher, also der präventiv-polizeilichen Freiheitsentziehung, schafft weitere Rechtsprobleme. Es liegt in der Natur einer solchen Sachlage, dass eine Maßnahme, die auf die strengere Norm gestützt werden kann, also deren Tatbestandsvoraussetzungen erfüllt, gleichzeitig auch auf den Tatbestand der weiteren Vorschrift gestützt werden kann: Wenn der Fall der Wiederholung oder Fortsetzung einer (Katalog-)Straftat nach § 112 a I StPO zu besorgen ist, dürften in der Regel auch die Voraussetzungen des § 22 I SächsPolG vorliegen[73]. Das ergibt sich daraus, dass mittels letzterer jede erhebliche Störung der öffentlichen Sicherheit verhindert (oder beendet) werden kann und nicht nur die abschließend aufgezählten Straftaten im Katalog des § 112 a I StPO. Eine über einen Zeitraum von 14 Tagen **zu verhindernde Katalogtat** dieser Norm kann demzufolge auf **beide Eingriffsermächtigungen** gestützt werden[74]. Die Polizei kann sich theoretisch also zwischen zwei Rechtsgrundlagen entscheiden. Die Einführung der polizeirechtlichen Norm verschafft der Polizei also eine **Wahlmöglichkeit**.

Wahlmöglichkeit der Polizei?

Eine Wahlmöglichkeit zwischen verschiedenen Rechtsgrundlagen ist regelmäßig mit einem „Mehr" an Macht für den Inhaber der Kompetenzen verbunden. Das allgemeine Verwaltungsrecht versucht diese zusätzliche Macht u. a. durch den Grundsatz zu ver-

Umgehungsverbote

---

72 Vgl. dazu ausführlich und statt vieler *Rachor* in: Handbuch des Polizeirechts, S. 450 ff.
73 Eine Ausnahme von dieser Regel ist nur dann denkbar, wenn aufgrund der in § 112 a I StPO nicht verlangten *unmittelbar* bevorstehenden Tat eine konkrete Gefahr im polizeirechtlichen Sinne nicht vorliegt, die zu verhindernde Tat also nicht in einem derart *zeitlichen Zusammenhang* mit der gefahrabwehrenden Maßnahme liegt.
74 Nicht richtig ist es daher, in solchen Fällen von einer *Doppelfunktionalität* auszugehen (so aber meine Behauptung an anderer Stelle, KritV 1998, 342), da ja gerade nur eine Funktion, nämlich die der Gefahren-Abwehr, erfüllt werden soll. Das ergibt sich zwingend aus der Eigenschaft des § 112 a StPO als präventiv-polizeilicher Vorschrift.

Teil 2: Polizei- und Strafprozessrecht

hindern, dass sich die Verwaltung nicht durch die (willkürliche) Wahl der Rechtsgrundlage verfahrensrechtlichen Garantien entziehen darf[75]. Die Beachtung dieses Prinzips ist deshalb von Bedeutung, weil die **„Verfahrensherrschaft"** bei einer Verfahrensweise **nach Polizeirecht bei der Polizei** verbleibt, während sie bei einer Annahme der Tatbestandsvoraussetzungen des § 112 a I StPO in die **Zuständigkeit der Justiz** übergeht. Nur in letztgenanntem Fall greifen die verfahrensmäßigen Sicherungen der Strafprozessordnung (z.B. Anspruch auf Haftprüfung, § 117 StPO).

6.4.3. Möglichkeit einer verfassungskonformen Auslegung der Gewahrsamsregelungen?

Kollision StPO – PolR

Es wurde bereits festgestellt, dass die polizeirechtliche Vorschrift des § 22 SächsPolG nicht mit den Grundsätzen der Gesetzgebungskompetenzen nach dem Grundgesetz vereinbar ist: Der Bundesgesetzgeber wollte längerfristige Freiheitsentziehungen aus präventiven Gründen selber – und wie oben gezeigt wurde: abschließend – regeln[76]. Das Landesrecht hat die Voraussetzungen, wie gezeigt werden konnte, tatbestandlich insgesamt weiter gefasst. Durch diese neuen polizeirechtlichen Befugnisse, die ebenso längerfristige Gewahrsamsregelungen enthalten, kollidieren somit Bundes- und Landesrecht: Nach dem Wortlaut der Vorschriften kann nach Landesrecht einer Person „leichter" die Freiheit für bis zu 14 Tage entzogen werden als nach Bundesrecht. Es wird ganz offenbar, dass hier ein **Widerspruch zwischen bundes- und landesgesetzlicher Regelung** besteht. In einem solchen Fall greift das **Verfassungsprinzip des Art. 31 GG**, wonach Bundesrecht Landesrecht bricht. Da die Strafprozessordnung die nicht nur kurzfristigen präventiv-polizeilichen Freiheitsentziehungen abschließend regeln wollte, „bricht" § 112 a I StPO die weitergehenden Befugnisse nach Polizeirecht. Das müsste für die Anwendbarkeit der sächsischen Gewahrsamsregelung (und seiner Entsprechungen in den Polizeigesetzen anderer Länder) zur Folge haben, dass gerade die oben beschriebene Möglichkeit des „schnelleren" Freiheitsverlustes nach Polizeirecht nicht eintreten darf. Dessen Tatbestand wäre also **verfassungskonform, und damit einschränkend auszulegen**. Die bundesrechtlichen Maßstäbe des § 112 a I StPO wären also vorrangig zu betrachten.

Vorrang des Bundesrechts

Daraus folgte zunächst, dass er stets anzuwenden ist, wenn seine Voraussetzungen ebenso vorliegen wie die der polizeirechtlichen Eingriffsermächtigung. Nur auf diese Weise wird der Polizei die nach dem Wortlaut der Vorschriften in Betracht kommende Wahlmöglichkeit entzogen. Selbst wenn sich also der erste Zugriff auf den Störer auf Polizeirecht stützen kann, so kann eine **länger andauernde Freiheitsentziehung sich nur nach § 112 a I StPO** bestimmen[77]. Das bedeutet aber auch, dass eine Person nicht, wie das der Wortlaut des § 22 I Nr.1 SächsPolG erlaubt, bis zu 14 Tage in Gewahrsam genommen werden darf, wenn dadurch eine Ersttat verhindert oder beendet werden soll, denn § 112 a StPO erlaubt eine längerfristige Freiheitsentziehung zur Gefahrenabwehr nur im Wiederholungsfall.

---

75 Vgl. dazu etwa *Ehlers* in: Allgemeines Verwaltungsrecht, S. 42.
76 *Rachor* in: Handbuch des Polizeirechts, S. 469.
77 *Lisken*, ZRP 1996, 333.

Die bundesrechtlichen Maßstäbe, die den präventiven Freiheitsverlust nur bei Wiederholungsgefahr vorsehen, würden hier dazu führen, dass eine erstmalige Gefahrverursachung bzw. Straftatbegehung niemals eine längerfristige Freiheitsentziehung rechtfertigen könnte, also weder nach Polizeirecht noch nach der Vorschrift der Strafprozessordnung. Das ergibt sich daraus, dass **§ 112 a I StPO grundsätzlich eine Vortat oder den dringenden Verdacht** einer solchen verlangt. Ohne diese Vortat oder einen entsprechenden Verdacht ist eine Haft wegen Wiederholungsgefahr stets unzulässig. Soll dieser Maßstab nicht verlassen werden, was dem Bruch des Art. 31 GG gleichkäme, kann auf diese Bedingung nicht verzichtet werden. Sofern also erstmalig eine Gefahr durch eine präventive Freiheitsentziehung abzuwehren ist, kann grundsätzlich nur eine kurzfristige Freiheitsentziehung zulässig sein.

Voraussetzungen bei § 112a StPO

Zusammenfassend ist also festzustellen, dass der Bruch des Art. 31 GG nach der hier vertretenen Auffassung überhaupt nur dann verhindert werden kann, wenn **beim Polizeigewahrsam die Kurzfristigkeit beachtet** wird[78]. Die Vorschriften über einen 14-tägigen Gewahrsam wären demnach als generell verfassungswidrig anzusehen. Zu diesem Ergebnis kommen deshalb auch all diejenigen Stimmen in der Literatur, die sich eingehend mit dem Verhältnis der polizeirechtlichen Gewahrsamsregelung und der Haft gemäß § 112 a StPO befasst haben[79]. Demgegenüber hat der *sächsische Verfassungsgerichtshof* die entsprechende Kompetenz für die Polizei für verfassungsgemäß gehalten[80]. Das geschah allerdings – was angesichts der vorangegangenen Erörterungen kaum verwundern kann – ohne Thematisierung des Verhältnisses von bundes- und landesrechtlichen Eingriffsermächtigungen. Ein bis zu 14 Tagen andauernder Polizeigewahrsam ist demnach in Sachsen grundsätzlich zulässig. Gleiches gilt in Bayern, wo ebenso der Verfassungsgerichtshof die dortige Regelung für zulässig gehalten hat[81].

Kurzfristigkeit des Gewahrsams

6.4.4. Fazit: Überholende Länderregelungen

Es ist zu konstatieren: Das Polizeirecht erhält bezüglich freiheitsentziehender Maßnahmen Eingriffsbefugnisse, die der Bundesgesetzgeber gerade ausschließen wollte. Würden sich bundesgesetzgeberische Wertungen ändern, so bestünde (ungeachtet der dagegen zu erhebenden Bedenken) etwa die Möglichkeit, den Katalog des § 112 a I StPO zu ergänzen und andere Delikte aufzunehmen. Von dieser Möglichkeit hat der Bundesgesetzgeber aber keinen Gebrauch gemacht und, soweit ersichtlich, existieren auch keine entsprechenden Pläne. Die mit den tatbestandlichen Voraussetzungen untrennbar

Bundesrechtliche Entscheidungen

---

78 So ausdrücklich *LG Bremen*, Beschl. v. 7.10.1991, 7-T-637/91, das deshalb eine enge Auslegung des im Bremer Polizeigesetz nicht befristeten Gewahrsams fordert. Auch das *Bundesverfassungsgericht* konstatiert in einer jüngeren Entscheidung, dass der Gewahrsam von seinem Zweck her nur eine „kurze Freiheitsentziehung" darstellen könne, *BVerfG*, Beschl. v. 26.6.1997, Az.: 2 BvR 126/91, S. 8. Allerdings befasst sich dieser Beschluss nicht explizit mit der Frage, ob es sich bei einem 14-tägigem Polizeigewahrsam noch um eine kurzfristige Maßnahme handeln könnte.
79 *Rachor* in: Handbuch des Polizeirechts, S. 469; *Denninger*, Normbestimmtheit und Verhältnismäßigkeitsgrundsatz im Sächsischen Polizeigesetz, S. 17 f.; *Lisken*, ZRP 1996, 332 ff.; *Paeffgen*, NJ 1996, 455; *Roggan*, KritV 1998, 341 ff.; *ders*. KJ 1997, 83.
80 *SächsVerfGH*, Vf. 44-II-94, Urt. v. 14.5.1996, S. 36 ff.
81 *BayVerfGH*, BayVBl. 1990, 658 f.

Überholendes LandesR

verbundenen Wertungen, die den Stellenwert der persönlichen Freiheit im Verfassungsgefüge symbolisieren, haben damit auf bundesrechtlicher Ebene unverändert Bestand.

Die Landesgesetzgeber weichen mittels Polizeirecht nun diese gesetzgeberischen Wertungen auf und lassen auch weniger schwerwiegende Delikte für längerfristige Ingewahrsamnahmen ausreichen. Selbst erstmalige Gefahrverursachungen können für einen bis zu 14 Tage andauernden Polizeigewahrsam ausreichen. Die **bundesgesetzlichen Wertungen werden somit gegenstandslos**, denn sie stellen keine absolute Grenze mehr für längerfristige Freiheitsentziehungen zur Gefahrenabwehr dar. Tatsächlich erscheint es angemessen, von „überholenden Länderregelungen" (*Lisken*)[82] auszugehen, die die verhältnismäßig engen Grenzen für Freiheitsentziehungen obsolet machen und die machtbegrenzenden und grundrechtssichernden Bundesregelungen entwerten[83]. Die Ermächtigung zu Freiheitsentziehungen soll allem Anschein nach eine zunehmende Bedeutung für die Aufrechterhaltung der öffentlichen Sicherheit erhalten. Das zeigt sich verstärkt an den Überlegungen zur Einführung eines – verfassungswidrigen – mehrmonatigen Sicherheitsgewahrsams, wie er im Zuge der Anti-Terror-Gesetzgebung erwogen wurde[84].

---

82 ZRP 1996, 333.
83 Vgl. dazu allgemein auch die z.T. sehr grundsätzlichen Darstellungen bei *Hirsch*, ZRP 1989, 83; *Kutscha*, NJ 1994, 546; *ders.* Bürgerrechte & Polizei / CILIP 1/98, 61.
84 Vgl. dazu *v. Denkowski*, Kriminalistik 2006, 11 ff.

6. Freiheitsentziehungen

Literatur:

BÄUMLER, HELMUT: Verfassungsrechtliche Prüfung des Sächsischen Polizeigesetzes, in: NVwZ 1996, S. 765 ff.

BECKSTEIN, GÜNTER: Polizeigewahrsam durch Richterentscheid, in: ZRP 1989, S. 287 ff.

BLANKENAGEL, ALEXANDER: Verlängerung des polizeilichen Unterbindungsgewahrsams, in: DÖV 1989, S. 689 ff.

BRENNEISEN, HARTMUT: Die Versammlungsfreiheit und ihre Grenzen, in: Kriminalistik 1999, S. 483 ff.

DENNINGER, ERHARD: Normbestimmtheit und Verhältnismäßigkeitsgrundsatz im sächsischen Polizeigesetz, in: Leipziger Juristische Vorträge, hrsgg. von der Juristenfakultät Leipzig, Leipzig 1995, S. 9 ff.

DENKOWSKI VON, CHARLES: Mehrmonatiger Sicherheitsgewahrsam: Staatsschutz im Geiste des Grundgesetzes oder präventiver Schutz neuer Art durch Feindmaßnahmen? in: Kriminalistik 2006, S. 11 ff.

DONAT, ULRIKE: Freiheitsentziehung im polizeilichen Selbstvollzug am Beispiel der Castor-Transporte, in: KJ 1998, S. 393 ff.

FEEST, JOHANNES / BLANKENBURG, ERHARD: Die Definitionsmacht der Polizei, Düsseldorf 1972.

FINGER, THORSTEN: Polizeiliche Standardmaßnahmen und ihre zwangsweise Durchsetzung – Rechtsnatur, Rechtsgrundlage und Rechtsschutz am Beispiel der Ingewahrsamnahme, in: JuS 2005, S. 116 ff.

HIRSCH, BURKHARD: 14 Tage Polizeigewahrsam?, in: ZRP 1989, S. 81 ff.

KAPPELER, ANN-MARIE: Der Verbringungsgewahrsam im System vollzugspolizeilicher Eingriffsbefugnisse, in: DÖV 2000, S. 227 ff.

KUTSCHA, MARTIN: Große Koalition der Inneren Sicherheit, in: Bürgerrechte & Polizei / CILIP 59 (1/1998), S. 57 ff.

– Verfassungsprobleme des Polizeirechts in den neuen Bundesländern und Berlin, in: NJ 1994, S. 545 ff.

LEGGEREIT, RAINER: Der Verbringungsgewahrsam – ein generell rechtswidriges Instrumentarium der Vollzugspolizei?, in: NVwZ 1999, S. 263 ff.

LISKEN, HANS: Freiheitsentziehungsfristen im Polizeirecht, in: ZRP 1996, S. 332 ff.

MAASS, RAINALD: Der Verbringungsgewahrsam nach dem geltenden Polizeirecht, in: NVwZ 1985, S. 151 ff.

PAEFFGEN, HANS-ULLRICH: Polizeirecht und Grundrechtsschutz – Anmerkungen zum Urteil des Sächsischen Verfassungsgerichtshofes vom 14.5.1996, in: NJ 1996, S. 454 ff.

ROGGAN, FREDRIK: Über das Verschwimmen von Grenzen – ein Beitrag zur rechtspolitischen Diskussion, in: KritV 1998, S. 336 ff.

– Verfassungswidriges Befugniserweiterungen für die Polizei – die Entscheidung zum sächsischen Polizeigesetz, in: KJ 1997, S. 80 ff.

SCHIEDER, ALFONS: Die richterliche Bestätigung polizeilich veranlasster Freiheitsentziehungen, in: KritV 2000, S. 218 ff.

SCHMIDTHÄUSER, EBERHARD: Über Strafe und Generalprävention, in: Festschrift für E.A. Wolff zum 70. Geburtstag am 1.10.1998, hrsgg. von Zaczyk, Rainer / Köhler, Michael / Kahlo, Michael (zit. als Schmidthäuser, in: Wolff-FS), Berlin 1998, S. 443 ff.

WOLTER, HENNER: Die Richtervorbehalte im Polizeirecht, in: DÖV 1997, S. 939 ff.

Teil 2: Polizei- und Strafprozessrecht

WOLTER, JÜRGEN: Untersuchungshaft, Vorbeugungshaft und vorläufige Sanktionen, in: ZStW 93 (1981), S. 452 ff.

WROBLEWSKI, ANDREJ / REHMKE, STEPHEN: Sicherheit durch Polizeigewahrsam, in: Bürgerrechte & Polizei / CILIP 63 (2/1999), S. 58 ff.

WÜRTENBERGER, THOMAS / SCHENKE, RALF: Der Schutz von Amts- und Berufsgeheimnissen im Recht der polizeilichen Informationserhebung, in: JZ 1999, S. 548 ff.

7. Schleierfahndungen und andere Personenkontrollbefugnisse

Übersicht

7.1. Die tatbestandlichen „Voraussetzungen" von Schleierfahndungen..............265
7.2. Die Zwecke der Schleierfahndungen 268
7.3. Zur Frage der Gesetzgebungskompetenz der Länder...................................270
7.4. Exkurs: Schleierfahndungen als „institutionalisierter Rassismus" ?............271
7.5. Das Verhältnis der Schleierfahndungen zu anderen
verdachtsunabhängigen Personenkontroll-Befugnissen der Polizei.............273
    7.5.1. Identitätsfeststellungen nach Polizeirecht an „gefährlichen Orten"...273
    7.5.2. Personenkontrollen nach der Straßenverkehrsordnung....................277
7.6. Das Verhältnis zur Befugnis der Strafprozessordnung nach § 163 b 278
7.7. Zur Eingriffsintensität von Schleierfahndungen 281
7.8. Fazit: Gefahrenabwehrunabhängiges Polizeirecht.......................................284

Teil 2: Polizei- und Strafprozessrecht

7. Schleierfahndungen und andere Personenkontrollbefugnisse

> ... mögen die Kontrollbefugnisse der Polizei an „gefährlichen" Orten, wie wir sie seit wenigen Jahren überall haben, bei restriktiver Anwendung noch hinnehmbar sein. Als Standardbefugnis an jedem beliebigen Ort wären sie eine Methode aus dem Arsenal des permanenten Ausnahmezustandes, wie wir ihn „rechtlich" nach der Ausnahmeverordnung des Reichspräsidenten vom 28.2.1933 im Reich hatten.
> Prof. Dr. **Hans Lisken**, Düsseldorf[1].

Regelungen im Polizeirecht der Länder: Schleierfahndungen	
Baden-Württemberg:	§ 26 I Nr. 6 BWPolG
Bayern:	Art. 13 I Nr. 5 BayPAG
Berlin:	–
Brandenburg:	§ 12 I Nr. 6 BbgPolG
Bremen:	–
Hamburg:	§ 4 II HambPolDVG
Hessen:	§ 18 II Nr. 6 HessSOG
Niedersachsen:	§ 12 VI NdsSOG
Nordrhein-Westfalen:	–
Mecklenburg-Vorpommern:	§ 27 a SOG M-V
Rheinland-Pfalz:	–
Saarland:	§ 9a SPolG
Sachsen:	§ 19 I Nr. 5 SächsPolG
Sachsen-Anhalt:	§ 14 III SOG LSA
Schleswig-Holstein:	–
Thüringen:	§ 14 I Nr. 5 ThürPAG

Einleitung Verdachtunabhängige Inanspruchnahmen von Bürgern aufgrund Polizeirechts gehören zu den im Rechtsstaat besonders aufmerksam zu beobachtenden Eingriffsbefugnissen. Sie stellen, unabhängig vom polizeilichen Notstand, eine Grenzlinie der unter Gesichtspunkten der Freiheitsgrundrechte gerade noch (oder eben: nicht mehr) hinnehmbaren Möglichkeiten staatlicher Macht dar. Von solchen Eingriffen wird der Grundsatz, dass die gesetzestreuen Menschen vom Staat „in Ruhe zu lassen sind", berührt und damit die prinzipielle **„Vermutung der Redlichkeit von jedermann"**[2]. Das ist deshalb von

---

1 NVwZ 1998, 24.
2 *Lisken*, NVwZ 1998, 24; vgl. ausführlich auch die grundlegenden Ausführungen bei *Lisken* in: Handbuch des Polizeirechts, S. 70 ff.; **a.A.** *Schwabe*, NVwZ 1998, 709 ff.; *Müller-Terpitz*, DÖV 1999, 335. Letzterer bestreitet gar, dass dem einzelnen durch verdachts- und ereignisunabhängige Eingriffsbefugnisse die Redlichkeit überhaupt nicht abgesprochen werde. Entsprechende Befugnisse berück-

grundlegender Bedeutung, weil sich der als freiheitlich und rechtsstaatlich begreifende Staat, der seine Bürger eben nicht sämtlich als misstrauenswürdig verstehen darf, gerade – aber natürlich nicht nur – dadurch vom Polizeistaat unterscheidet[3].

Unter diesem Gesichtspunkt sind Eingriffsbefugnisse, die von einigen Polizeigesetzgebern in der jüngeren Gesetzgebungsgeschichte in die Polizeigesetze eingefügt wurden, mit großer Aufmerksamkeit zu betrachten. So haben mittlerweile fast alle Bundesländer so genannte Identitätsfeststellungen zur Bekämpfung der grenzüberschreitenden Kriminalität in ihre Gesetze zur Gefahrenabwehr eingefügt. Die Regelungen unterscheiden sich hinsichtlich der tatbestandlichen Voraussetzungen nicht derart wesentlich, dass nicht die baden-württembergische Regelung des § 26 I Nr.6 BWPolG als Exempel herausgegriffen werden kann. Sofern die unterschiedlichen Polizeigesetze aber doch differenzierte Eingriffsbefugnisse vorsehen, werden diese ausdrücklich und im Verhältnis zur baden-württembergischen Regelung genannt[4]. Die im Übrigen grundsätzlichen Überlegungen lassen sich auf die Regelungen im Polizeirecht der anderen Bundesländer übertragen.

Beispiel: BWPolG

7.1. Die tatbestandlichen „Voraussetzungen" von Schleierfahndungen

§ 26 I Nr.6 BWPolG erlaubt die Feststellung der Identität einer Person zum Zwecke der Bekämpfung der grenzüberschreitenden Kriminalität in **öffentlichen Einrichtungen des internationalen Verkehrs** sowie auf **Durchgangsstraßen** (Bundesautobahnen, Europastraßen und anderen Straßen von erheblicher Bedeutung für die grenzüberschreitende Kriminalität). Diese tatbestandlichen Voraussetzungen sind im Folgenden insbesondere daraufhin zu untersuchen, inwiefern sie die Befugnis zur Identitätsfeststellung der Polizei tatsächlich begrenzen oder nicht. Unter Einrichtungen des internationalen Verkehrs, die nicht Straßen sind, sind zu allererst die Züge der Deutschen Bahn AG zu verstehen. Daneben kommen auch alle anderen **grenzüberschreitenden Eisenbahnverbindungen** in Betracht, die etwa von privaten Bahngesellschaften betrieben werden. Die Identitätsfeststellungen sind zulässig auf **allen Straßen mit internationalem Bezug**, also neben den ausdrücklich genannten Straßenkategorien auch Straßen und Wege des sogenannten kleinen Grenzverkehrs an den grünen Grenzen. Anders als etwa in Bayern wurde dieser Tatbestand der Personalienfeststellung aber nicht auf einen Grenzstreifen von 30 Kilometern beschränkt[5], sondern gilt auf allen Straßen des Landes Baden-Württemberg, bei denen die Polizei aufgrund ihrer **subjektiven Beurteilung**[6] die Nutzung durch grenzüberschreitende Straftäter an-

Orte der Schleierfahndungen

---

 sichtigten vielmehr, dass „sich nicht alle Rechtsunterworfenen normgerecht verhalten". Dass damit aber eine permanente Unredlichkeitsvermutung unvermeidbar verbunden ist, bemerkt er nicht.
3 Grundlegend *Weßlau*, Vorfeldermittlungen, S. 300; vgl. auch *Feltes* in: Anlaßunabhängige Polizeikontrollen, S. 11; *ders.* in: Kriminalitätsimport, S. 78.
4 Ausführlich zu den unterschiedlichen Regelungen auch *Kastner*, VerwArch 2001, 216 ff.
5 Art. 13 I Nr.5 BayPAG.
6 *Stephan*, DVBl. 1998, 82; *Kutscha*, Bürgerrechte & Polizei / CILIP 1/98, S. 63; *Feltes* in: Kriminalitätsimport, S. 75 geht insofern von „gefühlsmäßigen" Einschätzungen aus .

nimmt[7]. Nicht erforderlich sind entsprechende Tatsachen oder tatsächliche Anhaltspunkte, wie eine Verwaltungsvorschrift des baden-württembergischen Innenministeriums den Polizisten „mit auf den Weg" gibt[8]. Solche tatsächlichen Anhaltspunkte wären zumindest theoretisch überprüfbar, ein bloßes Motiv, das von der Polizei bei einer nachträglichen Kontrolle nur angegeben zu werden braucht, dagegen nicht[9].

Polizeiliche Definitionsmacht

Voraussetzung für die Personenkontrolle ist nur das Motiv der Polizei, dem gesetzlichen Zweck folgend grenzüberschreitende Kriminalität bekämpfen zu *wollen*[10]. Es kann also auf jeder Straße die Identität festgestellt werden, sofern der tätige Polizist diesen Zweck annimmt und/oder vorgibt. Die Gesetzesbegründung stellt dann auch folgerichtig fest, dass im gesamten Landesgebiet auf all jenen Straßen kontrolliert werden darf, die für die (vorbeugende) Bekämpfung der nicht nur inländischen Kriminalität nach **Einschätzung der Polizei** und wandelbaren, objektiven Gegebenheiten, wie sie sich nach dem jeweiligen polizeilichen Lagebild ergeben, Bedeutung haben[11]. Damit ist festzustellen, dass auf jeder Straße in Baden-Württemberg die beschriebenen Personenkontrollen durchgeführt werden dürfen[12]. Das folgt aus der Überlegung, dass kaum irgendeine Straße gerade von der genannten Art von Straftätern gemieden würde, dort also in der Regel nicht anzutreffen ist[13]. Und wann das **Kriterium der erheblichen Bedeutung** erreicht ist, **obliegt** ebenso der **polizeilichen Wertung und Darstellung**[14]. Überdies existiert keine Dokumentationspflicht für das polizeiliche Lagebild. Schon aus diesem Grund ist eine nachträgliche Kontrolle kaum effektiv möglich[15]. Es vermag insofern nicht verwundern, dass gerichtliche Entscheidungen zur Zulässigkeit solcher Identitätsfeststellungen in Einzelfällen – soweit ersichtlich – bislang die absolute Ausnahme sind[16].

Straßenkategorien

Die in Erwägung zu ziehende Begrenzung durch das Erfordernis der Erheblichkeit für die grenzüberschreitende Kriminalität ist kaum sinnvoll und kontrollierbar auszulegen und dürfte in der Polizei-Praxis auch leer laufen. Das ergibt sich aus der Überle-

---

7   Vgl. auch die Ausführungsbestimmungen (AB) zu § 12 NdsSOG.
8   VwV des IM Baden-Württemberg v. 18.7.1997, GABl. 406; die entsprechende Formulierung findet sich auch in den niedersächsischen AB zu § 12 NdsSOG.
9   *Seebode*, in: Mangakis-FS, S. 709.
10 *Waechter*, DÖV 1999, 142.
11 LT-Drucks. 12/52, S. 6; ergänzend ist wohl hinzuzufügen: „...Bedeutung haben *können*". Von einer *Vermutung* spricht demzufolge auch *Beinhofer*, BayVwBl. 1995, 196; wie die Gesetzesbegründung auch *Walter*, Die Polizei 1999, 36; auch *Castillon*, Schleierfahndungen, hält die Maßnahmen aus den entsprechenden Gründen für verfassungsgemäß, S. 127 ff.
12 *Feltes* in: Kriminalitätsimport, S. 69; vgl. entsprechend die niedersächsischen AB zu § 12 NdsSOG.
13 *Maurer*, Bürgerrechte & Polizei / CILIP 1/98, S. 55 erläutert, dass somit z.B. auch „Schleichwege zwischen Fernstraßen, d.h. einfach Nebenstrecken, erfaßt" werden.
14 *Walter*, Kriminalistik 1999, 294 hält das dennoch für „objektiv" nachweisbar; vgl. hinsichtlich der niedersächsischen Regelung die kritischen Anmerkungen von *Kutscha*, KJ 1998, 402; *ders*., Bürgerrechte & Polizei / CILIP 1/98, S. 63.
15 *Schütte*, ZRP 2002, 395; *Waechter*, DÖV 1999, 142; *Hansen*, KJ 1999, 245; vgl. auch die entsprechende Forderung nach einer von höherer Stelle zu treffenden Bewertung der polizeilichen Lageerkenntnisse *LVerfG M-V*, NordÖR 1999, 508 und *SächsVerfGH* bei *Kutscha*, NJ 2003, 624.
16 VG Bayreuth, Az.: B 1 K 01.468.

gung, dass etwa die **objektive Verkehrsbedeutung einer Straße kaum als Kriterium geeignet** ist[17], denn die entsprechende Bekanntheit dieser Verkehrsverbindungen würde mit großer Wahrscheinlichkeit dazu führen, dass gerade diese nicht mehr für grenzüberschreitende Kriminalität genutzt würden[18]. Auf eine **genauere Bezeichnung der Straßenkategorien wurde** vom baden-württembergischen Gesetzgeber deshalb auch **verzichtet**, um den „grenzüberschreitenden Kriminellen" die Orientierung an den kontrollierbaren Straßen und das Ausweichen auf andere unmöglichen zu machen[19]. Dass die Kontrollen praktisch überall möglich sein sollen, lässt sich im übrigen aus der Tatsache schließen, dass die Schleierfahndungen nicht einmal auf einen Grenzstreifen von 30 Kilometern beschränkt sein sollen, sich Straßen mit der genannten Bedeutung also im gesamten Landesgebiet befinden (können) und die verkehrstechnische Bündelungsfunktion von bestimmten Straßen[20] auch für die grenzüberschreitende Kriminalität für sich allein betrachtet unbeachtlich sein soll.

Nach dem Wortlaut des § 26 I Nr. 6 BWPolG sind Kontrollen unzulässig in Einrichtungen des öffentlichen Verkehrs mit ausschließlich inländischem Bezug. Das ist insoweit konsequent, als dort die 1998 **novellierten Befugnisse des Bundesgrenzschutzes** (BGS) gelten[21]: Nach § 23 I Nr.4 BPolG darf die BPol die Identität einer Person u.a. dann feststellen, wenn sie sich in einer Einrichtung der Eisenbahnen des Bundes (§ 3 BPolG) aufhält und Tatsachen die Annahme rechtfertigen, dass dort Straftaten begangen werden sollen, durch die in oder an diesen Objekten befindliche Personen oder die Objekte selbst unmittelbar gefährdet sind. Ferner muss die Identitätsfeststellung aufgrund der Gefährdungslage oder auf die Person bezogenen Anhaltspunkten erforderlich sein. Über solche Identitätsfeststellungen hinaus besitzt die BPol seit dem 1.8.1998 gemäß § 22 Ia BPolG die Befugnis, zur Verhinderung oder Unterbindung unerlaubter Einreise in das Bundesgebiet **in Zügen** und auf **dem Gebiet der Bahnanlagen** der Eisenbahnen des Bundes, soweit von Lageerkenntnissen oder grenzpolizeilicher Erfahrung anzunehmen ist, dass diese zu unerlaubten Einreise genutzt werden, sowie **auf Flughäfen mit grenzüberschreitendem Verkehr** jede Person kurzzeitig anzuhalten, zu befragen und zu verlangen, dass mitgeführte Ausweispapiere oder Grenzübertrittspapiere zur Prüfung ausgehändigt werden sowie mitgeführte Sachen in Augenschein zu nehmen[22]. Der entsprechende Befugnisumfang findet sich auch im Niedersächsischen Gefahrenabwehrgesetz, der die entsprechenden Maßnahmen aber auf das gesamte Landesgebiet erstreckt und insofern noch weiter als die baden-württembergische

BPol-Befugnisse

---

17 So aber *Beinhofer*, BayVwBl. 1995, 196, der sich allerdings mit der bayerischen Regelung befasst, die bekanntermaßen die Personenkontrollen auf einen Grenzstreifen von 30 Kilometern begrenzt und damit in erster Linie Straßen erfasst, die auch von grenzüberschreitender Bedeutung sind; vgl. zur polizeilichen Sicht auf die bayerische Regelung auch *Kirchleitner*, Polizei-heute 2002, 104 ff.
18 Vgl. auch *LVerfG M-V*, NordÖR 1999, 508.
19 *Spörl*, Polizei 1997, 218; *Beinhofer*, BayVwBl. 1995, 196.
20 *Beinhofer*, BayVwBl. 1995, 197.
21 Zusammenfassend *Soria*, NVwZ 1999, 270 ff. und *Müller-Terpitz*, DÖV 1999, 329 ff.
22 Ausführlich dazu *Schütte*, ZRP 2002, 395; *Zöller*, Informationssysteme, S. 261 f.; zur Gesetzgebungsgeschichte eingehend *Seebode*, in: Mangakis-FS, S. 706 ff.

Teil 2: Polizei- und Strafprozessrecht

Regelung über die Schleierfahndung reicht. Auch die Befugnisse in Berlin, Brandenburg und Sachsen-Anhalt lehnen sich an das Vorbild des § 22 Ia BPolG an[23]. Durch das Terrorismusbekämpfungsgesetz vom 9. Januar 2002 ist die **Befugnis der BPol zur Identitätsfeststellung im seewärtigen Grenzgebiet auf einen Streifen von 50 Kilometern** ausgedehnt worden (§ 23 Abs. 1a BPolG), eine Rechtsverordnung des Bundesinnenministers mit Zustimmung des Bundesrates kann eine Tiefe von bis zu 80 Kilometern als grenzüberwachtes Gebiet definieren (§§ 23 Abs. 1 a i.V.m. 2 II 2 BPolG).

Tatbestandslosigkeit

Auch bei § 26 I Nr.6 BWPolG ist der **tatsächliche Aufenthalt** einer Person auf den genannten Straßen und Plätzen **einzige Tatbestandsvoraussetzung**. Um welche Bereiche des öffentlichen Raumes es sich dabei handelt, ist von den Bürgern nicht vorherzusehen[24] und unterliegt, wie konstatiert wird, fortlaufenden Einschätzungen der Polizei[25]. Sie unterliegen damit beständigen Wandelungen[26] und können sich **im gesamten Bereich des Landes** befinden[27]. Betroffen sein kann jeder Mensch, denn Gründe, die in der Person oder ihrem Verhalten liegen, nennt das Gesetz nicht. Die baden-württembergische Befugnis zur Schleierfahndung ermöglicht damit auch im Landesinnern faktisch Jedermannkontrollen, die **tatbestandlich grenzenlos** sind[28].

7.2. Die Zwecke der Schleierfahndungen

„Ausgleichsmaßnahmen"

Nach dem Wegfall der Personenkontrollen an den innereuropäischen Grenzen scheint auf Seiten des Gesetzgebers ein Bedürfnis nach einem „Ausgleich" für den **Wegfall der innereuropäischen Grenzkontrollen** entsprechend dem Schengener Durchführungsübereinkommen (SDÜ) zu existieren. Insofern ist an dieser Stelle der Zweck bzw. die Zielrichtung der Personenkontrollen nach dem § 26 I Nr.6 BWPolG darzustellen. Einer entsprechenden „Empfehlung" des damaligen Bundesinnenministers *Kanther*[29] folgend sollte ein **Sicherheitsschleier** über bestimmte Bereiche des Territoriums der BRD gelegt werden, um so den angenommenen Erfordernissen des **„einheitlichen kriminalgeografischen Raums" Europa**[30] gerecht zu werden. Der entsprechenden Beurteilung liegt u. a. die Annahme zugrunde, dass der europäische „gemeinsame Binnenmarkt mit seinem freizügigen Personen- und Warenverkehr – quasi als Nebeneffekt – hochmobilen Kriminellen neue Tatgelegenheiten und günstige Kriminalitätsstrukturen"

---

23 Vgl. *Zöller*, Informationssysteme, S. 273.
24 *Rachor* in: Handbuch des Polizeirechts, S. 407.
25 Vgl. *Moser v. Filseck*, Polizei 1997, 71.
26 So auch die Gesetzesbegründung, LT-Drucks. 12/52, S. 5.
27 Ausdrücklich auch die AB zu § 12 NGefAG.
28 *Kutscha*, KJ 1998, 402 f.; *Lisken*, NVwZ 1998, 23; *Gössner*, Erste Rechts-Hilfe, S. 37; von einer „Scheintatbestandlichkeit" spricht auch *Waechter*, DÖV 1999, 142; zustimmend *Schütte*, ZRP 2002, 395 und *Möllers*, NVwZ 2000, 386; vgl. auch *SächsVerfGH* bei *Kutscha*, NJ 2003, 624.
29 Vgl. *Moser v. Filseck*, Polizei 1997, 70.
30 So die baden-württembergische Gesetzesbegründung, LT-Drucks. 12/52, S. 4; ferner *Spörl*, Polizei 1997, 218; *Beinhofer*, BayVwBl. 1995, 195.

7. Schleierfahndungen

eröffne[31]. Bereits diese gesetzgeberische Motivation verweist auf den Zweck der Kriminalitätsbekämpfung, die durch den Wegfall der Grenzkontrollen, glaubt man die zugrundeliegenden Annahmen, zu verfolgen ist. Selbst wenn das zitierte Szenario der Realität entspräche[32], so wäre zunächst festzustellen, dass schon nach der Begründung für die Eingriffsbefugnis nicht nur zukünftige Straftaten verhindert werden, sondern **in erster Linie auch bereits begangene verfolgt** werden sollen[33]. Das ergibt sich denknotwendig aus der Annahme, dass als „kriminell" nur diejenigen Personen verstanden werden können, die bereits Straftaten begangen haben und nicht diejenigen, die das irgendwann einmal tun werden. Es ist deswegen richtig festzustellen, dass ein maßgeblicher Gesetzeszweck darin liegen soll, der Erleichterung von strafverfolgenden Maßnahmen zu dienen[34]. Die Gesetzesbegründung in Baden-Württemberg spricht deshalb konsequenterweise auch von **„Fahndungen"**[35]. Auch das Gesetz selber fordert den Zweck der Bekämpfung der grenzüberschreitenden Kriminalität als Kontrollmotiv der Polizei. Schon grammatikalisch handelt es sich bei diesem Zweck aber um (auch) **repressive Tätigkeiten**, nämlich darum, **begangene Kriminalität** zu bekämpfen[36]. Dieser repressive Zweck ist von den Gesetzgebern ausdrücklich gewollt, was sich nicht nur in den Tatbeständen der Normen finden, sondern auch in den bisher veröffentlichten Erhebungen zu den neuen Befugnissen, die die „Erfolge" der Schleierfahndungen in ergriffenen Straftätern messen[37]. Bekanntermaßen messen sich Erfolge an den gesetzten Zielen und nicht an unbeabsichtigten Nebeneffekten.

Die verbreiteten Erfolgsmeldungen verraten die tatsächliche Zielrichtung der Regelung. Nachweise zu *verhinderten* Straftaten, also zu gefahrenabwehrenden Erfolgen finden sich dagegen dort überhaupt nicht. Die tatsächliche **Rechtsanwendung** scheint also von einer **vornehmlich repressiven Zielrichtung** auszugehen. Das jedoch verstößt gegen den einleitend erläuterten Grundsatz, dass **Prävention durch Repression** (so aber müsste die Rechtfertigung für die Zweckzuschreibung in § 26 I Nr.6 BWPolG

Repressive Zielrichtung

---

31 Vgl. zur Begründung im einzelnen *Moser v. Filseck*, Polizei 1997, 70 und *Walter*, Polizei 1999, 33; zum entsprechenden Regelungsanlass bei der Novellierung des BGS-Gesetzes *Müller-Terpitz*, DÖV 1999, 330.
32 Zweifel daran hat etwa der baden-württembergische Landesbeauftragte für den Datenschutz in: Anlaßunabhängige Polizeikontrollen, S. 5; vgl. dazu auch das Interview mit *Lisken* in Bürgerrechte & Polizei / CILIP 3/91, S. 69 ff.
33 Die Gesetzesbegründung verwendet bei der Begründung für die Eingriffsbefugnis denn auch nicht einmal den Begriff der Gefahr, stattdessen wird ausschließlich von Taten und Deliktstypen – z.T. unter Bezugnahme auf die polizeiliche Kriminalstatistik – gesprochen. Folgerichtig wird auch nicht von Störern ausgegangen, sondern von Tätern, LT-Drucks. 12/52, S. 4; ähnlich hinsichtlich der bayerischen Befugnis auch *Beinhofer*, der ohne hier darzustellende Begründung von einem gefahrabwehrenden Gesetzeszweck ausgeht, BayVBl. 1995, 196.
34 Darauf verweist zu Recht *Lisken*, NVwZ 1998, 23; a. A. *Weingart*, BayVBl. 2001, 35.
35 LT-Drucks. 12/52, S. 4.
36 *Seebode*, in: Mangakis-FS, S. 704; vgl. zu den Kontrollmotiven des BGS *Schütte*, ZRP 2002, 395 f.; a.A. *Würtenberger/Heckmann*, Polizeirecht in Baden-Württemberg, S. 154.
37 LT-Drucks. 12/1023, S. 3 und 12/2874, S. 2 f.; vgl. auch die Bayern betreffenden Darstellungen bei *Spörl*, Polizei 1997, 217 und *Kirchleitner*, Polizei-heute 2002, 110.

Teil 2: Polizei- und Strafprozessrecht

konsequenterweise lauten) gesetzessystematisch unzulässig ist[38]. Darum handelt es sich aber, wenn die strafverfolgende Tätigkeit den Zweck der Gefahrenabwehr erfüllen soll. Bei genauerer Betrachtung besteht die Bedeutung der Schleierfahndungen also darin, eine **(anfangs-)verdachtsunabhängige Fahndungsmaßnahme mit strafprozessualer Ausrichtung** für die Polizei zu schaffen[39].

7.3. Zur Frage der Gesetzgebungskompetenz der Länder

Anfangsverdacht?

Daran anknüpfend ist zu fragen, inwieweit der Polizeigesetzgeber überhaupt die Kompetenz zur Normsetzung besitzt: Nach den Art. 70 I, 74 I Nr.1 und 72 GG haben die Länder die Gesetzgebungskompetenz auf dem Gebiet der Gefahrenabwehr, während der Bund diejenige für das Strafrecht, also auch das Strafverfahrensrecht, besitzt. Die Strafprozessordnung sieht z.B. die **Einrichtung von Kontrollstellen** (§ 111 StPO) und die **Feststellung der Identität von Verdächtigen und Nichtverdächtigen** (§ 163 b StPO) vor. Alle Eingriffe setzen diesbezüglich aber zumindest einen Anfangsverdacht einer Straftat (§ 152 II StPO) voraus. Darin besteht auch die Grenze für jegliche andere strafprozessuale Ermittlungsmaßnahme (sog. Ermittlungsverbot[40]).

Repressive Länderkompetenz?

Das führt zum zunächst festzuhaltenden Ergebnis, dass nach der oben erläuterten Systematik[41] die Polizeigesetzgeber keine Befugnis zur Normsetzung mit strafprozessualer Zielrichtung besitzen, und die Regelungen insofern den genannten Verfassungsgrundsätzen widersprechen[42]. Der Verstoß gegen die Grundsätze der Gesetzgebungskompetenzen ließe sich danach überhaupt nur dann verhindern, wenn es sich bei der Kriminalitätsbekämpfung im Rahmen der Schleierfahndung um eine rein präventive Befugnis handelte, und folglich auch Personen-Kontrollen im Rahmen von Schleierfahndungen ausschließlich mit gefahrenabwehrender Zielrichtung zulässig wären[43]. Bei solchen präventiven Polizeimaßnahmen **zufällig angetroffene Straftäter** dürften dann selbstverständlich festgenommen werden[44]. Sofern und solange sich aber repressive Zielrichtungen hinter dem verwendeten Begriff der vorbeugenden Kriminalitätsbekämpfung[45] (auch: Bekämpfung von Straftaten oder Verbrechen) verbergen und nicht die Beschränkung auf die Verhinderung von Straftaten gesetzlich festgelegt wird, ist nach der hier vertretenen Auffassung eine **Verletzung der Art. 70, 74 I Nr.1 und 72 GG** unausweichlich. Eine Legalisierung der Schleierfahndungen wäre also nicht im

---

38 Ausführlich zur Abgrenzung von Prävention und Repression oben Teil 1 (Kutscha).; vgl. dazu auch *Weßlau*, Vorfeldermittlungen, S. 62 ff.
39 So auch *Schütte*, ZRP 2002, 396 und *Seebode*, in: Mangakis-FS, S. 705; **a. A.** *Castillon*, Schleierfahndungen, S. 88 ff.
40 *Lisken*, NVwZ 1998, 24; vgl. auch oben Punkt I.3.
41 Vgl. dazu oben die Ausführungen von *Kutscha* (Teil 1)
42 *Schütte*, ZRP 2002, 397; *Rachor* in: Handbuch des Polizeirechts, S. 407; *Lisken*, in: Handbuch des Polizeirechts, S. 71; *Seebode*, in: Mangakis-FS, S. 705.
43 Vgl. *Pieroth/Schlink/Kniesel*, Polizei- und Ordnungsrecht, S. 241.
44 *Lisken*, NVwZ 1998, 23.
45 Für einen „unjuristischen Begriff" hält dies *Lisken*, NVwZ 1998, 23.

materiellen Polizeirecht, sondern allenfalls in der Strafprozessordnung zu regeln gewesen, freilich unter Aufgabe des Ermittlungsverbots des § 152 II StPO[46].

Eine verfassungskonforme Auslegung ist also nicht praktikabel, da das die **Möglichkeit** der **einschränkenden Auslegung** des Begriffs der Kriminalitätsbekämpfung auf präventive Ziele voraussetzen würde. Das ist aus den erläuterten Gründen vom Wortlaut des Gesetzes aber weder möglich noch vom Gesetzgeber gewollt. Damit ist festzustellen, dass die Schleierfahndung mit der tatbestandlichen Zielrichtung einen Verstoß gegen die verfassungsmäßig festgeschriebenen Gesetzgebungskompetenzen darstellt.

Kompetenzwidrigkeit

7.4. Exkurs: Schleierfahndungen als „institutionalisierter Rassismus" ?

Im Zusammenhang mit den Schleierfahndungen ist im Schrifttum wiederholt thematisiert worden, ob verdachtslose Ermächtigungen nicht zu einer **verstärkten Diskriminierung gesellschaftlicher Minderheiten** führen[47]. Auch die Rechtsprechung hat dieses Phänomen in Einzelfällen erörtert[48].

Diskriminierungsgefahren

Die Schleierfahndungen verfolgen nach ihrer gesetzlichen Bestimmung die Bekämpfung der grenzüberschreitenden Kriminalität. Bei einer solchen Zweckzuschreibung ergibt sich die Frage, worin diese grenzüberschreitende Kriminalität denn besteht und insbesondere, **von wem sie** mutmaßlich **begangen wird**. Zur Beantwortung dieser Fragekomplexe ist ein etwas gründlicherer Blick in die Begründungen, oder besser: Rechtfertigungen, zu werfen, wie sie insbesondere von polizeilicher Seite angeführt werden. Dort ist bei *Spörl* etwa von der „Bekämpfung des Schleuserunwesens, von der Überwachung ausländer- und asylrechtlicher Bestimmungen", „Überwachung von Kfz-Verschiebungen sowie weiterer potentieller Verschieber- oder Hehlerwaren" und schließlich von der „Unterstützung der Fachdienststellen bei der Bekämpfung der Organisierten Kriminalität und der Rauschgiftkriminalität" die Rede. Bei den Täter-Gruppen nennt *Spörl* als Beispiele „**rumänische Tresorknacker** und **polnische Autoschieberbanden**"[49]. Ähnliche Wendungen finden sich auch bei *Richter/Dreher*. Auch diese nennen als Ziele der Schleierfahndungen etwa die „Überwachung ausländer- und asylrechtlicher Bestimmungen (illegale/r Einreise/Aufenthalt, Schleusungskriminalität)" und die Betäubungsmittelkriminalität. Als Hinweis auf Täter finden sich auch bei diesen „**osteuropäische Straftätergruppen**"[50].

Pol. Begründungsmuster

Walter führt zur Rechtfertigung von entsprechenden Personenkontrollen auch „empirisches Datenmaterial" an. Dabei listet er u. a. im Einzelnen Verstöße gegen das Ausländergesetz an den deutschen Ost-Grenzen[51] und den Schengen-Binnengrenzen (also

„Empirisches Datenmaterial"

---

46 Ebenso *Schütte*, ZRP 2002, 397 f.; **a. A.** unter Hinweis auf die Polizeiaufgabe der vorbeugenden Verbrechensbekämpfung *Weingart*, BayVBl. 2001, 35.
47 *Herrnkind*, KJ 2000, 188 ff.; *ders*., in: Verpolizeilichung der Bundesrepublik Deutschland, S. 99 ff.; *Kant*, Bürgerrechte & Polizei / CILIP 65 (1/2000), 29 ff.
48 So im Hinblick auf eine Personenkontrolle an einem „gefährlichen Ort" *AG Stuttgart*, Urteil v. 8.8.2002, Az.: 8 Cs 2 Js 14390/01 – unveröffentlicht –.
49 *Spörl*, Die Polizei 1997, 219.
50 *Dreher/Richter*, Die Polizei 1998, 278.
51 *Walter*, Kriminalistik 1999, 290.

insbesondere im Westen und Süden der BRD) auf[52]. Auch er widmet insoweit eine erhebliche Aufmerksamkeit den Verstößen gegen das Verbot der illegalen Einreise in das Bundesgebiet (§ 58 AuslG). Unter Verweis auf das vom BKA erstellte „Lagebild OK" teilt er außerdem mit, dass 60 % der Tatverdächtigen nichtdeutscher Nationalität gewesen seien[53]. An anderer Stelle wird *Walter* deutlicher: Die Grenzen zur Republik Polen und zur Tschechischen Republik seien **„Haupteinfalltore der illegalen Migration und des Kriminalitätsimports"**. Auf diese Weise sei das Bundesland Brandenburg zu einem „Hauptdurchgangskorridor der grenzüberschreitenden Kriminalität in Richtung auf den **kriminogenen Sammelraum Berlin**" geworden[54]. Als Beispiel dafür, dass die bisherigen Grenzkontrollen kalkulierbar seien und von professionellen Straftätern umgangen werden könnten, führt er (allerdings auch: *nur*) einen Fall an, bei dem „22 Afganen, sechs Iraker, drei Rumänen und ein Somalier" nach ihrer illegalen Einreise festgenommen wurden. Außerdem seien bei dieser Gelegenheit ein weißrussischer und ein polnischer Fahrer von Kraftfahrzeugen als vermutliche Schleuser festgenommen worden. Ferner wird als Erfahrung, aus der „zu lernen" sei, angeführt, dass neben der Sicherstellung von Betäubungsmitteln innerhalb von sieben Wochen auch 26 Tatverdächtige, die der osteuropäischen Bandenkriminalität zuzurechnen seien, festgenommen werden konnten.

Die „Selektion" Schleierfahndungen werden weder nach (konkret) Tatverdächtigen noch nach vermuteten Störern durchgeführt. Die Personenkontrollen erfolgen vielmehr ohne Verdacht gegen die jeweils zu kontrollierenden Personen. Eine Verknüpfung im Sinne von strafverfolgenden Maßnahmen, die gegen Verdächtige zu richten sind, besteht nicht. Es stellt sich deshalb die Frage, *wann* kontrolliert wird und insbesondere: *wer* von den Fahndungsmaßnahmen betroffen ist.

Auswahlverfahren Als kaum durchführbar dürfte anzusehen sein, dass stets alle Menschen, die eine Hauptverkehrsstraße, einen internationalen Reisezug, oder auch nur schlicht den Fußweg einer Straße benutzen, kontrolliert werden. Als Regelfall der Schleierfahndungen würde eine solche „Gleichbehandlung" aller potentiell Betroffenen eine so hohe Anzahl von polizeilichen „Kontrolleuren" binden, dass der polizeiliche Alltagsbetrieb praktisch lahm gelegt würde. Nicht zuletzt aus diesem Grund **„selektiert" die Polizei zwischen zu Kontrollierenden und sonstigen Unverdächtigen**. Das bedeutet, dass die Polizei die Gesamtzahl der Nutzer z.B. einer Straße in Augenschein nehmen muss und zunächst eine Beurteilung derjenigen trifft, die später tatsächlich auf ihre Identität hin überprüft werden sollen.

Subjektive Kriterien Im Rahmen der Schleierfahndungen auf Autostraßen funktioniert das so: Die Schleierfahndung wird mit Hilfe von wechselnden „Selektionsrastern" bzw. Kriterien, die von der Polizei zuvor festgelegt wurden, durchgeführt. „In Bayern ist diese **Massenkontrolle u. a. als sog. „Selektionsmaßnahme"** ausgestaltet, mit der das potentiell Böse von der Straße weg „selektiert" werden kann, wie einem Erfahrungsbericht des Bayerischen Innenministeriums (Stand: September 1996) zu entnehmen ist: 'Vor der

---

52 *Walter*, Kriminalistik 1999, 294.
53 *Walter*, Kriminalistik 1999, 290.
54 *Walter*, Die Polizei 1999, 34.

Kontrollstelle befinden sich auf dem abgesperrten Fahrstreifen ein oder zwei Selektierer (besonders geschultes Auge!), die durch einen Blick in den Fahrzeuginnenraum anhand festgelegter Raster die zu kontrollierenden Fahrzeuge auswählen und über Funk den Anhalteposten melden... Von diesen werden die selektierten Fahrzeuge in einen abgesetzten Kontrollbereich gewiesen. Der Einsatzerfolg steht und fällt mit diesen Selektierern'"[55]. Im Rahmen von Kontrollen in Zügen („Fahndungskonzept 'Schiene'"[56]) erfolgt diese „Selektion" etwa dadurch, dass nur bestimmte Menschen nach ihren Ausweispapieren gefragt werden.

Die Beantwortung der Frage danach, wer im konkreten Einzelfall angehalten und kontrolliert wird, bestimmt sich somit in maßgeblicher Weise danach, welche Vorstellung der „Selektierer" bzw. Polizist von dem ihm begegnenden Menschen hat. Mit anderen Worten: Das „Urteil" des „Selektierers" entscheidet über die Vornahme oder eben Nicht-Vornahme der Maßnahme. Bei der damit verbundenen, vorläufigen Beurteilung des zu kontrollierenden Menschen **können verschiedenste Faktoren eine Rolle** spielen. Dazu zählen gewiss auch die oben skizzierten Begründungen, die von Seiten der polizeilichen Führungsebenen kolportiert werden. Neben entsprechenden Zielvorgaben der Einsatzleitung wirken unwillkürlich aber auch allgemeine (Lebens-)Erfahrungen, Ressentiments, die jeder Mensch besitzt, auf die Entscheidung. An dieser Stelle erlangen somit letztlich **subjektive Vorstellungen** eine entscheidende „verfahrensmäßige" Bedeutung[57].

„Urteil" des Selektierers

7.5. Das Verhältnis der Schleierfahndungen zu anderen verdachtsunabhängigen Personenkontroll-Befugnissen der Polizei

7.5.1. Identitätsfeststellungen nach Polizeirecht an „gefährlichen Orten"

Regelungen im Polizeirecht der Länder: „Gefährliche Orte"	
Baden-Württemberg:	§ 26 I Nr. 2 BWPolG
Bayern:	Art. 13 I Nr. 2 BayPAG
Berlin:	§ 21 II Nr. 1 ASOG
Brandenburg:	§ 12 I Nr. 2 BbgPolG
Bremen:	§ 11 I Nr. 2 BremPolG
Hamburg:	§ 4 I Nr. 2 HambDVG
Hessen:	§ 18 II Nr. 1 HessSOG
Niedersachsen:	§ 13 I Nr. 2 NdsSOG
Nordrhein-Westfalen:	§ 12 I Nr. 2 NWPolG
Mecklenburg-Vorpommern:	§ 29 I Nr. 1 SOG M-V
Rheinland-Pfalz:	§ 10 I Nr. 1 RhPfPOG
Saarland:	§ 9 I Nr. 2 SPolG

---

55 *Gössner*, Erste Rechts-Hilfe, S. 37.
56 Vgl. dazu *Richter/Dreher*, Die Polizei 1998, 277.
57 Ausführlich *Herrnkind*, KJ 2000, 192 f.

Teil 2: Polizei- und Strafprozessrecht

Regelungen im Polizeirecht der Länder: „Gefährliche Orte"	
Sachsen:	§ 19 I Nr. 2 SächsPolG
Sachsen-Anhalt:	§ 20 II Nr. 1 SOG LSA
Schleswig-Holstein:	§ 181 I Nr. 1 LVwG
Thüringen:	§ 14 I Nr. 2 ThürPAG

Gesetzliche Definition

Das Polizeirecht aller Länder[58] kennt neben den untersuchten verdachts- und ereignisunabhängigen Kontrollen weitere Eingriffe, die ebenso ausschließlich an den tatsächlichen Aufenthalt einer Person anknüpfen[59]. Es handelt sich dabei um **Identitätsfeststellungen an sogenannten gefährlichen Orten**. Zwar kennen die Polizeigesetze diesen Begriff selber nicht, sie nehmen dafür aber eine allgemeine Typisierung dieser Lokalitäten vor. Danach sind Identitätsfeststellungen einer Person zulässig, wenn sie sich an einem Ort aufhält, an dem sich erfahrungsgemäß Straftäter verbergen, Personen Straftaten verabreden, vorbereiten oder verüben, sich ohne Aufenthaltserlaubnis treffen oder der Prostitution nachgehen[60].

Verfassungskonforme Auslegung

An solchen Orten kann jeder Mensch, unabhängig von der Eigenschaft als Störer oder Nichtstörer, polizeilich auf die Identität hin überprüft werden. Nicht alle Polizeigesetze nehmen diesbezüglich eine Begrenzung auf bestimmte Straftaten vor, so dass auch diverse Bagatelldelikte in Betracht kämen, einen Ort zu einem „gefährlichen" im Sinne des Polizeirechts zu machen. Diese Eingriffsbefugnis betreffend wird aber gefordert, dass sie dahingehend **verfassungskonform auszulegen** ist, dass generell nur solche Orte für entsprechende Kontrollen in Frage kommen können, an denen **Straftaten von erheblicher Bedeutung** verabredet, vorbereitet oder verübt werden[61]. Orte also, an denen nach polizeilicher Erfahrung lediglich Bagatelldelikte, wie etwa Ladendiebstähle, begangen werden, dürfen nicht als „gefährlich" im Sinne des Polizeirechts verstanden werden. Die entsprechende Eingriffsbefugnis wird in der Literatur trotz der grundsätzlichen Bedenken gegen eine **gefahrunabhängige „Ortshaftung"**, also im Vorfeld einer Gefahr oder einem Gefahrenverdacht, für **noch zulässig** gehalten[62]. Die routinemäßigen Kontrollen an den als gefährlich angesehenen Orten werden auch von der Rechtsprechung als zulässig erachtet[63].

---

58 Siehe dazu die Auflistung der einzelnen Normen bei *Rachor* in: Handbuch des Polizeirechts, S. 400.
59 Von *Hoffmann-Riem*, JZ 1978, 337, wird das – untechnisch aber anschaulich – „Ortshaftung" in Abgrenzung zu Verhaltens- und Zustandshaftung genannt. Denselben Begriff verwendet auch *Walter*, Kriminalistik 1999, 292.
60 § 26 I Nr.2 BWPolG.
61 Einige Polizeigesetze nehmen die Begrenzung ausdrücklich vor, so diejenigen von Berlin, Brandenburg, Bremen, Hamburg, Hessen, Niedersachsen, Nordrhein-Westfalen und dem Saarland. Zur verfassungskonformen Auslegung der anderen Polizeigesetze, so auch der hier zitierten baden-württembergischen Vorschrift vgl. *Rachor* in: Handbuch des Polizeirechts, S. 400 f.
62 *Lisken*, NVwZ 1998, 24.
63 Vgl. die zahlreichen Nachweise bei *Rachor* in: Handbuch des Polizeirechts, S. 401 f.

7. Schleierfahndungen

Zum **Begriff des Aufhaltens** an einem solchen Ort hat das *OVG Hamburg* ausgeführt, dass damit ein **gewisses Verweilen an dem Ort** gemeint ist. Erforderlich sei insoweit ein **„verharrendes Element"**[64].

Def.: Aufhalten

Die Eingriffsvoraussetzungen der Identitätsfeststellungen an gefährlichen Orten sind, wie festgestellt, nur gegeben im Hinblick auf Straftaten mit erheblicher Bedeutung. Diese Voraussetzung fehlt bei Schleierfahndungen vollständig: Bei ihnen ist, mit Ausnahme der Regelung des § 27 a S.1 Nr.1 SOG M-V, eine **Eingrenzung auf bestimmte Deliktsgruppen**, also etwa solche, die als Straftaten von erheblicher Bedeutung zu verstehen wären, weder möglich noch gesetzlich vorgesehen. Das liegt daran, dass es schlicht keinen Zusammenhang zwischen einer bestimmten, z.B. besonders schweren, Kriminalität und der Bedeutung von bestimmten Straßen gibt. Demzufolge sind die Einsatzvoraussetzungen von **Schleierfahndungen auch schon bei Bagatelldelikten** gegeben[65].

Unterschiede zur SF

Den Vorschriften über gefährliche Orte ist gemein, dass sie die gegenständlichen Personenkontrollen nur an einzelnen, **sog. „verrufenen Orten"** zulassen. Sie zeichnen sich, wie *Peters* noch 1985 sprachlich recht bildlich formulierte, dadurch aus, dass es dort durch eine „Häufung dunkler Existenzen zu einer polizeilichen Gefahr" kommt[66]. Gemeint sind damit etwa die sogenannten Rotlicht-Milieus, die als stets gefahrbelastet verstanden werden[67], allerdings räumlich vergleichsweise **eng abgrenzbar** sind. Im Unterschied dazu handelt es sich bei allen von § 26 I Nr.6 BWPolG genannten Durchgangsstraßen um keinen eingrenzbaren Bereich und schon gar keinen, den die Bürger zu meiden vermögen. Während sie den Personenkontrollen in verrufenen Orten, die sich offensichtlich als solche darstellen (etwa aufgrund der örtlichen Gegebenheiten), entgehen können, wenn sie sich nicht der permanenten Möglichkeit einer polizeilichen Kontrolle unterwerfen wollen, ist das bei allgemeinen öffentlichen Straßen kaum möglich[68]. Dieser Umstand wird polizeilicherseits mitunter als Vorteil solcher Kontrollen beschrieben[69]. Jedoch besteht damit die **Gefahr einer indirekten Verhaltenssteuerung durch Verunsicherung**[70]. Die Bürger können nämlich nicht wissen, wie sie sich kleiden müssen, wie sie sich verhalten müssen, um nicht in ein „polizeiliches Raster" zu fallen[71].

Abgrenzbarkeit der gef. Orte

---

64 *OVG Hamburg*, Urteil vom 23.8.2002, Az.: 1 Bf 301/00, S. 16 – unveröffentlicht -.
65 Vgl. demgegenüber aber die Forderung des LVerfG M-V, NordÖR 1999, 506 f.
66 *Peters*, Strafprozess, S. 440 beschreibt weiterhin, dass die Polizei vor die Notwendigkeit gestellt sei, „Gegenden, Lokale und Häuser, in denen sich *üble Elemente* aufhalten, die dort *dunklen Geschäften* nachgehen oder sich verborgen halten, zu überprüfen und die dort angetroffenen Personen zur *Feststellung ihrer Persönlichkeit* und ihrer Tätigkeit auf die Polizeiwache mitzunehmen" (Hervorhebungen F.R.).
67 *Stephan*, DVBl. 1998, 83.
68 *Schütte*, ZRP 2002, 398; ausführlich dazu *LVerfG M-V* bei *Jutzi*, NJ 1999, 474; *SachsAnhVerfG*, NVwZ 2002, 1371.
69 *Kirchleitner*, Polizei-heute 2002, 104 f.
70 *Waechter*, DÖV 1999, 138 ff.
71 *LVerfG M-V*, NordÖR 1999, 502; **a.A.** *SachsAnhVerfG*, NVwZ 2002, 1371 m. zust. Anmerkung *Martell*, NVwZ 2002, 1336.

Teil 2: Polizei- und Strafprozessrecht

Örtlich unbestimmte SF

Der entscheidende Unterschied zwischen den beiden Kategorien von Orten, in denen jeder Mensch ohne konkreten Anlass kontrolliert werden darf, besteht also darin, dass die Orte, an denen Personenkontrollen im Rahmen von Schleierfahndungen erlaubt sind, **örtlich gänzlich unbestimmt** sind[72]. Diesbezüglich ist allerdings hinsichtlich der gefährlichen Orte einzuschränken, dass auch diese nicht allgemein bekannt sind in dem Sinne, dass die Polizei die entsprechenden Bereiche regelmäßig öffentlich bekannt gibt. Es ist vielmehr so, dass sich die Polizei bisweilen ausdrücklich weigert, die gefährlichen Orte einer Stadt oder Gemeinde zu benennen[73]. Insofern kann nicht ohne weiteres davon ausgegangen werden, dass diese Bereiche allgemein bekannt sind und damit gemieden werden können. Sofern die **Polizei die gefährlichen Orte also „geheim hält"**, eröffnet sie sich eine Option, die Bürger in den entsprechenden Bereichen jederzeit kontrollieren zu dürfen, ohne dass diesen ihrerseits die Möglichkeit offen stünde, die entsprechenden Orte zu meiden.

Unvermeidbarkeit

Insofern kann auch bei dieser Befugnis nicht angenommen werden, dass eine gesetzgeberische Absicht existierte, dass verhaltensunabhängige Jedermannkontrollen vermeidbar sein sollen. Unter diesem Aspekt sind die Personenkontrollen **an gefährlichen Orten denselben Bedenken** ausgesetzt wie diejenigen im Rahmen der Schleierfahndung. Daraus folgt, dass auch bei Personenkontrollen an gefährlichen Orten der oben genannte Grundsatz betroffen ist: Die rechtstreuen **Bürger und Nichtstörer werden eben nicht in Ruhe gelassen**[74] und können Eingriffen selbst durch Verhaltensanpassungen nicht entgehen. Dieser Umstand widerspricht der Annahme, dass die entsprechenden Befugnisse in den Polizeigesetzen noch hinnehmbar seien. Denn wenn keine Verhaltensanpassung möglich ist bzw. sein soll und sich die gefährlichen Orte praktisch überall befinden können, wo die Polizei diese mehr oder weniger spontan sieht oder zu sehen glaubt, entspricht die Befugnis diesbezüglich den Regelungen über die Schleierfahndung. Bei einer entsprechenden Handhabung der Befugnis über die Identitätsfeststellung an gefährlichen Orten ist der Unterschied zwischen den Regelungen also nicht so erheblich, wie er auf den ersten Blick erscheinen mag. Insofern ist es sogar konsequent, dass die Polizeien der Länder, die (noch) nicht über die Standardmaßnahme der Schleierfahndung in ihren Gefahrenabwehrgesetzen verfügen, nicht unbedingt von einer Erforderlichkeit einer solchen Regelung ausgehen[75].

---

72 *Stephan*, DVBl. 1998, 82, 83; *Waechter* DÖV 1999, 142; mit Blick auf die Befugnisse des BGS konstatiert auch *Müller-Terpitz*, DÖV 1999, 335, dass sich die Menschen, anders als bei Grenzübertritten, den Kontrollen nicht entziehen können.

73 In Bremen wird das etwa damit begründet, dass „die Kriminalitätsentwicklung in den einzelnen Deliktsbereichen sehr unterschiedlich verläuft und sich beispielsweise aufgrund jahreszeitlicher Einflüsse und/oder polizeilicher Maßnahmen mehr oder minder stark verändert bzw. örtlich verlagert" und deshalb auch „Fragen der Notwendigkeit sowie der zeitlichen und räumlichen Grenzen im Rahmen der Bestimmung von 'Gefahrenorten' regelmäßig kritisch geprüft" werden. Vor diesem Hintergrund wird von der Bekanntgabe der „Gefahrenorte" abgesehen, so die Antwort des Polizeipräsidiums der Freien Hansestadt Bremen vom 26.10.1998 auf die entsprechende Anfrage des Verfassers vom 15.10.1998.

74 Vgl. dazu wiederum *Lisken*, NVwZ 1998, 24; ähnlich auch *Alberts*, NVwZ 1983, 586.

75 Ausdrücklich die Antwort des Polizeipräsidiums der Freien Hansestadt Bremen vom 26.10.1998 (sie-

7. Schleierfahndungen

Zusammenfassend ist also festzustellen, dass eine **subjektiv-polizeiliche Einschätzung** in beiden Befugnissen den Tatbestand ausfüllt. Bei den gefährlichen Orten ist dies die polizeiliche Lageeinschätzung **auf einen bestimmten Bereich** bezogen, bei den Schleierfahndungen „genügt" in vielen Polizeigesetzen **das polizeiliche Motiv** der Kriminalitätsbekämpfung.

Zwischenergebnis

7.5.2. Personenkontrollen nach der Straßenverkehrsordnung

Von den Befürwortern der verdachts- und ereignisunabhängigen Personenkontrollen nach Polizeirecht wurde immer wieder angeführt, dass es sich dabei um eine keineswegs neue Rechtsfigur handele, sondern um eine seit langem be- und anerkannte: Auch **§ 36 V StVO erlaube solche Identitätsfeststellungen**, die weder an eine konkrete Gefahr, noch an ein bestimmtes Verhalten der Verkehrsteilnehmer anknüpften[76]. Die jeweils erfassten Gefahren (grenzüberschreitende Kriminalität, Verkehrssicherheit) seien zwar nicht unmittelbar miteinander vergleichbar, sie unterschieden sich jedoch qualitativ nicht so gravierend, dass vor dem Hintergrund der Verhältnismäßigkeit eine parallele Betrachtung auszuschließen sei[77].

§ 36 V StVG vergleichbar?

Dem wird entgegengehalten, dass es sich bei den beiden Befugnissen sehr wohl um **rechtlich unvergleichliche Befugnisse** handele. Bei der Verkehrskontrolle sei nur der Fahrer von der Personenkontrolle betroffen, nicht aber andere Mitreisende. Es gehe dabei ausschließlich um die Überprüfung der Verkehrstüchtigkeit der Verkehrsteilnehmer, die aus der Tatsache der **abstrakten Gefährlichkeit des Straßenverkehrs**[78] als solcher erforderlich seien. Insofern sei Voraussetzung ein tatsächlich gefährliches Verhalten der Fahrzeugführer durch die Benutzung ihrer Kraftfahrzeuge[79].

StVG: Fahrerkontrolle

Letztgenannter Auffassung ist beizutreten. Tatsächlich stellt das **Führen eines Kraftfahrzeuges schon an sich eine Gefährdung** von anderen Menschen und Gegenständen dar[80]. Um diese abstrakte Gefährlichkeit des Straßenverkehrs kontrollieren zu können, muss sich der Gefährdungsverursacher „Tüchtigkeitsüberprüfungen" unterwerfen. Deshalb ist die Personen- (und Fahrzeug-) Kontrolle nach § 36 V StVO auch auf straßenverkehrliche Zwecke und die Person des Fahrzeugführers beschränkt[81]. Das Alltagsleben der Bürger dagegen, also etwa der bloße Aufenthalt einer Person an einem

Zwischenergebnis

---

he oben), die darauf hinweist, dass im Rahmen der seinerzeit geführten Diskussion um die Novellierung des Bremer Polizeigesetzes von Seiten der Polizei ausdrücklich auf die Forderung nach einer entsprechenden Rechtsgrundlage verzichtet wurde. Im Rahmen der Diskussion über die Novellierung des Brandenburgischen Polizeigesetzes äußerte ein hoher Polizeibeamter, dass die Polizei auch ohne die neuen Befugnisse sinnvoll arbeiten könne, sie sich aber andererseits auch nicht gegen die weitergehenden Befugnisse wehren werde, vgl. Tageszeitung Junge Welt v. 25.3.1999.

76 *Spörl*, Polizei 1997, 217; *Moser v. Filseck*, Polizei 1997, 72 und 73; *Beinhofer*, BayVwBl. 1995, 196; vgl. auch LT-Drucks. 12/52, S. 5.
77 *Moser v. Filseck*, Polizei 1997, 72.
78 *Gusy*, Polizeirecht, S. 104; ebenso *Feltes* in: Anlaßunabhängige Polizeikontrollen, S. 3.
79 *Schütte*, ZRP 2002, 397; *Lisken*, NVwZ 1998, 25; *Stephan*, DVBl. 1998, 83.
80 Diesem Umstand trägt etwa die zivilrechtliche Haftungsvorschrift des § 7 StVG angemessen Rechnung (verschuldensunabhängige Gefährdungshaftung).
81 *Jagusch/Hentschel*, Straßenverkehrsrecht, § 36 Rdnr. 24; in diesem Sinne auch LVerfG M-V, Urt. v. 21.10.1999, LVerfG 2/98, S. 25.

Teil 2: Polizei- und Strafprozessrecht

bestimmten Ort oder in einem Fahrzeug, können daher solche Personenkontrollen nicht rechtfertigen. In diesem Unterschied der Regelungen liegt auch ihre Andersartigkeit. Während einerseits ein **potentiell gefährliches Verhalten** überwacht werden darf (§ 36 V StVO), ist andererseits die **polizeirechtliche Kontrollbefugnis völlig verhaltensunabhängig**. Ein Vergleich der beiden Befugnisse vermag die Eingriffsintensität also kaum zu nivellieren, wie es von den oben genannten Befürwortern aber scheinbar beabsichtigt ist.

7.6. Das Verhältnis zur Befugnis der Strafprozessordnung nach § 163 b

Befugnis- umfang

§ 163 b I StPO erlaubt gegenüber einem Verdächtigen die Ergreifung der zur Feststellung der Identität notwendigen Maßnahmen. Zu diesem Zweck **können Verdächtige festgehalten** werden, wenn die Identität sonst nicht oder nur unter erheblichen Schwierigkeiten festgestellt werden kann. Unter den letztgenannten Voraussetzungen sind auch **die Durchsuchung der Person** und von ihr mitgeführter Sachen und die Durchführung erkennungsdienstlicher Maßnahmen zulässig. Wird der Person zu diesem Zweck die Freiheit entzogen, so ist die **freiheitsentziehende Maßnahme spätestens nach 12 Stunden zu beenden**, § 163 c III StPO. Nach dieser Zeit ist die Person unbedingt zu entlassen, wenn keine anderen Gründe für eine Freiheitsentziehung in Betracht kommen. In einem Fall der 45-minütigen Überschreitung dieser Frist stellte der *Europäische Gerichtshof für Menschenrechte (EGMR)* einen Verstoß gegen die Norm fest[82].

Zeugen

Nach § 163 b II StPO ist auch die **Identitätsfeststellung von unverdächtigen Personen** zulässig. Ein Festhalten ist jedoch nicht zulässig, wenn dies außer Verhältnis zur Bedeutung der Sache steht. Die Durchsuchung von Unverdächtigen und von ihnen mitgeführten Sachen sowie die erkennungsdienstliche Behandlung darf nicht gegen den Willen der Betroffenen vorgenommen werden. Identitätsfeststellungen nach dieser Vorschrift sind **nur zu Zwecken des Strafverfahrens** zulässig. Dabei kommt es bei Verdächtigen nicht auf einen bestimmten Grad des Tatverdachts an, sondern nur darauf, dass ein Anfangsverdacht gemäß § 152 II StPO hinsichtlich einer bestimmten Straftat vorliegt[83].

Unterschiede StPO – PolR

Die beschriebene Eingriffsbefugnis, insbesondere hinsichtlich der Betroffenheit von unbeteiligten und damit unverdächtigen Personen (also insbesondere Zeugen) unterscheidet sich von Identitätsfeststellungen im Rahmen der Schleierfahndung. Einerseits setzt letztere naturgemäß nicht den soeben beschriebenen **Tatverdacht hinsichtlich einer bestimmten Straftat** voraus, sonst wäre die Eingriffsbefugnis mit Blick auf die strafprozessuale Regelung ohnehin unsinnig. Andererseits folgen aus der Befugnis zur Personalienfeststellung weitere Kompetenzen der Polizei, die § 163 b StPO gerade ausschließt: Nach § 163 b II S.2 StPO darf eine **unverdächtige Person gegen ihren Wil-**

---

82 EGMR, NJW 1999, 775 ff. m. Anm. *Eiffler*, NJW 1999, 762 f.
83 Allg. KK-*Wache*, § 163 b Rdnr. 3; *Kurth*, NJW 1979, 1378; ferner *Knemeyer*, Polizei- und Ordnungsrecht, S. 93.

7. Schleierfahndungen

len nicht durchsucht oder erkennungsdienstlich behandelt werden[84]. Zulässig ist nur das (kurzzeitige) Festhalten der Unverdächtigen und das auch nur dann, wenn dies nicht außer Verhältnis zu der Sache steht. Bei zu verfolgenden Bagatelldelikten ist danach also auch das Festhalten unzulässig[85]. Nach den tatbestandlichen Voraussetzungen z.B. des § 26 II BWPolG dagegen können auch Nichtstörer, deren Identität festgestellt werden soll, auch ohne diese Einschränkung festgehalten werden und sogar mit auf die Dienststelle genommen werden, wenn die Identität auf andere Weise nicht oder nur unter erheblichen Schwierigkeiten festgestellt werden kann. Eine Eingrenzung im Sinne einer Beschränkung auf Kriminalität von erheblicher Bedeutung sehen die Polizeigesetze – wie gezeigt – nicht vor. Bei näherer Betrachtung ist das gesetzestechnisch auch gar nicht möglich, denn **die Personenkontrollen** im Rahmen der Schleierfahndungen **sind generell zulässig bei jedweder Form von grenzüberschreitender Kriminalität**, für deren Vorliegen im übrigen auch keine konkreten Tatsachen oder tatsächliche Anhaltspunkte vorliegen müssen. Ohne diese Anknüpfungspunkte kann keine Zuordnung zu einer bestimmten Deliktsschwere oder -kategorie vorgenommen werden. Bei welcher Kriminalitätsform oder -schwere die im Einzelfall tätige Polizei also die personenbezogenen Daten zu ihrer Bekämpfung erheben darf, ist vor jeder polizeilichen Maßnahme stets irrelevant. Eben dieser Zeitpunkt ist aber ausschlaggebend für jegliche polizeiliche Entscheidung vor einer Maßnahme. Es ist also davon auszugehen, dass die polizeirechtlichen Regelungen von der Bekämpfung **einer Vielzahl von unterschiedlichsten Straftaten mit internationalem Bezug** ausgehen und eine Differenzierung hinsichtlich der Deliktsschwere weder vornehmen wollen noch können. Denn die Bekämpfung irgendwelcher Kriminalität kann die tatsächlich bekämpften Straftaten nicht kennen.

Von Bedeutung sind in diesem Zusammenhang weiterhin die Vorschriften über polizeiliche Ingewahrsamnahmen (vgl. § 28 Abs. 1 Nr.3 i.V.m. Abs. 3 S. 3 u.4 BWPolG). Mitunter darf die Ingewahrsamnahme einer Person zum Zwecke der Identitätsfeststellung, die auf andere Weise nicht möglich ist, ohne richterliche Entscheidung bis zum Ende des Tages nach dem Ergreifen aufrechterhalten werden. Die davon unabhängig unverzüglich herbeizuführende richterliche Entscheidung darf eine Dauer von bis zu 14 Tagen bestimmen. Das bedeutet, dass vom **Wortlaut des Gesetzes her eine unverdächtige Person bis zu 14 Tagen im Gewahrsam** gehalten werden dürfte. Eine tatbestandliche Einschränkbarkeit hinsichtlich der zulässigen Maßnahmen ist nicht ausdrücklich vorgesehen. Gegen jeden betroffenen Menschen sind nach dem Wortlaut der Befugnisse somit alle weiteren sich anschließenden polizeirechtlich erlaubten Maßnahmen zulässig.

Freiheitsentziehungen

Es ist hier zwar sogleich einzuschränken, dass der *sächsische Verfassungsgerichtshof* in einer Grundsatzentscheidung eine solche **Befugnis für generell unverhältnismäßig**

---

84 Diese Einschränkung wird im Hinblick auf angenommene praktische Probleme vereinzelt kritisiert, vgl. *Kurth*, NJW 1979, 1379, unabhängig davon hat der Bundesgesetzgeber damit unmissverständlich zum Ausdruck gebracht, dass Unverdächtige nicht in einer solchermaßen intensiven Weise in Anspruch genommen werden sollen.

85 *Kurth*, NJW 1979, 1379.

Teil 2: Polizei- und Strafprozessrecht

Dauer von Freiheitsentziehungen

und damit verfassungswidrig und nichtig erklärt hat[86]. Er stellte fest, dass die entsprechende Eingriffsbefugnis keiner verfassungskonformen Auslegung zugänglich sei. Der Gesetzgeber habe den ihm bei Eingriffsregelungen durchaus zustehenden Einschätzungs-, Wertungs- und Beurteilungsspielraum nicht gewahrt[87], da die Regelung über einen derart langen Polizeigewahrsam zur Identitätsfeststellung mit den herkömmlichen juristischen Methoden nicht in hinreichender Weise verhältnismäßig auszulegen sei[88]. Die entsprechende Regelung verstoße daher gegen den Bestimmtheitsgrundsatz. Ein Gewahrsam zum Zweck der Identitätsfeststellung darf demnach nur bis zum Ende des Tages nach dem Ergreifen aufrechterhalten werden. Selbst wenn man aber diese Rechtsprechung berücksichtigt und auf die Befugnisse zur Schleierfahndung überträgt, so kann eine Person, deren Identität festgestellt werden soll, länger als die nach der Strafprozessordnung zulässigen 12 Stunden festgehalten werden. Zweifel an der Verhältnismäßigkeit der Höchstdauer eines Gewahrsams zur Identitätsfeststellung bestehen also selbst bei Beachtung der sächsischen Rechtsprechung. Es dürfte kaum erklärbar sein, warum eine Identitätsfeststellung nach Polizeirecht so viel länger dauern sollte als die entsprechende Maßnahme nach Strafprozessrecht. **Einzelne Polizeigesetze** begrenzen **eine Freiheitsentziehung zum Zweck der Identitätsfeststellung** entsprechend auf eine **Dauer von nur 6 Stunden**[89].

Erweiterung von Pol-Befugnissen

Der grundsätzlichen Bedenklichkeit der Vorschrift, die jedermann in nicht zu vernachlässigender Weise polizeipflichtig macht, kann aber selbst eine einschränkende Auslegung der Befugnis zur Schleierfahndung nicht abhelfen. Das folgt aus der Erinnerung an die Zulässigkeit der verhaltens- und ereignisunabhängigen Befugnis nach der Vorschrift als solcher. Es zeigt sich nämlich, dass die polizeirechtlichen Regelungen die polizeilichen Befugnisse im Verhältnis zu § 163 b StPO in mehrfacher Hinsicht erweitern: Zum einen wird die Personenkontrolle von **der Notwendigkeit eines konkreten Tatverdachts völlig entbunden** und die Grenze des § 152 II StPO so obsolet gemacht[90]. Die Befugnis zur Identitätsfeststellung wird damit **insgesamt vorverlagert**. Zum anderen erweitert sie notwendig die zulässigen polizeilichen Maßnahmen, da sie insbesondere **keine Differenzierung von Störern und Nichtstörern** vornimmt und – wie gezeigt – vornehmen kann. Die Befugnis stellt damit eine erhebliche Ausweitung der staatlicherseits zu treffenden Maßnahmen dar, die die bundesrechtlichen Wertungen und beschriebenen Schutzvorkehrungen zum Schutz der Grundrechte der Unverdächtigen negiert.

Verfassungsgerichtliche Vorgaben

Zur Verdeutlichung der bundesrechtlichen Maßstäbe sei hier eine Entscheidung des *Bundesverfassungsgerichts* genannt, das sich im Jahr 1995 mit der Vereinbarkeit des § 163 b StPO mit den Grundsätzen der Normbestimmtheit und -klarheit zu befassen hatte[91]. Es entschied, dass bereits die **Vorschrift des § 163 b StPO** unter diesen Gesichts-

---

86 *SächsVerfGH*, Urteil v. 14.5.1996, Vf. 44-II-94, S. 31 ff. = JZ 1996, 957, 958.
87 *SächsVerfGH*, Urteil v. 14.5.1996, Vf. 44-II-94, S. 36 = JZ 1996, 958.
88 Vgl. dazu auch BVerfGE 78, 205 (212 ff.).
89 Vgl. etwa die niedersächsische Regelung des § 21 S.3 NdsSOG.
90 *Schütte*, ZRP 2002, 396 f.; *Feltes* in: Kriminalitätsimport, S. 77.
91 *BVerfG* NJW 1995, 3110 ff.

punkten **nicht bedenkenfrei** sei; allerdings werde ihre Anwendung u. a. dadurch beschränkt, dass er an das Bestehen eines Tatverdachts gegen die zu kontrollierende Person anknüpfe[92]. Zu dessen Begründung reiche aber die subjektive Annahme des kontrollierenden Amtsträgers nicht aus, vielmehr müsse es (objektiv) mindestens möglich sein, dass der/die Verdächtige durch das Verhalten, das ihm/ihr vorgeworfen wird, eine nach materiellem Strafrecht strafbare Tat (wirklich) begangen hat. Ernsthafte Zweifel dürften diesbezüglich nicht bestehen[93]. Nach diesen Darlegungen wird **§ 152 II StPO also zur absoluten Grenze** der Zulässigkeit von Identitätsfeststellungen nach § 163 b StPO erklärt.

Auf die in Rede stehende polizeirechtliche Befugnis übertragen bedeutet das, dass – der polizeirechtlichen Systematik folgend – der Gefahrenverdacht zur Grenze der Zulässigkeit einer Eingriffsregelung zu erheben ist. Diese „Hürde" der von der Person ausgehenden Gefahr wäre also auch hier „zu nehmen", will man die **Schutzfunktion von solchen Grenzen** nicht unterlaufen. Das gerade tut jedoch die Befugnis zur Schleierfahndung nicht, weil Tatsachen oder tatsächliche Anhaltspunkte für eine Gefährdung der öffentlichen Sicherheit nach dem Willen der Gesetzgeber eben nicht vorzuliegen brauchen[94]. Die Grenze der Verfassungswidrigkeit, nähme man die Rechtsprechung des *Bundesverfassungsgerichts* zum Maßstab, wird damit von den Schleierfahndungen überschritten[95]. Es zeigt sich also, dass im Verhältnis von polizeirechtlicher Schleierfahndung und strafprozessrechtlicher Identitätsfeststellung bundesrechtliche Maßstäbe zum Schutz von Unbeteiligten – in diesem Fall durch den erläuterten Beschluss konkretisiert – nicht beachtet wurden. Die Regelungen setzten weder einen konkreten Gefahrenverdacht voraus, noch wird der Verhältnismäßigkeitsgrundsatz für freiheitsentziehende Eingriffsbefugnisse anlässlich der Schleierfahndung beachtet. Das muss nach der hier erläuterten Auffassung zur **Verfassungswidrigkeit der Höchstdauer des Identitätsfeststellungs-Gewahrsams** führen.

Unverhältnismäßigkeit der Befugnisse

7.7. Zur Eingriffsintensität von Schleierfahndungen

Die Eingriffsbefugnis wird von ihren Befürwortern mit dem Argument verteidigt, dass es sich bei den polizeilichen Maßnahmen um Grundrechtseingriffe niederer Intensität handelt[96]. Insofern könne der Verhältnismäßigkeitsgrundsatz durch die Identitätsfeststellung als solcher auch nicht verletzt sein.

Geringe Eingriffsintensität?

Diesbezüglich ist zunächst zu berücksichtigen, dass sich bereits der Regelfall einer Personenkontrolle im Rahmen der Schleierfahndung (Bsp.: § 26 I Nr.6 BWPolG) **aus mehreren Eingriffen in die Rechte der Betroffenen** zusammensetzt: An die Identi-

---

92 *BVerfG* NJW 1995, 3111; vgl. ferner *Kurth*, NJW 1979, 1378.
93 *BVerfG* NJW 1995, 3112.
94 So die Verwaltungsvorschrift des baden-württembergischen Innenministeriums v. 7.8.1996 (GABl. S. 569) und die vergleichbare niedersächsische Bestimmung der AB zu § 12 NdsSOG.
95 So auch *Stephan*, DVBl. 1998, 82 und *Feltes* in: Anlaßunabhängige Polizeikontrollen, S. 10.
96 *Moser v. Filseck*, Polizei 1997, 72; *Walter*, Polizei 1999, 38; *Würtenberger/Heckmann*, Polizeirecht in Baden-Württemberg, S. 155; LT-Drucks. 12/52, S. 5.

Teil 2: Polizei- und Strafprozessrecht

Folgeeingriffe tätsfeststellung als solcher schließen sich üblicherweise weitere Grundrechtseingriffe an, etwa der Art, dass mittels der erhobenen personenbezogenen Daten Datenabgleiche[97] mit Datenbanken vorgenommen werden (sog. **Folgeeingriffe**[98]). Das bedeutet, dass die Personalien der kontrollierten Person durch die Eingabe in elektronische Informationssysteme in der Weise überprüft werden, ob es sich bei der Person um eine solche handelt, nach der gefahndet wird. Möglich ist auch die Abfrage, ob die Person schon einmal in ein strafrechtliches Ermittlungsverfahren verwickelt gewesen ist[99]. Abgesehen davon, dass sich auch hier noch einmal repressive Zwecke der Personenkontrollen zeigen, ist festzustellen, dass es sich dabei um weitere Eingriffe in die Grundrechte der Betroffenen handelt. Denn **Datenerhebung und Datenverarbeitung bzw. Datenabgleich stellen keine rechtliche Einheit** dar[100]. Es darf auch nicht ausschließlich auf die Art der Daten abgestellt werden. Man käme sonst schnell zu dem Schluss, dass z.B. gegen die Nennung des Namens und des Wohnortes keine Einwände sprechen, weil es sich dabei um Eingriffe von zu vernachlässigender Intensität handelte[101]. Entscheidend sind vielmehr ihre Nutzbarkeit und Verwendungsmöglichkeiten. Diese hängen insbesondere auch von den der Informationstechnologie eigenen Verarbeitungs- und Verknüpfungsmöglichkeiten ab. Dadurch können auch an sich **alltägliche Angaben einen neuen Stellenwert** erlangen. Es ist deswegen auch richtig, dass es – wie das *Bundesverfassungsgericht* im Volkszählungsurteil sagte – unter den Bedingungen der alltäglichen automatisierten Datenverarbeitung **keine belanglosen Daten mehr** gibt[102]. Von einem Eingriff geringerer Intensität kann schon deshalb nicht ausgegangen werden.

Freiheitsent- Zurückzukommen ist außerdem auf bereits angesprochene Befugnisse der Polizei
zug als Folge **anlässlich einer Identitätsfeststellung**. Dazu gehört insbesondere die sog. **Sistierung**, d.h. das Festhalten des Betroffenen und sein Verbringen auf die polizeiliche Dienststelle[103]. Dabei handelt es sich um eine Freiheitsentziehung[104], die anlässlich der Identitätsfeststellung vorgenommen werden darf. Zwar ist das aus Gründen der Verhältnismäßigkeit nur zulässig, wenn die Feststellung durch andere und weniger eingreifende Maßnahmen nicht erreicht werden kann. Indessen ist aber zu berücksichtigen, dass es **keine Verpflichtung gibt, sich mittels amtlichen Ausweises jederzeit legitimieren**

---

97 *Kutscha*, Bürgerrechte & Polizei / CILIP 1/98, S. 63.
98 *Rachor*, in: Handbuch des Polizeirechts, S. 398.
99 *Stephan*, DVBl. 1998, 83; so auch die Darlegungen des Landesbeauftragten für den Datenschutz in: Anlaßunabhängige Polizeikontrollen, S. 2.
100 Vgl. zu den grundsätzlichen Ausführungen des Bundesverfassungsgerichts zur Zweckbindung von Daten (BVerfGE 65, 1) oben die Ausführungen unter Punkt I.4.
101 So etwa *Walter*, Die Polizei 1999, 38.
102 *BVerfGE* 65, 1 (41 ff.); ausführlich dazu auch *Heußner*, RuP 1990, 149 f.
103 *Feltes* in: Kriminalitätsimport, S. 72 f.; entsprechend auch das Vorbringen der Beschwerdeführer vor dem *LVerfG M-V*, vgl. dazu die Sachverhaltsdarstellungen bei *Jutzi*, NJ 1999, 474.
104 Vgl. dazu LVerfG M-V, NordÖR 1999, 508; **a. A.** *Würtenberger/Heckmann*, Polizeirecht in Baden-Württemberg, S. 157.. Zur Abgrenzung von Freiheits*entziehung* und Freiheits*beschränkung* ausführlich *Rachor* in: Handbuch des Polizeirechts, S. 445 f.

zu können[105]. Sofern eine Person also etwa keinen Personalausweis mit sich führt und auch sonst über kein amtliches Dokument verfügt, kommt diese Befugnis in Betracht[106].

Überdies kommt eine **Durchsuchung mitgeführter Sachen** anlässlich einer Maßnahme der Schleierfahndung in Frage. In Bayern etwa ist das nach dem Wortlaut der einschlägigen Vorschriften immer schon dann der Fall, wenn eine Person im Rahmen einer Schleierfahndung kontrolliert wird (Art. 22 I Nr. 4 i. V. m. Art 13 I Nr. 5 BayPAG). Andere Polizeigesetze beschränken sich auf eine **Inaugenscheinnahme** von mitgeführten Gegenständen (§ 12 VI NdsSOG). Sofern eine Durchsuchung nach dem Wortlaut der Regelungen ohne weitere Zulässigkeitsvoraussetzungen statthaft ist, so bedarf diese Ermächtigung der verfassungskonformen Auslegung. Der *Bayerische Verfassungsgerichtshof* meint diesbezüglich, dass für einen entsprechenden Folgeeingriff einer Identitätsfeststellung im Einzelfall eine erhöhte abstrakte Gefahr gegeben sein muss[107]. Dies ergebe sich daraus, dass es sich bei einer solchen Durchsuchung um einen wesentlich intensiveren Grundrechtseingriff als bei einer Identitätskontrolle handele. Es müssten tatsächliche Anhaltspunkte bestehen, die den Schluss auf **erhöhte abstrakte Gefahrenlagen** zuließen. Dabei könne es sich etwa um durch Indizien angereicherte, also um hinreichend gezielte polizeiliche Lageerkenntnisse oder um das Vorhandensein von Täterprofilen oder Fahndungsrastern handeln. Für eine entsprechende Prognose könnten aber naturgemäß auch Eindrücke verarbeitet werden, die bei der vorangegangenen Identitätsfeststellung gewonnen wurden. Die Begrenzungsfunktion, die diese Rechtsprechung hat, darf freilich nicht überschätzt werden. Angesichts

Durchsuchungen als Folge

---

105 *Stephan*, DVBl. 1998, 83; *Feltes* in: Anlaßunabhängige Polizeikontrollen, S. 9 geht gar davon aus, dass damit die bundesrechtliche Regelung des Gesetzes über Personalausweise ausgehebelt würde, denn wer die polizeirechtlich vorgesehenen Folgemaßnahmen verhindern wolle, müsse eben doch stets einen Personalausweis mit sich führen. Dieser Rechtsauffassung ist nur begrenzt beizutreten, da auch die baden-württembergische Regelung des § 26 I Nr. 6 weder eine Pflicht noch eine Sanktion für nicht mitgeführte Personalausweise vorsieht. Nur indirekt müssen die Bürger für ihr „Versäumnis die Konsequenzen tragen", wenn das ggf. polizeilicherseits für erforderlich gehalten wird. Missverständlich ist es daher zumindest zu behaupten, dass „ja gemäß § 1 I PersAuswG jeder Deutsche, der das 16. Lebensjahr vollendet hat, einen Personalausweis zu besitzen und ihn auf Verlangen einer zur Prüfung der Personalien ermächtigten Behörde vorzulegen", so aber *Tettinger*, Besonderes Verwaltungsrecht/1, S. 188.
106 Das gestehen von den Befürwortern der Schleierfahndungen auch *Moser v. Filseck*, Polizei 1997, 72, und *Walter*, Kriminalistik 1999, 293, ein; krit. dazu die Ausführungen des baden-württembergischen Landesbeauftragten für den Datenschutz in: Anlaßunabhängige Personenkontrollen im Spannungsfeld zwischen Polizeipraxis und Bürgerrechten, S. 2. Zur Veranschaulichung folgender Fall: „Am Freitag, dem 28.3.98, wurde gegen 10.30 Uhr (...) in der hannoverschen Innenstadt der Nigerianer A. von der Polizei überprüft, und da er keine Ausweispapiere mit sich führte, festgenommen und in die PI Raschplatz verbracht. Dort wurde Herr A. trotz Vorlage seines Sozialversicherungsausweises, einer Meldekarte der nigerianischen Botschaft (beides mit Lichtbild), einer EC-Karte, Bestätigung seiner Angaben durch eine AZR-Anfrage und dem wiederholten Hinweis seiner deutschen Ehefrau, dass es sich bei Herrn A. um ihren Ehemann handelt, mit Handschellen an einen Stuhl gefesselt, bis die Ehefrau die Pässe aus ihrer Wohnung geholt und zur PI Raschplatz gebracht hatte", vgl. zu diesem Sachverhalt die Kleine Schriftliche Anfrage der Abgeordneten *Stokar* (Grüne) an die niedersächsische Landesregierung vom 14.4.1998, LT-Drucks. 14/192.
107 http://www.bayern.verfassungsgerichtshof.de/69-VI-04-Entscheidung.htm.

Teil 2: Polizei- und Strafprozessrecht

der Wagheit der geforderten Anhaltspunkte für eine erhöhte abstrakte Gefahr ist kaum davon auszugehen, dass eine gewollte Durchsuchung von Gegenständen zukünftig an den beschriebenen verfassungsgerichtlichen Hürden scheitern wird. Vielmehr sind zukünftig vor allem solche Durchsuchungen unzulässig, bei denen ihre Willkürlichkeit sich einem „objektiven Dritten" geradezu aufdrängen muss. Entsprechend lag im Übrigen der Einzelfall, den der Verfassungsgerichtshof zu entscheiden hatte. Die Entscheidung ist aber auch deswegen abzulehnen, weil die in ihr statuierten Anforderungen kaum mit den Grundsätzen der Normenklarheit und Normenbestimmtheit zu vereinbaren sind: Betroffene Personen dürften auch zukünftig kaum erkennen können, ob ein entsprechender Folgeeingriff den Zulässigkeitskriterien des *Verfassungsgerichtshof* genügt oder nicht. Die entsprechenden Probleme werden zukünftig die Verwaltungsgerichte bei weiteren Einzelfallentscheidungen haben. Und: Ist das Antreffen eines Ausländers ein Indiz im Sinne der beschriebenen Anforderungen?[108] Die Frage ist angesichts der einschlägigen Ausführungen des Verfassungsgerichtshof keineswegs abwegig, denn dort heißt es, dass die Maßnahme rechtmäßig gewesen wäre, wenn die Polizei über Lageerkenntnisse, Täterprofile oder dergleichen verfügt hätte, die die Prognose erlaubt hätten, Personen wie der (offenkundig nicht-deutsche) Beschwerdeführer könnten Beziehungen zur grenzüberschreitenden Kriminalität, insbesondere den „Bereichen illegale Ausländer oder Betäubungsmittelkriminalität" haben[109].

Zwischenergebnis Es zeigt sich, dass die Behauptung, dass es sich bei der Befugnis zur verdachts- und ereignisunabhängigen Personenkontrolle um Eingriffe geringer Intensität handelt, die stets **mitzudenkende Folgeeingriffe** in nicht hinreichender Weise berücksichtigt. Selbst wenn die von der Person und ihrem Verhalten unabhängige Befugnis isoliert zu betrachten wäre, so lässt das außer Acht, dass grundsätzlich **Eingriffe in die Rechte von Unbeteiligten bzw. Nichtstörern** an der Grenzlinie eines sich rechtsstaatlich verstehenden Polizeirechts liegen. Solche Eingriffe aber setzen spezielle Gefährdungssituationen, die einem Ausnahmezustand entsprechen, voraus[110].

7.8. Fazit: Gefahrenabwehrunabhängiges Polizeirecht

Keine Gefahr! Wie bereits die Bezeichnung der Befugnis des § 26 I Nr. 6 BWPolG und ihrer Entsprechungen in den anderen Ländern als verdachts- und ereignisunabhängige Personenkontrollen zur Bekämpfung der grenzüberschreitenden Kriminalität nahe legt, besteht Anlass, ihr **Verhältnis zu den Grundsätzen des Polizeirechts** zu beleuchten. Denn Polizeirecht ist Gefahrenabwehrrecht, und die legitime Aufgabe von polizeirechtlichen Befugnissen kann damit auch nur die Verhinderung von drohenden Schäden für die öffentliche Sicherheit und Ordnung sein[111]. Es ist deswegen auf den polizeilichen Begriff der Gefahr einzugehen, um sodann die Verträglichkeit der gegenständlichen Maßnahme mit der gefahrenabwehrenden Systematik des Polizeirechts darzustellen.

---

108 Ebenda das abweichende Sondervotum des Richters *Hahnzog*.
109 *Bayerischer Verfassungsgerichtshof*, aaO.
110 *Lisken*, NVwZ 1998, 24.
111 BVerfGE 8, 143 (150).

7. Schleierfahndungen

Eine Gefahr ist eine Sachlage, bei der im einzelnen Falle die hinreichende Wahrscheinlichkeit besteht, dass ein Schaden für die öffentliche Sicherheit (oder Ordnung) eintreten wird[112]. Bei einer solchen Konstellation wird auch von einer **konkreten Gefahr** gesprochen. Abzugrenzen hiervon ist die **abstrakte Gefahr**, die eine nur gedachte konkrete Gefahr meint. Bei ihr handelt es sich um eine nach allgemeiner Lebenserfahrung – oder den Erkenntnissen fachkundiger Stellen – mögliche Sachlage, die im Fall ihres Eintritts eine Gefahr darstellen würde[113]. Sie meint also von der Polizei vorgestellte, **hypothetische, aber typischerweise gefährliche Sachverhalte**[114]. Abstrakte Gefahren treffen über Einzelfälle keine Aussagen, sondern können nur bei dem Schutz einer Gruppe von Rechtsgütern eine Rolle spielen. Sie erlangt Bedeutung daher insbesondere bei „Polizeiverordnungen" und im Straßenverkehrsrecht[115].

Eine Gefahr der genannten Arten ist nach den Polizeigesetzen notwendiger Anknüpfungspunkt, d.h. Tatbestandsmerkmal für Eingriffe in die (Grund-)Rechte von Bürgern. **Ohne abzuwehrende Gefahr im polizeilichen Sinne darf die Polizei niemanden in Anspruch nehmen**. Die Befugnis zur verdachts- und ereignisunabhängigen Personenkontrolle wird in der Literatur unter diesem Gesichtspunkt der Loslösung von der Gefahrenabwehr und damit von der Störer-Dogmatik kritisiert[116].

Dem wird entgegengehalten, dass beispielsweise auch das Polizeigesetz von Baden-Württemberg in alter Fassung sehr wohl die Kontrollbefugnis von Personen kenne, die selber keine Anhaltspunkte für die Gefährdung der öffentlichen Sicherheit oder Ordnung bieten. Insofern stelle z.B. § 26 I Nr. 6 BWPolG auch **keine Aufgabe der überkommenen Störer-Dogmatik** dar[117]. Es reiche auch an anderen Orten die bloße Wahrscheinlichkeit, dass dort Störer oder Straftäter aufgegriffen würden. Auch die gegenständliche Befugnis unterscheide sich von solchen Personenkontrollen nicht wesentlich.

Zu diesem Meinungsstreit ist zunächst zu sagen, dass unter dem oben genannten Gesichtspunkt der Verhaltensunabhängigkeit für polizeiliche Maßnahmen mit Eingriffscharakter auch die Personenkontrollen an gefährlichen Orten bedenklich sind. Ausdrücklich wurde darauf hingewiesen, dass allenfalls solche Orte für entsprechende Kontrollen in Frage kommen, die **erheblich gefahrgeneigt** sind, dass also nicht die regelmäßige Begehung von Bagatelldelikten eine Erfüllung der tatbestandlichen Voraussetzungen sein kann. Sofern also die Meinung vertreten wird, dass diese verdachts- und ereignisunabhängigen Personenkontrollen unbedenklich seien, so wird verkannt, dass nur **besonders gefährliche Orte von solchen Polizeimaßnahmen betroffen** sein

Randnotizen: Gefahrendefinition; Grenzlinie Gefahr?; Folgen für Störerdogmatik?; Vergleich mit gef. Orten

---

112 So die Legaldefinition des § 2 Nr. 3a BremPolG. Das polizeiliche Schutzgut der öffentlichen Ordnung ist dem Bremischen Polizeigesetz im Unterschied zu dem anderer Länder nicht bekannt.
113 So die Legaldefinition des § 2 Nr. 2 NdsSOG.
114 *Denninger* in: Handbuch des Polizeirechts, S. 216.
115 *Gusy*, Polizeirecht, S. 66.
116 *Lisken*, NVwZ 1998, 24 f.; *Stephan*, DVBl. 1998, 83; *Feltes* in: Anlaßunabhängige Polizeikontrollen, S. 5 f.; ausführlich *ders*. in: Kriminalitätsimport, S. 68 ff.; der baden-württembergische Landesbeauftragte für den Datenschutz in: Anlaßunabhängige Polizeikontrollen, S. 4; **a.A.** z.B. *Walter*, Kriminalistik 1999, 292.
117 *Moser v. Filseck*, Polizei 1997, 73 und wohl auch *Beinhofer*, BayVwBl. 1995, 196.

Teil 2: Polizei- und Strafprozessrecht

können. Die Bedenken hinsichtlich der auch dort fehlenden Gefahren im eben beschriebenen Sinne sind damit keinesfalls gegenstandslos, sondern können die entsprechenden Zweifel an der Vereinbarkeit dieser Befugnisse – wenn überhaupt – nur ausnahmsweise zurücktreten lassen.

Straßen als „gefährliches Terrain"
Bei den Straßen mit erheblicher Bedeutung für die grenzüberschreitende Kriminalität handelt es sich aber nicht einmal um „gefährliches Terrain", denn diese werden unbestritten von einer unbestimmbaren Vielzahl von in jeder Hinsicht Unverdächtigen genutzt[118]. Schon deshalb sind die **verdachtslosen Kontrollen auf solchen Straßen unverhältnismäßig**[119]. Selbst wenn bestimmte Straßen auch von Kriminellen genutzt werden, so nimmt der Verkehrsweg als solcher nicht automatisch einen ähnlichen Charakter wie etwa ein bestimmtes Rotlicht-Milieu an. Das gilt noch weniger, als sich Straßen in beschriebenem Sinne jeweils **im gesamten Landesgebiet** befinden können, also jede verkehrsreichere Straße einem gefährlichen Ort entsprechen könnte. Z.B. § 26 I Nr.6 BWPolG erweitert damit diese Regelungen nicht in einem unwesentlichen Sinne, sondern nimmt einen Quantensprung hinsichtlich der Ausweitung der betroffenen Orte vor.

Rspr.: Lageerkenntnisse
In der Tat und zugegebenermaßen ist für Schleierfahndungen kein Gefahrverdacht gegen die zu kontrollierenden Menschen notwendig. Es braucht weder eine konkrete Gefahr vorzuliegen, anlässlich derer eine Identitätsfeststellung erlaubt wäre, noch soll eine abstrakte Gefahr durch die gegenständlichen Polizeimaßnahmen abgewehrt werden. Die Orte, an denen die Maßnahmen ergriffen werden dürfen, werden nur unter (vielem) anderem „tatbestandsmäßig", also durch Kriminelle, genutzt. Eine erhebliche Gefahrneigung, wie an „gefährlichen Orten", ist dort nicht gegeben. Die von der kritischen Rechtswissenschaft gerade noch hingenommenen Kontrollen an gefährlichen Orten haben zumindest noch einen gewissen Bezug zu Gefährdungen der öffentlichen Sicherheit durch angenommene „üble Machenschaften" an eng eingrenzbaren Orten. Auch das *Landesverfassungsgericht Mecklenburg-Vorpommern* macht – freilich ohne Bindungswirkung für Baden-Württemberg – **Lageerkenntnisse bezüglich organisierter grenzüberschreitender Kriminalität** zur Voraussetzung für eine verfassungsmäßige Norm[120].

Polizei auf Verdachtssuche
Dieses Kriterium für eine noch anzunehmende Hinnehmbarkeit fehlt bei der badenwürttembergischen Regelung und ihren Entsprechungen in anderen Ländern völlig. Sie **bricht mit dem Prinzip Gefahrenabwehr** und verlagert die polizeiliche Tätigkeit weit in das Vorfeld von irgendwelchen und einer bestimmten Person überhaupt nicht zuordnungsfähigen Gefahren. Es kann also **weder eine konkrete Gefahr, noch eine abstrakte Gefahr** abgewehrt werden, da diese noch gar nicht besteht. Die Polizei ist bei Maßnahmen entsprechenden Zuschnitts vielmehr auf Verdachtssuche[121]. Sie betreibt Verdachtsschöpfung in Vorfeldern von andernfalls nicht bekannten Gefahren. Sollte sie

---

118 *Feltes* in: Kriminalitätsimport, S. 70.
119 *Zöller*, Informationssysteme, S. 277.
120 Vgl. i.E. *LVerfG M-V*, NordÖR 1999, 506 mit Anm. *Roggan*, NordÖR 2000, 101; vgl. auch *Zöller*, Informationssysteme, S. 276.
121 *Schütte*, ZRP 2002, 397; sehr krit. dazu grundsätzlich *Schaefer* in: Hanack-FS, S. 196.

dabei zufällig Störer kontrollieren, so ergibt sich das aus dem Zufall des „Fischens im trüben Gefahrvorfeld". Nur so ergibt im Übrigen die Befugnis einen Sinn, denn bei einem (konkreten) Gefahrverdacht dürfte die Polizei ohnehin aufgrund traditionellen Gefahrenabwehrrechts tätig werden[122], etwa um einen vorhandenen Gefahrverdacht zu erforschen. Solche Konstellationen kann die Regelung also nicht meinen[123].

Es ist damit festzustellen, dass die Regelung des § 26 I BWPolG nicht Störer oder Nichtstörer polizeipflichtig macht, sondern **jeden Menschen im Alltag**[124]. Es ist daher richtig, mit der oben genannten Auffassung davon auszugehen, dass sich die Befugnis außerhalb der polizeirechtlichen Dogmatik befindet und damit **gefahrenabwehrunabhängiges Polizeirecht** darstellt.

Ergebnis

---

122 *Lisken*, NVwZ 1998, 25.
123 Vgl. auch *Feltes* in: Anlaßunabhängige Polizeikontrollen, S. 5, der ebenso belegt, dass Personenkontrollen an gefahrgeneigten Orten gerade nicht gemeint sein können, denn für Identitätsfeststellungen solcher Natur kennen die Polizeigesetze entsprechende Eingriffsbefugnisse bereits.
124 Von einem Verbot der Nivellierung der Unterscheidung von Störern und Nicht-Störern spricht auch *LVerfG M-V*, NordÖR 1999, 505. Völlig abwegig ist die Behauptung, es handele sich um eine generelle Gefahr, dass Unverdächtige von staatlichen Maßnahmen betroffen würden. Auch der Redlichste könnten in korrekter Anwendung des Rechts z.B. in Untersuchungshaft kommen, etwa weil er dem vermeintlichen Täter ähnlich sehe, zufällig in der Nähe des Tatorts war u.ä.m.: So aber *Jutzi*, NJ 1999, 475. Hier werden Justizirrtümer, die natürlich nie völlig auszuschließen sind, auf eine Stufe mit Eingriffsbefugnissen gestellt, zu deren Normprogramm die Inanspruchnahme von in jeder Hinsicht Unverdächtigen gehört. Davon kann bei den Vorschriften über die Untersuchungshaft (§§ 112 ff. StPO) wahrlich keine Rede sein („dringender Tatverdacht").

Teil 2: Polizei- und Strafprozessrecht

Literatur:

ALBERTS, HANS-W.: Das neue Bremische Polizeigesetz, NVwZ 1983, 585 ff.

ARZT, CLEMENS: Polizeiliche Datenerhebung und Datenverarbeitung zur Gefahrenabwehr im Straßenverkehr, in: SVR 2006, S. 10 ff.

BEINHOFER, PAUL: Europäischer Abbau der Grenzkontrollen und polizeiliche Aufgabenerfüllung, in: BayVBl. 1995, S. 193 ff.

CASTILLON, NICOLE: Dogmatik und Verfassungsmäßigkeit neuer Befugnisse zu verdachts- und ereignisunabhängigen Polizeikontrollen, Diss., Frankfurt/M. 2003.

ENGELKEN, KLAAS: Anmerkung zu LVerfG M-V, in: DVBl. 2000, S. 269 ff.

FEEST, JOHANNES / BLANKENBURG, ERHARD: Die Definitionsmacht der Polizei, Düsseldorf 1972.

FELTES, THOMAS: Anlaßunabhängige Kontrollen aus der Sicht des Polizeirechts, in: Bündnis 90/ Die Grünen im Landtag von Baden-Württemberg (Hrsg.), Anlaßunabhängige Polizeikontrollen im Spannungsfeld zwischen Polizeipraxis und Bürgerrechten (zit. als: Feltes in: Anlaßunabhängige Polizeikontrollen), Stuttgart 1996.

– Verdachtslose Rasterfahndung und verdachtslose polizeiliche Ermittlungsmaßnahmen – wirksame Sondermaßnahmen gegen internationale Kriminalität, in: Huppertz, Martina / Theobald, Volkmar (Hrsg.), Kriminalitätsimport, Berlin 1998, S. 59 ff.

FISCHER, GERHARD / HITZ, FREDI / LASKOWSKI, RAINER / WALTER, BERND: Bundesgrenzschutzgesetz, Kommentar (zit. als: BGSG), Stuttgart 1996.

HANSEN, RALF: Eine Wiederkehr des 'Leviathan'? Starker Staat und neue Sicherheitsgesellschaft, in: KJ 1999, S. 231 ff.

HERRNKIND, MARTIN: Möglichkeiten und Grenzen polizeilicher Binnenkontrolle, in: Herrnkind, Martin / Scheerer, Sebastian (Hrsg.), Die Polizei als Organisation mit Gewaltlizenz, Münster 2003, S. 131 ff.

– Personenkontrollen und Schleierfahndung, in: KJ 2000, S. 188 ff.

– Schleierfandung – Der Polizeiverdacht als institutionalisierte Diskriminierung, in: Humanistische Union (Hrsg.), Innere Sicherheit als Gefahr, Berlin 2002, S. 251 ff.

– „Schleierfahndung" – Institutionalisierter Rassismus und weitere Implikationen so genannter verdachtsunabhängiger Polizeikontrollen, in: Komitee für Grundrechte und Demokratie (Hrsg.), Verpolizeilichung der Bundesrepublik Deutschland, Köln 2002, S. 99 ff.

HEUSSNER, HERMANN: Das informationelle Selbstbestimmungsrecht des Grundgesetzes als Schutz des Menschen vor totaler Erfassung, in: DuR 1990, S. 147 ff.

KANT, MARTINA: „Evaluation" der Schleierfahndung, in: Bürgerrechte & Polizei / CILIP 77 (1/2004), S. 46 ff.

– MigrantInnen im Netz der Schleierfahndung, in: Bürgerrechte und Polizei / CILIP 65 (1/2000), S. 29 ff.

KASTNER, BERTHOLD: Verdachtsunabhängige Personenkontrollen im Lichte des Verfassungsrechts, in: VerwArch 2001, S. 216 ff.

KIRCHLEITNER, THOMAS: Bayerische Erfahrungen mit der Schleierfahndung, in: Polizei-heute 2002, S. 104 ff.

KURTH, HANS-J.: Identitätsfeststellung, Einrichtung von Kontrollstellen und Gebäudedurchsuchung nach neuem Recht, in: NJW 1979, S. 1377 ff.

KUTSCHA, MARTIN: Große Koalition der Inneren Sicherheit, in: Bürgerrechte & Polizei / CILIP 59 (1/1998), S. 57 ff.

7. Schleierfahndungen

- „Schlanker Staat" mit Januskopf -ein Zwischenruf-, in: KJ 1998, S. 399 ff.
- Sächsisches Polizeirecht nach Maßgabe der Grundrechte, in: NJ 2003, S. 623 ff.

LISKEN, HANS: Das Ende der „Schleierfahndung" in Mecklenburg-Vorpommern, in: DRiZ 2000, S. 272 ff.

- „Verdachts- und ereignisunabhängige Personenkontrollen zur Bekämpfung der grenzüberschreitenden Kriminalität" ?, in: ZRP 1998, S. 22 ff.

MARTELL, JÖRG-MICHAEL: Keine unmittelbare Grundrechtsbetroffenheit durch gesetzliche Befugnis zu lagebildabhängigen Kontrollen, in: NVwZ 2002, S. 1336 ff.

MAURER, ALBRECHT: Schleierfahndung im Hinterland, in: Bürgerrechte & Polizei / CILIP 59 (1/1998), S. 51 ff.

MÖLLERS, CHRISTOPH: Polizeikontrollen ohne Gefahrverdacht, in: NVwZ 2000, S. 382 ff.

MOSER VON FILSECK, DIETRICH: Baden-Württemberg novellierte das Polizeigesetz, in: Die Polizei 1997, S. 70 ff.

MÜLLER-TERPITZ, RALF: Grenzpolizeiliche Schleierfahndung im Binnenraum, in: DÖV 1999, S. 329 ff.

RICHTER, DIETER / DREHER, UDO: Fahndungskonzept „Schiene": Zugkontrollen im Rahmen der Schleierfahndung, in: Die Polizei 1998, S. 277 ff.

ROGGAN, FREDRIK: Verfassungswidrige Schleierfahndungen – Anmerkungen zum Urteil des Landesverfassungsgerichts Mecklenburg-Vorpommern, in: NordÖR 2000, S. 99 ff.

TISCHER, BIRGIT: Das System der informationellen Befugnisse der Polizei, Diss., Frankfurt/M. 2004.

SCHNEIDER, WERNER: Stellungnahme zu der mit dem Gesetz zur Änderung des Polizeigesetzes geplanten Einführung der sog. verdachts- und ereignisunabhängigen Personenkontrollen, in: Bündnis 90/Die Grünen im Landtag von Baden-Württemberg, Anlaßunabhängige Polizeikontrollen im Spannungsfeld zwischen Polizeipraxis und Bürgerrechten, Stuttgart 1996.

SCHNEKENBURGER, FRANZ: Das Aus für „verdachtsunabhängige" Personenkontrollen?, in: BayVBl. 2001, S. 129 ff.

SCHÜTTE, MATTHIAS: Befugnis des Bundesgrenzschutzes zu lagebildabhängigen Personenkontrollen, in: ZRP 2002, S. 393 ff.

- Lagebildorientierte Kontrollbefugnisse des BGS, in: Polizei & Wissenschaft 2002, S. 47 ff.

SCHWABE, JÜRGEN: „Kontrolle ist schlecht, Vertrauen allein der Menschenwürde gemäß"?, in: NVwZ 1998, 709 ff.

SEEBODE, MANFRED: Schleierfahndung. Zum Spannungs- und Abhängigkeitsverhältnis von Freiheit und Sicherheit im sich einigenden Europa, in: Bemmann / Spinellis (Hrsg.), Festschrift für Geogios Alexandros Mangakis, (zit. als. Seebode in: Mangakis-FS, Athen 1999, S. 693 ff.

SORIA, JOSÉ MARTÍNEZ: Verdachtsunabhängige Kontrollen durch den Bundesgrenzschutz, in: NVwZ 1999, S. 270 ff.

SPÖRL, KARL-HEINZ: Zur Einführung einer verdachts- und ereignisunabhängigen Personenkontrolle („Schleierfahndung") in Bayern, in: Die Polizei 1997, S. 217 ff.

STEPHAN, ULRICH: Zur Verfassungsmäßigkeit anlaßunabhängiger Personenkontrollen, in: DVBl. 1998, S. 81 ff.

WAECHTER, KAY: Der dogmatische Status von Zurechnungsgründen im Gefahrenabwehrrecht, in: LKV 2000, S. 388 ff.

- Die „Schleierfahndung" als Instrument der indirekten Verhaltenssteuerung durch Abschreckung und Verunsicherung, in: DÖV 1999, S. 138 ff.

Teil 2: Polizei- und Strafprozessrecht

WALTER, BERND: Erweiterte Befugnisse der Polizei zur Bekämpfung der illegalen Einreise und der grenzüberschreitenden Kriminalität: Eine unabdingbare Notwendigkeit nach dem Wegfall der allgemeinen Grenzkontrollen in Europa, in: Die Polizei 1999, S. 33 ff.
– Verdachts- und ereignisunabhängige Polizeikontrollen, in: Kriminalistik 1999, S. 290 ff.
WEINGART, OLAF: Die bayerische Polizeirechtsnorm des Art. 13 Abs. 1 Nr.5 PAG – Zur sog. Schleierfahndung und deren Verfassungsmäßigkeit, in: BayVBl. 2001, S. 33 ff.
WEßLAU, EDDA: Vorfeldermittlungen – Probleme der Legalisierung „vorbeugender Verbrechensbekämpfung aus strafprozeßrechtlicher Sicht (zit. als: Vorfeldermittlungen), Berlin 1989.
ZÖLLER, MARK ALEXANDER: Informationssysteme und Vorfeldmaßnahmen von Polizei, Staatsanwaltschaft und Nachrichtendiensten, Heidelberg 2002.

8. DNA-Analyse: Stetig wachsende Begehrlichkeiten

Übersicht

8.1. Rascher Aufstieg eines neuen Instruments 292
8.2. Aussagekraft der DNA 293
8.3. Anerkennung der DNA-Analyse im Strafverfahren 296
8.4. Spezialgesetzliche Entwicklung 296
8.5. Einsatzmöglichkeiten der DNA-Analyse 299
    8.5.1. Untersuchbare Personen und Untersuchungszwecke 299
    8.5.2. Aufklärung in anhängigen Strafverfahren..300
    8.5.3. Aufklärung in künftigen Strafverfahren...302
        8.5.3.1. Anlasstaten 302
        8.5.3.2. Anforderungen an die Negativprognose..............................307
    8.5.4. Einschränkung des Vorbehalts richterlicher Anordnung....................309
    8.5.5. Verwendungs- und Vernichtungsregelungen, Untersuchungs-
        anforderungen 314
    8.5.6. DNA-Analyse-Datei (DAD) 315
    8.5.7. Reihengentests..318
8.6. DNA-Analysen nach Landespolizeigesetz? 323
8.7. Rechtspolitischer Ausblick 325

8. DNA-Analyse: Stetig wachsende Begehrlichkeiten

> *Rechtsstaatliches Strafverfahren setzt bei dem Verdacht einer Straftat an, dient der Klärung dieses Verdachts. Bei § 81 g StPO ist dies anders: Dort geht es darum, dass man Bürger aufgrund einer Verurteilung oder eines bloßen Verdachts als Restrisiken der Rechtsordnung diskriminiert und das Strafverfahren nutzt, um dieses scheinbare Restrisiko zu kontrollieren.*
> **Stefan Braum**[1]

8.1. Rascher Aufstieg eines neuen Instruments

Ausufernde Forderungen

Die DNA-Analyse ist ein **molekulargenetisches Untersuchungsverfahren** der menschlichen Erbsubstanz Desoxyribonukleinsäure[2]. Im strafprozessualen Zusammenhang macht die DNA-Analyse seit einigen Jahren eine steile Karriere. Seit 1997 wurden die gesetzlichen Grundlagen für den Einsatz der DNA-Analyse und für die Speicherung der daraus gewonnenen Ergebnisse zudem fast jährlich geändert, um sie den „Bedürfnissen der Praxis"[3] anzupassen, sie also zumeist zu erweitern. Auch der Datenbestand in der beim Bundeskriminalamt geführten DNA-Analyse-Datei nimmt rasant zu[4]. Von manchen Stimmen als Königsweg für „eine schnelle und sichere Fahndung nach gefährlichen Gewalttätern"[5] oder als „Glücksfall für die moderne Verbrechensbekämpfung"[6] gepriesen, wird bereits seit Jahren immer wieder die **Erweiterung des Einsatzes der DNA-Analyse**[7] bis hin zu ihrer rechtlichen Gleichsetzung mit dem herkömmlichen daktyloskopischen Fingerabdruck[8] gefordert. So war es das Ziel z.B. eines

---

1 KritV 2003, 134 (135 f.).
2 Genau genommen müsste also von der DNS-Analyse gesprochen werden, die englische Abkürzung DNA hat sich in der Begriffskombination jedoch durchgesetzt; zu den naturwissenschaftlichen Grundlagen vgl. statt vieler *Neuhaus*, in: GS-Schlüchter, S. 535 (539 ff.) sowie LR-*Krause*, § 81 e, Rdnrn. 6 ff., jew. m.w.N.
3 *Graalmann-Scheerer*, in: FS-Rieß, S. 153 (154).
4 Allein zwischen August und November 2005 ist der Bestand von 426 581 Eintragungen (Stand: August 2005) um 15 659 Eintragungen auf 442 240 Eintragungen (Stand: November 2005) angewachsen; Quelle: Aufstellung LKA NRW zum 1.12.2005.
5 *Schulz*, KrimJ 2001, 166 (168) mit Entgegnung von *Lehne*, KrimJ 2002, 193.
6 *Wagner*, RuP 2005, 75.
7 Z.B. eine bayerische Gesetzesinitiative BT-Drucks. 360/01 sowie eine sächsische Gesetzesinitiative BT-Drucks. 434/01 (zur Kritik an beiden Entwürfen s. z.B: *Graalmann-Scheerer*, ZRP 2002, 72 (73); u.a. eine Erweiterung der Anlasstaten wurde auch mit dem Gesetzentwurf des Bundesrates v. 5.2.2003, BT-Drucks. 15/410 sowie dem Gesetzesantrag von Bayern und Hessen v. 4.7.2003, BT-Drucks. 465/03 verfolgt (kritisch gegenüber diesen und anderen Erweiterungstendenzen auch die Konferenz der Datenschutzbeauftragten des Bundes und der Länder, Entschließung v. 16.7.2003, „Bei der Erweiterung der DNA-Analyse Augenmaß bewahren", www.ldi.nrw.de).
8 Z.B.: *König*, Kriminalistik 2004, 262 (266); Anträge der CDU-Fraktion im nordrhein-westfälischen Landtag, LT-Drucks. 13/3623 und 13/6495; *Wagner*, ZRP 2004, 14 mit Erwiderung von *Lütkes/Bäumler*, ZRP 2004, 87; ablehnend schon *Volk*, NStZ 2002, 561 (565); *Schubert/Gerlach*, RuP 2005, 79; *So-*

Gesetzesantrags der Länder Hessen, Bayern, Hamburg, Saarland und Thüringen im Februar 2005[9], die DNA-Analyse zum Standard der erkennungsdienstlichen Behandlung von Verdächtigen zu machen und damit die DNA-Analyse-Datei beim Bundeskriminalamt auf eine deutlich breitere Grundlage zu stellen. Dieser Vorstoß fand weder im Bundesrat noch im Bundestag, wo ihn die CDU/CSU wortgleich eingebracht hatte[10], eine Mehrheit. Da die ihn befürwortenden Stimmen von der DNA-Analyse jedoch gerne als dem genetischen Fingerabdruck sprechen, um schon gleich sprachlich zu suggerieren, dass in tatsächlicher Hinsicht keinerlei Unterschiede zwischen der DNA-Analyse und dem klassischen Fingerabdruck bestünden, ist noch ein Blick darauf zu werfen, ob diese Ausgangsthese zutreffend ist.

8.2. Aussagekraft der DNA

Die DNA enthält den genetischen Code eines Menschen und beschreibt ihn damit bis in das letzte erblich bedingte Detail. Weltweit werden bei der **Entschlüsselung des menschlichen Genoms** rasante Forschritte gemacht, so dass die „Auskünfte", die die DNA geben kann, auch immer zahlreicher und umfänglicher werden. „Mit der DNA-Analyse wird den Strafverfolgungsbehörden der Schlüssel zum Kern der Persönlichkeit der Betroffenen an die Hand gegeben"[11].

Kennzeichen der DNA

Die DNA besteht aus codierenden und nicht-codierenden Teilen. Einigkeit besteht in Wissenschaft und Forschung darüber, dass jedenfalls die codierenden Teile der DNA Informationen über genetische Dispositionen – wie etwa Krankheitsveranlagungen – enthalten. **Uneinigkeit** herrscht demgegenüber in der Frage, welche Aussagekraft den nicht-codierenden Teilen beigemessen werden kann, die derzeit für die Erstellung des Identifizierungsmusters untersucht werden. So wird von der einen Seite[12] vertreten, dass es nicht möglich sei, aus den nicht-codierenden Teilen der DNA Erkenntnisse über körperliche, geistige oder charakterliche Eigenschaften, erbliche Veranlagungen oder den Gesundheitszustand zu gewinnen. Informationen ließen sich allenfalls indirekt im Falle einer besonderen Nähe zu einem Genort erschließen, der selbst wiederum für ein spezifisches Merkmal codiere. Ein solcher Fall der Kopplung sei bei den für die DNA-Analyse-Datei benutzten Systemen bisher allerdings nicht nachgewiesen[13]. Hinweise ließen sich dem nicht-codierenden Bereich auch auf die Zugehörigkeit zu den drei ethnischen Gruppen aus Schwarzafrika, Asien und Europa entnehmen. Diese Hinweise

Nicht-codierende Bereiche ohne Aussagekraft?

---

kol, in: Datenschutz, S. 163 (167 f.); verfassungsrechtliche Bedenken auch bei *Krehl/Kolz*, StV 2004, 447 (449 f.); *Vath*, Identitätsfeststellung, S. 117 und *Pfeiffer/Höynck/Görgen*, ZRP 2005, 113 (115).

9 BT-Drucks. 99/05; gegen eine solche Gleichsetzung s. die Entschließung der Konferenz der Datenschutzbeauftragten des Bundes und der Länder v. 15.2.2005, „Keine Gleichsetzung der DNA-Analyse mit dem Fingerabdruck!", www.ldi.nrw.de.
10 BT-Drucks. 15/4926.
11 *Busch*, NJW 2002, 1754 (1756); ähnlich auch schon *Benfer*, StV 1999, 402.
12 *Anslinger/Eisenmenger*, schriftliche Stellungnahme zur Anhörung „DNA-Analyse" im Landtag NRW am 25.6.2003, Zuschrift 13/2948, S. 1 f.
13 *Anslinger/Rolf/Eisenmenger*, DRiZ 2005, 165 (167).

seien jedoch im Allgemeinen vage und wenig aussagekräftig, so dass sie in der forensischen Praxis kaum eine Rolle spielten[14].

Erkenntnisse gewinnbar

Demgegenüber steht die andere wissenschaftliche Auffassung, nach der auch dem nicht-codierenden Teil der DNA durchaus weitergehende Informationen als die bloße Identitäts- oder Abstammungsfeststellung entnehmbar seien[15]. So findet sich ebenfalls in den Empfehlungen der Deutschen Gesellschaft für Medizinrecht die Feststellung, dass „auch nicht codierende Bereiche die Individualität definieren und Rückschlüsse auf den Phänotyp zulassen"[16]. Nach *Brinkmann*[17] sind **Rückschlüsse auf das Erscheinungsbild** der analysierten Person möglich. Auch die Geschlechtsbestimmung werde regelmäßig vorgenommen[18] und es fielen numerische Anomalien auf, z.B. Trisomien[19], so dass unter Umständen auch **Aussagen über Krankheiten** getroffen werden könnten. Gelegentlich könne auch die Festlegung auf eine größere ethnische Gruppe erfolgen[20]. Vor dem Hintergrund der in den letzten Jahren erzielten Fortschritte in der forensischen Molekulargenetik[21] wird sogar die Erstellung von Phantombildern aus DNA-Spuren in wenigen Jahren für möglich gehalten[22].

Von der rechtsmedizinischen zur juristischen Diskussion

Der rechtsmedizinische Meinungsstreit wirkt sich auch in der juristischen Diskussion aus. Der kategorischen Behauptung, aus dem nicht-codierenden DNA-Teilen ergebe sich nichts anderes als ein Strichmuster[23] stehen Stimmen gegenüber, die angesichts der Unabsehbarkeit der weiteren Forschungsfortschritte gegen einen allzu leichtfertigen Umgang mit der DNA-Analyse plädieren. Hier ist nicht nur die Konferenz der Datenschutzbeauftragten des Bundes und der Länder zu nennen, die bereits im April 1997[24] zu bedenken gegeben hat, dass es nicht ausgeschlossen ist, künftig auch aus den nicht-codierenden DNA-Teilen konkrete Aussagen mit inhaltlichem Informationswert über die untersuchte Person zu treffen. Diese Bedenken wurden in einer weiteren Ent-

---

14 *Anslinger/Rolf/Eisenmenger*, DRiZ 2005, 165 (168).
15 Vgl. z.B. *Brinkmann*, schriftliche Stellungnahme zur Anhörung „DNA-Analyse" im Landtag NRW am 25.6.2003, Zuschrift 13/2989, S. 2 f.
16 *Einbecker*-Empfehlungen „Genetische Untersuchungen und Persönlichkeitsrecht" der Deutschen Gesellschaft für Medizinrecht (DGMR) e.V., MedR 2002, 669 (671).
17 *Brinkmann*, schriftliche Stellungnahme zur Anhörung „DNA-Analyse" im Landtag NRW am 25.6.2003, Zuschrift 13/2989.
18 Der angewandten Untersuchungsmethode geschuldet ergab sich in den Laboren die Bestimmung des Geschlechts als Überschussinformation schon immer; allerdings zählt die Geschlechtsbestimmung erst seit April 2004 (BGBl. I 2003, 3010) zu den gesetzlich erlaubten Zwecken der DNA-Analyse.
19 So auch *Schneider*, Deutsches Ärzteblatt v. 28.1.2005, A 185.
20 Eine begrenzte Möglichkeit der ethnischen Zuordnung sieht auch *Schneider*, Deutsches Ärzteblatt v. 28.1.2005, A 185.
21 Zum Stand im Jahre 2004 s. *Brinkmann*, Deutsches Ärzteblatt vom 23.8.2004, www.aerzteblatt.de/v4/archiv/artikel.asp?id=43123.
22 *Schneider*, Ärzte Zeitung v. 23.11.2004.
23 So z.B. *Wagner*, ZRP 2004, 14 (15); gemeint ist das letztlich in Form von 16 Zahlen dargestellte DNA-Identifizierungsmuster.
24 Entschließung der 53. Konferenz der Datenschutzbeauftragten des Bundes und der Länder v. 17./18.4.1997, „Genetische Informationen in Datenbanken der Polizei für erkennungsdienstliche Zwecke", www.ldi.nrw.de.

schließung im Juli 2003[25] betreffend die gewinnbaren Zusatzinformationen – **Geschlecht, Altersabschätzungen, Zuordnung zu bestimmten Ethnien**, möglicherweise einzelne Krankheiten wie Diabetes, Klinefelter-Syndrom – konkretisiert. Auch beispielsweise *Volk* hat bereits früh auf die Möglichkeit einer Zuordnung biologischer Spuren zu einer der ethnischen Hauptgruppen[26] verwiesen. Ebenso halten *Busch*[27], *Faber*[28] und *Wüsteney*[29] die nicht-codierenden Bereiche der DNA nicht für völlig persönlichkeitsneutral. Unter Berufung auf rechtsmedizinische Erkenntnisse, die die Ermittlung des sogenannten „**Down-Syndroms**" durch eine DNA-Analyse an sichergestelltem Spurenmaterial unbekannter Herkunft betraf, spricht *Vath* zutreffend sogar von sensiblen Persönlichkeitsinformationen[30]. Der Gesetzgeber ging ebenfalls nicht von einer persönlichkeitsrechtlichen Bedeutungslosigkeit der nicht-codierenden Teile der DNA aus. In einer Gegenäußerung der Bundesregierung[31] zu dem Vorschlag des Bundesrates[32], die forensische DNA-Analyse auf den nicht-codierenden Bereich der DNA zu beschränken, heißt es, darauf sei bewusst verzichtet worden. Das Ziel, eine Ausforschung der Persönlichkeit zu unterbinden, könne damit nicht gewährleistet werden. Auch der nicht-codierende Bereich der DNA enthalte Informationen, die der Persönlichkeitssphäre zuzurechnen seien, da die Untersuchung der nicht-codierenden Bereiche zumindest **Rückschlüsse auf schützenswerte Persönlichkeitsmerkmale** zulasse. Dem Schutz des Persönlichkeitsrechts werde mit der Zweckbeschränkung und dem Verbot anderweitiger Feststellungen oder Untersuchungen Rechnung getragen. Auch schon der Begründung zum Gesetzentwurf kann insoweit entnommen werden, dass eine Festlegung auf bestimmte Untersuchungsbereiche oder -methoden gerade vermieden werden sollte. Die gebräuchlichen Praktiken wurden wie folgt beschrieben: „In unterschiedlichem Maße enthalten also bereits die derzeitigen Spurengutachten Informationen über kodierende und nicht-kodierende Anteile"[33]. Damit sind selbst Untersuchungen des codierenden Materials zwar grundsätzlich nicht ausgeschlossen, doch wären sie in verfassungskonformer Auslegung regelmäßig deshalb unzulässig, weil wegen ihrer Aussagekraft mit ihnen in den absolut geschützten Kernbereich der Persönlichkeit eingegriffen würde[34].

---

25 Entschließung der Konferenz der Datenschutzbeauftragten des Bundes und der Länder v. 16.7.2003, „Bei der Erweiterung der DNA-Analyse Augenmaß bewahren", www.ldi.nrw.de.
26 *Volk*, NStZ 2002, 561 (565), Fn. 40; kritisch gegenüber der behaupteten Informationslosigkeit des nicht-codierenden Bereichs noch früher *Vesting/Müller*, KJ 1996, 466 (478 f.).
27 *Busch*, NJW 2002, 1754 (1756).
28 *Faber*, RDV 2003, 278 (281), in Fn. 31 unter Verweis auf einen Bericht des Spiegel 28/2003, 65, nach dem es um die Erkennbarkeit von Geschlecht, Ethnie und bestimmten Krankheiten ging.
29 *Wüsteney*, DNA-Massentests, S. 15 f. sieht zumindest weiteren Forschungsbedarf.
30 *Vath*, Identitätsfeststellung, S. 33; ähnlich auch *Lütkes/Bäumler*, ZRP 2004, 87 (88); *Sokol*, in: Datenschutz, S. 163 (166); *Schubert/Gerlach*, RuP 2005, 79 (82); *Weichert*, FIfF-Kommunikation 2005, 4 (5).
31 BT-Drucks. 13/667, S. 11.
32 BT-Drucks. 13/667, S. 9.
33 BT-Drucks. 13/667, S. 6.
34 So auch LR-*Krause*, § 81 g, Rdnr. 3 unter Verweis auf BVerfGE 103, 21 (31 f.).

8.3. Anerkennung der DNA-Analyse im Strafverfahren

Technisch Machbares wird rechtlich ermöglicht

Die Anwendung der DNA-Analyse-Technik wird seit Ende der 80iger Jahre und höchstrichterlich[35] seit 1990 zur Aufklärung von Straftaten als grundsätzlich zulässig erachtet. Gestützt wurde sie ursprünglich auf §§ 81 a, 81 c StPO, was in der Literatur allerdings sehr umstritten war[36]. Vor diesem Hintergrund, vor allem aber wegen der in weiten Teilen der Bevölkerung „mit der Gentechnik ganz allgemein verbundenen Ängste und Befürchtungen vor übermäßigen, den Kern der Persönlichkeit berührenden Eingriffen"[37] und im Hinblick auf die im Volkszählungsurteil[38] formulierten verfassungsrechtlichen Anforderungen, wurde **gesetzgeberischer Handlungsbedarf für eine Spezialbestimmung** gesehen, die auch Zweckbindungs- und Vernichtungsregelungen für einen sachgerechten Umgang mit dem Untersuchungsmaterial enthalten sollte. Nach dem Regierungsentwurf vom 2.3.1995[39] waren enge Zweckbegrenzungen allein auf die Identitäts- und Abstammungsfeststellungen bei Beschuldigten und Dritten vorgesehen mit entsprechenden Regelungen für Spurenmaterial noch unbekannter Personen. Für die Untersuchungsanordnung war ein ausschließlicher Richtervorbehalt gewollt, flankiert von weiteren verfahrenssichernden Vorschriften über die Auswahl der untersuchenden Sachverständigen, die notwendigen Vorkehrungen gegen Missbräuche, die Kontrolle der Einhaltung der Schutzvorschriften und die Anonymisierung von Untersuchungs- und Spurenmaterial. Für alle körperlichen Untersuchungen sollte die zulässige Verwendung und die Vernichtung von Untersuchungsmaterial geregelt werden.

8.4. Spezialgesetzliche Entwicklung

Der Weg zur DNA-Analyse-Datei (DAD)

Mit dem Strafverfahrensänderungsgesetz – DNA-Analyse („genetischer Fingerabdruck") – (StVÄG) vom 17.3.1997[40] wurde der Regierungsentwurf weitgehend umgesetzt. Die Verwendung des Körpermaterials wurde mit der Anfügung eines Absatzes 3 in § 81 a StPO ausschließlich auf die Zwecke eines **anhängigen Strafverfahrens** begrenzt. Mit der Neuschaffung von §§ 81 e und 81 f StPO wurde eine spezialgesetzliche Grundlage mit enger Zwecksetzung für molekulargenetische Untersuchungen einge-

---

35 *BGH*, NJW 1990, 2328; zuvor z.B. *LG Berlin,* NJW 1989, 787 (788).
36 Vgl. die Nachweise bei *Vath*, Identitätsfeststellung, S. 16 f.; aufschlussreich auch die Stellungnahmen und Diskussionen im Rahmen der öffentlichen Anhörung des Rechtsausschusses am 12.10.1988 zum Bericht der Enquete-Kommission „Chancen und Risiken der Gentechnologie" – Drucks. 10/6775 – zum Thema „Genomanalyse im Strafverfahren", denn dort wurde überwiegend selbst von denjenigen, die die Zulässigkeit grundsätzlich befürworteten, eine spezialgesetzliche Regelung für sinnvoll gehalten, von anderen aber auch ein gesetzliches Verbot des Einsatzes der DNA-Analyse wegen fehlender Begrenzbarkeit der Maßnahme gefordert – eine Befürchtung, die immer noch aktuell ist.
37 BT-Drucks. 13/667, S. 1.
38 BVerfGE 65,1.
39 BT-Drucks. 13/667, S. 1 f.; ihm waren seit 1989 verschiedene Entwürfe und Diskussionsentwürfe vorausgegangen.
40 BGBl. I, S. 534.

8. DNA-Analysen

führt, die nur nach richterlicher Anordnung vorgenommen werden durften. Dabei blieb es jedoch nicht lange. Die Forderung nach einer Speicherungsmöglichkeit für gewonnene DNA-Identifizierungsmuster wurde bald erfüllt. Nachdem in Großbritannien bereits seit April 1995 die National DNA Database mit gespeicherten DNA-Profilen von Straffälligen existierte[41] und Österreich sowie die Niederlande 1997 ebenfalls nationale DNA-Datenbanken[42] in Betrieb nahmen, wurde am 17.4.1998 die Deutsche DNA-Analyse-Datei (DAD) beim Bundeskriminalamt eingerichtet[43] und mit dem Gesetz zur Änderung der Strafprozessordnung (DNA-Identitätsfeststellungsgesetz) vom 7.9.1998[44] auf eine spezialgesetzliche Grundlage gestellt. Mit dem Gesetz wurde ebenfalls § 81 g neu in die Strafprozessordnung aufgenommen. Unter bestimmten Voraussetzungen konnten nun die DNA-Identifizierungsmuster sowohl von Verdächtigen als auch von Verurteilten und ihnen nach § 2 DNA-IFG gleichgestellten Personen zum Zwecke der Identitätsfeststellung in künftigen Strafverfahren gespeichert werden. Um die zu speichernden „Altfälle" besser auffinden zu können, wurde das DNA-IFG 1999 erweitert[45]. Es wurden Regelungen geschaffen, mit denen u.a. der Datenbestand des Bundeszentralregisters systematisch durch sogenannte Gruppenauskünfte oder Sammelanfragen ausgewertet werden konnte. Normiert wurden außerdem Übermittlungsbefugnisse, die Abgleichsmöglichkeit der Registerauskünfte mit der Haftdatei und die bis dahin streitige Zuständigkeit der Ermittlungsrichterin oder des Ermittlungsrichters[46]. Noch angefügt wurde eine Art Orientierungshilfe in Form eines 41 Tatbestände umfassenden Straftatenkatalogs als Anlage zu § 2 c DNA-IFG[47].

Nach einer weiteren Änderung in 2000[48] folgte 2002 die Durchsetzung des ursprünglichen gesetzgeberischen Willens[49] betreffend den ausschließlichen Richtervorbehalt auch für die Untersuchung von Spuren. Teilweise war in Literatur[50] und Rechtsprechung[51] mit dem Argument, dass die Spur ja von einer unbekannten Person stamme und es daher an einem Eingriff in das Recht auf informationelle Selbstbestimmung fehle, die Entbehrlichkeit der richterlichen Untersuchungsanordnung postuliert worden. Diese Meinung übersah jedoch erstens das Bestreben, die Spur der unbekannten Person zu einer Spur einer bekannten Person zu machen, also das **Identifizierungsziel** und

Gesetzliche Klarstellung des Richtervorbehalts bei Spuren

---

41 *Schneider/Rittner*, ZRP 1998, 64 (65).
42 *Rackow*, DNA-Identitätsfeststellungsgesetz, S. 17.
43 *Pfeiffer*, StPO, Vorb. §§ 81 e – 81 g.
44 BGBl. I, S. 2646.
45 Gesetz zur Änderung des DNA-Identitätsfeststellungsgesetzes v. 2.6.1999, BGBl. I, S. 1242.
46 Vgl. den Streitstand bei *Senge*, NJW 1999, 253 (255) m.w.N.; s. auch *Neubacher/Walther*, StV 2001, 584 und LR-*Krause*, § 81 g Anh., Rdnr. 14, mit dem Verweis auf *BGH*, StV 1999, 302.
47 Krit. dazu LR-*Krause*, § 81 g Anh., Rdnr. 27.
48 Das StVÄG 1999 v. 2.8.2000, BGBl. I, S. 1253 fügte einen neuen Abs. 3 an § 2 DNA-IFG an, mit dem Fahndungsmaßnahmen nach den Verurteilten und ihnen gleichgestellten Personen möglich wurden.
49 BT-Drucks. 13/667, S. 7.
50 *Sprenger/Fischer*, NJW 1999, 1830 (1833); *Lippert*, Kriminalistik 2001, 355; für den Richtervorbehalt: *Störzer*, Kriminalistik 2001, 169; *Graalmann-Scheerer*, ZRP 2002, 72 f.; *Krehl/Kolz*, StV 2004, 447 (454 f.); LR-*Krause*, § 81 f, Rdnr. 8.
51 Z.B. *LG Hamburg*, NJW 2001, 530; für den Richtervorbehalt: *LG Hamburg*, StV 2000, 659; *LG Potsdam*, NJW 2000, 154 und *LG Wuppertal*, NJW 2000, 2687.

zweitens den **eigenständigen Eingriff** in geschützte Rechtsgüter, der mit der **Speicherung** in der DAD verbunden ist. Durch das Gesetz zur Änderung der Strafprozessordnung vom 6.8.2002[52] hat der Gesetzgeber – entgegen einer Gesetzesinitiative des Bundesrates[53] – mit einer klarstellenden Regelung in § 81 f Abs. 1 Satz 2 StPO seinen ursprünglichen Willen bekräftigt und damit den Richtervorbehalt einer Untersuchung von Spuren ausdrücklich normiert[54].

Erweiterungen

Kein halbes Jahr später wurde von den Regierungsfraktionen allerdings ein Gesetzentwurf zur Änderung des Sexualstrafrechts[55] vorgelegt, mit dem auch die DNA-Analyse ausgeweitet werden sollte. Dass aus diesem Entwurf entstandene Gesetz ist am 27.12.2003 beschlossen worden[56] und am 1.4.2004 in Kraft getreten. Die bis dahin nur auf Identitäts- und Abstammungsfeststellungen beschränkten Untersuchungszwecke wurden um die Bestimmung des Geschlechts ergänzt und um die Möglichkeit, DNA-Analysen auch bei Verstorbenen[57] durchführen zu können. Die **Geschlechtsbestimmung** war aufgrund der eingesetzten Untersuchungsmethode immer schon als – bis dahin nicht erlaubt verwendbare – Überschussinformation angefallen und wegen ihrer Bedeutung für die Praxis als zulässiger Untersuchungszweck gefordert worden[58]. Abgesehen davon, dass mit Zweckänderungen bei Datenverarbeitungsregelungen immer die Gefahr einer Ausuferung verbunden ist, war ein anderer Bestandteil der gesetzlichen Änderung für die Zukunft gravierender. Die Anlasstaten für eine DNA-Analyse, die vormals zumindest von erheblicher Bedeutung sein mussten, wurden auf **alle Sexualstraftaten** erweitert. Damit wurden auch solche Tatbestände wie z.B. Erregung öffentlichen Ärgernisses[59] oder exhibitionistische Handlungen in den Kreis derjenigen Taten einbezogen, die zu der näheren Prüfung führen, ob von der betreffenden Person künftig die Begehung von Straftaten von erheblicher Bedeutung zu erwarten sei. Diese Negativprognose wollte der Gesetzentwurf in den Fällen der leichteren Kriminalität zwar an das Vorliegen besonderer Umstände gebunden wissen, so dass nur „in besonderen Ausnahmefällen eine DNA-Analyse veranlasst"[60] sei, doch ist fraglich, ob diese Erwartung erstens verfassungsrechtlichen Anforderungen standhalten kann[61] und zweitens den Entwicklungen in der Realität entsprechen wird. Da das *BVerfG* fehlende

---

52 BGBl. I, S. 3018.
53 BR-Drucks. 780/00.
54 Dieser gesetzgeberische Wille wurde mit der Novelle in 2005 allerdings aufgegeben.
55 Entwurf eines Gesetzes zur Änderung der Vorschriften über die Straftaten gegen die sexuelle Selbstbestimmung und zur Änderung anderer Vorschriften v. 28.1.2003, BT-Drucks. 15/350.
56 BGBl. I, S. 3007.
57 Zur Schließung der bis dahin bestehenden Regelungslücke, s. *Rinio*, Kriminalistik 2004, 187.
58 Z.B. *Volk*, NStZ 2002, 561 (564) und *Graalmann-Scheerer*, ZRP 2002, 72 (74): „erwägenswert"; dagegen noch dezidiert die Erwiderung von *Rackow*, ZRP 2002, 236; *ders*., Kriminalistik 2003, 474 (478) sah ein Jahr später allerdings kein Problem mehr darin, „der Praxis die erforderliche Rechtsgrundlage zu verschaffen".
59 Dieser Tatbestand war nach der Entwurfsbegründung des ursprünglichen DNA-IFG noch absichtlich ausgeschlossen, vgl. BT-Drucks. 13/10791, S. 5.
60 BT-Drucks. 15/350, S. 23.
61 *Duttge/Hörnle/Renzikowski*, NJW 2004, 1065 (1071 f.): „verfassungsrechtlich nicht haltbar"; verfassungsrechtliche Bedenken auch bei *Sokol*, in: Völkerrecht, S. 372 (378).

Sorgfalt bei instanzgerichtlichen Einzelfallprüfungen feststellen musste und detaillierte Vorgaben an die Qualitätserfordernisse richterlicher Entscheidungsbegründungen formuliert hatte[62], wurden diese Vorgaben mit einer Ergänzung von § 81 g Abs. 3 StPO auch einfachgesetzlich festgeschrieben.

Ihre derzeit geltende Fassung haben die Bestimmungen über die DNA-Analyse aufgrund eines Gesetzentwurfs vom 14.6.2005[63] mit dem Gesetz zur Novellierung der forensischen DNA-Analyse vom 12.8.2005[64] erhalten, das am 1.11.2005 in Kraft getreten ist. Aufgrund der Einbeziehung wesentlicher Teile des DNA-IFG in die StPO konnte das DNA-IFG zum gleichen Zeitpunkt außer Kraft treten[65]. **Kernpunkte der Änderungen** bestehen in der gesetzlichen Regelung einer Einwilligung sowohl in die Entnahme des Körpermaterials als auch in deren Untersuchung, in der Abschaffung des Richtervorbehalts bei Spuren, in der Ausweitung der Anlasstaten auf wiederholt begangene sonstige Straftaten, soweit sie in ihrem Unrechtsgehalt mit einer Straftat von erheblicher Bedeutung gleichstehen, in der Einführung einer Benachrichtigungspflicht in Umwidmungsfällen und in der Schaffung einer gesetzlichen Grundlage für Reihentests. Sowohl Inhalt als auch Umfang der Regelungen sind damit inzwischen weit von dem entfernt, was vor 1997 und bei der erstmaligen Aufnahme einer spezialgesetzlichen Bestimmung zu Zulässigkeit und Grenzen molekulargenetischer Untersuchungen, insbesondere im Hinblick auf die materiellen Anwendungsvoraussetzungen und die Notwendigkeit richterlicher Untersuchungsanordnungen noch diskutiert wurde.

Novelle 2005

8.5. Einsatzmöglichkeiten der DNA-Analyse

8.5.1. Untersuchbare Personen und Untersuchungszwecke

DNA-Analysen sind in **anhängigen Strafverfahren** möglich und dürfen an Körpermaterial sowohl von beschuldigten Personen[66] als auch von anderen Personen durchgeführt werden, wenn diese anderen Personen evtl. als Zeuginnen oder Zeugen benötigt werden und soweit zur Erforschung der Wahrheit festgestellt werden muss, ob sich an ihrem Körper eine bestimmte Spur oder Folge einer Straftat befindet[67]. Im Rahmen der **Strafverfolgungsvorsorge** kommen DNA-Analysen für eine mögliche Identitätsfeststellung in künftigen Strafverfahren bei Beschuldigten[68] und Verurteilten oder ihnen gleichgestellten Personen[69] in Betracht, wenn die entsprechende Registereintragung

Wen kann es treffen?

---

62 BVerfGE 103, 21 (35 ff.) und *BVerfG*, NJW 2001, 2320 (2321 ff.).
63 BT-Drucks. 15/5674.
64 BGBl. I, S. 2360.
65 S. aber die Übergangsregelung in § 11 EGStPO, nach der die nach den §§ 2 b und 2 e DNA-IFG übermittelten Daten bis Ende 2010 weiter verwendet werden dürfen.
66 § 81 a Abs. 3 i.V.m. § 81 e Abs. 1 StPO.
67 § 81 c Abs. 1 i.V.m. § 81 e Abs. 1 StPO.
68 § 81 g Abs. 1 StPO.
69 Das sind nach § 81 g Abs. 4 StPO Personen, die nur wegen erwiesener oder nicht auszuschließender Schuldunfähigkeit, auf Geisteskrankheit beruhender Verhandlungsunfähigkeit oder fehlender oder nicht auszuschließender fehlender Verantwortlichkeit (§ 3 JGG) nicht verurteilt worden sind.

Teil 2: Polizei- und Strafprozessrecht

noch nicht getilgt ist. In Verdachtsfällen von Verbrechen gegen das Leben, die körperliche Unversehrtheit, die persönliche Freiheit oder die sexuelle Selbstbestimmung können ganze Gruppen von Personen, die bestimmte, auf den Täter oder die Täterin vermutlich zutreffende Prüfungsmerkmale erfüllen, mit ihrer schriftlichen Einwilligung untersucht werden[70]. Die Zulässigkeit dieser sogenannten Reihengentests war nach der alten Rechtslage streitig[71], aber mit überzeugenden Argumenten verneint worden. Mit der Einführung des neuen § 81 h StPO in 2005 ist dieser Streit gegenstandslos geworden.

Festlegung der Untersuchungszwecke

In allen Fällen gilt, dass die Untersuchungszwecke abschließend festgelegt sind. Das Körpermaterial darf nur untersucht werden für die Zwecke der Geschlechts- und Abstammungsfeststellung sowie der Identitätsfeststellung bzw. der Tatsache, ob aufgefundenes Spurenmaterial von der beschuldigten oder verletzten Person stammt[72]. Ausdrücklich ist in §§ 81 e Abs. 1 und 81 g Abs. 2 StPO normiert, dass andere Feststellungen nicht getroffen werden dürfen und hierauf gerichtete **Untersuchungen unzulässig** sind. Diese Zweckbindung ist streng. Neben der Geschlechtsbestimmung beschränkt sie die Untersuchungen auf diejenigen Feststellungen, die zur Ermittlung des DNA-Identifizierungsmusters erforderlich sind. Damit soll verhindert werden, dass das Material auf psychische, charakter- oder krankheitsbezogene Persönlichkeitsmerkmale oder Erbanlagen hin untersucht wird[73]. Auch die Ausforschung äußerer Merkmale ist unzulässig[74]. Untersagt ist erst recht alles, was zur Erstellung eines Persönlichkeitsprofils führen könnte.

8.5.2. Aufklärung in anhängigen Strafverfahren

Konkreter Anfangsverdacht

Für die Aufklärung von Straftaten stellt die Strafprozessordnung keine hohen Anforderungen an die Durchführung von DNA-Analysen in anhängigen Strafverfahren. Es wird kein dringender Tatverdacht verlangt, sondern schon das Vorliegen der „zureichenden Anhaltspunkte" im Sinne von § 152 Abs. 2 StPO – also des **einfachen Anfangsverdachts** – genügt, um eine DNA-Analyse anordnen zu können[75]. Ein Ermittlungsverfahren muss vor der Untersuchungsanordnung bereits eingeleitet sein[76], und zwar mit einem konkreten Anfangsverdacht gegen die betroffene Person als beschuldigte Person. Unverdächtige, die sich im Rahmen der Durchführung eines Massentests zur Täterermittlung lediglich der freiwilligen Testteilnahme verweigert haben, können nicht allein deshalb als Beschuldigte in das Js-Register eingetragen und zum Zwangs-

---

70 § 81 h Abs. 1 StPO.
71 Die Zulässigkeit bejahend: KK-*Senge*, § 81 e, Rdnr. 3 a, m.w.N.; verneinend: z.B. *Benfer*, StV 1999, 402 (403 f.); *Graalmann-Scheerer*, ZRP 2002, 72 (75 f.); *Volk*, NStZ 2002, 561 (562 f.); *Faber*, RDV 2003, 278 (281 f.); *Graalmann-Scheerer*, NStZ 2004, 297 sowie *Wüsteney*, DNA-Massentests, mit einem eigenen Regelungsvorschlag.
72 §§ 81 e, g StPO.
73 BT-Drucks. 13/667, S. 11.
74 LR-*Krause*, § 81 e, Rdnr. 24 mit weiteren Beispielen und Nachweisen.
75 Vgl. KK-*Senge*, § 81 e, Rdnr. 3; *Pfeiffer*, StPO, § 81 e, Rdnr. 2; LR-*Krause* § 81 a, Rdnr. 8.
76 KK-*Senge*, § 81 e, Rdnr. 2.

8. DNA-Analysen

test verpflichtet werden[77]. Die Teilnahmeverweigerung darf schon aus rechtsstaatlichen Gründen nicht als Umstand der Begründung oder Bestärkung eines Tatverdachts herangezogen werden[78].

Nicht nur in laufenden Strafverfahren, sondern generell gilt, dass der häufig vorzufindende Glaube in die Unfehlbarkeit des DNA-Analyse-Ergebnisses einer gewissen Relativierung bedarf. Zunächst können schon am Tatort Fehler entstehen, beispielsweise durch Verunreinigung aufgefundener DNA-Spuren. Auf dem Weg der Spur vom Tatort zum Labor kann es ebenso wie im Labor selbst zudem zu Vertauschungen und Verwechselungen kommen. Die Zuverlässigkeit des eingesetzten Analyseverfahrens ist zu berücksichtigen[79] und nicht zuletzt die Tatsache, dass das Analyse-Ergebnis letztlich eben nur ein biostatistischer Befund ist[80]. Im Rahmen einer Vergleichsuntersuchung von 154 europäischen DNA-Analyselaboren stellten sich bei 13 Laboren Fehler heraus[81]. So wird denn auch aus ärztlicher Sicht inzwischen die regelmäßige Erstellung mindestens eines **Zweitgutachtens** gefordert[82]. Noch unabsehbar sind die Folgen für den Verlässlichkeitsgrad von DNA-Analysen, wenn sich herausstellen sollte, dass noch weitere Umstände außer Knochenmarkspenden die DNA verfälschen können[83]. Geschickte Kriminelle dürften künftig zudem vermehrt darum bemüht sein, gezielt möglichst viele fremde DNA-Spuren am Tatort auszustreuen, um von sich selbst abzulenken. Dazu eigenen sich benutzte Papiertaschentücher aus jedem öffentlichen Abfalleimer ebenso wie ausgefallene Haare, abgeschuppte Hautpartikel oder Zigarettenkippen. Verdächtig können aber auch Personen werden, die vor Jahren mit einem späteren Tatwerkzeug in Berührung gekommen sind[84]. So geraten all diejenigen Personen, deren DNA-Spuren am Tatort gefunden werden, die aber mit der Tat nichts zutun haben, zu Unrecht in Verdacht. Sie werden für ihren Entlastungsbeweis unter einem weitaus höheren Druck stehen als wenn sie von Dritten vermeintlich am Tatort gesehen worden sein wollen – oder es eben doch auch eine andere Person hätte sein können. Dies dürfte letztlich die Unschuldsvermutung tangieren. Der Beweiswert einer DNA-Analyse wird grundsätzlich hoch eingeschätzt. Es ist jedoch daran festzuhalten, dass eine Verurteilung jedenfalls nicht allein darauf gestützt werden kann[85]. Die Richterin oder der Richter muss sich dessen bewusst sein, dass die DNA-Analyse lediglich eine **statistische Aussage** enthält, die eine Würdigung aller Beweisumstände nicht überflüssig macht[86].

Fehlerquellen und Befundqualität

---

77 *LG Regensburg*, B.v. 6.2.2003, Os 3/2003 jug., S. 4; B.v. 6.2.2003, Os 4/2003 jug., S. 4 und B. v. 30.4.2003, Os 21/2003 jug., S. 4.
78 Z.B. *BVerfG*, NJW 1996, 1587 (1588).
79 LR-*Krause*, § 81 e, Rdnr. 13, weist neben Sorgfaltsmängeln und Kontaminierungsrisiken auch auf die Gefahr der Entstehung von Doppelungsmustern oder Schattenbanden beim PCR-Verfahren hin.
80 Ausführlich zu Fehlerquellen s. mit Fallbeispielen *Neuhaus*, in: GS-Schlüchter, S. 535.
81 *Lütkes/Bäumler*, ZRP 2004, 87 (88).
82 Vgl. Ärzte Zeitung, 23.11.2004; so auch schon *Neuhaus*, in: GS-Schlüchter, S. 535 (554).
83 FR v. 27.10.2005, S. 14.
84 *Volk*, NStZ 2002, 561 (565).
85 Vgl. *BGH* St 38, 320 = NJW 1992, 2976.
86 Vgl. *BGH*, NStZ 1994, 554; *Pfeiffer*, StPO, § 81 a, Rdnr. 4 und § 81 e, Rdnr. 1; *Meyer-Goßner*, StPO, § 81 e, Rdnr. 2; LR-*Krause*, § 81 e, Rdnrn. 9 und 45, jew. m. w. N.

Teil 2: Polizei- und Strafprozessrecht

8.5.3. Aufklärung in künftigen Strafverfahren

8.5.3.1. Anlasstaten

Beweissicherung ohne Straftat

Beschuldigte, Verurteilte und ihnen gleichgestellte Personen[87] können unter den Voraussetzungen des § 81 g StPO zu einer DNA-Analyse verpflichtet werden. Ziel ist dabei, das DNA-Identifizierungsmuster in der zentral beim Bundeskriminalamt geführten Verbunddatei DAD zu speichern und es in späteren Strafverfahren zu nutzen. Dieser Akt der Beweisführung für ein künftiges Strafverfahren wäre nach den §§ 81 a, 81 e und 81 f StPO nicht zulässig[88]. Künftige Straftaten sollen durch einen Abgleich des DNA-Analyseergebnisses künftiger Spuren mit den in der Datei gespeicherten DNA-Identifizierungsmustern rascher aufgeklärt werden. Damit greift die Norm ein, **bevor eine Straftat begangen wurde** und somit bevor ein Anfangsverdacht bezogen auf dasjenige Strafverfahren vorliegt, dem die Beweissicherung dienen soll[89]. Die unter rechtsstaatlichen Gesichtspunkte nicht unproblematische Besonderheit der Norm liegt auch darin, dass sie ebenfalls Personen betreffen kann, gegen die es für die Aufklärung des gegenwärtig gegen sie als Beschuldigte laufenden Strafverfahrens gar keiner Anordnung einer DNA-Analyse bedarf, weil beispielsweise die Beweislage ausreichend oder die Person geständig ist. Insoweit stellen die DNA-Analyse und der Datenabgleich erst die verdachtsbegründende Maßnahme dar.

Deliktsspezifische Aufklärungsrelevanz

Eine DNA-Analyse zur Identifizierung in künftigen Strafverfahren setzt notwendigerweise voraus, dass bei der künftigen Tat gerade von den dabei abgesonderten Körpermaterialien ein Aufklärungserfolg zu erwarten ist[90]. Diese – dem Grundsatz der Verhältnismäßigkeit geschuldete – systemimmanente Begrenzung[91] hat zur Folge, dass diejenigen Straftaten aus dem Anwendungsbereich der Norm herausfallen, bei denen deliktstypisch keine körperlichen Spuren hinterlassen werden, oder solchen Spuren **keine potenzielle Aufklärungsrelevanz** zukommt. Damit sind DNA-Analysen grundsätzlich unzulässig z.B. bei Anstiftungs- und Aussagedelikten, § 187 StGB sowie bei den Tatbeständen der §§ 257 – 266 b StGB, insbesondere bei Untreue-, Hehlerei- und Betrugstaten[92]. Umstritten ist die Zulässigkeit einer DNA-Analyse bei Betäubungsmitteldelikten, wobei auch hier die Aufklärungsrelevanz eher fraglich erscheint[93].

Wegfall der Regelbeispiele für Anlasstaten

Voraussetzung der Anordnung einer DNA-Analyse ist u.a. das Vorliegen einer Anlasstat. Ursprünglich bedurfte es einer Straftat von erheblicher Bedeutung, die in der bis

---

87 Das sind nach § 81 g Abs. 4 StPO Personen, die nur wegen erwiesener oder nicht auszuschließender Schuldunfähigkeit, auf Geisteskrankheit beruhender Verhandlungsunfähigkeit oder fehlender oder nicht auszuschließender fehlender Verantwortlichkeit (§ 3 JGG) nicht verurteilt worden sind.
88 KK-*Senge*, § 81 g, Rdnr. 1.
89 LR-*Krause*, § 81 g, Rdnr. 1.
90 KK-*Senge*, § 81 g, Rdnr. 4; LR-*Krause*, § 81 g, Rdnrn. 7 und 37.
91 BT-Drucks. 13/10791, S. 5 und KK-*Senge*, § 81 g, Rdnr. 4 ordnen dies der Frage nach der Erforderlichkeit der Maßnahme zu, wohingegen LR-*Krause*, § 81g, Rdnr. 37 zutreffend schon ein Problem der Geeignetheit sieht.
92 LR-*Krause*, § 81 g, Rdnr. 37 m.w.N. aus der Rechtsspr.
93 So auch LR-*Krause*, § 81 g, Rdnr. 37 mit dem Streitstand bis Mai 2003; für die Zulässigkeit der Anordnung beim Handel mit Betäubungsmitteln dagegen *OLG Köln*, NStZ-RR 2005, 56.

8. DNA-Analysen

November 2005 geltenden Fassung der Norm mit Regelbeispielen näher bestimmt wurde. Dazu zählten ein Verbrechen, eine gefährliche Körperverletzung, ein Diebstahl in besonders schwerem Fall und eine Erpressung. Seit der Novelle 2005 sind die Regelbeispiele entfallen. Begründet wurde dies damit, dass sie Anlass zu dem Missverständnis gegeben hätten, nur besonders schwere Straftaten könnten eine DNA-Analyse für Zwecke künftiger Strafverfolgung rechtfertigen[94]. Nach einem Blick auf die Praxis vermag dies nicht zu überzeugen. Die Regelbeispiele waren eher eine **notwendige Orientierungshilfe** für eine am Verhältnismäßigkeitsgrundsatz ausgerichtete Anordnungstätigkeit. Im Hinblick auf das Bestimmtheitsgebot hat auch das *BVerfG* darauf abgestellt, dass der unbestimmte Rechtsbegriff „Straftat von erheblicher Bedeutung" durch die in der Vorschrift genannten Regelbeispiele weiter eingegrenzt werde[95]. Für die Zukunft ist in der Zusammenschau mit den weiteren Änderungen hinsichtlich der Anlasstaten[96] eher eine schleichende Ausweitung der DNA-Analyse auch bei leichterer Kriminalität zu befürchten.

Die Bestimmtheit des Begriffs der Straftat von erheblicher Bedeutung wird schon seit jeher bezweifelt[97]. So ist auch die Spannbreite der in der frühen Rechtsprechung als Anlasstaten geltenden Straftaten nicht weiter erstaunlich. Tätliche Auseinandersetzungen auf Demonstrationen oder Studentenfeten[98] wurden ebenso als ausreichende Anlasstaten angesehen wie die Beschädigungen von Telefonzellen oder Wahlplakaten als „gemeinschädliche Sachbeschädigung mit politischem Hintergrund"[99]. Entgegen der Erwartung im Gesetzentwurf, es werde sich „nicht um eine Routinemaßnahme handeln"[100], wurden Fälle **langjährig zurückliegender einmaliger Verfehlungen** zum Anlass genommen, DNA-Analysen und die Speicherung der gewonnenen Identifizierungsmuster anzuordnen[101]. Auch der Diebstahl von 250 DM aus einem Spielautomaten sollte bereits genügen, wurde vom *BVerfG* aber nicht akzeptiert[102]. Das *BVerfG* hat die Anknüpfung der DNA-Analyse an Straftaten von erheblicher Bedeutung letztlich als ausreichend normenklar angesehen[103]. Zur Auslegung und näheren Konkretisierung des Begriffs hat es sich insbesondere auf die dazu bereits in anderen Regelungszusammenhängen ergangene Rechtsprechung gestützt. Danach muss eine Straftat von erheblicher Bedeutung mindestens dem Bereich der mittleren Kriminalität zuzurechnen sein, den Rechtsfrieden empfindlich stören und dazu geeignet sein, das Gefühl

„Straftat von erheblicher Bedeutung"

---

94 BT-Drucks. 15/5674, S. 11.
95 Vgl. BVerfGE 103, 21 (34).
96 Seit April 2004 kann jede Straftat gegen die sexuelle Selbstbestimmung Anlasstat sein und seit 2005 kann bereits die wiederholte Begehung sonstiger Straftaten genügen, wenn sie „im Unrechtsgehalt einer Straftat von erheblicher Bedeutung gleichstehen" (§ 81 g Abs. 1 Satz 2 StPO).
97 Z.B. *Seibel/Gross*, StraFo 1999, 117 f.; *Lindemann*, KJ 2000, 680; *Braum*, KritV 2003, 134 (137 f.).
98 S. die Beispiele bei *Sokol* in Grundrechte-Report 2000, S. 32 (34 f.).
99 Zit. nach *Lütkes/Bäumler*, ZRP 2004, 87 (88).
100 BT-Drucks. 13/10791, S. 2.
101 Beispiele bei *Kauffmann/Ureta*, StV 2000, 103 f. und *Neubacher/Walther*, StV 2001, 584 (588).
102 *BVerfG*, NJW 2001, 2320 (2322).
103 BVerfGE 103, 21 (34).

der Rechtssicherheit der Bevölkerung erheblich zu beeinträchtigen[104]. Wörtlich heißt es weiter zur damals geltenden Fassung der Vorschrift: „Dabei grenzen die in der Vorschrift genannten Regelbeispiele den unbestimmten Rechtsbegriff weiter ein. Dadurch wird dem Bestimmtheitsgebot hinreichend Rechnung getragen"[105]. Selbst ohne Regelbeispiele muss allerdings schon aus Gründen der Verhältnismäßigkeit in der Praxis sichergestellt sein, dass die Erheblichkeit der Straftat einzelfallbezogen geprüft und dargelegt wird[106]. Dies ist seit April 2004 in § 81 g Abs. 3 StPO auch einfachgesetzlich vorgeschrieben und zwingt damit zu einer nachvollziehbaren schriftlichen Auseinandersetzung mit denjenigen Tatsachen, die im Einzelfall das Vorliegen einer Straftat von erheblicher Bedeutung begründen sollen.

Prüfungs-kriterien Straftaten von erheblicher Bedeutung können keine Bagatelldelikte sein. Beispielsweise die Verletzung **bedeutender Rechtsgüter** wie Leben, Gesundheit oder einer fremden Sache von bedeutendem Wert werden als Anhaltspunkte für die erhebliche Bedeutung einer Straftat angesehen[107]. Auch ein **Seriencharakter** der Tat kann unter Umständen die Schwelle der Erheblichkeit überschreiten. Es ist zu hoffen, dass der bundesverfassungsgerichtlich und einfachgesetzlich eingeforderte richterliche Prüfungs- und Begründungszwang hilft, ausufernde Auslegungen der „Straftat von erheblicher Bedeutung" zu vermeiden. Gleichwohl ist grundsätzlich *Braum* in seiner Befürchtung zuzustimmen, dass die genannten drei Kriterien – mittlere Kriminalität, empfindliche Störung des Rechtsfriedens und Eignung zur erheblichen Beeinträchtigung des Gefühls der Rechtssicherheit der Bevölkerung – wegen ihrer Weite und denen in ihnen enthaltenen veränderbaren Wertungen letztlich keine wirksame Begrenzung darstellen[108].

Ausweitung auf alle Sexualstraftaten Neben einer Straftat von erheblicher Bedeutung ist seit April 2004 auch eine Straftat gegen die sexuelle Selbstbestimmung als Anlasstat möglich. Diese Ausweitung der Anlasstaten auch auf Straftaten von nicht erheblicher Bedeutung ist zu Recht als **unverhältnismäßig** kritisiert worden[109]. Einen Verstoß gegen das Übermaßverbot durch die vorsorgliche Beweisbeschaffung mit einem gespeicherten DNA-Identifizierungsmuster hatte das *BVerfG* nämlich unter anderem deshalb verneint, weil dabei auf eine Straftat von erheblicher Bedeutung abgestellt werde und die Maßnahme damit und mit dem Erfordernis der Negativprognose „auf besondere Fälle"[110] beschränkt sei. Im Gesetzgebungsverfahren war angeführt worden, dass auch „bei exhibitionistischen Straftätern mit einer Wahrscheinlichkeit von ein bis zwei Prozent mit der späteren Begehung eines

---

104 So auch fast wörtlich schon BT-Drucks. 13/10791, S. 5.
105 BVerfGE 103, 21 (34).
106 Diese Anforderungen sind verfassungsrechtlich geboten: *BVerfG*, NJW 2001, 2320 (2321); *BVerfG*, 2 BvR 429/01, B. v. 20.12.2001, Abs.-Nr. 16, www.bverfg.de; für Aufhebungen von Analyseanordnungen wegen fehlender bzw. von besonderen Umständen geprägten Anlasstaten s. *LG Berlin*, StraFo 2004, 320 und *LG Regensburg*, StraFo 2004, 320.
107 *Neuser*, JURA 2003, 461 (463).
108 *Braum*, KritV 2003, 134 (137).
109 *Faber*, RDV 2003, 278 (281); *Duttge/Hörnle/Renzikowski*, NJW 2004, 1065 (1071 f.).
110 BVerfGE 103, 21, (34).

sexuellen Gewaltdelikts oder eines sonstigen Gewaltdelikts zu rechnen ist"[111]. Damit sollte pauschal gerechtfertigt werden, alle Sexualstraftaten auch aus dem Bereich unterhalb der mittleren Kriminalität in den Kreis der Anlasstaten einzubeziehen. Vor dem Hintergrund ganz anderer Erkenntnisse, nach denen das Modell einer Straftatenkarriere von Exhibitionisten nicht belegbar ist und Vergewaltiger vor ihrer Sexualstraftat eher im Bereich der Vermögensdelikte und Körperverletzungen auffällig geworden sind[112], ist denn auch mit überzeugenden Argumenten nicht nur die Belastbarkeit der empirischen Grundlage für die gesetzliche Änderung in Zweifel gezogen worden[113].

Verfassungsrechtlich äußerst bedenklich ist der seit November 2005 eingeführte Satz: „Die wiederholte Begehung sonstiger Straftaten kann im Unrechtsgehalt einer Straftat von erheblicher Bedeutung gleichstehen"[114]. Neben den schon bei der Ausweitung der Anlasstaten auf alle Straftaten gegen die sexuelle Selbstbestimmung genannten, auch hier geltenden grundsätzlichen verfassungsrechtlichen Bedenken ist sowohl im Hinblick auf den Grundsatz der **Normenklarheit** und Bestimmtheit als auch im Hinblick auf den Grundsatz der **Verhältnismäßigkeit** fraglich, ob sich diese Regelung überhaupt noch verfassungskonform auslegen lässt. Die unter der Kurzformel „einfach/mehrfach" diskutierte Vorschrift lässt zunächst einmal offen, wie häufig irgendeine Straftat begangen worden sein muss, um als wiederholt zu gelten. Rein sprachlich ist bereits das zweite Stattfinden eines Ereignisses dessen Wiederholung. Es dürfte allerdings in aller Regel unverhältnismäßig sein, zwei – möglicherweise völlig unterschiedliche[115] – Straftaten von unerheblicher Bedeutung als Anlass für die Prüfung zu nehmen, ob eine DNA-Analyse angeordnet werden kann. Welche sonstigen Straftaten denn qualifiziert genug sind, um bei ihrer wiederholten Begehung – auch hier soll es keiner Verurteilung, sondern lediglich des Verdachts bedürfen[116] – einen ausreichenden Prüfungsanlass darzustellen, ist ebenfalls völlig unklar. Zwar sollen Bagatellstraftaten schon aus Gründen der Verhältnismäßigkeit nach wie vor nicht in Betracht kommen können[117], doch ist nicht ersichtlich, welche Straftaten denn unter diesen Begriff zu subsumieren wären – die Vorstellungen darüber dürften zudem recht unterschiedlich sein. Die Gesetzesbegründung will keinen „Automatismus"[118] für die Erreichung der Erheblichkeitsschwelle und verneint sie beispielsweise für wiederholtes „Schwarzfahren", bejaht sie allerdings für wiederholten Hausfriedensbruch[119] etwa in Fällen des sogenannten Stalking. In der Pressemitteilung des Bundesministeriums der Justiz vom

Wiederholte Begehung sonstiger Straftaten

---

111 BT-Drucks. 15/350, S. 11.
112 Zitiert nach *Rackow*, Kriminalistik 2003, 474, (476).
113 *Rackow*, Kriminalistik 2003, 474 (476), der Probleme hinsichtlich des Übermaßverbots und des Gleichheitssatzes feststellt.
114 § 81 g Abs. 1 Satz 2 StPO.
115 BT-Drucks. 15/5674, S. 1; vgl. auch *Senge*, NJW 2005, 3028 (3030 f.): keine Gleichartigkeit sowohl bei den Anlasstaten als auch bei den prognostizierten Straftaten.
116 BT-Drucks. 15/5674, S. 11.
117 Vgl. BT-Drucks. 15/5674, S. 11.
118 BT-Drucks. 15/5674, S. 11.
119 Ob das auch für die in den 80er Jahren als studentische Protestform beliebten friedlichen Rektoratsbesetzungen oder Instandbesetzungen leerstehender Wohnhäuser gelten soll?

Teil 2: Polizei- und Strafprozessrecht

08.07.2005[120] wird ein weiterer Beispielsfall genannt, nämlich das wiederholte Zerkratzen des Lacks von Kraftfahrzeugen mit einem Schraubenzieher. Da nicht erkennbar ist, inwieweit bei dieser Tat und ihrer Begehungsform deliktstypisch körperliche Spuren hinterlassen werden, von denen ein Aufklärungserfolg künftiger Taten erwartet werden könnte, müsste nach dieser – aus dem Grundsatz der Verhältnismäßigkeit folgenden – systemimmanenten Begrenzung[121] eine solche Tat aus dem Anwendungsbereich der DNA-Analyse gänzlich herausfallen. So bezweifelt auch *Senge*, „ob sich hier Straftaten finden, die durch eine mehrfache Begehung die Schwelle der Erheblichkeit erreichen"[122] und hält jedenfalls „eine zurückhaltende Anwendung der Vorschrift"[123] insoweit für angezeigt. Eine genau gegenläufige Tendenz ist allerdings vor dem Hintergrund dieser Unklarheiten zu befürchten, wenn es bei einem anderen Autor heißt: „Es bleibt also dabei, dass zumindest bei der einmaligen Begehung von Bagatellstraftaten eine DNA-Analyse nicht in Betracht kommt"[124].

Gleichstehender Unrechtsgehalt feststellbar?
Wie ein gleichstehender Unrechtsgehalt ermittelt werden könnte, ist ebenfalls weitgehend spekulativ. Es bestehen erhebliche Zweifel daran, ob eine Vielzahl einfacher Straftaten zu einer Straftat von erheblicher Bedeutung „aufsummiert" werden können. Mehrere Beleidigungen können in ihrem Unrechtsgehalt eben gerade nicht etwa einer schweren Körperverletzung gleichgesetzt werden. Begrifflichkeiten wie „rechtsfeindliche Gesinnung"[125] dienen jedenfalls nicht dazu, mehr Klarheit zu erzeugen. Auch der Verweis darauf, dass auch „kumulierte, nicht notwendig gleichartige Straftaten ein Maß an Kriminalität erlangen (können), das im Sinne der zitierten Rechtsprechung des *BVerfG* den Rechtsfrieden empfindlich stört und geeignet ist, das Gefühl der Rechtssicherheit in der Bevölkerung erheblich zu beeinträchtigen"[126], ist letztlich nicht weiterführend. Der dabei vorgenommene Bezug auf Wertungen in Form von unbestimmten Rechtsbegriffen, die selbst wiederum zwei weitere unbestimmte Rechtsbegriffe definieren sollen, gibt keine Antworten, sondern schafft nur neue Fragen. So hat das *BVerfG* gerade deshalb, weil der Begriff der „Straftat von erheblicher Bedeutung" auch schon in anderen Normen mit entsprechenden Konkretisierungstendenzen verwendet wurde und weil er mit Regelbeispielen weiter eingegrenzt wurde, das Bestimmtheitsgebot als hinreichend gewahrt angesehen[127]. Wie der „Unrechtsgehalt" genau bestimmt werden kann, erschließt sich jedenfalls nicht, wenn von den drei – je für sich genommen – schon sehr vagen Kriterien zur Definition der Straftat von erheblicher Bedeutung die Zugehörigkeit der Tat zum Bereich der mittleren Kriminalität einfach wegge-

---

120 Abgedruckt in RDV 2005, 235 (237).
121 Vgl. LR-*Krause*, § 81 g, Rdnr. 37; KK-*Senge*, § 81 g, Rdnr. 4; so auch noch BT-Drucks. 13/10791, S. 5.
122 *Senge*, NJW 2005, 3028 (3031).
123 *Senge*, NJW 2005, 3028 (3031); dort auch auf Grund der Häufung unbestimmter Rechtsbegriffe in der Norm Zweifel daran, ob sie dem verfassungsrechtlichen Gebot der Normenklarheit und insbesondere der Justiziabilität genügt.
124 *Keller*, der kriminalist 2005, 499 (504).
125 BT-Drucks. 15/5674, S. 11.
126 BT-Drucks. 15/5674, S. 11.
127 Vgl. BVerfGE 103, 21 (34).

lassen wird und nur noch auf die empfindliche Störung des Rechtsfriedens und auf die Eignung zur erheblichen Beeinträchtigung des Gefühls der Rechtssicherheit abgestellt wird. Eine hinreichende Normenklarheit ist damit nicht mehr gegeben. Anders als es das Volkszählungsurteil[128] verlangt, kann die **Rechtslage** anhand der gesetzlichen Regelung von den betroffenen Personen **nicht mehr so erkannt werden**, dass sie ihr Verhalten danach auszurichten vermögen. Wann es zu DNA-Analysen kommt, ist kaum noch abschätzbar. Die zu erwartenden **Auslegungs- und Anwendungsprobleme** lassen zudem befürchten, dass sich die Praxis in schematische Betrachtungen flüchtet und der Anwendungsbereich der DNA-Analyse eine erhebliche Ausweitung erfährt, die ebenfalls nicht mehr mit der Rechtsprechung des *BVerfG* vereinbar sein dürfte.

Die Feststellung, Speicherung und künftige Verwendung des DNA-Identifizierungsmusters greift in das Grundrecht auf informationelle Selbstbestimmung[129] ein, das nur im überwiegenden Interesse der Allgemeinheit und unter Beachtung des Grundsatzes der Verhältnismäßigkeit eingeschränkt werden darf[130]. Nach der ständigen Rechtsprechung des *BVerfG* darf diese Einschränkung nicht weiter gehen, als es zum Schutze öffentlicher Interessen unerlässlich ist[131]. Auch eine **große Streubreite** von Grundrechtseingriffen kann zu einer Steigerung der Eingriffsintensität führen[132]. Die mit der Verringerung der Anforderungen an die Anlasstaten[133] verbundene und zu erwartende Vermehrung – in der Breite gesehen – der Grundrechtseingriffe dürfte nicht mehr als unerlässlich rechtfertigbar und damit unverhältnismäßig sein.

Unverhältnismäßige Ausweitung

8.5.3.2. Anforderungen an die Negativprognose

Weitere Voraussetzungen einer Feststellung und Speicherung des DNA-Identifizierungsmusters ist die Prüfung, ob überhaupt Grund zu der Annahme besteht, dass gegen die betreffende Person künftig erneut Strafverfahren wegen einer Straftat von erheblicher Bedeutung zu führen sind. Kriterien dieser – Negativprognose genannten – Prüfung sind unter anderem die Art oder Ausführung der Tat oder auch die Persönlichkeit der beschuldigten Person. Liegen sonstige Erkenntnisse vor, sind sie bei der umfassenden Einzelfallprüfung ebenfalls zu berücksichtigen. Die Gerichte haben diese Prüfungen unterschiedlich sorgfältig vorgenommen. Entscheidungen, die sich gründlich mit der Eingriffstiefe einer Speicherung und ihrer Bedeutung für die betroffene Person auseinander setzten[134], standen Entscheidungen gegenüber, die unzutreffend etwa für die Anwendung des Verhältnismäßigkeitsprinzips nur noch in Ausnahmefällen Raum sahen[135] oder auf eine eigene Prüfung gleich ganz verzichteten und für die Negativpro-

Umfassende Einzelfallprüfung eigener Art

---

128 Vgl. BVerfGE 65, 1 (44).
129 Ausführlich dazu im Ersten Teil unter 2.4.
130 BVerfGE 103, 21 (32 f); *BVerfG*, NJW 2001, 2320 (2321); *BVerfG*, 2 BvR 429/01, B. v. 20.12.2001, Absatz-Nr. 15, www.bverfg.de.
131 St.Rspr. seit BVerfGE 65, 1 (44); s. auch die eben zitierten Fundstellen.
132 Vgl. BVerfGE 100, 313 (392).
133 Kritisch dazu auch schon *Krehl/Kolz*, StV 2004, 474 (452).
134 Z.B. *LG Münster*, StV 1999, 141 (143).
135 *OLG Jena*, NJW 1999, 3571.

gnose auf die Feststellungen im Strafurteil verwiesen[136]. In der Literatur wurde über mangelnde Prüfungssorgfalt berichtet[137] und befürchtet, dass das Verfahren „mehr oder weniger formularmäßig abgehandelt wird"[138]. Erst das *BVerfG* musste in mehreren Kammerentscheidungen insgesamt sechs Beschwerdeführern zu ihrem verfassungsmäßigen Recht verhelfen. Die **Beschlüsse vom 14.12.2000, 15.03.2001 und 20.12.2001**[139] verlangen für die Einzelfallprüfung zunächst eine ausreichende Sachaufklärung, insbesondere durch Beiziehung der verfügbaren Straf- und Vollstreckungsakten, des Bewährungshefts und zeitnahe Auskünfte aus dem Bundeszentralregister. In den Entscheidungsgründen genügt es nicht, den Gesetzeswortlaut bloß wiederzugeben, sondern es muss eine einzelfallbezogene Abwägung aller bedeutsamen Umstände stattfinden[140]. Die Negativprognose – das Gericht spricht von einer Gefahrenprognose im Sinne des § 81 g Abs. 1 StPO – ist eine Prüfung nach eigenen Maßstäben ohne eine rechtliche Bindung an andere Prognoseentscheidungen, wie beispielsweise bei der Strafaussetzung zur Bewährung oder der Anordnung einer Maßregel[141]. Die in den Abwägungsvorgang einzustellenden Umstände sind jedoch gleichermaßen hier wie dort zu berücksichtigen. Dies gilt etwa für die Rückfallgeschwindigkeit, den Zeitablauf seit der früheren Tatbegehung, das Verhalten in der Bewährungszeit oder einen Straferlass, die Motivationslage bei der früheren Tatbegehung, die konkreten Lebensumstände und die Persönlichkeit. Gleichwohl bleibt der Prognosemaßstab unterschiedlich, sodass auch nach einer Strafaussetzung zur Bewährung im Einzelfall durch besondere Umstände eine Negativprognose getroffen werden kann, für die dann allerdings ein erhöhter Begründungsbedarf besteht[142]. Für die Negativprognose sind konkrete tatsächliche Anhaltspunkte erforderlich, aus denen sich positiv die Wahrscheinlichkeit einer zukünftigen[143] Begehung von Straftaten von erheblicher Bedeutung ergibt. Allein die Annahme, eine Rückfallgefahr sei nicht sicher auszuschließen, genügt nicht. Andererseits wird zwar auch keine erhöhte Rückfallwahrscheinlichkeit verlangt, aber die Negativprognose muss auf „schlüssigen, verwertbaren (...) und in der Entscheidung nachvollziehbar dokumentierten Tatsachen"[144] beruhen. Die Bereitschaft – zumindest der Landgerichte – den verfassungsrechtlichen Anforderungen Folge zu leisten, zeigt sich auch in Beschlüssen, mit denen erstinstanzliche Anordnungen aufgehoben werden[145].

---

136 *AG Düren*, Beschl. v. 14.01.1999 (unveröffentlicht).
137 *Seibel/Gross*, StraFo 1999, 117 (118); *Kauffmann/Ureta*, StV 2000, 103 (105): „rechtswidrige Praxis"; s. auch *Neubacher/Walther*, StV 2001, 584 (588).
138 *Seibel/Gross*, StraFo 1999, 117 (119) unter Verweis auch auf *Kamann*, StV 1999, 10.
139 BVerfGE 103, 21; *BVerfG*, NJW 2001, 2320; *BVerfG*, 2 BvR 429/01, Beschl. v. 20.12.2001, www.bverfg.de.
140 BVerfGE 103, 21 (35 f.); *BVerfG*, NJW 2001, 2320 (2321); *BVerfG*, 2 BvR 429/01, B. v. 20.12.2001, Absatz-Nr. 17, www.bverfg.de.
141 Vgl. BVerfGE 103, 21 (36 f.); zum umstrittenen Verhältnis unterschiedlicher Prognoseentscheidungen zueinander s. auch die Ausführungen bei Vath, Identitätsfeststellung, S. 73 ff. und LR-*Krause*, § 81 g, Rdnr. 27 f., jeweils mit umfänglichen weiteren Hinweisen.
142 BVerfGE 103, 21 (37); LR-*Krause*, § 81 g, Rdnr. 28.
143 Dafür, dass selbst dies streitig war, s. die Nachweise bei KK-*Senge*, § 81 g, Rdnr. 5.
144 BVerfGE 103, 21 (37).
145 Vgl. *LG Berlin*, StraFo 2004, 320; *LG Regensburg*, StraFo 2004, 320 f.; *LG Dortmund*, StraFo 2004, 321; LG *Hamburg*, StraFo 2004, 321 f.; *LG Rottweil*, StraFo 2004, 322.

8. DNA-Analysen

Den verfassungsrechtlichen Anforderungen an die Qualität der richterlichen Entscheidungen wurde von April 2004 an in § 81 g Abs. 3 StPO unter anderem damit Rechnung getragen, dass die Erkenntnisse, auf Grund derer Grund zu der Annahme bestand, dass gegen die beschuldigte Person künftig Strafverfahren wegen Straftaten von erheblicher Bedeutung zu führen sein werden, einzelfallbezogen in der schriftlichen Begründung des Gerichts darzulegen waren. Seit November 2005 sind die Wörter „wegen Straftaten von erheblicher Bedeutung" aus § 81 g Abs. 3 Satz 5 StPO gestrichen, sodass die Negativprognose sich nur noch auf den Umstand **wiederholter künftiger Strafverfahren** richten muss, unabhängig von der Erheblichkeit der einzelnen Tatvorwürfe. Es erscheint kaum möglich, im Rahmen der zu treffenden Prognose zu unterscheiden, ob eine betroffene Person künftig nur noch einmal oder wiederholt straffällig werden wird. Die Unsicherheit von Prognosen zu der Frage, ob eine Person künftig mehr als eine Straftat begehen wird, geht nämlich noch erheblich über die schon mit der Negativprognose betreffend Straftaten von erheblicher Bedeutung verbundenen Unsicherheiten hinaus. Damit ist eine Entwicklung in der Praxis zu befürchten, die auf Grund dieser Unsicherheit eine wiederholte künftige Straffälligkeit eher häufiger als seltener annehmen wird. Auch hier stellt sich die Frage nach der Einhaltung des Verhältnismäßigkeitsgrundsatzes[146].

Prognoseunsicherheiten

8.5.4. Einschränkung des Vorbehalts richterlicher Anordnung

Seit Jahren war in Rechtsprechung[147] und Literatur[148] äußerst umstritten, ob die molekulargenetische Untersuchung des Körpermaterials ausschließlich richterlich angeordnet werden dürfe oder auch auf freiwilliger Grundlage erfolgen könne, also mit einer Einwilligung der betreffenden Person. Auch die Konferenz der Datenschutzbeauftragten des Bundes und der Länder hat sich gegen die Einwilligungspraxis einiger Länder

Einwilligung gesetzlich vorgesehen

---

146 Eine Ausweitung der Negativprognose auf Strafverfahren allgemeiner Art wird von *Krehl/Kolz*, StV 2004, 474 (451) als unverhältnismäßig abgelehnt.
147 Richterliche Anordnung geboten: z. B. *LG Münster*, StV 1999, 141; *LG Wuppertal*, NJW 2000, 2687; *LG Hannover*, NStZ-RR 2001, 20; richterliche Anordnung entbehrlich: z. B. *LG Hamburg*, NJW 2000, 2288; *LG Hamburg*, NStZ-RR 2000, 269; *LG Hamburg*, NJW 2001, 2563; *LG Düsseldorf*, NJW 2003, 1883.
148 Richterliche Anordnung entbehrlich: z. B. *Sprenger/Fischer*, NJW 1999, 1830; *Markwardt/Brodersen*, NJW 2000, 692 (693); *Kropp*, NJ 2001, 576; *Rackow*, DNA-Identitätsfeststellungsgesetz, S. 139 und 167; *Faber*, RDV 2003, 278 (281); *Meyer-Goßner*, StPO, § 81 g, Rdnr. 17; *Pfeiffer*, StPO, § 81 g, Rdnr. 6; richterliche Anordnung geboten: z. B. *Senge*, NJW 1999, 253 (255); *Graalmann-Scheerer*, JR 1999, 453 (455); *dies*., Kriminalistik 2000, 328 (330 ff.); *Golembiewski*, NJW 2001, 1036 (1037); *Busch*, StraFo 2002, 46 (48 f.); *Vath*, Identitätsfeststellung, S. 100 f.; *Graalmann-Scheerer*, NStZ 2004, 297 (298); KK-*Senge*, § 81 f, Rdnr. 1 und § 81 g, Rdnr. 9; LR-*Krause*, § 81 f, Rdnr. 15 f. und § 81 g, Rdnr. 48; besonders umstritten war der Vorbehalt richterlicher Anordnung zudem in dem Fall einer sogenannten zweckändernden Umwidmung, in dem ein DNA-Identifizierungsmuster, das ursprünglich in einem anhängigen Verfahren nach § 81 e StPO gewonnen wurde, dann in der DAD gespeichert wird, s. zur Notwendigkeit einer richterlichen Anordnung z. B. *Busch*, StraFo 2002, 46 (49); *Graalmann-Scheerer*, ZRP 2002, 72 (74); LR-*Krause*, § 81 g Anh., Rdnr. 39; dagegen halten in Umwidmungsfällen weder eine richterliche Prüfung noch eine Einwilligung für erforderlich: *Rackow*, JR 2002, 365 (366); *Wollweber*, NJW 2002, 1771.

gewandt und darin eine unzulässige Umgehung der gesetzlichen Regelung gesehen[149]. Mit der Novelle 2005 hat der Gesetzgeber den Richtervorbehalt bei der Untersuchung von Spurenmaterial abgeschafft[150] und die Möglichkeit einer Einwilligungslösung in allen Fällen gesetzlich vorgesehen[151]. Dies gilt sowohl für die **Entnahme** des Körpermaterials als auch für die molekulargenetische **Untersuchung**. Ob der Richtervorbehalt für die Erhebung, Feststellung und Speicherung des DNA-Identifizierungsmusters verfassungsrechtlich geboten ist, wird letztlich das *BVerfG* zu entscheiden haben. Ein Vorbehalt richterlicher Anordnung ist dann erforderlich, wenn es um staatliche Grundrechtseingriffe mit einer besonderen Eingriffstiefe geht. Dies ist beispielsweise bei der Überwachung der Telekommunikation und bei Wohnungsdurchsuchungen der Fall. Ursprünglich hatte der Gesetzgeber selbst die DNA-Analyse als schwerwiegenden Grundrechtseingriff qualifiziert und daher unter den Vorbehalt einer ausschließlich richterlichen Anordnung gestellt[152].

Besondere Eingriffsintensität

Die Argumente, die auch weiterhin für eine besondere Eingriffstiefe der DNA-Analyse sprechen, sind folgende: Mit den raschen wissenschaftlichen Fortschritten in der Medizin wachsen die Möglichkeiten, sowohl dem codierenden als auch dem nicht-codierenden Bereichen der DNA immer mehr und immer aussagekräftigere Informationen zu entnehmen. Dadurch werden die Grundannahmen in Frage gestellt, von denen das *BVerfG* im Jahre 2000 noch ausging. Diese bestanden darin, dass erstens die Untersuchung der DNA auf deren nicht-codierende Teile beschränkt sei und zweitens aus diesem Material keine über den Identitätsfeststellungszweck hinausgehenden Erkenntnisse gewonnen werden könnten. Dafür, dass das Gericht den absolut geschützten Kernbereich der Persönlichkeit als davon nicht betroffen angesehen hat, war entscheidend, dass durch die Feststellung des DNA-Identifizierungsmusters Rückschlüsse auf persönlichkeitsrelevante Merkmale wie Erbanlagen, Charaktereigenschaften oder Krankheiten der betroffenen Person, also ein Persönlichkeitsprofil, nicht ermöglicht werden[153]. Eine besondere Eingriffsintensität liegt aber nicht nur in der tatsächlichen und **potentiellen informationellen Qualität** einer DNA-Analyse sowie in dem damit verbundenen Missbrauchspotential, sondern darüber hinaus insbesondere in der **Speicherung**[154] des DNA-Identifizierungsmusters in der DAD. Intendiert werden damit unabsehbar häufige Abgleiche mit anderen DNA-Identifizierungsmustern, aber auch

---

149 Entschließung der 58. Konferenz der Datenschutzbeauftragten des Bundes und der Länder v. 07./08.10.1999, „DNA-Analysen zur künftigen Strafverfolgung auf der Grundlage von Einwilligungen", www.ldi.nrw.de.
150 Zu den dagegen erhobenen Bedenken vgl. *Krehl/Kolz*, StV 2004, 447 (454 f.) und im Zweiten Teil unter 8.4.
151 § 81 f Abs. 1 und § 81 g Abs. 3 StPO.
152 BT-Drucks. 13/667, S. 7; dafür, dass DNA-Analysen auch im Falle einer Einwilligung der betroffenen Person einer richterlichen Anordnung bedürfen, s. auch noch BT-Drucks. 14/445, S. 6.
153 Vgl. BVerfGE 103, 21 (31 f.).
154 So auch *Busch*, StraFo 2002, 46 (50); *ders.*, NJW 2002, 1754 (1756); *Golembiewski*, NJW 2001, 1036 (1037) nimmt mit beachtlichen Argumenten einen „schwerstwiegenden Eingriff" an; im Hinblick auf die Folgen auch *Krehl/Kolz*, StV 2004, 447 (450): „praktisch wirkt der Treffer so wie eine Beweislastumkehr."

namentliche Abgleiche mit anderen Dateien und Registern sowie Datenübermittlungen zu verschiedenen Zwecken. Die Verwendungs-, Verknüpfungs- und Verfügbarkeitsmöglichkeiten der modernen Datenverarbeitung sind hier von eigenem Gewicht. Sollte es infolge der selbst schon teilweise bedenklichen Gesetzesnovelle von 2005 in der Praxis zu einer erheblichen Ausweitung des Einsatzes der DNA-Analyse und der Speicherung der gewonnenen Identifizierungsmuster kommen, so wirkt sich zudem die Vielzahl der Betroffenen – also die sogenannte Streubreite[155] – verstärkend auf die Eingriffsintensität aus.

Als grundrechtssichernde Verfahrensvorschrift zielt der Richtervorbehalt auf eine vorbeugende Kontrolle einer Maßnahme durch eine unabhängige und neutrale Instanz[156]. Er soll die betroffenen Personen insbesondere auch vor unverhältnismäßigen Eingriffen schützen. Die Prüfung, ob die materiell-rechtlichen Voraussetzungen – Anlasstat und Negativprognose – für die Speicherung eines Identifizierungsmusters in der DAD im Einzelfall vorliegen, ist komplex und mit der Novelle 2005 nicht gerade einfacher geworden. Da den Betroffenen weder diese Prüfung zuzumuten ist, noch ihnen zuzumuten ist, sich selbst ihre künftige Straffälligkeit zu attestieren, besteht bei einer bloßen Einwilligung in die Speicherung die erhöhte **Gefahr unverhältnismäßiger** und damit rechtswidriger **Speicherungen** mit allen ihren Konsequenzen. Selbst im Falle einer Einwilligung hält danach *Vath* einen Verzicht auf die richterliche Anordnung für nicht zulässig[157]. Da eine Einwilligung das Vorliegen der materiell-rechtlichen Voraussetzungen nicht entbehrlich machen kann[158], wird sich zeigen, wie die Staatsanwaltschaft diese Prüfungen einzelfallbezogen durchführen sowie ihre Ergebnisse begründen und dokumentieren wird[159], bevor sie Personen nach ihrer Einwilligungsbereitschaft befragt.

Eine Einwilligung sollte lediglich dann in Betracht gezogen werden, wenn im Einzelfall ein eigenes Interesse der betroffenen Person an der Durchführung einer DNA-Analyse besteht. Denkbar ist dies etwa zur eigenen Entlastung einer tatverdächtigen Person in einem laufenden Strafverfahren, jedoch kaum für eine Speicherung in der DAD. Eine rechtlich zulässige Grundlage für eine Maßnahme kann eine Einwilligung nur darstellen, wenn sie wirksam erteilt wurde. Dafür reicht die jeweils in § 81 f Abs. 1 Satz 2 sowie in § 81 g Abs. 3 Satz 3 StPO vorgesehene Belehrung allein über den Verwendungszweck der zu erhebenden Daten allerdings nicht aus[160]. Da die Einwilligung die widerrufliche, freiwillige und eindeutige Zustimmung zu einer konkreten Datenverarbeitung darstellt, setzt ihre Wirksamkeit zunächst das Wissen darüber voraus, **welche**

Materiell-rechtliche Voraussetzungen müssen vorliegen

Umfassende Information als Wirksamkeitsvoraussetzung

---

155 Zu diesem Kriterium für die Ermittlung der Eingriffsintensität vgl. z. B. BVerfGE 100, 313 (391 f.) sowie BVerfGE 107, 299 (320 f.).
156 Vgl. BVerfGE 103, 142 (151); BVerfGE 107, 299 (325).
157 *Vath*, Identitätsfeststellung, S. 100.
158 So auch *Senge*, NJW 2005, 3028 (3031), insbesondere für die Negativprognose.
159 Hier haben dieselben Anforderungen zu gelten, die nach § 81 g Abs. 3 Satz 5 StPO an die richterlichen Anordnungen zu stellen sind; **a. A.** *Senge*, NJW 2005, 3028 (3031), der eine Pflicht verneint, der Staatsanwaltschaft eine Dokumentation des Vorliegens der gesetzlichen Voraussetzungen von § 81 g Abs. 1 StPO entsprechend § 81 g Abs. 3 Satz 5 StPO aber empfiehlt.
160 *Senge*, NJW 2005, 3028 (3029 f.) fordert zu Recht eine qualifizierte Belehrung und fürchtet Beweisverwertungsprobleme in späteren Strafverfahren als Folge unzureichender Belehrungen.

Teil 2: Polizei- und Strafprozessrecht

Daten für welchen Verwendungszweck verarbeitet werden sollen. Erforderlich ist daher die umfassende Information unter anderem über das Vorliegen der materiellen Voraussetzungen einer DNA-Analyse, über die Auswertung des Körpermaterials für ein DNA-Identifizierungsmuster, über die Verwendung des Musters in welchem laufenden Strafverfahren, gegebenenfalls über die Speicherung des Musters in der DAD einschließlich der Informationen über die Speicherdauer, die zweckändernden Übermittlungsmöglichkeiten an deutsche und ausländische Stellen sowie die Information über die Nutzbarkeit des Musters in künftigen Ermittlungsverfahren und über die Rechte, die Einwilligung ohne Angabe von Gründen und ohne negative Konsequenzen verweigern und widerrufen zu können. Diese Informationen sollten der betroffenen Person in schriftlicher Form überlassen werden. Angesichts der Tragweite einer Einwilligungserklärung ist ihr auch eine Überlegungsfrist von einigen Tagen einzuräumen, in denen sie sich gegebenenfalls anwaltlich beraten lassen kann.

Freiwilligkeit problematisch

Weitere Wirksamkeitsvoraussetzungen einer Einwilligung ist ihre Freiwilligkeit. Die Erteilung einer Einwilligung muss frei von psychischem und physischem Druck oder Zwang erfolgen. Beschuldigte in einem Strafverfahren dürften sich allerdings regelmäßig in einer gewissen **Drucksituation** befinden. Sie werden – selbst wenn dies nicht der Realität entsprechen darf – häufig befürchten, dass eine Verweigerung der Einwilligung zu ihrem Nachteil gewertet werden könnte oder den gegen sie bestehenden Verdacht bestärken würde. Damit steht eine tatsächlich freie Entscheidung in Frage, so dass es maßgeblich auf die Umstände ankommen wird, unter denen die Einwilligung eingeholt wird. Dies gilt erst recht für inhaftierte Personen. Hier sollte generell davon abgesehen werden, Einwilligungen als Grundlage einer DNA-Analyse und Ergebnisspeicherung in der DAD heranzuziehen[161]. Das Risiko einer Beeinträchtigung der freien Willensentscheidung ist allein schon durch den Entzug der Freiheit gegeben und wird zum Beispiel durch Spekulationen auf Vollzugslockerungen noch verstärkt.

Differenzierte Eilkompetenz

Ohne Einwilligung darf eine molekulargenetische Untersuchung von Körpermaterial mit dem Ziel, das DNA-Identifizierungsmuster für die künftige Strafverfolgung in der DAD zu speichern, nach wie vor ausschließlich richterlich angeordnet werden[162]. Eine Eilkompetenz für die Staatsanwaltschaft und ihre Ermittlungspersonen ist hier auch weiterhin nicht vorgesehen, allerdings inzwischen für die Entnahme der Körperzellen[163] ebenso gegeben wie für die molekulargenetischen Untersuchungen in den anderen Fallkonstellationen[164]. In welchen Fällen in der Praxis überhaupt Gefahr im Verzug gegeben sein könnte, ist schwer vorstellbar, zumal auch hier die engen Grenzen für die Annahme von **Gefahr im Verzug** zu beachten sind, die das *BVerfG* gezogen hat[165].

Umwidmung

Nicht ausdrücklich gesetzlich geregelt ist nach wie vor, wann eine Umwidmung des DNA-Identifizierungsmusters erfolgen darf. Die Speicherung eines nach § 81 e Abs. 1 StPO erlangten Musters war als reine Verwaltungsentscheidung für zulässig erachtet

---

161 So auch *Krehl/Kolz*, StV 2004, 447 (455).
162 § 81 g Abs. 3 Satz 2 StPO.
163 § 81 g Abs. 3 Satz 1 StPO; auch dies war bis zur Novelle 2005 streitig.
164 § 81 f Satz 1 StPO.
165 BVerfGE 103, 142 (151); darauf verweist auch schon *Senge*, NJW 2005, 3028 (3030).

worden[166], da schon für die Feststellung des Musters eine richterliche Anordnung vorgelegen habe. Die Anordnung einer DNA-Analyse in einem anhängigen Strafverfahren hat aber nicht in jedem Falle auch die Prüfung der **tatbestandlichen Voraussetzungen für eine Speicherung** zum Gegenstand. Insbesondere die Negativprognose ist insoweit unverzichtbar, kann aber zu Beginn eines Ermittlungsverfahrens häufig wohl kaum in einer Weise getroffen werden, die den an sie gestellten verfassungsrechtlichen Anforderungen genügen könnte[167]. Bedenklich ist auch die Folge, dass „dadurch Daten in der DAD gespeichert werden können, die auf einer nachträglich weggefallenen Tatsachengrundlage beruhen"[168], etwa bei rechtskräftigem Freispruch, der Nichteröffnung des Hauptverfahrens oder der endgültigen Verfahrenseinstellung. Eine Umwidmung sollte frühestens nach Erlass eines erstinstanzlichen Urteils erfolgen und einer richterlichen Prüfung der speziellen Speicherungsvoraussetzungen aus § 81 g Abs. 1 StPO bedürfen[169]. Aus der mit der Novelle 2005 neu eingeführten Benachrichtigungs- und Hinweispflicht bei Umwidmungen könnte allerdings auch der Schluss gezogen werden, dass der Gesetzgeber eine richterliche Prüfung des Vorliegens der speziellen Speicherungsvoraussetzungen für entbehrlich hielte. Denn nach § 81 g Abs. 5 Satz 4 StPO ist die beschuldigte Person unverzüglich von der Speicherung zu benachrichtigen und darauf hinzuweisen, dass sie die gerichtliche Entscheidung beantragen kann. Dass damit einmal mehr einer sehr bedenklichen Praxis[170] gesetzgeberisch Rechnung getragen wurde, zeigt die Entwurfsbegründung. Dort heißt es nämlich, dass diese Informationspflicht zu einer Effektivierung des Rechtsschutzes der betroffenen Person führe, „die bislang von der Umwidmung und Speicherung ihres DNA-Identifizierungsmusters nicht in Kenntnis gesetzt wurde und damit die weitere Speicherung auch nicht auf ihre Rechtmäßigkeit hin überprüfen lassen konnte"[171].

Der Streit um die örtliche Zuständigkeit[172] für die Anordnung der Körperzellenentnahme und der Untersuchung nach § 81 e StPO hat sich erledigt. Die örtliche Zuständigkeit liegt bei der Ermittlungsrichterin oder dem Ermittlungsrichter desjenigen Amtsgerichts, in dessen Bezirk die Körperzellenentnahme stattgefunden hat[173]. Da sich Entnahme und Untersuchung rechtlich als einheitliche Untersuchungshandlung darstellen, die auf die Gewinnung auch nur eines Erkenntnisses gerichtet ist[174], hat der *BGH* immer maßgeblich auf den **Entnahmeort** und nicht auf den Standort der untersuchenden Institution abgestellt[175]. Nichts anderes gilt seit dem 01.11.2005 in den Fällen einer

Zuständigkeit

---

166 Z. B. von *Rackow*, JR 2002, 365 (366).
167 Kritisch auch *Kintzi*, DRiZ 2004, 83 (87) und *Pfeiffer/Höynck/Görgen*, ZRP 2005, 113 (115 f.).
168 *Senge*, NJW 2005, 3028 (3032).
169 Vgl. statt vieler nur *Graalmann-Scheerer*, ZRP 2002, 72 (74) und LR-*Krause*, § 81 g Anh., Rdnr. 39 m. w. N.
170 Demgegenüber geht *Senge*, NJW 2005, 3028 (3032) davon aus, dass rechtmäßig für die bis zum 31.10.2005 erlangten DNA-Muster stets eine richterliche Entscheidung vorliege.
171 BT-Drucks. 15/5674, S. 13.
172 S. nur die Nachweise zum früheren Streitstand bei LR-*Krause*, § 81 f, Rdnr. 5 und KK-*Senge*, § 81 f, Rdnr. 3 a.
173 *BGH,* NJW 2000, 1204; *OLG Düsseldorf*, NJW 2002, 1814.
174 *BGH*, StV 1999, 302.
175 *BGH*, NStZ 2004, 689; damals noch ausdrücklich auch für aufgefundenes Spurenmaterial.

Teil 2: Polizei- und Strafprozessrecht

Einwilligung[176] oder einer staatsanwaltschaftlichen Anordnung, zumal es bei der Bezeichnungspflicht[177] geblieben ist, nach der in der schriftlichen Untersuchungsanordnung die oder der mit der Untersuchung zu betrauende Sachverständige gemäß § 81 f Abs. 2 Satz 1 und § 81 g Abs. 3 Satz 4 StPO konkret zu benennen ist[178].

8.5.5. Verwendungs- und Vernichtungsregelungen, Untersuchungsanforderungen

Gebot unverzüglicher Vernichtung

In allen Fällen molekulargenetischer Untersuchungen im strafprozessualen Rahmen gilt, dass das Körpermaterial nur zur Feststellung des DNA-Identifizierungsmusters und zur Bestimmung des Geschlechts untersucht werden darf. Andere Zielrichtungen und Feststellungen einer Untersuchung – etwa zur Gefahrenabwehr oder zu Forschungszwecken – sind ausdrücklich verboten[179]. Sobald die Körperzellen nicht mehr für die Untersuchung erforderlich sind, sind sie unverzüglich zu vernichten[180]. Obgleich die unverzügliche Vernichtung derjenigen Körperzellen, die im Rahmen von anhängigen Strafverfahren untersucht werden, nach § 81 a Abs. 3 StPO an die Verwendungserforderlichkeit für das laufende Verfahren geknüpft ist, gilt aus Verhältnismäßigkeitsgründen auch hier grundsätzlich das Vernichtungsgebot nach Abschluss der gegebenenfalls wiederholten Untersuchung. Vernichtet werden muss das **gesamte Material**, also auch das nicht untersuchte Körpermaterial sowie entstandene Zwischenprodukte und durch Aufbereitung verändertes Material[181]. Das Gutachtenergebnis wird zwar Aktenbestandteil, das DNA-Identifizierungsmuster ist aber auf Grund des schutzwürdigen Interesses der betroffenen Person an seiner Geheimhaltung vom übrigen Aktenbestand gesondert aufzubewahren[182].

Unabhängigkeit der Sachverständigen

Mit der Novelle 2005 ist aus systematischen Gründen der bisherige Regelungsgehalt von § 81 f Abs. 1 Satz 3 StPO in § 81 f Abs. 2 Satz 1 StPO übernommen worden. „Die Anordnung einer DNA-Analyse muss danach auch weiterhin schriftlich erfolgen und den mit der Untersuchung zu beauftragenden Sachverständigen bestimmen"[183]. Damit bleibt es bei der obligatorischen **Bezeichnungspflicht** der sachverständigen Untersuchungsperson[184]. Beauftragt werden dürfen nach § 81 f Abs. 2 Satz 1 StPO nur be-

---

176 Vgl. *Senge*, NJW 2005, 3028 (3032).
177 *Graalmann-Scheerer*, ZRP 2002, 72 (74).
178 LR-*Krause*, § 81 f, Rdnr. 9 und KK-*Senge*, § 81 f, Rdnr. 1.
179 § 81 e Abs. 1, § 81 g Abs. 1, 2 StPO; *Senge*, NJW 1999, 253 (255); LR-*Krause*, § 81 g, Rdnr. 41; KK-*Senge*, § 81 a, Rdnr. 9 a, § 81 g, Rdnr. 7; auch die Abstammungsbestimmung und die Zuordnung von Spurenmaterial erfolgen mittels des festgestellten DNA-Musters.
180 LR-*Krause*, § 81 g, Rndr. 42; *Meyer-Goßner*, StPO, § 81 g, Rdnr. 13; *Pfeiffer*, StPO, § 81 g, Rdnr. 5.
181 LR-*Krause*, § 81 a, Rdnr. 81 und § 81 g, Rdnr. 42.
182 *Graalmann-Scheerer*, ZRP 2002, 72 (76); LR-*Krause*, § 81 e, Rdnr. 34, § 81 g, Rdnr. 62 fordert dort auch für nach § 81 g gewonnene DNA-Identifizierungsmuster eine gesonderte Aktenführung.
183 BT-Drucks. 15/5674, S. 11.
184 So schon für die Rechtslage vor 2005 LR-*Krause*, § 81 f, Rdnr. 9; *Meyer-Goßner*, StPO, § 81 f, Rdnr. 3; *Pfeiffer*, StPO, § 81 f, Rdnr. 1; KK-*Senge*, § 81 f, Rdnrn. 1, 3; *Graalmann-Scheerer*, ZRP 2002, 72 (74), die sich zudem gegen die Unterlaufung dieser Bezeichnungspflicht durch Weitergabe erteilter Untersuchungsaufträge wendet, weil die Regelung dies aus Gründen der Sicherung von Qualitäts- und Datenschutzstandards gerade verhindern soll.

stimmte Sachverständige, die der ermittlungsführenden Behörde nicht angehören oder zumindest von dieser Dienststelle organisatorisch und sachlich getrennte Amtsträgerinnen oder Amtsträger[185] sind. Mit dieser funktionellen Trennung sollen die Unabhängigkeit der Sachverständigen gewährleistet werden und der Schutz gegen eine unbefugte Datenweitergabe. Um das Risiko eines Datenmissbrauchs möglichst zu minimieren, verlangt die Regelung zusätzlich, dass nur Sachverständige beauftragt werden, die öffentlich bestellt oder nach dem Verpflichtungsgesetz verpflichtet sind[186]. Dies soll sicherstellen, dass nur zuverlässige Einrichtungen beauftragt werden, die den notwendigen apparativen und personellen Standard erfüllen.[187]

Dem Datenschutz, nämlich dem **Ausschluss unzulässiger Untersuchungen und der unbefugten Kenntnisnahme** von Daten durch Dritte dienen auch die technischen und organisatorischen Maßnahmen, die die Sachverständigen nach § 81 f Abs. 2 Satz 2 StPO zu realisieren haben. Der gesetzgeberische Wille, dass „alle nach dem Stand der Techniken möglichen zumutbaren Vorkehrungen"[188] getroffen werden, bestärkt nochmals die nach den Datenschutzgesetzen von Bund[189] und Ländern[190] ohnehin bestehende Pflicht zur Gewährleistung von Datenschutz und Datensicherheit durch Technik und Organisation. Ausdrücklich geregelt ist in § 81 f Abs. 2 Satz 3 StPO, dass das Untersuchungsmaterial der sachverständigen Person ohne Mitteilung des Namens, der Anschrift sowie des Geburtstages und -monats der betroffenen Person zu übergeben ist, also in pseudonymisierter oder teilanonymisierter Form[191]. Die in § 81 f Abs. 2 Satz 4 StPO normierte anlassunabhängige Kontrollbefugnis der Aufsichtsbehörde gilt seit der Novelle des Bundesdatenschutzgesetzes im Jahre 2001 generell.

Datenschutzmaßnahmen

8.5.6. DNA-Analyse-Datei (DAD)

Die DAD wird seit April 1998 als **Verbunddatei** zentral beim Bundeskriminalamt (BKA) geführt[192] und enthält nach § 81 g Abs. 5 Sätze 1 und 2 StPO sowohl direkt nach § 81 g Abs. 1 StPO gewonnene DNA-Identifizierungsmuster als auch unter den dort genannten Voraussetzungen diejenigen nach § 81 e Abs. 1 StPO erlangten Beschuldigtendaten sowie nach § 81 e Abs. 2 erhobene Daten über Spurenmaterial. Rechtsgrundlage der Speicherung von DNA-Identifizierungsmustern und weiterer Angaben[193] ist

Einrichtung, Einmeldung, Abruf und Übermittlung

---

185 Eine Legaldefinition enthält § 11 Abs. 1 Nr. 2 StGB.
186 Vgl. dazu näher LR-*Krause*, § 81 f, Rdnrn. 19 f.
187 BT-Drucks. 13/667, S. 8.
188 BT-Drucks. 13/667, S. 8.
189 § 9 BDSG nebst Anlage zu § 9 Satz 1.
190 Z.B. § 10 DSG NRW; dort werden in Abs. 2 Sicherheitsziele definiert, die mittels eines nach Abs. 3 zu erstellenden Sicherheitskonzepts zu gewährleisten sind.
191 Eine vollständige Anonymisierung von Körperzellen ist nicht möglich, weil das Material selbst personengebunden ist und ein Personenbezug damit niemals gänzlich ausgeschlossen werden kann.
192 S. im Einzelnen z.B. bei *Busch*, NJW 2002, 1754 (1755).
193 Ausweislich der Errichtungsanordnung der DAD werden folgende Datenarten gespeichert: Personendaten, DNA-Identifizierungsmuster, Spuren, Vorgangsdaten/Verwaltungsdaten; vgl. den Abdruck einer alten, in diesen Punkten aber auch Ende 2005 noch unverändert aktuellen Fassung der Errichtungsanordnung gem. § 34 BKAG bei *Vath*, Identitätsfeststellung, S. 135 (138).

Teil 2: Polizei- und Strafprozessrecht

§ 81 g Abs. 5 Satz 1 StPO, der für die Verwendung der Daten auf die Maßgaben des Bundeskriminalamtgesetzes (BKAG) verweist[194]. Direkt in die Datei eingegeben werden diejenigen Daten, die das BKA und die Landeskriminalämter gewonnen haben. Auf dem konventionellen Wege liefern die Bundespolizei, also der frühere Bundesgrenzschutz, und der Zoll Daten an. Abgerufen werden können die Daten von den Landeskriminalämtern und dem BKA. An andere öffentliche Stellen können weitere konventionelle Übermittlungen von Daten erfolgen. Solche Übermittlungen sind nach § 81 g Abs. 5 Satz 3 StPO ausschließlich zweckgebunden zulässig, und zwar nach wie vor für Zwecke eines Strafverfahrens, der Gefahrenabwehr und der internationalen Rechtshilfe hierfür.

Weite Übermittlungszwecke
Diese Zweckbindungen der Übermittlungen stellen gegenüber den Vorschriften des BKAG zwar eine engere Spezialregelung dar, erweitern aber die **Nutzungsmöglichkeiten** der DNA-Identifizierungsmuster gegenüber dem ursprünglich ihre Erhebung rechtfertigenden Zweck der Identitätsfeststellung in künftigen Strafverfahren ganz erheblich. Schon der Begriff des Strafverfahrens wird weit verstanden. Neben dem Ermittlungs-, Vor- und Hauptverfahren einschließlich der entsprechenden Rechtsmittelinstanzen sind davon auch die Strafvollstreckung, der Strafvollzug und das Gnadenverfahren erfasst[195]. Für die – nicht im Sinne der Abwehr konkreter Verfahren gedachte – Gefahrenabwehr gilt ebenfalls, dass sie weit gefasst ist[196]. Die Übermittlungszwecke haben so auch zu Recht Kritik erfahren[197]. *Paeffgen* etwa beklagt die Verkümmerung der Zweckbindung zu einem „amöbenhaften Gebilde"[198] und begründet dies wie folgt: „Denn was mit dem Erhebungsanlass immerhin noch verwandt war, die 'künftige Strafverfolgungs-Erleichterung', ist nunmehr im anlassfernen Generalbegriff Gefahrenabwehr und dem der (noch entfernter verwandten) Rechtshilfe aufgegangen"[199]. Zudem verweist er zu Recht auf die „typische Sogwirkung von Datenbeständen, die aus deren faktischer Zweckneutralität einerseits und deren Vielverwendbarkeit andererseits herrührt. Einmal aufgebaute Datenbanken wollen auch genutzt werden"[200]. Mit den weit gefassten Übermittlungszwecken und dem Verweis auf das BKAG ist auch der Kreis derjenigen öffentlichen Stellen im In- und Ausland, an die Daten übermittelt werden können, kaum noch überblickbar. Weil die betroffenen Personen jedoch schon anhand der gesetzlichen Regelung erkennen können müssen, was mit ihren Daten geschehen kann, wirft dies im Hin-

---

194 § 8 Abs. 6 BKAG selbst enthält keine Datenerhebungsbefugnis, sondern ist eine reine Datenverwendungsnorm, so auch *Ahlf/Daub/Lersch/Störzer*, BKAG, § 8, Rdnr. 14; die – nach alter wie nach neuer Rechtslage gegebene – pauschale Verweisung auf das BKAG ist von *Busch*, NJW 2002, 1754, als unausgewogen und lückenhaft kritisiert worden.
195 Vgl. statt vieler nur LR-*Krause*, § 81 g Anh., Rdnr. 41 sowie *Senge*, NJW 1999, 253 (256) unter Verweis auf BT-Drucks. 13/11116.
196 Vgl. *Rackow*, DNA-Identitätsfeststellungsgesetz, S. 195 f.
197 *Busch*, NJW 2002, 1754 (1757); *Rackow*, DNA-Identitätsfeststellungsgesetz, S. 196 ff. hat keine Kritik an den gesetzlichen Festlegungen, stellt aber aus Gründen der Verhältnismäßigkeit strikte Prüfungsanforderungen an die Normanwendung im Einzelfall, wobei er bei einer Datenübermittlung ins Ausland insbesondere die Frage nach einem entsprechenden Datenschutzniveau dort aufwirft und auf mangelnde Datenschutzmöglichkeiten im Falle eines Datenmissbrauchs durch ausländische Stellen verweist.
198 *Paeffgen*, StV 1999, 625 (626).
199 *Paeffgen*, StV 1999, 625 (626).
200 *Paeffgen*, StV 1999, 625 (626 f.).

8. DNA-Analysen

blick auf das Bestimmtheitsgebot verfassungsrechtliche Bedenken auf[201]. Denn Polizeien des Bundes und der Länder, Staatsanwaltschaften, Gerichte, Vollzugsbehörden, Ausländerbehörden, Gewerbeaufsichtsämter und andere Ordnungsbehörden, die Aufgaben der Gefahrenabwehr wahrnehmen, kommen dafür unter Umständen ebenso in Betracht wie im Rahmen der internationalen Rechtshilfe beispielsweise Polizei- und Justizbehörden sowie sonstige für die Verhütung oder Verfolgung von Straftaten zuständige öffentliche Stellen anderer Staaten sowie zwischen- und überstaatliche Stellen, die mit Aufgaben der Verhütung und der Verfolgung von Straftaten befasst sind[202].

Verfassungsrechtlichen Bedenken begegnet ebenfalls, dass die Fristen für die Dauer der Speicherung nicht ausdrücklich gesetzlich festgelegt sind. Feste Löschungsfristen existieren nicht. In der Errichtungsanordnung nach § 34 Abs. 1 Satz 1 Nr. 8 BKAG sind lediglich Fristen und Speicherungsdauer festzulegen. Diese **Aussonderungsprüffristen** dürfen gemäß § 32 Abs. 3 Satz 2 BKAG bei Erwachsenen zehn Jahre und bei Jugendlichen fünf Jahre nicht überschreiten, wobei nach Zweck der Speicherung sowie Art und Schwere des Sachverhalts zu unterscheiden ist. Nach Fristablauf erfolgt also nicht automatisch eine Löschung, sondern nur eine Prüfung, ob die weitere Speicherung noch zulässig ist[203]. Gelöscht werden müssen die Daten nach § 32 Abs. 2 Satz 1 BKAG grundsätzlich dann, wenn ihre Speicherung unzulässig ist oder ihre Kenntnis für die Aufgabenerfüllung nicht mehr erforderlich ist. Unzulässig ist eine Speicherung nach § 8 Abs. 3 BKAG in den Fällen, in denen rechtskräftig freigesprochen, die Eröffnung des Hauptverfahrens unanfechtbar abgelehnt oder das Verfahren nicht nur vorläufig eingestellt wurde, wenn sich aus den Gründen der Entscheidung ergibt, dass die betroffene Person die Tat nicht oder nicht rechtswidrig begangen hat. Dies bedeutet, dass selbst bei Freisprüchen oder Verfahrenseinstellungen mangels hinreichenden Tatverdachts die Datensätze dann nicht gelöscht werden, wenn die Unschuld der betroffenen Person nicht positiv festgestellt worden ist[204]. Zudem kann es auf Grund unterschiedlicher Regelungen für Bund und Länder betreffend den Beginn der Aussonderungsprüffristen[205] insgesamt zu unterschiedlichen Aussonderungsprüffristen und gegebenenfalls Löschungsterminen kommen, was zusätzlich unter Gleichheitsgesichtspunkten bedenklich ist. Angesichts der vielen Unwägbarkeiten, die demnach mit einer Speicherung in der DAD oder eben einer Löschung der Daten aus der Datei verbunden sind, verwundert es letztlich nicht, wenn manche Stimmen schlichtweg von einer unbefristeten[206] Verwendung sprechen oder davon, dass die Daten „beliebig lange aufbewahrt werden"[207] können.

Fehlende feste Löschungsfristen

---

201 Vgl. grundsätzlich BVerfGE 65, 1, (44 ff., 54); BVerfGE 110, 33 (53) sowie im Ersten Teil unter 3.5.
202 Vgl. § 14 Abs. 1 BKAG.
203 Bedenken dagegen schon bei *Seibel/Gross*, StraFo 1999, 117 (118); *Busch*, NJW 2002, 1754 (1757 f.); *Krehl/Kolz*, StV 2004, 447 (451).
204 In Großbritannien sind über 50 000 gerichtlich freigesprochene Personen mit ihren DNA-Identifizierungsmustern in der zentralen Datenbank gespeichert, zit. nach *Lütkes/Bäumler*, ZRP 2004, 87 (89).
205 Dies legt *Busch*, NJW 2002, 1754 (1758) am Beispiel Niedersachsen dar.
206 *Rackow*, JR 2002, 365 (367).
207 *Meyer-Goßner*, StPO, § 81 g, Rdnr. 13; *Pfeiffer*, StPO, § 81 g Rdnr. 5.

Teil 2: Polizei- und Strafprozessrecht

Wenig transparente Löschungspraxis

Es ist nicht bekannt, ob das BKA überhaupt schon jemals einen Datensatz aus der DAD wieder gelöscht hat[208]. In den Ländern könnte sich die Sachlage allerdings etwas anders darstellen. So kommt es in der Praxis durchaus vor, dass Personen durch **Gerichtsbeschluss die Löschung ihrer Daten** durchsetzen können. Ansonsten werden Datensätze wohl überwiegend noch nicht auf Grund der Aussonderungsprüffrist aus der Datei entfernt, sondern wenn die betroffene Person verstorben ist. Werden Spurendatensätze als nicht mehr tatrelevant angesehen oder erübrigt sich ihre Speicherung aus anderen Gründen, so werden sie ebenfalls gelöscht. Auf die Berücksichtigung gelöschter Datensätze wird z.B. in den Aufstellungen des Landeskriminalamtes NRW über die Veränderungen im Datenbestand der DAD ausdrücklich hingewiesen.

Rasantes Wachstum der Datei

Der Datenbestand der DAD ist binnen weniger Jahre in einem enormen Tempo gewachsen. Waren im April 1999 insgesamt erst 3 013 Datensätze gespeichert, so belief sich der Bestand im April 2001 bereits auf 103 595 Datensätze, wuchs im Mai 2003 auf 279 109 Datensätze an und betrug im Dezember 2005 schließlich 442 696 Datensätze, von denen 361 685 Personen und 81 011 Spuren betrafen[209]. Die größte Zahl von Eintragungen findet sich mit 154 517 Datensätzen im Deliktsbereich Diebstahl und Unterschlagung. Hier sind allein 92 899 Personen erfasst. Sogar im Bereich der Straftaten gegen die öffentliche Ordnung sind immerhin 1 454 Personeneintragungen vorhanden. Dies zeigt, dass bereits die bis November 2005 geltende Rechtslage den Aufbau einer Datei mit **knapp einer halben Million Datensätzen** ermöglicht hat. Insbesondere mit der Ausweitung der Anlasstaten und der Einschränkung der richterlichen Anordnung seit November 2005 steht zu erwarten, dass die DAD noch schneller noch wesentlich umfangreicher werden wird[210]. Ob sich auch bei uns „britische Verhältnisse"[211] entwickeln werden oder ob sich die geäußerte Hoffnung, „dass eine umfangreiche DNA-Analysedatei, wie sie in Großbritannien geplant ist, in Deutschland nicht möglich sein wird"[212], als zutreffend erweist, wird sich zeigen.

8.5.7. Reihengentests

Zweifelhafte Verdachtsschöpfungsmethode

Im Rahmen der Verbrechensaufklärung wurden seit den neunziger Jahren immer wieder mehr oder weniger große, nach bestimmten, auf die tatverdächtige Person vermutlich zutreffenden Merkmalen zusammengestellte Personengruppen[213] gebildet und zur

---

208 Nach *Busch*, NJW 2002, 1754 (1758) unter Berufung auf BT-Drucks. 14/1084, S. 4 f. fand noch keine Löschung durch das BKA statt.
209 Alle Zahlenangaben stammen aus Aufstellungen und Auskünften des LKA NRW.
210 In NRW wird seit dem Frühjahr 2005 auch auf Basis einer Einwilligung der Betroffenen gearbeitet; der Anteil der einverständlichen DNA-Analysen für Identifizierungszwecke in künftigen Strafverfahren steigerte sich von 27,4 % im April 2005 auf 62,0 % im September 2005.
211 Kritisch dazu *Antonow*, JR 2005, 99 ff.; danach sind in der britischen DNA-Datenbank 2,5 Millionen DNA-Profile gespeichert, was 3,7 % der Bevölkerung entspricht; darunter befindet sich eine Vielzahl freigesprochener Personen und selbst ein 11-jähriger, der trotz Verfahrenseinstellung lebenslang gespeichert bleibt; es soll Pläne zur entsprechenden Registrierung der gesamten Bevölkerung geben.
212 *Antonow*, JR 2005, 99 (102).
213 Z.B. Alter, Größe, Geschlecht, Wohnsitz, Haltereigenschaft eines bestimmten Kraftfahrzeugtyps von einer bestimmten Farbe, Haar- oder Augenfarbe, Zugehörigkeit zu einem bestimmten Unternehmen;

8. DNA-Analysen

Abgabe einer Speichelprobe aufgefordert, um mit dem Vergleich der DNA-Identifizierungsmuster mit den Mustern von Spuren eine tatverdächtige Person zu ermitteln. Diese Verdachtsschöpfungsmethode unter einer großen Anzahl unverdächtiger Personen nach **Art einer Rasterfahndung** begegnet rechtsstaatlichen Bedenken. Ohne dass es eines konkreten Anfangsverdachts bedarf, werden Personen zur Duldung einer Untersuchung aufgefordert, die einen Eingriff in ihr Grundrecht auf informationelle Selbstbestimmung darstellt. Faktisch findet damit eine **Durchbrechung der Unschuldsvermutung** statt, also eine Art „Beweislastumkehr". Zudem sind derartige Aufforderungen regelmäßig mit hohem sozialen Druck verbunden, der sich zu einer Zwangslage verdichten kann, in der von einer Wahlfreiheit[214] oder einer freiwillig erteilten Einwilligung in die Maßnahme nicht mehr die Rede sein kann[215]. Ist eine Täterin oder ein Täter einem solchen Druck nicht gewachsen und unterzieht sich der Teilnahme, wirft dies außerdem Probleme im Hinblick auf den Schutz vor einem Zwang zur Selbstbelastung[216] auf. Die Kommentarliteratur setzte sich zwar überwiegend über solche Bedenken grundsätzlicher Natur hinweg und erachtete Reihengentests auf freiwilliger Grundlage schon vor November 2005 als zulässig[217], doch mehrten sich diejenigen Stimmen, die die Reihentests nach der damaligen Rechtslage als unzulässig[218] ansahen, teilweise aber auch selbst eine Rechtsgrundlage dafür forderten[219]. Ein weiteres Mal trug der Gesetzgeber den Forderungen der Praxis Rechnung und erweiterte die Strafprozessordnung um eine Rechtsnorm, die die Durchführung von Reihengentests regelt[220].

Nach § 81 h Abs. 1 StPO ist die Durchführung von Reihengentests[221] zulässig, wenn ein Verbrechen gegen das Leben, die körperliche Unversehrtheit, die persönliche Frei-

Gesetzliche Durchführungsvoraussetzungen

---

bekannt geworden sind Fälle, in denen bis zu 18 000 Personen zur Abgabe ihrer DNA aufgefordert sind, dazu die Beispiele bei *Wüsteney*, DNA-Massentests, S. 23 (26).
214 Vgl. *BVerfG*, NJW 1982, 375.
215 So auch *Graalmann-Scheerer*, NStZ 2004, 297 (298), die DNA-Analysen generell zu denjenigen strafprozessualen Maßnahmen zählt, die nach Art oder Intensität des damit für die betroffene Person verbundenen Eingriffs in ihre prozessualen Rechte einer Einwilligung nicht zugänglich sind.
216 Vgl. BVerfGE 95, 220 (241); *BGH*, NStZ 2004, 392 (393).
217 Z B. KK-*Senge*, § 81 e, Rdnr. 3 a; *Meyer-Goßner*, StPO, § 81 e, Rdnr. 6; LR-*Krause*, § 81 f, Rdnr. 17 mahnt allerdings insoweit Zurückhaltung an.
218 Z B. *Benfer*, StV 1999, 402 (404): „auf recht schwachen juristischen Beinen"; *Satzger*, JZ 2001, 639; *Volk*, NStZ 2002, 561 (562 f.); *Zuck*, NJW 2002, 1924 f.; *Graalmann-Scheerer*, ZRP 2002, 72 (75 f.); *Faber*, RDV 2003, 278 (281 f.); *Graalmann-Scheerer*, NStZ 2004, 297 (299); differenziert *Busch*, NJW 2001, 1335 (1336 f.), der eine Einwilligung in den Fällen als zureichende Grundlage akzeptiert, in denen eine auf Tatsachen beruhende Verbindung der Betroffenen zur aufzuklärenden Tat besteht und insoweit auch eine konkrete Beweisbedeutung erkennbar ist (mit dem Beispiel einer konkreten Zahl von Gästen eines zu einem bestimmten Zeitpunkt an einem bestimmten Ort gefeierten Festes, in dessen Rahmen ein schweres Verbrechen begangen worden ist).
219 So *Wüsteney*, DNA-Massentests, ab S. 275 mit Vorschlägen für eine rechtsstaatliche Normierung, der letztlich (S. 334) allerdings doch noch grundsätzliche rechtspolitische Bedenken an der Sinnhaftigkeit einer solchen Regelung äußert; *Graalmann-Scheerer*, NStZ 2004, 297 (299 f.), hält eine Regelung für dringend geboten und stellt dezidierte Anforderungen daran, möchte aber auch Tendenzen einer ausufernden Anordnung von Reihengentests entgegenwirken.
220 § 81 h StPO.
221 Dieser Begriff wird in der Begründung des Gesetzentwurfs verwendet, BT-Drucks. 15/5674, S. 13.

heit oder die sexuelle Selbstbestimmung begangen worden ist. Damit sind die **Rechtsgüter abschließend aufgezählt**, deren vollendete oder versuchte Verletzung den Anlass für einen Reihengentest geben kann. Dabei muss es sich um eine massive Rechtsgutverletzung[222] handeln, weil die Bestimmung verlangt, dass ein Verbrechen[223] geschehen sein muss. Weitere Voraussetzung ist, dass die bisherigen Ermittlungen bereits zu Ergebnissen im Hinblick auf bestimmte Merkmale der Täterin oder des Täters geführt haben müssen. Da der in den Reihengentests einzubeziehende Personenkreis aus Gründen der Verhältnismäßigkeit so klein wie möglich gehalten werden muss, sollte das bisherige Ermittlungsergebnis schon zu einer möglichst großen Zahl hinreichend konkreter Merkmale geführt haben[224]. Zusätzlich ist nach § 81 h Abs. 1 letzter Satzteil StPO noch zu prüfen, ob die Maßnahme insbesondere im Hinblick auf die Anzahl der in den Reihengentest einzubeziehenden Personen nicht außer Verhältnis zur Schwere der Tat steht[225]. Diese Verhältnismäßigkeitsprüfung setzt allerdings voraus, dass die Personen, auf die die Prüfungsmerkmale zutreffen, zuvor bereits ermittelt sind, weil sonst ihre Zahl nicht bestimmbar ist[226]. Im Einzelfall vorliegende Umstände[227], die eine Verbindung zur Straftat ausschließen und eine Mitwirkung am Reihengentest entbehrlich machen, sind aus Gründen einer fehlenden Erforderlichkeit der Maßnahme bei der Durchführung des Tests ohnehin zu berücksichtigen.

Nur Abgleich der DNA-Identifizierungsmuster zulässig

Mit einer schriftlichen Einwilligung der die Prüfungsmerkmale erfüllenden Personen erlaubt § 81 h Abs. 1 StPO eine Entnahme ihrer Körperzellen, deren molekulargenetische Untersuchung zur Feststellung des DNA-Identifizierungsmusters und des Geschlechts und den automatisierten Abgleich der Identifizierungsmuster mit Identifizierungsmustern von Spurenmaterial, soweit dies zur Feststellung erforderlich ist, ob das Spurenmaterial von diesen Personen stammt. Da nach dem klaren Wortlaut der gesetzlichen Regelung nur der Abgleich der DNA-Identifizierungsmuster zulässig ist, ist die in § 81 h Abs. 1 Nr. 2 StPO vorgesehene Geschlechtsbestimmung **mangels weiterer Verwendungsmöglichkeiten nicht erforderlich**. Es kommt hinzu, dass das Geschlecht der zum Reihengentest aufzufordernden Personen nach aller bisherigen Erfahrung regelmäßig zu den Prüfungsmerkmalen zählt und – von wenigen Ausnahmen abgesehen – auch schon bei der Auswahl der zumindest der Ermittlungsbehörde namentlich bekannten Personen, die in den Test einbezogen werden sollen, als Information vorliegt. Die Bestimmung des Geschlechts findet auf Grund der derzeit eingesetzten Analysemethode zwar zwangsläufig statt[228] und die Verwendung dieses Datums ist im Rahmen von Maßnahmen nach § 81 e Abs. 1 und § 81 g StPO auch seit April 2004 legalisiert, aber nicht

---

222 Vgl. BT-Drucks. 15/5674, S. 13.
223 § 12 Abs. 1 StGB definiert dies sinngemäß als eine Straftat, die im Mindestmaß mit wenigstens einem Jahr Freiheitsstrafe geahndet wird.
224 Von dem Erfordernis möglichst vieler Merkmale geht auch die Gesetzesbegründung aus, BT-Drucks. 15/5674, S. 13.
225 Nach BT-Drucks. 15/5674, S. 13 kann der Reihengentest damit „keine Standardmaßnahme sein".
226 Dies verkennt die Begründung des Gesetzentwurfs, BT-Drucks. 15/5674, S. 13; die Zahl der absehbar betroffenen Personen muss das Gericht wissen, ihre Namen allerdings nicht.
227 Beispielsweise ein zweifelsfreies Alibi.
228 Vgl. *Volk*, NStZ 2002, 561 (564); *Anslinger/Rolf/Eisenmenger*, DRiZ 2005, 165 (168).

im Rahmen der Reihengentests nach § 81 h StPO zulässig – eine möglicherweise unbeabsichtigte Regelungslücke, die gleichwohl besteht. Eine aus dem Untersuchungsergebnis stammende Information über das Geschlecht darf somit nicht verwendet werden.

Ein Reihengentest bedarf für die Durchführung in seiner Gesamtheit einer schriftlichen richterlichen Anordnung[229]. Nach dem gesetzgeberischen Willen wird in § 81 h Abs. 2 Satz 1 StPO ein absoluter Richtervorbehalt normiert[230]. Die richterliche Prüfung hat das Vorliegen der tatbestandlichen Voraussetzungen eines Reihengentests nach § 81 h Abs. 1 StPO zum Gegenstand und muss die Prüfungsmerkmale ausdrücklich bezeichnen[231]. Die Begründung hat sich sowohl den tatbestandlichen Voraussetzungen und den Prüfungsmerkmalen als auch der Verhältnismäßigkeit der Maßnahme zu widmen. Rechtsstaatlichen Anforderungen genügt auch hier nicht eine bloße Wiedergabe des Gesetzestextes[232], sondern eine **konkrete Auseinandersetzung** mit den Tatumständen und den bisherigen Ermittlungsergebnissen, insbesondere im Hinblick auf die Verhältnismäßigkeit der Maßnahme unter allen drei Prüfungsgesichtspunkten[233].

Richterliche Anordnung des Gesamttests

Die nach § 81 h Abs. 2 Satz 4 StPO nicht vorgesehene Anhörung der in einen Reihengentest einzubeziehenden Personen zwingt unter rechtsstaatlichen Gesichtspunkten zur Gewährleistung einer besonderen Sorgfalt bei der Durchführung solcher Tests. Personen, die zwar die Prüfungsmerkmale erfüllen, in deren Fällen aber konkrete Umstände vorliegen, die sie als **Tatverdächtige ausschließen**, dürfen mangels Erforderlichkeit einer DNA-Analyse schon nicht zur freiwilligen Abgabe einer Körperzellenprobe aufgefordert werden. Auch die nach § 81 h Abs. 2 Satz 5 StPO geregelte Unanfechtbarkeit der Maßnahme für die davon Betroffenen[234] ist nicht unproblematisch. In Einzelfällen sind selbst mit einer gesetzlichen Regelung auf Grund des faktischen sozialen Drucks nach wie vor Zweifel an der Freiwilligkeit der Teilnahme an einem Reihengentest nicht von der Hand zu weisen. Außerdem verhindert die wegen der Konstruktion der gesetzlichen Regelung fehlende individuelle rechtliche Beschwer jedenfalls in den Fällen einer – auf Grund einer Zwangssituation – nicht vorhandenen Wahlfreiheit nicht das Vorhandensein einer tatsächlichen Beschwer, so dass fraglich ist, ob diese Bestimmung vor dem Hintergrund der Garantie gerichtlichen Rechtschutzes nach Art. 19 Abs. 4 Satz 1 GG Bestand haben kann.

Individuelle Durchführung

§ 81 h Abs. 3 Satz 1 StPO normiert die entsprechende Geltung von § 81 f Abs. 2 und § 81 g Abs. 2 StPO. Damit wird die richterliche Pflicht zur Benennung der sachverständigen Untersuchungsperson in der schriftlichen Anordnung so wie in § 81 f Abs. 2 StPO vorgesehen. Gleiches gilt für die Anforderungen an die Untersuchungsinstitution und die näheren Umstände der Untersuchung sowie für die datenschutzrechtlichen

Untersuchungsanforderungen und Vernichtungspflichten

---

229 § 81 h Abs. 2 Sätze 1 und 2 StPO.
230 BT-Drucks. 15/5674, S. 14.
231 § 81 h Abs. 2 Satz 3 StPO.
232 Vgl. BVerfGE 103, 21 (36).
233 Eignung, Erforderlichkeit und Angemessenheit der Maßnahme, wobei § 81 h Abs. 1 StPO die Angemessenheitsprüfung noch besonders hervorhebt.
234 Demgegenüber steht der Staatsanwaltschaft im Falle einer antragsablehnenden Entscheidung die Beschwerdebefugnis nach § 304 StPO zu; vgl. BT-Drucks. 15/5674, S. 14.

Kontrollbefugnisse[235]. Der zulässige Untersuchungsumfang, die Zweckbindung und die Pflicht zur unverzüglichen **Vernichtung der Körperzellen** nach Durchführung der DNA-Analyse ergeben sich aus dem Verweis auf § 81 g Abs. 2 StPO. Auch die **Aufzeichnungen** über die festgestellten DNA-Identifizierungsmuster sind nach § 81 h Abs. 3 Satz 2 StPO **unverzüglich zu löschen**, soweit sie zur Aufklärung des Verbrechens nicht mehr erforderlich sind. Bei Feststellung der Person, die die Spur verursacht hat, und nach Erstellung eines Zweitgutachtens werden die übrigen DNA-Identifizierungsmuster nicht mehr benötigt und sind daher ebenfalls zu löschen[236] oder anderweitig zu vernichten. Eine Speicherung der Muster in der DAD ist ebensowenig zulässig wie ein Abgleich von ihnen mit bereits gespeicherten Daten, um zu prüfen, ob die Personen, die am Test teilgenommen haben als Täterinnen oder Täter anderer Straftaten in Betracht kommen[237]. Die Datenlöschung ist nach § 81 h Abs. 3 Satz 3 StPO ausdrücklich zu dokumentieren.

Einwilligungserfordernis und Wirksamkeitsvoraussetzungen

Die Durchführung eines Reihengentests bedarf nach § 81 h Abs. 1 StPO der schriftlichen Einwilligung der daran teilnehmenden Personen. Abgesehen von den oben schon genannten **grundsätzlichen Bedenken**, die gegen eine Einwilligung möglicher Beschuldigter[238] in eine DNA-Analyse im strafprozessrechtlichen Zusammenhang sprechen[239], ist bei der Erteilung einer Einwilligung zu gewährleisten, dass alle Voraussetzungen für die Wirksamkeit der Einwilligung erfüllt sind. Dazu gehört generell die Sicherstellung echter Entscheidungsfreiheit[240] ebenso wie eine umfassende Information über Art, Zweck und Umfang der Datenerhebung sowie gegebenenfalls über die Speicherdauer und die weiteren Verwendungsmöglichkeiten[241]. Die schriftlich zu erfüllende Informationspflicht der Strafverfolgungsbehörden erstreckt sich damit unter anderem auf die Benennung und Erläuterung der gesetzlichen Voraussetzungen der Maßnahme nach § 81 h Abs. 1 bis Abs. 3 StPO, auf die Freiwilligkeit der Teilnahme, auf die Widerruflichkeit der Einwilligung sowie auf Angaben zu den durchzuführenden Maßnahmen und zum Erhebungszweck. Weiter schreibt § 81 h Abs. 4 Satz StPO ausdrücklich Hinweise darüber vor, dass erstens die entnommenen Körperzellen ausschließlich für die DNA-Analyse verwendet und unverzüglich vernichtet werden, sobald sie hierfür nicht mehr erforderlich sind, und dass zweitens die festgestellten DNA-Identifizierungsmuster nicht zur Identitätsfeststellung in künftigen Strafverfahren beim Bundeskriminalamt gespeichert werden. Die Informationen und Hinweise sollten zudem gemeinsam mit dem Einwilligungsformular den Betroffenen vorab übersandt oder ausgehändigt werden, um ihnen mit einer **mehrtägigen Überlegensfrist** ausreichend Zeit für eine Entscheidung zu lassen.

---

235 S. dazu schon im Zweiten Teil unter 8.5.5.
236 Vgl. auch BT-Drucks. 15/5674, S. 14.
237 So auch *Senge*, NJW 2005, 3028 (3032).
238 Mit Ausnahme der Eigeninitiative als Entlastungsbeweis.
239 S. auch schon oben und im Zweiten Teil unter 8.5.4.
240 So muss klar sein, dass allein die Verweigerung einer Teilnahme keinen verdachtsbegründenden Umstand darstellen kann, sondern dafür zusätzlich weitere Verdachtsmomente vorliegen müssen, vgl. nur *BGH*, NStZ 2004, 392 ff.; *BVerfG*, NJW 1996, 3071.
241 S. dazu auch schon unter 8.5.4.

8.6. DNA-Analysen nach Landespolizeigesetz?

Regelungen im Polizeirecht der Länder: DNA-Analysen	
Baden-Württemberg:	–
Bayern:	–
Berlin:	–
Brandenburg:	–
Bremen:	–
Hamburg:	§ 7 Abs. 5 HambPolDVG
Hessen:	§ 19 Abs. 3 HSOG
Niedersachsen:	–
Nordrhein-Westfalen:	–
Mecklenburg-Vorpommern:	–
Rheinland-Pfalz:	§ 11a RhPf POG
Saarland:	–
Sachsen:	–
Sachsen-Anhalt:	–
Schleswig-Holstein:	–
Thüringen:	–

In den Polizeigesetzen von Hessen, Rheinland-Pfalz und Hamburg finden sich Bestimmungen zur DNA-Analyse. Nach der ausführlichen Regelung dieses Instruments in der Strafprozessordnung ist dieser Befund im Hinblick auf die Kompetenzverteilung des Grundgesetzes für die Gesetzgebung zumindest überraschend. Nach Art. 74 Abs. 1 Nr. 1 GG liegt die **konkurrierende Gesetzgebungszuständigkeit** u.a. für das Strafrecht und das gerichtliche Verfahren bei der Bundesgesetzgebung. DNA-Analysen können grundsätzlich weder Zwecken der Gefahrenabwehr dienen noch die Begehung künftiger Straftaten verhindern[242]. Ihre Funktion besteht insoweit ausschließlich in der Beweisbeschaffung zur Verwendung in anhängigen oder künftigen Strafverfahren, so dass sie dem Strafverfahrensrecht zuzuordnen sind und die Gesetzgebungskompetenz des Bundes gegeben ist[243].

Bundeskompetenz

Zwar besteht keine konkurrierende Gesetzgebungskompetenz des Bundes für die vorbeugende Bekämpfung von Straftaten, also für Maßnahmen, die drohende Rechtsgutverletzungen von vornherein und in einem Stadium verhindern sollen, in dem es noch nicht zu strafwürdigem Unrecht gekommen ist[244]. Doch dies kann die DNA-Analyse in aller Regel gerade nicht leisten, weil sie als vorsorgliche Beweisbeschaffungsmethode grundsätzlich rein **repressiver Natur** ist. § 19 Abs. 3 HSOG betreibt insoweit eine Art

Hessischer Etikettenschwindel

---

242 Vgl. BVerfGE 103, 21 (31).
243 BVerfGE 103, 21 (30 f.); KK-*Senge*, § 81 g, Rdnr. 1 a m.w.N.; LR-*Krause*, § 81 g, Rdnr. 2 m.w.N.; *Rachor*, in: Handbuch des Polizeirechts, 3. Aufl. 2001, F 404 (425); *Bäumler*, in: Handbuch des Polizeirechts, 3. Aufl. 2001, J 562.
244 Vgl. *BVerfG*, NJW 2005, 2603 (2605).

Teil 2: Polizei- und Strafprozessrecht

Etikettenschwindel, wenn dort auf Zwecke der vorbeugenden Bekämpfung von Straftaten abgestellt wird, der Sache nach aber eine strafprozessuale Regelung getroffen wird, für die keine landesgesetzgeberische Kompetenz gegeben ist. Es kommt hinzu, dass die hessische Bestimmung verdächtige Personen erfassen soll, die noch keine 14 Jahre alt sind. **DNA-Analysen bei Kindern** sind nach der Strafprozessordnung allerdings gerade unzulässig[245]. Strafunmündige Kinder können nämlich nicht Beschuldigte im Sinne der Strafprozessordnung sein[246]. Hierbei handelt es sich auch nicht etwa um eine unbeabsichtigte Regelungslücke, die vom Landesgesetzgeber ausfüllbar wäre. Die bewusste Festlegung auf die Strafunmündigkeit von Kindern kann nicht landesrechtlich dadurch faktisch unterlaufen werden, dass im Hinblick auf die absehbar eintretende Strafmündigkeit schon einmal vorsorglich etwaige Beweise durch eine DNA-Analyse beschafft werden. Gerade unter dem Aspekt der Eingriffstiefe einer DNA-Analyse und insbesondere der vorgesehenen Speicherung des DNA-Identifizierungsmusters fehlt es zudem an der Verhältnismäßigkeit der Maßnahme. Abgesehen von der fehlenden Landeskompetenz scheinen bei der Schaffung der hessischen Regelung auch rechtsstaatliche Grundsätze in Vergessenheit geraten zu sein.

Kaum Anwendungsbereiche in Hamburg

Hamburg ordnet seine landesrechtliche Regelung von DNA-Analysen in § 7 HambPolDVG ebenfalls den erkennungsdienstlichen Maßnahmen zu. Soweit die DNA-Analysen der Erforschung und Aufklärung von Straftaten dienen sollen, sind die strafprozessualen Bestimmungen als abschließende Regelungen[247] anzusehen, so dass für Landesrecht kein Raum verbleibt. § 7 Abs. 5 Satz 1 HambPolDVG zielt zwar ausschließlich auf die Identitätsfeststellung unbekannter Toter und ermächtigt zu allein diesem Zweck subsidiär zur DNA-Analyse des Körpermaterials von **vermissten Personen und unbekannten Toten**, doch ist auch insoweit bereits eine Teilnormierung mit § 88 Abs. 1 StPO erfolgt, der die DNA-Analyse seit April 2004 bei Leichen ermöglicht. Im Rahmen strafrechtlicher Ermittlungsverfahren kann die hamburgische Bestimmung nicht zur Anwendung kommen, fraglich bleibt zudem, ob Zwecke der Gefahrenabwehr mit einer DNA-Analyse überhaupt erfüllt werden können. Vermisste Personen sind namentlich bekannt, sie gilt es aufzufinden. Bei unbekannten Toten dürften regelmäßig Todesermittlungsverfahren durchzuführen sein, in denen wiederum ausschließlich § 88 Abs. 1 StPO einschlägig ist. Die Überlegung, unbekannte Tote anhand des DNA-Identifizierungsmusters als namentlich vermisst gemeldete Personen identifizieren zu können, ist zwar nachvollziehbar, kann aber ebenfalls keine Gefahren mehr abwehren. Ihre Voraussetzung wäre vielmehr, dass für jede als vermisst gemeldete Person sogleich vorsorglich eine DNA-Analyse durchzuführen wäre, was kaum verhältnismäßig sein könnte. Soweit davon ausgegangen wird, dass für den Personenkreis der Nichtbeschul-

---

245 *Meyer-Goßner*, StPO, § 81 g, Rdnr. 5; *Pfeiffer*, StPO, § 81 g, Rdnr. 2.
246 KK-*Boujong* § 136, Rdnr. 4; *Meyer-Goßner*, StPO, § 81 b, Rdnr. 7 und Einl. Rdnr. 76; *Pfeiffer*, StPO, § 136, Rdnr. 2; LR-*Hanack* § 136, Rdnr. 6; LR-*Krause* § 81 a, Rdnr. 7; KK-*Senge* § 81 b, Rdnr. 2.
247 Zu den Kriterien vgl. *BVerfG*, NJW 2005, 2603 (2606) unter Verweis auf die st. Rspr.; der bundesgesetzgeberische Wille einer bundeseinheitlichen Regelung der verfahrensrechtlichen Bestimmungen über die forensische DNA-Analyse ist zur Wahrung der Rechtseinheit im gesamtstaatlichen Interesse klar zum Ausdruck gebracht, vgl. BT-Drucks. 15/5674, S. 9.

digten eine landesrechtliche Regelungskompetenz verbleibt[248], müsste **in verfassungskonformer Auslegung** die Bestimmung praktisch so gut wie bedeutungslos bleiben und beispielsweise auf Katastrophenfälle beschränkt sein.

Im Wesentlichen begrenzt allein auf die Identifizierung unbekannter Toter im Zusammenhang mit Großschadensereignissen außerhalb von Todesermittlungsverfahren und auf das Auffinden unbekannter verwirrter oder hilfloser Personen will der rheinland-pfälzische Gesetzgeber seine Regelung im dortigen § 11 a RhPfPOG verstanden wissen[249]. Die Bestimmung enthält zudem eine Subsidiaritätsklausel, den Vorbehalt richterlicher Entscheidung und weitere grundrechtsichernde Verfahrensvorkehrungen, wobei die entsprechenden Verweise seit der StPO-Novelle 2005 allerdings teilweise nicht mehr zutreffend sind. Im Falle eines Großschadensereignisses, wie beispielsweise einer Naturkatastrophe, können in der Tat Gefahrenabwehrzwecke denkbar sein, so etwa die Verhinderung einer **Seuchengefahr**. Gleiches gilt dann, wenn hilflose oder verwirrte Personen für ihr Überleben oder für die Abwendung schwerer Beeinträchtigungen ihrer Gesundheit z.B. dringend auf bestimmte Medikamente angewiesen sind. Ob es für solche extremen Ausnahmesituationen allerdings einer spezialgesetzlichen Regelung des polizeilichen Tätigwerdens bedarf, mag bezweifelt werden.

Gefahrenabwehr in Notlagen denkbar

8.7. Rechtspolitischer Ausblick

Die Einsatzmöglichkeiten der DNA-Analyse werden ständig ausgeweitet. War der verfassungsrechtliche Spielraum für ihre Anwendung bereits vor der StPO-Novelle von 2005 weitestgehend ausgeschöpft, so sind die verfassungsrechtlichen Grenzen mit dieser Novelle in einigen Punkten überschritten worden. Nicht prognostizierbar ist, ob und gegebenenfalls wann das BVerfG korrigierend eingreifen wird. Angesichts der Forderungen im rechtspolitischen Raum, die weiteren gesetzgeberischen Handlungsbedarf zur Ausweitung der DNA-Analyse sehen, um für ihren Einsatz „unnötige rechtliche Hemmnisse abzubauen"[250], ist nicht damit zu rechnen, dass unter diese Diskussion alsbald ein Schlussstrich zu ziehen sein könnte. Hatte schon 2002 ein Aufsatz die Feststellung „kein Ende der Begehrlichkeiten"[251] in seinem Titel, so gilt dies 2006 leider erst recht. Vor diesem Hintergrund und im Hinblick auf das zu erwartende schnelle weitere Wachstum des DAD-Datenbestands wäre über den Vorschlag nachzudenken, die Erhebung und Speicherung der DNA-Identifizierungsmuster über die mit ihnen verbundenen konkreten Grundrechtseingriffe hinaus als **abstrakte Gefährdung des Persönlichkeitsrechts** durch die schlichte Existenz der Datenbestände zu begreifen[252] und daraus eingrenzende Konsequenzen zu entwickeln.

Ende der Begehrlichkeiten nicht in Sicht

---

248 BT-Drucks. 18/1487, S. 14.
249 Vgl. LT-Drucks. 14/2287, S. 36.
250 Vgl. BR-Drucks. 521/1/05.
251 *Volk*, NStZ 2002, 561.
252 S. diesen Gedanken schon bei *Paeffgen*, StV 1999 625 (627).

Teil 2: Polizei- und Strafprozessrecht

Literatur

ALTENDORFER, RHEINHOLD: Rechtsprobleme der DNA-Analyse im Strafverfahren, München 2001.

ANSLINGER, KATJA / ROLF, BURKHARD / EISENMENGER, WOLFGANG: Möglichkeiten und Grenzen der DNA-Analyse, in: DRiZ 2005, S. 165 ff.

ANTONOW, KATRIN: DNA-Analyse-Dateien für Strafverfolgungszwecke in England und Deutschland, in: JR 2005, S. 99 ff.

BACHMANN, ALEXANDER: Die DNA-Analyse-Datei – Erfolgreiches Ermittlungshilfsmittel im polizeilichen Alltag, in: BewHi 2002, S. 204 ff.

BENFER, JOST: Die molekulargenetische Untersuchung (§§ 81 e, 81 g, StPO), in: StV 1999, S. 402 ff.

BRAUM, STEFAN: Sanfte Kontrolle?, in: KritV 2003, S. 134 ff.

BURR, KAI: Das DNA-Profil im Strafverfahren unter Berücksichtigung der Rechtsentwicklung in den USA, Bonn 1995.

BRINKMANN, BERND: Forensische DNA-Analytik, in: Deutsches Ärzteblatt v. 23.8.2004, www.aerzteblatt.de/v4/archiv/artikel.asp?id=43123.

BUSCH, RALF: Zur Zulässigkeit molekulargenetischer Reihenuntersuchungen, in: NJW 2001, S. 1335 ff.

– Einwilligung in die DNA-Analyse als Ersatz einer richterlichen Anordnung?, in: StraFo 2002, S. 46 ff.

– Die Speicherung von DNA-Identifizierungsmustern in der DNA-Analyse-Datei, in: NJW 2002, S. 1754 ff.

DUTTGE, GUNNAR / HÖRNLE, TATJANA / RENZIKOWSKI, JOACHIM: Das Gesetz zur Änderung der Vorschriften über die Straftaten gegen die sexuelle Selbstbestimmung, in: NJW 2004, S. 1065 ff.

EISENBERG, ULRICH: Informationelle Selbstbestimmung und gesetzgeberische Unbestimmtheiten in § 81g Abs. 1 StPO, in: Festschrift für Lutz Meyer-Goßner, München 2001, S. 293 ff.

EISENBERG, ULRICH / SINGELNSTEIN, TOBIAS: Speicherung von DNA-Identifizierungsmustern als erkennungsdienstliche Maßnahme zur „Strafverfolgungsvorsorge" trotz Nichtverurteilung?, in: GA 2006, S. 168 ff.

FABER, MICHAEL: Verrechtlichung – ja, aber immer noch kein „Grundrecht"! – Zwanzig Jahre informationelles Selbstbestimmungsrecht, in: RDV 2003, S. 278 ff.

FOLDENAUER, WOLFGANG: Genomanalyse im Strafverfahren, Berlin 1995.

GOLEMBIEWSKI, CLAUDIA: Entbehrlichkeit einer richterlichen Anordnung der DNA-Analyse bei Einwilligung des Betroffenen?, in: NJW 2001, S. 1036 ff.

GRAALMANN-SCHEERER, KIRSTEN: Zur Zulässigkeit der Einwilligung in die Entnahme von Körperzellen (§§ 81 g Abs. 3, 81 a Abs. 2 StPO, § 2 DNA-Identitätsfeststellungsgesetz) und in die molekulargenetische Untersuchung (§§ 81 g Abs. 3, 81 a Abs. 1 StPO, § 2 DNA-Identitätsfeststellungsgesetz), in: JR 1999, S. 453 ff.

– DNA-Analyse – „Genetischer Fingerabdruck". Strafverfahrensrechtliche Probleme im Zusammenhang mit der molekulargenetischen Untersuchung in: Kriminalistik 2000, S. 328 ff.

– Molekulargenetische Untersuchung und Revision, in: Festschrift für Peter Rieß, hrsgg. v. Hanack, Ernst-Walter / Hilger, Hans / Mehle, Volkmar / Widmaier, Gunter, Berlin / New York 2002, S. 153 ff.

– Molekulargenetische Untersuchung im Strafverfahren, in: ZRP 2002, S. 72 ff.

8. DNA-Analysen

– DNA-Massentest de lege lata und de lege ferenda, in: NStZ 2004, S. 297 ff.

HAMM, RAINER: Datenbanken mit genetischen Merkmalen von Straftätern, DuD 1998, S. 457 ff.

– Bürger im Fangnetz der Zentraldateien, NJW 1998, S. 2407 ff.

KAUFFMANN, PETER / URETA, LUIS FERNANDO: Die richterliche Anordnungs- und Begründungspraxis in Verfahren gem. § 2 DNA-Identitätsfeststellungesetz i. V. m. § 81 g StPO vor dem Grundgesetz, in: StV 2000, S. 103 ff.

KELLER, RAINER: Die Genomanalyse im Strafverfahren, in: NJW 1989, S. 2289 ff.

KELLER, CHRISTOPH: Das Gesetz zur Novellierung der forensischen DNA-Analyse, in: der kriminalist 2005, S. 499 ff.

KINTZI, HEINRICH: Die Tätigkeit des Ermittlungsrichters im Ermittlungsverfahren und Richtervorbehalt, in: DRiZ 2004, S. 83 ff.

KÖNIG, JOSEF: Strafprozessuale Änderungen des Gesetzes zur Änderung der Vorschriften über die Straftaten gegen die sexuelle Selbstbestimmung und zur Änderung anderer Vorschriften, in: Kriminalistik 2004, S. 262 ff.

LOPF, VERENA ANGELA: Selbstbelastungsfreiheit und Genomanalyse im Strafverfahren, Aachen 1999.

KREHL, CHRISTOPH / KOLZ, ALEXANDER: Genetischer Fingerabdruck und Verfassung, in: StV 2004, S. 447 ff.

KROPP, CHRISTIAN: Neuere Rechtsprechung zum DNA-Identitätsfeststellungsgesetz, in: NJ 2001, S. 576 ff.

– Freiwilligkeit und Zwang im Strafverfahren, in: NJ 2003, S. 15 f.

LEHNE, WERNER: Endlich freie Bahn für eine umfassende Gendatenbank?, in: KrimJ 2002, S. 193 ff.

LINDEMANN, MICHAEL: Die Straftat von erheblicher Bedeutung, in: KJ 2000, S. 86 ff.

LIPPERT, HANS-DIETER: Der Richtervorbehalt bei DNA-Analysen, in: Kriminalistik 2001, S. 355 f.

LÜTKES, ANNE / BÄUMLER, HELMUT: DNA-Analysen zur effektiven Strafverfolgung, in: ZRP 2004, S. 87 ff.

MARKWARDT, MANFRED / BRODERSEN, KILIAN: Zur Prognoseklausel in § 81 g StPO, in: NJW 2000, S. 692 ff.

NEUBACHER, FRANK / WALTHER, MICHAEL: Speicherung des „genetischen Fingerabdrucks" trotz günstiger Bewährungsprognose?, in: StV 2001, S. 584 ff.

NEUHAUS, RALF: Fehlerquellen bei DNA-Analysen, in: Gedächtnisschrift für Ellen Schlüchter, hrsgg. v. Duttke, Gunnar / Geilen, Gerd / Meyer-Goßner, Lutz / Warda, Günter, Köln 2002, S. 535 ff.

NEUSER, MARKUS: Die „Straftat von erheblicher Bedeutung" als Anordnungsvoraussetzung im Rahmen des § 81 g Abs. 1 StPO, in: JURA 2003, S. 461 ff.

OHLER, WOLFGANG: Überlegungen zur Evolution des DNA-Gesetzes, in: StV 2000, S. 326 ff.

PAEFFGEN, HANS-ULRICH: Strafprozess im Umbruch oder: Vom unmöglichen Zustand des Strafprozeßrechts, in: StV 1999, S. 625 ff.

PFEIFFER, CHRISTIAN / HÖYNCK, THERESIA / GÖRGEN, THOMAS: Ausweitung von DNA-Analysen auf Basis einer kriminologischen Gefährlichkeitsprognose, in: ZRP 2005, S. 113 ff.

RACKOW, PETER: Das DNA-Identitätsfeststellungsgesetz und seine Probleme (zit. als: DNA-Identitätsfeststellungsgesetz), Frankfurt am Main 2001.

– Molekulargenetische Untersuchung im Strafverfahren, in: ZRP 2002, S. 236.

- Speicherung in der DNA-Analyse-Datei nach § 3 S. 3 Halbs. 1 DNA-IFG ohne Einwilligung und ohne richterliche Prüfung der materiellen Voraussetzungen?, in: JR 2002, S. 365 ff.
- Rechtsprobleme bei einer Ausweitung der DNA-Analyse, in: Kriminalistik 2003, S. 474 ff.

RIESS, PETER: Die „Straftat von erheblicher Bedeutung" als Eingriffsvoraussetzung, in: GA 2004, S. 623 ff.

RINIO, CARSTEN: Identifizierung unbekannter Toter mittels DNA-Analyse, in: Kriminalistik 2004, S. 187 ff.

SATZGER, HELMUT: DNA-Massentests – kriminalistische Wunderwaffe oder ungesetzliche Ermittlungsmethode?, in: JZ 2001, S. 639 ff.

SCHNEIDER, PETER M. / RITTNER, CHRISTIAN: Genprofile von Sexualstraftätern, in: ZRP 1998, S. 64 ff.

SCHNEIDER, PETER M., Interview Deutsches Ärzteblatt v. 28.1.2005, A 185.

SCHUBERT, KARIN / GERLACH, SUSANNE: Die DNA-Analyse im Strafverfahren – Plädoyer für eine sachliche und verantwortungsvolle Diskussion, in: RuP 2005, S. 79 ff.

SCHULZ, LORENZ: Gendateien und das Gespenst des Überwachungsstaats, in: KrimJ 2001, S. 166 ff.

SEIBEL, MATHIAS / GROSS, MICHAEL: Das DNA-Identitätsfeststellungsgesetz aus anwaltlicher Sicht, in: StraFo 1999, S. 117 ff.

SENGE, LOTHAR: Gesetz zur Änderung der Strafprozessordnung (DNA-Identitätsfeststellungsgesetz), in: NJW 1999, S. 253 ff.
- Die Neuregelung der forensischen DNA-Analyse, in: NJW 2005, S. 3028 ff.

SOKOL, BETTINA: DNA-Profile – freiwillig und auf Vorrat?, in: Grundrechte-Report 2000, hrsgg. v. Müller-Heidelberg, Till / Finckh, Ulrich / Grundmann, Verena / Steven, Elke (zit. als: Sokol in: Grundrechte-Report 2000), Reinbek bei Hamburg 2000, S. 32 ff.
- Durchleuchtet und kontrolliert?, in: Völkerrecht statt Machtpolitik, hrsgg. v. Paech, Norman / Rinken, Alfred / Schefold, Dian / Weßlau, Edda (zit. als: Sokol, in: Völkerrecht), Hamburg 2004, S. 372 ff.
- Zur Verharmlosung des technisch Machbaren – der „Genetische Fingerabdruck", in: Innovativer Datenschutz 1992 – 2004, hrsgg. v. Bizer, Johann / von Mutius, Albert / Petri, Thomas B. / Weichert, Thilo (zit. als: Sokol, in: Datenschutz), Kiel 2004, S. 163 ff.

SOKOL, BETTINA (HRSG.): Der gläserne Mensch – DNA-Analysen, eine Herausforderung an den Datenschutz, o. V., Düsseldorf 2003.

SPRENGER, WOLFGANG / FISCHER, THOMAS: Zur Erforderlichkeit der richterlichen Anordnung von DNA-Analysen, in: NJW 1999, S. 1830 ff.

STÖRZER, HANS UDO: DNA-Analyse bei anonymen Tatortspuren, in: Kriminalistik 2001, S. 169 ff.

STUMPER, KAI: Informationelle Selbstbestimmung und DNA-Analysen, Frankfurt am Main 1996.

VATH, ANDREAS: Der genetische Fingerabdruck zur Identitätsfeststellung in künftigen Strafverfahren (zit. als: Identitätsfeststellung), Baden-Baden 2003.

VESTING, JAN-W. / MÜLLER, STEFAN: DNA-Analyse und Recht: Pleiten, Pech und Pannen?, in: KJ 1996, S. 466 ff.

VOLK, ELISABETH: DNA-Identitätsfeststellungsgesetz – Kein Ende der Begehrlichkeiten, in NStZ 2002, S. 561 ff.

WAGNER, CHRISTEAN: Effektive Strafverfolgung durch DNA-Kartei für alle Straftaten, in: ZRP 2004, S. 14 f.

8. DNA-Analysen

- Opferschutz vor Täterschutz – Zur Notwendigkeit der Ausweitung der DNA-Analyse, in: RuP 2005, S. 75 ff.

WEICHERT, THILO: DNA-Analyse im Strafverfahren – weder Wundermittel noch Teufelszeug, in: FIfF-Kommunikation 2005, S. 4 ff.

WOLLWEBER, HARALD: Der genetische Fingerabdruck auf dem Prüfstand, in: NJW 2001, S. 2304 ff.

- DNA-Analysen und Richtervorbehalt, in: NJW 2002, S. 1771 ff.

WOLTER, JÜRGEN: 35 Jahre Verfahrensrechtskultur und Strafprozessverfassungsrecht in Ansehung von Freiheitsentziehung, (DNA-)Identifizierung und Überwachung, in: GA 1999, S. 158 ff.

WÜSTENEY, MATTHIAS: Rechtliche Zulässigkeit sogenannter DNA-Massentests zur Ermittlung des Täters einer Straftat (zit. als: DNA-Massentests), Frankfurt am Main 2003.

ZUCK, RÜDIGER: Spucke, rechtlich, in: NJW 2002, S. 1924 f.

9. Aufenthalts- und Ausreiseverbote

Übersicht

9.1. Einleitung 332
9.2. Verfassungsrechtliche Fragen der landesrechtlichen Regelungen
     zum Aufenthaltsverbot 334
    9.2.1. Aufenthaltsverbote und das Grundrecht der Freizügigkeit
           (Art. 11 GG) 334
    9.2.2. Die Notwendigkeit einer parlamentsgesetzlichen Grundlage
           für Eingriffe in Art. 11 GG 336
    9.2.3. Der qualifizierte Schrankenvorbehalt des Art. 11 II GG 339
        9.2.3.1. Vorbeugung von Straftaten 339
        9.2.3.2. Die Wahrscheinlichkeit der Begehung einer Straftat....341
    9.2.4. Gesetzgebungskompetenz des Landesgesetzgebers 342
    9.2.5. Zitiergebot 343
    9.2.6. Bestimmtheitsgebot 344
    9.2.7. Verhältnismäßigkeit 345
        9.2.7.1. Geeignetheit 345
        9.2.7.2. Erforderlichkeit 346
        9.2.7.3. Angemessenheit 348
9.3. Die Anwendung des Aufenthaltsverbots im Einzelfall 349
    9.3.1. Tatbestandsvoraussetzungen 349
        9.3.1.1. Begehung einer Straftat 349
        9.3.1.2. Prognoseentscheidung 350
    9.3.2. Ermessen, Verhältnismäßigkeit 352
        9.3.2.1. Der räumliche Umfang von Aufenthaltsverboten 353
        9.3.2.2. Der zeitliche Umfang von Aufenthaltsverboten 354
    9.3.3. Ausnahmen vom Aufenthaltsverbot 355
    9.3.4. Form und Begründung 357
    9.3.5. Zuständigkeit 358
9.4. Die Durchsetzung von Aufenthaltsverboten 359
9.5 Ausreiseverbote und -beschränkungen 360
    9.5.1. Rechtsgrundlagen 360
    9.5.2. Gesetzliche Voraussetzungen nach § 7 I Nr. 1 PassG 361
        9.5.2.1. Erhebliche Belange der Bundesrepublik 361
        9.5.2.3. Gefahrenprognose 365
    9.5.3. Grundrechtliche und europarechtliche Fragen 367
        9.5.3.1. Ausreisefreiheit nach dem GG 367
        9.5.3.2. Europarechtliche Fragen 368
    9.5.4. Meldeauflagen 369
        9.5.4.1. Rechtsgrundlage 369
        9.5.4.2. Grundrechtliche Fragen 371

Teil 2: Polizei- und Strafprozessrecht

9. Aufenthalts- und Ausreiseverbote

Regelungen im Polizei- und Ordnungsrecht: Aufenthaltsverbote	
Baden-Württemberg	–
Bayern	–
Berlin	§ 29 II ASOG
Brandenburg	§ 16 II BbgPolG
Bremen	§ 14 II BremPolG
Hamburg	–
Hessen	§ 31 III HSOG
Niedersachsen	§ 17 IV NdsSOG
Nordrhein-Westfalen	§ 34 II NWPolG
Mecklenburg-Vorpommern	§ 52 Abs. 3 SOG MV
Rheinland-Pfalz	§ 13 III RhPfPOG
Saarland	§ 12 III SPolG
Sachsen	§ 21 II SächsPolG 1999
Sachsen-Anhalt	§ 36 II SOG LSA
Schleswig-Holstein	–
Thüringen	§ 17 II. 2 ThürOBG und § 18 Abs. 2 ThürPAG

9.1. Einleitung

Aufenthaltsverbot als Präventionsmaßnahme

Der **Platzverweis** gehört bereits seit langem zu den Standardmaßnahmen des Polizei- und Ordnungsrechts. Fast alle Landesgesetze enthalten eine entsprechende Ermächtigungsrundlage. Mit dem Platzverweis kann einer Person aufgegeben werden, **vorübergehend** einen Ort zu verlassen bzw. nicht zu betreten. Längerfristige **Aufenthaltsverbote** sind in der Bundesrepublik vor allem im Zusammenhang mit Maßnahmen zur Bekämpfung der illegalen Drogenszene seit Anfang der 80er Jahre verstärkt zur Anwendung gekommen[1]. Das Aufenthaltsverbot gehört zu den neueren **Präventionsmaßnahmen** im Polizeirecht wie Videoüberwachung und personen- und verdachtsunabhängige Personenkontrollen (Schleierfahndung)[2]. Aufenthaltsverbote stellen eine Maßnahme der Gefahrenabwehr weit vorgelagert auf der Ebene des **Gefahrenver-**

---

[1] Die erstmalige Einführung 1996 in Niedersachsen erfolgte im Zusammenhang mit den „Chaos-Tagen" in Hannover, dazu *Seifert*, KJ 1996, 356 ff.; dem Aufenthaltsverbot kommt auch im Zusammenhang mit sonstigen Versammlungen, rechtsextremistischen Aktivitäten, illegalen „Hütchenspielern" und in weiteren Einzelfällen Bedeutung zu, zu den Fallgruppen *Finger*, DVP 2004, 367 (371).

[2] Zu dem neueren Präventionsdenken allgemein *Denninger*, in: Handbuch des Polizeirechts des Polizeirechts, Rdnr. E 198 ff.; *ders.*, KJ 1998, 1 ff.; *ders.*, KJ, 2002, 467 ff.; *Roggan*, Handbuch zum Recht der Inneren Sicherheit –Vorauflage- , S. 289 ff.; *Kutscha*, Blätter 2001, 214 ff.

9. Aufenthalts- und Ausreiseverbote

dachts[3] dar. Im Falle des Gefahrenverdachts erfolgt teilweise lediglich ein Gefahrerforschungseingriff, weitergehend wird zunehmend bereits unmittelbar eine Gefahrenabwehrmaßnahme zugelassen, wie beim Aufenthaltsverbot. Ob tatsächlich, wann, wo und wie eine Straftat begangen wird, bleibt hier offen[4]. Für die Aussprache eines Aufenthaltsverbots reicht es nach den landesgesetzlichen Bestimmungen bereits aus, dass Tatsachen die Annahme rechtfertigen, dass eine Person in einem bestimmten örtlichen Bereich eine Straftat begehen wird. Auf Grund der Bestimmtheit von Person und Gebiet sowie der Eingrenzung des drohenden Schadens auf die Begehung einer Straftat sprechen *Pieroth/Schlink/Kniesel* von dem **„Verdacht einer konkreten Gefahr"**[5]. Entscheidend ist aber, dass eine konkrete Gefahr regelmäßig nicht erforderlich ist[6]. Für diesen Fall stellt das Polizei- und Ordnungsrecht schon immer ausreichende andere Eingriffsmöglichkeiten bereit.

Die Besonderheit der Maßnahme des Aufenthaltsverbots wird nur erfasst, wenn die spezielle Funktion dieser Maßnahme zu Beschränkungen der Freiheit in bloßen Verdachtslagen ausreichend berücksichtigt wird. Bis heute ist der hier erfolgte Bruch mit der herkömmlichen Systematik des Polizeirechts[7] umstritten, auch wenn ein Teil der Literatur diese Grundsatzfrage des Aufenthaltsverbots überhaupt nicht mehr thematisiert, sondern allenfalls punktuelle rechtliche Einzelfragen. Aufenthaltsverbote stehen im Zusammenhang mit grundsätzlichen gesellschaftspolitischen Weichenstellungen betreffend den öffentlichen Raum und die Perspektiven des Sozialstaats in der Bundesrepublik. Privatisierungen des öffentlichen Raums, Eingriffe in den öffentlichen Raum durch private Sicherheitsdienste und weitere Reglementierungen durch kommunale Gefahrenabwehrverordnungen oder Satzungen führen zunehmend zu einer Vertreibung verschiedener Personengruppen aus dem innerstädtischen Raum[8]. Vor diesem Hintergrund bedarf es einer deutlich eingrenzenden gesetzlichen Regelung und Anwendungspraxis des Aufenthaltsverbots, um das liberal-rechtsstaatliche Konzept eines öffentlichen Raums für alle aufrechtzuerhalten, und gegenüber Alternativen wie dem „Modell New York"[9] abzugrenzen.

Entwicklung des öffentlichen Raums

---

3 Zum Gefahrenverdacht allgemein *Schenke*, Polizeirecht, Rdnr. 83 ff.; *Poscher*, NVwZ 2001, 141 ff.; *Arzt*, Die Polizei 2003, 100 ff, 125 ff.
4 *Denninger*, in: Handbuch des Polizeirechts, Rdnr. E 200.
5 *Pieroth/Schlink/Kniesel,* Polizeirecht, § 16 Rdnr. 25, abgrenzend zu dem Fall einer abstrakten Gefahr bei nicht näher bestimmten Personen, § 4 Rdnr. 52.
6 Zum Verzicht auf die konkrete Gefahr als Kern des Aufenthaltsverbot mit kritischer geschichtlicher Betrachtung von Vorläuferregelungen im deutschen Polizeirecht *Trupp*, KritV 2002, 459 (462 ff.).
7 *Hetzer*, JR 2000, 1 (9); *Waechter*, JZ 2002, 854 (857 f.); Lisken, Polizei-heute 1996, 138 (141).
8 *Simon*, Öffentlicher Raum, S. 15 ff.; *Behrendes*, in: Grundrechte-Report 2001, S. 106 ff.; Hecker, Regelung des Aufenthalts, S. 5 ff.; *ders*., Bahnhöfe – öffentlicher Raum für alle ?, S. 16 ff.
9 Dazu die Beiträge in: *Ortner/Pilgram/Steinert*, New Yorker „Zero-Tolerance"-Politik; *Volkmann*, NVwZ 1999, 225 ff. ; *Hecker*, KJ 1997, 1 ff.

9.2. Verfassungsrechtliche Fragen der landesrechtlichen Regelungen zum Aufenthaltsverbot

9.2.1. Aufenthaltsverbote und das Grundrecht der Freizügigkeit (Art. 11 GG)

Grundrecht der Freizügigkeit

Aufenthaltsverbote sind in hohem Maße **grundrechtsrelevant**. Das Grundrecht der Freizügigkeit gemäß **Art. 11 I GG** gewährleistet die Möglichkeit, an jedem Ort innerhalb des Bundesgebiets Aufenthalt und Wohnung zu nehmen. Gewährleistet wird damit der Wechsel von einem Ort zum anderen (interkommunale Freizügigkeit), geschützt wird aber auch der Ortswechsel und Aufenthalt innerhalb einer Gemeinde (innerkommunale Freizügigkeit)[10]. Über den Schutz des Aufenthalts in Art. 11 GG wird auch das vorübergehende Verweilen an einem bestimmten Ort von Art. 11 GG erfasst. Der Schutzbereich des Art. 11 GG muss gegenüber der Gewährleistung der allgemeinen Fortbewegungsfreiheit gemäß **Art. 2 I GG** abgegrenzt werden[11]. Ein nur kurzfristiges Unterbrechen der Fortbewegung unterfällt dem Schutz des Auffanggrundrechts des Art. 2 I GG[12]. Auf der anderen Seite können etwa bereits einige Minuten einen Aufenthalt im Sinne des Art. 11 GG begründen. Die h. M. verlangt einen Zeitraum von gewisser Dauer[13], einen mehr als bloß „flüchtigen Aufenthalt"[14]. Ein Teil der Literatur fordert für einen nach Art. 11 GG relevanten Aufenthalt in der Regel sogar eine Übernachtung[15].

Weite Auslegung

Bei der Beurteilung, ob ein Aufenthalt im Sinne des Art. 11 GG vorliegt, kann nicht abstrakt auf eine feste zeitliche Größe abgestellt werden (einige Minuten, mindestens 24 Std. usw.). Allein entscheidend ist, ob sich der tatsächliche Lebensvorgang bei wertender Betrachtung bereits als geschützter Aufenthalt, und nicht nur kurzfristiges Unterbrechen der Fortbewegung darstellt[16]. Ein von Art. 11 GG geschützter Aufenthalt kommt deshalb je nach Einzelfall auch bereits nach wenigen Minuten der Unterbrechung der Fortbewegung in Betracht. Praktisch bedeutet dies, dass auch bei einem Umherziehen mit einem Verweilen gewisser Dauer wie etwa beim „Bummeln", „Herumlungern" oder „Vagabundieren"[17] stets auch Art. 11 GG berührt wird. Insgesamt ist Art. 11 GG insoweit **weit auszulegen**[18]. Das durch Art. 11 GG geschützte freie Aufenthalts-

---

10 *BVerfG* NVwZ 2005, 797 (798); *Hailbronner*, in: HbStR VI, Rdnr. 26 ff.; *Randelzhofer*, in: BK, Rdnr. 32 zu Art. 11 GG; *Kunig*, in: v. Münch/Kunig, GG, Rdnr. 12 ff. zu Art. 11 GG; zu Art. 11 GG bereits *Kutscha* in Teil 1 unter 2.10.
11 *Kunig*, in: v. Münch/Kunig, GG, Art. 2 Rdnr. 12 ff. und Art. 11 Rdnr. 11 ff.; eingehend dazu *Kappeler*, Öffentliche Sicherheit, S. 147 ff.
12 *Pernice*, in: Dreier, GG, Art. 11 Rdnr. 14.
13 Zusammenfassend *Kunig*, in: v. Münch/Kunig, GG, Art. 11 Rdnr. 12 ff.; *Jarass*, in: Jarass/Pieroth, GG, Art. 11 Rdnr. 2; *Pieroth/Schlink*, Grundrechte, Rdnr 791; *Hailbronner*, in: HbStR VI, Rdnr. 153.
14 *Rittstieg*, in: AK-GG, Art. 11 Rdnr. 33.
15 *Jarass*, in: Jarass/Pieroth, GG, Art. 11 Rdnr. 2.
16 *Pieroth/Schlink/Kniesel,* Polizeirecht, § 16, Rdnr. 5; eingehend *Hetzer*, JR 2000, 1 ff. (3).
17 *Rittstieg*, in AK-GG, Art. 11 Rdnr. 34; *Hailbronner*, in: HbStR VI, Rdnr. 29; *Dürig* hat in frühen Kommentierungen die (später korrigierte) Auffassung vertreten, „Art. 11 sei kein Grundrecht der ´Landstreicher, Stromer und Vaganten´", *Dürig*, in: Maunz/Dürig, GG, 5. A., Art. 11 Rdnr. 38, die das BVerwG zunächst übernahm, BVerwGE 3, 308 (312).
18 *Pernice*, in: Dreier, GG, Art. 11 Rdnr. 14.

recht erlangt deshalb heute in Konfliktfällen gerade für Personenkreise wie etwa Nichtsesshafte und Drogenkonsumenten besondere Bedeutung[19], die über keinen festen Lebenskreis verfügen bzw. ihren Lebenskreis im öffentlichen Raum weit ausgelegt haben. Dass längerfristige Aufenthaltsverbote auch in diesem Zusammenhang Art. 11 GG berühren, ist heute weitgehend unumstritten[20].

Teilweise wird in der Literatur allerdings weiterhin verlangt, dass der Aufenthalt besondere Bedeutung für die Persönlichkeit[21], deren Lebenskreis oder Lebensmittelpunkt[22] haben müsse. Diese Anforderungen sind für die Feststellung des Grundrechtseingriffs aber nicht relevant, da die Freizügigkeit nicht für besonders wichtige Bereiche, sondern **allgemein** und **ungeachtet der damit verfolgten Zwecke** gewährleistet wird[23]. Derartige Aspekte können nur Bedeutung bei der Bewertung der Schwere des Eingriffs erlangen. Es ist auch nicht möglich, „Bewegungen innerhalb des Lebenskreises des Bürgers (zu denen der Hauptanwendungsfall des Aufenthaltsverbots, nämlich die durch Gemeindeangehörige gebildete offene Drogenszene zählt)", nicht Art. 11 GG, sondern nur Art. 2 I GG zuzuordnen[24]. Noch problematischer ist es, wenn weitgehend alle öffentlichen Plätze und Wege mittels einer verkürzten Interpretation aus dem Schutzbereich des Art. 11 I GG mit der Begründung ausgeklammert werden, dass hier ein Lebensmittelpunkt gar nicht begründet werden könne[25].

Art. 11 GG ist auch berührt, wenn ein materiell-rechtlich zulässiges **Aufenthaltsverbot zwecks Gefahrenabwehr** ergeht. In der Literatur wird dies teilweise auch heute noch mit der Begründung bestritten, Art. 11 GG sei zumindest dann nicht berührt, wenn lediglich ein Aufenthalt zu illegalen Zwecken untersagt wird, und im übrigen Wohnen, Arbeiten und die Wahrnehmung sonstiger berechtigter Interessen innerhalb des Verbotsbereichs zugelassen werden[26]. Bei dem Kriminalitätsvorbehalt des Art. 11 II GG handelt es sich um eine Schrankenregelung, keine Schutzbereichsbegrenzung[27]. Auf-

Schutz für jegliche Zweckverfolgung

Freizügigkeit und Gefahrenabwehr

---

19 *Kunig*, in: v. Münch/Kunig, GG, Art. 11 Rdnr. 13.
20 *VGH Kassel*, NVwZ 2003, 1400 (1401); *OVG Bremen*, NVwZ 1999, 314 (315); jetzt auch *VGH Mannheim* NJW 2005, 88 bei Aufgabe der langjährigen gegenteiligen Rspr., zuletzt NVwZ 2003, 115 (116); *Pieroth/Schlink/Kniesel,* Polizeirecht, § 16 Rdnr. 4; *Schenke*, Polizeirecht, Rdnr. 132; *Finger*, Die Polizei, 86 f. m.w. N.; *Neuner*, Verweisungsmaßnahmen, S. 42 ff., 71 ff.; eingehend *Kappeler*, Öffentliche Sicherheit, S. 147 ff., 156.
21 *Kunig*, in: v. Münch/Kunig, GG, Art. 11 Rdnr 13.
22 *Randelzhofer* , in: BK, Art. 11 Rdnr. 28 ff.; *Gusy*, Polizeirecht, Rdnr. 282.
23 *Finger*, DVP 2004, 367 (369); *Hetzer*, JR 2000, 1 ff. (3).
24 So aber *Würtenberger/Heckmann*, Polizeirecht BW, Rdnr. 308.
25 Verkürzt *Gusy*, NWVBl. 2004, 1 (6), gerichtlichen Entscheidungen zustimmend, die etwa einen Bahnhofsvorplatz (*OVG Münster*, NVwZ 2001, 231) oder sonstige Aufenthaltsorte der Drogenszene (*OVG Münster*, NVwZ 2001, 459) generell aus dem Schutzbereich des Art. 11 GG herausnehmen (noch weitergehend VG Leipzig, NVwZ 2001, 1317); *Gusy*, in: v. Mangoldt/Klein/Starck, GG, Art. 11 Rdnr. 26 ff.
26 So *Götz*, NVwZ 1998, 679 (683), dagegen differenzierter, *Götz*, Polizeirecht, Rdnr 287; *Möller/Wilhelm*, Polizeirecht NRW; Rdnr. 357; **a. A.** *Rachor*, in: Handbuch des Polizeirechts, Rdnr. F 449; *Pieroth/Schlink/Kniesel*, Polizeirecht, § 16 Rdnr. 4; *Kappeler* , Öffentliche Sicherheit, S. 150; *Butzer*, VerwArch 2002, 506 (537); *OVG Bremen*, NVwZ 1999, 314 f.; zweifelnd *VG Sigmaringen*, NVwZ-RR 1995, 327 (329).
27 *Dürig*; in: Maunz/Dürig, GG, Art. 11 Rdnr. 38.

Teil 2: Polizei- und Strafprozessrecht

enthaltsverbote berühren deshalb ungeachtet der Möglichkeit einer grundrechtlichen Rechtfertigung über Art. 11 II GG regelmäßig das Grundrecht der Freizügigkeit. Selbst wenn die Wahrnehmung der Freizügigkeit zu gesetzeswidrigen Handlungen von vornherein aus dem Schutzbereich des Art. 11 II GG herausfallen würde, was so allgemein nicht zutrifft[28], kann bei Aufenthaltsverboten zur Gefahrenabwehr eine Berührung des Art. 11 II GG nicht verneint werden. Denn beim Aufenthaltsverbot als einer Maßnahme in Verdachtslagen wäre ein pauschaler Ausschluss der grundrechtlichen Schutzwirkung des Art. 11 GG für die betroffenen Personen evident unzulässig.

Abgrenzung zu Art. 2 II S. 2 GG

Die Freiheit der Person gemäß **Art. 2 II S. 2 GG** wird von der Aussprache eines Aufenthaltsverbots nicht berührt. Nach zutreffender h. M. umfasst die Gewährleistung des Art. 2 II S. 2 GG nicht die unbegrenzte Bewegungsfreiheit, sondern allein die Freiheit vor körperlichem Zwang. Der Anwendungsbereich des Art. 2 II S. 2 GG setzt deshalb im Zusammenhang mit Aufenthaltsverboten erst dann ein, wenn das Aufenthaltsverbot mit Zwangsmitteln durchgesetzt werden soll, wie bei einer Ingewahrsamnahme [29].

9.2.2. Die Notwendigkeit einer parlamentsgesetzlichen Grundlage für Eingriffe in Art. 11 GG

Generalklausel nicht ausreichend

Aufenthaltsverbote[30] können nur auf der Grundlage einer speziellen **parlamentsgesetzlichen Grundlage** ausgesprochen werden. Der Rückgriff auf die Maßnahme des Platzverweises[31] kommt nur in Betracht, soweit es um das Gebot geht, einen Ort vorübergehend zu verlassen bzw. nicht zu betreten. Dabei kann sich im Höchstfall um einige Stunden[32], maximal 24 Stunden[33] handeln. Der Rückgriff auf die polizeiliche Gene-

---

28 *Hetzer*, JR 2000, 1 ff.
29 *Kunig*, in: v. Münch/Kunig, GG, Art. 11 Rdnr. 28; *Jarass*, in: Jarass/Pieroth, GG, Art. 11 Rdnr. 1, Art. 2 Rdnr. 73 f.; diese Unterscheidung wird in der Literatur z.T. vernachlässigt, vgl. *Pieroth/Schlink*, Die Grundrechte, Rdnr. 791; vertieft zu den grundrechtlichen Abgrenzungsfragen *Braun*, Platzverweis, S. 40 ff.; *Kappeler*, Öffentliche Sicherheit, S. 160 ff.; *Ziekow*, Freizügigkeit, S. 453 ff., S. 462 ff.; auch beim Platzverweis stellen sich die entsprechenden Abgrenzungsfragen, zusammenfassend dazu *Pieroth/Schlink/Kniesel*, Polizeirecht, § 16 Rdnr. 4; zu den näheren Anforderungen des qualifizierten Gesetzesvorbehalts siehe unter 2.3.
30 Der Begriff Aufenthaltsverbote wird hier für Betretungs- und Aufenthaltsverbote verwendet. Auf die Differenzierung zwischen Betretungs- und Aufenthaltsverboten wird nur eingegangen, wenn sich hieraus relevante Unterschiede ergeben; die spezielle Maßnahme der Verweisung aus einer Wohnung bei häuslicher Gewalt ist nicht Gegenstand dieses Beitrags, dazu *VGH Mannheim*, NJW 2005, 41 mit Bespr. *Gusy*, JZ 2005, 355 ff. m.w.N.
31 § 16 BayPAG; §§ 29 I, 29 a ASOG; § 16 I BbgPolG, § 23 Nr. 1 lit 1 e BbgOBG; § 14 I BremPolG; § 12 a I HambSOG; § 31 I HessSOG; § 52 I SOG MV; § 17 I NdsSOG; § 34 I NWPolG; § 24 Nr. 13 OBG NW; § 13 I RhPfPOG RP; § 12 I SPolG; § 21 I SächsPolG; § 36 I SOG LSA; § 201 LVwG SH; § 18 I ThürPAG, § 17 I ThürOBG; § 38 BGSG; nur in Baden-Württemberg fehlt immer noch eine spezielle Regelung zum Platzverweis.
32 *Denninger*, in: Handbuch des Polizeirechts, Rdnr. E 15; *Berner/Köhler*, Polizeiaufgabengesetz, Art. 16 Rdnr. 1.
33 *Schenke*, Polizeirecht, Rdnr. 132; bereits 24 Std. sind kritisch, alle darüber hinausgehenden Zeiträume überschreiten die Standardmaßnahme des Platzverweises, und stellen sich als Aufenthaltsverbot dar; a. A. *Latzel/Lustina*, Die Polizei 1995, 131 (134): Platzverweis bis zu zwei Wochen; *Neuner*, Verwei-

9. Aufenthalts- und Ausreiseverbote

ralklausel bei der Aussprache von längerfristigen Aufenthaltsverboten ist unzulässig. Fast alle Bundesländer haben inzwischen eine entsprechende spezialgesetzliche Regelung zum Aufenthaltsverbot eingeführt[34]. Deshalb kommt dieser Grundsatzfrage heute in den meisten Bundesländern keine praktische Bedeutung mehr zu. Anders sah die Lage in den zurückliegenden Jahren aus. Die Einführung der neuen Standardmaßnahme des Aufenthaltsverbots seit Anfang der 80er Jahre erfolgte zunächst überwiegend unter Bezugnahme auf die Generalklauseln des Landesrechts zur Gefahrenabwehr. Diese behördliche Praxis konnte sich auf mehrere oberverwaltungsgerichtliche Entscheidungen stützen, in denen die Aussprache von Aufenthaltsverboten auf der Grundlage der landesrechtlichen Generalklauseln zur Gefahrenabwehr für zulässig erachtetet wurde[35]. Auf der Ebene der unteren Verwaltungsgerichte teilweise vertretene gegenteilige Auffassungen[36] konnten sich in der oberverwaltungsgerichtlichen Rechtsprechung zunächst nicht durchsetzen. In der Literatur wurde dagegen bereits frühzeitig ganz überwiegend eine spezielle gesetzliche Grundlage für erforderlich erachtet[37]. Einen Wendepunkt markiert in der oberverwaltungsgerichtlichen Rechtsprechung der Beschluss des *VGH Kassel* vom 28. 01. 2003, mit dem der *VGH Kassel* die bisher auch in Hessen langjährige Aussprache von auf die polizeiliche Generalklausel gestützten Aufenthaltsverboten bei eingehender Auseinandersetzung mit der Gegenauffassung für unzulässig erklärte[38]. Das zwingende Gebot einer spezialgesetzlichen Regelung des Aufenthaltsverbots beruht auf folgenden Gesichtspunkten:

a) Mit der in fast allen Bundesländern frühzeitig erfolgten gesetzlichen Einführung der Standardmaßnahme des **Platzverweises** hat der Landesgesetzgeber eine **abschließende Regelung** zum Regelungskomplex räumliche Beschränkungen zwecks Gefahrenabwehr geschaffen. Der Rückgriff auf die Generalklausel des Polizei- und Ordnungsrechts ist aus diesem Grund unzulässig. Der Rückgriff auf die Generalklausel

Platzverweis abschließend

---

sungsmaßnahmen, S. 75: eins bis zwei Tage i.d.R; allgemein zur zeitlichen Länge als dem relevanten Abgrenzungskriterium *Pieroth/Schlink/Kniesel*, Polizeirecht, § 16 Rdnr. 1.
34 Weiterhin fehlt eine spezialgesetzliche Regelung in Bayern, Baden-Württemberg, Hamburg und Schleswig-Holstein; in Nordrhein-Westfalen existiert nur eine Ermächtigungsgrundlage für die Polizei, nicht aber für die Ordnungsbehörde, speziell zur Rechtslage in NRW *Finger*, DVP 2004, 367 (369).
35 *VGH Mannheim*, NVwZ-RR 1998, 428, bestätigt in der neueren Rspr., NVwZ 2003, 115; *OVG Bremen*, NVwZ 1999, 314; *VGH München*, NVwZ 2000, 454; *OVG Münster*, DÖV 2001, 216.
36 Vgl. etwa *VG Bremen*, Urt. vom 29.05.1997 – Az. 2 A 149/96; *VG Frankfurt*, NVwZ-RR 2002, 575.
37 *Pieroth/Schlink/Kniesel*, Polizeirecht, Rdnr. 22 f.; *Finger*, DVP 2005, 82 (83); *Schoch*, Polizeirecht, in: Schmidt/Aßmann, Verwaltungsrecht BT, Rdnr. 215; *Rachor*, in: Handbuch des Polizeirechts, Kap. F, Rdnr. 453; *Merten*, Die Polizei 2002, 18 (21); *Schenke*, Polizeirecht, Rdnr. 134; *Gusy*, Polizeirecht, Rdnr. 282; *Hornmann*, HSOG, § 10 Rdnr. 11, § 51 Rdnr. 5.; *Meixner/Fredrich*, HSOG, § 31 Rdnr. 6; *Kappeler*, Öffentliche Sicherheit, S. 159 ff., 169; *Neuner*, Verweisungsmaßnahmen, S. 116 ff.; *Hekker*, NVwZ 2003, 1334 (1335); *ders.*, Die Regelung des Aufenthalts, S. 54 ff.; *Roggan*, Handbuch zum Recht der Inneren Sicherheit – Vorauflage- , S. 261 ff.; *Lesting*, KJ 1997, 214 (221); *Behrendes*, in: Pitschas, Kriminalprävention, S. 109 (123 f.); *Butzer*, VerwArch 2002, 506 (510, 537) bei grundsätzlicher Auseinandersetzung mit der „Flucht in die Generalklausel"; *Brenneisen*, Kriminalistik 1999, 483 (485); **a. A.** *Berner/Köhler*, Polizeiaufgabengesetz, Art. 16, Rdnr. 1; *Micker*, VR 2003, 89 (92); *Knemeyer*, Polizeirecht, Rdnr. 213; *Braun*, Platzverweis, S.82; *Lambiris*, Standardbefugnisse, S. 47 ff., 50; *Tegtmeyer/Vahle*, Polizeigesetz NRW, § 34 Rdnr 12.
38 *VGH Kassel*, NVwZ 2003, 1400 (1401) mit Bespr. *Hecker*, NVwZ 2003, 1334.

kann nicht damit begründet werden, dass es sich beim Aufenthaltsverbot im Vergleich mit dem Platzverweis um eine qualitativ andere Maßnahme handelt, die sich gegen eine komplexe, neu aufgetretene Gefahrenlage (insbesondere Drogenszene) richtet, der mit dem herkömmlichen Platzverweis nicht adäquat begegnet werden kann[39]. Maßgebend ist allein die vom Gesetzgeber vorgenommene Beschreibung des Lebenssachverhalts auf der Tatbestandsseite der Norm. Wenn der Gesetzgeber einen Gefahrentatbestand nur durch eine bestimmte Maßnahme erfassen will (hier: Platzverweisung), kann dem Gesetz nicht im Wege der Auslegung über die Generalklausel eine andere Rechtsfolge (hier: Aufenthaltsverbot) unterlegt werden[40].

Parlamentsvorbehalt
b) Der Rückgriff auf die Generalklausel ist für regelmäßig zur Anwendung kommende Maßnahmen im übrigen **allenfalls vorübergehend** zulässig, um einer neu auftretenden Gefahrenlage zu begegnen. Der dauerhafte Rückgriff auf die Generalklausel ist dabei insbesondere dann unzulässig, wenn es um nachhaltig grundrechtsrelevante Eingriffe geht, wie beim Aufenthaltsverbot. Gerade auch unter dem Gesichtspunkt des **Demokratiegebots** besteht die Notwendigkeit einer speziellen Regelung durch den Gesetzgeber. Über derart nachhaltige Grundrechtseingriffe, wie sie mit dem längerfristigen Aufenthaltsverbot verbunden sind, muss der demokratische Gesetzgeber selbst entscheiden (Parlamentsvorbehalt). Die Erweiterung des polizeilichen Maßnahmekatalogs im Wege der Selbstermächtigung der Exekutive ist mit dem Demokratiegebot nicht vereinbar[41]. Auch unter diesem Gesichtspunkt ist es sachlich nicht begründbar, dass für die geringer in Grundrechte eingreifende Maßnahme des Platzverweises eine spezielle gesetzliche Regelung besteht, während das erheblich in das Grundrecht des Art. 11 I GG[42] (bzw. entsprechende Landesgrundrechte[43]) eingreifende Aufenthaltsverbot auf die polizeiliche Generalklausel gestützt werden kann.

Musterentwurf
c) Die Landesgesetze zum Polizei- und Ordnungsrecht haben sich an dem **Musterentwurf** für ein einheitliches Polizeigesetz des Bundes und der Länder von 1977 orientiert. In diesem Musterentwurf wurde zwecks Wahrung der ausschließlichen Bundeskompetenz für Beschränkungen der Freizügigkeit (Art. 73 Nr. 3 GG) ausdrücklich auf ein Aufenthaltsverbot verzichtet, und nur der vorübergehende, d. h. kurzfristige Platzverweis, für landesrechtlich zulässig erachtet[44]. Auch der so begründete

---

39 So *OVG Bremen*, NVwZ 1999, 314 mit Bespr. *Hecker*, NVwZ 1999, 261.
40 *VGH Kassel*, NVwZ 2003, 1400 (1401).
41 Zum Parlamentsvorbehalt allgemein BVerfGE 98, 218 (251)=NJW 1998, 2515; *Merten*, Die Polizei 2002, 21 f.; diesem Gesichtspunkt kommt besondere Bedeutung zu, wenn das Landesrecht nicht einmal eine Regelung zum Platzverweis enthält, wie dies in Baden-Württemberg der Fall ist. Auch hier ist entgegen der Auffassung des *VGH Mannheim*, NVwZ-RR 1998, 428 und NVwZ 2003, 115 eine spezielle Ermächtigungsgrundlage zwingend geboten; dazu *Schenke*, Polizeirecht, Rdnr. 134; **a. A.** *Würtenberger/Heckmann*, Polizeirecht BW, 5. A. 2002, Rdnr 307; allgemein zum Gesetzes- und Parlamentsvorbehalt bereits *Kutscha* in Teil 1 unter 3.2.
42 Zu den speziellen Grundrechtsaspekten der Aufenthaltsverbote näher unter 2.2.; eingehend dazu *Hetzer*, JR 2000, 1 ff.; *Cremer*, NVwZ 2001, 1221 f.; *Merten*, Die Polizei 2002, 21; *Alberts*, NVwZ 1997, 45.
43 Zur Frage von Aufenthaltsverboten unter landesgrundrechtlichen Gesichtspunkten *Hecker*, Staats- und Verfassungsrecht (Landesrecht Hessen), 2002, Rdnr. 212; *SächsVerfGH*, LKV 1996, 273.
44 *VGH Kassel*, NVwZ 2003, 1400 (1401); dazu *Cremer*, NVwZ 2001, 1218 ff.; *Hecker*, NVwZ 1999, 261 (262).

damalige Verzicht auf ein Aufenthaltsverbot indiziert, dass ein Rückgriff auf die Generalklausel fragwürdig ist.

Die Auffassung, dass für Aufenthaltsverbote eine spezialgesetzliche Regelung zwingend ist, wird zwischenzeitlich ganz überwiegend vertreten. In einzelnen Bundesländern weiterhin ohne spezialgesetzliche Grundlage ergehende Aufenthaltsverbote sind evident rechtswidrig und verfassungswidrig[45] Das **Gebot der spezialgesetzlichen Regelung** des Aufenthaltsverbots gilt nicht nur für die landesgesetzlichen Regelungen, sondern auch für die Bundespolizei. Das Bundespolizeigesetz (ehemals BGSG) sieht bislang in § 38 ebenfalls nur den Platzverweis vor. Auch auf der Bundesebene ist ein Rückgriff auf die Generalklausel des § 14 BGSG zwecks Aussprache von längerfristigen Aufenthaltsverboten unzulässig[46]. Auf Grund der besonderen Grundrechtsrelevanz und des Bestimmtheitsgebots bedarf es verfassungsrechtlich zwingend auch der hinreichend präzisen Benennung des zeitlichen Umfangs und des räumlichen Geltungsbereichs des Aufenthaltsverbots in den landesgesetzlichen Regelungen[47].

Rechtsfolgen bei fehlender Rechtsgrundlage

9.2.3. Der qualifizierte Schrankenvorbehalt des Art. 11 II GG

9.2.3.1. Vorbeugung von Straftaten

Gesetzliche Beschränkungen der Freizügigkeit sind nur im Rahmen des qualifizierten Schrankenvorbehalts nach Art. 11 II GG zulässig (Sozialvorbehalt, spezielle Fälle der Gefahrenabwehr, Kriminal- oder Sicherheitsvorbehalt). Im Zusammenhang mit Aufenthaltsverboten ist die Möglichkeit der Beschränkung zwecks **Vorbeugung von Straftaten** relevant. Der spezielle Schrankenvorbehalt des Art. 11 II GG verbietet Freizügigkeitsbeschränkungen unterhalb der Strafrechtsschwelle aus allgemeinen Gründen der öffentlichen Sicherheit oder Ordnung[48]. Es muss die Begehung einer Straftat drohen[49], wie dies fast alle Landesgesetze auch vorsehen. Nur § 17 II ThürOBG ermöglicht die Aussprache von Aufenthaltsverboten generell bei jeder Gefahr, also auch un-

Vorbeugung von Straftaten

---

45 So die derzeitige Rechtslage in Bayern, wo sich die Sicherheitsbehörden auf die Generalklausel des § 7 II LStVG stützen, bestätigt durch *BayVGH*, BayVBl. 2000, 85 (86), zustimmend *Berner/Köhler*, Polizeiaufgabengesetz, Rdnr. 1; **a. A.** *Kappeler*, Öffentliche Sicherheit, S. 161, 171; ebenso die Verwaltungspraxis in Baden-Württemberg, bestätigt durch *VGH Mannheim*, NVwZ 2003, 115, bei Andeutung einer eventuell künftig kritischeren Sicht, im Zusammenhang mit der Wohnungsverweisung, NJW 2005, 88, dazu Anmerkung *Wuttke*, JuS 2000, 779 (781); der auf die Generalklausel gestützten Praxis in Baden-Württemberg stimmen zu *Würtenberger/Heckmann*, Polizeirecht BW, Rdnr 307; ebenso die Rechtslage in Hamburg, Schleswig-Holstein und in Nordrhein-Westfalen, soweit die Ordnungsbehörden Aufenthaltsverbote aussprechen, da für sie in NRW eine Ermächtigungsgrundlage fehlt, *Finger*, DVP 2004, 367 (369); **a. A.** zur Rechtslage in Nordrhein-Westfalen *Tegtmeyer/Vahle*, Polizeigesetz NRW, § 34 Rdnr. 12, die die Generalklausel für ausreichend erachten.
46 A. A. *Heesen/Hönle/Peilert*, BGSG, § 38 Rdnr. 1 und § 14 Rdnr. 9 f.
47 *Neuner*, Verweisungsmaßnahmen, S. 129; *Hecker*, NVwZ 2003, 1334 (1336); dazu näher unter 2. 6. und 2.7.
48 Auch aus diesem Grund ist der Rückgriff auf die polizeiliche Generalklausel fragwürdig, *Kappeler*, Öffentliche Sicherheit, S. 169 f.
49 Der Kriminal- oder Sicherheitsvorbehalt setzt keine Vorstrafe voraus, zu den näheren entstehungsgeschichtlichen Unterschieden *Waechter*, NdsVBl. 1996, 197 und *Hetzer*, JR 2000, 1 (6 f.).

terhalb von Straftatbeständen. Diese Bestimmung kann und muss verfassungskonform dahingehend ausgelegt werden, dass auch hier eine Straftat zwingend erforderlich ist[50]. Der Voraussetzung der Begehung von **Straftaten** für ein Aufenthaltsverbot kommt eine wichtige Abgrenzungsfunktion gegenüber dem herkömmlichen Platzverweis zu, da Platzverweise bereits bei Verstößen für die öffentliche Sicherheit oder Ordnung unterhalb der Strafrechtsschwelle ausgesprochen werden können. Damit entfallen insbesondere einfache bloße **Ordnungsverstöße** als Grundlage für ein Aufenthaltsverbot wie etwa bei verbotenem Alkoholkonsum, Betteln, Lagern auf öffentlichen Straßen.[51] Rechtspolitische Intentionen, die auf eine Anwendung von Aufenthaltsverboten in Richtung der Einführung von Modellen eines zero-tolerance Konzepts abzielen[52], stoßen hier auf deutliche Grenzen.

Erhebliche Straftaten

Die Landesgesetze orientieren sich an der verfassungsrechtlich gebotenen Strafrechtsschwelle[53], verlangen auf der anderen Seite aber keine qualifizierten Straftatbestände. Der Kriminalvorbehalt des Art. 11 II GG ist nach Entstehungsgeschichte und dem systematischen Zusammenhang der eng begrenzten qualifizierten Schrankenvorbehalte in Art. 11 II GG aber so zu interpretieren, dass **nicht jede Straftat** die Grundlage für Freizügigkeitsbeschränkungen sein kann. Diese Frage ist spätestens bei der Verhältnismäßigkeit von Einzelmaßnahmen relevant. Ihr kommt aber bereits bei der Bestimmung der verfassungsrechtlichen Anforderungen an die gesetzlichen Tatbestandsvoraussetzungen Bedeutung zu. Deshalb ist eine gesetzliche **Eingrenzung des Aufenthaltsverbots auf erhebliche Straftaten** verfassungsrechtlich zwingend erforderlich[54]. Diesen Anforderungen trägt keine der landesrechtlichen Regelungen Rechnung. Die bestehenden landesrechtlichen Regelungen aller Bundesländer sind insoweit verfassungswidrig[55]. Soweit eine verfassungskonforme Auslegung für möglich erachtet wird, ist dieser Gesichtspunkt zumindest bei Anwendung im Einzelfall, spätestens im Rahmen des Grundsatzes der Verhältnismäßigkeit zu beachten.

Begehung einer Straftat

Art. 11 II GG lässt Beschränkungen der Freizügigkeit nur gegenüber solchen Personen zu, bei denen hinreichende Tatsachen dafür vorliegen, dass **sie selbst** eine Straftat begehen werden. Deshalb sind landesgesetzliche Regelungen, die es ausreichen lassen, dass eine Person zur Begehung einer Straftat durch andere **beiträgt**[56] (etwa

---

50 *Finger*, Die Polizei 2005, 82 (84, 87).
51 *Finger*, Die Polizei 2005, 82 (84) und DVP 2004, 367 (371); *Pieroth/Schlink/Kniesel,* Polizeirecht, § 16 Rdnr. 24; zu entsprechenden Verboten *Hecker*, Regelung des Aufenthalts, S. 12 ff; *Kappeler*, Öffentliche Sicherheit, S. 53 ff., 76 ff.
52 *Volkmann*, NVwZ 1999, 225 ff.; *Hecker*, KJ 1997, 395 ff. ; *Dolderer*, NVwZ 2001, 130 ff.
53 BVerwGE 6, 173 (176); *Pernice*, in: Dreier- GG, Art. 11 Rdnr. 27; *Kunig*, in: v. Münch/Kunig, GG , Art. 11, Rdnr. 27; *Hetzer*, JR 2000, 1 (6 f.).
54 *Waechter*, NWVBl 1996, 197 (200); *Albertz,* NVwZ 1997, 45 (48); *Hetzer*, JR 2000, 1 ff. (7); *Lisken*, Polizei-heute 1996, 138 (140); *Neuner*, Verweisungsmaßnahmen, S.108 f., 128.
55 § 36 II SOG LSA enthielt als alternativen Regelungsansatz ursprünglich eine Beschränkung auf bestimmte erhebliche Straftaten nach dem Betäubungsmittelgesetz, nach dem Strafgesetz und nach § 27 VersammlG. Diese Begrenzung wurde gestrichen, dazu *Finger*, DVP 2004, 82 (84); zur Frage der Formulierung enumerativer Kataloge *Rachor*, in: Handbuch des Polizeirechts, Rdnr. F 465 und *Neuner*, Verweisungmaßnahmen, S. 107 ff., 123 f.
56 So § 16 II BbgPolG, § 21 II SächsPolG, § 34 II PolG NRW.

durch bloße Unterstützung einer Szene durch Aufsuchen und Anwesenheit), nicht zulässig. Entweder handelt es sich hier um eine vom Schrankenvorbehalt des Art. 11 II GG nicht gedeckte Regelung[57] oder die Bestimmungen sind verfassungskonform dahingehend auszulegen, dass sich der verlangte Beitrag als Tatbeteiligung darstellen muss. Dann ist die Formulierung allerdings ohnehin überflüssig, da jede Form der Tatbeteiligung bereits erfasst wird.

9.2.3.2. Die Wahrscheinlichkeit der Begehung einer Straftat

Die besondere Bedeutung des Art. 11 GG gebietet es, dass auch bei der Frage der **Wahrscheinlichkeit einer Gefahr** die verfassungsrechtlichen Vorgaben beachtet werden. Längerfristige Beschränkungen der Freizügigkeit bei einem bloßen Gefahrenverdacht sind verfassungsrechtlich bedenklich. Bei der landesgesetzlichen Tatbestandsvoraussetzung zum Aufenthaltsverbot, dass Tatsachen die Annahme einer Straftatenbegehung rechtfertigen müssen, handelt es sich um eine üblicherweise im Bereich der vorbeugenden Straftatenbekämpfung verwendete Formulierung. In der Literatur wird von zahlreichen Stimmen eine große oder sogar überwiegende Wahrscheinlichkeit des Gefahreneintritts verlangt. Begründet wird dies mit der besonderen Bedeutung von Eingriffen in Art. 11 GG, insbesondere der nur sehr beschränkten Zulässigkeit von Eingriffen gemäß Art. 11 II GG. Daraus wird das Erfordernis einer qualifizierten Gefahrenwahrscheinlichkeit als Anforderung an den Gesetzgeber, zumindest aber bei der Anwendung der landesgesetzlichen Regelungen im Wege der verfassungskonformen Auslegung abgeleitet[58]. Gegenstimmen verweisen auf die geringfügigeren Anforderungen gemäß dem Wortlaut der landesgesetzlichen Regelungen[59], betont wird aber auch, dass die besondere Bedeutung des Art. 11 GG bei der Anwendung im Rahmen der Verhältnismäßigkeitsprüfung beachtet werden muss. Weitergehend sind die landesgesetzlichen Ermächtigungsgrundlagen bereits auf der Tatbestandsebene dahingehend auszulegen, dass zumindest eine **hohe Wahrscheinlichkeit** des Gefahreneintritts vorliegen muss[60]. Auch hier tritt die verfassungsrechtliche Grundproblematik der Aufenthaltsverbote deutlich zutage, deren wesentliches Merkmal nach den gesetzgeberischen Intentionen ja gerade darin besteht, dass die Anforderungen an einen Gefahreneintritt weit auf die Ebene des bloßen „Verdachts einer konkreten Gefahr"[61] abgesenkt werden.

Hohe Wahrscheinlichkeit

---

57 *Neuner*, Verweisungsmaßnahmen, S. 126 f.; aus der Rspr. weit ausgreifend *OVG Münster*, DÖV, 2001, 216; enger *OVG Bremen*, NVwZ 1999, 314.
58 *Rachor*, in: Handbuch des Polizeirechts, Rdnr. F 462; *Waechter*, Nds.VBl 1996, 197 (202): überwiegende Wahrscheinlichkeit; ebenso *Hetzer*, JR 2000, 1 (7 f.); *Robrecht*, SächsVBl 1999, 232 (235, 236): hohe Wahrscheinlichkeit; allgemein dazu *Braun*, Platzverweis, S. 150 ff.; *Neuner*, Verweisungsmaßnahmen, S. 103 ff., betont als verfassungsrechtlichen Anknüpfungspunkt die Gefahrenvorbeugung gemäß Art. 11 II GG.
59 Zusammenfassend dazu *Finger*, DVP 2004, 367 (371).
60 *Pernice*, in: Dreier, GG, Art. 11 Rdnr. 27.; *Neuner*, Verweisungsmaßnahmen, S. 124 bei Auseinandersetzung mit weiterreichenden Anforderungen.
61 *Pieroth/Schlink/Kniesel*, Polizeirecht, § 16 Rdnr. 25.

9.2.4. Gesetzgebungskompetenz des Landesgesetzgebers

Bundeskompetenz für Freizügigkeit

Gesetzliche Regelungen zur Beschränkung der Freizügigkeit unterliegen gemäß Art. 73 Nr. 3 GG der ausschließlichen **Gesetzgebungskompetenz des Bundes**. Auf Grund der ausschließlichen Regelungskompetenz des Bundes kommen nach der grundgesetzlichen Kompetenzordnung landesgesetzliche Regelungen zur Beschränkung der Freizügigkeit nach Art. 71 GG nur dann in Betracht, wenn der Bund die Länder dazu ausdrücklich ermächtigt. Eine derartige Ermächtigung hat der Bund im vorliegenden Zusammenhang für Aufenthaltsverbote zwecks Gefahrenabwehr aber nicht ausgesprochen. Da Aufenthaltsverbote regelmäßig Beschränkungen des Grundrechts der Freizügigkeit beinhalten, stellt sich deshalb die Frage nach der Kompetenz des Landesgesetzgebers. Die Kompetenzfrage wurde in der Literatur bereits im Zusammenhang mit der Einführung der Standardmaßnahme des herkömmlichen Platzverweises eingehend behandelt. Mit der Begrenzung der Standardmaßnahme des Platzverweises auf „vorübergehende Maßnahmen" gemäß dem Musterentwurf für ein einheitliches Polizeigesetz des Bundes und der Länder im Jahre 1997 sollte ausdrücklich der Problematik des Art. 11 GG Rechnung getragen werden[62]. Deshalb rückte die Kompetenzfrage erst im Zuge der Einführung der neuen Standardmaßnahme des Aufenthaltsverbots erneut ins Blickfeld, da damit die Begrenzung auf vorübergehende Maßnahmen entfällt.[63]

Auslegung Art. 73 Nr. 3 GG

Der **Wortlaut** des Art. 73 Nr. 3 GG begründet erhebliche Zweifel betreffend die Annahme einer Regelungskompetenz der Länder für Beschränkungen der Freizügigkeit[64]. Die h. M. in Literatur und Rechtsprechung bejaht allerdings eine Kompetenz der Länder[65]. Begründet wird dies zum einen damit, dass der Kriminalvorbehalt gemäß Art. 11 II GG (Vorbeugung gegenüber strafbaren Handlungen) im Regelungsbereich der Länder gemäß Art. 70 I GG für die allgemeine Gefahrenabwehr angesiedelt ist[66]. Aus diesem Zusammenhang wird abgeleitet, dass die Länder im Rahmen ihrer Kompetenz für die Gefahrenabwehr auch Regelungen treffen können, die Eingriffe in das Grundrecht der Freizügigkeit beinhalten. Diese Begründung ist nicht tragfähig, da sie von einer unterstellten weiten Kompetenz der Länder für die Gefahrenabwehr ausgeht, und diese nicht erst aus Art. 70 ff. GG unter hinreichender Berücksichtigung des Art. 73 Nr. 3

---

62 *Denninger*, in: Meyer/Stolleis, HStVR, S. 259 u. 287 und in: Handbuch des Polizeirechts, Rdnr. E 15; *Hecker*, NVwZ 1999, 261 (265); *Cremer*, NVwZ 2001, 1218 (1220); *Finger*, DVP 2004, 367 (368).
63 Dazu auch *Rachor*, in: Handbuch des Polizeirechts, Rdnr. F 269.
64 *Waechter*, NdsVBl. 1996, 197 (199 ff., 203); *Hecker*, NVwZ 1999, 261 (262 f.) und NVwZ 2003, 1334 (1335); weitere Nachweise bei *Finger*, DVP 2004, 367 (368); zur Kompetenzfrage bereits *Kutscha* in Teil 1, 2.11. und LKV 2000, 136.
65 *Cremer*, NVwZ 2001, 1222 mit eingehenden Nachweisen; *Schenke*, Polizeirecht, Rdnr. 136; *Kunig*, in: v. Münch/Kunig, GG, Art. 11 Rdnr. 21; *Finger*, DVP 2004, 367 (368); *Kappeler*, Öffentliche Sicherheit, S. 174 f.; *Ziekow*, Freizügigkeit, S. 561 ff.; *Wuttke*, Zitiergebot, S. 53 ff. und JuS 2005, 779 (780 f.).; *Merten*, Die Polizei 2002, 18 (22); *Braun*, Platzverweis, S. 78 ff; *OVG Bremen*, NVwZ 1999, 316; *VGH Mannheim*, NJW 2005, 88.
66 *Schenke*, Polizeirecht, Rdnr. 136; *Gusy*, in: v. Mangoldt/Klein/Starck, GG, Art. 11 Rdnr. 52; *Randelzhofer*, in: BK-GG, Art. 11 Rdnr. 142.

GG ableitet[67]. Zum anderen wird darauf verwiesen, dass sich auch aus der **verfassungshistorischen** Betrachtung eine Kompetenz der Länder betreffend Regelungen der Freizügigkeit ableiten lasse, da sich die Bundeskompetenz in der verfassungshistorischen Entwicklung nur auf die Freizügigkeit zwischen den Ländern (interterritoriale Freizügigkeit), nicht aber auf die Freizügigkeit innerhalb der Länder erstreckt habe[68]. Dies ist allerdings gerade fraglich, denn historisch ist die Regelung der Freizügigkeit zwischen und in den Kommunen durchaus auch Sache des Reichsgesetzgebers gewesen[69].

Im übrigen ist es auch bei Zugrundelegung einer gegenteiligen historischen Interpretation fraglich, ob der historischen Interpretation angesichts des **Wortlauts** des Art. 73 Nr. 3 GG eine derart weitreichende, den Wortlaut überspielende Bedeutung zukommen kann[70]. Dabei ist auch zu beachten, dass bei Bejahung einer Landeskompetenz für Regelungen zur Freizügigkeit im Sachzusammenhang mit der Gefahrenabwehr für eine Bundeskompetenz fast nur noch Raum für die praktisch untergeordneten Fälle von Beschränkungen der Freizügigkeit wegen des Fehlens einer ausreichenden Lebensgrundlage gemäß Art. 11 II GG bliebe. Dass die allgemein formulierte Bundeskompetenz für die Freizügigkeit nur einen derart eingegrenzten Anwendungsbereich haben soll, begründet zusätzlich erhebliche Zweifel betreffend eine Kompetenz der Länder zur Einführung von Aufenthaltsverboten. Dies gilt ungeachtet der Frage, ob die Ansiedlung der Regelungskompetenz beim Bund für sachlich sinnvoll erachtet wird. Auch in der Literatur wird das Aufenthaltsverbot weiterhin für **mindestens kompetenzrechtlich problematisch** erachtet[71].

Kompetenz weiter umstritten

9.2.5. Zitiergebot

Aufenthaltsverbote beinhalten regelmäßig einen Eingriff in das Grundrecht der Freizügigkeit gemäß Art. 11 GG. Deshalb ist das **Zitiergebot** des Art. 19 I S. 2 GG zu beachten[72]. Die Annahme, dass dem Zitiergebot im Zusammenhang mit Aufenthaltsverboten keine Bedeutung zukommt, da Aufenthaltsverbote Art. 11 GG gar nicht berühren, ist –

Bedeutung des Zitiergebots

---

67 *Ziekow*, Freizügigkeit, S. 561; *Neuner*, Verweisungsmaßnahmen, S. 105 f.
68 *Alberts*, NVwZ 1997, 47; *Würtenberger/Heckmann*, Polizeirecht BW, Rdnr. 308.
69 Eingehend zur Entstehungsgeschichte *Waechter*, NdsVBl. 1996, 198 f.; *Ziekow*, Freizügigkeit, S. 582 weist zwar zutreffend darauf hin, dass auch den Ländern gewisse Regelungsmöglichkeiten eingeräumt wurden, von einer umfassenden verfassungshistorisch gesicherten Landeskompetenz für Regelungen der Freizügigkeit zur Gefahrenabwehr kann aber dennoch keine Rede sein.
70 *Pernice*, in: Dreier, GG, Art. 11 Rdnr. 24.
71 *Pieroth/Schlink/Kniesel, Polizeirecht*, § 16 Rdnr. 21; *Prümm/Sigrist*, BerlASOG, S. 167 Fn. 167; *Denninger*, in: Handbuch des Polizeirechts, Rdnr. E 15; *Hornmann*, HSOG, § 10 Rdnr. 11; *Waechter*, NdsVBl. 1996, 197 (201) geht von einer eindeutig fehlenden Landeskompetenz aus, so weit keine spezielle Ermächtigung gemäß Art. 71 GG erfolgt; ebenso *Pernice*, in: Dreier, GG, Art. 11 Rdnr. 24; kritisch auch *Hetzer*, JR 2000, 1 ff. (8 f.).
72 *Jarass*, in:Jarass/Pieroth, GG, Art. 11, Rdnr. 9 und Art. 19 Rdnr. 3; *Cremer*, NVwZ 2001, 1218 (1219); *Hecker*, NVwZ 1999, 261 (263); *Finger*, DVP 2004, 367 (369); *ders.*, Die Polizei 2005, 88; *Merten*, Die Polizei 2002, 18 (24); *Neuner*, Verweisungsmaßnahmen, S. 132 ff.; **a. A.** *Ziekow*, Freizügigkeit, S. 563 mit fragwürdigem Verweis auf schon vorkonstitutionelle Maßnahmen mit Einwirkungscharakter betreffend die Freizügigkeit; *VGH Kassel*, NVwZ 2003, 1400 (1401).

wie dargelegt – nicht haltbar. Sonstige Gründe für ein Absehen vom Zitiergebot im Einzelfall gemäß der Rechtsprechung des BVerfG bestehen nicht[73]. Die Landesgesetze tragen den Anforderungen des Zitiergebots inzwischen überwiegend Rechnung[74]. Landesgesetzliche Regelungen, in denen dem Zitiergebot des Art. 19 Abs. 1 GG nicht hinreichend Rechnung getragen wird, sind verfassungswidrig und nichtig[75]. Auf derartige Regelungen können keine Aufenthaltsverbote gestützt werden.

9.2.6. Bestimmtheitsgebot

Bestimmtheitsgebot

Das rechtsstaatliche Bestimmtheitsgebot verlangt, dass Tatbestandsvoraussetzungen und Rechtsfolgen der gesetzlichen Regelung **hinreichend bestimmt** sind. Die landesrechtlichen Regelungen zum Aufenthaltsverbot erfüllen nach h. M überwiegend die hier geforderten Voraussetzungen[76]. Die Tatbestandsvoraussetzung und Rechtsfolge werden danach hinreichend bestimmt geregelt. Die **zeitliche Länge** und die **örtliche Reichweite** des Aufenthaltsverbots müssen sich nach den landesgesetzlichen Regelungen an dem zur Verhütung der Straftat erforderlichen Umfang orientieren. Diese Regelung erfüllt auf den ersten Blick die Anforderungen des rechtsstaatlichen Bestimmtheitsgebots, da die gesetzlichen Zwecke und der anzulegende Maßstab beschrieben sind[77]. Die Grundsatzproblematik der Aufenthaltsverbote bleibt hier allerdings etwas unterbelichtet, da es ja gerade zum Wesen des Aufenthaltsverbots gehört, dass nicht feststeht, ob, wann, wo und wie eine Straftat erfolgen wird[78].

Zeitliche Länge

Während die meisten Landesgesetze den zulässigen zeitlichen Umfang des Aufenthaltsverbots gesetzlich näher bestimmen, verzichten einige Landesgesetze weiterhin auf eine gesetzliche Regelung[79]. Entsprechende landesrechtliche Regelungen verstoßen gegen das Bestimmtheitsgebot[80]. Denn die Frage der **zeitlichen Begrenzung** von Aufenthaltsverboten kann nicht den Anwendern überlassen werden. Eine bloße gerichtliche Kontrolle im Einzelfall trägt den Anforderungen des Gesetzesvorbehalts nicht hinreichend Rechnung. Deshalb bestehen auch Bedenken im Hinblick auf eine verfassungskonforme Auslegung der entsprechenden Regelungen.

Als problematisch erweisen sich im übrigen teilweise die gesetzlichen Regelungen zur Frage der **Ausnahmen** vom Aufenthaltsverbot. Der Regelverweis auf den Zugang

---

73 Zu den hier nicht einschlägigen Ausnahmen vom Zitiergebot BVerfGE 83, 130 (154); 61, 82 (113); *BVerfG*, NJW 1999, 3399 (3400) m.w.N; *Krebs*, in: v. Münch/Kunig, GG, Art. 19 Rdnr. 16 ff.
74 Überblick zu den landesgesetzlichen Regelungen bei *Finger* DVP 2004, 369 und *ders.*, Die Polizei 2005, 88.
75 *Micker*, VR 2003 89, (92).; die grundsätzliche Bedeutung des Zitiergebots hat das *BVerfG* erneut unterstrichen im Zusammenhang mit der vorbeugenden Überwachung der Telekommunikation, *BVerfG*, NJW 2005, 2603 (2604).
76 Zusammenfassend *Kappeler*, Öffentliche Sicherheit, S. 181.
77 Allgemein zu den Anforderungen des Bestimmtheitsgebots BVerfGE 101, 1; 52, 1 (41); *Schnapp*, in: v. Münch/Kunig, GG, Art. 20 Rdnr. 30; dazu bereits *Kutscha* in Teil 1 unter 3.5.
78 *Denninger*, in: Handbuch des Polizeirechts, Rdnr. E 200.
79 § 14 II BremPolG; § 17 IV NdsSOG; § 29 II ASOG.
80 *Neuner*, Verweisungsmaßnahmen, S. 129.

zur eigenen Wohnung wirft keine Fragen auf. Die ansonsten aufgeführten „sonstigen berechtigten Interessen" oder ein „vergleichbarer wichtiger Grund" lassen einen weiten Spielraum bei der Auslegung zu. Allerdings hat die Rechtsprechung bereits vor der spezialgesetzlichen Normierung des Aufenthaltsverbots relevante Fallgruppen gebildet, die heute als Konkretisierung der gesetzlichen Ausnahmetatbestände verstanden werden. Nach h. M. ist im Zusammenspiel mit dieser gerichtlichen Konkretisierung die hinreichende Bestimmtheit der gesetzlichen Ausnahmetatbestände gegeben.[81]

Ausnahmen

9.2.7. Verhältnismäßigkeit

9.2.7.1. Geeignetheit

Nach der herkömmlichen Prüfung der **Geeignetheit** sind typischerweise alle gesetzlichen Maßnahmen zur Gefahrenabwehr geeignet, da sie (fast) immer einen Beitrag zur Gefahrenabwehr leisten können. Ausgeschieden werden nur sogenannte untaugliche Mittel. Diese Voraussetzungen erfüllen auch rechtspolitisch umstrittene oder nur ansatzweise wirksame Maßnahmen. Die h. M. bejaht auf dieser Grundlage auch die Geeignetheit von Aufenthaltsverboten[82]. Die neuere Diskussion hat allerdings gezeigt, dass gerade das Aufenthaltsverbot zumindest einen Grenzfall darstellt, bei dem die Frage der Geeignetheit keineswegs so eindeutig ist[83]. Bei der bloßen Verdrängung einzelner „Szenen" aus bestimmten Teilen des innerstädtischen Raums findet (eine Gefahrenlage unterstellt) keine Gefahrenbeseitigung, sondern häufig nur eine **Problemverlagerung** (innerhalb der Stadt/Gemeinde oder in Nachbarstädte/-gemeinden) statt[84]. Hier bestehen Parallelen zu der Diskussion über die Geeignetheit der Videoüberwachung im öffentlichen Raum[85]. Die h. M. löst dieses Problem dadurch, dass die Auflösung einer Gefahrenlage an einem bestimmten Ort (bestimmter innerörtlicher Bereich oder Platz) bereits als ausreichend angesehen wird, und auch bei nur geringfügigen Veränderungen der Gesamtlage die Geeignetheit bejaht wird. Die hier angesiedelte Problematik stellt sich in jedem Einzelfall, aber auch im Hinblick auf die Grundsatzfrage der Geeignetheit der gesetzlichen Standardmaßnahme des Aufenthaltsverbots. Gerade im Zusammenhang mit der Drogenszene sind vereinfachte Lösungen, die auf bloße Verdrängung mit polizeilichen Mitteln setzen, völlig verfehlt[86].

Zweifelhafte Geeignetheit

---

81 Zusammenfassend zum Meinungsstand *Kappeler*, Öffentliche Sicherheit, S. 181 f.; grundsätzliche Bedenken bei *Denninger*, in: Handbuch des Polizeirechts, Rdnr. E 200.
82 *Cremer*, NVwZ 2001, 1218 (1219) und *Kappeler*, Öffentliche Sicherheit, S. 183 ff. mit eingehenden Nachweisen.
83 *Rachor*, in: Handbuch des Polizeirechts, Rdnr. F 468 ff.; *Lesting*, KJ 1997, 214 ff.; *Denninger*, in: Handbuch des Polizeirechts, Rdnr. E 200.
84 *Kappeler*, Öffentliche Sicherheit, S.183 ff.; zur weitergehenden Problematik von Verdrängungskonzepten auch unterhalb der Gefahrenschwelle *Behrendes*, in: Grundrechte-Report 2001, S. 106 ff.; *Hecker*, Regelung des Aufenthalts, S. 12 ff.; *Rachor*, in: Handbuch des Polizeirechts, Rdnr. F 468 ff.
85 *Gusy*, NWVBl. 2004, 1 (4 f.); *Roggan*, NVwZ 2001, 134 (139 f.).
86 Grundsätzlich dazu aus polizeilicher Sicht *Behrendes*, in: Handbuch Führungskräfte, S. 169 ff.; ders., in: Pitschas, Kriminalprävention, S. 109 (130 ff.); *Rachor*, in: Handbuch des Polizeirechts, Rdnr. F 468 ff.; *Legge/Baathsteen*, Methadonprogramm, S. 6 ff.

Teil 2: Polizei- und Strafprozessrecht

9.2.7.2. Erforderlichkeit

Keine Erleichterung pol. Arbeit

Das Aufenthaltsverbot ergänzt die herkömmliche Maßnahme des Platzverweises. An die Stelle punktueller Platzverweise aus konkretem Anlass tritt die Aussprache längerfristiger Aufenthaltsverbote. Dem Aufenthaltsverbot fehlt deshalb der Bezug zu einem konkreten gefahrenträchtigen Handeln im Einzelfall. Dies wirft die Frage auf, ob nicht der herkömmliche **Platzverweis als milderes Mittel** ausreicht. Die h. M. verneint dies mit der Begründung, dass die Maßnahme des Platzverweises für Fälle wiederholten gefahrenträchtigen Handelns nicht effizient genug zur Gefahrenabwehr sei, und im übrigen bei Kettenverfügungen von Platzverweisen ein nicht zu rechtfertigender Verwaltungsaufwand entstehen würde[87]. So einfach kann die hier angesiedelte Problematik aber nicht aufgelöst werden. Denn weiterreichende Standardmaßnahmen dürfen nicht der bloßen **Erleichterung der polizeilichen Arbeit** dienen[88]. Dabei ist auch der fehlende Bezug zu einem konkreten gefahrenträchtigen Handeln bei der Aussprache längerfristigerer Aufenthaltsverbote zu berücksichtigen. Unzulässig sind zudem Standardmaßnahmen der Gefahrenabwehr, die mehr eine **verdeckte Sanktionsfunktion** zum Inhalt haben. Die Standardmaßnahme des Aufenthaltsverbots weist strukturell eine deutliche Tendenz in diese Richtung auf[89].

Kein Ersatz pol. Überwachung

Der Effekt von Aufenthaltsverboten ist gerade auch in tatsächlichen Problemfällen häufig nur begrenzt. Aufenthaltsverbote können die Notwendigkeit der polizeilichen Überwachungstätigkeit betreffend Rechtsverstöße im öffentlichen Raum nicht ersetzen. Sie sind nur wirksam, wenn eine entsprechende **Kontrolltätigkeit** auch tatsächlich erfolgt. Dann reicht aber an sich im begründeten Einzelfall auch ein Platzverweis mit eventuell weiteren Folgemaßnahmen aus[90]. Das Aufenthaltsverbot ermöglicht es allerdings, an die bloße Feststellung der verbotenen Anwesenheit in einem bestimmten Gebiet unmittelbar Maßnahmen der Vollstreckung zu knüpfen, ohne dass es der näheren Feststellung einer konkreten Gefahrenlage bedarf[91]. Insoweit handelt es sich um einen problematischen Fall tatsächlicher oder vermeintlicher Erleichterung der polizeilichen Arbeit, was im Zusammenhang mit der Grundproblematik des Aufenthaltsverbots steht[92].

In der Vergangenheit wurde häufig auch bereits bei erstmaliger Anwendung ein Aufenthaltsverbot für 6 Monate bis zu 12 Monaten[93] ausgesprochen. Literatur und Recht-

---

87 Eingehend dazu *Kappeler*, Öffentliche Sicherheit, S. 188 ff.
88 *Rachor*, in: Handbuch des Polizeirechts, Rdnr. F 473 ff.; *Riedinger*, VBlBW 2000, 332 (334).
89 Allgemein zum Verhältnis Prävention – Repression, *Denninger*, in: Handbuch des Polizeirechts, Rdnr. E 154 ff.; *Roggan*, Handbuch zum Recht der Inneren Sicherheit –Vorauflage- , S. 115 und NVwZ 2001, 134 (138 f.).; dazu allgemein auch *Kutscha* in Teil 1 unter 4.3; aus Sicht der polizeilichen Praxis *Seltier*, DPolBl 2003, 10.
90 *Lisken*, Polizei-heute 1996, 138 (139).
91 Im Falle weiterreichender Eingriffe wie der Ingewahrsamnahme bedarf es allerdings der Beachtung der besonderen gesetzlichen Voraussetzungen.
92 Anschaulich zum Problem von Aufenthaltsverboten bei erwiesenermaßen bestehender Nichtverfolgung von Rechtsverstößen mit milderen Mitteln im Fall *VGH Mannheim*, NVwZ 2003, 117.
93 12 Monate im Fall *Bay VGH,* NVwZ 2000, 456 mit der pauschalen Begründung, bei einer kürzeren Aussprache liefe das Aufenthaltsverbot leer. Beispiel für ein 6-monatiges Aufenthaltsverbot *VG Göttingen*, NVwZ-RR 1999, 169.

9. Aufenthalts- und Ausreiseverbote

sprechung haben diese Praxis in weiten Teilen nicht kritisch hinterfragt, sondern häufig sogar ausdrücklich gebilligt[94]. In einzelnen verwaltungsgerichtlichen Entscheidungen wurde allerdings eine standardmäßige Aussprache von mehrmonatigen Aufenthaltsverboten durchaus in Frage gestellt[95]. Insgesamt war aber vor allem vor der spezialgesetzlichen Regelung des Aufenthaltsverbots eine deutliche Tendenz zu sehr langen Aufenthaltsverboten zu verzeichnen, die auch gerichtlich in der Regel unbeanstandet blieben[96]. Angesichts der hier aufgetretenen **gravierenden Fehlentwicklungen** in der Vergangenheit war es auch verfassungsrechtlich geboten, die **zulässige Länge** von Aufenthaltsverboten **bereits gesetzlich** stärker zu begrenzen. Denn die Möglichkeit der bloßen Korrektur der häufig unvertretbaren Länge von Aufenthaltsverboten durch die Gerichte im Einzelfall ist nicht ausreichend, um den Fehlentwicklungen in der Praxis angemessen zu begegnen[97]. Die neueren landesgesetzlichen Regelungen verlangen zwar, dass die Maßnahme zeitlich und örtlich auf den zur Verhütung der Straftat erforderlichen Umfang zu beschränken sind. Dies ist einerseits rechtsstaatlich selbstverständlich, auf der anderen Seite aber problematisch, da nähere Kriterien dazu nur sehr bedingt benannt werden können.

Gravierende Fehlentwicklungen

Die Suche nach einem sinnvollen abstrakten zeitlichen Maßstab muss relativ erfolglos bleiben, da das im Aufenthaltsverbot enthaltene Präventionsdenken letztlich auf Grenzenlosigkeit angelegt ist. Deshalb kann der das Aufenthaltsverbot regelnde Gesetzgeber nur eine grobe Grenze gegenüber einem ausufernden Präventionsdenken markieren. Die meisten neueren Landesgesetze lassen die Aussprache von Aufenthaltsverboten für **bis zu 3 Monate** zu[98]. Teilweise wird die Obergrenze auch etwas niedriger angesetzt[99], teilweise höher[100]. Einige Landesgesetze sehen keinerlei gesetzliche Regelung zur Länge des Aufenthaltsverbots vor[101]. Wird die Standardmaßnahme des Aufenthaltsverbots ungeachtet der bestehenden Grundsatzbedenken für zulässig erachtet, ist eine deutliche zeitliche Begrenzung erforderlich. Als den Platzverweis ergänzende Maßnahme sind Aufenthaltsverbote völlig ausreichend und verfassungsrechtlich allenfalls dann noch tragfähig, wenn sie bereits gesetzlich, insbesondere bei erstmaliger Aussprache, strikt auf einen Zeitraum von **maximal einem Monat** begrenzt sind[102]. Die diese Grenze überschreitenden landesgesetzlichen Regelungen sind verfassungswidrig, soweit nicht eine verfassungskonforme Auslegung in Betracht kommt. Bei landesgesetzlichen Regelungen, die eine feste zeitliche Grenze vorsehen, ist eine verfassungskonforme Auslegung angesichts des eindeutigen Wortlauts aber kaum möglich.

Zulässige zeitliche Länge

---

94 Eingehende kritische Aufarbeitung dieser Praxis bei *Merten*, Die Polizei, 2002, 18 ff.
95 Vgl. etwa *VG Frankfurt,* Beschluss v. 11.09.2002 – Az. 5 G 3230/02 (3).
96 *Rachor*, in: Handbuch des Polizeirechts, Rdnr. F 474.
97 *Hecker*, NVwZ 2003, 1334 (1336).
98 § 16 II BbgPolG; § 34 II PolG NRW; § 21 II SächsPolG; § 18 II ThürPAG und § 17 II ThürOBG; § 31 III HessSOG.
99 § 52 Abs. 3 SOG MV sieht 10 Wochen vor.
100 § 36 II SOG LSA sieht 12 Monate vor.
101 § 29 II ASOG; § 14 II BremPolG; § 13 III RhPfPOG; § 12 III SPolG; § 17 IV NdsSOG.
102 Einen entsprechenden Gesetzentwurf hat *Neuner* formuliert, Verweisungsmaßnahmen, S. 131 f.; nur für ausgewählte, und klar bestimmte Sonderfälle käme ggfls. eine längerfristige Regelung in Betracht.

Teil 2: Polizei- und Strafprozessrecht

Evident verfassungswidrig sind landesgesetzliche Regelungen, die die 3 Monatsfrist ausdrücklich überschreiten.

Räumliche Reichweite
Die gesetzlichen Regelungen verlangen auch bezogen auf die **räumliche Ausdehnung** des Aufenthaltsverbots, dass es auf den zur Verhütung der Straftat erforderlichen Umfang zu beschränken ist. Neben dem auf Teile des Gemeindegebiets bezogenen Aufenthaltsverbot wird in fast allen Landesgesetzen ausdrücklich auch ein das gesamte Gemeindegebiet umfassendes Aufenthaltsverbot zugelassen[103]. Im Sinne grenzenlosen Präventionsdenkens erscheint es schlüssig, dass im begründeten Einzelfall ein Aufenthaltsverbot auch für ein **ganzes Stadt-/Gemeindegebiet** ausgesprochen werden kann[104]. Auch hier stellen sich wieder die angesprochenen Grundsatzfragen zum Aufenthaltsverbot. In den meisten praktischen Fällen kommt diese Maßnahme allerdings nicht in Betracht. Deshalb ist es fraglich, ob die landesgesetzlichen Regelungen, die allgemein ohne nähere Eingrenzung oder Bestimmung von Sonderfällen ein das ganze Gemeindegebiet umfassendes Aufenthaltsverbot zulassen, mit dem Grundsatz der Erforderlichkeit vereinbar sind. Es spricht viel dafür, dass die Zulassung von auf das gesamte Gemeindegebiet bezogenen Aufenthaltsverboten sachlich überzogen und verfassungswidrig ist, da für konkrete Fälle (z. B. für eine gesamte Gemeinde angekündigte Gewaltaktionen) ohnehin spezielle Einsatzmaßnahmen erforderlich sind. Der Verzicht auf ein das ganze Gemeindegebiet umfassendes Aufenthaltsverbot in § 31 III HessSOG sollte deshalb Vorbild für künftige Gesetzesänderungen in den anderen Bundesländern sein[105]. Im übrigen bedürfen weit angelegte räumliche Ausdehnungen der Verbotszone im konkreten Einzelfall der besonders eingehenden Prüfung anhand des Grundsatzes der Verhältnismäßigkeit.

9.2.7.3. Angemessenheit

Angemessenheit
Längerfristige Aufenthaltsverbote beinhalten einen nachhaltigen Eingriff in das Grundrecht des Art. 11 GG[106]. Deshalb sind an entsprechende gesetzliche Regelungen strenge Anforderungen unter dem Gesichtspunkt der Angemessenheit zu stellen. Der Grundsatz der Verhältnismäßigkeit gebietet es, dass in der Anwendungspraxis **strafrechtliche Bagatelldelikte** keinen Anknüpfungspunkt für Aufenthaltsverbote bilden können[107].

---

103 Ausnahmen § 29 II BerlASOG, § 31 III HSOG; *Schenke*, Polizeirecht, Rdnr. 135; *Rachor*, in: Handbuch des Polizeirechts, Rdnr. F 457.
104 *OVG Lüneburg*, NVwZ 2000, 454 und *VG Göttingen*, NVwZ-RR 1999, 170 (Bestätigung der Zulässigkeit eines Aufenthaltsverbots von 6 Monaten für das gesamte Stadtgebiet); *VGH Mannheim*, NVwZ-RR 1997, 225 (Einzelfall eines unzulässigen großräumigen Aufenthaltsverbots); *VGH München* prüft, ob nicht ein auf den Englischen Garten begrenzter Platzverweis ungeeignet ist, und ein großräumiges Aufenthaltsverbot zur Erfüllung der Geeignetheit ausgesprochen werden müsste, NVwZ 2001, 1291 (1292).
105 Für die weitere Ausnahme in § 29 II BerlASOG ist zu beachten, dass hier die spezielle Frage relevant ist, dass ein umfassendes Aufenthaltsverbot nicht nur innerkommunal, sondern landesbezogen wirksam wäre.
106 A. A. *Kappeler*, Öffentliche Sicherheit, S. 150; dazu bereits oben 2.2.
107 *Finger*, Die Polizei 2005, 82 (84 f.) und DVP, 2004, 367 (371); *Rachor*, in: Handbuch des Polizeirechts, Rdnr. F 465; *Albertz*, NVwZ 1997, 45 (48); *Kappeler*, Öffentliche Sicherheit, S. 177 ff.; *Neuner*, Verweisungsmaßnahmen, S. 107 (108); BVerwGE 6, 173 (176).

9. Aufenthalts- und Ausreiseverbote

Die gesetzlichen Regelungen müssen weiter eine klare Eingrenzung des zulässigen **räumlichen und zeitlichen Umfangs** von Aufenthaltsverboten enthalten. Gesetzliche Regelungen, die allgemein Aufenthaltsverbote auch bei erstmaliger Aussprache für länger als einen Monat zulassen verstoßen bereits gegen den Grundsatz der Erforderlichkeit. Sie sind bereits aus diesem Grund auch unangemessen. Dies gilt auch für die generelle Zulassung von auf ein ganzes Gemeindegebiet bezogenen Aufenthaltsverboten ohne nähere Eingrenzung auf Sonderfälle.

Ein weiterer (auch für die Anwendungspraxis im Einzelfall) zentraler Punkt betrifft die Frage, in welchem Umfang Ausnahmen von Aufenthaltsverboten ermöglicht werden. Die inzwischen langjährige Anwendungspraxis von Aufenthaltsverboten hatte – auch ohne spezialgesetzliche Regelung – grundsätzlich anerkannt, dass ein berechtigtes Interesse an Ausnahmen vom Aufenthaltsverbot zwecks Aufsuchen der eigenen Wohnung sowie in einigen weiteren Fällen besteht, diese Fälle aber teilweise eng begrenzt[108]. Die **Rechtsprechung** hatte deutlich gemacht, dass ein berechtigtes Interesse an einer Ausnahme vom Aufenthaltsverbot nicht nur betreffend Termine bei Ärzten, Rechtsanwälten, Behörden oder anderen Institutionen anzuerkennen ist, sondern weitergehend auch betreffend Geschäfte des täglichen Lebens, soziale Kontakte und die Teilnahme an kulturellen Veranstaltungen[109]. Aufenthaltsverbote, die im Einzelfall berechtigten Interessen der Betroffenen nicht hinreichend Rechnung tragen, sind unter dem Gesichtspunkt des Grundsatzes der Verhältnismäßigkeit rechtswidrig und verfassungswidrig. Die neueren landesgesetzlichen Regelungen zu Aufenthaltsverboten berücksichtigen diese Rechtsprechung und legen jetzt auch gesetzlich fest, dass bei berechtigten Interessen eine Ausnahme vom Aufenthaltsverbot erfolgen muss. Die berechtigten Interessen werden allerdings nicht näher aufgeführt. Nur der **Zugang zur Wohnung** wird regelmäßig genannt. Die gesetzlichen Regelungen müssen verfassungskonform im Sinne einer weiten Anerkennung von berechtigten Interessen nach der bestehenden Rechtsprechung ausgelegt werden. Gesetzliche Regelungen, die die Notwendigkeit von Ausnahmen beim Vorliegen berechtigter Interessen nicht ausdrücklich vorsehen, verstoßen gegen Art. 11 GG. Sie müssen verfassungskonform entsprechend dem zwingenden gesetzlichen Ausnahmetatbeständen in den anderen Landesgesetzen ausgelegt werden.

Ausnahmen vom Aufenthaltsverbot

9.3. Die Anwendung des Aufenthaltsverbots im Einzelfall

9.3.1. Tatbestandsvoraussetzungen

9.3.1.1. Begehung einer Straftat

Voraussetzung für ein Aufenthaltsverbot ist übereinstimmend nach fast allen Landesgesetzen, dass Tatsachen die Annahme rechtfertigen, dass die in Anspruch zu nehmende

Voraussetzung Straftat

---

108 *Rachor, in:* Handbuch des Polizeirechts, Rdnr. F 477, 456 m.w.N.
109 *VGH Mannheim*, NVwZ 2003, 115, 117 („Punk-Szene") und ESVGH 47, 36 (39); dazu näher 3.3.

Person in dem Verbotsbereich eine **Straftat** begehen[110] oder zur Begehung der Straftat beitragen wird[111]. § 17 II ThürOBG, der die Aussprache von Aufenthaltsverboten generell bei jeder Gefahr, also auch unterhalb von Straftatbeständen zulässt, ist verfassungskonform dahingehend auszulegen, dass auch hier eine Straftat zwingend erforderlich ist[112]. Der Voraussetzung der Begehung einer Straftat kommt eine wichtige Abgrenzungsfunktion gegenüber dem herkömmlichen Platzverweis zu, da Platzverweise bereits bei Verstößen gegen die öffentliche Sicherheit (oder sogar Ordnung) unterhalb der Strafrechtsschwelle ausgesprochen werden können[113]. Bestimmte qualifizierte Straftatbestände verlangen die Landesgesetze nicht. Allerdings gebietet es der Grundsatz der Verhältnismäßigkeit, dass **Bagatelldelikte** keinen Anknüpfungspunkt für Aufenthaltsverbote bilden können[114]. Weitergehend ist bei verfassungskonformer Auslegung eine Eingrenzung auf erhebliche Straftaten erforderlich[115]. In der Praxis kommt vor allem folgenden fallgruppenspezifischen Tatbeständen Bedeutung zu[116], bei deren Anwendung diese Voraussetzung nicht immer hinreichend beachtet wird: „Drogenszene" (Verstöße gegen das BtMG-Gesetz), Versammlungen (gewalttätige Ausschreitungen: §§ 86, 87 a, 113, 125, 130, 223, 231, 303, 304 StGB), „Hütchenspieler" (§§ 263, 284 StGB), Taschendieb (§ 242 StGB), Exhibitionist (§ 183 StGB), Prostituierte (§§ 184 a, 184 b StGB), Tuningszene (§§ 315 b, 315 c StGB).

9.3.1.2. Prognoseentscheidung

Keine bloßen Vermutungen

Nach den landesgesetzlichen Bestimmungen reicht es für die Aussprache eines Aufenthaltsverbots aus, dass **Tatsachen** die Annahme rechtfertigen, dass eine Person in einem bestimmten örtlichen Bereich eine Straftat begehen wird. Hier liegt eine Absenkung der Eingriffsschwelle gegenüber dem weitergehenden Erfordernis einer konkreten Gefahr in anderen Ermächtigungsgrundlagen vor, die Probleme betreffend die Bewahrung der Funktion des Gesetzes als objektiver Vorgabe für die behördliche Praxis aufwirft.

---

110 Darunter fallen auch Fälle einer Anstiftung oder Beihilfe, vgl. etwa für das HessSOG *Meixner/Fredrich*, HSOG, § 31 Rdnr. 16.
111 § 16 II BbgPolG, § 21 II SächsPolG, § 34 II PolG NRW.
112 *Finger*, Die Polizei 2005, 82 (84, 87).
113 Damit entfallen einfache bloße Ordnungsverstöße als Grundlage für ein Aufenthaltsverbot wie etwa bei nach kommunalen Satzungen oder Verordnungen verbotenem Alkoholkonsum, Betteln, Lagern auf öffentlichen Straßen, aber auch bei einfachen Verstößen gegen das Versammlungsgesetz etwa bei einem Versammlungsverbot, da es sich auch hier gemäß § 29 I Nr. 1 VersammlG um eine bloße Ordnungswidrigkeit handelt, § 29 VersammlG enthält weitere Ordnungswidrigkeiten, zu in Betracht kommende Strafbestimmungen §§ 21 ff. VersammlG ; *Finger*, Die Polizei 2005, 82 (84) und DVP 2004, 367 (371); *Pieroth/Schlink/Kniesel*, Polizeirecht, § 16 Rdnr. 24; speziell zu Aufenthaltsverboten zur Durchsetzung eines Versammlungsverbots bei zu erwartenden erheblichen strafbaren Handlungen *Neuner*, Verweisungsmaßnahmen, S. 217 f.
114 *Finger*, Die Polizei 2005, (84 f.) und DVP, 2004, 367 (371); *Rachor*, in: Handbuch des Polizeirechts, Rdnr. 465; *Albertz*, NVwZ 1997, 45 (48).
115 Dazu näher 2.3.1.
116 Zusammenstellung von Fallgruppen bei *Finger*, DVP 2004, 367 (371) und *ders.*, Die Polizei, 82 (84); *Pieroth/Schlink/Kniesel,* Polizeirecht, § 16 Rdnr. 24; zu weiteren Anwendungsfällen aus der Sicht der polizeilichen Praxis auch *Merten*, DPolBl 2003, 2 (6) und *Seltier*, DPolBl 2003, 10 ff.

Zur Feststellung, ob Tatsachen mit hinreichender Wahrscheinlichkeit die Annahme rechtfertigen, dass eine Person in einem bestimmten Bereich eine Straftat begehen wird, bedarf es einer **Prognoseentscheidung**. Wie in anderen vergleichbaren Tatbeständen im Polizei- und Ordnungsrecht setzt dies anerkanntermaßen voraus, dass nicht nur tatsächliche Anhaltspunkte für die Begehung einer Straftat vorliegen. Zwischen dem Vorliegen von Tatsachen und lediglich tatsächlichen Anhaltspunkten besteht ein substantieller Unterschied[117]. Für das Vorliegen tatsächlicher Anhaltspunkte ist es ausreichend, dass es nach behördlicher Prognose als möglich erscheint, dass der Sachverhalt vorliegen könnte, und hierfür bestimmte Indizien sprechen. Tatsachen setzen dagegen voraus, dass auf Grundlage der vorhandenen Erkenntnisquellen ein Sachverhalt nachgewiesen wird, der ein behördliches Tätigwerden zur Gefahrenabwehr erfordert. **Bloße Vermutungen oder Indizien** reichen dafür anerkanntermaßen nicht aus[118]. Der Beachtung dieser Unterscheidung kommt angesichts der herabgesetzten Eingriffsschwelle beim Aufenthaltsverbot besondere Bedeutung zu. Zu verlangen ist bei verfassungskonformer Auslegung darüber hinaus entgegen der h. M eine **gesteigerte Wahrscheinlichkeit des Gefahreneintritts**[119].

Als Tatsache kommen sinnlich wahrnehmbare Vorgänge oder Zustände in der Gegenwart und Vergangenheit in Betracht[120]. Die hier erforderliche hinreichende Tatsachenbasis [121] ist in bestimmten typischen Fallkonstellationen je nach den näheren Umständen des Einzelfalls gegeben (etwa Mitführen von Waffen und gewalttätigem Auftreten in der Öffentlichkeit), in anderen Fallkonstellationen fraglich. Bei Vorstrafen oder sonstigem Verhalten in der Vergangenheit („einschlägiges polizeiliches In-Erscheinung-Treten") kann nicht pauschal oder im Sinne eines Regelfalls auf eine fortbestehende Gefahr für die Zukunft geschlossen werden[122]. Erforderlich ist vielmehr auch hier eine **individuelle Prognose im Einzelfall**, d.h. es müssen für die Annahme einer Gefahr weitere konkrete Tatsachenelemente hinzukommen. Eine angenommene Wiederholungsgefahr muss individuell begründet werden.

Besonders problematisch ist die Bezugnahme auf die **Zugehörigkeit zu bestimmten „Szenen"** wie der „Drogenszene", „rechtsextremistischen Szene", „Chaoten-Szene", „Tuningszene" usw. Allein aus der Zuordnung einzelner Personen zu einer bestimmten „Szene" kann noch nicht abgeleitet werden, dass einzelne Personen mit hinreichender Wahrscheinlichkeit Straftaten begehen werden[123]. Die Zugehörigkeit zu einer bestimmten „Szene" kann allenfalls ein Anhaltspunkt für die dann erst näher zu erstellende tatsachengestützte Gefahrenprognose sein, nicht aber die individuelle tatsachengestützte Gefahrenprognose ersetzen. Ein relevanter Teil der Aufenthaltsverbote bezieht sich gerade auf derartige Fälle, was Anlass zu einer kritischen Prüfung dieser Fälle sein

---

117 *Meixner/Fredrich*, HSOG, § 30 Rdnr 2.
118 *Finger*, DVP 2004, 367 (371).
119 Dazu bereits 2. 3. 2. zu den landesgesetzlichen Regelungen.
120 *Finger*, DVP 2004, 367 (371).
121 *Rachor*, in: Handbuch des Polizeirechts, Rdnr. F 172 ff.
122 *Finger*, DVP, 2004, 367 (371).
123 *Schenke*, Polizeirecht, Rdnr. 98, 135.

muss[124]. Als Faustformel hat sich in der Rechtsprechung zur Drogenszene immerhin durchgesetzt, dass nur Personen betroffen sein können, die **in besonderer Weise zur Bildung und Aufrechterhaltung der Szene beitragen**[125]. Allerdings ist das Ausmaß unterschiedlich, in welchem Umfang stufenweise neben Drogenhändlern auch Drogenkonsumenten und weitergehend auch sonstige Personen miterfasst werden sollen, denen unterstellt wird, dass sie zur Verfestigung der Drogenszene beitragen[126] oder mit ihr Kontakt suchen[127]. Im übrigen dürfen nur kriminalpräventive Zielvorgaben bei der Aussprache von Aufenthaltsverboten zu Grunde gelegt werden. Das Ziel der allgemeinen Steigerung des subjektiven Sicherheitsgefühls bildet keine ausreichende Grundlage für Aufenthaltsverbote. Das Aufenthaltsverbot darf auch nicht als verdeckte Sanktion eingesetzt werden, um praktischen Problemen bei der strafrechtlichen Verfolgung in bestimmten Fallgruppen auf diese Weise zu begegnen[128].

9.3.2. Ermessen, Verhältnismäßigkeit

Vorrangig Platzverweis

Die bereits zu der gesetzlichen Regelung des Aufenthaltsverbots angesprochenen grundsätzlichen Fragen zur Verhältnismäßigkeit stellen sich auch bei der Anwendung im Einzelfall. Auch wenn die Geeignetheit gestützt auf die geringen rechtlichen Anforderungen an die Geeignetheit nach der h. M. zumeist bejaht wird[129], stellen sich für ein ermessensfehlerfreies Handeln im Einzelfall etwa bei der „Drogenszene" Fragen nach der bloßen **Verdrängung** und den Folgen für die **Arbeit von sozialen Einrichtungen**[130]. Im übrigen muss der Rückgriff auf das Aufenthaltsverbot im Einzelfall **erforderlich** sein. Die Auswahl zwischen Platzverweis und Aufenthaltsverbot muss nach pflichtgemäßem Ermessen erfolgen. Mindestvoraussetzung ist, dass die gesetzliche Abstufung zwischen Platzverweis und Aufenthaltsverbot im jeweiligen Einzelfall hinrei-

---

124 Kritisch zum Anknüpfungspunkt Drogenszene *Lesting*, KJ 1997, 214 (216); *Kappeler*, Öffentliche Sicherheit, S. 193 ff.; *Rachor*, in: Handbuch des Polizeirechts, Rdnr. F 466 f.
125 *Bertrams*, NWVBl. 2003, 289 (294).
126 *OVG Münster*, NVwZ 2001, 459 erstreckt die „Drogenszene" auf Drogenhändler, Drogenkonsumenten und im Einzelfall auch auf Personen, die auf sonstige Weise nachhaltig zur Verfestigung der Drogenszene beitragen.
127 *VGH Mannheim*, NVwZ 2003, 115, 116 erfasst als Drogenszene Personen, die sich „ zum einen an einem im einzelnen konkret bezeichneten Ort aufhalten und zum anderen offensichtlich der Drogenszene zuzurechnen sind oder zu ihr Kontakt suchen"; zur weit gefassten „Punkszene" *VGH Mannheim*, NVwZ-RR 1997, 225 f.(abstellend auf äußere Merkmale wie „auffällige Kleidung, besetzt mit einer Vielzahl von Symbolen, Aufschriften und Nieten", „typische farbige Punkerfrisur"); differenzierend *Finger*, DVP 2004, 367 (370), Punker seien in gewisser Weise detailliert beschreib- und erfassbar, dagegen nicht Angehörige der Drogenszene; dazu auch *VG Sigmaringen*, NVwZ-RR 1995, 327 (328); zur „Tuningszene" – *VG Osnabrück*, Nds VBl. 2003, 306 und *Krautjuttis*, NdsVBl 2004, 27 ff.
128 Problematisch insoweit *Seltier*, DPolBl 2003, 10, der das Aufenthaltsverbot ausdrücklich als ein wirkungsvolles Instrument der polizeilichen Praxis empfiehlt, um angebliche oder tatsächliche Defizite des Strafrechts und der gerichtlichen Verfolgungspraxis zu kompensieren.
129 Zusammenfassend *Kappeler*, Öffentliche Sicherheit, S. 201 ff.
130 *Kappeler*, Öffentliche Sicherheit, S. 206 f.; kritisch unter dem Gesichtspunkt der Geeignetheit mit eingehender Begründung insbesondere *Rachor*, in: Handbuch des Polizeirechts, Rdnr. F 468 ff.; *Gusy*, Polizeirecht, Rdnr. 283.

chend beachtet wird. Danach muss vorrangig der Platzverweis als milderes Mittel[131] zur Anwendung kommen. Allenfalls bei hinreichend begründeter Erfolglosigkeit des Platzverweises kommt ein Aufenthaltsverbot in Betracht[132]. Die Begründung des Rückgriffs von Aufenthaltsverboten damit, dass die Polizei angesichts schwindender Kapazitäten oftmals nicht in der Lage ist, gegenüber bestimmten „Szenen" jeden Tag erneut einen Platzverweis zu erlassen[133], ist so allgemein nicht tragfähig. Denn das Aufenthaltsverbot bedarf einer speziellen objektiv gefahrenabwehrrechtlichen Begründung, die sich nicht in der Erleichterung der polizeilichen Arbeit erschöpft[134].

Bei der Angemessenheit des Aufenthaltsverbots kommt es entscheidend auf die konkrete Ausgestaltung des Aufenthaltsverbots im Einzelfall an. Zu berücksichtigen sind die zu schützenden Rechtsgüter und die Auswirkungen auf die Betroffenen. Im Zusammenhang mit der Drogenszene ist dabei eine Unterscheidung zwischen Drogenhändlern und Drogenkonsumenten zwingend[135]. Aufenthaltsverbote und begleitende Maßnahmen können speziell auch die Arbeit der Jugend- und Sozialarbeit für Drogenabhängige deutlich erschweren. Dieser Gesichtspunkt wird in der Praxis berücksichtigt, allerdings in sehr unterschiedlichem Umfang[136]. Die Konkretisierung der Anforderungen des Verhältnismäßigkeitsgrundsatzes erfolgt bei der Bestimmung der zeitlichen Länge, der örtlichen Ausdehnung und der Ausnahmen vom Aufenthaltsverbot.

Auswirkungen für Betroffene

9.3.2.1. Der räumliche Umfang von Aufenthaltsverboten

Bei der Aussprache von Aufenthaltsverboten muss der örtliche Bereich, für den das Aufenthaltsverbot gelten soll, näher bestimmt werden. Die landesgesetzlichen Regelungen lassen die Aussprache von Aufenthaltsverboten in der Regel für einen **bestimmten örtlichen Bereich** (bestimmter Ort, bestimmtes Gebiet oder Teil des Gemeindegebiets) innerhalb einer Gemeinde zu. Dabei kann es sich um ein Gebäude, einen Platz, eine Straße oder auch einen Gemeindeteil handeln. Das Aufenthaltsverbot bezieht sich dabei grundsätzlich auf **jeglichen Aufenthalt** in dem Verbotsgebiet. Verboten ist danach nicht nur ein Verweilen in dem Verbotsgebiet, sondern auch ein bloßes Durchqueren, zu Fuß oder mittels des ÖPNV[137].

Generell gilt, dass der Verbotsbereich stets nachvollziehbar mit der zu **verhütenden Straftat** in einem Zusammenhang stehen muss[138]. Als Anknüpfungspunkt kommen örtliche Bereiche in Betracht, in denen es in relevantem Umfang zu einschlägigen

Eingegrenztes Gebiet

---

131 *VGH München*, NVwZ 2001, 1291 (1292).
132 *OVG Münster*, NVwZ 2001, 459 (460).
133 DVP 2004, 367 (370, 373).
134 *Riedinger*, VBlBW 2000, 332 (334); eingehend *VGH Mannheim*, NVwZ 2003, 115 (117) zur Alternative des Platzverweises.
135 Wobei beachtet werden muss, dass auch bei Drogenabhängigen eine Mitbeteiligung am Handel in Betracht kommt.
136 *OVG Münster*, NVwZ 2001, 459 (460); *Cremer*, NVwZ 2001, 1219; *Hecker*, NVwZ 2003, 1334 (1335).
137 *OVG Lüneburg*, NVwZ 2001, 231; *OVG Bremen*, NVwZ 1999, 314 (317 f.).
138 *Finger*, DVP, 367 (372).

Teil 2: Polizei- und Strafprozessrecht

Ausnahmefall gesamtes Gemeindegebiet

Straftaten gekommen ist. Eine „sicherheitshalber" großzügige Ausdehnung des Verbotsbereichs ohne konkreten Gefahrenabwehrzusammenhang ist nicht zulässig[139].

Aufenthaltsverbote für einen **größeren Gebietsteil** oder gar ein **ganzes Gemeindegebiet** stellen einen besonders begründungsbedürftigen Ausnahmefall dar[140]. Nur soweit die Landesgesetze ausdrücklich auch ein das gesamte Gemeindegebiet umfassendes Aufenthaltsverbot vorsehen[141], kommt eine derartige Maßnahme überhaupt in Betracht[142]. Auch in den in Literatur und Rechtsprechung behandelten Sonderfällen (etwa für eine ganze Stadt angekündigte Gewalttätigkeiten)[143], stellt sich die Frage nach sonstigen einschlägigen Maßnahmen des Polizeirechts unter rechtlichen und polizeipraktischen Gesichtspunkten.

Bei der Drogenszene fehlt es regelmäßig an den Voraussetzungen für ein auf das gesamte Gemeindegebiet bezogenes Verbot, da hier der Zusammenhang mit dem Verdacht einer konkreten Gefahr fehlt, und eine allgemeine Einbeziehung möglicher Ausweichbereiche auch unter Berücksichtigung der hier deutlich abgesenkten Gefahrenschwelle unzulässig ist[144]. Unzulässig ist auch eine weite Ausdehnung der Verbotszone bis hin zu einem Stadtverbot speziell anknüpfend an dem auswärtigen Wohnsitz einer Person mit der Begründung, dass es hier an einem berechtigten Interesse zum Aufenthalt fehlt[145]. Je weiter das Verbotsgebiet ausgedehnt wird, umso mehr stellt sich die Frage der Erforderlichkeit und Angemessenheit des Aufenthaltsverbots. Das gesamte Gemeindegebiet umfassende Aufenthaltsverbote bedürfen einer besonders strengen Überprüfung anhand des Grundsatzes der Verhältnismäßigkeit.

9.3.2.2. Der zeitliche Umfang von Aufenthaltsverboten

Gesetzliche Obergrenze

Mit der gesetzlichen Festlegung einer zeitlichen Obergrenze für Aufenthaltsverbote in den meisten Landesgesetzen kann die langjährige Praxis nicht mehr fortgesetzt werden, bei der Aufenthaltsverbote auch für die Dauer von 6 bis 12 Monaten ausgesprochen wurden[146]. Die Festsetzung einer gesetzlichen zeitlichen Grenze für Aufenthaltsverbote darf nicht dahingehend missverstanden werden, dass dieser Zeitraum stets ausgeschöpft werden darf. Hier wird **kein gesetzlicher Regelfall** formuliert, sondern eine **absolute**

---

139 *Kappeler*, Öffentliche Sicherheit, S. 205 m. w. N.
140 *VGH München*, NVwZ 2000, 454; *Meixner/Fredrich*, HSOG, § 31 Rdnr. 2 und 16.
141 Die landesgesetzlichen Regelungen sehen dies fast durchgängig vor, Ausnahmen § 29 II BerlASOG; § 31 III HSOG.
142 Vgl. aus der Rspr. *OVG Lüneburg*, NVwZ 2000, 454 ausgehend von § 17 II NdsGefAG, jetzt § 17 IV NdsSOG, dazu Anmerkung *Vahle*, DVP 2000, 374 – Fall auswärts wohnender Person; *VG Göttingen*, NVwZ-RR 1999, 169 (170) – Drogenszene; *VG Leipzig*, NVwZ 2001, 1317 (1319), mit Anmerkung *Haurand*, DVP 2002, 388 – Fall Straftaten.
143 *Neuner*, Verweisungsmaßnahmen, S. 130.
144 *Neuner*, Verweisungsmaßnahmen, S. 130; *Riedinger*, VBlBW 2000, 332 (334); **a. A.** *OVG Lüneburg*, NVwZ 2000, 454; *VG Göttingen*, NVwZ-RR 1999, 169 (170) stellt auf „Tendenzen einer Verlagerung" in andere Stadtgebiete ab; ebenso *OVG Lüneburg*, NVwZ 2000, 454.
145 So *OVG Lüneburg*, NVwZ 2000, 454; kritisch zu dieser Praxis *Kappeler*, Öffentliche Sicherheit, S. 205; Begrenzung auf einen bestimmten Teil des Stadtgebiets auch bei auswärtig wohnhafter Person im Fall *OVG Münster*, NVwZ 2001, 459 (460).
146 Zu den gesetzlichen Regelungen Abschnitt 2. 7. 2.

Obergrenze festgelegt. Die Landesgesetze betonen die Notwendigkeit einer einzelfallbezogenen Prüfung in der Regel mit der Formel, dass das Aufenthaltsverbot zeitlich und örtlich auf den zur Verhütung der Straftat erforderlichen Umfang zu beschränken ist. Die hier gestellten Anforderungen folgen auch ohne spezielle gesetzliche Regelung bereits aus dem allgemeinen Grundsatz der Verhältnismäßigkeit. Das **Gebot einer einzelfallbezogenen Prüfung** muss in der Praxis ernstgenommen werden. Zu erwägen sind im Regelfall Aufenthaltsverbote, die **deutlich unter 3 Monate** liegen[147]. Dafür sprechen neben den grundsätzlichen verfassungsrechtlichen Aspekten auch Belange der Praxis. Effiziente Polizeiarbeit ist keineswegs zwingend auf mehrmonatige Aufenthaltsverbote angewiesen.

Sowohl die unbefristete Aussprache eines Aufenthaltsverbots wie auch die Aussprache eines Aufenthaltsverbots für **länger als einen Monat** stellen, insbesondere bei erstmaliger Verfügung, einen Verstoß gegen den Grundsatz der Erforderlichkeit und das Übermaßverbots dar[148]. Soweit die Landesgesetze keine zeitliche Begrenzung oder einen längeren Zeitraum als 3 Monate vorsehen, sind dieselben Maßstäbe anzulegen. Neben der Begrenzung des Aufenthaltsverbots auf einen bestimmten Gesamtzeitraum kommt je nach Einzelfall auch eine Begrenzung auf tatrelevante Tageszeiten in Betracht [149]. Eine derartige Eingrenzung ist unter dem Gesichtspunkt der Verhältnismäßigkeit geboten, wenn die einschlägigen Straftaten sich auf einen bestimmten Zeitpunkt beziehen.

Aus den landesgesetzlichen Regelungen geht nicht ausdrücklich hervor, ob eine **Verlängerung** oder erneute Aussprache nach Ablauf eines ersten Aufenthaltsverbots zulässig ist. Die Aufnahme einer Verlängerungsklausel in einem Bescheid, nach der sich das Aufenthaltsverbot automatisch verlängert, wenn fortlaufende Verstöße gegen das Aufenthaltsverbot festgestellt werden, ist unzulässig. Nach dem Zweck der gesetzlichen Regelungen kommt nur die Aussprache eines erneuten Aufenthaltsverbots auf der Grundlage einer neuen Prüfung in Betracht. Dies setzt aber voraus, dass das Aufenthaltsverbot auf neue Tatsachen gestützt werden kann[150]. In diesen Fällen bedarf es allerdings einer besonders eingehenden Prüfung, da mit jeder Ausdehnung des zeitlichen Geltungsbereichs die Tatbestandsvoraussetzungen und die Anforderungen des Grundsatzes der Verhältnismäßigkeit strenger zu beachten sind.

9.3.3. Ausnahmen vom Aufenthaltsverbot

Der Zugang zur **Wohnung** der betroffenen Person ist nach allen Landesgesetzen ungeachtet der Aussprache eines Aufenthaltsverbots weiter zwingend zu gewährleisten. Weitere Ausnahmen vom Aufenthaltsverbot betreffen die Wahrnehmung **sonstiger berechtigter Interessen** bzw. eines vergleichbar wichtigen Grunds. Sonstige berechtigte Interessen bzw. ein vergleichbarer wichtiger Grund liegen vor, wenn es um Termine bei

---

147 Verwaltungsvorschriften können hier die gebotenen Anforderungen an die Verhältnismäßigkeit konkretisieren, was aber häufig nicht hinreichend erfolgt.
148 *Schenke*, Polizeirecht, Rdnr. 135.
149 *Finger*, DVP 2004, 367 (372).
150 *Finger*, DVP 2004, 367 (370, 373).

einem Arzt, Rechtsanwalt, Sozialarbeiter oder einer Behörde geht[151]. Insoweit besteht Übereinstimmung in Rechtsprechung[152] und Literatur[153]. Weitere grundsätzlich anzuerkennende Fälle sind etwa der Arbeitsplatz[154] bzw. die Ausbildungsstätte, die Wohnung der Eltern[155], das Aufsuchen des Bahnhofs zwecks einer Reise[156] sowie das Aufsuchen von der Religionsausübung dienenden Gebäuden und Einrichtungen[157]. In Betracht kommt ein Ausnahmetatbestand aber auch bei weiteren sozialen Kontakten zu Verwandten, Freunden und Bekannten sowie dem Besuch kultureller Veranstaltungen bis hin zur Wahrnehmung von Geschäften des täglichen Lebens wie dem Einkaufen.

Verfahren
Für die behördliche Praxis und die Stellung Betroffener ist es von Bedeutung, ob die jeweiligen gesetzlichen Ausnahmetatbestände unmittelbar bereits in der Verfügung des Aufenthaltsverbots berücksichtigt werden müssen, d.h. dass das Aufenthaltsverbot insoweit nicht gilt, oder ob Betroffene jeweils im Einzelfall einen Antrag auf eine Ausnahmegenehmigung stellen müssen. Die Landesgesetze sind so auszulegen, dass grundsätzlich bereits **in der Verbotsverfügung selbst** die im Einzelfall relevanten Ausnahmetatbestände berücksichtigt werden müssen. Die Erteilung eines Aufenthaltsverbots ohne Prüfung und Aufnahme von gebotenen Ausnahmetatbeständen ist ermessensfehlerhaft. Nur soweit weitere Ausnahmetatbestände in Betracht kommen, die beim Erlass des Aufenthaltsverbots nicht bekannt waren oder neu entstanden sind, besteht je nach Einzelfall Bedarf für eine ergänzende Ausnahmegenehmigung. Dafür bedarf es dann eines ergänzenden Antrags der Betroffenen. Auf Grund der besonderen Grundrechtsrelevanz muss auf die Möglichkeit der Erteilung einer ergänzenden Ausnahmegenehmigung ausdrücklich hingewiesen werden[158].

Bestimmtheit
Gemäß dem rechtsstaatlichen **Bestimmtheitsgebot** und dessen Konkretisierung in § 37 I der Verwaltungsverfahrensgesetze der Länder müssen der Geltungsumfang des Aufenthaltsverbots und die Ausnahmetatbestände in der Verfügung hinreichend präzise bezeichnet werden. Nach der oberverwaltungsgerichtlichen Rechtsprechung besteht allerdings keine Notwendigkeit, dass das Aufenthaltsverbot in der Verfügung näher dahingehend konkretisiert werden muss, dass nicht nur das Verweilen, sondern ausdrücklich auch das Durchqueren verboten ist[159]. Auch die Ausnahmetatbestände müssen hinreichend bestimmt formuliert sein. Dies ist bezogen auf den Ausnahmetatbestand des Betretens der eigenen Wohnung unproblematisch. Bezogen auf die anderen

---

151 *Finger*, Die Polizei 2005, 82 (85); *ders*. dazu eingehend, DVP 2004, 367 (373 f.).; *OVG Bremen*, NVwZ 1999, 314 (317) Drogenberatungsstelle.
152 Allgemein u. a. *VGH Mannheim*, VBlBW 1997, 66 (67); *VGH München*, NVwZ 2000, 454;
153 Allgemein u. a. *Riedinger*; VBlBW 2000, 332, (334); *Hecker*, NVwZ 2003, 1334 (1336); *Bertram*, NWVBl. 2003, 289 (294).
154 *Meixner/Fredrich*, HSOG, § 31 Rdnr. 16.
155 *Meixner/Fredrich*, HSOG, § 31 Rdnr. 16.
156 *OVG Bremen*, NVwZ 1999, 314 (318), zugleich aber auch zur möglichen Erstreckung des Aufenthaltsverbots auch auf den das Verbotsgebiet durchquerenden ÖPNV, wenn dieser zur Anbahnung von Drogengeschäften genutzt wird.
157 *Finger*, DVP 2004, 367, 373.
158 Nach *Finger*, DVP 2004, 367 (373) hier zumindest als Soll-Vorschrift auszulegen.
159 *OVG Münster*, NVwZ 2001, 231 die dahingehende Auffassung der VG zurückweisend.

9. Aufenthalts- und Ausreiseverbote

Fallgruppen („vergleichbar wichtiger Grund" oder „sonstiger berechtigter Interessen") stellt sich die Frage, in welchem Umfang es einer näheren Konkretisierung in der Verfügung bedarf. Soweit wie möglich sind die berechtigten Interessen konkret zu benennen. Denn für Betroffene und Behörden muss Klarheit bestehen, was erlaubt, und was verboten ist. Der *VGH Mannheim* hat deshalb eine nur beispielhafte Aufzählung als zu unbestimmt erachtet[160]. Wenn die Ausnahmetatbestände in der Verfügung selbst nicht hinreichend klar formuliert sind, müssen die Betroffenen sich jeweils im Einzelfall vergewissern (ggfls. im förmlichen Weg der Antragstellung), ob das von ihnen geltend gemachte persönliche Interesse anerkannt wird. Eine derartige Verfahrensweise verstößt aber, soweit nicht im besonderen Einzelfall begründet, auch gegen den Grundsatz der Verhältnismäßigkeit.

Die Klärung im Einzelfall vorliegender besonderer persönlicher Interessen muss im Rahmen der gebotenen **Anhörung** nach § 28 der Verwaltungsverfahrensgesetze der Länder vor der Entscheidung über das Aufenthaltsverbot erfolgen[161]. Der Anhörung vor Erlass der Verbotsverfügung kommt deshalb bei Aufenthaltsverboten eine besonders wichtige Bedeutung zu. Die Anhörung vor Erlass des Aufenthaltsverbots ist insbesondere auch auf Grund der nachhaltigen Grundrechtsrelevanz zwingend geboten. Im Rahmen der Anhörung können und müssen die Betroffenen dann spezielle Ausnahmetatbestände substantiiert glaubhaft machen[162]. Ein Absehen von der Anhörung unter Berufung auf einen Eilfall gemäß § 28 II Nr. 4 der Verwaltungsverfahrensgesetze der Länder kommt nicht in Betracht, da das Aufenthaltsverbot im Gegensatz zum Platzverweis gerade keine spezielle Maßnahme für Eilfälle darstellt[163]. Der (auch allgemein rechtsstaatlich) problematische Verweis auf die Möglichkeit einer Nachholung der Anhörung[164] ist speziell in diesem Fall ermessensfehlerhaft, da der Frage der Regelung der Ausnahmen vom Aufenthaltsverbot wesentliche Bedeutung für die Tragfähigkeit der Verfügung selbst zukommt. Ist keine hinreichende Berücksichtigung der Ausnahmetatbestände in der Verfügung erfolgt, besteht ein zwingender Rechtsanspruch auf die nachträgliche Berücksichtigung anzuerkennender Gründe auf Antrag.

Anhörung

9.3.4. Form und Begründung

Die gesetzlichen Bestimmungen der Länder verlangen ganz überwiegend keine Schriftform bei der Aussprache von Aufenthaltsverboten[165], so dass grundsätzlich Formfreiheit gemäß § 37 II VwVfG der Länder besteht. Aufenthaltsverbote müssen aber letztlich zwingend **schriftlich** verfügt werden, da es sich bei der Aussprache von Aufenthaltsverboten nicht um eine Eilfallentscheidung handelt, sondern um einen nach eingehender näherer Prüfung (Tatbestandsvoraussetzungen, Detailregelungen betreffend den räumlichen Geltungsbereich, zeitliche Länge sowie Ausnahmetatbestände) ergehenden

Schrifterfordernis

---

160 *VGH Mannheim*, NVwZ-RR, 1997, 225 (226).
161 *Rachor*, in: Handbuch des Polizeirechts, Rdnr. F 460.
162 *Bertram*, NWVBl. 2003, 289 (294); *OVG Lüneburg*, NVwZ 2001, 231 (232).
163 *Finger*, DVP 2004, 367 (370, 373).
164 *Maurer*, Verwaltungsrecht, § 10 Rdnr. 42.
165 Ausnahme § 16 II S. 2 BbgPolgG, der ausdrücklich Schriftform verlangt.

Teil 2: Polizei- und Strafprozessrecht

Verwaltungsakt[166] handelt, der gemäß allgemeinen rechtsstaatlichen Anforderungen nur schriftlich erfolgen kann[167]. Wird das Aufenthaltsverbot in einem Eilfall anstelle eines Platzverweises eingesetzt, und deshalb lediglich eine mündliche Verfügung erlassen, stellt dies keine Rechtfertigung dar. Denn hier stellt sich bereits grundsätzlich die Frage, ob der Rückgriff auf das Aufenthaltsverbot in dieser Weise nicht rechtsmissbräuchlich ist. Für ein mündliches Aufenthaltsverbot und dessen spätere schriftliche Bestätigung im Sinne von § 37 II S. 2 VwVfG der Länder besteht weder eine sachliche Notwendigkeit noch eine rechtsstaatliche Rechtfertigung. Im übrigen ist in der Praxis die Schriftform ohnehin dann geboten, wenn Aufenthaltsverbote mit der Anordnung der sofortigen Vollziehung verbunden werden (§ 80 II S. 1 Nr. 4, III VwGO) und nach den jeweiligen landesrechtlichen Bestimmungen zur Zwangsmittelandrohung Zwangsmittelandrohungen enthalten.

9.3.5. Zuständigkeit

Parallele Zuständigkeit
Dem Platzverweis kommt besondere Bedeutung als vollzugspolizeiliche Eilmaßnahme zu, auch wenn die Ordnungs- oder Sicherheitsbehörden insoweit häufig ebenfalls Zuständigkeiten besitzen. Aufenthaltsverbote ergehen im Gegensatz zum Platzverweis für einen längeren Zeitraum auf der Grundlage einer eingehenden Prüfung des speziellen Einzelfalls[168]. Nach den Landesgesetzen besteht überwiegend zumindest eine **parallele Zuständigkeit** von Polizeibehörden sowie Ordnungs-, Sicherheits- oder Verwaltungsbehörden für die Aussprache von Aufenthaltsverboten[169]. Anders stellt sich die Rechtslage in Nordrhein-Westfalen und Berlin dar, da hier die Zuständigkeit für Aufenthaltsverbote ausschließlich bei der Polizei liegt[170]. Diese Regelungen sind **sachlich fragwürdig**[171]. Zwar dient das Aufenthaltsverbot speziell der Verhütung von Straftaten, und umfasst insoweit einen klassischen vollzugspolizeilichen Aufgabenbereich[172]. Dies begründet sachlich aber allenfalls eine parallele Zuständigkeit der Polizei, auf keinen Fall aber eine ausschließliche Zuständigkeit für das Aufenthaltsverbot. Der grundsätzlich geltende Subsidiaritätsgrundsatz vollzugspolizeilichen Handelns ist im Recht der Gefahrenabwehr allerdings nicht absolut festgeschrieben. Der Landesgesetzgeber kann Sonderregelungen treffen. Auch verfassungsrechtlich bestehen keine grundsätzlichen Einwände gegen eine Zuständigkeit der Polizei für einzelne Standardmaßnahmen, bei

---

166 Aufenthaltsverbote eignen sich grundsätzlich nicht für eine Regelung mittels Allgemeinverfügung, dazu eingehend *Neuner*, Verweisungsmaßnahmen, S. 236 ff.; die gegenteilige in Baden-Württemberg erfolgte Praxis wirft zahlreiche Rechtsfragen auf, da die hinreichende Individualisierung mittels Allgemeinverfügung kaum möglich ist, dazu *VGH Mannheim*, NVwZ 2003, 115 (116 f.); NVwZ-RR 1997, 225; *VG Stuttgart*, NVwZ 1998, 103 (104).
167 *Finger*, DVP 2004, 367 (369 f.).
168 *Neuner*, Verweisungsmaßnahmen, S. 227 f.; **a. A.** *Deger*, VBlBW 1996, 90 (92).
169 So etwa § 31 III HessSOG; § 13 RhPfPOG; § 36 II SOG LSA; § 23 Nr.1 lit d BbgOBG i. V. mit § 16 II BbgPoG i. V. ; § 17 Abs. II ThürOBG; allgemein zu der Aufgabenverteilung im Polizei- und Ordnungsrecht der Länder *Schenke*, Polizeirecht, Rdnr. 446 ff.
170 § 29 II ASOG; § 23 Nr. 13 OBG NRW i.V. mit § 34 NWPolG.
171 *Finger*, Die Polizei 2005, 85 f und *ders.*, DVP 2004, 367 (369 f.); *Gusy*, NWVBl. 2004, 1 (6).
172 *Behrendes*, in: Pitschas, Kriminalprävention, S. 109 ff. (123).

denen es nicht um einen Eilfall oder spezielle Formen der Zwangsanwendung handelt. Es bestehen aber dennoch erhebliche sachliche Vorbehalte gegenüber einer derartigen Regelung.

9.4. Die Durchsetzung von Aufenthaltsverboten

Die Durchsetzung von Aufenthaltsverboten erfolgt im Falle der Nichtbeachtung über die Festsetzung eines **Zwangsgelds** und eventuell anschließende **Ersatzwangshaft**[173] bei Uneinbringlichkeit des Zwangsgelds. In Betracht kommt auch eine **Ingewahrsamnahme**. Die meisten Landesgesetze stellen für den speziellen Fall der Nichtbeachtung eines Aufenthaltsverbots die Möglichkeit einer Ingewahrsamnahme beim Platzverweis und dem Aufenthaltsverbot bereit[174]. Auch hier tritt die grundsätzliche Problematik des Aufenthaltsverbots wieder zutage. Die Ingewahrsamnahme bei einem bloßen Verdacht einer konkreten Gefahr durchbricht die herkömmlichen Grenzen des Präventivgewahrsams im Polizeirecht, und stellt einen besonders tiefgreifenden Grundrechtseingriff dar[175]. Diesem Aspekt tragen die landesrechtlichen Regelungen in begrenztem Umfang dadurch Rechnung, dass die Ingewahrsamnahme zur Durchsetzung des Platzverweises oder Aufenthaltsverbots „unerlässlich" sein muss[176]. Weitere Grundvoraussetzung für die Ingewahrsamnahme ist, dass das Aufenthaltsverbot rechtmäßig war[177].

Vollstreckungs- und Zwangsmittel

Über die Anforderung der Unerlässlichkeit, die eine besonders sorgfältige Abwägung zwischen dem Freiheitsanspruch Betroffener und dem öffentlichen Interesse erfordert[178], kann eine gewisse Eingrenzung der Anwendungsfälle erfolgen[179]. Auf Grund der weit gefassten Tatbestandsvoraussetzungen für die Aussprache eines Aufenthaltsverbots sind die Ermächtigungsnormen für eine Ingewahrsamnahme zur Durchsetzung von Aufenthaltsverboten aber zwangsläufig ebenfalls problematisch[180]. Auch hier bedarf es einer eingrenzenden Anwendungspraxis unter Berücksichtigung der besonderen Grundrechtsrelevanz und des Grundsatzes der Verhältnismäßigkeit[181]. Kann das Aufenthaltsverbot im Wege der Zwangsvollstreckung durchgesetzt werden, ist eine Ingewahrsamnahme regelmäßig nicht unerlässlich[182]. Hat sich das Aufenthaltsverbot durch

Unerlässlichkeit der Ingewahrsamnahme

---

173 Fall *OVG Münster*, NVwZ-RR 1999, 802.
174 Erweitert in den neueren gesetzlichen Regelungen um den Fall der Wohnungsverweisung.
175 *BVerfG*, NJW 1999, 3773; *Bay OLG*, NVwZ 2000, 467 (468); zu grundrechtlichen Aspekten bereits *Kutscha* in Teil 1 unter 3.5; allgemein zum Präventivgewahrsam *Roggan* in Teil 2 unter 6.
176 So etwa § 32 I Nr. 3 HessSOG.
177 *BVerfG*, NVwZ 2005, 80 (81) zur entsprechenden Lage beim Platzverweis.
178 *BayOLG*, NVwZ 2000, 467; *Meixner/Fredrich*, HSOG, § 31 Rdnr. 8.
179 *Hecker*, Regelung des Aufenthalts, S. 72 ff.
180 Speziell unzulässig ist im übrigen der sogenannte Verbringungsgewahrsam, *Rachor*, in: Handbuch des Polizeirechts, Rdnr. F 493; *Roggan*, Handbuch zum Recht der Inneren Sicherheit – Vorauflage-, S. 133; *Hecker*, Regelung des Aufenthalts, S. 78; differenzierend *Schenke*, Polizeirecht, Rdnr. 139 f. m w. N.; *Neuner*, Verweisungsmaßnahmen, S. 151.
181 *Neuner*, Verweisungsmaßnahmen, S. 80 f., 151.; *SächsVerfGH*, NVwZ 1996, 784 L = LKV 1996, 273 (278) zur Verfassungswidrigkeit eines Gewahrsams für bis zu zwei Wochen zur Durchsetzung eines Platzverweises.
182 *Neuner*, Verweisungsmaßnahmen, 151.

Teil 2: Polizei- und Strafprozessrecht

Zeitablauf erledigt, ist die Vollstreckung einzustellen[183]. Das *OVG Münster*[184] verneint allerdings bei einem Aufenthaltsverbot zur Bekämpfung der offenen Drogenszene eine Erledigung dann, wenn das Aufenthaltsverbot wegen eines konkreten Verstoßes gegen das erste Aufenthaltsverbot verlängert wurde.

9.5 Ausreiseverbote und -beschränkungen

9.5.1. Rechtsgrundlagen

Passpflicht Seit einigen Jahren wird verstärkt die Ausreisefreiheit von Personen, die nach behördlicher Auffassung als „Gewalttouristen" einzustufen sind, Beschränkungen unterworfen[185]. Die Beschränkung der Ausreisefreiheit erfolgt über die Passversagung bzw. einen Passentzug oder räumliche oder zeitliche Passbeschränkungen gemäß §§ 7 oder 8 PassG. Die Ausreisebeschränkungen knüpfen an die **Passpflicht** nach § 1 I S. 1 PassG an. Danach müssen alle Deutschen bei der Ein- und Ausreise einen gültigen Pass oder Passersatz mitführen und sich damit über ihre Person ausweisen. Die Maßnahmen werden teilweise ergänzt durch entsprechende Beschränkungen des Personalausweises nach § 2 II PersonalausweisG, da dem Personalausweis Bedeutung als Passersatz (§ 2 I Nr. 2 PassG) zukommt.

Ausreise-untersagung Entsprechende Maßnahmen haben zur Folge, dass die Betroffenen nicht aus der Bundesrepublik ausreisen dürfen (§ 1 I PassG). Passversagungen, -entzug und -beschränkungen werden gespeichert, und ermöglichen es den Grenzschutzbehörden gemäß § 10 I S. 1 PassG gegenüber Deutschen[186] eine **Ausreiseuntersagung** anzuordnen[187]. Maßnahmen nach dem PassG werden häufig durch **Meldeauflagen** für die Betroffenen ergänzt, um auf diese Weise auch die Beachtung des Ausreiseverbots zu gewährleisten. Damit wird zugleich dem Tatbestand Rechnung getragen, dass auch auf Grund der in weiten Bereichen entfallenen Grenzkontrollen innerhalb der EU Passbeschränkungen allein nur bedingt Wirkung zeigen[188]. Die Missachtung des Ausreiseverbots ist aber auch **strafbewehrt.** Nach § 24 I Nr. 1 PassG wird mit Freiheitsstrafe bis zu einem Jahr oder Geldstrafe bestraft, wer entgegen einschlägiger Anordnungen ausreist[189]. Die

---

183 Allerdings hat sich nach der Rechtsprechung die Ordnungsverfügung noch nicht erledigt, solange sie die Voraussetzung für die Festsetzung von Zwangsgeldern gegen den Ordnungspflichtigen war, *OVG Münster*, NVwZ 2001, 231.
184 *OVG Münster*, NVwZ-RR 1999, 802.
185 Fußball-Europameisterschaft 2000 in den Niederlanden, G- 8 Gipfel in Genua usw.
186 Ausreiseverbote für Ausländer können auf der Grundlage von § 46 II AufenthG i.V. mit § 10 I S. 3 und § 7 I Nr. 1 PassG, bei EU-Ausländern unter ergänzender Anwendung des § 15 AufenthaltsG/EWG ergehen, dazu näher *Breucker* Gewaltprävention, S. 195 f. und *Rossi*, AöR 127 (2002), 612 (625).
187 Im Zuge der Abschaffung der Grenzkontrollen im Bereich des Schengener Abkommens verlagert sich die entsprechende Aufgabenwahrnehmung der Grenzschutzbehörden ins Landesinnere, mit der Folge, dass Ausreiseuntersagungen durch die Bundesgrenzschutzämter jetzt auch im Landesinnern erfolgen, dazu *Beimowski*, in: Bundespolizei, S. 99 (106 f.).
188 Zur Entwicklung auf der Grundlage des Schengener Abkommens und weiterer Vertragsbestimmungen *Mokros*, in: Handbuch des Polizeirechts, Rdnr. O 102 ff.; *Breucker*, Gewaltprävention, S. 47 ff., 70 ff.
189 Mit dieser im Jahre 2000 eilig noch vor der Fußballweltmeisterschaft eingeführten Bestimmung soll-

Grenzschutzbehörden können im übrigen die Ausreise auch ohne vorangegangene Passversagung- oder Passbeschränkung untersagen (§ 10 I S. 2 PassG). Sie entscheiden dann anhand der eigenständigen Beurteilung der Sachlage nach pflichtgemäßem Ermessen auf der Grundlage des § 10 I S. 2 PassG, ob die Voraussetzungen für eine Ausreiseversagung gegeben sind[190].

9.5.2. Gesetzliche Voraussetzungen nach § 7 I Nr. 1 PassG

Die Voraussetzungen für eine Passversagung oder -beschränkung sind im PassG näher geregelt. Nach dem PassG kann die Ausstellung eines Passes versagt werden (§ 7 I PassG) bzw. ein ausgestellter Pass wieder entzogen werden (§ 8 PassG). Als milderes Mittel sieht § 7 II S. 1 PassG die Möglichkeit einer Passbeschränkung für den Fall vor, dass eine Passversagung unverhältnismäßig wäre. Eine Passversagung, Passentzug oder eine Passbeschränkung kommen beim Vorliegen verschiedener Tatbestände in Betracht. Für die hier relevante Fragestellung ist allein die **Generalklausel des § 7 I Nr. 1 PassG** einschlägig. Danach kann der Pass versagt bzw. beschränkt werden, „wenn bestimmte Tatsachen die Annahme begründen, dass der Passbewerber die innere oder äußere Sicherheit oder sonstige erhebliche Belange der Bundesrepublik Deutschland gefährdet." Diese Tatbestandsvoraussetzungen sind auch für Fälle des Passentzugs gemäß § 8 PassG und der Passbeschränkung gemäß § 7 II S. 1 einschlägig. Auch das Personalausweisgesetz verweist bei Beschränkungen des Personalausweises in § 2 II PersonalausweisG auf die Tatbestandsvoraussetzungen des § 7 II Nr. 1 PassG.

Generalklausel § 7 I Nr. 1 PassG

Soweit es um Fälle der Verhinderung der Ausreise von „Gewalttouristen" geht, kommt von den 3 Fallgruppen des § 7 II Nr. 1 PassG allenfalls die Gefährdung sonstiger erheblicher Belange der Bundesrepublik in Betracht. Auf diesen Tatbestand werden in der behördlichen Praxis entsprechende Maßnahmen gestützt. Das Ansehen der Bundesrepublik wird als geschützter erheblicher Belang im Sinne des § 7 I 1 Nr. 1 PassG verstanden, und die Ausreise von bundesdeutschen Gewalttouristen in andere Länder als Gefahr für das „Ansehen" der Bundesrepublik Deutschland betrachtet.

9.5.2.1. Erhebliche Belange der Bundesrepublik

Der Begriff der sonstigen erheblichen Belange der Bundesrepublik in § 7 PassG hat die Rechtsprechung in der Bundesrepublik schon frühzeitig beschäftigt. Das BVerfG wies im Elfes-Urteil darauf hin, dass „die Verwendung eines so unbestimmten Rechtsbegriffs" die Gefahr nahe lege, dass „ die Passversagung praktisch in das unüberprüfbare Ermessen der Passbehörde gestellt ist"[191], sah aber noch die Möglichkeit der **verfas-**

Streitfall „erhebliche Belange"

---

te das im Zuge des Schengener-Durchführungsabkommens aufgetretene Vollzugsdefizit bei Passbeschränkungen kompensiert werden. Die Vorschrift wirft Fragen unter dem Gesichtspunkt der rechtsstaatlichen Bestimmtheit und der Verhältnismäßigkeit auf, kritisch zur so weitgehenden Kriminalisierung des Vorfelds etwaiger Gewalttätigkeiten *von Danwitz*, NJ 2000, 567 (569).; *Rossi*, AöR 127 (2002), 613 (646 ff.); **a. A.** *Breucker*, Gewaltprävention, S.189 ff.

190 Zur Entwicklung dieser Anwendungspraxis und den Rechtsgrundlagen *Breucker*, Gewaltprävention; *ders.*, NJW 2004, 1631 ff.; *Rossi*, AöR 127 (2002), 612 (613 ff.).
191 BVerfGE 6, 32 (42).

Teil 2: Polizei- und Strafprozessrecht

sungskonformen Auslegung. Mit den „erheblichen Belangen" seien Tatbestände gemeint, die in ihrer Erheblichkeit den beiden anderen Tatbeständen wenn auch nicht gleich, aber doch so nahe kommen, „dass sie der freiheitlichen Entwicklung in der Bundesrepublik Deutschland aus zwingenden staatspolitischen Gründen vorangestellt werden müssen"[192]. Diese Auffassung entspricht zwar noch der h. M. in Rechtsprechung und Literatur[193]. Sie war schon immer äußerst umstritten, und wird zunehmend in Frage gestellt. Denn hier werden letztlich die Begriffe der äußeren und inneren Sicherheit der Bundesrepublik in § 7 I Nr. 1 PassG mit dem Begriff der öffentlichen Sicherheit und Ordnung aus dem allgemeinen Polizei- und Ordnungsrecht gleichgesetzt. Eine derartige Gleichsetzung verfehlt aber die spezielle Bedeutung des § 7 I Nr. 1 PassG, die sich nur auf den **engeren Bereich der Staatssicherheit** bezieht. Als „erheblicher Belang" kommen danach nur der Bestand der Bundesrepublik Deutschland, die verfassungsmäßige Ordnung, die Verfassungsgrundsätze und die freiheitlich demokratische Grundordnung in Betracht[194].

Internationales Ansehen der BRD

a) Das **internationale Ansehen** der Bundesrepublik Deutschland, auf das Rechtsprechung und Literatur in starkem Umfang abstellen[195], wird als solches in § 7 I Nr. 1 PassG überhaupt nicht geschützt. Das internationale Ansehen der Bundesrepublik steht weder auf der gleichen Stufe wie die übrigen Schutzgüter des § 7 I Nr. 1 PassG, noch erfüllt dieser Begriff die Anforderungen des Bestimmtheitsgebots[196]. Ein mittelbarer Schutz des Ansehens der Bundesrepublik kann sich nur aus den eigentlichen Schutzgütern des § 7 I Nr. 1 PassG ergeben, nicht aber als selbständige Gewährleistung.

Meinungsäußerungen

b) Lediglich unerwünschte **Meinungsäußerungen** Deutscher im Ausland können niemals über § 7 I Nr. 1 PassG unterbunden werden. Die hier bestehende ausgreifende frühe Rechtsprechung zur Frage der Erteilung von Ausreiseverboten bei unerwünschten Meinungsäußerungen[197], ist unvereinbar mit Art. 5 I GG und dem Ge-

---

192 BVerfGE 6, 32 (43) unter Bezugnahme auf BVerfGE 3, 171 (176).
193 *Breucker*, Gewaltprävention, S. 166 ff.; *VGH Mannheim*, NJW 2000, 3658, NVwZ-RR 1996, 420 f. und DVBl 1995, 360 (361); *OVG Lüneburg*, JZ 1980, 28 (29); *BVerwG*, DÖV 1969, 74 (75); *Meder/Süßmuth*, Pass- und Personalausweisrecht, Bd. 2, § 7 PassG Rdnr. 13.; zusammenfassend zu Literatur und Rechtsprechung *Rossi*, AöR 127 (2002), 626 ff. m.w.N. und *Hailbronner*, in: HbStR VI, § 131 Rdnr. 66.
194 *Rossi*, AöR 127 (2002), 612 (632).
195 Sehr weitgehend *Breucker*, Gewaltprävention, S. 163 ff., 174 und NJW, 2004, 1631 (1632), wonach in erster Linie das Ansehen geschützt sein soll, und die Frage der Strafbarkeit des Handelns sogar sekundär ist; *Fehn*, Polizei & Wissenschaft 2000, 22; *VGH Mannheim*, NJW 2000, 3658, NVwZ-RR 1996, 420 f. und DVBl 1995 360 (361); Beschluss des *OVG Bremen* v. 28.6.2000, – 1 B 240/00 – zitiert nach iuris; *OVG Lüneburg*, JZ 1980, 28 (29); *BVerwG*, DÖV 1969, 74 (75); *Meder/Süßmuth*, Passrecht, § 7 PassG Rdnr. 13.
196 Eingehend dazu *Rossi*, AöR 127 (2002), 612 (632 f., 636 f.).
197 Dazu zählt insbesondere auch das Elfes-Urteil des *BVerfG*, BVerfGE 6, 32, dazu *Rossi*, AöR 2002, 634; aus der weiteren Rechtsprechung *BVerwG*, DÖV 1969, 74 (Ausreise eines Vertreters der VVN zu einem internationalen Kongress); *OVG Lüneburg*, JZ 1989, 28 ff. (antisemitische Äußerungen); *VGH Mannheim*, DVBl 1995, 360 (rechtsextremistische Betätigung eines Repräsentanten der in der Bundesrepublik verbotenen Organisation „Nationale Offensive"); *VGH Mannheim*, NVwZ-RR 1996,

9. Aufenthalts- und Ausreiseverbote

meinschaftsrecht. Mit der in der Rechtsprechung erfolgenden Differenzierung zwischen allgemeinen Meinungsäußerungen und solchen von besonderem staatspolitischem Gewicht[198], werden die Grundprobleme der Anwendung des § 7 I Nr. 1 PassG auf Meinungsäußerungen nicht gelöst[199]. Denn die Eingrenzung erfolgt hier nach h. M. vor allem darüber, ob die Meinungsäußerung einem größeren Publikum bzw. der allgemeinen Öffentlichkeit bekannt wird[200]. Meinungsäußerungen können aber allenfalls bei dezidierter Ausrichtung gegen Grundlagen der verfassungsmäßigen Ordnung einen Anknüpfungspunkt für Passbeschränkungen darstellen[201], niemals aber lediglich für die Regierung missliebige Äußerungen[202].

c) Meinungsäußerungen stehen aktuell nicht im Vordergrund der Debatte über Ausreiseverbote. Hier geht es vielmehr um die Fälle der Beschränkung der Ausreisefreiheit im Zusammenhang mit dem „**Gewalttourismus**". Aber auch in diesem Zusammenhang ist § 7 I Nr. 1 PassG entgegen der h. M. keineswegs regelmäßig anwendbar, sondern allenfalls in eng begrenzten Fällen. Nicht bei jeder eventuellen Begehung einer Straftat im Ausland durch Deutsche liegt eine Gefährdung erheblicher Belange der Bundesrepublik Deutschland vor. Denn § 7 I Nr. 1 PassG enthält gerade **keinen allgemeinen Kriminalvorbehalt** für die Ausreisefreiheit[203]. Ebensowenig handelt es sich bei § 7 I Nr. 1 PassG um eine generalklauselartige Ermächtigungsgrundlage für eine allgemeine grenzüberschreitende Kooperation mit anderen Staaten in Strafsachen oder für eine zwischenstaatliche Amtshilfe. Vielmehr müssen die als Grundlage einer Passbeschränkung in Betracht kommenden Straftaten einen Bezug zu den speziellen „erheblichen Belangen der Bundesrepublik Deutschland" aufweisen.

Gewalt-
tourismus

Eindeutig unterfallen danach dem Begriff der erheblichen Belange solche Straftaten, die sich gegen die verfassungsmäßige Ordnung, die Verfassungsgrundsätze oder die freiheitliche demokratische Grundordnung richten. Bei Straftaten gegen Individualrechtsgüter wie bei Gewalthandlungen ist ein derartiger Bezug nicht generell gegeben.

420=VBlBW 1996, 71 (72) zu Passbeschränkungen gegenüber Journalisten des Schlesien-Reports, die in Polen die deutsch-polnische Grenze öffentlich in Frage stellten, bei – nach gerichtlicher Feststellung – rechtsradikal nationalistischer Zielsetzung; *Meder/Süßmuth*, Passrecht, § 7 Rdnr. 13.
198 *Rossi*, AöR 127 (2002), 612 (632 ff.); *VGH Mannheim*, NVwZ-RR 1996, 420 f.; *OVG Münster*, OVGE 39, 103; *OVG Lüneburg*, JZ 1979, 740; *VG Frankfurt*, NVwZ 1990, 401 (402) zu rechtsextremistischen Aktivitäten.
199 *Rossi*, AöR 127 (2002), 612 (634).
200 Mit dieser Begründung verneint *BVerwG*, DÖV 1969, 74 eine Gefahr für das Ansehen der Bundesrepublik bei einer Teilnahme an einem mehr internen Kongress, während die Rechtsprechung in vielen weiteren Fällen den Öffentlichkeitsbezug, und damit die Gefahr für das Ansehen der Bundesrepublik bejaht hat.
201 In Betracht kommen damit menschenverachtende antisemitische oder sonstige rassistische Äußerungen, auch weiter anhaltende Aktivitäten verbotener Organisationen.
202 *Kutscha*, afp 2002, 56, 63; insoweit sind auch pauschale Bezugnahmen auf im Interesse des Ansehens der Bundesrepublik zu verhindernde „rechtsradikale Umtriebe" im Ausland allein nicht ausreichend, um entsprechende Maßnahmen zu begründen, dazu *Mokros*, Polizei-heute 1998, 20 (22).
203 *Rossi*, AöR 127 (2002), 612 (638).

Teil 2: Polizei- und Strafprozessrecht

In der Regel werden bei der Begehung von Straftaten im Ausland die Tatbestandsvoraussetzungen des § 7 I Nr. 1 PassG nicht erfüllt. [204]

Qualifizierte Straftaten
Zu bejahen ist ein derartiger Zusammenhang bei Straftaten, die einen menschenverachtenden Charakter aufweisen wie etwa bei **rassistisch motivierten Gewalthandlungen**[205]. Eine Anwendung des § 7 I Nr. 1 PassG ist auch hinsichtlich der allgemeinen Abwehr von **Gefährdungen des Rechtsguts Leben** möglich, da hier ein Bezug zu den grundlegenden verfassungsrechtlichen Gewährleistungen des GG besteht[206]. Unterhalb von Gefährdungen des Rechtsguts Leben kommt eine Anwendung des § 7 I Nr. 1 PassG nicht in Betracht. Insbesondere die Gefahr der Begehung einfacher Körperverletzungsdelikte oder Sachbeschädigungen begründet niemals eine Gefahr für erhebliche Belange der Bundesrepublik im Sinne von § 7 I Nr. 1 PassG. Hier obliegt es den betroffenen Staaten selbst, entsprechende Vorkehrungen und Maßnahmen zu treffen. Die Bundesrepublik kann mit anderen Staaten kooperieren, um auch unterhalb dieser Schwelle die Begehung von Straftaten durch Deutsche zu verhindern. Diese Kooperation[207] rechtfertigt aber nicht die Anwendung gesetzlich nicht zulässiger Mittel. Die weit verbreitete Formel, dass beim **Auftreten gewaltbereiter Hooligans im Ausland** erfahrungsgemäß mit einer Schädigung des internationalen Ansehens der Bundesrepublik zu rechnen sei, und damit die Voraussetzungen für ein Vorgehen nach dem Passgesetz gegeben seien[208], ist somit nicht tragfähig. § 7 I Nr. 1 PassG kann nur in eng begrenzten Fällen zur Anwendung kommen. Angesichts der unzureichenden Bestimmtheit des § 7 I Nr. 1 PassG bedarf es einer gesetzlichen Präzisierung und Eingrenzung der zulässigen Anwendungsfälle[209]. Die – streng eingegrenzte – Anwendung des § 7 I Nr. 1 PassG ist allenfalls noch für eine Übergangszeit bis zu einer gesetzlichen Neuregelung zulässig.

Keine weltweite Prävention
Die hiernach gebotene enge Auslegung kann nicht durch Bezugnahme auf das **völkerrechtliche Rücksichtnahmegebot** und das **Interventionsverbot** sowie deren grundgesetzliche Verankerung über Art. 25 GG in Frage gestellt werden. Gestützt auf diese beiden Grundsätze und einen Schutzanspruch potentieller Opfer vertritt Breucker in Anlehnung an umweltrechtliche Prinzipien eine weite Auslegung des § 7 I Nr. 1 PassG[210] dahingehend, dass die Bundesrepublik verpflichtet ist, dafür Sorge zu tragen, dass auch von Privaten keine Gewalteinwirkung im Territorium eines anderen Staats erfolgt. Diese Argumentation ist aber nicht tragfähig, da auch bei grundsätzlicher Bejahung entsprechender Verpflichtungen die Staaten einen weiten Ermessensspielraum zu

---

204 *Rossi*, AöR 127 (2002), 612 (639).
205 *Rossi*, AöR 127 (2002), 612 (639). Hier stellt sich dann auch die Frage, ob im Einzelfall auch Meinungsdelikte unter diesem Gesichtspunkt einen Anknüpfungspunkt darstellen können, wie etwa bei rassistischen Äußerungen, dazu *Rachor*, in: Handbuch des Polizeirechts, Rdnr. F 715.
206 *Rachor*, in: Handbuch des Polizeirechts, Rdnr. F 175; *Rossi*, AöR 127 (2002), 612 (639).
207 Allgemein zur internationalen Zusammenarbeit *Mokros*, in: Handbuch des Polizeirechts, Rdnr. O 42 ff.; *Breucker*, Gewaltprävention, S. 43 ff., 60 ff., 107 ff.
208 *Meder/Süßmuth*, Passrecht, § 7 Rdnr. 28 a.
209 *Rossi*, AöR 127 (2002), 612 (639).
210 *Breucker*, Gewaltprävention, S. 111 ff. und NJW 2004, 1631.

9. Aufenthalts- und Ausreiseverbote

der Frage besitzen, welche Maßnahmen sie in derartigen Fällen ergreifen[211]. Grundrechtseingriffe dürfen nach nationalem Recht zudem ungeachtet völkerrechtlicher Verpflichtungen nur auf der Grundlage ausreichender parlamentsgesetzlicher Regelungen erfolgen. Der eng gefassten Regelung des § 7 I Nr. 1 PassG kann deshalb auch nicht durch Bezugnahme auf allgemeine völkerrechtliche Grundsätze und Schutzpflichten ein allgemeiner Kriminalvorbehalt betreffend die Ausreisefreiheit unterlegt werden. Gegen eine derart weit gefasste Präventionsbefugnis der Polizei für Auslandsstraftaten spricht auch die Funktion des die Verfolgung von Auslandsstraftaten ermöglichenden § 7 II Nr. 1 StGB, der zwar eine weltweite Bestrafung, aber **keine weltweite Prävention** ermöglichen soll[212]. Selbst wenn eine entsprechende allgemeine Präventionsaufgabe anerkannt wird, können daraus keine konkreten Maßnahmen ohne ausreichende gesetzliche Grundlage abgeleitet werden[213].

9.5.2.3. Gefahrenprognose

§ 7 I Nr. 1 PassG verlangt, dass „bestimmte Tatsachen die Annahme begründen, dass der Passbewerber die innere oder äußere Sicherheit oder sonstige erhebliche Belange der Bundesrepublik Deutschland gefährdet". Wesentliche Voraussetzung für Ausreiseverbote ist somit eine tragfähige Gefahrenprognose. Bloße Vermutungen und Verdächtigungen reichen dafür nicht aus. Erforderlich ist ein **konkreter Gefahrenverdacht**, der sich auf Tatsachen im Sinne dem Beweis zugänglicher Vorgänge stützt[214]. Aus der Zuordnung einer Person zu einer bestimmten Gruppe, der ein Gefahrenpotential nachgesagt wird, kann nicht unvermittelt auf ein individuelles gefahrträchtiges Verhalten geschlossen werden. Vielmehr ist erforderlich, dass das gefahrträchtige Verhalten **individuell nach Zeit und Ort** hinreichend dokumentiert vorliegt, bevor Maßnahmen ergriffen werden. Die bloße Zugehörigkeit zu einer weit gefassten Gruppe kann deshalb allenfalls die Grundlage für die Aufnahme weiterer Ermittlungen sein, in deren Verlauf eine individuelle Gefahrenprognose bezogen auf einzelne Personen erfolgt. Dies gilt auch für bestimmte Gruppen, die dem Pauschalverdacht des Gewalttourismus unterliegen, wie insbesondere Hooligans[215]. Entsprechend unzulässig sind sonstige

Individuelle Gefahrenprognose

---

211 Dieser Gesichtspunkt wird auch von *Breucker* angesprochen, aber nicht hinreichend berücksichtigt, *Breucker*, Gewaltprävention, S. 138 ff. und NJW 2004, 1631.
212 *Mokros*, Die Polizei 1998, 20 (22); **a. A.** *Breucker*, Gewaltprävention, S. 225 f.
213 Eindeutig betreffend § 125 StGB Landfriedensbruch wegen des reinen Inlandsbezugs, umstritten betreffend in den meisten Staaten nicht verbotenes Verwenden von Kennzeichen verfassungsfeindlicher Organisationen nach § 86 a i.V. mit § 86 I Nr. 1, 2 und 4 StGB, wobei hier z.T. eine gleichzeitige Herbeiführung des Erfolgs im Inland etwa über Fernsehübertragungen angenommen wird, dazu *Breucker*, Gewaltprävention, S. 227 f.
214 *Breucker*, NJW 2004, 1631; *Rossi*, AöR 127 (2002), 612 (640); *Rachor*, in: Handbuch des Polizeirechts, Rdnr. F 719; *VGH Mannheim*, NJW 2000, 3658 (3659).
215 *VGH Mannheim*, NJW 2000, 3658 (3659): „Bei Hooligans handelt es sich um Personen, die in Gruppen Fußballspiele zum Anlass für gewalttätige Auseinandersetzungen nehmen, und dabei schwere Straftaten begehen (z. B. Landfriedensbruch, Delikte gegen Leben, Gesundheit und Eigentum); *Rachor*, in: Handbuch des Polizeirechts, Rdnr. F 715 spricht differenzierend davon, dass „wie in einigen Fällen bei Hooligans, Gewalt gegen Menschen als Selbstzweck verstanden und als Mittel der ʼSelbsterfahrungʼ geradezu inszeniert wird". Allgemein zur Frage der Kriminalität bei Hooligans *Lehmann*,

pauschale Bezugnahmen etwa auf „Anhänger der Anti-Globalisierungsbewegung", und eine dabei unterstellte Gewaltbereitschaft.

Datei „Gewalttäter Sport"

Bei Maßnahmen im Zusammenhang mit Sportveranstaltungen kommt der **Datei „Gewalttäter Sport"** große Bedeutung zu, die durch Beschluss der Innenministerkonferenz vom 14.5.1993 eingerichtet wurde[216]. Die Datei „Gewalttäter Sport" existiert als Fahndungsdatei- und Abfragebestand des „Inpol-Systems", und wird seit 1994/95 genutzt. Speicherungsfähig sind Daten von Beschuldigten und Verurteilten (nur Sportveranstaltungen, insbesondere Fußball) nach Begehung von Katalogstraftaten sowie Adressaten polizeilicher Maßnahmen zur Verhinderung anlassbezogener Straftaten. Die Datei erfasst unter C gewalttätige Fans, unter B gelegentlich gewaltbereite Personen, und unter A auch friedliche Fans, die etwa im Zuge präventiver Identitätsfeststellungen im Zusammenhang mit Personen der Gruppen B und C angetroffen wurden. Alle 3 Gruppen können über anlassbezogene oder aber auch präventive Identitätsfeststellungen in die Kartei gelangen[217]. Eine strafrechtliche Verurteilung ist nicht erforderlich, Ermittlungsmaßnahmen und sonstige polizeiliche Maßnahmen können die Eintragung begründen. Die polizeilichen Daten können auf diese Weise ein Eigenleben entfalten, und in erheblichem Umfang einen sehr weit gefassten Personenkreis einer Spirale polizeilicher Maßnahmen aussetzen. Deshalb ist eine schematische Anwendung dieser Datei unzulässig[218].

Gefahrenprognose für die Zukunft

Die bloße Eintragung in diese und vergleichbare Dateien kann ebenso wenig wie der bloße Tatbestand der Durchführung eines Ermittlungsverfahrens eine rechtliche Grundlage für Maßnahmen gemäß § 7 I Nr. 1 PassG darstellen. Denn dann könnten die Behörden selbst die Grundlagen schaffen, auf denen ihre Prognose beruht[219].

Für jeden Einzelfall muss eine hinreichende Gefahrenprognose für die Zukunft erstellt werden. Selbst bei nachweislich begangenen Straftaten genügt der bloße Verweis auf die Vergangenheit nicht[220]. Zwar bedarf es nicht zwingend einer strafgerichtlichen Verurteilung, erforderlich ist aber, dass die Vorfälle in der Vergangenheit objektiv mit hinreichender Wahrscheinlichkeit den Schluss begründen, dass die Person künftig erhebliche Belange der Bundesrepublik beeinträchtigen wird. Dafür reicht es nicht aus, wenn allein darauf abgestellt wird, dass eine Person als gewaltbereit bekannt ist oder in

---

Kriminalistik 2000, 299 ff.; zusammenfassend *von Danwitz* zur kriminologischen Forschung und Ergebnissen der Gewaltkommission der Bundesregierung von 1990, NJ 2000, 567 ff.; Antwort der Bundesregierung auf eine Kleine Anfrage der PDS-Fraktion, BT-Drucks. 14/3662, S. 3; allgemein zu polizeilichen Maßnahmen bei Sportgroßveranstaltungen, *Nolte*, NVwZ 2001, 147 ff.

216 Rechtsgrundlage § 11 II i.V.m. § 34 BKAG sowie das Bundesgrenzschutzgesetz und die Polizeigesetze der Länder. Die Datei ist eine sog. Anlass-/Zweckkombination in der Datei „Personenfahndung" des Informationssystems der Polizei (INPOL), und wird beim BKA und bei allen Polizeibehörden geführt. Näher zu dieser Datei *Rossi*, AöR 127 (2002), 612 (640 f.); *Nolte*, NVwZ 2001, 148 (150); www.lka.nrw.de .
217 Dazu näher v. *Danwitz*, NJ 2000, 567 (569).
218 *Rachor*, in: Handbuch des Polizeirechts, Rdnr. F 719; *May*, NdsVBl. 2002, 41 (42); *Fehn*, Polizei & Wissenschaft 2000, 19 (24 f.).
219 *Breucker*, Gewaltprävention, S. 1631.
220 *Rossi*, AöR 127 (2002), 612 (641 f.).

jüngerer Zeit als Teilnehmer an gewalttätigen Ausschreitungen aufgefallen ist[221], wenn eine tragfähige **Gefahrenprognose für zukünftiges Verhalten** fehlt. Je nach den Umständen des Einzelfalls kann allerdings auch ein einmaliger Vorfall genügen[222]. Ob die Voraussetzungen für eine Passversagung oder –beschränkung gemäß § 7 I Nr. 1 PassG vorliegen, ist in vollem Umfang gerichtlich überprüfbar[223].

9.5.3. Grundrechtliche und europarechtliche Fragen

9.5.3.1. Ausreisefreiheit nach dem GG

Beschränkungen der Ausreisefreiheit beinhalten nach dem BVerfG[224] und der h. M.[225] einen Eingriff in die allgemeine Handlungsfreiheit gemäß **Art. 2 I GG**, da nach dieser Auffassung die Ausreisefreiheit nicht von Art. 11 GG erfasst wird. Gestützt wird diese Auffassung auf den Wortlaut des Art. 11 GG und die historische Entwicklung. Nach gegenteiliger Auffassung muss auch die Ausreisefreiheit entsprechend der innerdeutschen Freizügigkeit **Art. 11 GG** zugeordnet werden. Auch unter europarechtlichen Gesichtspunkten wird eine Einbeziehung der Ausreisefreiheit in den Schutzbereich des Art. 11 GG, zumindest aber eine zukünftige spezielle Ausweisung eines Grundrechts auf Ausreise neben der Gewährleistung der innerstaatlichen Freizügigkeit in Art. 11 GG für notwendig erachtet[226]. Dieser Auffassung ist zuzustimmen. Für eine praxisorientierte Auseinandersetzung mit Beschränkungen der Ausreisefreiheit muss allerdings ausgehend von der Rechtsprechung und der h. M. in der Literatur derzeit noch von der Zuordnung der Ausreisefreiheit zu Art. 2 I GG ausgegangen werden.

Ausreisefreiheit im GG

Beschränkungen des Art. 2 I GG können auf einfachgesetzlicher Grundlage ergehen, wie sie im PassG erfolgt sind. Die **Schranke** der verfassungsmäßigen Ordnung in Art. 2 I GG umfasst nach der Rechtsprechung des BVerfG die gesamte Rechtsordnung, also jedes Gesetz, das formell und materiell mit dem GG übereinstimmt. Allerdings handelt es sich bei Ausreisebeschränkungen um einen intensiven Eingriff in das Grundrecht der Ausreisefreiheit, dem ungeachtet der Zuordnung zu Art. 2 I GG oder Art. 11 GG ein deutlicher Menschenwürdebezug zukommt[227]. Zumindest auf der Schrankenebene muss dieser Gesichtspunkt bei Beschränkungen der Ausreisefreiheit im Einzelfall im Zusammenhang mit dem **Grundsatz der Verhältnismäßigkeit** berücksichtigt werden.

Schranken

---

221 So die Gesetzesbegründung: „Der Betroffene muss als gewaltbereiter Hooligan bekannt sein und in jüngerer Zeit, d.h. innerhalb der letzten zwölf Monate im Zusammenhang mit Gewalttaten oder als Teilnehmer an gewalttätigen Ausschreitungen aufgefallen sein, BT-Drucks. 14/2726, S. 9; unkritisch *Nolte*, NVwZ 2001, 147 (150).
222 *VGH Mannheim* NJW 2000, 3658 (3659); *VG Freiburg*, VBlBW 2002, 130 (131) erachtet es als ausreichend, dass bei einer früheren Demonstration bei einer Person eine Dose CS-Tränengas sichergestellt wurde.
223 *VGH Mannheim*, NJW 2000, 3658 (3659); *Rossi*, AöR 127 (2002), 612 (628 f.) näher zu dieser Frage.
224 BVerfGE 72, 200 (245); 6, 32 (35).
225 *Kunig*, in.: v. Münch/Kunig, GG, Art. 11 Rdnr. 15 m.w.N.
226 *Pernice*, in: Dreier, GG, Bd. 1, Art. 11 Rdnr. 15; *Krüger/Pagenkopf*, in: Sachs, GG, Art. 11 Rdnr. 29.
227 *Pernice*, in: Dreier, GG, Bd. 1, Art. 11 Rn 15; *Rittstieg*, in: AK-GG, Art. 11 Rn 38; *Rossi*, AöR 127 (2002), 612 (645).

Verhältnis-mäßigkeit

Zweifel bestehen bereits betreffend die Geeignetheit von Ausreisebeschränkungen mittels Pass- und ergänzenden Personalausweisbeschränkungen. Insbesondere auch auf Grund des Wegfalls von Grenzkontrollen im Zuge des Schengener Abkommens[228] ist die Geeignetheit nicht zweifelsfrei gegeben. Die insoweit unproblematischen Fälle betreffen unmittelbare Ausreiseuntersagungen im Grenzbereich ohne vorangegangene Passbeschränkung. Passversagungen bzw. –entzug dürfen im übrigen nur erfolgen, wenn Passbeschränkungen nicht ausreichen. Dieses aus dem Gesichtspunkt der Erforderlichkeit folgende Gebot ist auch unmittelbar in § 7 II S. 1 PassG gesetzlich festgeschrieben. In der Praxis erfolgt entsprechend diesen Anforderungen eine Passbeschränkung auf konkrete einzelne Länder, weiter eingegrenzt auf einen bestimmten Zeitraum bzw. bestimmte Tage[229]. Die Rechtsprechung bejaht die Angemessenheit von entsprechenden Beschränkungen der Ausreisefreiheit, wenn nachgewiesenermaßen potentielle Gewalttäter für einen hinreichend eingegrenzten Zeitraum an der Ausreise gehindert werden sollen, und die Begehung schwerwiegender Gewalttaten angenommen wird[230]. Wenn das Vorliegen der Tatbestandsvoraussetzungen des § 7 I Nr. 1 PassG bejaht wurde, und eine hinreichende Eingrenzung erfolgte, ist es schlüssig, dass entsprechende Regelungen auch nicht für unangemessen oder den Wesensgehalt der Ausreisefreiheit (Art. 19 II GG) berührend angesehen werden. Entscheidend ist in allen Fällen vorrangig, ob die gesetzlichen Tatbestandsvoraussetzungen zutreffend erfasst wurden.

9.5.3.2. Europarechtliche Fragen

Freizügigkeit nach Gemeinschaftsrecht

Art. 18 des EGV gewährleistet für Unionsbürger allgemein die **Freizügigkeit** neben den weiteren speziellen gemeinschaftsrechtlichen Gewährleistungen einzelner Grundfreiheiten. Die Unionsbürger können sich danach im Hoheitsgebiet der Mitgliedsstaaten frei bewegen und aufhalten, worunter auch die Ausreisefreiheit fällt. Nationale Regelungen können die Gewährleistung der Freizügigkeit nach dem Gemeinschaftsrecht nicht beliebig einschränken[231]. Zwar ist anerkannt, dass Art. 18 EGV auch ohne ausdrückliche Regelung wie die sonstigen Personenfreiheiten aus Gründen der öffentlichen Ordnung, Sicherheit und Gesundheit beschränkbar ist[232]. Im Gemeinschaftsrecht wird unter dem Begriff der öffentlichen Sicherheit im Gegensatz zum nationalen Recht nur die äußere und innere Sicherheit im engeren Sinne der Staatssicherheit verstanden. Größere Bedeutung als im nationalen Recht der Bundesrepublik kommt im Gemeinschaftsrecht demgegenüber dem Begriff der **öffentlichen Ordnung** zu. Ein Mitgliedsstaat muss bei der Berufung auf die öffentliche Ordnung oder Sicherheit darlegen, dass eine tatsächliche und hinreichend schwere Gefährdung vorliegt, die ein Grundinteresse

---

[228] *Rossi*, AöR 127 (2002), 612 (644); zu berücksichtigen ist dabei allerdings der begrenzte Geltungsbereich des Schengener Abkommens, und der Tatbestand, dass das Abkommen neuerdings verstärkt für bestimmte Anlässe ausgesetzt wird.

[229] Vgl. etwa den Sachverhalt *VGH Mannheim*, NJW 2000, 3658; *Rossi*, AöR 127 (2002), 612 (644).

[230] *VGH Mannheim*, NJW 2000, 3568 (3660).

[231] *Rossi*, AöR 127 (2002), 612 (617 ff.), zu der völkerrechtlichen und gemeinschaftsrechtlichen Gewährleistung der Ausreisefreiheit.

[232] *Harms*, VBlBW 2001, 121 (131 ff.).

9. Aufenthalts- und Ausreiseverbote

der Gesellschaft berührt, und bei Beschränkungen den Grundsatz der Verhältnismäßigkeit beachten. Rein generalpräventive Erwägungen sind nicht hinreichend[233]. Die Schranken des Art. 18 EGV werden damit deutlich enger interpretiert als die sehr weit gefasste Schrankentrias zu Art. 2 I GG[234]. Wenn die Ausreisefreiheit grundrechtlich bei Art. 2 I GG angesiedelt wird, ist somit insbesondere auch bei der Schrankenfrage eine besondere **europarechtskonforme Auslegung** erforderlich. Eine derartige doppelte Prüfung von Grundrechtsbeschränkungen nach nationalem Verfassungsrecht und Gemeinschaftsrecht findet bislang in der Bundesrepublik nur ausnahmsweise statt. Dies gilt insbesondere auch für die Nachprüfung von Ausreisebeschränkungen durch die Verwaltungsgerichte. Streng genommen sind allerdings Beschränkungen von Freiheiten des Gemeinschaftsrechts ungeachtet der möglichen materiellrechtlichen Zulässigkeit bereits dann fehlerhaft und anfechtbar, wenn keinerlei Auseinandersetzung mit der gemeinschaftsrechtlichen Zulässigkeit stattgefunden hat[235]. Eindeutig verstoßen Ausreisebeschränkungen gegen das Gemeinschaftsrecht, wenn ihnen eine nur generalpräventive Funktion zukommt.

Europarechtskonforme Auslegung

9.5.4. Meldeauflagen

9.5.4.1. Rechtsgrundlage

Meldeauflagen ergänzen die Maßnahme der Passbeschränkung und sollen die Durchsetzung des Ausreiseverbots unterstützen[236]. Das PassG enthält **keine Ermächtigungsgrundlage** für derartige Verfügungen. Deshalb werden Meldeauflagen auf das allgemeine Recht der Gefahrenabwehr nach dem jeweiligen Landesrecht gestützt[237]. Die Standardmaßnahme der Vorladung kommt als Ermächtigungsgrundlage für ergänzende Meldeauflagen zu einer Passbeschränkung nicht in Betracht, da sie eine andere Funktion besitzt (Informationsgewinnung, erkennungsdienstliche Behandlung). Bei Passbeschränkungen ergänzenden Meldeauflagen geht es allein um die Kontrolle der Beachtung des Ausreiseverbots. Deshalb werden entsprechende Meldeauflagen auf die **Generalklauseln des Polizei- und Ordnungsrechts** der Länder gestützt. Gegenüber diesem Rückgriff auf die Generalklauseln des Polizei- und Ordnungsrechts bestehen erhebliche rechtliche Bedenken unter dem Gesichtspunkt der Gesetzgebungskompetenz der Länder und der Frage der Zulässigkeit des Rückgriffs auf die polizeiliche Generalklausel.

Rechtsgrundlage für Meldeauflagen?

---

233 *Rossi*, AöR 127 (2002), 612 (624 f.); *Harms*, VBlBW 2001, 121 (132); die Richtlinie 64/221/EWG verlangt ausdrücklich in Art. 3, dass nationale Beschränkungen allein an das persönliche Verhalten von Personen anknüpfen, und nicht generalpräventive Zwecke verfolgt werden. Die Richtlinie stellt weiter in Art. 3 II klar, dass strafrechtliche Verurteilungen allein Ordnungsmaßnahmen rechtfertigen können. Auch wenn die Richtlinie nicht unmittelbar auf Beschränkungen der Ausreisefreiheit Bezug nimmt, ist sie sinngemäß anwendbar.
234 *EuGH*, NVwZ 2004, 1471 (1472).
235 Dazu näher *Rossi*, AöR 127 (2002), 612 (646) unter Verweis auf die Entscheidung des BVerwGE 110, 40 ff., die im Ansatz diesem Gesichtspunkt Rechnung trägt.
236 Dazu *Breucker*, Gewaltprävention, S. 203 ff., 230 ff.; *Rachor*, in: Handbuch des Polizeirechts, Rdnr. F 720 f.
237 Vgl. exemplarisch den Fall *VGH Mannheim*, NJW 2000, 3658.

Teil 2: Polizei- und Strafprozessrecht

Fehlende Landeskompetenz

Nach Art. 73 Nr. 3 GG steht dem Bund für das Sachgebiet Passwesen die ausschließliche **Gesetzgebungskompetenz** zu. Auch für auswärtige Angelegenheiten besteht eine ausschließliche Bundeskompetenz (Art. 73 Nr. 1 GG). Wenn das Bundesrecht im Zusammenhang mit der eingehenden Regelung des Passwesens und von Passbeschränkungen keine spezielle Meldeauflage vorsieht, kann diese Lücke nicht über landesrechtliche Regelungen des Gefahrenabwehrrechts gefüllt werden. Deshalb ist es in der Literatur auch unumstritten, dass Meldeauflagen nach Landesrecht allein zur Überwachung von Passbeschränkungen kompetenzrechtlich eindeutig unzulässig sind. Denn das PassG enthält eine abschließende Regelung für Fragen der Gefahrenabwehr im Zusammenhang mit dem Passwesen und der Ausreise[238]. Die Landeskompetenz wird aber letztlich häufig doch bejaht. Dabei wird zwischen kompetenzrechtlich unzulässigen Meldeauflagen zwecks Überwachung von Passbeschränkungen und einer **Meldeauflage zwecks sonstiger Gefahrenabwehr** im Rahmen der Landeskompetenzen unterschieden, und die Meldeauflage als Maßnahme der allgemeinen Gefahrenabwehr gerechtfertigt[239]. Die Annahme einer so begründeten Doppelkompetenz dahingehend, dass der Bund zwar für die Verhinderung von Straftaten bezogen auf die speziellen Tatbestände des Passgesetzes abschließend zuständig ist, daneben aber noch eine Kompetenz der Länder für die Gefahrenabwehr zum allgemeinen Schutz der öffentlichen Sicherheit besteht, ist im Ergebnis aber nicht tragfähig. Denn die Meldeauflage steht in untrennbarem Zusammenhang mit der Maßnahme der Passbeschränkung, und dient allein dem Ziel, die Begehung bestimmter Straftaten im Ausland zu verhindern. Deshalb sind entsprechende landesrechtliche Meldeauflagen kompetenzrechtlich unzulässig. Soweit eine spezialgesetzliche Regelung von Meldeauflagen als ergänzende Maßnahme zu Passbeschränkungen in Betracht gezogen wird, könnte dies somit nicht im Zuge einer Ergänzung der landesrechtlichen Bestimmungen, sondern nur über eine Ergänzung des bundesrechtlichen PassG erfolgen[240].

Standardmaßnahme Vorladung abschließend

Entsprechende Meldeauflagen können danach bereits kompetenzrechtlich nicht auf die polizeiliche Generalklausel gestützt werden. Angesichts der eingehenden Regelung der Pflicht zum Erscheinen zu bestimmten Zwecken auf einer Polizeidienststelle in Form der Standardmaßnahme der **Vorladung** ist es aber auch auf Grund des Verhältnisses von Spezialregelung und Generalklausel unzulässig, weitere Meldepflichten über die Generalklausel zu begründen. Denn die Standardmaßnahme der Vorladung regelt speziell und abschließend die Pflichten zum Erscheinen[241]. Die Gegenauffassung, nach der Meldepflichten, mit denen lediglich die Überwachung von Personen ohne weitere Zweckverfolgung wie etwa Informationsgewinnung erfolgt, könnten auf

---

238 *Rachor*, in: Handbuch des Polizeirechts, Rdnr. F 720; *Mokros*, Polizei-heute, 1998, 20 (22).
239 So *VGH Mannheim*, NJW 2000, 3658; *Breucker*, Gewaltprävention, S. 207 ff., 211 und NJW 2004, 1631 (1632); *Fehn*, Polizei & Wissenschaft 2000, 19 (26); *Drumm*, DVP 2002, 466 (471).
240 Soweit der Bund nicht die Länder ausdrücklich ermächtigt gemäß Art. 71 GG; dass mit der Meldeauflage Auslandsstraftaten verhindert werden sollen, steht innerdeutschen Maßnahmen nicht entgegen, da grundsätzlich gemäß § 7 I, II StGB Auslandsstraftaten im Inland verfolgbar sind, dazu eingehend *Breucker*, Gewaltprävention, S. 220 ff.
241 *Rachor*, in: Handbuch des Polizeirechts, Rdnr. F 721.

Grund ihrer anderen Funktion auf die Generalklausel gestützt werden[242], verkennt, dass das entscheidende allgemeine Kriterium für die Frage, ob eine abschließende Regelung vorliegt, die Erscheinungspflicht darstellt, und nicht der speziell damit verfolgte Zweck.

Ein **Rückgriff auf die Generalklausel** käme bei einer derartigen Sachlage allenfalls für eine eng begrenzte Zeit zwecks Bewältigung einer neu aufgetretenen erheblichen Gefahrenlage in Betracht. Davon kann aber bei der Meldeauflage zur Unterstützung von Ausreiseverboten nicht die Rede sein, da die einschlägige Sach- und Rechtslage insbesondere seit Mitte der 90er Jahre bekannt ist. Ohne spezielle bundesgesetzliche Regelung der Vorladung zum Zweck der Überwachung von Ausreiseverboten sind entsprechende Meldeauflagen deshalb regelmäßig unzulässig, da den Ländern die Gesetzgebungskompetenz fehlt, und im übrigen auch die besondere Grundrechtsrelevanz zwingend eine spezielle gesetzliche Regelung verlangt[243].

9.5.4.2. Grundrechtliche Fragen

Meldeauflagen beinhalten nach h. M. nur einen Eingriff in die **allgemeine Handlungsfreiheit** gemäß Art. 2 I GG, da die innerdeutsche Freizügigkeit weiter gewährleistet ist, und die Ausreisefreiheit nicht über Art. 11 GG geschützt wird. Je nach Gestaltung können Meldeauflagen aber auch einen Eingriff in das **Grundrecht der Freizügigkeit** gemäß Art. 11 GG beinhalten. Ein Eingriff in Art. 11 GG ist zweifelsfrei bei Meldeauflagen gegeben, die zum regelmäßigen Aufsuchen bei der Polizeidienststelle des Wohnorts verpflichten, da damit die Möglichkeit der Wahrnehmung auch der innerdeutschen Freizügigkeit nachhaltig beschränkt wird[244]. Entsprechende Meldeauflagen verstoßen auch gegen den Grundsatz der Verhältnismäßigkeit, da sie weder erforderlich noch angemessen sind. In der Praxis wird bei Maßnahmen zwecks Verhinderung von Auslandstaten vorgesehen, dass die Betroffenen sich bei jeder Polizeidienststelle im Bundesgebiet melden können. Damit wird die Freizügigkeit innerhalb der Bundesrepublik gewahrt, allein aus der Pflicht auch zum täglichen Aufsuchen einer Polizeidienststelle im Bundesgebiet erwächst noch kein Eingriff in Art. 11 GG[245].

Meldeauflagen und Freizügigkeit

Problematisch sind teilweise praktizierte Einschränkungen der selbstbestimmten **Wahl der Dienststelle**, wie etwa die Zulassung des Aufsuchens einer Polizeidienststelle an einem anderen Ort als dem Hauptwohnsitz nur auf Antrag oder vorherige telefonische Mitteilung[246]. Beschränkungen der Wahl der Polizeidienststelle ohne spezielle Verfügung werden teilweise für zulässig erachtet, wenn diese sich etwa in Grenznähe, d. h. in nicht ausreichender Distanz zum Ort des Geschehens befindet, auf das die Passbeschränkung abzielt. Die jeweilige Polizeidienststelle soll in einem derartigen Fall die

Wahl der Dienststelle

---

242 *Breucker*, Gewaltprävention, S. 206 und NJW 2004, 1631 (1632); *Fehn*, DPolBl 2001, 23 (24); *VGH Mannheim* NJW 2000, 3658, allerdings ohne jegliche Problematisierung.
243 Eingehend zur Frage des Rückgriffs auf die Generalklausel allgemein und speziell bei Meldeauflagen *Butzer*, VerwArch 2002, 506, (537).
244 *Breucker*, Gewaltprävention, S. 231; *Rachor*, in: Handbuch des Polizeirechts, Rdnr. F 724.
245 *Rachor*, in: Handbuch des Polizeirechts, Rdnr. F 724.
246 Kritisch zu derartigen Regelungen auch *Breucker*, Gewaltprävention, S. 232.

Entgegennahme der Meldung verweigern bzw. Folgemaßnahmen ergreifen können. Den Betroffenen wird deshalb nahegelegt, der Polizeidienststelle ihres Hauptwohnorts einen geplanten Ortswechsel mitzuteilen, damit sie sicher sein können, dass ihre Meldung von der entsprechenden Dienststelle auch tatsächlich entgegengenommen wird[247]. Dementsprechend wird auch die Versagung der Meldung auf einer grenz- oder flughafennahen Polizeidienststelle für zulässig erachtet. In beiden Fällen liegt ein Eingriff nicht nur in Art. 2 I GG, sondern auch in Art. 11 GG vor[248]. Die hier erfolgende Beschränkung des Wahlrechts betreffend die Dienststelle ohne ausdrückliche Verfügung wirft bereits Fragen im Hinblick auf die adäquate rechtsstaatliche Verfahrensgestaltung auf, da ohne hinreichende formelle Verfügung und Eingrenzung faktisch ein auch **innerdeutsches Aufenthaltsverbot** ausgesprochen wird[249]. Für die damit verbundene weitergehende Beschränkung des Art. 11 GG müssen im übrigen die tatbestandlichen Voraussetzungen eines innerdeutschen Aufenthaltsverbots und die Verhältnismäßigkeit der Maßnahme im Einzelfall vorliegen.

Versammlungsfreiheit

Soweit es um Meldeauflagen geht, die sich gegen Personen richten, die an einer **Versammlung** oder einem Aufzug im Ausland teilnehmen wollen (z. B. zu Fragen der Globalisierung), ist speziell auch Art. 8 I GG berührt. Die Schutzwirkung des Art. 8 I GG erstreckt sich auf das Vorfeld einer Versammlung oder eines Aufzugs im Zusammenhang mit der Anreise [250]. Dies gilt insbesondere für Meldeauflagen, deren Ziel die Verhinderung der Ausreise von Personen ist, denen die Begehung strafbarer Handlungen unterstellt wird. Denn hier geht es wie teilweise bei entsprechenden Maßnahmen betreffend Versammlungen in der Bundesrepublik um die gezielte Verhinderung der Versammlungsteilnahme. Die Meldeauflage ist hier gleichzusetzen mit einem (im vorliegenden Zusammenhang auf das Ausland bezogenen) Aufenthaltsverbot mit zusätzlicher Pflicht zur regelmäßigen Vorstellung bei der Polizei[251]. Da auch die Ausreise zu einer Versammlung im Ausland der Schutzwirkung des Art. 8 GG unterliegt, sind auf Grund des gesteigerten grundrechtlichen Schutzes strenge Anforderungen an die gesetzliche Grundlage zu stellen. Der Rückgriff auf die polizeiliche Generalklausel für einschlägige Meldeauflagen ist deshalb unzulässig[252]. Im übrigen sind auch an die Verhältnismäßigkeit von Meldeauflagen im Zusammenhang mit der geplanten Teilnahme an einer Versammlung im Ausland strenge Anforderungen zu stellen.

---

247 Zustimmend *Breucker*, Gewaltprävention, S. 233.
248 *Breucker*, Gewaltprävention, S. 233; *ders.*, NJW 2004, 1631 (1633).
249 *Rachor*, in: HbPol, Rdnr. F 724.
250 BVerfGE 84, 203 (209); *Höfling*, in: Sachs, GG, Art. 8, Rdnr. 23; *Kunig*, in: v. Münch/Kunig, Art. 8, Rdnr. 19; *Dietel/Gintzel/Kniesel*, VersammlungsG, § 1 Rdnr. 71 f. , 122 und § 2 Rdnr. 49 ff.; *Bertuleit/Steinmeier*, in: Versammlungsrecht, § 1 Rdnr. 42; *Butzer*, VerwArch 2002, 506 (512).
251 *Brenneisen*, Kriminalistik 1999, 483 (485).
252 Kritisch zum Rückgriff auf die Generalklausel speziell im Zusammenhang mit Art. 8 GG auch *Butzer*, VerwArch 2002, 506 (537); **a. A.** unter dem Gesichtspunkt der Abgrenzung Versammlungsgesetz und allgemeines Gefahrenabwehrrecht *Brenneisen*, Kriminalistik, 1999, 483 (486 f.).

9. Aufenthalts- und Ausreiseverbote

Die **zeitliche Dauer** der Meldeauflage darf den Zeitraum des konkreten Anlasses nicht übersteigen[253]. Meldepflichten sind grundsätzlich nur bei einer Passversagung denkbar. Bei einer bloßen Passbeschränkung, bei der der Betroffene in andere Länder ausreisen darf, ist eine tägliche Meldepflicht unverhältnismäßig, da sie faktisch die Reisefreiheit vollständig einschränkt, ohne dass eine so weit gehende Verfügung erlassen wurde[254]. Meldeauflagen bedürfen im übrigen einer speziellen **tragfähigen Begründung**. Eine schematische Verfügung von Meldeauflagen bei jeder Passbeschränkung ist nicht zulässig. Es muss Gründe für die Annahme geben, dass der Betroffene das Ausreiseverbot missachtet[255]. Vor der Verfügung einer Meldeauflage bedarf es einer Anhörung. Das Anhörungsrecht wird in unzulässiger Weise unterlaufen, wenn die Verfügung erst so kurzfristig vor einem bestimmten Termin ergeht, dass eine Anhörung nicht mehr möglich ist, oder eine Berufung auf § 28 II Nr. 1 VwVfG erfolgt, obwohl die relevanten Tatsachen seit längerem bekannt sind[256].

Ausgestaltung der Meldeauflage

---

253 *Drumm*, DVP, 2003, 466 (473) am Beispiel eines ausführlichen Ausbildungsfalls.
254 *Rachor*, in: Handbuch des Polizeirechts, Rdnr. F 724; **a. A.** *VGH Mannheim*, NJW 2000, 3658 (3660), dass bei einer auf die Niederlande und Belgien erfolgten Passbeschränkung gleichwohl eine Meldeauflage für die jeweiligen Spieltage der deutschen Fußballnationalmannschaft im Jahre 2000 für zulässig erachtete; ebenso *Drumm*, DVP 2002, 466 (473).
255 *Rachor*, in: Handbuch des Polizeirechts, Rdnr. F 722.
256 *Rachor*, in: Handbuch des Polizeirechts, Rdnr. F 723 weist auf hier bestehende Schieflagen in der Praxis hin.

Teil 2: Polizei- und Strafprozessrecht

Literaturverzeichnis

ALBERTS, HANS-WERNER : Freizügigkeit als polizeiliches Problem, in: NVwZ 1997, S. 45 ff.
ARZT, CLEMENS: Gefährderansprache und Meldeauflage bei Sport-Großereignissen, in: Die Polizei 2006, S. 156 ff.
– Gefahrenverdacht, Gefahrenerforschungseingriff, in: Die Polizei 2003, S. 100 ff., 125 ff.
BEHRENDES, UDO: Polizeiliche Zusammenarbeit mit Ordnungsbehörden und sozialen Diensten im Rahmen der Gefahrenabwehr und eines ganzheitlichen Präventionsansatzes, in: Handbuch für Führungskräfte der Polizei – Wissenschaft und Praxis, hrsg. von Kniesel, Michael/Kube, Edwin/Murck, Manfred (zitiert: Hb Führungskräfte), Lübeck 1996, S. 169 ff.
– Zugbrücken hoch – Stadtverbote für unerwünschte Personen, in: Grundrechte-Report 2001, hrsg. v. Müller-Heidelberg, Till/Finkh, Ulrich/Rogalla, Bela/Steven, Elke, Frankfurt/M. 2001, S. 106 ff.
– Aufgaben der Polizei im Rahmen der staatlichen und kommunalen Kriminalprävention, in: Kriminalprävention und „Neues Polizeirecht", Schriftenreihe der Hochschule Speyer, Bd. 148, hrsg. von Pitschas, Rainer (zitiert: Kriminalprävention), Berlin 2002, S. 109 ff.
BEIMOWSKI, JOACHIM: Passrechtliche Aufgabenwahrnehmung durch den Bundesgrenzschutz, in: Bundespolizei im 21. Jahrhundert, hrsg. von Borsdorff, Anke, Frankfurt 2004, S. 99 ff.
BENFER, JOST: Aufenthaltsverbot, in: DPolBl 3/2003, S. 7 ff.
BERTRAMS, MICHAEL: Aus der Rechtsprechung des OVG NRW zum Polizei- und Ordnungsrecht, in: NWVBl. 2003, S. 289 ff.
BRAUN, STEFAN: Freizügigkeit und Platzverweis (zitiert: Platzverweis), Baden-Baden 2000.
BRENNEISEN, Hartmut: Die Versammlungsfreiheit und ihre Grenzen, in: Kriminalistik 1999, S. 483 ff.
Breucker, Marius: Transnationale polizeiliche Gewaltprävention, Würzburg 2003.
– Präventivmaßnahmen gegen reisende Hooligans, in: NJW 2004, S. 1631 ff.
BUTZER, HERMANN: Flucht in die polizeiliche Generalklausel ?, in: VerwArch 2002, S. 537 ff.
BURGI, MARTIN: Der praktische Fall – Die Polizei, dein Freund und seine Helfer, in: JuS 1997, S. 1106 ff.
CREMER, WOLFRAM: Aufenthaltsverbot und offene Drogenszene: Gesetzesvorbehalt, Parlamentsvorbehalt und grundgesetzliche Kompetenzordnung, in: NVwZ 2001, S. 1218 ff.
DEGER, JOHANNES: Platzverweise und Betretungsverbote gegen Mitglieder der Drogenszene und anderer offener Szenen, in: VBlBW 1996, S. 90 ff.
DENNINGER, ERHARD: Der Präventionsstaat, in: KJ 1998, S. 1 ff.
– Polizeirecht, in: Staats- und Verwaltungsrecht für Hessen, hrsg. von Meyer, Hans/Stolleis, Michael (zitiert: HStVR), 5. A., Baden-Baden 2000, S. 267 ff.
– Freiheit durch Sicherheit, in: KJ 2002, S. 467 ff.
DOLDERER, MICHAEL: Verfassungsfragen der „Sicherheit durch Null-Toleranz", in: NVwZ 2001, S. 130 ff.
DRUMM, HARRO: Passbeschränkungen und Meldeauflagen gegenüber Hooligans, in: DVP 2002, S. 466 ff.
FEHN, KARSTEN: Ausreiseuntersagung zur Abwehr von „Gefahren für erhebliche Belange der Bundesrepublik Deutschland" im Zusammenhang mit internationalen Sportereignissen, in: Polizei & Wissenschaft 2000, S. 19 ff. Neue Möglichkeiten zur Verhinderung von Gewalttaten durch Hooligans, in: DPolBl 2001, S. 23 ff.

9. Aufenthalts- und Ausreiseverbote

FINGER, THORSTEN: Das Aufenthaltsverbot – Die neue Standardmaßnahme des nordrhein-westfälischen Gefahrenabwehrrechts, in: DVP 2004, S. 367 ff.
- Betretungs- und Aufenthaltsverbote im Recht der Gefahrenabwehr, in: Die Polizei 2005, S. 82 ff.

GÖTZ, VOLKMAR: Die Entwicklung des allgemeinen Polizei- und Ordnungsrechts (1994-1997), NVwZ 1998, S. 679 ff.

GUSY, CHRISTOPH: Polizeibefugnisse im Wandel, in: NWVBl. 2004, S. 1 ff.
- Anmerkung zum Urteil des VGH Baden-Württemberg v. 22. 7. 2004 (Wohnungsverweisung), in: JZ 2005, 355 ff.

HAILBRONNER, KAY: Freizügigkeit, in: Handbuch des Staatsrechts VI, hrsg. von Isensee, Josef/Kirchhof, Paul (zitiert: HbStR VI), § 131, S. 137 ff.

HARMS, KARSTEN: Europarecht im deutschen Verwaltungsrecht (6) Ausländerrecht, 1. Teil, in: VBlBW 2001, S. 121 ff.

HASELOFF-GRUPP, HEIKE: Bekämpfung der Drogenszene durch Platzverweise, in; VBlBW 1997, S. 161 ff.

HAURAND, GÜNTHER: Anmerkung zu VG Leipzig, NVwZ 2001, 1317, in: DVP 2002, 388.

HECKER, WOLFGANG: Die Regelung des Aufenthalts von Personen im innerstädtischen Raum, Darmstadt 1997, überarbeitete Neuauflage in: Reihe Materialien zur Wohnungslosenhilfe, hrsg. v. Bundesarbeitsgemeinschaft Wohnungslosenhilfe (zitiert: Regelung des Aufenthalts), Bielefeld 1998.
- Modell New York ?, in: KJ 1997, S. 1 ff.
- Platzverweis ohne Rechtsgrundlage, in: JuS 1998, S. 575.
- Aufenthaltsverbote im Recht der Gefahrenabwehr, in: NVwZ 1999, S. 261 ff.
- Neue Rechtsprechung zu Aufenthaltsverboten, in: NVwZ 2003, S. 1334 ff.
- Bahnhöfe – Öffentlicher Raum für alle?, Rechtsgutachten, hrsg. v. Bundesarbeitsgemeinschaft Wohnungslosenhilfe, Bielefeld 2002 (veröffentlicht auch unter www.die-entdeckung-bahnhof.de).
- Staats- und Verfassungsrecht (Hessisches Landesrecht), Baden-Baden 2002.

Hetzer, Wolfgang: Gefahrenabwehr durch Verbannung ?, in: Kriminalistik 1998, S. 133 ff.
- Zur Bedeutung des Grundrechts der Freizügigkeit (Art. 11 GG) für polizeiliche Aufenthaltsverbote, in: JR 2000, S. 1 ff.

KAPPELER, ANN-MARIE: Öffentliche Sicherheit durch Ordnung – Konfliktlagen im öffentlichen Raum und ihre Bekämpfung durch aufenthaltsbeschränkende Maßnahmen – Platzverweis und Aufenthaltsverbot (zitiert: Öffentlicher Raum), Stuttgart u. a. 2001.

KRAUTJUTTIS, SIGRID: Der öffentlich-rechtliche Fall zum ersten Staatsexamen: „Gefahrenabwehr in der Tuningszene", in: NdsVBl 2004, 27 ff.

KUTSCHA, MARTIN: „Schleierfahndung" und Aufenthaltsverbot, in: LKV 2000, 134 ff.
- Auf dem Weg zu einem Polizeistaat neuen Typs, in: Blätter für deutsche und internationale Politik, 2001, S. 214 ff.
- Übungsfall Staats- und Verfassungsrecht – Nicht alle Wege führen nach Rom, in: apf, Landesbeilage Berlin 8/2002, S. 54, 63 f.
- Sächsisches Polizeirecht nach Maßgabe der Grundrechte, in: NJ 2003, S. 623 ff.

LAMBIRIS, ANDREAS: Klassische Standardbefugnisse im Polizeirecht, Passau 2001.

LATZEL, DIETER/LUSTINA, JÜRGEN: Aufenthaltsverbot – Eine neue Standardmaßnahme neben der Platzverweisung ?, in: Die Polizei 1995, S. 131 ff.

Teil 2: Polizei- und Strafprozessrecht

LEGGE, INGEBORG/BATHSTEEN, MICHAEL: Einfluss des Methadonprogramms auf die Deliquenzentwicklung polizeibekannter Drogenkonsument/innen (zitiert: Methadonprogramm), Hamburg 2000.

LEHMANN, ALEXANDRA: Randale rund um den Fußball, in: Kriminalistik 2000, S. 299 ff.

LESTING, WOLFGANG: Polizeirecht und Drogenszene, in: KJ 1997, S. 214 ff.

LISKEN, HANS: Das Aufenthaltsverbot im novellierten Niedersächsischen Gefahrenabwehrgesetz, in: Polizei-heute 1996, S. 138 ff.

– Verdachts- und ereignisunabhängige Personenkontrollen zur Bekämpfung der grenzüberschreitenden Kriminalität, in: NVwZ 1998, S. 22 ff.

MAY, OLAF: Die Untersagung der Ausreise und die Datei „Gewalttäter Sport", in: NdsVBl. 2002, S. 41 ff.

MERTEN, KARL-HEINZ: Platzverweis und Aufenthaltsverbote, in: DPolBl 3/2003, S. 2 ff.

MICKER, LARS: Die Anwendung der ordnungsrechtlichen Generalklausel auf Aufenthaltsverbote zur *Bekämpfung von Drogenszenen,* in: VR 2003, S. 89 ff.

MOKROS, REINHARD: Ausreiseverbote für Hooligans, in: Die Polizei – heute 1998, S. 20 ff.

NEUNER, CLAUDIA: Zulässigkeit und Grenzen von polizeilichen Verweisungsmaßnahmen (zitiert: Verweisungsmaßnahmen), Berlin 2003.

NOLTE, MARTIN: Aufgaben und Befugnisse der Polizeibehörden bei Sportgroßveranstaltungen, in: NVwZ 2001, S. 147 ff.

ORTNER, HELMUT/PILGRAM, ARNO/STEINERT, HEINZ: New Yorker „Zero-Tolerance"-Politik; Baden-Baden, 1998.

POSCHER, RALF: Der Gefahrverdacht, in: NVwZ 2001, S. 141 ff.

RENNER, GÜNTHER: Ausländerrecht, München 2005.

RIEDINGER, GERHARD: Aufenthaltsverbot in der offenen Drogenszene, in: VBlBW 2000, S. 332 ff.

ROBRECHT, MICHAEL P.: Neuregelung des Aufenthaltsverbots im Polizeigesetz des Freistaates Sachsen, in: SächsVBl. 1999, 232 ff.

ROGGAN, FREDRIK: Auf legalem Weg zu einem Polizeistaat (zitiert: Polizeistaat), Bonn 2000.

– Videoüberwachung von öffentlichen Plätzen, in: NVwZ 2001, 134 ff.

ROGGAN, FREDRIK/SÜRIG, JAN: Aufenthaltsverbot für Drogenabhängige, in: KJ 1999, S. 307 ff.

ROSSI, MATTHIAS: Beschränkungen der Ausreisefreiheit im Lichte des Verfassungs- und Europarechts, in: AöR 127 (2002), S. 612 ff.

SEIFERT, JÜRGEN: Modell Hannover. Aufenthaltsverbote als Instrument zur Durchsetzung von Versammlungsverboten, in: Kritische Justiz 1996, S. 356 ff.

SELTIER, ULF: Das Aufenthaltsverbot – nicht nur „verlängerter Platzverweis", sondern vielseitiges Werkzeug, in: DPolBl 3/2003, S. 10 ff.

SIMON, TITUS: Wem gehört der öffentliche Raum, Opladen 2001.

TRUPP, ANDREAS: Das polizeiliche Aufenthaltsverbot als Legislativskandal, in: KritV 2002, S. 458 ff.

VAHLE, JÜRGEN: Anmerkung zu OVG Lüneburg, NVwZ 2000, 454, in: DVP 2000, S. 374 ff.

VOLKMANN, UWE: Broken Windows, Zero Tolerance und das deutsche Ordnungsrecht, in: NVwZ 1999, S. 225 ff.

VON DANWITZ, KLAUS-STEPHAN: Hooligangewalt und die Einführung einer weiteren Strafbewehrung im Passgesetz, in: Neue Justiz 2000, S. 567 ff.

9. Aufenthalts- und Ausreiseverbote

WAECHTER, KAY: Freizügigkeit und Aufenthaltsverbot, in: NdsVBl 1996, S. 197 ff.
– Die aktuelle Situation des Polizeirechts, in: JZ 2002, S. 854 ff.
WALTER, BERND: Checkliste zu Platzverweis und Aufenthaltsverbot für die polizeiliche Praxis, in: DPolBl 3/2003, S. 33.
WUTTKE, ALEXANDER: Polizeirecht und Zitiergebot (zitiert: Zitiergebot), Hamburg 2004.
– Polizeirechtliche Wohnungsverweise, in: JuS 2005, S. 779 ff.
ZIEKOW, JAN: Über Freizügigkeit und Aufenthalt (zitiert: Freizügigkeit), Tübingen 1997.

10. Strafprozessuale Beweisgewinnung mithilfe der R.F.I.D.-Technologie

Übersicht

10.1. Rechtstatsächliche Grundlagen: Funktionsweise und
Einsatzmöglichkeiten von R.F.I.D. 380
10.2. Der Einsatz von R.F.I.D.-Technik zur strafprozessualen
Beweisgewinnung 381
10.3. Grundrechtseingriff durch Beweisgewinnung mittels R.F.I.D. 381
10.4. Die Zulässigkeit staatlicher Überwachung mittels R.F.I.D.:-Technologie
im Strafverfahren de lege lata 382
    10.4.1. „Auslesen" der R.F.I.D.-Chips als Beschlagnahme
    nach § 94 StPO? 382
    10.4.2. R.F.I.D.-Technologie zur Observation: Rückgriff
    auf § 100c Abs. 1 Nr. 1b StPO? 383
    10.4.3. Sonstige Rechtsgrundlagen für den Einsatz
    von R.F.I.D.-Systemen..384

Teil 2: Polizei- und Strafprozessrecht

10. Strafprozessuale Beweisgewinnung mithilfe der R.F.I.D.-Technologie

10.1. Rechtstatsächliche Grundlagen: Funktionsweise und Einsatzmöglichkeiten von R.F.I.D.[1]

Sicht- und kontaktlose Datenübertragung

R.F.I.D.-Systeme sind **technisch fortgeschrittene automatische Identifikationssysteme**, die zunehmend kontaktabhängige ID-Systeme wie Barcodes (Strichcodes), die auf eine optische Abtastung der Codes angewiesen sind, ablösen. Es handelt sich dabei um Funkanlagen, die die sicht- und kontaktlose Identifizierung zwischen einem Datenträger und dem dazugehörigen Lesegerät ermöglichen. Neben der bloßen Identifikation des Datenträgers ist auch die Datenübertragung möglich. R.F.I.D.-Systeme setzen sich in ihrer einfachsten Erscheinungsform aus einem Lesegerät und aktiven oder passiven[2] Transpondern mit einem Mikrochip zusammen. Die – teilweise nur Quadratmillimeter großen – Transponder (sog. R.F.I.D.-Tags) werden an einem Objekt angebracht und ermöglichen je nach technischer Ausgestaltung eine Identifikation sowie eine Datenübertragung im Umkreis von wenigen Zentimetern bis hin zu einer Entfernung von hundert Metern[3]. Jeder R.F.I.D.-Tag ist mit einer weltweit eindeutigen Kennung (UID[4]) gekennnzeichnet, die es ermöglicht, ihn innerhalb des überwachten Raumes zu identifizieren. Gleichzeitig wird ein Auslesen der auf dem Datenträger gespeicherten Daten ermöglicht. Da die R.F.I.D.-Technik die **sicht- und kontaktlose Datenübertragung** ermöglicht, ist sie nicht nur ohne Wissen etwaiger Betroffener, sondern auch gänzlich unabhängig von räumlichen Barrieren möglich[5]. Die Datenübertragung selbst läuft nahezu gleichzeitig[6].

Bedeutender Wirtschaftsfaktor

Der Handel mit R.F.I.D.-Technik hat sich mittlerweile zu einem Markt mit Umsätzen in Milliardenhöhe entwickelt[7]. Angewandt wird die Technik insbesondere im Wirtschaftsleben, unter anderem von Supermarktketten zur Kontrolle der Warenströme[8], zur Diebstahlssicherung im KFZ-Bereich[9], bei ID-Papieren wie mit R.F.I.D.-Chips bestückten biometrischen Ausweisen[10] oder bei Eintrittskarten und sonstigen Zugangsbe-

---

1 Grundlegend hierzu: *Finkenzeller*, R.F.I.D.-Handbuch, 3. Aufl.
2 Die Unterscheidung zwischen „aktiven" und „passiven" Transpondern richtet sich danach, ob diese über eine eigene Energiequelle verfügen oder ob sie durch das Lesegerät mit Energie versorgt werden.
3 *Eisenberg/Puschke/Singelnstein*, ZRP 2005, 9; größere Leseentfernungen sind allerdings bislang nur bei aktiven Tranpondern möglich.
4 UID = Unique Identifier.
5 *Eisenberg/Puschke/Singelnstein*, ZRP 2005, 9.
6 *Müller/Handy*, DuD 2004, 655 (656).
7 *Finkenzeller*, R.F.I.D.-Handbuch, S. 1.
8 *Lahner*, CR 2004, 273.
9 *Finkenzeller*, Funkschau 1998, 40 (41).
10 Vgl. *Süddeutsche Zeitung* v. 30.09.2004.

rechtigungen[11]. Letztlich sind die Einsatzmöglichkeiten nahezu unbegrenzt[12] – auch eine Implantation unter die menschliche Haut ist möglich[13]; im Bereich der Tierhaltung ist die Injektion von Transpondern zur Seuchen- und Qualitätskontrolle bereits seit Jahren gängig[14].

10.2. Der Einsatz von R.F.I.D.-Technik zur strafprozessualen Beweisgewinnung

Aufgrund der lediglich durch die technische Leistungsfähigkeit der jeweiligen R.F.I.D.-Systeme in räumlicher Sicht begrenzten, im Übrigen aber **nahezu unbeschränkten Einsatzmöglichkeiten** kommt die R.F.I.D.-Technik auch im Bereich der Strafverfolgung in Betracht[15]. Zu differenzieren ist hier zwischen dem bloßen Auslesen von Daten auf einem R.F.I.D.-Chip sowie dem gezielten Anbringen von R.F.I.D.-Tags an einem Objekt, um dieses anschließend in einem umgrenzten Raum zu identifizieren und die kontakt- und sichtlose Datenübertragung zu ermöglichen. So lassen sich – je nach Leistungskraft des R.F.I.D.-Chips – zum einen umfassende Informationen zur **Erstellung eines Persönlichkeitsprofils** erlangen[16]; zum anderen ist in räumlich begrenzten Maßen ein lückenloses Bewegungsprofil bezüglich des Transponders möglich[17].

<small>Möglichkeit eines Persönlichkeitsprofils</small>

10.3. Grundrechtseingriff durch Beweisgewinnung mittels R.F.I.D.

Unzweifelhaft greift die heimliche Überwachung im Strafverfahren mittels R.F.I.D.-Technologie – sei es durch das bloße Auslesen der Chips oder das gezielte Anbringen von R.F.I.D.-Tags zur gezielten Auswertung und Observation – in das Recht auf informationelle Selbstbestimmung aus Art. 2 I i. V. m . Art. 1 I GG ein[18]. Dies ergibt sich bereits daraus, dass letztlich jede heimliche Ermittlungsmaßnahme der Strafverfolgungsbehörden zur Datenerfassung das informationelle Selbstbestimmungsrecht berührt, da es Sache des Bürgers ist, selbst zu bestimmen, ob und in welchem Umfang mit den ihn tangierenden Daten verfahren wird[19]. Dies gilt im Hinblick auf die R.F.I.D.-Technik sowohl hinsichtlich der auf den R.F.I.D.-Chips gespeicherten Informationen bezüglich des Objektes, auf den sich der R.F.I.D.-Tag bezieht, wie auch im Hinblick auf die mögliche Standortbestimmung. Bezüglich ersterem gilt unabhängig von der Art der gespeicherten Informationen das Bonmot des *BVerfG*, wonach es angesichts der Möglichkeiten der modernen Datenverarbeitung „kein »belangloses« Da-

<small>Eingriff in das RiS</small>

---

11 *Conrad*, CR 2005, 537 (speziell zum Einsatz von R.F.I.D.-Tickets bei der Fussball-WM 2006).
12 *Eisenberg/Puschke/Singelnstein*, ZRP 2005, 9.
13 Vgl. http://www.heise.de/tp/deutsch/inhalte/te/17867/1.html
14 *Finkenzeller*, Funkschau 1998, 40 (41).
15 *Eisenberg/Puschke/Singelnstein*, ZRP 2005, 9; *Michalke*, StraFo 2005, 91 (95).
16 *Hilbrans*, in *Müller-Heidelberg* u.a. (Hrsg.), Grundrechtereport 2005, S. 37 (39).
17 *Eisenberg/Puschke/Singelnstein*, ZRP 2005, 9.
18 *Conrad*, CR 2005, 537; *Eisenberg/Puschke/Singelnstein*, ZRP 2005, 9 (10); *Müller/Handy*, DuD 2004, 655 (656).
19 Vgl.: *Bernsmann/Janssen*, StV 1998, 217 (221); *Lammer*, Verdeckte Ermittlungen im Strafprozess, S. 25 ff.; *Makrutzki*, Verdeckte Ermittlungen im Strafprozess, S. 104.

Teil 2: Polizei- und Strafprozessrecht

tum "[20] gibt – insoweit stellt das heimliche Auslesen der R.F.I.D.-Chips unabhängig von der „Qualität" der gespeicherten Informationen einen **Eingriff in das Recht auf informationelle Selbstbestimmung** dar.

10.4. Die Zulässigkeit staatlicher Überwachung mittels R.F.I.D:-Technologie im Strafverfahren de lege lata

Vor dem Hintergrund des Instituts des Gesetzesvorbehalts ist mithin eine gesetzliche Eingriffsermächtigung für Überwachungs- und Ausforschungsmaßnahmen mittels R.F.I.D.-Technologie erforderlich. Eine explizite Ermächtigungsgrundlage existiert nicht; ebenso mangelt es bislang an diesbezüglich (veröffentlichter) Rechtsprechung. Angesichts des aufgezeigten „Überwachungspotenzials" erscheint es bis zum umfassenden Einsatz dieser Technologie jedoch nur eine Frage der Zeit[21].

10.4.1. „Auslesen" der R.F.I.D.-Chips als Beschlagnahme nach § 94 StPO?

Eingriff in den Schutzbereich von Art. 10 GG

Bezüglich des bloßen „Auslesens" von R.F.I.D.-Chips erscheint prima facie die Beschlagnahme nach § 94 StPO einschlägig: Die Chips als solche sind beschlagnahmefähig und nach der Entscheidung des *BVerfG* vom 12.04.2005[22] sind auch die auf einem Datenträger verkörperten Daten beschlagnahmefähig[23]. Ein Rückgriff auf die Beschlagnahmevorschriften sieht sich jedoch mit folgendem konfrontiert: In der Kammerentscheidung vom 04.02.2005 hat das *BVerfG* entschieden, dass jedenfalls die Auswertung von Mobilfunk-SIM-Karten nicht auf Grundlage von § 94 StPO zulässig ist, da die Daten dem Schutz des Fernmelde- bzw. (Tele-) Kommunikationsgeheimnis des Art. 10 GG unterfallen[24]. Auch für den Einsatz von R.F.I.D.-Systemen wird geltend gemacht, dass diese vom Schutzbereich des Art. 10 GG erfasst werden: Bei den Transpondern wie bei dem zum Auslesen und Beschreiben benötigten Lesegeräte handele es sich um technische Systeme, die als Nachrichten identifizierbare elektromagnetische Signale senden bzw. empfangen; sie stellen mithin Telekommunikationsanlagen i. S. d. § 3 Nr. 23 TKG dar[25]. Demnach sei der Gesamtvorgang unter den Begriff der **„Telekommunikation" i. S. d. § 3 Nr. 22 TKG** zu subsumieren, da es sich hierbei um das Übersenden, Übermitteln bzw. Empfangen von Signalen mittels Telekommunikationsanlagen handelt, vgl. § 3 Nr. 22 TKG[26]. Folglich greife eine R.F.I.D.-Anwendung nicht nur in das Recht auf informationelle Selbstbestimmung, sondern auch in Art. 10 GG ein[27]. Vor diesem Hintergrund wäre angesichts der Maßstäbe der Kammerentscheidung des *BVerfG* vom 04.02.2005[28] von vornherein ein Rückgriff auf § 94 StPO unzulässig,

---

20 BVerfGE 65, 1 (45).
21 *Eisenberg/Puschke/Singelnstein*, ZRP 2005, 9 (10).
22 *BVerfG*, Beschl. v. 12.04.2005 – 2 BvR 1027/02.
23 Vgl. hierzu 2.1.4.1.
24 *BVerfG*, NStZ 2005, 337.
25 *Müller*, DuD 2004, 215 (216).
26 *Müller*, DuD 2004, 215 (216).
27 *Müller/Handy*, DuD 2004, 655 (656).
28 *BVerfG*, NStZ 2005, 337.

solange der TK-Vorgang nicht gänzlich abgeschlossen ist. Nach Abschluss von diesem würde der Zugriff auf solche Daten jedenfalls erhöhten Anforderungen an die Verhältnismäßigkeitsprüfung unterliegen[29].

10.4.2. R.F.I.D.-Technologie zur Observation: Rückgriff auf § 100c Abs. 1 Nr. 1b StPO?

Ein Rückgriff auf § 100f I Nr. 2 StPO scheitert hinsichtlich der Auswertung von Daten eines R.F.I.D.-Chips, der von einem Privaten zu anderen Zwecken angebracht wird, schon daran, dass die Norm keine Rechtsgrundlage zur Heranziehung Dritter – vergleichbar § 100b III StPO – vorsieht[30] und eine analoge Anwendung unzulässig ist[31].

Für den unmittelbar staatlich veranlassten Einsatz von R.F.I.D.-Technologie zu Observationszwecken kommt § 100f I Nr. 2 StPO hingegen als Eingriffsermächtigung grundsätzlich in Betracht: Ungeachtet aller rechtlichen Bedenken gegen einen ausufernden Anwendungsbereich der Norm hat das *BVerfG* in der **GPS-Entscheidung** vom 12.04.2005[32] ausgeführt, dass die Verwendung des globalen Ortungs- und Navigationssystems GPS sich (noch) verfassungsgemäß auf § 100c I Nr. 1b StPO a.F. stützen lasse[33]. In dieser Entscheidung hatte das Gericht – ebenso wie bereits zuvor der *BGH*[34] – hervorgehoben, dass der Gesetzgeber die Eingriffsgrundlage bewusst entwicklungsoffen gestaltet habe[35]. {Rückschlüsse aus der GPS-Entscheidung?}

Angesichts des erheblich weiter gefassten Anwendungsbereichs von R.F.I.D.-Systemen, die im Gegensatz zum GPS je nach Verwendungsart auch eine Fülle weiterer Informationsgewinne bezüglich des Betroffenen zulassen, taugt der Rückgriff auf die GPS-Entscheidung zur Rechtfertigung einer Überwachung und Ausforschung mittels R.F.I.D.-Technik jedoch nur bedingt: Denn das *BVerfG* hat explizit hervorgehoben, dass der GPS-Einsatz nur deshalb (noch) unter § 100c I Nr. 1b StPO aF. (§ 100f I Nr. 2 StPO n.F.) falle und nicht restriktiveren Einsatzvoraussetzungen unterliege, weil das GPS aufgrund seiner (technischen) Beschränkungen kein totales Observationsinstrument sei[36]. Insoweit bleibt zum einen die weitere technische Entwicklung von R.F.I.D.-Systemen abzuwarten – zum anderen hängt die Verfassungsmäßigkeit unter Bezugnahme auf § 100f I Nr. 2 StPO von der konkreten Einsatzart ab.

Hinzu kommt folgendes: Angesichts der Fülle von Informationen, die R.F.I.D.-Chips beinhalten (können), wird sich die Überwachung nur selten auf die bloße Observation beschränken, vielmehr werden auch weitere Informationen zum Verhalten des Betroffenen gewonnen werden (können). **Potentiell kann R.F.I.D. alle Lebensbereiche voll-** {Gefahrenpotential einer „Totalausforschung"}

---

29 *BVerfG*, Urt. v. 02.03.2006 – 2 BvR 2099/04; vgl. hierzu auch 2.1.1.4
30 Vgl. *LG Berlin*, DuD 1998, 725 (726).
31 Vgl. *Gercke*, Bewegungsprofile anhand von Mobilfunkdaten im Strafverfahren, S. 111 f.
32 *BVerfG*, NJW 2005, 1338.
33 Vgl. hierzu 3.2.
34 BGHSt 46, 266.
35 *BVerfG*, NJW 2005, 1338 (1340), so bereits für: § 81 a: *BVerfG* NStZ 1996, 45 (46).
36 *BVerfG*, NJW 2005, 1338 (1339).

Teil 2: Polizei- und Strafprozessrecht

ständig erfassen[37]. Das *BVerfG* hat in der GPS-Entscheidung aber unterstrichen, dass Überwachungstechnik dann nicht mehr verfassungsgemäß ist, wenn aus ihr ein umfassendes Persönlichkeitsprofil gewonnen wird: Eine solche Totalausforschung degradiert den Betroffenen zum bloßen Verfahrensobjekt, was unter keinem Umstand verfassungsmäßig zu rechtfertigen ist[38]. Eine – technisch potentiell mögliche – umfassende Datenerhebung anhand von R.F.I.D.-Systemen dürfte daher jedenfalls das **Gefahrenpotenzial zu einer solchen totalen Ausforschung** in sich bergen – sie verböte sich daher von selbst[39]. Hier liegen folglich eine Reihe von verfassungsrechtlichen Unwägbarkeiten, die den Einsatz von R.F.I.D.-Technik letztlich auch für die Strafverfolgungsorgane zu einem Risiko im Hinblick auf ihre Zulässigkeit werden lassen.

10.4.3. Sonstige Rechtsgrundlagen für den Einsatz von R.F.I.D.-Systemen

Sonstige Ermächtigungsgrundlagen?

Ein Rückgriff auf § 100a StPO ließe sich nur dann annehmen, wenn man den Einsatz von R.F.I.D.-Technik unter den Begriff der Telekommunikation i.S.d. § 100a StPO subsumiert. Dagegen bestehen bereits aus historischer, systematischer und teleologischer Sicht erhebliche Bedenken – der Umstand einer potentiellen Betroffenheit von Art. 10 GG (s.o.) rechtfertigt jedenfalls nicht für sich den Rückgriff auf § 100a StPO als Eingriffsermächtigung[40].

Bei entsprechend extensiver Auslegung der hierfür allerdings ersichtlich nicht geschaffenen Norm ließe sich auch an **§ 111 StPO** unter dessen restriktiven Voraussetzungen denken – allerdings wird dies jedoch regelmäßig praktisch daran scheitern, dass eine verdeckte Nutzung nach § 111 Abs. 3 i. V. m. § 106 Abs. 2 S. 1 StPO aufgrund der Pflicht der Bekanntmachung der Kontrolle ausscheidet[41].

Ein Rückgriff auf die „begrenzte(n) Generalklauseln"[42] der **§§ 161, 163 StPO** würde voraussetzen, dass es sich um Eingriffsbefugnisse handelt, die in ihrer Intensität unterhalb der Schwelle explizit geregelter Ermächtigungsgrundlagen liegen[43]. Da der Einsatz von R.F.I.D.-Systemen Observations- und sonstige Überwachungsmöglichkeiten bietet, die zumindest das Potential haben, bestehende geregelte Eingriffe wie die einfache Observation mittels eines bloßen Peilsenders nach § 100c Abs. 1 Nr. 1b StPO in der Intensität zu übertreffen, scheidet ein Rückgriff auf die §§ 161, 163 StPO aus.

---

37 *Conrad*, CR 2005, 537 (544).
38 BVerfGE 27, 1 (6).
39 Vgl auch: *Conrad*, CR 2005, 537 (544).
40 Vgl. hierzu auch 2.1.1.5.
41 *Eisenberg/Puschke/Singelnstein*, ZRP 2005, 9 (11).
42 BT-Drs. 14/1484, S. 16.
43 *Hilger*, NStZ 2000, 561 (564).

10. Überwachung durch R.F.I.D.-Technologie

Literatur:

Bernsmann, Klaus/*Janssen*, Kirstin: Heimliche Ermittlungsmethoden und ihre Kontrolle – ein Überblick, in: StV 1998, 217.
Conrad, Isabell, RFID-Ticketing aus datenschutzrechtlicher Sicht, in: CR 2005, 537.
Eisenberg, Ulrich/*Puschke,* Jens/*Singelnstein*, Tobias: Überwachung mittels RFID-Technologie, in: ZRP 2005, 9.
Finkenzeller, Klaus: Kontaktlose Chipkarten, in: Funkschau 19/1998, 40.
Finkenzeller, Klaus: R.F.I.D.-Handbuch, 3. Aufl.
Hilger, Hans: Zum Strafverfahrensrechtsänderungsgesetz 1999 (StVÄG 1999) – 1. Teil, in: NStZ 2000, 561.
Lahner, Claus Mauricio: Anwendung des § 6c BDSG auf RFID, in: DuD 2004, 723.
Lammer, Dirk: Verdeckte Ermittlungen im Strafprozess, 1992.
Makrutzki, Patric: Verdeckte Ermittlungen im Strafprozess, 2000.
Michalke, Reinhart: Digitale Daten im Spannungsfeld – Chancen der Verteidigung, in: StraFo 2005, 91.
Müller, Jürgen: Ist das Auslesen von RFID-Tags zulässig?, in: DuD 2004, 215.
Müller, Jürgen/*Handy*, Matthias: RFID und Datenschutzrecht, in: DuD 2004, 655.

Teil 3: Ermittlungsbefugnisse durch Rechtsprechung

Übersicht

1. **V-Leute und Lockspitzel** 388
   - 1.1. V-Mann-Begriff 390
   - 1.2. Gesetzliche Grundlage 390
   - 1.3. Internationale Normen und Verträge als Eingriffsgrundlage für den V-Mann-Einsatz? 392
   - 1.4. Praxis des V-Mann-Einsatzes 392
   - 1.5. Tatprovokation durch V-Leute 396
2. **Einsatz des „Global-Positioning-System" (GPS)** 403
   - 2.1. Die Rechtsgrundlage für den Einsatz des GPS 403
     - 2.1.1. Das GPS als besonderes technisches Mittel i.S. des § 100f Abs. 1 Nr.2 StPO n. F? 403
     - 2.1.2. Die Kumulation heimlicher Observationsmaßnahmen 406
   - 2.2. Technik-bezügliche Gesetze und Wesentlichkeitstheorie 407

Teil 3:
Ermittlungsbefugnisse durch Rechtsprechung

Neben einer stetigen Erweiterung der gesetzlichen Ermächtigungsgrundlagen zur heimlichen Beweisgewinnung besteht eine Tendenz der Rechtsprechung, bestehende Ermächtigungsgrundlagen zunehmend extensiv auszulegen. Im Rahmen der Erörterungen hierzu soll es hier nicht um Lückenschlüsse durch einen „Spurwechsel" in andere Rechtsgebiete gehen, deren Befugnisse für Zwecke des Strafverfahrens entliehen werden[1]; vielmehr wird ein Blick in die StPO selbst und auf – tatsächliche oder vermeintliche – vorhandene Befugnisse zur Überwachung und Ausforschung von Tatverdächtigen geworfen. Entscheidend ist insofern der Umfang der Legitimationsgrundlagen der StPO, d.h., wie weit solche Normen „offen" für neue bzw. nicht ausdrücklich benannte Eingriffsmaßnahmen sind.

Neue Technik unter altem Recht?

Dass die Rechtsprechung bestehende Ermächtigungsgrundlagen zunehmend ausdehnt, wurde für den Bereich der modernen Telekommunikationsüberwachung bereits an anderer Stelle aufgezeigt. Im Folgenden wird diese Rechtsprechung an zwei Beispielen dargelegt: zum einen dem V-Mann-Einsatz, der – gerade auch aufgrund einer herausragenden Bedeutung für die strafprozessuale Praxis – seit Jahrzehnten für eine ungebrochene Diskussion sorgt, sowie zum anderen dem Einsatz des Global Positioning Systems (GPS), da die Rechtsprechung hier exemplarisch für die **Subsumtion neuer technischer Überwachungsmaßnahmen unter bestehende Ermächtigungsgrundlagen**, die offensichtlich für andersartige Eingriffe konzipiert sind, steht.

1. V-Leute und Lockspitzel

V-Leute in der Geschichte

Begibt sich der Staatsbürger auf eine Zeitreise durch die einzelnen Jahrhunderte, so lehrt ihn die Geschichte, dass sich die Polizei zur Aufklärung von Verbrechen oder zur Ausspähung von Verdächtigen stets verdeckter Ermittlungen bedient hat[2]. Bereits die constitutio criminalis carolina weiß von *„belonten zeugen"* zu berichten, die *„auch verworffenn und nit zulessig, sonndern peinlich zu strafen"* seien[3]. Zeugnis vom systematischen und flächendeckenden Einsatz von heimlichen Helfern gibt neben dem französischen Absolutismus[4] der exorbitante Überwachungsapparat der Gestapo während

---

1 Hierzu auch schon *Roggan*, Handbuch zum Recht der Inneren Sicherheit (1. Aufl.), S. 187 ff.
2 *Nitz*, Einsatzbedingte Straftaten Verdeckter Ermittler, S. 20.
3 Siehe constitutio criminalis carolina, 1532, Art. 64.
4 Vgl. *Weyrauch*, Gestapo V-Leute, XI.

der Herrschaft der Nationalsozialisten von 1933 bis 1945[5], aber auch der Apparat des MfS[6] in der ehemaligen DDR.

Begrifflich und thematisch ausgespart wird bei dieser und im Weiteren verwandten Definition der V-Mann im **Bereich des Nachrichtendienstes und des Verfassungsschutzes**, der häufig als „Verbindungsmann" bezeichnet wird.

In der politischen Diskussion um den V-Mann-Einsatz und die Verwendung von V-Mann-Aussagen beim NPD-Verbotsantrag zum *BVerfG*[7], wurden eine Reihe von Problemen, die auch die strafprozessuale Verwendung von V-Leuten betreffen, deutlich. Zu nennen sind u.a. das wirtschaftliche Eigeninteresse des V-Mannes, die unerkannte Führungstätigkeit der zu beobachtenden Gruppen und die Finanzierung und Schaffung von kriminellen Strukturen durch die den V-Mann führende Behörde. Dabei ist durchaus festzustellen, dass im Sprachgebrauch der Öffentlichkeit[8] eine synonyme Verwendung Einzug gehalten hat, die ein entsprechendes Feingefühl für die „evolutionäre" Verbindung[9] zwischen strafprozessualem und geheimdienstlichem V-Mann erkennen lässt[10].

V-Leute im (rechts-)politischen Diskurs

Das prozessuale Institut – sei es der Denunziant, Vigilant, Informant, Lockspitzel, agent provocateur oder V-Mann, ist mit beharrlicher Kontinuität „hoffähig" eingeschleust und in einem demokratisch geprägten Rechtsstaat ohne Ermächtigungsgrundlage verwurzelt. In allen Zeiten ist die Verwendung von Denunzianten und V-Leuten nicht nur ein kriminalistisches, sondern auch ein machtpolitisches Instrument gewesen[11].

---

5   *Weyrauch*, Gestapo V-Leute, S. 12.
6   Vgl. hierzu *BVerfG*, NStZ 1981, 357; dort setzt sich das *BVerfG* insbesondere mit der Problematik geheimdienstlicher Tätigkeit und V-Mann auseinander.
7   Siehe generell hierzu *BVerfG*, 2 BvB 1/01 vom 18.03.2003.
8   Vgl. Auflistung von entsprechenden Pressenotizen bei *Röhrich*, Rechtsprobleme bei der Verwendung von V-Leuten für den Strafprozeß, S. 10 Rdnr. 4.
9   So gilt es als gesicherte Erkenntnis, dass die Gründung der Abteilung zur polizeilichen Untergrundfahndung mit dem Wechsel der Beamten Gerhard Folger und Walter Schill vom BND zum BKA im Jahre 1968/69 begann. Diesem folgte eine weitere leitende Person vermutlich namens Dr. Hans Kollmar. Hiernach folgten erstmalig dienstliche Strukturen beim BKA und im Anschluss in einzelnen Bundesländern in den Landeskriminalämtern vergleichbare Dienststellen. Im Anschluss an diese Personalien begann die umfangreiche Öffentlichkeitsarbeit des BKA und der Landeskriminalämter zur Organisierten Kriminalität und die Forderung nach verschärften Maßnahmen im Bereich geheimdienstählnlicher Ermittlungsmethoden, vgl. hierzu *Pütter/Diederichs*, cilip 1994, 24 (25); kritisch zu einer weitergehenden Zusammenarbeit und insbesondere zur Beauftragung des Verfassungsschutzes hinsichtlich der Beobachtung der Organisierten Kriminalität *Kersten*, Kriminalistik 1999, 40 (44). *Gusy*, GA 1999, 319 lässt die Gründe für das Aneinanderrücken von BKA und BfV ausdrücklich offen.
10 Sehr treffend hält *Gusy*, StV 2002, 150 fest, dass zwischen den Eingriffsbefugnissen des V-Mannes des Verfassungsschutzes und des polizeilichen oder strafprozessualen V-Mannes kein Unterschied existiert. Kritisch zu einer weitergehenden Zusammenarbeit und insbesondere zur Beauftragung des Verfassungsschutzes hinsichtlich der Beobachtung der Organisierten Kriminalität *Kersten*, Kriminalistik 1999, 40 (44).
11 Die Denunziation als Allzweckwaffe unter Berufung auf die Gefahr für das Seelenheil der Gläubigen bei Innozenz IV., vgl. *Jerouschek/Müller*, in: *Lück/Schildt* (Hrsg.), Recht-Idee-Geschichte, S. 20; vgl. auch *Riehle*, KrimJ 1985, 44 (56).

Teil 3: Ermittlungsbefugnisse durch Rspr.

1.1. V-Mann-Begriff

Definition Begrifflich ist der V-Mann von dem Verdeckten Ermittler (VE) und einem bloßen Informanten der Ermittlungsbehörden abzugrenzen. Der V-Mann wird weder im Rahmen der StPO noch sonstiger Gesetze legaldefiniert[12], eine einheitliche Definition in Rechtsprechung[13] und Literatur[14] ist nicht herauszukristallisieren. In I.2.2. der Anlage D zu der RiStBV[15], die auch der *BGH*[16] verwendet, wird für die Staatsanwaltschaft und die polizeilichen Organe in einer Verwaltungsrichtlinie wie folgt definiert:

> „Eine V-Person ist eine Person, die, ohne einer Strafverfolgungsbehörde anzugehören, bereit ist, diese bei der Aufklärung von Straftaten auf längere Zeit vertraulich zu unterstützen, und deren Identität grundsätzlich geheimgehalten wird".

Während der Verdeckte Ermittler in § 110a StPO legaldefiniert ist, fehlt für den Informanten eine Definition. Demnach bewegt sich die Arbeit mit und gegen den V-Mann in einer gesetzgeberischen Grauzone.

1.2. Gesetzliche Grundlage

Keine Rechtsgrundlage in StPO Der *BGH* in Strafsachen[17] und das *BVerfG*[18] haben den Einsatz von V-Personen (VP) und verdeckt ermittelnden Polizeibeamten (VE) zur Bekämpfung besonders gefährlicher und schwer aufklärbarer Kriminalität als grundsätzlich zulässig beschieden[19], ohne sich allerdings detailliert mit der Ermächtigungsgrundlage für den entsprechenden Eingriff auseinander zusetzen. In einem *obiter dictum* hat die 3. Kammer des 2. Senats des *BVerfG* im Beschluss vom 01.03.2000 allerdings festgehalten, dass eine spezielle Ermächtigungsgrundlage zu fordern ist, da die bloße heimliche Befragung einer Person durch einen V-Mann jedenfalls **ohne spezielle gesetzliche Ermächtigungsgrundlage nicht zulässig** sei[20]. Eine entsprechende Norm über das „Ob" und das „Wie" des V-Mann-Einsatzes liegt bislang nicht vor.

---

12 Auch § 21 ZFdG stellt keine Legaldefinition dar: „Personen, deren Zusammenarbeit mit dem Zollkriminalamt Dritten nicht bekannt ist"; **a.A.** HK-ZFdG/*Wamers*, § 21 Rdnr. 1.
13 BGHSt 32, 115 (121).
14 *Beck*, Bekämpfung der Organisierten Kriminalität speziell auf dem Gebiet der Rauschgiftkriminalität unter besonderer Berücksichtigung der V-Mann-Problematik, S. 103 ff; *Gnägi*, Der V-Mann-Einsatz im Betäubungsmittelbereich, S. 5 ff.; *Paulus*, Überprüfung der V-Mann-Sperrung durch einen neutralen Strafrichter?, S. 6; *Baumgartner*, V-Mann-Einsatz, S. 26 f.
15 Gemeinsame Richtlinie der Justizminister/Senatoren und Innenminister/Senatoren der Länder über die Inanspruchnahme von Informanten sowie über den Einsatz von Vertrauenspersonen (V-Personen) und Verdeckten Ermittlern im Rahmen der Strafverfolgung 2.2 (Anlage D zur RiStBV).
16 *BGH*, NStZ 2000, 269.
17 BGHSt 40, 212.
18 *BVerfG*, NStZ 1991, 445; *BVerfG*, NStZ 1995, 95.
19 BVerfGE 57, 250 (294); BGHSt 33, 83 (91).
20 *BVerfG*, NStZ 2000, 489 (490).

1. V-Leute und Lockspitzel

Eine Reihe von Versuchen, eine Rechtsgrundlage nach geltendem Recht argumentativ herzuleiten[21], blieb erfolglos[22]. So hat der *BGH* die analoge Anwendung der §§ 110a ff. StPO abgelehnt[23]. Für die Ablehnung spricht das Verbot der Analogie bei grundrechtsbelastenden Eingriffen sowie der Umgehungsgedanke des gesetzlich für den VE vorgesehenen Richtervorbehaltes[24]. Ebenso wurde die **Ermittlungsgeneralklausel** (§§ 161, 163 StPO) in der Fassung des Strafverfahrensänderungsgesetzes vom 02.08.2000 (StVÄG 1999[25]) als **unzureichend** angesehen[26]. Gleiches gilt für die Zeugenvorschriften der StPO, obgleich der V-Mann in der Hauptverhandlung als Zeuge zu behandeln ist[27]. Insofern wurde die BT-Drucksache zum OrgKG[28] überinterpretiert, in der es heißt:

„Daraus, dass sich der Entwurf lediglich zu einer Regelung des Ermittlungsorgans „Verdeckte Ermittler" entscheidet, kann und darf nicht geschlossen werden, dass die Heranziehung von Zeugen (Informanten, V-Personen) in Zukunft unzulässig sei."

Denn beim Zeugen geht es um die Nutzung eines vorhandenen Beweismittels, wohingegen der V-Mann ein Eingriffswerkzeug darstellt, um Beweismittel zu beschaffen[29]. Ebenfalls ausscheiden müssen die materiellen Notstandsvorschriften (§ 34 StGB etc.), da es sich beim **V-Mann-Einsatz nicht** um eine außergewöhnliche **unvorhergesehene Situation** handelt[30], sondern um ein geplantes Mittel der Strafverfolgung[31]. Schließlich genügt das Polizeirecht als Ersatz einer Eingriffsgrundlage für die Vorfeldermittlung des V-Mannes nicht, da, wie der *SächsVerfGH*[32] richtigerweise feststellte, der Gesetzgeber **im Vorfeld von Strafverfolgung und Polizeigefahr keine Blanko-Ermächtigung** ohne nachprüfbare objektive Tatbestandsvoraussetzungen erteilen darf[33]. Insoweit ist die verhängnisvolle Vermischung von präventivem und repressivem Tätigwerden, wie sich auch in der Richtlinie der RiStBV Anlage E zeigt, nicht überzeugend.

Bemühungen der Rspr.

---

21 Vgl. hierzu *Makrutzki*, Verdeckte Ermittlungen im Strafprozeß, S. 113 ff.; *Ellbogen*, Die verdeckte Ermittlungstätigkeit der Strafverfolgungsbehörden durch die Zusammenarbeit mit V-Personen und Informanten, S. 105 ff.
22 Siehe *Duttge*, JZ 1996, 556 (563); *Lammer*, Verdeckte Ermittlungen im Strafprozeß, S. 31; *Malek*, StV 1992, 342 (344); *Rogall*, GA 1985, 1 (5 f.); *Schoreit*, DRiZ 1987, 82; *Wolter*, GA 1988, 49 (60); *ders.*, Jura 1992, 520 (530).
23 BGHSt 41, 42.
24 BGHSt 41, 42.
25 *BGBl.* 2000 I, 1253.
26 *Meyer-Goßner*, StPO, § 161 Rdnr. 1; *Hofmann*, NStZ 2005, 121; *Hilger*, NStZ 2000, 561 (564).
27 *Eisenberg*, Beweisrecht der StPO, Rdnr. 1027 ff.; *Pfeiffer*, StPO, § 68 Rdnr. 3.
28 BT-Drucks. 12/949.
29 *Eisenberg*, Beweisrecht der StPO, Rdnr. 637.
30 So auch BGHSt 34, 39 (52).
31 LK-*Hirsch*, StGB, § 34 Rdnr. 9; *v. Danwitz*, Staatliche Straftatbeteiligung, S. 265.
32 *SächsVerfGH*, LKV 1996, 283 ff.
33 *SächsVerfGH*, LKV 1996, 283 ff.

Teil 3: Ermittlungsbefugnisse durch Rspr.

1.3. Internationale Normen und Verträge als Eingriffsgrundlage für den V-Mann-Einsatz?

Sowohl sicherheitspolitisch als auch als Argumentationswert erhalten internationale Abkommen und Verträge auch bei Ermittlungsmaßnahmen wie dem V-Mann zunehmend Bedeutung. Zunächst kommt das aus dem Jahre 1981 stammende **Wiener Übereinkommen**[34] und dessen Art. 11 für die internationale Bekämpfung des Betäubungsmittelrechts in Betracht. Dem Wiener Abkommen wird aber ausdrücklich keine Eingriffsgrundlagenqualität zugesprochen.

<small>Konturenlosigkeit von Vertragszielen</small>

Das **Schengener Durchführungsabkommen von 1990**[35] dient über Art. 39 GG im Wesentlichen dem Informationsaustausch. Hier ist – in der Literatur kaum beachtet – über Art. 73 SDÜ ein Anknüpfungspunkt für Verdeckte Ermittlungen bei kontrollierten Lieferungen geschaffen worden. Entscheidend ist hier die Vorwegbewilligung der betroffenen Vertragsparteien[36]. Bislang ist jedoch diese Aufgabennorm[37] nicht als Eingriffsermächtigungsnorm in das deutsche Recht transformiert worden. Der generalisierende Auftrag zum Tätigkwerden der Exekutive[38] ist letztlich auch über den **Vertrag von Amsterdam** zum verstärkten Betätigungsfeld der Europäischen Union bei der Bekämpfung der „Organisierten Kriminalität" erhoben worden. Die Konturenlosigkeit dieses Vertragsziels wurde auch durch das Europäische Parlament gerügt[39]. Bislang jedenfalls sind neben den Vorschriften der Art. 61 lit. a EUV und Art. 61 lit e EUV keine Rechtsgrundlagen geschaffen worden. Die Bundesrepublik Deutschland hat ein Instrumentarium nur in der RiStBV Nr. 29 a – 29 b und die Anlage B zur RiStBV geschaffen[40].

Da auch internationale Abkommen **keine Grundlage für den Grundrechtseingriff** darstellen, ist der V-Mann-Einsatz aufgrund seiner Qualität *de lege lata* als verfassungswidriger Eingriff mangels Ermächtigungsgrundlage anzusehen.

1.4. Praxis des V-Mann-Einsatzes

Die ständige Praxis der Strafverfolger im Bereich des V-Mann-Einsatzes hat sich unabhängig von verfassungsrechtlichen Fragen gleichwohl zu einer alltäglichen Maßnahme

---

[34] BGBl. 1993 II., S. 1136 ff. Der exakte Name des Übereinkommens lautet das „Übereinkommen der Vereinten Nationen vom 20.12.1981 gegen den unerlaubten Verkehr mit Sucht- und Psychotropenstoffen".

[35] Dieses trat erst im Frühjahr 1995 in Kraft.

[36] Inwieweit die Vorwegbewilligung nach Art. 72 Abs. 2 SDÜ konstitutives Merkmal der Maßnahme werden wird bzw. ein Verfahrenshindernis darstellen wird, muss einer gesonderten Untersuchung vorbehalten bleiben.

[37] So ausdrücklich *Schomburg/Ladogny/Gleß/Hackner*, Internationale Rechtshilfe in Strafsachen, § 59 Rdnr. 61a.

[38] Vgl. *Kersten*, Chancen und Risiken neuer Bekämpfungszuständigkeiten und Kooperationsformen, in: Bundeskriminalamt (Hrsg.) – Moderne Sicherheitsstrategien gegen das Verbrechen, Begrüßung, S. 9.

[39] Dok. 5858/98 CRIMORG 17.

[40] Vgl. *Jekewitz*, GA 1999, 307 (311).

der Ermittler entwickelt. Dabei ist eine Beschränkung auf den Bereich der Schwerstkriminalität wie dem bandenmäßigen **Drogen- und Waffenhandel** nicht gegeben. Vielmehr wird der V-Mann strafprozessual längst auch im Bereich der **Wirtschaftskriminalität** und der **allgemeinen Kriminalität** eingesetzt.

Einsatzbereiche

Die Praxis des V-Mann-Einsatzes zeichnet sich aus der Sicht der Ermittler durch **mehrstufige Arbeitsphasen** aus. Zunächst steht die Gewinnung der V-Leute an, die im Wesentlichen aus polizeilichen Beschuldigtenvernehmungen Inhaftierter[41] oder der gezielten Ansprache von geeigneten Personen herrührt. Seltener ist die Annahme freiwilliger Privater, da diesen gegenüber der „Defekt"[42] in der Persönlichkeit fehlt, welcher als notwendig angesehen wird, um ein Druckmittel gegenüber dem V-Mann seitens der Ermittler zu behalten.

Die Gewinnung erfolgt zielgerichtet auf das zu untersuchende Ermittlungsfeld hin, so daß die **Auswahl des V-Mannes** nach Motiv[43] und Milieu[44] erfolgt. Insbesondere bei Ermittlungen gegen ethnisch geprägte Gruppen ist der Kreis, aus dem V-Leute zu rekrutieren sind, zumeist sehr beschränkt, so daß eine spezielle Ausbildung, Eignung, Verantwortungsbewußtsein und Gesetzestreue kaum Anforderungen sind, die der VP-Führer an den V-Mann richten kann – so er denn geeignete Kräfte für ein spezielles Umfeld sucht. Die Führung von V-Leuten wird durch den sog. V-Mann-Führer als einen dafür ausgebildeten Polizeibeamten im Bereich lokaler Kriminalpolizei, LKA oder BKA durchgeführt. Es existiert hierfür weder ein Behördenleiter- noch Richtervorbehalt. Zwar wird die straffe Führung[45] als zwingend bezeichnet[46], gleichwohl kann durch die V-Mann-Führung die Eignung als Beweismittel, die einem VE zukommt, nicht erreicht werden. Gefahren sind im Bereich **Eigeninteresse[47] des V-Mannes** an seiner Tätigkeit und seiner Alimentierung zu sehen[48]. Gleichzeitig ist der Informationsfluss an Dritte (Presse, kriminelles Umfeld) beim dienstrechtlich nicht verpflichteten V-Mann tatsächlich unkontrollierbar. Die Führung ist individuell strukturiert, je nach

Auswahl und Führung

---

41 *Stock*, in: Handbuch des Betäubungsmittelstrafrechts, § 13 Rdnr. 661.
42 *Baumgartner*, Zum V-Mann Einsatz unter besonderer Berücksichtigung des Scheinkaufs im Betäubungsmittelverfahren und des Zürcher Strafprozesses, S. 95 Fn. 9.
43 Vgl. *Bender/Nack*, Tatsachenfeststellungen vor Gericht, Band 1, S. 175, 184.
44 *Rebmann*, NStZ 1982, 315; *Meyer*, in: Die Falle im Rechtsstaat, S. 425, 428; *Körner*, Kriminalistik 1983, 290; *Riehle*, KrimJ 1985, 44 (46).
45 Zur Gewährleistung straffer Führung und wirksamer Dienstaufsicht beim Verdeckten Ermittler BT-Drucks. 12/989, S. 42 und *Hilger*, NStZ 1992, 523.
46 *Baumgartner*, V-Mann-Einsatz, S. 80.
47 So wurde generell erst unter Innozenz IV. ein persönliches Interesse des Denunzianten akzeptiert, so war im Fall der Häresie der „irdische Vorteil" von Beginn an von der Obrigkeit sogar als starker Anreiz vorgesehen, um zu Denunziationen zu ermuntern: 1197 gestand Peter II. von Aragon auf dem Konzil von Gerona den Denunzianten von Häretikern ein Drittel der konfiszierten Güter zu; auch für den namentlich bekannten Inquisitionsspitzel Arnaut Sicre war die Aussicht, die Güter seiner als Ketzerin verurteilten Mutter zurückzugewinnen, das Stimulans für seine denunziatorische Betriebsamkeit, vgl. ausführlich hierzu *Jerouschek/Müller*, Die Ursprünge der Denunziation, in: Lück/Schildt (Hrsg.), Recht-Idee-Geschichte, S. 1, 23 ff.
48 Siehe schon *Mörschel*, Kriminalistik, 1971, 169 (172).

Teil 3: Ermittlungsbefugnisse durch Rspr.

Einsatzbereich des V-Mannes. So ist ein V-Mann, der eine Scheinfirma im Bereich der Geldwäschekriminalität gründet, anders zu leiten als ein V-Mann im Bereich der örtlichen Drogenkriminalität. Bei beiden ist aber die regelmäßige Rapportierung[49] unverzichtbar.

Fortlaufende Betreuung

Der Einsatz des V-Mannes wird typischerweise im Bereich der sog. Vorfeldermittlung durchgeführt. Dies reicht von Ausspähdiensten im privaten und gesellschaftlichen Umfeld[50] bis zur Scheinfirmengründung (siehe §§ 39 ff. AWG), Marktbeobachtung i.S. des § 208 Abs. 2 Nr. 2 AO und Eindringen in Unternehmen im Rahmen des GÜG[51]. Die Betreuung des V-Mannes bedeutet u.a., dass der V-Mann-Führer auch den V-Mann in einsatzfreien Zeiten nicht „aus den Augen" verliert. Die Betreuung bietet die Möglichkeit Änderungen in der persönlichen Lebensführung und die Abhängigkeit des V-Mannes zum V-Mann-Führer für zukünftige Projekte zu überprüfen.

Einsatz-Beendigung

Der V-Mann scheidet aus dem „Pakt" mit dem V-Mann-Führer zumeist gegen Zeichnung einer Abschalterklärung aus. Diese führt ihm die Strafbarkeit nach § 353b Abs. 2 StGB[52] vor Augen. Zugleich wird gewöhnlich ein abschließendes Handgeld gezahlt. Im Falle der gerichtlichen Einbindung des V-Mannes in das Strafverfahren spielt die **Sperrerklärung**, d.h. die Versagung der Bekanntgabe der Personalien und ladungsfähigen Anschrift durch die Behörde bezogen auf den V-Mann, eine wesentliche Rolle. Gemäß § 96 StPO analog wird die Kompetenz zur Sperrerklärung ausschließlich den Innenministern[53] der Länder[54] zugesprochen[55]. Daraus wird klar, dass die Entscheidung über diesen Teil der Nachsorge nicht beim V-Mann-Führer, sondern bei der obersten Dienstbehörde liegt. Mit der Sperrerklärung greift der Minister massiv in die Pflicht zur Wahrheitserforschung[56] der Gerichte ein, aber selbst bei rechtwidriger Sperrerklärung bleibt dem Gericht nur die Gegenvorstellung[57] und soweit diese erfolglos bleibt, die Anwendung des in dubio pro reo Grundsatzes bezogen auf die Beweiserhebung durch den V-Mann zugunsten des Angeklagten. Der Motassadeq-Fall[58] hat klar gestellt, dass, wenn das staatliche Geheimhaltungsinteresse Anwendung finden soll, dies nicht

---

[49] *Baumgartner*, Zum V-Mann-Einsatz unter besonderer Berücksichtigung des Scheinkaufs im Betäubungsmittelverfahren und des Zürcher Strafprozesses, S. 24.
[50] Siehe hierzu kritisch *BGH*, NStZ 1997, 249, der auf die möglicherweise irreparablen Beeinträchtigungen höchstpersönlicher Lebensbereiche eingeht und deshalb für die Beschlussfassung nach § 110b StPO konkrete Anforderungen stellt.
[51] Im Einzelnen *Maluga*, Tatprovokation Unverdächtiger durch V-Leute.
[52] Vormals § 353c StGB.
[53] Umstritten ist insoweit, ob nur der Innenminister, so BGHSt 41, 36, oder der Innen- und Justizminister, jeweils so *Gössel*, NStZ 1996, 287 das zuständige Ministerium sind.
[54] Grundlegend bei AK-*Achenbach*, StPO, § 161 Rdnr. 6.
[55] *Eisenberg*, Beweisrecht der StPO, Rdnr. 1035.
[56] Vgl. BVerfGE 57, 250 (290); *Eisenberg*, Beweisrecht der StPO, Rdnr. 1046 zum Verwertungsverbot von Beweissurrogaten, also des V-Mann-Führers im Falle der Nichtnennung des V-Mannes.
[57] Das Gericht ist darauf angewiesen, dass demnach die Behörde die Sperrerklärung selbst aufhebt oder ein Verfahrensbeteiligter den Verwaltungsrechtsweg gegen die Nichtaufhebung beschreitet BVerwGE 47, 255; 69, 192; 75, 1; BGHSt 44, 107.
[58] *BGH*, NStZ 2004, 343.

1. V-Leute und Lockspitzel

zu Lasten des Betroffenen ausgehen kann, da der V-Mann auch geeignet ist, den Beschuldigten zu entlasten; im Zweifel ist hier freizusprechen[59].

Seit der Einführung des § 247a StPO, der die **videotechnische Vernehmung** des Zeugen ermöglicht, wenn die dringende Gefahr eines schwerwiegenden Nachteils für das Wohl des Zeugen besteht, wenn dieser in Gegenwart der in der Hauptverhandlung Anwesenden vernommen wird, wird dessen Anwendung **auch für den V-Mann diskutiert**[60]. Soweit seitens der Ermittlungsbehörden in der akustischen und visuellen Abschirmung kein hinreichender Schutz des V-Mannes wegen der Möglichkeit der Wiedererkennung gesehen wird, steht man mangels Mitwirkungsbereitschaft der Strafverfolger vor dem gleichen Problem, wie dies die Sperrerklärung zeigt, da ohne Kooperation der Ermittler die Aufklärungsmöglichkeit des Gerichts an der Ladungsfähigkeit des Zeugen scheitert. Stellt sich allerdings der V-Mann einer entsprechenden – auch optisch und akustisch – **abgeschirmten Vernehmung in der Hauptverhandlung**, so steht das Gericht und die Verteidigung vor dem Problem, dass sich ein insofern reduziertes Beweismittel – Mimik und stimmliche Reaktionen sind nicht zu erkennen – möglicherweise nicht zur Befragung eignet[61].

V-Leute in der Hauptverhandlung ...

Prozessual „ersetzt" wird der V-Mann in der Hauptverhandlung durch den **V-Mann-Führer als Zeuge vom Hören-Sagen**. Die Zulässigkeit dieses Konstruktes ist seit Beginn ihrer Einführung umstritten[62]. Der Aussage des V-Mann-Führers kann kein hoher Beweiswert zukommen, da er letztlich zumeist nur wiedergibt, was ohnehin schon in Vermerken festgehalten wurde. Eine individuelle Befragung des V-Mannes, z.B. auf Eigenmotivation und Provokation hin, ist über den V-Mann-Führer kaum möglich. Die Rechtsprechung hat hieraus die Konsequenz gezogen, dass aufgrund des unzureichenden Beweiswertes eine **Überführung** des Angeklagten **alleine durch den V-Mann zum Schuldspruch unmöglich** ist[63]. Darüber hinaus muss die Frage erlaubt sein, wie das Beweismittel des V-Mannes, welches erhebliche Risiken für die Wahrheitsfindung (Eigeninteresse etc.) und das Ansehen des Staates (Provokation von Straftaten durch den Staat) birgt, aus kriminalpolitischer Sicht befürwortet werden kann, wenn gleichzeitig gerichtsverwertbar kaum ein Nutzen gezogen werden kann. Hieraus lässt sich die Schlußfolgerung für den eigentlichen Nutzen[64] der V-Leute erkennen, nämlich das **Auffinden von Ansatzpunkten zur Einleitung eines strafprozessualen Verfahrens**, welches sodann mit anderen Ermittlungsmaßnahmen fortgeführt wird.

... oder Beweismittelsurrogat?

---

59 *LG Köln*, Urt. v. 18.01.2005 – 107-22/04 (n.v.).
60 *Griesbaum*, NStZ 1998, 433.
61 Wird § 247a StPO analog im Ermittlungsverfahren angewandt, so ist die Mitwirkung des Verteidigers an einer entsprechenden Vernehmung zwingend, *Griesbaum*, NStZ 1998, 433 (437).
62 Ausführlich hierzu *Eisenberg*, Beweisrecht der StPO, Rdnr. 1027 ff.
63 BVerfGE 57, 292; *BVerfG*, NJW 1995, 2025; *BVerfG*, StV 1995, 562; st. Rspr. BGHSt 17, 382 (385); BGHSt 33, 178 (181); *BGH*, StV 1989, 518; *BGH*, NStZ 1994, 502; *BGH*, StV 1994, 638; *Körner*, BtMG, § 31 Rdnr. 203; LR-*Gollwitzer*, StPO, § 250 Rdnr. 26; so ausdrücklich auch *EGMR*, StV 1997, 617 (618).
64 *Keller/Griesbaum*, NStZ 1990, 416.

Teil 3: Ermittlungsbefugnisse durch Rspr.

1.5. Tatprovokation durch V-Leute

Folgen des V-Mann-Einsatzes

Während die Informationssammlung durch V-Leute eher selten im gerichtlichen Teil des Strafprozesses von Bedeutung ist, sondern sich primär im Ermittlungsverfahren auswirkt, stellt die Tatprovokation Dritter durch V-Leute ein seit Beginn der 80ger Jahre von Literatur und Rechtsprechung umkämpftes Feld[65] dar. Bei der Tatprovokation handelt der V-Mann in seiner Funktion gegenüber einem Bürger und fordert diesen auf, eine Straftat zu begehen oder sich an dieser zu beteiligen, obgleich der V-Mann weiss, dass er diesen Bürger sodann den Strafverfolgungsbehörden zuführen wird. Dieser Vorgang wurde zum einen als Grund für die Reduzierung der Strafe des provozierten Bürgers angesehen (**Strafzumessungslösung**) und zum anderen als Grund dafür, den Bürger nicht zu bestrafen (**Alles-oder-Nichts-Ansatz**). Für die Lösung der Straflosigkeit des Bürgers wurde die Betrachtung der Provokation als Verfahrenshindernis[66], Strafausschließungsgrund[67], Verwirkung des staatlichen Strafanspruchs[68], Absehen von Strafe[69] oder Beweisverwertungsverbot[70] angeführt.

Differierende Rspr. der BGH-Senate

Zunächst hatte der 2.[71] und 4. Senat des *BGH* mit der Begründung des Verfahrenshindernisses bzw. der Verwirkung des staatlichen Strafanspruchs[72], die Straflosigkeit angenommen, während der 1. Senat zunächst die Anwendung des Verfahreshindernisses offen gelassen und sich 1984 gegen ein Verfahrenshindernis ausgesprochen hatte[73]. Sodann hatte auch der 3. Senat ein Verfahrenhindernis konkret nicht angenommen und lediglich für den Fall bejaht, dass nach der Grundlage und dem Ausmaß des gegen den Täters bestehenden Verdachts, Art, Intensität und Zweck, der Einflußnahme des V-Mannes, Tatbereitschaft und eigene, nicht fremdgesteuerte Aktivität des Täters, mit dem Rechtsstaatsprinzip nicht zu vereinbaren sind[74]. Diesen Konfikt versuchte der 2. Senat durch eine Vorlage gem. § 137 GVG zum Großen Senat für Strafsachen zu lösen[75]. Der Große Senat lehnte jedoch die Entscheidung der vorgelegten Rechtsfragen wegen Fehlens der Vorlagevoraussetzungen ab. Es kam lediglich zu einem obiter dictum, wonach der 2. Senat seine Rechtsauffassung nicht mehr vertritt. Eine Entscheidung in der Sache oder sogar eine ausdrückliche Akzeptanz der Strafzumes-

---

65 Streitdarstellung bei *Maluga*, Tatprovokation Unverdächtiger durch V-Leute.
66 KK-*Nack*, StPO, § 110c Rdnr. 14; *Endriß/Kinzig*, StraFo 1998, 299; *Hillenkamp*, NJW 1989, 2841; *Kempf*, StV 1999, 128; *Taschke*, StV 1984, 178; *Mache*, StV 1981, 599 (601); *Meyer*, ZStW 95 (1983) 834 (853); *Sarstedt/Hamm*, Die Revision in Strafsachen, Rdnr. 1129.
67 *Seelmann*, ZStW 95 (1983), 797 (838); *Wolte*r, NStZ 1993, 1 ff.; ähnlich *Roxin*, Strafverfahrensrecht § 10 Rdnr. 28.
68 *Wolfslast*, Staatlicher Strafanspruch und Verwirkung, S. 357 ff.
69 *Puppe*, NStZ 1986, 404.
70 *Fischer/Maul*, NStZ 1992, 7 (13); *Lüderssen*, in: Peters-FS, S. 349 (366 f.); *Makrutzki*, Verdeckte Ermittlungen im Strafprozeß, S. 299 ff.; ähnlich auch: *Franzheim*, NJW 1979, 2014 (2015).
71 BGH, NJW 1981, 1626 (2. StS).
72 BGH, NStZ 1981, 70 (4. StS.).
73 BGHSt 32, 345.
74 *BGH*, StV 1981, 276 (3. StS.).
75 BGHSt 33, 356, 358.

sungslösung fand nicht in einem Beschluss des Großen Senats, sondern nur tatsächlich durch spätere Entscheidungen statt[76].

In der Strafzumessungslösung wird dem Tatrichter die Möglichkeit gegeben, im Einzelfall vom besonders schweren Fall trotz Vorliegens eines oder mehrerer Regelbeispiele abzusehen und einen minderschweren Fall anzunehmen oder Vergehen nach den §§ 153, 153a StPO einzustellen. Bei Verbrechen wird ihm die Möglichkeit eröffnet, von Strafe abzusehen (§ 60 StGB) oder eine Verwarnung mit Strafvorbehalt (§ 59 StGB) vorzunehmen. Die Strafzumessungslösung lehnt eine weitergehende Verwirkung des staatlichen Strafanspruchs ab[77]. Ausdrücklich wird auch die Annahme eines Verfahrenshindernisses als unzulässig angesehen, da nur nach dem ausdrücklich erklärten oder aus dem Zusammenhang ersichtlichen Willen des Gesetzgebers ein so weitreichender Unzulässigkeitsgrund für ein Verfahren gegeben sein soll[78]. Die Schwere der Verstöße gegen das Rechtsstaatsprinzip oder gegen rechtsstaatliche Garantien soll demnach kein entscheidendes Kriterium sein, da auch der Verstoß gegen Art. 101 Abs. 1 S. 2 GG „nur" zu einem absoluten Revisiongrund nach § 338 Nr. 1 StPO führt. Ebenfalls lehnt der *BGH* die Anwendung des „estoppel-Prinzips" aus dem amerikanischen common law ab[79], da es sich um ein Prinzip des materiellen Rechts und nicht des Verfahrensrechts handele.

Gegen diesen Ansatz sind eine Reihe von Argumenten ins Feld geführt worden, indem man sich mit der Frage auseinandersetzte, wie die **verbleibende Restschuld des Provozierten** rechtsstaatlich zu bewerten sei. Für eine Aufhebung des Schuldvorwurfes wird insbesondere angeführt, dass der Angeklagte sich als Opfer des Staates empfindet, der ihn durch den V-Mann „hereingelegt" hat[80]. Ebenso wird angenommen, dass der Staat den **Angeklagten zum Objekt staatlichen Handelns** herabwürdigt, wenn der V-Mann den Angeklagten alleine zur Tat bestimmt und sogar zur Aufrechterhaltung der Tatbegehung bewegt[81]. Diese Argumentation lehnt letztlich an den Menschenwürdegehalt des Art. 1 GG an[82]. Aus anderer Sicht wiederum soll das Verfahrenshindernis dadurch begründet sein, dass der Auftrag des Staates in der Schaffung des Rechtsfriedens besteht und dass der Provozierte erst vom „rechten Weg" abgebracht werden muss, damit sein Fehlverhalten zur Rechenschaft gezogen werden kann[83]. Eine hierauf folgende Bestrafung wird dann als Verstoß gegen den Grundsatz *venire contra factum*

---

76 *BGH*, NJW 1986, 1754; *BGH*, StV 1985, 131; *BGHR* StGB § 46 Abs. 1 V-Mann 4; *BGH*, StV 1995, 364; *BGH*, StV 1994, 169; *BGH*, StV 1999, 631. Insoweit kann *KK-Senge*, StPO, vor § 48 Rdnr. 80, LR-*Rieß*, StPO, Einl. Abschnitt J Rdnr. 54, nicht gefolgt werden, wenn diese den Beschluss des Großen Senats als eine Ablehnung des Verfahrenshindernisses ansehen, da eine Entscheidung in der Sache durch den Großen Senat gerade nicht getroffen wurde.
77 *BGH*, NStZ 1985, 131.
78 *BGH*, NStZ 1985, 131 (132).
79 *BGH*, NStZ 1985, 131 (132).
80 *Katzorke*, Die Verwirkung des staatlichen Strafanspruchs, S. 33.
81 *Franzheim*, NJW 1979, 2014 (2015).
82 *Katzorke*, Die Verwirkung des staatlichen Strafanspruchs, S. 33.
83 *Taschke*, StV 1984, 178 f.

proprium[84] oder das estoppel-Prinzip gewertet. Ein weiteres Argument ist die **Ungleichbehandlung des Angeklagten** gegenüber dem anstiftenden V-Mann, der für eine insbesondere im Betäubungsmittelbereich vollendete Straftat nicht nach § 26 StGB zur Verantwortung gezogen wird. Während für den V-Mann eine begrenzte Wirkung einer Einwilligung angenommen[85] oder eine Sozialadäquanz angeführt wird[86], kann es sich wohl nur um einen staatlich gewollten subjektiven Strafausschließungsgrund oder um die Tatsache handeln, das der V-Mann rechtsstaatswidrig nicht verfolgt wird – trotz des Vorliegens des Legalitätsprinzips.

Staatliche Stiftung von Rechtsunfrieden

Schließlich wird mit dem **Vertrauen des Bürgers** argumentiert, dass dieser sich darauf verlassen dürfe, nicht vom Staat zu Straftaten provoziert zu werden[87]. Nicht unerheblich ist auch zu gewichten, dass der Staat das Ziel verfolgen muss, innerhalb der ihm zustehenden Gewalt Rechtsfrieden herzustellen. Dieses Ziel muss der Staat nicht nur für die Gesamtheit der Bevölkerung, sondern für jeden Einzelnen verfolgen. Jeder Einzelne hat den Anspruch gegen den Staat auf Rechtsfrieden. Der Einzelne ist nach Art. 3 GG in diesem Recht gleich geschützt wie eine Vielzahl von Personen. Stiftet der Staat erst **Rechtsunfrieden**, indem er z. B. einen völlig Unbeteiligten durch den V-Mann zu einer Straftat motiviert (Gewinnmöglichkeiten, Freundschaft etc.), verletzt er unwiderruflich durch eigene Handlung den Rechtsfrieden. Der Anspruch auf den Verfahrensverzicht für den provozierten Bürger ist nichts anderes als das Recht aus Art. 3 Abs. 1 GG mit allen anderen Bürgern, die im Staat in Rechtsfrieden leben, gleichgestellt zu werden. Insbesondere bei der V-Mann-Provokation gegenüber Unbeteiligten, wie beispielsweise einer Person mit gleicher nationaler Herkunft und der Fähigkeit den gleichen Dialekt zu sprechen, die geeignet erscheint, den Täterkreis zu beeinflussen, wirkt die Auswahl als Opfer einer Provokation willkürlich, d.h. zumindest nicht von berechtigten Interessen geleitet, die Widerstandsfähigkeit gegen staatliche Provokation eine Straftat zu begehen, zu testen.

Europäische Rspr.

Die **Teixeira-Entscheidung des *EGMR*** aus dem Jahre 1998[88] schien sodann aus europäischer Sicht für das deutsche V-Mann-Wesen eine entscheidende Unterstützung der Literaturmeinung zu sein[89]. Hier hatte der *EGMR* eine entsprechende Tatprovokation staatlicher Ermittler als ein **Verfahren, welches von Beginn an unfair ist**, gebranntmarkt[90]. Gleichwohl hat der *BGH* in seiner Entscheidung unmittelbar darauf Bezug nehmend aus dem Jahre 1999[91] an seiner **Strafzumessungslösung festgehalten**, obgleich der *EGMR* dem Opfer der Provokation sogar eine Entschädigung zugestanden

---

84 *Bruns*, NStZ 1983, 49 f.; *Taschke*, StV 1984, 178 (179).
85 *Nitz*, Einsatzbedingte Straftaten Verdeckter Ermittler, S. 96.
86 *Nitz*, Einsatzbedingte Straftaten Verdeckter Ermittler, S. 61.
87 *Katzorke*, Die Verwirkung des staatlichen Strafanspruchs, S. 35 f.
88 *EGMR*, StV 1999, 127 = *NStZ* 1999, 47 = *EuGRZ* 1999, 660; der in englischer und in französischer Sprache vorliegende Originaltext ist im Internet abrufbar unter http://www.dhcour.coe.fr.
89 Vgl. Reaktion *Sommer*, NStZ 1999, 47 (50) und *Kempf*, StV 1999, 127 (128 ff.).
90 *EGMR*, StV 1999, 127.
91 *BGH*, NJW 2000, 1123 = NStZ 2000, 269; gleiches gilt für das *BayObLG*, StV 1999, 631 vom 29.06.1999, welches eine Bewertung offen ließ.

1. V-Leute und Lockspitzel

hat[92]. Der *BGH* stellt sich damit in Widerspruch zu der deutschen Regelung des Wiederaufnahmerechts in § 359 Nr. 6 StPO, wonach die Konventionswidrigkeit nach Feststellung durch den *EGMR* zur Wiederaufnahme führen muss. Die offenkundig werdende Friktion[93] zwischen der Behandlung der Tatprovokation durch den *BGH* und den *EGMR* läßt weitere Entscheidungen des *EGMR*, welche verteidigerseits herbeigeführt werden, für das deutsche Recht erwarten.

---

[92] Der *BGH* hatte dies in seiner Entscheidung vom 18.11.1999 zunächst als einen Schadensersatzanspruch in Höhe von DM 975.000 bewertet, *BGH*, JZ 2000, 363 (364); hierbei handelte es sich allerdings um einen Umrechnungsfehler, den der *BGH* in einem entsprechenden Berichtigungsbeschluss vom 02.02.2000 hinsichtlich der Entscheidungsgründe auf DM 97.000,- korrigierte, *BGH*, StV 2000, 114.

[93] A.A. KK-*Schmidt*, StPO, § 359 Rdnr. 42, der versucht, den offenen Widerspruch durch eine eingeschränkte Auslegung des § 363 StPO zu lösen; vgl. auch *Endriß/Kinzig*, NStZ 2000, 271 (273); BT-Drucks. 13/10333, S. 4.

Teil 3: Ermittlungsbefugnisse durch Rspr.

Literatur:

BAUMANN, JÜRGEN: Einheit und Vielfalt des Strafrechts, in: Festschrift für Karl Peters zum 70. Geburtstag, Tübingen 1974.

BAUMGARTNER, HANS: Zum V-Mann-Einsatz unter besonderer Berücksichtigung des Scheinkaufs im Betäubungsmittelverfahren und des Zürcher Strafprozesses, Zürich 1990.

BECK, AXEL: Bekämpfung der Organisierten Kriminalität speziell auf dem Gebiet der Rauschgiftkriminalität unter besonderer Berücksichtigung der V-Mann-Problematik, Frankfurt/M. 1990.

BENDER, ROLF/ NACK, ARMIN: Tatsachenfeststellung vor Gericht, Band 1: Glaubwürdigkeits- und Beweislehre; Band 2: Vernehmungslehre, München 1995.

BRUNS, HANS-JÜRGEN: „Widerspruchsvolles" Verhalten des Staates als neuartiges Strafverfolgungsverbot und Verfahrenshindernis, insbesondere beim tatprovozierenden Einsatz polizeilicher Lockspitzel – Zur Einführung des „estoppel"-Prinzips ins Strafprozeßrecht, in: NStZ 1983, S. 49 ff.

DANWITZ VON, KLAUS-STEPHAN: Staatliche Straftatbeteiligung, Die Bestimmung der Grenzen staatlicher Machtausübung in Form von Tatprovokation und Straftatbegehung, Hamburg 2005.

DUTTGE, GUNNAR: Strafprozessualer Einsatz von V-Personen und Vorbehalt des Gesetzes, in: JZ 1996, S. 556 ff.

ELLBOGEN, KLAUS: Die verdeckte Ermittlungstätigkeit der Strafverfolgungsbehörden durch die Zusammenarbeit mit V-Personen und Informanten, Berlin, 2004.

ENDRISS, RAINER/KINZIG, JÖRG: Tatprovokation ohne Tatverdacht: Grenzenlos möglich?, Zugleich Anmerkung zu *BGH* NJW 1998, 767, in: StraFo 1998, S. 299 ff.

- Anmerkung zu *BGH*, NJW 2000, S. 1123; in: NStZ 2000, S. 271 ff.

FEHN, BERND JOSEF / WAMERS, PAUL: Zollfahndungsdienstgesetz (ZFdG), Handkommentar, 1. Auflage, Baden-Baden 2003.

FISCHER, THOMAS / MAUL, HEINRICH: Tatprovozierendes Verhalten als polizeiliche Ermittlungsmaßnahme, in: NStZ 1992, S. 7 ff.

FRANZHEIM, HORST: Der Einsatz von Agents Provocateurs zur Ermittlung von Straftätern, in: NJW 1979, S. 2014 ff.

Gnägi, ERNST R.: Der V-Mann-Einsatz im Betäubungsmittelbereich: materiellstrafrechtliche und strafprozessuale Fragen des Betäubungsmittelscheinkaufs unter besonderer Berücksichtigung des Strafverfahrens des Kanton Bern, Bern, Stuttgart 1992.

GÖSSEL, KARL HEINZ: Anmerkung zu *BGH*, NStZ 1995, S. 604, in: NStZ 1996, S. 287 ff.

GRIESBAUM, RAINER: Der gefährdete Zeuge – Überlegungen zur aktuellen Lage des Zeugenschutzes im Strafverfahren, in: NStZ 1998, S. 433 ff.

GUSY, CHRISTOPH: Organisierte Kriminalität zwischen Polizei und Verfassungsschutz, in: GA 1999, S. 319 ff.

– Verfassungsfragen des Strafprozeßrechts , in: StV 2002, S. 153 ff.

HILGER, HANS: Neues Strafverfahrensrecht durch das OrgKG, – 2. Teil –, in: NStZ 1992, S. 523 ff.

– Zum Strafverfahrensrechtsänderungsgesetz 1999 (StVÄG 1999) – 1. Teil, in: NStZ 2000, S. 561 ff.

HILLENKAMP, THOMAS: Verfahrenshindernisse von Verfassungs wegen, in: NJW 1989, S. 2841 ff.

1. V-Leute und Lockspitzel

HOFMANN, MANFRED: Die Online-Durchsuchung – staatliches „Hacken" oder zulässige Ermittlungsmaßnahme?, in: NStZ 2005, S. 121 ff.

JEKEWITZ, JÜRGEN: Zur Konstitutionalisierung der nichtorganisierten Kriminalität durch den Vertrag von Amsterdam, Von der Verselbständigung von Begriffen und dem selbstgeschaffenen Zwang zur Entwicklung von Gegenbegriffen, in: GA 1999, S. 307 ff.

JEROUSCHEK, GÜNTER / MÜLLER, DANIELA: Die Ursprünge der Denunziation im Kanonischen Recht, S. 3, in: Recht-Idee-Geschichte: Beiträge zur Rechts- und Ideengeschichte für Rolf Lieberwirth anläßlich seines 80. Geburtstages, hrsgg. von *Lück/Schildt*, Köln-Weimar-Wien 2000.

KATZORKE, KLAUS-DIETER: Die Verwirkung des staatlichen Strafanspruchs, Frankfurt am Main/ New York 1989.

KELLER, ROLF /GRIESBAUM, RAINER: Das Phänomen der vorbeugenden Bekämpfung von Straftaten, in: NStZ 1990, S. 416 ff.

KEMPF, EBERHARD: Zum Verstoß gegen den Grundsatz des fairen Verfahrens im Falle der Anstiftung einer bis dahin Unverdächtigen, durch einen polizeilichen Lockspitzel, Anmerkung zu *EGMR*, StV 1999, 127, in: StV 1999, S. 128 ff.

KERSTEN, ULRICH: Chancen und Risiken neuer Bekämpfungszuständigkeiten und Kooperationsformen, S. 141, in: Moderne Sicherheitsstrategien gegen das Verbrechen: Vorträge und Diskussionen der Arbeitstagung des Bundeskriminalamtes vom 17. bis 19. November 1998, Band 49, hrsgg. von Bundeskriminalamt, Wiesbaden 1999.

– Chancen und Risiken neuer Zuständigkeiten, in: Kriminalistik 1999, S. 40 ff.

KÖRNER, HARALD HANS: Verteufelt und verherrlicht: Der V-Mann, Kriminalistik 1983, S. 290 ff.

KREUZER, ARTHUR: Handbuch des Betäubungsmittelstrafrechts, München, 1998

LAMMER, DIRK: Verdeckte Ermittlungen im Strafprozeß – Zugleich eine Studie zum Menschenwürdegehalt der Grundrechte, Berlin 1992.

LÜCK, HEINER / SCHILDT, BERND: Recht-Idee-Geschichte: Beiträge zur Rechts- und Ideengeschichte für Rolf Lieberwirth anläßlich seines 80. Geburtstages, Köln/Weimar/Wien 2000.

LÜDERSSEN, KLAUS: Verbrechensprophylaxe durch Verbrechensprovokation?, S. 349, in: Einheit und Vielfalt des Strafrechts, Festschrift für Karl Peters zum 70. Geburtstag, hrsgg. von Baumann, Tübingen 1974.

LÜDERSSEN, KLAUS: V-Leute: Die Falle im Rechtsstaat, Frankfurt am Main 1985.

MACHE, HANS-MICHAEL: Zur Frage der Strafverfolgung des Täters in Fällen der Anstiftung durch einen polizeilichen agent provocateur, Anmerkung zu *BGH*, StV 1981, 392, in: StV 1981, S. 599 ff.

MAKRUTZKI, PATRIC: Verdeckte Ermittlungen im Strafprozeß: rechtswissenschaftliche Analyse; rechtsvergleichende Studie mit dem U.S.-amerikanischen Prozeßrecht, Berlin 2000.

MALUGA, GABRIELE: Tatprovokation Unverdächtiger durch V-Leute, Bielefeld 2006.

MALEK, KLAUS: Staatlicher „Handlungsbedarf" als Rechtfertigung von Grundrechtseingriffen? Zur Verfassungswidrigkeit von Videoüberwachung und V-Mann-Einsatz im Strafverfahren, in: StV 1992, S. 342 ff.

MEYER, JÜRGEN: Zur prozeßrechtlichen Problematik des V-Mannes, S. 425, in: V-Leute : Die Falle im Rechtsstaat, hrsgg. von Lüderssen, Frankfurt am Main 1985.

– Zur prozeßrechtlichen Problematik des V-Mannes, in: ZStW 95 (1983), S. 834 ff.

MÖRSCHEL, KARL: Über den Umgang mit V-Leuten, in: Kriminalisitk, 1971, S. 169 ff.

Teil 3: Ermittlungsbefugnisse durch Rspr.

NITZ, HOLGER: Einsatzbedingte Straftaten Verdeckter Ermittler: eine Untersuchung polizeitaktischer Ermittlungsmethoden bei der Strafverfolgung, Hamburg 1997.

PAULUS, JOACHIM: Überprüfung der V-Mann-Sperrung durch einen neutralen Strafrichter?, Frankfurt am Main 1988.

PÜTTER, NORBERT / DIEDERICHS, OTTO: V-Personen, Verdeckte Ermittler, NoePs, qualifizierte Scheinkäufer und andere, in: Bürgerrechte & Polizei/CILIP 49 (3/1994), S. 24 ff.

PUPPE, INGEBORG: Verführung als Sonderopfer – Zugleich Besprechung BGH 2 StR 446/85, NStZ 1986, S. 162, in: NStZ 1986, S. 404 ff.

REBMANN, KURT: Der Zeuge vom Hörensagen im Spannungsverhältnis zwischen gerichtlicher Aufklärungspflicht, Belangen der Exekutive und Verteidigungsinteresse, in: NStZ 1982, S. 315 ff.

RIEHLE, ECKART: Verdacht, Gefahr und Risiko, Der V-Mann: ein weiterer Schritt auf dem Weg zu einer anderen Polizei?, in: KrimJ 1985, S. 44 ff.

RÖHRICH, CHRISTIAN: Rechtsprobleme bei der Verwendung von V-Leuten für den Strafprozeß (zugleich ein Beitrag zur straf- und zivilrechtlichen Verantwortlichkeit der Denunzianten), Erlangen-Nürnberg 1974.

ROGALL, KLAUS: Moderne Fahndungsmethoden im Lichte gewandelten Grundrechtsverständnisses, in: GA 1985, S. 1 ff.

SARSTEDT, WERNER / HAMM, RAINER: Die Revision in Strafsachen, 6. Auflage, Berlin / NewYork 1998.

SCHOREIT, ARMIN: Datenverarbeitung, Datenschutz und Strafrecht – Informationelle Selbstbestimmung und Strafprozessordnung, Rechtsgrundlagen und Grenzen der Informationsverarbeitung durch die Strafverfolgungsbehörden, in: DRiZ 1987, S. 82 ff.

SEELMANN, KURT: Zur materiell-rechtlichen Problematik des V-Mannes, in: ZStW 95 (1983), S. 797 ff.

SOMMER, ULRICH: Anmerkung zu EGMR NStZ 1999, 47, in: NStZ 1999, S. 47 ff.

STOCK, JÜRGEN: Die polizeiliche Arbeit aus kriminologischer Sicht, S. 1028, in: Handbuch des Betäubungsmittelstrafrechts, hrsgg. von Kreuzer, München 1998.

TASCHKE, JÜRGEN: Verfahrenshindernis bei Anstiftung durch einen Lockspitzel?, in: StV 1984, S. 178 ff.

WASSERMANN, RUDOLF, Kommentar zur Strafprozeßordnung, Reihe Alternativkommentar, Band 2, Teilband 1, §§ 94 – 212b, Neuwied 1992.

WEYRAUCH, WALTER OTTO: Gestapo V-Leute, Ius Commune, Sonderhefte, Studien zur Europäischen Rechtsgeschichte 41, Frankfurt a.M. 1989.

WOLFSLAST, GABRIELE: Staatlicher Strafanspruch und Verwirkung, Köln 1995.

WOLTER, JÜRGEN: Heimliche und automatisierte Informationseingriffe wider Datengrundrechtsschutz – Gesamtanpassung vor Gesamtreform von Strafprozeß– und Polizeirecht -, Teil 1, in: GA 1988, S. 49 ff.

– Beweisverbote und Informationsübermittlung der Polizei bei präventiver Videoüberwachung eines Tatverdächtigen – BGH NJW 1991, S. 2651, in: Jura 1992, S. 520 ff.

– Verfassungsrecht im Strafprozeß – und Strafrechtssystem – Zugleich ein Beitrag zur Verfassungsmäßigkeit der Norm und zum rechtsfreien Raum „vor dem Tatbestand", in: NStZ 1993, S. 1 ff.

2. Einsatz des „Global-Positioning-System" (GPS)

Das „Global Positioning System" (GPS) ist ein von den Vereinigten Staaten entwickeltes und betriebenes **globales Ortungs- und Navigationssystem**[1]. Ihm kommt mittlerweile die tragende Rolle bei der Lokalisierung von Objekten zu. Es ermöglicht mittlerweile eine hochpräzise und ununterbrochene Ortung[2]. Das GPS besteht aus insgesamt 24 Satelliten, von denen 21 aktiv sind. Das Ortungsverfahren beruht auf der Entfernungsbestimmung durch Messung der Laufzeit von Signalen zwischen dem zu ortenden Objekt und den Satelliten als (bekannten) Bezugspunkten. Aus diesen Signalen wird der jeweilige Standort errechnet[3]. Für eine Observation durch das GPS muss ein Objekt, das dem Überwachten zugerechnet wird, mit einem Empfänger ausgestattet werden. Naturgemäß hat dieser Vorgang ohne Wissen des Betroffenen stattzufinden. Zu diesem Zweck muss der **Empfänger an einem Objekt befestigt** werden, das von der verdächtigen Person benutzt wird. In Betracht kommen dafür insbesondere Kraftfahrzeuge oder andere größere Gegenstände, in denen der Empfänger die Person unbemerkt „begleitet". Von dem Empfänger werden in regelmäßigen Zeitabständen Signale aufgefangen, die von Satelliten ausgesendet werden. Jener bestimmt sodann im Schnittpunkt von Längen- und Breitengrad äußerst präzise den Standpunkt des Objekts. Hieraus lassen sich **Bewegungsbilder** erstellen, die Auskunft über den jeweiligen Standort der Sache zu einem beliebigen, bestimmbaren Zeitpunkt geben.

Funktionsweise des GPS

2.1. Die Rechtsgrundlage für den Einsatz des GPS

Der Einsatz mittels GPS ermöglicht eine **längerfristige Überwachung** und ist aufgrund seiner Eingriffsintensität von vornherein nicht geeignet, durch die beschränkten Generalermächtigungsklauseln der §§ 161, 163 StPO legitimiert zu werden. Dies ist in Rechtsprechung und Literatur unbestritten.

Rechtsgrundlage in § 100f I Nr. 2 StPO?

2.1.1. Das GPS als besonderes technisches Mittel i.S. des § 100f Abs. 1 Nr.2 StPO n. F?

Als Rechtsgrundlage für den Einsatz des GPS kommt nur § 100f Abs. 1 Nr.2 StPO n. F (§ 100c Abs. 1 Nr. 1b StPO a. F.) in Betracht. Dieser bestimmt, dass ohne Wissen des Betroffenen sonstige, **besondere für Observationszwecke bestimmte technische Mittel**[4] zur Erforschung des Sachverhalts oder zur Ermittlung des Aufenthaltsort des

---

1 Ab Ende 2010 soll auch das von der EU und der Europäischen Raumfahrtbehörde (Esa) betriebene „Galileo-System" voll funktionstüchtig sein. Dies besteht aus 30 Satelliten und ermöglicht eine noch genauere Ortbestimmung als das GPS (Vgl. hierzu: FAZ v. 29.12.2005).
2 Zur Funktionsweise des GPS: *Kumm*, GPS-Global Positioning System, S. 27 ff.; eine verständliche populärwissenschaftliche Übersicht bietet: *Engel*, PC-Shopping 3/2000, S. 18.
3 *Engel*, PC-Shopping 3/2000, S. 18; vgl. auch *Bernsmann*, StV 2001, 382 (383).
4 Ausführlich zum Begriff: *Binder*, Einsatz technischer Mittel, S. 15 ff.

Teil 3: Ermittlungsbefugnisse durch Rspr.

„Täters"[5] verwendet werden dürfen, wenn Gegenstand der Untersuchung eine **Straftat von erheblicher Bedeutung**[6] ist, und wenn die Erforschung des Sachverhalts oder die Ermittlung des Aufenthaltsorts auf andere Weise weniger erfolgversprechend oder erschwert wäre (sog. „einfache Subsidiaritätsklausel"[7]). Fraglich ist, ob es sich bei dem **GPS** tatsächlich um ein sonstiges, besonderes für Observationszwecke **bestimmtes technisches Mittel im Sinne des § 100f I Nr.2 StPO n. F** handelt. Die Rechtsprechung hat dies in Anlehnung an die Ausgangsentscheidung des *OLG Düsseldorf* im so genannten „AIZ-Verfahren"[8] eindeutig entschieden: sowohl der *BGH*[9] als auch das *BVerfG*[10] stimmen mit dem *OLG Düsseldorf* darin überein, dass die Norm auch den Einsatz des GPS legitimiert. Dem hat sich die überwiegende Literatur angeschlossen[11].

Gleichwohl hat diese Auffassung erhebliche Kritik erfahren[12]. Der Meinungsstreit steht exemplarisch für die Frage, welche neuen, bislang unbekannten Arten von Datenerhebungen durch die Vorschriften der StPO gestattet werden: Handelt es sich bei den **Eingriffsermächtigungen der StPO** um solche **„auf Zuwachs"**, die folglich mit neuen Überwachungsoptionen neuer Eingriffsqualität parallel „mitwachsen"? Dabei wird ganz überwiegend auch von den Kritikern der Rechtsprechung anerkannt, dass der Wortlaut der Norm eine Subsumtion des GPS als Ortungsgerät unter den Terminus des *„für Observationszwecke bestimmte(n) technische(n) Mittel(s)"* im Sinne des § 100 c I Nr.1b StPO a. F. (§ 100f I Nr. 2 StPO n. F.) grundsätzlich trägt[13]. Vereinzelt wird allerdings darauf hingewiesen, dass das GPS an sich „nur" ein Ortungs- und Navigationssystem sei, das zwar – bei Erfordernis weiterer technischer Mittel – eine Observation zulasse, unter Zugrundelegung einer restriktiven grammatikalischen Auslegung aber keinesfalls für Observationszwecke „bestimmt" sei; insoweit könne nur von einer „Bestimmbarkeit" gesprochen werden, die jedenfalls *expressis verbis* nicht von der Norm des § 100c I Nr. 1b StPO a. F. (§ 100f I Nr.2 StPO n. F.) erfasst sei[14].

Sowohl die Rechtsprechung wie auch ihre Kritiker berufen sich im Übrigen jeweils auf die Entstehungsgeschichte des § 100 c Abs. 1 Nr. 1b StPO a. F. (§ 100f Abs. 1 Nr.2

Eingriffsermächtigungen „auf Zuwachs"

---

5   Zur gesetzgeberischen Verwendung des Begriffs des „Täters" im Ermittlungsverfahren, in dem es lediglich „Verdächtige" geben kann, zu Recht sehr kritisch *Paeffgen*, StV 1999, 625; *Bernsmann/Jansen*, StV 1998, 217; *Binder*, Einsatz technischer Mittel, S. 22 f.; *Zaczyk*, StV 1993, 490 (491).
6   Vgl. zu diesem Terminus: 2.1.2.2.1.
7   Zum System der Subsidiaritätsklauseln vgl. *Rieß*, in: Geppert/Dehnicke (Hrsg.), *K.H.-Meyer*-GS, S. 367 ff.
8   *OLG Düsseldorf*, StV 1998, 171.
9   BGHSt 46, 266.
10 *BVerfG*, NJW 2005, 1338.
11 *Meyer-Goßner*, § 100c Rdnr. 2; KK-StPO-*Nack*, § 100c Rdnr. 13; LR-*Schäfer*, § 100c Rdnr. 25, *Steinmetz*, NStZ 2001, 344; *Theisen*, JR 1999, 259.
12 *Bernsmann*, StV 2001, 382; *Comes*, StV 1998, 569; *Roggan*, DaNa 2/2005, 14; krit. auch: *Deckers*, StraFo 2002, 109 (116 ff.); *Gusy*: StV 1998, 526.
13 LR-*Schäfer*, § 100c Rdnr. 25.
14 *Bernsmann*, StV 2001, 382 (383 f.); *Roggan*, DaNa 2/2005, 14 (15); dazu auch im Ersten Teil unter 3.6.

StPO n. F.). Nach der Rechtsprechung und der ihr folgenden Literatur sei es **das erklärte Ziel des Gesetzgebers** gewesen, das gesetzliche **Instrumentarium zur Verbrechensbekämpfung zu verbessern** und dabei namentlich Erschwernissen, die sich aus der konspirativen Vorbereitung und Durchführung von Straftaten ergeben, entgegenzuwirken[15]. Hieraus ergebe sich eine grundsätzlich extensive Auslegung bestehender Befugnisnormen. Nach *Martensen* lege „gerade im strafrechtlichen Ermittlungsverfahren [...] die **dynamische Fortentwicklung kriminalistischer Methoden** und auch die notwendige Spannbreite kreativer Ermittlungsansätze im Einzelfall eine eher offene Fassung der Eingriffsnormen nahe"[16].

<small>Extensive Auslegung von Befugnisnormen?</small>

Dem steht bezogen auf den Anwendungsbereich des § 100f I Nr.2 StPO n. F. allerdings entgegen, dass der Gesetzgeber ausweislich der Gesetzesbegründung an „klassische" Observationsmittel wie Peilsender oder Nachtsichtgeräte dachte[17]. Ob sich der GPS-Einsatz angesichts seiner technischen Ausgestaltung mit diesen vergleichen lässt, erscheint allerdings jedenfalls fraglich[18]. Das GPS zeichnet sich zum einen – wie auch das *BVerfG* einräumt – durch „eine verbesserte Flexibilität im Einsatz und eine erhöhte Genauigkeit der Ergebnisse"[19] aus. Insoweit ermöglicht das GPS ein weltweit präzises, jederzeit abrufbares und speicherbares Bewegungsbild der Betroffenen. Von der Datenerhebung wissen die betroffenen Personen nicht nur nichts, die Ermittler verwenden vielmehr auch eine Technik, gegen die sich die Betroffenen mit allgemein zugänglichen Alltagstechniken oder durch Verhaltensanpassung kaum erwehren können[20]. Überdies enthält § 100f I Nr.2 StPO n. F. (§ 100c I Nr. 1b StPO a. F.) auch keine Ermächtigung zur Erhebung, Speicherung, Übermittlung und Verwendung der mit technischen Mitteln gewonnenen Daten. Das GPS arbeitet aber gerade und vornehmlich, quasi wesensbedingt, mit diesen Datentechniken[21]. Auf diesen Punkt geht erstaunlicherweise auch das *BVerfG* in seiner Entscheidung nicht ein.

<small>Technische Spezifika des GPS</small>

Ein dahingehender Wille des Gesetzgebers, für alle Zukunft jede denkbare Erfindung und Entwicklung technischer Art - sofern sie nicht gesonderter Gesetzgebung unterzogen wird - über § 100f StPO zu legalisieren, kann dem seinerzeitigen Gesetzgeber weder ausdrücklich noch konkludent unterstellt werden[22]. Keinesfalls haben die Ermittlungsbehörden eine „Blankovollmacht" für alle sich aus dem technischen Fortschritt ergebenden neuen Observationsmethoden erteilt; das käme einer „**Kapitulation von Recht und Gesetz vor dem Faktischen** gleich"[23].

Im Hinblick auf das Bestimmtheitsgebot hat das *BVerfG* insoweit zutreffend klar gestellt, dass aufgrund des „schnellen und für den Grundrechtsschutz riskanten [...]

---

15 Vgl. BT-Drucks. 12/989, S. 20.
16 *Martensen*, JuS 1999, 433 (435); vgl. auch: *Steinmetz*, NStZ 2001, 344.
17 BT-Drs. 12/989, S. 39.
18 Vgl. *Gercke*, Bürgerrechte & Polizei/CILIP 71 (1/2002), 20, 25, m. w. Nachw.
19 *BVerfG*, NJW 2005, 1338 (1340).
20 Vgl. auch *Comes*, StV 1998, 571.
21 *Comes*, StV 1998, 570.
22 *Bernsmann*, StV 2001, 384; *Comes*, StV 1998, 570.
23 *Comes*, StV 1998, 570.

Teil 3: Ermittlungsbefugnisse durch Rspr.

Verfassungsgerichtliche Kontinuitäten

informationstechnischen Wandels" der „Gesetzgeber die technischen Entwicklungen aufmerksam beobachten und bei Fehlentwicklungen hinsichtlich der konkreten Ausfüllung offener Gesetzesbegriffe durch die Strafverfolgungsbehörden und die Strafgerichte notfalls durch ergänzende Rechtssetzung korrigierend eingreifen"[24] müsse. Indessen bleibt dies nicht mehr als ein bloßer Appell, da das *Gericht* im gleichen Atemzug klar stellt, dass das Bestimmtheitsgebot „keine gesetzlichen Formulierungen [verlange], die jede Einbeziehung kriminaltechnischer Neuerungen ausschließen"[25]. Letztlich bedeutet dies nach dem *BVerfG*, dass § 100f I Nr. 2 StPO im Hinblick auf den Einsatz des GPS keiner restriktiven Auslegung bedürfe. Das Gericht folgt damit seiner Entscheidung zur Verfassungsmäßigkeit von § 81a StPO[26], in der es bereits ausgeführt hat, dass die StPO für „Fortentwicklungen und Neuerungen im Bereich der Kriminalistik offen"[27] sei.

Weltraumrechtliche Dimension

Darüber hinaus trägt der GPS-Einsatz ein weiteres Rechtsproblem in sich, das in den Entscheidungen der Gerichte nicht einmal Erwähnung findet: *Bernsmann* hat als erster darauf hingewiesen, dass der **Einsatz des GPS auch eine weltraumrechtliche Dimension** besitze: Es sei keineswegs unzweifelhaft, dass der strafverfolgende Einsatz von GPS ein „peaceful purpose" im Sinne von Art. 4 II des Weltraumvertrages sei[28]. Die Bedeutung dieses Begriffes war in der weltraumrechtlichen Literatur in der Tat lange Zeit umstritten: Im Kern ging es darum, ob unter „peaceful" lediglich „non-military" oder „non-aggressive" gemeint war[29]. Mittlerweile wird allerdings nahezu einhellig vertreten, dass „friedlich" als „nicht-aggressives" Verhalten, also als Gegenbegriff zu (militärischem) Angriff und Gewaltanwendung zu verstehen ist[30]. Aus weltraumrechtlicher Sicht ist die GPS-Ortung also insoweit grundsätzlich zulässig[31]. Gleichwohl ist *Bernsmann* darin zuzustimmen, dass die Nutzung der Weltraumtechnologie eines fremden Staates zur eigenen Strafverfolgung Fragen aufwirft, zu der die internationale Staatengemeinschaft noch nicht abschließend Stellung bezogen hat und die von der Rechtsprechung jedenfalls in die Erwägungen mit hätten einfließen müssen[32].

2.1.2. Die Kumulation heimlicher Observationsmaßnahmen

Problemstellung

Die GPS-Entscheidungen des *BGH* und des *BVerfG* werfen schließlich die weitere Frage auf, inwieweit die Bündelung verschiedener heimlicher Beweisgewinnungsmethoden im Allgemeinen und solcher zur Observation im Besonderen zulässig ist. Insgesamt handelt es sich dabei um **sog. kumulierende Ermittlungsmaßnahmen**, bei de-

---

24 *BVerfG*, NJW 2005, 1338 (1340).
25 *BVerfG*, NJW 2005, 1338 (1340).
26 *BVerfG*, NStZ 1996, 46.
27 *BVerfG*, NStZ 1996, 45 (46).
28 *Bernsmann*, StV 2001, 383; vgl. auch *Gercke*, Bürgerrechte & Polizei / CILIP 71 (1/2002), 26.
29 Vgl. hierzu: *Diederiks-Verschoor*, An Introduction to Space Law, S. 28 ff.
30 *Böckstiegel*, Handbuch des Weltraumrechts, S. 76.
31 *Abdallah/Gercke*, CR 2003, 298 (299).
32 *Bernsmann*, StV 2001, 382, 383 f., der darauf hinweist, dass die deutschen Strafverfolgungsbehörden „*das Verteidigungsministerium der USA ohne weiteres als Erfüllungsgehilfen [...] in Anspruch nehmen*".

nen bereits in der Entscheidung des BGH konstatiert wurde, dass sie in **ihrer Gesamtheit gegen den Verhältnismäßigkeitsgrundsatz verstoßen** können[33].

Im Hinblick auf die bestehende Gesetzeslage hebt das *BVerfG* hervor, dass die zuständige Staatsanwaltschaft über sämtliche Ermittlungseingriffe zu informieren sei; außerdem seien die bereits ausgeführten bzw. ausführbaren Ermittlungsmaßnahmen zu dokumentieren[34]. Die Verpflichtung, alle wesentlichen Verfahrensvorgänge aktenkundig zu machen, ergibt sich einfach-gesetzlich bereits aus § 168b I StPO. Schließlich stellt das *BVerfG* in diesem Zusammenhang auf § 492 IV StPO ab, der die Datenübermittlung der Strafverfolgungsbehörden an die Nachrichtendienste regelt und durch den insoweit die Voraussetzung für die grundrechtssichernde Abstimmung mit anderen Ermittlungsorganen geschaffen sei[35]. Das *BVerfG* erwägt weiterhin, ob durch „ergänzende Regelung der praktischen Ermittlungstätigkeit [...] unkoordinierte Ermittlungsmaßnahmen verschiedener Behörden verlässlich verhindert werden können". Insoweit folgt das *BVerfG* Ansätzen in der Literatur, die bereits frühzeitig darauf hingewiesen hat, dass das Verhältnismäßigkeitsprinzip nur dann gewahrt werden kann, wenn jede anordnende Stelle einen Gesamtüberblick über alle im Raume stehende Ermittlungsmaßnahmen hat[36]. Dogmatischer Anknüpfungspunkt ist hierfür bereits *de lege lata* das System der Subsidiaritätsklauseln[37]: diese setzen unabhängig von ihrem Anforderungsgrad stets einen Vergleich mit anderen Ermittlungsmaßnahmen voraus. Eine solche vergleichende Betrachtungsweise erfordert aber, dass der anordnenden Stelle stets alle bereits angeordneten Maßnahmen bekannt sind, um dem Verhältnismäßigkeitsgrundsatz Rechnung zu tragen[38].

Transparenz von Ermittlungsvorgängen

2.2. Technik-bezügliche Gesetze und Wesentlichkeitstheorie

Es lässt sich feststellen, dass die Rechtsprechung und die ihr folgende herrschende Lehre **strafprozessuale Eingriffsermächtigungen tendenziell weit auslegen** und somit Lücken schließen. Eine Konsequenz ist, dass jegliche neue Überwachungsmethode, sofern sie sich als überhaupt für Observationszwecke geeignetes technisches Mittel darstellt, als eine durch das OrgKG legalisierte und damit künftig zulässige Methode der Erkenntnisgewinnung im Strafverfahren zu betrachten ist. Daraus ergibt sich einerseits, dass technisch weiter verfeinerte Technologien, die wiederum neue Optionen für die Überwachung von Menschen eröffnen, ebenfalls aus dieser Sicht als zulässig zu betrachten sind[39].

Konsequenzen der Rspr.

---

33 Dazu jetzt ausführlich *Puschke*, Die kumulative Anordnung von Informationsbeschaffungsmaßnahmen, Berlin 2006, vgl. auch *BGH*, NStZ 2001, 388.
34 *BVerfG*, NJW 2005, 1338 (1341).
35 *BVerfG*, NJW 2005, 1338 (1341); kritisch hierzu: *Roggan*, DaNa 2/2005, 14 (16).
36 *Comes*, StV 1998, 570, 572; *Gercke*, Bewegungsprofile anhand von Mobilfunkdaten, S. 137.
37 *Gercke*, Bewegungsprofile anhand von Mobilfunkdaten, S. 136 ff.
38 *Gercke*, Bewegungsprofile anhand von Mobilfunkdaten, S. 137.
39 Insoweit bleibt gerade im Hinblick auf das technisch gegenüber dem GPS wesentlich verfeinerte „Galileo-System" der EU und der Esa die weitere Entwicklung abzuwarten.

Teil 3: Ermittlungsbefugnisse durch Rspr.

Technischer Fortschritt und Überwachung

Der Gesetzgeber hat nach dieser Auffassung also Eingriffe in die Grundrechte legalisiert, die er zum Zeitpunkt der Gesetzgebung noch nicht gekannt hat und ggf. auch noch gar nicht kennen konnte. Die mit diesen Maßnahmen verbundenen Eingriffsintensitäten spielen damit - wenn überhaupt - für die Beurteilung der Zulässigkeit nur eine untergeordnete Rolle. Die Eingriffsgrenzen lassen sich dann allenfalls noch aus dem Verhältnismäßigkeitsprinzip ableiten, aber nicht mehr unmittelbar aus dem Wortlaut des Gesetzes. Folgerichtig knüpft das *BVerfG* auch gerade an diesem Punkt an[40]. Die Entscheidung über den Einsatz nicht explizit geregelter Eingriffe wird so letztlich in das Ermessen der Fachgerichte gestellt. Abwägung von Normzweck, Grundrechtsintensität und anderen Interessen der betroffenen Bürger sind demgegenüber unter Berücksichtigung von Bestimmtheit, Normklarheit und Verhältnismäßigkeit als ureigenste Aufgabe der Gesetzgebung aufzufassen[41]. Das bedeutet für **Eingriffsermächtigungen**, dass sie **prinzipiell eng auszulegen sind**. Daraus ergibt sich die Konsequenz, dass Fortentwicklungen von Ermittlungsmethoden, die mit einer spürbar erhöhten Eingriffsintensität verbunden sind, gesetzgeberisch zu bestimmen sind[42]. Nur auf diese Weise ist es der Gesetzgeber, der den technischen Fortschritt bei der Strafverfolgung möglichst unmittelbar gestaltet.

Wesentlichkeitstheorie

Dabei wird nicht verkannt, dass so genannte technik-bezügliche Gesetze regelmäßig alsbald von der technologischen Entwicklung „überholt" werden[43]. Gleichwohl ist es – schon vor dem Hintergrund des Postulats vom Gesetzesvorbehalt – ureigenste Aufgabe des Gesetzgebers Grundrechtseingriffe selbst zu regeln; dies gilt insbesondere für strafprozessuale Eingriffsnormen[44]. Eine Auslegung bestehender Ermächtigungsgrundlagen als „Befugnisnormen auf Zuwachs" widerspricht diesen Grundsätzen; sie liefe letztlich darauf hinaus, dass der Gesetzgeber das ihm nicht Bekannte und daher von ihm abschließend zu Bewertende in die Hände der Sicherheitsbehörden bzw. der deren Handeln zu bewertende Gerichte legen würde[45]. Aus den Grundsätzen der Wesentlichkeitstheorie, wie sie das *BVerfG* insbesondere im „Kalkar-Beschluss"[46] aufgestellt hat, ergibt sich aber die **Pflicht des Gesetzgebers**, die Ermächtigungsgrundlagen für bekannte grundrechtsbeeinträchtigende **(Ermittlungs-) Maßnahmen selbst zu regeln**. Nur eine solche Sichtweise wird auch dem Bestimmtheitsgebot gerecht. Sie stärkt letztlich auch die Strafverfolgungsbehörden im Hinblick auf die Legitimität der angewendeten (Überwachungs-)Mittel.

---

40 Vgl. *BVerfG,* NJW 2005, 1338 (1341).
41 Vgl. dazu mit Blick auf die skizzierte Entscheidung: *Gusy,* StV 1998, 526.
42 Zum Vorbehalt des Gesetzes vgl. den Ersten Teil unter 3.3.
43 Vgl. hierzu: *Paeffgen* in: Schünemann u.a. (Hrsg.), Roxin-FS, S. 1299 (1318).
44 *Rogall,* Informationseingriff und Gesetzesvorbehalt im Strafverfahren, S. 2; *Kühne,* Strafprozessrecht, Rdnr. 395; *Rüping,* Das Strafverfahren, Rdnr. 202 ff.
45 Vgl. *Roggan,* DaNa 2/2005, 14 (15).
46 BVerfGE 49, 89.

2. GPS-Einsatz

Literatur

ABDALLAH, TAREK/GERCKE, BJÖRN: Verwertbarkeit privat veranlasster GPS-Peilungen von gestohlenem Gut, in: CR 2003, S. 298 ff.

BERNSMANN, KLAUS: Anmerkung zu BGH StV 2001, 216, in: StV 2001, S. 382 ff.

BERNSMANN, KLAUS/JANSEN, KIRSTIN: Heimliche Ermittlungsmethoden und ihre Kontrolle – ein systematischer Überblick, in: StV 1998, S. 217 ff.

BINDER, DETLEF: Rechtsprobleme des Einsatzes technischer Mittel gemäß §§ 100 c, d StPO und des Lauschangriffs (zit. als: Einsatz technischer Mittel), Diss., Bielefeld 1996.

BÖCKSTIEGEL, KARL-HEINZ: Handbuch des Weltraumrechts.

COMES, HEINRICH: Der Fluch der kleinen Schritte – Wie weit tragen die Legitimationsgrundlagen der StPO bei Observationsmaßnahmen?, in: StV 1998, S. 569 ff.

DECKERS, RÜDIGER: Geheime Aufklärung durch Einsatz technischer Mittel, in: StraFo 2002, S. 109 ff.

DIEDERIKS-VERSCHOOR / I.H. PHILEPINA: An Introduction to Space Law (2. Aufl.).

ENGEL, PETER: Wo bin ich? – Ortbestimmung mit Hilfe von GPS, in: PC-Shopping 3/2000.

GERCKE, BJÖRN: Bewegungsprofile anhand von Mobilfunkdaten, Berlin 2002.

– Überwachung des Mobilfunkverkehrs, in: Bürgerrechte & Polizei/CILIP 71 (1/2002), S. 20 ff.

GUSY, CHRISTOPH: Anmerkung zu OLG Düsseldorf, NStZ 1998, 268, in: StV 1998, S. 526 ff.

MARTENSEN, JÜRGEN: Strafprozessuale Ermittlungen im Lichte des Vorbehalts des Gesetzes, in: JuS 1999, S. 433 ff.

PAEFFGEN, HANS-ULLRICH: Strafprozeß im Umbruch oder: Vom unmöglichen Zustand des Strafprozeßrechts, in: StV 1999, S. 625 ff.

– Überlegungen zu einer Reform des Rechts der Überwachung der Telekommunikation, in: Schünemann u.a. (Hrsg.), *Roxin*-FS, S. 1299 ff.

PUSCHKE, JENS: Die kumulative Anordnung von Informationsbeschaffungsmaßnahmen, Berlin 2006.

RIESS, PETER: Über Subsidiaritätsverhältnisse und Subsidiaritätsklauseln im Strafverfahren, in: Geppert,/Dehnicke (Hrsg.), *K.H.-Meyer*-GS, S. 367 ff.

ROGALL, KLAUS: Informationseingriff und Gesetzesvorbehalt im Strafverfahren, Tübingen 1992.

ROGGAN, FREDRIK: GPS-Einsatz mit verfassunggerichtlichem Segen, in: DaNa 2/2005, S. 14 ff.

STEINMETZ, JAN: Zur Kumulierung strafprozessualer Ermittlungsmaßnahmen, in: NStZ 2001, S. 344 ff.

THEISEN, WILHELM: Anmerkung zu OLG Düsseldorf, NStZ 1998, 268, in: JR 1999, S. 259 ff.

ZACZYK, RAINER: Prozeßsubjekte oder Störer – Die StPO nach dem OrgKG – dargestellt an der Regelung des Verdeckten Ermittlers, in: StV 1993, S. 490 ff.

Teil 4: Neue Aufgaben und Befugnisse im Geheimdienstrecht

Übersicht

1. **Die Beobachtung der Organisierten Kriminalität durch Verfassungsschutzbehörden** 412
   1.1. Das Normprogramm und die Zielrichtung des gesetzlichen Auftrages 413
   1.2. Zur Frage der Gesetzgebungskompetenz..416
   1.3. Die strafprozessuale Bedeutung der bayerischen Kompetenz 418
      1.3.1. Die Erweiterung der strafprozessualen Eingriffsinstrumentarien 418
      1.3.2. Kein Legalitätsprinzip bei Datenerhebungen
             durch Verfassungsschutz-behörden..420
      1.3.3. Die unmittelbaren Folgen für die Subjekte im Strafprozess..............422
   1.4. Konsequenzen der Aufgabenerweiterung...423
2. **Strategische Rasterfahndung – der BND als Bundesgeheimpolizei ?** 427
   2.1. Die Kompetenzen des BND...427
   2.2. Die Kriminalitätsaufklärung des BND im Inland..430
   2.3. Zusammenfassende Bewertung der BND-Befugnisse 433
3. **Überblick: Neue Aufgaben und Befugnisse der Geheimdienste
   nach dem TerrBekG**...439
   3.1. Bundesverfassungsschutzgesetz..439
   3.2. MAD-Gesetz 442
   3.3. BND-Gesetz 443

Teil 4:
Neue Aufgaben und Befugnisse im Geheimdienstrecht

1. Die Beobachtung der Organisierten Kriminalität durch Verfassungsschutzbehörden

> *Letztlich geht es (...) bei der Beauftragung des Verfassungsschutzes (und sonstiger Geheimdienste) mit der Aufklärung organisierter Kriminalität um die Grundsatzfrage, inwieweit die Strafverfolgungstätigkeit des Staates auch zukünftig rechtlich gebunden sein soll.*
> Prof. Dr. **Helmut Frister**, Düsseldorf[1].

Regelungen im Polizeirecht der Länder: Beobachtung OK durch VS	
Baden-Württemberg:	-
Bayern:	Art. 3 I Nr. 4 BayVSG
Berlin:	-
Brandenburg:	-
Bremen:	-
Hamburg:	-
Hessen:	§ 2 II Nr. 5 HessVerfSchG
Niedersachsen:	-
Nordrhein-Westfalen:	-
Mecklenburg-Vorpommern:	-
Rheinland-Pfalz:	-
Saarland:	§ 3 I Nr. 4 SVerfSchG
Sachsen:	§ 2 I Nr. 5 SächsVSG
Sachsen-Anhalt:	-
Schleswig-Holstein:	-
Thüringen:	§ 2 I Nr. 5 ThürVSG

Einleitung Im Jahr 1994 wurde das **bayerische Verfassungsschutzgesetz** u. a. in der Weise novelliert, dass das bayerische Amt für Verfassungsschutz nun auch die sog. „organisierte Kriminalität" (im Folgenden: OK) mit nachrichtendienstlichen Mittel überwachen darf. Auch in **Hessen, Thüringen** und dem **Saarland** existieren inzwischen weitgehend wortgleiche Beauftragungen der Verfassungsschutzbehörden[2]. Die genannte Befugnis ist mittlerweile auf vielfältige Weise kritisiert worden, und noch immer sind die eine

---

1 In: Bemmann-FS, S. 559.
2 Zum Gesetzgebungsverfahren in Sachsen (§ 2 I Nr.5 SächsVSG) krit. *Roggan* in der Sachverständigenanhörung des Innenausschusses zum *Gesetz zur Änderung des Sächsischen Verfassungsschutzgesetzes*, Drucksache 3/6212, Stenografisches Protokoll, S. 18 ff.

solche Kompetenz ablehnenden Stimmen in der Literatur nicht verstummt[3]. Die strafgerichtliche Rechtsprechung hatte sich allerdings mit der Verwertung von solchen Ermittlungen – soweit ersichtlich – noch nicht zu befassen. Das ändert jedoch nichts daran, dass die neuen Befugnisse für den Verfassungsschutz ganz erhebliche Probleme aufwerfen, die auch in ihrer Bedeutung für das Strafverfahren kaum zu unterschätzen sind. Diese sollen im Folgenden am **Beispiel der bayerischen Regelung** dargestellt werden.

1.1. Das Normprogramm und die Zielrichtung des gesetzlichen Auftrages

Gemäß Art. 1 I S.2 BayVSG hat das bayerische Landesamt für Verfassungsschutz die Aufgabe, **vor OK zu schützen**. Nach der Legaldefinition des Art. 1 III BayVSG ist darunter die von Gewinn- oder Machtstreben bestimmte **planmäßige Begehung von Straftaten** zu verstehen, die einzeln oder in ihrer Gesamtheit von erheblicher Bedeutung für die Rechtsordnung sind. OK soll sich außerdem dadurch auszeichnen, dass sie durch **mehr als zwei Beteiligte**, die auf **längere oder unbestimmte Dauer arbeitsteilig tätig** werden, begangen wird. Dies soll unter **Verwendung gewerblicher oder geschäftsähnlicher Strukturen** oder unter **Anwendung von Gewalt** oder durch entsprechende **Drohungen** oder unter **Einflussnahme auf Politik, Verwaltung, Justiz, Medien oder Wirtschaft geschehen**[4]. Die anderen Verfassungsschutzgesetze haben diese Definition fast wortgleich übernommen[5].

<small>Definition: OK</small>

Zum Zweck des Schutzes hat der VS nach Art. 3 I Nr.4 BayVSG die Bestrebungen und Tätigkeiten der OK im Geltungsbereich des Grundgesetzes zu beobachten. Die Ergebnisse dieser Beobachtungen dürfen nach Art. 3 III Nr.2 und 14 I S.1 3. Alt. BayVSG im Rahmen von amtlichen Auskünften u. a. – und nur das soll für den hier darzustellenden Zusammenhang von Interesse sein – **an die Strafverfolgungsbehörden weitergeleitet** werden. Es erscheint also wichtig, dass der gesetzliche Auftrag nicht nur in der **Beobachtung der OK** liegen soll, sondern dass der VS bei seinen entsprechend motivierten Datenerhebungen von vornherein mit gefahrenabwehrender *und* strafverfolgender Zielrichtung tätig wird[6]. Er soll also im Rahmen seiner Aufgabe („Schutz vor OK") auch zur **Bekämpfung der OK** tätig werden. Diese Tatsache ist unten eingehend zu untersuchen.

<small>Schutz durch Bekämpfung</small>

---

[3] So stammt die einzige Analyse der neuen VS-Befugnisse unmittelbar nach der Verabschiedung des neuen Gesetzes von *Koch*, ZRP 1995, 24 ff. Erst 2 Jahre später befasste sich auch *Frister* in: Bemmann-FS, S. 542 ff. mit der OK-Beobachtung durch den BayVS. Die vorläufig jüngste Abhandlung zum Themenkomplex stammt von *Hetzer*, StV 1999, 165 ff.

[4] Die Definition entspricht derjenigen der gemeinsamen Richtlinien der Justiz- und Innenminister der Länder über die Zusammenarbeit der Staatsanwaltschaft und Polizei bei der Verfolgung der OK, abgedruckt bei *Meyer-Goßner*, Anlage E zur RiStBV. Vgl. zu den Einzelheiten der Merkmale von „OK" *Remmele*, in: Verfassungsschutz, S. 313 f.

[5] *Hessen:* § 2 III S.1 Buchstabe d) VerfSchG; *Saarland:* § 5 I Nr. 4 SVerfSchG; *Thüringen:* § 2 IV ThürVSG; *Sachsen:* § 3 III SächsVSG.

[6] *Koch*, ZRP 1995, 27; vgl. Auch die entsprechende Betonung in der Gesetzesbegründung, LT-Drucks. 12/15217, S.2.

Teil 4: Geheimdienstrecht

Unbestimmtheit des OK-Begriffs

Dabei begegnet bereits diese **Definition von OK** – sofern sie überhaupt gesetzlich mit hinreichender Bestimmtheit fassbar ist – gewichtigen Bedenken[7]. Diese bestehen im Wesentlichen darin, dass die Definition **denkbar weit gefasst** ist und damit eine **Vielzahl von Erscheinungsformen** meint, deren Gefährlichkeit keinesfalls der vielfach beschworenen Gefährlichkeit des Phänomens OK notwendigerweise entspricht. An der hinreichenden Bestimmtheit der Legaldefinition bestehen schon insofern Zweifel, als von der Definition auch solche Erscheinungsformen der Kriminalität eingeschlossen werden, die als durchaus **normale „Mehr-Täter-Kriminalität"**[8] zu verstehen ist und als solche kaum eine entsprechend große Gefahr für die verfassungsmäßige Ordnung darstellen. Schon alltägliche Bandenkriminalität, die sich durch ein gewisses Maß an Arbeitsteiligkeit („Gewerbsmäßigkeit") auszeichnet, kann *per definitionem* dem Beobachtungsauftrag unterfallen[9].

OK als andersartige Gefahr

Ungeachtet dessen ist festzuhalten, dass selbst die Gesetzgeber die OK für weniger oder auch: **anders gefährlich** halten, denn die Beauftragung mit der Beobachtung der verfassungsfeindlichen Bestrebungen im Sinne der Verfassungsschutzgesetze wird durch die OK **ergänzt**. Durch das Wort „auch" (z.B. in Art. 1 I S.2 BayVSG[10]) wird deutlich gemacht, dass die **entsprechenden Aufträge nebeneinander stehen** und die OK folglich keine die freiheitlich demokratische Grundordnung o. ä. gefährdende Erscheinung ist. Das ist insofern von Bedeutung, als es in der Literatur eine durchaus intensive Auseinandersetzung darüber gab, ob OK dieses Kriterium erfüllt[11]. Nach den gesetzlichen Bestimmungen soll diese Frage bei der Tätigkeit der Verfassungsschutzbehörden aber keine Rolle spielen. Sie haben schlicht eine **weitere Aufgabe neben der des Verfassungsschutzes** (z.B. Art. 1 I S.1 BayVSG) erhalten[12].

VS-Befugnisse bei Alltagskriminalität?

Die Bestimmung des gesetzlichen Auftrages stellt sich also als tatsächlich wenig begrenzend heraus und verschafft dem Verfassungsschutz eine **Kompetenz, die weit über für tatsächlich gefährlich zu haltende Kriminalität hinausgeht**. Diese Tatsache wird für die nachfolgenden Ausführungen von erheblicher Bedeutung sein, da diesbezüglich nachrichtendienstliche Mittel (z.B. Art. 6 BayVSG) auch für viele Delikte, die der normalen Alltagskriminalität zuzurechnen sind, eingesetzt werden können[13]. Zu

---

7 Ausführlich *Pütter*, Der OK-Komplex, S. 182 ff.; *Schneider*, ZStW 113 (2001), 500 ff.; *Gercke*, Bewegungsprofile, S. 21; *Puschke/Singelstein*, NJW 2005, 3536; *Manns*, in: Innere Unsicherheit, S. 73 ff.
8 *Nehm*, NStZ 1996, 515.
9 *Frister* in: Bemmann-FS, S. 547; *Koch*, ZRP 1995, 26.
10 In diesem Sinne auch *Rupprecht*, Kriminalistik 1993, 134.
11 Bejahend *Werthebach/Droste-Lehnen*, ZRP 1994, 57 ff. und vom Ausmaß der OK abhängig machend auch *Rupprecht*, Kriminalistik 1993, 134; ablehnend *Frister* in: Bemmann-FS, S. 544; *Koch*, ZRP 1995, 24; ausführlich *Gusy*, StV 1995, 320 ff.; *ders.*, KritV 1994, 247 f.; *Denninger*, KritV 1994, 233 f.; *Ferse*, KritV 1994, 257; *Hetzer*, ZRP 1999, 21; *ders.*, StV 1999, 168 f. und wohl auch *Jachmann*, KritV 1994, 254.
12 Der *Sächsische Verfassungsgerichtshof* entschied allerdings, dass diese Aufgabenzuweisung einer verfassungskonformen Auslegung bedürfe: Die Beobachtung der OK durch den sächsischen Verfassungsschutz sei nur dann verfassungsgemäß, wenn diese Kriminalitätsform zugleich eine Bedrohung der freiheitlich demokratischen Grundordnung darstelle, SächsVerfGH, NVwZ 2005, 1312.
13 Vgl. zum Ganzen *Frister* in: Bemmann-FS, S. 545 f.; *Koch*, ZRP 1995, 26; vgl. zur Kritik an der Unbestimmtheit der OK auch *Gusy*, StV 1995, 321 und *Lisken*, ZRP 1994, 264 f.

diesen Mitteln zählen der sog. große Lauschangriff[14] ebenso wie der anderweitige Einsatz besonderer technischer Mittel zur Datenerhebung oder auch der Einsatz verdeckt operierender Mitarbeiter des VS[15].

Voraussetzung für ein entsprechendes Tätigwerden des VS sind lediglich „**tatsächliche Anhaltspunkte für Bestrebungen** oder **Tätigkeit der OK**" oder auch (nur) auf diese Weise Erkenntnisse über Nachrichtenzugänge gewonnen werden können, vgl. Art. 6 II Nr.1 BayVSG. Bereits die zuerst genannte Voraussetzung liegt weit **unterhalb eines Anfangsverdachts** im Sinne von § 152 II StPO[16]. Sie ist schon erfüllt, wenn eine Indizwirkung bestimmter Erkenntnisse/Tatsachen einen angenommenen Sachverhalt als möglich erscheinen lässt[17]. Damit werden die „tatsächlichen Anhaltspunkte" von bloßen Vermutungen und aus der Luft gegriffenen Annahmen[18] abgegrenzt. Schon solche Begründungen dürften in aller Regel **keine besonderen Hindernisse** für irgendwelche Datenerhebungen schaffen.

Noch leichter dürfte die Ausfüllung der tatbestandlichen Merkmale bei der Begründung der **Erforderlichkeit für Erkenntnisse über Nachrichtenzugänge** sein, denn die ersten Ermittlungen in eine noch diffuse Richtung dürften zunächst eine Szene oder ein Milieu betreffen, in denen z.B. nach Informanten gesucht werden muss. Der Zugang zu bestimmten Gruppen – um das erste Lagebild erstellen zu können – also Erkenntnisse über Nachrichtenzugänge zu erlangen, kann nur über die Verwendung von geheimen Ermittlungen erfolgen. Das entsprechende Tatbestandsmerkmal hat überhaupt **keine einschränkende Funktion**, sondern dürfte in der Regel der erste notwendige Schritt zur strategischen Datenerhebung über bestimmte Menschen sein. Es zeigt sich, dass dem VS der Einsatz nachrichtendienstlicher Mittel zur Bekämpfung der OK wesentlich **leichter möglich ist als der Staatsanwaltschaft und Polizei** bei der Erfüllung ihrer strafprozessualen Aufgaben. Die entsprechenden Befugnisse für verdeckte Datenerhebungen sind dort durchgehend deutlich strenger[19]. Mitunter wird gerade dieser rechtliche Umstand als Argument dafür herangezogen, dass die Befassung des VS mit der Beobachtung von OK sinnvoll sei[20].

Als bayerische Besonderheit dürfte anzusehen sein, dass der große Lauschangriff dort unter **leichteren Voraussetzungen zulässig ist als eine Telefonüberwachung**[21]. Denn während letztere den Voraussetzungen der §§ 1 I und 2 I G 10, also dem Erfordernis der

Tatbestand des VS-Auftrages

Insbesondere: Nachrichtenzugänge

---

14 Zur Verfassungswidrigkeit der sächsischen Regelung vgl. SächsVerfGH, NVwZ 2005, 1310 ff.
15 Zu diesen Mittel gehören außerdem der Einsatz von Vertrauensleuten, geheimen Informanten und Gewährsleuten, längerfristige Observationen, Beobachtung des Funkverkehrs auf den nicht für den allgemeinen Empfang bestimmten Kanälen, Verwendung fingierter biographischer, beruflicher oder gewerblicher Angaben (Legenden), Beschaffung, Herstellung und Verwendung von Tarnpapieren und Tarnkennzeichen sowie die Überwachung des Brief-, Post- und Fernmeldeverkehrs, vgl. dazu etwa *Gössner*, Erste Rechts-Hilfe, S. 215 f.
16 *Frister* in: Bemmann-FS, S. 549.
17 vgl. *Borgs* in: Borgs/Ebert, Das Recht der Geheimdienste, A § 3 Rdnr. 6.
18 Vgl. etwa *Berner/Köhler*, PAG, Art. 23 Rdnr. 12.
19 *Frister* in: Bemmann-FS, S. 549.
20 So *Remmele* in: Verfassungsschutz, S. 318 ff. und *Rupprecht*, Kriminalistik 1993, 135.
21 *Koch*, ZRP 1995, 26; *Frister* in: Bemmann-FS, S. 547.

Teil 4: Geheimdienstrecht

Insbesondere: Große Lauschangriffe

tatsächlichen Anhaltspunkte für den Verdacht von abschließend **geregelten (schweren) Katalogtaten**, zu genügen hat, ist ersterer nur durch den Art. 6 IV S.1 Nr.3 BayVSG begrenzt. Danach ist die verdeckte Datenerhebung aus Wohnungen auch bei tatsächlichen Anhaltspunkten für den Verdacht der Planung oder Begehung von **allen im Katalog des § 100 a StPO** enthaltenen Straftaten oder weiteren, **sämtlich der mittelschweren Kriminalität zuzurechnenden Delikten** erlaubt. Die bayerische Gesetzgebung wollte ausdrücklich solche Straftaten auch mittels großer Lauschangriffe beobachten. Das ergibt sich aus der bereits zitierten Gesetzesbegründung[22]. Die bundesgesetzliche Wertung, in welchen Fällen also große Lauschangriffe erlaubt sein sollen, wird durch die entsprechende Befugnis im BayVSG obsolet[23]. Es wird also in zutreffender Weise davon ausgegangen, dass nach **bayerischem Recht auch die gesamte Bandenkriminalität** besonderen, **verdeckten Datenerhebungen ausgesetzt** werden soll[24].

Es ist festzustellen, dass die Regelungen der Verfassungsschutzgesetze hinsichtlich ihrer tatbestandlichen Anforderungen nicht zu vergleichen sind mit jenen der Strafprozessordnung, und dass damit heimliche Datenerhebungen auch in Bereichen zugelassen sind, in denen die gleichen **zu strafprozessualen Zwecken** nach der StPO nicht erlaubt wären. Gleichzeitig wurde bereits festgestellt, dass die eingeführten Befugnisse nicht nur der Beobachtung der OK, sondern vielmehr ihrer Bekämpfung dienen sollen. Zur Bekämpfung ist jedoch in erster Linie ihre Strafverfolgung in der Lage, weshalb die Regelungswerke konsequenterweise die Weitergabe der erhobenen Daten an die Strafverfolgungsbehörden vorsehen. Sofern also bestimmte Erscheinungsformen der Kriminalität eine Gefahr für die verfassungsmäßige Ordnung darstellen, soll **ihre Bekämpfung mittels Datenweitergabe *durch* Strafverfolgung** erfolgen. Hier zeigt sich, dass das bayerische Landesamt für Verfassungsschutz gefahrenabwehrend tätig werden soll

Repressive Zielrichtung

und es **zu diesem Zweck repressive Maßnahmen** einleiten oder unterstützen soll. Man gelangt also – folgt man der gesetzlichen Systematik – zur **Konsequenz namens „Prävention *durch* Repression"**. An anderer Stelle wurde ein solcher gesetzlicher Auftrag ausführlich dargestellt und festgestellt, dass eine solche Aufgabenzuweisung mit einer systematischen Trennung von beiden Zwecken staatlichen Handelns unvereinbar ist. Sofern also ein nicht unwesentliches Ziel des gesetzlichen Auftrags darin besteht, bestimmte gesellschaftliche Phänomene (wie etwa OK) durch strafverfolgende Maßnahmen zu unterbinden, so handelt es sich dabei um **repressive Aufgabenstellungen.** Ob der bayerische Gesetzgeber für die – zumindest partiell – repressiven Aufgabenzuweisungen überhaupt die verfassungsmäßige Kompetenz besaß, ist im Folgenden zu erörtern.

1.2. Zur Frage der Gesetzgebungskompetenz

Es ist sehr fraglich, ob es sich bei der Beauftragung der Landesämter für Verfassungsschutz mit der Beobachtung der OK wegen der zumindest **partiell repressiven Aus-**

---

22 LT-Drucks. 12/15217, S. 7.
23 *Koch*, ZRP 1995, 26; *Frister* in: Bemmann-FS, S. 550.
24 *Frister* in: Bemmann-FS, S. 547; vgl. auch *Koch*, ZRP 1995, 26.

1. OK-Beobachtung durch VS-Behörden

richtung nicht um eine eigentlich strafprozessuale Regelung handelt. Wäre das der Fall, so fehlte den Landesgesetzgebern gemäß den Art. 74 I Nr.1 und 72 I GG die Befugnis zur Normsetzung. Diese Frage wird im Schrifttum unterschiedlich beantwortet.

Koch ist diesbezüglich der Auffassung, dass an der Gesetzgebungskompetenz keine Zweifel bestünden, da die **Länder nach Art. 70 I GG diejenige für den Verfassungsschutz** besäßen. Sie sei zwar nach Art. 73 Nr. 10 b GG eingeschränkt, da der Bund die Zusammenarbeit des Bundes und der Länder zum Schutze der freiheitlich demokratischen Grundordnung, des Bestandes und der Sicherheit des Bundes oder eines Landes regle. Der Bund könne also den Aufgabenbereich der Landesämter für den Verfassungsschutz bestimmen. Das stehe dem gegenständlichen Auftrag des BayVS aber nicht entgegen, weil es sich bei der entsprechenden bundesgesetzlichen Norm des § 3 BVerfSchG nur um einen Mindestkatalog handele. Da es bei der **OK um keine staatsfeindlichen Bestrebungen** gehe und die neue Regelung die Aufgaben des BayVS nur erweiterten, sei die **Gesetzgebungskompetenz unproblematisch**[25].

Dem wird von *Frister* entgegengehalten, dass die Gesetzgebungskompetenzen des Grundgesetzes nicht die Aufgabenbereiche, sondern Sachgebiete zum Gegenstand haben, und die Bundesländer deshalb ihre Behörden nur mit landesrechtlichen Aufgaben betrauen können, für die sie die Gesetzgebungskompetenz besitzen. Hinsichtlich des Sachgebietes sei **auf den verfolgten Zweck abzustellen**[26]. Eine zweckorientierte Betrachtung der neuen Befugnisse des VS ergäbe aber, dass die Bekämpfung der OK (zumindest auch) mittels strafrechtlicher Verfolgung durchgeführt werden solle[27]. An der entsprechenden Qualifizierung ändere auch nicht, dass die Datenerhebungen des VS im **Vorfeld eines Anfangsverdachts nach § 152 II StPO** stattfänden, da auf eine strafrechtliche Verfolgung abzielende Beobachtung im Vorfeld selbstverständlich auch strafprozessualer Natur sei. Denn das Erfordernis des Anfangsverdachts sei keine Voraussetzung für das Vorliegen, sondern eine Voraussetzung für die Zulässigkeit von entsprechenden Ermittlungen nach der StPO. *Frister* zieht aus diesen Erwägungen den Schluss, dass es sich bei der gegenständlichen **Befugnis des BayVS um eine strafprozessuale** handelt[28]. Für eine solche Befugnis fehle den Landesgesetzgebern jedoch die Gesetzgebungskompetenz, da diese ein Gegenstand bundesrechtlicher Regelung sei[29], Art. 74 I Nr.1, 72 I GG. Auch der *Sächsische Verfassungsgerichtshof* hält in einer einschlägigen Entscheidung die Bekämpfung der Organisierten Kriminalität für eine Kernaufgabe der Polizei- und Strafverfolgungsbehörden[30].

Zur Beantwortung der Frage ist auf die Zielrichtung der Befugnis abzustellen. Es wurde bereits oben beschrieben, dass die Gesetzgeber den Schutz vor OK bezwecken. **Schutz vor Kriminalität ist in allererster Linie durch ihre Verfolgung mit den Mit-**

Streitpunkt: Länderkompetenz?

Länderkompetenz aus Art. 70 I GG?

Bundeskompetenz aus Sachzusammenhang?

---

25 ZRP 1995, 24.
26 Vgl. dazu auch *Lisken*, aaO, S. 799.
27 *Frister* in: Bemmann-FS, S. 554.
28 Dieser Ansicht ist auch *Koch*, ZRP 1995, 27, der aber nicht den Schluss zieht, dass für strafprozessuale Befugnisse nur der Bundesgesetzgeber die Gesetzgebungskompetenz besitzt.
29 *Frister* in: Bemmann-FS, S. 555; *Schaefer*, NJW 1999, 2572.
30 *SächsVerfGH*, NVwZ 2005, 1312.

Teil 4: Geheimdienstrecht

Ergebnis: Bundeskompetenz

teln des Strafrechts zu bewirken. Darin liegt dessen ureigenste Zweckbestimmung. Sofern sich Kriminalität also als Erscheinung (auch) begangener Taten zeigt, so hat die Reaktion des Staates darauf grundsätzlich repressiven Charakter[31]. Da aber **Repression gesetzessystematisch nicht durch Prävention** („präventive Aufklärung", „Maßnahme zur Gefahrenabwehr") – so aber die ausdrückliche Gesetzesbegründung[32] – bewirkt werden darf, besitzt nur der Bundesgesetzgeber die Befugnis zur Normsetzung auf diesem Gebiet. Die Landesgesetzgeber sind von der Schaffung von Befugnissen mit entsprechender Zielrichtung kategorisch ausgeschlossen, denn partikulares Straf(prozess)recht, mithin **landesrechtliche Modifizierungen des Strafprozessrechts**[33], ist mit dem Grundgesetz unverträglich[34].

1.3. Die strafprozessuale Bedeutung der bayerischen Kompetenz

Einleitung: Konsequenzen

Die entsprechenden Aufgabenzuweisungen haben also (auch) repressiven Charakter und sollen daher im Folgenden auf seine Bedeutung für das Strafverfahren hin untersucht werden. Dabei ist u.a. an das Legalitätsprinzip[35] und die Frage nach der Verwertbarkeit der auf behandeltem Wege erlangten Erkenntnisse zu denken. Schließlich ist darzulegen, welche grundlegenden Konsequenzen sich aufgrund der Datenerhebungen nach den Verfassungsschutzgesetzen für die Stellung der Prozesssubjekte, also insbesondere auch für die Verteidigung, ergeben.

1.3.1. Die Erweiterung der strafprozessualen Eingriffsinstrumentarien

Absenkung der Voraussetzungen ...

Es wurde bei der Darstellung des Normprogramms bereits gezeigt, dass die Befugnisse des Bayerischen Landesamtes für Verfassungsschutz über diejenigen der Strafprozessordnung hinausgehen: Die neuen VS-Befugnisse sind lediglich durch **tatsächliche Anhaltspunkte für Bestrebungen im Sinne der OK** beschränkt. Unbestritten – und wie soeben gezeigt – erfordert diese nachrichtendienstliche Eingriffsvoraussetzung (noch) **geringere Verdachtsmomente als strafprozessrechtliche Ermittlungen**[36].

... bei den VS-Befugnissen

Von noch größerer Bedeutung ist es aber, dass das Überschreiten der Schwelle der „tatsächlichen Anhaltspunkte" gemäß Art. 6 II Nr.1 BayVSG ohne weitere Voraussetzungen bereits zum Einsatz von heimlichen Ermittlungsmethoden berechtigt: Der **große Lauschangriff gemäß Art. 6 IV BayVSG** etwa kann schon unter dieser Voraussetzung gegen zu Beobachtende (es erschiene falsch, von „Verdächtigen" zu sprechen, denn ein Verdacht ist ja gerade nicht anzunehmen) durchgeführt werden. Die Nennung des Erfordernisses, dass diese Maßnahme nur zulässig ist, wenn die Erforschung des

---

31 Zur strikten Trennung zwischen Prävention und Repression vgl. oben Punkt I.2.
32 LT-Drucks. 12/15217, S. 1 und 6.
33 *Frister* in: Bemmann-FS, S. 556.
34 Zum sächsischen Entwurf krit. *Roggan* in der Sachverständigenanhörung des Innenausschusses zum *Gesetz zur Änderung des Sächsischen Verfassungsschutzgesetzes*, Drucksache 3/6212, Entwurf der Staatsregierung, am 4. November 2002, Stenografisches Protokoll, S. 19.
35 Vgl. dazu oben Punkt I.3.
36 *Roewer*, Nachrichtendienstrecht der Bundesrepublik Deutschland, G 10, § 2 Rdnr. 3; vgl. auch *Remmele* in: Verfassungsschutz, S. 316 ff.

1. OK-Beobachtung durch VS-Behörden

Sachverhalts auf andere Weise aussichtslos oder wesentlich erschwert wäre, stellt kaum eine weitere Begrenzung dar, da es sich dabei lediglich um eine besondere Ausprägung des ohnehin zu beachtenden Verhältnismäßigkeitsgrundsatzes handelt: Der Eingriff wäre unverhältnismäßig und damit rechtswidrig, wenn andere, mildere Mittel denkbar sind, die ebenso effektiv, aber weniger eingriffsintensiv zur Erreichung des Maßnahmeziels sind. Die Voraussetzungen für große Lauschangriffe sind also **im Vergleich zur strafprozessualen Regelung** für Datenerhebungen in oder aus Wohnungen hinsichtlich **seiner Anforderungen ungleich niedriger**[37].

Von Bedeutung ist dies beispielsweise auch deshalb, weil die Einführung der neuen VS-Befugnisse in Bayern zu einem Zeitpunkt erfolgte, an dem der große Lauschangriff in der Strafprozessordnung überhaupt noch nicht vorgesehen war. Er war damit nach dem BayVSG also bereits zulässig ohne jede Entsprechung in der StPO. Da es sich bei der Befugnis um eine eigentlich strafprozessuale handelt[38], war damit der große **Lauschangriff durch die Hintertür**[39] also längst geltendes Recht, zumindest in Bayern. Aber auch andere Bundesländer hatten bereits vor seiner Einführung die verdeckten Datenerhebungen in oder aus Wohnungen in ihren (Landes-)Polizeigesetzen vorgesehen. Damit ist festzustellen, dass die bayerische Regelung eine indirekte Erweiterung der Zulässigkeit von heimlichen Datenerhebungen und insbesondere der Wohnungsüberwachung **für Zwecke der Strafverfolgung** ist. Die erlangten Erkenntnisse dürfen uneingeschränkt an die Strafverfolgungsorgane weitergegeben werden, vgl. z.B. Art. 14 I S.1 BayVSG[40].

Beispiel Lauschangriff

Ein weiterer Aspekt, der die vorangegangenen hinsichtlich seiner Bedeutung noch ergänzt, ist derjenige, dass die Verfassungsschutzbehörden keineswegs nur von sich aus tätig werden dürfen. Es besteht durchaus die Möglichkeit, dass sich Polizei und/ oder Staatsanwaltschaft mit einem **Auskunftsersuchen an den Verfassungsschutz** wenden und dieser dann die gewünschten (personenbezogenen) Daten beschafft. Auch diese Erkenntnisse können nach Art. 14 I BayVSG an die Strafverfolgungsbehörden übermittelt werden. Damit ergibt sich die Möglichkeit, eine nach Strafprozessrecht nicht zulässige Ermittlungsmethode über den **„Umweg" der Einschaltung des Verfassungsschutzes** doch nutzen zu können. Entsprechende Ausforschungen der Intimsphäre sind auch zulässig, wenn die zu verfolgende Tat z.B. im wesentlich umfangreicheren Katalog des Art. 6 IV BayVSG vorhanden ist. Eine weitere, durch die Einführung der gegenständlichen Befugnisse nicht auszuschließende, Option besteht weiterhin darin, einen ablehnenden Beschluss der nach § 100d I StPO alleine anordnungsberechtigten Strafkammer zu überspielen[41].

Umgehung von StPO-Befugnissen

Allerdings kann nicht ohne weiteres unterstellt werden, dass es sich bei derartig bewussten Umgehungsversuchen um gesetzgeberisch beabsichtigte Möglichkeiten handelt. Der *BGH* hat diesbezüglich bei anderer Gelegenheit ausgeführt, dass gegen die

---

37 Vgl. § 100 c I StPO.
38 Vgl. oben 1.1.
39 So auch *Frister* in: Bemmann-FS, S. 550, dort Fußnote 37.
40 Zur Verfassungswidrigkeit der sächsischen Regelung vgl. aber *SächsVerfGH*, NVwZ 2005, 1315.
41 *Frister* in: Bemmann-FS, S. 551.

Teil 4: Geheimdienstrecht

Verwertungsfragen im Strafverfahren

spätere **Verwertung im Strafverfahren dann Bedenken** bestehen könnten, wenn sich eine solche **bewusste Umgehung der strafprozessualen Befugnisse** herausstellt[42], und folglich – auf den Untersuchungsgegenstand bezogen – der VS nur aus diesem Grund um Auskünfte gebeten wurde. Ob das in der Rechtspraxis jedoch eine ernstzunehmende Behinderung von diesen Umgehungsmöglichkeiten darstellt, darf bezweifelt werden, denn eine bewusste Umgehung muss vom Strafgericht ja zunächst einmal festgestellt bzw. erkannt werden.

1.3.2. Kein Legalitätsprinzip bei Datenerhebungen durch Verfassungsschutzbehörden

Initiativ-Ermittlungen des VS

Es wurde bereits thematisiert[43], dass etwa das bayerische Landesamt für Verfassungsschutz seine zum Schutz vor OK erhobenen Daten an die Strafverfolgungsbehörden weiterleiten darf, Art. 14 I S.1 BayVSG. Es ist besteht also ein **Recht des Bayerischen Verfassungsschutzes**, nicht aber eine Pflicht, so zu verfahren. Das ist deshalb von erheblicher Bedeutung, weil sich im Einzelfall nur aufgrund dieser Tatsache (also der Kenntniserlangung bezüglich bestimmter Verdachtsmomente) die Möglichkeit für Polizei und/oder Staatsanwaltschaft ergibt, das Vorliegen eines Anfangsverdachts nach § 152 II StPO zu prüfen. Die Konsequenz ist, dass es in diesen Fällen praktisch ausschließlich der **Verfassungsschutz** ist, der über die **Einleitung eines Strafverfahrens nach StPO** entscheidet. Damit ist zu erörtern, ob das sich ebenfalls aus § 152 II StPO ergebende Legalitätsprinzip verletzt ist.

Definition: Legalitätsprinzip

Das **Legalitätsprinzip** verlangt, dass die Staatsanwaltschaft und die zur Erforschung von Straftaten berufenen Behörden und Beamten des Polizeidienstes zur Strafverfolgung verpflichtet sind, wenn sich zureichende tatsächliche Anhaltspunkte für verfolgbare Straftaten ergeben. Der Sachverhalt ist aufzuklären und gegebenenfalls Anklage zu erheben. Es besteht also ein **Verfolgungszwang gegen jeden Verdächtigen** und bedeutet damit eine Konkretisierung des Grundrechts auf Gleichheit vor dem Gesetz, Art. 3 I GG[44]. Zwar bestehen bereits mit der Kronzeugenregelung des Betäubungsmittelrechts (§ 31 BtMG) und weiteren Regelungen (z.B. § 153 ff. StPO, § 45 JGG) **Durchbrechungen** dieses Grundsatzes, zu weiteren Abstrichen soll es nach ganz herrschender Meinung aber nicht kommen[45].

Geltung des L. für VS?

Es handelt es sich gegenständlich um Befugnisse eines Geheimdienstes, folglich nicht um diejenigen einer Polizeibehörde. Es ist deshalb zu erörtern, ob das **Legalitätsprinzip für Geheimdienste**, wenn sie strafverfolgende Befugnisse besitzen, **überhaupt gilt**. Dabei ist zu berücksichtigen, dass die Strafprozessordnung von Polizei und Staatsanwaltschaft als einzigen zu strafverfolgenden Maßnahmen berechtigten Staatsorganen ausgeht[46]. Es war daher (bislang) richtig, diese (grundrechtssichernde) Ver-

---

42 *BGH*, NJW 1991, 2652.
43 Vgl. 1.1.
44 Ausführlich *Roxin*, Strafverfahrensrecht, S. 84 ff.; vgl. z.B. HK-*Krehl*, § 152 Rdnr. 5. Vgl. zum Legalitätsprinzip auch die Erläuterungen unter Punkt I.3.
45 KK-*Schoreit*, § 152 Rdnr. 21 m.w.N.
46 *Frister* in: Bemmann-FS, S. 552.

pflichtung nur für die Strafverfolgungsorgane vorzusehen. Die sich bislang mit dem Legalitätsprinzip beschäftigende Literatur und Rechtsprechung hatten andere diesem Grundsatz verpflichtete Behörden auch gar nicht zu berücksichtigen[47]. Dennoch ist davon auszugehen, dass das **Legalitätsprinzip alle in irgendeiner Weise strafverfolgenden Staatsorgane verpflichten** muss, denn andernfalls würde dieses Prinzip in vielen Fällen „ins Leere" laufen bzw. seine Schutzfunktion nicht erfüllen können.

Wie gezeigt, handelt es sich beim Verfassungsschutz um eine Behörde, die auch mit strafverfolgender Zielrichtung tätig wird. Dass er dabei nur eine Teil-Funktion der Strafverfolgung erfüllt, nämlich nur Daten erhebt – und diese auch nur über bestimmte Delikte (nämlich solche, die der OK zugerechnet werden) – und diese dann zur Strafverfolgung weiterleitet, ändert daran nichts. Denn er führt seine Ermittlungen gerade auch mit dem Ziel durch, die Erkenntnisse den dazu gesetzlich berufenen Behörden *zur weiteren Verwendung* zuzuleiten. Deshalb ist davon auszugehen, dass der Legalitätsgrundsatz auch für ihn, sofern er entsprechend tätig ist, zu gelten hätte[48]. Demgegenüber sind die **Verfassungsschutzbehörden** nach den entsprechenden Normprogrammen aber gerade **nicht verpflichtet, Strafverfolgung einzuleiten**. Er ist vielmehr berechtigt nach taktischen Überlegungen abzuwarten oder die entsprechenden Erkenntnisse auch ganz für sich zu behalten[49]. Der VS besitzt damit diejenigen Befugnisse eines Staatsorgans, die das Legalitätsprinzip gerade verhindern will, denn **die Zurückhaltung oder das Vorenthalten von strafverfolgungsrelevanten Erkenntnissen** führt unweigerlich zur Ungleichbehandlung von gleichen Sachverhalten. Aus dem nicht von einer entsprechenden Pflicht begleiteten Recht der Landesämter für Verfassungsschutz zur Datenübermittlung folgt, dass sie nicht zur Gleichbehandlung von vergleichbaren Sachverhalten verpflichtet werden[50]. Damit ist das **Legalitätsprinzips verletzt**. Nur wenn gesetzlich anerkannt würde, dass es sich beim Einsatz der nachrichtendienstlichen Mittel zur OK-Bekämpfung um strafverfolgende Maßnahmen handelte, bei denen der Grundsatz des § 152 II StPO zu beachten wäre, könnte die Verletzung des Art. 3 I GG verhindert werden.

Verletzung des Legalitätsprinzips

Zusammenfassend ist festzustellen, dass sich die entsprechenden Befugnisse damit als einem **Grundgedanken der Verfassung widersprechend** darstellen. Diese Verletzung des Legalitätsprinzips kann auch nicht mittels einer verfassungskonformen Auslegung beseitigt werden, denn die gesetzlich nicht vorgesehene Verpflichtung des Verfassungsschutzes zur Datenweitergabe ist durch den systematischen Standort im Verfassungsschutzrecht gerade gewollt und entsprechend vom Gesetzgeber vorgesehen. Die Begründung (etwa) der bayerischen Staatsregierung verweist insofern konsequenterweise darauf, dass die **Beauftragung des VS mit der OK-Beobachtung** gerade deshalb sinnvoll sei, **weil er eben nicht an die Beschränkungen der StPO gebunden**

Konsequenz: Verfassungswidrigkeit

---

[47] Vgl. dazu nur die Kommentarliteratur: HK-*Krehl*, § 152 Rdnr. 13; KK-*Schoreit*, § 152 Rdnr. 13 ff.; *Meyer-Goßner*, § 152 Rdnr. 2 f.
[48] *Frister* in: Bemmann-FS, S. 552.
[49] So auch *Remmele* in: Verfassungsschutz, S. 327 f.
[50] Vgl. dazu *Lisken*, ZRP 1994, 269.

Teil 4: Geheimdienstrecht

ist[51]. Es scheint also geradezu ein Zweck darin zu liegen, die in der Strafprozessordnung vorgesehenen rechtlichen Bindungen der Strafverfolgungstätigkeit des Staates im Interesse einer (angeblich) effektiveren OK-Bekämpfung zu unterlaufen[52].

1.3.3. Die unmittelbaren Folgen für die Subjekte im Strafprozess

Kontrollmöglichkeiten im Strafverfahren?

Der Bayerische Verfassungsschutz ist nicht verpflichtet, alle ihm im Rahmen seiner strafverfolgenden Datenerhebungen bekannt gewordenen Tatsachen im Strafprozess offen zu legen[53]. Das widerspricht dem strafprozessualen **Grundsatz der Offenheit aller Erkenntnisse**, die die Grundlage für das sich rechtsstaatlich verstehende Strafverfahren bilden. Dazu gehören neben die den Beschuldigten, Angeschuldigten und Angeklagten **belastenden Momente ebenso die ihn entlastenden**[54]. Da eine Verpflichtung des VS zur Offenlegung aller ihm bekannten Erkenntnisse fehlt, können also beide Kategorien von prozessrelevantem Material betroffen sein. Damit stellt sich gleichsam die Frage der Kontrollmöglichkeiten der VS-Beteiligung im Strafprozess.

Aktenvollständigkeit (§ 199 II S. 2 StPO)?

Die Strafprozessordnung will demgegenüber sowohl dem Gericht, als auch der Verteidigung die umfassende Kontrolle des gesamten Ermittlungsverfahrens – also vom Anfangsverdacht bis zur Anklageerhebung – in der Hauptverhandlung gewähren. Das entspricht z.B. der Verpflichtung der Strafverfolgungsorgane, alle **Vorgänge schriftlich zu dokumentieren**[55]. Auch die Polizei hat gemäß § 163 II S.1 StPO die Pflicht, *alle* **Ermittlungsunterlagen der Staatsanwaltschaft** zu übersenden[56]. Diese ihrerseits muss beim Antrag, die Hauptverhandlung zu eröffnen, alle Unterlagen dem Gericht vorlegen, § 199 II S.2 StPO[57]. Nur wenn dies der Fall ist, kann das Gericht seiner Verpflichtung entsprechen, der Verteidigung Einsicht in alle Akten zu gewähren, § 147 I StPO[58]. Normzweck dieser Vorschriften ist u. a. eine **wirksame Verteidigung**, die in der Regel eine Kenntnis des vollständigen Inhalts der Strafakten voraussetzt[59]. Da die VS-Behörden gerade **nicht zur Vorlage aller Ermittlungsergebnisse verpflichtet** ist, greifen diese Schutzmechanismen bei Verwendung von VS-Erkenntnissen nicht. Selbst wenn der VS nicht einseitig oder bewusst unvollständig informieren darf, so kann er sich, anders als die übrigen Prozesssubjekte, die zur **Aktenvollständigkeit** verpflichtet sind, auf jene Dokumente beschränken, die *er* für relevant hält[60]: Art. 17 I Nr. 2 BayVSG verbietet eine Weitergabe von Informationen schon dann, wenn überwiegende Sicherheitsinteressen dies erfordern. Es ist sicherlich *Frister* zuzustimmen, dass in An-

---

51   LT-Drucks. 12/15217, S. 6; so oder ähnlich äußern sich auch *Seel*, Kriminalist 2005, 172; *Rupprecht*, Kriminalistik 1993, 132 ff.; *Weitemeier/Ruhlich*, Kriminalistik 1998, 92 und *Werthebach/Droste-Lehnen*, ZRP 1994, 60, 62.
52   *Frister* in: Bemmann-FS, S. 556.
53   *Ferse*, KritV 1994, S. 260 f. und *Frister* in: Bemmann-FS, S. 552.
54   Vgl. etwa *Roxin*, Strafverfahrensrecht, S. 52.
55   *Meyer-Goßner*, StPO, § 163 Rdnr. 18.
56   Vgl. dazu ausführlich KK-*Wache*, § 163 Rdnr. 24 ff.
57   Vgl. auch LR-*Rieß*, § 199 Rdnr. 10; KK-*Tolksdorf*, § 199 Rdnr. 1.
58   LR-*Lüderssen*, § 147 Rdnr. 28.
59   KK-*Laufhütte*, § 147 Rdnr. 1.
60   *Frister* in: Bemmann-FS, S. 553.

betracht der grundsätzlich geheimhaltungsbedürftigen Natur der Aufklärungstätigkeit des Verfassungsschutzes (oder eines anderen Geheimdienstes) diese Voraussetzung leicht zu begründen sein dürfte[61].

Die beschriebene Möglichkeit des Zurückhaltens von relevantem Material verhindert also eine effektive Kontrolle der prozessrelevanten Ermittlungen des VS. Weder Gericht noch Verteidigung können das **Vorliegen der Voraussetzungen der Weitergabebeschränkungen** (z.B. des Art. 17 I Nr.2 BayVSG) **überprüfen**. Selbst wenn dies auf Seiten des Gerichts zuträfe, so stellte diese Kenntnis der nur einigen Prozessbeteiligten zugänglichen Ermittlungsergebnisse eine Einschränkung der Verteidigung dar, die außerhalb des Regelungswerkes der Strafprozessordnung liegt.

Einschränkung der Kontrollmöglichkeiten

Zusammenfassend ist festzustellen, dass der Staat mit der Befugnis zur OK-Bekämpfung durch einen Geheimdienst die Möglichkeit erhalten hat, repressiv zu nutzende Daten zu erheben, ohne darüber im Strafverfahren umfassend rechenschaftspflichtig zu sein. Nicht zuletzt aufgrund der großen Bedeutung des Ermittlungsverfahrens stellt das eine **erhebliche Einschränkung der strafprozessualen Schutzmechanismen vor einem Geheimverfahren** dar. Der Schutz vor Fehlverurteilungen[62] wird **legal erheblich verringert**. Weder die Methoden des VS, noch der Umfang der Datenerhebungen sind einer Kontrolle im Strafprozess vollständig zugänglich. Mit anderen Worten: Es handelt sich bei den VS-Ermittlungen um **Strafverfolgung, nur dass die Prinzipien des Strafverfahrens nicht gelten** sollen[63].

Strafverfolgung ohne StPO-Garantien

1.4. Konsequenzen der Aufgabenerweiterung

Die vorangegangenen Erörterungen haben gezeigt, dass die sich aus den neuen Aufgabenzuweisungen ergebenden Befugnisse der Verfassungsschutzbehörden in gesetzlich unüberwindbare Widersprüche führen, denn wenn die entsprechenden Datenerhebungen als „strafverfolgende" qualifiziert werden müssen, so fehlt die Gesetzgebungskompetenz der Landtage. Diese Qualifizierung ist jedoch notwendig, um die **Schutzfunktion des § 152 II StPO** als Ausprägung des Gleichheitsgrundsatzes nicht zu verlieren, denn das Prinzip gilt für alle kriminalitätsaufklärenden und -bekämpfenden Behörden im Sinne von Vorbereitung oder Durchführung der Strafverfolgung. Die Aufgabenzuweisungen übersehen zudem, dass der VS durch repressiv ausgerichtetes Tätigwerden gefahrenabwehrend wirken soll, was **gesetzessystematisch** als **unzulässig** zu bezeichnen ist. Die Grenzen zwischen diesen beiden Gesetzeszwecken und -materien verschwimmen in nicht mehr hinzunehmender und verfassungswidriger Weise. Da sich durch die neuen VS-Befugnisse überdies **Überschneidungen mit den Kompetenzen der Polizei** ergeben können[64], besteht die **Gefahr von doppelten Datener-**

Zusammenfassung:

---

61 *Frister* in: Bemmann-FS, S. 553.
62 *Frister* in: Bemmann-FS, S. 553.
63 *Roggan* in der Sachverständigenanhörung des Innenausschusses zum *Gesetz zur Änderung des Sächsischen Verfassungsschutzgesetzes*, Drucksache 3/6212, Entwurf der Staatsregierung, am 4. November 2002, Stenografisches Protokoll, S. 39.
64 So etwa *Koch*, ZRP 1995, 28.

Teil 4: Geheimdienstrecht

hebungen. Diese sind gegenüber den Betroffenen grundsätzlich unverhältnismäßig. Da der VS **nicht an das Legalitätsprinzip gebunden** sein soll, ist der Schutzbereich des Art. 3 I GG, also die Gleichbehandlung aller Grundrechtsträger, tangiert.

Prozesssteuerung durch Geheimdienste

Schließlich hat die **Prozessteuerung durch Geheimdienste**[65] durch die Aufgabenzuweisung den legalen Einzug in das deutsche Strafverfahren erhalten. Damit untrennbar verbunden ist ein **Machtzuwachs für den Geheimdienst**, der seine Grundlage in einem formellen Gesetz, also der Legalität, gefunden hat. Zwar kann über das Gebrauchmachen von solchen Optionen nur spekuliert werden. Allerdings finden sich etwa im *Handbuch für polizeiliche Führungskräfte* aufschlussreiche Ausführungen:

Zitat: Handbuch für polizeiliche Führungskräfte

„Der direkte Kontakt zwischen Verfassungsschutzbehörde und Staatsanwaltschaft ist in vielen Fällen insbesondere deshalb nützlich, um die Fragen der Verwertbarkeit von Beweismitteln im Strafverfahren rechtzeitig zu klären, um mit der 'Herrin des Verfahrens' weitere operative Ermittlungen der Verfassungsschutzbehörde abzusprechen und um eine größtmögliche Vertraulichkeit bis zur Entscheidung der sachleitenden Staatsanwaltschaft über die Einleitung eines Ermittlungsverfahrens zu gewährleisten" [66].

Auch zeigt ein exemplarischer Blick in die jüngere Geschichte, dass Geheimdienste in bestimmten Fällen bestrebt zu sein scheinen, Einfluss auf die Justiz bzw. das Strafverfahren auszuüben. Erinnert sei insoweit an das sog. **Schmücker-Verfahren**, in dem sich die Verfahrenssteuerung durch den Berliner Verfassungsschutz in unübersehbarer Weise offenbart hat[67]. Anlässlich dieses Verfahrens äußerte der ehemalige Präsident des Bundesamtes für Verfassungsschutz: **„Wenn wir versucht haben, bestimmte Dinge aus diesem Verfahren auszuklammern, dann ist das unser gutes Recht"**[68]. Aber auch in aktuelleren Strafverfahren, u. a. dem sogenannten „AIZ-Verfahren"[69], wurden **während der Ermittlungen parallel auch Geheimdienste** tätig, deren Erkenntnisse dann aber nur teilweise in das Verfahren eingeführt wurden. Auch dort zeigte sich ein „Herüberziehen von Erkenntnissen" aus der Tätigkeit der Sicherheitsdienste, die anderen Voraussetzungen mit niedrigeren Ermittlungsschwellen unterlagen[70].

Beispiele: Geheimdienste in Strafverfahren

---

65 *Lisken* in: Handbuch des Polizeirechts, S. 104.
66 *Baumann*, in: Handbuch für polizeiliche Führungskräfte, S. 127.
67 Zum Sachverhalt *LG Berlin*, StV 1991, 371 ff.; *Aust*, Der Lockvogel; *Häusler*, Der unendliche Kronzeuge. Zu den Folgen unterschiedlicher Beweiserhebungen im polizeilichen und justiziellen Bereich im genannten Verfahren vor den Berliner Gerichten von 1974 bis 1990 (!) mit dreimaliger Aufhebung der Verurteilungen wegen Beweisunterdrückung vgl. BVerwGE 75, 1 ff., Die Zeit vom 28.2.1990, SZ vom 5.4.1990 und Der Spiegel 13/1990. Zur endgültigen Verfahrenseinstellung wegen „unfairer" Beweisführung vgl. insbes. *Remé*, Bürgerrechte & Polizei / CILIP 2/91, 72 ff.
68 *Hellenbroich*, zitiert nach Gössner, Das Anti-Terror-System, S. 190.
69 Zum Sachverhalt OLG Düsseldorf StV 1998, 170.
70 Krit. dazu *Comes*, StV 1998, 570; auch im Untersuchungsausschuss des Abgeordnetenhauses wegen der Erstürmung des israelischen Generalkonsulats nach der Entführung des PKK-Vorsitzenden Öcalan in Berlin zeigte sich, dass der Verfassungsschutz gezielt Akten vernichtete und auf diese Weise den anhängigen Strafverfahren entzog, vgl. Berliner Zeitung v. 4.9.1999, S. 1 u. 17 und v. 8.9.1999, S. 25.

1. OK-Beobachtung durch VS-Behörden

Literatur:

ALBERT, HELMUT: Das „Trennungsgebot" – ein für Polizei und Verfassungsschutz überholtes Entwicklungskonzept?, in: ZRP 1995, S. 105 ff.

AUST, STEFAN: Der Lockvogel – Die tödliche Geschichte eines V-Mannes zwischen Verfassungsschutz und Terrorismus, Reinbek bei Hamburg 2002.

BAUMANN, FRITZ-ACHIM: Verfassungsschutz und Polizei – Trennungsgebot und Pflicht zur Zusammenarbeit, in: Düwell, Franz Josef (Hrsg.), Festschrift für Diether Posser zum 75. Geburtstag (zit. als: Baumann in: Posser-FS), Köln 1997, S. 299 ff.

COMES, HEINRICH: Der Fluch der kleinen Schnitte – wie weit tragen die Legitimationsgrundlagen der StPO bei Observationsmaßnahmen?, in: StV 1998, S. 569 ff.

DENNINGER, ERHARD: Die Trennung von Verfassungsschutz und Polizei und das Grundrecht auf informationelle Selbstbestimmung, in: ZRP 1981, S. 231 ff.

– Verfassungsschutz, Polizei und die Bekämpfung der Organisierten Kriminalität, in: KritV 1994, S. 232 ff.

FERSE, HARTMUT: OK – (K)eine Aufgabe für den Verfassungsschutz, in: KritV 1994, S. 256 ff.

FRISTER, HELMUT: Der (bayrische) Verfassungsschutz als Strafverfolgungsbehörde?, in: Festschrift für Günter Bemmann, hrsgg. von Schulz, Joachim / Vormbaum, Thomas (zit. als: Frister, in: Bemmann-FS), Baden-Baden 1997, S. 542 ff.

GERCKE, BJÖRN: Bewegungsprofile anhand von Mobilfunkdaten im Strafverfahren (zit. als: Bewegungsprofile), Berlin 2002.

GUSY, CHRISTOPH: Beobachtung Organisierter Kriminalität durch den Verfassungsschutz?, in: StV 1995, S. 320 ff.

– Das verfassungsrechtliche Gebot der Trennung von Polizei und Nachrichtendiensten, in: ZRP 1987, S. 45 ff.

– Organisierte Kriminalität zwischen Polizei und Verfassungsschutz, in: GA 1999, S. 319 ff.

– Polizei und Nachrichtendienste im Kampf gegen die Organisierte Kriminalität, in: KritV 1994, S. 242 ff.

HÄUSLER, BERND: Der unendliche Kronzeuge – Szenen aus dem Schmücker-Prozeß, Berlin 1987.

HETZER, WOLFGANG: Polizei und Geheimdienste zwischen Strafverfolgung und Staatsschutz, in: ZRP 1999, S. 19 ff.

– Strafrechtspflege durch Geheimdienste?, in: StV 1999, S. 165 ff.

JACHMANN, LOTHAR: Das Konkurrenzverhältnis von Polizei und Verfassungsschutz in der Bundesrepublik Deutschland, in: KritV 1994, S. 252 ff.

KUTSCHA, MARTIN: Die Aktualität des Trennungsgebots für Polizei und Verfassungsschutz, in: ZRP 1986, S. 194 ff.

KOCH, MARTIN: Überwachung der Organisierten Kriminalität durch den bayerischen Verfassungsschutz, in: ZRP 1995, S. 24 ff.

LISKEN, HANS: Nachrichtendienste und „organisierte Kriminalität", in: Grundrechte-Report, hrsgg. von Müller-Heidelberg / Finckh, Ulrich / Narr, Wolf-Dieter / Pelzer, Marei, Reinbek bei Hamburg 1997, S. 192 ff.

– Polizei und Verfassungsschutz, in: NJW 1982, S. 1481 ff.

– Vorfeldeingriffe im Bereich der „Organisierten Kriminalität" – Gemeinsame Aufgabe für Verfassungsschutz und Polizei ?, in: ZRP 1994, S. 264 ff.

Teil 4: Geheimdienstrecht

MANNS, SÖNKE: Organisierte Kriminalität, in: Kampmeyer, Eva / Neumeyer, Jürgen (Hrsg.), Innere Unsicherheit, München 1993, S. 73 ff.
NEHM, KAY: Föderalismus als Hemmnis für eine effektive Strafverfolgung der Organisierten Kriminalität, in: NStZ 1995, S. 513 ff.
PÜTTER, NORBERT: Der OK-Komplex, Münster 1998.
– Geheimdienste aufrüsten?, in: Bürgerrechte & Polizei / CILIP 70 (3/2001), S. 42 ff.
PUSCHKE, JENS / SINGELNSTEIN, TOBIAS: Verfassungsrechtliche Vorgaben für heimliche Informationsbeschaffungsmaßnahmen, in: NJW 2005, S. 2534 ff.
REMÉ, HARALD: Schmücker-Verfahren endgültig eingestellt, in: Bürgerrechte & Polizei / CILIP 38 (2/1991), S. 72 ff.
REMMELE, WOLF-DIETER: Die Beobachtung der Organisierten Kriminalität – eine Aufgabe für den Verfassungsschutz, in: BMI (Hrsg.), Verfassungsschutz: Bestandsaufnahme und Perspektiven, (zit. als: Remmele in: Verfassungsschutz), Halle 1998, S. 312 ff.
RIEGEL, REINHARD: Polizei und Geheimdienste (zu Hetzer, ZRP 1999, 19), in: ZRP 1999, S. 216.
ROEWER, HELMUT: Geschichtlicher Nachtrag zur Kontroverse um die Trennung von Polizei und Verfassungsschutzbehörden, in: DVBl. 1988, S. 666 ff.
– Nachrichtendienstrecht der Bundesrepublik Deutschland, Köln 1987.
– Trennung von Polizei und Verfassungsschutzbehörden, in: DVBl. 1986, S. 205 ff.
ROGGAN, FREDRIK: Mit Schlapphüten gegen die Mafia – OK-Beobachtung durch den Verfassungsschutz, in: Bürgerrechte & Polizei / CILIP 78 (2/2004), S. 35 ff.
RUPPRECHT, REINHARD: Die Kunst, Aufgaben sinnvoll zu verteilen – Zur Aufklärung von Strukturen Organisierter Kriminalität durch Nachrichtendienste, in: Kriminalistik 1993, S. 131 ff.
SCHAEFER, HANS CHRISTOPH: Strafverfolgung und Verfassungsschutz, in: NJW 1999, S. 2572 f.
SCHNEIDER, HENDRIK: Bellum Justum gegen den Feind im Inneren?, in: ZStW 113 (2001), S. 499 ff.
SEEL, JÜRGEN: Der Verfassungsschutz als neues Instrument im Kampf gegen die Organisierte Kriminalität, in: Der Kriminalist 2005, S. 172 ff.
SOINÉ, MICHAEL: Die Aufklärung der Organisierten Kriminalität durch den Bundesnachrichtendienst, in: DÖV 2006, S. 204 ff.
WEITEMEIER, INGMAR / RUHLICH, ELMAR: Verfassungsschutz und Organisierte Kriminalität, in: Kriminalistik 1998, S. 91 ff.
WERTHEBACH, ECKART / DROSTE-LEHNEN, BERNADETTE: Organisierte Kriminalität, in: ZRP 1994, S. 57 ff.
WOLTER, JÜRGEN: Freiheitlicher Strafprozeß, vorbeugende Straftatenbekämpfung und Verfassungsschutz – zugleich eine Besprechung des Entwurfs eines StVÄG 1988, in: StV 1989, S. 358 ff.

2. Strategische Rasterfahndung – der BND als Bundesgeheimpolizei?

Auch die Befugnisse des Bundesnachrichtendienstes (BND) sind in der Vergangenheit wiederholt reformiert worden. Mit dem VerbrechensbekämpfungsGesetz von 1994 wurden insbesondere die Befugnisse zur strategischen Überwachung des nicht leitungsgebundenen Fernmeldeverkehrs durch den BND erheblich ausgeweitet. Die entsprechenden Regelungen finden sich dazu **im Gesetz zur Beschränkung des Brief-, Post- und Fernmeldegeheimnisses (Artikel 10-Gesetz – G 10)**. Eine weitere Novellierung erfuhr dieses Gesetz mit dem zweiten Gesetz zur Änderung des G 10 von 1997, dessen Inhalt sich aber im Wesentlichen darin erschöpft, die vorhandenen Regelungen der Entwicklung auf dem Sektor der Telekommunikation anzupassen, also etwa die neuen Telefonanbieter in die Auskunftspflichten mit einzubeziehen[1]. Dabei handelt es sich jedoch nicht um Befugniserweiterungen im engeren Sinn, die also die materiellen Kompetenzen betreffen. Seine letzte grundlegende Novellierung erfuhr das G 10 mit dem am 29.6.2001 in Kraft getretenen Gesetz zur Neuregelung von Beschränkungen des Brief-, Post- und Fernmeldegeheimnisses[2]. Dabei ist u. a. das Erfordernis der Leitungsgebundenheit des Fernmeldeverkehrs entfallen. Das 34. Strafrechtsänderungsgesetz vom 22.August 2002[3] hat schließlich den neuen § 129 b StGB (Kriminelle und terroristische Vereinigungen im Ausland) in die den BND betreffenden Übermittlungsregelungen eingeführt[4].

Novellen des G10

Bereits das G 10 in der Fassung des Verbrechensbekämpfungsgesetzes ist – wie zu zeigen sein wird – mit guten Gründen als „**Quantensprung des G 10**" bezeichnet worden[5]. Mit Recht galt deshalb das Hauptinteresse des kritischen Schrifttums dieser Novellierung des G 10[6].

Ein Quantensprung

2.1. Die Kompetenzen des BND

Die hier näher zu betrachtende Befugnis liegt in der Ermächtigung zur sogenannten **verdachtslosen**[7] oder auch **strategischen Rasterfahndung**[8] in der Fassung des seit dem 29.6.2001 geltenden Gesetzes. Grundlage ist insoweit § 5 I S.3 Nr. 1 bis 6 G 10, wonach auf Antrag (§ 5 I S.1 G 10) die strategische Kontrolle des Fernmeldeverkehrs neben der Abwehr einer Gefahr eines bewaffneten Angriffs auf die BRD (Nr.1) auch zugelassen wird bei Gefahr der Begehung internationaler terroristischer Anschläge mit

Strategische Rasterfahndung: Tatbestand

---

1 Vgl. zur Darstellung der Neuregelungen im einzelnen *Gramlich*, NJW 1997, 1400 ff.
2 Siehe dazu die Besprechung von *Huber*, NJW 2001, 3296 ff.
3 BGBl. I, S. 3390.
4 Vgl. § 7 IV S. 1 Nr. 1a G 10.
5 *Riegel*, ZRP 1995, 176.
6 Vgl. dazu *Riegel* ZRP 1995, 176 ff.; *Pfeiffer*, ZRP 1994, 253 ff.; *Köhler*, StV1994, 386 ff.; *Gusy*, KritV 1994, 242 ff.; *Arndt*, NJW 1995, 169 ff.; *Lisken* in: Handbuch des Polizeirechts, S. 104 f.
7 So etwa *Hellmann*, strafprozessrecht, S. 125.
8 Zum Begriff *Riegel*, G 10, § 3 Rdnr. 4.

Teil 4: Geheimdienstrecht

unmittelbarem Bezug zur BRD (Nr.2)[9], der Gefahr der internationalen Verbreitung von Kriegswaffen im Sinne des Kriegswaffenkontrollgesetzes sowie des unerlaubten Außenwirtschaftsverkehrs mit Waren, Datenverarbeitungsprogrammen und Technologien von erheblicher Bedeutung (Nr.3)[10], der Gefahr der unbefugten Verbringung von Betäubungsmitteln in nicht geringer Menge in die BRD (Nr.4), der Gefahr der Beeinträchtigung der Geldwertstabilität im Euro-Währungsraum durch im Ausland begangene Geldfälschungen (Nr.5)[11] sowie der Gefahr der international organisierten Geldwäsche in Fällen von erheblicher Bedeutung (Nr.6)[12].

Rastermerkmale: Suchbegriffe

Zur Aufzeichnung und Auswertung dürfen nur solche Suchbegriffe verwendet werden, die zur Aufklärung der oben bezeichneten Gefahren bestimmt und geeignet sind, § 5 II S.1 G 10. Die Suchbegriffe dürfen nach § 5 II S.2 G 10 **keine Identifizierungsmerkmale** enthalten, die zu einer gezielten **Erfassung von bestimmten Fernmeldeanschlüssen** (im Inland) führen. Zweck dieser Beschränkung ist, dass der Gesetzgeber eine Inlandsaufklärung des BND erreichen wollte und insoweit **keine gezielten Eingriffe in das Grundrecht** auf Wahrung des Fernmeldegeheimnisses erfolgen sollten[13].

Datenübermittlungsbefugnisse

Sofern bei den Datenerhebungen nach § 5 I S.3 G 10 (auch) personenbezogene Erkenntnisse erlangt werden, so dürfen diese gemäß § 7 G 10 an andere Behörden unter abgestuften Voraussetzungen weitergegeben werden. Über die Übermittlung hat gemäß § 7 V S.3 G 10 ein Bediensteter des BND, der die Befähigung zum Richteramt hat, zu entscheiden.

Voraussetzungen für Datenweitergaben

Am wenigsten restriktiv ist die Befugnis zur Datenübermittlung **an andere (inländische) Geheimdienste** (vgl. § 7 II G 10). Zur Verhinderung von Straftaten im Inland, mithin zu gefahrenabwehrenden Zwecken, ist die Übermittlung an die **mit polizeilichen Aufgaben betrauten Behörden** unter abgestuften Voraussetzungen zulässig. Während beispielsweise bei Straftaten wie der Bildung einer oder Mitgliedschaft in einer inländischen oder ausländischen terroristischen Vereinigung einschließlich des Werbens für eine solche Vereinigung (§§ 129 a, 129 b StGB), der Geldfälschung (§ 146 StGB), der Fälschung von Zahlungskarten und Vordrucken für Euroschecks (§ 152 StGB), der Geldwäsche (§ 261 StGB) oder einzeln bestimmten Straftaten des Außenwirtschafts- und Kriegswaffenkontrollgesetzes **tatsächliche Anhaltspunkte** für einen Verdacht genügen (vgl. § 7 IV S.1 Nr.1 G 10), bedarf es etwa für Delikte aus dem Bereich des Friedensverrats (§§ 80 bis 83 StGB), des Landesverrats (§ 94 StGB), der Landesverteidigung (§§ 109 e bis 109 g StGB) oder auch sämtlichen Katalogtaten des § 129 a I StGB **bestimmten Tatsachen** für einen entsprechenden Verdacht (vgl. § 7 IV

---

9 Anders als nach der alten Rechtslage (§ 3 I S.2 Nr. 2 G 10 a.F.) sollen hiermit gegebenenfalls auch drohende Anschläge *außerhalb* des Territoriums der BRD eine Überwachung rechtfertigen.
10 Die bisherige Beschränkung auf in Teil I der Außenwirtschaftsverordnung aufgeführte Produkte etc. (§ 3 I S.2 Nr. 3 G 10 a.F.) wurde aufgegeben.
11 Die Bestimmung wurde unter Berücksichtigung der Vorgaben des Bundesverfassungsgerichts (BVerfGE 100, 313, 371 f. und 384 f.) im Vergleich zu § 3 I S.2 Nr. 5 G 10 a.F. konkretisiert und enger gefasst.
12 Der geltende Tatbestand verzichtet auf den bisher verlangten Zusammenhang mit Proliferation und Drogenhandel (§ 3 I S.2 Nr. 6 G 10 a.F.).
13 So jedenfalls die Gesetzesbegründung, BT-Drucks. 12/6853, S. 43.

2. Strategische Rasterfahndung des BND

S.1 Nr.2 G 10)[14]. Der Gesetzgeber wollte damit bei solchen Straftaten, die in der Befugnis zur strategischen Rasterfahndung als Gefahrenbereiche genannt werden und damit eine enge Beziehung zu den eigentlichen Erhebungszwecken aufweisen, eine **niedrigere Übermittlungsschwelle** vorsehen. Gewönne der BND im Rahmen seiner strategischen Überwachung beispielsweise Anhaltspunkte für die Planung oder Vorbereitung von Straftaten aus dem Bereich des Terrorismus oder der Proliferation, so solle er diese an die zuständigen Behörden weitergeben dürfen, auch wenn sich diese Erkenntnisse noch nicht zu bestimmten Tatsachen verdichtet hätten[15]. Dagegen sollten die gewissermaßen als Zufallsfunde anfallenden Erkenntnisse nur unter den strengeren Voraussetzungen an die Gefahrenabwehrbehörden weitergegeben werden dürfen[16].

Ungeachtet der Nähe des § 129 a StGB zu den Erhebungszwecken ist die Verhältnismäßigkeit der Datenweitergabe beim Verdacht von einzelnen Straftaten zweifelhaft. Etwa das **Werben für eine terroristische Vereinigung** ist allenfalls der **mittelschweren Kriminalität** zuzurechnen. Die Gleichstellung mit Delikten wie etwa der Proliferation, also der Verbreitung und Weitergabe von Massenvernichtungswaffen und ihrer Trägermittel[17], erscheint nicht gerechtfertigt. Eine Berechtigung zur Absenkung der Übermittlungsvoraussetzungen kann sich nicht ausschließlich aus einem inhaltlichen Zusammenhang mit den Gefahrenbereichen ergeben. Vielmehr zeichnen sich diese gerade auch durch die Schwere der durch sie zum Ausdruck kommenden Delikte aus. Eine Übermittlung von personenbezogenen Daten an Polizeidienststellen zur Verhinderung von Straftaten im Sinne eines Werbens für eine terroristische Vereinigung oder der Unterstützung einer solchen (§ 129 a III StGB) **dürfte damit unverhältnismäßig** sein.

Übermittlungen auch bei mittelschwerer Kriminalität?

Für die Übermittlung von Daten aus der strategischen Rasterfahndung zum Zwecke der Strafverfolgung der in § 7 IV S.1 G 10 genannten Straftaten müssen – entsprechend einer entsprechenden verfassungsgerichtlichen Vorgabe[18], ausnahmslos **bestimmte Tatsachen** vorliegen. Dieses für einen Verdacht erforderliche **gewisse Maß an Konkretisierung** dürfte sich aber fast immer begründen lassen[19], wie nicht zuletzt anhand der entsprechenden Voraussetzung für große Lauschangriffe nach der Strafprozessordnung gezeigt wurde[20]. *Paeffgen* weist diesbezüglich zutreffend darauf hin, dass auch Anhaltspunkte eine entsprechende Tatsachenbasis voraussetzen und nicht durch bloße Vermutungen gestützt werden dürften[21]. Mit einer **restriktiven Schwelle** für Ermitt-

„Bestimmte Tatsachen"

---

14 Vgl. *Würtenberger/Heckmann*, Polizeirecht in Baden-Württemberg, S. 62.
15 BT-Drucks. 14/5655, S. 21 f.
16 BT-Drucks. 14/5655, S. 22.
17 Ausführlich zum Begriff Wörterbuch zur Sicherheitspolitik, S. 277.
18 BVerfGE 100, 313 (394).
19 *Frister* in: Bemmann-FS, S. 543; zur Alibifunktion der Voraussetzung eines auf bestimmte Tatsachen begründeten Verdachts, vgl. *Frister*, StV 1996, 455.
20 Vgl. oben die Ausführung in Teil 2, Kap. 1.
21 StV 1999, 677; von einer schwierigen Abgrenzung zwischen tatsächlichen Anhaltspunkten und bestimmten Tatsachen sprechen auch *Würtenberger/Heckmann*, Polizeirecht in Baden-Württemberg, S. 61.

Teil 4: Geheimdienstrecht

lungen sind also **auch bestimmte Tatsachen nicht zu verwechseln**[22]. Die jährlichen Zuwachsraten von Maßnahmen nach § 100 a StPO widerlegen die in Erwägung zu ziehende Effektivität dieser tatbestandlichen Beschränkung[23].

Löschungsverpflichtungen

Als Regelfall sieht § 6 I S.2 G 10 die **unverzügliche Löschung** der erhobenen personenbezogenen Daten nach der Feststellung vor, dass die Daten nicht mehr erforderlich sind. Diese Prüfung ist nach § 6 I S.1 G 10 unverzüglich und sodann in **Abständen von höchstens sechs Monaten** vorzunehmen. Dies gilt nach § 6 I S.3 G 10 nicht, wenn die Daten für eine Mitteilung an den Betroffenen oder eine gerichtliche Nachprüfung der Rechtmäßigkeit der Beschränkungsmaßnahme von Bedeutung sein können.

Unterrichtung der Betroffenen

Eine Unterrichtung des Betroffenen über das unbemerkte staatliche Mithören entfällt nach § 12 I S.3 G 10, wenn die G 10-Kommission einstimmig festgestellt hat, dass die **Gefährdung des Beschränkungszwecks auch nach 5 Jahren** nicht auszuschließen ist (Nr. 1), diese Voraussetzung mit an Sicherheit grenzender Wahrscheinlichkeit auch in Zukunft nicht eintreten wird (Nr.2) sowie die Voraussetzungen für eine Löschung sowohl bei der erhebenden Stelle als auch beim Empfänger vorliegen.

2.2. Die Kriminalitätsaufklärung des BND im Inland

Neue Aufgabe für den BND?

Nach wie vor ist es eine Aufgabe des BND, die BRD vor bewaffneten Angriffen zu schützen. Daneben – und dabei dürfte es sich inzwischen kaum mehr um einen Randbereich seiner tatsächlichen Tätigkeit handeln – darf er die strategische Rasterfahndung **auch in Bereichen der allgemeinen Kriminalität** einsetzen[24]. Das bedeutet, dass jeder Telefonverkehr, der zwischen In- und Ausland stattfindet, abgehört werden darf und wird. Ausdrücklich stellte das *Bundesverfassungsgericht* in seiner Abhörentscheidung von 1999 fest, dass der Einzelne **bei jedem Kontakt mit dem Ausland mit der Möglichkeit der Erfassung durch den Bundesnachrichtendienst rechnen** müsse[25]. Dies ist der Eigenschaft der strategischen Rasterfahndung als verdachtsunabhängige Maßnahme geschuldet. Die Rede ist deshalb auch von der „**Staubsaugermethode**"[26]: Sobald also die zu bestimmenden Suchbegriffe verwendet werden, wird das Gespräch/Telefax o. ä. aufgezeichnet und ausgewertet[27].

In der beschriebenen Befugnis zur Datenübermittlung an andere Stellen liegt keine unmaßgebliche Nebentätigkeit des BND, sondern – wie die Gesetzesbegründung zum Verbrechensbekämpfungsgesetz nahe legt[28] – um eine solche **im überwiegenden In-**

---

22 Vgl. auch *Gröpl*, NJW 1996, 102; *Frister* in: Bemmann-FS, S. 542 f.
23 Ausführlich dazu das Kapitel zur *Telekommunikationsüberwachung*.
24 *Paeffgen*, StV 2002, 337.
25 BVerfGE 100, 313 (377); *Pfeiffer*, ZRP 1994, 253.
26 *Pfeiffer*, ZRP 1994, 254; *Gössner*, Geheim 1/95, S. 16; *ders.*, Erste Rechts-Hilfe, S. 220.
27 Zur Überwachungstechnik des BND vgl. *Zöller*, Informationssysteme, S. 369 f.; vgl. auch *Seifert* in: Mythos Sicherheit, S. 86.
28 BT-Drucks. 12/6853, S. 43, stellt insoweit fest, dass die neuen weitergabefähigen Daten in § 3 III G 10 a.F. *sicherstellten* (Hervorhebung durch Verf.), dass auch Erkenntnisse aus den neuen Beobachtungsfeldern für die Zwecke der Gefahrenabwehr und Strafverfolgung verwendet werden könnten.

2. Strategische Rasterfahndung des BND

teresse dieser Behörden[29]. Damit ist der BND im Innern zum Ausführungsorgan für diejenigen Stellen geworden, denen mangels eigener Befugnisse die genannten Überwachungsmaßnahmen verwehrt sind: Er sammelt die Informationen **gezielt** für die zur **polizeilichen Gefahrenabwehr und Strafverfolgung zuständigen Behörden**[30]. Das ist insofern von Bedeutung, als sowohl das polizeiliche Tätigwerden wie auch die strafverfolgenden Maßnahmen jeweils an einen Verdacht anknüpfen, mithin an eine Voraussetzung, die die strategische Rasterfahndung, die gerade **verdachtslos** durchgeführt wird, nicht zu beachten braucht. Ein strafprozessualer Eingriff setzt zusätzlich eine eigenverantwortliche, maßnahmen-nahe Prüfung der gesetzlichen Eingriffsvoraussetzungen durch einen unabhängigen Richter voraus (vgl. § 100 b I StPO)[31].

Zielrichtung: Strafverfolgung

Nach alledem erscheint es sachgerecht, mit *Riegel* und anderen von einem **Kooperationsgebot** zwischen BND auf der einen und den eigentlichen **Strafverfolgungs- und Gefahrenabwehrbehörden** auf der anderen Seite auszugehen[32]. Damit ist zugleich festzustellen, dass der BND kaum noch als (reiner) Auslandsgeheimdienst[33] zu verstehen ist: Eine seiner Haupttätigkeiten, nämlich die Datenübermittlungen von verdachtslos erlangten Daten, knüpft an **Kommunikationen in der BRD** an[34]. Es ist also nicht nur festzustellen, dass der BND von der **Zielrichtung seiner Tätigkeit her auch kriminalitätsaufklärend** arbeitet[35] und insoweit wie eine geheim arbeitende Kriminalpolizeibehörde[36], die nur datenerhebend tätig ist, zu behandeln ist, sondern auch, dass diese Arbeit nicht nur ausnahmsweise im Inland stattfindet[37].

Kooperationsgebot BND-Polizei

Bei näherer Betrachtung der gegenständlichen Befugnisse zeigt sich, dass *durch* die (zunächst) präventiv ausgerichteten Datenerhebungen auch Strafverfolgung ermöglicht (oder erleichtert) werden soll[38]. Es handelt sich also auch um die **Sammlung von Daten mit repressiver Zielrichtung**, die erst zu einem Anfangsverdacht führen können, der dann Anlaß für weitere Ermittlungen nach Maßgabe der StPO ist. Der BND betreibt also Verdachtssuche[39]. Was diese Zielrichtung wiederum für Auswirkungen auf das Verhältnis von Prävention und Repression hat, wurde oben ausführlich geschildert: Ergebnis der neuen BND-Befugnisse ist nicht nur **ein Verschwimmen** der gesetzessystematisch strikt einzuhaltenden **Grenze zwischen Gefahrenabwehr und Strafverfolgung**, sondern auch, dass mit einer solchen Tätigkeit **die prinzipielle Trennung von**

Konsequenzen für Trennungsgebot

---

29 *Riegel*, ZRP 1995, 177.
30 *Rzepka*, KritV 1999, 327; *Riegel*, G 10, § 3 Rdnr. 45; *Theobald* in: Kriminalitätsimport, S. 110; ausführlich auch *Paeffgen*, StV 1999, 677; *ders.*, StV 2002, 337; **a. A.** *Huber*, NJW 2001, 3300.
31 Vgl. auch *Wollweber*, ZRP 2001, 215.
32 ZRP 1995, 177; *Theobald* in: Kriminalitätsimport, S. 110; vgl. auch *Paeffgen*, StV 1999, 675.
33 So auch noch BT-Drucks. 12/5759, S. 1.
34 *Pfeiffer*, ZRP 1994, 254; *Riegel*, ZRP 1995, 176; *Gössner*, Geheim 1/95, 16; *Paeffgen* in: Theorie und Systematik des Strafprozessrechts, S. 40.
35 *Frister* in: Bemmann-FS, S. 543; ferner *Gössner* in: Schwarz-Braun-Buch, S. 36.
36 *Köhler*, StV 1994, 387.
37 Ausführlich dazu *Paeffgen*, StV 1999, 673 ff.; von einer Überschneidung von inneren und äußeren Aspekten geht richtigerweise auch *Möstl*, DVBl. 1999, 1395, aus.
38 *Staff*, KJ 2001, 589.
39 Krit. dazu *Paeffgen/Gärditz*, KritV 2001, 71; *Köhler*, StV 1994, 387.

Teil 4: Geheimdienstrecht

OK mit „sicherheitspolitischer Bedeutung"?

Geheimdiensten und Polizei (sog. Trennungsgebot[40]) aufgegeben wird[41]. Mit *Paeffgen/Gärditz* ist von einem verwaltungstechnischen Organisationsverbund auszugehen[42]. Das ergibt sich es der funktionalen Integration des BND in die Aufgaben der Strafverfolgungs- und Gefahrenabwehrbehörden, wie sie oben beschrieben wurde:

Mit der strategischen Rasterfahndung als Befugnis sind schon mit dem Verbrechensbekämpfungsgesetz die Aufgaben des BND erweitert worden, nämlich um **die Zuarbeit für Gefahrenabwehr- und Strafverfolgungsbehörden als Regelfall**[43]. Während diese ehemals als Ausnahme ausgestaltet war (§ 3 II S.2 G 10, Stand vor dem Verbrechensbekämpfungsgesetz), ist sie nunmehr zur Regel geworden[44]. Das zeigt sich schon durch die Nennung des **Drogenhandels** als einen die strategische Rasterfahndung legitimierenden Gefahrenbereich (§ 5 I S.3 Nr.4 G 10). Es dürfte kaum zu begründen sein, warum dieser, auch wenn er durch die Einfuhr in die BRD stattfindet, sicherheitspolitische Bedeutung[45] – etwa für die Sicherheit und den Bestand der BRD als Ganzes – besitzen soll[46]. So aber lautet die Aufgabenbeschreibung des BND in § 1 II BNDG. Diese anscheinend als **Erscheinungsform der sog. Organisierten Kriminalität** gemeinten Delikte kommen einer außenpolitischen Existenzbedrohung allenfalls in besonders gravierenden Erscheinungsformen – etwa wenn sie von ausländischen Staaten ausgehen[47] – gleich. Der Hinweis in der Begründung zum Verbrechensbekämpfungsgesetz, dass durch die zu beobachtenden Kriminalitätserscheinungen in zunehmendem Maße die Sicherheit und Funktionsfähigkeit des Staates, insbesondere aber die Sicherheit seiner Bürger, bedroht würde[48], reicht für diese Annahme jedenfalls bei weitem nicht aus[49].

Verletzung von Art. 10 GG?

Die Aufgaben des BND bestehen also auch in der **Aufgabe der Zuarbeit für Strafverfolgungs- und Gefahrenabwehrbehörden**. Gleichwohl findet das keinen ausdrücklichen Niederschlag in der Aufgabenbeschreibung des BND in § 1 II BNDG. Das *Bundesverfassungsgericht* stellte in einer Entscheidung aus dem Jahr 1984 fest, dass „nach dem insoweit eindeutigen Wortlaut des (damaligen, F.R.) § 3 G 10 (...) Beschränkungen für Post- und Fernmeldebeziehungen zur **Gefahrenabwehr für die innere Sicherheit** (Hervorhebung F.R.) des Staates nicht eingesetzt werden" dürfen. „Dadurch würden die staatlichen Stellen in jedem Fall in unzulässiger Weise in die durch Art. 10

---

40 Siehe dazu das entsprechende Kapitel.
41 *Rzepka*, KritV 1999, 327; *Staff*, KJ 1999, 591; *Riegel*, G 10, § 3 Rdnr. 45
42 KritV 2001, 69.
43 *Gössner* in: Schwarz-Braun-Buch, S. 36.
44 *Riegel*, ZRP 1995, 178. Auch *Möstl*, DVBl. 1999, 1399, spricht von einer „institutionell verselbständigten, rein informationellen Hilfsfunktion" der Nachrichtendienste im Vorfeld konkreter Gefahren für besondere Rechtsgüter.
45 Vgl. § 1 II S.1 BNDG.
46 *Pfeiffer*, ZRP 1994, 254; ihm folgend *Frister* in: Bemmann-FS, S. 543 (dort Fußnote 11); vgl. auch *Theobald* in: Kriminalitätsimport, S. 110 und *Paeffgen*, StV 1999, 675.
47 BVerfGE 100, 313 (371).
48 BT-Drucks. 12/6853, S. 42; bei der bloßen Behauptung bleibt es schon bei BT-Drucks. 12/5759, S. 5.
49 Vgl. auch *Staff*, KJ 2001, 588; *Köhler*, StV 1994, 388 und *Schaefer*, NJW 1999, 2572; **a. A.** BVerfGE 100, 313 (371).

2. Strategische Rasterfahndung des BND

Abs.1 GG gewährleisteten Grundrechte eingreifen"[50]. In der Abhörentscheidung von 1999 hat dieser Aspekt nur insofern Niederschlag gefunden, als das *Bundesverfassungsgericht* von einem **Primärzweck der Informationsgewinnung für die originären Aufgaben des Bundesnachrichtendienstes** ausgeht[51].

2.3. Zusammenfassende Bewertung der BND-Befugnisse

Art. 10 I GG schützt die **private, vertrauliche Kommunikation**. Dabei wird nicht nur der Inhalt eines Telefonats geschützt, sondern auch die Umstände des Fernmeldeverkehrs: Unter dem Schutz der Verfassung stehen damit auch die **Anschlüsse der** (auch leitungsungebunden) **kommunizierenden Grundrechtsträger**[52]. Das *Bundesverfassungsgericht* hat den Art. 10 I GG sogar in einen engen Zusammenhang mit den Grundrechten aus Art. 1 I und 2 I GG gerückt, indem es feststellte, dass Wert und Würde des denkenden und freiheitlich handelnden Menschen nicht gewährleistet seien, wenn nicht ein Grundrecht den privaten, vor den Augen der Öffentlichkeit verborgenen Austausch von Nachrichten und Meinungen sichern würde[53]. **Eingriffe in das Grundrecht** lässt die Verfassung in Art. 10 II GG ausdrücklich zu, jedoch sind Eingriffe in jedem Fall nur bei Beachtung des Verhältnismäßigkeitsgrundsatzes zulässig. Darüber hinaus verlangt das Grundrecht aus Art. 10 GG auch besondere Anforderungen an den Gesetzgeber, die gerade die Verarbeitung personenbezogener Daten betreffen, welche mittels Eingriffen in das Fernmeldegeheimnis erlangt worden sind[54].

<small>Schutzbereich: Art. 10 I GG</small>

Mit der strategischen Rasterfahndung darf anlassunabhängig in den Schutzbereich des Art. 10 GG eingegriffen werden[55]. Es handelt sich bei diesen Eingriffen also nicht um kontrolliert-notwendige Eingriffsmaßnahmen, sondern um eine umfassende Kontrolle[56]. Bei einer solchen **Rasterkontrolle** findet eine Abwägung hinsichtlich Geeignetheit, Erforderlichkeit und Verhältnismäßigkeit im eigentlichen Sinne naturgemäß nicht statt. Vielmehr „reicht" die Verwendung eines Suchbegriffs für den Eingriff. Dass die Daten bei fehlenden Gründen für eine weitere Speicherung oder Weitergabe (etwa an die o. g. Behörden) gelöscht werden, ändert daran nichts: Bereits die **heimliche Kontrolle der Kommunikationen** bedeutet einen Eingriff in den Schutzbereich des Grundrechtes aus Art. 10 I GG[57]. Der ggf. zulässige, weil verhältnismäßige Eingriff im Einzelfall wird also in sein Gegenteil verkehrt.

<small>Verdachtslose Eingriffe</small>

Selbst wenn man diese strategische Kontrolle des Fernmeldeverkehrs aufgrund der früher stets angenommenen **„Angriffsgefahr aus dem Osten"** für generell verhältnismäßig gehalten hätte[58], so gehen die neuen Befugnisse über eine derartig **„überra-**

<small>Rechtfertigende Gefahrenlagen?</small>

---

50 BVerfGE 67, 157 (180 f.).
51 BVerfGE 100, 313 (370).
52 Literatur und höchstrichterliche Rechtsprechung zusammenfassend *Klesczewski*, StV 1993, 384.
53 BVerfGE 100, 313 (358 f.); 67, 157 (171 f.); vgl. dazu auch *Klesczewski*, StV 1993, 384.
54 BVerfGE 100, 313 (359); *BVerfG* NJW 1971, 275 (277 f.); BVerfGE 67, 157 (173 ff.).
55 BVerfGE 100, 313 (366 f.).
56 *Köhler*, StV 1994, 388.
57 BVerfGE 100, 313 (366); *BVerfG*, NJW 1992, 1876.
58 So BVerfGE 67, 157, (173 f., 179).

gende Gefahrenlage", die dem persönlichkeitsrechtlichen Gehalt des Grundrechts entspräche, weit hinaus. Während konstituierend für die bisherige Regelung war, dass die Daten jedenfalls nicht anlässlich der **allgemeinen Kriminalitätsbekämpfung** zum Schutz der sog. „inneren Sicherheit" erhoben werden durften[59], so ist mit dem Verbrechensbekämpfungsgesetz diese Grenzziehung aufgegeben worden[60].

Verstoß gegen Art. 19 IVGG

Zur Verdeutlichung dieses Aspekts sei noch ein Blick auf die **Schrankenregelung des Art. 10 II S.2 GG** geworfen. Diese fordert, dass die Beschränkung von Unterrichtung der Betroffenen und die **Einschränkung der Justizkontrolle** nur dann zulässig sind, wenn sie dem Schutze der freiheitlich demokratischen Grundordnung oder des Bestandes oder der Sicherung des Bundes oder eines Landes dienen. Nur für diese Fälle soll **an die Stelle des Rechtsweges nach Art. 19 IV GG** die Nachprüfung durch die parlamentarische Kontrollkommission treten. Es wurde oben bereits festgestellt[61], dass die zu beobachtenden Kriminalitätsfelder keineswegs ohne weiteres eine Gefahr für diese Werte darstellen. Sie können daher auch nicht die nach § 3 VIII S.2 G 10 unterbleibenden Unterrichtungen der Betroffenen begründen[62].

Antastung des Wesensgehalts von Art. 10 GG

Mit dem Verbrechensbekämpfungsgesetz ist also die generelle Möglichkeit zur personenbezogenen Zuordnung von verdachtslos erhobenen Daten zum Bestandteil der bundesrepublikanischen Rechtswirklichkeit geworden. Mit dem **Wesensgehalt der genannten Grundrechte** ist eine solche generelle Erfassung der Kommunikation von Menschen wohl kaum noch zu vereinbaren und *Köhler* formuliert diesbezüglich zutreffend, dass von denjenigen, die eine solchermaßen erweiterte Aufopferung der **Privatkommunikationrechte einer Unzahl von unverdächtigen Personen** nach Gutdünken geheim agierenden Behörden noch für verhältnismäßig halten, erwartet werden müsse, dass sie redlicherweise die Beseitigung der betroffenen Grundrechte konstatieren[63]. Unverdächtige Bürger werden nicht länger „in Ruhe gelassen"[64], sondern verdachts- und gefahrunabhängig in Anspruch genommen.

Strafverfolgung ohne StPO-Regeln

Der BND ist nicht dem strafverfahrensrechtlichen Legalitätsprinzip unterworfen, denn er ist bei entsprechend zureichenden tatsächlichen Anhaltspunkten für verfolgbare Straftaten – anders als die (Länder-)Polizeien – nicht zur **Einleitung eines Ermittlungsverfahren** verpflichtet. Tatsächlich ist es der BND, der im Einzelfall (auch) nach **geheimdienstlichen Gesichtspunkten** entscheidet, ob bestimmte Informationen für die Strafverfolgungsbehörden erforderlich sind oder nicht. Damit befindet der BND über die Strafverfolgung eines (Anfangs-)Verdächtigen und entzieht die Entscheidung der gesetzlich zuständigen Strafverfolgungsbehörde. Der Grundsatz gleichmäßiger Strafverfolgung wird **aus dem Justizzusammenhang völlig herausgelöst** und damit faktisch suspendiert[65]. Eingeführt wurde durch das Verbrechensbekämpfungsgesetz da-

---

59 Von einem ausgeschlossenen „Missbrauch" zu solchen Zwecken sprach noch BVerfGE 67, 157 (180).
60 *Köhler*, StV 1994, 388.
61 Siehe dazu oben 2.2.
62 *Arndt*, NJW 1995, 171; *Riegel*, ZRP 1995, 179.
63 *Köhler*, StV 1994, 388.
64 BVerfGE 27, 1 (6); vgl. zur Redlichkeitsvermutung von „Jedermann" auch oben Punkt I.3.
65 *Köhler*, StV 1994, 388 f.

2. Strategische Rasterfahndung des BND

gegen partiell ein Strafprozess, der nach geheimdienstlichen Beurteilungen bzw. Überlegungen eingeleitet und durchgeführt werden kann. Eine solche Verfahrensherrschaft des BND ist weder mit dem Legalitätsgrundsatz, noch mit dem Rechtsstaatsprinzip nach Art. 20 II GG vereinbar.

Es erscheint sachgerecht, beim BND neuen Zuschnitts von einer **„Bundesgeheimpolizei"** (*Köhler*)[66] bzw. „geheimen Bundeskriminalpolizei" (*Pieroth/Schlink/Kniesel*)[67] auszugehen. Eine solche Behörde ist jedoch weder mit dem Grundgedanken des Trennungsgebots zwischen Polizei und Geheimdiensten vereinbar[68], noch lässt ihre Konstituierung erkennen, dass sich der Gesetzgeber bewusst ist, dass er damit einen Weg beschreitet, der nach dem Ende des NS-Faschismus gerade – auch durch dieses Prinzip – verhindert werden sollte. Auch das *Bundesverfassungsgericht* wird diesem grundgesetzlich verankerten Anspruch nicht gerecht[69].

Der BND als Bundesgeheimpolizei

---

66 *Köhler*, StV 1994, 386 ff.; vgl. auch *ders.*, ZStW 107 (1995), 11; *Gössner*, Geheim 1/95, 16.
67 *Pieroth/Schlink/Kniesel*, Polizei- und Ordnungsrecht, S. 30.
68 *Riegel*, ZRP 1995, 177; ferner *Denninger*, KritV 1994, 240 und *Gusy*, KritV 1994, 245 ff.; **a. A.** *Zöller*, Informationssysteme, S. 376.
69 *Rzepka*, KritV 1999, 327.

Teil 4: Geheimdienstrecht

Literatur:

ARNDT, CLAUS: Die Fernmeldekontrolle nach dem Verbrechensbekämpfungsgesetz, in: NJW 1995, S. 169 ff.

BRENNER, MICHAEL: Bundesnachrichtendienst im Rechtsstaat – Zwischen geheimdienstlicher Effizienz und rechtsstaatlicher Kontrolle (zit. als: Bundesnachrichtendienst im Rechtsstaat), Baden-Baden 1990.

DENNINGER, ERHARD: Verfassungsschutz, Polizei und die Bekämpfung der Organisierten Kriminalität, in: KritV 1994, S. 232 ff.

FRISTER, HELMUT: Das Gesetzesvorhaben der Bundesregierung zur Einführung des großen Lauschangriffes, in: StV 1996, S. 454 ff.

– Der (bayrische) Verfassungsschutz als Strafverfolgungsbehörde?, in: Schulz, Joachim / Vormbaum, Thomas (Hrsg.), Festschrift für Günter Bemmann, (zit. als: Frister, in: Bemmann-FS), Baden-Baden 1997, S. 542 ff.

GRAMLICH, LUDWIG: Die Zweite Novelle des G 10-Gesetzes, in: NJW 1997, S. 1400 ff.

GRÖPL, CHRISTOPH: Das Fernmeldegeheimnis des Art. 10 GG vor dem Hintergrund des internationalen Aufklärungsauftrages des Bundesnachrichtendienstes, in: ZRP 1995, S. 13 ff.

– Vorläufige Einschränkung der Verwertungs- und Übermittlungsbefugnisse des Bundesnachrichtendienstes bei der strategischen Fernmeldeüberwachung, in: NJW 1996, S. 100 ff.

GUSY, CHRISTOPH: Das verfassungsrechtliche Gebot der Trennung von Polizei und Nachrichtendiensten, in: ZRP 1987, S. 45 ff.

– Informationelle Selbstbestimmung und Datenschutz: Fortführung oder Neuanfang, in: KritV 2000, S. 52 ff.

– Polizei und Nachrichtendienste im Kampf gegen die Organisierte Kriminalität, in: KritV 1994, S. 242 ff.

HUBER, BERTOLD: Das neue G10-Gesetz, in: NJW 2001, S. 3296 ff.

KLESCZEWSKI, DIETHELM: Das Auskunftsersuchen an die Post: die wohlfeile Dauerkontrolle von Fernmeldeanschlüssen, in: StV 1993, S. 382 ff.

KÖHLER, MICHAEL: Prozeßrechtsverhältnis und Ermittlungseingriffe, in: ZStW 107 (1995), S. 10 ff.

– Unbegrenzte Ermittlung und justizfreie Bundesgeheimpolizei: Der neue Strafprozeß, in: StV 1994, S. 386 ff.

MÖSTL, MARKUS: Verfassungsrechtliche Vorgaben für die strategische Fernmeldeaufklärung und die informationelle Vorfeldarbeit im allgemeinen, in: DVBl. 1999, S. 1394.

PAEFFGEN, HANS-ULLRICH: Das Urteil des *Bundesverfassungsgerichts* zum G10 in der Fassung des Verbrechensbekämpfungsgesetzes 1994, in: StV 1999, S. 668 ff.

– „Verpolizeilichung" des Strafprozesses – Chimäre oder Gefahr, in: Wolter, Jürgen (Hrsg.), Zur Theorie und Systematik des Strafprozeßrechts, Neuwied 1995, S. 13 ff.

PFEIFFER, CHRISTIAN: Telefongespräche im Visier der elektronischen Rasterfahndung, in: ZRP 1994, S. 253 ff.

RIEGEL, REINHARD: Der Quantensprung des Gesetzes zu Artikel 10 GG (G 10), in: ZRP 1995, S. 176 ff.

– Gesetz zur Beschränkung des Brief- Post- und Fernmeldegeheimnisses (Gesetz zu Artikel 10 Grundgesetz) (G 10) mit Ausführungsvorschriften der Länder (zit. als: Riegel, G 10), Kommentar, München 1997.

2. Strategische Rasterfahndung des BND

– Polizei und Geheimdienste (zu Hetzer, ZRP 1999, 19), in: ZRP 1999, S. 216.

RUPPRECHT, REINHARD: Die Kunst, Aufgaben sinnvoll zu verteilen – Zur Aufklärung von Strukturen Organisierter Kriminalität durch Nachrichtendienste, in: Kriminalistik 1993, S. 131 ff.

RZEPKA, DOROTHEA: Das Strafverfahren in den Händen der Polizei: Ist-Zustand und kriminalpolitische Visionen, in: KritV 1999, S. 312 ff.

SCHAEFER, HANS CHRISTOPH: Strafverfolgung und Verfassungsschutz, in: NJW 1999, S. 2572 f.

SEIFERT, JÜRGEN: Der unheimliche Mithörer – Politische und verfassungsrechtliche Bedenken gegen die neuen Abhörbefugnisse des Bundesnachrichtendienstes (BND), in: Gössner, Rolf (Hrsg.), Mythos Sicherheit (zit. als: Seifert in: Mythos Sicherheit), Baden-Baden 1995, S. 83 ff.

SOINÉ, MICHAEL: Die Aufklärung der Organisierten Kriminalität durch den Bundesnachrichtendienst, in: DÖV 2006, S. 204 ff.

STAFF, ILSE: Sicherheitsrisiko durch Gesetz, in: KJ 1999, S. 586 ff.

STRÖBELE, HANS-CHRISTIAN: Das neue G10-Gesetz, in: Vorgänge 4/2001, S. 79 ff.

THEOBALD, VOLKMAR: Ist das Trennungsgebot noch aktuell? – Neue Aufgaben für Nachrichtendienste und Polizei zur „Bekämpfung" der internationalen organisierten Kriminalität, in: Huppertz, Martina / Theobald, Volkmar (Hrsg.), Kriminalitätsimport, (zit. als: Theobald in: Kriminalitätsimport), Berlin 1998, S. 95 ff.

WOLLWEBER, HARALD: Die G10-Novelle: Meilenstein oder Stolperstein für den Datenschutz, in: DuD 2001, S. 734 ff.

– Die G 10-Novelle: Ungeahnte Folgen eines Richterspruchs, in: ZRP 2001, S. 213 ff.

ZÖLLER, MARK ALEXANDER: Informationssysteme und Vorfeldmaßnahmen von Polizei, Staatsanwaltschaft und Nachrichtendiensten (zit. als: Informationssysteme), Heidelberg 2002.

3. Überblick: Neue Aufgaben und Befugnisse der Geheimdienste nach dem TerrBekG

Die Terroranschläge von New York und Washington hatten und haben nicht nur Auswirkungen auf gesellschaftliche (Sicherheitsängste) und politische (Kriegsgefahr) Entwicklungen, sondern auch auf das deutsche Recht. Mit den sog. **„Sicherheitspaketen"** gab die Legislative vor, den internationalen Terrorismus wirksamer bekämpfen zu können[1]. Dabei standen neben neuen Kompetenzen für das Bundeskriminalamt und der Einführung von biometrischen Merkmalen in deutsche Personaldokumente[2] insbesondere auch neue Aufgaben und Befugnisse für die Geheimdienste im Mittelpunkt der – nicht zuletzt auch rechtswissenschaftlichen – Diskussion. Die Neuregelungen sind im Folgenden vorzustellen.

Einleitung

3.1. Bundesverfassungsschutzgesetz[3]

Das Bundesamt für Verfassungsschutz hat mit dem **Terrorismusbekämpfungsgesetz vom 9.1.2002**[4] die Aufgabe erhalten, solche Bestrebungen, die sich gegen den Gedanken der **Völkerverständigung** und insbesondere gegen das **friedliche Zusammenleben der Völker** richten, zu beobachten, vgl. § 3 I Nr. 4 BVerfSchG. Nach Auffassung des Gesetzgebers bilden solche Bestrebungen einen Nährboden für die Entstehung extremistischer Auffassungen und schüren Hass, der auch vor terroristischer Gewaltanwendung nicht zurückschreckt[5].

Erweiterter Beobachtungsauftrag

Eine solche Beauftragung begegnet schon unter Bestimmtheitsgesichtspunkten nicht unerheblichen Bedenken[6]. Wie schon die Gesetzesbegründung nahe legt, wird der Beobachtungsauftrag des Verfassungsschutzes **weit in das Vorfeld von Gefährdungen**[7] der verfassungsmäßigen Ordnung der Bundesrepublik verlegt. Wenn man sich vergegenwärtigt, dass es des Nachweises von Gewaltanwendung oder darauf gerichteter Vorbereitungshandlungen (vgl. § 3 I Nr. 3 BVerfSchG) nicht mehr bedarf, wird deutlich, dass hier nicht nur eine **„Lückenbüßer"-Aufgabe**[8] eingeführt wurde, sondern die vor dem Terrorismusbekämpfungsgesetz bestehenden Restriktionen schlicht entfallen sind. Mit einer derart **weit formulierten Aufgabe** für das Bundesamt für Verfassungsschutz werden auch alle in § 3 I Nr. 3 BVerfSchG genannten Bestrebungen mit erfasst. Bestrebungen, die durch Gewaltanwendung oder entsprechende Vorbereitungshandlungen auswärtige Belange gefährden, richten sich grundsätzlich immer auch gegen

Unbestimmtheit der Beauftragung

---

1   BT-Drucks. 14/7386 (neu), S. 35.
2   Ausführlicher zu den Regelungen des TerrBekG die Vorauflage ab S. 169.
3   BGBl. 2002, Teil I, S. 361 ff.; zu den gesetzgeberischen Motiven ausführlich *Hetzer*, ThürVBl. 2002, 253 f.
4   BGBl. 2002, Teil I, S. 361 ff
5   BT-Drucks. 14/7386 (neu), S. 38.
6   *Denninger*, StV 2002, 98; *Garstka*, NJ 2002, 524; *Baldus*, ZRP 2002, 402 f.
7   *Rublack*, DuD 2002, 203.
8   *Paeffgen*, StV 2002, 338.

das friedliche Zusammenleben der Völker. Bei Lichte betrachtet stellt § 3 I Nr. 3 BVerfSchG also nunmehr einen **Unterfall des neuen Beobachtungsauftrages** dar. Es handelt sich demnach nicht um eine neue Aufgabe, sondern um eine Ausweitung einer alten Aufgabe in das Vorfeld von Gefährdungen hinein.

Die neue Aufgabe des Verfassungsschutzes ist auch **kompetenzrechtlich zweifelhaft**. Die Beobachtung von Bestrebungen, die sich gegen den Gedanken der Völkerverständigung und insbesondere gegen das friedliche Zusammenleben der Völker richten, lassen sich **nicht unter die Gesetzgebungsbefugnisse des Art. 73 Nr. 10 b GG** subsumieren[9], wie die Gesetzesbegründung behauptet[10]. Denn um den Schutz der freiheitlichen demokratischen Grundordnung, den Bestand und die Sicherheit des Bundes oder eines Landes geht es bei dem neuen Beobachtungsauftrag nicht[11]. Vielmehr besteht seine bereits angerissene Eigenart gerade darin, dass nicht konkrete Gefährdungen für die genannten Schutzgüter zu besorgen sind, sondern eher, dass **schon potentiell gefährdende Stimmungen** und/oder Gefühlslagen erfasst werden sollen (Gesetzesbegründung: „Nährboden für die Entstehung extremistischer Auffassungen"). Erst wenn sich solche Bestrebungen im Vorfeld von Gefährdungen für die verfassungsmäßige Ordnung verdichtet haben, greift die Regelungskompetenz aus Art. 73 Nr. 10 b GG ein[12]. Aber auch Art. 73 Nr. 10 c GG ermächtigte den Bund nicht zur Schaffung des neuen Beobachtungsauftrages[13]: Die entsprechende Verfassungsnorm setzt für Gefährdungen auswärtiger Belange ausdrücklich Gewaltanwendung oder darauf gerichtete Vorbereitungshandlungen voraus. Dieser soll es - wie gezeigt - nach § 3 I Nr. 4 BVerfSchG gerade nicht bedürfen. Schließlich scheidet auch die Bundeskompetenz nach Art. 73 Nr.1 GG (auswärtige Angelegenheiten) für eine Befugnis zur Normsetzung aus[14]. Diese betrifft nach der neueren Rechtsprechung des *Bundesverfassungsgerichts* ausschließlich diejenigen Fragen, die für das Verhältnis der Bundesrepublik zu anderen Staaten oder zwischenstaatlichen Einrichtungen, insbesondere für die Gestaltung der Außenpolitik, von Bedeutung sind[15]. Die Regelung zielt schon nach der Gesetzesbegründung vielmehr auf **Gefährdungen der inneren Sicherheit** durch Bestrebungen von Ausländern in Deutschland, die sich gegen politische Gegner im Ausland richten, ohne dass diese einem bestimmten Staat zugeordnet werden könnten[16]. Nach der hier vertretenen Auffassung ist § 3 I Nr.4 BVerfSchG also in **kompetenzüberschreitender und damit verfassungswidriger Weise** zustande gekommen.

In § 8 BVerfSchG wurden außerdem zahlreiche Auskunftsbefugnisse eingeführt: Das Bundesamt für Verfassungsschutz hat verschiedene **Befugnisse zur Einholung von Auskünften** erhalten. Dabei stehen ihm grundsätzlich **keine Zwangsbefugnisse gegen**

---

9 *Denninger*, StV 2002, 98; *Nolte*, DVBl. 2002, 574; *Baldus*, ZRP 2002, 401.
10 BT-Drucks. 14/7386 (neu), S. 37.
11 *Baldus*, ZRP 2002, 400.
12 *Paeffgen*, StV 2002, 338.
13 Ausführlich *Baldus*, ZRP 2002, 401; *Denninger*, StV 2002, 98.
14 Näher *Baldus*, ZRP 2002, 401 f.
15 BVerfGE 100, 313 (368 f.).
16 BT-Drucks. 14/7386 (neu), S. 38.

3. Geheimdienstrecht nach dem TerrBekG

die **Auskunftsgeber** zu[17]. Ob diese sich jedoch jemals einem Ersuchen des Bundesamtes für Verfassungsschutz widersetzen werden, ist fraglich. Oftmals wird es an einem entsprechenden Interesse fehlen; überdies dürfte beim privaten Auskunftsgeber im Falle einer solchen Anfrage eine „Mitverantwortung für die Abwehr von terroristischen Gefahren" empfunden werden[18].

Im Einzelnen werden die Eingriffsvoraussetzungen differenziert geregelt: Für **Kreditinstitute, Finanzdienstleistungsunternehmen und Finanzunternehmen** gilt nach § 8 V BVerfSchG, dass das Bundesamt Auskunft über sämtliche Kundendaten einschließlich der Geldbewegungen und Geldanlagen verlangen darf, wenn dies zur Aufgabenerfüllung (ausgenommen ist die Aufgabe der Beobachtung der verfassungswidrigen Bestrebungen nach § 3 I Nr.1 BVerfSchG) erforderlich ist, und tatsächliche Anhaltspunkte für schwerwiegende Gefährdungen der entsprechenden Schutzgüter vorliegen. Dieselben tatbestandlichen Voraussetzungen gelten gemäß § 8 VII BVerfSchG bei Auskünften von **Luftverkehrsunternehmen** über deren Kunden bzw. Passagiere hinsichtlich nahezu aller Umstände des Luftverkehrs. Datenerhebungen bei Personen und Unternehmen, die **Postdienstleistungen** erbringen, sind nach § 8 VI BVerfSchG nur zulässig, wenn dies einerseits zur konkreten Aufgabenerfüllung erforderlich ist und andererseits die Voraussetzungen des § 3 I G10-Gesetzes vorliegen. Demnach müssen tatsächliche Anhaltspunkte für den Verdacht der Planung oder Begehung von bestimmten Katalogtaten (§ 3 I S.1 G 10) oder der Mitgliedschaft in einer verfassungsfeindlichen Vereinigung (§ 3 I S.2 G 10) gegeben sein[19]. Hierbei handelt es sich um die Zulässigkeitsvoraussetzungen für geheimdienstliche Überwachungen des Brief- und Postverkehrs (Art. 10 I GG). Die entsprechenden Voraussetzungen gelten für Auskünfte über vergangene und zukünftige **Telekommunikationsverbindungsdaten und Teledienstenutzungsdaten** gegenüber den solche Dienstleistungen anbietenden Unternehmen. Sie sind - was die Ermächtigungen gegenüber geschäftsmäßig TK-Dienste erbringende Anbieter betrifft - mit den strafverfolgerischen Befugnissen nach den §§ 100 g, h StPO vergleichbar[20]. Erfasst werden die wichtigsten Verbindungsdaten, also etwa die Angaben über Beginn und Ende, Dauer der Kommunikation sowie die gewählten Anschlüsse (§ 8 VIII BVerfSchG).

Adressaten der Auskunftsbefugnisse

§ 8 IX BVerfSchG regelt Verfahrensfragen. Insoweit ist insbesondere auf die Mitteilungspflichten gegenüber den von den Datenerhebungen betroffenen Personen hinzuweisen: Grundsätzlich gelten nach § 8 IX S. 11 BVerfSchG die Vorschriften des Artikel 10-Gesetzes. Demnach sind die Betroffenen zwar grundsätzlich unverzüglich zu benachrichtigen, wenn der Zweck des Auskunftsverlangens nicht mehr gefährdet werden kann. Hält jedoch die G10-Kommission (vgl. § 15 G10) eine **Zweckgefährdung auch 5 Jahre nach der Auskunftserteilung** für noch gegeben, so **entfällt die Mitteilung gänzlich**. Das ist verfassungsrechtlich unzulänglich, denn Art. 10 vermittelt den Grund-

Unterrichtungspflichten

---

17 BT-Drucks. 14/7386 (neu), S. 39.
18 *Garstka*, NJ 2002, 524.
19 Krit. zum Umstand, dass die Individualkontrolle nicht auf enumerativ aufgezählte Katalogtaten beschränkt ist vgl. *Wollweber*, DuD 2001, 735.
20 *Bizer*, DuD 2002, 741.

Teil 4: Geheimdienstrecht

rechtsträgern grundsätzlich einen Anspruch auf Kenntnis von Maßnahmen der Fernmeldeüberwachung, die sie betroffen haben[21]. Eine Ausnahme von diesem Grundsatz lässt sich durch bloßen Zeitablauf nicht rechtfertigen, weil er keinerlei Schluss darauf erlaubt, dass die erfassten Daten innerhalb dieser Zeit keiner weiteren Verwendung zugeführt worden sind[22].

Fahndungsverbund mit der Polizei?

Die genannten Befugnisse sind als **„(quasi-)polizeilich"** bezeichnet worden[23]. Tatsächlich bewegen sich die Eingriffsbefugnisse weniger im Bereich geheimdienstlich erlangbarer Strukturinformationen über zu beobachtende Bestrebungen, als vielmehr **im polizeilichen Bereich konkreter Sachverhaltsermittlungen**[24]. Unter Berücksichtigung der Übermittlungsbefugnisse an polizeiliche Dienststellen (vgl. § 20 BVerfSchG) wird damit die Grenze für Datenerhebungen *de facto* weiter zurückgenommen und gleichzeitig das **Trennungsgebot**[25] weiter **geschwächt**[26]. *Denninger* spricht insoweit von einem **funktionalen präventiven Fahndungsverbund** zwischen den Nachrichtendiensten und der Polizei auf dem Feld der Terrorismusbekämpfung[27].

Einsatz des IMSI-Catchers

Zu den Problemen einer Legalisierung des IMSI-Catchers (§ 9 IV BVerfSchG) sei auf die obigen Ausführungen verwiesen[28]. Festzustellen ist aber an dieser Stelle, dass von einer Eignung zum gesetzlich angestrebten Zweck (Terrorismusbekämpfung) kaum ausgegangen werden kann[29].

3.2. MAD-Gesetz[30]

Der Militärische Abschirmdienst (MAD) hat, wie auch das Bundesamt für Verfassungsschutz, die Aufgabe zur Beobachtung von Bestrebungen erhalten, die gegen den Gedanken der Völkerverständigung , insbesondere gegen das friedliche Zusammenleben der Völker, gerichtet sind (vgl. § 1 I S.2 MAD-G). Die Übertragung der entsprechenden Aufgabe wird u. a. damit begründet, dass auch im Geschäftsbereich des Bundesministeriums der Verteidigung die Zahl der Personen nicht unbeträchtlich ist und weiter zu-

---

21 BVerfGE 100, 313 (361).
22 BVerfGE 100, 313 (398); krit. auch *Wollweber*, DuD 2001, 738.
23 *Garstka*, NJ 2002, 524; *Nolte*, DVBl. 2002, 574 im Anschluss an *Kutscha*, Stellungnahme zum Entwurf des Terrorismusbekämpfungsgesetzes (BT-Drucks. 14/7386), dokumentiert auch im Protokoll der 78. Sitzung des Innenausschusses vom 30.11.2001 (Bandabschrift) unter http://www.cilip.de/terror/bt-ia-301101.pdf, dort S. 35.
24 *Rublack*, DuD 2002, 203; *Büllesbach*, in: Jahrbuch für Telekommunikation und Gesellschaft 2002, S. 72; vgl. auch *Hetzer*, ThürVBl. 2002, 256.
25 Näher dazu unten Punkt VI.5.1.
26 Eindringlich *Kutscha*, unter http://www.cilip.de/terror/bt-ia-301101.pdf, dort S. 35. „Insgesamt würde der Verfassungsschutz (...) damit eine Kompetenzfülle erreichen, die mich gemahnt an totalitäre Staaten"; krit. auch *Rublack*, DuD 2002, 203; *Hahnzog*, RuP 2002, 191 und *Busch*, Bürgerrechte & Polizei / CILIP 70 (3/2001), 31 f.
27 StV 2002, 99; vgl. auch die grundsätzliche Kritik bei *Pütter*, Bürgerrechte & Polizei / CILIP 70 (3/2001), 42 ff.
28 Vgl. oben die Ausführungen von *Gercke*, Teil 1, Kapitel 2.
29 *Garstka*, NJ 2002, 524.
30 BGBl. 2002, Teil I, S. 363 f.

nimmt, bei denen die **Beteiligung an solchen Bestrebungen nicht auszuschließen** sei. Hierbei könne es sich u.a. um Personen handeln, die eine **doppelte Staatsangehörigkeit besäßen, ausländischer Herkunft oder Abstammung** sind. Eine solche Begründung für die Ausweitung des Beobachtungsauftrages ist mehr als zweifelhaft: Mit ihr werden die genannten Personengruppen aufgrund ihres Nicht-(Nur)-Deutsch-Seins pauschal unter einen **gesteigerten Verdacht** hinsichtlich der Möglichkeit der Beteiligung an den genannten Bestrebungen gestellt. Hinweise darauf, ob ein solcher „Verdacht" eine reale Entsprechung hat, bleibt die Gesetzesbegründung schuldig.

Erweiterter Beobachtungsauftrag für MAD

Nach § 10 III MAD-G steht dem MAD auch die Befugnis zur **Auskunft über Telekommunikationsverbindungsdaten und Teledienstenutzungsdaten** über Personen, die dem Geschäftsbereich des Verteidigungsministeriums angehören, in ihm tätig sind oder in ihm tätig sein sollen, gegenüber den entsprechenden Anbietern zu. Hinsichtlich der diesbezüglich zu erhebenden Bedenken ist auf das den Verfassungsschutz Betreffende zu verweisen.

Neue Befugnisse des MAD

3.3. BND-Gesetz[31]

Der Bundesnachrichtendienst hat durch das Terrorismusbekämpfungsgesetz Auskunftsansprüche **gegenüber Kreditinstituten, Finanzdienstleistungsunternehmen und Finanzunternehmen** erhalten, § 2 Abs. 1a BNDG. Er darf Auskunft über sämtliche Kundendaten einschließlich der Geldbewegungen und Geldanlagen verlangen, wenn dies im Rahmen seiner Aufgabenerfüllung für die Sammlung von Informationen über bestimmte Gefahren[32] erforderlich ist, und tatsächliche Anhaltspunkte für schwerwiegende Gefahren für die außen- und sicherheitspolitischen Belange der BRD vorliegen.

Erweiterte Auskunftsansprüche des BND

Die dem Bundesamt für Verfassungsschutz und dem MAD zustehenden **Befugnisse gegenüber Telekommunikationsunternehmen und Teledienstanbietern** gelten auch für den BND[33], jedoch ohne dass es hierfür tatsächlicher Anhaltspunkte für schwerwiegende Gefahren für die außen- und sicherheitspolitischen Belange der BRD bedürfte. Schon solche tatsächlichen Anhaltspunkte stellen keine restriktive Schwelle für Ermittlungen dar. Der **ersatzlose Verzicht auf irgendwelche Anhaltspunkte** aber entbindet den BND weitgehend von einer Begründungspflicht. Die Koppelung an einen „Einzelfall" i.S. des § 8 Abs. 3a S.1 BNDG wird **tatbestandlich in keiner Weise konkretisiert**. Die bloße Erforderlichkeit von Auskunftsbefugnissen zur Aufgabenerfüllung enthält ein Verbot unsinniger Ermittlungen und kann damit keine tatbestandliche Begrenzungsfunktion erfüllen. Eine derart weite Befugnis ist mit Art. 10 GG nicht vereinbar; sie ist **unverhältnismäßig und daher verfassungswidrig**. Zu anderen grundsätzlichen Bedenken ist auf das den Verfassungsschutz Betreffende zu verweisen.

Uferlose Befugnisse

---

31 BGBl. 2002, Teil I, S. 364; zu den gesetzgeberischen Motiven vgl. *Hetzer*, ThürVBl. 2002, 253.
32 Erläuterungen hierzu unter Punkt 2.1.; ausgenommen wird lediglich die Gefahr der Beeinträchtigung der Geldwertstabilität im EuroWährungsraum durch im Ausland begangene Geldfälschungen.
33 Zu den gesetzgeberischen Motiven vgl. *Hetzer*, ThürVBl. 2002, 254.

Teil 4: Geheimdienstrecht

Literatur (auch zum TerrBekG):

ALBRECHT, PETER-ALEXIS: Freiheit - zu Tode geschützt, in: NJ 2001, S. 626.

BALDUS, MANFRED: Nachrichtendienste - Beobachtung völkerverständigungswidriger Bestrebungen, in: ZRP 2002, S. 400 ff.

BIZER, JOHANN: Politik der Inneren Sicherheit, in: DuD 2002, S. 741 ff.

BÜLLESBACH, ALFRED: Staatliche Sicherheit oder individuelle Freiheit, in: Kubicek, Herbert / Klumpp, Dieter / Büllesbach, Alfred (Hrsg.), Innovation@Infrastruktur, Jahrbuch Telekommunikation und Gesellschaft 2002 (zit. als Büllesbach, in: Jahrbuch Telekommunikation und Gesellschaft 2002), Heidelberg 2002, S. 65 ff.

DENNINGER, ERHARD: Freiheit durch Sicherheit? Anmerkungen zum Terrorismusbekämpfungsgesetz, in: StV 2002, S. 96 ff.

GARSTKA, HANSJÜRGEN: Terrorismusbekämpfung und Datenschutz - Zwei Themen im Konflikt, in: NJ 2002, S. 524 ff.

GROSS, THOMAS: Terrorbekämpfung und Grundrechte, in: KJ 2002, S. 1 ff.

HAHNZOG, KLAUS: Freiheitsrechte und Sicherheit - Zum „Sicherheitspaket" der Bundesregierung zur Terrorismusbekämpfung, in: RuP 2002, S. 189 ff.

HASSEMER, WINFRIED: Zum Spannungsverhältnis von Freiheit und Sicherheit, in: Vorgänge 159 (3/2002), S. 10 ff.

HETZER, WOLFGANG: Terrorismus und Gesetzgebung, in: ThürVBl. 2002, S. 251 ff.

HIRSCH, BURKHARD: Der attackierte Rechtsstaat, in: Vorgänge 159 (3/2002), S. 5 ff.

HOFFMANN-RIEM, WOLFGANG: Freiheit und Sicherheit im Angesicht terroristischer Anschläge, in: ZRP 2002, S. 497 ff.

KERSTEN, ULRICH: Internationaler Terrorismus, in: Kriminalistik 2002, S. 7 ff.

LEPSIUS, OLIVER: Freiheit, Sicherheit und Terror: Die Rechtslage in Deutschland, in: Leviathan 1/2004, S. 64 ff.

LIMBACH, JUTTA: Ist die kollektive Sicherheit Feind der individuellen Freiheit?, in: AnwBl. 2002, S. 454 ff.

NOLTE, MARTIN: Die Anti-Terror-Pakete im Lichte des Verfassungsrechts, in: DVBl. 2002, S. 573 ff.

PAEFFGEN, HANS-ULLRICH: „Vernachrichtendienstlichung" von Strafprozeß- (und Polizei-)recht im Jahr 2001, in: StV 2002, S. 336 ff.

PÜTTER, NORBERT: Geheimdienste aufrüsten?, in: Bürgerrechte & Polizei / CILIP 70 (3/2001), S. 42 ff.

RUBLACK, SUSANNE: Terrorismusbekämpfungsgesetz: Neue Befugnisse für die Sicherheitsbehörden, in: DuD 2002, S. 202 ff.

WOLLWEBER, HARALD: Die G 10-Novelle: Ungeahnte Folgen eines Richterspruchs, in: ZRP 2001, S. 213 ff.

Teil 5: Datenübermittlungen zwischen Polizei, Strafverfolgungsbehörden und Nachrichtendiensten

Übersicht

1. **Allgemeine Grundsätze bei Datenübermittlungen von Sicherheitsbehörden** 448
   1.1. Begrifflichkeiten 448
      1.1.1. Der Unterschied zwischen Informationen und Daten 448
      1.1.2. Übermittlung 449
   1.2. Grundrechtsrelevanz von Datenübermittlungen 451
   1.3. Gesetzgebungskompetenzen zur Datenübermittlung 457
      1.3.1. Die Verteilung der Gesetzgebungskompetenzen im Recht der Inneren Sicherheit 458
      1.3.2. Die Gefahr kompetenzwidriger Übermittlungsvorschriften 460
   1.4. Die Bedeutung des Trennungsgebots im Recht der Datenübermittlung 464
   1.5. Folgerungen aus dem Urteil des BVerfG zur akustischen Wohnraumüberwachung 466
   1.6. Protokollierungspflichten 469
2. **Spezielle Übermittlungsregelungen im Strafprozess-, Polizei- und Nachrichtendienstrecht** 471
   2.1. Die Übermittlung von Strafverfolgungsdaten 471
      2.1.1 Die Übermittlung von Strafverfolgungsdaten an die Polizeibehörden 471
         2.1.1.1. Die Generalklausel des § 481 StPO 471
         2.1.1.2. Sonderregelungen für Daten aus akustischer Wohnraumüberwachung 473
         2.1.1.3. Polizeirechtliche Datenimport-Ermächtigungen 475
            2.1.1.3.1. Allgemeines 475
            2.1.1.3.2. Besonderheiten bei der Übermittlung von Telekommunikationsdaten 479
            2.1.1.3.3. Übermittlung rechtswidrig erhobener Daten 481
      2.1.2. Die Übermittlung von Strafverfolgungsdaten an die Nachrichtendienste 484
         2.1.2.1. Allgemeines 485
         2.1.2.2. Die Übermittlung von Strafverfolgungsdaten an das Bundesamt für Verfassungsschutz 487
         2.1.2.3. Die Übermittlung von Strafverfolgungsdaten an MAD und BND 490
         2.1.2.4. Die Übermittlung rechtswidriger Strafverfolgungsdaten an die Nachrichtendienste 492
   2.2. Die Übermittlung von Gefahrenabwehrdaten 493

Teil 5: Datenübermittlungsregelungen

       2.2.1. Die Übermittlung von Gefahrenabwehrdaten an die Strafverfolgungsbehörden 493
            2.2.1.1. Polizeigesetzliche Öffnungsklauseln 493
            2.2.1.2. Die Ermittlungsgeneralklausel des § 161 I 1 StPO 494
       2.2.2. Die Übermittlung von Gefahrenabwehrdaten an die Nachrichtendienste 498
   2.3. Die Übermittlung von Nachrichtendienstdaten 499
       2.3.1. Die nachrichtendienstliche Öffnungsklausel 500
       2.3.2. Die Übernahme nachrichtendienstlicher Daten in das Strafverfahren 501
       2.3.3. Die Übernahme nachrichtendienstlicher Daten zu präventivpolizeilichen Zwecken 503

3. Fazit 505

Teil 5: Datenübermittlungen zwischen Polizei, Strafverfolgungsbehörden und Nachrichtendiensten

Dass die Erhebung von personenbezogenen Daten durch Polizei, Strafverfolgungsbehörden und Nachrichtendienste mit Eingriffen in die Grundrechte der Bürger einhergeht, gehört spätestens seit dem wegweisenden Volkszählungsurteil des BVerfG zu den gesicherten Grundsätzen des bundesdeutschen Rechts der Inneren Sicherheit. Schon damals, im Jahr 1983, hatte man in Karlsruhe aber auch vor den Gefahren durch eine zweckändernde Weitergabe und Verwendung solcher einmal erhobener Daten gewarnt[1]. Insofern verwundert es, dass der Bereich der Datenübermittlung zwischen den verschiedenen Sicherheitsbehörden bislang nur eingeschränkte Aufmerksamkeit in der juristischen Rechtsprechung und Literatur erfahren hat. Bedeutsame Fragen, wie die nach der Gesetzgebungskompetenz für gesetzliche Übermittlungsregelungen sowie deren bereichsspezifische, normenklare und vor allem verhältnismäßige Ausgestaltung werden entweder nicht gestellt oder nur auf einzelne Übermittlungsvorgänge, etwa von den Strafverfolgungs- an die Gefahrenabwehrbehörden, bezogen. Insbesondere die Herausforderungen der Bekämpfung des modernen, meist islamistisch geprägten Terrorismus machen jedoch deutlich, dass ein wirksames Sicherheitskonzept neben den Tätigkeitsfeldern von Polizei- und Staatsanwaltschaft auch die Nachrichtendienste berücksichtigen muss. Im Zeitalter der Informationstechnologie erscheint die Vorstellung von einem sorgsam abgegrenzten Nebeneinander der Arbeit verschiedener Sicherheitsbehörden überholt. Um der Realität der Kriminalitätsbekämpfung zu Beginn des 21. Jahrhunderts gerecht zu werden, müssen gefahrenabwehrrechtliche, strafprozessuale sowie nachrichtendienstliche Problemstellungen stets in ihrem Gesamtzusammenhang gesehen werden. Insofern soll im Rahmen des nachfolgenden Kapitels ein Überblick über die Möglichkeiten und Grenzen des Datenaustauschs zwischen Polizei-, Strafverfolgungs- und Nachrichtendiensten gegeben werden. Dabei sind in einem **Allgemeinen Teil** zunächst die für alle Übermittlungsvorgänge im Recht der Inneren Sicherheit geltenden Grundsätze darzustellen, bevor in einem anschließenden **Besonderen Teil** die rechtlichen Rahmenbedingungen für einzelne Datenübermittlungen aufgezeigt werden können. Aufgrund dieser weit gespannten Zielsetzung sind dabei aus Kapazitätsgründen Eingrenzungen des zu behandelnden Stoffs unumgänglich. So werden die Übermittlungen an und durch Gefahrenabwehrbehörden nur insoweit dargestellt, als es um die Arbeit von Polizeibehörden geht. Insofern muss der Datenaustausch mit den sonstigen Ordnungsbehörden, die Aufgaben der Gefahrenabwehr wahrnehmen, außer Betracht bleiben. Darüber hinaus werden aus dem Bereich der Nachrichtendienste neben dem Bundesnachrichtendienst (BND) und dem Militärischen Abschirmdienst (MAD) nur der Aufgaben- und Befugnisbereich des Bundesamts für Verfassungsschutz (BfV) betrachtet. Für die Übermittlung von Daten an oder durch die *Landes*verfassungsschutzbehörden sei auf die weitgehend parallel zum Bundesverfassungsschutzgesetz ausgestalteten Regelungen der Landesverfassungsschutzgesetze verwiesen.

Einleitung

---

1 BVerfGE 65, 1 (46).

Teil 5: Datenübermittlungsregelungen

1. Allgemeine Grundsätze bei Datenübermittlungen von Sicherheitsbehörden

Bevor auf die einzelnen Fallgestaltungen der Datenübermittlung zwischen Polizei, Strafverfolgungsbehörden und Nachrichtendiensten eingegangen werden kann, müssen zunächst diejenigen Grundlagen und Grundsätze dargestellt werden, die für *sämtliche* Übermittlungsvorgänge Bedeutung besitzen. Insofern geht es im Rahmen des nachfolgenden Allgemeinen Teils neben einer notwendigen Begriffsklärung (1.1) um die Bestimmung der Grundrechtsrelevanz von Datenübermittlungen (1.2), die Frage der Gesetzgebungskompetenzen (1.3), die Berücksichtigung des Trennungsgebots (1.4), Folgerungen aus dem Urteil des *BVerfG* zur akustischen Wohnraumüberwachung (1.5) sowie allgemeine Datenkennzeichnungspflichten (1.6).

1.1. Begrifflichkeiten

Eine Beschäftigung mit den rechtlichen Fragen der Übermittlung von Daten zwischen den einzelnen Behörden im Bereich der Inneren Sicherheit setzt zunächst eine Klärung der dabei betroffenen Grundbegriffe voraus. Insofern bedürfen vor allem der Begriff der „Daten" sowie der Vorgang des „Übermittelns" näherer Erläuterung.

1.1.1. Der Unterschied zwischen Informationen und Daten

Informationen und Daten

Bei genauer Betrachtung ist unter dem Begriff **„Daten"** (lateinisch: datum = gegeben) zunächst nur die Existenz von aus Beobachtungen oder Messungen gewonnenen Zeichen (Zahlen, Buchstaben oder Symbole) zu verstehen, die regelmäßig auf einem Informationsträger festgehalten werden. Insofern sind Daten in einem allgemeinen und abstrakten Sinne lediglich Angaben, Einzeltatsachen oder Gegebenheiten ohne jede subjektive Bewertung[2]. **„Informationen"** bezeichnen hingegen das, was als Aussage eines Datums mit Hilfe einer Interpretationsleistung ermittelt wird[3]. Daten lassen sich daher auch als „Rohstoffe" oder „potentielle Informationen" verstehen, aus denen das immaterielle oder wirtschaftliche Gut Information produziert wird. Information kann folglich als handlungsbestimmtes Wissen über vergangene, gegenwärtige und zukünftige Zustände der Wirklichkeit und Ereignisse in der Wirklichkeit definiert werden[4]. Dies hat zur Konsequenz, dass dieselben Daten bei unterschiedlichen Betrachtern jeweils auch zu unterschiedlichen, daraus abgeleiteten Informationen führen können. Im alltäglichen Sprachgebrauch wird eine solche Differenzierung zwischen Informationen und Daten allerdings nicht vorgenommen. Beide Begriffe werden weitgehend synonym verwendet. Auch die Gesetzessprache kennt eine durchgängige Unterscheidung in diesem Sinne weder in den Datenschutzgesetzen des Bundes und der Länder noch im

---

2 Vgl. *Köbler*, Juristisches Wörterbuch, S. 101; Die Zeit, Das Lexikon, Bd. 3: Char – Dur, S. 252.
3 Ausführl. hierzu *Albers*, in: Haratsch/Kugelmann/Repkewitz (Hrsg.), Herausforderungen, S. 113 (S. 119 f.) m.w.N.
4 Vgl. *Rechenberg/Pomberger* (Hrsg.), Informatik-Handbuch, 3. Aufl. (2002), S. 194.

1. Allgemeine Grundsätze

Rahmen der bereichsspezifischen Regelungen der Polizeigesetze, der Strafprozessordnung sowie der Nachrichtendienstgesetze. Da es vorliegend um die Darstellung und Bewertung der im Recht der Inneren Sicherheit bestehenden Befugnisnormen zur Übertragung von Daten zwischen Stellen mit unterschiedlichen Aufgabenbereichen geht, wird auch hier eine andere Sprachregelung gewählt. Danach gelten als „Informationen" alle allgemeinen Mitteilungen, Nachrichten oder Auskünfte unabhängig von ihrer Erscheinungsform. Ist demgegenüber von „Daten" die Rede, so bedeutet dies lediglich, dass die jeweiligen Informationen in irgendeiner Form verkörpert sind, d.h. im Informationszeitalter regelmäßig, dass sie in digitaler Form vorliegen und auf einem Datenträger abgelegt sind.

1.1.2. Übermittlung

In der Terminologie des Bundesdatenschutzgesetzes, an die auch die bereichsspezifischen Datenschutzregelungen der Polizeigesetze von Bund und Ländern, der Strafprozessordnung sowie der Nachrichtendienstgesetzte anknüpfen, stellt sich die Übermittlung von Daten als Unterfall des „Verarbeitens" dar[5]. Im Vergleich mit dem in § 3 III BDSG als Beschaffen von Daten über den Betroffenen legaldefinierten „Erheben" bringt der Gesetzgeber so zum Ausdruck, dass auch die Datenübermittlung einem **zeitlich sekundären Bereich des Umgangs mit Informationen** zuzurechnen ist, der der erstmaligen Erlangung naturgemäß nachfolgt. Auf der anderen Seite ist die Übermittlung in sachlicher Hinsicht von der „Datennutzung" zu trennen, die gemäß § 3 V BDSG als eine Art Auffangbegriff[6] alle diejenigen Verwendungsmöglichkeiten erfasst, die keiner der in § 3 IV BDSG aufgeführten Phasen der Verarbeitung zugewiesen werden kann. Sowohl der Verarbeitung mit dem Unterfall der Übermittlung als auch der Nutzung ist damit die „Verwendung" von Daten als gemeinsamer Oberbegriff zugeordnet. Insofern kann im Zusammenhang mit Datenübermittlungen – generalisierend, aber sachlich zutreffend – stets auch von Datenverarbeitung bzw. Datenverwendung gesprochen werden.

Inhaltlich ist mit der Übermittlung das **Bekanntgeben gespeicherter oder durch Datenverarbeitung gewonnener Daten an einen Dritten** gemeint. Es muss neben der datenübermittelnden Stelle einer zusätzlichen Stelle die Kenntnisnahme von Daten ermöglicht werden, die die Daten **zu einem anderen Zweck** als die übermittelnde Stelle verwenden soll. Folglich kann, wenn unter dem Dach einer Behörde verschiedene Aufgaben erledigt werden (z.B. innerhalb eines Polizeipräsidiums mit Gefahrenabwehr- und Strafverfolgungsaufgaben), schon die reine Zweckänderung der Daten trotz Verbleibs innerhalb der Behörde (Umwidmung von Strafverfolgungsdaten zu Gefahrenabwehrdaten und umgekehrt) den Übermittlungsbegriff erfüllen[7]. Umgekehrt kann der

Unterfall der Datenverarbeitung

Begriff der Übermittlung

---

5 Vgl. § 3 IV 1 BDSG: „Verarbeiten ist das Speichern, Verändern, Übermitteln, Sperren und Löschen personenbezogener Daten".
6 Teilweise wird auch von einem „Auffangtatbestand" gesprochen; vgl. *Bergmann/Möhrle/Herb*, BDSG, § 3 Rdnr. 107; *Gola/Schomerus*, BDSG, § 3 Rdnr. 42.
7 So beispielsweise auch § 44 I 3 ASOG; § 10 I 3 HambPolDVG.

Teil 5: Datenübermittlungsregelungen

Austausch von Strafverfolgungsdaten zwischen Kriminalpolizei und Staatsanwaltschaft unter dem Gesichtspunkt des gemeinsam verfolgten Zwecks die Annahme einer Übermittlung ausschließen. Mit Hilfe der Übermittlung wird also faktisch die Anzahl der datenverwendenden Stellen erhöht[8]. Für diese Annahme ist allerdings nicht erforderlich, dass bei der übermittelnden Stelle der zuständige Sachbearbeiter im Rahmen seiner Befugnisse tätig wird. Auch ein unbefugt handelnder Vertreter, der Informationen weitergibt, kann im Rechtssinne Daten übermitteln[9]. Werden Daten nur innerhalb derselben verantwortlichen Stelle, beispielsweise an einen anderen Sachbearbeiter innerhalb einer Behörde, weitergegeben, liegt eine bloße Datenverwendung dieser Stelle in Gestalt des „Nutzens" vor[10]. Andererseits muss die übermittelnde Stelle nicht diejenige Stelle sein, die die Daten ursprünglich auch erhoben hat. Vielmehr können sich an den Erwerb der Daten durch die erhebende Stelle beliebig viele weitere Übermittlungsvorgänge an weitere Stellen anschließen. So kann etwa der Polizeivollzugsdienst, also eine Gefahrenabwehrbehörde, ein offen aufgefundenes Kraftfahrzeug nach den Vorschriften der Polizei- und Ordnungsbehördengesetze der Länder sicherstellen und dabei auch Informationen über den Fahrzeughalter einholen. Finden die Beamten innerhalb des Wagens dann Beweismittel (Waffen, Betäubungsmittel etc), die den Verdacht einer Straftat begründen, so können sie ihre Informationen an die Strafverfolgungsbehörden weitergeben. Sollte sich im Zuge des daraufhin durchgeführten Strafverfahrens nun herausstellen, dass dieses Fahrzeug von Mitgliedern einer terroristischen Zelle genutzt worden ist, so liegt schließlich auch eine erneute Weitergabe der Informationen an die Nachrichtendienste nahe.

Bekanntgabe von Daten an Dritte

Auf welche Art und Weise Daten an den Empfänger bekannt gegeben werden, ist für die Qualifizierung als Übermittlung letztlich ohne Bedeutung[11]. Das Bundesdatenschutzgesetz differenziert insbesondere nicht danach, von welcher Seite die Initiative zur Durchführung des Übermittlungsvorgangs ausgegangen ist. Insofern ist ein Übermitteln sowohl bei **Weitergabe** der Daten durch die übermittelnde Stelle (§ 3 IV 2 Nr. 3 a BDSG) als auch bei **Einsicht oder Abruf** bereitgehaltener Daten durch den Empfänger (§ 3 IV 2 Nr. 3 b BDSG) gegeben. In der Praxis werden in beiden Konstellationen die Möglichkeiten der elektronischen Datenverarbeitung genutzt. So können Informationen etwa als Datensendung (z.B. per e-mail, SMS, MMS) der Empfängerstelle zugeleitet werden. Eine Weitergabe kann aber auch in der Weise erfolgen, dass die übermittelnde Stelle dem Dritten – z.B. durch Zurverfügungstellen von Passwörtern oder Informationen über den Speicherort – den Zugriff auf ihr Computersystem im Online-Verfahren ermöglicht, so dass der Dritte sodann in eigener Regie den Abruf oder die Einsichtnahme bei der übermittelnden Stelle vornimmt. In Konsequenz dessen

---

8   Dies gilt im Regelfall selbst dann, wenn bei der übermittelnden Stelle – etwa bei der Weitergabe von schriftlichen Originalunterlagen oder Festspeichern – keine verkörperte Kopie der Daten verbleibt, da bei ihr vor der Übermittlung bereits eine Kenntnisnahme und Auswertung erfolgt sein wird.
9   Er begeht aber u.U. eine Ordnungswidrigkeit (z.B. § 43 II Nr. 1 BDSG) bzw. eine Straftat (§ 44 I BDSG).
10 *Schild*, in: Rossnagel (Hrsg.), Handbuch Datenschutzrecht, 4.2. Rdnr. 70.
11 Vgl. nur § 3 IV 2 HS 1 BDSG: „ungeachtet der dabei angewendeten Verfahren".

wird in Rechtsprechung[12] und Literatur[13] auch die Veröffentlichung von Daten einer Behörde, beispielsweise auf der eigenen Homepage im Internet, und damit die Freigabe ohne einen bestimmten oder bestimmbaren Empfänger, unter den Begriff der Übermittlung subsumiert. Hinzu kommen textbasierte Kommunikationsformen über das Internet in Echtzeit, etwa die Nutzung von Chat- oder Instant Messenger-Programmen, mit dem damit verbundenen Informationsaustausch. Darüber hinaus kann die Bekanntgabe von Daten auch dadurch erfolgen, dass der (eine Kopie der) Daten enthaltende Festspeicher selbst, z.B. Festplatte, DVD, CD-ROM, Diskette oder USB-Stick, körperlich an Vertreter anderer Stellen übergeben wird. Andererseits setzen Datenübermittlungen die Nutzung von Computertechnik nicht voraus. Daten können einerseits auch mündlich im Laufe eines Gesprächs und dabei auch vermittelt durch elektromagnetische Wellen, beispielsweise bei Telefon- oder Funkgesprächen, weitergegeben werden. Sogar non-verbale Kommunikation (z.B. Kopfnicken, Mimik, oder Gesten) kann zur Bekanntgabe von Daten dienen, wenn sich daraus informationsbezogene Schlüsse ziehen lassen[14]. Andererseits können auch Schriftstücke (Briefe, Akten, Notizen etc.) Mittel zur Datenübermittlung darstellen, unabhängig davon, ob sie im Original oder als Kopie – etwa beim Faxversand – an eine zusätzliche Stelle weitergegeben werden[15].

Umgekehrt muss die Annahme einer Datenübermittlung immer dann ausscheiden, wenn es bei der übermittelnden Stelle oder dem Empfänger (noch) an einer **notwendigen Mitwirkung** fehlt. Dies kommt etwa im Fall der Weitergabe von Daten in Betracht, wenn diese Daten unbewusst in den Herrschaftsbereich des Empfängers verbracht worden sind[16] (Beispiel: Ein Vertreter einer Gefahrenabwehrbehörde lässt einen Datenträger versehentlich in den Räumlichkeiten der Strafverfolgungsbehörden liegen) oder es dem Empfänger an der tatsächlichen Möglichkeit der Kenntnisnahme mangelt (Beispiel: Aufgrund eines defekten Computersystems können weder e-mails abgerufen noch der Internet-Browser gestartet werden). Im Fall des Einsehens bzw. Abrufens durch den Empfänger fehlt es demgegenüber an einer Übermittlung, solange die dadurch erstrebte Inbesitznahme der Daten noch nicht erfolgreich abgeschlossen ist[17].

Notwendige Mitwirkung an der Datenübermittlung

1.2. Grundrechtsrelevanz von Datenübermittlungen

In Bezug auf die **Grundrechtsrelevanz von Datenübermittlungen** zwischen den mit unterschiedlichen Aufgabenstellungen befassten Polizei-, Strafverfolgungs- und Nachrichtendienstbehörden ist naturgemäß vor allem das sog. **Recht auf informationelle**

---

12 *OVG Lüneburg*, NJW 1992, 192 (195); *EuGH*, EuZW 2004, 245 (247).
13 *Dammann*, in: Simitis (Hrsg.), BDSG, § 3 Rn 163; *Gola/Schomerus*, BDSG, § 3 Rdnr. 33; *Schild*, in: Roßnagel (Hrsg.), Handbuch Datenschutzrecht, 4.2. Rdnr. 72.
14 *Dammann*, in: Simitis (Hrsg.), BDSG, § 3 Rn 152.
15 Vgl. *Gola/Schomerus*, BDSG, § 3 Rdnr. 32.
16 *Dammann*, in: Simitis (Hrsg.), BDSG, § 3 Rdnr. 152 m.N.
17 Vgl. *Bäumler*, in: Handbuch des Polizeirechts, J Rdnr. 62; *Dammann*, in: Simitis (Hrsg.), BDSG, § 3 Rdnr. 154 f. mit Hinweis auf die gegenüber dem BDSG 1977 veränderte Rechtslage.

Teil 5: Datenübermittlungsregelungen

Das Recht auf informationelle Selbstbestimmung

Selbstbestimmung von Bedeutung[18]. Bereits im Rahmen des sog. Volkszählungsurteils hat das *BVerfG* festgestellt, dass das durch Art. 2 I i.V.m. Art. 1 I GG geschützte allgemeine Persönlichkeitsrecht auch die – aus dem Gedanken der Selbstbestimmung folgende – Befugnis des Einzelnen enthält, grundsätzlich selbst zu entscheiden, wann und innerhalb welcher Grenzen persönliche Lebenssachverhalte offenbart werden[19]. Der Schutzbereich des Rechts auf informationelle Selbstbestimmung ist nach dieser Konzeption durch zwei Teilaspekte charakterisiert. Zum einen bietet es dem Bürger Schutz gegen unbegrenzte Erhebung, Speicherung, Verwendung und Weitergabe seiner persönlichen Daten. Zum anderen gibt es ihm darüber hinaus die Befugnis, selbst über die Preisgabe und Verwendung dieser Daten zu bestimmen[20].

Personenbezogene Daten

Dieser Schutzbereich umfasst allerdings nur **personenbezogene Daten**, also fixierte Angaben über eine Person bzw. über einen Sachverhalt mit personalem Bezug, die unabhängig von der Person existieren, die diese Kenntnis ihrerseits hat[21]. Vereinfacht gesagt muss es also um Informationen gehen, die **Rückschlüsse auf die Identität einer Person** zulassen. Insbesondere das Bundesdatenschutzgesetz (§ 3 I BDSG), aber auch eine Reihe weiterer Gesetze[22] sprechen diesbezüglich von Einzelangaben über persönliche oder sachliche Verhältnisse einer bestimmten oder bestimmbaren natürlichen Person (§ 3 I BDSG). Es muss sich mithin um Daten handeln, die Informationen über eine bestimmte, einzelne und natürliche Person selbst oder über einen auf diese beziehbaren Sachverhalt enthalten[23]. Informationen über die persönlichen Verhältnisse des Betroffenen sind dabei alle diejenigen Angaben, die für die unmittelbare Identifizierung und Charakterisierung des Betroffenen selbst von Bedeutung sein können, also beispielsweise Name, Anschrift, Geburtsort und -datum, Familienstand, Staatsangehörigkeit, Konfession, Beruf sowie körperbezogene Identifizierungsmittel wie Lichtbilder, Fingerabdrücke, DNA-Proben, Röntgenbilder oder zahnärztliche Befunde. Demgegenüber beschreiben sachliche Verhältnisse solche Informationen, die erst vermittelt durch einen Sachbezug Rückschlüsse auf die Person zulassen, beispielsweise die Telekommunikationsverbindungsdaten eines Festnetz- oder Mobilfunkanschlusses, Internetverbindungsdaten, Grundbucheinträge oder Kfz-Halterdaten. Für die **Bestimmtheit** der Person im Hinblick auf solche Angaben ist erforderlich, dass die Daten mit dem Namen des Betroffenen verbunden sind oder einen unmittelbaren Rückschluss auf die Identität des Betroffenen zulassen[24]. Auf welche Weise die Bezugsperson identifiziert bzw. der Bezug hergestellt wird, ist unerheblich. Für die **Bestimmbarkeit** genügt es hingegen, dass mit Hilfe der Umstände und zusätzlicher Kenntnisse der Bezug zu einer konkreten Person hergestellt werden kann[25]. Der Begriff des Personenbezuges

---

18 Ausführlich zum Recht auf informationelle Selbstbestimmung *Zöller*, Informationssysteme, 25 ff. sowie die Ausführungen im Ersten Teil unter 2.4.
19 BVerfGE 65, 1 (42).
20 BVerfGE 65, 1 (43).
21 *Kunig*, Jura 1993, 595 (599); *Schmitt Glaeser*, in: HStR, Bd. VI, 1989, § 129 Rn 77.
22 Vgl. § 203 II 2 StGB, § 67 I SGB X sowie § 16 I Bundesstatistikgesetz.
23 Näher hierzu *Gola/Schomerus*, BDSG, § 3 Rdnr. 3 ff. m.N.
24 *Gola/Schomerus*, BDSG, § 3 Rdnr. 9.
25 *Roßnagel/Scholz*, MMR 2000, 721 (723).

1. Allgemeine Grundsätze

ist folglich relativ[26]. Solange die jeweils speichernden Stelle mit verhältnismäßigem Aufwand und mit Hilfe ihrer Kenntnisse, Mittel und Möglichkeiten in der Lage ist, den Personenbezug wiederherzustellen, handelt es sich selbst bei vordergründig anonymisierten Datensätzen weiterhin um personenbezogene Daten[27].

Die Übermittlung von Daten zwischen Stellen mit unterschiedlichen Aufgabenbereichen, z.B. die Weitergabe von Strafverfolgungsdaten durch eine Staatsanwaltschaft an eine Gefahrenabwehrbehörde, stellt regelmäßig einen **Eingriff in das informationelle Selbstbestimmungsrecht** der mit den Daten in Bezug genommenen Personen dar. Nach moderner Grundrechtsdogmatik ist jedes staatliche Handeln, das dem Einzelnen ein Verhalten unmöglich macht, das in den Schutzbereich eines Grundrechts fällt, als Grundrechtseingriff zu werden, unabhängig davon, ob diese Wirkung final oder unbeabsichtigt, unmittelbar oder mittelbar, rechtlich oder tatsächlich, mit oder ohne Befehl und Zwang erfolgt[28]. Die Wirkung muss lediglich von einem zurechenbaren Verhalten der öffentlichen Gewalt ausgehen[29]. Insofern ist von einem Eingriff in das Recht auf informationelle Selbstbestimmung immer dann auszugehen, wenn das Verhalten des Staates den mit diesem Recht verbundenen Gewährleistungen widerspricht[30]. Schon im Volkszählungsurteil[31] ging das BVerfG davon aus, dass eine freie Entfaltung der Persönlichkeit unter den modernen Bedingungen der Datenverarbeitung den Schutz des Einzelnen nicht nur gegen eine unbegrenzte Erhebung, sondern auch gegen die „Speicherung, Verwendung und Weitergabe seiner persönlichen Daten" voraussetze. Insofern wurden bereits die auf die erstmalige Erhebung zeitlich nachfolgenden Datenverwendungsphasen in den Grundrechtsschutz mit einbezogen. Anknüpfend an diese Aussage wies das Gericht auch in seiner G 10-Entscheidung vom 14.7.1999 ausdrücklich darauf hin, dass jede Kenntnisnahme, Aufzeichnung und Verwertung von personenbezogenen Daten als Grundrechtseingriff anzusehen ist[32]. Als Konsequenz dessen wird dort u.a. auch dem Vorgang der Übermittlung von Daten ausdrücklich Eingriffscharakter zugesprochen. Hinter diesen Aussagen steht die begrüßenswerte Klarstellung, dass nicht nur die Daten*erhebung*, sondern auch die sich anschließenden Verarbeitungsschritte – und damit auch die Daten*übermittlung* an eine andere Stelle – als jeweils eigenständige Grundrechtseingriffe zu werten sind[33].

Der Sache nach handelt es sich bei jeder Übermittlung um eine **Zweckumwandlung** der weitergegebenen Daten. Die Informationen sollen neben dem ursprünglichen

Datenübermittlungen als Eingriffe in das RiS

---

26 *Gola/Schomerus* a.a.O.; *Roßnagel/Scholz* a.a.O.
27 *Gola/Schomerus*, BDSG, § 3 Rdnr. 9, 44; *Dammann*, in: Simitis (Hrsg.), BDSG, § 3 Rn 23; *Schulz*, Die Verwaltung 1999, 137 (164).
28 Vgl. BVerfGE 105, 279 (303); *Jarass/Pieroth*, GG, Vorb. Vor Art. 1 Rdnr. 26; *Pieroth/Schlink*, Grundrechte, Rdnr. 240; *Bleckmann/Eckhoff*, DVBl. 1988, 373.
29 BVerfGE 66, 39 (60).
30 Allg. *Stein/Frank*, Staatsrecht, 217.
31 BVerfGE 65, 1 (43).
32 BVerfGE 100, 313 (366); vgl. auch BVerfGE 85, 386 (398).
33 *Murswiek*, in: Sachs (Hrsg.), GG, Art. 2 Rdnr. 88; *Pieroth/Schlink*, Grundrechte, Rdnr. 381; *Zöller*, Informationssysteme, S. 359; *R. P. Schenke*, in: Datenübermittlungen und Vorermittlungen, S. 211 (S. 221); *Paeffgen*, ebenda, S. 153 (S. 155).

Teil 5: Datenübermittlungsregelungen

Zweckbindung und Zweckumwandlung von Daten

Zweck, zu dem sie erhoben bzw. dem Zweck, zu dem sie bei der übermittelnden Stelle verwendet wurden, bei der Empfängerstelle noch zu einem weiteren, zusätzlichen Zweck verwendet werden. Solche Änderungen des Verwendungszwecks stehen naturgemäß im **Widerspruch zu dem vom *BVerfG* postulierten Zweckbindungsgrundsatz**, wonach der Gesetzgeber der Verwendungszweck personenbezogener Daten bereichsspezifisch und präzise zu bestimmen und einen amtshilfefesten Schutz gegen Zweckentfremdung durch Weitergabe- und Verwertungsverbote zu gewährleisten habe[34]. Dieser Zweckbindungsgrundsatz bedeutet, dass personenbezogene Daten grundsätzlich zu keinem anderen Zweck verarbeitet und genutzt werden sollen als zu dem, zu dem sie zulässigerweise erhoben oder übermittelt worden sind[35]. Durch die Anerkennung des Grundsatzes der bereichsspezifischen und präzisen Zweckbestimmung wurden Gesetzgeber und Verwaltung gezwungen, Abschied von der Vorstellung eines staatlichen Informationsverbundes aller Behörden zu nehmen[36]. Die Kenntnis *einer* Behörde von personenbezogenen Daten bestimmter Bürger bedeutet also nicht, dass diese Informationen auch *anderen* staatlichen Stellen und damit zu ganz anderen Zwecken zur Verfügung stehen[37]. Insofern bedeutet jede Übermittlung personenbezogener Daten als Grundrechtseingriff einen rechtfertigungsbedürftigen Verstoß gegen den Zweckbindungsgrundsatz.

Verfassungsrechtliche Anforderung

Die Erkenntnis, dass die Übermittlung von personenbezogenen Daten an einen Dritten einen Grundrechtseingriff darstellt, ist vor allem vor dem Hintergrund des **Grundsatzes des Vorbehalts des Gesetzes** von Bedeutung[38]. Danach muss staatliches Handeln in grundlegenden Bereichen durch ein förmliches Gesetz legitimiert sein[39]. In welchen Bereichen dies konkret der Fall ist, richtet sich vor allem nach der durch das BVerfG entwickelten **Wesentlichkeitstheorie**. Danach ist der Gesetzgeber verpflichtet, im Bereich der Grundrechtsausübung alle wesentlichen Entscheidungen selbst zu treffen[40]. Als Maßstab für die Wesentlichkeit gilt neben der Berührung grundrechtlich geschützter Lebensbereiche auch die jeweilige Intensität der Grundrechtsbetroffenheit[41]. Infolgedessen müssen im Bereich der Eingriffsverwaltung – und damit auch im Bereich des Rechts der Inneren Sicherheit – Eingriffe in Freiheitsgrundrechte durchweg auf eine gesetzliche Grundlage gestützt werden können. Dies ergibt sich sowohl aus der traditionellen Ausrichtung des allgemeinen Gesetzesvorbehalts auf die Eingriffsverwaltung als auch aus den grundgesetzlich festgelegten Rechten, die Freiheit und Eigentum des Bürgers umfassend schützen und nur durch Gesetz oder auf Grund eines

---

34 BVerfGE 65, 1 (46):
35 *Ehmann*, RDV 1999, 12 (17).
36 *Denninger*, KJ 1985, 215 (222).
37 *Denninger*, KJ 1985, 215 (223).
38 Zur Reichweite des Gesetzesvorbehalts bei Informationseingriffen vgl. die Ausführungen im Ersten Teil unter 3.2. sowie *Rogall*, Informationseingriff, 1992.
39 BVerfGE 98, 218 (251); *Jarass/Pieroth*, GG, Art. 20 Rdnr. 44.
40 BVerfGE 49, 89 (126); 61, 260 (275); 77, 170 (230 f.); BVerwGE 68, 69 (72).
41 BVerfGE 47, 46 (79); 98, 218 (251); *Sachs*, in: Sachs (Hrsg.), GG, Art. 20 Rdnr. 117; *Jarass/Pieroth*, GG, Art. 20 Rdnr. 46; *Stein/Frank*, Staatsrecht, 155.

1. Allgemeine Grundsätze

Gesetzes beschränkt werden können[42]. Für Datenübermittlungen als Eingriff in das Recht auf informationelle Selbstbestimmung gilt somit der Parlamentsvorbehalt. Um eine Rechtfertigung dieses Grundrechtseingriffs zu gewährleisten, d.h. eine Grundrechts*verletzung* zu vermeiden, müssen solche Parlamentsgesetze aber dann auch den Anforderungen genügen, die schon im Volkszählungsurteil für den staatlichen Umgang mit personenbezogenen Daten aufgestellt worden sind. Es muss sich mithin um eine **verfassungsmäßige und bereichsspezifische gesetzliche Grundlage** handeln, aus der sich die **Voraussetzungen und der Umfang der Beschränkungen für den Bürger klar erkennbar** ergeben. Außerdem muss der **Grundsatz der Verhältnismäßigkeit** gewahrt sein[43]. An diesen Maßstäben sind mithin die Datenübermittlungsvorschriften der Polizeigesetze, der Strafprozessordnung sowie der Nachrichtendienstgesetze zu messen.

An einem Grundrechtseingriff mit der daraus folgenden Verpflichtung des Gesetzgebers zur Schaffung parlamentsgesetzlicher Befugnisnormen fehlt es im Bereich der Übermittlung personenbezogener Daten – sieht man von Maßnahmen unterhalb einer gewissen Relevanzschwelle[44] ab – lediglich dann, wenn der Grundrechtsträger, d.h. derjenige, dessen personenbezogene Daten übermittelt werden, in diese Maßnahme und die damit verbundene Wirkung **eingewilligt** hat[45]. Zwar sind die rechtlichen Fragen des Grundrechtsverzichts nach wie vor nicht abschließend geklärt[46]. Zumindest bei solchen Grundrechten, die in erster Linie der persönlichen Freiheitsentfaltung dienen, wird jedoch ein Verzicht auf von ihnen geschützte Verhaltensweisen grundsätzlich als zulässig angesehen[47]. Dafür spricht nicht zuletzt die Tatsache, dass die Einwilligung in staatliche Maßnahmen als Ausübung der grundrechtlich geschützten Freiheiten verstanden werden kann[48]. Auch das informationelle Selbstbestimmungsrecht dient der Freiheitsentfaltung des Grundrechtsträgers, indem es ihm die grundsätzliche Befugnis zur Darstellung seiner Persönlichkeit gegenüber anderen zuspricht. Willigt er daher in die Übermittlung über ihn bei einer staatlichen Stelle vorhandenen persönlichen Daten an eine weitere staatliche Stelle, d.h. in eine Zweckumwandlung dieser Daten ein, so trifft er damit eine Bestimmung über seine Daten in Form eines Verzichts auf den Schutz durch das Recht auf informationelle Selbstbestimmung[49].

Auf einfachgesetzlicher Ebene regelt § 4 I BDSG ausdrücklich, dass die Erhebung, Verarbeitung und Nutzung personenbezogener Daten nur zulässig sind, soweit dies gesetzlich erlaubt bzw. angeordnet ist oder der Betroffene eingewilligt hat. Damit wird

Grundrechtsverzicht durch Einwilligung

---

42 *Maurer*, Allgemeines Verwaltungsrecht, § 6 Rdnr. 12.
43 Vgl. BVerfGE 65, 1 (46).
44 Dazu *Zöller*, Informationssysteme, 33 ff.
45 Vgl. *Gola/Schomerus*, BDSG, § 4 Rdnr. 2; *Gola/Klug*, Grundzüge des Datenschutzrechts, 57; teilweise wird die Einwilligung in der datenschutzrechtlichen Literatur auch als Rechtfertigung des Grundrechtseingriffs verstanden; vgl. nur *Holznagel/Sonntag*, in: Roßnagel (Hrsg.), Handbuch Datenschutzrecht, 4.8. Rdnr. 1.
46 Vgl. nur *Pieroth/Schlink*, Grundrechte, Rdnr. 131 ff.
47 *Pieroth/Schlink*, Grundrechte, Rdnr. 139.
48 *Geiger*, NVwZ 1989, 35 (37); *Schulz*, Die Verwaltung 1999, 137 (161).
49 *Geiger* a.a.O; *Zöller*, Informationssysteme, S. 36.

Teil 5: Datenübermittlungsregelungen

Voraussetzung und Folgen der Einwilligung

zum Ausdruck gebracht, dass das gesamte deutsche Datenschutzrecht vom Grundsatz des **Verbots mit Erlaubnisvorbehalt** geprägt ist. Zugleich bringt sie den **befugnisnormersetzenden Charakter der Einwilligung** zum Ausdruck. Die Verwendung personenbezogener Daten auf der Grundlage einer wirksamen Einwilligung des Betroffenen ist kein Grundrechtseingriff, sondern bewusste Grundrechtsausübung des Grundrechtsträgers und bedarf daher keiner bereichsspezifischen Gesetzesgrundlage. Praktisch relevant kann die Übermittlung personenbezogener Daten auf der Grundlage einer Einwilligung des Betroffenen vor allem zu Strafverfahrenszwecken werden. Die in Betracht kommenden Fälle werden dann regelmäßig so liegen, dass etwa bei den Nachrichtendiensten oder einer Gefahrenabwehrbehörde Informationen vorliegen, die den Beschuldigten in einem gegen ihn geführten Strafverfahren entlasten könnten. Dürften solche Daten im Einzelfall nach den jeweiligen Befugnisnormen nicht übermittelt werden – etwa weil diese Daten rechtswidrig erhoben wurden – so wird man solche entlastenden Informationen, nach denen der Beschuldigte verlangt, auch unter Verstoß gegen die Übermittlungsbefugnisnormen an die Strafverfolgungsbehörden weiterleiten dürfen (und im Hinblick auf die gerichtliche Aufklärungspflicht nach § 244 II StPO regelmäßig sogar verwenden *müssen*). Allerdings setzt eine Datenübermittlung auf der Grundlage der Einwilligung des Betroffenen voraus, dass die Wirksamkeitsvoraussetzungen einer solchen Einwilligung gegeben sind. Es muss sich also sachlich um eine **vorherige Zustimmung** (vgl. § 183 BGB) handeln. Hinzu treten die in § 4 a I BDSG aufgeführten Erfordernisse, also insbesondere die Freiheit von Zwang, die Information über den Zweck der Übermittlung und die Folgen einer Verweigerung der Einwilligung sowie die grundsätzliche Schriftform[50]. Eine Einwilligung wäre beispielsweise unwirksam, wenn die Strafverfolgungsbehörden einem Beschuldigten ein höheres Strafmaß für den Fall androhen, dass es sich nicht mit der Übermittlung seiner personenbezogenen Daten an Gefahrenabwehr- oder Nachrichtendienstbehörden einverstanden erklärt.

Praxisrelevanz der Einwilligung

Im Rahmen des Austauschs von personenbezogenen Daten zwischen den verschiedenen Sicherheitsbehörden kommt der **Einwilligung des Betroffenen** aber in Bezug auf nicht eindeutig entlastende Informationen **kaum praktische Bedeutung** zu. In vielen Fällen ist die Möglichkeit der Einholung einer vorherigen Zustimmung des Betroffenen schon von der Aufgabenstellung der Sicherheitsbehörden ausgeschlossen. So wird etwa das Bundesamt für Verfassungsschutz, wenn es im Zuge seiner Beobachtungen Informationen über begangene Staatsschutzdelikte erhält, vor einer Weitergabe solcher Informationen an die Staatsanwaltschaft schon aus Gründen des Selbst- und Quellenschutzes keine Einwilligung des oder der Betroffenen einholen können. Insofern ist gerade im Bereich der Sicherheitsbehörden die Effektivität eines Austauschs von Daten in hohem Maße von dessen Heimlichkeit abhängig. Selbst wenn im Einzelfall Vertreter der Sicherheitsbehörden an Betroffene mit der Bitte um Zustimmung zu

---

50 Näher zu den Wirksamkeitsvoraussetzungen der datenschutzgerechten Einwilligung *Gola/Klug*, Grundzüge des Datenschutzrechts, S. 57 ff.; *Gola/Schomerus*, BDSG, § 4 a Rdnr. 2 ff.; *Simitis*, in: Simitis (Hrsg.), BDSG, § 4 a Rdnr. 32 ff.; *Holznagel/Sonntag*, in: Roßnagel (Hrsg.), Handbuch Datenschutzrecht, 4.8 Rdnr. 26 ff.

einer Weitergabe seiner persönlichen Daten herantreten, wird prinzipiell mit einer ablehnenden Haltung zu rechnen sein, da den Grundrechtsträgern durch eine zusätzliche Datenübermittlung im Regelfall nur weitere Nachteile drohen. Dies wird besonders deutlich bei der Weitergabe von personenbezogenen Daten an die Strafverfolgungsbehörden, die aufgrund des Legalitätsprinzips zum Einschreiten bei Straftatverdacht verpflichtet sind. Hier droht bei Weitergabe der Daten also immerhin die Gefahr der Einleitung eines Strafverfahrens. Denkbar erscheint eine wirksame Einwilligung allerdings bei der Übermittlung von Strafverfahrens- oder Nachrichtendienstdaten zu Gefahrenabwehrzwecken. Als Beispiel ist an den Beschuldigten einer Straftat zu denken, der nach einem Appell an sein Gewissen einwilligt, dass seine persönlichen Daten an die Polizeibehörden weitergegeben werden, um konkrete Gefahren in Gestalt drohender Straftaten durch Mitglieder der Bande oder kriminellen bzw. terroristischen Vereinigung, der er angehört, abzuwehren. Unabhängig von diesen faktischen Hindernissen ist die Möglichkeit der Einwilligung in Datenübermittlungen aber auch noch aus einem anderen Grund als problematisch anzusehen. Aufgaben und Befugnisse von Polizei, Staatsanwaltschaft und Nachrichtendiensten sind nämlich in den jeweiligen Rechtsgrundlagen ausdrücklich und abschließend geregelt. Dies bedeutet, dass die jeweilige Behörde nicht ohne weiteres dazu übergehen darf, sich Einwilligungen betroffener Grundrechtsträger zur Datenübermittlung für solche Fälle zu verschaffen, in denen ihr dies auf der Grundlage des geltenden Rechts eigentlich nicht gestattet ist[51]. Die Einholung von Einwilligungen in die Übermittlung von Daten kann mithin – schon zur Wahrung des Parlamentsvorbehalts – nur in einzelnen Ausnahmefällen in Betracht kommen. Dabei wird es sich vor allem um solche Konstellationen handeln, in denen die Behörde zwar eine gesetzliche Ermächtigung zur Übermittlung personenbezogener Daten besitzt, jedoch im Einzelfall bereit ist, eine ablehnende Haltung des Betroffenen zu akzeptieren[52]. Anders formuliert: die Frage, *ob* personenbezogene Daten an Dritte weitergegeben werden, muss im Ermessen der übermittelnden Stelle stehen.

1.3. Gesetzgebungskompetenzen zur Datenübermittlung

Die Rechtfertigung von Grundrechtseingriffen durch Datenübermittlungen setzt voraus, dass diese auf der Grundlage einer verfassungsmäßigen gesetzlichen Grundlage vorgenommen werden[53]. Dies erfordert insbesondere, dass dem jeweiligen Gesetzgeber, d.h. dem Bund oder den einzelnen Ländern, auch die **Gesetzgebungskompetenz** für die Regelung solcher Maßnahmen zusteht. Dass für die Legitimierung von Übermittlungsvorgängen mehr vonnöten ist als nur ein schematischer Blick auf die föderale Kompetenzverteilung, wird jedoch oftmals übersehen[54]. Kompetenzfragen haben im

Bedeutung der Gesetzgebungskompetenz

---

51 Zu Recht krit. auch *Sokol*, in: Simitis (Hrsg.), BDSG, § 4 Rdnr. 6; *Gola/Schomerus*, BDSG, § 4 Rdnr. 16.
52 *Sokol* a.a.O.
53 BVerfGE 65, 1 (44), zur vergleichbaren europarechtlichen Situation s. *EuGH*, NJW 2006, 2029 m. Anm. *Simitis*, NJW 2006, 2011 ff.
54 Instruktiv zu dieser Problematik jedoch *Paeffgen*, in: Datenübermittlungen und Vorermittlungen, S. 153 ff.; *R.*-*P. Schenke*, ebenda, S. 211 ff.; *W.-R. Schenke*, ebenda, S. 225 ff.; *Würtenberger*, ebenda, S. 263 ff.

Teil 5: Datenübermittlungsregelungen

Bereich des Rechts der Inneren Sicherheit nach der zutreffenden Einschätzung *Paeffgens*[55] „wenig Konjunktur". Dabei ist der Ausgangspunkt vergleichsweise offensichtlich: die Übertragung von personenbezogenen Daten an eine weitere Stelle mit anders geartetem Aufgabenbereich setzt stets **zwei Komponenten** voraus. Zum einen muss für den Bereich der übermittelnden Stelle eine Regelung über die **Abgabe** der bei ihr verwendeten Daten aus diesem Bereich heraus vorhanden sein. Zum anderen muss im Bereich der datenempfangenden Stelle eine gesetzliche Ermächtigung für die **Entgegennahme** und Verwendung solcher zweckfremd erhobenen Daten für den dortigen Aufgabenbereich existieren. Besondere Relevanz erlangt diese Zwei-Komponenten-Lösung dann, wenn Daten zwischen zwei Stellen ausgetauscht werden, deren Regelungsbereiche – wie etwa beim Informationsaustausch zwischen Strafverfolgungs- und Landespolizeibehörden – im Hinblick auf die Gesetzgebungskompetenz unterschiedlichen Gesetzgebern zugeordnet sind. Hier besteht stets die Gefahr, dass auf einer der beiden Seiten durch zu weitgehende oder nicht ausreichende Regelungen verfassungswidrig in den jeweils anderen Kompetenzbereich eingegriffen wird.

1.3.1. Die Verteilung der Gesetzgebungskompetenzen im Recht der Inneren Sicherheit

Strafprozessuale Gesetzgebungskompetenz

Der Bund besitzt gem. Art. 74 Nr. 1 GG auch die konkurrierende Gesetzgebungszuständigkeit für das „gerichtliche Verfahren". Gemäß Art. 72 I GG haben die Länder in diesem Bereich die Befugnis zur Gesetzgebung nur solange und soweit der Bund von seiner Gesetzgebungszuständigkeit nicht durch Gesetz Gebrauch gemacht hat. Unter dem „gerichtlichen Verfahren" i.S.v. Art. 74 Nr. 1 GG ist die verfahrensmäßige Behandlung von Angelegenheiten durch die Gerichte zu verstehen[56]. Hierzu zählen insbesondere die einzelnen Prozessordnungen und damit auch die **Regelungen des Strafprozesses** (StPO)[57]. Auch in Bezug auf das strafgerichtliche Verfahren ist mit dem in die Kompetenz des Bundes fallenden gerichtlichen Verfahren der gesamte Ablauf des Verfahrens vor Gericht von der Verfahrenseinleitung über die Ermittlung des Sachverhalts und des einschlägigen Rechts bis zur Entscheidung und deren Vollstreckung gemeint[58]. Von der Kompetenz sind folglich nur solche Regelungen erfasst, die Umfang, Inhalt und Begrenzungen von Verfahrenshandlungen regeln, wobei zum Verfahren nur das zählt, was in einem funktionalen Zusammenhang mit der strafrechtlichen Entscheidungsfindung steht[59]. Somit gilt für den Teilbereich der Datenübermittlungen, dass solche Maßnahmen dann, wenn sie **zu Zwecken des Strafverfahrens** erfolgen, in die Zuständigkeit des Bundesgesetzgebers fallen. Da § 6 EGStPO zum Ausdruck bringt,

---

55 In: Datenübermittlungen und Vorermittlungen, S. 153 (S. 154).
56 *Maunz*, in: Maunz/Dürig (Hrsg.), GG, Art. 74 Rdnr. 79; *Degenhart*, in: Sachs (Hrsg.), GG, Art. 74 Rdnr. 20.
57 *Oeter*, in: v. Mangoldt/Klein/Starck, Das Bonner Grundgesetz, Art. 74 Abs. 1 Nr. 1 Rdnr. 26; *Degenhart* a.a.O.
58 *Oeter*, in: v. Mangoldt/Klein/Starck, Das Bonner Grundgesetz, Art. 74 Abs. 1 Nr. 1 Rdnr. 25; *Kunig*, in: v. Münch/Kunig (Hrsg.), GG, Art. 74 Rdnr. 19.
59 *Gärditz*, Strafprozeß und Prävention, S. 361.

dass die Regelungen der StPO abschließenden Charakter besitzen, besteht für strafverfahrensbezogene Bestimmungen der Bundesländer kein Spielraum[60].

Für den Bereich des **Polizeirechts** sieht das Grundgesetz demgegenüber – abgesehen von Ausnahmen für Bundespolizei (Art. 73 Nr. 5 GG) oder Bundeskriminalamt (Art. 73 Nr. 10 GG) – keine eigene Gesetzgebungskompetenz des Bundes vor. Damit greift die allgemeine Zuständigkeitsvermutung der Art. 30, 70 GG zu Gunsten der Länder. Die gesetzliche Regelung von Datenübermittlungsvorgängen mit dem Schwerpunkt der Verfolgung präventivpolizeilicher Zwecke ist Ländersache.

Polizeirechtliche Gesetzgebungskompetenz

Schließlich ist im Bereich der Gesetzgebungskompetenzen für das bundesdeutsche **Nachrichtendienstrecht** zwischen den drei verschiedenen deutschen Nachrichtendiensten zu unterscheiden[61]. Dabei handelt es sich zunächst um das Bundesamt für Verfassungsschutz, eine dem Bundesminister des Innern unterstellte Bundesoberbehörde, die mit den Landesämtern für Verfassungsschutz oder mit den für diese Aufgabe zuständigen Abteilungen der Landesinnenministerien zusammenarbeitet. Daneben stehen der Militärische Abschirmdienst des Bundesministers der Verteidigung sowie der zum Geschäftsbereich des Kanzleramtsministers gehörende Bundesnachrichtendienst. Aufgrund seines primären Tätigkeitsbezugs nach innen stellt sich der **Verfassungsschutz** als Inlandsnachrichtendienst der Bundesrepublik Deutschland dar. Gemäß Art. 73 Nr. 10 b und c GG besitzt der Bund die ausschließliche Gesetzgebungskompetenz für die Zusammenarbeit des Bundes und der Länder zum Schutze der freiheitlichen demokratischen Grundordnung, des Bestandes und der Sicherheit des Bundes oder eines Landes (Verfassungsschutz) und zum Schutze gegen Bestrebungen im Bundesgebiet, die durch Anwendung von Gewalt oder darauf gerichtete Vorbereitungshandlungen auswärtige Belange der Bundesrepublik Deutschland gefährden. Somit ist die Regelungsbefugnis auf den Bereich der *Zusammenarbeit*, d.h. der Koordinierung von Informationssammlung, -verarbeitung und -weitergabe beschränkt. Die Länder können daneben nach Art. 30, 70 GG die Aufgaben und Befugnisse der Landesverfassungsschutzbehörden eigenständig festlegen und zusätzlich zu den für die Zusammenarbeit von Bund und Ländern notwendigen auch andere Aufgaben vorsehen[62]. Der **Militärische Abschirmdienst** stellt einen organisatorisch eigenständigen Nachrichtendienst dar, der als Einrichtung der Bundeswehr innerhalb der deutschen Streitkräfte diejenigen Pflichten erfüllt, die ansonsten von den Verfassungsschutzbehörden des Bundes und der Länder übernommen werden. In diesem Sonderbereich folgt die ausschließliche Gesetzgebungskompetenz sowohl aus Art. 73 Nr. 1 GG („Verteidigung") als auch aus Art. 73 Nr. 10 b GG („Verfassungsschutz")[63]. Demgegenüber stellt der **Bundesnachrichtendienst** mit dem primären Aufgabenziel der Auslandsaufklärung den Auslandsnachrichtendienst der Bundesrepublik Deutschland. Auch in Bezug auf diesen Regelungsbereich ist der Bund über Art. 73 Nr. 1 GG („auswärtige Angelegenheiten")

Nachrichtendienstliche Gesetzgebungskompetenz

---

60 Vgl. auch *BVerfG*, NJW 2005, 2603 (2605), die in § 6 II EGStPO vorgesehene Ausnahme besitzt kaum Praxisrelevanz.
61 Allg. hierzu *Haedge*, Nachrichtendienstrecht, S. 74 ff.; *Zöller*, Informationssysteme, S. 284 ff.
62 *SächsVerfGH*, NVwZ 2005, 1310; *Borgs/Ebert*, Geheimdienste, S. 27.
63 *Gröpl*, Die Nachrichtendienste, S. 78 f.

Teil 5: Datenübermittlungsregelungen

ausschließlich zur Gesetzgebung befugt[64]. Zusammenfassend lässt sich somit festhalten, dass Datenübermittlungen, die der Aufgabenerledigung im Bereich der Strafverfolgungsbehörden, des Bundesamtes für Verfassungsschutz, des Bundesnachrichtendienstes sowie des Militärischen Abschirmungsdienstes dienen, in die Zuständigkeit des Bundes fallen. Demgegenüber sind die Landesgesetzgeber für die Regelung von Datenübermittlungen im Aufgabenbereich von Präventivpolizei und Landesverfassungsschutzbehörden zuständig. Die Gefahr kompetenzwidrig erlassener Übermittlungsbefugnisnormen im Recht der Inneren Sicherheit besteht mithin immer dann, wenn damit der Wechsel von personenbezogenen Daten in eine andere Gesetzgebungskompetenzebene legitimiert werden soll, beispielsweise bei der Übermittlung von Strafverfolgungsdaten (Bundeskompetenz) an eine Landespolizeibehörde (Landeskompetenz), die diese Informationen zur Gefahrenabwehr nutzen will.

1.3.2. Die Gefahr kompetenzwidriger Übermittlungsvorschriften

In der bisherigen Diskussion um den Transfer von Daten zwischen Aufgabenkreisen, die unterschiedlichen Gesetzgebungsebenen obliegen, lassen sich im wesentlichen drei Grundmodelle erkennen[65].

Verfügungsbefugnis des Primärnutzers

Das erste Modell geht von der **Verfügungsbefugnis des Primärnutzers** aus. Derjenige Gesetzgeber, der für den Primäreingriff in das informationelle Selbstbestimmungsrecht, d.h. regelmäßig für die Daten*erhebung*, zuständig ist, besitzt danach auch die Befugnis, über das ob und wie der weiteren Verwendung der Daten für mögliche Sekundärzwecke zu entscheiden. Von dieser Erwägung haben sich die Gesetzgeber an zahlreichen Stellen im Bereich des Rechts der Inneren Sicherheit leiten lassen[66]. Ein aktuelles Beispiel hierfür ist der durch das Gesetz zur Umsetzung des Urteils des Bundesverfassungsgerichts vom 3. März 2004 (akustische Wohnraumüberwachung) vom 24.6.2005[67] neu gefasste § 100 d VI Nr. 2 StPO, der eine Verwendung von durch einen sog. „Großen Lauschangriff" gewonnenen Daten zur Gefahrenabwehr grundsätzlich „nur zur Abwehr einer im Einzelfall bestehenden Lebensgefahr oder einer dringenden Gefahr für Leib oder Freiheit einer Person oder Gegenstände von bedeutendem Wert, die der Versorgung der Bevölkerung dienen, von kulturell herausragendem Wert oder in § 305 des Strafgesetzbuchs genannt sind" erlauben will. Aber auch § 481 I 3 StPO schließt die Datenübermittlung von Strafverfahrensdaten zu Gefahrenabwehrzwecken in den Fällen aus, in denen die Polizei ausschließlich zum Schutz privater Rechte tätig wird.

Demgegenüber betont ein zweiter Ansatz das **Verfügungsrecht des Sekundärnutzers**. Danach fällt die gesetzliche Regelung einer weiteren Verwendung zuvor zu ande-

---

64 *Zöller*, Informationssysteme, S. 306; teilweise wird auch die Annahme einer Annexkompetenz des Bundes für den Auslandsnachrichtendienst für möglich gehalten; vgl. *Gröpl*, Die Nachrichtendienste, S. 71; *Haedge*, Das neue Nachrichtendienstrecht, S. 212.
65 Anschaulich zu den einzelnen Modellen *R. P. Schenke*, in: Datenübermittlungen und Vorermittlungen, S. 211 (S. 212 f.); *Paeffgen*, ebenda, S. 153 (S. 155 ff.).
66 Zustimmend SK StPO-Weßlau, § 481 Rdnr. 4.
67 BGBl. I, 1841; in Kraft seit 1.7.2005.

1. Allgemeine Grundsätze

ren Zwecken erhobener oder verwendeter Daten allein in den Kompetenzbereich desjenigen Gesetzgebers, der in diesem sekundären Aufgabenbereich auch ansonsten die Verantwortung trägt[68]. Am Beispiel der Übermittlung von Strafverfolgungsdaten an die Gefahrenabwehrbehörden führt dieser Ansatz dazu, dass der Bund als Strafprozessgesetzgeber – anders als etwa in § 100 d VI Nr. 2 oder § 481 I 3 StPO – keinerlei Vorgaben für die Verwendung der Daten zu Gefahrenabwehrzwecken machen dürfte. Über die präventive Nutzung von repressiven Daten hätte folglich allein der Landesgesetzgeber zu befinden[69].

Ein dritter Ansatz, der auch als **„Modell der doppelten Tür"** bezeichnet wird, teilt die Zuständigkeit für die Normierung von Übermittlungsvorgängen auf beiden Regelungsebenen in der Weise auf, dass die Zulässigkeit einer Sekundärnutzung von einer Öffnungsklausel auf der Primärebene abhängig gemacht werden kann, die Entscheidung über den genauen Umfang der Datenverwendung für einen weiteren Zweck aber dem für die Sekundärnutzung zuständigen Gesetzgeber überlassen bleibt[70]. Danach obläge es beispielsweise dem Bundesgesetzgeber zu entscheiden, inwieweit er den Ländern durch eine Öffnungsklausel in der StPO eine präventive Verwendung zuvor zu repressiven Zwecken erhobener Daten ermöglichen will. Nur innerhalb des so gezogenen Rahmens wäre dann der Landesgesetzgeber zur Entscheidung über das „Ob" und „Wie" einer solchen präventiven Datenverwendung berufen[71].

Insbesondere das BVerfG lehnt in Sachbereichen, die sowohl unter dem Gesichtspunkt einer Bundeskompetenz bundesgesetzlich als auch unter dem Gesichtspunkt einer Landesgesetzgebungskompetenz landesrechtlich geregelt sind, die Annahme von Doppelzuständigkeiten ab[72]. Danach muss eine Materie entweder dem einen oder dem anderen Kompetenzbereich zugeordnet sein. Auch im Bereich der Datenübermittlungen ist mithin eine präzise Abschichtung der Kompetenzbereiche erforderlich. Da es sich bei dieser Thematik um ein neues Phänomen handelt, das sich erst mit dem Aufkommen der Informationstechnologie seit Ende der 1970er Jahre herausgebildet hat, können klassische Zuordnungskriterien wie die „wesensmäßige und historische Zugehörigkeit einer Materie"[73] hier von vornherein keine Bedeutung erlangen. Entscheidend muss daher der Gesichtspunkt des überwiegenden Zusammenhangs sein. Es kommt darauf an, zu welchem Kompetenzbereich die größere Sachnähe besteht. Insofern ist stets zu fragen, **welches Ziel mit der Datenübermittlung verfolgt wird**[74]. In diesem Kontext ist zunächst zu konstatieren, dass Regelungen, die eine Übermittlung von Da-

Verfügungsrecht des Sekundärnutzers

Das „Modell der doppelten Tür"

Bestimmung des Übermittlungszwecks

---

68 Vgl. *Würtenberger/Heckmann*, Polizeirecht in Baden-Württemberg, Rdnr. 645; *Gärditz*, Strafprozeß und Prävention, S. 345; *Paeffgen*, in: Roxin-FS, S. 1299 (S. 1306); *W.-R. Schenke*, in: Datenübermittlungen und Vorermittlungen, S. 225 (S. 235).
69 *R. P. Schenke*, in: Datenübermittlungen und Vorermittlungen, S. 211 (S. 212 f.).
70 Vgl. LR-*Hilger*, § 481 Rdnr. 5; SK StPO-*Wolter*, vor § 151 Rdnr. 160 ff.
71 *R-P. Schenke*, in: Datenübermittlungen und Vorermittlungen, S. 211 (S. 213).
72 BVerfGE 36, 202; 61, 204; ebenso *Maunz*, in: Maunz/Dürig (Hrsg.), GG, Art. 74 Rdnr. 9; *v. Münch*, in: v. Münch/Kunig, GG, Art. 70 Rdnr. 7 b; *Stern*, Staatsrecht der Bundesrepublik Deutschland, Band 3, § 19 III 3 a.
73 Vgl. BVerfGE 7, 29 (49); 36, 193 (203); 36, 314 (319); 48, 367 (373); 61, 149 (175).
74 *Paeffgen*, in: Datenübermittlungen und Vorermittlungen, S. 153 (S. 162 f.).

ten in einen anderen sicherheitsbehördlichen Aufgabenbereich zulassen, generell *nicht dem Primärzweck*, d.h. der Aufgabenerledigung der derzeit datenspeichernden und datenverwendenden Stelle dienen. Mit der Übermittlung personenbezogener Daten soll ja gerade die Erledigung eines *fremden, sekundären Zwecks* einer anderen Stelle ermöglicht bzw. gefördert werden. So wird mit der Übermittlung von Strafverfolgungsdaten an eine Gefahrenabwehrbehörde regelmäßig nicht das strafgerichtliche Verfahren i.S.v. Art. 74 Nr. 1 GG, sondern die Aufgabenerledigung im Bereich der Gefahrenabwehr gefördert, für die die Länder nach Art. 30, 70 GG gesetzgebungsbefugt sind. Insofern erscheint jedenfalls das Modell der Verfügungsbefugnis des Primärnutzers schon vom Ansatzpunkt her als verfehlt. Konsequenterweise wird man deshalb Normen wie z.B. § 479 StPO als problematisch ansehen müssen, die es in das Ermessen der datenerhebenden Behörden stellen, ob und in welchem Umfang Daten aus dem eigenen Bestand zweckändernd an eine andere Stelle übermittelt werden[75]. Ob die bei der datenübermittelnden Stelle vorhandenen Daten für die Aufgabenerledigung des Datenempfängers erforderlich sind, kann erstere im Regelfall mangels Sachnähe nicht eindeutig beurteilen. Das einzige, was sie abschließend entscheiden kann, ist, ob höherrangigen Interessen einer Übermittlung der Daten mit dem Ziel einer Zweckänderung entgegenstehen[76].

Regelungsbefugnis Datenübermittlung

Infolgedessen muss es der datenübermittelnden Stelle möglich sein, einen **Ausschluss der Übermittlung** bei ihr vorhandener Daten für die Fälle gesetzlich zu normieren, **bei** denen eine **Gefährdung des** bei ihr verfolgten **Primärzwecks** droht[77]. Der Schutz des Primärzwecks ist gleichbedeutend mit der Förderung bzw. Verfolgung dieses Zwecks und fällt in die Zuständigkeit des auf dieser Ebene zuständigen Gesetzgebers. Solange solch ein tragfähiger Grund die Restriktion zu legitimieren vermag, besteht für ihn eine Negativ-Kompetenz für die Regelung des Übermittlungsausschlusses[78]. Insofern darf es beispielsweise dem Bund als Strafprozessgesetzgeber nicht verwehrt werden, eine Übermittlung von Strafverfahrensdaten an Gefahrenabwehr- oder Verfassungsschutzbehörden der Länder auszuschließen, wenn dadurch mit hinreichender Wahrscheinlichkeit die Erfüllung von Aufgaben des Strafverfahrens beeinträchtigt würde. Die Verankerung solcher Sicherungsklauseln in der StPO dürfte auch vor dem Hintergrund des im Strafverfahren grundsätzlich geltenden Legalitätsprinzips geboten sein. Aus diesen Erwägungen folgt, dass auch ein reines Modell einer Verfügungsbefugnis des Sekundärnutzers den Anforderungen von Theorie und Praxis nicht gerecht wird. Auf das Erfordernis einer ausdrücklichen Regelung, die im Kompetenzbereich der für die übermittelnde Stelle zuständigen Gesetzgebers – ohne nähere Vorgaben für die Verwendung der Daten im Kompetenzbereich des für den Sekundär-

---

[75] Vgl. *Paeffgen*, in: Roxin-FS, S. 1299 (S. 1306); *ders.*, in: Datenübermittlungen und Vorermittlungen, S. 153 (S. 159); *Gärditz*, Strafprozeß und Prävention, S. 344.
[76] *Paeffgen* a.a.O.
[77] Ebenso *R. P. Schenke*, in: Datenübermittlungen und Vorermittlungen, S. 211 (S. 217); *W.-R. Schenke*, ebenda, S. 225 (S. 234); vgl. auch *Würtenberger*, ebenda, S. 263 (S. 266), der in solchen eng begrenzten Ausnahmefällen eine Annexkompetenz bejaht.
[78] *Paeffgen*, in: Datenübermittlungen und Vorermittlungen, S. 153 (S. 160).

nutzer zuständigen Gesetzgebers – die reine Befugnis zur Weitergabe zu anderen Zwecken festschreibt, kann schon aus dem Bedürfnis nach normenklaren Datenschutzregelungen heraus nicht verzichtet werden[79]. Darüber hinaus stellen nach dem prinzipiell zu befürwortenden Modell der doppelten Tür gerade diese Übermittlungsbefugnisnormen den Ort zur Verankerung von Schutzvorkehrungen für die Aufgabenerledigung im Bereich des Primärnutzers dar.

Aus diesen Erwägungen ergeben sich für Übermittlungsregelungen im Bereich des Primärnutzer hinreichend konkrete Anforderungen. Zunächst muss die Frage, ob und unter welchen Voraussetzungen eine Datenübermittlung legitimierbar ist, stets in den Rechtsgrundlagen für die Tätigkeit derjenigen Organwalter geregelt werden, die die betreffenden Daten importieren wollen[80]. Es obliegt also immer dem für den Tätigkeitsbereich der datenempfangenden Stelle zuständigen Gesetzgeber, verfassungskonforme Befugnisnormen dafür zu schaffen, welche der von der übermittelnden Stelle angebotenen Daten übernommen und wie sie im einzelnen verwendet werden sollen. Bei der Übermittlung von Strafverfolgungsdaten an eine Landespolizeibehörde muss also der Landesgesetzgeber in seinem Polizei- und Ordnungsbehördengesetz eine solche bereichsspezifische, normenklare und vor allem verhältnismäßige gesetzliche Ausgestaltung des Umgangs zweckändernd importierter Daten schaffen. Daraus ergibt sich im Umkehrschluss, dass der für die Primärnutzung der Daten zuständige Gesetzgeber **keine Regelung zu verfahrensfremden Zwecken** treffen darf. Er kann dem Sekundärnutzer mithin keine näheren Vorgaben dafür machen, für welche Zwecke die Daten in dessen Aufgabenbereich zu verwenden sind. Problematisch sind daher Vorschriften wie der neugefasste § 100 d VI Nr. 2 StPO. Für solche verfahrensfremde Zwecke steht dem Bund keine Gesetzgebungsbefugnis zu[81].

Regelungsbefugnis Datenempfang

Immerhin ließe sich darüber nachdenken, ob der für die Primärnutzung zuständige Gesetzgeber das Recht besitzt, eine **Übermittlung** der bei ihm erhobenen oder verwendeten personenbezogenen Daten **gänzlich auszuschließen**, d.h. die Nutzbarkeit für Sekundärzwecke vollends zu versagen. Technisch durchsetzbar wäre dies entweder durch den expliziten Ausschluss der Übermittlung im Gesetzestext oder durch den völligen Verzicht auf eine entsprechende Befugnisnorm mit der Folge, dass die in der Übermitt-

Ausschluss von Datenübermittlungen

---

79 Die für den Bürger wichtige Transparenz betont auch *Würtenberger*, in: Datenübermittlungen und Vorermittlungen, S. 263 (S. 267).
80 *Paeffgen*, in: Datenübermittlungen und Vorermittlungen, S. 153 (S. 160).
81 Demgegenüber geht W.-R. *Schenke*, in: Datenübermittlungen und Vorermittlungen, S. 225 (S. 235) in Bezug auf die sachlich vergleichbare Vorgängerregelung des § 100 f II StPO im Wege der verfassungskonformen Interpretation davon aus, dass in solchen Bestimmungen noch keine Eingriffsermächtigung enthalten seien, sondern diese nur eine gesetzliche Konkretisierung des Verhältnismäßigkeitsgrundsatzes darstellten. Dem Landesgesetzgeber bleibe es in seinen Polizei- und Ordnungsgesetzen überlassen, weitergehende Beschränkungen für die Verwendung personenbezogener Daten aus einem Lauschangriff zu Zwecken der Gefahrenabwehr zu statuieren. Vgl. auch *Würtenberger*, in: Datenübermittlungen und Vorermittlungen, S. 263 (S. 269), der bei tiefgreifenden Grundrechtseingriffen dem für die Primärnutzung zuständigen Gesetzgeber das Verbot einer Umwidmung solcher Daten erlauben will, die aus Gründen der Verhältnismäßigkeit und damit auf Grund verfassungsrechtlicher Vorgaben schlechthin nicht dem Sekundärzweck dienen dürfen.

Teil 5: Datenübermittlungsregelungen

lung liegenden Eingriffe in das informationelle Selbstbestimmungsrecht der betroffenen Bürger vor dem Hintergrund des Grundsatzes vom Vorbehalt des Gesetzes unzulässig wären. Auch ein solcher Ausschluss der Datenübermittlung müsste sich jedoch auf die entsprechende Gesetzgebungskompetenz für den Bereich der Primärnutzung zurückführen lassen. Da eine solche Maßnahme zu einer Erschwerung der Aufgabenerledigung möglicher Sekundärnutzer führt, die dann ohne die zweckwidrig erhobenen Daten auskommen müssten, wird durch sie in erster Linie eine verfahrensfremde und damit kompetenzwidrige Regelung im Bereich der Sekundärnutzung getroffen. Zwar hat der potentielle Sekundärnutzer keinen unmittelbaren Anspruch auf den Import von Daten aus einem anderen Aufgabenbereich. Jedoch wird sich regelmäßig aus dem Grundsatz der Bundestreue – ggf. in Verbindung mit den grundrechtlichen Schutzpflichten – eine Verpflichtung des Gesetzgebers der Primärnutzung zur Bereitstellung solcher Daten ergeben[82]. Der Grundsatz der Bundestreue wirkt somit als Kompetenzschranke, wonach Bund und Länder ihre Kompetenzen nicht ohne Rücksicht auf die anderen Beteiligten im Bundesstaat wahrnehmen dürfen[83]. Vor diesem Hintergrund wird im Fall der Übermittlung von Strafverfolgungsdaten der Bund teilweise als verpflichtet angesehen, den Ländern die Nutzung repressiv erhobener Daten zumindest zur Abwehr von Gefahren für hochrangige Schutzgüter zu ermöglichen[84]. Richtigerweise wird man eine solche Verpflichtung aber grundsätzlich für *sämtliche* Aspekte der Aufgabenerledigung durch den Sekundärnutzer der Daten annehmen müssen. Denn über die Verfassungsmäßigkeit, d.h. insbesondere die Verhältnismäßigkeit entscheidet kompetenzgerecht der für den Sekundärnutzungsbereich zuständige Gesetzgeber. In der Terminologie des Modells der zwei Türen ist also die Ausgangstür stets offen zu halten. Geschlossen werden darf sie nur im Einzelfall für die bereits angesprochenen Fälle, dass ansonsten eine Beeinträchtigung des Primärzwecks zu erwarten ist. Beispielsweise dürften die Strafverfolgungsbehörden die Übermittlung von repressiven Daten verweigern, wenn durch ein präventivpolizeiliches Vorgehen die Enttarnung einer Informationsquelle droht, die dann nicht mehr weiter zu repressiven Zwecken abgeschöpft werden kann[85].

1.4. Die Bedeutung des Trennungsgebots im Recht der Datenübermittlung

Kein informationelles Trennungsgebot

Im Recht der Datenübermittlung ist zu fragen, ob angesichts der zahlreichen, im Rahmen des Besonderen Teils dieses Kapitels (unter 2.) noch näher darzustellenden Vorschriften zum Austausch personenbezogener Daten zwischen Gefahrenabwehr- und Strafverfolgungsbehörden auf der einen und den Nachrichtendiensten auf der anderen

---

82 Vgl. *R. P. Schenke*, in: Datenübermittlungen und Vorermittlungen, S. 211 (S. 220 f.), allg. zum Grundsatz der Bundestreue *Bauer*, Die Bundestreue, S. 342 ff.; krit. *Würtenberger*, in: Datenübermittlungen und Vorermittlungen, S. 263 (S. 265), der davor warnt, über den eindeutigen Text des Grundgesetzes hinaus Pflichten zur Gesetzgebungskooperation anzunehmen.
83 *Degenhart*, Staatsrecht I, Rdnr. 220.
84 So ausdrücklich *R. P. Schenke*, in: Datenübermittlungen und Vorermittlungen, S. 211 (S. 221).
85 *R. P. Schenke*, in: Datenübermittlungen und Vorermittlungen, S. 211 (S. 217).

1. Allgemeine Grundsätze

Seite das in Art. 87 I 2 GG verankerte und etwa in den §§ 2 I 3, 8 III BVerfSchG, §§ 1 IV, 4 II MADG und §§ 1 I 2, 2 III BNDG auch einfachgesetzlich geregelte Trennungsgebot verletzt wird[86]. Die Gesamtheit dieser weitreichenden Informationsübermittlungsnormen, die regelmäßig nur durch das problematische Kriterium der selbst zu beurteilenden Erforderlichkeit beschränkt werden, stellt für sich genommen allerdings noch **keinen Widerspruch zum Gebot der Trennung von Polizei und Nachrichtendiensten** dar. Das Trennungsgebot soll in primär organisatorischer Hinsicht lediglich verhindern, dass aufgrund von Vorfeldbeobachtungen umfassend informierte Nachrichtendienste in der Lage sind, die von ihnen festgestellten Missstände auch selbst zu beheben. Der Austausch von Informationen mit den Gefahrenabwehr- oder Strafverfolgungsbehörden ist hierdurch jedoch nicht ausgeschlossen. Der Sinn der Aufgaben- und Befugnisnormen im Recht der Nachrichtendienste liegt im Gegenteil gerade darin, andere Stellen, insbesondere die Bundesregierung, über einschlägige Vorgänge und Sachverhalte zu informieren. Ansonsten würde eine solche Informationssammlung und -auswertung zum bloßen Selbstzweck erfolgen und wäre unter Verhältnismäßigkeitsgesichtspunkten kaum zu rechtfertigen. Bei der Übermittlung von Daten an Polizei oder Staatsanwaltschaft ist jedoch sicherzustellen, dass die nachrichtendienstlichen Befugnisse zur Informationserhebung im Vorfeld von konkreter Gefahr und Anfangsverdacht **nicht zur gezielten Erlangung von „Zufallsfunden" für nicht-nachrichtendienstliche Zwecke missbraucht** werden. Der Informationsfluss hat sich nicht nur im Rahmen der gesetzlich niedergelegten Aufgaben und Befugnisse der übermittelnden Stelle, sondern vor allem auch des Informations*empfängers* zu bewegen[87]. Die Polizeibehörden dürfen von den Nachrichtendiensten danach (personenbezogene) Daten nicht etwa zur allgemeinen Kenntnisnahme, sondern lediglich *zweckbestimmt zur Abwehr von Gefahren oder zur Aufklärung von Straftaten* erhalten. Umgekehrt dürfen die Polizeibehörden oder Staatsanwaltschaften an Verfassungsschutz, MAD und BND nur *nachrichtendienstlich relevante* Informationen übermitteln. Dies ergibt sich bereits aus den Vorgaben des Volkszählungsurteils zur Zweckbindung von Daten. Ansonsten würden nicht nur die traditionellen Eingriffsschranken von Polizei- und Strafprozessrecht, sondern auch die föderale Kompetenzverteilung der Bundesrepublik[88] und damit letztlich der Grundgedanke des Trennungsgebots umgangen[89]. Dies ändert jedoch nichts daran, dass bei Beachtung dieser einschränkenden Grundsätze das organisatorische wie befugnisrechtliche Trennungsgebot zwischen Polizei und Nachrichtendiensten nicht mit einem informationellen Trennungsgebot gleichgesetzt werden kann[90].

---

86   Näher zum Trennungsgebot in Teil 1 unter 4.2.
87   Vgl. auch *Kunzmann*, FoR 1997, 17.
88   Zu diesem Gesichtspunkt des Trennungsgebots *Paeffgen/Gärditz*, KritV 2000, 65 ff.
89   Angesichts der zahlreichen Übermittlungsregelungen geht *Riegel* (ZRP 1999, 216) bereits nach geltender Rechtslage von einer Bedeutungslosigkeit des Trennungsgebots in Rechtswirklichkeit und Praxis aus.
90   So auch *Roewer*, Nachrichtendienstrecht, § 3 BVerfSchG Rn 198; *Scholz/Pitschas*, Informationelle Selbstbestimmung, 192; *Gröpl*, Die Nachrichtendienste, S. 316; *Paeffgen/Gärditz*, KritV 2000, 65 (68); **a.A.** *Denninger*, in: BMI (Hrsg.), Verfassungsschutz und Rechtsstaat, 1981, S. 19 (S. 38) sowie *Kutscha* in Teil 1 dieses Handbuchs unter 4.2.

Teil 5: Datenübermittlungsregelungen

1.5. Folgerungen aus dem Urteil des BVerfG zur akustischen Wohnraumüberwachung

Absolutes Verwertungsverbot für Kernbereichsdaten

Am 3.3.2004 hat das *BVerfG* in einem viel beachteten Urteil über mehrere Verfassungsbeschwerden gegen die strafprozessualen Bestimmungen zur akustischen Wohnraumüberwachung entschieden[91]. Aus den darin getroffenen Aussagen der Verfassungsrichter ergeben sich in vielerlei Hinsicht Auswirkungen auf das gesamte Recht der Inneren Sicherheit – und damit auch für den hier darzustellenden Bereich der Datenübermittlungen. So hat das *BVerfG* noch einmal ausdrücklich darauf hingewiesen, dass zur Unantastbarkeit der Menschenwürde gemäß Art. 1 I GG die Anerkennung eines absolut geschützten **Kernbereichs privater Lebensgestaltung** gehört. Werden von staatlicher Seite Informationen aus diesem absolut geschützten Kernbereich privater Lebensgestaltung erhoben, muss dieser Erhebungsvorgang abgebrochen und müssen die betreffenden Aufzeichnungen gelöscht werden. Jede Verwertung solcher Informationen ist ausgeschlossen[92]. Diese verfassungsrichterlichen Vorgaben wurden mittlerweile im neuen § 100 c V StPO auch gesetzlich verankert. Faktisch besteht das Risiko, hochsensible Daten aus dem Kernbereich privater Lebensgestaltung zu erfassen, vor allem bei der Überwachung von Gesprächen mit engsten Familienangehörigen, engen Vertrauen und Personen zu denen ein besonderes Vertrauensverhältnis besteht (z.B. Ärzte, Geistliche, Strafverteidiger)[93]. Aus inhaltlicher Sicht gehört zur Entfaltung der Persönlichkeit im Kernbereich privater Lebensgestaltung jedenfalls die Möglichkeit, innere Vorgänge wie Empfindungen und Gefühle sowie Überlegungen, Ansichten und Erlebnisse höchstpersönlicher Art ohne Angst vor staatlicher Überwachung zum Ausdruck zu bringen. Vom Schutz erfasst sind auch Gefühlsäußerungen, Äußerungen des unbewussten Erlebens sowie Ausdrucksformen der Sexualität[94]. Etwas anderes gilt jedoch für Gespräche, die Angaben über begangene Straftaten enthalten[95]. Vor diesem Hintergrund hat der *BGH* nunmehr zu Recht entschieden, dass auch das in einem Krankenzimmer mittels akustischer Wohnraumüberwachung aufgezeichnete Selbstgespräch eines Patienten dem durch Art. 13 I GG i.V.m. Art. 1 I und Art. 2 I GG geschützten Kernbereich zuzurechnen ist[96]. Sofern solche Informationen von den Strafverfolgungsbehörden (rechtswidrig) erlangt worden sind, müssen sie nach dem eindeutigen Mehrheitsvotum des BVerfG gelöscht bzw. vernichtet werden[97]. Jede Weitergabe und Verwertung solcher Informationen ist untersagt[98]. Daten aus Handlungen, die den unantastbaren Bereich privater Lebensgestaltung betreffen, unterliegen damit von Verfassungs wegen einem **absoluten**

---

91 BVerfGE 109, 279; näher zu dieser Entscheidung und den durch sie veranlassten gesetzlichen Neuerungen *Löffelmann*, NJW 2005, 2033 ff. sowie die Ausführungen in Teil 2 unter 1.
92 BVerfGE 109, 279 LS 5; ebenso *SächsVerfGH*, NVwZ 2005, 1310 (1314).
93 Näher dazu *Denninger*, ZRP 2004, 101 (103); *Ruthig*, GA 2004, 587 (599).
94 BVerfGE 109, 279 (313).
95 BVerfGE 80, 367 (375); 109, 279 (319); *Schenke*, Polizei- und Ordnungsrecht, Rdnr. 194; **a. A.** *Lindemann*, JR 2006, 191 (198).
96 BGHSt 50, 206 m. Anm. *Kolz*, NJW 2005, 3248 ff.; *Lindemann/Reichling*, StV 2005, 650 ff.
97 Krit. mit Blick auf das Minderheitsvotum *Denninger*, ZRP 2004, 101 (102).
98 BVerfGE 109, 279 (324).

Verwertungsverbot und dürfen weder im Hauptsacheverfahren verwertet werden noch Anknüpfungspunkt weiterer Ermittlungen sein[99]. Auf diese Weise hat das BVerfG ein unselbständiges Verwertungsverbot bei Verstößen gegen Überwachungsverbote etabliert, wenn es sich um einen Eingriff in den absolut geschützten Kernbereich gehandelt hat[100]. Dieses Verwertungsverbot besteht nicht nur für das Strafverfahren, sondern auch für jede andere zweckändernde Verwendung solcher rechtswidrig zu Strafverfolgungszwecken erhobenen Daten[101]. Damit dürfen Kernbereichsdaten grundsätzlich auch nicht zwischen den verschiedenen Sicherheitsbehörden übermittelt werden. Schließlich sind sowohl gesetzliche als auch verfassungsunmittelbare Verwertungsverbote bei der Weiterverwendung oder bei der Verwendung von Zufallsfunden ebenso zu beachten wie im Anlassverfahren selbst[102]. Ein solches Postulat eines absoluten Verwertungsverbots ist im unmittelbaren Bereich des Strafverfahrensrechts in Bezug auf den Schutz des Persönlichkeitsrechts des Beschuldigten vor Gefährdung durch *belastende* Informationen ausdrücklich zu begrüßen. Es ist jedoch auch die Kehrseite der Medaille zu sehen. So stellt jede Weitergabe von Informationen aus dem Kernbereich privater Lebensgestaltung einen erneuten, vor dem Hintergrund von Art. 1 I GG nicht zu rechtfertigenden Eingriff in diesen Kernbereich dar. Infolgedessen dürften beispielsweise personenbezogene Daten in Bezug auf den Kernbereich privater Lebensgestaltung von Grundrechtsträgern weder über die strafprozessuale Öffnungsklausel des § 481 StPO übermittelt noch über die polizeigesetzlichen Datenimportermächtigungen einer Verwendung zu präventivpolizeilichen Zwecken zugeführt werden. Auch eine Verwendung als Spurenansatz scheidet bei solchen Informationen sowohl im Rahmen der Strafverfolgung wie auch der Gefahrenabwehr aus. Selbst zur Abwehr dringender Gefahren für hochrangige Schutzgüter wie Leib oder Leben (etwa zur Verhinderung eines geplanten terroristischen Anschlags) können Kernbereichsdaten – wenn man die Vorgaben des BVerfG aus dem Urteil zur akustischen Wohnraumüberwachung konsequent anwendet – nicht übermittelt werden[103]. Damit wird dem in § 100 c V StPO kodifizierten, aber auch aus verfassungsrechtlichen Grundsätzen ableitbaren Beweisverwertungsverbot ausdrücklich **Fernwirkung** zuerkannt. Für den Bereich hochsensibler personenbezogener Daten entfällt jedes Motiv der Ermittlungsbehörden, ein eventuelles Datenerhebungsverbot zu missachten, um auf diese Weise wenigstens Ermittlungsansätze zu gewinnen[104]. Dass Kernbereichsdaten aber auch in Extremfällen (etwa zur Verhinderung schwerster Straftaten) nicht an präventivpolizeilich tätige Stellen übermittelt bzw. dort verwendet werden dürfen, erscheint allerdings wenig überzeugend. Diese Bedenken werden noch

---

99 BVerfGE 109, 279 (332).
100 *Weßlau*, in: Roggan (Hrsg.), Lauschen im Rechtsstaat, S. 47 (S. 56); vgl. auch *Haas*, NJW 2004, 3082 (3083).
101 So im Erg. auch *Kutscha/Roggan*, in: Lauschen im Rechtsstaat, S. 25 (S. 35); *Kötter*, DÖV 2005, 225 (231); *Puschke/Singelnstein*, NJW 2005, 3534 (3536).
102 BVerfGE 109, 279 (378) unter Berufung auf SK StPO-*Rudolphi/Wolter*, § 100 f Rdnr. 6 f.
103 Demgegenüber hält der 1. Strafsenat des *BGH* eine Verwertung ausschließlich zum Zwecke der Gefahrenabwehr – entgegen dem ausdrücklichen Votum des *BVerfG* – nicht für ausgeschlossen; vgl. BGHSt 50, 206 (214); für eine Verwendbarkeit zu Gefahrenabwehrzwecken auch *Ruthig*, GA 2004, 587 (605).
104 *Weßlau*, a.a.O.

durch die weitere Überlegung verstärkt, dass die Annahme eines absoluten Verwertungsverbots zur Folge hat, dass Kernbereichsdaten – in Entsprechung zu § 136 a III 2 StPO ferner in denjenigen Fällen nicht verwertet werden können, in denen der Betroffene einer Verwertung ausdrücklich zustimmt. Auch wenn Aufzeichnungen lediglich *ent*lastende Informationen enthalten und der Beschuldigte sogar das Vorspielen der Tonbänder in der Hauptverhandlung verlangt, wäre sowohl eine Verwendung von strafprozessual erhobenen als auch die Übermittlung und Verwendung zu Gefahrenabwehr- oder Nachrichtendienstzwecken erhobener Informationen an die Strafverfolgungsbehörden ausgeschlossen, sofern die Daten aus dem absolut zu schützenden Kernbereich stammen[105]. Ob das *BVerfG* diese Konsequenzen bei der Wahl der Formulierung „absolutes Verwertungsverbot" bedacht hat, darf bezweifelt werden. Infolgedessen sollten vom Grundsatz absoluter Nichtverwertbarkeit jedenfalls bei wirksamer Einwilligung des Beschuldigten im Strafverfahren sowie zur Abwehr von Gefahren für hochrangige Schutzgüter (eng umgrenzte) Ausnahmen zugelassen werden. In der Praxis dürfte sich dieser Streitpunkt jedoch in gewissem Umfang im Hinblick darauf entschärfen, dass bei konkreten Bezügen zu (begangenen) Straftaten nach der Rechtsprechung des *BVerfG* schon eine Zuordnung der Informationen zum Kernbereich ausscheidet[106] und somit eine Datenübermittlung möglich bleibt.

Übertragung auf andere Grundrechtseingriffe Die zum Wohnungsgrundrecht des Art. 13 GG aufgestellten Grundsätze über die Verwertung bzw. Verwendung von Informationen aus dem Kernbereich privater Lebensgestaltung sind nach zutreffender Ansicht auch auf andere staatliche Grundrechtseingriffe zu übertragen[107]. Dies hat das *BVerfG* in seinem Urteil zur vorbeugenden Überwachung der Telekommunikation nach § 33 a NdsSOG[108] mittlerweile in Bezug auf die Gewährleistungen des Art. 10 GG ausdrücklich anerkannt. Danach fordere die nach Art. 1 I GG garantierte Unantastbarkeit der Menschenwürde auch im Gewährleistungsbereich des Art. 10 I GG Vorkehrungen zum Schutz individueller Entfaltung im Kernbereich privater Lebensgestaltung. Bestehen tatsächliche Anhaltspunkte für die Annahme, dass eine Telekommunikationsüberwachung Inhalte erfasst, die zu diesem Kernbereich zählen, sei sie nicht zu rechtfertigen und müsse unterbleiben. Dennoch erhobene Informationen seien zu vernichten und dürften nicht verwertet werden[109]. Vergleichbare Schutzstandards müssen letztlich auch für das allgemein aus Art. 2 I i.V.m. Art. 1 I GG folgende Recht auf informationelle Selbstbestimmung gelten, das in Teilaspekten von anderen Freiheitsgrundrechten wie denen der Art. 10 und 13 GG geschützt wird und bei Überschneidung der Schutzbereiche hinter diese spezielleren Gewährleistungen zurücktritt[110]. Im Recht der Inneren Sicherheit gilt damit der allgemeine Grund-

---

105 Vgl. auch *SächsVerfGH*, NVwZ 2005, 1310 (1314); *Puschke/Singelnstein*, NJW 2005, 3534 (3537).
106 BVerfGE 80, 367 (375); 109, 279 (319).
107 *Kutscha/Roggan*, in: Lauschen im Rechtsstaat, S. 25 (S. 43); *Bergemann*, ebenda, S. 69 (S. 75); *Kutscha*, NVwZ 2005, 1231 (1232); *Puschke/Singelnstein*, NJW 2005, 3534 (3536); *Warntjen*, KJ 2005, 277 (286); *Lindemann*, JR 2006, 191 (193).
108 *BVerfG*, NJW 2005, 2603; dazu *Kutscha*, NVwZ 2005, 1231 ff.; *Puschke/Singelnstein*, NJW 2005, 3534 ff.
109 *BVerfG*, NJW 2005, 2603 (2612).
110 Vgl. BVerfGE 100, 313 (358); 110, 33 (53); *BVerfG*, NJW 2005, 2603 (2604); *Gusy*, KritV 2000, 52 (56); *Zöller*, Informationssysteme, S. 32.

satz, dass personenbezogene Daten, die von staatlicher Seite unter Verstoß gegen rechtliche Vorgaben aus dem Kernbereich privater Lebensgestaltung der betroffenen Personen erhoben wurden, abgesehen von eng zu umgrenzenden Ausnahmesituationen weder für den mit der Erhebung verfolgten Primärzweck noch für einen Sekundärzweck verwendet werden dürfen. Insofern ist von einem prinzipiellen **Übermittlungsverbot für Kernbereichsdaten** auszugehen. Die Entscheidung des *BVerfG* zur repressiven akustischen Wohnraumüberwachung nach §§ 100 c ff. StPO hat insoweit Auswirkungen auf das gesamte Rechtssystem und damit auch für den Bereich des Nachrichtendienst- und Gefahrenabwehrrechts[111]. Schon aus Gründen der Bestimmtheit und Normenklarheit sollte daher auch in den Polizei- und Nachrichtendienstgesetzen die (mangelnde) Verwend- bzw. Übermittelbarkeit jedenfalls solcher hochsensibler Informationen, ausdrücklich festgeschrieben werden, die – was der Regelfall ist – für die betroffenen Personen nachteiligen Charakter besitzen.

1.6. Protokollierungspflichten

Das *BVerfG* hat zunächst dem Art. 10 GG in seiner G 10-Entscheidung aus dem Jahr 1999 die staatliche Verpflichtung entnommen, in Bezug auf Informationen, die durch Eingriffe in das Fernmeldegeheimnis erlangt worden sind, „die Übermittlung – wie auch die Durchführung sowie die Vernichtung und Löschung der Daten – zu protokollieren"[112]. Die Forderung nach einer entsprechenden Kennzeichnung personenbezogener Daten findet sich mittlerweile auch in den Urteilen des *BVerfG*[113] und des *SächsVerfGH*[114] zur akustischen Wohnraumüberwachung für Informationen, die durch Eingriffe in Art. 13 GG erlangt worden sind. Ansonsten könne „eine hinreichende Kontrolle der Übermittlungen durch die dafür vorgesehenen Gremien oder auch im Wege des Gerichtsschutzes nicht stattfinden". Es muss also bei schwerwiegenden Grundrechtseingriffen stets die Herkunft der Daten feststellbar bleiben. Als „schwerwiegende Eingriffe" sind in diesem Zusammenhang diejenigen staatlichen Informationserhebungsmaßnahmen anzusehen, die entweder einzeln oder in ihrer Gesamtheit der mit der Telekommunikationsüberwachung oder der akustischen Wohnraumüberwachung vertypten Belastung für die Freiheitssphäre der Bürger entsprechen. Insofern ist jedenfalls der für die Datenerhebung durch die akustische Überwachung von Wohnraum oder Telekommunikation als auch der für die Sekundärnutzung zuständige Gesetzgeber verpflichtet, eine **Kennzeichnung und Protokollierung** solcher Daten gesetzlich zu verankern[115]. Im Bereich der Strafprozessordnung ist der Gesetzgeber dieser Forderung

Kennzeichnungspflichten

---

111 Allg. zu den Auswirkungen der Entscheidung auf die landesrechtlichen Regelungen zur akustischen Wohnraumüberwachung *Gusy*, JuS 2004, 457 (461); *Kötter*, DÖV 2005, 225 (231 ff.); *Roggan*, in: Sicherheit statt Freiheit?, S. 51 (S. 57 ff.).
112 BVerfGE 100, 313 (396).
113 BVerfGE 109, 279 (379 f.).
114 *SächsVerfGH*, NVwZ 2005, 1310 (1316).
115 *W.-R. Schenke*, JZ 2001, 997 (1001); *R. P. Schenke*, in: Datenübermittlungen und Vorermittlungen, S. 211 (S. 222).

Teil 5: Datenübermittlungsregelungen

für Daten aus akustischen Wohnraumüberwachungen mittlerweile in § 100 d VII StPO nachgekommen. Für weitere Überwachungsmaßnahmen, insbesondere solche auf der Grundlage von § 100 a StPO, fehlt jedoch eine solche ausdrückliche Protokollierungspflicht für übermittelte oder zu übermittelnde Daten. Auch auf der Ebene der Polizeigesetze bilden Regelungen wie § 20 VI 2 HessSOG, wonach personenbezogene Daten, die dem Brief-, Post- oder Fernmeldegeheimnis unterliegen, entsprechend zu kennzeichnen sind, noch die Ausnahme. Da aber die Übermittlung personenbezogener Daten – unabhängig von der Art und Weise ihrer Erhebung – stets einen eigenständigen Grundrechtseingriff darstellt, ist eine Protokollierung solcher Daten, die durch schwerwiegende Grundrechtseingriffe erhoben und anschließend zweckwidrig verwendet werden, bei jeder Übermittlung strafprozessual, gefahrenabwehrrechtlich oder nachrichtendienstlich erlangter Informationen zu beachten. Nur auf diese Weise kann verhindert werden, dass solche Daten in einer Weise gespeichert und mit anderen Daten vermischt werden, die ihre Herkunft nicht mehr erkennen lässt. Bei solchen Datenimportklauseln, die – wie z.B. § 38 I, IV BWPolG – die Sekundärnutzung auch bei Vorliegen einer einfachen Gefahr erlauben wollen, dürfte ansonsten der Grundsatz der Verhältnismäßigkeit verletzt sein.

Kennzeichnung bei Verwendungsbeschränkungen
Unabhängig von der Art und Weise der Informationserhebung wird in der Literatur auch dann eine Kennzeichnungspflicht befürwortet, wenn die Datenübermittlung solche Informationen betrifft, die einer **besonderen Verwendungsbeschränkung** (z.B. §§ 58 a II, 100 d VI, 477 II 2 StPO) unterliegen[116]. Diese Kennzeichnungspflicht soll unabhängig davon gelten, ob der Gesetzgeber sie ausdrücklich gesetzlich geregelt hat oder nicht[117]. Für eine solche Pflicht zur Kennzeichnung spricht, dass der Empfänger nur auf diese Weise in die Lage versetzt wird, insbesondere bei einer Vermischung übermittelter mit selbst erhobenen Daten die bestehenden Verwendungsbeschränkungen einzuhalten. Ansonsten besteht die Gefahr, dass solche Begrenzungen der Datenübermittlungsmöglichkeiten zwischen Polizei, Strafverfolgungsbehörden und Nachrichtendiensten zumindest fahrlässig außer Acht gelassen werden und die bestehenden Verwendungsbeschränkungen faktisch leer laufen[118]. Zudem wird nur bei solchen Datensätzen, deren Herkunft erkennbar ist, die Erfüllung etwaiger Nachberichtspflichten für unvollständig oder unrichtig übermittelte Daten (vgl. nur § 26 BVerfSchG) ermöglicht. Auf der Grundlage der bisherigen Datenübermittlungsvorschriften in den Polizeigesetzen, der StPO sowie den Nachrichtendiensten lässt sich eine Kennzeichnungspflicht für Informationen, die einer besonderen Verwendungsbeschränkung unterliegen, jedoch mangels Anhaltspunkten im Gesetzeswortlaut regelmäßig nicht begründen. Diese unter Verhältnismäßigkeitsgesichtspunkten gebotene Pflicht staatlicher Stellen sollte daher in normenklaren Grundlagen für das Recht der Inneren Sicherheit umgehend und umfassend ausdrücklich gesetzlich geregelt werden.

---

116 SK StPO-*Weßlau*, § 474 Rdnr. 28, § 478 Rdnr. 18; LR-*Hilger*, § 477 Rdnr. 13; näher zu entgegenstehenden Verwendungsregelungen unter 2.1.1.1.
117 SK StPO-*Weßlau*, § 474 Rdnr. 28; **a.A.** wohl *W.-R. Schenke*, JZ 2001, 997 (1001 m. Fn. 32).
118 LR-*Hilger*, § 477 Rdnr. 13.

2. Spezielle Übermittlungsregelungen im Strafprozess-, Polizei- und Nachrichtendienstrecht

Im folgenden Besonderen Teil dieses Kapitels sollen die jeweils denkbaren Übermittlungsvorgänge zwischen Polizei, Strafverfolgungsbehörden und Nachrichtendiensten näher betrachtet werden. Ausgangspunkt der Darstellung ist jeweils der Primärzweck, d.h. derjenige Regelungsbereich, in dem die Daten ursprünglich erhoben wurden. Insofern geht es zunächst um die Übermittlung von Strafverfolgungsdaten an die präventiv tätigen Polizeibehörden und die Nachrichtendienste (2.1). Sodann werden die jeweils möglichen Übermittlungskonstellationen für polizeiliche Gefahrenabwehrdaten (2.2) und Nachrichtendienstdaten (2.3) durchgespielt.

Mögliche Übermittlungsvorgänge

2.1. Die Übermittlung von Strafverfolgungsdaten

Im Rahmen der Übermittlung von Daten, die zu Zwecken der Durchführung eines Strafverfahrens nach den Befugnisnormen des Strafprozessrechts erhoben wurden, an die Polizeibehörden und die Nachrichtendienste sind sowohl die strafprozessualen Öffnungsklauseln, als auch die polizeirechtlichen bzw. nachrichtendienstlichen Datenimportermächtigungen zu unterscheiden.

2.1.1 Die Übermittlung von Strafverfolgungsdaten an die Polizeibehörden

2.1.1.1. Die Generalklausel des § 481 StPO

Gemäß § 481 I 1 StPO dürfen die Polizeibehörden nach Maßgabe der Polizeigesetze personenbezogene Informationen aus Strafverfahren verwenden. Damit wird der praktisch häufigste Fall geregelt, dass sich die Daten bereits in der Obhut der Polizei befinden, etwa weil sie – wie in Fällen der leichten und mittleren Kriminalität üblich – die strafprozessualen Ermittlungen selbständig geführt hat. Hier bedarf es keines zusätzlichen Übermittlungsvorgangs, sondern lediglich einer Zweckumwidmung. Ergänzend dazu dürfen die Strafverfolgungsbehörden nach § 481 I 2 StPO an Polizeibehörden aber auch personenbezogene Informationen aus Strafverfahren übermitteln. Mit den „Strafverfolgungsbehörden" in diesem Sinne sind die Staatsanwaltschaften sowie die repressiv tätige Polizei gemeint[119]. Somit ermöglicht § 481 I 2 StPO keine Datenübermittlungen der Strafgerichte oder der mit dem Strafvollzug befassten Stellen[120]. Die Übermittlung repressiv erhobener Daten zu präventiven Zwecken wird auf dieser Grundlage immer dann in Betracht kommen, wenn die Staatsanwaltschaft – beispielsweise in Wirtschaftsstrafverfahren – das Ermittlungsverfahren ganz oder überwiegend selbst geführt hat[121]. Mit der durch das Strafverfahrensänderungsgesetz 1999 in die Strafprozessordnung eingefügten Generalklausel des § 481 I 1, 2 StPO wird in großem

Reichweite des § 481 StPO

---

119 Eine Übermittlung kommt allerdings in Bezug auf die Polizei nicht in Betracht, sofern bereits § 481 I 1 StPO eingreift.
120 SK StPO-*Weßlau*, § 481 Rdnr. 9.
121 LR-*Hilger*, § 481 Rdnr. 4; SK StPO-*Weßlau*, § 481 Rdnr. 9.

Teil 5: Datenübermittlungsregelungen

Umfang die Umwidmung von Informationen erlaubt, die ursprünglich für ein Strafverfahren erhoben wurden. Bei der Übermittlung solcher Strafverfahrensdaten an öffentliche Stellen des Bundes oder eines Landes *von Amts wegen* gelten ergänzend auch die allgemeinen Bestimmungen §§ 12 ff. EGGVG, die jedoch inhaltlich weitgehend von den §§ 474 ff. StPO verdrängt werden[122]. Unter dem Blickwinkel der Gesetzgebungskompetenz des Bundes für das gerichtliche Verfahren i.S.v. Art. 74 Nr. 1 GG erscheint lediglich § 481 I 3 StPO problematisch, wonach eine Übermittlung repressiver Daten in den Fällen ausgeschlossen ist, in denen die Polizei ausschließlich zum Schutz privater Rechte (vgl. z.B. §§ 2 II PolGBW, 1 III POG Rh-Pf.) tätig wird. Allerdings werden diese kompetenzrechtlichen Bedenken dadurch abgemildert, dass dieser Einschränkungsmöglichkeit kaum praktische Relevanz zukommen dürfte[123]. Regelmäßig wird die Polizei neben dem Schutz privater Rechte zugleich auch gefahrenabwehrend tätig werden[124]. Dann aber greift die in § 481 I 3 StPO verankerte Ausnahme nicht ein.

Verhältnis von § 481 I StPO zu § 477 II 2 StPO

Für die Übermittlung von Strafverfolgungsdaten an die Polizeibehörden stellt sich die weitgehend voraussetzungslose Übermittlungsmöglichkeit von Strafverfolgungsdaten nach § **481 I StPO gegenüber der Regelung des § 477 II 2 StPO** als **lex specialis** dar[125]. Nach letztgenannter Bestimmung dürfen Informationen, die erkennbar durch erhebliche repressive Grundrechtseingriffe wie Rasterfahndung, Telefonüberwachung, Einsatz Verdeckter Ermittler und längerfristige Observation erhoben worden sind, nur zur Abwehr erheblicher Gefahren übermittelt werden. Insofern werden den dort in Bezug genommenen Gefahrenabwehrbehörden deutliche Vorgaben hinsichtlich der Sekundärnutzung der zu Strafverfahrenszwecken erhobenen Daten gemacht. Dieser auf den ersten Blick bestehende Widerspruch zwischen § 481 I und § 477 II 2 StPO wird jedoch über § 477 II 4 aufgelöst, wonach § 481 StPO „unberührt" bleiben soll. Die in § 477 II 2 StPO enthaltene Einschränkung „zur Abwehr von erheblichen Gefahren" kann sich somit nur auf die Erfüllung von Gefahrenabwehraufgaben solcher Behörden beziehen, die nicht zu den Polizeibehörden i.S.d. § 481 StPO zählen[126]. Gemeint sind also sonstige Gefahrenabwehraufgaben, etwa im Bereich der Gewerbeaufsicht, im Wasserrecht, im Gesundheits- und Veterinärwesen, der Bauaufsicht oder im Bestattungswesen. Demgegenüber folgt aus der Spezialregelung des § 481 I StPO, dass auch bei Informationen, die durch Maßnahmen nach den §§ 98 a, 100 a, 110 a oder 163 f StPO erlangt wurden, eine Übermittlung an die Polizeibehörden ohne einschränkende Vorgaben für die dortige Verwendung möglich ist.

Entgegenstehende Verwendungsregelungen

§ 481 II StPO erklärt eine Verwendung von Strafverfolgungsdaten für präventivpolizeiliche Zwecke aber für unzulässig, soweit besondere bundesgesetzliche oder entsprechende landesgesetzliche **Verwendungsregelungen entgegenstehen**. Diese Regelung besitzt im Wesentlichen deklaratorische Bedeutung, da sie nur auf ohnehin bereits be-

---

122 HK-*Temming*, Vor §§ 474 ff. Rdnr. 6; SK StPO-*Weßlau*, § 481 Rdnr. 11; **a.A.** LR-*Hilger*, § 481 Rdnr. 4.
123 SK StPO-*Wolter*, § 100 f Rdnr. 5; SK StPO-*Weßlau*, § 481 Rdnr. 2; *Kühne*, Strafprozessrecht, Rdnr. 393.1; *Schenke* JZ 2001, 997 (1003 f.).
124 LR-*Hilger*, § 481 Rdnr. 7; *Brodersen*, NJW 2000, 2536 (2540).
125 LR-*Hilger*, § 477 Rdnr. 12, § 481 Rdnr. 7; *Zöller*, Informationssysteme, S. 209.
126 LR-*Hilger*, § 477 Rdnr. 12.

2. Spezielle Übermittlungsregelungen

stehende Verwendungsregelungen auf Bundes- oder Landesebene verweist. Sie führt aber zu dem Folgeproblem, welches denn nun konkret diejenigen Regelungen sein können, die einer zweckändernden Verwendung personenbezogener Daten entgegenstehen können. Rechtssicherheit besteht insoweit, als es sich nach dem Wortlaut des § 481 II StPO um „gesetzliche" Regelungen handeln muss, so dass ein Rückgriff auf Gewohnheits- oder Richterrecht, beispielsweise auf die weitgehend ungeschriebene strafprozessuale Beweisverbotslehre[127], nicht in Betracht kommt. Auf **bundesgesetzlicher Ebene** lassen sich als positive Beispiele für möglicherweise entgegenstehende Verwendungsregelungen das Steuergeheimnis (§ 30 I, IV AO) oder das Sozialgeheimnis (§§ 35 SGB I, 67 ff. SGB X) nennen, die eine Schutzwirkung unabhängig von der strafverfahrensrechtlichen Herkunft der Informationen entfalten. Erfasst sind aber auch Verwendungsregelungen der StPO, wenn sie – wie etwa § 58 a II StPO für Bild-Ton-Aufzeichnungen über Zeugenvernehmungen – die Verwendbarkeit ausdrücklich auf „Zwecke der Strafverfolgung" beschränken. Problematisch erscheint dagegen die Einbeziehung von strafprozessualen Verwendungsregelungen wie §§ 98 b III 3, 100 b V, 100 d VI Nr. 1, 110 e StPO. Nach dem Wortlaut dieser Bestimmungen soll jeweils nur die Verwendung „in anderen Strafverfahren" beschränkt werden. Im Kontext des § 481 StPO geht es jedoch nicht um die zweckwidrige Verwendung repressiver Daten für weitere Strafverfahren, sondern für die Erledigung präventivpolizeilicher Aufgaben. Daher können die genannten strafprozessualen Regelungen über § 481 II StPO keine Begrenzungswirkung entfalten. **Landesrechtliche Verwendungsregelungen** lassen sich demgegenüber vor allem den umfangreichen Datenverarbeitungsregelungen der Polizeigesetze[128], aber auch den Geheimhaltungspflichten im Bereich der Landesstatistik- und Kommunalabgabengesetze entnehmen[129]. Aus solchen entgegenstehenden Verwendungsregelungen folgt im Zusammenspiel mit § 481 II StPO letztlich ein ausdrückliches **Übermittlungsverbot** für die Fälle des § 481 I 2 StPO[130].

2.1.1.2. Sonderregelungen für Daten aus akustischer Wohnraumüberwachung

Mit der Aufnahme des § 481 StPO in die deutsche Strafprozessordnung im Jahr 2000 stellte sich auch die Frage, in welchem Verhältnis diese allgemeine Öffnungsklausel zu § 100 f I StPO a.F. stand, der die Verwendung von personenbezogenen Informationen, die durch eine akustische Wohnraumüberwachung nach § 100 c StPO ermittelt worden sind, zu Gefahrenabwehrzwecken nur zur Abwehr einer im Einzelfall bestehenden Gefahr für Leben, Leib oder Freiheit einer Person oder erhebliche Sach- oder Vermögenswerte zulassen wollte. Eine vergleichbare Beschränkung sieht § 481 StPO nicht vor. Zur Lösung dieses Widerspruchs ist angeführt worden, dass die durch das StVÄG 1999 eingefügte Regelung als lex posterior die bereits 1998 geschaffene Verwendungsrege-

Bedeutung von § 100 f StPO a.F.

---

127 Vgl. dazu allg. nur *Beulke*, Strafprozessrecht, Rdnr. 454 ff. m.w.N.
128 LR-*Hilger*, § 481 Rdnr. 4.
129 *Meyer-Goßner*, StPO, § 13 EGGVG Rdnr. 6.
130 LR-*Hilger*, § 481 Rdnr. 8; SK StPO-*Weßlau*, § 481 Rdnr. 13.

Teil 5: Datenübermittlungsregelungen

lung des § 100 f I StPO a.F. verdränge[131]. Diese Auffassung sah sich jedoch schwerwiegenden Bedenken ausgesetzt. Schon die Gesetzesmaterialen stützen eine solche Annahme nicht[132]. Da der Gesetzgeber die nach dem Wortlaut bestehende Kollision zwischen § 481 I StPO und § 100 f I StPO a.f. nicht gesehen hat, war davon auszugehen, dass die vor Erlass des StVÄG 1999 geltenden Verwendungsregulungen für Daten aus strafprozessualen akustischen Wohnraumüberwachungen auch weiterhin Bestand haben sollten. Dafür spricht zum einen, dass Art. 13 GG in Art. 12 a des StVÄG 1999 nicht als einschränkbares Grundrecht genannt wird[133]. Zum anderen schließt § 481 II StPO die Verwendung von Informationen aus Strafverfahren zur polizeilichen Gefahrenabwehr bei entgegenstehenden Verwendungsregelungen ausdrücklich aus. Hinzu kommt, dass Vorläuferregelungen zu den §§ 477, 481 StPO bereits in den Gesetzgebungsentwürfen des StVÄG 1994 und des StVÄG 1996 enthalten waren und die Regelungen zur akustischen Wohnraumüberwachung nur aufgrund ihrer politischen Brisanz vorgezogen worden waren. Insofern war die These von § 481 StPO als lex posterior schon nach alter Gesetzeslage nicht zu halten. Bei § 100 f I StPO a.F. handelte es sich vielmehr um eine entgegenstehende Verwendungsregelung i.S.v. § 481 II StPO, d.h. um eine Spezialregelung für die Übermittlung von Strafverfolgungsdaten an Gefahrenabwehrbehörden.

§ 100 d VI Nr. 2 StPO als lex specialis

Seit dem 1.7.2005 wird die Verwendung von Informationen, die durch eine strafprozessuale akustische Wohnraumüberwachung erhoben wurden, zu Gefahrenabwehrzwecken in § 100 d VI Nr. 2 StPO geregelt. Ausweislich der Gesetzgebungsmaterialien ist diese Bestimmung im Kern der Vorgängerregelung des § 100 f I StPO entlehnt worden[134]. Insofern muss **§ 100 d VI Nr. 2 StPO im Verhältnis zu § 481 I StPO erst recht als lex specialis** vorgehen. Schließlich ist mit der Neufassung der Vorschriften zur akustischen Wohnraumüberwachung in den §§ 100 c ff. StPO auch § 100 d StPO zweifelsfrei als lex posterior anzusehen. In Bezug auf die Übermittlung von Informationen, die durch eine Maßnahme nach § 100 c StPO erhoben wurden, gilt demnach, dass diese repressiven Daten zweckwidrig nur zur Abwehr einer im Einzelfall bestehenden Lebensgefahr oder einer dringenden Gefahr für Leib oder Freiheit einer Person oder Gegenstände von bedeutendem Wert, die der Versorgung der Bevölkerung dienen, von kulturell herausragendem Wert oder in § 305 des Strafgesetzbuches genannt sind, zulässig übermittelt werden dürfen. Darüber hinaus können solche personenbezogenen Informationen, sofern sie nach strafprozessrechtlichen Maßstäben verwertbar sind, auch zur Abwehr einer im Einzelfall bestehenden dringenden Gefahr für sonstige bedeutende Vermögenswerte verwendet werden. Dass der Bundesgesetzgeber bei der Übermittlung von Daten an die Gefahrenabwehrbehörden der Länder auf diese Weise erneut in den Kompetenzbereich des Landesgesetzgebers eingegriffen hat, erscheint dann aber angesichts der hohen Aufmerksamkeit, die die Entscheidung des BVerfG im Übrigen erzielt hat, mehr als unglücklich.

---

131 *Brodersen*, NJW 2000, 2536 (2540), allerdings im Hinblick auf § 477 II StPO.
132 *Zöller*, Informationssysteme, S. 213; *Wollweber* NJW 2000, 3623 (3624).
133 *Meyer-Goßner*, StPO, § 477 Rdnr. 3.
134 BT-Drs. 15/4533, 18.

2. Spezielle Übermittlungsregelungen

2.1.1.3. Polizeirechtliche Datenimport-Ermächtigungen

Angesichts der Weite der in § 481 StPO normierten Öffnungsklausel kann die Rechtmäßigkeit der Verwendung von Strafverfolgungsdaten zu Gefahrenabwehrzwecken erst mit Blick auf die in den Polizeigesetzen enthaltenen Regelungen zur Verarbeitung und Nutzung von personenbezogenen Daten beurteilt werden.

2.1.1.3.1. Allgemeines

Die Frage, ob und inwiefern zu Strafverfolgungszwecken erhobene Daten für Gefahrenabwehrzwecke an die Polizeibehörden übermittelt bzw. dort umgewidmet werden dürfen, hat mittlerweile – wenn auch im Detail recht unterschiedlich ausgestaltet – in den Polizeigesetzen von Bund und Ländern durchgehend eine gesetzliche Regelung erfahren. Dabei ist der eigentliche Vorgang der Übermittlung von Strafverfolgungsdaten an die Polizeibehörden aus technischer Sicht nur dann von Bedeutung, wenn sich die Polizei nicht ohnehin schon im Besitz der Informationen befindet, weil sie diese selbst in Erfüllung ihrer *repressiven* Aufgaben gewonnen hat. Dies ist in der Praxis jedenfalls für weite Bereiche der leichten und mittleren Allgemeinkriminalität anzunehmen[135]. Infolgedessen finden sich in den Polizeigesetzen nur vereinzelt Befugnisnormen für die **Übermittlung** von Strafverfolgungsdaten an die Polizei im Sinne eines tatsächlichen Informationstransfers. Im Regelfall erlauben die bestehenden Normen derartige Grundrechtseingriffe unter der Voraussetzung, dass für die übermittelnde Stelle anzunehmen ist, dass die Übermittlung zur Erfüllung der Aufgaben der Polizei erforderlich sein kann und die von der übermittelnden Stelle zu beachtenden Rechtsvorschriften nicht entgegenstehen[136]. Teilweise kann die Polizei auch öffentliche Stellen um die Übermittlung personenbezogener Daten ersuchen, soweit dies zur Erfüllung ihrer Aufgaben erforderlich ist[137]. Dabei soll die Prüfung der Zulässigkeit der Datenübermittlung regelmäßig in die Verantwortung der Strafverfolgungsbehörde als datenübermittelnden Stelle fallen[138]. Erfolgt die Übermittlung auf Grund eines Ersuchens, hat die Strafverfolgungsbehörde nur zu prüfen, ob das Übermittlungsersuchen im Rahmen der Aufgaben des Empfängers liegt. Im Übrigen hat sie die Zulässigkeit der Übermittlung nur zu prüfen, wenn Zweifel an der Rechtmäßigkeit der Nutzung durch den Empfänger bestehen[139].

Demgegenüber finden sich für die reine **Zweckumwidmung** von Strafverfolgungsdaten, die sich bereits im Besitz der Polizei befinden, durchgehend einschlägige Regelungen in den Polizeigesetzen von Bund und Ländern.

Übermittlung von StPO-Daten an die Polizei

Zweckumwidmung von Strafverfolgungsdaten

---

135 Vgl. dazu die Ausführungen unter 2.1.1.1.
136 Vgl. Art. 42 I 1 BayPAG, § 44 VII ASOG, § 45 I BbgPolG, § 40 II MV-SOG, § 30 I NWPolG, § 34 VI 1 RhPfPOG, § 27 V SOG LSA, § 41 V 1 ThürPAG.
137 Vgl. Art. 42 II 1 BayPAG, § 45 II 1 BbgPolG, § 30 II 1 NWPolG, § 34 VI 2 RhPfPOG.
138 Vgl. § 41 I 1 BWPolG, Art. 42 II 2 BayPAG, § 44 V 1 ASOG, § 45 II 2 BbgPolG, § 30 II 2 NWPolG.
139 Zu datenschutzrechtlichen Defiziten dieser Übermittlungsvorschriften vgl. die Ausführungen unter 2.3.

Teil 5: Datenübermittlungsregelungen

Regelungen im Polizeirecht: Verwendung von Strafverfolgungsdaten zur Gefahrenabwehr	
Bundespolizei:	§ 29 II BPolG
Baden-Württemberg:	§ 38 I, IV BWPolG
Bayern:	§ 38 II BayPAG
Berlin:	§ 42 III ASOG
Brandenburg:	§ 39 II BbgPolG
Bremen:	§ 36 b V BremPolG
Hamburg:	§ 16 II HambPolDVG
Hessen:	§ 20 IV HessSOG
Mecklenburg-Vorpommern:	§ 37 I, II SOG M-V
Niedersachsen:	§ 39 IV NdsSOG
Nordrhein-Westfalen:	§ 24 II NWPolG
Rheinland-Pfalz:	§ 33 IV, V RhPfPOG
Saarland:	§ 30 II, III SPolG
Sachsen:	§ 43 II SächsPolG
Sachsen-Anhalt:	§ 23 SOG LSA
Schleswig-Holstein:	§ 189 I, II LVwG
Thüringen:	§ 40 II ThürPAG

In Baden-Württemberg beispielsweise kann der Polizeivollzugsdienst gemäß § 38 I 1 BWPolG personenbezogene Daten, die ihm im Rahmen von Ermittlungsverfahren bekannt geworden sind, speichern, verändern und nutzen, soweit und solange dies zur Abwehr einer Gefahr oder zur vorbeugenden Bekämpfung von Straftaten erforderlich ist. Damit hat der Landesgesetzgeber eine allgemeine Importermächtigung für repressiv erhobene Daten im Landespolizeirecht geschaffen. Erfasst sind sowohl die Daten von Straftatverdächtigen (vgl. § 38 I 2 BWPolG) als auch von Kontakt- und Begleitpersonen, potentiellen Opfern, Personen im räumlichen Umfeld gefährdeter Personen, Zeugen, Hinweisgeber sowie sonstige Auskunftspersonen (§ 38 IV 1 i.V.m. § 20 III Nr. 2 bis 5 BWPolG)[140]. Im Ergebnis wird auf diese Weise die **Sekundärnutzung von Strafverfolgungsdaten zu präventivpolizeilichen Zwecken ohne nennenswerte Einschränkungen** ermöglicht. Gegen ein solches Konzept lassen sich in mehrfacher Hinsicht Bedenken vorbringen. So gestattet § 38 I 1 BWPolG – ebenso wie Befugnisnormen anderer Polizeigesetze – die Verwendung der zu repressiven Zwecken erhobenen Daten nicht nur zur Gefahrenabwehr, sondern auch zur „vorbeugenden Bekämpfung von Straftaten". Die vorbeugende Bekämpfung von Straftaten enthält als Oberbegriff aber nicht nur den Teilaspekt der Verhütung von Straftaten, sondern auch den zweiten Teilaspekt der Vorsorge für die künftige Strafverfolgung[141]. Nach richtiger[142],

---

140 *Würtenberger/Heckmann*, Polizeirecht in Baden-Württemberg, Rdnr. 648.
141 SK StPO-*Wolter*, Vor § 151 Rdnr. 153; *Zöller*, Informationssysteme, S. 79.
142 Vgl. dazu die Ausführungen im Ersten Teil unter 4.3. sowie SK StPO-*Wolter*, Vor § 151 Rdnr. 160 a; KK-*Schoreit*, § 152 Rdnr. 18 a; *Schenke*, Polizei- und Ordnungsrecht, Rdnr. 11; *Backes*, KritV 1986,

2. Spezielle Übermittlungsregelungen

auch durch das *BVerfG*[143] bestätigter Auffassung gehört die Aufgabe der Strafverfolgungsvorsorge in die Gesetzgebungskompetenz des Bundes nach Art. 74 Nr. 1 GG mit der Folge, dass die entsprechenden landesgesetzlichen Regelungen in den Polizeigesetzen angesichts bestehender bundesgesetzlicher Regelungen (§§ 81 b Alt. 2, 81 g, 484 StPO) als nichtig anzusehen sind[144]. Insofern muss man die nach wie vor auf den Gesamtkomplex der vorbeugenden Verbrechensbekämpfung abstellenden landespolizeigesetzlichen Regelungen verfassungskonform so lesen, als stünde dort lediglich die Formulierung „Verhütung von Straftaten". Abgesehen von diesem gesetzestechnischen Fehler zahlreicher Befugnisnormen in den Polizeigesetzen, stellen sich Regelungen wie § 38 I BWPolG aber auch unter Verhältnismäßigkeitsgesichtspunkten als problematisch dar. Sie ermöglichen eine Verwendung der Daten für *sämtliche Gefahrenlagen* und stehen damit in Widerspruch zu der sich etwa aus § 100 d VI Nr. 2 StPO ergebenden Wertung, der eine zweckwidrige Verwendung von Strafverfolgungsdaten zu Gefahrenabwehrzwecken – wenn auch kompetenzwidrig – nur bei Lebensgefahr, dringender Gefahr für Leib oder Freiheit einer Person, Gegenstände von bedeutendem Wert oder bedeutende Vermögenswerte vorsieht. Hinzu kommt, dass der Polizeivollzugsdienst als datenempfangende Stelle die Verwendung der repressiven Daten zu präventivpolizeilichen Zwecken lediglich als „erforderlich" einstufen muss. Eine Einschränkung von Grundrechtseingriffen in das informationelle Selbstbestimmungsrecht der betroffenen Personen lässt sich auf diese Weise kaum erzielen. Schließlich kann die anfordernde Stelle frei und unkontrolliert darüber entscheiden, in welchem Umfang sie Informationen für ihre Arbeit für erforderlich hält. In der Praxis wird daher schon die bloße *Möglichkeit*, dass repressive Daten für präventivpolizeiliche Zwecke benötigt werden könnten, die Übermittlung bzw. Umwidmung der entsprechenden Informationen auslösen. Schließlich will man im Regelfall nicht die eigene Aufgabenerledigung durch eine zu restriktive Informationszufuhr beeinträchtigen. Mit der Erforderlichkeitsbeurteilung durch den Datenempfänger ohne externe Kontrolle einer solchen Einschätzung im Einzelfall gilt mithin im Bereich der Datenübermittlung der Grundsatz „im Zweifel für den Grundrechtseingriff".

Begrüßenswert sind demgegenüber polizeigesetzliche Regelungen wie § 37 II 2 BW-PolG[145], wonach die Speicherung, Veränderung und Nutzung von personenbezogenen Daten zu einem anderen polizeilichen Zweck zulässig ist, soweit die Polizei die Daten zu diesem Zweck erheben dürfte. Sie stellen eine Positivierung des Prinzips des **hypo-**

Prinzip des hypothetischen Ersatzeingriffs

---

315 (332); *Dreier*, JZ 1987, 1009 (1016); *Denninger*, CR 1988, 51 (54); *Siebrecht*, JZ 1996, 711 (713 f.); *Albrecht*, KritV 2001, 17; *W.-R. Schenke*, JZ 2001, 997 (1002 f.); *Zöller*, Informationssysteme, S. 92; für eine Zuständigkeit des Landesgesetzgebers etwa *BbgVerfG*, LKV 1999, 450 (451); *Riegel*, NJW 1983, 656 (659); *Götz*, NVwZ 1987, 858 (860); *Kniesel*, ZRP 1987, 377 (380); *Paeffgen*, JZ 1991, 437 (441 f.); *Lisken*, DRiZ 1992, 250 (255); *Gusy*, StV 1993, 269 (272); *Gärditz*, Strafprozeß und Prävention, S. 329 ff.
143 BVerfGE 103, 21 (30); *BVerfG*, NVwZ 2005, 2603 (2605).
144 *Zöller*, Informationssysteme, S. 94.
145 Vgl. auch Art. 37 II 2 BayPAG; § 42 II 2 ASOG; § 38 I 2 BbgPolG; § 36 b I Nr. 1 BremPolG; § 14 I 2 HambPolDVG; § 20 III 3 HSOG; § 36 I 3 SOG M-V; § 39 I 1 NdsSOG; § 23 I 2 NWPolG; § 30 I 3 SPolG; § 43 I 3 SächsPolG; § 22 II 2 SOG LSA; § 188 I 3 LVwG; § 39 S. 2 ThürPAG.

thetischen Ersatzeingriffs dar, das im Strafprozessrecht nur in Teilbereichen[146] anerkannt ist[147]. In der Literatur wird die Anwendbarkeit von Regelungen wie § 37 II 2 BWPolG für die präventivpolizeiliche Verwendung von Repressivdaten jedoch verbreitet mit dem Hinweis darauf verneint, dass diese Bestimmung nur für Zweckänderungen von Daten gelte, die aus Gründen der Gefahrenabwehr erhoben wurden[148]. Die dort angesprochenen „polizeilichen Zwecke" seien lediglich *präventiv*polizeiliche Zwecke. So könnten beispielsweise die zum Schutz privater Rechte (§ 2 II BWPolG) nach § 20 V BWPolG erhobenen Daten auch zum Zwecke der Abwehr einer Gefahr oder zur Verhütung von Straftaten verwandt werden. Für die Verwendung von ursprünglich repressiv erhobenen Daten zu präventivpolizeilichen Zwecken sei § 38 BWPolG jedoch als lex specialis anzusehen[149]. Diese Ansicht kann jedoch nicht vollends überzeugen. Die Regelung der Frage, ob und wie repressiv erhobene Informationen zu präventivpolizeilichen Zwecken verwendet werden, ist in erster Linie Gefahrenabwehr und gehört zum Zuständigkeitsbereich des Landesgesetzgebers. Insofern kann sich aus der Tatsache, dass durch die Einführung des neuen § 161 I 1 StPO nun umgekehrt die Nutzung von Daten aus präventivpolizeilichen Datenerhebungen zu Zwecken der Strafverfolgung geregelt ist, nur ergeben, dass § 37 II 2 BWPolG sich nicht auf solche Datenübermittlungen von den Gefahrenabwehr- zu den Strafverfolgungsbehörden bezieht. In Bezug auf die umgekehrte Übermittlungsrichtung von den Strafverfolgungs- zu den Gefahrenabwehrbehörden ist die Verwendung repressiver Daten zur präventivpolizeilichen Aufgabenerledigung aber durchaus ein „anderer polizeilicher Zweck"[150]. § 37 BWPolG stellt schon nach seiner Überschrift „allgemeine Regeln" für die Speicherung, Veränderung und Nutzung von Daten zu präventivpolizeilichen Zwecken auf. Er muss daher nach seinem Wortlaut, aber auch nach seiner Stellung im Gesetz auch für den Sonderfall der präventivpolizeilichen Verwendung ehemals repressiver Daten gelten. Insofern ist die **Verwendung von strafprozessual erhobenen Daten grundsätzlich nur dann möglich, wenn die Polizei diese Informationen auch auf der Grundlage des jeweiligen Polizeigesetzes rechtmäßig erheben könnte.** So lassen sich etwa Informationen, die durch eine Identitätsfeststellung nach §§ 163 b, 163 c StPO erlangt worden sind, über § 481 StPO und § 38 BWPolG in Baden-Württemberg regelmäßig auch zu präventivpolizeilichen Zwecken verwendet, da in § 26 BWPolG – ebenso wie in den übrigen Polizeigesetzen – auch die gefahrenabwehrrechtliche Identitätsfeststellung vorgesehen ist. Schon dieses Beispiel macht aber zugleich auch deutlich, dass die Eingriffsbefugnisse der Strafprozessordnung und der Polizeigesetze mittlerweile weitgehend parallel verlaufen. Es gibt – mit Ausnahme etwa der Telefonüberwachung –

---

[146] Vgl. etwa §§ 98 b III 3, 100 b V, 100 d VI Nr. 1, 100 h III, 110 e StPO.
[147] *W.-R. Schenke*, in: Datenübermittlungen und Vorermittlungen, S. 225 (S. 235).
[148] *Belz/Mussmann*, Polizeigesetz für Baden-Württemberg, § 37 Rdnr. 25; *Würtenberger/Heckmann*, Polizeirecht in Baden-Württemberg, Rdnr. 418; *Ruder/Schmitt*, Polizeirecht Baden-Württemberg, Rdnr. 481;
[149] *Belz/Mussmann*, Polizeigesetz für Baden-Württemberg, § 37 Rdnr. 26, § 38 Rdnr. 1.
[150] Ungenau daher *Belz/Mussmann*, Polizeigesetz für Baden-Württemberg, § 37 Rdnr. 25; *Würtenberger/Heckmann*, Polizeirecht in Baden-Württemberg, Rdnr. 641.

kaum Eingriffsmaßnahmen, die nicht auch im präventiven Bereich zur Verfügung stehen. Daraus folgt, dass auch das Prinzip des hypothetischen Ersatzeingriffs in Bezug auf die mit Datenübermittlungen verbundenen Grundrechtseingriffe nur eine eingeschränkte Begrenzungsfunktion erfüllen kann. Insgesamt sind die Befugnisnormen der Polizeigesetze zum Import und zur Sekundärnutzung von Strafverfolgungsdaten unter Verhältnismäßigkeitsgesichtspunkten daher deutlich zu weit geraten.

2.1.1.3.2. Besonderheiten bei der Übermittlung von Telekommunikationsdaten

Besondere Maßstäbe sind für die präventivpolizeiliche Verwendung von solchen Daten anzulegen, die ursprünglich durch strafprozessuale Eingriffe in das Fernmeldegeheimnis, d.h. auf der Grundlage der §§ 100 a, 100 g und 100 i StPO, erhoben wurden. In der Literatur findet sich die Ansicht, dass bei Daten, die durch eine Maßnahme nach § 100 a StPO erlangt worden sind, eine Verwendung für Zwecke der Gefahrenabwehr schon deshalb ausscheide, weil diese nach § 100 b VI StPO unverzüglich unter Aufsicht der Staatsanwaltschaft zu vernichten seien, wenn sie zur Strafverfolgung nicht mehr erforderlich sind[151]. Diese Ansicht kann jedoch schon mit Blick auf den Wortlaut, die Systematik und den Gesetzeszweck des § 100 b VI StPO nicht überzeugen, da dort lediglich die Verwendung zu repressiven Zwecken geregelt ist bzw. beschränkt werden soll[152]. Ein völliger Ausschluss der Übermittlung (bestimmter) strafprozessual erhobener Daten zur Verwendung für präventivpolizeiliche Zwecke wäre aus den bereits dargestellten Gründen im Übrigen auch kompetenzrechtlich als problematisch anzusehen[153].

Keine Anwendbarkeit von § 100 b VI StPO

Eine Verwendung von Strafverfolgungsdaten zu repressiven Zwecken ist jedoch als problematisch anzusehen, wenn die zugrundeliegende Übermittlung oder weitere Verwendung Eingriffe in solche Grundrechte darstellen, die in den jeweiligen Polizeigesetzen nicht als einschränkbare Rechte genannt sind. Nach dem in Art. 19 I 2 GG verankerten **Zitiergebot** muss das förmliche Gesetz, das ein Grundrecht einschränkt oder dazu ermächtigt ausdrücklich darauf hinweisen, dass das betreffende Grundrecht eingeschränkt wird. Geschieht dies nicht, verletzt das Gesetz das eingeschränkte Grundrecht i.V.m. Art. 19 I 2 GG und ist nichtig[154]. Das Zitiergebot erfüllt eine Warn- und Besinnungsfunktion. Durch die Benennung des Eingriffs im Gesetzeswortlaut soll sichergestellt werden, dass der Gesetzgeber nur Eingriffe vornimmt, die ihm als solche bewusst sind und über deren Auswirkungen auf die betroffenen Grundrechte er sich Rechenschaft ablegt[155]. Praxisrelevant wird das Zitiergebot vor allem bei personenbezogenen Informationen, die zu Strafverfolgungszwecken im Wege einer Telefonüberwachung nach § 100 a StPO oder einer Telekommunikationsverbindungsdatenauskunft nach § 100 g StPO erhoben worden sind. Schließlich wird in der Mehrzahl der Polizeigesetze der dabei betroffene Art. 10 GG nicht als einschränkbares Grundrecht zitiert.

Bedeutung des Zitiergebots

---

151 *Knape/Kiworr*, Allgemeines Polizei- und Ordnungsrecht für Berlin, S. 537.
152 Vgl. *Walden*, Zweckbindung, S. 334; *Schenke*, JZ 2001, 997 (999).
153 Vgl. dazu die Ausführungen unter 1.3.2.
154 BVerfGE 5, 13 (15 f.); 61, 82 (113); *Dreier*, in: Dreier (Hrsg.), GG, Art. 19 Rdnr. 17; *Jarass/Pieroth*, GG, Art. 19 Rdnr. 2.
155 BVerfGE 5, 13 (16); 85, 386 (404); *BVerfG*, NJW 2005, 2603 (2604).

Teil 5: Datenübermittlungsregelungen

Dennoch sollen sich nach teilweise vertretener Auffassung allgemeine Befugnisnormen wie § 38 BWPolG auch auf die Übernahme von durch eine strafprozessuale Telekommunikationsüberwachungsmaßnahme gewonnener Erkenntnisse erstrecken[156]. Der Umstand, dass etwa § 4 BWPolG, der die auf Grund des Gesetzes einschränkbaren Grundrechte benennt, den Art. 10 GG gerade nicht zitiert, stehe dem nicht entgegen. Bei dieser Sichtweise wird verkannt, dass nicht allein die *Erhebung* von Telekommunikationsdaten als Eingriff in das durch Art. 10 GG geschützte Fernmeldegeheimnis der betroffenen Personen anzusehen ist. Vielmehr stellt auch die **Übermittlung** der auf diese Weise gewonnenen Daten an die Polizeibehörden mit dem Ziel der Verwendung zu präventiven Zwecken einen weiteren, **zusätzlichen Grundrechtseingriff** dar[157]. Insofern muss sowohl der für die strafprozessuale Öffnungsklausel zuständige Bundesgesetzgeber als auch der für die Befugnis der datenempfangenden Stelle verantwortliche Landespolizeigesetzgeber eine eindeutige Aussage im Hinblick auf seine Absicht, Art. 10 GG durch Übermittlungsregelungen einzuschränken, treffen. Diesem Erfordernis hat der Bundesgesetzgeber bei der Einführung der §§ 477 II 2, 481 StPO durch Art. 12 a des Strafverfahrensänderungsgesetzes zwar Rechung getragen. Damit wird dem Zitiergebot aber lediglich insoweit Genüge getan als repressiv gewonnene Daten einer Umwidmung für präventive Zwecke zugänglich gemacht werden[158]. Die Nutzung dieser Daten nach Maßgabe des Landespolizeirechts stellt aber nach dem bereits Ausgeführten einen weiteren rechtfertigungsbedürftigen Grundrechtseingriff dar, so dass auch auf der Ebene des Datenempfängers das Zitiergebot zu beachten ist. Wie ein Blick auf die Polizeigesetze zeigt, ist Art. 10 als einschränkbares Grundrecht derzeit nur in den Polizeigesetzen von Hamburg (§ 28 HambPolG), Hessen (§ 10 HessSOG), Mecklenburg-Vorpommern (§ 78 SOG M-V) Niedersachsen (§ 10 NdsSOG), Rheinland-Pfalz (§ 8 RhPfPOG) und Thüringen (§ 11 ThürPAG) zitiert. Daraus folgt im Umkehrschluss, dass Daten die durch repressive Eingriffe in das Fernmeldegeheimnis erlangt worden sind, zu präventivpolizeilichen Zwecken grundsätzlich weder durch die Bundespolizei noch durch die Polizeibehörden der übrigen Bundesländer verwendet werden dürfen. Solange in den entsprechenden polizeigesetzlichen Grundlagen Art. 10 GG nicht als einschränkbares Grundrecht zitiert wird, sind Befugnisnormen wie § 38 I, IV BW verfassungskonform so zu lesen, dass Telekommunikationsdaten, die aus repressiven Ermittlungsmaßnahmen stammen, der Polizei zur Erledigung präventivpolizeilicher Aufgaben nicht zur Verfügung stehen.

---

156 Vgl. nur *Wolf/Stephan*, Polizeigesetz für Baden-Württemberg, § 38 Rdnr. 3: *Zeitler*, Allgemeines und Besonderes Polizeirecht für Baden-Württemberg, Rdnr. 507; *Würz*, Polizeiaufgaben, S. 179 f.; *Globig*, ZRP 1991, 81 (83).
157 *Ruder/Schmitt*, Polizeirecht Baden-Württemberg, Rdnr. 487; *Würtenberger/Heckmann*, Polizeirecht in Baden-Württemberg, Rdnr. 651; *W.-R. Schenke*, JZ 2001, 997 (998).
158 SK StPO-*Weßlau*, § 481 Rdnr. 8; *Würtenberger/Heckmann*, Polizeirecht in Baden-Württemberg, Rdnr. 652; *R. P. Schenke*, in: Datenübermittlungen und Vorermittlungen, S. 211 (S. 221); *W.-R. Schenke*, JZ 2001, 997 (1000).

Es bleibt die Frage, ob von diesem grundsätzlichen Verwendungsverbot für repressiv erhobene Telekommunikationsdaten im präventivpolizeilichen Bereich trotz Verstoßes gegen Art. 19 I 2 GG in denjenigen Fällen eine **Ausnahme** gemacht werden kann, in denen es um den **Schutz vor drohenden Verletzungen besonders hochrangiger, verfassungsrechtlich geschützter Rechtsgüter**, beispielsweise Leben und Gesundheit, geht. Das Bedürfnis für eine solche Vorgehensweise liegt auf der Hand. Man denke nur an den Fall, dass die Strafverfolgungsbehörden im Zuge einer Telefonüberwachung nach § 100 a StPO von einem bevorstehenden Mordanschlag erfahren. Dass sich die Polizeibeamten hier unwissend stellen müssen und nicht zum Schutze des ausgewählten Opfers gefahrenabwehrend eingreifen dürfen, wäre mit Blick auf die grundrechtlichen Schutzpflichten (Art. 2 II GG) des Staates ein kaum tragbares Ergebnis. Insofern finden sich Stimmen, die bei Gefährdung höchstrangiger Rechtsgüter in verfassungskonformer Auslegung die Verwendung strafprozessual erhobener Telekommunikationsdaten zu präventivpolizeilichen Zwecken ausnahmsweise auch bei Verstoß gegen das Zitiergebot zulassen wollen[159]. Es bleibt jedoch zu bedenken, dass die grundrechtlichen Schutzpflichten alleine keine ausreichende Grundlage für Eingriffe in Grundrechte mit Gesetzesvorbehalt bieten[160] und eine teleologische Reduktion des verfassungsrechtlichen Zitiergebots bislang keine allgemeine Anerkennung gefunden hat[161]. Die Bedeutung der grundrechtlichen Schutzpflichten ist im vorliegenden Zusammenhang also vor allem darin zu sehen, dass durch sie der zuständige Gesetzgeber verpflichtet wird, eine Verwendung von aus einem strafprozessualen Eingriff in Art. 10 GG stammenden Daten für Zwecke der Gefahrenabwehr in den Fällen zu gestatten, in denen es um den Schutz von drohenden Verletzungen besonders hochrangiger, verfassungsrechtlich geschützter Rechtsgüter wie Leben und Gesundheit geht[162].

Ausnahmen von Verwendungsverboten?

2.1.1.3.3. Übermittlung rechtswidrig erhobener Daten

Einen weiteren Sonderfall betrifft die Frage der **Verwendbarkeit rechtswidrig erhobener Strafverfolgungsdaten** zu präventivpolizeilichen Zwecken. Von rechtswidrigen Daten kann man sprechen, wenn die Gewinnung personenbezogene Daten ohne jede strafprozessuale Eingriffsermächtigung oder unter Verstoß gegen die in der StPO verankerten Eingriffsvoraussetzungen erfolgt ist. Die Nutzungsmöglichkeit solcher Daten *für Strafverfahrenszwecke*, insbesondere ihre Verwertbarkeit für die Beweisführung im Rahmen des Strafverfahrens, bestimmt sich im wesentlichen nach der zwischen Strafrechtsprechung und Strafprozessliteratur umstrittenen und durch Einzelfalldiskussion geprägten Beweisverbotslehre[163]. Damit ist über die Verwendbarkeit *zu präventivpoli-*

Kategorisches Verwendungsverbot?

---

[159] *Würtenberger/Heckmann*, Polizeirecht in Baden-Württemberg, Rdnr. 654; *Walden*, Zweckbindung, S. 335; *R. P. Schenke*, in: Datenübermittlungen und Vorermittlungen, S. 211 (S. 222).
[160] *Schumacher*, Verwertbarkeit, S. 217.
[161] Bedenken daher bei *W.-R. Schenke*, JZ 2001, 997 (1000 f.).
[162] So *W.-R. Schenke*, Polizei- und Ordnungsrecht, Rdnr. 209 m. Hinw. auf ThürLT-Drs. 3/2128, 34.
[163] Einen Überblick über den aktuellen Diskussionsstand zur strafprozessualen Beweisverbotslehre geben etwa *Meyer*-Goßner, StPO, Einl. Rdnr. 55 ff.; *Beulke*, Strafprozessrecht, Rdnr. 454 ff.; krit. *Wolter*, in: BGH-FG, S. 963 ff.

zeilichen Zwecken noch nichts gesagt. Schon im Rahmen der strafprozessualen Beweisverbotslehre ist jedenfalls der Grundsatz anerkannt, dass der Verstoß gegen ein Beweis*erhebungs*verbot nicht zwangsläufig auch zu einem Beweis*verwertungs*verbot führen muss[164]. Dies gilt erst Recht für die Verwendung rechtswidrig erhobener Strafverfahrensdaten zu Gefahrenabwehrzwecken, da durch den Zweck der Gefahrenabwehr motivierter Grundrechtseingriffe in weiterem Umfang verfassungsrechtlich erlaubt sind als entsprechende der Strafverfolgung dienende Grundrechtsbeeinträchtigungen[165]. Diese Diskrepanz folgt daraus, dass der dem Staat gegenüber dem Bürger obliegenden Schutzpflicht im Zusammenhang mit der unmittelbar dem Individualgüterschutz dienenden Aufgabe der Gefahrenabwehr eine größere Bedeutung zukommt als bei der Strafverfolgung, bei der die Schutzgutbeeinträchtigung in Gestalt der Straftat regelmäßig schon eingetreten ist[166]. Somit ist die Verwendbarkeit von rechtswidrig zu einem anderen Primärzweck erhobenen Daten für präventivpolizeiliche Zwecke in Bezug auf den Sekundärnutzer eigenständig zu bestimmen. Dabei ist allerdings stets zu berücksichtigen, dass eine unbeschränkte Gestattung der Verwendung rechtswidrig erlangter Daten zu einer Aushöhlung des prinzipiellen Verbots rechtswidriger Datenerhebung führen und auf diese Weise letztlich eine nachhaltige Schwächung des Prinzips der Gesetzmäßigkeit der Verwaltung nach sich ziehen würde[167].

„Spurenansätze" für Gefahrenabwehr

Auf den ersten Blick eindeutig erscheint die Rechtslage in denjenigen Bundesländern, die in ihren Polizeigesetzen die Speicherung, Veränderung oder Nutzung von Daten ausdrücklich an die **Rechtmäßigkeit** der Datenerhebung gebunden haben[168]. In diesen Ländern dürfen Daten, die unter Verstoß gegen strafverfahrensrechtliche Erhebungsbestimmungen erlangt worden sind, von vornherein nicht zur Gefahrenabwehr übermittelt bzw. umgewidmet werden. Ebenso wie bei der Verwendung von strafprozessualen Telekommunikationsdaten unter Verstoß gegen Art. 19 I 2 GG[169] kann sich allerdings auch bei rechtswidrig erhobenen Daten das Bedürfnis nach einer Ausnahme von diesem Verwendungsverbot stellen. Schließlich können die staatlichen Schutzpflichten aus Art. 2 II i.V.m. Art. 1 GG zumindest bei der Gefahrenabwehr zum Schutz überragend wichtiger Schutzgüter wie Leben oder körperliche Unversehrtheit auch eine Nutzung rechtswidriger Daten fordern. Als Beispiel mag der Fall einer strafprozessualen Durchsuchungsmaßnahme dienen, bei deren Anordnung durch einen repressiv tätig werdenden Polizeibeamten entgegen § 105 I StPO in Wahrheit keine Gefahr im Verzug vorlag, bei der aber wichtige Hinweise auf bevorstehende, terroristisch motivierte Straftaten gefunden werden. Vor diesem Hintergrund wird im polizeirechtlichen

---

164 Aktuell für das Prozessgrundrecht des fairen Verfahrens *BVerfG, 3. Kammer des 2. Senats*, NVwZ 2005, 1175.
165 Vgl. nur *Würtenberger/Heckmann*, Polizeirecht in Baden-Württemberg, Rdnr. 659; *Krause/Steinbach*, DÖV 1985, 549 (557); *Paeffgen*, StV 1999, 668 (676); *Wolter*, GA 1999, 158 (170); *W.-R. Schenke*, JZ 2001, 997.
166 *Zöller*, Informationssysteme, S. 45.
167 *W.-R. Schenke*, Polizei- und Ordnungsrecht, Rdnr. 216.
168 Vgl. § 42 I ASOG; § 39 I BbgPolG; § 36 a I 1 BremPolG; § 38 I 1 NdsSOG; § 24 I NWPolG; § 40 I ThürPAG.
169 Vgl. dazu die Ausführungen unter 2.1.1.3.2.

2. Spezielle Übermittlungsregelungen

Schrifttum ein Verwendungsverbot für rechtswidrig erlangter Daten im Hinblick auf den Schutz überragend wichtiger Rechtsgüter wie Leben und Gesundheit abgelehnt[170]. Auch wenn das so erzielte Ergebnis de lege ferenda Beifall verdient, ist eine verfassungskonforme Auslegung der polizeirechtlichen Datenverwendungsvorschriften de lege lata gegen den ausdrücklichen Gesetzeswortlaut als problematisch anzusehen. Es handelt sich methodisch gesehen letztlich um eine Bejahung ihrer Teilnichtigkeit[171]. Solange ein Landesgesetzgeber die Verwendung von Daten nur bei rechtmäßiger Erhebung zulassen will, muss diese Wertung respektiert werden. Die unmittelbare präventivpolizeiliche Nutzung solcher Informationen bleibt dann ausgeschlossen. Rechtlich unbedenklich erscheint hier nur die mittelbare Verwendung der Informationen dergestalt, dass die auf rechtswidrige Weise bekannt gewordenen Daten zum Anlass und Ausgangspunkt einer neuen Datenerhebung genommen werden. Rechtswidrige strafprozessuale Daten können mithin als **Spurenansatz für die präventivpolizeiliche Aufgabenerledigung** dienen[172]. Es bleibt Aufgabe des zuständigen Gesetzgebers, vor dem Hintergrund grundrechtlicher Schutzpflichten für differenzierte und verhältnismäßige Datenverwendungsregelungen zu sorgen[173].

In den **Bundesländern, die die Sekundärnutzung von Daten nicht allgemein an die Rechtmäßigkeit ihrer Erhebung knüpfen**, müssen darüber hinaus grundsätzliche Erwägungen einen rechtlichen Rahmen ziehen. So ordnen zahlreiche Polizeigesetze die **entsprechende Geltung des § 136 a StPO** auch **für präventivpolizeiliche Vernehmungen** an[174]. Daraus folgt, dass Informationen, die im Zuge eines Strafverfahrens unter Verstoß gegen die dort geächteten Vernehmungsmethoden erlangt worden sind, nicht nur gemäß § 136 a III 2 StPO strafrechtlich unverwertbar sind. Sie können auch nicht zu präventivpolizeilichen Zwecken verwendet und dürfen nicht mit dieser Zielsetzung übermittelt werden. Ein aktuelles Beispiel dafür lieferte der sog. „Fall Daschner"[175], in dem dem mutmaßlichen Entführer eines vermeintlich noch lebenden und in einem unbekannten Versteck möglicherweise mit dem Tode bedrohten Kindes für den Fall der weiteren Verweigerung der Preisgabe des Aufenthaltsortes durch Polizeibeamte Foltermaßnahmen angedroht wurden. Hier schloss § 12 IV HessSOG mit dem Verweis auf § 136 a StPO jedwede Verwendung auf solche Weise erlangter Informationen zur Gefahrenabwehr aus.

Im Übrigen wird man auf der Grundlage derjenigen Polizeigesetze, die eine Datenverwendung nicht ausdrücklich an die Rechtmäßigkeit der Datenerhebung koppeln, eine praktikable Lösung unter Berücksichtigung des Verhältnismäßigkeitsgrundsatzes

Entsprechende Geltung von § 136 a StPO

Abwägungsentscheidung

---

170 W.-R. Schenke, Polizei- und Ordnungsrecht, Rdnr. 215; Würtenberger, in: Datenübermittlungen und Vorermittlungen, S. 263 (S. 271), Schumacher, Verwertbarkeit, S. 219.
171 W.-R. Schenke, Polizei- und Ordnungsrecht, Rdnr. 215.
172 So auch W.-R. Schenke, a.a.O. mit dem Hinweis darauf, dass auch der Folgenbeseitigungsanspruch solchen mittelbaren Folgen nicht im Wege steht; insbesondere bei der Verwendung von Kenntnissen über bevorstehende Straftaten werden sich jedoch die unmittelbare Nutzung solcher Informationen und die Nutzung als bloßer Ermittlungsansatz oftmals kaum nachprüfbar voneinander trennen lassen.
173 Für eine gesetzliche Regelung auch Schumacher, Verwertbarkeit, S. 219.
174 Vgl. nur § 35 II BWPolG.
175 LG Frankfurt a.M., NJW 2005, 692.

Teil 5: Datenübermittlungsregelungen

finden müssen. In diesem Zusammenhang hat *W.-R. Schenke*[176] zu Recht darauf hingewiesen, dass das vom Opportunitätsprinzip geprägte Polizeirecht strukturell durchaus in der Lage ist, dem Erfordernis einer **Abwägung** zwischen dem Schutz des informationellen Selbstbestimmungsrechts der betroffenen Personen einerseits und der dem Staat obliegenden Aufgabe der Gefahrenabwehr andererseits im Rahmen der polizeilichen Ermessensentscheidung Rechnung zu tragen. Im Rahmen einer solchen Ermessensentscheidung erlangen Kriterien wie Art und Schwere des in der Erhebung liegenden Rechtsverstoßes einschließlich des Schutzbedürfnisses für bestimmte Vertrauensverhältnisse i.S.v. §§ 52 ff. StPO[177], das zu schützende Rechtsgut sowie der Grad der Gefahr besondere Bedeutung. Danach gilt im Grundsatz, dass es nach einer rechtswidrigen Datenerhebung regelmäßig ermessensfehlerhaft ist, die fehlerhaft gewonnenen Daten zu präventivpolizeilichen Zwecken zu verwenden. Umgekehrt wird man von einer Verpflichtung der zuständigen Polizeibeamten zur Verwendung rechtswidrig erhobener Informationen ausgehen müssen, wenn es um den Schutz vor unmittelbar drohenden Gefahren für hochwertige Rechtsgüter wie Leib oder Leben geht. Insofern gilt die Leitlinie, dass eine Verwendung rechtswidrig zu Strafverfolgungszwecken erhobener Daten zu präventivpolizeilichen Zwecken im Rahmen der polizeilichen Ermessensentscheidung um so eher zuzulassen ist, je weniger intensiv sich der Grundrechtsverstoß bei der Datenerhebung und je gewichtiger sich die Schutzbedürftigkeit des bedrohten Rechtsguts vor dem Hintergrund staatlicher Schutzpflichten darstellt[178]. Schon die Komplexität der bei solchen Entscheidungen zu berücksichtigenden Faktoren macht allerdings deutlich, dass die Polizeigesetzgeber vor dem Hintergrund der im Volkszählungsurteil angemahnten bereichsspezifischen und normenklaren Datenschutzregelungen gut beraten wären, wenn sie diese Fragen – wenn auch nur im Wege einer Generalklausel – in den entsprechenden Befugnisnormen vorzeichnen würden[179].

2.1.2. Die Übermittlung von Strafverfolgungsdaten an die Nachrichtendienste

Beachtung des Trennungsgebots

Die Übermittlung von Informationen an die Nachrichtendienste, die von den Strafverfolgungsbehörden ursprünglich zu Strafverfahrenszwecken erhoben worden sind, ist prinzipiell mit dem Trennungsgebot zu vereinbaren. Solange Polizei und Staatsanwaltschaft nicht gezielt als „Vollzugsarm" für die nicht mit polizeilichen Befugnissen versehenen Nachrichtendienstbehörden missbraucht werden, folgt aus der organisatorischen und befugnisrechtlichen Trennung von Polizei und Nachrichtendiensten **kein informationelles Trennungsgebot**[180].

---

176 Polizei- und Ordnungsrecht, Rdnr. 217.
177 Zum Schutz von Zeugnisverweigerungsrechten und Vertrauensverhältnissen im Polizeirecht vgl. *Schenke*, Polizei- und Ordnungsrecht, Rdnr. 191; *Ruthig*, in: Wolter/Schenke (Hrsg.), Zeugnisverweigerungsrechte bei (verdeckten) Ermittlungsmaßnahmen, S. 247 ff.; *Würtenberger/R. P. Schenke*, ebenda, S. 303 ff.
178 Vgl. *Schenke*, Polizei- und Ordnungsrecht, Rdnr. 217; *Würtenberger/Heckmann*, Polizeirecht in Baden-Württemberg, Rdnr. 664 ff.; *Würtenberger*, in: Datenübermittlungen und Vorermittlungen, S. 263 (S. 273).
179 Für eine gesetzliche Regelung auch *Schumacher*, Verwertbarkeit, S. 194 f.; *Würtenberger*, in: Datenübermittlungen und Vorermittlungen, S. 263 (S. 273 f.).
180 Vgl. dazu die Ausführungen unter 1.4.

2. Spezielle Übermittlungsregelungen

2.1.2.1. Allgemeines

Für die Übermittlung von Strafverfolgungsdaten an das Bundesamt für Verfassungsschutz, den Militärischen Abschirmdienst sowie den Bundesnachrichtendienst ist als gesetzlicher Ausgangspunkt auf § 474 StPO zurückzugreifen. Diese Norm regelt die Gewährung von Akteneinsicht und Auskünften für verfahrensexterne Zwecke[181], d.h. zur Verwendung von Informationen außerhalb desjenigen Strafverfahrens, für das die Akten ursprünglich angelegt wurden. Für die Übermittlung von Informationen an die Nachrichtendienste findet sich eine Sonderregelung in § 474 II 2 StPO. Danach richtet sich die Erteilung von Auskünften nach § 18 BVerfSchG, § 10 MADG und § 8 BNDG. Der Strafprozessgesetzgeber geht mithin implizit davon aus, dass die Übermittlung von Strafverfolgungsdaten an die Nachrichtendienste grundsätzlich eine zulässige Zweckänderung darstellt[182]. Mit § 474 II 2 StPO besteht jedoch per se keine eigenständige strafprozessuale Regelung. Vielmehr wird im Sinne einer reinen Öffnungsklausel – und damit kompetenzrechtlich nicht zu beanstanden – auf die Datenübermittlungsvorschriften der Nachrichtendienste verwiesen. Inwieweit für eine solche gesetzliche Klarstellung in Anbetracht von § 480 StPO, wonach besondere gesetzliche Bestimmungen unberührt bleiben, die die Übermittlung personenbezogener Informationen aus Strafverfahren anordnen oder erlauben, ein tatsächliches Bedürfnis besteht, mag dahinstehen[183]. Jedenfalls ist die Zulässigkeit der Übermittlung von Strafverfahrensdaten an die Nachrichtendienste im Ergebnis primär an den datenschutzrechtlichen Bestimmungen der Nachrichtendienstgesetze zu messen.

Verweisung auf die Nachrichtendienstgesetze

Aus dem Wortlaut und der Systematik des § 474 StPO folgt, dass solche Stellen, die wie die Nachrichtendienste nicht zur Staatsanwaltschaft oder zur Justiz zählen, Strafverfolgungsdaten nicht im Wege der Akteneinsicht, sondern durch die **Erteilung von Auskünften** erhalten. Anders als bei der Akteneinsicht, die dem an der Information Interessierten die eigenständige und unmittelbare Kenntnisnahme von den jeweiligen Akteninhalten ermöglicht, bietet die bloße Auskunftserteilung regelmäßig nur mittelbare, vom Auskunftserteilenden aus den Verfahrensakten selektierte Information[184]. Zwar können Auskünfte aus Strafverfahrensakten nach § 477 I StPO auch durch Überlassung von Abschriften aus den Akten erteilt werden, doch liegt die Entscheidung darüber im Ermessen der Staatsanwaltschaft bzw. des zuständigen Gerichts. Der Erhalt einer Auskunft wird allerdings zur Aufgabenerledigung öffentlicher Stellen, abgesehen von der Rechtspflege mit ihrem praktischen Bedürfnis nach unmittelbarer Kenntnisnahme von den Verfahrensakten, regelmäßig ausreichend sein.

Auskunftserteilung statt Akteneinsicht

Somit stellt sich die Frage, ob neben der reinen Verweisungsnorm des § 477 II 2 StPO auch die **allgemeinen Vorschriften des Achten Buchs der StPO** zur Erteilung von Auskünften und Akteneinsicht zur Anwendung kommen oder diese Bestimmungen zugunsten der nachrichtendienstlichen Regelungen suspendiert sind. Man wird insofern differenzieren müssen. § 477 II 2 StPO verweist auf die §§ 18 BVerfSchG, 10 MADG

Anwendbarkeit strafprozessualer Regelungen

---

181 SK StPO-*Weßlau*, § 474 Rdnr. 1.
182 SK StPO-*Weßlau*, § 474 Rdnr. 16.
183 Krit. LR-*Hilger*, § 480 Rdnr. 2; *ders.*, NStZ 2001, 15 (16); *Brodersen*, NJW 2000, 2536 (2541).
184 *Zöller*, Informationssysteme, S. 202.

sowie 8 BNDG, die ihrerseits keine eigenständigen Aussagen über den spezifischen Umgang mit Informationen aus Strafverfahrensakten treffen, sondern vor allem den Anlass für bzw. das Bedürfnis nach Datenübermittlungen regeln. Insofern können neben den nachrichtendienstlichen Bestimmungen keine strafprozessualen Regelungen zur Anwendung kommen, die wie § 474 II 1 StPO solche allgemeinen Voraussetzungen zur Auskunftserteilung mit Bezug auf den Aufgabenbereich des Informationsempfängers aufstellen. Sofern jedoch die technische Durchführung der Übermittlung von Strafverfolgungsdaten betroffen ist, sind die entsprechenden Regelungen der StPO zu berücksichtigen, sofern sie die Regelungen der §§ 23 ff. BVerfSchG ergänzen oder ihnen nicht widersprechen. So gilt für die Übermittlung an die Nachrichtendienste etwa § 474 III StPO, wonach anstelle der Auskunftserteilung auch Akteneinsicht gewährt werden kann, wenn die Erteilung von Auskünften einen unverhältnismäßigen Aufwand erfordern würde oder die Akteneinsicht begehrende Stelle unter Angabe von Gründen erklärt, dass die Erteilung einer Auskunft zur Erfüllung ihrer Aufgabe nicht ausreichen werde. Entsprechendes gilt für die Möglichkeit der Überlassung von Abschriften aus den Akten nach § 477 I StPO. Nach § 477 II 1 StPO sind darüber hinaus Auskünfte und Akteneinsicht zu versagen, wenn der Übermittlung Zwecke des Strafverfahrens oder besondere bundesgesetzliche oder entsprechende landesgesetzliche Verwendungsregelungen entgegenstehen[185]. § 477 IV StPO bestimmt zudem zu Recht, dass die Verantwortung für die Zulässigkeit der Übermittlung der Empfänger trägt, soweit es sich – wie bei den Nachrichtendiensten – um eine öffentliche Stelle handelt. In diesen Fällen müssen die datenübermittelnden Strafverfolgungsbehörden grundsätzlich nur prüfen, ob das Übermittlungsersuchen im Rahmen der Aufgaben des Empfängers liegt. Zu einer weitergehenden Prüfung wird die datenübermittelnde Stelle, die ja einer von der Sekundärnutzung der Daten vollkommen verschiedenen Aufgabenanforderung unterliegt, regelmäßig ohnehin schon fachlich nicht in der Lage sein.

Bedeutung des § 477 II 2 StPO
Zumindest missverständlich ist in diesem Zusammenhang jedoch die Aussage des § 477 II 2 StPO. Danach dürfen Informationen, die erkennbar durch einen **strafprozessualen Grundrechtseingriff nach §§ 98 a, 100 a, 110 a und 163 f StPO** erhoben worden sind, an die Nachrichtendienstbehörden nur für die Zwecke, für die eine Übermittlung nach § 18 BVerfSchG zulässig ist, übermittelt werden. Insofern könnte auf den ersten Blick eine Übermittlung der auf diese Weise erhobenen Strafverfolgungsdaten an den Bundesnachrichtendienst ausgeschlossen sein. Ein Übermittlungsverbot in Bezug auf den Militärischen Abschirmdienst kann sich demgegenüber schon deshalb nicht ergeben, weil gemäß § 22 BVerfSchG für die Übermittlung von Informationen durch Staatsanwaltschaft und Polizei § 18 BVerfSchG entsprechende Anwendung finden soll. Bei genauerer Betrachtung ergibt sich jedoch auch für den BND, dass „die Zwecke" des § 18 BVerfSchG, nämlich die Nutzbarmachung anderweitig erhobener Informationen, die für die nachrichtendienstliche Aufgabenerledigung erforderlich sind, weitgehend auch in der korrespondierenden Befugnisnorm des § 8 BNDG enthalten sind. Dies zeigen schon die parallelen Formulierungen sowie die dort im Gesetzes-

---

185 Zu entgegenstehenden Verwendungsregelungen vgl. die Ausführungen unter 2.1.1.1.

text aufgenommenen Bezugnahmen auf § 18 BVerfSchG. Infolgedessen ist aus § 477 II 2 StPO für die Übermittlung von Strafverfolgungsdaten, die durch schwerwiegende Grundrechtseingriffe erhoben wurden, keinerlei nennenswerte Einschränkung gegenüber der allgemeinen Verweisung in § 474 II 2 StPO abzuleiten. Der entsprechende Passus („und für die Zwecke, für die eine Übermittlung nach § 18 des Bundesverfassungsschutzgesetzes zulässig ist") sollte daher aus Klarstellungsgründen gestrichen werden.

2.1.2.2. Die Übermittlung von Strafverfolgungsdaten an das Bundesamt für Verfassungsschutz

Nach § 18 I 1 BVerfSchG sind u.a. die Staatsanwaltschaften und, vorbehaltlich der staatsanwaltschaftlichen Sachleitungsbefugnis, die Polizeien verpflichtet, von sich aus das Bundesamt für Verfassungsschutz oder die Verfassungsschutzbehörde des Landes über die ihnen bekannt gewordenen Tatsachen zu unterrichten, die sicherheitsgefährdende oder geheimdienstliche Tätigkeiten für eine fremde Macht oder Bestrebungen im Geltungsbereich des Bundesverfassungsschutzgesetzes erkennen lassen, die durch Anwendung von Gewalt oder darauf gerichtete Vorbereitungshandlungen gegen die in § 3 I Nr. 1, 3 und 4 BVerfSchG genannten Schutzgüter gerichtet sind. Sofern die Strafverfolgungsbehörden im Rahmen strafprozessualer Ermittlungen Erkenntnisse über Bestrebungen des politischen Extremismus und Terrorismus (§ 3 I Nr. 1 BVerfSchG), des Ausländerextremismus (§ 3 I Nr. 3 BVerfSchG) oder der Beeinträchtigung des Friedens unter den Völkern und Staaten erhalten, **müssen** sie solche Informationen an die Verfassungsschutzbehörden **weitergeben**. Demgegenüber bestimmt § 18 II 1 BVerfSchG, dass auch alle anderen Informationen an den Verfassungsschutz übermittelt werden **dürfen**, wenn tatsächliche Anhaltspunkte dafür bestehen, dass die Übermittlung für die Erfüllung der Aufgaben der Verfassungsschutzbehörde erforderlich ist. Die Übermittlung von personenbezogenen Daten im Hinblick auf Spionageabwehrzwecke (§ 3 I Nr. 2 BVerfSchG) oder sonstige, möglicherweise nachrichtendienstlich relevante Informationen steht damit im pflichtgemäßen Ermessen der datenübermittelnden Stelle. Umgekehrt kann auch der Verfassungsschutz die Initiative für den Datenübermittlungsvorgang übernehmen. So kann das Bundesamt für Verfassungsschutz zur Erfüllung seiner Aufgaben die Staatsanwaltschaften sowie die Polizei um Übermittlung der zur Aufgabenerfüllung erforderlichen Informationen **ersuchen**, wenn sie nicht aus allgemein zugänglichen Quellen oder nur mit übermäßigem Aufwand oder nur durch eine den Betroffenen stärker belastende Maßnahme erhoben werden können[186]. Unter einem Ersuchen ist das von einer Behörde an eine andere Behörde gerichtete Verlangen um Amtshilfe zu verstehen[187]. Solche Ersuchen sind gemäß § 18 V 1 BVerfSchG aktenkundig zu machen. Nach § 18 IV BVerfSchG ist es dem Bundesamt für Verfassungsschutz bei der Wahrnehmung seiner Aufgaben nach § 3 I Nr. 2 bis 4 (Spionageabwehr, Aufklärung des Ausländerextremismus sowie Sicherung des Friedens unter den Völkern und Staaten) sowie bei der Beobachtung terroristischer Bestrebungen in diesem Zusammenhang auch

Datenübermittlungen nach § 18 BVerfSchG

---

186 Für entsprechende Ersuchen der Landesverfassungsschutzbehörden gilt § 18 III 2 BVerfSchG.
187 *Köbler*, Juristisches Wörterbuch, S. 146.

Teil 5: Datenübermittlungsregelungen

gestattet, **amtliche Register einzusehen**. Voraussetzung dafür ist, dass ansonsten der Zweck der Maßnahme gefährdet oder der Betroffene unverhältnismäßig belastet werden würde. In der Praxis kommen insofern vor allem die Einsichtnahme in das Bundeszentralregister oder das Verkehrszentralregister in Betracht. Über solche Einsichtnahmen ist beim Verfassungsschutz ein Nachweis zu führen, aus dem der Zweck und die Veranlassung, die ersuchte Behörde und die Aktenfundstelle hervorgehen. Diese Nachweise sind gesondert und gesichert aufzubewahren und am Ende des Kalenderjahres, das dem Jahr ihrer Erstellung folgt, zu vernichten (§ 18 V 2 BVerfSchG).

Übermittlungsverbote

Einschränkungen für die Übermittlung personenbezogener Daten unter Beteiligung der Verfassungsschutzbehörden enthalten die §§ 23 bis 26 BVerfSchG. Die dortigen Regelungen gelten für alle Übermittlungen durch oder an den Verfassungsschutz[188]. Über die jeweilige Verweisung in § 10 BNDG bzw. 12 MADG entfalten sie zudem auch für den Bundesnachrichtendienst sowie den Militärischen Abschirmdienst Wirkung. § 23 BVerfSchG zählt dabei generell zu beachtende **Übermittlungsverbote** auf. So soll eine Übermittlung von bzw. an die Nachrichtendienste unterbleiben, wenn

1. für die übermittelnde Stelle erkennbar ist, dass unter Berücksichtigung der Art der Information und ihrer Erhebung die schutzwürdigen Interessen des Betroffenen das Allgemeininteresse an der Übermittlung überwiegen,
2. überwiegende Sicherheitsinteressen dies erfordern oder
3. besondere gesetzliche Übermittlungsregelungen entgegenstehen[189].

§ 23 Nr. 1 BVerfSchG gestattet der datenübermittelnden Stelle eine (problematische) Plausibilitätskontrolle im Hinblick auf die Verwendung der Informationen im Aufgabenbereich des Empfängers. Für eine abschließende Würdigung werden der übermittelnden Stelle regelmäßig nicht nur die rechtliche Kompetenz, sondern auch die faktisch erforderlichen Kenntnisse fehlen. Ein Ausschluss der Datenübermittlung wird auf dieser Grundlage daher nur in den Fällen in Betracht kommen, in denen die Unverhältnismäßigkeit der Sekundärnutzung von Daten für einen gewissenhaften Sachbearbeiter ohne nähere Nachforschungen offensichtlich ist. Dies wird man beispielsweise bei Informationen aus dem Kernbereich privater Lebensgestaltung annehmen können, bei denen vor dem Hintergrund des Votums des BVerfG in der Entscheidung zur akustischen Wohnraumüberwachung[190] jede Verwertung solcher (rechtswidrig gewonnen) Daten von vornherein ausgeschlossen sein soll. Auch **§ 23 Nr. 2 BVerfSchG**, wonach die Übermittlung unterbleibt, wenn überwiegende Sicherheitsinteressen dies erfordern, hat eher die Interessen der datenübermittelnden Stelle im Blick. Mit dieser vage formulierten Ausschlussklausel wird es dem Primärnutzer der Daten in weitem Umfang ermöglicht, in unbequemen Situationen die Erteilung von Auskünften umgehen zu können. In der Praxis dürfte dieses Übermittlungsverbot vor allem bei der Übermittlung nachrichtendienstlicher Informationen an die Strafverfolgungs- oder Gefahrenabwehrbehörden in Betracht kommen. Insofern geht es primär um den sog. Quellenschutz, der

---

188 *Haedge*, Nachrichtendienstrecht, S. 167.
189 Dabei soll die Verpflichtung zur Wahrung gesetzlicher Geheimhaltungspflichten oder von Berufs- oder sonstigen Amtsgeheimnissen, die nicht auf gesetzlichen Vorschriften beruhen, unberührt bleiben.
190 BVerfGE 109, 279.

2. Spezielle Übermittlungsregelungen

für die Arbeit der Nachrichtendienste naturgemäß einen besonderen Stellenwert besitzt. So könnte etwa das Bundesamt für Verfassungsschutz personenbezogene Daten über einen Informanten aus dem Umfeld einer extremistischen Vereinigung oder eines ausländischen Nachrichtendienstes zurückhalten, obwohl diese Person als Zeuge in einem Strafverfahren Bedeutung besitzt, wenn mit der Bekanntgabe dieser Informationen eine Gefahr für Leib oder Leben dieses Informanten begründet oder erhöht wird. Andererseits wird man die Sicherheitsinteressen des Nachrichtendienstes um so eher zurücktreten lassen müssen, wenn solche Informationen zur *Ent*lastung eines Beschuldigten im Strafverfahren oder zur Gefahrenabwehr, etwa zur Abwehr eines bevorstehenden terroristischen Anschlags, verwendet werden können. Auch das mögliche „Verbrennen" einer Quelle begründet dann kein Übermittlungsverbot. Schließlich enthält **§ 23 Nr. 3 BVerfSchG** einen klarstellenden Hinweis auf ohnehin bestehende gesetzliche Verwendungsregelungen. Insofern kann auf die entsprechenden Ausführungen zu § 481 II StPO[191] verwiesen werden.

Darüber hinaus sieht das Nachrichtendienstrecht bei der Datenübermittlung Restriktionen zum **Schutz von Minderjährigen** vor. Gemäß § 24 I 1 dürfen personenbezogene Daten über das Verhalten Minderjähriger nur dann übermittelt werden, wenn die Voraussetzungen des § 11 BVerfSchG erfüllt sind. Es müssen also tatsächliche Anhaltspunkte dafür bestehen, dass der Minderjährige eine der in § 3 G 10 genannten Straftaten (z.B. Tötungs-, Freiheits- oder Staatsschutzdelikte) plant, begeht oder begangen hat. Ausnahmen zu diesem Grundsatz sind in § 24 I 2 BVerfSchG lediglich für den Fall der Übermittlung von Informationen durch die Nachrichtendienste an die Gefahrenabwehr- bzw. Strafverfolgungsbehörden vorgesehen[192]. Im Übrigen haben die Nachrichtendienste nach § 25 BVerfSchG zu prüfen, ob die ihnen übermittelten Daten **für die Erfüllung ihrer Aufgaben erforderlich** sind. Ergibt diese Prüfung, dass sie nicht erforderlich sind, sind die Unterlagen zu vernichten. Allerdings kann die Vernichtung unterbleiben, wenn die Trennung von anderen Informationen, die zur Aufgabenerfüllung noch erforderlich sind, nicht oder nur mit unvertretbarem Aufwand möglich ist. In diesem Fall sind die Daten zu sperren. Auf diese Weise ist ein verhältnismäßiger Umgang mit personenbezogenen Daten kaum zu gewährleisten. Naturgemäß wird sich jeder Sachbearbeiter nach dem Leitsatz „man weiß ja nie" mit einer negativen Beurteilung der Erforderlichkeit ihm zur Verfügung stehender Informationen eher zurückhalten. Da es sich für die Zukunft kaum jemals sicher abschätzen lassen wird, ob man die Daten nicht doch einmal benötigen könnte, wird das Urteil stets lauten „in dubio pro Erforderlichkeit". Solange nicht durch unabhängige, externe Stellen eine Überprüfung der Erforderlichkeit erfolgt – was aufgrund des enormen Datenaufkommens schon tatsächlich kaum durchführbar erscheint – wird es über Datenschutzregelungen wie § 25 BVerfSchG kaum zu wirklichem „Schutz" im Sinne von staatlicher informationeller Selbstbeschränkung kommen. Vor diesem Hintergrund kann auch die in § 26

Allgemeine Bestimmungen

---

191 Unter 2.1.1.1.
192 Vgl. dazu die Ausführungen unter 2.3.

BVerfSchG normierte **Nachberichtspflicht**, wonach bei der Übermittlung an oder durch Nachrichtendienstbehörden unvollständige oder unrichtige Daten unverzüglich gegenüber dem Empfänger zu berichtigen sind, nur in eingeschränktem Umfang ausgleichende Wirkung entfalten.

Besonderheiten bei strafprozessualen TKÜ-Daten

Besonderheiten gelten auch im Bereich des Nachrichtendienstrechts für die Übermittlung von Daten, die durch eine **strafprozessuale Telekommunikationsüberwachungsmaßnahme** auf der Grundlage von § 100 a StPO erhoben worden sind. Die Übermittlung solcher zu Strafverfahrenszwecken erhobenen Informationen über die Kommunikationsinhalte ist nach § 18 VI BVerfSchG nur zulässig, wenn tatsächliche Anhaltspunkte dafür bestehen, dass jemand eine der in § 3 G 10 genannten Straftaten plant, begeht oder begangen hat. Für die unter diesen Voraussetzungen an den Verfassungsschutz übermittelten Kenntnisse und Unterlagen findet darüber hinaus auch § 4 I, IV G 10 entsprechende Anwendung. Dies bedeutet, dass auf nachrichtendienstlicher Seite unverzüglich und sodann in Abständen von höchstens sechs Monaten überprüft werden muss, ob die Informationen zur Aufgabenerledigung noch erforderlich sind. Andernfalls ist eine grundsätzliche Löschungspflicht für die Daten vorgesehen. Darüber hinaus sind für sich anschließende, weitere Datenübermittlungsvorgänge die einschränkenden Voraussetzungen des § 4 IV G 10 zu beachten. Nach dem ausdrücklichen Wortlaut des § 18 VI 2 BVerfSchG („übermittelten Kenntnisse und Unterlagen") gelten diese Beschränkungen nicht für die Übermittlung *an* die Verfassungsschutzbehörde.

2.1.2.3. Die Übermittlung von Strafverfolgungsdaten an MAD und BND

Übermittlung an den MAD

Die Rechtslage der Übermittlung von Strafverfolgungsdaten an den Militärischen Abschirmdienst und den Bundesnachrichtendienst entspricht weitgehend der für den Verfassungsschutz dargestellten Rechtslage. So ordnet § 22 BVerfSchG für diesen Bereich ausdrücklich die entsprechende Anwendung des § 18 BVerfSchG für Übermittlungen an den MAD an. Darüber hinaus verweisen § 12 MADG und § 10 BNDG auf die Verfahrensregeln für die Übermittlung von Informationen in den §§ 23 ff. BVerfSchG. Insofern kann für die Übermittlung von Strafverfolgungsdaten an den **Militärischen Abschirmdienst** vollumfänglich auf die zum Verfassungsschutz gemachten Ausführungen verwiesen werden. Abweichungen zu § 18 BVerfSchG ergeben sich letztlich nur aufgrund der anders gearteten Aufgabenstellung des MAD im Geschäftsbereich des Bundesministers der Verteidigung (§ 1 MADG)[193]. Insofern sind die Strafverfolgungsbehörden befugt, dem MAD von sich aus sämtliche Informationen über Bestrebungen, die gegen die freiheitliche demokratische Grundordnung, den Bestand oder die Sicherheit des Bundes oder eines Landes gerichtet sind, über sicherheitsgefährdende oder geheimdienstliche Tätigkeiten für eine fremde Macht, über die Sicherheitslage militärischer Einrichtungen oder für die Sicherheitsüberprüfung von Personen im Geschäftsbereich des Bundesministers der Verteidigung zu übermitteln[194]. Umgekehrt kann der

---

193 Allg. zu den Aufgaben des MAD *Haedge*, Nachrichtendienstrecht, S. 181 ff. ; *Zöller*, Informationssysteme, S. 300 ff.
194 Vgl. *Haedge*, Nachrichtendienstrecht, S. 198.

2. Spezielle Übermittlungsregelungen

MAD gemäß § 10 II 1 MADG i.V.m. § 18 III BVerfSchG um die zu seiner Aufgabenerfüllung erforderlichen Informationen ersuchen.

Die Übermittlung von Strafverfolgungsdaten an den **Bundesnachrichtendienst** richtet sich in erster Linie nach § 8 BNDG. Allerdings sind zentrale Fragen wie das Ersuchen um die Ermittlung von Informationen durch andere Behörden, die Einsichtnahme in amtlich geführte Register sowie die Übermittlung von Informationen aus strafprozessualen Überwachungsmaßnahmen auf der Grundlage von § 100 a StPO durch umfangreiche Verweisungen auf § 18 BVerfSchG an die Rechtslage bei Verfassungsschutz und MAD angeglichen worden (vgl. § 8 III, IV BNDG). Gemäß § 8 II 1 BNDG sind Staatsanwaltschaft und Polizei im Übrigen *verpflichtet*, dem BND von sich aus Informationen zu übermitteln, wenn tatsächliche Anhaltspunkte dafür bestehen, dass die Übermittlung für seine Eigensicherung nach § 2 I Nr. 1 BNDG erforderlich ist. Es muss sich also um Informationen handeln, die zum Schutz seiner Mitarbeiter, Einrichtungen, Gegenstände und Quellen gegen sicherheitsgefährdende oder geheimdienstliche Tätigkeiten benötigt werden. Darüber hinaus *dürfen* dem Bundesnachrichtendienst nach pflichtgemäßem Ermessen der übermittelnden Stelle auch weitere, dort bekannt gewordene Informationen übermittelt werden. Über § 8 II 2 BNDG i.V.m. § 8 I Nr. 2 BNDG i.V.m. § 5 I 3 G 10 ergeben sich für die Übermittlung solcher Zusatzinformationen folgende Voraussetzungen: Die Übermittlung muss zum einen im Rahmen der in § 1 II BNDG umschriebenen Aufgabenerledigung erfolgen, d.h. zur Gewinnung und Auswertung von Erkenntnissen über das Ausland, die von außen- und sicherheitspolitischer Bedeutung für die Bundesrepublik Deutschland sind. Zum anderen müssen die Informationen inhaltlich den in Art. 5 I 3 G 10 umschriebenen Gefahrenbereichen zuzuordnen sein. Die Übermittlung muss demnach erforderlich sein, um die Gefahr

– eines bewaffneten Angriffs auf die Bundesrepublik Deutschland,
– die Begehung internationaler terroristischer Anschläge mit unmittelbarem Bezug zur Bundesrepublik Deutschland,
– der internationalen Verbreitung von Kriegswaffen, Datenverarbeitungsprogrammen und Technologien,
– der unbefugten Verbringung von Betäubungsmitteln in nicht geringer Menge in die Bundesrepublik Deutschland,
– der Beeinträchtigung der Geldwertstabilität im Euro-Währungsraum durch im Ausland begangene Geldfälschungen oder
– der international organisierten Geldwäsche in Fällen von erheblicher Bedeutung

rechtzeitig zu erkennen und einer solchen Gefahr zu begegnen. Damit wird der Bundesnachrichtendienst in die Lage versetzt, in erheblichem Umfang personenbezogene Daten aus dem Bereich der Strafverfolgung zu erhalten, die in erster Linie Aufschluss über Strukturen der internationalen und organisierten Kriminalität, nicht aber über außen- und sicherheitspolitische Entwicklungen geben. Anders etwa als bei der Gefahr eines bewaffneten Angriffs, terroristischen Anschlägen oder der Proliferation ergibt sich etwa bei der Einfuhr von Betäubungsmitteln oder der internationalen Geldwäsche der nachrichtendienstliche Bezug für die Bundesrepublik Deutschland nicht schon aus der Natur der Sache. Zwar können grundsätzlich auch nicht-militärische Bedrohungen

Übermittlung an den BND

Zöller

im Sinne des § 1 II BNDG von sicherheitspolitischer Bedeutung sein[195]. Insbesondere in den Gefahrenbereichen der Betäubungsmittelkriminalität und der Geldwäsche müssen hierfür jedoch zusätzliche, außen- und sicherheitspolitische Erkenntnisse hinzutreten[196]. Insofern ist die Übermittlungsbefugnis des § 8 II 2 BNDG unter Verhältnismäßigkeitsgesichtspunkten dahingehend einschränkend auszulegen, dass personenbezogene Strafverfolgungsdaten über die ungefugte Verbringung von Betäubungsmitteln in nicht geringer Menge in die Bundesrepublik Deutschland oder die international organisierte Geldwäsche in Fällen von erheblicher Bedeutung nur dann zulässig ist, wenn die Strafverfolgungsbehörden konkrete Anhaltspunkte dafür haben, dass diese Informationen von außen- und sicherheitspolitischer Bedeutung sind (z.B. bei Informationen über die Verwicklung ausländischer Regierungen in Drogengeschäfte oder der Unterstützung terroristischer Aktivitäten durch internationale Geldwäscherbanden). Dies folgt letztlich auch aus dem Wortlaut des § 8 I Nr. 2 BNDG („im Rahmen seiner Aufgaben nach § 1 Abs. 2"). Von diesen Besonderheiten abgesehen, entspricht die Rechtslage für die Übermittlung von Strafverfolgungsdaten an den Bundesnachrichtendienst im Übrigen weitgehend dem für den Bereich des Verfassungsschutzes dargestellten Befund.

2.1.2.4. Die Übermittlung rechtswidriger Strafverfolgungsdaten an die Nachrichtendienste

Verwendbarkeit rechtswidriger Daten

Die Nachrichtendienstgesetze knüpfen die Verwendung personenbezogener Daten nicht ausdrücklich an die Rechtmäßigkeit der Datenerhebung. Insofern ist die **Verwendung rechtswidrig erhobener (Strafverfolgungs-)Daten** nicht von vornherein ausgeschlossen. Dennoch fordert das Prinzip der Gesetzmäßigkeit der Verwaltung selbstverständlich auch Beachtung durch die Verfassungsschutzbehörden, den Militärischen Abschirmdienst und den Bundesnachrichtendienst. Nach den Ausführungen des BVerfG zur akustischen Wohnraumüberwachung dürfte jedenfalls eine Übermittlung solcher Informationen an die Dienste unzulässig sein, die von den Strafverfolgungsbehördung unter Verletzung der §§ 100 c ff. StPO aus dem Kernbereich privater Lebensgestaltung erhoben wurden. Im Übrigen ist angesichts des auch im Nachrichtendienstrecht grundsätzlich geltenden Opportunitätsprinzips[197] ebenfalls ein Ausgleich zwischen dem informationellen Selbstbestimmungsrecht der betroffenen Personen und den Sicherheitsaufgaben des Staates im Wege einer Abwägung unter Berücksichtigung der Art und Schwere des in der Erhebung liegenden Rechtsverstoßes und der Dringlichkeit und Bedeutung der nachrichtendienstlichen Aufgabenerledigung im Einzelfall zu suchen. Dabei ist zugunsten der Übermittlung in die Waagschale zu werfen, dass den Nachrichtendiensten als Ausfluss des Trennungsgebots keine polizeilichen Befugnisse zukommen. Sie können somit nicht selbst unmittelbar nachteilige Maßnahmen gegenüber den betroffenen Personen ergreifen, sondern sind auf ihre Informationssammlungs- und Unterrichtungsaufgaben in Bezug auf die politisch verantwortlichen Stellen be-

---

195 *Pfeiffer*, ZRP 1994, 253 (254).
196 Vgl. auch *Paeffgen*, StV 1999, 668 (675).
197 Vgl. *Borgs/Ebert*, Geheimdienste, S. 64.

schränkt[198]. Insgesamt wird die Übermittlung und Verwendung rechtswidrig zu anderen Zwecken erhobener Daten im Nachrichtendienstrecht eher in weiterem Umfang als im Gefahrenabwehrrecht zulässig sein.

2.2. Die Übermittlung von Gefahrenabwehrdaten

2.2.1. Die Übermittlung von Gefahrenabwehrdaten an die Strafverfolgungsbehörden

2.2.1.1. Polizeigesetzliche Öffnungsklauseln

In Bezug auf die Zweckumwidmung bzw. Übermittlung von Daten, die von den Polizeibehörden ursprünglich zu Zwecken der Gefahrenabwehr erhoben wurden, an die Strafverfolgungsbehörden, führt die Suche nach einer polizeirechtlichen Öffnungsklausel für eine solche Zweckumwandlung zu einem nur eingeschränkten Ergebnis. Soweit die **Umwidmung** von bei der Polizei bereits vorhandenen Gefahrenabwehrdaten zu Zwecken der Strafverfolgung betroffen ist, existiert dafür in den Polizeigesetzen nur vereinzelt eine Befugnisnorm (vgl. etwa § 36 b IX BremPolG). Aber auch rechtliche Regelungen für die **Übermittlung** von Gefahrenabwehrdaten, etwa von der Polizei an die Staatsanwaltschaft, sind auf den ersten Blick schwer auszumachen. Bei intensiverer Durchsicht finden sich zwar in den meisten Polizeigesetzen keine ausdrückliche Rechtsgrundlage für die Übermittlung an die Strafverfolgungsbehörden. Es existiert jedoch in einigen Ländern eine allgemeine Ermächtigungsgrundlage für die Übermittlung personenbezogener Daten auch an solche inländische „öffentliche Stellen", die keine Aufgaben der Gefahrenabwehr wahrnehmen. Allerdings ist die Regelungsdichte dieser Übermittlungsnormen vergleichsweise gering. So soll die Datenübermittlung auf ihrer Grundlage möglich sein, wenn dies in einer spezialgesetzlichen (strafprozessualen) Rechtsvorschrift vorgesehen ist (§ 43 I 1 Nr. 3 BWPolG, § 44 VIII ASOG; § 41 I 1 Nr. 1 BbgPolG, § 39 VI NdsSOG; § 26 I 1 Nr. 1 NWPolG, § 32 VI RhPfPOG), der Wahrung schutzwürdiger Interessen dient (Art. 40 IV Nr. 3 BayPAG) oder für die Aufgabenerfüllung des Empfängers (§ 34 II RhPfPOG). bzw. die Verfolgung von Straftaten und Ordnungswidrigkeiten (§ 32 II Nr. 4 BPolG) erforderlich ist. Problematisch erscheinen in diesem Zusammenhang Regelungen wie § 36 b IX 2 BremPolG, die die Nutzung von personenbezogenen Daten, die mit besonderen Mitteln und Methoden (z.B. durch polizeiliche Beobachtung, Observation, verdeckten Einsatz technischer Mittel, Verdeckter Ermittler und Vertrauenspersonen) erhoben worden sind, nur dann zur Strafverfolgung erlauben, wenn die Strafverfolgungsbehörden diese Daten auch auf der Grundlage der StPO hätten erheben dürfen. Mit dieser Kodifizierung des hypothetischen Ersatzeingriffs *im Landesrecht* greift der Gesetzgeber in kompetenzwidriger

Umwidmung und Übermittlung zur Strafverfolgung

---

[198] Zu beachten ist allerdings, dass jedenfalls die Weitergabe von Informationen *an Drittstellen* für die Betroffenen empfindliche Konsequenzen haben kann Dies zeigt etwa das Beispiel des offenbar von der CIA nach Afghanistan verschleppten Deutsch-Libanesen Khaled *El Masri*.

Weise in die Zuständigkeit des Bundes für das gerichtliche Verfahren aus Art. 74 Nr. 1 GG ein[199].

2.2.1.2. Die Ermittlungsgeneralklausel des § 161 I 1 StPO

Auskunftsanspruch nach § 161 I 1 StPO

Der Grund für den weitgehenden Verzicht der Polizeigesetzgeber auf eine nähere Ausgestaltung der Übernahme präventiv erhobener Daten in den repressiven Bereich wird in der Existenz des § 161 I StPO gesehen[200]. Nach § 161 I 1 StPO ist die Staatsanwaltschaft bei Vorliegen eines Anfangsverdachts[201] zur Erfüllung ihrer Aufklärungspflichten nicht nur in Gestalt einer Generalklausel befugt, Ermittlungen jeder Art selbst vorzunehmen oder durch die Behörden und Beamten des Polizeidienstes vornehmen zu lassen. Sie ist vielmehr auch ermächtigt, grundsätzlich von allen Behörden **Auskunft zu verlangen**[202]. Dies gilt in Steuerstrafsachen entsprechend auch für die Finanzbehörden (§ 386 II AO). Zu den Stellen, von denen aufgrund dieser Rechtsgrundlage unmittelbar behördliche Auskunft eingeholt werden kann, zählen auch die Polizeibehörden, bei denen präventivpolizeilich erhobene Daten vorliegen[203]. In zeitlicher Hinsicht besteht diese Auskunftspflicht bis zum Abschluss des jeweiligen Strafverfahrens, für das der sachbearbeitende Staatsanwaltschaft die Informationen benötigt[204]. Inhaltlich lässt sich der Auskunftsanspruch als Sonderfall der Akteneinsicht verstehen. Da die bei den Polizeibehörden vorhandenen Informationen regelmäßig in Form von Akten und Dateien vorliegen, ist mit ihm auch der Zugriff auf den jeweiligen Akteninhalt bzw. die gespeicherten Daten verbunden[205]. Im Gegensatz zur Akteneinsicht umfasst der Auskunftsanspruch aber auch die Pflicht, behördliches Wissen mitzuteilen, das nicht bereits in Akten und Dateien bereitsteht. Er kann daher im Einzelfall auch die Pflicht begründen, die begehrten Informationen erst noch zusammenzustellen[206]. Ein Anspruch auf Erteilung einer Auskunft besteht allerdings dann nicht, wenn die Auskunft bestehende Zeugnisverweigerungsrechte (§§ 52, 53, 53 a StPO)[207], Beschlagnahmeverbote (z.B. § 97 StPO) oder Beweisverwertungsverbote unterlaufen würde, die oberste Dienstbehörde eine Information durch eine rechtmäßige Sperrerklärung nach § 96 StPO gesperrt hat oder die Erteilung der Auskunft bereichsspezifische Geheimhaltungspflichten umgehen

---

199 Zur Reichweite der Gesetzgebungskompetenzen für den Bereich der Datenübermittlungen vgl. die Ausführungen unter 1.2.
200 *Schenke*, Polizei- und Ordnungsrecht, Rdnr. 208; *Würtenberger/Heckmann*, Polizeirecht in Baden-Württemberg, Rdnr. 641.
201 LR-*Rieß*, § 161 Rdnr. 1.
202 Zur Durchsetzung des Auskunftsverlangens vgl. LR-*Rieß*, § 161 Rdnr. 29 f.
203 SK StPO-*Wohlers*, § 161 Rdnr. 21; LR-*Rieß*, § 161 Rdnr. 12; HK-*Krehl*, § 161 Rdnr. 10; *Schnarr*, StraFo 1998, 217 (222).
204 KMR-*Plöd*, § 161 Rdnr. 2.
205 LR-*Rieß*, § 161 Rdnr. 6.
206 LR-*Rieß*, § 161 Rdnr. 7.
207 Zur Notwendigkeit der Wahrung von Zeugnisverweigerungsrechten im Zuge strafprozessualer Ermittlungsmaßnahmen vgl. etwa *Paeffgen*, in: Rieß-FS, S. 413 ff.; *Wolter*, Rieß-FS, S. 633 ff. sowie die Beiträge in Wolter/Schenke (Hrsg.), Zeugnisverweigerungsrechte bei (verdeckten) Ermittlungsmaßnahmen, 2002.

würde²⁰⁸. Solche bereichsspezifischen Geheimhaltungspflichten können sich zwar nicht aus einer allgemeinen Pflicht zur Amtsverschwiegenheit, aber aus dem Steuergeheimnis (§ 30 AO) oder dem Sozialgeheimnis (§ 35 SGB I i.V.m. §§ 67 ff. SGB X) ergeben²⁰⁹. Doch werden solche Beschränkungen bei der Verwendung präventivpolizeilich erhobener Daten im Verfahren der allgemeinen Kriminalität regelmäßig keine praktische Bedeutung erlangen. Anders mag dies wiederum in Wirtschafts- und Steuerstrafverfahren liegen.

Nach den Bestimmungen der StPO ist die Verwendung präventivpolizeilicher Erkenntnisse im Strafverfahren zum einen in den Fällen des **§ 161 II StPO** ausgeschlossen. Danach dürfen in oder aus Wohnungen erlangte personenbezogene Informationen aus dem polizeirechtlichen Einsatz technischer Mittel zur Eigensicherung bei nicht offenen Ermittlungen zu Beweiszwecken nur verwendet werden, wenn das zuständige Amtsgericht die Rechtmäßigkeit der Maßnahme festgestellt hat. In der Praxis geht es hier um „Abhörmaßnahmen" zum Schutz von Verdeckten Ermittlern²¹⁰. Aus der Einschränkung „zu Beweiszwecken" ergibt sich im Umkehrschluss, dass auch solche präventivpolizeilich erlangten Informationen jedenfalls als Spurenansatz verwendet werden dürfen²¹¹. Ausdrückliche Verwendungsbegrenzungen folgen zum anderen auch aus **§ 100 d VI Nr. 3 StPO** für Informationen, die durch eine akustische Wohnraumüberwachung auf polizeigesetzlicher Grundlage erlangt worden sind. Solche verwertbaren personenbezogenen Informationen dürfen in einem Strafverfahren ohne Einwilligung der insoweit überwachten Personen nur zur Aufklärung von Straftaten i.S. des § 100 c StPO oder zur Ermittlung des Aufenthalts der einer solchen Katalogtat beschuldigten Person verwendet werden. Insofern ist jedenfalls für Informationen aus akustischen Wohnraumüberwachungsmaßnahmen das Prinzip des hypothetischen Ersatzeingriffs als Ausdruck des allgemeinen Umgehungsverbots²¹² fest etabliert. Geht es um die Verwendung solcher Informationen in Strafverfahren, die keine der in § 100 c StPO aufgeführten Katalogstraftaten zum Gegenstand haben, so hat es im Übrigen der Beschuldigte selbst in der Hand, mit seiner Einwilligung das „Tor zum Strafverfahren" zu öffnen, wenn er der Auffassung ist, auf diese Weise *entlastende* Umstände zu seinen Gunsten in das Strafverfahren einbringen zu können.

Verwendungsbegrenzung für polizeiliche Daten

Über die Sondernormen der §§ 161 II, 100 d VI Nr. 3 StPO hinaus sieht die StPO **keine weiteren ausdrücklichen Einschränkungen** hinsichtlich der strafprozessualen Verwendbarkeit präventivpolizeilich gewonnener Daten vor. Die noch im Regierungsentwurf zum StVÄG 1999 enthaltenen Beschränkungen der Verwertbarkeit von prä-

Ungeschriebene Einschränkungen

---

208 Vgl. nur SK StPO-*Wohlers*, §161 Rdnr. 26 ff. m.w.N.
209 Näher zu den bereichsspezifischen Geheimhaltungspflichten *Meyer-Goßner*, § 161 Rdnr. 5 f.; KMR-*Plöd*, § 161 Rdnr. 5 ff.; HK-*Krehl*, § 181 Rdnr. 5 ff.
210 SK StPO-*Wohlers*, § 161 Rdnr. 53; *Meyer-Goßner*, § 161 Rdnr. 19; *Hilger*, NStZ 2000, 561 (564 m. Fn. 53).
211 *Brodersen*, NJW 2000, 2536 (2539); *Albrecht*, StV 2001, 416 (419); krit. LR-*Rieß*, § 161 Rdnr. 72, *Hilger*, NStZ 2000, 561 (564) sowie SK StPO-*Wohlers*, § 161 Rdnr. 54, die die Beschränkungen des § 161 II StPO vor dem Hintergrund von Art. 13 V 2, 3 GG in verfassungskonformer Auslegung auch auf die Verwendung als Spurenansatz übertragen wollen.
212 Dazu *Schnarr*, StraFo 1998, 217 (222) m.w.N.

Teil 5: Datenübermittlungsregelungen

ventivpolizeilichen personenbezogenen Erkenntnissen, die durch Rasterfahndung, Einsatz technischer Mittel oder Verdeckter Ermittler gewonnen wurden (§ 161 II StPO-E), ist dem Vermittlungsausschuss zum Opfer gefallen und nicht Gesetz geworden[213]. Vor diesem Hintergrund ist umstritten, ob die Einholung von Auskünften durch die Staatsanwaltschaft auf der Grundlage von § 161 I StPO auf die Erlangung **rechtmäßig erhobener Informationen** beschränkt ist. Dies hätte zur Folge, dass der Staatsanwalt jedenfalls dann, wenn er erkennt, dass die polizeigesetzlichen Anforderungen für die Datenerhebung nicht beachtet worden sind, keine diesbezügliche Auskunft einholen dürfte. Nach teilweise vertretener Auffassung soll es schon nach dem Wortlaut des § 161 I 1 StPO nicht darauf ankommen, dass die Daten rechtmäßig erhoben wurden[214]. Demgegenüber geht die Gegenmeinung[215] davon aus, dass sich das StVÄG 1999 bei der Umwandlung des § 161 I 1 StPO von einem einfachen Untersuchungs- und Aufklärungsrecht zu einer Ermittlungsgeneralklausel „an der Struktur des geltenden Rechts" orientiert habe. Da schon nach alter Gesetzeslage der Grundsatz der freien Gestaltung des Ermittlungsverfahrens auf zulässige Maßnahmen beschränkt gewesen sei, sei § 161 I 1 StPO stets im Kontext der bereichsspezifischen Rechtsvorschriften über die Erhebung und weitere Verarbeitung der personenbezogenen Daten zu lesen, die Gegenstand des staatsanwaltschaftlichen Auskunftsverfahrens sind. Erkenne die Strafverfolgungsbehörde, dass die polizeirechtlichen Voraussetzungen für die Datenerhebung nicht erfüllt waren, so dürfe sie daraus erlangte Unterlagen weder anfordern noch zu Beweiszwecken oder als Ermittlungsansatz verwenden.

Schon die Gegenüberstellung dieser beiden Ansätze macht deutlich, dass die Diskussion um die Verwendbarkeit präventivpolizeilich erlangter Erkenntnisse im Strafverfahren in nicht unerheblichem Maße durch eine Vermischung der Anordnungen des geltenden Rechts mit Überlegungen *de lege ferenda* geprägt ist. Ausgangspunkt für die Suche nach einer Lösung der Problematik muss aber zunächst die Feststellung sein, dass § 161 I 1 StPO – anders als einige polizeigesetzliche Datenverwendungsvorschriften (§ 42 I ASOG; § 39 I BbgPolG; § 36 a I 1 BremPolG; § 38 I 1 NdsSOG; § 24 I NWPolG; § 40 I ThürPAG) – nach seinem ausdrücklichen Wortlaut keine Beschränkung auf rechtmäßig erlangte Informationen vorsieht. Auch die Gesetzgebungsmaterialien sprechen eine eindeutige Sprache. In seinen Empfehlungen hat der Rechtsausschuss des Deutschen Bundestages ausdrücklich gefordert, dass Informationen, die bei der Polizei zur Verfügung stehen, „für die Strafverfolgung grundsätzlich unbeschränkt verfügbar sein" sollen[216]. Zwar findet sich nur wenig später auch der Hinweis, dass eine Erschwerung der Verwendung von Daten, die polizeirechtlich rechtmäßig erhoben sind, der Öffentlichkeit „zu Recht nicht vermittelbar" sei[217]. Aus dieser Aussage folgt jedoch nicht zwangsläufig der Umkehrschluss, dass auf polizeigesetzlicher Grundlage rechtswidrig erhobene Daten nicht zu Strafverfahrenszwecken zu Verfügung stehen

---

213 Vgl. BT-Drs. 14/3525, 2.
214 *Brodersen*, NJW 2000, 2536 (2539).
215 LR-*Rieß*, § 160 Rdnr. 8; *Wollweber*, NJW 2000, 3623 f.
216 BT-Drs. 14/2595, 26.
217 BT-Drs. 14/2595, 27.

sollen. Insofern ist als Zwischenergebnis festzuhalten, dass der Regelungsgehalt des § 161 I 1 StPO de lege lata auch die Einholung von Auskünften über rechtswidrig erlangte präventivpolizeiliche Erkenntnisse umfasst[218]. Etwas anderes mag lediglich bei **Informationen aus dem Kernbereich privater Lebensgestaltung** gelten, bei denen ohnehin weder eine unmittelbare Beweisverwertung noch die Nutzung als Spurenansatz in Betracht kommt[219].

Vor diesem Hintergrund ist erst auf einer zweiten Ebene die Frage zu stellen, inwieweit eine solche, weitgehend voraussetzungslose Möglichkeit zweckändernder Verwendung von Daten mit verfassungsrechtlichen Vorgaben übereinstimmt. In diesem Zusammenhang ist zu konstatieren, dass eine derart weitgehende Durchbrechung des Grundsatzes der Zweckbindung von Daten wie in § 161 I StPO, wonach grundsätzlich eine freie Verwendung von Gefahrenabwehrdaten im Strafprozess ohne Bindung an einen Straftatenkatalog oder einen bestimmten Verdachtsgrad ermöglicht wird, mit den verfassungsrechtlichen Vorgaben, die sich auch im Volkszählungsurteil oder in der G 10-Entscheidung des BVerfG widerspiegeln, nicht zu vereinbaren ist[220]. Sie **widerspricht** in dieser pauschalen Ausgestaltung sowohl dem **Gebot der Normenklarheit** als auch dem **Verhältnismäßigkeitsgrundsatz**. Mit Blick auf die Praxis wird sich die Weite des § 161 I 1 StPO bei rechtswidrig auf präventivpolizeilicher Grundlage erlangten Daten allerdings nicht in erster Linie bei der Verwendung der Informationen zu Beweiszwecken im Strafverfahren auswirken. Schließlich ist die Frage der Beweisverwertung nach allgemeinen strafrechtlichen Grundsätzen zu bestimmen, und in vielen Fällen wird bei einem Verstoß der Polizeibeamten gegen die polizeigesetzlichen Datenerhebungserfordernisse (etwa bei Befragungen unter Anwendung von Zwang oder Täuschung im Sinne von § 136 a StPO) ohnehin durch ausdrückliche Verwertungsverbote oder nach den Grundsätzen der strafprozessualen Beweisverbotslehre eine Verwertung der Erkenntnisse ausgeschlossen sein. Da im deutschen Strafverfahrensrecht die Annahme einer Fernwirkung von Beweisverwertungsverboten nach überwiegender Auffassung weitgehend ausgeschlossen ist[221], besteht aber die Gefahr, dass solche rechtswidrigen präventivpolizeilichen Daten als Spurenansatz zu weiteren Ermittlungen genutzt werden. Insofern hätte sich zumindest eine Eingrenzung der Datenverwendung dergestalt angeboten, dass ursprünglich präventive Daten nur dann zu repressiven Zwecken verwendet werden dürfen, wenn beispielsweise die zu verfolgende Straftat ein gewisses Gewicht („Straftat von erheblicher Bedeutung") besitzt oder wenn die Daten auch innerhalb des repressiven Bereichs rechtmäßig hätten erhoben werden

Kritik an der strafprozessualen Rechtslage

---

218 Vgl. auch LR-Rieß, § 161 Rdnr. 64); *ders.*, in: Wolter/Schenke/Rieß/Zöller (Hrsg.), Datenübermittlungen und Vorermittlungen, S. 171 (S. 177); **a.A.** SK StPO-*Wohlers*, § 161 Rdnr. 52; *Hefendehl*, StV 2001, 700 (706), die – offensichtlich vor dem Hintergrund des Prinzips des Gesetzesvorbehalts – von einer grundsätzlichen Unverwertbarkeit präventivpolizeilich erlangter Daten im Strafverfahren ausgehen.
219 Vgl. dazu die Ausführungen unter 1.5.
220 Krit. a. *Hilger*, NStZ 2000, 561 (564); *ders.*, StraFo 2001, 109 (111); *Strate,* StraFo 1999, 73 (74); *Albrecht,* StV 2001, 416 (419).
221 Vgl. zum Streitstand nur *Beulke*, Strafprozessrecht, Rdnr. 482 ff. m.w.N.

Teil 5: Datenübermittlungsregelungen

können (Prinzip des „hypothetischen Ersatz- bzw. Paralleleingriffs")[222]. Jedoch hat sich der Rechtsausschuss des Deutschen Bundestages mit (kryptischem) Verweis auf die fehlende dogmatische Klärung der Figur des hypothetischen Ersatzeingriffs ausdrücklich gegen die Aufnahme eines solchen begrenzenden Merkmals entschieden[223]. Insofern ist auch dem in der Literatur vertretenen Ansatz[224] zu widersprechen, der den Grundsatz des hypothetischen Ersatzeingriffs bereits im geltenden Recht angelegt sehen will. Mit seiner gesetzlichen Verankerung in § 161 StPO hätte jedoch der zu Recht beklagte „systematische Bruch"[225] zu den begrenzenden Regelungen der §§ 98 b III 3, 100 d VI Nr. 1 oder 110 e StPO vermieden werden können. Durch den Verzicht auf entsprechende Schutzvorkehrungen wurde somit nicht nur eine umfassende Nutzbarkeit polizeilich vorhandenen Datenmaterials für weitere Zwecke der Kriminalitätsbekämpfung sichergestellt. Es wurde vielmehr zu Gunsten einer wirksamen Strafrechtspflege auf den Schutz des informationellen Selbstbestimmungsrechts der Bürger verzichtet. Vor dem Hintergrund der aktuellen Tendenzen in der Rechtsprechung des BVerfG zur rechtsstaatlich erforderlichen Eindämmung staatlicher Überwachungsmaßnahmen und zur Gewährleistung der Freiheitsrechte des Bürgers sind die Strafverfolgungsorgane mithin gut beraten, entgegen dem Wortlaut des § 161 I StPO Informationen, die auf polizeigesetzlicher Grundlage gewonnen wurden, nur dann für Strafverfahrenszwecke heranzuziehen, wenn diese Erkenntnisse auch auf der Grundlage der in der StPO angelegten Ermittlungsbefugnisse, d.h. *rechtmäßig* hätten gewonnen werden können. In diesen Fällen wäre ein Datenverzicht in der Öffentlichkeit in der Tat nicht vermittelbar. Und nur in diesen Fällen ist die Übermittlung von Gefahrenabwehrdaten an die Strafverfolgungsbehörden zu repressiven Zwecken der Sache nach die Vermeidung eines unnötigen Aufwands zur erneuten Datenerhebung und keine Erweiterung der Eingriffsbefugnisse „durch die Hintertür". Die gesetzlich vorgesehene Weite des § 161 I 1 StPO führt ansonsten zu einem unzulässigen Datenverbund zwischen Polizei und Staatsanwaltschaft.

2.2.2. Die Übermittlung von Gefahrenabwehrdaten an die Nachrichtendienste

Fehlen von Übermittlungsvorschriften

In Bezug auf die Rechtslage für die Übermittlung präventivpolizeilich erlangter Erkenntnisse an die Nachrichtendienste kann im Wesentlichen auf die bisherigen Ausführungen verwiesen werden. Spezifische Öffnungsklauseln für solche Zweckumwandlungen sind in den Polizeigesetzen regelmäßig nicht vorhanden. Immerhin finden sich in einigen Polizeigesetzen Regelungen für die Übermittlung von präventivpolizeilich erhobenen Daten an meist nicht näher bezeichnete, inländische „öffentliche Stellen"[226].

---

222 So auch SK StPO-*Wohlers*, § 161 Rdnr. 52; allg. SK StPO-*Wolter*, Vor § 151 Rdnr. 175 ff.; zur Rechtslage bei der akustischen Wohnraumüberwachung vgl. SK StPO-*Rudolphi/Wolter*, § 100 f Rn 3, 15; zu den „Tücken" dieser Rechtsfigur *Schnarr*, StraFo 1998, 217 (223).
223 BT-Drs. 14/2595, 27.
224 Vgl. etwa *Soiné*, Kriminalistik 2001, 245 (247), der für eine entsprechende Anwendung der Spezialregelungen zur akustischen Wohnraumüberwachung plädiert.
225 *Meyer-Goßner*, StPO, § 161 Rdnr. 19; *Hilger* a.a.O.
226 Vgl. dazu die Ausführungen unter 2.2.1.1.

2. Spezielle Übermittlungsregelungen

Insofern gehen die Polizeigesetzgeber implizit davon aus, dass sich die Übermittlung von Gefahrenabwehrdaten an das Bundesamt für Verfassungsschutz, den Militärischen Abschirmdienst sowie den Bundesnachrichtendienst ausschließlich an den Maßstäben der Nachrichtendienstgesetze zu messen hat. Anders als in Bezug auf die Übermittlung personenbezogener Daten an die Landesverfassungsschutzbehörden, für die meist auf das entsprechende Landesverfassungsschutzgesetz verwiesen wird[227], fehlt es für den Datentransfer zu den Diensten auf Bundesebene selbst an einer solchen reinen Verweisung. Diese Zurückhaltung der Polizeigesetzgeber kann rechtlich weder unter dem Gesichtspunkt des Bestimmtheitsgrundsatzes noch im Hinblick darauf, dass Polizei- und Nachrichtendienstrecht regelmäßig unterschiedlichen Gesetzgebungskompetenzebenen unterfällt, überzeugen.

Bei der Möglichkeit der Übermittlung von personenbezogenen Daten an die Nachrichtendienste unterscheidet weder § 18 BVerfSchG noch § 8 BNDG danach, ob die Informationen von der Staatsanwaltschaft oder von den Polizeibehörden erhoben worden sind. Insofern gelten für die Übermittlung präventivpolizeilicher Daten dieselben Grundsätze, die bereits für die Übermittlung von Strafverfolgungsdaten dargestellt worden sind[228]. Auch die Polizeibehörden sind mithin unter den Voraussetzungen der §§ 18 I, II BVerfSchG, 8 II BNDG zur Unterrichtung der Nachrichtendienste verpflichtet bzw. berechtigt. Umgekehrt können die Nachrichtendienste nach Maßgabe der §§ 18 III bis V BVerfSchG, 8 III BNDG bei der Polizei um Auskunft ersuchen und amtlich geführte Register einsehen.

Übermittlung präventivpolizeilicher Daten

2.3. Die Übermittlung von Nachrichtendienstdaten

Für die Übermittlung von nachrichtendienstlich erlangten Informationen besitzt das **Trennungsgebot** eine besondere Bedeutung. Hier ist stets darauf zu achten, dass die Nachrichtendienste sich mit der Datenübermittlung an Polizei und Strafverfolgungsbehörden keinen faktischen „Vollzugsarm" schaffen. Vor diesem Hintergrund kann eine Datenübermittlung nur dann zulässig sein, wenn die betreffenden Informationen als eine Art „Zufallsfund" im Rahmen des allgemeinen Beobachtungsauftrags, d.h. nicht gezielt mit dem Blick auf die Herbeiführung gefahrenabwehrrechtlicher oder strafverfahrensrechtlicher Konsequenzen erhoben worden sind. Ansonsten würden die traditionellen Eingriffsschwellen für die Anwendung polizeilicher Befugnisse in Gestalt der konkreten Gefahr bzw. des Anfangsverdachts in missbräuchlicher Weise umgangen. Ein solcher permanenter Handlungsverbund von Nachrichtendiensten, Polizei und Strafverfolgungsbehörden verstieße gegen die Vorgaben des Art. 87 I 2 GG[229].

Beachtung des Trennungsgebots

---

227 Vgl. nur § 43 II BWPolG.
228 Vgl. insofern die Ausführungen unter 2.1.2.
229 Vgl. dazu die Ausführungen unter 1.4.

Teil 5: Datenübermittlungsregelungen

2.3.1. Die nachrichtendienstliche Öffnungsklausel

Reichweite von Übermittlungspflichten

Nach der Grundregel des § 19 I 1 BVerfSchG darf das Bundesamt für Verfassungsschutz personenbezogene Daten immer dann an inländische Behörden übermitteln, wenn dies zur Erfüllung seiner Aufgaben erforderlich ist oder der Empfänger die Daten zum Schutz der freiheitlichen demokratischen Grundordnung oder sonst für Zwecke der öffentlichen Sicherheit benötigt. Im Übrigen sind auch für die Übermittlung von personenbezogenen Informationen durch den Verfassungsschutz die §§ 23 bis 26 BVerfSchG zu beachten[230]. Jedoch findet sich für die Datenübermittlung an die Staatsanwaltschaften und die Polizeibehörden eine **spezielle Befugnisnorm in § 20 BVerfSchG**[231]. Diese Vorschrift gilt aufgrund der ausdrücklichen Verweisung in § 11 II MADG und § 9 III BNDG auch für die Arbeit des Militärischen Abschirmdienstes und des Bundesnachrichtendienstes. Nach § 20 I 1 BVerfSchG übermitteln die Dienste der Staatsanwaltschaft oder den Polizeibehörden *von sich aus* die ihnen bekannt gewordenen Informationen, wenn tatsächliche Anhaltspunkte dafür bestehen, dass die Übermittlung zur Verhinderung oder Verfolgung von Staatsschutzdelikten erforderlich ist. Das BVerfSchG unterscheidet mit Blick auf die Öffnung von nachrichtendienstlich erlangten Daten nicht zwischen der Sekundärnutzung für Strafverfolgung und Gefahrenabwehr. Insofern können die entsprechenden nachrichtendienstlichen Übermittlungsregeln – anders als bei den vorangegangenen Unterabschnitten dieses Kapitels – für diese beiden Datenempfänger gemeinsam betrachtet werden. Nach dem Wortlaut des § 20 I 1 BVerfSchG („übermittelt...von sich aus") ist auf den ersten Blick von einer Verpflichtung zur Datenübermittlung bei erkannter Relevanz für die Verfolgung oder Verhinderung von Staatsschutzdelikten auszugehen. Dennoch wird den Nachrichtendiensten in dieser Frage ein gewisser Beurteilungs- und Ermessensspielraum eingeräumt[232]. Das im Nachrichtendienst geltende Opportunitätsprinzip ermöglicht es den Diensten, im Einzelfall Maßnahmen einstweilig auch dann weiterzuführen, obwohl gegen den Betroffenen bereits ausreichende Erkenntnisse zur Unterrichtung der Strafverfolgungsbehörden vorliegen. Ein Verstoß gegen das im Strafverfahren geltende Legalitätsprinzip ist darin nicht zu sehen, da dieses naturgemäß erst noch die Kenntnis von straftatrelevanten Sachverhalten voraussetzt. Allerdings reduziert sich in den Fällen des § 138 StGB (Nichtanzeige geplanter Straftaten) der Ermessensspielraum der Nachrichtendienstbehörden zu einer Übermittlungspflicht[233].

Verfolgung und Verhinderung von Staatsschutzdelikten

Zu den **Staatsschutzdelikten**, zu deren Verfolgung oder Verhinderung eine Übermittlungspflicht der Nachrichtendienste ausgelöst wird, zählen gemäß § 20 I 2 BVerfSchG zunächst die in §§ 74 a und 120 GVG genannten Straftaten. Dabei handelt es sich beispielsweise um den Friedensverrat (§ 80 a StGB), die Gefährdung des demokratischen Rechtsstaats (§§ 84 – 86, 87 – 90, 90 a III und 90 b StGB), Angriffe gegen Organe und Vertreter ausländischer Staaten (§ 102 StGB), Straftaten gegen Verfas-

---

230 Vgl. dazu die Ausführungen unter 2.1.2.2.
231 Zur Übermittlung von Daten an Staatsanwaltschaften und Polizeibehörden durch die Landesverfassungsschutzbehörden vgl. § 21 BVerfSchG.
232 *Haedge*, Nachrichtendienstrecht, S. 165.
233 *Haedge*, a.a.O.

2. Spezielle Übermittlungsregelungen

sungsorgane (§§ 105, 106 StGB), die Gefährdung der Landesverteidigung (§§ 109 d – 109 g StGB), die Mitwirkung in einer terroristischen Vereinigung (§§ 129 a, 129 b StGB) sowie sonstige schwere Straftaten mit Bezug zu terroristischen Vereinigungen oder der Sicherheitsgefährdung für die Bundesrepublik Deutschland. Hinzu kommen Straftaten, bei denen auf Grund ihrer Zielsetzung, des Motivs des Täters oder dessen Verbindung zu einer Organisation tatsächliche Anhaltspunkte dafür vorliegen, dass sie gegen die in Art. 73 Nr. 10 lit. b oder c GG genannten Schutzgüter (Verfassungsschutz; auswärtige Belange) gerichtet sind. Das Erfordernis „tatsächlicher Anhaltspunkte" bedeutet, dass dem jeweiligen Nachrichtendienst hinreichend konkrete Tatsachen für die Möglichkeit vorliegen müssen, dass ein verfolgbares Staatsschutzdelikt begangen worden ist. Auch hier reichen – wie bei den „zureichenden tatsächlichen Anhaltspunkten" i.S. des § 152 II StPO – bloße Vermutungen nicht aus. Jedoch kann (und darf) von den Diensten keine vollständige Prüfung des Anfangsverdachts verlangt werden. Schließlich handelt es sich dabei um eine genuine Aufgabe der Staatsanwaltschaft (vgl. §§ 152 II, 161 StPO). Eine Übermittlungsverpflichtung für nachrichtendienstlich erlangte Informationen besteht mithin nur in denjenigen Fällen, in denen aufgrund einer vorläufigen Bewertung des Sachbearbeiters, die auch auf entfernten Indizien beruhen kann, aus nachrichtendienstlicher Sicht eine Staatsschutzstraftat in Betracht kommt.

Im Übrigen gestattet § 20 II 1 BVerfSchG den **Polizeibehörden** zur Verhinderung der genannten Staatsschutzdelikte, d.h. für Gefahrenabwehrzwecke, bei den Diensten um Übermittlung der erforderlichen Informationen zu **ersuchen**. Insofern kann die Initiative für die Datenübermittlung auch von der Polizei ausgehen. Das Fehlen einer entsprechenden Norm für den Bereich der Strafverfolgung lässt sich nur vor dem Hintergrund der Existenz des § 161 I 1 StPO erklären. Im Übrigen bleibt auch für die Datenöffnungsklauseln des Bundesverfassungsschutzgesetzes der Einwand, dass das Merkmal der selbst zu beurteilenden Erforderlichkeit der Informationen regelmäßig zu keinem nennenswerten Datenverzicht staatlicher Stellen führt[234].

Ersuchen der Polizeibehörden an die Dienste

2.3.2. Die Übernahme nachrichtendienstlicher Daten in das Strafverfahren

Die **strafprozessuale Regelung** für eine zweckändernde Übernahme nachrichtendienstlicher Informationen in das Strafverfahren kann selbst bei wohlwollendster Betrachtung nur als **unzureichend** bezeichnet werden. Einzig einschlägige Norm ist insoweit die Ermittlungsgeneralbefugnis des § 161 I 1 StPO. Zu den danach der Staatsanwaltschaft zur Auskunft verpflichteten Personen zählen auch die Verfassungsschutzbehörden, MAD und BND. Schließlich nehmen auch sie als Träger der Staatsverwaltung Aufgaben der öffentlichen Verwaltung wahr. § 161 StPO verzichtet jedoch auf jedwede ausdrückliche Einschränkung der Verwendbarkeit auf nachrichtendienstgesetzlicher Grundlage erhobener Daten für Zwecke des Strafverfahrens. Eine gewisse faktische Begrenzungswirkung wird lediglich dadurch erzielt, dass ein Auskunftsverlangen auf der Grundlage des § 161 I StPO die Bejahung eines Anfangsverdachts voraussetzt[235]

Verfassungswidrigkeit der Rechtslage

---

234 Vgl. dazu die Ausführungen unter 2.1.2.2.
235 LR-*Rieß*, § 161 Rdnr. 1.

und § 20 BVerfSchG Datenübermittlungen von Seiten der Nachrichtendienste an das Merkmal der Erforderlichkeit zur Aufgabenerledigung knüpft. Ein Blick auf die Gesetzesmaterialien zeigt allerdings, dass auch im Zuge des Gesetzgebungsverfahrens zum StVÄG 1999 keinerlei Verwendungsbegrenzungen erörtert wurden. Dies verwundert umso mehr, als in § 161 II und § 100 d VI Nr. 3 StPO wenigstens für bestimmte präventivpolizeiliche Daten Grenzen eingezogen wurden und im Nachrichtendienstrecht noch in weiterem Umfang Grundrechtseingriffe erlaubt sind, da für die Dienste keine Bindung an die klassische Eingriffsschwelle der konkreten Gefahr für die polizeilichen Schutzgüter besteht. Hält man – wie hier – schon die strafprozessuale Verwendbarkeit von Gefahrenabwehrdaten für zu weitgehend, so muss diese Kritik in noch stärkerem Maße für nachrichtendienstliche Daten gelten, die nach dem Gesetzeswortlaut ohne jede Einschränkung möglich sein soll. Diese gesetzgeberische Zurückhaltung lässt sich letztlich nur damit erklären, dass man das Gesetzgebungsverfahren im Rahmen des StVÄG 1999 offensichtlich nicht auch noch mit den heiklen Fragen der Einführung und Verwertung nachrichtendienstlich erlangten Beweismaterials in Strafverfahren belasten wollte. Das Ergebnis ist freilich eine **kaum noch als verfassungsgemäß zu bezeichnende Befugnisnorm**. In der voraussetzungslosen Zulassung nachrichtendienstlich erlangter Informationen zu Beweiszwecken und als Spurenansatz wird der Forderung des BVerfG nach normenklaren und verhältnismäßigen Eingriffen in das informationelle Selbstbestimmungsrecht der betroffenen Personen nicht einmal ansatzweise Rechnung getragen. Der Gesetzgeber ist mithin aufgefordert, die Verwendbarkeit nachrichtendienstlicher Erkenntnisse im Strafverfahren umgehend gesetzlich einzuschränken. Dabei mögen die Anknüpfung an eine gewisse Schwere der zu verfolgenden Straftat und Prinzipien wie der hypothetische Ersatzeingriff eine Rolle spielen. Einstweilen wird man § 161 I 1 StPO in diesem Zusammenhang jedenfalls verfassungskonform dahingehend auslegen müssen, dass die Verwendbarkeit nicht weiter reichen darf als es die StPO für präventivpolizeilich erlangte Informationen vorsieht. Insofern sind im Mindestmaß die für die Verwendung solcher Gefahrenabwehrdaten im Strafverfahren geltenden Bestimmungen[236] analog anzuwenden. Im Übrigen sind bei **rechtswidrigen Nachrichtendienstdaten**, d.h. solchen Informationen, die unter Missachtung der im BVerfSchG, im MADG, im BNDG sowie im G 10 niedergelegten Voraussetzungen zur Datenerhebung gewonnen wurden, jedenfalls aus Gründen der Verhältnismäßigkeit Grenzen einzuziehen. Zwar werden solche Informationen, beispielsweise die Berufung auf unbenannte Quellen oder allgemeine sicherheitspolitische Lagebilder, regelmäßig nicht per se den Anforderungen des Strafverfahrensrechts für gerichtlich verwertbare Beweismittel entsprechen. Es ist aber in erster Linie zu vermeiden, dass derartige Erkenntnisse von den Strafverfolgungsbehörden als Ansatz für die Durchführung weiterer Ermittlungen genutzt werden. Eine Nutzbarmachung von Daten für eine mögliche Verurteilung des Beschuldigten, die nicht einmal die weiten gesetzlichen Voraussetzungen für eine Informationserhebung durch die Nachrichtendienste einhält, erscheint aus rechtsstaatlicher Sicht nicht vermittelbar. Diese Einschätzung gilt

---

236 Vgl. dazu die Ausführungen unter 2.2.1.2.

2. Spezielle Übermittlungsregelungen

im Übrigen auch für die Verwendung von Informationen, die aus Eingriffsmaßnahmen stammen, die mit Eingriffsbefugnissen der StPO von vornherein nicht erhoben werden dürfen. Zu denken ist hier an die auf der Grundlage von §§ 8 II, 9 II BVerfSchG grundsätzlich mögliche Anfertigung von *Bild*aufzeichnungen in Wohnungen.

2.3.3. Die Übernahme nachrichtendienstlicher Daten zu präventivpolizeilichen Zwecken

Die polizeigesetzlichen Gesetzesbestimmungen für eine Datenübermittlung von den Nachrichtendiensten an die Polizeibehörden sind im Detail unterschiedlich ausgestaltet. Teilweise erfolgt dort keine ausdrückliche Regelung dieser Frage oder es wird ausdrücklich auf das Landesverfassungsschutzgesetz verwiesen[237]. Im Regelfall erlauben sie derartige Grundrechtseingriffe unter der Voraussetzung, dass für die übermittelnde Stelle anzunehmen ist, dass die Übermittlung zur Erfüllung der Aufgaben der Polizei erforderlich sein kann und die von der übermittelnden Stelle zu beachtenden Rechtsvorschriften nicht entgegenstehen[238]. Teilweise kann die Polizei auch öffentliche Stellen um die Übermittlung personenbezogener Daten ersuchen, soweit dies zur Erfüllung ihrer Aufgaben erforderlich ist[239]. Dabei soll die Prüfung der Zulässigkeit der Datenübermittlung regelmäßig in die Verantwortung der datenübermittelnden Stelle fallen[240]. Erfolgt die Übermittlung auf Grund eines Ersuchens, hat die übermittelnde Stelle nur zu prüfen, ob das Übermittlungsersuchen im Rahmen der Aufgaben des Empfängers liegt. Im Übrigen hat sie die Zulässigkeit der Übermittlung nur zu prüfen, wenn Zweifel an der Rechtmäßigkeit der Nutzung durch den Empfänger bestehen. Trotz der unterschiedlichen polizeigesetzlichen Ausgestaltung solcher polizeigesetzlicher Übermittlungsvorschriften lässt sich konstatieren, dass die Prüfung der Erforderlichkeit der Datenübermittlungen schon vor dem kompetenzrechtlichen Hintergrund sachgemäß nur durch die datenempfangenden Stelle beurteilt werden kann. Soweit die Polizeigesetze nicht unter Verstoß gegen das Gebot der Normenklarheit ohnehin auf eine ausdrückliche Rechtsgrundlage für die Übernahme von nachrichtendienstlichen Daten in das Gefahrenabwehrrecht verzichten, kann von dem jeweiligen Nachrichtendienst als datenübermittelnden Stelle stets nur überprüft werden, ob höherrangige Interessen einer weiteren Bekanntgabe personenbezogener Daten an die Polizeibehörden entgegenstehen. Echten Datenschutz im Sinne einer Eindämmung staatlicher Eingriffe in die Freiheitsrechte der Bürger bieten aber auch diese polizeigesetzlichen Regelungen nicht. Vielmehr beschränkt sich die Umsetzung der Forderungen des Volkszählungsurteils weitgehend darauf, das für die Arbeit der Sicherheitsbehörden Wünschenswerte in gesetzliche Formen zu gießen[241].

Polizeigesetzliche „Datenimport"-Regelungen

---

237 So z.B. § 40 III NdsSOG.
238 Vgl. Art. 42 I 1 BayPAG, § 44 VII ASOG, § 45 I BbgPolG, § 40 II MV-SOG, § 30 I NWPolG, § 34 VI 1 RhPfPOG, § 27 V SOG LSA, § 41 V 1 ThürPAG.
239 Vgl. Art. 42 II 1 BayPAG, § 45 II 1 BbgPolG, § 30 II 1 NWPolG, § 34 VI 2 RhPfPOG
240 Vgl. § 41 I 1 BWPolG, Art. 42 II 2 BayPAG, § 44 V 1 ASOG, § 45 II 2 BbgPolG, § 30 II 2 NWPolG.
241 Zu dieser allgemeinen Kritik bereits *Zöller*, Informationssysteme, S. 56 ff.

Teil 5: Datenübermittlungsregelungen

Verwendbarkeit rechtswidriger Nachrichtendienstdaten

Soweit es um die Verwendung **rechtswidriger Nachrichtendienstdaten** zu präventivpolizeilichen Zwecken geht, kann diese mit Blick auf im Einzelfall bestehende grundrechtliche Schutzpflichten schließlich nicht von vornherein ausgeschlossen sein. Auch diesbezüglich bietet sich – sofern im Polizeigesetz die Datenverwendung nicht ausdrücklich auf rechtmäßige Daten beschränkt ist – eine Interessenabwägung nach den zur Verwendung rechtswidriger Strafverfolgungsdaten dargelegten Kriterien an[242]. Danach wäre die Verwendung personenbezogener Daten zur Verhinderung eines Tötungsdelikts oder eines terroristischen Anschlags beispielsweise auch dann zulässig, wenn diese Daten vom Bundesnachrichtendienst durch eine Telekommunikationsüberwachungsmaßnahme erlangt worden sind, für die die Voraussetzungen des § 3 G 10 mangels Verdachts einer Katalogtat von vornherein nicht gegeben waren.

---

[242] Näher dazu unter 2.1.3.3.

3. Fazit

Nach alledem stellt sich der derzeitige rechtliche Rahmen für die Übermittlung personenbezogener Daten zwischen Polizei, Strafverfolgungsbehörden und Nachrichtendiensten in weiten Teilen als unklare, uneinheitliche und ungenügende Gemengelage punktueller Regelungen dar. Er erinnert an einen Gemischtwarenladen, dessen Inhaber schon seit geraumer Zeit jede Übersicht über den Warenbestand verloren hat. Mit Blick auf die Polizeigesetze von Bund und Ländern, die Strafprozessordnung sowie die Nachrichtendienstgesetze mangelt es an einem durchgehenden Konzept in Bezug auf bereichsspezifische, normenklare und verhältnismäßige Befugnisnormen für den Eingriff in die Grundrechte der Bürger. Hinzu kommt, dass in erheblichem Maße bestehende Gesetzgebungskompetenzen sowohl auf Bundes- als auch auf Landesebene außer Acht gelassen werden. Dies ist angesichts des erheblichen Stellenwerts, den der Austausch von Informationen zwischen den Sicherheitsbehörden in Anbetracht aktueller Bedrohungen, etwa durch den internationalen Terrorismus oder die Organisierte Kriminalität, besitzt und besitzen muss, ein beklagenswerter Zustand. Moderne Kriminalitätsbekämpfung zu Beginn des 21. Jahrhunderts setzt auch ein modernes Datenschutzrecht voraus. Davon sind wir auch mehr als zwei Jahrzehnte nach dem wegweisenden Volkszählungsurteil des Bundesverfassungsgerichts nach wie vor weit entfernt.

Fehlen eines modernen Datenschutzrechts

Teil 5: Datenübermittlungsregelungen

Literaturverzeichnis

ALBERS, MARION: Zur Neukonzeption des grundrechtlichen „Daten"schutzes, in: Haratsch, Andreas/Kugelmann, Dieter/Repkewitz, Ulrich (Hrsg.), Herausforderungen an das Recht der Informationsgesellschaft, Stuttgart/München/Hannover/Berlin/Weimar/Dresden 1996, S. 113 ff.

ALBRECHT, PETER-ALEXIS: Die neu verfasste Polizei: Grenzverwischung und Geheimverfahren, in: KritV 2001, S. 17 ff.

– Vom Unheil der Reformbemühungen im Strafverfahren, in: StV 2001, S. 416 ff.

BACKES, OTTO: Kriminalpolitik ohne Legitimität, in: KritV 1986, S. 315 ff.

BAUER, HARTMUT: Die Bundestreue, Tübingen 1992.

BERGEMANN, NILS: Die Telekommunikationsüberwachung nach der Entscheidung des Bundesverfassungsgerichts zum „großen Lauschangriff", in: Roggan, Fredrik (Hrsg.), Lauschen im Rechtsstaat, 2004, S. 69 ff.

BLASCHKE, ULRICH/FÖRSTER, ACHIM/LUMPP, STEPHANIE/SCHMIDT, JUDITH (Hrsg.): Sicherheit statt Freiheit?, Berlin 2005.

BLECKMANN, ALBERT/ECKHOFF, ROLF: Der „mittelbare" Grundrechtseingriff, in: DVBl 1988, S. 373 ff.

BRODERSEN, KILIAN: Das Strafverfahrensänderungsgesetz 1999, in: NJW 2000, S. 2536 ff.

Bundesministerium des Innern (Hrsg.): Verfassungsschutz und Rechtsstaat, Köln/Berlin/Bonn/ München 1981.

DENNINGER, ERHARD: Amtshilfe im Bereich der Verfassungsschutzbehörden, in: Bundesministerium des Innern (Hrsg.), Verfassungsschutz und Rechtsstaat, 1981, S. 19 ff.

– Das Recht auf informationelle Selbstbestimmung und Innere Sicherheit, in: KJ 1985, S. 215 ff.

– Verfassungsrechtliche Grenzen polizeilicher Datenverarbeitung insbesondere durch das Bundeskriminalamt, in: CR 1988, S. 51 ff.

DREIER, HORST: Erkennungsdienstliche Maßnahmen im Spannungsfeld von Gefahrenabwehr und Strafverfolgung, in: JZ 1987, S. 1009 ff.

EHMANN, HORST: Prinzipien des deutschen Datenschutzrechts – unter Berücksichtigung der Datenschutzrichtlinie der EG vom 24.10.1995, in: RDV 1998, S. 235 ff., 1999, S. 17 ff.

GÄRDITZ, KLAUS F.: Strafprozeß und Prävention, Tübingen 2003.

GEIGER, ANDREAS: Die Einwilligung in die Verarbeitung von persönlichen Daten als Ausübung des Rechts auf informationelle Selbstbestimmung, in: NVwZ 1989, S. 35 ff.

GLOBIG, KLAUS: Die Verwertung von Abhörerkenntnissen aus einer Telefonüberwachung gem. § 100 a StPO zu Zwecken der Gefahrenabwehr, in: ZRP 1991, S. 81 ff.

GÖTZ, VOLKMAR: Die Entwicklung des allgemeinen Polizeirechts (1984 bis 1986), in: NVwZ 1987, S. 858 ff.

GRÖPL, CHRISTOPH, Die Nachrichtendienste im Regelwerk der deutschen Sicherheitsverwaltung, Berlin 1993 (zit.: Gröpl, Die Nachrichtendienste).

GUSY, CHRISTOPH: Polizeiarbeit zwischen Gefahrenabwehr und Strafverfolgung, in: StV 1993, S. 269 ff.

– Informationelle Selbstbestimmung und Datenschutz: Fortführung oder Neuanfang?, in: KritV 2000, S. 52 ff.

– Lauschangriff und Grundgesetz, in: JuS 2004, S. 458 ff.

HAAS, GÜNTER: Der „Große Lauschangriff" – klein geschrieben, in: NJW 2004, S. 3082 ff.

HAEDGE, KARL-LUDWIG: Das neue Nachrichtendienstrecht für die Bundesrepublik Deutschland, Heidelberg 1998 (zit.: Haedge, Nachrichtendienstrecht).

HARATSCH, ANDREAS/KUGELMANN, DIETER/REPKEWITZ, ULRICH (Hrsg.): Herausforderungen an das Recht der Informationsgesellschaft, Stuttgart/München/Hannover/Berlin/Weimar/Dresden 1996 (zit.: Bearbeiter, Herausforderungen).

HEFENDEHL, ROLAND: Die neue Ermittlungsgeneralklausel der §§ 161, 163 StPO: Segen oder Fluch?, in: StV 2001, S. 700 ff.

HILGER, HANS: Zum Strafverfahrensrechtsänderungsgesetz 1999 (StVÄG 1999), in: NStZ 2000, S. 561 ff. (Teil 1); 2001, S. 15 ff. (Teil 2).

– Das Strafverfahrensrechtsänderungsgesetz 1999 (StVÄG 1999), in: StraFo 2001, S. 109 ff.

KNIESEL, MICHAEL: Neue Polizeigesetze contra StPO?, in: ZRP 1987, S. 377 ff.

KÖTTER, MATTHIAS: Novellierung der präventiven Wohnraumüberwachung?, in: DÖV 2005, S. 225 ff.

KOLZ, ALEXANDER: Das Selbstgespräch im Krankenzimmer und der „Große Lauschangriff", in: NJW 2005, S. 3248 ff.

KRAUSE, PETER/STEINBACH, ROBERT: Steuer- und Sozialgeheimnis im Gewerberecht, in: DÖV 1985, S. 549 ff.

KUNIG, PHILIP: Der Grundsatz informationeller Selbstbestimmung, in: Jura 1993, S. 595 ff.

KUNZMANN, TOBIAS: Hier wächst zusammen, was nicht zusammen gehört – Über das Trennungsgebot von Polizei und Geheimdiensten, in: FoR 1997, S. 17 f.

KUTSCHA, MARTIN: Neue Grenzmarken des Polizeiverfassungsrechts, in: NVwZ 2005, S. 1231 ff.

KUTSCHA, MARTIN/ROGGAN, FREDRIK: Große Lauschangriffe im Polizeirecht – Konsequenzen des Karlsruher Richterspruchs, in: Roggan, Fredrik (Hrsg.), Lauschen im Rechtsstaat, 2004, S. 35 ff.

LINDEMANN, MICHAEL: Der Schutz des Kernbereichs privater Lebensgestaltung im Strafverfahren, in: JR 2006, S. 191 ff.

LISKEN, HANS: Innere Gefahren für den Rechtsstaat des Grundgesetzes, in: DRiZ 1992, S. 250 ff.

LÖFFELMANN, MARKUS: Die Neuregelung der akustischen Werkraumüberwachung, in: NJW 2005, 2033 ff.

PAEFFGEN, HANS-ULLRICH: Art. 30, 70, 101 I GG – vernachlässigbare Normen?, in: JZ 1991, S. 437 ff.

– Das Urteil des Bundesverfassungsgerichts zum G 10 in der Fassung des Verbrechensbekämpfungsgesetzes 1994, in: StV 1999, S. 668 ff.

– Überlegungen zu einer Reform des Rechts der Überwachung der Telekommunikation, in: Schünemann, Bernd/Achenbach, Hans/Bottke, Wilfried/Haffke, Bernhard/Rudolphi, Hans-Joachim (Hrsg.), Festschrift für Claus Roxin, 2001, S. 1299 ff. (zit.: Paeffgen, Roxin-FS).

– Zeugnisverweigerungsrechte und heimliche Informationserhebung, in: Hanack, Ernst-Walter/ Hilger, Hans/Mehle, Volkmar/Widmaier, Gunter (Hrsg.), Festschrift für Peter Rieß zum 70. Geburtstag, 2002, S. 413 ff. (zit.: Paeffgen, Rieß-FS).

– Kompetenzen zur (präventiven und repressiven) Datenübermittlung, in: Wolter, Jürgen/Schenke, Wolf-Rüdiger/Rieß, Peter/Zöller, Mark A. (Hrsg.), Datenübermittlungen und Vorermittlungen, Festgabe für Hans Hilger, 2003, S. 153 ff.

PAEFFGEN, HANS-ULLRICH/GÄRDITZ, KLAUS F.: Die föderale Seite des „Trennungsgebotes" oder: Art. 87 III, 73 GG und das G-10-Urteil, in: KritV 2000, S. 65 ff.

Teil 5: Datenübermittlungsregelungen

PFEIFFER, CHRISTIAN: Telefongespräche im Visier der elektronischen Rasterfahndung, in: ZRP 1994, S. 253 ff.

RIEGEL, REINHARD: Grundfragen zu den Zentralstellenaufgaben des Bundeskriminalamts, in: NJW 1983, S. 656 ff.

– Polizei und Geheimdienste, in: ZRP 1999, S. 216.

RIESS, PETER: Datenübermittlungen im neuen Strafprozessrecht, in: Wolter/Schenke/Rieß/Zöller (Hrsg.), Datenübermittlungen und Vorermittlungen, 2003, S. 171 ff.

ROEWER, HELMUT: Nachrichtendienstrecht der Bundesrepublik Deutschland, Köln/Berlin/Bonn/München 1987 (zit.: Roewer, Nachrichtendienstrecht).

ROGALL, KLAUS: Informationseingriff und Gesetzesvorbehalt im Strafprozeßrecht, Tübingen 1992.

ROGGAN, FREDRIK: Unerhörte Intimsphäre – Zum Erfordernis kernbereichsschützender Regelungen im Sicherheitsrecht, in: Blaschke, Ulrich/Förster, Achim/Lumpp, Stephanie/Schmidt, Judith (Hrsg.), Sicherheit statt Freiheit?, 2005, S. 51 ff.

ROGGAN, FREDRIK (Hrsg.): Lauschen im Rechtsstaat, Berlin 2004.

ROSSNAGEL, ALEXANDER/SCHOLZ, PHILIP: Datenschutz durch Anonymität und Pseudonymität, Rechtsfolgen der Verwendung anonymer und pseudonymer Daten, in: MMR 2000, S. 721 ff.

RUTHIG, JOSEF: Der Schutz von Vertrauensverhältnissen im Polizeirecht, in: Wolter, Jürgen/Schenke, Wolf-Rüdiger (Hrsg.), Zeugnisverweigerungsrechte bei (verdeckten) Ermittlungsmaßnahmen, 2002, S. 247 ff.

ders., Verfassungsrechtliche Grenzen der heimlichen Datenerhebung aus Wohnungen, in: GA 2004, S. 587 ff.

SCHENKE, RALF P.: Verfassungsfragen einer Nutzung repressiver Daten zu Zwecken der Gefahrenabwehr am Beispiel der Überwachung der Telekommunikation, in: Wolter, Jürgen/Schenke, Wolf-Rüdiger/Rieß, Peter/Zöller, Mark A. (Hrsg.), Datenübermittlungen und Vorermittlungen, Festgabe für Hans Hilger, Heidelberg 2003, S. 211 ff.

– Die Verwendung der durch strafprozessuale Überwachung der Telekommunikation gewonnenen personenbezogenen Daten zur Gefahrenabwehr, in: JZ 2001, S. 997 ff.

– Probleme der Übermittlung und Verwendung strafprozessual erhobener Daten für präventivpolizeiliche Zwecke, in: Wolter, Jürgen/Schenke, Wolf-Rüdiger/Rieß, Peter/Zöller, Mark A. (Hrsg.), Datenübermittlungen und Vorermittlungen, Festgabe für Hans Hilger, Heidelberg 2003, S. 225 ff.

SCHENKE, WOLF-RÜDIGER: Die Verwendung der durch strafprozessuale Überwachung der Telekommunikation gewonnenen personenbezogenen Daten, in: JZ 2001, 997 ff.

– Probleme der Übermittlung und Verwendung strafprozessual erhobener Daten für präventivpolizeiliche Zwecke, in: Wolter/Schenke/Rieß/Zöller (Hrsg.), Datenübermittlungen und Vorermittlungen, Festgabe für Hans Hilger, Heidelberg 2003, S. 225 ff.

SCHNARR, KARL HEINZ: Die Verwendung präventiv erhobener Daten zu repressiven Zwecken, in: StraFo 1998, S. 217 ff.

SCHOLZ, RUPERT/PITSCHAS, RAINER: Informationelle Selbstbestimmung und staatliche Informationsverantwortung, Berlin 1984 (zit.: Scholz/Pitschas, Informationelle Selbstbestimmung).

SCHULZ, WOLFGANG: Verfassungsrechtlicher „Datenschutzauftrag" in der Informationsgesellschaft, in: Die Verwaltung 1999, S. 137 ff.

SCHUMACHER, JOACHIM: Verwertbarkeit rechtswidrig erhobener Daten im Polizeirecht, Aachen 2001 (zit.: Schumacher, Verwertbarkeit).

SIEBRECHT, MICHAEL: Die polizeiliche Datenverarbeitung im Kompetenzstreit zwischen Polizei und Prozeßrecht, in: JZ 1996, S. 711 ff.

SOINÉ, MICHAEL: Strafverfahrensänderungsgesetz 1999, in: Kriminalistik 2001, S. 173 ff., S. 245 ff.

STRATE, GERHARD: Präventivdaten und ihre Verwendung im Strafverfahren, in: StraFo 1999, S. 73 f.

WALDEN, MARCUS: Zweckbindung und -änderung präventiv und repressiv erhobener Daten im Bereich der Polizei, Berlin 1996 (zit.: Walden, Zweckbindung).

WARNTJEN, MAXIMILIAN: Der Kernbereich privater Lebensgestaltung und die Telekommunikationsüberwachung gemäß § 100 a StPO, in: KJ 2005, S. 276 ff.

WEßLAU, EDDA: Das Urteil des Bundesverfassungsgerichts zur akustischen Wohnraumüberwachung – Auswirkungen auf den Strafprozess, in: Roggan, Fredrik (Hrsg.), Lauschen im Rechtsstaat, 2004, S. 47 ff.

WOLLWEBER, HARALD: Nochmals: Das Strafverfahrensänderungsgesetz 1999, in: NJW 2000, S. 3623 ff.

WOLTER, JÜRGEN: 35 Jahre Verfahrensrechtskultur und Strafprozeßverfassungsrecht in Ansehung von Freiheitsentziehung, (DNA-)Identifizierung und Überwachung, in: GA 1999, S. 157 ff.

– Beweisverbote und Umgehungsverbote zwischen Wahrheitserforschung und Ausforschung, in: Canaris, Claus-Wilhelm/Heldrich, Andreas/Hopt, Klaus J./Roxin, Claus/Schmidt, Karsten/ Widmaier, Gunter, 50 Jahre Bundesgerichtshof, Festgabe aus der Wissenschaft, München 2000, S. 963 ff. (zit.: Wolter, BGH-FG).

– Zeugnisverweigerungsrechte bei (verdeckten) Maßnahmen im Strafprozessrecht und Polizeirecht, in: Hanack, Ernst-Walter/Hilger, Hans/Mehle, Volkmar/Widmaier, Gunter (Hrsg.), Festschrift für Peter Rieß zum 70. Geburtstag, 2002, S. 633 ff. (zit.: Wolter, Rieß-FS).

WOLTER, JÜRGEN/SCHENKE, WOLF-RÜDIGER (Hrsg.): Zeugnisverweigerungsrechte bei (verdeckten) Ermittlungsmaßnahmen, Berlin 2002.

WOLTER, JÜRGEN/SCHENKE, WOLF-RÜDIGER/RIESS, PETER/ZÖLLER, MARK A. (Hrsg.): Datenübermittlungen und Vorermittlungen, Festgabe für Hans Hilger, Heidelberg 2003.

WÜRTENBERGER, THOMAS: Übermittlung und Verwendung strafprozessual erhobener Daten für präventivpolizeiliche Zwecke, in: Wolter, Jürgen/Schenke, Wolf-Rüdiger/Rieß, Peter/Zöller, Mark A. (Hrsg.), Datenübermittlungen und Vorermittlungen, Festgabe für Hans Hilger, 2003, S. 263 ff.

WÜRTENBERGER, THOMAS/SCHENKE, RALF P.: Der Schutz von Vertrauensverhältnissen im Polizeirecht der Länder, in: Wolter, Jürgen/Schenke, Wolf-Rüdiger (Hrsg.), Zeugnisverweigerungsrechte bei (verdeckten) Ermittlungsmaßnahmen, 2002, S. 303 ff.

WÜRZ, KARL: Polizeiaufgaben und Datenschutz in Baden-Württemberg, Stuttgart 1993 (zit.: Würz, Polizeiaufgaben).

ZÖLLER, MARK A.: Informationssysteme und Vorfeldmaßnahmen von Polizei, Staatsanwaltschaft und Nachrichtendiensten, Heidelberg 2002 (zit.: Zöller, Informationssysteme).

Teil 6: Europäisierung des Rechts der Inneren Sicherheit

Übersicht

1. **Innere Sicherheit in Europa – Entwicklung, Legitimationsfiguren und institutionelle Strukturen** 513
   - 1.1. Wechselnde Legitimationsfiguren 514
   - 1.2. Institutionelle Strukturen und ihre Entwicklung im Überblick 514
2. **Primärrechtliche Grundlagen – Entwicklung, Inhalte und Funktionen** 517
   - 2.1 Informelle Kooperation als Ausgangspunkt für erste Verträge 517
   - 2.2 Die dritte Säule der Europäischen Union 517
   - 2.3 Innere Sicherheit im Entwurf für einen Verfassungsvertrag 519
   - 2.4 Primärrechtlicher Rahmen und politisch-administrative Praxis 520
3. **Grenzsichernde und grenzüberschreitende Polizeimethoden** 522
   - 3.1. Grenzkontrolle und Grenzüberwachung 522
     - 3.1.1. Außengrenzen 524
     - 3.1.2. Kontrolle der Binnengrenzen – die Regel hinter der Ausnahme 529
     - 3.1.3 Grenzkodex: Bestätigung der bestehenden Praxis 531
   - 3.2. Grenzüberschreitende Methoden 533
     - 3.2.1. Von der Nacheile zur Vornahme polizeilicher Handlungen auf der anderen Seite der Grenze 534
     - 3.2.2. Observation 539
     - 3.2.3. Kontrollierte Lieferungen 542
     - 3.2.4. Einsatz von Verdeckten Ermittlern 543
     - 3.2.5. Spezialfall: Überwachung der Telekommunikation 547
   - 3.3 Zusammenfassung 550
4. **EU-Datensysteme und Datenaustausch zwischen den Mitgliedstaaten** 551
   - 4.1. Fahnden und Identifizieren 551
     - 4.1.1. Das Schengener Informationssystem (SIS) 551
     - 4.1.2. Mehr als nur fahnden: das SIS II 553
     - 4.1.3. Identifizierung von AusländerInnen und Asylsuchenden: VIS und Eurodac 555
   - 4.2. Europol – Polizeidaten ohne rechtliche Grenze 558
   - 4.3. Das SIS der Zollverwaltungen 560
   - 4.4. Informationsaustausch – faktisch eine Amtshilfe 561
     - 4.4.1. Demonstrationen und Fußballspiele 562
     - 4.4.2. Informationsaustausch in Sachen Terrorismus 563
   - 4.5. Das Prinzip der Verfügbarkeit 565
   - 4.6. Datenschutz? 567
5. **Von der Rechtshilfe zum harmonisierten Strafprozess** 569
   - 5.1 Gegenseitige Anerkennung: Problematische Übernahme von Prinzipien der Binnenmarktharmonisierung 570

Teil 6: Europäisierung der Inneren Sicherheit

  5.2 Rahmenbeschluss zum Europäischen Haftbefehl und seine
    Umsetzung in Deutschland..571
    5.2.1 Konzeption des Europäischen Haftbefehls nach dem
       Rahmenbeschluss 570
    5.2.2 Verfassungswidrige Umsetzung in Deutschland...............572
  5.3 Bestrebungen für weitere Verfahrenserleichterungen:
    Europäische Beweisanordnung 573
  5.4 Verfahrensrechte im Strafverfahren..574
6. **Europäisierung des materiellen Strafrechts** 575
7. **Schlussfolgerungen und Ausblick** 578

Teil 6:
Europäisierung des Rechts der Inneren Sicherheit

1. Innere Sicherheit in Europa – Entwicklung, Legitimationsfiguren und institutionelle Strukturen

Lange Zeit war die Innere Sicherheit ein Aktionsfeld von Staaten. Internationale Arenen spielten nur eine Randrolle. In *Max Webers* Staatstheorie ist das Monopol legitimer Gewaltausübung das zentrale Charakteristikum eines Staates[1]. In kleinen Schritten entwickelte sich die Innere Sicherheit seit den 1970er Jahren zum europäischen Politikfeld, Verwaltungs- und Rechtsgebiet. Dass diese Entwicklung relativ spät und zögerlich einsetzte, hat zwei Hauptursachen: Zum einen haben viele Sicherheitsfragen in erster Linie lokale oder regionale Dimensionen. Zum anderen hatten gewichtige Akteure zunächst nur ein geringes Interesse an der Europäisierung dieses Feldes. Regierungen, die der europäischen Integration eher skeptisch gegenüber standen, zögerten, das **Bestimmungsrecht über die Tätigkeit von Polizeiorganisationen und Geheimdiensten** teilweise aus der Hand zu geben. Dieses Interesse überschnitt sich mit dem weniger einflussreichen Interesse eher liberaler Regierungen, Gestaltungsspielräume für ihre Innenpolitik zu behalten. Maßgebliche Akteure für die Europäisierung der Inneren Sicherheit waren daher eher in der Kriminalpolizei und bei den Geheimdiensten zu finden als in den nationalen Regierungen[2]. Umgekehrt ist daraus sogar die These entwickelt worden, Polizeibürokratien könnten nur dann erfolgreich internationale Netzwerke bilden, wenn sie ein Mindestmaß an Unabhängigkeit vom jeweiligen politischen Kontext entwickelt haben[3]. Erfolgreich waren Praxisakteure mit der Durchsetzung neuer Kooperationsinstrumente insbesondere in Phasen, in denen äußere Ereignisse wie Terroranschläge die Innenpolitik unter Druck setzten, Handlungsfähigkeit zu beweisen.

Bis heute nehmen die europäischen Strukturen der Inneren Sicherheit eine Sonderstellung ein, die sie von den supranationalen Strukturen der Wirtschaftsintegration unterscheiden. Zentrale Weichenstellungen werden **intergouvernemental,** also zwischen den Regierungsdienststellen bzw. den politisch-administrativen Systemen der Mitgliedstaaten getroffen. Die übrigen europäischen Institutionen – Kommission, Parlament und Europäischer Gerichtshof – haben nur vergleichsweise geringe Kompetenzen. Damit ist auch die **demokratische Legitimation der Europäisierung hier weitaus schwächer** als bei den supranational strukturierten Integrationsfeldern.

Intergouvernementale Sonderstrukturen

---

1 *Weber,* Wirtschaft und Gesellschaft, S. 519 *et passim.*
2 Vgl. *Aden,* Polizeipolitik in Europa, S. 172ff.
3 So in historischer Perspektive *Deflem,* Policing World Society, S. 14 *et passim.*

Teil 6: Europäisierung der Inneren Sicherheit

1.1. Wechselnde Legitimationsfiguren

Legitimationsfiguren

Wofür europäische Institutionen im Bereich der Inneren Sicherheit benötigt werden, ist weniger klar als dies auf den ersten Blick erscheinen mag. Die dominierenden Legitimationsfiguren für die Entwicklung von europäischen Strukturen der Inneren Sicherheit haben mehrfach gewechselt. Der **Terrorismus** der 1970er Jahre war Anlass für informelle Kooperationsaktivitäten – lange bevor Tendenzen zur Verrechtlichung der Zusammenarbeit zu Definitionsversuchen dessen führten, was genau unter *Terrorismus* zu verstehen ist[4]. Als in den 1980er Jahren terroristische Anschläge an Bedeutung verloren hatten, trat die **Bekämpfung des internationalen Drogenhandels** in den Vordergrund der Legitimation der Europäisierung und Internationalisierung der Inneren Sicherheit[5]. Ende der 1980er Jahre übernahm die so genannte **Organisierte Kriminalität** die Rolle als dominierende Legitimationsfigur. Faktisch stand aber weiter der internationale Handel mit illegalen Drogen im Mittelpunkt des Interesses, da er empirisch-faktisch die zentrale Komponente dessen ist, was unter den Begriff Organisierte Kriminalität subsumiert wird[6]. Phasenweise fungierte auch die **Migrationskontrolle** als Legitimationsfigur für die Europäisierung der Inneren Sicherheit. Nach den **Terroranschlägen in New York und Washington vom 11. September 2001** wurde schließlich erneut der Terrorismus zur zentralen Legitimationsfigur.

Institutionalisierungsprozess

Unabhängig von der jeweiligen Legitimationsfigur stellt sich die Europäisierung der Inneren Sicherheit seit den 1970er Jahren als **kontinuierlicher Institutionalisierungsprozess** dar. Aus der Sicht der verantwortlichen Innenpolitiker erfüllt dieser Prozess vor allem eine Entlastungsfunktion. Sind Strukturen der Inneren Sicherheit einmal geschaffen worden, so fungieren sie zugleich als „Sicherheitsreserve", die mit der Bewältigung neu auftretender Sicherheitsprobleme betraut werden kann. Werden als Reaktion auf aktuelle Sicherheitsprobleme institutionelle Strukturen sowie ihre rechtlichen Legitimationsgrundlagen und Handlungsvollmachten erweitert, so ist dies zugleich eine Form von symbolischer Politik, mit der die Verantwortlichen Handlungsentschlossenheit und -fähigkeit demonstrieren. Diese Nebenfunktion wirkt faktisch in dieselbe Richtung wie das institutionelle Eigeninteresse jener Eliten der Sicherheitsapparate, insbesondere im Bereich der Kriminalpolizei, für die sich die internationale Kooperation in den zurückliegenden Jahrzehnten zum Prestige- und Karriereprojekt entwickelt hat[7].

1.2. Institutionelle Strukturen und ihre Entwicklung im Überblick

Für die Innere Sicherheit in der EU sind im Laufe der Zeit Strukturen entstanden, die durch einen zunehmenden Grad an Institutionalisierung gekennzeichnet sind. Hierzu

---

4 Vgl. *Bigo,* Polices en réseaux, S. 266 ff.; *Monar,* in: Herausforderung Terrorismus, S. 146 ff.; *Wehner,* Europäische Zusammenarbeit, S. 25 ff.
5 Ausführlich: *Busch u.a.,* Polizeiliche Drogenbekämpfung, S. 112 ff.
6 Hierzu *Pütter,* Der OK-Komplex.
7 Vgl. *Bigo,* Polices en réseaux, S. 254 *et passim.*

1. Entwicklung, Legitimationsfiguren und institutionelle Strukturen

zählen **Europol** im Bereich der Kriminalpolizei, dessen Pendant **Eurojust** im Bereich der justiziellen Strafverfolgung und die **Schengen-Kooperation**[8] mit dem **Schengener Informationssystem** (SIS) als zentrales Instrument für die polizeiliche Fahndung und die Migrationskontrolle. Hinzu kommen rechtliche Instrumente zur Durchsetzung einer effektiveren Kooperation, die in verschiedenen institutionellen Strukturen angesiedelt sind, u.a. in der dritten Säule der Europäischen Union.

Am weitesten geht die Institutionalisierung beim Europäischen Polizeiamt Europol mit Sitz in Den Haag. Anfang der 1990er Jahre startete diese europäische Kriminalpolizeizentrale in Straßburg als European Drugs (Intelligence) Unit (ED(I)U) – entsprechend der dominierenden Legitimationsfigur jener Zeit als Dienststelle, die Informationen über den illegalen Drogenhandel beschaffen und austauschen sollte. Der Ausbau als **Europäisches Polizeiamt Europol** auf der Grundlage einer 1995 unterzeichneten Konvention[9] der beteiligten Staaten – also außerhalb des EG/EU-Rechts – führte zu einer Ausweitung der Tätigkeitsfelder über den Drogenbereich hinaus. Art. 2 der Konvention spiegelt wiederum innenpolitische Themen jener Zeit wider. Als Ziel von Europol wurde hier eine verbesserte Zusammenarbeit der Mitgliedstaaten bei der Verhütung und Bekämpfung auch des Terrorismus, des illegalen Handels mit nuklearen und radioaktiven Substanzen, der Schleuserkriminalität, des Menschenhandels und der Kraftfahrzeugkriminalität genannt. Weitere mögliche Betätigungsfelder wurden in einem Anhang zu Art. 2 aufgelistet. Seit der Einführung des Euro entwickelte sich die Bekämpfung der Geldfälschung zu einem relevanten Betätigungsfeld des europäischen Polizeiamtes. Konzeptionell hat Europol Ähnlichkeiten mit dem deutschen Bundeskriminalamt, dessen Leitung sich besonders intensiv für die Gründung des Amtes eingesetzt hat. Der große Einfluss des BKA auf Europol kommt auch darin zum Ausdruck, dass sowohl der Gründungsdirektor als auch sein noch amtierender Nachfolger zuvor im BKA tätig waren[10]. Im Rahmen der Verteilung der Sitze neuer europäischer Institutionen zwischen den Mitgliedstaaten wechselte der Sitz in die Niederlande nach Den Haag. Hier wurde Europol seither kontinuierlich weiter ausgebaut. Anfang 2006 hatte das europäische Polizeiamt 490 Mitarbeiter, darunter 80 Verbindungsbeamte aus den Polizei-, Zoll- und Einwanderungsbehörden der Mitgliedstaaten. Mit dem Ausbau wuchsen auch die Bestrebungen, Europol neben den Funktionen als Informationszentrale[11] auch weitere, so genannte „operative" Aufgaben zu übertragen. De facto bilden inzwischen alle Kriminalitätsfelder, die unter dem Schlagwort Organisierte Kriminalität zusammengefasst werden, den Schwerpunkt der Europol-Aktivitäten: neben dem Handel mit illegalen Drogen die Felder illegale Immigration/Menschenhandel, Terrorismus, Geldfälschung (Euro) sowie Eigentumsdelikte und Geldwäsche.[12] In der Praxis liefert Europol Analysen und Informationen und koordiniert Einsätze der mit-

Europol

---

8 Überblick über Struktur und Kompetenzen: *Mokros,* in: Handbuch des Polizeirechts, Abschn. O, Rdnr. 102 ff.
9 Europol-Konvention vom 26.7.1995, ABl. EG C 316, 25 (seither mehrfach geändert).
10 Gründungsdirektor *Jürgen Storbeck*; seit 2005: *Max-Peter Ratzel.*
11 Hierzu unten, Abschnitt 4.2.
12 Vgl. *Europol,* Annual Report 2005, S. 6 *et passim.*

**Justizkoope-
ration**

gliedstaatlichen Kriminalpolizeien, insbesondere bei der Bekämpfung des Handels mit illegalen Drogen.[13]

Erst wesentlich später setzte die institutionalisierte Kooperation im Bereich der Justiz ein. Lange Zeit beschränkte sich die europäische und internationale Zusammenarbeit hier auf die stark formalisierte Rechtshilfe in grenzüberschreitenden Verfahren[14]. Mehrfach wurde im Laufe der Zeit versucht, die Prozeduren hierfür zu vereinfachen. Erst Ende der 1990er Jahre, als Europol bereits etabliert war, mehrten sich die Initiativen für eine stärkere Justizkooperation. Die konkretesten Resultate sind bislang das **Europan Judicial Network** (EJN) und **Eurojust**[15]. Während das EJN eine Koordinationsstruktur ist, wurde Eurojust als zentralisierte Clearingstelle konzipiert. Wie bei Europol bilden auch bei Eurojust Abgesandte der mitgliedstaatlichen Behörden ein konzeptionelles Kernelement, das eine enge Verzahnung zwischen den europäischen und mitgliedstaatlichen Strukturen sicherstellen soll. Eurojust verfügt bislang nicht über Weisungs- und Aufsichtrechte gegenüber Europol. Ein Aufsichts- und Weisungsverhältnis zwischen Justiz und Kriminalpolizei, wie dies auf mitgliedstaatlicher Ebene üblich ist – z.B. in Deutschland –gibt es in der EU derzeit nicht.

**Weitere Koor-
dinations-
strukturen
und -gremien**

Daneben gibt es eine Reihe von weniger institutionalisierten Koordinationsstrukturen auf verschiedenen Ebenen und zu einer Reihe von Themen. Sie bezwecken teils eine bessere Koordination der grenzüberschreitenden Polizeiaktivitäten. Hierzu zählt die **Task Force of Police Chiefs**, deren Einrichtung der Europäische Rat bei seiner Tagung im Oktober 1999 in Tampere zu Fragen der „Freiheit, der Sicherheit und des Rechts" befürwortete. Die Kommission bewertete die Arbeit dieser Task Force 2004 allerdings als wenig effektiv[16].

Europäische Koordinationsgremien bezwecken teils eine Intensivierung der Zusammenarbeit auf Themenfeldern wie Terrorismus, illegaler Drogenhandel oder Organisierte Kriminalität. Bereits in den 1970er Jahren entstanden **Terrorismus-Arbeitsgruppen** von Polizei und Geheimdiensten, u.a. die so genannte **TREVI-Gruppe** („Terrorisme, Radicalisme, Extrémisme, Violence internationale").[17] Nach den Anschlägen vom 11. September 2001 erhielten diese Strukturen wieder eine größere Bedeutung, so der „Berner Club". Bei Europol wurde eine Counter Terrorism Task Force eingerichtet. Die Terrorismus-Arbeitsgruppe des Rates übernahm eine koordinierende Funktion[18]. Auf anderen Feldern beschränkt sich die Europäisierung auf Koordinationsstrukturen, so beim **Europäischen Netz für Kriminalprävention**.[19]

---

13 Ebd., S. 10ff.
14 Näher unten, Abschnitt 5.
15 Ratsbeschluss vom 28. Februar 2002, ABl. L 63 vom 6.3.2002, S. 1.
16 *Kommission,* KOM(2004) 376 endgültig, S. 20.
17 Zugleich nach dem römischen Brunnen benannt; ausführlicher zu den informellen Strukturen: *Aden,* Polizeipolitik in Europa, S. 83 f. *et passim.*
18 Überblick bei *Kommission,* KOM(2004) 376 endgültig, 26ff.; *Monar,* in: Herausforderung Terrorismus, S. 148 ff.
19 Ratsbeschluss vom 28. Mai 2001, ABl. L 153 vom 8.6.2001, S. 1.

2. Primärrechtliche Grundlagen – Entwicklung, Inhalte und Funktionen

Die Institutionalisierung der Inneren Sicherheit in Europa führte zögerlich zu einer Absicherung durch Recht. Immer dann, wenn die institutionellen Strukturen derartige Ausmaße erreicht hatten, dass sie eine relevante Außenwirkung erzeugten und daher nicht mehr diskret in informellen Strukturen verbleiben konnten, wurden sie auf eine rechtliche Legitimationsbasis gestellt – teils nachträglich, teils bevorratend für zukünftig noch zu entwickelnde Kooperationsstufen.

2.1 Informelle Kooperation als Ausgangspunkt für erste Verträge

Die ersten, noch wenig institutionalisierten Kooperationsformen wie die TREVI-Gruppe der 1970er Jahre kamen noch gänzlich ohne rechtliche Legitimationsbasis aus. Die Institutionalisierungsschritte der 1980er Jahre führten zum Abschluss völkerrechtlicher Verträge, insbesondere des **Schengener Abkommens** (1985) und des **Schengener Durchführungsübereinkommens** (1990). Das 1985 im luxemburgischen Schengen unterzeichnete Grundlagenabkommen schrieb die Absicht fest, die Kontrolle an den Binnengrenzen zwischen den ursprünglich beteiligten Staaten Frankreich, Deutschland, Belgien, Luxemburg und den Niederlanden abzubauen. Beim Abschluss des Durchführungsübereinkommens von 1990 stand dagegen schon nicht mehr die Freizügigkeit im Mittelpunkt, sondern die so genannten Ausgleichsmaßnahmen, die den vermeintlich mit der Grenzöffnung verbundenen Sicherheitsverlust kompensieren sollten. Hierzu zählt das **Schengener Informationssystem** als zentrale Datenbank für Fahndung und Migrationskontrolle. Regelungen für grenzüberschreitende Polizeiaktivitäten („Nacheile", Observation, Rechtshilfe) kommen hinzu[20]. Auch für die Europol-Konvention 1995 wurde die Rechtsform eines gegenüber den EU-Strukturen eigenständigen völkerrechtlichen Abkommens gewählt. Die EG-Institutionen blieben außen vor und nahmen allenfalls beobachtend an den Gremienberatungen teil.

Schengener Abkommen

2.2 Die dritte Säule der Europäischen Union

Mit dem Maastricht-Vertrag von 1991 – in Kraft getreten 1993 – entstand die Europäische Union mit ihren drei „Säulen": die Kooperationsfelder der Europäischen Wirtschaftsgemeinschaft (EWG) wurden zur ersten Säule, die Gemeinsame Außen- und Sicherheitspolitik zur zweiten, die **Justiz- und Innenpolitik zur dritten Säule**. Die Innere Sicherheit wurde damit erstmals Gegenstand des Gründungs-Vertragsrechts, auf dem EU und EG beruhen (Primärrecht). Die primärrechtlichen Bestimmungen zur Inneren Sicherheit, zunächst Art. K.1 bis K.14 des EU-Vertrages, seit dem Amsterdamer

Dritte Säule der EU

---

20 Ausführlicher hierzu in den folgenden Abschnitten.

Teil 6: Europäisierung der Inneren Sicherheit

Vertrag von 1997 in erweiterter Form in Art. 29-42 EUV zu finden, stecken den programmatischen Rahmen ab.

Mit dem Amsterdamer Vertrag von 1997, in Kraft getreten 1999, wurde die Dreisäulenstruktur erstmals weiterentwickelt. In der Aushandlungsphase dieses Vertrags zählte die Innen- und Justizpolitik zu den wenigen Politikfeldern, auf denen relevante Weiterentwicklungen möglich erschienen. Die Zusammenarbeit in den Bereichen Visa und Ziviljustiz wurde von der dritten in die erste Säule verlagert und damit voll vergemeinschaftet. Die Bestimmungen zur gemeinsamen Innen- und Justizpolitik wurden unter dem Schlagwort **„Raum der Freiheit, der Sicherheit und des Rechts"** erheblich ausgeweitet. Bei der Vertragsrevision von Nizza im Jahr 2001 blieben diese Bestimmungen in der Kernsubstanz unverändert[21].

Sekundärrecht der Dritten Säule

Die primärrechtlichen Bestimmungen bilden die Grundlage für den Erlass von konkretisierenden Rechtsakten (Sekundärrecht). Diese tragen in der dritten Säule andere Bezeichnungen als in der ersten Säule. Während in der EG Verordnungen, Richtlinien, Entscheidungen, Empfehlungen und Stellungnahmen die standardisierten rechtlichen Handlungsformen sind (Art. 249 EGV), sieht der EU-Vertrag seit dem Amsterdamer Vertrag für die dritte Säule **gemeinsame Standpunkte, Rahmenbeschlüsse sowie andere Beschlüsse** vor (Art. 34 EUV).

Der Rahmenbeschluss hat die „gemeinsame Maßnahme" abgelöst, die nach dem Maastricht-Vertrag vorgesehen war. Dies ist eine Annäherung an die EG-Strukturen. Denn Rahmenbeschlüsse sind „für die Mitgliedstaaten hinsichtlich des zu erreichenden Ziels verbindlich, überlassen jedoch den einzelstaatlichen Behörden die Wahl der Form und der Mittel" (Art. 34 Abs. 2b EUV). Damit sind sie den EG-Richtlinien, wie sie in Art. 249 EGV definiert sind, strukturell sehr ähnlich: Auf europäischer Ebene werden Zielvorgaben definiert, die zunächst nicht unmittelbar wirken. Die Mitgliedstaaten sind zur Umsetzung in ihr Recht verpflichtet. Dabei verbleiben ihnen gewisse Spielräume, insbesondere bei der Integration in das bereits vorhandene mitgliedstaatliche Recht. Folgerichtig hat der Europäische Gerichtshof zwischenzeitlich die Rechtsfigur der richtlinienkonformen Auslegung auf die Rahmenbeschlüsse der dritten Säule ausgeweitet. Mitgliedstaatliches Recht ist daher im Zweifel so auszulegen, dass es mit dem Inhalt eines Rahmenbeschlusses zu dem betreffenden Thema vereinbar ist[22].

Vergemeinschaftung der Asyl- und Einwanderungspolitik

Die Bereiche „Asyl, Einwanderung und andere Politiken betreffend den freien Personenverkehr" wurden durch den 1999 in Kraft getretenen Amsterdamer Vertrag in die erste Säule der EU, also in den Kernbereich der Europäischen Gemeinschaft verlagert (Art. 61ff. EGV). Dadurch gelangten jene Teilaspekte der Inneren Sicherheit in den Zuständigkeitsbereich der europäischen Institutionen, die sich vorrangig auf **Grenz- und Migrationsfragen** beziehen – mit der Folge, dass seither die Kommission das Initiativrecht für die Rechtsetzung innehat. So wurde das zunächst intergouvernemental

---

21 Überblick bei *Calliess/Ruffert-Brechmann*, Art. 29 ff. EU.
22 *EuGH*, Rs. C-105/03 (Maria Pupino), Urteil vom 16.6.2005; **a. A.**: *BVerfG*, Urteil vom 18.7.2005, 2 BvR 2236/04 (Europäischer Haftbefehl), Abs. 80 f.

in der dritten Säule vorbereitete System **Eurodac** für die Identifizierung von Fingerabdrücken in eine EG-Verordnung überführt.[23]

Von der weiterhin ausdrücklich erwähnten Möglichkeit, zwischen allen Mitgliedstaaten gesonderte völkerrechtliche Abkommen zu schließen (Art. 34 Abs. 2d), wurde seit Inkrafttreten des Amsterdamer Vertrages nur selten Gebrauch gemacht – so beim Übereinkommen über die Rechtshilfe in Strafsachen zwischen den Mitgliedstaaten der Europäischen Union.[24] Mit dem am 27. Mai 2005 unterzeichneten **Vertrag von Prüm über die Vertiefung der grenzüberschreitenden Zusammenarbeit, insbesondere zur Bekämpfung des Terrorismus, der grenzüberschreitenden Kriminalität und der illegalen Migration** machten Belgien, Deutschland, Spanien, Frankreich, Luxemburg, die Niederlande und Österreich von ihrem in Art. 40 EUV vorgesehenen Recht Gebrauch, unter einem Teil der Mitgliedstaaten eine engere Zusammenarbeit zu begründen. Diese Öffnung für eine so genannte **differenzierte Integration** soll Alleingänge eines Teils der Mitgliedstaaten an die EU-Institutionen zurückbinden und damit ein Auseinanderdriften der gemeinsamen Innen- und Justizpolitik verhindern, zu dem es durch bi- oder multilaterale Einzelabkommen außerhalb des EU-Rahmens kommen könnte.

Differenzierte Integration

Mitgliedstaaten, die zu einer intensivierten Kooperation bereit sind, können so Verpflichtungen verabreden, die weit über den EU-weiten Konsens hinausgehen, und die übrigen Mitgliedstaaten zu einer Beteiligung zwingen, wenn sie sich nicht zum „Outsider" machen möchten. In dem Vertrag von Prüm vereinbarten die beteiligten Staaten im Mai 2005 weitreichende zusätzliche Zusammenarbeitsformen, betonten aber zugleich ihr „Bestreben, die Regelungen des vorliegenden Vertrags in den Rechtsrahmen der Europäischen Union zu überführen [...]."[25] Den Regeln des EU-Vertrags entsprechend, steht der Vertrag jedem EU-Mitgliedstaat zum Beitritt offen. Im Vertrag von Prüm verpflichten sich die beteiligten Staaten, nationale **DNA-Analysedateien** zu unterhalten und den anderen Mitgliedstaaten in einem automatisierten Abrufverfahren sowie für einen automatisierten Abgleich von DNA-Profilen zugänglich machen (Art. 2 bis 4). Ähnliche Vereinbarungen wurden für **Fingerabdruckdateien** (Art. 8 bis 9) und Fahrzeugregister (Art. 12) getroffen. Daneben enthält der Vertrag Bestimmungen über den Informationsaustausch im Bereich der Straftatenprävention und der allgemeinen Gefahrenabwehr, über den Einsatz von Flugsicherheitsbegleitern und, zur Verhinderung von illegaler Migration, von **Dokumentenberatern**.

2.3 Innere Sicherheit im Entwurf für einen Verfassungsvertrag

Der vom **Europäischen Konvent** 2002/2003 erarbeitete Verfassungsentwurf nähert die Innen- und Justizpolitik weiter den Strukturen der ersten Säule an, ohne aber die Sonderstellung völlig zu überwinden. Die Bestimmungen der Art. III-257 bis III-277 des

Entwurf eines Verfassungsvertrags

---

23 Verordnung (EG) Nr. 2725/2000 des Rates vom 11. Dezember 2000 *über die Einrichtung von „Eurodac" für den Vergleich von Fingerabdrücken zum Zwecke der effektiven Anwendung des Dubliner Übereinkommens*, ABl. L 316 vom 15.12.2000, S. 1.
24 ABl. C 197 vom 12.7.2000, S. 3.
25 Präambel des Vertrags von Prüm vom 27.5.2005.

Verfassungsentwurfs in seiner im Oktober 2004 von den Staats- und Regierungschefs unterzeichneten Endfassung[26] knüpfen an die Regelungen der Verträge von Amsterdam und Nizza für einen „Raum der Freiheit, der Sicherheit und des Rechts" an und bauen diese erheblich aus. Die durch die Vergemeinschaftung der Asyl-, Visa- und Einwanderungsfragen im Rahmen des Amsterdamer Vertrags eingetretene **Trennung von der Innen- und Justizpolitik wird durch den Entwurf zugunsten eines zusammenhängenden Vertragsabschnitts** revidiert. Bedeutende Weichenstellungen sollen nach dem Entwurf zukünftig in Form von Europäischen Gesetzen oder Rahmengesetzen und damit auf der Basis derselben rechtlichen Handlungsformen möglich sein, die auch für die Kernbereiche der Wirtschaftsintegration vorgesehen sind. Dies gilt auch für Regeln und Verfahren zur Sicherstellung der **gegenseitigen Anerkennung** „aller Arten von Urteilen und gerichtlichen Entscheidungen" (Art. III-270 Abs. 1) und Maßnahmen bezüglich der „operativen" Zusammenarbeit[27] zwischen den Strafverfolgungsbehörden (Art. III-275 Abs. 3). Die gegenseitige Anerkennung gerichtlicher Urteile und Entscheidungen wird in dieser Vorschrift auch für die justizielle Zusammenarbeit in Strafsachen zum Grundsatz erklärt. Der Rat wird ermächtigt, „ausgehend von Eurojust" eine **Europäische Staatsanwaltschaft** einzusetzen (Art. III-274). Auch für die Harmonisierung des materiellen Strafrechts wird für Bereiche mit grenzüberschreitender Dimension der Weg geebnet (Art. III-271). Im Ergebnis wird der Verfassungsentwurf – sollte er in dieser oder ähnlicher Form in Kraft treten – nicht zu einem grundlegenden Wandel des Rechts der Inneren Sicherheit in der EU führen. Er eröffnet aber Möglichkeiten für zusätzliche Aktivitäten und stellt einen weiterer Schritt zur Institutionalisierung und Vergemeinschaftung der dritten Säule im Sinne einer Annäherung an die institutionellen Strukturen der Wirtschaftsintegration dar.

2.4 Primärrechtlicher Rahmen und politisch-administrative Praxis

Institutionelle Eigendynamik

Der Institutionalisierungsprozess im Bereich der Inneren Sicherheit zeichnet sich in zwei Richtungen durch Diskrepanzen zwischen den Ansprüchen des primärrechtlichen Rahmens und der Wirklichkeit aus. Die vorgegebenen Ziele und Zwecke der Schaffung neuer Strukturen und Gremien für die Innere Sicherheit in Europa sind nicht notwendig mit dem identisch, was tatsächlich mit Hilfe der so gewonnenen Legitimationsbasis gemacht wird. Die tatsächlichen Maßnahmen entwickeln bisweilen eine Eigendynamik. Immer wenn neue Sicherheitsprobleme sichtbar werden, z.B. durch spektakuläre Kriminalfälle, tendieren die politisch Verantwortlichen dazu, einmal eingerichtete Sicherheitsstrukturen mit der Bekämpfung des jeweils ausgemachten Bedrohungsphänomens zu beauftragen – unabhängig vom ursprünglichen Zweck der betreffenden Sicherheitsstrukturen. Einmal eingerichtete Sicherheitsinstitutionen entwickeln auch da

---

26 In der im Oktober 2004 von den Staats- und Regierungschefs unterzeichneten Fassung, ABl. C 310 vom 16.12.2004, 1 (= BR-Drucks. 938/04 vom 17.12.2004, S. 9).
27 Zur Verwendung des mehrdeutigen Begriffs „operativ" im EU-Recht: *Aden,* CILIP 58 (3/1997).

durch eine Eigendynamik, dass die in ihnen handelnden Akteure dazu tendieren, neue
Aufgabenbereiche zu definieren und an sich zu ziehen, um ihre Position zu festigen[28].

Zugleich gibt es in manchen Bereichen erhebliche Diskrepanzen zwischen den zahlreichen politischen Ankündigungen und deren Implementation. Oftmals beschränken sich die Ratsbeschlüsse auf Empfehlungen, Beschlüsse oder andere unverbindliche Dokumente,[29] die allenfalls soft law-Funktionen erfüllen, indem sie Maßstäbe für Mitgliedstaaten etablieren, die freiwillig die verabredeten Standards umsetzen. Wo die Mitgliedstaaten Umsetzungs- und Anwendungsmaßnahmen ergreifen müssen, kommt es zu Implementationsdefiziten[30]. Dort wo die Innere Sicherheit nicht „vergemeinschaftet" ist, fehlt es an Druckmitteln gegenüber Mitgliedstaaten, die eingegangene Verpflichtungen nicht erfüllen. Das Vertragsverletzungsverfahren (Art. 226 bis 228 EG), mit dem die Kommission im Bereich der ersten Säule Druck auf säumige Mitgliedstaaten ausübt, findet im Bereich der dritten Säule keine Anwendung.

Implementationsdefizite

---

28 Ausführlich zu diesen Logiken: *Aden,* Polizeipolitik in Europa, S. 229 ff.; *Aden,* MschrKrim 2003, S. 110 ff.
29 Vgl. *Kommission,* KOM 2004(376) endgültig, S. 38 f.
30 Kritisch hierzu: *Kommission,* KOM 2004(376) endgültig, S. 39 f.

3. Grenzsichernde und grenzüberschreitende Polizeimethoden

3.1. Grenzkontrolle und Grenzüberwachung

„Ausgleichmaßnahmen"

Die Leitlinien der EU-Grenzpolitik sind seit den frühen 90er Jahren im Wesentlichen die gleichen geblieben. Ihre Grundlage ist ein Deal, der im Schengener Durchführungsübereinkommen (SDÜ) von 1990 erstmals rechtlich fixiert wurde: Versprochen wurde dabei auf der einen Seite die Aufhebung oder zumindest der Abbau der Personenkontrollen an den Binnengrenzen. Weil dies angeblich einen Sicherheitsverlust bewirkte, beinhaltete die andere Seite dieses Deals die Verschärfung der Kontrollen an den Außengrenzen sowie zusätzliche „Ausgleichsmaßnahmen" – von der Harmonisierung des Asyl- und des Ausländerrechts und dem Aufbau eines Fahndungsverbundes (Schengener Informationssystem) bis hin zu neuen Formen der grenzüberschreitenden polizeilichen Zusammenarbeit, über die unten noch im einzelnen zu reden ist.

Kein Sicherheitsverlust

Dieser Deal war von Anfang an erkennbar schief. Schief war zunächst seine Grundlage: Einen durch den Abbau der Binnengrenzkontrollen bewirkten **Sicherheitsverlust hat es nicht gegeben**[31]. Und auch der in den 90er Jahren feststellbare Anstieg der Einwanderung und der Asylgesuche zunächst vorzugsweise von BürgerInnen osteuropäischer Staaten war erstens kein Sicherheitsproblem (!) und zweitens keine Folge der aufgehobenen Binnengrenzkontrollen, sondern ein Resultat des Zusammenbruchs der „realsozialistischen" Staatenwelt Osteuropas.

Unausgeglichener Deal

Schief war ferner die rechtliche Ausgestaltung: Nur gerade ein Absatz (Art. 2 Abs. 1) des 142 Artikel umfassenden Abkommens betraf die Aufhebung der Binnengrenzkontrollen, alle weiteren beziehen sich mehr oder weniger auf das Ensemble der Sicherheitsmaßnahmen. Und schief waren zu guter Letzt auch die politischen Folgen: Das Sicherheitsargument erwies sich als ein Fass ohne Boden, in das ständig neue Sicherheitsmaßnahmen hineingegossen werden konnten, ohne dass bis heute eine wirkliche Entpolizeilichung der Binnengrenzen stattgefunden hätte.

Dies hat sich auch nicht geändert, seit der Schengener Besitzstand durch den Amsterdamer Vertrag und sein Schengen-Protokoll förmlich in das institutionelle Gerüst der EU eingebunden wurde. In einer Erklärung zum Amsterdamer Vertrag machten die Mitgliedstaaten klar, dass auch bei einer zukünftigen Überarbeitung des SDÜ oder bestimmter Teile des Acquis durch die EU-Gremien „zumindest das gleiche Maß an Schutz und Sicherheit" geboten werden müsse, anders ausgedrückt: dass die Logik des Schengen-Deals in jedem Falle gewahrt werden sollte.

Der Acquis wurde aufgeteilt unter die weiter bestehende intergouvernementale dritte Säule (Polizei, Strafrecht, „innere Sicherheit") und jenen Bereich der Innen- und Justizpolitik, der neu der ersten Säule (Gemeinschaftsrecht) zugeordnet werden sollte. Soweit polizeiliche Maßnahmen an den Grenzen und darauf bezogene Aktivitäten der EU der „Verhütung und Bekämpfung von Kriminalität" dienen, fallen sie in die dritte Säule.

---

31 *Kühne*, Kriminalitätsbekämpfung; *Busch*, Grenzenlose Polizei, Kapitel 2.

3. Grenzsichernde und grenzüberschreitende Polizeimethoden

Das Überschreiten der Binnen- und Außengrenzen im engeren Sinne und die damit verbundenen Voraussetzungen im ausländer- und asylrechtlichen Bereich fallen neu unter das **Gemeinschaftsrecht** (Titel IV EGV). Art. 62 EGV verlangt vom Rat, innerhalb von fünf Jahren nach Inkrafttreten des Amsterdamer Vertrages – also bis 2004 –

Grenzen im Gemeinschaftsrecht

- Maßnahmen zu beschließen, „die nach Artikel 14 sicherstellen, dass Personen, seien es Bürger der Union oder Staatsangehörige dritter Länder, beim Überschreiten der Binnengrenzen nicht kontrolliert werden." (Nr. 1) Der zitierte Artikel 14 EGV ist der Binnenmarktartikel, der bereits mit der Einheitlichen Europäischen Akte 1987 in den EGV eingeführt wurde. Danach ist der Binnenmarkt ein „Raum ohne Binnengrenzen, in dem der freie Verkehr von Waren, Personen, Dienstleistungen und Kapital ... gewährleistet ist." Gefordert war damit nicht nur der gewaltige Liberalisierungs- und Privatisierungsprozess im wirtschaftlichen Bereich, sondern (als eher symbolisches Nebenprodukt) auch die Bewegungsfreiheit von Personen, die das kontrollfreie Überschreiten der Binnengrenzen mit einschließt. Die Gemeinschaft sollte bis zum 31. Dezember 1992 die „erforderlichen Maßnahmen" treffen. Dieser Termin ist nach wie vor in Art. 14 EGV enthalten. Es gehört zu den Absurditäten der EU, dass sie die Gemeinschaft mit dem 1999 in Kraft getretenen Amsterdamer Vertrag in die Lage versetzt, etwas zu beschließen, was 1992 hätte beschlossen sein sollen. Bis zu diesem Zeitpunkt konnten die „Ausgleichsmaßnahmen" für die Aufhebung der Binnengrenzkontrollen nur zwischenstaatlich – konkret: im Schengener Rahmen – getroffen werden. Der neue Art. 62 EGV beinhaltete damit gleichzeitig eine Renovation des diesbezüglichen Schengener Acquis;
- „Normen und Verfahren" für die Kontrollen an den Außengrenzen festzulegen (Nr. 2 a);
- Vorschriften über kurzfristige Visa, deren einheitliche Gestaltung sowie die Liste der Staaten, deren BürgerInnen visumsfrei einreisen können, zu erlassen (Nr. 2b und 3).

Art. 63 übertrug ferner Fragen der Asylpolitik incl. des subsidiären Schutzes sowie die Einwanderungspolitik – d.h. die Frage der längerfristigen Aufenthaltstitel und der illegalen Einwanderung – in den Gemeinschaftsrahmen. Das Vereinigte Königreich und Irland, die einzigen Nicht-Schengen-Staaten der EU, behielten ihre opt-out-Möglichkeiten und beteiligen sich weiterhin nicht an den entsprechenden Verordnungen und Richtlinien. Im Gegenzug nehmen die Nicht-EU-Staaten Norwegen, Island und seit neustem die Schweiz an den Gemischten Ausschüssen teil: Ihre Regierungen können dabei mit beraten, aber nicht mit stimmen.

Für das **Verfahren der Rechtssetzung** bedeutete das, dass der Rat nun an die Stelle des Schengener Exekutivausschusses trat. Im Bereich der dritten Säule entscheidet er alleine, im Rahmen des Gemeinschaftsrechts sollte er das in den ersten fünf Jahren tun können. Das Europäische Parlament musste nur konsultiert werden. Die nationalen Parlamente hatten ihren Einfluss, den sie auch vorher nie praktisch wahrgenommen hatten, ganz verloren.

Rechtssetzung ohne Parlament

Im Dezember 2004 traf der Rat dann die in Art. 67 Abs. 2 EGV vorgesehene Entscheidung, das EP gemäß dem Mitentscheidungsverfahren des Art. 251 EGV zu beteiligen[32].

3.1.1. Außengrenzen

Welche Außengrenzen?

Der Begriff der Außengrenzen ist nicht so klar, wie er scheint. Klar ist, dass damit Land-, See- und Luft- (d.h. Flughafen-)Grenzen gemeint sind. Als zunächst zwischenstaatliches Abkommen zwischen EU-Mitgliedstaaten bezog sich das SDÜ auf das Territorium der Vertragsstaaten und deren Grenzen nach außen. Als Außengrenzen galten damit auch Grenzen zwischen jenen EU-Staaten, die zur Schengen-Gruppe gehörten, und denen, die sich noch nicht angeschlossen hatten bzw. sich nicht anschließen wollten (wie das Vereinigte Königreich und Irland). Mit dem Anwachsen der Gruppe von Staaten, die das SDÜ anwendeten, dehnte sich auch der Raum aus, der von diesen Außengrenzen umschlossen wurde.

Mit dem Einbezug des Schengen-Acquis in die EU-Strukturen stellte sich die Frage der Unterscheidung von Binnen- und Außengrenzen neu: Ausschlaggebend waren nun eindeutig die Außengrenzen der EU. Großbritannien und Irland machten von ihrem opt-out-Recht Gebrauch und kontrollierten weiterhin die Binnengrenzen zur EU – wenn auch mittlerweile in einem vereinfachten Verfahren. Gleichzeitig wurden durch den Einbezug Islands und Norwegens und demnächst auch der Schweiz die Grenzen zwischen der EU und diesen Nicht-EU-Staaten zu Binnengrenzen im Sinne des SDÜ. Ihre BürgerInnen genießen in der EU zumindest teilweise die Freizügigkeit des Binnenmarktes.

Mit der neuerlichen Erweiterung der EU wurde der Schengen-Acquis für zehn Beitrittsstaaten verbindlich. Die Beitrittsakte von 2003 legt fest, dass diese Staaten die Außengrenz-Bestimmungen (Art. 3-8) des SDÜ mit Ausnahme des Zugangs zum SIS in Art. 5 Abs. 1 sofort anzuwenden haben. Die Binnengrenzenregelungen hingegen (Art. 2) treten erst in Kraft, wenn der Rat – nach einer Evaluation dieser Staaten – einen entsprechenden einstimmigen Beschluss fasst[33].

Einheitliche Grundsätze

Das SDÜ legte erstmals fest, dass die Kontrolle und Überwachung der Außengrenzen zwar von den zuständigen nationalen Behörden und „nach Maßgabe des nationalen Rechts" durchgeführt wird, aber „unter Berücksichtigung der Interessen aller Vertragsparteien für das Hoheitsgebiet der Vertragsstaaten" und nicht nur für das Territorium des jeweiligen Schengen-Staates, an dem die Außengrenze verläuft (Art. 6 Abs. 1). Für die Kontrolle sollen daher **„einheitliche Grundsätze"** gelten, die in Art. 6 Abs. 2 sowie darauf aufbauend im „Gemeinsamen Handbuch"[34] festgehalten sind. Kennzeich-

---

32 Beschluss des Rates vom 22. Dezember 2004 *über die Anwendung des Verfahrens des Artikels 251 EGV auf bestimmte Bereiche, die unter Titel IV des Dritten Teils dieses Vertrags fallen*, ABl. L 396 v. 31.12.2004; Durchführungsbestimmungen hinsichtlich der Kontrollen an den Außengrenzen wie das Gemeinsame Handbuch werden nach wie vor vom Rat alleine beschlossen, allerdings nur mit qualifizierter Mehrheit.
33 Siehe Art. 3 und Anhang I der Beitrittsakte, ABl. L 236 v. 23.9.2003, S. 33 und S. 50.
34 Gemeinsames Handbuch, ABl. C 313 v. 16.12.2002, S. 97 (ursprünglich: Sch/Com-ex (99) 13, veröffentlicht in ABl. L 176 v. 10.7.1999).

3. Grenzsichernde und grenzüberschreitende Polizeimethoden

nend für diese Grundsätze ist die systematische Sonderbehandlung von Nicht-EU-BürgerInnen:

Danach findet bei allen Personen, die die Außengrenze überschreiten wollen, mindestens eine Identitätsfeststellung anhand der vorgelegten Papiere statt. Während bei Angehörigen der Schengen-Staaten diese einfache Kontrolle die Regel ist, sollen DrittausländerInnen immer einer **„eingehenden Kontrolle"** unterzogen werden. Diese umfasst laut „Handbuch" zusätzlich

Eingehende Kontrollen

- „gründliche Erhebungen", ob das Reisedokument gültig ist und die entsprechenden Visa oder Aufenthaltstitel vorhanden sind,
- Untersuchung des Passes auf Fälschungen oder Verfälschungen. Hierfür hatte der Rat bereits 1998 ein „elektronisches Bildspeicherungs- und Austauschsystem" beschlossen. Im März 2000 folgte ein weiterer Beschluss „zur Verbesserung des Informationsaustauschs zur Bekämpfung von Totalfälschungen von Reisedokumenten"[35],
- „Feststellungen" über Herkunftsort sowie Reiseziel und -zweck, inklusive entsprechender Belege,
- die Überprüfung, ob die betreffende Person über ausreichende finanzielle Mittel für den Aufenthalt und die Rückreise verfügt,
- eine Abfrage des SIS und der nationalen Fahndungssysteme: Wenn die Person (oder ihr Fahrzeug) ausgeschrieben ist, sollen die kontrollierenden Beamten zunächst die geforderten Maßnahmen ausführen; eine Ausschreibung zur Zurückweisung an der Grenze (Art. 96 SDÜ) begründet immer eine Einreiseverweigerung;
- sowie nicht näher spezifizierte „Feststellungen" darüber, ob die betreffende Person eine „Gefahr für die öffentliche Ordnung, die nationale Sicherheit oder die internationalen Beziehungen" der Vertragsstaaten darstellt.

Ferner sollen die Papiere und Visa von DrittausländerInnen immer abgestempelt werden[36]. Die Verordnung vom Dezember 2004, in der der Rat diese Verpflichtung bekräftigte, änderte auch das SDÜ. Werden DrittausländerInnen bei einer Kontrolle im Inland ohne diesen Einreisestempel angetroffen, so sollen die Mitgliedstaaten gemäß dem neuen Art. 6b davon ausgehen, dass sie die Einreisevoraussetzungen nicht oder nicht mehr erfüllen, sprich: dass sie sich bereits länger als drei Monate im Schengen-Gebiet aufhalten. Die Betroffenen können diese Annahme durch „jedweden glaubhaften Nachweis ... insbesondere durch Belege wie Fahr- oder Flugscheine" widerlegen und damit der sofortigen Ausweisung entgehen. Festzuhalten bleibt aber, dass sie und nicht die Ausländer- oder Grenzschutzbehörden die Beweislast tragen.

Abstempeln der Papiere

Was diese **Sonderbehandlung** bedeutet, wird erst recht klar, wenn man sie vor dem Hintergrund der Tatsache betrachtet, dass nur die wenigsten Nicht-EU- bzw. Nicht-Schengen-Staaten von der Visumspflicht befreit sind. Ihre BürgerInnen müssen damit eine **doppelte Kontrolle** über sich ergehen lassen. Sie haben zum einen bei der Beantragung des Visums den Nachweis zu erbringen, dass sie die Einreisevoraussetzungen

---

35 ABl. L 333 v. 9.12.1998; ABl. L 81 v. 1.4.2000.
36 Verordnung des Rates v. 13.12.2004 zur *Verpflichtung der zuständigen Behörden der Mitgliedstaaten zum systematischen Abstempeln der Reisedokumente von Drittausländern beim Überschreiten der Außengrenzen*, ABl. L 369 v. 16.12.2004.

nach Art. 5 SDÜ bzw. den entsprechenden Nachfolgebestimmungen der EU erbringen. Das heißt demnächst auch, dass bereits zu diesem Zeitpunkt in den Konsulaten eine Abfrage im SIS und die Erhebung biometrischer Daten stattfindet, die dann ins Visa-**Informationssystem (VIS)** eingegeben werden. Die Ausgestaltung des Visumsaufklebers selbst mit einem biometrischen Chip ist vorerst technisch gescheitert. Diskutiert wird nun die Einführung einer zusätzlichen Smartcard. Bei der Grenzkontrolle selbst werden dann nicht einfach nur mehr diese Papiere geprüft, sondern es findet erneut eine umfassende Kontrolle statt. Immerhin war man sich bewusst, dass diese „eingehenden Kontrollen" zeitintensiv sind und dass „besondere Umstände", d.h. das große Verkehrsaufkommen, zur Schwerpunktsetzung zwingen (Art. 6 Abs. 2e SDÜ). Die Kontrolle des Einreiseverkehrs soll dabei Vorrang haben.

Einbindung der Beförderungsunternehmen

Insbesondere im Flugverkehr wurde ein Teil dieser Kontrollmaßnahmen auf die **Beförderungsunternehmen** verlagert. Art. 26 SDÜ verpflichtet die Unternehmen unter Androhung von Sanktionen, „alle erforderlichen Maßnahmen zu treffen, um sich zu vergewissern, dass der auf dem Luft- oder Seeweg beförderte Drittausländer über die für die Einreise ... erforderlichen Reisedokumente verfügt." Im April 2004 erließ der Rat eine Richtlinie, nach der die Unternehmen bereits bei Abschluss des Check-in Daten der Passagiere an die Grenzkontrollbehörden zu übermitteln haben: Es sind dies Nummer und Art des Reisedokuments, Staatsangehörigkeit, Name, Geburtsdatum, Grenzübergangsstelle für die Einreise, der ursprüngliche Abreiseort, Beförderungscodenummer, Abreise- und Ankunftszeit und Gesamtzahl der beförderten Personen. Die Daten sollen 24 Stunden nach der Einreise gelöscht werden, sofern sie nicht weiter für grenzpolizeiliche Zwecke benötigt werden. Die Mitgliedstaaten können sie überdies auch für Strafverfolgungszwecke nutzen[37].

Verpasste Chancen

Dass sich an diesem diskriminierenden Schema nichts geändert hat, zeigt der vom Europäischen Parlament in erster Lesung angenommene aber vom Rat noch nicht definitiv verabschiedete „**Grenzkodex**", der sich sowohl mit den Binnen- als auch mit den Außengrenzen befasst. Es handelt sich dabei um den ersten Rechtsakt der Innen- und Rechtspolitik, an dem das EP im Mitentscheidungsverfahren beteiligt wurde[38]. Die Bestimmungen des Grenzkodex sind erheblich ausführlicher als die des SDÜ. Sie umfassen viele technische Regelungen, die bisher im Handbuch enthalten waren. Das erklärt sich daraus, dass die Kommission ursprünglich eine Überarbeitung des Handbuches angestrebt hatte, sich aber dann zu einer Zusammenfassung inklusive der seit 1999 hinzugekommenen neuen Bestandteile des grenzbezogenen Schengen-Acquis entschloss. Der Kodex soll nun sowohl die entsprechenden Artikel des SDÜ als auch das Handbuch ablösen, die außer Kraft gesetzt werden. Zusätzlich soll ein Kompendium von „good practices" erstellt werden.

---

37 Richtlinie des Rates vom 29. April 2004 über *die Verpflichtung von Beförderungsunternehmen, Angaben über die beförderten Personen zu übermitteln*, ABl. L 261 v. 6.8.2004.
38 Vorschlag für eine Verordnung des Europäischen Parlaments und des Rates über *einen Gemeinschaftskodex für das Überschreiten der Grenzen durch Personen (Schengener Grenzkodex)*, ursprünglicher Vorschlag der Kommission: Kom (2004) 391, mit Korrekturen, auf die sich Rat, Kommission und Parlament in informellen Gesprächen geeinigt haben: Ratsdokument 10588/05 v. 18.7.2005.

3. Grenzsichernde und grenzüberschreitende Polizeimethoden

Anschließend an die Definition der Richtlinie „über das Recht der Unionsbürger und ihrer Familienangehörigen, sich im Hoheitsgebiet der Mitgliedstaaten frei zu bewegen"[39], unterscheidet der Grenzkodex neu zwischen „Drittstaatsangehörigen", die wie gehabt an den Außengrenzen einer „eingehenden Kontrolle" unterworfen werden, und „Personen, die nach dem Gemeinschaftsrecht Freizügigkeit genießen". Sie müssen in der Regel nur mit einer Mindestkontrolle ihrer Papiere rechnen. Ausnahmen – nämlich eine Abfrage in den nationalen Fahndungssystemen und im SIS – sollen nur „auf nicht-systematischer Grundlage" erfolgen, „um sicherzustellen, dass eine Person keine wirkliche, konkrete und ausreichend ernsthafte Gefahr für die innere Sicherheit, die öffentliche Ordnung, die internationalen Beziehungen oder die öffentliche Gesundheit darstellt" (Art. 6 Abs. 2). Zu diesem begünstigten Personenkreis gehören einerseits BürgerInnen der EU-Mitgliedstaaten sowie der Schengen-Staaten, die nicht der EU angehören (Norwegen, Island, Schweiz) und andererseits deren Nicht-EU-Familienangehörigen. Um diese Trennung von Böcken und Schafen besser zu bewerkstelligen, sollen generell spezielle Fahrspuren oder eigene Kontrollkorridore eingerichtet werden (Art. 8).

Drittstaatsangehörige vs. EU-Freizügigkeitsbegünstigte

An der grundsätzlichen **Sonderbehandlung** für die nun umgetauften DrittausländerInnen ändern auch die vom EP bewirkten Korrekturen nichts. So schreibt ein vom Parlament eingefügter Art. 5a vor, dass die Grenzkontrollen unter „uneingeschränkter Wahrung der Menschenwürde" abzulaufen haben, dass die Verhältnismäßigkeit zu wahren sei und dass keine Diskriminierung „aus Gründen des Geschlechts, der Rasse, der ethnischen Herkunft, der Religion oder der Weltanschauung, einer Behinderung, des Alters oder der sexuellen Ausrichtung" erfolgen dürfe. Die wohlklingenden Worte wirken allerdings geradezu komisch angesichts der Tatsache, dass die systematische Differenzierung zwischen Mindest- und „eingehender" Kontrolle aufgrund der Zugehörigkeit oder nicht zur EU (und ihrem Umkreis) vorgenommen wird – eine Differenzierung, die faktisch nicht ohne die Kriterien der Hautfarbe oder des „ausländischen" Aussehens auskommt.

Fortbestehende Sonderbehandlung

Trotz der großen Worte war das EP nicht einmal fähig festzulegen, dass Durchsuchungen nur von Personen des gleichen Geschlechts durchgeführt werden dürfen. „Soweit die Gelegenheit besteht", können die Kontrollierten immerhin verlangen, dass die **zusätzliche eingehende Kontrolle** – sprich Durchsuchung – in einem nicht öffentlichen Bereich vorgenommen wird (Art 6 Abs. 4). Sie haben ein Anrecht darauf, über Zweck und Verfahren der Kontrolle informiert zu werden. Die entsprechenden Informationen sollen nach Art. 6 Abs. 5 an den Grenzübergängen in allen EG-Amtssprachen und in denen der angrenzenden Staaten verfügbar sein. Diese Information soll auch festhalten, dass die Kontrollierten um den Namen oder die Dienstnummer der betreffenden Beamten sowie die „Bezeichnung der Grenzübergangsstelle und des Datums, an dem die Grenze überschritten wurde, ersuchen" können. Der verquer formulierte Absatz legt allerdings nicht fest, dass die Kontrollierten tatsächlich ein Recht haben, diese Informationen auch zu erhalten und das in einer Form, die für eine Beschwerde tauglich ist – nämlich schriftlich und mit Stempel.

Wenig Rechte bei Kontrollen

---

39 Richtlinie 2004/38/EG v. 29.4.2004.

Teil 6: Europäisierung der Inneren Sicherheit

Einreise-sperren
Nur aufgrund einer begründeten Verfügung kann eine **Einreisesperre** ausgesprochen werden (Art. 11). Diese Verfügung ist dem bzw. der Betroffenen auszuhändigen. Dafür sieht der Kodex ein Standardformular vor. Die Betroffenen haben ein Beschwerderecht, das sich aber nach einzelstaatlichem Recht richtet. Die Beschwerde hat aber keine aufschiebende Wirkung. Sie muss also aus dem Ausland eingereicht werden, was den ganzen Prozess erschwert und kostspieliger macht. Gemeinsam mit der Verfügung abgegeben werden schriftliche Angaben über Kontaktstellen, die einen Rechtsbeistand für eine Beschwerde oder für die Aufhebung der Einreisesperre vermitteln können. Erweist sich aufgrund der Beschwerde, dass die Einreiseverweigerung unbegründet war, dann haben die Betroffenen ein Recht darauf, dass die entsprechenden Einträge in ihren Dokumenten berichtigt werden. Eine Entschädigung erhalten sie allerdings nur, wenn das jeweilige nationale Recht des Mitgliedstaates dies vorsieht.

Grenzkontrolle und Grenzüberwachung
Schon das SDÜ differenzierte zwischen der Kontrolle des grenzüberschreitenden Verkehrs und der Überwachung der Außengrenze. Nach Art. 3 dürfen die Grenzen nur an den Übergängen und auch nur während der dafür festgesetzten Zeiten überschritten werden. Art. 6 Abs. 3 schreibt den „zuständigen Behörden" der Schengen-Staaten vor, auch den **zwischen den Übergängen liegenden Grenzverlauf** „durch Streifen" zu überwachen. „Die Überwachung ist in einer Weise durchzuführen, dass kein Anreiz für die Umgehung der Kontrollen an den Grenzübergangsstellen entsteht." Die Vertragsstaaten sollten dazu die entsprechenden Kräfte zur Verfügung stellen.

Zweck der Überwachung
Der einschlägige Art. 10 des Grenzkodex ist zwar wiederum erheblich ausführlicher als die SDÜ-Regelungen, beinhaltet aber keine inhaltliche Veränderung. Er definiert zunächst den **Zweck der Überwachung**, nämlich „insbesondere die Verhinderung des unbefugten Grenzübertritts, die Bekämpfung der grenzüberschreitenden Kriminalität und die Durchführung oder Veranlassung von Maßnahmen gegen illegal eingereiste Personen". Statt nur von „Streifen" ist nun von „stationär postierten und mobilen Kräften" die Rede. Erhalten blieb auch die Verpflichtung zum Einsatz einer genügenden Zahl von Beamten. Entsprechend seines stärker technisch ausgerichteten Charakters schreibt der Kodex auch den nicht vorhersehbaren Wechsel der Überwachungszeiten u.ä.m. fest. Auch die Verwendung „technischer – einschließlich elektronischer – Mittel" ist eigens vorgesehen. Welches diese Mittel sind, bleibt allerdings offen für die Praxis der Mitgliedstaaten und die Weiterentwicklung durch den Rat.

Aufrüstung der Grenzen
An diesen rechtlichen Formeln lässt sich die **Aufrüstung der Grenzen** kaum ablesen. Weder geht daraus der technische Aufwand hervor, den sich die Mitgliedstaaten vor allem bei der Überwachung der „grünen" und „blauen" Grenze leisten[40], noch die Beteiligung militärischer Apparate an der Grenzüberwachung und auch nicht die **Vorverlagerung der Grenzen in die Herkunfts- und Transitstaaten** von Einwanderern und Flüchtlingen (etwa durch die Entsendung von Verbindungsbeamten und „Dokumentenberatern")[41]. Mit dem Aufbau eines **EU-Grenzschutzkorps** lässt sich die Union

---

40 *Holzberger*, CILIP 79 (3/2004), 69-76.
41 *Holzberger*, CILIP 75 (2/2003), 57-65; die Entsendung von Immigration Liaison Officers (ILO) erfolgte zunächst in nationaler Verantwortung. Der *Plan für den Grenzschutz an den Außengrenzen der Mitgliedstaaten* (Ratsdokument 10019/02 v. 14.6.2002) empfahl gestützt auf ein Pilotprojekt in der

3. Grenzsichernde und grenzüberschreitende Polizeimethoden

nach wie vor Zeit. Mit den vor allem seit der spanischen Präsidentschaft im ersten Halbjahr 2002 entworfenen Plänen für einen **„integrierten Grenzschutz"**[42] geht die EU allerdings kontinuierlich auf dieses Ziel zu: durch gemeinsame grenzpolizeiliche Aktionen, durch einen verstärkten Austausch zwischen den Grenzpolizeien und durch die Einrichtung von Koordinationsmechanismen[43]. Ob die per Verordnung vom Oktober 2004 eingerichtete „Europäische Agentur für die operative Zusammenarbeit an den Außengrenzen der Mitgliedstaaten"[44] den Nukleus für ein EU-Grenzschutzkorps darstellt, bleibt abzuwarten.

An den rechtlichen Regeln zur Grenzkontrolle und -überwachung ebenfalls nicht ersichtlich sind die Folgen dieser Aufrüstung und Vorverlagerung der Außengrenzen für die Betroffenen, insbesondere für jene, die in einem EU-Staat ein **Asylgesuch** stellen wollen: Sowohl das SDÜ als auch der Grenzkodex lassen die Verpflichtungen nach der Genfer Flüchtlingskonvention „unberührt". Die Genfer Konvention erlaubt Flüchtlingen zwar, die Grenzen der Signatarstaaten auch heimlich zu passieren, die Definition „sicherer" Drittstaaten – national und demnächst gestützt auf die Asylverfahrensrichtlinie EU-weit – bewirken aber, dass Asylanträge zumindest derjenigen, die über die Landaußengrenzen in einen EU-Staat gekommen sind, keine Chancen mehr haben[45]

Asylrecht „unberührt"

3.1.2. Kontrolle der Binnengrenzen – die Regel hinter der Ausnahme

„Die Binnengrenzen dürfen an jeder Stelle ohne Personenkontrollen überschritten werden." Dieser erste und einzige Satz des Art. 2 Abs. 1 SDÜ scheint bezogen auf die Rechte von Personen die konkrete Ausformulierung der Definition des Binnenmarktes als eines „Raumes ohne Binnengrenzen". Das **Recht des kontrollfreien Überschreitens der Binnengrenzen** gilt für alle, d.h. auch für Drittstaatsangehörige. Mit dem Schengen-Protokoll ist dieser Normalfall ins EU-Recht überführt worden, d.h. er gilt im Prinzip für alle EU-Staaten mit Ausnahme des Vereinigten Königreichs und Irlands, die wie bereits ausgeführt ihre opt-out-Rechte wahrgenommen haben. Für die 2004 der EU beigetretenen zehn Staaten ist die Regelung zwar verbindlich, sie tritt allerdings erst in Kraft, wenn der Rat einen entsprechenden einstimmigen Beschluss getroffen

Recht auf Kontrollfreiheit

„westlichen Balkanregion" die Errichtung eines gemeinsamen Netzes von ILOs der Mitgliedstaaten im Ausland, siehe ferner den *Gesamtplan zur Bekämpfung der illegalen Einwanderung und des Menschenhandels*, Ratsdokument 6621/1/02 v. 27.2.2002. Während das SDÜ in Art. 7 und 47 nur die Entsendung von Verbindungsbeamten zwischen den Schengen-Staaten vorsieht, propagiert der am 27. Mai 2005 von sieben EU-Staaten unterzeichnete Vertrag von Prüm in Art. 20-22 die Entsendung von „Dokumentenberatern" in Drittstaaten. Diese sollen nicht nur die Beförderungsunternehmen, sondern auch die Polizei- und Grenzschutzbehörden ihres Gastlandes schulen und über ein Netz von nationalen Kontaktstellen grenzschutzrelevante Informationen unter den Vertragsstaaten austauschen.

42 Siehe neben dem Außengrenzenplan des Rates die Mitteilung der Kommission: *Auf dem Weg zu einem integrierten Grenzschutz an den Außengrenzen der EU-Mitgliedstaaten*, Kom (2002) 233 endg. v. 7.5.2002.
43 *Holzberger*, CILIP 73 (3/2002), 10-16.
44 Verordnung (EG) 2007/2004 v. 26.10.2004 zur *Errichtung einer Europäischen Agentur[...]*, ABl. L 349 v. 25.11.2004.
45 Richtlinie 2005/85/EG des Rates v. 1.12.2005 über *Mindestnormen für Verfahren in den Mitgliedstaaten zur Zuerkennung und Aberkennung der Flüchtlingseigenschaft*, ABl. L 326 v. 13.12.2005.

hat. D.h. die Binnengrenzen zu den neuen EU-Staaten und zwischen ihnen werden vorerst weiter kontrolliert.

Ersatzkontrollen, Schleierfahndung

Nicht von der Aufhebung der Binnengrenzkontrollen berührt ist nach Abs. 3 die **„Ausübung der Polizeibefugnisse"** nach nationalem Recht „im gesamten Hoheitsgebiet". Das Abkommen hat damit eine Regelung geschaffen, die faktisch die Einführung von **Ersatzkontrollen** im Hinterland der Binnengrenzen erlaubte. Dass es bei der deutschen **Schleierfahndung** um Ersatzkontrollen geht, wurde bereits im Dezember 1994 deutlich, als Bayern seine Landespolizei zu „verdachts- und ereignisunabhängigen" Kontrollen ermächtigte. Die neue Befugnis wurde mit dem bevorstehenden Beitritt Österreichs zur EU und zu Schengen begründet. Deutschland ist soweit ersichtlich der einzige Schengen-Staat, der diese Hinterland-Kontrollen eigens verrechtlicht hat. Frankreich und Spanien können sich dagegen schlicht auf die jeweils im gesamten Hoheitsgebiet geltende Ausweistragepflicht berufen.

Wiedereinführung der Grenzkontrollen

Art. 2 SDÜ ermöglicht aber nicht nur das Schlupfloch der Kontrollen nach nationalem Recht hinter der Grenzlinie, sondern erlaubt es in Abs. 2 jedem Schengen-Staat, die **Grenzkontrollen „für einen begrenzten Zeitraum" wieder einzuführen**, „wenn die öffentliche Ordnung oder die nationale Sicherheit es ... erfordern." Der betreffende Staat trifft diese Entscheidung alleine: Er braucht nicht die Zustimmung der anderen Schengen-Staaten, sondern muss diese nur konsultieren bzw. im Eilfall nachträglich unterrichten. Dabei muss er gemäß einem Beschluss des Schengener Exekutivausschusses vom Dezember 1995

– die „Ereignisse, die eine Gefahr für die öffentliche Ordnung oder die nationale Sicherheit darstellen" erläutern,

– mitteilen, wie lange der Zeitraum dauern soll und ob die Kontrollen an allen oder nur an einem Teil der Staatsgrenzen wieder aufgenommen werden sollen und schließlich

– erklären, was er „von einigen bzw. allen anderen Staaten zur Vermeidung der Wiedereinführung der Kontrollen bzw. – bei erfolgter Wiedereinführung – zur Ergänzung der von ihm selbst getroffenen Maßnahmen erwartet."

Unbestimmte Rechtsbegriffe

Dasselbe Verfahren der Konsultation gilt, wenn der Kontrollzeitraum erneut verlängert werden soll. Tatsächlich hat weder der Exekutivausschuss noch ab 1999 der Rat versucht, die Ausnahmeregelung tatsächlich zu einer Ausnahme zu machen und die Begriffe „öffentliche Ordnung" und „nationale Sicherheit" näher zu definieren. Dass es sich dabei um **unbestimmte Rechtsbegriffe par excellence** handelt, muss nicht näher erläutert werden. Die auf den Art. 2 Abs. 2 gestützte Praxis zeigt, wie beliebig die Regierungen mit diesen Begriffen umgegangen sind: Bereits am Tag der Inkraftsetzung des SDÜ zwischen zunächst sieben Staaten machte **Frankreich** von der Ausnahmeklausel Gebrauch. Grund dafür war eine Serie von Anschlägen, für die teils integristische Gruppierungen aus Algerien, teils in Frankreich ansässige algerische Immigranten verantwortlich gemacht wurden. Die Schwere der Anschläge mag zwar als „Gefahr für die nationale Sicherheit" interpretiert werden. Was die Kontrollen an den Binnengrenzen zur Abwehr dieser Gefahr beitragen sollten, blieb unklar. Nachdem ein mutmaßlich Verantwortlicher der Anschläge bei der Festnahme erschossen worden war, führte Frankreich nur noch die Kontrollen an den Grenzen zu Belgien und Luxemburg fort –

3. Grenzsichernde und grenzüberschreitende Polizeimethoden

allerdings mit einer anderen Begründung: Durch die beiden Benelux-Staaten verliefen die Transit-Routen für die in den Niederlanden leicht erhältlichen Drogen. Frankreich ist aber keineswegs der einzige Staat, der den Art. 2 Abs. 2 nach Gutdünken nutzte. Nachdem an den **italienischen** Südküsten im Herbst 1996 Schiffe mit kurdischen Flüchtlingen aus dem Irak gestrandet waren, verzögerte Deutschland die Aufhebung der Binnengrenzkontrollen gegenüber den Schengen-Neulingen Österreich und Italien um mehrere Monate. Der **spanische Staat** ließ – zumindest im Frühjahr 2004 – Reisende im Bahnverkehr, die am katalanischen Grenzbahnhof Port Bou auf den Regionalverkehr umstiegen, kontrollieren. Nach Aussage der kontrollierenden Beamten der Guardia Civil sollte damit die illegale Einwanderung aus Osteuropa gestoppt werden.

Während die einzelstaatliche Praxis vollkommen beliebig erscheint, erweist sich die **gemeinsame Praxis** der Mitgliedstaaten dafür als umso systematischer. Die Wiedereinführung der Binnengrenzkontrollen gehört zum festen Repertoire der polizeilichen Zusammenarbeit anlässlich von größeren **Demonstrationen und Fußballspielen** mit internationalem Bezug. Im Juli 2001 nahm der Rat „Schlussfolgerungen" zur „Sicherheit der Tagungen des Europäischen Rates und anderer Veranstaltungen von vergleichbarer Tragweite" an, in denen er den Mitgliedstaaten empfahl „sofern dies unerlässlich ist" auf die Ausnahmeklausel des Art. 2 Abs. 2 SDÜ zurückzugreifen[46]. Gestützt auf diese Entschließung erarbeitete die Polizeiarbeitsgruppe des Rates einen „Leitfaden für die Sicherheit von internationalen Veranstaltungen", der unter IV.2 „Maßnahmen in Bezug auf den Grenzübertritt" auflistet[47]. Die Wiederaufnahme der Kontrollen an den Binnengrenzen wird darin als „nützliches Instrument" dargestellt, um „Einzelpersonen oder Gruppen, die eine Gefahr für die öffentliche Sicherheit und Ordnung darstellen, daran zu hindern, an den Veranstaltungsort zu reisen." Die Mitgliedstaaten könnten „eine flexible, gemeinsame Grenzregelung anwenden und die polizeilichen Maßnahmen in den Grenzregionen nach Maßgabe der konkreten Lage oder Bedrohung verstärken." Schon lange vor der Veranstaltung sollten die „notwendigen Vorkehrungen für eine rasche und wirksame Durchführung etwaiger Ausweisungsmaßnahmen getroffen werden." Diese Praxis stützt sich auf Vorschriften aus dem Jahre 1964, die auch die Ausweisung von BürgerInnen der Gemeinschaft aus Gründen der „öffentlichen Ordnung, Sicherheit und Gesundheit" umfassen[48].

Demonstrationen und Fußballspiele

3.1.3 Grenzkodex: Bestätigung der bestehenden Praxis

Die Frage der Ersatzkontrollen im Inland sowie der Wiedereinführung von Kontrollen an den Binnengrenzen bildete seit langem einen Streitpunkt insbesondere zwischen dem Europäischen Parlament und dem Rat. Es ist deshalb umso ärgerlicher, dass das Parla-

Grenzkodex – schöne Worte

---

46 Ratsdokument 10916/01 v. 16.7.2001, siehe auch eine entsprechende Entschließung v. 4.11.2003 (Ratsdokument 13915/03).
47 Ratsdokument 12637/3/02 v. 12.11.2002.
48 ABl. 56 v. 4.4.1964, S. 850 zit. in: Entschließung über *die Sicherheit der Tagungen des Europäischen Rates und anderer Veranstaltungen von vergleichbarer Tragweite*, Ratsdokument 13915/03 v. 4.11.2003; ob diese Regelung vor dem Hintergrund des Binnenmarktes noch haltbar ist, dürfte sehr zu bezweifeln sein.

Teil 6: Europäisierung der Inneren Sicherheit

ment bei der Debatte um den Grenzkodex auch hier nicht bereit und in der Lage war, etwas zu ändern. Seine Leistung besteht wiederum nur in der Einfügung schöner Worte.

Art. 18 des Kodex bestätigt, dass das Recht des kontrollfreien Überschreitens der Binnengrenzen unabhängig davon gilt, „welches die Staatsangehörigkeit der betroffenen Personen ist." Art. 19 hält fest, was von der „Abschaffung der grenzpolizeilichen Maßnahmen an den Binnengrenzen" nicht berührt sein soll, nämlich in erster Linie die Ausübung der Polizeibefugnisse nach innerstaatlichem Recht, „sofern die Ausübung solcher Befugnisse nicht die gleiche Wirkung wie Grenzkontrollen hat; dies gilt auch in den Grenzregionen."

Vergrenzung des Inlands

Der Unterschied zwischen Grenzkontrollen und Kontrollen im Inland besteht nach dieser Definition nicht mehr darin, dass an der Grenze unabhängig von jeglichem Verdacht oder sonstigem Anlass jede Person kontrolliert werden kann, während im Inland grundsätzlich Bewegungsfreiheit herrscht, die eine Identitätsfeststellung und nachfolgende Maßnahmen nur bei Vorliegen eines konkreten Verdachts oder einer konkreten Gefahr für die öffentliche Sicherheit und Ordnung zulässt. Die EU sanktioniert damit die in den Mitgliedstaaten zwischenzeitlich vorgenommene **„Vergrenzung" des Inlands**. Was das konkret heißen soll, erklärt der Artikel 19 Buchstabe a in der Folge mit einer Auflistung:

– Kontrollen im Hinterland dürfen (1) keine grenzpolizeiliche Maßnahmen zum Ziel haben. Wenn die traditionelle liberale Unterscheidung zwischen verdachtsunabhängigen Grenzkontrollen einerseits und nur verdachtsabhängigen oder auf Gefahren bezogene Kontrollen im Inland andererseits wegfällt, bleibt als spezifische grenzpolizeiliche Maßnahme nur die Zurückweisung an der Grenze wegen fehlender Visa o. dgl.

– Inlandskontrollen müssen (3) „in einer Weise geplant und durchgeführt werden, die sich eindeutig von systematischen Personenkontrollen an den Außengrenzen unterscheidet"; das heißt in erster Linie, dass sie (4) „anhand von Stichproben durchgeführt werden". Das ist bei Kontrollen im Inland fast nicht anders möglich.

– Inlandskontrollen müssen (2) „auf allgemeinen polizeilichen Informationen und Erfahrungen in Bezug auf mögliche Bedrohungen der öffentlichen Sicherheit beruhen und insbesondere auf die Bekämpfung der grenzüberschreitenden Kriminalität abzielen". Damit paraphrasiert der Grenzkodex die Definition der Schleierfahndung im Polizeigesetz von Mecklenburg-Vorpommern, das die verdachtsunabhängigen Kontrollen an allgemeine polizeiliche Lageerkenntnisse bindet.

– Buchstabe c nimmt schließlich Bezug auf die Ausweis- bzw. Ausweistragepflicht, d.h. „die den Mitgliedstaaten eingeräumte Möglichkeit, in ihren Rechtsvorschriften die Verpflichtung zum Besitz oder Mitführen von Urkunden oder Bescheinigungen vorzusehen".

Ebenso „unberührt" bleibt die schon im SDÜ (Art. 22) enthaltene (Hotel-)Meldepflicht für Drittstaatsangehörige (Buchst. d) und die Durchführung von Sicherheitskontrollen in Flug- und Seehäfen – und zwar sowohl durch die „zuständigen Behörden" als auch durch die Beförderungsunternehmen.

Wiedereinführung von Kontrollen

Eine Niederlage hat das Parlament nicht nur hinsichtlich der Inlandskontrollen, sondern auch im Falle der temporären Wiedereinführung der Binnengrenzkontrollen hinnehmen müssen. Art. 19 a verlangt in Satz 1 von den Mitgliedstaaten „alle Hindernisse

3. Grenzsichernde und grenzüberschreitende Polizeimethoden

für den flüssigen Verkehr an den Straßenübergängen" zu beseitigen, und schiebt in Satz 2 gleich die Verpflichtung nach, im Falle der **Wiedereinführung von Kontrollen** „Abfertigungsanlagen" einrichten zu können. Nach Art. 25 sollen die wieder eingeführten Binnengrenzkontrollen nach demselben Muster wie die Kontrollen an den Außengrenzen ablaufen. Die Bedingung dafür ist nunmehr eine „schwerwiegende Bedrohung der öffentlichen Ordnung" oder der von der nationalen zur „inneren" mutierten Sicherheit. Was als schwerwiegend zu verstehen ist, geht aus dem Text des Art. 20 nicht hervor. Der jeweilige Mitgliedstaat kann die Kontrollen „für einen Zeitraum von höchstens dreißig Tagen" oder, falls die Bedrohung vorhersehbar länger dauert, bis zu deren Ende praktizieren.

Bei vorhersehbaren Bedrohungen (Art. 21) müssen „mindestens 15 Tage" vor Einführung der Kontrollen Konsultationen im Rat anberaumt werden. Der betreffende Mitgliedstaat muss wie bereits zuvor eine Begründung liefern, angeben wie lange und an welchen Grenzabschnitten kontrolliert werden soll und welche Übergänge zugelassen sind und „gegebenenfalls die von den anderen Mitgliedstaaten zu treffenden Maßnahmen" benennen. Die noch im Beschluss von 1995 enthaltene Illusion, dass diese letzteren Angaben dazu dienen würden, die Wiedereinführung der Kontrollen zu vermeiden, ist realistischerweise gestrichen worden.

Verfahren der Konsultation

Die Kommission kann zu den Begründungen des Mitgliedstaates zu Händen des Rates eine Stellungnahme abgeben. Die Konsultationen sollen dazu dienen, „gegebenenfalls eine Zusammenarbeit zwischen den Mitgliedstaaten zu organisieren und zu prüfen, ob die Maßnahmen im Verhältnis zu dem Ereignis stehen, das der Anlass für die Wiedereinführung grenzpolizeilicher Maßnahmen ist, sowie die für die öffentliche Ordnung oder die innere Sicherheit bestehenden Bedrohungen zu untersuchen." Weder die Kommission noch der Rat können aber – selbst wenn sie dies wollten – den Mitgliedstaat dazu zwingen, auf die Wiedereinführung oder die Verlängerung (Art. 22) der Kontrollen zu verzichten. Im Eilfall kann der betreffende Staat auch ohne vorherige Konsultation handeln, er muss dann wie bisher die Informationen nachliefern.

Als ebenso wirkungslos ist die neu in Art. 24 vorgesehene Verpflichtung des Mitgliedstaates oder des Rates ausgestaltet, das Europäische Parlament „so schnell wie möglich" zu unterrichten. Ab der dritten Verlängerung kann das Parlament von dem Mitgliedstaat einen Bericht verlangen. Sowohl dieser als auch der reguläre Abschlussbericht nach Art. 26 werden letzten Endes für den Papierkorb der parlamentarischen Diskussion produziert. Diese wird vollends absurd, wenn nach Art. 28 der Rat, die Kommission und das Parlament auf Antrag des jeweiligen Staates dazu gezwungen werden können, die „Angaben, die in Verbindung mit der Wiedereinführung oder Verlängerung grenzpolizeilicher Maßnahmen" gemacht werden, sowie die des entsprechenden Berichtes vertraulich zu behandeln.

Bericht an das EP

3.2. Grenzüberschreitende Methoden

Das 1990 unterzeichnete SDÜ bildet den Auftakt für die Verrechtlichung einer Vielzahl von grenzüberschreitenden Handlungsformen der Polizei. Grundsätzlich geht es dabei einerseits um das offene Auftreten von PolizeibeamtInnen auf der jeweils ande-

Offen und verdeckt

ren Seite einer Staatsgrenze. Das SDÜ legte hier nur die Grundlage für die so genannte Nacheile, die Verfolgung von entflohenen Gefangenen oder Personen, die auf frischer Tat angetroffen wurden. Andererseits bezog sich der Verrechtlichungsprozess auf die diversen verdeckten Methoden – von der Observation bis hin zum Einsatz verdeckter Ermittler und zur Überwachung der Telekommunikation.

Rechtsquellen

Beide Bereiche sind in den seitdem vergangenen fünfzehn Jahren nicht nur praktisch, sondern auch rechtlich ausgedehnt und ausdifferenziert worden. Ein Überblick über die Entwicklung des Rechts der grenzüberschreitenden Polizeimethoden wird sich neben dem SDÜ befassen müssen mit

- dem Rechtshilfeübereinkommen zwischen den EU-Mitgliedstaaten und seinem Nachhall im zweiten Zusatzprotokoll zum Europarats-Übereinkommen über die Rechtshilfe in Strafsachen
- dem Neapel-II-Übereinkommen über die Zollamtshilfe zwischen den Mitgliedstaaten der EU
- den diversen bilateralen Verträgen über die polizeiliche und strafrechtliche Kooperation zwischen EU-Staaten oder zwischen EU- und Drittstaaten wie insbesondere der Schweiz
- diversen Weiterentwicklungen des Schengen-Besitzstandes durch Beschlüsse des Rates und Vorlagen der Kommission sowie
- den Vertrag von Prüm zwischen sieben EU-Staaten.

3.2.1. Von der Nacheile zur Vornahme polizeilicher Handlungen auf der anderen Seite der Grenze

Nacheile: scheinbare Ausnahmeregelung

Der Einsatz verdeckter polizeilicher Ermittlungsmethoden mag wegen seiner Unsichtbarkeit ein erheblich gravierenderer Eingriff in die Rechte und Freiheiten der Betroffenen sein, der Einsatz uniformierter Beamter eines anderen Staates ist jedoch das **sichtbare Symbol für die Aufgabe von einzelstaatlichen Souveränitätsansprüchen** gegenüber einer als gemeinsam verstandenen „Kriminalitätsbekämpfung". Es ist deshalb kein Zufall, dass die VerhandlerInnen der fünf ursprünglichen Schengen-Staaten viel länger mit den Regelungen über die grenzüberschreitende **Nacheile** als mit denen zur grenzüberschreitenden Observation beschäftigt waren. Das SDÜ ist das erste Abkommen, das es der Polizei erlaubt, Personen über staatliche Grenzen hinweg zu verfolgen – und zwar, wenn sie auf frischer Tat bei der Begehung oder Teilnahme an einer Straftat angetroffen wurden oder wenn sie aus der Straf- oder Untersuchungshaft geflohen sind. Die grenzüberschreitende Nacheile ist in Art. 41 SDÜ nur **als Ausnahme konzipiert**. Voraussetzung ist, dass „die zuständigen Behörden der anderen Vertragspartei nicht zuvor [...] unterrichtet werden konnten oder nicht rechtzeitig zur Stelle sind, um die Verfolgung zu übernehmen." Wie umstritten diese Aufgabe von Souveränitätsansprüchen war, zeigt sich daran, dass der Artikel nicht eine gemeinsame Regelung enthält, sondern eine Reihe von Alternativen, unter denen die Vertragsstaaten auswählen müssen (Art. 41 Abs. 2-4). Durch die Abgabe einer Erklärung bei Unterzeichnung des Abkommens sollten sie sich festlegen

3. Grenzsichernde und grenzüberschreitende Polizeimethoden

- ob sie die Nacheile bei allen auslieferungsfähigen Straftaten oder nur bei einem Katalog von ausgewählten Delikten und Deliktbereichen zulassen wollen[49],
- ob die Verfolgung hinter der Grenze räumlich und zeitlich unbegrenzt oder nur in bestimmten Limiten weitergehen soll,
- ob sie den Beamten des Nachbarstaates ein Festhalterecht bis zum Eintreffen der eigenen Polizei bzw. zur Übergabe der verfolgten Person einräumen wollen oder nicht. Im ersteren Falle können die Polizisten der anderen Seite eine „Sicherheitsdurchsuchung" der betreffenden Person vornehmen, ihr Handfesseln anlegen und mitgeführte Gegenstände sicherstellen (Abs. 5 Bst. f)

Die Behörden des Gebietsstaates, d.h. des Staates, auf dessen Territorium die Verfolgung fortgesetzt wird, müssen spätestens beim Überschreiten der Grenze informiert werden. Sie können zu jedem Zeitpunkt die Einstellung der Verfolgung verlangen. Die Polizei der anderen Seite muss nach Abschluss der Aktion Bericht erstatten, die eingesetzten Beamten können befragt werden. Sie müssen bei ihrem Einsatz klar erkennbar sein. Es ist ihnen untersagt, private Wohnungen oder öffentlich nicht zugängliche Grundstücke zu betreten. Sie dürfen ihre Waffen zwar mit sich führen, aber nur zur Notwehr einsetzen. *Informations- und Berichtspflichten*

Die hier festgesetzten Regeln drücken in erster Linie die Vorsicht gegenüber den fremden Polizeibeamten aus. Ihr Zweck ist **nicht in erster Linie der Schutz der betreffenden Person**. Hierzu lässt sich nur der Absatz 6 des Artikels aus: Wenn diese Person von der Polizei des Gebietsstaates festgenommen wird, dann kann sie in jedem Falle „zum Zwecke der Vernehmung" weiter festgehalten werden. Zur Dauer der Festnahme enthält der Absatz nur Regelungen hinsichtlich der Personen, die nicht die Staatsangehörigkeit des Gebietsstaates haben: Sie dürfen bis zu 15 Stunden festgehalten werden (sechs Stunden, wobei die Zeit zwischen Mitternacht und neun Uhr nicht zählt). Eine Verlängerung ist möglich, wenn innerhalb dieser Frist ein „Ersuchen gleich in welcher Form um vorläufige Festnahme zum Zwecke der Auslieferung" vorgelegt wird. Die besondere Regelung für Personen, die nicht die Staatsangehörigkeit des Gebietsstaates haben, ergibt sich aus dem Umstand, dass – vor dem Inkrafttreten des Rahmenbeschlusses über den EU-Haftbefehl – nur die Auslieferung fremder Staatsangehöriger möglich war. Spätere Regelungen in bilateralen Abkommen, die an das SDÜ anschließen, machen deutlich, dass die nationalen Bestimmungen des Gebietsstaates betreffend Festnahme und Haftanordnung von dieser Regelung nicht berührt werden[50]. Die Festnahmeregelung reduziert sich damit auf die Frage, bis wann ein vorläufiges Auslieferungsersuchen einzureichen ist. *Rechtsschutz nachrangig*

---

49 Art. 41 Abs. 4 a: Mord, Totschlag, Vergewaltigung, Vorsätzliche Brandstiftung, Falschmünzerei, Schwerer Diebstahl, Hehlerei und Raub, Erpressung, Entführung und Geiselnahme, Menschenhandel, Betäubungsmitteldelikte, Waffen- und Sprengstoffdelikte, unerlaubter Verkehr mit giftigen und schädlichen Abfällen, Fahrerflucht nach einem Unfall mit schwerer Körperverletzung oder Todesfolge.
50 Typisch etwa Art. 16 Abs. 5 des Vertrages zwischen der Schweizerischen Eidgenossenschaft und der Bundesrepublik Deutschland *über die grenzüberschreitende polizeiliche und justizielle Zusammenarbeit* (Schweizerisch-deutscher Polizeivertrag) v. 27.4.1999, Systematische Sammlung des (schweizerischen) Bundesrechts 0.360.136.1 (elektronisch unter http://www.admin.ch/ch/d/sr/sr.html).

Teil 6: Europäisierung der Inneren Sicherheit

Deutschland hat sich schon während der Verhandlung über das SDÜ um eine möglichst weitgehende Regelung der Nacheile bemüht und wählte denn auch bei Unterzeichnung des Abkommens die offenste der möglichen Varianten[51]. Darüber hinaus bemühten sich die aufeinander folgenden Bundesregierungen, die Möglichkeiten grenzüberschreitenden Polizeihandelns auszudehnen.

Sonstige grenznahe Kooperation

In einer ersten Serie von bilateralen Abkommen mit den Schengener Nachbarstaaten – vor 1999 – stand dabei vor allem der Ausbau der **grenznahen Kooperationsmöglichkeiten** unterhalb der Ebene des völkerrechtlichen Vertrages im Vordergrund: Diese waren zum Teil bereits im SDÜ vorgesehen wie der Austausch von **Verbindungsbeamten** und die Einrichtung direkter Wege der Kommunikation. Die im SDÜ in Aussicht gestellte Schaffung eines EU-weiten **digitalen Funksystems** scheiterte allerdings an der Entscheidung Frankreichs für den von der französischen Firma Matra entwickelten Digitalfunkstandard Tetrapol und an den enormen Kosten einer flächendeckenden Einführung des Digitalfunks[52]. Es blieb beim Austausch von Funkgeräten im grenznahen Raum. Nicht im SDÜ vorgesehen war die Einrichtung **gemeinsamer Kommissariate** an der Grenze, die mittlerweile zum Standard der grenznahen polizeilichen Kooperation gehört. Diese Kommissariate haben die Funktion eines Transmissionsriemens für den Informationsaustausch und für die Koordination insbesondere im Eilfalle. Die dort arbeitenden Beamten haben im jeweils anderen Staat keine hoheitlichen Befugnisse. Die erste Institution dieser Art entstand 1995 an der Europa-Brücke zwischen Kehl und Strasbourg.

Deutsch-schweizerischer Polizeivertrag

Bezeichnenderweise brachte der **Polizeivertrag mit dem (damaligen) Nicht-Schengen-Staat Schweiz** den Durchbruch zu weitergehenden Regelungen (nicht nur im Bereich der verdeckten Methoden, siehe unten, sondern auch) hinsichtlich der Nacheile und anderer offener Formen des grenzüberschreitenden Polizeieinsatzes. Bezeichnend ist dies zum einen, weil ein Schengen-Beitritt der Schweiz zu diesem Zeitpunkt unmöglich erschien und die Schweiz daher an einer möglichst weitgehenden Annäherung an ihre Schengener Nachbarn interessiert war. Der Bundesrat (Landesregierung) strebte deshalb umfassende Polizeiabkommen mit allen vier Nachbarstaaten an, die im Falle Frankreichs und Italiens weitgehend die Schengener Regelungen nachbildeten. Deutschland und Österreich konnten mit der willigen Regierung des Kleinstaats Schweiz das Muster entsprechender Regelungen im EU-Rahmen durchsetzen[53].

Ausgeweitete Nacheile-Befugnis

Hinsichtlich der Nacheile geht Art. 16 des Vertrages über die weiteste der Schengener Alternativen hinaus. Eine Verfolgung jenseits der Grenze ist erlaubt,
- wenn eine Person bei der Begehung oder Teilnahme an einer auslieferungsfähigen Straftat angetroffen wird – das entspricht Art. 41 Abs. 4 Alternative b SDÜ –,
- wenn sie aus der Straf- oder U-Haft (entspricht Art. 41 Abs. 1 SDÜ) oder aus einem psychiatrischen Krankenhaus, aus der Sicherungsverwahrung oder irgendeinem anderen amtlichen Gewahrsam entflohen ist oder

---

51 Keine zeitliche oder räumliche Begrenzung, Anwendbarkeit auf sämtliche auslieferungsfähigen Delikte, Festhalterecht, BGBl. II 1993, S. 1093.
52 *Stolle*, CILIP 76 (3/2003), 20-27.
53 *Eisel*, Kriminalistik 11/2000, 706-710; *Busch*, CILIP 69 (2/2001), 43-47.

3. Grenzsichernde und grenzüberschreitende Polizeimethoden

– wenn sie „sich der Grenzkontrolle oder innerhalb eines Gebiets von 30 Kilometern entlang der Grenze einer polizeilichen Kontrolle zum Zwecke der Bekämpfung der grenzüberschreitenden Kriminalität oder der Fahndung nach Straftätern entzieht". Diese nicht im SDÜ vorgesehene Regelung knüpft damit gleich an die Praxis der Schleierfahndung an. Wer sich nicht kontrollieren lässt, gilt damit als verdächtig.

Die Nacheile ist ohne zeitliche und räumliche Begrenzung möglich (wie in Art. 41 Abs. 3 Alternative b SDÜ). Die Beamten der jeweils anderen Seite haben ein Festhalterecht (wie in Art. 41 Abs. 2 Alternative b SDÜ). Sie dürfen zwar keine Wohnungen oder verschlossene Grundstücke betreten. Die Vertragsparteien legen jedoch fest, dass „**Arbeits-, Betriebs- und Geschäftsräume**" während der Öffnungszeiten von diesem Verbot ausgenommen sind.

<small>Arbeits-, Betriebs- und Geschäftsräume</small>

Die Nacheile ist nach diesem Vertrag aber nicht die einzige Handlungsform, bei der PolizeibeamtInnen auf dem Territorium der anderen Vertragspartei agieren können:

<small>Bis zu hoheitlichen Befugnissen</small>

– Neben den gemischt besetzten Kommissariaten an der Grenze (Art 23) sieht Art. 20 **gemeinsame Arbeitsformen** vor: gemischte Streifen, gemischt besetzte Kontroll-, Observations-, und Ermittlungsgruppen, bei denen die Beamten nur hoheitliche Befugnisse auf ihrer jeweiligen Seite ausüben. Praktisch sind solche gemeinsamen Aktivitäten u.a. bei der Schleierfahndung auf beiden Seiten üblich.
– Art. 21 regelt den fach- und aufgabenspezifischen **Austausch von Beamten** und deren Beteiligung an der polizeilichen Arbeit des Gebietsstaats – ohne hoheitliche Befugnisse.
– Art. 22 sieht vor, dass „bei Vorliegen dringender Bedürfnisse" Beamte der anderen Seite auch **mit hoheitlichen Befugnissen** handeln dürfen. Sie sind dabei jeweils den Behörden des Gebietsstaats unterstellt. Ein „dringendes Bedürfnis" ist nach Abs. 3 im Bereich der Gefahrenabwehr gegeben, wenn „erforderliche" polizeiliche Maßnahmen „vereitelt oder ernsthaft gefährdet", im Bereich der Strafverfolgung, wenn „die Ermittlungen aussichtslos oder wesentlich erschwert" wären.
– Art. 24 sieht bei **„Großereignissen"**, also u.a. bei „Massenveranstaltungen", nicht nur einen Informationsaustausch und die Vornahme polizeilicher Maßnahmen auf der jeweils eigenen Seite der Grenze vor, sondern auch die „Entsendung von Spezialisten und Beratern sowie die Gestellung von Ausrüstungsgegenständen". Konkret schicken die Landespolizeien Bayerns und Baden-Württembergs im späten Januar jeden Jahres mehrere Hochdruckwasserwerfer samt Besatzungen nach Graubünden, um allfällige Proteste gegen das World Economic Forum in Davos zu unterdrücken. Im Juli 2003 entsandte Deutschland 750 Bereitschaftspolizisten nach Genf, um den interkantonalen Polizeieinsatz anlässlich des G8-Treffens im benachbarten Evian zu unterstützen.

Im März 2000 beschloss die deutsche Innenministerkonferenz, dass der Vertrag mit der Schweiz die Leitlinie für entsprechende Abkommen mit sämtlichen Nachbarstaaten sein sollte[54]. Was die offene grenzüberschreitende Kooperation betrifft, hat die Bundes-

<small>Vertrag von Prüm</small>

---

54 Beschlussniederschrift der 160. Sitzung der Ständigen Konferenz der Innenminister und -senatoren des Bundes und der Länder am 15. März 2000 in Düsseldorf.

regierung dieses Ziel in den **Verträgen mit den Niederlanden und Österreich** erreicht[55].

Beide Verträge lassen die grenzüberschreitende Nacheile auch zu, wenn sich eine Person einer Kontrolle zu entziehen versucht. Dabei muss es sich entweder um Kontrollen handeln, die nach Art. 2 Abs. 2 SDÜ an der Binnengrenze temporär wiedereingeführt wurden, oder um solche in einem Raum von bis zu 150 Km hinter der Binnengrenze. Voraussetzung im letzteren Falle ist,
- dass die Kontrolle der Fahndung nach Personen dient, die einer auslieferungsfähigen Straftat verdächtig sind oder wegen einer solchen Tat verurteilt wurden, oder
- dass sie polizeilichen oder zollamtlichen Zwecken dient und die zu verfolgende Person „eindeutige Anhaltezeichen missachtet" hat und „in der Folge eine Gefährdung der öffentlichen Sicherheit herbeigeführt wird".

Wie der deutsch-schweizerische Vertrag enthalten auch diese beiden Abkommen Regelungen über
- die koordinierende Rolle von gemischt besetzten Kontaktdienststellen,
- gemeinsame „Einsatzformen" – Streifen sowie Kontroll-, Observations- und Ermittlungsgruppen –, wobei die Beamten von der jeweils anderen Seite der Grenze hoheitliche Befugnisse „nur unter der Leitung und in der Regel in Anwesenheit" ihrer einheimischen KollegInnen wahrnehmen dürfen,
- die Ausübung hoheitlicher Befugnisse durch Polizeibeamte, die den Behörden des jeweiligen Gebietsstaates unterstellt wurden,
- selbständige Einsätze zur Abwehr einer gegenwärtigen Gefahr für Leib oder Leben auf der anderen Seite der Grenze und
- zur Entsendung von „Spezialisten" und Gerätschaften bei „Großereignissen".

Der am 27. Mai 2005 von sieben EU-Staaten (Deutschland, Frankreich, den Benelux-Staaten, Österreich und Spanien) unterzeichnete **Vertrag von Prüm** enthält zwar keine neuen Regelungen hinsichtlich der Nacheile, übernimmt aber darüber hinaus in Art. 24-26 nahezu wortgleich das obige Programm der – offenen – grenzüberschreitenden Kooperation. Die sieben Unterzeichnerstaaten haben sich in der Präambel zum Ziel gesetzt, drei Jahre nach Inkrafttreten des Abkommens entsprechende Initiativen auf EU-Ebene zu ergreifen. Ein Vorschlag der Kommission vom Juli 2005 „für einen Beschluss des Rates zur Verbesserung der polizeilichen Zusammenarbeit zwischen den Mitgliedstaaten der EU, vor allem an den Binnengrenzen" macht deutlich, dass die sieben Prüm-Staaten in der EU nicht alleine stehen.

Das SDÜ bildete den ersten Schritt zur Aufgabe von Souveränitätsansprüchen und formulierte deshalb die Befugnisse zur Nacheile auch vergleichsweise vorsichtig. Diese Vorsicht ist mittlerweile vorbei. Der offen sichtbare Einsatz von Polizeibeamten jen-

---

55 Vertrag zwischen der Bundesrepublik Deutschland und der Republik Österreich über die *grenzüberschreitende Zusammenarbeit zur polizeilichen Gefahrenabwehr und in strafrechtlichen Angelegenheiten* v. 10.11.2003 bzw. 19.12.2003, BT-Drucks. 15/5568 v. 31.5.2005; Vertrag zwischen der Bundesrepublik Deutschland und dem Königreich der Niederlande über die *grenzüberschreitende polizeiliche Zusammenarbeit und die Zusammenarbeit in strafrechtlichen Angelegenheiten* v. 2.3.2005, BT-Drucks. 16/57; beide Verträge befanden sich bei Abschluss des Manuskripts im Ratifikationsprozess.

seits der Binnengrenzen wird in den skizzierten neueren Verträgen von der Ausnahme zu einem begrenzten Regelfall.

3.2.2. Observation

Zwischen den vertraglichen Abmachungen im Bereich der offenen und im Bereich der verdeckten grenzüberschreitenden Methoden besteht neben vielen Gemeinsamkeiten ein grundlegender Unterschied: Die offenen Methoden wurden durch das SDÜ und die darauf folgenden Abkommen überhaupt erst eröffnet. Bei den verdeckten grenzüberschreitenden Methoden – von der Observation über die kontrollierte Lieferung bis hin zum Einsatz verdeckter Ermittler – hatten die beteiligten Polizeien bereits vor dem SDÜ praktische Erfahrungen. Und das hieß ebenfalls, dass sie durch den unangemeldeten Einsatz von Observationsteams und Drogen-Scheinkäufern jenseits der jeweiligen Grenzen Pannen und Skandale produziert hatten[56]. Mit der zunehmenden Professionalisierung verdeckter Einsätze begann sich in der zweiten Hälfte der 80er Jahre vor allem bei den polizeilichen Zentralstellen die Einsicht durchzusetzen, dass grenzüberschreitende Einsätze nur mit der Zustimmung und in Zusammenarbeit mit der Polizei des Gebietsstaates möglich wären. Die rechtliche Krücke bildeten zunächst die Bestimmungen der internationalen Rechtshilfe in Strafsachen.

Skandale und Pannen

Hinsichtlich der grenzüberschreitenden Observation bildete das SDÜ einmal mehr die erste ausdrückliche vertragliche Grundlage. Art. 40 SDÜ fasst diese Methode als eine **spezielle Form der Rechtshilfe**. Unterschieden werden grundsätzlich zwei Fälle:
– der Normalfall, bei dem die grenzüberschreitende Observation durch ein Rechtshilfeersuchen an die polizeiliche Zentralstelle bzw. die zentrale Strafverfolgungsinstanz (Staatsanwaltschaft, Untersuchungsrichteramt) beantragt und genehmigt wird
– der Dringlichkeitsfall, in dem eine solche Vorabgenehmigung aus Zeitgründen nicht möglich ist; die Observanten müssen in diesem Falle den Grenzübertritt der Zentralstelle des Gebietsstaates noch während der Observation mitteilen; das Rechtshilfeersuchen muss nachgereicht werden.

Spezialform der Rechtshilfe

Die grenzüberschreitende Observation ist jeweils **nur im Rahmen eines Ermittlungsverfahrens** erlaubt. Im Normalfall kann es dabei um jede auslieferungsfähige Straftat gehen, im Dringlichkeitsfall sieht Art 40 Abs. 7 einen Deliktkatalog vor: Mord; Totschlag; Vergewaltigung; vorsätzliche Brandstiftung; Falschmünzerei; schwerer Diebstahl, Hehlerei und Raub; Erpressung; Entführung und Geiselnahme; Menschenhandel; unerlaubter Verkehr mit Betäubungsmitteln; Verstoß gegen die gesetzlichen Vorschriften über Waffen und Sprengstoffe; Vernichtung durch Sprengstoffe; unerlaubter Verkehr mit giftigen und schädlichen Abfällen. In der ursprünglichen Fassung des SDÜ durfte sich die Observation **nur gegen die verdächtige Person** richten. Damit blieb die Observation gänzlich auf den repressiven Bereich beschränkt. Eine zeitliche oder räumliche Limitierung stand aber nie zur Debatte.

Nur im Ermittlungsverfahren

Daneben formulierte das SDÜ eine Reihe von Bedingungen, die denen der Nacheile ähneln: Die Observanten sind gebunden an das Recht des Gebietsstaates. Sie müssen

---

56 *Busch*, Polizeiliche Drogenbekämpfung, S. 245 f. m.w.N.

Teil 6: Europäisierung der Inneren Sicherheit

Keine Festnahmebefugnis
eine entsprechende Bescheinigung mit sich führen und jederzeit ihre amtliche Funktion nachweisen können. Die Observation ist auf Verlangen der Behörden des Gebietsstaates sofort einzustellen. Die Beamten dürfen ihre Dienstwaffen nur im Notwehrfall einsetzen. Sie haben keine Anhalte- oder Festnahmebefugnis. Und sie dürfen keine Wohnungen oder öffentlich nicht zugänglichen Grundstücke betreten.

Observation und Zollamtshilfe
Das EU-Übereinkommen über die gegenseitige Amtshilfe und Zusammenarbeit der Zollverwaltungen (**Neapel II**) von 1998, das vielfach auch als das Schengen der Zollbehörden bezeichnet wird, folgte im Grundsatz den Bestimmungen des SDÜ. Es fasste die grenzüberschreitende Observation als eine der „besonderen Formen der Zusammenarbeit" der Zollbehörden: Voraussetzung ist hier nicht ein Rechtshilfeersuchen, sondern ein Zollamtshilfeersuchen, das an die jeweilige Zentralstelle (in Deutschland: das Zollkriminalamt) zu richten ist. Die Observation muss sich zwar gegen die verdächtigte Person richten, die geforderte **Verdachtsschwelle ist jedoch – zolltypisch – niedriger** als bei der polizeilichen Rechtshilfe üblich: Es reicht „der begründete Anlass, dass sie in eine Zuwiderhandlung nach Artikel 19 Absatz 2 (des Abkommens) verwickelt ist." Dieser Deliktkatalog in Artikel 19 Absatz 2 ist Grundlage für sämtliche „besonderen Formen der Zusammenarbeit" und umfasst

- den Handel mit allen möglichen Verbotswaren – von Drogen über Kulturgüter und Giftmüll bis zu Waffen
- den Handel mit (ansonsten legalen) Ausgangsstoffen für die Herstellung von Drogen
- den gewerbsmäßigen grenzüberschreitenden Handel mit legalen, abgabepflichtigen Waren „zur Umgehung der Abgabepflicht" und zum Nachteil entweder der Mitgliedstaaten oder der Gemeinschaft, und
- den „sonstigen Handel mit Waren, die nach den gemeinschaftlichen oder nationalen Zollvorschriften verboten sind".

Damit ist die Liste der halbwegs gewerbsmäßigen Zolldelikte so gut wie komplett. Der Normal- und der Dringlichkeitsfall unterscheiden sich – anders als im SDÜ – hinsichtlich der Voraussetzungen nicht. Die sonstigen Bedingungen sind jedoch aus dem SDÜ übernommen.

Deutsch-schweizerischer Polizeivertrag
Bewirkte das Neapel II-Abkommen eine nur auf die Zollfahndungsdienste bezogene Erweiterung der Bestimmungen hinsichtlich der grenzüberschreitenden Observation, so schaffte der **schweizerisch-deutsche Polizeivertrag** auch hier ein generell **neues rechtliches Muster** der Kooperation.

- Verglichen mit dem SDÜ weitete dieser Vertrag erstens die Voraussetzungen für die Observation zu repressiven Zwecken aus (Art. 14): Diese muss nur noch „im Rahmen eines Ermittlungsverfahrens wegen einer im ersuchten Staat auslieferungsfähigen Straftat" stattfinden. Die im SDÜ geforderte Beschränkung auf die tatsächlich verdächtigte Person ist damit beseitigt, auch Kontaktpersonen können nun Objekt einer solchen Maßnahme werden. Diese Bedingung gilt sowohl für den Normal- als auch für den Dringlichkeitsfall. Für letzteren gilt kein spezieller Deliktkatalog.
- Zweitens werden zwei neue Zwecke eingeführt, die eine grenzüberschreitende Observation rechtfertigen: in Art. 14 die „Sicherstellung der Strafvollstreckung", in Art. 15 die „Verhinderung von Straftaten von erheblicher Bedeutung". Der Begriff

3. Grenzsichernde und grenzüberschreitende Polizeimethoden

wird im Vertrag selbst nicht weiter definiert. Im schweizerischen Recht ist er völlig ungebräuchlich, im Polizeirecht der deutschen Bundesländer wird er entweder durch einen – in der Regel sehr weiten – Deliktkatalog oder durch den Hinweis auf eine spezielle Art der Begehung (gewerbs-, gewohnheitsmäßig oder „sonst organisiert") oder durch eine Kombination aus beidem definiert. Damit ist die grenzüberschreitende Observation über den Rahmen der Rechtshilfe in Strafsachen hinaus auch im präventiven Bereich erlaubt. Allerdings ist eine Observation für diese präventivpolizeilichen Zwecke nur auf den grenznahen Raum beschränkt, in Deutschland auf die Länder Bayern und Baden-Württemberg.

- Drittens werden die Kanäle zur Übermittlung der entsprechenden Ersuchen verbreitert. Im SDÜ war der jeweilige Adressat ausschließlich eine nationale Zentralstelle. Im deutsch-schweizerischen Polizeivertrag sind die Ersuchen für Observationen zu Zwecken der Strafverfolgung oder „Sicherstellung der Strafvollstreckung" im Regelfall an die regionale bzw. kantonale Staatsanwaltschaft, in deren Zuständigkeitsbereich der Grenzübertritt erfolgen soll, zu stellen. Sie können aber auch über Polizeikanäle weitergegeben werden: an die nationalen Zentralstellen oder an die „einsatzführenden Polizeibehörden". Die Mitteilung im Dringlichkeitsfall geht in Deutschland an das Landeskriminalamt Bayerns oder Baden-Württembergs, in der Schweiz an das Polizeikommando entweder des Kantons Basel-Stadt oder Schaffhausen. Ersuchen um präventivpolizeiliche Observationen sind in Deutschland ebenfalls an das jeweilige LKA, in der Schweiz an die kantonalen Strafverfolgungsbehörden zu richten, die nationalen Zentralstellen erhalten eine Kopie. Entscheidend ist nicht mehr, wie, sondern nur noch dass die Information der jeweils anderen Seite erfolgt.
- Viertens werden auch die sonstigen Bedingungen heruntergesetzt: Wie bei der Nacheile dürfen auch bei der Observation „der Öffentlichkeit zugängliche Arbeits-, Betriebs- und Geschäftsräume" betreten werden. Technische Mittel „zur Unterstützung der grenzüberschreitenden Observation" sind zulässig, soweit sie im Gebietsstaat erlaubt sind. Wenn die betroffene Person „auf frischer Tat bei der Begehung von oder der Teilnahme an einer ... auslieferungsfähigen Straftat" angetroffen wird, erhalten die observierenden Beamten nun auch ein Festhalterecht.

In den Abkommen mit Österreich von Ende 2003 und den Niederlanden vom März 2005 konnte die deutsche Seite nahezu identische Regelungen aushandeln. Bereits nach dem zweiten Zusatzprotokoll zum Europarats-Übereinkommen über die Rechtshilfe in Strafsachen vom November 2001 können auch **Kontaktpersonen** über die Grenze hinweg observiert werden. In Art. 17 ist die Rede von Personen, bei denen „ernsthaft anzunehmen ist, dass sie die Identifizierung oder Auffindung" der verdächtigen Person herbeiführen können. Dieselbe Formulierung taucht im Beschluss des Rates des Innen- und Justizminister vom 2. Oktober 2003 auf, mit dem der Artikel 40 SDÜ geändert wird. Darüber hinaus erweitert der Beschluss den für den Dringlichkeitsfall vorgesehenen Straftatenkatalog um den schweren Betrug, die „Schleuserkriminalität, die Geldwäsche, den illegalen Handel mit nuklearem und radioaktivem Material, die Beteiligung an einer kriminellen Vereinigung und um „terroristische Straftaten" gemäß dem Rahmenbeschluss des Rates vom Juni 2002. Im Juli 2005 hat die Kommission einen

Rückwirkungen auf die EU

Vorschlag für einen weiteren einschlägigen Ratsbeschluss präsentiert, mit dem der genannte Deliktkatalog ganz verschwinden würde. Die Voraussetzungen für grenzüberschreitende Observationen wären damit sowohl im Normal- als auch im Dringlichkeitsfall ein Ermittlungsverfahren wegen einer Straftat mit einer Mindesthöchststrafe von zwölf Monaten[57].

3.2.3. Kontrollierte Lieferungen

Immer grenzüberschreitend

Seit Mitte der 80er Jahre gehört die Kontrollierte Lieferung zum Repertoire zunächst der Zollfahndungsdienste und dann der Polizeien in (West-)Europa. Anders als die anderen hier diskutierten operativen Methoden ist die kontrollierte Ein-, Aus- oder Durchfuhr **nur als grenzüberschreitende Methode denkbar**. Sie setzt voraus, dass die jeweiligen nationalen Zoll- oder Polizeibehörden eine verbotene Ware – anfangs nur illegale Drogen – nicht beschlagnahmen, sondern auf den unmittelbaren Fahndungs- oder Sicherstellungserfolg verzichten – zugunsten der erwarteten gemeinsamen Erfolge gegen eine vermutete Organisation, Hinterleute oder Financiers.

SDÜ, Wiener Konvention

Weil es um verbotene Waren geht, ging es rechtlich zunächst darum, den staatlichen Strafanspruch zurückzustellen und damit diese Methode überhaupt erst zu ermöglichen. Das ist der Kern der ersten vertraglichen Regelungen – in Art. 11 der Wiener UN-Konvention zur Bekämpfung des Drogenhandels und in Art. 73 SDÜ. Die **Wiener Konvention** verlangt von den Unterzeichnerstaaten „im Rahmen ihrer Möglichkeiten die notwendigen Maßnahmen zu treffen", um Kontrollierte Lieferungen zu erlauben. Das **SDÜ** formuliert dieses Gebot in eine Verpflichtung um: „Die Vertragsparteien werden im Rahmen ihrer Verfassung und ihrer Rechtsordnung ermöglichen, dass die kontrollierte Lieferung bei dem unerlaubten Handel mit Betäubungsmitteln angewandt werden kann." Die tatsächliche Anwendung wird an eine Einzelfallentscheidung gebunden. Die „Herrschaft und die Befugnis zum Einschreiten" liegt bei dem jeweiligen Gebietsstaat. Diese beiden Elemente blieben im Grundsatz auch bei den nachfolgenden Verträgen erhalten. Letztere bringen vor allem eine **Erweiterung des Anwendungsbereichs sowie zusätzliche eher technische Regelungen**:

Erweiterung des Anwendungsbereichs

– Das Neapel II-Abkommen verpflichtet die EU-Staaten, Kontrollierte Lieferungen bei „strafrechtlichen Ermittlungen, die auslieferungsfähige Zuwiderhandlungen" gegen nationale oder gemeinschaftliche Zollvorschriften betreffen, zuzulassen. Die Kontrolle der Lieferungen soll von den Behörden des ersuchten Staates „beim Grenzübertritt oder an einem vereinbarten Übergabepunkt" übernommen werden – und zwar, „um eine Kontrollunterbrechung zu vermeiden". Darüber hinaus kann die Lieferung abgefangen und der Inhalt entfernt werden. Auch diese Regelung, die der

---

57 Vorschlag für einen Beschluss des Rates zur *Verbesserung der polizeilichen Zusammenarbeit zwischen den Mitgliedstaaten der Europäischen Union, vor allem an den Binnengrenzen, und zur Änderung des Übereinkommens zur Durchführung des Übereinkommens von Schengen*, KOM (2005) 317 endg. v. 18.7.2005. Der Normalfall einer grenzüberschreitenden Observation war bisher an eine auslieferungsfähige Straftat gebunden. Die neue Eingriffsvoraussetzung bedeutet damit nur für Frankreich einen Unterschied, das die auslieferungsfähige Straftat bei einer Mindesthöchststrafe von zwei Jahren ansetzt (in Rest der EU: ein Jahr).

3. Grenzsichernde und grenzüberschreitende Polizeimethoden

Praxis der Zollbehörden entspricht, soll verhindern, dass die verbotene Ware den Behörden entwischt.
- Das EU-Rechtshilfeübereinkommen vom Mai 2000 und daran anschließend das zweite Zusatzprotokoll zum Rechtshilfeübereinkommen des Europarats vom November 2001 verpflichten die beteiligten Staaten, kontrollierte Lieferungen bei „strafrechtlichen Ermittlungen wegen auslieferungsfähiger Straftaten" zu erlauben.
- Die bilateralen Polizeiabkommen Deutschlands mit der Schweiz, Polen, Österreich und den Niederlanden kehren, was den Anwendungsbereich betrifft, zu einer Beschreibung zurück, die sich auf die inkriminierten Gegenstände oder Waren bezieht: Betäubungsmittel, Waffen, Sprengstoffe, Falschgeld, Diebesgut und Hehlerware. Daneben wird die Kontrollierte Lieferung auch bei Geldwäsche erlaubt – der gelieferte Gegenstand ist in diesem Fall meistens Bargeld. Zusätzlich zu den Übergabemodalitäten sowie der Möglichkeit, eine Lieferung ohne ihren Inhalt weiter laufen zu lassen, legen diese Abkommen fest, an welche Stellen ein Ersuchen zu richten ist. Diese Punkte waren zuvor in der Regel Gegenstand nationaler Bestimmungen – in Deutschland der Richtlinien über das Straf- und Bußgeldverfahren (RiStBV). Darüber hinaus werden Modalitäten, die für die grenzüberschreitende Observation gelten, auf die kontrollierte Lieferung übertragen.

Auffallend ist, dass keine der bestehenden vertraglichen Regelungen auch nur ansatzweise die Frage stellt, wie diese kontrollierten Lieferungen entstanden sind – ob durch eine Kontrollaktion, durch zufällig aufgeschnappte Informationen, durch Anzeigen oder indem sie **von V-Personen oder Verdeckten Ermittlern angestoßen** wurden. Letzteres ist aber insbesondere bei größeren Lieferungen illegaler Drogen der Fall. Die Grenze zwischen kontrollierter und bestellter Lieferung wird nicht thematisiert. Auch praktisch bleibt der Verteidigung in den entsprechenden Strafverfahren die Herkunft der Information, die zu einer solchen Operation den Ausschlag gab, verborgen.

V-Personen kein Thema

3.2.4. Einsatz von Verdeckten Ermittlern

In den 70er begannen die meisten (west-)europäischen Polizeien mit verdeckten Ermittlungen außerhalb des klassischen Bereiches der politischen Polizeien oder Geheimdienste. Das erste (neue) Einsatzfeld bildete dabei durchgängig die Drogenbekämpfung, Lehrmeister waren in aller Regel die US-Drug Enforcement Agency und/oder die Kriminalabteilungen der US-Militärpolizei. In den ersten Jahren ging es dabei vor allem um den Einsatz von V-Personen oder um kurzfristige Scheinkaufsoperationen. Seit Anfang der 80er Jahre ist eine Professionalisierung festzustellen, die zu längerfristigen Einsätzen Verdeckter Ermittler, dauerhafteren Legenden und – damit verbunden – einer umfassenderen technischen Unterstützung sowie einer genaueren Auswahl der für die jeweilige Aufgabe in Frage kommenden Personen führte. Das Recht hinkte dieser Entwicklung nur mühsam nach. In den meisten Staaten bediente man sich zunächst bloßer interner Richtlinien. Eine Verankerung der neuen Methoden durch eine formal gesetzliche Regelung erfolgte durchgängig sehr spät – in Deutschland ab der zweiten Hälfte der 80er Jahre in den Polizeigesetzen der Bundesländer und 1992 in der Strafprozessordnung.

Anfänge nach US-Vorbild

Internationale Zusammenarbeit spielte auch nach der „Emanzipation" vom US-Vorbild weiter eine Rolle, und zwar insbesondere an zwei Punkten:

Kurzfristiger Einsatz
— Zum einen ging es darum, den verdeckten Einsatz fortführen zu können, wenn sich die Zielperson **kurzfristig** (z.B. ferienhalber) ins Ausland begab. Ähnlich wie bei Observationen wurden diese inländischen Einsätze anfangs häufig ohne Genehmigung ins Ausland verlängert und führten, wenn sie aufflogen, zu Skandalen. Mitte der 80er Jahre waren sich auch hier die Zentralstellen darüber im Klaren, dass eine solche Praxis nicht zu halten war. Sie suchten nach schnellen Wegen, entsprechende Ersuchen bei ihren Partnerdiensten im jeweiligen Staat zu deponieren. Formell geht es bei dieser Situation um eine Frage der Rechtshilfe in Strafsachen, um die Unterstützung eines inländischen Strafverfahrens durch eine ausländische Strafverfolgungsbehörde.

„Organleihe"
— Die zweite Frage ist die tatsächliche Zusammenarbeit bei der verdeckten Ermittlung: durch die Kooperation in demselben Fall – auch dies noch eine Frage der Rechtshilfe – oder durch eine spezielle Form der **„Organleihe"**: die Aushilfe durch einen zur jeweiligen Legende passenden ausländischen Verdeckten Ermittler, die Gestellung von Logistik etc.

Dass die praktische Kooperation bei diesen Fragen im Vordergrund stand, ist nicht verwunderlich. Seit 1989 arbeiteten die Dienststellen für verdeckte Ermittlungen der westeuropäischen und nordamerikanischen polizeilichen Zentralstellen in der **International Working Group on Undercover Policing** zusammen. Die Arbeitsgruppe Betäubungsmittel der Schengen-Gruppe bildete einen weiteren praktischen Rahmen für die Kooperation.

Entlohnung von V-Personen
Das SDÜ, das für die meisten anderen Methoden der grenzüberschreitenden Polizeikooperation eine „Einstiegsdroge" bildete, enthält jedoch keine Regelungen über verdeckte Ermittlungen. Nur den Charakter einer „unverbindlichen Richtlinie" haben die „allgemeinen Grundsätze zur **Entlohnung** von Informanten und V-Personen", die der Schengener Exekutivausschuss im April 1999 absegnete. Ziel der „Grundsätze" war es u.a., „schengenweite Konkurrenzen der V-Personen führenden Polizei-/Zolldienststellen und den damit verbundenen ‚Tourismus von V-Personen' zu unterbinden." Der Text mahnt die Vertragsstaaten, V-Leute angemessen, d.h. nach ihrer Leistung zu entlohnen, keine Vorschüsse zu zahlen u.ä.m. „Der durch die Entlohnung entstehende Anreiz darf nicht tatbegründend sein." Ansonsten sollten die zuständigen nationalen Zentralstellen sich über Richtwerte der gezahlten Judas-Löhne verständigen.

Die seit 1998 zustande gekommenen vertraglichen Regelungen im Rahmen der EU und des Europarats sowie auf bilateraler Ebene beziehen sich dagegen **nicht auf den Einsatz von V-Personen**, sondern ausschließlich auf Verdeckte Ermittler.

Rechtshilfe-übereinkommen: Ermächtigungsregelung
Völlig allgemein gehalten sind dabei die nahezu gleich lautenden Regelungen in Art. 14 des **EU-Rechtshilfe-Übereinkommens** und in Art. 19 des 2. Zusatzprotokolls zur Rechtshilfekonvention des Europarats. Sie halten im Wesentlichen fest, dass sich die EU-Mitgliedstaaten resp. die Vertragsstaaten „bei strafrechtlichen Ermittlungen durch verdeckt oder unter falscher Identität handelnde Beamte" unterstützen können. Die restlichen Bestimmungen sind banal: Die Entscheidung über ein Ersuchen treffen die Behörden des ersuchten Staates jeweils im Einzelfall. Maßgebend ist das Recht des

3. Grenzsichernde und grenzüberschreitende Polizeimethoden

ersuchten Staates. Der ersuchende und der ersuchte Staat sollen bei der „Vorbereitung und Überwachung" des Einsatzes zusammenarbeiten. Die Zusammenarbeit bei verdeckten Ermittlungen ist weder zeitlich begrenzt noch auf bestimmte Delikte beschränkt. Die beiden Artikel enthalten auch keine Aussagen über die Verwendung der bei diesen Operationen erhobenen Daten oder zu der Frage, ob die verdeckten Ermittler oder die Vertreter der sie unterstützenden Dienststellen des ersuchten Staates zur Aussage vor Gericht verpflichtet sind. Die Zielpersonen des Einsatzes tauchen in der Regelung gar nicht auf.

Etwas ausführlicher sind die Bestimmungen hinsichtlich verdeckter Ermittlungen bei der **Kooperation der Zollbehörden**, die in Art. 23 des Neapel II-Abkommens niedergelegt sind. Ersuchen um VE-Einsätze im Ausland sollen nur gestellt werden, „wenn die Aufklärung des Sachverhalts ohne die geplanten Ermittlungsmaßnahmen wesentlich erschwert wäre". Die Einsätze sollen „zeitlich begrenzt" sein; ein Zeitrahmen wird allerdings nicht genannt. Ansonsten ist auch hier klar, dass das Recht des ersuchten Staates für die Ausgestaltung des Einsatzes Ausschlag gebend ist. Der ersuchte Staat bestimmt ferner, was geschieht, wenn bei dem Einsatz Informationen über andere „Zuwiderhandlungen" zu Tage treten.

VE-Einsätze des Zolls

Auch in die **bilateralen Abkommen** Deutschlands mit der Schweiz (Art. 17, 18), Polen (Art. 15), Österreich (Art. 14, 18) und den Niederlanden (Art. 14, 18) wurden Regelungen über verdeckte Ermittlungen aufgenommen. Was **VE-Einsätze zur Strafverfolgung** betrifft, sind die Bestimmungen erheblich umfangreicher als in den vorgenannten Verträgen. Dennoch bewirken sie keine Einschränkung der grenzüberschreitenden VE-Einsätze.

Bilaterale Abkommen - Strafverfolgung

Das zeigt sich zunächst hinsichtlich des in Frage kommenden Anwendungsbereichs: In den Abkommen mit Österreich und den Niederlanden findet sich hier erneut die schon im Neapel II-Abkommen enthaltene nichts sagende Sudsidiaritätsklausel. Im Abkommen mit Polen wird die gegenseitige Strafbarkeit zur Voraussetzung gemacht. Im schweizerisch-deutschen Polizeivertrag werden grenzüberschreitende VE-Einsätze zusätzlich auf „rechtshilfefähige" Straftaten beschränkt; konkret bedeutet das, dass Fälle von Steuerhinterziehung, in denen die Schweiz grundsätzlich keine Rechtshilfe leistet, ausgeschlossen werden. Diese Regelung schützt zwar die dubiosen Machenschaften auf dem Finanzplatz Schweiz. Angesichts der Tatsache, dass verdeckte Ermittlungen insgesamt sehr aufwendig sind, geht von dieser Art „Einschränkung" keine wirkliche begrenzende Wirkung aus.

In allen vier Abkommen ist die Rede von „einzelnen zeitlich begrenzten Einsätzen". In den Verträgen mit Polen und der Schweiz ist die **zeitliche Grenze** jedoch nicht benannt. Mit Österreich einigte man sich auf einen Monat, mit den Niederlanden auf drei. Beide Abkommen lassen jedoch sowohl die Verlängerung als auch bei dieser Gelegenheit die nachträgliche Veränderung des Einsatzzieles zu.

Was ein Ersuchen beinhalten muss, ist auch in diesen Verträgen nirgends benannt. In dem Abkommen mit Polen erhält man zumindest einen Hinweis darauf, was nicht in dem Ersuchen stehen muss, nämlich „die wahre **Identität** des jeweiligen Bediensteten." Diese soll nach dem jeweiligen innerstaatlichen Recht auch nach dem Ende des Einsatzes geheim bleiben.

Klar ist, dass die Einsätze sich jeweils nach dem Recht der ersuchten Vertragspartei richten und dass diese Partei auch die Leitung des Einsatzes innehat. In den Abkommen mit der Schweiz, Österreich und den Niederlanden ist nun festgehalten, dass das Handeln der ausländischen Beamten „dem ersuchten Vertragsstaat zuzurechnen" ist.

Der jeweils ersuchte Staat leistet bei dem Einsatz **personelle, technische und logistische Unterstützung** und sorgt für den Schutz des VE. Die Verträge mit Österreich und den Niederlanden erlauben den ersuchenden Staaten ausdrücklich die „erforderlichen technischen Mittel" für den Einsatz mitzubringen, sofern diese Mittel im ersuchten Staat zugelassen sind.

Dringlichkeitsfall

Neu beinhalten die vier genannten bilateralen Abkommen Regelungen hinsichtlich eines **Dringlichkeitsfalles**, in dem das vorherige Ersuchen nicht rechtzeitig gestellt werden kann. Die Dringlichkeit soll dann gegeben sein, wenn ohne den grenzüberschreitenden Einsatz „die Identität des eingesetzten Beamten aufgedeckt würde." In den Abkommen mit der Schweiz, Österreich und Polen muss der grenzüberschreitende Einsatz unverzüglich der jeweils anderen Seite mitgeteilt und das Rechtshilfeersuchen nachgereicht werden. Im deutsch-niederländischen Vertrag wird dagegen nur festgehalten, dass die Vertragsparteien „nähere Vereinbarungen" treffen. Praktisch dürfte man sich mit den Niederlanden auf dieselben Formeln einigen, die im Wesentlichen den Regelungen über die grenzüberschreitende Observation nachempfunden sind. Die Abkommen tragen damit dem Umstand Rechnung, dass verdeckte Ermittlungen insbesondere im grenznahen Raum schnell über die Grenze hinausreichen, auch wenn das Verfahren „an sich" nichts mit dem Nachbarland zu tun hat. Der schnelle Einsatz im Ausland, der anfangs für Skandale gesorgt hatte, ist damit vertraglich eingeholt worden. An die Stelle der Prüfung und Bewilligung eines Gesuches ist damit praktisch die kurzfristige Anmeldung bei der Polizei des anderen Staates getreten. Das Rechtshilfeersuchen ist zur Formsache geworden, wenn der Einsatz schon vollzogen ist.

„Organleihe"

Ebenfalls vertraglich abgesegnet wird in den genannten vier Abkommen die **Praxis der Organleihe**, d.h. die Anforderung eines ausländischen VE für ein inländisches Verfahren. Dass es sich dabei um ein Vorgehen handelt, das eigentlich nicht in den Zusammenhang passt, nehmen die Parteien nicht zur Kenntnis. Das Verfahren der Bewilligung bleibt das gleiche.

VE-Einsätze zur Gefahrenabwehr

Über den Rahmen der Rechtshilfe und der Strafverfolgung hinaus gehen die vier Abkommen, indem sie zusätzlich grenzüberschreitende **verdeckte Ermittlungen zur Gefahrenabwehr** bzw. zur vorbeugenden Bekämpfung von Straftaten zulassen – und zwar zur Verhinderung von „vorsätzlichen und nicht nur auf Antrag zu verfolgenden auslieferungsfähigen Straftaten von erheblicher Bedeutung". Die Einschränkung bringt nur wenig. Sie schließt allenfalls die „erheblichen" Ordnungswidrigkeiten aus, die in manchen deutschen Landespolizeigesetzen als Eingriffsschwelle enthalten sind. Auslieferungsfähig ist eine Straftat bei einer Mindesthöchststrafe von einem Jahr Haft – dies umschließt selbst leichtere Delikte. Die Definition der „Erheblichkeit" einer Straftat setzt im Allgemeinen eine besondere Begehungsform („gewerbsmäßig, gewohnheitsmäßig oder sonst organisiert") voraus, wodurch Fahrlässigkeit in jedem Fall ausgeschlossen ist.

3.2.5. Spezialfall: Überwachung der Telekommunikation

Die Überwachung der Telekommunikation (TKÜ) stellt in diesem Zusammenhang eine Besonderheit dar. Im Unterschied zu den bisher dargestellten grenzüberschreitenden Methoden stellt bei der grenzüberschreitenden TKÜ kein einziger Polizeibeamter den Fuß auf das Territorium eines anderen Mitgliedstaates. Die TKÜ gehört im innerstaatlichen Rahmen zu den traditionellen Formen der verdeckten Ermittlung. Dass Briefe abgefangen und Telefonate belauscht werden, ist nichts Neues. Neu ist auch nicht, dass dies im Auftrag ausländischer Strafverfolgungsbehörden geschieht. Auf dem Weg der Rechtshilfe konnte eine Strafverfolgungsbehörde entweder beantragen, dass das Telefon der Zielperson abgehört oder die Protokolle einer Überwachung an die zuständige Behörde des ersuchenden Staates übermittelt wurden.

Interesse an einer Neuordnung dieses Geschäfts zeigten die Polizeien und Strafverfolgungsbehörden (und Geheimdienste) erst Mitte der 90er Jahre. Die Verhandlungen dazu liefen zum einen unter Beteiligung von Polizeivertretern in Gremien der Telekommunikationsindustrie (European Telecommunication Standards Institute, ETSI), zum andern zunächst in **informellen Polizeiarbeitsgruppen** (International Law Enforcement Telecom Seminars, ILETS), dann in der Polizeiarbeitsgruppe des Rates, die die wesentlichen Vorbereitungen für das EU-Rechtshilfeübereinkommen betrieb[58].

Informelle Verhandlungsgruppen

Hintergrund dessen waren die mit der **Liberalisierung/Privatisierung des Telekommunikationssektors und der Einführung neuer Techniken** verbundenen Veränderungen im Bereich der Telekommunikation. Die traditionelle Festnetz-Telefonie, die bis Anfang der 90er Jahre die Regel der Telekommunikation darstellte, war in mehrerer Hinsicht an den staatlichen Rahmen gekettet. Sie wurde von staatlichen Monopolen betrieben, die Anschlüsse waren in der Tat fest verankert und konnten nicht über die Grenzen mitgenommen werden. Die neuen Kommunikationstechniken haben diese Bedingungen stark geändert. E-Mails können heute von überall abgefragt werden. Handys, die bei einem Anbieter in einem Land registriert sind, können in einem anderen Land über das Netz eines anderen Betreibers genutzt werden. Für die Satellitentelefonie sind die staatlichen Grenzen gänzlich irrelevant: Das System von Iridium, das sich 1998 zur Zeit der Diskussion um die EU-Rechtshilfekonvention im Aufbau befand, sollte nur mit einer einzigen Bodenstation in ganz Europa – nämlich in Sizilien – auskommen. Und selbst die Festnetz-Telefonie hat mit dem Instrument der Umleitung eingehender Anrufe auf einen anderen Apparat und der Steuerung ausgehender Anrufe über ein anderes Netz ihren starren Charakter verloren.

Liberalisierung, neue Techniken

Die Art. 17 ff. der EU-Rechtshilfekonvention reagieren nicht nur auf diese neue Situation, sie bringen einen **grundsätzlich neuen Standard der grenzüberschreitenden TKÜ** hervor. Art. 18 erlaubt nicht nur, dass ein um die Überwachung ersuchter Staat den Telekommunikationsverkehr zuerst aufzeichnet und dann die Aufzeichnung an den ersuchenden Staat übermittelt, sondern auch, dass die Gespräche oder sonstigen Kommunikationsinhalte direkt weitergeleitet werden. Diese zweite Möglichkeit soll nach Art. 18 Abs. 5 die Regel der grenzüberschreitenden TKÜ sein. Die vorherige Protokol-

Automatisierung der Überwachung

---

58 *Moechel/Lüthi*, CILIP 71 (1/2002), 37-44.

lierung und nur begrenzte, auszugsweise Weiterleitung an den ersuchenden Staat steht in Art. 18 Abs. 1 gar nicht mehr zur Auswahl.

Vier Fallkonstellationen

Grundsätzlich unterscheidet das Abkommen zwischen vier verschiedenen Varianten:
- Fall 1: Die Zielperson befindet sich in dem Mitgliedstaat, der um die Überwachung ersucht. Dieser Mitgliedstaat braucht aber die technische Hilfe des ersuchten Staates. In diesem Fall muss ein Rechtshilfe-Ersuchen neben der Angabe der ersuchenden Behörde, der gewünschten Dauer der Überwachung sowie den Daten zur Identifizierung der Person und ihres jeweiligen technischen Anschlusses folgende Informationen enthalten: die „Bestätigung, dass eine rechtmäßige Überwachungsanordnung im Zusammenhang mit einer strafrechtlichen Ermittlung erlassen wurde," sowie die „Angabe des strafbaren Verhaltens, das der Ermittlung zugrunde liegt" (Art. 18 Abs. 2 Bst. a)
- Fall 2: Die Zielperson befindet sich im ersuchten Staat, und der ersuchende Staat braucht dessen technische Hilfe. Das war bei der traditionellen Festnetztelefonie die Regel. In diesem Fall soll das Ersuchen zusätzlich „eine kurze Darstellung des Sachverhalts" enthalten. Der ersuchte Staat kann darüber hinaus „jede weitere Information verlangen, damit er beurteilen kann, ob er die erbetene Maßnahme in einem vergleichbaren innerstaatlichen Fall durchführen würde" (Art. 18 Abs. 2 Bst. b und Abs. 4).
- Fall 3: Die Zielperson befindet sich in einem dritten Staat. Der Staat, der die Überwachung will, braucht dafür technische Hilfe des ersuchten (zweiten) Staates. Diesem muss er dann die in Fall 1 genannten Informationen liefern (Art 18 Abs. 2 Bst. c).
- Fall 3: Die Zielperson befindet sich in einem anderen Staat; der Staat, der die Überwachung will, braucht keine technische Hilfe, sondern kann sie selbst durchführen. Der Aufenthaltsstaat wird in diesem Fall zunächst nur unterrichtet, muss aber (im Normalfall) innerhalb von drei Tagen antworten, dass er die Überwachung entweder bewilligt, dass er sie an Bedingungen knüpft oder dass er ihre Beendigung fordert (Art. 20).
- Fall 4 bezieht sich auf die Satelliten-Telefonie: In diesem Fall verlangt das Rechtshilfeübereinkommen, dass der Provider die unmittelbare Überwachung ermöglicht, ohne dass der Staat, in dem sich die Bodenstation befindet, eingeschaltet werden müsste (Art. 19).

Die vier hier dargestellten Varianten zeigen zum einen, dass die EU-Rechtssetzung auf die veränderten Bedingungen der nicht mehr an den staatlichen Rahmen gebundenen Telekommunikation reagiert. Deutlich wird zum andern, dass die neuen rechtlichen Regelungen erstmals zu einer wirklich grenzüberschreitenden Überwachung geführt haben. Das Gerüst der **Rechtshilfe** bleibt dabei zwar **formell erhalten**. Es werden nach wie vor Rechtshilfeersuchen an jene Staaten gestellt, deren technische Hilfe der ersuchende Staat benötigt. Gleichzeitig werden die Kontrollmechanismen bei der Bewilligung und Ausführung dieser Ersuchen ausgedünnt.

Auch die Frage des Umgangs mit den bei der Telekommunikation anfallenden **Verbindungsdaten** bildete seit Mitte der 90er Jahre einen Gegenstand der rechtlichen und polizeilichen Debatten im Rahmen der EU (und darüber hinaus). Im Zentrum der recht-

3. Grenzsichernde und grenzüberschreitende Polizeimethoden

lichen Diskussion stand dabei nicht der grenzüberschreitende Austausch dieser Daten; der wurde vielmehr implizit mitgedacht. Vielmehr ging es darum, die Telekom-Anbieterfirmen dazu zu verpflichten, dass sie diese Daten für den Zugriff der „zuständigen nationalen Behörden" – der Polizei- und Strafverfolgungsbehörden sowie gegebenenfalls der Geheimdienste – aufbewahren. Die Bedingungen für diesen Zugriff selbst blieben weiterhin Gegenstand nationaler Rechtssetzung.

Nach der Richtlinie „über die Verarbeitung personenbezogener Daten und den Schutz der Privatsphäre bei der Telekommunikation" vom Dezember 1997[59] war die Speicherung von Verbindungsdaten nur „bis zum Ablauf der Frist zulässig, innerhalb der die **Rechnung** rechtlich angefochten oder der Anspruch auf **Zahlung** geltend gemacht werden kann." Damit war auch der wesentliche Speicherungszweck vorgegeben. Die Mitgliedstaaten konnten schon nach Art. 14 Abs. 1 dieser alten Fassung der Richtlinie Rechtsvorschriften erlassen, die die Nutzung der Verbindungsdaten für Zwecke der „Sicherheit des Staates", der „Landesverteidigung" der „öffentlichen Sicherheit" oder der „Verhütung, Ermittlung, Feststellung und Verfolgung von Straftaten" erlaubte. Sie konnten allerdings keine generelle Vorratsdatenspeicherung verordnen. *(Ursprünglicher Speicherungszweck: Abrechnung)*

Die Erneuerung der Richtlinie, für die die Kommission im August 2000 einen Vorschlag präsentierte, sollte eigentlich nur eine technische Anpassung darstellen. Sie führte aber auf Druck des Rates und mit dem Rückenwind des 11. Septembers 2001 zu einer **ersten folgenreichen Durchbrechung der grundsätzlichen Bindung an den Zweck der Abrechung**. Eine große Koalition im EP bestehend aus den sozialdemokratischen und konservativen Staatsparteien knickte ein und erlaubte den Mitgliedstaaten nun im neuen Art. 15, jeweils nationale Bestimmungen für eine Vorratsdatenspeicherung zu erlassen[60]. Diese Möglichkeit nutzten einige Mitgliedstaaten, die BRD nicht. Dennoch war absehbar, dass eine solche generelle Vorratsspeicherung von Verbindungsdaten über kurz oder lang erneut Gegenstand der EU-Debatten würde. *(Nationale Vorratsspeicherung)*

Nach den Anschlägen von Madrid am 11. März 2004 rückte die **endgültige EU-weite Beseitigung des alten Grundsatzes** in greifbare Nähe. Auf seiner Sondersitzung am 25. März 2004 nahm der Rat eine Erklärung an, gemäß der „Vorschläge für Rechtsvorschriften über die Aufbewahrung von Verkehrsdaten durch Diensteanbieter" geprüft werden sollten. Ein Jahr später, nach den Anschlägen in London im Juli 2005, beschloss der Rat solche Rechtsvorschriften „so rasch als möglich" einzuführen. *(Vorratsspeicherung verpflichtend)*

Begründet wurde dies mit der Uneinheitlichkeit der nationalen Bestimmungen. Die im Dezember 2005 vom EP erneut mit den Stimmen der genannten großen Koalition gebilligte Richtlinie „über die Vorratsspeicherung von Daten, die bei der Bereitstellung öffentlich zugänglicher elektronischer Kommunikationsdienste oder öffentlicher Kommunikationsnetze erzeugt und verarbeitet werden", führte aber gerade nicht zu einer Einheitlichkeit[61]. Die Richtlinie zwingt zwar alle Mitgliedstaaten zur Vorratsspeicherung, lässt aber Fristen von mindestens sechs und längstens 24 Monaten zu und erlaubt den Mitgliedstaaten darüber hinaus, auch eine längere Speicherungsdauer einzuführen.

---

59 ABl. L 24 v. 30.1.1998.
60 ABl. L 201 v. 31.7.2002.
61 ABl. L 105 v. 13.4.2006.

Indem der Abrechnungszweck durch die neuen polizeilichen Zwecke abgelöst wird, erhöht sich auch der Umfang der zu speichernden Daten. Beim Roaming, also bei der Steuerung von Anrufen über fremde Netze, müssen für die Identifizierung der Anschlüsse unter Umständen mehr als zwanzig Ziffern gespeichert werden – für Abrechnungszwecke wären erheblich weniger erforderlich. Wer für die Internet-Nutzung und für E-Mails über einen ADSL-Anschluss verfügt, bezahlt eine „flatrate". Für Abrechnungszwecke wäre hier die Identifizierung der angewählten Adressen gar nicht erforderlich (erst recht nicht die der eingehenden Mitteilungen).

Nachdem die Vorratsdatenspeicherung eingeführt ist, steht im Zusammenhang der Debatte um den „Grundsatz der Verfügbarkeit" auch die Regelung des **Austauschs dieser Daten** an. Da eine solche Regelung ausschließlich in den Rahmen der Dritten Säule fällt, wird das EP, das sich 2002 und 2005 als staatstragend erwiesen hat, endgültig zur Nullgröße.

3.3 Zusammenfassung

Der Schengener Deal, der am Anfang der hier beschriebenen Entwicklung stand, hat sich als äußerst einseitig herausgestellt. Die Abschaffung der Personenkontrollen an den Binnengrenzen bleibt aufgrund der vielen vorgesehenen Ausnahmen halbherzig. Ganz und gar nicht halbherzig betreiben die EU und ihre Mitgliedstaaten dagegen die Abriegelung der Außengrenzen, sie nehmen dabei selbst gravierende Menschenrechtsverletzungen in Kauf, wie die Ereignisse in den Exklaven des spanischen Staates auf dem afrikanischen Kontinent (Ceuta und Melilla) im Herbst 2005 bewiesen haben.

Die grenzüberschreitenden Polizeimethoden, die ursprünglich (auf dem Papier) die Aufhebung der Binnengrenzkontrollen ausgleichen sollten, sind vor allem seit 1999 weit über den Rahmen des SDÜ ausgedehnt worden. Hier besteht zwar ein **rechtlicher Flickenteppich** aus EU-weiten, bi- und multilateralen Regelungen. Diese Unterschiede im Einzelnen bewirken jedoch einen Druck zur Angleichung, die realistischerweise in den kommenden Jahren zu erwarten ist. Aus der propagierten „freien Fahrt für freie Bürger" ist eine freie Fahrt für die Polizei geworden.

4. EU-Datensysteme und Datenaustausch zwischen den Mitgliedstaaten

Supranationale Datensysteme mit direkter Eingabe- oder Abrufmöglichkeit aus den beteiligten Staaten oder für einen unmittelbaren Zugriff gemeinsamer Ermittlungsgruppen auf sensible Daten schienen noch Anfang der 80er Jahre kaum denkbar. Der erste Anlauf für ein solches System im Rahmen von Interpol war 1981 an Souveränitätserwägungen und am geringen Vertrauen in die professionellen Standards vor allem der Nationalen Zentralbüros (NZB) der Dritten Welt gescheitert. Dass das BKA ab Mitte der 80er Jahre ausgewählten westeuropäischen Interpol-Büros Online-Zugang zu seinen Sachfahndungsbeständen erlaubte, schien damals das höchste der Gefühle. Selbst die heute existierende Automatic Search Facility des Interpol-Generalsekretariats erlaubt nur den Zugriff der NZB (und nicht der lokalen Polizeien), ist im Wesentlichen auf internationale Haftbefehle (auf „harte Daten" also) beschränkt und gewährt den NZBs die Möglichkeit, ihre Daten nur ausgewählten Staaten zugänglich zu machen.

Rückblick

Das politische Zusammenwachsen der EU hat diese Situation in verhältnismäßig kurzer Zeit geändert. Seit der Einrichtung des Schengener Informationssystems (SIS), das 1995 mit zunächst sieben beteiligten Staaten in Betrieb ging, ist eine ganze **Serie von gemeinsamen Informationssystemen** entstanden. Der Prozess ist längst nicht abgeschlossen. Mit dem „Prinzip der Verfügbarkeit", das im Haager Programm verankert ist, rückt auch der **gegenseitige Zugriff auf die nationalen Datenbanken** der Polizei in greifbare Nähe. Was den Datenaustausch anbetrifft, nähert sich die EU damit den Bedingungen an, die sonst nur im nationalen Rahmen gelten.

4.1. Fahnden und Identifizieren

4.1.1. Das Schengener Informationssystem (SIS)

Das SIS, so wie es heute noch besteht, ist ein klassisches **Fahndungssystem für Personen und Sachen**. Es besteht aus einer zentralen in Strasbourg angesiedelten Komponente (C.SIS) und den jeweiligen nationalen Systemen (N.SIS), in denen die Daten parallel gespeichert und von den angeschlossenen Terminals vor Ort abgefragt werden können. Dass ein solches Fahndungssystem am Anfang der Entwicklung von polizeilichen Datensystemen in der EU (bzw. zunächst im Rahmen des Schengener Kerneuropa) stand, ist nicht zufällig, sondern erklärt sich zum einen aus technischen Gründen: Fahndungssysteme sind Hit/No Hit-Systeme. Eine Abfrage zeigt nur an, ob Daten zu der betreffenden Person oder Sache vorhanden sind oder nicht. Die **Datensätze** sind (bisher) äußerst klein, sie würden bequem auf zwei Zeilen passen. Personendaten enthalten neben den Personalien nur die Angabe der ausschreibenden Behörde und des Ausschreibungszwecks sowie gegebenenfalls den Hinweis „gewalttätig" oder „bewaffnet". Dies bedeutet zum andern auch, dass es sich dabei um „harte" Daten handelt, die innerhalb der polizeilichen Organisation **möglichst breit zugänglich** sein können und sollen, damit die polizeiliche Basis, d.h. die an der Grenze und im Inland kontrollie-

Fahndungssystem

renden BeamtInnen, sowie die ebenfalls zugriffsberechtigten Konsulate in Drittstaaten die erwünschten Maßnahmen treffen. Dem entsprechen auch die in den Art. 95-100 SDÜ vorgesehenen Datenkategorien:

Ausschreibungskategorien

- Festnahme mit dem Ziel der Auslieferung in den ausschreibenden Staat (Art. 95); dafür ist ein internationaler Haftbefehl wegen einer auslieferungsfähigen Straftat (ein Jahr Mindesthöchststrafe) erforderlich,
- Zurückweisung von DrittausländerInnen an der Grenze (Art. 96),
- Aufenthaltsermittlung zur Gefahrenabwehr bei Vermissten und Verwirrten (Art. 97),
- Aufenthaltsermittlung bei Zeugen und Personen, die wegen einer nicht-auslieferungsfähigen Straftat gesucht werden (Art. 98);
- verdeckte Registrierung und gezielte Kontrolle von Fahrzeugen und von Personen, was der „polizeilichen Beobachtung" im deutschen Polizei- und Strafprozessrecht entspricht (Art. 99). Die Ausschreibung ist möglich, wenn „konkrete Anhaltspunkte dafür vorliegen, dass der Betroffene in erheblichem Umfang außergewöhnlich schwere Straftaten plant oder begeht" oder „die Gesamtbeurteilung des Betroffenen, insbesondere aufgrund der bisher von ihm begangenen Straftaten erwarten lässt, dass er auch künftig schwere Straftaten begehen wird." Es handelt sich also um eine typische Vorfeldmaßnahme aufgrund einer polizeilichen Prognose. Ausschreibungen können auch von den Inlandsgeheimdiensten zu Zwecken der „nationalen Sicherheit" ausgehen, was allerdings praktisch nur selten geschieht. Der Grund dafür dürfte u.a. darin zu suchen sein, dass eine organisatorische Trennung von Polizei und Geheimdiensten nur in wenigen Staaten üblich und daher der polit-polizeiliche Charakter einer Ausschreibung zur Beobachtung nicht erkennbar ist;
- Ausschreibung von Sachen: Schusswaffen, Pässe und Ausweise, Blanko-Dokumente, Banknoten (Registriergeld aus Entführungen u.ä.), Fahrzeuge (Art. 100).

SIRENE-Netz

Die Ausschreibung erfolgt über nationale Zentralen. Über diese so genannten SIRENE-Stellen (**S**upplementary **I**nformation **RE**quest at the **N**ational **E**ntry) werden auch die Meldungen gesteuert, die bei einem „Treffer" an die ausschreibenden Behörden und von dort zurück an die Behörde gehen, die die Kontrolle vorgenommen hat. Diese Stellen waren in der ursprünglichen Fassung des Art. 92 SDÜ nur unzureichend verrechtlicht. Ihre Tätigkeit regulierte vielmehr das SIRENE-Handbuch, das erst 2003 freigegeben wurde.[62]

Hilfsmittel der Abschottung

Rund 90 Prozent sämtlicher Datensätze im SIS sind Ausschreibungen von **Sachen**. Bei den Personendaten fällt ein deutliches Ungleichgewicht auf: Zwischen 80 und 90 Prozent der Ausschreibungen haben die **Zurückweisung von Drittausländern** zum Ziel. Nur etwa ein bis zwei Prozent betreffen dagegen Personen, die festgenommen und ausgeliefert werden sollen. Die **Fahndung im landläufigen Sinne des Wortes**, nämlich die nach gesuchten Straftätern respektive Beschuldigten, nimmt im SIS nur einen minimalen Anteil ein. Diese Relation ist seit Inbetriebnahme des Systems gleich geblieben. Die absolute Zahl der Ausschreibungen zur Festnahme lag im Jahre 2003 –

---

62 ABl. L 8 v. 14.1.2003.

mit fünfzehn angeschlossenen Staaten – gerade einmal bei 13.826.[63] Unter diesem Gesichtspunkt hat sich die Anstrengung, die mit der Einrichtung des Systems verbunden war, nie gerechtfertigt. Faktisch dient die Personenfahndung mit dem SIS in erster Linie der **Durchsetzung der restriktiven Ausländer- und Asylpolitik** der EU und ihrer Mitgliedstaaten. Noch deutlicher wird dies bei einem Blick auf die Kontrollpraxis: In Bezug auf Einreiseverweigerungen und in Bezug auf Sachfahndungen wurden über die Jahre hinweg die meisten „Treffer" erzielt. Bei beiden Kategorien lagen die Erfolgsziffern jeweils ungefähr gleich hoch – trotz der unterschiedlichen Mengen der zu den beiden Kategorien im SIS gespeicherten Daten. Die Zahl der Festnahmen zur Auslieferung fiel dagegen zahlenmäßig kaum ins Gewicht.

4.1.2. Mehr als nur fahnden: das SIS II

Die Planungen für das SIS hatten zu einem Zeitpunkt begonnen, da die Schengen-Gruppe fünf Staaten umfasste. Dementsprechend war das System ursprünglich auch nur auf den Anschluss von acht Staaten ausgelegt. Bereits beim Anschluss Österreichs, Italiens und Griechenlands 1996 zeigten sich Probleme, die nicht etwa auf die Zahl der gespeicherten Daten, sondern auf die der nationalen Komponenten zurückzuführen waren. Bereits im Dezember 1996 fasste der Schengener Exekutivausschuss den Aufbau eines SIS der zweiten Generation ins Auge. Für den Anschluss der nordischen Staaten wurde das System zunächst zum „SIS 1 plus" ausgeweitet. Die Planungen für das SIS II begannen im Jahre 2000, erhielten aber **mit dem 11. September 2001 eine zusätzliche Dynamik**. Die Mitgliedstaaten sahen nun die politische Chance, das System nicht nur technisch zu erneuern, sondern auch inhaltliche Veränderungen vorzunehmen. Bereits im Oktober 2002 wartete die damalige belgische Präsidentschaft mit zwei Vorschlägen auf, die zwar inhaltlich nichts mit Terrorismus zu tun hatten, aber auf der durch den 11. September erzeugten Welle schwammen[64]. Zum einen sollte eine neue Datenkategorie für **„gewalttätige Störer"** eingeführt werden, deren Teilnahme an einer Veranstaltung – konkret: einem Fußballspiel oder einer Demonstration – verhindert werden sollte. Zum andern schwebte der EU-Präsidentschaft vor, den Art. 96 dahingehend umzubauen, dass **Drittausländer** nicht erst zur Einreiseverweigerung ausgeschrieben werden, sondern **bereits mit der Bewilligung des** Visums einen entsprechenden Eintrag im SIS erhalten sollten. Während der Gültigkeit des Visums sollte dieser Eintrag blind bleiben, aber mit dem Ablauf automatisch aktiviert werden, sofern die Person nicht fristgerecht ausgereist wäre oder ihr Visum verlängert hätte. In den folgenden Jahren schossen die Verschärfungsvorschläge ins Kraut. Zwischenzeitlich war auch davon die Rede, ein eigenständiges geschütztes Teilsystem für die Staatsschutzstellen und Geheimdienste einzurichten[65].

Viele dieser Ideen blieben vorläufig Ideen. Als der Rat im Juni 2003 das Konzept für das SIS II beschloss, machte er aber deutlich, dass ein offenes System entstehen und

Erste Planungen

Aufgeteilte Rechtsgrundlagen

---

63 CILIP 76 (3/2003), 90; dagegen bezogen sich 775.868 Personendatensätze auf Drittstaatsangehörige, die zur Zurückweisung/Einreiseverweigerung ausgeschrieben waren.
64 Ratsdokumente 12813/01 v. 15.10.2001 und 13269/01 v. 31.10.2001.
65 CILIP 71 (1/2002), 89f.

Teil 6: Europäisierung der Inneren Sicherheit

die Hinzufügung weiterer Datenkategorien jederzeit möglich sein sollte[66]. Im Februar und April 2005 nahm der Rat **eine Verordnung und einen Beschluss** mit Änderungen des SDÜ an, die bereits vor Einführung des SIS II in Kraft treten sollten – im Wesentlichen bis Ende 2005. Zum SIS II hat die Kommission am 31. Mai 2005 **drei Vorschläge** präsentiert, die derzeit noch in Beratung sind:
- einen Verordnungsentwurf hinsichtlich der Daten zur Einreiseverweigerung,
- einen Beschlussvorschlag für die im engeren Sinne polizeilichen und strafrechtlichen Daten und
- einen weiteren Verordnungsvorschlag für den Zugriff der Kraftfahrzeugzulassungsstellen der Mitgliedstaaten auf die Fahrzeug-Ausschreibungen[67].

Grund für die Aufsplitterung in drei Texte ist die unterschiedliche Zuordnung zum EG- bzw. EU-Vertrag. Die beiden erstgenannten Vorschläge sind, vor allem was ihre Aussagen zum Aufbau und zur Organisation des SIS II betrifft, deckungsgleich. Das zentrale System wird in Zukunft von der Kommission geführt. Die Mitgliedstaaten sind verantwortlich für die nationalen Systeme. Die SIRENE-Stellen und ihr Datenaustausch werden nun ausführlich legalisiert. Praktisch ergeben sich daraus jedoch keine Neuerungen.

Neu am SIS II sind folgende Punkte:

Biometrische Daten
– Personendatensätze können in Zukunft auch **biometrische Daten** – nämlich Fotos und Fingerabdrücke – enthalten. Dies wird insbesondere bei Daten der Einreiseverweigerung der Fall sein. Schließlich werden sowohl Asylsuchende als auch Personen, die einen Visumsantrag stellen, erkennungsdienstlich behandelt. Eine Abfrage ist jedoch gemäß der bisherigen Planungen nur aufgrund der Personalien möglich. Die biometrischen Daten sind damit vorerst ein zusätzliches Instrument der Identifizierung.

Verknüpfung von Ausschreibungen
– Datensätze können miteinander **verknüpft** werden. Das SIS bleibt zwar prinzipiell ein Hit/No-hit-System, erhält aber durch die Verknüpfung von Daten eine – wenn auch begrenzte – Recherchemöglichkeit.

– Die **Ausschreibungskategorien** werden ausdifferenziert und erweitert: Ausschreibungen zur Festnahme (bisher Art. 95 SDÜ) sollen nun sowohl zur vorläufigen Auslieferungshaft als auch zur Übergabeprozedur nach dem Rahmenbeschluss zum Europäischen Haftbefehl führen. Die Mitgliedstaaten können einzelne Ausschreibungen aus anderen Staaten kennzeichnen, um sicherzustellen, wenn sie eine betroffene Person nicht „übergeben" wollen. Ein „Treffer" führt damit statt zur Festnahme zu einer Aufenthaltsfeststellung. Bei Einreiseverweigerungen (bisher Art. 96 SDÜ) wird unterschieden nach „restriktiven Maßnahmen" aufgrund einer Gefahr für die öffentliche Ordnung" oder „innere Sicherheit" (z.B. Einreiseverweigerung nach Strafurteil) und „rein" ausländerrechtlichen" Abschiebungen (z.B. von abgewiesenen Asylsuchenden). Zur „verdeckten Registrierung" können auch „Wasserfahrzeuge", „Luftfahrzeuge" und Container ausgeschrieben werden. In die allgemeine

---

66 Ratsdokument 9845/03 (Presseerklärung zur Ratstagung v. 5./6. Juni 2003).
67 *Kommission,* KOM (2005) 236 endg., 230 endg. und 237 endg. jeweils vom 31.5.2005.

Sachfahndung (bisher Art. 100 SDÜ) können darüber hinaus auch Wohnwagen und Anhänger, Führerscheine und Visa, Fahrzeugscheine und Kennzeichen sowie Wertpapiere und Zahlungsmittel aufgenommen werden.

- Die Zahl der **Behörden mit Zugriff** auf SIS-Daten wird massiv ausgedehnt: Ausschreibungen zur Festnahme bzw. Auslieferung/Übergabe waren bisher zugänglich für Polizei- und Grenzschutzbeamte und neu auch für Europol, Eurojust und die nationalen Justizbehörden (Staatsanwaltschaften). Daten über vermisste oder verwirrte Personen sind nicht mehr nur für die (Grenz-) Polizei, sondern auch für die nationalen Justizbehörden greifbar. Ausschreibungen zur Aufenthaltsermittlung von Zeugen und Beschuldigten können abgefragt werden durch Polizei und Grenzpolizei, nationale Justizbehörden und Eurojust. An Ausschreibungen kommen heran Polizei, Grenzschutz und Zoll (bisher) sowie nationale Justizbehörden und Europol. Über die hier genannten Stellen hinaus können auf Sachfahndungsdaten zu Kraftfahrzeugen, Anhängern etc. auch die nationalen Zulassungsstellen zugreifen. Zu Einreiseverweigerungsdaten hatten bisher Grenzschutzbehörden (und Zollgrenzstellen) sowie Konsulate Zugang; neu wird der Zugriff auch Ausländer- und Asylbehörden sowie auf Behörden ausgedehnt, die „illegal im Hoheitsgebiet aufhältige Drittstaatsangehörige im Hinblick auf die Vollstreckung einer Rückführungsentscheidung oder Abschiebeanordnung identifizieren können". *(mehr Zugriffsrechte)*

- Die **Speicherungsdauer** wird erheblich verlängert: Bisher galt für Daten der verdeckten Registrierung eine Laufzeit von einem Jahr, für alle anderen Daten eine Laufzeit von drei Jahren. Neu sollen folgende Löschungsfristen gelten: zehn Jahre für Festnahmeausschreibungen, fünf für Einreiseverweigerungen, zehn für Aufenthaltsermittlungen von Vermissten und verwirrten Personen, zehn für Ausschreibungen von ZeugInnen und Beschuldigten, drei für die verdeckte Registrierung von Personen, fünf für die von Fahrzeugen und für Sachfahndungsausschreibungen zehn Jahre, sofern nur die Sache erfasst ist, und drei, wenn auch personenbezogene Daten gespeichert werden (also z.B. bei Personaldokumenten). Angesichts der Politik der EU und ihrer Mitgliedstaaten ist es fast selbstverständlich, dass die Speicherungsdauer auch über diese Fristen hinaus erstreckt werden kann. Die verlängerten Speicherungsfristen haben zwangsläufig zur Folge, dass auch die Zahl der im SIS gespeicherten Datensätze massiv ansteigen wird. *(längere Speicherungsdauer)*

4.1.3. Identifizierung von AusländerInnen und Asylsuchenden: VIS und Eurodac

Im Juni 2004 gab der Rat mit einer „Entscheidung" grünes Licht für den Aufbau des Visa-Informationssystems (VIS)[68]. Für die konkrete Ausgestaltung des Systems hat die Kommission im Dezember desselben Jahres einen Verordnungsvorschlag präsentiert, der noch nicht verabschiedet ist[69]. Technisch wird das System auf derselben Basis wie das SIS II laufen. *(Parallel zum SIS II)*

---

68 ABl. L 213 v. 15.6.2004.
69 *Kommission,* KOM (2004) 835 endg.

Teil 6: Europäisierung der Inneren Sicherheit

Biometrische Identifizierung

Gespeichert werden sollen im VIS die Daten, die bei der Visumsantragsstellung erfasst werden – Personalien des Antragstellers bzw. der Antragstellerin, Art und Nummer des Reisedokuments, gegebenenfalls Angaben zur einladenden Person oder zum einladenden Unternehmen und daneben **biometrische Identifizierungsdaten**, nämlich Fotos und Fingerabdrücke. Hinzu kommen die jeweiligen „Statusinformationen" der Behörden, die den Antrag aufnehmen oder über ihn entscheiden. Die Daten werden mit denen früherer Visumsanträge derselben Person sowie mitreisender Personen verknüpft. Konkret bedeutet das, dass das betreffende Konsulat auch sieht, ob und aus welchen Gründen bereits früher ein Visum abgelehnt wurde oder ob die Person zu einem früheren Zeitpunkt bereits einmal aus einem EU-Staat abgeschoben wurde. Die biometrischen Daten gewährleisten, dass dies auch dann möglich ist, wenn der oder die Betroffene einen anderen Namen angibt. Mit dem VIS sollen „Gefahren für die innere Sicherheit der einzelnen Mitgliedstaaten und ‚Visumshopping' verhindert und Kontrollen an den Außengrenzen und innerhalb der Hoheitsgebiets der Mitgliedstaaten erleichtert werden", heißt es im Vorspann des Verordnungsentwurfs.

Polizei und Einwanderungsbehörden

Die Antragsdaten werden fünf Jahre lang gespeichert – **unabhängig davon, ob das Visum gewährt wurde** oder nicht. Zugriff haben nicht nur die Konsulate, sondern auch die **„Einwanderungsbehörden"** – zur Ermittlung der Identität einer abzuschiebenden Person –, die Asylbehörden – zur Feststellung der Identität und des für das Asylgesuch zuständigen Staates –, sowie die Polizei – für Kontrollen an den Grenzen und im Inland. Damit ist der Vorschlag der belgischen Ratspräsidentschaft vom Oktober 2001, jedes Visum automatisch zu einem Fahndungsdatensatz im SIS II zu machen, in veränderter Form – nämlich in Form eines zweiten Informationssystems – Wirklichkeit geworden. Technisch gescheitert ist dagegen der Versuch, biometrische Daten auch auf den **Visumsaufkleber** aufzubringen. Hier bastelt die Kommission noch an Ersatzvorschlägen wie einer zusätzlichen Smartcard.

„Sicherheitsbehörden"

Gestritten wird noch über die Zugriffsmöglichkeit der **„für die innere Sicherheit zuständigen Behörden"** der Mitgliedstaaten – d.h. auch der Inlandsgeheimdienste – und **Europols** zu den Daten des VIS. Die Kommission hat im November 2005 einen Vorschlag für einen Ratsbeschluss präsentiert, der den Zugriff dieser Behörden über „zentrale Zugangsstellen" regeln soll[70]. Der Zugang müsste für die „Prävention, Aufdeckung und Untersuchung terroristischer oder sonstiger schwerwiegender Straftaten erforderlich" sein und in jedem Einzelfall mit „tatsächlichen Anhaltspunkten" begründet werden, konkret mit der „Verbindung zu einem spezifischen, zeitlich und örtlich bestimmten Vorkommnis oder zu einer durch eine Straftat bedingten drohenden Gefahr oder zu einer spezifischen Person, bei der ernsthafte Gründe für die Annahme bestehen, dass sie terroristische Straftaten verüben wird oder in enger Verbindung zu einer solchen Person steht" (Art. 5).

Die G6 – d.h. die Innenministerien Deutschlands, Frankreichs, Italiens, Spaniens, des Vereinigten Königreichs und Polens – fordern dagegen einen vollumfänglichen

---

70 *Kommission*, KOM (2005) 600 endg. v. 24.11.2005.

4. EU-Datensysteme und Datenaustausch

Zugang von Polizei und Geheimdiensten, ähnlich wie er in Deutschland für das Ausländerzentralregister, also die nationale Komponente des zukünftigen VIS, besteht[71].

Dieselbe Forderung erhebt die G6 hinsichtlich des bereits bestehenden ersten biometrischen Informationssystems der EU, nämlich **Eurodac**, in dem die Fingerabdrücke von Asylsuchenden ab 14 Jahren sowie von „Ausländern [gespeichert werden], die in Verbindung mit dem illegalen Überschreiten einer Außengrenze aufgegriffen werden". Ziel des automatischen Fingerabdrucksvergleichs ist einerseits die Identifizierung und Verhinderung von Doppel- oder Nachfolgeanträgen auf Asyl und damit zusammenhängend die Bestimmung des zuständigen Mitgliedstaates nach dem **Dubliner Übereinkommen** von 1990[72] bzw. der Folge-Verordnung („Dublin II")[73]. Forderungen zum Aufbau eines solchen Systems gab es seit der Unterzeichnung des Übereinkommens 1990. Das Abkommen sah aber nur den Einzelfallaustausch solcher Informationen vor. Die Eurodac-Verordnung vom Dezember 2000[74] behob diesen „Mangel", im Dezember 2003 nahm die Kommission das System in Betrieb. Die Daten werden jeweils für zehn Jahre ab Antragstellung bzw. ab dem Aufgriff des Sans-papiers aufbewahrt.

Eurodac und das VIS sind **Instrumente einer repressiven Migrations- und Asylpolitik**. Misstrauen und Abwehr sind hier materialisiert in einer Identifikationstechnik, die traditionell auf polizeiliche Zwecke ausgerichtet war. Die **enge Verbindung von repressiver Ausländer- und Asylverwaltung einerseits und genuin polizeilichen (und geheimdienstlichen) Zwecken** ist eines der zentralen Kennzeichen der Informationssysteme im Bereich der Innen- und Justizpolitik der EU. Diese Verschmelzung dürfte in den kommenden Jahren noch deutlicher werden: Die Kommission hat, aufgefordert durch den Rat, im November 2005 eine Mitteilung „über die Effizienz der europäischen Datenbanken im Bereich Justiz und Inneres und die Steigerung ihrer Interoperabilität sowie der Synergien zwischen ihnen" vorgelegt[75]. Gegenstand dieser Mitteilung sind das SIS II, das VIS und Eurodac. Die Kommission diagnostiziert, dass Asyl- und Einwanderungsdaten nicht voll für Zwecke der Inneren Sicherheit und umgekehrt Daten der Polizei im SIS II nicht voll für Asyl- und Einwanderungsbehörden nutzbar seien. Darüber hinaus sei die Kontrolle über die Ein- und Ausreise von Drittstaatsangehörigen unvollständig. Diese Mängel will die Kommission u.a. durch eine kohärentere Abstimmung der Datenkategorien in den drei Systemen, durch die Nutzung der biometrischen Daten als Abfragekriterium im SIS II und durch den umfassenden Zugang der Sicherheitsbehörden zu diesen Systemen abstellen.

Wer der Meinung ist, die EU-BürgerInnen kämen auf die Dauer nicht in die Identifizierungs- und Fahndungsmühle dürfte sich täuschen: Die Kommission begrüßt die Einführung biometrischer Pässe und die Anstrengungen eines Teils der Mitgliedstaaten, auch Personalausweise/Identitätskarten mit biometrischen Daten zu versehen. Um die **Identifizierung von EU-BürgerInnen** zu verbessern, regt die Kommission den Auf-

---

71 Presse-Communiqué des Ministertreffens v. 22./23. 3.2006 in Heiligendamm.
72 ABl. C 254 v. 19.8.1997.
73 ABl. L 50 v. 25.2.2003.
74 ABl. L 316 v. 15.12.2000.
75 *Kommission*, KOM (2005) 597 endg. v. 24.11.2005 (auch als Ratsdokument 15122/05 v. 29.11.2005).

bau eines EU-weiten Registers für diese Personaldokumente an. Zur Erinnerung: Die rot-grüne Koalition hatte bei der Einführung des E-Passes in Deutschland noch versichert, dass es kein nationales Register mit biometrischen Informationen geben werde.

4.2. Europol – Polizeidaten ohne rechtliche Grenze

Ständiger Ausbau

Die kurze Geschichte des EU-Polizeiamts (Europol), die mit einem vagen und populistischen Beschluss der Europäischen Rates in Luxemburg 1991 begann, ist eine der **ständigen Erweiterungen**: Schon lange vor Inkrafttreten der Konvention war das Mandat des Europol-Nukleus, der Drogenstelle, um den Handel mit radioaktiven Substanzen, die Kfz-Verschiebung, den Menschenhandel und die Einschleusung von Drittstaatsangehörigen erweitert worden. Später erfolgte die Ausdehnung der Zuständigkeit auf den gesamten Bereich der im Anhang der Konvention genannten Deliktbereiche der „organisierten Kriminalität" inklusive der „terroristischen Straftaten" und der Geldwäsche ohne Vortat.

Die Konvention konzipierte das Amt als Informationspolizei. Lange bevor sie in Kraft trat, agierte die „Drogenstelle" bereits als Drehscheibe insbesondere für Kontrollierte Lieferungen. Der Amsterdamer Vertrag stellte 1997 den Ausbau der Kompetenzen im operativen Bereich, was auch immer das konkret bedeuten mag, in Aussicht. Die EU-Rechtshilfekonvention aus dem Jahr 2000 sah in Art. 13 die Beteiligung des Amtes an gemeinsamen Ermittlungsgruppen vor. Im Sommer 2001 befasste sich der Rat mit einer „shopping list" für Änderungen der Konvention. Deren Umwandlung in einen Ratsbeschluss schien bevorzustehen[76]. Bedingt durch den 11. September 2001 trat zunächst eine legislative Verschnaufpause ein, in der „nur" Abkommen zwischen Europol und Drittstaaten sowie internationalen Organisationen unter Dach und Fach gebracht wurden. Diese Ruhephase dürfte im Sommer 2006 vorbei sein. Die Rechtsgeschichte Europols dokumentiert auf eindrückliche Weise die kurze Halbwertszeit polizeirechtlicher Regelungen in der EU und damit den geringen Wert, den der Rat, die Minister der Mitgliedstaaten, dem Recht generell zumessen.

Informationspolizei

Trotz der erwartbaren Ausdehnung der Aufgaben bleibt das Amt wie alle polizeilichen Zentralstellen in erster Linie eine **Informationspolizei**. Diese Rolle nahm Europol einerseits schon im vorkonventionellen Zustand und danach abgesegnet in Art. 5 der Konvention durch den schnellen Austausch von Informationen über die nationalen Verbindungsbüros wahr. Die Verbindungsbeamten tragen gewissermaßen sämtliche Rechtshilfekompetenzen ihrer nationalen Polizeien ständig mit sich herum. Der Rolle als Informationspolizei kommt Europol andererseits und umso mehr durch die Datensysteme nach, die erst mit der Konvention möglich wurden. Die entsprechenden Art. 7-11 der Konvention sind nach dem Muster der Datenschutzpoesie deutscher Polizeigesetze gestrickt, d.h. sie formulieren Begrenzungen, die sich bei genauerem Hinsehen als nicht vorhanden herausstellen.

---

76 *Hayes/Busch,* CILIP 69 (2/2001), 17 (23).

4. EU-Datensysteme und Datenaustausch

Europol soll zum einen ein **„Informationssystem"**, eine Art Registerdatenbank, führen. Die Identität der gespeicherten Personen kann von den nationalen Zentralstellen online abgefragt werden. Erfasst werden darin zum einen „Personen, die nach Maßgabe des nationalen Rechts des betreffenden Mitgliedstaates einer Straftat oder der Beteiligung an einer Straftat, für die Europol [...] zuständig ist, verdächtigt werden oder die wegen einer solchen Straftat verurteilt wurden" (Art. 8 Abs. 1 Nr. 1). Nr. 2 desselben Artikels weicht diese Formulierung gleich wieder auf. Ebenfalls erfasst werden Personen, bei denen „schwerwiegende Tatsachen" – wiederum nach nationalem Recht – „die Annahme rechtfertigen", dass sie solche Straftaten begehen werden. Das „Informationssystem" vereinigt also **Verurteilte, Verdächtige und Noch-Nicht-Richtig-Verdächtige**.

Zum andern betreibt Europol **„Arbeitsdateien für Analysezwecke"**, die temporär eingerichtet werden und einer „Analysegruppe" zur Verfügung stehen. Daran beteiligt sind sowohl Analysten von Europol als auch Verbindungsbeamte und Sachverständige der betreffenden Mitgliedstaaten. In diesen Dateien landen nicht nur Verurteilte, Verdächtige und potenziell Verdächtige, sondern **auch Zeugen und potenzielle Zeugen, Opfer und potenzielle Opfer, Kontakt- und Begleitpersonen** sowie „Personen, die Informationen über die betreffenden Straftaten liefern können". Der Inhalt dieses Art. 10 Abs. 1 heißt übersetzt, dass in solchen Dateien all diejenigen gespeichert werden dürfen, von denen die beteiligten Polizeibeamten meinen, dass sie von irgendeinem Interesse sind. Ähnlich umfassend ist auch der Umfang und Charakter der Informationen, die zu den Personen zusammengetragen werden können. Daten beispielsweise über den gesundheitlichen Zustand oder das sexuelle Verhalten der Betroffenen, also sensible Informationen nach Art. 6 der Europaratskonvention zum Schutz des Menschen bei der automatischen Verarbeitung personenbezogener Daten, dürfen „nur erhoben, gespeichert und verarbeitet werden, wenn sie für Zwecke der Datei unbedingt notwendig sind und wenn diese Daten andere in derselben Datei enthaltene personenbezogene Daten ergänzen". Diese „unbedingt notwendigen" Daten ergänzen damit die übrigen Daten, deren Speicherung und Verarbeitung „erforderlich" sein muss. Auch diese Formulierung kaschiert nichts anderes als die Aussage, dass die polizeiliche Opportunität und nicht das Recht darüber bestimmt, was in diesen Dateien landet.

Im Dezember 2003 betrieb Europol 19 solcher Arbeitsdateien, in denen insgesamt 146.143 Personen erfasst waren. Das erklärte die Bundesregierung in der Fragestunde des Bundestags am 24. September 2003 auf Anfrage der PDS-Abgeordneten *Pau*[77]. Rund 10.000 Personen waren in der Arbeitsdatei „islamischer Terrorismus" erfasst, 22.500 in einer Datei über türkische und rund 14.000 in einer über lateinamerikanische Organisationen im Drogengeschäft gespeichert. 2.220 Personen enthielt die Datei über die illegale Immigration irakischer Kurden, 3.200 diejenige über die Einschleusung von indischen Staatsangehörigen. Die größte Arbeitsdatei mit Anzeigen von Finanzinstituten über geldwäsche-verdächtige Transaktionen und grenzüberschreitenden Bargeldverkehr vereinigte Informationen über 68.870 Personen.

---

[77] CILIP 77 (1/2004), 90-92.

4.3. Das SIS der Zollverwaltungen

Rechtliche Doppelrolle

Wesentlich unspektakulärer, aber dafür nicht weniger bedeutend sind die Informationssammlungen der Zollbehörden. Deren Zusammenarbeit hat im europäischen Rechtsrahmen eine **Doppelrolle**: Sie ist einerseits angestammter Teil der Ersten Säule. Die Zusammenarbeit der nationalen Zollbehörden und der Kommission bezieht sich hier auf die EG-Zollunion und die gemeinsame Agrarregelung. Im Rahmen der dritten Säule kooperieren dieselben Behörden bei der Durchsetzung der verbleibenden nationalen Ein- und Ausfuhrdelikte. Ein Schwerpunkt liegt dabei seit langem auf der Bekämpfung des illegalen Drogenhandels. Doppelt ist damit auch die Funktion der Zollbehörden zum einen als Verwaltungsbehörden, zum andern als Strafverfolgungs- bzw. Kriminalitätsbekämpfungsbehörden.

Zoll-Informationssystem

Das Zollinformationssystem **(ZIS)** stützt sich dem gemäß auf zwei Rechtsquellen: das „Übereinkommen über den Einsatz der Informationstechnologie im Zollbereich"[78] und eine „Verordnung über die gegenseitige Amtshilfe zwischen Verwaltungsbehörden der Mitgliedstaaten und die Zusammenarbeit dieser Behörden mit der Kommission im Hinblick auf die ordnungsgemäße Anwendung der Zoll- und Agrarregelung"[79]. Die beiden Texte sind bis auf die Zweckbestimmung – EG-Recht einerseits, einzelstaatliche Regelungen andererseits – fast deckungsgleich.

Technisch handelt es sich um das gleiche System. Es wird bei der Kommission betrieben und ist durch die nationalen Zollbehörden abfragbar. Bei der Debatte um den Aufbau und die rechtlichen Grundlagen wurde das ZIS als Gegenstück des polizeilichen SIS bezeichnet. Das SIS sollte als technische Unterstützung der polizeilichen Personenkontrollen dienen, das ZIS die Warenkontrolle im Binnenmarkt erleichtern. Es ermöglicht die Ausschreibung von Waren, Transportmitteln, Unternehmen und Personen. Personendatensätze im ZIS sind ähnlich kurz wie die des SIS der ersten Generation. Neben den Personalien können „objektive und ständige Kennzeichen", ein Warncode betreffs Gewalttätigkeit, Bewaffnung oder Fluchtgefahr, das amtliche Kennzeichen des Transportmittels sowie der Grund für die Eingabe und die vorgeschlagene Maßnahme eingegeben werden.

Verdeckte Registrierung

Dabei geht es neben der „Feststellung und Unterrichtung" – d.h. den Aufgriff einer Ware oder einer Person – vor allem um die **„verdeckte Registrierung"**, also die polizeiliche bzw. zollamtliche Beobachtung. Diese Maßnahme ist sowohl bei Personen als auch bei Waren, Fahrzeugen und Containern möglich. Während im SIS diese Ausschreibungskategorie jedoch quantitativ eher eine nachrangige Rolle spielt, steht sie beim ZIS im Vordergrund. Das ZIS sowie das bereits vorher bestehende zugehörige Kommunikationssystem SCENT (System Customs Enforcement Network) spielen nicht umsonst eine zentrale Rolle bei so genannten Sonderkontrollaktionen der Zollbehörden im Bereich der Drogenfahndung.

---

78 ABl. C 316 v. 27.11.1995.
79 ABl. L 82 v. 13.3.1997.

Mit einem Protokoll zum Zoll-Informationstechnologie-Abkommen[80] wurde das ZIS um ein **Aktennachweis-System** für schwere zollrechtliche Zuwiderhandlungen ergänzt. Neben dem von der Ermittlungsakte betroffenen Bereich und der aktenführenden Stelle und dem Aktenzeichen dürfen in dieses System Personen und Unternehmen eingegeben werden, die einer solchen Zuwiderhandlung verdächtig sind, bei denen eine solche Tat „festgestellt" worden ist oder die deshalb zu einer Verwaltungs- oder gerichtlichen Strafe verurteilt wurden. Daten über laufende Ermittlungen dürfen bis zu drei, Feststellungen bis zu sechs und Verurteilungen bis zu zehn Jahren gespeichert werden.

Die meisten Mitgliedstaaten haben darüber hinaus auch Beamte der Zollfahndungsdienste an ihren Europol-Verbindungsbüros beteiligt, die damit ebenfalls den Zugriff des Zolls auf Europol-Daten gewährleisten.

Aktennachweissystem

4.4. Informationsaustausch – faktisch eine Amtshilfe

Der Informationsaustausch im Rahmen der so genannten polizeilichen Rechtshilfe im Vorfeld und bis weit hinein ins Strafverfahren war seit langen praktisch eine Form der Amtshilfe. Erst dort, wo für die Erlangung der Information Zwangsmaßnahmen erforderlich sind oder die Anklagebehörde das Verfahren bereits übernommen hat, wird der Weg der förmlichen Rechtshilfe erforderlich. Das SDÜ hat in Art. 39 und 46 diese faktische Lage verrechtlicht. Art. 39 sieht vor, dass der Informationsaustausch auf Ersuchen direkt zwischen den polizeilichen Zentralstellen, im Eilfalle auch zwischen nachgeordneten Stellen verläuft. Das gilt sowohl für Informationen der **„vorbeugenden Bekämpfung"** als auch der **„Aufklärung"** von Straftaten, sofern „ein Ersuchen oder dessen Erledigung nach nationalem Recht nicht den Justizbehörden vorbehalten ist und die Erledigung des Ersuchens die Ergreifung von Zwangsmaßnahmen durch die ersuchte Vertragspartei nicht erfordert" (Art. 39 Abs. 1). Für die Grenzgebiete können nach Abs. 5 bilaterale Vereinbarungen getroffen werden. Diese Möglichkeit hat nicht nur Deutschland in umfangreichem Maße wahrgenommen. Die noch im SDÜ enthaltene vorsichtige Bindung dieses Austauschs an die Zentralstellen ist damit praktisch entfallen. Art. 46 ermöglicht den Informationsaustausch in Form einer polizeilichen Amtshilfe auch **ohne Ersuchen**. Für die Zollverwaltungen galt diese Art der direkten Kommunikation auf dem Amtshilfeweg bereits vor dem Neapel II-Abkommen aufgrund der bi- und multilateralen Zollunterstützungsverträge.

Polizeiliche Rechtshilfe

Durch die Entsendung von Verbindungsbeamten – insbesondere durch die bei Europol ansässigen Verbindungsbüros der nationalen Polizeien – wurde der Informationsaustausch weiter vereinfacht. Er bleibt zwar gebunden an die jeweiligen nationalen Bestimmungen, die aber durch die persönliche Präsenz erheblich informeller und schneller zu handhaben sind.

Verbindungsbeamte

Art. 7 des EU-Rechtshilfeübereinkommens ermöglichte diese Spontanauskunft auch für die Justizbehörden. Die Einrichtung **gemeinsamer Ermittlungsgruppen** nach Art. 13 des Übereinkommens bewirkt, dass die Behörden aller beteiligten Staaten an den

Gemeinsame Ermittlungsgruppen

---

80 ABl. C 139 v. 8.5.2003.

Informationen eines Verfahrens teilhaben. Damit erübrigt sich weitgehend die Mühe förmlicher Rechtshilfeersuchen. Damit verschwinden aber auch die Schutzwirkungen, die von den förmlichen Rechtshilfeersuchen und ihrer justiziellen Prüfung für die Betroffenen ausgingen.

4.4.1. Demonstrationen und Fußballspiele

Lagebilder

In einigen Bereichen hat die EU mittlerweile Sonderregelungen geschaffen. Dies gilt insbesondere bei Fußballspielen und bei Demonstrationen anlässlich von Gipfeltreffen oder ähnlichen Veranstaltungen. Im Mai 1997 erließ der Rat eine Gemeinsame Maßnahme „betreffend die Zusammenarbeit im Bereich der öffentlichen Ordnung und Sicherheit"[81], womit der Informationsaustausch bei größeren Veranstaltungen und Versammlungen erstmals eine verbindliche Rechtsgrundlage erhielt. Dies betraf zunächst den Austausch von **Lagebildinformationen** über die Art der anreisenden Störergruppen, ihre Zusammensetzung, ihre Reisewege und die benutzten Verkehrsmittel. Informationen sollten über zentrale nationale Stellen ausgetauscht und zusätzlich Verbindungsbeamte entsandt werden. Der Austausch von personenbezogenen Daten war grundsätzlich schon auf der Basis von Art. 46 SDÜ möglich.

Personendaten, Stadionverbote

Für den Fußballbereich wurde diese erste Rechtsgrundlage seither erheblich ausdifferenziert, vor allem durch entsprechende Handbücher aus den Jahren 1999 und 2001[82]. In der Version von 2001 sieht das Handbuch bereits vor, dass der Informationsaustausch im Wesentlichen über **Nationale Fußball-Informationsstellen** abgewickelt wird. Im Jahr darauf erklärte der Rat in einem Beschluss[83] den Aufbau solcher Kontaktstellen für verbindlich und räumte ihnen zudem ausdrücklich die Befugnis zum Austausch von **personenbezogenen Informationen** über Risikofans ein. Zudem sollten die Informationsstellen diese Daten zentralisieren und regelmäßig auswerten. Im Herbst 2003 folgte eine Entschließung, die die zentrale Erfassung von **Stadionverboten** bei den Informationsstellen und zusätzlich den Austausch der entsprechenden Daten im Zusammenhang mit bedeutenderen Fußballspielen vorsieht[84].

Datenaustausch über DemonstrantInnen

Die Auseinandersetzungen bei den **Gipfeltreffen** der EU in Göteborg und der G8 in Genua im Sommer 2001 motivierten den Rat, das entsprechende Instrumentarium auch im Zusammenhang mit Demonstrationen weiter auszudifferenzieren. Im Jahre 2003 nahm der Rat eine Entschließung an, 2004 folgte ein Leitfaden, der zwar nicht so umfangreich wie das Fußball-Handbuch, aber nach dem selben Muster gestrickt ist[85]. Der Vertrag von Prüm macht in Art. 13-15 den Austausch von Lagebildinformationen und personenbezogenen Daten über solche Kontaktstellen für die beteiligten Staaten verbindlich. Voraussetzung ist dabei nicht die Verurteilung, sondern die Annahme, dass eine Person Straftaten begehen oder eine Gefahr für die öffentliche Sicherheit und Ordnung hervorrufen könnte.

---

81 ABl. L 147 v. 5.6.1997.
82 Ratsdokument 8743/99 v. 31.5.1999; ABl. C 22 v. 24.1.2002.
83 ABl. L 121 v. 8.5.2002.
84 ABl. C 281 v. 22.11.2003.
85 Ratsdokument 13915/03 v. 4.11.2003 und 5744/1/04 v. 13.2.2004.

4.4.2. Informationsaustausch in Sachen Terrorismus

Das Thema „Terrorismus" und der darauf bezogene Informationsaustausch standen bereits am Anfang der polizeilichen Zusammenarbeit der damaligen EG-Staaten im Rahmen von TREVI. 1977 richteten die beteiligten Staaten zu diesem Zweck nationale TREVI-Verbindungsbüros ein, an denen je nach der nationalen Organisationsstruktur Staatsschutzabteilungen der Polizei und/oder Inlandsgeheimdienste beteiligt waren. Ab 1979 nahmen auch die politischen Polizeien der nordischen Staaten, die damals außer Dänemark bekanntlich noch keine EG-Mitglieder waren, an der „Police Working Group on Terrorism" teil. Ab Mitte der 80er Jahre begannen die beteiligten Staaten genauer festzulegen, worüber sich die Verbindungsbüros jeweils informieren sollten: Dazu gehörten gleich zu Beginn Meldungen über unerwünschte Ausländer, „die im Verdacht stehen in terroristische Aktionen verwickelt zu werden." Dass solche Verdächte nicht gerichtsfest sein mussten, ergibt sich aus der Natur der hier agierenden politischen Polizeien. Ab 1986 verpflichteten sich die beteiligten Staaten, sich jeweils im Laufe von 24 Stunden nach einem Anschlag erste Meldungen zuzustellen und „Erkenntnisse über Verdächtige und ihre Vorgehensweise", gestohlene Personaldokumente etc. mitzuteilen. 1987 folgten – soweit ersichtlich – Meldungen über Waffen- und Sprengstoffdiebstähle. Ab 1986 begann die für Terrorismusbekämpfung zuständige TREVI-Arbeitsgruppe I mit der Erstellung von Lagebildern. Ab Ende der 80er Jahre verband ein geschütztes Kommunikationsnetzwerk die beteiligten Büros[86].

TREVI

Dieses Netzwerk verbindet noch heute die **„bureaux de liaison"** (BDL) der in der Terrorismus-Arbeitsgruppe des Rates zusammengeschlossenen „Sicherheitsdienste". Nach dem 11. September 2001 erhielt die Arbeitsgruppe als eines von mehreren Kooperationsgremien in diesem Bereich neuen Auftrieb. Im Jahre 2002 beschloss der Rat auf Initiative der damaligen spanischen Präsidentschaft ein neues **Standardformblatt** zum Austausch von Informationen über „Personen, die wegen terroristischer Straftaten im Sinne des Rahmenbeschlusses zur Terrorismusbekämpfung bereits vorbestraft sind". Hintergrund der spanischen Initiative war die Vorstellung, dass „radikale Jugendliche" im „städtischen Umfeld" zunehmend „von Terrororganisationen manipuliert und für die Erreichung ihrer Ziele instrumentalisiert werden"[87].

BDL-Netzwerk

Ebenfalls auf spanische Initiative hat der Rat im April 2002 die Einsetzung „**multinationaler Ad-hoc-Gruppen** für die Erfassung und den Austausch von Informationen über Terroristen" empfohlen. Sie sollen aus Vertretern von Polizei und Geheimdiensten bestehen und von Europol unterstützt werden. Ziel sei, „das Vakuum bei vor- und außergerichtlichen Ermittlungen" zu füllen. Die Ad-hoc-Gruppen sind damit definitiv im Vorfeld von Strafermittlungen angesiedelt und nicht zu verwechseln mit gemeinsamen Ermittlungsgruppen im Sinne von Art. 13 des EU-Rechtshilfeübereinkommens. Da letzteres zu diesem Zeitpunkt noch nicht in Kraft war, griff der Rat übergangsweise zum Mittel eines Rahmenbeschlusses, der die gemeinsamen Ermittlungsgruppen in

Ad-hoc-Gruppen

---

86 Detaillierter zur Kooperation im TREVI-Rahmen *Busch,* Grenzenlose Polizei, S. 310 ff.
87 Spanische Initiative: Ratsdokument 5712/02 v. 29.1.2002, angenommen: Ratsdokument 5712/6/02 v. 29.5.2002.

Terrorismus-Straftaten dennoch ermöglichen sollte – nicht nur mit Beteiligung der Mitgliedstaaten, sondern auch von Nicht-Mitgliedstaaten, insbesondere von Strafverfolgungsbehörden der Vereinigten Staaten"[88]. Nach Inkrafttreten des Übereinkommens sollte der Rahmenbeschluss wieder aufgehoben werden.

Zentrale Informationsstellen

Trotz aller Anstrengungen ist dieser Informationsaustausch nicht so komplett, wie das seit Jahrzehnten immer wieder gefordert wird. Der Grund dafür dürfte gerade in der Tatsache zu suchen sein, dass hier Polizei- und „Sicherheitsdienste" zusammenarbeiten sollen, für die der Quellenschutz im Allgemeinen das höchste Gebot darstellt. Im September 2005 hat der Rat nun erneut einen Beschluss „über den Informationsaustausch und die Zusammenarbeit betreffend terroristische Straftaten" gefasst[89]. Danach müssen die Mitgliedstaaten jeweils **eine spezialisierte (Polizei-)Dienststelle und eine Eurojust-Anlaufstelle** einrichten, die Zugriff zu allen „einschlägigen Informationen" über strafrechtliche Ermittlungen bzw. strafrechtliche Verfolgungen und Verurteilungen auf nationaler Ebene haben. Zumindest die von diesen Behörden erfassten Informationen sollen jeweils an Europol, soweit es die polizeiliche Seite betrifft, bzw. an Eurojust übermittelt werden – soweit es das nationale Recht zulässt. Ziel ist es, die beiden EU-Zentralstellen über alle Phasen der jeweiligen Verfahren wegen „terroristischer Straftaten" im Sinne des Terrorismus-Rahmenbeschlusses zu informieren, insbesondere über die Identität der betroffenen Person oder Organisation, den Straftatvorwurf, die Verbindung zu anderen Fällen, den „Einsatz von Kommunikationstechnologien" und den etwaigen „Besitz von Massenvernichtungswaffen". Eurojust soll darüber hinaus „über die Rechtshilfeersuchen, einschließlich der Ersuchen um Beweiserhebung" informiert werden. Der Beschluss soll in erster Linie die bestehenden Informationen zentralisieren.

Nationale Kontaktstellen

Der Vertrag von Prüm zielt dagegen erneut auf den Informationsaustausch zwischen den Mitgliedstaaten und sieht dafür – ähnlich wie beim Datenaustausch in Sachen Fußball und Demonstrationen – die Einrichtung von **Nationalen Kontaktstellen** vor. Nach Art. 16 können sich die beteiligten Staaten über ihre Kontaktstellen „zum Zweck der Verhinderung terroristischer Straftaten im Einzelfall auch ohne Ersuchen [...] personenbezogene Daten und Informationen übermitteln, soweit dies erforderlich ist, weil bestimmte Tatsachen die Annahme rechtfertigen", dass die betroffenen Personen Straftaten nach dem Rahmenbeschluss zur Terrorismusbekämpfung „begehen werden". Mitgeteilt werden sollen „Namen, Vornamen, Geburtsdatum und Geburtsort sowie die Darstellung der Tatsachen, aus denen sich die Annahme ergibt".

Vorfeldinformationen

Die Formulierung macht erneut deutlich, dass der Informationsaustausch auf diesem Gebiet **weit im Vorfeld** strafrechtlicher Ermittlungen liegt. Und zwar im doppelten Sinne: einerseits weil die Straftatbestände des Rahmenbeschlusses, die gemeinsame Terrorismus-Definition der EU, längst nicht nur Anschläge oder ähnliche Handlungen einbeziehet, die im allgemeinen Verständnis als „terroristisch" bezeichnet würden; andererseits weil die in Frage kommenden Informationen selbst auf „Annahmen" beruhen

---

88 ABl. L 162 v. 20.6.2002.
89 ABl. L 253 v. 29.9.2005.

können. Mit den Europol- und Eurojust-Anlaufstellen und den Kontaktstellen nach dem Prümer Vertrag strebt die EU bzw. das Prümer Kerneuropa nun eine größere Verbindlichkeit in diesem Austausch an.

4.5. Das Prinzip der Verfügbarkeit

Im Haager Programm, dem Fünfjahresplan der EU für die Innen- und Justizpolitik, forderte der Rat im November 2004, das „Prinzip der Verfügbarkeit" bis spätestens Anfang 2008 zur Grundlage des Datenaustauschs zwischen den Strafverfolgungs-, Polizei- und Zollbehörden der Mitgliedstaaten zu machen[90]. Der Grundsatz besagt, dass der Zugang der Behörden eines Mitgliedstaates zu Informationen eines anderen nicht strenger sein darf als die Zugangsmöglichkeiten auf nationaler Ebene. Zur Umsetzung dieser Forderung liegen mittlerweile zwei Rahmenbeschluss-Entwürfe vor.

Haager Programm

Der erste geht auf eine schwedische Initiative zurück[91]. Im Rahmen von Strafermittlungen zu den **32 Deliktgruppen des Rahmenbeschlusses zum EU-Haftbefehl** und „crime intelligence operations" im Vorfeld von solchen Ermittlungsverfahren sollen die Behörden eines Mitgliedstaates jede Information erhalten können, über die die Strafverfolgungsbehörden eines anderen Mitgliedstaates verfügen. Gemeint sind entweder Informationen dieser Behörde selbst oder solche, zu denen diese Behörde bei privaten oder öffentlichen Stellen Zugang haben. Als Strafverfolgungsbehörde im Sinne dieses Entwurfs gelten Polizei-, Zoll und andere Behörden, die nach nationalem Recht Straftaten „aufdecken, vorbeugen oder ermitteln" sollen. Vorerst ausgeschlossen sind Einheiten oder „agencies", die ausschließlich mit Fragen der „nationalen Sicherheit" befasst sind. Dieselben Bedingungen sollen für den **Austausch mit Europol und Eurojust** gelten – und zwar für allen Straftaten, die in den Rahmen ihres Mandats fallen. Auch die spontane Weitergabe von Informationen soll möglich sein.

Übermittlungsverpflichtung

Dabei geht es jeweils ausschließlich um Daten, die bereits vorliegen. Der Rahmenbeschluss soll die Behörden des ersuchten Staates nicht dazu zwingen, eigens Daten zu erheben oder Zwangsmaßnahmen zu deren Beschaffung zu ergreifen. Eingeschlossen sind allerdings, sofern das nationale Recht es zulässt, auch Daten, die aus Zwangsmaßnahmen herrühren. Wenn für die Weitergabe solcher Daten die Zustimmung einer Justizbehörde erforderlich ist, soll die ersuchte Behörde diese Genehmigung selbst besorgen müssen.

Für die Beantwortung von Ersuchen sollen feste **Fristen** gelten, deren Überschreitung die ersuchte Behörde jeweils umgehend mitteilen und begründen muss: Daten aus einer für die Behörde zugänglichen Datenbank sollen im Eilfall innerhalb von acht Stunden, im Normalfall innerhalb einer Woche geliefert werden. In anderen Fällen beträgt die Frist vierzehn Tage.

Fristen

---

90 ABl. C 53 v. 3.3.2005.
91 Letzte Fassung: Ratsdokument 15482/05 v. 5.12.2005.

Verweigerungsmöglichkeiten

Verweigert werden kann die Weitergabe nur,
- wenn „essenzielle" Interessen der nationalen Sicherheit berührt sind,
- wenn laufende Ermittlungen oder „crime intelligence operations" beeinträchtigt würden,
- wenn sie klar unverhältnismäßig oder irrelevant wäre,
- wenn für die betreffende Straftat nach dem Recht des ersuchten Staates eine Mindesthöchststrafe von unter einem Jahr gilt oder
- die zuständige Justizbehörde die Weitergabe verweigert hat.

Der vorliegende Rahmenbeschluss-Entwurf soll die Art. 39 und 46 SDÜ ersetzen. Er unterscheidet sich von diesen nicht nur durch die Fristen, sondern auch dadurch, dass nicht nur die Zentralstellen und die Grenzgebiete, sondern alle Behörden in diesen Informationsaustausch einbezogen werden.

DNA-Profile, Fingerabdrücke etc.

Der zweite Vorschlag stammt von der Kommission[92]. Er betrifft vorerst nur sechs Kategorien von Informationen: **DNA-Profile, Fingerabdrücke, ballistische Erkenntnisse, Kfz-Halter-Ermittlungen, Telefonnummern sowie Verbindungs- und Verkehrsdaten** des betreffenden Anschlusses sowie Auskünfte zur Identifizierung von Personen aus **Personenstandsregistern**. Die Liste soll später ausgedehnt werden.

Gegenseitiger Online-Zugriff

Im Unterschied zu dem oben geschilderten Vorschlag geht es der Kommission allerdings um den **Online-Zugang** entweder direkt zu den entsprechenden Registern oder zu Index-Datenbanken der Mitgliedstaaten, der sowohl anderen Mitgliedstaaten als auch Europol eröffnet werden soll. Bei einem Treffer in einer Index-Datenbank soll die Akten oder Daten führende Stelle unmittelbar für die zugrunde liegenden Informationen angegangen werden. Sofern Daten nicht technisch verfügbar sind oder die technische Infrastruktur ausfällt, soll der Datenaustausch über nationale Kontaktstellen verlaufen.

Ist für die Weitergabe einer Information eine Genehmigung erforderlich, soll die ersuchte „verfügungsberechtigte" Behörde diese innerhalb von zwölf Stunden beantragen. Dies dürfte insbesondere bei den Telefon-Verbindungsdaten der Fall sein. Die Genehmigung der zuständigen Justizbehörde ist immer dann gefordert, wenn die Information als Beweismittel vor Gericht präsentiert werden soll.

Quellenschutz als Übermittlungshindernis

Gemäß dem Kommissionsvorschlag dürfte eine Übermittlung nur verweigert werden, um laufende Ermittlungen, eine Informationsquelle (sprich: einen Informanten oder eine V-Person), die körperliche Unversehrtheit einer Person (das dürfte insbesondere Verdeckte Ermittler betreffen) oder die Vertraulichkeit von Informationen nicht zu gefährden. Die Kommission schützt damit also **nur noch die polizeilichen Interessen an der Geheimhaltung** verdeckter Ermittlungen.

Insgesamt ist an diesen Regelungen erkennbar, dass sie für mehr als nur die hier zur Debatte stehenden Datenkategorien geschaffen sind. Diese sind bezeichnenderweise nicht im Text des Rahmenbeschlusses selbst, sondern in einem Anhang aufgelistet, der sich damit problemlos erweitern lässt, ohne den Text selbst in „Mitleidenschaft" zu ziehen.

---

92 *Kommission*, KOM (2005) 490 endg. v. 12.10.2005 (=Ratsdokument 13413/05 v. 18.10.2005).

Den Online-Zugriff auf Index-Datenbanken sieht auch der Vertrag von Prüm vor. Vom Kommissionsvorschlag unterscheidet er sich in zwei Punkten:

- Zum einen ist dieser Online-Zugriff nur vorgesehen für DNA-, Fingerabdruck- und Kfz-Halterdaten.
- Zum andern können bei einem Treffer in der DNA- oder der Fingerabdruck-Indexdatei über die nationalen Kontaktstellen auch die **weiteren personenbezogenen Daten** erfragt werden, über die die Polizei verfügt.

Zusätzliche Daten

4.6. Datenschutz?

Im Oktober 2005 hat die Kommission zusätzlich einen Entwurf für einen Rahmenbeschluss vorgelegt, der den Datenschutz bei der polizeilichen und justiziellen Zusammenarbeit neu regeln soll[93]. Es gelte dafür „Sorge [… zu …] tragen, dass der Austausch von Informationen zwischen den Mitgliedstaaten nicht durch Unterschiede beim Datenschutz behindert wird." Diese Formulierung könnte insgesamt als das Motto der datenschutzrechtlichen Regelungen im Kontext der polizeilichen und strafrechtlichen Zusammenarbeit in den EU-Institutionen und zwischen den Mitgliedstaaten durchgehen. Datenschutzrechtliche Regelungen sind notwendig, seitdem das deutsche Bundesverfassungsgericht im Volkszählungsurteil von 1983 die Gebote der Zweckbindung und der förmlichen gesetzlichen Grundlage verankert hat. Das Urteil hat in dieser Hinsicht internationale Bedeutung erlangt. Es zwingt auch auf der Ebene der EU zu einer rechtlichen Kodifizierung, die letztlich folgenlos bleibt.

Gleitmittel für den Datenaustausch

Sie kann nichts Grundsätzliches ausrichten gegen die **vorgegebenen Zwecke**, zu denen Daten erhoben und zu denen sie dann verarbeitet und über die Grenzen hinweg bzw. an Institutionen der EU und darüber hinaus weitergegeben werden. Der geheime Charakter der Datenerhebung, die Vorverlagerung im Strafrecht selbst, die wachsende Bedeutung rechtlich nicht eingrenzbarer präventivpolizeilicher Aufgaben („vorbeugende Bekämpfung von Straftaten", nationale Sicherheit, etc.) sind die Grundlage, die durch das **datenschutzrechtliche Sahnehäubchen** nicht verändert wird.

Sowohl das SDÜ und die Europol-Konvention als auch der neue Rahmenbeschluss-Vorschlag der Kommission enthalten die üblichen Rechte der Betroffenen auf **Auskunft, Berichtigung und Löschung** falscher bzw. unrechtmäßiger Daten. Die Ausübung dieser Rechte ist jedoch in vielen Fällen (typisch: Europol-Konvention) gebunden an die Zustimmung des Staates, der die Daten eingegeben bzw. geliefert hat. Bei Ausschreibungen zur „verdeckten Registrierung" im SIS kann wegen der „Natur" dieser Daten nicht mit einer Auskunft gerechnet werden. Bei Ausschreibungen zur Einreiseverweigerung ist die Auskunft allenfalls der erste Schritt dazu, die zugrunde liegende ausländerrechtliche Entscheidung rückgängig zu machen – was die Betroffenen in der Regel aus dem Ausland machen müssen und wozu sie meist kostspieligen anwaltlichen Beistand im ausschreibenden Mitgliedstaat brauchen.

Auskunft, Berichtigung, Löschung

---

[93] *Kommission,* KOM (2005) 475 endg. v. 4.10.2005.

Zersplitterter Datenschutz

Der Kommissionsvorschlag erkennt immerhin an, dass das Prinzip, wonach Daten für die Polizeien und Strafverfolgungsbehörden der gesamten EU verfügbar sein sollen, eine grundsätzliche Veränderung bringt. Die Ausgestaltung der Rechte auf Auskunft, Berichtigung und Löschung überlässt die Kommission jedoch weiterhin den Mitgliedstaaten. In der EU bliebe es damit bei einem **zersplitterten und kraftlosen Datenschutz**, sofern der angestrebte Rahmenbeschluss überhaupt in nützlicher Frist zustande kommt. Die Innenminister der G6-Staaten jedenfalls waren auf ihrer Tagung in Heiligendamm im März 2006 der Ansicht, dass die Einführung des Grundsatzes der Verfügbarkeit nicht auf eine neue Datenschutzregelung warten kann.

5. Von der Rechtshilfe zum harmonisierten Strafprozess

Die **Vereinfachung von Rechtshilfe und Auslieferung** gehörte seit Mitte der 80er Jahre zu den erklärten Zielen der Schengen-Gruppe respektive der EU. Dabei ging es zum einen um einfachere Geschäftswege, u.a. um die Zulassung des direkten Verkehrs zwischen den Justizverwaltungen. Auf dem Gebiet der Rechtshilfe lag der Schwerpunkt der Aktivitäten auf den **polizeilichen Methoden**: der Zulassung besonderer (verdeckter) Ermittlungsmethoden und der Herabstufung des Informationsaustauschs von der polizeilichen Rechtshilfe zu einer faktischen Amtshilfe. Im Bereich des Auslieferungsrechts brachten die EU-Staaten zwei Verträge auf den Weg, die einerseits die **vereinfachte Auslieferung** im Falle der Zustimmung der Betroffenen[94] und andererseits die Auslieferung **eigener Staatsangehöriger**[95] ermöglichen sollten. Diese Verträge blieben bedeutungslos, der letzte trat nie in Kraft, weil er von den Mitgliedstaaten nur zögerlich oder gar nicht ratifiziert wurde.

Rechtshilfe

Der Amsterdamer Vertrag und darauf aufbauend die Schlussfolgerungen des Europäischen Rates von Tampere markieren hier einen Bruch. Basierten die jahrzehntelangen Versuche, die Rechtshilfe zu erleichtern, auf dem herkömmlichen Modell der Kooperation zwischen verschiedenen Justizverwaltungen, so sollten nun auch Elemente des Strafprozessrechts harmonisiert werden. Diese Bestrebungen verfolgen einen ähnlichen Ansatz wie die Binnenmarktharmonisierung. Für grenzüberschreitende Fragen relevante Normen des mitgliedstaatlichen Rechts sollen soweit harmonisiert werden, dass die Zusammenarbeit nicht durch konzeptionelle Unterschiede der Strafjustiz behindert wird. Gemäß **Art. 31 EU** soll die Vereinbarkeit der jeweils geltenden mitgliedstaatlichen Vorschriften gewährleistet werden, soweit dies zur Verbesserung der Zusammenarbeit erforderlich ist. Die Prozessrechtsharmonisierung verfolgt damit einen anderen Ansatz als die Einrichtung von justiziellen Koordinationsstrukturen wie Eurojust und das European Judicial Network, die darauf ausgerichtet sind, die Justizkooperation durch institutionelle Vorkehrungen zu erleichtern. Beide Ansätze beanspruchen, sich gegenseitig zu ergänzen.

Art. III-270 Abs. 2 des Entwurfs für einen Verfassungsvertrag öffnet den Weg für eine weitere Harmonisierung des Strafprozessrechts durch „**Mindestvorschriften**", Art. III-274 für die Einrichtung einer **Europäischen Staatsanwaltschaft**. Der **Schutz der finanziellen Interessen der EU** gegen Subventionsbetrug, Korruption usw. bildet das wichtigste Feld für Vordenkerprojekte der europäischen Strafrechts-[96] und Strafprozessrechtsharmonisierung.

---

94 ABl. C 78 v. 30.3.1995
95 ABl. C 313 v. 23.10.1996
96 Hierzu unten, Abschnitt 6.

5.1 Gegenseitige Anerkennung: Problematische Übernahme von Prinzipien der Binnenmarktharmonisierung

Einige Kernideenelemente der Strafprozessrechtsharmonisierung lehnen sich an die Prinzipien der Binnenmarktharmonisierung an, wie sie sich in der Europäischen (Wirtschafts-)Gemeinschaft in den zurückliegenden Jahrzehnten entwickelt haben – obwohl die Ausgangssituationen sich grundlegend unterscheiden.

<small>Gegenseitige Anerkennung</small>

Im Mittelpunkt steht das **Prinzip der gegenseitigen Anerkennung**. Dort wo eine grenzüberschreitende Kooperation ohne Harmonisierung des materiellen Rechts auskommt, sollen Kooperationshindernisse dadurch ausgeräumt werden, dass die Standards anderer Mitgliedstaaten als gleichwertig anerkannt werden. Dieses Prinzip ist im Laufe der Zeit auf vielen Feldern durch Produkt- und Qualifikationsstandards konkretisiert worden.[97] Die gegenseitige Anerkennung von Berufsausbildungen erleichtert es z.B., in anderen Mitgliedstaaten zu arbeiten, eine Berufsausbildung zu absolvieren oder fortzusetzen. Berufsabschlüsse anderer Mitgliedstaaten, die bestimmte (Mindest-)Standards erfüllen, werden als gleichwertig anerkannt[98].

Der **Europäische Rat**, der sich im **Oktober 1999 in Tampere** mit Fragen der „Freiheit, der Sicherheit und des Rechts" befasste, sprach sich für die Ausweitung des Prinzips der gegenseitigen Anerkennung auf die Kooperation im Bereich des Zivil- und Strafrechts aus. Im November 2000 beschloss der Rat ein umfangreiches Maßnahmenprogramm zur Umsetzung des Grundsatzes der gegenseitigen Anerkennung in Strafsachen[99].

Bei der Harmonisierung des Straf- und Strafprozessrechts ist das Prinzip der gegenseitigen Anerkennung problematischer als in den Kernbereichen der europäischen Integration[100]. Das Prinzip einer diskriminierungsfreien Anerkennung von Bildungsabschlüssen hilft den betroffenen Menschen bei der Verwirklichung ihrer Rechte, wenn sie in einem anderen Mitgliedstaat leben und arbeiten möchten. Dagegen dient die gegenseitige Anerkennung im Bereich von strafprozessualen Entscheidungen in erster Linie der erleichterten Verfolgung von Straftätern und kann daher mit weitreichenden Grundrechtseingriffen verbunden sein.

<small>Mindestschutzstandards</small>

In vielen Fällen ist das Prinzip gegenseitiger Anerkennung mit der Definition von Minimalstandards verknüpft: Die Pflicht, Entscheidungen der Justiz oder Verwaltung eines anderen Mitgliedstaats anzuerkennen, besteht demnach nur, wenn der andere Mitgliedstaat bestimmte Mindestschutzstandards eingehalten hat. Bei der Binnenmarktharmonisierung können dies z.B. Anforderungen an die Sicherheit oder die Umweltverträglichkeit von Produkten oder an die Ausbildung von Ärzten oder Rechtsanwälten sein, die in einem anderen Mitgliedstaat tätig werden wollen.

---

97 Zu den Grundlagen: *Streinz,* Europarecht, Rn. 973 ff.
98 Vgl. Richtlinie 89/48/EWG des Rates vom 21.12.1988 *über eine allgemeine Regelung zur Anerkennung der Hochschuldiplome, die eine mindestens dreijährige Berufsausbildung abschließen,* ABl. L 19 vom 24.1.1989, S. 16; Überblick über die Regelungen zu einzelnen Berufsfeldern bei *Calliess/Ruffert-Kluth,* Art. 52 EG, Rn. 33 ff.
99 ABl. C 12 vom 15.1.2001, S. 10.
100 Differenzierende Bewertung bei *Gleß,* ZStW 116 (2004), 353ff.

5. Von der Rechtshilfe zum harmonisierten Strafprozess

Bei der Harmonisierung des Strafprozessrechts betreffen Mindeststandards als Voraussetzung für die Anerkennung strafprozessualer Entscheidungen durch andere Mitgliedstaaten die **Beachtung der Rechte derjenigen, gegen die sich die Maßnahmen richten.** Zu beachten sind insbesondere die in der **Europäischen Menschenrechtskonvention (EMRK) und in der EU-Grundrechtecharta garantierten Rechte sowie Datenschutzstandards.** Das **Verbot der Doppelbestrafung** *(ne bis in idem[101])* ist ein zentraler Mindeststandard für die Europäisierung des Strafprozessrechts, der u.a. in Art. 50 der EU-Grundrechtecharta[102] und in Art. 54 des Schengener Durchführungsübereinkommens (SDÜ)[103] niedergelegt ist. Der Europäische Gerichtshof (EuGH) hat die Tragweite des Doppelbestrafungsverbots in seinem Urteil zu zwei Vorabentscheidungsverfahren gemäß Art. 35 EU wesentlich gestärkt. Demnach ist eine erneute Strafverfolgung in einem anderen Mitgliedstaat auch dann durch den *ne bis in idem*-Grundsatz gemäß Art. 54 SDÜ gesperrt, wenn ein Strafverfahren in einem Mitgliedstaat durch eine definitiv verfahrensabschließende Entscheidung der Staatsanwaltschaft beendet worden ist, etwa durch eine Einstellung bei Erfüllung von Auflagen und Weisungen gemäß § 153a der deutschen Strafprozessordnung[104].

Menschenrechte

Die gegenseitige Anerkennung von Mindeststandards birgt im Bereich der Inneren Sicherheit die Gefahr, dass die Strafverfolgungsbehörden aufgrund ihrer eingespielten Kooperationsstrukturen ein so genanntes **forum shopping** betreiben. Im Rahmen von grenzüberschreitenden Polizeiaktionen ist nicht von vornherein definiert, welche mitgliedstaatliche Strafjustiz für die weitere Verfolgung eines Falls zuständig sein wird. Zwingen europäische Vereinbarungen dazu, die Standards anderer Mitgliedstaaten ohne Überprüfung anzuerkennen, so können die ermittelnden Polizeibehörden die einzelnen Verfahrensschritte jeweils bei der mitgliedstaatlichen Justiz beantragen, bei der die Hürden am niedrigsten oder die zu erwartenden Strafen die härtesten sind[105]. Die Gerichte der anderen Mitgliedstaaten müssen solche Entscheidungen nach der Logik der gegenseitigen Anerkennung sodann weitgehend unterhinterfragt akzeptieren.

Forum shopping

5.2 Rahmenbeschluss zum Europäischen Haftbefehl und seine Umsetzung in Deutschland

Der bislang weitreichendste Harmonisierungsschritt des Strafprozessrechts ist der Europäische Haftbefehl. Er basiert auf einem **Rahmenbeschluss,** also der zur Richtlinie parallelen rechtlichen Handlungsform im Bereich der dritten Säule[106].

---

101 Ausführlicher: *Ligeti,* Strafrecht und strafrechtliche Zusammenarbeit, S. 97 ff.
102 In den Entwurf eines Verfassungsvertrags übernommen als Art. II-110.
103 In die EU überführt durch das Protokoll Nr. 2 zum Amsterdamer Vertrag von 1997 *zur Einbeziehung des Schengen-Besitzstands in den Rahmen der Europäischen Union.*
104 *EuGH,* verbundene Rechtssachen C-187/01 und C-385/01 (Gözütok und Brügge), Urteil vom 11.2.2003, Slg. 2003, S. I-1345.
105 Am Beispiel von Betäubungsmittelfällen im Verhältnis Niederlande-Deutschland: *Sturm,* CILIP 79 (3/2004), 46 f.
106 Zu Bedeutung und Tragweite von Rahmenbeschlüssen oben, Abschn. 2.

5.2.1 Konzeption des Europäischen Haftbefehls nach dem Rahmenbeschluss

Der **Rahmenbeschluss zum Europäischen Haftbefehl**[107] hat am 1. Januar 2004 die zuvor bestehenden Auslieferungsvereinbarungen zwischen den EU-Mitgliedstaaten ersetzt, darunter das Europäische Auslieferungsübereinkommen vom 13. Dezember 1957 mit seinen Zusatzprotokollen sowie weitere Übereinkommen zwischen den EU-Staaten aus den 1990er Jahren (Art. 31). Die Mitgliedstaaten haben sich mit der Verabschiedung des Rahmenbeschlusses verpflichtet, nach Ablauf der Umsetzungsfrist jeden Europäischen Haftbefehl nach dem Grundsatz der gegenseitigen Anerkennung zu vollstrecken (Art. 1 Abs. 2). Bei bestimmten Typen von Straftaten, bei denen die Höchststrafe im Ausstellungsmitgliedstaat mindestens drei Jahre beträgt, erfolgt die Übergabe aufgrund eines Europäischen Haftbefehls ohne Überprüfung der beiderseitigen Strafbarkeit. Darunter sind besonders schwere Delikte wie die vorsätzliche Tötung und schwere Körperverletzung, aber auch Straftaten wie Betrug, Korruption, Geldwäsche, Beihilfe zur illegalen Einreise und zum illegalen Aufenthalt, Cyberkriminalität sowie Rassismus und Fremdenfeindlichkeit (Art. 2 Abs. 2). Der Rat kann diese Liste durch einstimmigen Beschluss erweitern (Art. 2 Abs. 3). Auch die Auslieferung von Angehörigen des ausliefernden Mitgliedstaats kann verlangt werden.

Der Rahmenbeschluss eröffnet den Mitgliedstaaten aber auch die Möglichkeit, die Vollstreckung eines Europäischen Haftbefehls abzulehnen, u.a. wenn die betreffende Handlung nach dem Recht des Vollstreckungsmitgliedstaats keine Straftat darstellt oder verjährt ist (Art. 4). In einigen Fällen ist die Vollstreckung abzulehnen, nämlich wenn die betreffende Person im Vollstreckungsstaat unter eine Amnestie fällt, wegen der Tat bereits in einem anderen Mitgliedstaat rechtskräftig verurteilt worden ist oder wegen ihres Alters nicht strafrechtlich zur Verantwortung gezogen werden kann (Art. 3).

5.2.2 Verfassungswidrige Umsetzung in Deutschland

Gemäß **Art. 16 GG** in der bis zum Jahr 2000 geltenden Fassung war die Auslieferung von Deutschen an ausländische Staaten ausgeschlossen. Für Auslieferungen an andere EU-Mitgliedstaaten oder den Internationalen Strafgerichtshof wurde dieses Verbot durch eine Grundgesetzänderung gelockert.

Die Bundesrepublik kam ihrer Pflicht zur Umsetzung des Rahmenbeschlusses durch das **Europäische Haftbefehlsgesetz** (EuHbG) vom 12. Juli 2004[108] nach. Die zentralen Regelungen dieses Artikelgesetzes änderten das Gesetz über die Internationale Rechtshilfe in Strafsachen im Hinblick auf die Umsetzung des Rahmenbeschlusses. Der Zweite Senat des *BVerfG* hat mit seinem Urteil vom 18. Juli 2005[109] festgestellt, dass dieses Gesetz gegen Art. 2 Abs. 1 in Verbindung mit Art. 20 Abs. 3, 16 Abs. 2 und 19 Abs. 4 GG verstößt und es daher für nichtig erklärt. Das Gericht bemängelte, die Umsetzung habe im Hinblick auf die Grundrechte deutscher Staatsangehöriger, deren

---

107 Rahmenbeschluss des Rates *über den Europäischen Haftbefehl und die Übergabeverfahren zwischen den Mitgliedstaaten*, ABl. L 190 vom 18.7.2002, 1; zu den Beschuldigtenrechten: Sturm, CILIP 79 (3/2004), 40 f.
108 BGBl. I, S. 1748.
109 *BVerfG*, NJW 2005, 2289.

5. Von der Rechtshilfe zum harmonisierten Strafprozess

Auslieferung ein anderer EU-Mitgliedstaat begehrt, nicht hinreichend von den Umsetzungsspielräumen Gebrauch gemacht, die der Rahmenbeschluss eröffnet. Art. 16 Abs. 2 GG erfordere insbesondere bei solchen Taten einen höheren Auslieferungsschutz, die einen Bezug zum bundesdeutschen Inland aufweisen. Der Eingriff in den Schutzbereich des Art. 2 Abs. 2 GG müsse schonend erfolgen; die Einschränkung des Grundrechts auf Auslieferungsfreiheit müsse verhältnismäßig sein. Ferner bemängelte der Senat im Hinblick auf Art. 19 Abs. 4 GG die fehlende Anfechtbarkeit der Bewilligungsentscheidung für die Auslieferung. Im Hinblick auf die gerichtliche Überprüfung der Entscheidung forderte er Auslieferungsunterlagen, die eine angemessene gerichtliche Überprüfung erlauben.

Hinter den Auseinandersetzungen über die Umsetzung des Rahmenbeschlusses zum Europäischen Haftbefehl stehen zwei bisher nur teilweise gelöste Grundsatzprobleme. Zum einen das Problem, inwieweit die Strafjustiz in allen EU-Mitgliedstaaten ein so hohes Niveau an rechtsstaatlichen Standards und Verfahrenssicherungen aufweist, dass ein Schutz vor der Auslieferung in einen Mitgliedstaat mit niedrigeren Standards entbehrlich geworden ist. Die Unterschiede zwischen dem Individualrechtsschutz in den europäischen Staaten sind in den zurückliegenden Jahren unter manchen Aspekten sogar größer geworden, insbesondere durch Maßnahmen der Terrorismusbekämpfung. Selbst wenn die gesetzlichen Bestimmungen eines Mitgliedstaates den Anschein eines hohen Schutzniveaus für Individualrechte suggerieren, können abweichende Praktiken das **gegenseitige Vertrauen** gefährden[110]. *Vertrauen in andere Justizsysteme*

Zum anderen steht hinter den Diskussionen über den Europäischen Haftbefehl die seit Jahrzehnten währende **Konkurrenz zwischen dem Bundesverfassungsgericht und dem Europäischen Gerichtshof über die Auslegungshoheit in Grundrechtsfragen**, die nach der „solange"-Rechtsprechung des *BVerfG* in den letzten Jahren neue Facetten erhalten hat[111]. In der Haftbefehlsentscheidung hat das *BVerfG* die direkte Konfrontation mit den gemeinschaftsrechtlichen Vorgaben allerdings vermieden, da es ausschließlich die Regelungen des deutschen Umsetzungsgesetzes kritisiert hat[112]. *Verfassungsgerichtliche Konkurrenz*

5.3 Bestrebungen für weitere Verfahrenserleichterungen: Europäische Beweisanordnung

Mit der **Europäischen Beweisanordnung** gibt es Bestrebungen für ein weiteres Instrument der Strafprozessrechtsharmonisierung, das dazu beitragen soll, die Rechtshilfe durch ein neues Instrumentarium auf der Basis des Prinzips der gegenseitigen Anerkennung zu ersetzen. Nach dem Vorschlag der Kommission aus dem November 2003[113] sollen die Mitgliedstaaten sich gegenseitig solche Beweismittel zur Verfügung stellen, die bereits vorhanden und unmittelbar verfügbar sind. In weiteren Schritten soll diese *Europäische Beweisanordnung*

---

110 So auch die *Kommission,* KOM(2004)328 endgültig, S. 5.
111 Zusammenfassend: *Mayer,* in: *von Bogdandy* (Hrsg.), Europäisches Verfassungsrecht, S. 241 ff.
112 Vgl. hierzu auch *von Unger,* NVwZ 2005, 1268 f.
113 KOM(2003) 688 endgültig [bislang nicht verabschiedet, April 2006].

Teil 6: Europäisierung der Inneren Sicherheit

Pflicht später auf noch zu erhebende Beweismittel ausgeweitet werden[114]. Konzeptionell knüpft dieser Vorschlag an den 2003 verabschiedeten **Rahmenbeschluss über die Vollstreckung von Entscheidungen über die Sicherstellung von Vermögensgegenständen oder Beweismitteln in der EU**[115] an.

Ähnlich wie der Europäische Haftbefehl soll die Beweisanordnung nach dem Kommissionsvorschlag als formalisierte Entscheidung des ersuchenden Mitgliedstaats konzipiert sein, die von dem ersuchten Mitgliedstaat in der Regel ohne weitere Prüfung ausgeführt wird. Auch die beiderseitige Strafbarkeit des betreffenden Handelns im ersuchenden und im ersuchten Mitgliedstaat soll in der Regel keine Voraussetzung für die Vollstreckung sein. Defizite weist der Vorschlag insbesondere hinsichtlich der Beweisverwertungsverbote, der richterlichen Kontrolle und der Rechtsschutzmöglichkeiten der Betroffenen auf[116].

5.4 Verfahrensrechte im Strafverfahren

Verfahrens-
rechte

Die intensivierte Zusammenarbeit auf der Basis des Prinzips der gegenseitigen Anerkennung führt zu der Frage, ob die Verfahrensrechte der Verdächtigen und Beschuldigten hinreichend gewahrt werden. Lange Zeit begnügten sich EU-Dokumente zumeist damit, auf die Verpflichtung der Mitgliedstaaten zur Achtung der in der EMRK garantierten Rechte zu verweisen. In neuerer Zeit setzt sich dagegen die Erkenntnis durch, dass es mit der Beachtung dieser Rechte auch in den Kernstaaten der EU nicht immer zum besten bestellt ist[117]. Die zahlreichen Beschwerden, die beim Europäischen Gerichtshof für Menschenrechte in Straßburg eingehen, führen nicht selten auch zu Verurteilungen dieser Staaten. So wurde Deutschland im Jahr 2005 in 10 Fällen wegen der Verletzung von EMRK-Rechten verurteilt, Frankreich in 51 Fällen, Italien in 67 Fällen und Griechenland in 100 Fällen.[118]

Die Kommission hat 2004 einen Entwurf für einen **Rahmenbeschluss über bestimmte Verfahrensrechte im Strafverfahren [...]**[119] vorgelegt. Darin schlägt sie u.a. vor, das Recht auf einen Rechtsbeistand und auf einen Dolmetscher gegenüber den EMRK-Regeln zu konkretisieren. In Anbetracht der intensivierten Justizkooperation auf der Basis des Prinzips der gegenseitigen Anerkennung ist diese Initiative notwendig. Es erscheint indes zweifelhaft, ob die Kommissionsvorschläge ausreichen, um Gefahren für die Beschuldigten- und Verteidigungsrechte zu kompensieren, die von dem umfangreichen zusätzlichen Kooperationsinstrumentarium ausgehen.

---

114 Ebd., 11.
115 ABl. L 196 vom 2.8.2003, S. 45.
116 Hierzu *Gleß,* StV 2004, 681 f.; *Sturm,* CILIP 79 (3/2004), 41 f.
117 Vgl. z.B. *Kommission,* KOM(2004) 328 endgültig, S. 3 f.
118 *European Court of Human Rights,* Survey of Activities 2005, S. 31.
119 KOM(2004)328 endgültig [bislang nicht verabschiedet, April 2006].

6. Europäisierung des materiellen Strafrechts

Die Europäisierung der Innen- und Justizpolitik hat Diskussionen ausgelöst, ob auch das materielle Strafrecht harmonisiert werden sollte, um die grenzüberschreitende Strafverfolgung zu erleichtern. Auch wenn bestimmte Verhaltensweisen wie Tötungsdelikte, Diebstahl oder Betrug in allen europäischen Staaten gleichermaßen als Straftaten definiert sind, unterscheidet sich das materielle Strafrecht der europäischen Staaten hinsichtlich der genauen Definition der Tatbestände, des Strafrahmens und nicht zuletzt hinsichtlich der dogmatischen Grundkonstruktion. Manche Verhaltensweisen unterliegen auch grundlegend unterschiedlichen strafrechtlichen Wertungen mit der Folge eines unterschiedlich liberalen oder repressiven Strafrechts, z.B. hinsichtlich des Besitzes und Konsums illegaler Drogen.

Europäisierung des materiellen Strafrechts

In der politischen und fachwissenschaftlichen Diskussion über die EU-Innenpolitik hat die Forderung, das Strafrecht vollständig zu harmonisieren oder gar ein einheitliches europäisches Strafgesetzbuch zu schaffen, nur wenige Anhänger gefunden[120]. Forderungen und Absichtserklärungen gehen eher dahin, das materielle Strafrecht durch Mindeststandards zu harmonisieren, wo Tatbestände für grenzüberschreitende Fallkonstellationen relevant sind. Evident ist dies bei Straftaten gegen die finanziellen Interessen der EG/EU selbst, also insbesondere bei Formen von Subventionsbetrug und Korruption, durch die der EU-Haushalt geschädigt wird. Die EU richtete hierfür 1988 eine Koordinationsstelle[121] ein, die 1999 in das **Europäische Amt für Betrugsbekämpfung (OLAF)**[122] überführt wurde. OLAF ist zwar der Europäischen Kommission unterstellt, bei den Untersuchungen jedoch unabhängig[123].

Grenzüberschreitende Fallkonstellationen

Die Delikte zum Nachteil der finanziellen Interessen der EU waren und sind das zentrale Element des so genannten **Corpus juris**, in dem Strafrechtsexperten Ende der 1990er Jahre ihre Vorschläge für die Definition spezifisch „europäischer" Straftatbestände gemacht haben, ergänzt durch Vorschläge für die strafprozessuale Behandlung dieser Delikte.[124] Teils angeregt und subventioniert durch europäische Forschungsförderungsprogramme, hat sich so in der Strafrechtswissenschaft auch eine Grundlagendiskussion über Möglichkeiten und Grenzen der Entwicklung eines europäischen Strafrechts entwickelt. Die Europäische Kommission hat diese Diskussionen 2001 in ihrem **Grünbuch zum strafrechtlichen Schutz der finanziellen Interessen der Europäischen Gemeinschaften und zur Schaffung einer Europäischen Staatsanwaltschaft**

Corpus juris

---

120 Eine stärkere Harmonisierung des materiellen Strafrechts postuliert z.B. *Weber,* Integration 2006, S. 59 *et passim.*
121 *Unité de Coordination de la Lutte Anti-Fraude* (UCLAF).
122 *Office Européen de Lutte Anti-Fraude* (Europäisches Amt für Betrugsbekämpfung), VO (EG) 1073/1999, ABl. L 136 vom 31.5.1999, S. 1, hierzu auch *Ligeti,* Strafrecht und strafrechtliche Zusammenarbeit, S. 198 ff.
123 Kritische Bestandaufnahme der Strukturen und Arbeitsweise von OLAF: *Europäischer Rechnungshof,* Sonderbericht 1/2005.
124 *Delmas-Marty* (Hg.), Corpus juris; ausführliche Erörterung bei *Rasner,* Erforderlichkeit […] des Corpus Juris Florenz.

aufgegriffen, ebenso wie der Europäische Konvent 2002/2003 mit seiner Öffnungsklausel für die Einrichtung einer solchen Institution im Entwurf für einen EU-Verfassungsvertrag.

Darüber hinaus gehen vom Europarecht weitere Impulse für die Harmonisierung einzelner Bereiche des materiellen Strafrechts aus, die sich auch auf das Nebenstrafrecht auswirken können. So verlangen einige Vorgaben des europäischen Umweltrechts für die Durchsetzung der gesetzten Ziele Sanktionen, die „wirksam, verhältnismäßig und abschreckend" sein müssen[125]. Den Mitgliedstaaten ist es überlassen, ob sie hierfür Straftatbestände oder andere Sanktionsformen schaffen.

Internationaler Strafgerichtshof

Weitere Ansätze für die Harmonisierung von Teilbereichen des materiellen Strafrechts in Europa kommen aus dem Völkerstrafrecht. Die Einrichtung des **Internationalen Strafgerichtshofs durch das Römische Statut von 1998** führte zu einer Definition der zu ahndenden Taten.[126] Der im Jahr 2000 neu gefasste **Art. 16 Abs. 2 GG** ermöglicht die Auslieferung von Deutschen an den Internationalen Strafgerichtshof.

Europaratsabkommen

Ansätze für eine Strafrechtsharmonisierung in einem erweiterten europäischen Rahmen gehen vom **Europarat** aus. Die Gremien des Europarats haben zwar keine Ambitionen für eine Harmonisierung des Strafrechts insgesamt entwickelt. Sie haben aber für einzelne Problemfelder Konventionen erarbeitet, die u.a. von den Mitgliedstaaten die Schaffung bestimmter Straftatbestände fordern. Dem Europarat fehlt es an Möglichkeiten, seine Mitgliedstaaten zur Umsetzung eingegangener Verpflichtungen zu zwingen. Ein Instrument wie das Vertragsverletzungsverfahren im Bereich der Europäischen Gemeinschaft (Art. 226ff. EG) steht ihm nicht zur Verfügung. Doch haben de facto zahlreiche Elemente aus Europaratskonventionen Einzug in das mitgliedstaatliche Strafrecht gehalten, auch in Deutschland. Beispiele für Europaratsabkommen mit strafrechts- und strafprozessrechtsharmonisierender Wirkung[127] sind das **Übereinkommen über Computerkriminalität (Cyber Crime Convention)**[128] vom 8. November 2001, die **Konvention zum Schutz der Umwelt durch Strafrecht** vom 4. November 1998 und die **Konvention [...] über Geldwäsche, Terrorismusfinanzierung, sowie Ermittlung, Beschlagnahme und Einziehung von Erträgen aus Straftaten** vom 16. Mai 2005.

Entwurf für einen Verfassungsvertrag

Der Entwurf für einen EU-Verfassungsvertrag setzt den in den 1990er Jahren eingeschlagenen Weg fort: Eine völlige Harmonisierung des materiellen Strafrechts wird nicht angestrebt, wohl aber eine Angleichung in Bereichen, die eine „grenzüberschreitende Dimension" haben.[129] Art. III-270 des Verfassungsentwurfs nennt die Bereiche „Terrorismus, Menschenhandel und sexuelle Ausbeutung von Frauen und Kindern, il-

---

125 Z.B. Art. 11 der Richtlinie 1999/30/EG über *Grenzwerte für Schwefeldioxid, Stickstoffdioxid und Stickstoffoxide, Partikel und Blei in der Luft*, ABl. L 163 vom 29.6.1999, S. 41.
126 Römisches Statut des Internationalen Strafgerichtshofs, BGBl. II, 2000, S. 1394.
127 Vollständige Liste der geltenden Europaratsabkommen und Volltextfassungen unter http://conventions.coe.int [letzte Überprüfung am 15.4.2006].
128 Nebst *Zusatzprotokoll [...] betreffend die Kriminalisierung mittels Computersystemen begangener Handlungen rassistischer und fremdenfeindlicher Art* vom 28. Januar 2003.
129 Kritische Bestandsaufnahme bei *Weigend*, ZStW 116 (2004), 275 ff.; vgl. auch *Hassemer*, ZStW 116 (2004), 304 ff. und *Wasmeier*, ZStW 116 (2004), 320 ff.

legaler Drogenhandel, illegaler Waffenhandel, Geldwäsche, Korruption, Fälschung von Zahlungsmitteln, Computerkriminalität und organisierte Kriminalität" und damit eine bunte Sammlung von Kriminalitätsfeldern, die in den letzten Jahren Gegenstand öffentlich diskutierter Bedrohungsszenarien waren. Der unscharfe Sammelbegriff „organisierte Kriminalität" und eine Öffnungsklausel für die Ausdehnung auf andere Kriminalitätsbereiche führen dazu, dass die Harmonisierung des materiellen Strafrechts auch als Antwort auf neu auftretende Kriminalitätsphänomene aktuell bleiben wird[130].

Das Beispiel der USA zeigt, dass **Föderalstaaten durchaus ohne ein einheitliches materielles Strafrecht auskommen können.** Selbst wenn sich die EU mittelfristig zu einem Föderalstaat entwickeln sollte, wird die Vereinheitlichung des Strafrechts im Hinblick auf das Subsidiaritätsprinzip vorrangig und wahrscheinlich ausschließlich in Deliktsbereichen mit grenzüberschreitender Relevanz vorangetrieben werden.

---

130 Zu den Auswahllogiken der politischen Agenda im Bereich der Inneren Sicherheit: *Aden,* MschrKrim 2003, 105 ff.

7. Schlussfolgerungen und Ausblick

Schlussfolgernd lässt sich festhalten, dass sich in Europa **umfangreiche Strukturen der Inneren Sicherheit** entwickelt haben, die mehr oder minder intensiv von rechtlichen Regelungen gerahmt und legitimiert werden. Von einer einheitlichen Organisationsstruktur oder einem systematisch strukturierten europäischen Rechtsgebiet, wie sie die mitgliedstaatlichen Systeme des staatlichen Gewaltmonopols prägen, sind diese Strukturen noch weit entfernt. Obwohl in den vergangenen Jahren auf EU-Ebene eine ganze Reihe neuer „Agenturen", Institutionen und Gremien entstanden ist, verfügt die EU nicht über ein Innenministerium. Der Ausschuss für operative Zusammenarbeit (COSI), der im EU-Verfassungsentwurf vorgesehen war und nun ohne diese Legitimation aufgebaut wird, trägt zwar den Keim eines solchen Ministeriums in sich, steht aber auf mittlere Sicht in Konkurrenz zu anderen Gremien und Organisationen. **Das europäische „Recht der Inneren Sicherheit" präsentiert sich als patchwork**, das sich aus EU-weiten Verträgen, verbindlichen Beschlüssen und Rahmenbeschlüssen, unverbindlichen Empfehlungen, Entschließungen und Handbüchern sowie bi- und multilateralen Abkommen zusammensetzt. Dass es in diesem Europa der Polizeien **mehrere Geschwindigkeiten** gibt, ist leicht erkennbar. Dennoch wohnt gerade dieser Ungleichgewichtigkeit eine **Dynamik inne, die die Politik der Inneren Sicherheit ständig vorantreibt** und insbesondere dann zum Zuge kommt, wenn nach spektakulären Kriminalfällen oder Anschlägen „Handlungsfähigkeit" demonstriert werden soll. Der EU-Haftbefehl oder die Vorratsdatenspeicherung von TK-Verbindungsdaten zeigen, dass die Ergebnisse solcher Handlungsfähigkeit regelmäßig über den eigentlichen Anlass hinausgehen.

Deutlich ist, dass die Rechtsetzung auf EU-Ebene mehr und mehr diejenige auf der nationalstaatlichen Ebene überlagert und bestimmt. Das gilt nicht nur dort, wo Ratsbeschlüsse unmittelbar gelten oder Rahmenbeschlüsse verbindlich umgesetzt werden müssen. Auch dort wo theoretisch das Plazet der nationalen Parlamente gefordert ist, liegt die Aushandlung von vertraglichen Regelungen in supranationalen Gremien, deren Ergebnisse parlamentarisch nur selten korrigiert werden. **Deutlich ist aber ebenso, dass in diesem Aushandlungsprozess die nationalstaatlichen Exekutiven im Rat respektive in den multilateralen Gremien den Ton angeben.**

Konsequenterweise haben in diesem politischen Prozess Sicherheitsargumente im Vordergrund gestanden und die **Grundrechte der Betroffenen allenfalls eine legitimatorische Funktion** gehabt. Gerade im Bereich des Datenschutzes zeigt sich dabei die Überlegenheit jener Form der Rechtsetzung, die aus den deutschen Polizei- und Strafprozessrechtsänderungen der letzten Jahrzehnte sattsam bekannt ist. Statt Generalklauseln haben sich auch auf der EU-Ebene Formulierungen durchgesetzt, die zwar jeden einzelnen informationellen Eingriff regeln, dies aber so umfassend tun, dass kaum nicht betroffene Personengruppen übrig bleiben. Auch in der Harmonisierungsstrategie, wie sie insbesondere im Bereich des Strafprozessrechts immer stärker greift, kommen Beschuldigtenrechte unter Druck. Die Politik der gegenseitigen Anerkennung gerichtlicher Entscheidungen bewirkt, dass Schutzmechanismen, die im nationalen

7. Schlussfolgerungen und Ausblick

Kontext noch vorhanden wären, im europäischen Zusammenspiel ausgedünnt oder gar weggefegt werden. Strafrechtliche Liberalisierungsforderungen, die auf nationaler Ebene durchaus vorhanden sind, gehen im EU-Kontext unter. In Relation zum Umfang der Kooperationsstrukturen sind die Rechtsschutzmöglichkeiten sowie die institutionalisierten Kontrollstrukturen für die grenzüberschreitenden Aktivitäten zur Inneren Sicherheit unzulänglich.

Die Entwicklung hin zu einem europäischen Recht der Inneren Sicherheit einschließlich straf- und strafprozessrechtlicher Elemente ist weit vorangeschritten. Eine bürgerrechtlich, an einem **ultima ratio-Strafrecht** orientierte kritische Begleitung der weiteren Entwicklung[131] wird besonders darauf zu achten haben, ob die geschaffenen Strukturen in einem vernünftigen Verhältnis zu ihrer Funktion bei der Schaffung von Sicherheit stehen und ob gewährleistet ist, dass die Einschränkungen der individuellen Freiheit durch solche Strukturen auf ein Minimum begrenzt werden. Unabdingbar sind hierfür starke, unabhängige Kontrollinstrumente – auch, aber nicht nur in Form von Rechtsschutzmöglichkeiten vor mitgliedstaatlichen und europäischen Gerichten für diejenigen, die von den Instrumenten der europäisierten Inneren Sicherheit betroffen sind. Die derzeitige Entwicklung gibt da wenig Anlass zu Optimismus. Der Raum der Freiheit und der Sicherheit in Europa könnte leicht zu einem Raum der Sicherheit ohne Freiheiten werden.

---

131 Vgl. auch *Schünemann,* ZStW 116 (2004), 376 ff. zu dem von Strafrechtswissenschaftlern entwickelten „Alternativ-Entwurf Europäische Strafverfolgung".

Teil 6: Europäisierung der Inneren Sicherheit

Literatur

ADEN, HARTMUT: Europol und „operative Ermittlungsmethoden", in: Bürgerrechte & Polizei/CILIP 58 (3/1997), S. 65-69.
- Polizeipolitik in Europa. Eine interdisziplinäre Studie über die Polizeiarbeit in Europa am Beispiel Deutschlands, Frankreichs und der Niederlande, Opladen/Wiesbaden 1998.
- Convergence of Policing Policies and Transnational Policing in Europe, in: European Journal of Crime, Criminal Law and Criminal Justice 2001 (vol. 9, no. 2), S. 99-112.
- Die Auswahl der normsetzenden Institutionen im Prozess der Globalisierung des Rechts. Organisierte Kriminalität und Klimawandel als Beispiele für Modethemen bei der internationalen Normsetzung, in: Nahamowitz, Peter / Voigt, Rüdiger (Hrsg.), Globalisierung des Rechts II: Internationale Organisationen und Regelungsbereiche, Baden-Baden 2002, S. 281-318.
- Les effets au niveau national et régional de la coopération internationale des polices : un système spécifique de multi-level governance, in: Cultures & Conflits 48 (= 1/2003), S. 15-32, online: http://www.conflits.org/article.php3?id_article=695).
- Der Zufall und andere „Themenmacher" – Problemdefinition und Agendagestaltung in der Kriminalpolitik, in: Monatsschrift für Kriminologie und Strafrechtsreform (MschrKrim) 2003 (86. Jg., Nr. 2), S. 105-116.
- Herrschaft und Wissen, in: ders. (Hrsg.), Herrschaftstheorien und Herrschaftsphänomene, Wiesbaden 2004, S. 55-70.

APAP, JOANNA: Problems and Solutions for New Member States in Implementing the JHA Acquis, Brussels: Centre for European Policy Studies, 2004, Working Document No. 212.

BIGO, DIDIER : Polices en réseaux: l'expérience européenne, Paris 1996.
- Liaison officers in Europe. New officers in the European security field, in : James Sheptycki (ed.), Issues in Transnational Policing, London/New York 2000, S. 67-99.

BUSCH, HEINER : Grenzenlose Polizei? Neue Grenzen und polizeiliche Zusammenarbeit in Europa, Münster 1995.
- Offene Grenzen – aber nur für die Polizei, in: Bürgerrechte & Polizei/CILIP 69 (2/2001), S. 43-47.

BUSCH, HEINER unter Mitarbeit von ELKE SCHÄFTER, BRITTA GRELL und WOLF-DIETER NARR: Polizeiliche Drogenbekämpfung – eine internationale Verstrickung, Münster 1999.

DEFLEM, MATHIEU: Policing World Society. Historical Foundations of International Police Cooperation, Oxford 2003.

DELMAS-MARTY, Mireille (Hrsg.): Corpus juris der strafrechtlichen Regelungen zum Schutz der finanziellen Interessen der Europäischen Union, Köln 1998.
- Polices d'Europe. Politique étrangère et sécurité commune, questions de droit pénal : Avantpropos, in : Revue de science criminelle et de droit pénal comparé 2004, S. 549-552.

EISEL, HORST : Der deutsch-schweizerische Polizeivertrag. Ein Vertragswerk, das ein Modell für Europa sein könnte, in: Kriminalistik 2000, H. 11, S. 706-710.

EUROPEAN COURT OF HUMAN RIGHTS/Europäischer Gerichtshof für Menschenrechte, Survey of Acitivities 2005, Strasbourg 2006.

EUROPÄISCHER RECHNUNGSHOF, Sonderbericht Nr. 1/2005 zur Verwaltung des Europäischen Amtes für Betrugsbekämpfung (OLAF) zusammen mit den Antworten der Kommission, ABl. C 202 vom 18.8.2005, S. 1.

EUROPOL: Annual Report 2004, Den Haag 2005.

GLESS, SABINE: Kommentar zum Vorschlag für einen Rahmenbeschluss über eine „Europäische Beweisanordnung", in: StV 2004 (24. Jg., Nr. 12), S. 679-683.
- Zum Prinzip der gegenseitigen Anerkennung, ZStW 2004 (116. Bd., Nr. 2), S. 353-367.
- Eine akademische Kritik des „EU-Acquis" zur grenzüberschreitenden Beweissammlung, in: Europäische Rechtsakademie – Forum, Special Issue: Dealing with European Evidence in Criminal Proceedings: National Practice and European Union Policy, Trier 2005, S. 41-52.

GRIEBENOW, OLAF: Demokratie- und Rechtsstaatsdefizite in Europa. Die Europäische Zusammenarbeit im Bereich Inneres und Justiz, Hamburg 2004.

HASSEMER, WINFRIED: Strafrecht in einem europäischen Verfassungsvertrag, in: ZStW 2004 (116. Bd., Nr. 2), S. 304-319.

HAYES, BEN/BUSCH, HEINER: Europol und Eurojust. Die politische Debatte leidet unter Rechtsillusionen, in: Bürgerrechte & Polizei/CILIP 69 (2/2002), S. 17-26.

HOLZBERGER, MARK: EU-Grenzpolizei – mit kleinen Schritten zum Ziel?, in: Bürgerrechte & Polizei/CILIP 73 (3/2002), S. 10-16.
- Vorverlagerte Migrationskontrolle. Polizeiliche Verbindungsbeamte im Ausland, in: Bürgerrechte & Polizei/CILIP 75 (2/2003), S. 57-65.
- Mehr als nur ein Schlag ins Wasser. Die EU intensiviert die Seegrenzkontrollen, in: Bürgerrechte & Polizei/CILIP 79 (3/2004), S. 69-76.

JOUBERT, CHANTAL/BEVERS, HANS: Schengen investigated. A Comparative Interpretation of the Schengen Provisions on International Police Cooperation in the Light of the European Convention on Human Rights, Deventer 1996.

KNELANGEN, WILHELM: Das Politikfeld innere Sicherheit im Integrationsprozess. Die Entstehung einer europäischen Politik der inneren Sicherheit, Opladen 2001.

KOMMISSION DER EUROPÄISCHEN GEMEINSCHAFTEN: Grünbuch zum strafrechtlichen Schutz der finanziellen Interessen der Europäischen Gemeinschaften und zur Schaffung einer Europäischen Staatsanwaltschaft, KOM(2001)715endgültig, 11.12.2001.
- Vorschlag für einen Rahmenbeschluss des Rates über die Europäische Beweisanordnung zur Erlangung von Sachen, Schriftstücken und Daten zur Verwendung in Strafverfahren, KOM(2003)688 endgültig: 14.11.2003.
- Vorschlag für einen Rahmenbeschluss des Rates über bestimmte Verfahrensrechte in Strafverfahren innerhalb der Europäischen Union, KOM(2004)328 endgültig: 28.4.
- Mitteilung der Kommission an den Rat und das Europäische Parlament: Ausbau der Polizeilichen und Zollbehördlichen Zusammenarbeit in der Europäischen Union – I. Bericht über die Fortschritte seit Inkrafttreten des Vertrags von Amsterdam – II. Verbesserungsvorschläge, KOM(2004)376 endgültig: 18.5.2004.
- Mitteilung der Kommission an den Rat und das Europäische Parlament: Raum der Freiheit, der Sicherheit und des Rechts: Bilanz des Tampere-Programms und Perspektiven, KOM(2004)401endgültig, 2.6.2004.
- Vorschlag für einen Rahmenbeschluss über den Austausch von Informationen nach dem Grundsatz der Verfügbarkeit, KOM(2005)490 endgültig: 12.10.2005.

KÜHNE, HANS-HEINER: Kriminalitätsbekämpfung durch innereuropäische Grenzkontrollen? Auswirkungen des Schengener Abkommens auf die innere Sicherheit. Schriften zum europäischen Recht Bd. 8, Berlin 1991.

LANGE, HANS-JÜRGEN: Innere Sicherheit im Politischen System der Bundesrepublik Deutschland, Opladen 1999.

Teil 6: Europäisierung der Inneren Sicherheit

LIGETI, KATALIN: Strafrecht und strafrechtliche Zusammenarbeit in der Europäischen Union, Berlin 2005.

MITSILEGAS, VALSAMIS/MONAR, JÖRG/REES, WYN: The European Union and Internal Security. Guardian of the People?, Basingstoke 2003.

MOECHEL, ERICH/LÜTHI, NICK: Ohne Technik läuft nix, in. Bürgerrechte & Polizei/CILIP 71 (1/2002), S. 37-44.

MONAR, JÖRG: Der Raum der Freiheit, der Sicherheit und des Rechts im Verfassungsentwurf des Konvents, in: Integration 2003 (26. Jg., Nr. 4), S. 536-549.

MONAR, JÖRG: Die EU und die Herausforderung des internationalen Terrorismus, in: Weidenfeld, Werner (Hg.), Herausforderung Terrorismus. Die Zukunft der Sicherheit, Wiesbaden: Verlag für Sozialwissenschaften 2004, 136-172.

MÜLLER, THORSTEN, Die Innen- und Justizpolitik der Europäischen Union. Eine Analyse der Integrationsentwicklung, Opladen 2003.

NADELMANN, ETHAN A.: Cops across borders: the internationalization of U.S. Criminal Law Enforcement, University Park, Pa.: Pennsylvania State University Press 1993.

PÜTTER, NORBERT: Der OK-Komplex: Organisierte Kriminalität und ihre Folgen für die Polizei in Deutschland, Münster 1998.

RASNER, ANDREAS: Erforderlichkeit, Legitimität und Umsetzbarkeit des Corpus Juris Florenz, Berlin 2005.

SATZGER, HELMUT: Die Europäisierung des Strafrechts, Köln 2001.

SCHÜNEMANN, BERND: Grundzüge eines Alternativ-Entwurfs zur europäischen Strafverfolgung, in: ZStW 2004 (116. Band, Nr. 2), S. 376-399.

STOLLE, STEPHAN: Digitalfunk – nicht nur eine Kostenfrage, in: Bürgerrechte & Polizei/CILIP 76 (3/2003), S. 20-27.

STURM, MICHAEL: Die Strafrechtsetzung in der EU. Im eisernen Griff der Strafverfolgungsbehörden, in: Bürgerrechte & Polizei/CILIP Nr. 79 (3/2004), S. 38-50.

UNGER, MORITZ VON: „So lange" nicht mehr: Das BVerfG behauptet die normative Freiheit des deutschen Rechts, in: NVwZ 2005 (24. Jg., Nr. 11), S. 1266-1272.

WASMEIER, MARTIN: Stand und Perspektiven des EU-Strafrechts, in: ZStW 2004 (116. Band, Nr. 2), S. 320-325.

WEBER, MAX: Wirtschaft und Gesellschaft, 5. Aufl., Tübingen 1980 [Erstausgabe 1921/1922].

WEBER, SEBASTIAN: Keine gegenseitige Anerkennung ohne Harmonisierung des nationalen Strafrechts, in: Integration 2006 (29. Jg., Nr. 1), S. 49-60.

WEIGEND, THOMAS: Der Entwurf einer Europäischen Verfassung und das Strafrecht, in: ZStW 2004 (116. Band, Nr. 2), S. 275-303.

WEHNER, RUTH: Europäische Zusammenarbeit bei der polizeilichen Terrorismusbekämpfung aus rechtlicher Sicht. Aufgezeigt am Beispiel der Bundesrepublik Deutschland, Baden-Baden 1993.

Nachwort

1. Über das Böse: Das Böse ist zu bekämpfen, wo es angetroffen wird. Wird es in der U- Bahn angetroffen, dann ist es in der U-Bahn zu bekämpfen. Sitzt es im Büro eines Vorstands, dann ist es im Büro des Vorstands zu bekämpfen. Niemand darf warten, bis ihm das Böse begegnet, dann ist es vielleicht schon zu spät. Denn das Böse klopft nicht vorher an, es erbittet keinen Einlass, seinen Zutritt verschafft es sich mit Gewalt. Also muss zum Bösen gehen, wer es bekämpfen will, ohne anzuklopfen, ohne um Einlass zu fragen und notfalls mit Gewalt. Das Böse hat keine Eile, denn es ist immer schon da. Also muss überall sein, wer es bekämpfen will. Denn es genügt nicht, es hier oder da zur Strecke zu bringen. So wie die Seuche nicht aufhört mit der Isolierung des ersten Patienten, sondern des letzten, endet auch die Bekämpfung des Bösen erst mit der Verwahrung des letzten Bösen.

Gewiss, nicht jedes Mittel ist recht im Kampf gegen das Böse. Aber wer kennt eines, das dem Bösen nicht recht wäre in seinem Kampf gegen das Recht? Soll das Recht schweigen, wenn es vom Bösen verhöhnt wird? Aber ein schweigendes Recht wird nicht verstanden. Soll es die Waffen strecken, wenn es vom Bösen bedroht wird? Aber wie soll es wehrlos noch Recht sein? Vor die Wahl gestellt, das Böse zu liquidieren oder sich ihm bedingungslos zu unterwerfen – soll sich das Recht zur eigenen Exekution verurteilen? Nicht jedes Mittel also ist recht im Kampf gegen das Böse, aber jedes Mittel ist recht, wenn es Recht ist.

Der Kampf gegen das Böse ist mühsam und voller Gefahren, aber er wird geführt mit einem mächtigen Partner. Denn wie er geführt wird im Namen und im Interesse des Volkes, wird er auch von der Bevölkerung selber geführt, die ihren guten Namen verteidigt und ihre Interessen kennt. So wie die Bevölkerung sich fürchtet vor dem Krieg, der ihr bevorsteht, so hat sie Angst vor dem Bösen, von dem sie täglich liest. Niemand hat Interesse an der Angst, aber jeder an ihrer Überwindung. Wer zum Arzt geht mit seinem Gebrechen, der fragt nach Hilfe, nicht nach dem Preis. Hört der Patient, dass die Hilfe in nichts anderem bestehe als in dem Preis, den er bezahle, ist ihm dann nicht sogar der höchste Preis willkommen, weil er die größte Hilfe verheißt? Wenn also die Bevölkerung hört, der Kampf gegen das Böse werde gegen einen unsichtbaren Feind geführt – wer wird dann noch wünschen, unsichtbar zu sein? Wenn die Bevölkerung hört, das Böse wisse sich gut zu verbergen, selbst in Gesprächen – wer wird sich dann nicht für das offene Gespräch entscheiden, das jeder mit anhört? Und wenn die Bevölkerung hört, alles Böse sei die Folge eines flüchtigen Gedankens – wer wird dann noch gegen die Absicht protestieren, den Gedankenaustausch dingfest zu machen? Im Kampf gegen das Böse ist die Bevölkerung der größte Verbündete, denn das Böse ist der größte Feind der Bevölkerung.

2. Der neue Gesetzgeber: Die Angst geht nicht um in Deutschland, sie hat sich längst schon festgesetzt. Sie sitzt in den Gesetzen, die als Strafrechtsreformen, als Strafprozessrechtsreformen und als Polizeirechtsreformen die Parlamente passieren, sie sitzt in den Köpfen nicht nur der Politiker, eben so gut der Bevölkerung, die tagtäglich Zeitungen, Radio und Fernsehen alarmieren, die Angst sei noch nicht groß genug, größer als die Angst seien allemal die Gefahren, die schneller wüchsen als die Angst. Um Beweise sind die Alarmeure nicht verlegen: Gäbe es keine Gefahr, gäbe es dann Gesetze zur Bekämpfung der Gefahr? Wäre die Gefahr nicht kriminell, warum sollte der Gesetzgeber sie dann als Kriminalität bekämpfen? Und was belegt dramatischer die Zunahme der Kriminalität als die Zunahme der Gesetze zu ihrer Bekämpfung? Tatsächlich kann man dem neuen Gesetzgeber mangelnden Bekämpfungseifer nicht zum Vorwurf machen, wie ein kursorischer Blick auf seine Produktpalette der vergangenen Jahre zeigt: Gesetz zur Bekämpfung der Korruption, Gesetz zur Bekämpfung von Sexualdelikten und anderer gefährlicher Straftaten, Gesetz zur Verbesserung der Bekämpfung der organisierten Kriminalität, Gesetz zur Bekämpfung der illegalen Beschäftigung im gewerblichen Güterkraftverkehr, Gesetz zur Finanzierung der Terrorismusbekämpfung, Gesetz zur Bekämpfung von Steuerverkürzungen bei der Umsatzsteuer (Steuerverkürzungsbekämpfungsgesetz), Gesetz zur Erleichterung der Bekämpfung von illegaler Beschäftigung und Schwarzarbeit, Gesetz zur Bekämpfung gefährlicher Hunde...

Verglichen mit dem Abwehrzauber, dessen sich der neue Gesetzgeber bedient, waren die Abwehrriten des Volksglaubens Manifestationen der Rationalität. Der Glaube, die Gefahren der Risikogesellschaft ließen sich durch ihre Kriminalisierung bezwingen, verrät weniger Realitätssinn als die Hoffnung, das Böse mit dem Blick zu töten. Die Alten hielten wenigstens auf Differenzierung und rückten den Dämonen mit diversen Riten zu Leibe. Der neue Gesetzgeber aber begnügt sich mit dem Strafrecht und dämonisiert die Risiken und deren Nebenwirkungen als Verbrechen.

Wenn die unbestreitbaren und unbestreitbar wachsenden Probleme vieler Jugendlicher, einen erträglichen Platz in der Gesellschaft zu finden, vor allem als Jugendkriminalität in den Blick geraten, dann lässt sich die Wahrnehmung der Armuts-, Bildungs- und Erziehungsprobleme vermeiden, die immer mehr und immer jüngere Jugendliche zu spüren bekommen, deren Behandlung aber mehr Zeit, mehr Geld und mehr Zuwendung verlangt als alle Jugendgerichtsverfahren. Auch die Kriminalisierung unerwünschter Folgen der globalisierten Wirtschaft, der Bedrohung durch unregulierte Finanzströme ändert zwar nichts an den Folgen, mindert auch nicht die Bedrohung, lenkt aber die Aufmerksamkeit ausgerechnet auf jenen Akteur, der auf diesem Feld überhaupt keine Rolle mehr spielt - auf den persönlich Verantwortlichen. Selbst die Gefährdung durch Atomenergie hat nicht wirklich nachgelassen, seit das Strafgesetzbuch das Herbeiführen einer Explosion durch Kernenergie mit einer Freiheitsstrafe „nicht unter fünf Jahren" bedroht, und auch die Meere, Seen und Flüsse, der Boden und die Luft sind nicht sauberer geworden durch das strafgesetzliche Verbot, sie zu verschmutzen, aber immerhin ist das Unwerturteil des Gesetzgebers unmissverständlich gesprochen. Über die Anpassungsprobleme der Migranten wäre viel zu sagen, ebenso wie über die Anpassungsprobleme der deutschen Gesellschaft mit ihren Migranten, leichter ist es allemal, über die „Ausländerkriminalität" zu räsonieren.

In dem Maße, in dem das Gefühl der Unbeherrschbarkeit der technischen, sozialen und politischen Risiken die Gesellschaft beherrscht, wächst ihr Bedarf an Verbrechen. Es darf nicht sein, dass die Gefahr keinen Ort hat, kein Gesicht und keinen Namen. Die Bedrohung wird inakzeptabel, wenn sie nicht zu greifen ist, sie wird unerträglich, wenn sie sich nicht beschreiben lässt. Komplexität ist schön und gut, aber wer übernimmt die Verantwortung? Wenn keiner mehr da ist, der die Verantwortung übernimmt, wenn keiner mehr da ist, der sich haftbar machen lässt, dann muss es etwas geben, das sich für verantwortlich und zum Verbrechen erklären, und einen, der sich als Verbrecher verhaften lässt.

Gefährlicher als das Verbrechen ist die Angst vor dem Verbrechen, aber gefährlicher als die Angst wäre das Eingeständnis, dass das Verbrechen als Palliativ, als unentwegt verabreichtes Beruhigungsmittel uns längst unentbehrlich ist. Wir sind süchtig nach dem Verbrechen, es ist der Schuss, den wir uns täglich setzen, denn wir ahnen - wenn die Wirkung nachlässt, wenn die Angst vor der Gefahr des Verbrechens schwindet, bleibt uns nichts als die Gefahr.

Das ist die Geschäftsgrundlage, auf der der neue Gesetzgeber seine Arbeit verrichtet. Seine Instrumente sind Gesetze, mit denen er in Permanenz das Verbrechen produziert, und Gesetze, die er ebenso permanent zur Bekämpfung des Verbrechens produziert. Der neue Gesetzgeber, das ist der panische Kontrolleur, der die Kontrolle nie besessen oder längst verloren hat. Wo er sie noch besitzt, besteht ihre Wahrnehmung vor allem darin, sie nicht zu verlieren. Die wirksame Kontrolle, die ihm bleibt, gilt der Angst der Bevölkerung, dem Volksempfinden. Gesund, sagt der neue Gesetzgeber, ist die Angst vor dem Verbrechen, denn hätte das Volk keine Angst vor dem Verbrechen, würde es krank vor Angst vor der Gefahr.

3. Die neue Leitkultur: Am 20. Juli 1915 hat der Kampf gegen das Verbrechen in Buenos Aires einen seiner schönsten Triumphe errungen. An diesem Tag wurde in Argentinien – auf Anregung des Kriminalisten Juan Vucetich – ein Gesetz erlassen, nach dem alle Einwohner des Landes ihre Fingerabdrücke polizeilich registrieren lassen müssten. Chef des dafür eingerichteten Büros wurde Vucetich, einer der frühesten Experten und Namensgeber der Daktyloskopie („Fingerschau"), der damit das bis dahin anspruchsvollste kriminalpolizeiliche Unternehmen der Geschichte begann. Es lag auf der Hand, dass ein Erfolg des Projekts die Aufklärungsquote bei Tötungsdelikten signifikant steigen lassen, die Bekämpfung des Verbrechens insgesamt mit Hilfe der gigantischen Datenbank erleichtert werden würde. Ein Jahr später aber war Vucetich aus dem Amt gejagt, sein Büro geschlossen, das Gesetz widerrufen. Was war geschehen? Ein Aufstand der frühen Zivilgesellschaft. Die Bevölkerung hatte dagegen protestiert, mit Verbrechern auf eine Stufe, vom Staat unter Generalverdacht gestellt zu werden. Obwohl der Fingerabdruck über die Person nicht mehr verrät als das bei jedem Menschen einzigartige Papillarlinienmuster, empfanden die Bürger die Verpflichtung zum präventiven Fingerprint als Anschlag auf die Freiheit im Namen der Sicherheit.

Seit dieser Zeit ist die Menschheit atemberaubend vorangeschritten. Die Kriminalistik ist vorangeschritten – sie bedient sich zur Identifizierung von Schwerverbrechern der DNA-Analyse, also des genetischen Fingerabdrucks; seitdem gelten in Strafprozessen ein Haar, ein Spermium oder eine Zigarettenkippe als höchst zuverlässige Belastungszeugen. Auch die Politik ist seitdem vorangeschritten: Immer vernehmlicher werden nicht nur die Stimmen, die den genetischen Fingerabdruck zur Aufklärung selbst leichter Delikte fordern, sondern auch solche, die die präventive Speicherung der gene-

Nachwort

tischen Daten aller in Deutschland lebenden Männer – rund 40 Millionen – beim Bundeskriminalamt verlangen.

Am weitesten vorangeschritten ist jedoch – von der Öffentlichkeit kaum bemerkt – die radikalste Reform des Grundgesetzes seit seiner Entstehung im Jahr 1949. Der Bundestag hat sie zwar nie beschlossen, doch ist sie, getragen von einer überwältigend großen Koalition, vor Jahren schon in Kraft getreten. Seitdem hat Deutschland eine neue, nie verbriefte, aber mehrheitlich besiegelte Leitkultur. Niemand muss sich vor ihr ängstigen. Im Gegenteil: Sanfter und besorgter um das Wohl der Menschen, friedlicher im Ziel, wohlmeinender in den Absichten, freundlicher im Ton und besänftigender in ihrer Erscheinung ist noch niemals eine Kultur in Deutschland gewesen. Sie ist, nebenbei bemerkt, keine deutsche Kultur. In zahlreichen europäischen Staaten steht sie derzeit in Blüte, von den Vereinigten Staaten zu schweigen, die sich zwar nicht als ihr Erfinder, doch als ihre eifrigsten Heger und Pfleger empfehlen.

Worauf ist sie gerichtet? Auf die Herstellung der inneren Sicherheit. Wer ist ihr furchtbarster Gegner? Die Gefahr. Welche Gefahr? Die Gefahr von links und die Gefahr von rechts, die Gefahr des Banküberfalls und die Gefahr des Subventionsbetrugs, die Gefahr des Flugverkehrs und die Gefahr des Asylbewerbers, die Gefahr der Bombe, der Unfallflucht und der Rasierklinge, alle Gefahren sind ihre furchtbarsten Gegner. Wie ist der Name dieser Leitkultur? Prävention heißt sie, Vorbeugung der Katastrophe durch Vermeidung und Bekämpfung der Gefahren.

Vermutlich wird schon bald in Deutschland folgende Reform des Strafrechts diskutiert: „Dem Straftäter, der eine Straftat begangen hat, ist der Straftäter gleichzustellen, der die Tat noch nicht begangen hat, aber begehen könnte." Die Prognose einer denkbaren künftigen Tat würde dann nicht nur die Feststellung einer begangenen Tat ersetzen. Vor allem würde damit endgültig das Schuldstrafrecht aus den Angeln gehoben – bisher setzt die Verhängung einer Strafe die Schuld des Täters voraus, an deren Stelle träte dann die vermeintlich zu schützende Sicherheit der Öffentlichkeit. Das dem zu Grunde liegende Prinzip hat niemand besser beschrieben als Lewis Carroll in „Alice hinter den Spiegeln": „Woran könnt Ihr Euch denn am Besten erinnern?", fragte Alice vorsichtig. - „Ach, an Verschiedenes, was übernächste Woche geschah", versetzte die Königin leichthin, „da ist zum Beispiel der königliche Läufer. Er sitzt gerade seine Strafe ab im Kerker; und der Prozess fängt erst Mittwoch in acht Tagen an; und das Verbrechen kommt natürlich erst ganz am Schluss." – „Angenommen, er begeht das Verbrechen gar nicht?" sagte Alice. – „Um so besser! Oder etwa nicht?" sagte die Königin.

Wer fällt dem Staat in den Arm, der seine Bürger schützen will? Wer wagt es, die Kontrolle des Staates zu fordern, wenn der Staat nichts anderes will als die Kontrolle der Gefahren, die den Bürgern drohen? Richter- und Anwaltsverbände haben es gewagt: Sie warnten vor der Umwidmung der Verfassungsschutzämter zu Ermittlungsbehörden. Einige Staatsrechtslehrer und die Datenschutzbeauftragten haben es gewagt: Sie warnten, der Gesetzgeber unternehme alles, was technisch möglich sei, ohne zu prüfen, ob es sich zur Erhöhung der Sicherheit tatsächlich eigne und dazu erforderlich sei. Doch gerade dieser Einwand – der die Verhältnismäßigkeit grundrechtlicher Eingriffe verlangt – belegt, dass die Kritiker die Bedeutung der neuen Staatsdoktrin nicht einmal im Ansatz begriffen haben.

Da niemand weiß, welche Gefahren den Bürgern drohen, niemand ermessen kann, wie groß die Gefahren sind, kein Mensch bestimmen kann, wann, wo und wem die Gefahren drohen, lässt sich naturgemäß nicht sagen, welche Grundrechtseingriffe zur Abwehr dieser Gefahren in welchem Umfang geeignet, geboten und erforderlich sind. Weil keiner weiß und auch nicht wissen kann, wie sich der Staat zu den so oder so drohenden Gefahren zu verhalten hat, ist die Frage müßig, ob die Maßnahmen zur Abwehr der Gefahren verhältnismäßig sind. Mit den Worten des ehemaligen Bundesverfassungsrichters Dieter Grimm: „Vor dieser Logik der Prävention versagt auch das inzwischen wichtigste Instrument der Freiheitssicherung: das Prinzip der Verhältnismäßigkeit."

Das ist die erste Konsequenz der neuen Doktrin, der eine Preis, den die Bürger mit einigen Garantien ihrer Freiheit zu bezahlen haben. Der andere wird nach der Formel berechnet: Vertrauen gegen Misstrauen. Der Staat verlangt, dass seine Bürger sich für den Schutz ihrer Sicherheit mit dem Vertrauen revanchieren, alles sei nur zu ihrem Besten. Dafür revanchiert der Staat sich mit einem Generalverdacht: Weil der Schutz der Sicherheit nicht mehr erst nach der Verwirklichung der Gefahren, sondern generell bei der Bekämpfung ihrer Möglichkeit beginnt, steht nicht mehr nur der Tatverdächtige unter Verdacht, sondern jeder, der verdächtig sein könnte, Täter zu werden, im Prinzip also: jeder. Noch einmal Grimm: „Der Einzelne kann ihn (den Staat, Anm. d. Verf.) durch legales Betragen nicht mehr auf Distanz halten."

Aber auch dieser Einwand läuft naturgemäß ins Leere. Denn nicht nur ist die Überwindung der Distanz, auf die der Bürger bisher den Staat unter Berufung auf das Grundgesetz brachte, die Voraussetzung der Prävention und diese die Bedingung zunehmender Sicherheit. Der Staat hat sich der Rolle als Obrigkeit, als Leviathan längst entledigt und tritt nurmehr als Verbündeter auf: Sicherheit durch Partnerschaft. Zur Herstellung und Durchsetzung der Sicherheit, die der moderne Staat verspricht, fühlt er sich nicht nur berechtigt, sondern verpflichtet. Er handelt nicht allein im Interesse, sondern im Auftrag seiner Bürger – er vollzieht den Anspruch und erfüllt das Grundrecht auf innere Sicherheit.

4. Produktionsssstörung: Ein Grundrecht auf „Innere Sicherheit"? Die Verfassung weiß nichts davon, nicht einmal ein einfaches Gesetz schützt dieses vermeintliche Rechtsgut und kein Richter bestraft seine Verletzung. Doch seit die Innenminister des Bundes und der Länder im Februar 1974 ihr „Programm für die Innere Sicherheit" beschlossen, erfreut sich der Begriff einer Karriere, die sich in immer kürzeren Abständen in zahllosen Gesetzen niederschlägt.

Im Namen der „Inneren Sicherheit" wurde der Kampf gegen die Organisierte Kriminalität und die Ausländerkriminalität, gegen die Jugendkriminalität und die Gewaltkriminalität, gegen die Bagatellkriminalität und die Wirtschaftskriminalität und schließlich gegen den Terrorismus eröffnet. Dazu gehören das Gesetz zur Bekämpfung der Organisierten Kriminalität, das „Geldwäschegesetz", das „Verbrechensbekämpfungsgesetz", der „Große Lauschangriff" oder – zuletzt – die beiden Sicherheitspakete nach dem 11. September 2001. Zugleich aber hat sich der Kampf gegen die Kriminalität damit von der Strafverfolgung – der Repression – emanzipiert. Nicht mehr vor allem die Gefahr durch Kriminalität, sondern die Gefahr der Entstehung von Kriminalität gibt dem „war on crime" die Richtung. Noch vor ein paar Jahren durfte die Polizei zur Gefahrenabwehr nur einschreiten bei Vorliegen einer konkreten Gefahr oder zur Strafverfolgung wegen einer begangenen Tat. Die Aufklärung des so genannten Vorfelds überließ der liberale Verfassungsstaat den Nachrichtendiensten. Das gilt nicht mehr. Längst ist die Polizei zur Risikovorbeugung berufen, nicht erst zur Abwehr einer konkreten Gefahr. Umgekehrt sind die Nachrichtendienste seit Jahren in die Kriminalitätsbekämpfung einbezogen. Schärfere Strafen, verstärkte Überwachung, ausgreifende Kontrolle und verringerter Datenschutz – die Politik der „Inneren Sicherheit" betrachtet den Einzelnen nicht als Bürger, sondern als Risiko.

Ihre Versicherung, das Grundrecht von jedermann auf Sicherheit verpflichte sie dazu, beruht auf einem bewussten Missverständnis: Aus der Nähe betrachtet, ist das vermeintliche Grundrecht des Bürgers nichts anderes als ein Eingriffsrecht des Staates. Das vermeintliche Recht eines jeden, vom Staat gegen jeden und gegen jegliche Gefährdung Schutz zu verlangen, macht naturgemäß auch jeden zum Gegenstand des Misstrauens, der Neugier, des Verdachts. Und fast stets ist – wie jedermann weiß – das Misstrauen durchaus begründet.

Ein Grundrecht auf „Innere Sicherheit"? Die Behauptung eines solchen Rechts ist nichts anderes als Staatskunde nach Hobbes, überarbeitet und neu herausgegeben. Der Staat als Aufsichtsbehörde, die als Gegenleistung für den Schutz den Gehorsam der Bürger beansprucht und sie unentwegt beäugt. Doch nicht Hobbes war der Vater des liberalen Verfassungsstaates, sondern Locke. Zwar zahlt der Bürger auch bei ihm mit Gewaltverzicht und Rechtsgehorsam für den staatlichen Schutz, doch zugleich ist er als freier Bürger sicher durch den Staat und zugleich sicher vor dem Staat. Das galt jahrzehntelang auch in der Bundesrepublik: Sie verstand Sicherheit nicht als Rechtsgut wie die Freiheit, sondern als Bedingung der Möglichkeit von Freiheit. Das ist vorbei. Es gilt wieder die alte Parole: Freiheitsrechte stören die Produktion von Sicherheit. Aber genau das macht sie aus.

5. Retrospektive: Das Grundgesetz war offensichtlich eine Erfindung der 68er. Wie fast alles andere, was diese Generation an Einsichten, Forderungen und Reformen in die Welt gesetzt hat, handelt es sich auch bei der deutschen Verfassung um eine groteske Übertreibung, eine ins Fantastische verschossene Vorstellung von der Welt als gutem Willen, der jeder von der Vernunft geforderten Beschränkung, jedem Zwang der Realität als einziges Wort entgegenhält: Freiheit.

Das mochte gehen, so lange es ging. Jetzt aber geht es nicht mehr. Spätestens seit die Organisierte Kriminalität Deutschland und Europa vor die bis dahin größte Herausforderung stellte, allerspätestens aber, seit der islamistische Terrorismus diese Aufgabe übernahm, müsste selbst dem zimperlichsten Liberalen klar geworden sein, dass 68 endgültig vorbei und die umfassende Freiheitsgarantie des Grundgesetzes ein nicht nur kostspieliger, sondern ein hochgefährlicher Luxus ist.

Aber vielleicht sollte an dieser Stelle doch daran erinnert werden, dass die Menschen- und Bürgerrechte ein wenig früher, von Konrad Adenauer, Theodor Heuß, Carlo Schmid und 62 anderen Mitgliedern des Parlamentarischen Rates formuliert worden sind. Auch ist der Hinweis geboten, dass der Abstand zwischen Staat und Bürger, zu dem die Grundrechte den Staat verpflichten und den Bürger berechtigen, keineswegs nur eine Reaktion auf die Erfahrungen der Nazi-Diktatur gewesen ist, sondern die Grundlage eines jeden liberalen Rechtsstaats zu sein hat, der nicht als Etikettenschwindler dastehen will.

So weit ist es noch nicht in der Bundesrepublik, aber die Diffamierung etlicher Freiheitsrechte im Namen der Inneren Sicherheit steht in derart hohem Kurs, dass sich nicht nur treue Anhänger des Law-and-Order-Gedankens inzwischen in der üblen Nachrede überbieten. Die Grundrechte sind in Verruf gekommen. Um sich von ihrem rapiden Niedergang und seinen katastrophalen Folgen zu überzeugen, genügt ein Blick auf die Vereinigten Staaten von Amerika der Gegenwart.

6. Amity lines: Seit die US-Regierung befand, Tausende gefangene mutmaßliche oder tatsächliche El-Kaida-Terroristen seien weder Kombattanten – dann wären sie dem Schutz der Genfer Konventionen unterstellt – noch Kriminelle – dann gälten für sie alle Rechte der US-amerikanischen Strafprozessordnung –, sondern rechtlose Dritte ohne Anspruch auf Achtung ihrer Menschenwürde, seit sie befand, das Folterverbot sei selbstverständlich die Regel, die Folter aber die selbstverständliche Ausnahme, ist der rechtsfreie Raum wieder ein dicht besiedelter Ort. Auch mit dieser Reform erweist sich die gegenwärtige US-Regierung als echte Traditionalistin. Denn sie knüpft an an jene Zeit, als das Synonym für den rechtsfreien Raum noch: Amerika hieß.

Der Begriff „amity lines" wird – sofern die Völkerrechtler ihm überhaupt Beachtung schenken – mit Freundschaftslinien übersetzt. Sie verliefen im 16. und 17. Jahrhundert geografisch im Süden über den Wendekreis des Krebses, im Westen über einen im Atlantischen Ozean durch die Kanarischen Inseln oder die Azoren gezogenen Längengrad. Innerhalb dieser Linien war die abendländische Moral in Geltung, regelte das entstehende europäische Völkerrecht das politische Gleichgewicht der Kräfte, verbot der König von Frankreich seinen Seefahrern, „die spanischen und portugiesischen Schiffe, die sie diesseits des ersten Meridians und diesseits des Wendekreises des Krebses antreffen, zu attackieren oder anzuhalten".

Jenseits der „amity lines" aber war das Recht vollständig außer Kraft gesetzt, war die Eroberung der Neuen Welt nach allen Regeln – also ohne alle – erlaubt, es galt die Freibeuter-Parole: „No peace beyond the line" (Kein Frieden jenseits der Linie). Die „Americani" dachte sich der europäische Geist im Raum der vollkommenen – moralischen und rechtlichen – Freiheit, im Naturzustand, in dem der Mensch in seiner Ursprünglichkeit zu besichtigen war, die der Behauptung, der Mensch sei des Menschen Wolf (homo homini lupus) ihre Berechtigung gab.

Die Vorstellung des global geltenden Völkerrechts und universeller, nicht teilbarer Menschenrechte ist erst später hinzugetreten.

Die US-Regierung hat sich nicht damit begnügt, gleich zu Beginn des Feldzugs gegen den Terrorismus im Namen der Sicherheit vermeintlich unverbrüchliche Bürgerrechte im eigenen Land ganz oder teilweise außer Kraft zu setzen – das hatte mit derselben Begründung und ebenfalls ohne Skrupel vor ihm bereits unter anderem Abraham Lincoln während des amerikanischen Bürgerkrieges getan. Erstmals aber hat eine

Nachwort

US-Regierung den rechtsfreien Raum wieder zum legitimen politischen Aktionsraum erklärt und damit die Geschichte des Völkerrechts in den vergangenen Jahrhunderten umstandslos widerrufen. Sie hat der Verbot der Folter nicht nur relativiert, sondern ihre Anwendung zum Gebot der Stunde erklärt. Die Washington Post hat einen US-Offiziellen schon vor Jahren mit den aufrichtigen Worten zitiert: „Nicht wir kicken die Scheiße aus ihnen heraus, sondern wir schicken sie in andere Länder, in denen die Scheiße aus ihnen herausgekickt wird." Diese Länder, denen die US-Regierung die Gefangenen ihres Feldzugs für Demokratie und Menschenrechte zur Folter überlässt, sind naturgemäß auch solche, die der US-Präsident sehr zu Recht bei anderer Gelegenheit als „Schurkenstaaten" zu identifizieren pflegt. Aber ebenso naturgemäß sind es – wie seit kurzer Zeit bekannt – auch solche, die der US-Regierung in der Bekämpfung der Schurkenstaaten traditionell zur Seite stehen. Und selbst Staaten, die weder selber foltern noch foltern lassen, haben sich längst dazu bequemt, die Verteidigung ihrer Demokratie und Rechtskultur mit herausgefolterten Aussagen zu effektivieren.

Wird ein Staat zum Schurkenstaat, weil er sich schurkischer Mittel bedient? Oder bedient er sich schurkischer Mittel, weil er ein Schurkenstaat ist? Das Problem löst ein altes französisches Sprichwort: „Ob ein Säufer deshalb krank ist, weil er säuft; oder ob er deshalb säuft, weil er krank ist, das kann seinen Kindern egal sein." Es macht keinen Unterschied, ob ein Staat im Namen der Menschenrechte foltert (beziehungsweise foltern lässt), im Namen einer Religion oder im Namen eines Diktators – er foltert nicht als Rechts-, sondern als Unrechtsstaat. Es macht keinen Unterschied, ob sich Terroristen terroristischer Mittel bedienen oder US-Militärs im Kampf gegen den Terror – was sie verbindet, ist der Einsatz terroristischer Mittel, was sie unterscheidet, ist allein der Anspruch der US-Regierung, das positive Völkerrecht zum Schutz eines überpositiven Völkerrechts in Trümmer zu legen. Damit verglichen, ist der Anspruch der Terroristen, im Zeichen Allahs die westliche Kultur zur Hölle zu schicken, fast bescheiden. Vor allem ist er auf leidlich gutem Wege, Wirklichkeit zu werden.

Denn nicht nur macht US-Regierung in ihrem so genannten Krieg gegen den Terror europäische Demokratien zu ihren Komplizen, die US-Regierung selbst ist längst – natürlich ahnungslos, aber Naivität ist in diesem Falle kein überzeugender Rechtfertigungsgrund – zur wichtigsten Komplizin der islamistischen Terroristen geworden. Effektiver als die Regierung unter George W. Bush hätte kein durchgeknallter Terrorist die Bürgerrechte in den USA drangsalieren können, und von der Aufkündigung der viel beschworenen westlichen Wertegemeinschaft, wie sie sich in der von der US-Regierung gewünschten oder gebilligten oder geduldeten Folter artikuliert, haben die Terroristen-Chefs vermutlich nicht einmal zu träumen gewagt.

7. Sicherheit oder Freiheit?: Der Krieg gegen die westlichen Gesellschaften kann von den Terroristen nicht gewonnen, der so genannte Krieg gegen den Terror aber von den westlichen Gesellschaften ohne weiteres verloren werden. Die folgenreichsten Niederlagen, die sie in den vergangenen Jahren zu beklagen hatten, haben sie sich selber beigebracht. Besondere Verdienste haben sich dabei in Deutschland neben etlichen Rechtspolitikern einige führende Experten des Staats- und Strafrechts in der so genannten Debatte um die Auflockerung des Folterverbots erworben. Einen wichtigen Beitrag

– wenngleich nur einen unter vielen – zur Umwertung des Begriffs der Menschenwürde nach Artikel 1 Grundgesetz lieferte im Frühjahr 2003 der Bonner Verfassungsrechtler Matthias Herdegen im Maunz-Dürig, einem Standard-Kommentar zum Grundgesetz. Das Verständnis der Menschenwürde als unantastbare Substanz, vorpositiv und keinen Abwägungen zugänglich, erklärte er zur nostalgischen Größe und stellte Artikel 1 Absatz 1 Satz 1 GG in Konkurrenz zu anderen Grundrechten (z.B. Lebensschutz). Folgerichtig hält er es „im Einzelfall" für möglich, „dass die Androhung oder Zufügung körperlichen Übels, die sonstige Überwindung willentlicher Steuerung oder die Ausforschung unwillkürlicher Vorgänge wegen der auf Lebensrettung gerichteten Finalität eben nicht den Würdeanspruch verletzen".

Das sagt der Bonner Verfassungsrechtler. Aber was sagt die Verfassung? Sie sagt nicht, die Folter ist verboten, die Ausnahmen regelt ein Bundesgesetz. Sie sagt: „Die Würde des Menschen ist unantastbar. Sie zu achten und zu schützen ist die Aufgabe aller staatlichen Gewalt." Sie sagt nicht, im Normalfall bestimmt sich die Menschenwürde nach Artikel 1 des Grundgesetzes, im Ausnahmefall aber bestimmt sie sich nach den Artikeln der im Bundesgesetzblatt veröffentlichten Folterordnung. Sie sagt: „Festgehaltene Personen dürfen weder seelisch noch körperlich misshandelt werden." (Art. 104. Abs. I GG). Sie sagt auch nicht, das Folterverbot des Grundgesetzes steht unter dem Vorbehalt eines rechtfertigenden Notstands, der – je nach Schwere eines drohenden Verbrechens – den Einsatz der Daumenschraube bis zur glühenden Kneifzange gestattet. Sie sagt: Der folternde Rechtsstaat ist ein dreieckiges Viereck, ein rechtshändiger Linkshänder, eine blühende Wüste – er ist ein Widerspruch in sich. Selbst wenn der Rechtsstaat nur eine Ausnahme vom Folterverbot erlaubt, hört er auf, ein Rechtsstaat zu sein.

Die so genannte Debatte um die Lockerung des absoluten Folterverbots war nur ein weiteres Indiz, dass in der Bundesrepublik das Selbstverständliche schon längst nicht mehr selbstverständlich ist. Es wird nicht mehr lange dauern und renommierte Juristen werden uns versichern, die Todesstrafe sei – wie der Krieg zwischen den Staaten – als Ultima Ratio zur Verteidigung der freien Gesellschaft ein probates Mittel. Nicht mehr lange und Rechtspolitiker werden beteuern, die Sicherheit einer Gesellschaft sei nicht zum Schutz der freien Gesellschaft geboten, sondern eine freie Gesellschaft – von Fall zu Fall – ein potenzieller Angriff auf ihre eigene Sicherheit und darum präventiv zu unterbinden. Nicht mehr lange und Parteien werden nicht mehr – wie einst – für die Alternative „Freiheit oder Sozialismus" werben, sondern warnen: „Sicherheit oder Freiheit".

Nicht erst dann sollte sich der eine oder andere vielleicht an eine schmale Schrift erinnern, die im Sommer des Jahres 1764 in Livorno erschien: „Dei delitti e delle pene" („Über Verbrechen und Strafen"). Die 100 Seiten des italienischen Juristen Cesare Beccaria haben seinerzeit den Prozess der Zivilisation Europas erheblich beschleunigt – unter Berufung auf diese Schrift wurden Folter und Todesstrafe fast überall geächtet. Es lohnt sich, das Werk wieder mal zu lesen, auch für die Apologeten wirksamer Prävention: „Ihr wollt den Verbrechen vorbeugen? Dann sorgt dafür, dass die Aufklärung mit der Freiheit Hand in Hand gehe."

Autoren

Dr. Hartmut Aden
Jahrgang 1964, Jurist und Politikwissenschaftler. Studium der Rechtswissenschaften, Politikwissenschaften und der französischen Literatur in Göttingen und Hannover und Paris. Von 1997 bis 2005 wissenschaftlicher Mitarbeiter bzw. Assistent an der Universität Hannover. Prüfer beim Bundesrechnungshof, Bonn (seit 2005). Habilitationsprojekt zum Thema Mehrebenenrecht und Mehrebenenpolitik – Europäisches Umweltrecht im Systemdreieck von Politik, Verwaltung und Recht (Abschluss 2005/2006). *Veröffentlichungen u. a.:* Polizeipolitik in Europa – Eine interdisziplinär Studie über die Polizeiarbeit in Europa am Beispiel Deutschlands, Frankreichs und der Niederlande (1998); Convergence of Policing Policies and Transnational Policing in Europe (European Journal of Crime, Criminal Law and Criminal Justice 2001); Les effects au niveau national et régional de la coopération internationale des polices (Cultures & Conflicts 48 = 1/2003; online: http://www.conflicts.org/article.php3?id_article=695); Herrschaftstheorien und Herrschaftsphänomene (Hrsg., 2004).

Prof. Dr. Clemens Arzt
Jahrgang 1958, Professor für Staats- und Verwaltungsrecht mit dem Schwerpunkt Polizei- und Ordnungsrecht an der Fachhochschule für Verwaltung und Rechtspflege in Berlin. Studium der Rechtswissenschaft in Bremen, Bologna und San Franzisko. Nach der Promotion (1989) Tätigkeit als Verwaltungsjurist in Berlin, Verbandsjustitiar für Greenpeace Deutschland und als Rechtsanwalt in Bremen und Berlin. *Veröffentlichungen u. a.:* Die Befragung zur Erforschung eines Gefahrenverdachts im Berliner Polizeirecht (in: Sigrist-FS, 2002); Versammlungsrecht – Kein Verbot zu Gunsten des „ungestörten" Weihnachtseinkaufs (Polizei-heute 2003); Rechtliche Grundlagen und Grenzen polizeilicher Maßnahmen bei Staatsbesuchen (Die Polizei 2004); Polizeiliche Überwachungsmaßnahmen in den USA (2004); Voraussetzungen und Grenzen der automatisierten Kennzeichenerfassung (DÖV2005); Zulässigkeit von Preiserhöhungen durch Gasversorgungsunternehmen gegenüber Haushaltskunden (ZNER 2005).

Christian Bommarius
Jahrgang 1958, leitender Redakteur für Innen- und Rechtspolitik bei der „Berliner Zeitung". Studium der Rechts- und Literaturwissenschaften in Bonn und Hamburg. *Veröffentlichungen u. a.:* Das andere Grundgesetz (Kursbuch 1993); Die globale Chimäre – vom Dilemma des Völkerrechts (Kursbuch 1994); Unsere innere Unsicherheit (Kursbuch 2004); Wir kriminellen Deutschen (2004); Aus Recht wird Sicherheit (AnwBl. 2006).

Heiner Busch
Jahrgang 1957, lebt als freier Journalist und Mitarbeiter von Solidarité sans frontières in Bern/Schweiz. Redakteur von Bürgerrechte & Polizei/CILIP, Vorstandsmitglied des Komitees für Grundrechte und Demokratie. *Veröffentlichungen u. a.:* Grenzenlose Po-

lizei – neue Grenzen und polizeiliche Zusammenarbeit in Europa (1995); Polizeiliche Drogenbekämpfung – eine internationale Verstrickung (1999, unter Mitarbeit von Britta Grell, Elke Schäfter und Wolf-Dieter Narr); Die europäische Konstitution des Neoliberalismus, in: Komitee für Grundrechte und Demokratie (Hrsg., 2005 – mit Wolf-Dieter Narr und Elke Steven); regelmässige Beiträge in Bürgerrechte & Polizei/CILIP und der Wochenzeitung –WOZ– (Zürich).

Dr. Björn Gercke
Jahrgang 1973, Rechtsanwalt, Schwerpunkt Strafverteidigung. Studium der Rechtswissenschaften in Göttingen, Paris und Köln, danach wissenschaftlicher Mitarbeiter am Institut für Straf- und Strafprozessrecht der Universität zu Köln *„Veröffentlichungen u. a.*: Bewegungsprofile anhand von Mobilfunkdaten im Strafverfahren – Zugleich ein Beitrag zur Kumulation heimlicher Observationsmittel im Strafverfahren (Diss., 2002); Der Mobilfunkverkehr als Ausgangspunkt für strafprozessuale Überwachungsmaßnahmen – ein Überblick (StraFo 2003); Verwertbarkeit privat veranlasster GPS-Peilungen von gestohlenem Gut (CR 2003, mit Tarek Abdallah); Rechtliche Probleme beim Einsatz des IMSI-Catchers (MMR 2003).

Prof. Dr. Wolfgang Hecker
Jahrgang 1951, seit 1993 Professor an der Verwaltungsfachhochschule Wiesbaden für Staats-, Verfassungs- und Verwaltungsrecht. Studium der Rechtswissenschaft, Hauptfach Pädagogik und Politik in Gießen und Marburg. 1979 bis 1983 wissenschaftlicher Mitarbeiter am Lehrstuhl für öffentliches Recht Prof. Dr. Friedrich v. Zezschwitz (Universität Gießen). Promotion („Medienmacht und Rezipientenfreiheit") im Jahr 1987. 1987 bis 1993 Dezernent beim Regierungspräsidium Darmstadt (Verkehrsrecht/Verkehrsplanung). *Veröffentlichungen u. a.*: Staats- und Verfassungsrecht – Hessisches Landesrecht (Lehrbuch, 2002); Bahnhöfe – Öffentlicher Raum für alle? (2002); Neue Kriminalpolitik in New York – Zur aktuellen Debatte über eine neue Sicherheits- und Kriminalpolitik (KJ 1997); Relativierung des Folterverbots in der BRD? (KJ 2003); Endet das Staatsmonopol für Sportwetten? (DÖV 2005); Mitautor bei der laufenden Überarbeitung des Kommentars von *Zinn/Stein* zur Hessischen Verfassung (Grundrechte).

Prof. Dr. Martin Kutscha
Jahrgang 1948, Professor für Staats- und Verwaltungsrecht an der Fachhochschule für Verwaltung und Rechtspflege in Berlin. Studium der Rechtswissenschaft in Kiel, Marburg und Hamburg. 1977 Promotion über „Verfassung und ‚streitbare Demokratie'". Von 1978 bis 1990 Tätigkeit als Rechtsanwalt, Redakteur einer juristischen Fachzeitschrift und als wissenschaftlicher Mitarbeiter an der Universität Konstanz. Arbeitsschwerpunkte Grundrechtsschutz, Beamten-, Polizei- und Datenschutzrecht. Sachverständiger in zahlreichen Anhörungen von Ausschüssen der Landtage und des Bundestages. *Veröffentlichungen u. a.*: Verfassung und ‚streitbare Demokratie' (Diss., 1977); Im Staat der Inneren Sicherheit (Mitherausgeber, 1981); Die Aktualität des Trennungsgebots für Polizei und Verfassungsschutz (ZRP 1986), Der Lauschangriff im Polizei-

recht der Länder (NJW 1994); Rechtsschutzdefizite bei Grundrechtseingriffen von Sicherheitsbehörden (NVwZ 2003); Neue Grenzmarken des Polizeiverfassungsrechts (NVwZ 2005).

Dr. Gabriele Maluga

Rechtsanwältin, Fachanwältin für Strafrecht, Qualifikation zur Verteidigung am Internationalen Strafgerichtshof in Den Haag, gegenwärtiger Tätigkeitsschwerpunkt in der Beratung im (internationalen) Wirtschaftsrecht, insbesondere dem Wettbewerbs- und Gesellschaftsrecht sowie dem Wirtschaftsstrafrecht. Studium der Rechtswissenschaft an der Universität zu Köln. *Veröffentlichungen u. a.:* Tatprovokation Unverdächtiger durch V-Leute (Diss., 2006); Kommentierungen für LexisNexis Deutschland der §§ 331 bis 335b HGB, §§ 313 bis 321 UmwG und §§ 1 bis 42 IRG; Mitautorin der Kommentierung der Strafvorschriften im UWG im Münchener Kommentar zum Strafgesetzbuch (Band 6, erscheint voraussichtl. 2006, zusammen mit *Janssen*).

Dr. Fredrik Roggan

Jahrgang 1971, Dr. jur., Rechtsanwalt, Schwerpunkt Strafverteidigung, Sachverständiger in Landtagen zu verfassungsschutz- und polizeirechtlichen sowie strafprozessualen Gesetzesinitiativen, *Veröffentlichungen u. a.*: Auf legalem Weg in einen Polizeistaat (Diss., 2000), Die Videoüberwachung von öffentlichen Plätzen (NVwZ 2001); Moderne Telekommunikationsüberwachung - eine kritische Bestandsaufnahme (KritV 2003); Handbuch zum Recht der Inneren Sicherheit (2003), Lauschen im Rechtsstaat – Gedächtnisschrift für Hans Lisken (Hrsg., 2004); Unerhörte Intimsphäre – zum Erfordernis kernbereichsschützender Regelungen im Sicherheitsrecht (in: Sicherheit statt Freiheit, 2005).

Bettina Sokol

Jahrgang 1959, seit 1996 Landesbeauftragte für Datenschutz und Informationsfreiheit Nordrhein-Westfalen, zuvor seit 1990 Richterin am Verwaltungsgericht und über drei Jahre wissenschaftliche Mitarbeiterin am Bundesverfassungsgericht. Von 1992 bis 1996 stellvertretendes Mitglied des Bremischen Staatsgerichtshof. *Veröffentlichungen u. a.*: Mitkommentierung in: Simitis (Hrsg.), Kommentar zum BDSG (seit 5. Aufl.); Der gläserne Mensch – DNA-Analysen, eine Herausforderung für den Datenschutz (Hrsg., 2003); Informationszugang und Datenschutz, in: Handbuch Datenschutzrecht (2003); Informationsfreiheit in Nordrhein-Westfalen, in: Selbstbestimmung und Gemeinwohl (2005); Informationsfreiheit im Bund – Ein erster zögerlicher Schritt (CR 2005).

Dr. Mark A. Zöller

Jahrgang 1973, wissenschaftlicher Assistent und Habilitand am Institut für Strafprozessrecht und Polizeirecht (ISP) der Universität Mannheim, Mitglied des Arbeitskreises Strafprozessrecht und Polizeirecht (ASP) und (Mit-)Geschäftsführer des derzeitigen Forschungsprojekts „Alternativentwurf Europol und Datenschutz", Stipendiat des Eliteprogramms für Postdoktoranden der Landesstiftung Baden-Württemberg. *Veröffentli-*

Autoren

chungen u. a.: Informationssysteme und Vorfeldmaßnahmen von Polizei, Staatsanwaltschaft und Nachrichtendiensten (Diss., 2002); Verdachtslose Recherchen und Ermittlungen im Internet (GA 2000); Zeugnisverweigerungsrechte und heimliche Ermittlungsmaßnahmen im Strafprozessrecht (in: Wolter/Schenke [Hrsg.], Zeugnisverweigerungsrechte bei (verdeckten) Ermittlungsmaßnahmen, 2002); Datenübermittlungen und Vorermittlungen (Mitherausgeber, 2003); Möglichkeiten und Grenzen polizeilicher Videoüberwachung (NVwZ 2005).

Stichwortverzeichnis

Hauptfundstellen sind **fett** gedruckt

A
Abhörpraxis 52ff.
– ausufernde im Bereich der TKÜ 146, **151**
Abhörurteil 53
Abtreibungsurteile 31, 41
Abwägung, einzelfallbezogene 47
Abwehrrechte, Grundrechte als ~ 27, **31f.**
agent provocateur 396
– Strafzumessungslösung 397
– Teixeira-Entscheidung des EGMR 398
Aktenvorlage 74
Akustische Wohnraumüberwachung, *siehe Lauschangriff*
Amsterdamer Vertrag 518
Amtsführung 89
Amtshilfegrundsatz 38
Anfangsverdacht 185, 199
Angemessenheit 67
Angriffs- und Fluchtunfähigkeit 42
Anmeldepflicht bei Demonstrationen 50
Antiterrorismusgesetzgebung 24, 30
Artikel 10-Gesetz, *siehe G10*
Aufenthalt 56
Aufenthaltsverbote 67, **332ff.**
– Anhörung der Betroffenen 357
– Ausnahmen vom ~ 349, **355f.**
– Bagatelldelikte **348**, 350
– Bestimmtheitsgebot 344, 356
– Dauer 347, **354f.**
– Drogenszene 345, 350, 351, 352
– Eignung zur Zweckerreichung 345
– erhebliche Straftaten 340
– Form 357
– Freizügigkeit 334
– Gebot der spezialgesetzlichen Regelung 336f.
– Generalklausel 336
– Platzverweis 337ff.
– Prognoseentscheidung 350
– räumliche Reichweite 348, **353f.**
– Regelungen im PolR 332
– Szenenzugehörigkeit 351
– Verdrängungseffekt 352
– Verhältnismäßigkeit 345ff.
– Zitiergebot 343f.
Auskunftsbefugnisse
– des BND 443
– des BVerfSch 440f.
Auskunftspflichten 38
Auflage, versammlungsrechtliche 50
Auskunftsersuchen gegenüber Providern 170f.
Auslieferung, eines Deutschen 74, 77
Ausnahmegerichte, Verbot 76
Ausreiseverbote 360ff.
– Datei „Gewalttäter Sport" 366
– „erhebliche Belange" 361ff.
– Europarecht 368
– Gefahrenverdacht 365
– Generalklausel PassG 361
– „Gewalttourismus" **363**, 365
– individuelle Gefahrenprognose 365
– Meldeauflagen 360, **369**
-- Dauer 373
-- Landeskompetenz, fehlende 370
-- Rechtsgrundlage 369
– Passpflicht 360
– Verhältnismäßigkeit 368
Ausschlussregelung, für die Aktenvorlage 74
Außenwirtschaftsgesetz, AWG 71

B

Befugnis-Hopping 83
- bei Lauschangriffen 137f.
- bei TKÜ 172

Beleidigungstatbestand 47

Beleihung 90

Benachrichtigung der Betroffenen, nachträgliche 74
- nach Lauschangriffen 120f.
- nach VS-Ermittlungen 441

Beobachtung der OK durch VS-Behörden 412ff.
- Gesetzgebungskompetenz der Länder 416ff.
- Legalitätsprinzip 420
- Prävention durch Repression 417f.
- Prozesssteuerung durch Geheimdienste 424
- strafprozessuale Bedeutung 418, **422f.**

Berichtspflichten 40
- der Bundesregierung über Lauschangriffe 124

„Berliner Rattenplakat" 47f.

Berufsgeheimnisträger, Schutz von ~ 117

Beschlagnahme von Datenträgern 54, 69

Bestimmtheitsgebot **69ff.**, 344

Beurteilungsspielräume 67, **192ff.**, 199
- Rspr. des BVerfG 194

Bewegungsfreiheit 45

Bewegungsbilder 231

Bewegungsmelder, Handys als ~ 155f.

Beweisverwertungsverbote
- bei Lauschangriffen 109, **120**
- bei Telekommunikationsüberwachungen 151

„Big Brother" 36

Binnengrenzen, europäische 529ff.

Biometrische Daten
- E-Pass 558
- Identifizierung von EU-Bürgern 557
- im SIS 554
- im VIS 556

BKA 80, 85

Blankettformeln 69

Blankettnorm 72

Blutentnahme 45

BND 53, 88, **427ff.**
- Auskunftsbefugnisse 443
- strategische Rasterfahndung 427

Brechmitteleinsatz 34, 45

Briefgeheimnis 52

Brokdorf-Entscheidung 49ff., 68

Bundesamt für Verfassungsschutz 439

Bundesdatenschutzgesetz 450

Bundesgrenzschutz, BGS 80, 85

Bundesnachrichtendienst, *siehe unter BND*

Bundespolizei 80, 85
- Schleierfahndung durch ~ 267

Bundesstaatlichkeit 78ff.

Bundeswehr 25, 43, 85ff.
- Einsatzvoraussetzungen 86

C

„Celler Loch" 65

Chat-Rooms, Überwachung von ~ 168

corpus juris 575

Cyber Crime Convention 576

D

Daschner, Wolfgang 34, 483

Daten, personenbezogene 452

Datenaustausch, europäischer 561ff.
- *siehe auch unter EU-Datenaustausch*

Datenerhebungen 39

Datenschutz bei EU-Datenaustausch 567f.

Datenträger, Beschlagnahme 54, 69

Datenübermittlung
- Begriff 449
- Datenempfang 463
- durch BND 428
- durch VS 413, **419, 502**
- EU-Staaten,
-- *siehe auch unter EU-Datenaustausch* 561ff.

- Grundrechtsrelevanz 451
- hypothetischer Ersatzeingriff 477f.
- Kennzeichnungspflicht 469
- „Modell der doppelten Tür" 461
- Protokollierung 469ff.
- rechtswidrige Daten 492, 504
- Regelungen im PolR 476
- Regelungen, spezielle 471ff.
- StPO-Daten an Nachrichtendienste 484ff.
- StPO-Daten an Polizei 475
- ~sverbote 473, 488
- ~sverbot für Kernbereichsdaten 469, 497
- TK-Daten 479
- Trennungsgebot 464ff.
- Zufallsfunde 465

Daten und Informationen 448
Datenverarbeitung 37ff., 449
Definitionsmacht der Polizei 150, 220, 252, 266
Demokratie 37, 49, **61ff.**, 89
- Funktionsbedingungen 63
- Öffentlichkeitsprinzip 64ff.

„Demokratie, Streitbare" 62
Demonstration 49ff.
Dezentralisierung 78ff.
Diätenurteil 64
Directmailing 52
DNA-Analyse
- Anfangsverdacht 300
- Anlasstaten 302
- Aussagekraft 293ff.
- Beweiswert 301
- Datei (DAD) **315ff.**, 519
- Eingriffsintensität 310
- Einwilligung 309ff.
- Gesetzgebungskompetenz der Länder 323
- Kernbereich der Persönlichkeit 295
- Kinder 324
- Löschung 317
- Massenscreenings 318ff.
- nicht-codierender Teil der DNA 293

- Normenklarheit 305
- Regelungen im PolR 323
- Reihengentests 318ff.
- Rspr. des BVerfG 303, 308
- Sachverständiger 314f.
- Sexualstraftaten 304
- Straftatenkatalog 297
- Straftat von erheblicher Bedeutung 303, 306
- Strafverfolgungsvorsorge 299
- Verhältnismäßigkeit 305
- vermisste Personen 324
- Vernichtung von DNA-Material 314

DNA-Datenbanken 87, **296ff.**
- Identitätsfeststellung mittels ~ 37

Dokumentationspflichten 40
Doppelbestrafung, Verbot der ~ 77
Doppelfunktionale Maßnahmen 84
- Zwecke der Videoüberwachung als ~ 219

Dringender Tatverdacht 248
Drogendealer 34, 45
Dubliner Übereinkommen 557
Durchsuchung und Beschlagnahme von Daten 54, **166f.**, 432

E

Ehrenschutz 47
Einreisesperren 528
EMRK 27
Entparlamentarisierung 88
Entscheidungsfindung, demokratische ~ 63
Erforderlichkeit, Gebot der ~ 67, 69
Erkennungsdienstliche Behandlung 278
Ermittlungsverbot 198, 270
Erschießung, polizeilicher Todesschuss 41ff.
EU 87f.
EU-Außengrenzen 524
EU-Datenaustausch 561ff.
- Datenschutz 567f.
- Demonstrationen 562
- Lagebilder 562

599

– Sportereignisse 562
– Terrorismus 563
EuGH 87
EU-Grenzschutzkorps 528
EU-Haftbefehl 571 ff.
– Ablehnungsmöglichkeiten 572
– Rahmenbeschluss 572
– Umsetzungsgesetz 571
Eurodac 519, **555ff.**
– Speicherung von Fingerabdrücken 557
Eurojust 516
Europäische Binnengrenzen 529ff.
Europäische Rechtshilfe 569ff.
– Auslieferung 569
– Beweisanordnungen 573f.
– EU-Haftbefehl, siehe auch dort 571ff.
– „forum shopping" 571
– „polizeiliche" 561
– Mindeststandards 570
– Prinzip der gegenseitigen Anerkennung 570
– Verfahrensrechte im Strafverfahren 574
Europäisches Amt für Betrugsbekämpfung 575
Europäisches Parlament 87
Europäische Staatsanwaltschaft 520, 569, 575
Europäisches Zollinformationssystem, 560ff.
– *siehe auch unter ZIS*
European Judicial Network 516
Europol 515, **558ff.**
– Analysedateien 559
– Informationssystem 559
– Organisation 558
Ewigkeitsklausel 78
Exekutive
– Einzelmaßnahmen der ~ 68
– Gesetzesbindung der ~ 63, 69

F
Fairer Prozess 76
Fernmeldegeheimnis **52ff.**, 154, 428, 433
– Wesensgehalt 434
Fernwirkung 109, 467
Festnahme 45
Finalität 35
Finalprogramme 69
Finanzdienstleistungsaufsicht, Bundesanstalt für ~ 30
Fingerabdrucksammlungen 87
Föderale Kompetenzverteilung 457, 465
Föderalismus 78ff.
Folter, Einsatz von ~ 34ff.
Folterverbot 36
Französische Revolution 27
Freiheit 28ff.
– contra Sicherheit 28
– der Meinungsäußerung 47ff.
– der Person 41, **45f.**, 56
– des Individuums 30
– grundrechtliche 28ff.
– von Angst 24
Freiheitsbeschränkungen 46
Freiheitsentziehungen 46, **246ff.**
– im Polizeirecht, *siehe auch unter Gewahrsam* 251ff.
– im Strafrecht 247ff.
-- Tatverdacht 248
--Wiederholungsgefahr **248ff.**, 257ff.
-- Zwecke 247
Freiheitsrechte 28, 32
Freizügigkeit, Grundrecht der ~ 56f., **334ff.**
– Ausreiseverbote 367
– Grenzkontrollen 527
– Meldeauflagen 371
– qualifizierter Schrankenvorbehalt **339ff.**, 367
Funktionentrennung 80
Funktionsvorbehalt 89

G

G 10, *siehe auch unter Strategische Rasterfahndung* 427ff.
Gefährliche Orte, Identitätsfeststellungen an ~ 273ff.
– Definition 274
– Regelungen im PolR 273
– verfassungskonforme Auslegung 274
Gefahr, dringende 130
– gegenwärtige 128ff.
Gefahrenabwehr 60
Gegenwärtige Gefahr 128ff.
Geheimdienste 52
– Lauschangriffe durch ~ **138f.**, 416
Geiselnahme 41f.
Gesetzesbindung, demokratische Funktion der ~ 62ff.
Gesetzesvorbehalt 38, 41, 43, **63**
Gesetzgebungskompetenz
– für Aufenthaltsverbote 342f.
– für Datenübermittlungen 457ff.
– für Nachrichtendienstrecht 459
– für OK-Beobachtung durch VS 416ff.
– für präventive TKÜ 173
– für Strafverfahren 458
– für Übermittlungsvorschriften 457ff.
– für vorbeugende Lauschangriffe 136f.
– für vorbeugende Verbrechensbekämpfung 83f.
Gestapo 80
Gewahrsam, polizeilicher 45ff., 84, **251ff.**
– Dauer 252, **256f.**, 280
– Durchsetzung Aufenthaltsverbot 359
– Kollision mit StPO-Regelung 258
– Kurzfristigkeit, Gebot der ~ 259
– Regelungen im PolR 246
– Verbringungsgewahrsam, unzulässiger 255
Gewaltenteilung 27
– informationelle ~ 39
Gewaltmonopol, öffentliches ~ 25, 89
Gewerbeerlaubnis, Versagung einer ~ 36
GPS-Einsatz 71, **403ff.**
– additive Grundrechtseingriffe 406

– Bestimmtheitsgebot 406
– Eingriffsermächtigungen auf Zuwachs 404
– Entscheidung des BVerfG 405
– Funktionsweise 403
– Kumulierende Ermittlungen 406
– Rechtsgrundlage 403ff.
– Weltraumrechtliche Dimension 406
– Wesentlichkeitsgrundsatz 407
GPS-Entscheidung 71ff., 405
Grenzkodex 526ff.
Grenzkontrollen 522ff.
– Demonstrationen 531
– Wiedereinführung der ~ 530, 533
Grenznahe Kooperation 536
Grundgesetz, Änderung des ~ 86
– Kompetenzbestimmungen 78ff.
Grundrecht
– auf Leben und körperliche Unversehrtheit 31
– am eigenen genetischen Code 36
– auf Sicherheit 31ff.
– Hauptfunktionen 28
– justizielles 76ff.
Grundrechte-Charta der EU 27
Grundrechtsschutz
– prozeduraler ~ **39f.**, 150, 191ff.
– gegen sich selbst 36
Grundrechtsverwirkung 62
Grundrechtsverzicht durch Einwilligung 455f.
Grundsatz der Verfügbarkeit 550, **565ff.**
Guantánamo 76, 88

H

Haft 46
Haftgrund der Wiederholungsgefahr **248ff.**, 257ff.
Handlungsfreiheit, allgemeine 50
Herrschaft des Gesetzes 62
Hirnkammerluftfüllung 45
Hobbes, Thomas 26f.
v. Humboldt, Wilhelm 28f., 66
Hypothetischer Ersatzeingriff 477f.

I

Identitätsfeststellung 264ff.
– gefährliche Orte 273ff.
– nach Polizeirecht, *siehe auch unter Schleierfahndung* 264ff.
– nach StPO 278
– nach StVG 277ff.
IMSI-Catcher 158, **162ff.**
– Bundesamt für Verfassungsschutz 442
– Funktionsweise 163
– tatbestandliche Voraussetzungen 163f.
– Verstoß gegen Zitiergebot 164f.
Informationelle Selbstbestimmung **37ff.**, 54, 201
– bei Datenübermittlungen 452
– bei Kfz-Kennzeichenerkennung 231
– bei Videoüberwachungen 209ff.
Informalisierung 87f.
Informationsfreiheitsgesetze, IFG 64
Informationshoheit 75
Informationstechnik, Gefahrenpotential der ~ 37
Ingewahrsamnahmen 45
– *siehe auch unter Gewahrsam*
Innere Sicherheit 2ff, 6f, 31
– als Staatsaufgabe oder Staatsziel 24ff., 32
– Definitionen 25
Innere und äußere Sicherheit, Trennung zwischen ~ 85
Internationaler Strafgerichtshof 576
Internationalisierung 87f.
Irak-Krieg 88

J

Jedermannsrecht 42, 90
Justizgewährleistung 73ff.

K

Kant, Immanuel 34, 61f.
Kennzeichnungspflicht 120, **469**
Kernbereich privater Lebensgestaltung 34, 55, **59f.**, 108, 148, 466

Kfz- Kennzeichenerkennung, automatisierte 230ff.
– Bestimmtheitsgebot 240
– Bewegungsbilder 231
– „datenfrei Fahrt" 232
– Demonstrationsrecht 232
– Eingriffsintensität **232**, 236, 238
– informationelle Selbstbestimmung 231
– Regelungen im PolR 230
– repressiver Charakter 235
– Schleierfahndung 233, 240
– verdeckter Einsatz 236, 239, 241
– Zwecke 233ff.
Kfz-Register 87
„Körperwelten"-Ausstellung 36
Kollateralschaden 44
Kommunikation 47ff.
Kompetenzverteilung, föderale 78ff.
Kontakt- und Begleitpersonen 190
Kontaktsperregesetz 26
Kontenevidenzzentrale 30
Kontrolle, gerichtliche ~ **70f.**, 75, 87
Kontrollierte Lieferungen 542ff.
Koordinationsgremien, europäische 516
„Kustodialisierungsdienste" 89

L

Laserdrome 36
Lauschangriffe 57ff., 68, **106ff.**,
– Abbruchgebote 116
– Anordnung 117ff.
– Begriffsherkunft 107
– im Geheimdienstrecht **138f.**, 418f.
– Katalogtaten 113f.
– kleiner 59, 106
– Kennzeichnung von Daten 120, **469**
– Löschungsverpflichtungen **116f.**, 119
– Neuregelung nach LA-Urteil 109ff.
– Subsidiaritätsanforderungen 113
– Überwachungsverbote, räumliche 115f.
– Verfassungswidrigkeit von Reglungen im PolR 133f.

- Verwendungsregelungen 120
- Zielpersonen von ~ 114f.
- zur Gefahrenabwehr 60, **127ff.**
- zur vorbeugenden Verbrechensbekämpfung 133ff.
- zur Strafverfolgung 59

Lauschangriffurteil des BVerfG 108ff.
- Folgen für Datenübermittlungen 466ff.
- Minderheitenvotum 123

Legalitätsprinzip 420ff.
Leistungsrecht 31
Liquorentnahme 45
Locke, John 27
Löschungsverpflichtungen 38, 116, **430**
Love-Parade, Berliner ~ 50
Luftsicherheitsgesetz **43ff.**, 86
Lüth-Urteil 47

M
Machtmissbrauch 65
MAD 442
- Beobachtungsauftrag 443

Magna Charta Libertatum 45
Mailboxen, Zugriff auf ~ 153ff.
Maßnahmen, doppelfunktionale 84
Meinungsbildungsprozess 49f.
Meinungsfreiheit 47ff.
Meinungsinhalte 48
Meldeauflagen, *siehe auch unter Ausreiseverbote* 360, **369**
- Dauer 373
- Landeskompetenz, fehlende 370

Menschenwürde **33ff.**, 44, 52, 55, 57
Mikrozensus-Entscheidung 34
Minderheitenschutz 50
„Motassadeq-Fall" 394

N
Nacheile 534ff.
Nachrichtendienste 53, 79ff.
Nachrichtenzugänge 415
Nationale Kontaktstellen 564
Naturkatastrophen 86f.

ne bis in idem 77, 571
New Public Management 88
Normenklarheit 54, 69ff.
Nothilfebestimmung 42
NPD-Verbotsverfahren **62**, 389
NS-Gedenkstätten 51f.
NS-System 30
nulla poena sine lege 76

O
Objektformel 34
Observation, grenzüberschreitende 539
Observationsmittel, besondere ~ 72
Öffentliche Ordnung, *siehe auch unter Ordnung* 48
Öffentliche Sicherheit 52
Öffentlichkeit 64ff.
Öffentlichkeitsprinzip, Exemtion vom ~ 65f.
Ökonomische Sphäre 25
Ökonomisierung 88f.
„Online"-Durchsuchungen 168ff.
Operatives Ermittlungskonzept **197ff.**, 203
Ordnung, verfassungsmäßige ~ 33, 61, 439
- öffentliche 48

Organisierte Kriminalität
- Beobachtung durch VS 412ff.
- BND-Befugnisse 432
- Definition 413

Organleihe 546
OrgKG 185
Ortung durch „Stille SMS" 157
- Handys 155

Outsourcing 88

P
Parallelregelungen 84
Parlament 63
Parlamentarischer Rat 29
Parteienverbot 62
Partizipation 62
„Peep-Shows" 36

Persönlichkeitsrecht, allgemeines 38
Platzverweis 337ff.
– nach BPolG 339
Polizeibrief 79
Polizeivertrag, schweizerisch-deutscher 540
Positivismus 62
Postgeheimnis 52
Postkontrolle, strategische 53, 68
Prävention 82
– durch Repression **217ff.**, 269, 416
Präventive TKÜ 171ff.
Private
– und Zwangsbefugnisse 90
– Verpflichtung von ~ zur Zuarbeit 162
Privatisierung 88ff.
Proliferation 429
Prozess, fairer 76
Prüm, Vertrag von ~ 519, **537ff.**, 564
Public-Private-Partnership 89

R

Rassismus 48
– polizeilicher 271ff.
Rasterfahndung 30
– strategische ~ durch BND 427ff.
Recht
– auf Arbeit und Wohnraum 31
– auf den gesetzlichen Richter 76
– auf ein faires Verfahren 76
– auf körperliche Unversehrtheit 45
– auf Leben 41ff.
– auf rechtliches Gehör 75, 76
Rechtliches Gehör 75f.
Rechtsgüterschutz 26
Rechtshilfe, europäische 569ff.
– Auslieferung 569
– Beweisanordnungen 573f.
– EU-Haftbefehl, siehe auch dort 571ff.
– „forum shopping" 571
– „polizeiliche" 561
– Mindeststandards 570
– Prinzip der gegenseitigen Anerkennung 570

– Verfahrensrechte im Strafverfahren 574
Rechtsschutz 55, **73ff.**
– Defizite 74
– Möglichkeiten 73
– nachträglicher 73
Rechtssicherheit 4, 36, 40
Rechtsstaatsprinzip 49, 61ff.
Rechtsweggarantie 65, **73f.**, 434
„Redlichkeitsvermutung" 264
Regelung
– von Organisation und Verfahren 40
– bereichsspezifische ~ 39
Repression 82
– Prävention durch ~ 269
Rettungsschuss, finaler ~ 41
RFID-Technologie 380ff.
– Eingriffsqualität 381
– Funktionsweise 380
– Persönlichkeitsprofil durch ~ 381
– Rechtsgrundlage 382ff.
Richter, Unabhängigkeit der ~ 59
Richtervorbehalt 46, 55f., 58f., 73ff., **191 ff.**
– bei DNA-Analysen 296, 297, 303, **308**
– bei Ingewahrsamnahmen 253
– bei Telekommunikationsüberwachung 150f.
– bei verdeckten Ermittlern 191
– Definition 191
Römisches Statut 576
Rousseau, Jean Jaques 63

S

Scheintatbestände 70
Schengener Abkommen 517
Schengener Durchführungsübereinkommen, SDÜ 517, **522, 524,** 534, 542
Schengener Informationssystem 517, **551ff.**
– Ausschreibungskategorien 552, 554
– SIRENE-Stellen 552
– Speicherdauer 555

- Zugriffsrechte 555
Schengen-System 87, **515**
Schleierfahndung 29, 68, **264ff.**
- als „Selektionsmaßnahme" 271ff.
- Bundespolizei 264
- Durchsuchungen 283
- Definitionsmacht der Polizei 266
- gefährliche Orte 285f.
- Gesetzgebungskompetenz d. Länder 270ff.
- Kfz-Kennzeichenerkennung 233
- Lageerkenntnisse 286
- „Redlichkeitsvermutung" 264
- Regelungen im PolR 264
- tatbestandliche Voraussetzungen 265
- Zwecke 268ff.
Schmücker-Fall 65
Schuss, tödlicher ~ 41ff.
Schutz der Bevölkerung 26
Schutzpflichten des Staates 25, 31
Schweizerisch-deutscher Polizeivertrag 540
Selbstbestimmung 36, 51
- informationelle 37ff., 54
Selbstermächtigung der Exekutive 84
Sicherheit
- der Bevölkerung 26f.
- des Staates 26
- innere und äußere ~ 85
- menschliche 25
- öffentliche ~ 52
Sicherheitsbehörden
- des Bundes 84
Sicherheitsüberprüfung 74
SIRENE-Netz 552
SIS 515, **551ff.**
SIS II 553
Sistierung 282
Sozialstaatlichkeit 61, 89
Staatsgewalt
- Begrenzung 29, 62, 66, 72, 79
- heimliche Ausübung 64
- Kontrolle der ~ 64
- Missbrauch 27

Staatszielbestimmung 32
Staatszwecklehre 26
„Staubsaugermethode" 53, 68, **430**
Steuerungsverlust des Rechts 69
„Stille SMS" 157f.
Straftatenbekämpfung, vorbeugende ~ 61, 82ff.
Strafverfolgung 82ff.
Strategische Rasterfahndung 427ff.
- Datenübermittlungen 431
- Löschungsverpflichtungen 430
- Kriminalitätsaufklärung im Inland 430ff.
- Organisierte Kriminalität 432
- Suchbegriffe 428
- Tatbestand 427f.
- Trennungsgebot 431
Streitkräfte, Einsatz der ~ im Innern 86f.

T
Tampere 570
Tatbestandsbestimmtheit 38, 69ff.
Tatverdacht
- bei Lauschangriff 110
- bei Telekommunikationsüberwachung 147f.
- dringender 248
Telefonüberwachung 52ff., 68, 75
Telekommunikation, Begriff der ~ **152f.**, 156
Telekommunikation, Überwachung der ~ 52ff., **146ff.**
- Auskunftsersuchen gegenüber Providern 170f.
- Bestandsdaten 158
- Cyberspace, Überwachung des ~ 166ff.
- „elektronische Streifenfahrten" 167f.
- erforderlicher Verdachtsgrad 147f.
- Geheimdienste 415
- grenzüberschreitende 547
- Handys als Bewegungsmelder 155ff.
- IMSI-Catcher, *siehe auch dort* 162ff.
- in der Strafprozessordnung 147ff.

Stichwortverzeichnis

- Kernbereichsschutz 148f.
- Mailboxen, Zugriff auf ~ 153ff.
- Online-Durchsuchungen 168ff.
- Polizeirecht 171ff.
- Richtervorbehalt 150ff.
- stille SMS 157f.
- TKÜ-Entscheidung des BVerfG zum NdsSOG 173ff.
- Verbindungsdaten 158ff.
- Vorratsdatenspeicherung 176f.

Telekommunikationsgeheimnis **52**, 155
Terrorismus als Legitimationsfigur 514
Terrorismusbekämpfung 30, 85, 88
Terrorismusbekämpfungsgesetz 439, 443
Terroristen 86
„ticking bomb"-Szenario 35
TKÜ-Entscheidung des BVerfG zum NdsSOG 173ff.
Todesschuss, polizeilicher ~ 41
Todesstrafe 41
Totalitarismus 35
Tötung
- Ermächtigung zur 41ff.
- Unschuldiger 43
Tötungsspiele 36, **131**
Transparenz 64ff., 87
Trennungsgebot **79ff.**, 431, 442
TREVI 563
TREVI-Gruppe 516
„Trojaner", Einsatz von ~ 168

U

Übermaßverbot 66ff.
Übermittlung von Daten, *siehe Datenübermittlung*
Überraschungsurteil 76
Überwachung
- der Telekommunikation 52ff., **146ff.**
- der Wohnung 59ff., **106ff.**
- des Cyberspace 166ff.
- des E-Mail-Verkehrs 168
- verdeckte 64f., 73f.
- ~sverbote, räumliche bei Lauschangriffen 115

Unabhängigkeit, richterliche ~ 59, 73
Uneigennützigkeit 90
Ungleichheit, soziale ~ 90
Unglücksfälle 86
UNO 25
Unschuldsvermutung 77f.
Unterrichtungsanspruch der Betroffenen 40
Unverletzlichkeit, der Wohnung 57ff.
Unversehrtheit, körperliche ~ 45

V

Verbindungsdaten 54, **158ff.**
- Europarecht 548
Verbindungsmann, *siehe auch unter V-Leute* 389
Verbrechensbekämpfungsgesetz 427
Verbringungsgewahrsam, unzulässiger ~ 255
Verdeckte Ermittler 184ff.
- Einsatz in Europa 543ff.
- europäische Zollbehörden 545
- gegen Kontakt- und Begleitpersonen 190
- Gefahrenabwehr 186f.
- in den Polizeigesetzen 186ff.
- in der StPO 185
- Operatives Ermittlungskonzept 197ff.
- Regelungen im PolR 184
- Richtervorbehalt 191
- zur vorbeugenden Verbrechensbekämpfung 187ff.
Verdrängungseffekte
- bei Aufenthaltsverboten 352
- bei Videoüberwachung 221
Vereinsverbot 62
Verfahren, faires ~ 77
Verfahrensregeln 76ff.
Verfassungsentwurf des europ. Konvent 519f.
„Verfassungsfeinde" 62
Verfassungsmäßige Ordnung 439
Verfassungsordnung 29, 61
Verfassungsprinzipien 61ff.

Verfassungsschutz 79ff.
„Verfassungsschutztrias" 62
Verfolgungsvorsorge, *siehe auch unter Straf~* 82
Verfügbarkeit, Grundsatz der ~ 550, **565ff.**
Verhältnismäßigkeit 29, 45, 57, **66ff.**
– Grundsatz 66ff.
– Teilelemente 66f.
Verhaftung 45
Verhaltenssteuerung 217, 275
Vermutungsregeln 60
Vernetzung, informationelle ~ 81
Verrechtlichung, paradoxe ~ 39
Versammlungsbegriff 49f.
Versammlungsfreiheit 49ff.
– und Meldeauflagen 372
Versammlungsgesetz **50ff.**, 68f.
Verteidigung, Streitkräfteeinsatz zur ~ 25, **86f.**
Vertragsverletzungsverfahren 521
Vertrag von Prüm 519, **537ff.**
Vertrauensleute, *siehe unter V-Leute*
Vertrauensschutz 77
Verwertungsverbot, absolutes 120, **466**
Videoüberwachung, polizeiliche **208ff.**
– Definitionsmacht der Polizei 220
– Gebot der Normenklarheit 213
– informationelle Selbstbestimmung 209ff.
– Kriminalitätsschwerpunkte 214
– Offenheit der ~ 214
– Regelungen im PolR 208
– Speicherfristen 213
– Übersichtsaufnahmen 211
– Verdrängungseffekte 221, 223
– Verhältnismäßigkeit 216, **221ff.**
– Verhaltenssteuerung 217
Visa-Informationssystem 526, **555ff.**
– biometrische Daten 556
V-Leute 388ff.
– Auswahl von ~ 393
– Definition 390
– Einsatzbeendigung 394

– Einsatzbereiche 393
– Führung 393
– Geschichtlicher Hintergrund 388f.
– ~ in der Hauptverhandlung 395
– Polizeirecht 391
– Rechtsgrundlage, fehlende 390ff.
– SDÜ 392
– Strafzumessungslösung 397
– Tatprovokation, *agent provocateur* 396
– Teixeira-Entscheidung des EGMR 398
– Vertrag von Amsterdam 392
– Wiener Übereinkommen 392
Völkerverständigung 439
Volksherrschaft 62
Volkszählungsurteil **37ff.**, 70
Vorbehalt des Gesetzes 63
Vorfeldbefugnisse 82ff.,
Vorratsdatenspeicherung 176f., **549f.**

W
Wach- und Sicherheitsunternehmen, private ~ 89f.
Waffengleichheit 77
Wechselwirkungslehre 47
Weimarer Reichsverfassung 29
Wesentlichkeitslehre **63**, 407f., 454
Westalliierte 79
Widerspruch gegen Verwertung im Strafverfahren 122
Wiederholungsgefahr, Haftgrund der ~ **248ff.**, 257ff.
Wiener Konvention 542
Wohnung
– Durchsuchung der ~ **58f.**, 73
– Sozialbezug der ~ 108
– Überwachung der ~ 59ff., **106ff.**
– Unverletzlichkeit 57ff.
Würde des Menschen 33ff.

Z
Zentralisierung 78ff.
Zielwahlsuche 54, **161f.**

607

ZIS 560ff.
– Aktennachweis-System 561
– verdeckte Registrierung 560
Zitiergebot 55, 173, **164f.**, 343f., 479
Zollinformationssystem 560ff.
– *siehe auch unter ZIS*
Zollkriminalamt **53f.**, 68, 70
Zumutbarkeit 67

Zusammenarbeit, informationelle ~ 81
– grenzüberschreitende ~ 87
Zusammenkunft i. S. des Versammlungsrechts 50
Zwangsbefugnisse 90
Zweckbindung 38f.
Zweckbindungsgrundsatz 454

Sicherheitspolitik im BWV

Fredrik Roggan (Hrsg.)
Lauschen im Rechtsstaat
Zu den Konsequenzen des Urteils des Bundesverfassungsgerichts zum großen Lauschangriff

Die Missachtung der Privatheit ist das Kennzeichen totalitärer Staaten, sagt Burkhard Hirsch. Demnach müsste es im Rechtsstaat Sphären geben, in die der Staat auch dann nicht heimlich eindringen darf, wenn er damit die Aufklärung schwerster Verbrechen erreichen will. Ist damit die Wanze im Schlafzimmer generell tabu? Was ist, wenn die Polizei bei der Verfolgung eines Mörders nicht nur einen Hinweis auf den Verbleib einer Leiche erhält, sondern auch das Liebesleben eines Verdächtigen belauscht? Auf welche Straftaten müssen derartige Maßnahmen beschränkt werden? Das Bundesverfassungsgericht hat am 3. März 2004 diese und weitere Fragen beantwortet, indem es die bis dahin geltenden Regelungen über Große Lauschangriffe in nicht unwesentlichen Teilen für verfassungswidrig erklärt hat.
2004, 127 S., kart., 14,80 €, ISBN 3-8305-0942-1

Kai Hirschmann, Christian Leggemann (Hrsg.)
Der Kampf gegen den Terrorismus
Strategien und Handlungserfordernisse in Deutschland

Wie kann der neuen Qualität, Organisationsstruktur und Ausrichtung des internationalen Terrorismus in Deutschland begegnet werden? Wie geeignet sind der normative Rahmen und die Strukturen der Terrorismusbekämpfung in Deutschland? Wo gibt es Ansatzpunkte für eine Verbesserung bzw. Erhöhung der Effizienz?
Diese Fragen greift der Sammelband erstmals in Deutschland in dieser Form auf. Namhafte Sicherheits- und Terrorismusexperten stellen notwendige, aber auch kontroverse Forderungen an die Terrorismusbekämpfung zur Diskussion. Dabei wird auch die gegenwärtige innenpolitische Diskussion in Deutschland aufgegriffen.
2003, 406 S., kart., 25,– €, ISBN 3-8305-0383-0

Peter-Alexis Albrecht
Die vergessene Freiheit
Strafrechtsprinzipien in der europäischen Sicherheitsdebatte
2003, 187 S., kart., 14 s/w Abb., 14,80 €, ISBN 3-8305-0355-5

Berliner Wissenschafts-Verlag
Axel-Springer-Str. 54b • 10117 Berlin • Tel.: 030/841770-0 • Fax: 030/841770-21
E-Mail: bwv@bwv-verlag.de • Internet: www.bwv-verlag.de

Juristisches Zeitgeschehen im BWV

Rainer Griesbaum, Rolf Hannich, Karl Heinz Schnarr (Hrsg.)
Strafrecht und Justizgewährung
Festschrift für Kay Nehm zum 65. Geburtstag

Die Festschrift für Kay Nehm zum 65. Geburtstag und damit zum Abschied aus dem Amt des Generalbundesanwalts befasst sich mit verfassungs- und europarechtlichen Grundsatzfragen, mit Problemen des Staatsschutz- und Völkerstrafrechts, des materiellen und formellen Strafrechts, des Verkehrsrechts und der Gerichtsmedizin. Die Herausforderungen des islamistischen Terrorismus, aktuelle Völkerstraftaten und Delikte im Zusammenhang mit der Proliferation stellen Strafrecht und Rechtsstaat auf eine Zerreißprobe, was durch die Diskussion um das „Feindstrafrecht" deutlich wird. In den Beiträgen zum materiellen Recht werden die Notwehr bei präsenter staatlicher Hilfe, die Rettungsfolter und die neu eingeführten Vorschriften der §§ 66 a und b StGB erörtert. Verfahrensrechtlich stehen Probleme des Revisionsrechts, insbesondere des „Deals", des zulässigen Verteidigerhandelns, der akustischen Wohnraumüberwachung und Überlegungen zum Amtsrecht der Staatsanwälte im Mittelpunkt. Der Abschnitt „Verkehrsrecht/Gerichtsmedizin" beschäftigt sich mit gefährlichen Eingriffen in den Straßenverkehr (§ 315 b StGB), mit der Halterverantwortung, der Rechtsfigur des Beifahrers und dem neu zugelassenen „Begleiteten Fahrens ab 17" sowie kritischen rechtsmedizinischen Anmerkungen zur Rechtsprechung.
2006, 467 S., geb., 1 s/w Abb., 148,– €, ISBN 3-8305-1141-8

Heribert Prantl, Thomas Vormbaum (Hrsg.)
Juristisches Zeitgeschehen 2003 in der Süddeutschen Zeitung

Schwerpunkte im Berichtsjahr 2003 waren vor allem die völkerrechtlichen und völkerstrafrechtlichen Fragen, welche die Vorgeschichte und der Verlauf des Irak-Krieges aufwarf. Innenpolitisch standen diverse Spendenaffären, das NPD-Verbotsverfahren, der Streit um das Kopftuch muslimischer Lehrerinnen und nach wie vor die Terrorismus-Bekämpfung im Vordergrund.
2004, 564 S., geb. mit SU, 66,– €, ISBN 3-8305-0882-4
(Juristische Zeitgeschichte, Abteilung 5, Band 15)

Berliner Wissenschafts-Verlag
Axel-Springer-Str. 54b • 10117 Berlin • Tel.: 030/841770-0 • Fax: 030/841770-21
E-Mail: bwv@bwv-verlag.de • Internet: www.bwv-verlag.de